U0873869

工商管理经典译丛·会计与财务系列
BUSINESS ADMINISTRATION CLASSICS

中级财务会计

第9版

戴维·斯派斯兰德（J. David Spiceland）
马克·尼尔森（Mark W. Nelson） 著
韦恩·托马斯（Wayne B. Thomas）
郭剑花 雷 宇 译

INTERMEDIATE ACCOUNTING

Ninth Edition

中国人民大学出版社
·北京·

图书在版编目（CIP）数据

中级财务会计：第9版/戴维·斯派斯兰德，马克·尼尔森，韦恩·托马斯著；郭剑花，雷宇译．--北京：中国人民大学出版社，2019.12
（工商管理经典译丛．会计与财务系列）
ISBN 978-7-300-27635-9

Ⅰ.①中… Ⅱ.①戴…②马…③韦…④郭…⑤雷… Ⅲ.①财务会计 Ⅳ.①F234.4

中国版本图书馆CIP数据核字（2019）第262529号

工商管理经典译丛·会计与财务系列
中级财务会计（第9版）
戴维·斯派斯兰德
马克·尼尔森　　著
韦恩·托马斯
郭剑花　雷　宇　译
Zhongji Caiwu Kuaiji

出版发行	中国人民大学出版社		
社　　址	北京中关村大街31号	邮政编码	100080
电　　话	010－62511242（总编室）		010－62511770（质管部）
	010－82501766（邮购部）		010－62514148（门市部）
	010－62515195（发行公司）		010－62515275（盗版举报）
网　　址	http://www.crup.com.cn		
经　　销	新华书店		
印　　刷	涿州市星河印刷有限公司		
规　　格	185 mm×260 mm　16开本	版　　次	2019年12月第1版
印　　张	52.75 插页1	印　　次	2019年12月第1次印刷
字　　数	1 310 000	定　　价	119.00元

版权所有　侵权必究　　印装差错　负责调换

译者序

由斯派斯兰德教授团队编写的《中级财务会计》在全世界范围内有着广泛的影响。本书译自《中级财务会计》(第 9 版),由斯派斯兰德、尼尔森和托马斯三位教授合著。经过多年的耕耘、积累和创新,斯派斯兰德教授团队的《中级财务会计》教学体系形成了鲜明的风格:

一是前沿。斯派斯兰德教授团队紧跟时代步伐,在教材中及时体现美国公认会计原则和国际财务报告准则的最新进展,并与财务会计最新实践紧密结合。

二是综合。教材形成了覆盖范围广泛的财务会计知识体系,通过丰富的案例和练习,促进学生深入理解财务会计知识,并培养批判思维的能力。

三是清晰。斯派斯兰德教授团队善于运用简单清晰的语言解释复杂的财务会计知识。教材的语言风格平易近人,而不是向学生说教。

四是多样。为满足学生以多种方式进行学习的需求,斯派斯兰德教授团队为教材配备了大量资源,包括多样化的电子资源,便于学生全方位学习和应用知识。

在翻译过程中我们感受到《中级财务会计》(第 9 版) 充分体现了上述风格。读者在阅读本书时可以体会国外优秀教材与国内教材的异同,多方位提升自己的财务会计思维和能力。本书可以作为国内相关专业中级财务会计课程的参考资料,也可供会计工作人员等实务界人士学习参考。

本书的翻译由郭剑花和雷宇共同完成,黄普、严泽贵、许文英、印剑、曾雅卓、阮芸、金梦、沈洋洋、毛姝雅、王锦熠、高睿曦、陈鑫、陈琳、陈若蕾等研究生参与了初稿的翻译,在此表示感谢。感谢中国人民大学出版社对本书翻译工作的大力支持。限于译者的学识和精力,译文难免存在不足,恳请读者批评指正。

郭剑花　雷　宇

第 9 版的变化

第 1 章　财务会计的环境和理论结构

- 改用塔吉特公司作为引导案例，并贯穿全章。
- 增加路径委员会可视化“这就是会计!”及相关讨论。
- 进一步增加了对收付实现制和权责发生制会计的讨论。
- 加强对国际财务报告准则组织结构和趋同过程的描述。
- 增加了一个“发展前瞻”专栏，用以描述国际财务报告理事会关于重要性的征求意见稿。

第 2 章　资产负债表和财务披露

- 修改了对美国证券交易委员会电子文件系统 EDGAR（电子数据收集、分析和检索系统）的介绍。
- 在示例 2-1 中增加对会计恒等式的介绍。
- 更新了对耐克公司资产、负债和所有者权益的讨论。
- 更新了对商业企业与制造企业营业周期区别的讨论。
- 调整了对长期资产分类的讨论，包含了对管理者意图的考虑。
- 增加了对所有者权益中累计其他综合收益的讨论和关键术语。
- 调整了审计报告的相关内容，以明确区分不同的报告类型。
- 将高管薪酬讨论纳入其他与高管有关的披露。

第 3 章　利润表、综合收益和现金流量表

- 调整了对资产负债表（时点）与利润表和现金流量表（时期）报告角度差异的介绍。
- 调整了盈余质量、利润平滑与分类转移的相关内容。
- 调整了“营业利润与盈余质量”部分，包含了对 Hershey 公司的分析。
- 增加了非公认会计原则盈余部分，讨论了惠普公司。
- 阐明了非持续经营业务的组成部分。
- 增加了介绍非持续经营业务披露的“补充思考”专栏。
- 增加了处理会计变更的修正的追溯调整法的相关内容。
- 调整了对每股收益的讨论。
- 增加了综合收益的相关内容。
- 将原第 4 章中“盈利能力分析”相关内容移至本章，包括所有相关的章末材料。

第4章 收入确认

- 增加了关于美国公认会计原则和国际财务报告准则之间差异的学习目标，增加了相应的“国际财务报告准则”专栏和章末材料。
- 调整了会计准则更新第2016-10号中识别单项履职义务的相关内容。
- 增加了关于会计准则更新第2016-10号中运输成本的“补充思考”。
- 调整了会计准则更新第2016-10号中关于许可的相关内容。
- 增加了“国际财务报告准则”专栏，用以讨论许可标准的差异。
- 将“盈利能力分析”和相关章末材料移至第3章，将本章的重点更多地放在收入确认上。
- 增加了重要的章末材料，用以描述会计准则更新第2016-10号和若干国际财务报告准则的差异。

第5章 现金和应收款项

- 增加了新的引导案例：社区卫生系统公司。
- 调整了应收账款初始和后续计量的范围，包含对货币时间价值、折扣、销售退回、坏账的讨论，调整了应收票据会计的相关内容，以将收入确认和减值确认标准与实践更紧密联系起来。
- 在本章和附录5B中包含了会计准则更新第2016-013号中处理信用损失的预期信用损失模型，以及当前公认会计原则中确认应收账款减值的要求。
- 调整了示例5-24和应收账款分析的相关内容。
- 增加或更新了微软、耐克、雅芳、Tyson食品等公司的案例。

第6章 存货：计量

- 将章首的财务报告案例改为克罗格公司。
- 调整了在途物资的相关内容。
- 调整了进货运费、购货退回、购货折扣等影响购货净额的会计处理，调整了示例6-6。
- 修改了示例6-7，以阐明可供销售存货的计算，并更好地连接示例6-7B至6-7H。
- 调整了后进先出法准备调整的相关内容。
- 阐明了金额后进先出法的相关内容，并增加了相关计算。

第7章 存货：其他问题

- 调整了存货后续计量部分，包括成本与市价孰低法（LCM）和成本与可变现净值孰低法（LCNRV）。
- 阐明了哪些公司需要使用成本与可变现净值孰低法，哪些公司需要使用成本与市价孰低法。
- 增加了与成本与市价孰低法相关的章末材料。

第8章 财产、厂房和设备及无形资产：取得

- 将资产处置和相关章末材料移至第9章。

- 将非现金取得（延期付款、发行权益证券和捐赠）的相关内容移至第 2 节，与非货币性资产交换在同一节。
- 增加了示例 8 - 16，以总结不同类型非货币性资产交换的效果。
- 增加了阐明软件开发成本会计处理的相关内容。
- 调整了研究与开发部分的相关内容，以包含更多真实世界的例子，并阐明哪些研发支出需要资本化。
- 增加了章末材料，包括固定资产周转率、软件开发成本、不同的研发成本以及开办成本。

第 9 章　财产、厂房和设备及无形资产：使用和处置

- 调整了对成本分摊概念的讨论。
- 增加示例 9 - 3A 以及折旧费用与累计折旧的相关内容。
- 增加了原第 8 章的资产处置和相关章末材料。
- 增加了一个“决策者视角”专栏，以更详细地解释折旧资产出售的利得和损失。
- 调整了示例 9 - 12 以包含无形资产处置。
- 调整了对不需要摊销的无形资产的讨论。
- 调整了商誉减值的两步法。
- 增加了一个“发展前瞻”专栏，解释美国财务会计准则委员会目前简化商誉减值会计处理的草案。

第 10 章　投　资

- 重新组织了本章，分为第 1 节（债务投资的会计处理）和第 2 节（权益投资的会计处理）。
- 调整了债务投资的相关内容，包括改进交易性证券和可供出售投资的处理，以加强学生的理解，并更好地反映实践和会计准则。
- 根据会计准则更新第 2016 - 01 号调整了股权投资的相关内容（禁止可供出售证券的处理方法，并要求按照“以公允价值计量且其变动计入当期损益”的方法处理大部分不具有重大影响的投资）。
- 调整了权益法的相关内容，加强了举例说明。
- 调整了“国际财务报告准则”专栏，以说明国际财务报告准则与美国公认会计原则之间的差异。
- 在本章和附录 10B 中包含了会计准则更新第 2016 - 013 号中的预期信用损失模型，以及当前公认会计原则对确认投资减值的要求。
- 调整了章末材料，以包含会计准则更新第 2016 - 013 号中的预期信用损失模型。

第 11 章　流动负债和或有事项

- 调整了示例 11 - 1 中通用磨坊公司的例子并贯穿全章。
- 增加了与放弃礼品卡相关的“补充思考”专栏。
- 更新了或有负债的例子。

第12章　债券和长期票据

● 调整了债券发行成本的相关内容，以符合会计准则更新第2015-03号的规定。

● 增加和调整了有关债券发行成本的章末材料。

第13章　所得税会计

● 增加了Shoe Carnival公司的真实案例，包含所得税费用日记账分录与递延所得税资产、负债和减值准备的变化。

● 调整了资产负债表中递延所得税账户的披露，以符合会计准则更新第2015-17号。

● 增加和调整了章末材料，以符合会计准则更新第2015-17号。

第14章　股东权益

● 调整了思科公司的案例，其资产负债表的股东权益中包含累计其他综合收益。

第15章　股票薪酬和每股收益

● 调整了分级授权股票期权的相关内容。

● 调整了关于股票期权和限制性股票失效的相关讨论，以符合会计准则更新第2016-09号。

● 增加和调整了关于股票期权和限制性股票失效的章末材料。

● 调整了与股票薪酬相关的税务问题，以符合会计准则更新第2016-09号。

● 调整了股票薪酬相关税务问题的章末材料。

第16章　会计变更和差错更正

● 调整了会计变更处理方法的相关内容，以包括修正的追溯调整法。

第17章　现金流量表回顾

● 调整了CVS健康公司使用直接法报告经营活动现金流量的例子。

● 增加了在现金流量表中报告坏账费用的“补充思考”专栏。

● 增加了玩具反斗城公司使用间接法报告经营活动现金流量的例子。

● 调整了与联邦快递公司投资和筹资活动有关的案例。

● 增加了史泰博公司现金流量表的真实案例。

目 录

第1篇 会计作为信息系统的作用

第2篇 资 产

第3篇　负债和所有者权益

第 4 篇 其他财务报告问题

第1篇

会计作为信息系统的作用

第 1 章

财务会计的环境和理论结构

- 第 1 节　财务会计的环境
- 第 2 节　概念框架

本章概要

财务会计的主要功能是向企业外部信息使用者（特别是投资者和债权人）提供有用的财务信息。这些信息使用者将做出重要的资源配置决策，这些决策影响着全球经济。财务报表和相关附注是向企业外部信息使用者传递财务信息的主要手段。

在这一章中，你将学习一些重要内容，包括财务会计为什么有用、会计准则产生的过程、财务会计概念框架等。本章的内容是学习财务会计更详细知识的基础。

学习目标

学习完本章之后，你应该能够：

1-1　描述财务会计的功能及其主要关注点。

1-2　解释收付实现制和权责发生制的区别。

1-3　定义公认会计原则（GAAP），讨论会计准则的发展历史，包括美国和国际准则的趋同。

1-4　解释为什么制定会计准则是一个政治过程。

1-5　解释鼓励高质量财务报告的因素。

1-6　解释财务会计概念框架的目的。

1-7　识别财务报告信息的目标和质量特征以及财务报表要素。

1-8　描述公认会计原则的四个基本假设。

1-9　描述指导会计实务的确认、计量和报告的概念。

1-10　比较会计准则制定的收入/费用法和资产/负债法。

1-11　从会计准则发展和概念框架的角度，讨论美国公认会计原则与国际财务报告准则（IFRS）的主要区别。

财务报告案例

被误导的市场营销专业同学

在投资课的课间休息时间，一位市场营销专业的同学给你和一些朋友讲了下面的故事。

一家大公司的首席财务官（CFO）正在为公司一个高级会计职位面试三位应聘者。他问了三个人同样的问题：

首席财务官：二加二等于几？
第一位应聘者：四。
首席财务官：二加二等于几？
第二位应聘者：四。
首席财务官：二加二等于几？
第三位应聘者：你想让它等于几？
首席财务官：你被录用了。

在非会计专业的同学开了一些善意玩笑之后，你的朋友认真地说：“尽管如此，会计行业一定能够阻止这种事情发生。难道没有一些法律、规则或者其他制度吗？会计是基于理论还是随意而为？”

问题

在学习完本章之后，你应该能够对以上案例中的问题给出恰当的回答。将你的回答与章末答案进行对比。

1. 你该如何向你的朋友解释美国以及世界上其他国家会计准则的存在？谁有权制定准则？谁有制定准则的责任？

2. 准则制定行为发生的经济和政治环境是什么样的？

3. 管理者、审计师、投资者、债权人之间应当是什么关系，才能避免案例中“你想让它等于几”的情况发生？

4. 一般而言，作为会计原则基础的概念框架是什么？

第 1 节　财务会计的环境

1902 年，乔治·戴顿（George Dayton）收购了戴顿干货公司，这是明尼苏达州明尼阿波利斯市第四大的百货公司。一代又一代戴顿管理者都非常有创新精神：进行库存盘点以防止短缺（1920 年），承诺将 5%的利润回馈给社会（1946 年），打造全国第一家封闭式购物中心（1956 年）。1962 年，乔治的孙辈将戴顿公司改名为塔吉特公司（Target）。在那时公司已经成为区域百货连锁店，公司承诺“消费者能够以优惠价格买到优质商品”。[①] 今天的塔吉特已经成长为美国第二大百货零售商，拥有 1 800 多家商店，近 35 万名员工，www.target.com 网络商城也已经上线。尽管如此，塔吉特仍然坚持“花更少的钱，买更多的商品”的座右铭，并仍然捐出 5%的利润回馈社会（每周提供超过 400 万美元，主要用于教育）。

许多因素促成了塔吉特的成功。戴顿决定进入高档折扣零售市场是很有远见的。公司对优质商品、客户服务和社会责任的承诺也起到了重要的作用。但能够在不同时期从投资者和债权人手中筹集到资金对于塔吉特的发展也至关重要。塔吉特用从 1967 年首次公开发行股票中获得的资金将公司向全国扩张。债权人（贷款人）也会在不同时期提供所需资金。事实上，如果没有资本，我们今天所知的塔吉特公司就不会存在。

投资者和债权人在向塔吉特这样的企业提供资本之前，会使用各种不同的信息。他们利用这些信息来预测他们投资或贷款的未来风险和潜在回报率。[②] 例如，企业产品和管理状况是做出这种评估的重要信息。投资者和债权人也依赖于不同类型的会计信息。

会计是一种特殊的语言，它将企业相关的财务信息传递给内部和外部的使用者，这些使用者利用信息做出决策。美国会计学会路径委员会（The Pathways Commission of the

① “Target Through the Years” at https://corporate.target.com/about/history/Target-through-the-years.

② 风险是指一项投资可能产生的结果的可变性。回报是指获得的超过投资额的金额。

American Accounting Association）开发了一个图示，以使会计的重要作用可视化。[①] 如示例 1-1 所示，会计提供关于经济主体的有用信息，帮助做出正确决策并促进社会繁荣。经济活动是复杂的，决策会产生现实的后果，因此需要批判性思维和很多判断来提供更有用的会计信息。

示例 1-1　路径委员会可视化："这就是会计！"

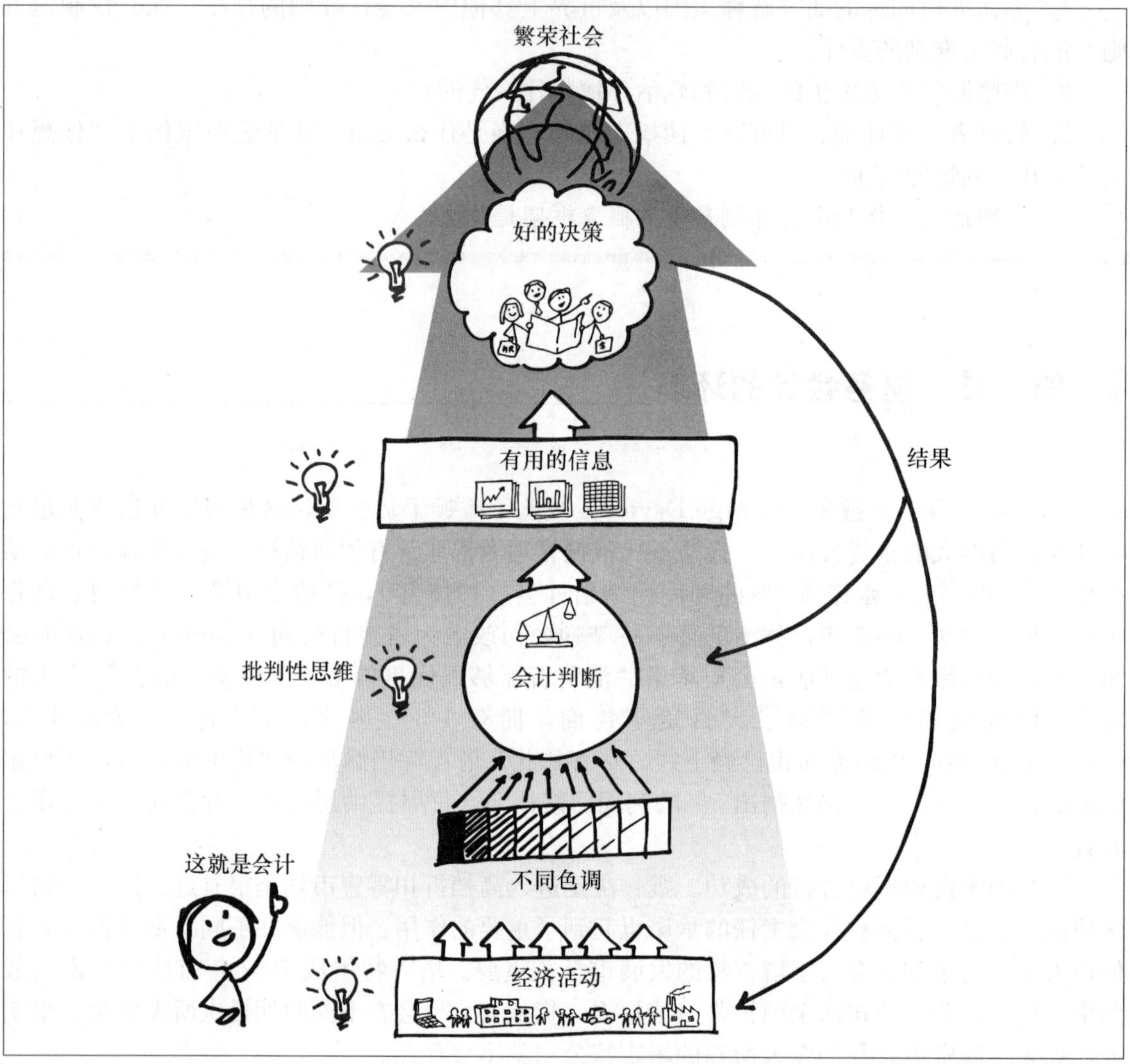

本书关注**财务会计**（financial accounting），它主要向各种外部使用者提供财务信息。[②] 示例 1-2 中列出了一些财务信息提供者群体和一些外部使用者群体。在这些群体中，财务会计主要关注营利性企业向其现有及潜在的投资者和债权人提供的财务信息。有一类外部使

---

① 经美国会计学会批准转载。该项工作由路径委员会完成，并获得知识共享署名禁止演绎 3.0 未移植版许可（Creative Commons Attribution-NoDerivs 3.0 Unported License）。

② 相反，管理会计涉及的概念和方法用于向组织内部的使用者（即管理者）提供信息。你会在其他课程中学习管理会计。

用者称作金融中介，包括金融分析师、股票经纪人、共同基金经理以及信用评级机构。这类使用者为投资者和债权人提供建议，并且/或者为了他们的利益做出投资-贷款决策。

示例 1－2　财务信息提供者和外部使用者群体

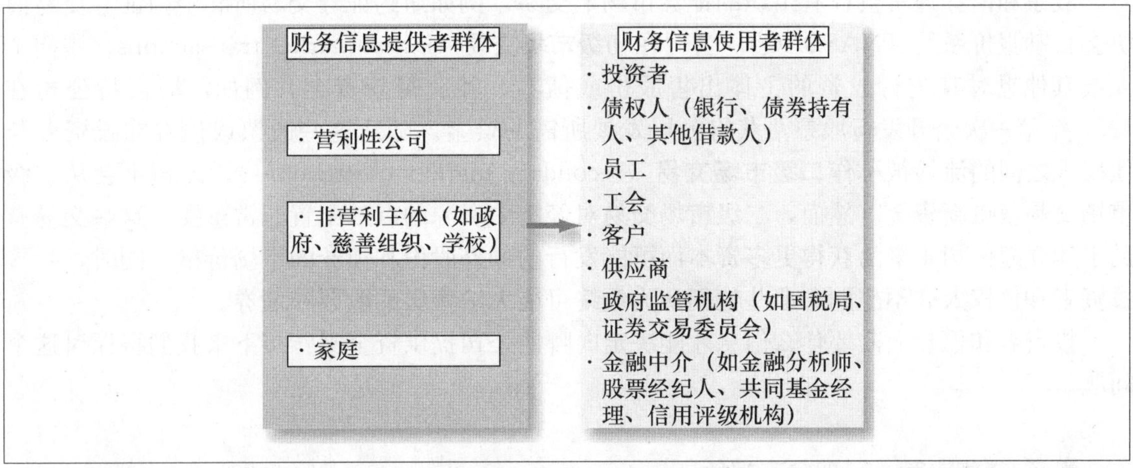

向投资者、债权人和其他外部使用者传递财务信息的主要方式是财务报表和相关附注披露。最常提供的财务报表是：(1) 资产负债表，也称为财务状况表；(2) 利润表，也称为经营报表；(3) 现金流量表；(4) 股东权益表。此外，公司必须在利润表之后提供其他综合收益表，或者将利润表和其他综合收益表汇总为综合收益表。① 本书中，你将复习并扩展这些财务报表中信息的知识、要素的计量方式以及这些计量和相关披露的基本概念。我们使用**财务报告**（financial reporting）来表示向外部使用者提供这些信息的过程。但请记住，外部使用者也可以获得其他各种形式的重要财务信息，包括新闻发布和管理预测、招股说明书以及监管机构提供的报告。

本书的配套资源 Connect 中提供了塔吉特公司截至 2016 年 1 月 30 日的会计年度的财务报表和附注。你也可以在该公司网站（Target.com）的“投资者关系”链接下访问这些报表和附注。塔吉特公司的案例包含在每一章配套的“真实案例”当中，以便你观察每一章的主题在同一个公司是如何表现的。

一、经济环境与财务报告

美国拥有高度发达的自由企业经济，其中多数的生产资源为私有而非公有。为了能让经济高效运行，这些生产资源应被配置到能够为社会提供所需商品和服务的企业，而非那些会将这些资源浪费掉的企业。促进这种有效资源分配的机制就叫作**资本市场**（capital markets）。我们可以将资本市场简单地想象成所有投资者和债权人的集合。

企业在资本市场上获得它们运转所需的资金。独资企业、合伙企业和公司是三种主要的企业组织形式。在美国，独资企业和合伙企业的数量比公司更多。然而，在生产资源的拥有

① FASB ASC 220-45: Comprehensive Income-Other Presentation Matters (originally "Presentation of Comprehensive Income," *Accounting Standards Update No. 2011-05* (Norwalk, CT: FASB, June 2011)).

方面，**公司**（corporation）是企业组织的主导形式。投资者为公司提供资源，通常为现金，来获得所有者利益，也就是股份。债权人则通过个体贷款或购买公开交易的债务（如债券），将资金借给公司。

股票和债券通常会在有组织的证券市场上交易，例如纽约证券交易所和全国证券交易商协会自动报价系统（NASDAQ）。公司在**初级市场交易**（initial market transactions）中向个人或其他想对其进行投资的主体出售股份或债券，并获得新资金。例如，塔吉特公司在1967年第一次公开发行股票，获得公司发展所需的资金。随后这些股票或债券在投资者与债权人之间的流转被称作**二级市场交易**（secondary market transactions）。公司不会从二级市场交易获得新资金。然而，二级市场交易对经济中资源的有效配置非常重要。这些交易有助于建立起公司未来为获得更多资本而可能发行的额外股份和债券的市场价格。同时，很多投资者和债权人并不想购买那些他们认为最终可能无法售出的股票和债券。

投资者和债权人需要什么信息才能决定向哪些公司提供资金呢？接下来我们将探讨这个问题。

投资-贷款决策——现金流视角

虽然投资者与债权人做出的决策有所不同，但他们至少在一个重要问题上是相似的。只有当他们可以在未来获得更多的现金回报时，投资者和债权人才会愿意给公司提供资本（购买股票或债券）。公司的股东们通过最终出售股票所有权来获得他们投资的现金回报。此外，许多公司会通过定期分红的形式向股东们发放现金。例如，假设一位投资者在2017年底通过购买某公司股票的形式为其提供了10 000美元的资金，2018年从公司分红中获得了400美元，又在2018年底以10 600美元的价格卖出了股票，那么这笔投资在2018年的**回报率**（rate of return）为10%，计算如下：

$$\frac{\text{股利 }400+\text{股票价格升值 }600}{\text{初始投资 }10\,000}=10\%$$

投资者与债权人都想投资那些可能提供最高回报率的股票或债券。然而，在做出投资决策之前有许多因素需要考虑。例如，预期回报的不确定性或风险也非常重要。为了更好地说明，请考虑以下两种投资选择：

（1）将10 000美元投资到一个美国政府担保5%回报率的储蓄账户中。

（2）将10 000美元投资于一个营利性公司。

第1种投资的回报率是可以确定的，而第2种投资的回报率却是不确定的。未来能够从第2种投资中获得现金的数量和时间也都是不确定的。第2种投资的公司只有在获得利润的情况下才能给它的投资者提供回报。也就是说，公司必须利用好投资者和债权人提供的资源，以保证出售商品或服务的现金收入超过生产商品或提供服务的现金支出。所以，潜在的投资者需要公司的相关信息，来帮助他们评估未来的潜在利润、投资的预期回报以及相关风险。如果潜在回报足够高，投资者就愿意投资营利性公司，尽管更高的回报也伴随着更高的风险。

总的来说，财务会计的主要目标就是提供可以帮助投资者和债权人做出投资和贷款决策的信息。这些信息应当能够帮助投资者和债权人评估公司未来现金收支的金额、时间和不确定性。这样的信息越好，投资者和债权人资源配置决策的效率就越高。但财务会计不仅仅可以为公司及其投资者和债权人带来好处。通过向资本市场参与者提供关键信息，财务会计在帮助引导社会资源配置到那些运用资源最有效率的公司的过程中扮演着至关重要的角色。

收付实现制与权责发生制

尽管预测未来现金流量是许多财务报告使用者的主要目标，但最能实现这一目标的模式是**权责发生制会计**（accrual accounting）。与其相对应的另一种模式是**收付实现制会计**（cash basis accounting）。每种模式都会产生一个周期性的业绩指标，投资者和债权人可以用这一指标来预测未来现金流量。

收付实现制会计

收付实现制会计产生的指标叫作**净经营现金流**（net operating cash flow）。这个指标是指在一个报告周期内，为顾客提供商品和服务时产生的现金收入与现金支出之差。

在一家公司的生命周期中，净经营现金流肯定是值得关注的指标。然而，在短时间内，经营现金流可能并不代表公司长期的现金产生能力。有时，公司与多个期间业绩相关的现金会在一个期间收付。例如，在一个期间内，公司收到与前期销售相关的现金，或者预先支付与未来期间相关的成本。

为了更清晰地说明这一点，可以考虑 Carter 公司经营头三年的净经营现金流量，如示例 1-3 所示。Carter 公司这三年的经营情况如下：

(1) 每年向客户的赊销金额为 100 000 美元（共计 300 000 美元），而现金收入分别为 50 000 美元、125 000 美元和 125 000 美元。Carter 公司的客户到第 3 年底没有欠 Carter 公司钱。

(2) 在第 1 年初，Carter 公司预付了三年的租金共 60 000 美元（每年 20 000 美元）。

(3) 每年全额支付雇员工资 50 000 美元。

(4) 公用事业费每年 10 000 美元，但第 1 年 5 000 美元的费用直到第 2 年才付清。

(5) Carter 共创造了 60 000 美元的净经营现金流。

示例 1-3　收付实现制会计

	第 1 年	第 2 年	第 3 年	合计
赊销收入	$100 000	$100 000	$100 000	$300 000
净经营现金流				
从客户收到的现金	$50 000	$125 000	$125 000	$300 000
现金支出：				
预付三年的租金	(60 000)	0	0	(60 000)
职工薪酬	(50 000)	(50 000)	(50 000)	(150 000)
公用事业费	(5 000)	(15 000)	(10 000)	(30 000)
净经营现金流	$(65 000)	$60 000	$65 000	$60 000

三年的净经营现金流可以反映公司的年度业绩吗？不行。三年中，客户的销售额和公司的运营成本（租金、薪金和公用事业费）都是均匀发生的，但净经营现金流却是不均匀的。净经营现金流每年都不相同是因为 Carter 公司：(a) 没有从客户那里以与销售模式相同的

方式收取现金；（b）在资源被实际消耗的当年没有支付租金和公用事业费。这个例子也说明了为什么经营现金流不能预测公司的长期现金产生能力。第一年净经营现金流（－65 000美元）[1] 并没有准确预测 Carter 公司在第二年（＋60 000 美元）或第三年（＋65 000 美元）的现金产生能力。

权责发生制会计

如果我们用权责发生制会计来衡量 Carter 公司的活动，就会得到一个对未来经营现金流更准确的预测，以及对公司周期性经营业绩更合理的反映。权责发生制会计模式并不只关注现金流。相反，它同时反映了在一段时间内经营提供的和消耗的其他资源。权责发生制会计衡量的企业经营所提供的资源称为收入，为产生收入而耗费的资源称为费用。收入与费用之差是**净利润**（net income）或净亏损（如果费用大于收入）。[2]

示例 1－4 显示了我们如何在这种简单情况下衡量收入和费用。

示例 1－4　权责发生制会计

Carter 公司利润表				
	第 1 年	第 2 年	第 3 年	合计
收入	$ 100 000	$ 100 000	$ 100 000	$ 300 000
费用				
租金	20 000	20 000	20 000	60 000
职工薪酬	50 000	50 000	50 000	150 000
公用事业费	10 000	10 000	10 000	30 000
费用总计	80 000	80 000	80 000	240 000
净利润	$ 20 000	$ 20 000	$ 20 000	$ 60 000

第一年的收入是 100 000 美元。鉴于收入最终都会以现金方式收回，所以第一年的收入 100 000 美元是比从客户处获得的 50 000 美元现金更好的衡量公司资源流入的指标。此外，因为三年合计净经营现金流为＋60 000 美元，所以第一年的净利润 20 000 美元也是对公司现金产生能力的合理预测。将示例 1－3 中三年的净经营现金流与示例 1－4 中三年的净利润相比较，净利润显然更能反映 Carter 公司三年平稳的经营业绩。[3]

虽然这个例子有些简单，但它让我们看到了采用权责发生制会计模式的必要性。权责发生制利润试图衡量报告期公司经营产生的资源流入和流出，而这些数字并不一定与现金流入、流出相等。这是否意味着经营现金流的信息就没有用了呢？不是的。实际上，最基本的财务报表之一——现金流量表——报告了经营活动、投资活动和筹资活动的现金流信息，同样为投资者和债权人提供了重要信息。[4] 关注权责发生制会计的同时也不要忘记现金流，这样才能为公司及其经营提供更完整的视角。

---

① 如果公司经营现金流为负数，公司可以继续使用从投资者或债权人获得的现金来经营以弥补差额。

② 净利润还包括利得和损失，这些将在后面的章节讨论。

③ 权责发生制会计比现金流更好地反映了短期业绩，以下文献提供了经验证据：Patricia Dechow，“Accounting Earnings and Cash Flows as Measures of Firm Performance：The Role of Accrual Accounting，” *Journal of Accounting and Economics* 18（1994），pp. 3－42.

④ 现金流量表将在第 3 章和第 17 章详细讨论。

二、财务会计和报告准则的发展

权责发生制会计是大多数营利性公司和许多非营利公司所采用的财务报告模式。公司使用同样的模式对投资者和债权人来说是很重要的，因为这样他们就可以比较公司之间的财务信息。为了便于比较，财务会计采用了一套标准，即**公认会计原则**（generally accepted accounting principles，GAAP）。公认会计原则是一套不断变化的广泛而又具体的指导原则，是公司在财务报表和相关附注中计量和报告财务信息时应当遵循的原则。本章随后部分将讨论公认会计原则中一些更重要的概念，这些概念贯穿本书具体会计内容始终。

历史视角与准则

1929 年美国股市崩盘之后，外界开始向会计职业界施压，要求建立统一的会计标准。一些人认为，是财务报表信息的不足和误导引起了股价上涨，最终导致股市崩盘和随后的经济萧条。

美国在 1933 年和 1934 年分别颁布了《证券法》和《证券交易法》以恢复投资者的信心。1933 年法案对首次发行证券（股票和债券）的会计和披露提出了要求。1934 年法案主要针对二级市场交易，并对证券在有组织的证券交易所或场外交易市场上交易的公司提出了报告要求。①

1934 年法案还创建了**美国证券交易委员会**（Securities and Exchange Commission，SEC）。美国国会授权美国证券交易委员会为证券公开交易的公司制定会计和报告准则。然而，美国证券交易委员会作为政府指定机构，将制定会计准则的工作委托给了私人部门。尽管如此，制定准则的权力仍然在美国证券交易委员会。如果美国证券交易委员会不认可私人部门发布的准则，它有权要求改变准则。事实上，这种情况确实发生过。②

早期美国准则的制定

第一个承担制定会计准则工作的私人机构是**会计程序委员会**（Committee on Accounting Procedure，CAP）。该委员会隶属于**美国会计师协会**（American Institute of Accountants，AIA）。美国会计师协会在 1957 年更名为**美国注册会计师协会**（American Institute of Certified Public Accountants，AICPA），成为一个全国性注册会计师职业组织。

1938—1959 年，会计程序委员会发布了 51 份会计研究公报（Accounting Research Bulletins，ARB），来处理特定的会计和报告问题。但是，财务会计的理论框架并没有建立起来。这种在没有框架的情况下零碎地处理单个问题的方法招致了批评。

1959 年，会计原则委员会（Accounting Principles Board，APB）取代了会计程序委员会。会计原则委员会从 1959 年持续到 1973 年，发布了 31 份会计原则委员会意见书（Accounting Principles Board Opinions，APBO）、多份解释和 4 份声明。这些意见书同样是为

---

① 美国证券交易委员会要求的报告包括 10－K 表、年度报表和 10－Q 表，报告必须在每一会计年度的前三个季度提交。

② 美国证券交易委员会发布财务报告公告（Financial Reporting Releases，FRR）来规范公司必须向其报告的信息。它还发布员工会计公报（Staff Accounting Bulletins）对私人部门制定的准则做出解释。了解更多关于美国证券交易委员会的信息，请访问 www.sec.gov。

了处理具体的会计和报告问题。许多会计研究公报和会计原则委员会意见书仍然代表权威的公认会计原则。

会计原则委员会仍然面临各种问题。它没能建立起一个被广泛接受的财务会计和报告概念框架。此外，会计原则委员会的成员是自愿和兼职的，所以它无法对财务报告问题做出快速反应。会计原则委员会最大的缺陷可能在于缺乏独立性，因为它几乎全部由注册会计师组成，并受美国注册会计师协会资助。批评者指责，会计师事务所的客户出于自利目的会向会计原则委员会施压，不恰当地影响决策。一个与之相关的辩解是，其他利益团体缺乏参与准则制定过程的能力。

财务会计准则委员会

对会计原则委员会的批评促成了**财务会计准则委员会**（Financial Accounting Standards Board，FASB）及其支撑架构在1973年的创立。财务会计准则委员会有7名全职委员。财务会计准则委员会委员代表与会计准则有关的各种团体，包括审计行业、营利性公司、会计教育工作者、金融分析师和政府。财务会计准则委员会由其上级组织**财务会计基金会**（Financial Accounting Foundation，FAF）资助。财务会计基金会①负责遴选财务会计准则委员会和财务会计准则咨询委员会②（Financial Accounting Standards Advisory Council，FASAC）的委员，确保委员会活动所需的资金，并对委员会进行监督。

1984年，财务会计准则委员会成立了**紧急问题工作组**（Emerging Issues Task Force，EITF），该机构通过解决现有公认会计原则下的具体财务会计问题来改进财务报告。紧急问题工作组主要解决执行问题，从而加快准则制定过程，并使财务会计准则委员会可以更多地关注普遍性的长期问题。紧急问题工作组的裁定由财务会计准则委员会批准，被认为是公认会计原则的组成部分。

示例1-5总结了关于会计准则的上述讨论。该图按权力顺序展示了会计准则制定的层级。

示例1-5　会计准则制定

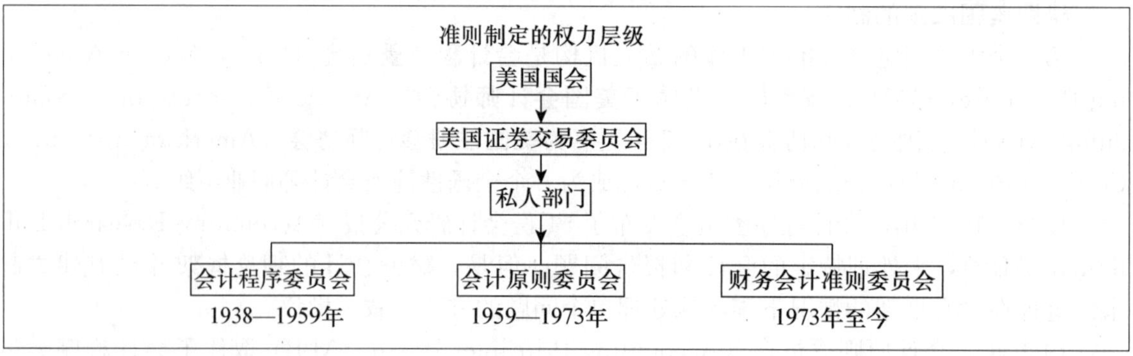

---

① 财务会计基金会的主要资金来源是2002年《公众公司会计改革和投资者保护法案》（通常简称为《萨班斯-奥克斯利法案》）下证券发行者的评估费。基金会由受托人管理，受托人主要由八家发起组织任命。这八家组织代表了受财务报告影响的主要组织类别。例如，其中一家是金融分析师协会，它代表财务信息使用者；另外一家是财务经理国际组织，它代表财务信息编制者。财务会计基金会也为政府会计准则委员会（Governmental Accounting Standards Board，GASB）提供资金支持。

② 财务会计准则咨询委员会的主要职责是就项目的优先顺序向财务会计准则委员会提出建议，包括可能纳入议事日程的新项目的适当性。财务会计准则咨询委员会包括大约35名代表，分别来自审计公司、私人企业、不同使用者团体和学术界。

会计准则汇编

目前，公认会计原则包含了大量内容。财务会计准则委员会制定了一个**概念框架**（conceptual framework）（将在本章第 2 节讨论），它不是强制性的公认会计原则，但它为会计准则的制定提供了一个基础架构。财务会计准则委员会也发布了许多会计准则，目前称为会计准则更新（Accounting Standards Updates，ASU），以前称为财务会计准则公告（Statements of Financial Accounting Standards，SFAS），还有大量的财务会计准则委员会解释、工作人员立场、技术公报和紧急问题工作组意见。证券交易委员会也发布了各种重要公告。会计师在确定具体事项或交易的会计处理时，需要研究这些规定。

为了简化会计处理时钻研的工作量，2009 年财务会计准则委员会实施了会计准则汇编工作。准则汇编将公认会计原则中所有相关的会计公告分门别类地整合进一个可搜索的在线数据库。它成为美国权威的民间公认会计原则的唯一来源，并且包括证券交易委员会有关财务报告的规定。财务会计准则委员会发布的会计准则更新只有进入汇编后才具有权威性。准则汇编分为 9 个主要议题和约 90 个子议题。示例 1－6 列示了主要议题及其编号系统。[①] 准则汇编可以在 www.fasb.org 查找。

示例 1－6　财务会计准则委员会会计准则汇编主题

主题	编号
一般原则	100—199
列报	200—299
资产	300—399
负债	400—499
所有者权益	500—599
收入	600—699
费用	700—799
广泛的交易	800—899
行业	900—999

在本书中，当引用公认会计原则时，我们会使用会计准则汇编系统（Accounting Standards Codification System，ASC）作为脚注（FASB ASC 后跟相应的数字）。每个脚注还包括对编入会计准则汇编系统的原始会计准则的引用。

补充思考

上面讨论的是营利性组织和民间非营利组织的会计准则和准则制定过程。1984 年，美国**政府会计准则委员会**（Governmental Accounting Standards Board，GASB）成立，它制定政府单位（如州和市）的会计准则。财务会计基金会监督和资助政府会计准则委员会，政

① FASB ASC 105－10：Generally Accepted Accounting Principles-Overall（previously "The FASB Accounting Standards Codification® and the Hierarchy of Generally Accepted Accounting Principles—a replacement of FASB Statement No. 162," *Statement of Financial Accounting Standards No. 168*（Norwalk，Conn.：FASB：2009））.

府会计准则咨询委员会（Governmental Accounting Standards Advisory Council，GASAC）也为其提供支持。

国际准则制定

大多数工业化国家都有负责制定会计和报告准则的组织。在一些国家，例如英国，负责这一工作的组织是一个类似于美国财务会计准则委员会的私人部门。在其他一些国家，这种组织则是政府机构。历史上，这些不同的组织往往会制定不同的会计准则，这使得跨国公司的会计复杂化，降低了使用不同准则的公司之间的可比性，可能使公司难以在国际市场上筹集资金。

为了解决这些问题，国际会计准则委员会（International Accounting Standards Committee，IASC）于1973年成立，以制定全球性的会计准则。该委员会于2001年进行重组，成立了一个新的准则制定机构，称为国际会计准则理事会（International Accounting Standards Board，IASB）。国际会计准则理事会的主要目标是制定一套高质量、易理解和可推行的全球会计准则，以帮助世界资本市场的参与者和其他使用者做出经济决策。①

如示例1－7所示，国际准则制定的组织方式在许多方面类似于美国会计准则制定的组织方式。

示例1－7　美国和国际准则制定组织比较

	美国公认会计原则	国际财务报告准则
监管机构	证券交易委员会（SEC）	监督委员会
监督、委员遴选和资助机构	财务会计基金会（FAF）：20位受托人	国际财务报告准则基金会：22位受托人
准则制定机构	财务会计准则委员会（FASB）：7位委员	国际会计准则理事会（IASB）：14位委员
议程和项目咨询机构	财务会计准则咨询委员会（FASAC）：30～40位委员	国际财务报告准则咨询委员会：30～40位委员
紧急问题处理机构	紧急问题工作组（EITF）：15人	国际财务报告准则解释委员会：14人

国际会计准则委员会发布了41项国际会计准则（International Accounting Standards，IAS），这些准则均得到了2001年成立的国际会计准则理事会的认可。此后，国际会计准则理事会修订了许多国际会计准则并发布了自己的新准则，称为**国际财务报告准则**（International Financial Reporting Standards，IFRS）。越来越多的国家基于国际财务报告准则制定它们的会计准则。到2016年，约120个国家和地区，包括中国香港、埃及、加拿大、澳大利亚和欧洲联盟（简称欧盟）国家，要求或允许使用国际财务报告准则或其在当地的变体。②

美国与国际准则趋同的努力

美国是否也应采用国际财务报告准则？许多人认为，一套全球准则将提高财务报告的可

① www.ifrs.org.

② http://www.ifrs.com/ifrs_faqs.html.

比性，便于资本获取。然而，也有人认为，美国准则应该继续保持其独特性，以适应美国商业环境中严格的法律和监管要求。还有人认为，不同国家执行的差异会使国际财务报告准则下的会计显得比实际情况更为一致和可比。另一种观点认为，不同准则之间的竞争是健康的，可以促进准则的改进。[①]

为了制定一套全球趋同的会计准则，美国财务会计准则委员会和国际会计准则理事会已经奋斗了很多年。以下是一些重要节点：

- **2002年10月**：美国财务会计准则委员会和国际会计准则理事会签署了《诺沃克协议》，承诺消除准则之间存在的差异，并协调未来准则制定议程，以便共同解决一些主要问题。
- **2007年11月**：美国证券交易委员会不再要求在美国发行股票的外国公司在其财务报表中对国际财务报告准则与美国公认会计原则的差异进行调节。这表明美国证券交易委员会认可了国际财务报告准则是高质量的。这使得数百家外国公司可以使用基于国际财务报告准则的财务报表进入美国资本市场。
- **2008年4月**：美国财务会计准则委员会和国际会计准则理事会同意加快趋同的进程，并将精力集中于若干关键趋同项目。你将在本书中看到一些已经趋同的准则，比如收入确认、每股收益、股票薪酬、非货币性交易、存货成本和公允价值计算等。本书的“发展前瞻”专栏将描述其他一些正在进行的项目。
- **2008年11月**：美国证券交易委员会发布了一份路线图，列出了美国改为要求上市公司使用国际财务报告准则之前必须满足的必要条件（称为“里程碑”）。里程碑包括完成关键趋同项目，改善国际会计准则理事会的结构和资金，更新美国会计师的教育和许可。
- **2011年11月**：美国证券交易委员会发布了两项比较美国公认会计原则和国际财务报告准则的研究，分析了国际财务报告准则在全球的应用。在这些研究中，美国证券交易委员会指出了美国公认会计原则和国际财务报告准则的主要差异，并指出美国公认会计原则对特定交易或行业提供了明显更多的指导。美国证券交易委员会还注意到国际财务报告准则应用方面存在的多样性，这意味着不同国家和行业的财务报表存在不可比的可能。
- **2012年7月**：美国证券交易委员会的工作人员发布最终员工报告（Final Staff Report），其结论认为美国单纯采用国际财务报告准则是不可行的。因为：（1）美国需要对准则制定过程产生强有力的影响，并确保准则符合美国需要；（2）公司转换为国际财务报告准则的成本高昂；（3）许多法律法规和私人合同引用了美国公认会计原则。[②]

在写作本书时，最近的事件表明在可预见的将来，全面趋同是不可能实现的。例如，在第10章我们将讨论，美国财务会计准则委员会和国际会计准则理事会最终得出结论认为，在金融工具会计方面不可能完全趋同。尽管美国财务会计准则委员会和国际会计准则理事会

---

① 关于赞成和反对美国采用国际财务报告准则的综合分析，见 L. Hail，C. Leuz and P. Wysocki，“Global Accounting Convergence and the Potential Adoption of IFRS in the US (Part 1)：An Analysis of Economic and Policy Factors，” *Accounting Horizons* 24 (No 3.)，September 2010，pp. 355－394，and “… (Part 2)：Political Factors and Future Scenarios for U. S. Accounting Standards，” *Accounting Horizons* 24 (No. 4)，December 2010，pp. 567－588.

② “Work Plan for the Consideration of Incorporating International Financial Reporting Standards into the Financial Reporting System for U. S. Issuers：Final Staff Report，” Office of the Chief Accountant，United States Securities and Exchange Commission，July 13，2012，available at www. sec. gov.

将继续合作，尽可能趋同，但国际财务报告准则和美国公认会计原则之间仍将存在差异。

不管怎样，你应该意识到美国公认会计原则与国际财务报告准则之间存在重要差异。因此，“国际财务报告准则”专栏也将贯穿全书，以强调国际财务报告准则与美国公认会计原则的不同。本书每章最后的练习中包括与国际财务报告准则有关的材料。而且，与塔吉特的案例类似，法航-荷航案例也被包括在每章最后的“真实案例”专栏中。这样，你就可以看到每一章的国际财务报告准则材料是如何与一个大家熟悉的公司关联的。

准则制定程序

法定程序

在制定会计准则时，制定者必须了解准则涉及的经济交易的细微差别以及关于会计如何才能最好地反映经济现实的重要观点。因此，财务会计准则委员会在发布一份会计准则更新之前会进行一系列详尽的信息收集步骤，包括公开听证会、审议和征求利益相关方的书面意见。示例 1-8 归纳了财务会计准则委员会的准则制定程序。①

示例 1-8　财务会计准则委员会的准则制定程序

步骤	解释
1	委员会根据利益相关者的要求/建议或通过其他方式确定财务报告议题。
2	委员会根据工作人员对该议题的分析，决定是否在技术日程中增加一个新项目。
3	委员会举行一次或者多次会议，商讨工作人员确定和分析的各种议题。
4	委员会发布征求意见稿。（一些项目需要在此之前发布讨论稿以获得用于制定征求意见稿的意见。）
5	如有必要，委员会会就征求意见稿召开公开的圆桌会议。
6	工作人员分析意见函、公开圆桌会议讨论意见以及任何其他信息。委员会举行公开会议再次商讨议题内容。
7	委员会发布一项会计准则更新，说明对会计准则汇编的修改。

这些步骤有助于财务会计准则委员会获取信息以确定首选的会计方法。然而，一个问题是，这些信息收集过程也使财务会计准则委员会面临各种利益集团的很多政治压力。它们希望会计处理能为它们的最大经济利益服务。正如你将在本章稍后部分看到的那样，财务会计准则委员会的概念公告表明，准则应该以中立的方式呈现信息，而不是为特定的经济后果服务，但有时政治会干扰准则制定过程。

准则制定中的政治

会计准则的变动会导致经济中财富的重新分配。因此，对于有争议的会计准则，财务会计准则委员会不得不面对强大的政治压力，有时会因为这种压力而改变准则。

员工股票期权的会计处理是政治影响准则制定的一个例子，这个例子发生在 20 世纪 90 年代中期。如果公司向员工支付股票期权而不是现金，当时的会计准则一般不确认薪酬费用。然而，公司为了支付员工薪酬而付出了一些有价值的东西。因此，财务会计准则委员会建议公司确认与期权的公允价值相等的薪酬费用，并在员工获得期权的每个期间确认一部分

① www. FASB. org.

费用。许多公司（特别是在加利福尼亚州的硅谷，高科技公司在很大程度上用股票期权支付员工薪酬）对这一提议施加了强大的政治压力。最终财务会计准则委员会退缩了，只要求在财务报表附注中披露与期权相关的薪酬费用。大约10年后，这个有争议的问题在一种更加适宜的政治环境下再次出现，财务会计准则委员会发布了一项准则，像一开始那样要求确认费用。这个问题在第15章中有更详细的讨论。

准则制定中政治过程发挥作用的另一个例子是2007年发布的公允价值会计准则的实施引发的争议。许多金融资产和负债在资产负债表中以公允价值进行报告，许多类型的公允价值变动计入净利润。有人认为，公允价值是加剧2008—2009年金融危机的一个因素，它迫使金融机构在当时流动性不足的市场中，对金融资产进行了不必要的大量减值。正如在第10章中进一步讨论的那样，游说者和政治家的压力迫使财务会计准则委员会修改了在这些情况下确认投资损失的指导原则，持续的压力仍然是降低公允价值变动对净利润的影响程度。

国际财务报告准则

国际准则制定中的政治。国际会计准则理事会在准则制定过程中面临的政治压力非常严重。采用国际财务报告准则的国家的政客为他们偏爱的准则进行游说。欧盟是国际财务报告准则特别重要的采用者，它通过一个正式评估流程来确定是否同意在欧盟国家使用国际财务报告准则。欧盟成员国的经济后果是这一过程中的重要考虑因素。

例如，在2003—2004年，法国银行业强烈地游说反对金融工具会计的某些方面，最终使得欧盟在批准相关会计准则（IAS 39）之前“凿出”了两个关键条款。[①] 类似地，2008年欧盟成功地迫使国际会计准则理事会暂停其法定程序并立即允许投资重分类，这样一来，欧盟的银行就可以避免在金融危机中确认巨额损失。[②] 欧盟内部市场和服务委员查理·麦克里维（Charlie McCreevy）在评论准则制定时说：“会计现在太重要了，不能留给……会计师！”[③]

补充思考

私人公司委员会（Private Company Council，PCC）。反映像通用电气这样的大型跨国企业活动的复杂而全面的准则，是否也适用于私人公司？这些公司只需要向银行提供财务报表就可以获得贷款吗？私人公司或许能够避免这种复杂性。它们不向公众出售股票、债券等证券，通常可以识别财务报表使用者的特定信息需求，并且让管理层直接回答问题。私人公司的会计人员通常也比公众公司（上市公司）少。由于这些原因，私人公司长期以来一直在寻求一种成本较低的公认会计原则版本，以更好地满足财务报表使用者的信息需求。

---

① Stephen A. Zeff, “IFRS Developments in the USA and EU, and Some Implications for Australia,” *Australian Accounting Review* 18 (2008), pp. 275-282.

② Sarah Deans and Dane Mott, “Lowering Standards,” www.morganmarkets.com, 10/14/2008.

③ Charlie McCreevy, Keynote Address, “Financial Reporting in a Changing World” Conference, Brussels, 5/7/2009.

2012年，财务会计基金会通过建立私人公司委员会来回应这一问题。私人公司委员会的10位委员决定是否更改现有的公认会计原则，以满足私人公司财务报表使用者的需要。但是，私人公司提出的例外或修改必须得到财务会计准则委员会的认可，然后才能作为会计准则更新发布，并编入会计准则汇编。委员会还会在影响私人公司的现行项目方面向财务会计准则委员会提出建议。

三、鼓励高质量的财务报告

很多因素影响财务报告的质量。在这一部分，我们将讨论审计师的作用、最近的财务报告改革以及会计准则应该强调规则还是基本原则的争论。

审计师的作用

管理层的责任是恰当地运用公认会计原则。审计师作为独立中介来帮助确保管理层确实在公司财务报表编制过程中正确运用了公认会计原则。审计师检查（审计）财务报表，对报表是否符合公认会计原则，公允反映了公司的财务状况、经营成果和现金流量，发表专业、独立的意见。审计提高了财务报表的可信度，增加了依赖这些信息的人们的信心。因此，审计师在资本市场中发挥着重要作用。

大多数公司收到的是标准审计报告。例如，苹果公司2015年度的审计报告是由安永会计师事务所出具的。报告中说："我们认为，上述财务报表符合公认会计原则，在所有重大方面公允反映了苹果公司在2015年9月26日和2014年9月27日的合并财务状况、截至2015年9月26日的三个年度各年度的合并经营成果和现金流量。"这就是所谓的清洁意见。如果与公认会计原则有重大背离，或其他问题导致审计师质疑报表的公允性，审计师就会出具非标准审计报告以告知使用者。通常情况下，公司会改正审计师在审计中发现的重大错误，所以公司通常会得到清洁意见。上市公司的审计报告也提供审计师关于公司财务报告内部控制有效性的审计意见。

在美国大多数州，只有获得**注册会计师**（certified public accountants，CPA）执照的人，才能声明财务报表已按照公认审计准则进行了审计。注册会计师执照的要求因州而异，但所有州都规定了教育、考试和经验要求。考试要求是通过统一的注册会计师考试。

财务报告改革

2001年安然公司的轰然倒塌和2002年安达信会计师事务所的解体给美国资本市场带来了巨大冲击，会计行业本身以及美国公司的可信度都受到质疑。公众对世界通信、施乐、默克、阿德尔菲亚等知名公司会计丑闻的愤慨加大了立法者的压力，他们必须采取措施重建信任，恢复投资者对财务报告的信心。

在这些压力的推动下，国会迅速采取行动，通过了2002年《公众公司会计改革和投资者保护法案》，通常被称为《萨班斯-奥克斯利法案》（Sarbanes-Oxley Act）或SOX，因为是这两位国会议员提出了该法案。该法案适用于公开发行证券的主体。它规定了对审计师的监管和他们向客户提供的服务类型，增加了公司高管的责任，解决了证券分析师的利益冲突，并规定了对违法者的严厉刑事处罚。示例 1－9 概述了该法案的主要条款。

示例 1－9　2002 年《公众公司会计改革和投资者保护法案》(《萨班斯-奥克斯利法案》)

《萨班斯-奥克斯利法案》主要条款：

- 监督委员会。由五名成员（其中两名会计师）组成的公众公司会计监督委员会有权制定与审计报告有关的审计、质量控制、道德、独立性和其他活动的准则，也可以将这些职责授予美国注册会计师协会。在此之前，美国注册会计师协会制定审计准则。证券交易委员会拥有监督和执法权力。
- 公司高管责任。公司高管必须亲自签署财务报表和公司披露，如有虚假陈述，将面临严厉的财务处罚，并有可能被监禁。
- 非审计服务。该法案规定公众公司审计师为审计客户提供各种非审计服务是非法的。禁止的服务包括代理记账、内部审计外包、评估或估值服务以及其他各种咨询服务。其他非审计服务（包括税务服务）需要经审计公司的审计委员会事先批准。
- 工作底稿的保留。公众公司的审计师必须将所有审计或审阅工作底稿保留七年，否则可能会被判刑。
- 审计师轮换。签字审计合伙人每五年轮换一次。事务所的强制轮换正在审议之中。
- 利益冲突。事务所不得审计那些首席执行官曾在事务所任职并参与过之前年度公司审计的公众公司。
- 审计师的聘请。审计事务所由公司董事会的审计委员会聘请，不得由公司管理层聘请。
- 内部控制。404 条款要求公司管理层证明和评估可能影响财务报告的所有内部控制程序的有效性。公众公司会计监督委员会的第 2 号审计准则（之后被第 5 号审计准则取代）要求公司审计师就公司是否对财务报告保持有效的内部控制发表意见。

404 条款可能是 SOX 最有争议的条款。它要求公司管理层证明内部控制并报告其充分性。审计师还必须对公司是否对财务报告保持有效控制发表意见。

没有人质疑充分的内部控制的重要性，但是许多人认为，404 条款的好处并不能证明遵守这一条款的成本是合理的。研究提供的证据表明，404 条款的报告影响投资者的风险评估和公司股价，这表明这些报告被投资者看作是有用的。[①] 不幸的是，量化内部控制更重要的好处，比如实施和维持适当的内部控制可能避免像安然那样的企业失败，是不太可能的。

404 条款的初始遵循成本相当高。例如，对《财富》1 000 强的一项调查估计，大公司遵循 404 条款报告要求头两年的平均成本约为 850 万美元和 480 万美元（包括内部成本和审计费用）。[②] 意料之中的是，成本在第二年大幅下降，并且随着内部控制审计效率的提高而持续下降。现在许多公司意识到这些内部控制报告的好处超过了其成本。[③]

我们将在第 5 章介绍内部控制时继续讨论 404 条款。

四、远离规则导向的准则?

安然公司和其他公司的会计丑闻涉及管理人员利用精心构造的交易来规避会计准则的具体规定。这些丑闻重新引发了**原则导向**（principles-based）（最新的说法是**目标导向**（objectives-oriented））与**规则导向会计准则**（rules-based accounting standards）的争论。事实上，

① Hollis Ashbaugh Skaife, Daniel W. Collins, William R. Kinney, Jr., and Ryan LaFond, "The Effect of SOX Internal Control Deficiencies on Firm Risk and Cost of Equity," *Journal of Accounting Research* 47 (2009), pp. 1–43.

② "Sarbanes-Oxley 404 Costs and Implementation Issues: Spring 2006 Survey Update," CRA International (April 17, 2006).

③ Protiviti, Inc., 2011 *Sarbanes-Oxley Compliance Survey* (June, 2011).

《萨班斯-奥克斯利法案》的一个条款要求美国证券交易委员会研究这个问题，并向美国国会提交一份研究报告。该报告于 2003 年 7 月发布，建议采用目标导向的方法来制定会计准则。[①]

在选择对交易的会计处理时，目标导向的准则制定方法强调使用职业判断，而不是遵循一系列规则。目标导向方法的支持者认为，专注于职业判断意味着几乎没有规则需要规避，就更有可能形成适当的会计处理方法。另一方面，批评者则认为，没有详细的规则，更容易导致权力的滥用，因为管理层可以利用目标导向的自由来支持对他们有利的会计方法。即使没有故意滥用，依赖职业判断也可能导致对类似交易的不同解释，引起人们对可比性的担心。此外，详细的规则有助于审计师承受来自希望得到更有利会计处理的客户的压力，帮助确保公司遵守公认会计原则，避免诉讼或证券交易委员会的质询。由于这些原因，要想在美国的报告环境中不提供详细的规则是具有挑战性的。

无论会计准则是更多地偏向规则导向还是目标导向，以前的研究表明，不管是围绕精确的规则来构造交易，还是根据原则进行机会主义解释，都有滥用的可能。[②] 关键是管理层是否致力于高质量的财务报告。部分管理者道德价值观的缺失是会计滥用和丑闻的核心问题，因此我们接下来将讨论会计职业道德问题。

会计职业道德

道德（ethics）是指为判断是非对错提供标准的行为规范或准则。道德困境是个人或团体面临的考验这些规范的情形。许多道德困境很容易识别和解决。例如，你有没有想过假装生病，然后给你的教授打电话希望晚交作业？这样的诱惑会考验你的个人道德。

与其他商业人士一样，会计师也面临着许多道德困境，其中一些很复杂而且难以解决。例如，资本市场对近期利润的关注可能会诱使公司管理层扭曲甚至破坏会计规则，以夸大所报告的净利润。在这些情况下，技术能力不足以解决困境。

道德和职业精神

区分职业与其他工作的一个特征是其成员对其服务对象的利益负有责任。人们期望从事某种职业的人应该有道德行为。这些期望通常以一套道德规范的形式表现出来。例如，律师和医生都有自己的职业道德规范。这些道德规范为成员履行职责提供指南和规则。

公共会计作为一种职业得到了广泛认可。美国注册会计师协会（AICPA）作为注册公共会计师的全国性组织，也有自己的职业行为准则，它规定了成员应该努力实现的道德行为。类似地，**管理会计师协会**（Institute of Management Accountants，IMA）作为为行业和政府组织工作的会计师的一个主要全国性组织，也有它自己的职业道德准则。**内部审计师协会**（Institute of Internal Auditors）作为一个为组织提供内部审计服务的全国性会计师组织，也有相应的职业道德准则。

道德决策分析模型

道德规范是有用和有益的，但道德行为的动机必须来源于自身，而不仅仅是出于对违反

① “Study Pursuant to Section 108 (d) of the Sarbanes-Oxley Act of 2002 on the Adoption by the United States Financial Reporting System of a Principles-Based Accounting System,” Securities and Exchange Commission (July 2003).

② Mark W. Nelson，John A. Elliott，and Robin L. Tarpley，“Evidence From Auditors About Manager’ and Auditors Earnings Management Decisions，” *The Accounting Review* 77 (2002)，pp. 175-202.

道德规范所招致惩罚的恐惧。下面的一系列步骤为分析道德问题提供了一个基本框架。这些步骤可以帮助你结合自己的是非观来解决道德困境。[①]

第一步：判断事实情况。这包括确定谁、什么、哪里、何时和如何。

第二步：识别道德问题和利益相关者。利益相关者可能会包括股东、债权人、管理者、员工和社区。

第三步：识别与情形相关的价值观。比如，在某些情形中，保密性也许是一个会与知情权相冲突的重要价值观。

第四步：明确行动方案。

第五步：评价第四步中的行动方案是否与第三步所识别的价值观一致。这一步不一定会产生建设性的行动方案。

第六步：辨别每种可能方案会带来的后果。如果第五步没有提供一个可行的行动方案，那么就评估每一个可能的行动方案对所有利益相关者的影响。

第七步：做出决定，并采取相应的行动。

道德困境的内容贯穿本书。上面列出的分析步骤提供了一个框架，你可以用来评估这些情况。

道德困境

你最近被一家销售体育用品的大型连锁零售商雇用。你的任务之一是帮助编制对外的定期财务报表。该连锁店最大的债权人是国家储蓄和贷款银行，它需要季度财务报表。目前你正在编制截至2018年6月30日的季度报表。

在5月和6月，该公司花费了120万美元用于一个大型广播和电视广告活动。120万美元包括制作商业广告以及购买广播和电视时间的费用。所有成本都计入广告费用。该公司的首席财务官（CFO）要求你编制6月30日的调整分录，将成本从广告费用转移到一项名为"预付广告费"（将在7月支付）的资产当中。首席财务官解释说："这个广告活动已经带来5月和6月的大量销售，我认为它在7月将继续吸引顾客。通过将广告成本记录为资产，我们可以将广告成本与7月的额外销售额相配比。此外，如果将5月和6月的广告支出费用化，我们本季度的利润表上会显示经营亏损。银行要求我们继续显示季度利润，以保持我们的良好信誉。"

第2节　概念框架

在牢固的地基上才能建成坚固的建筑。美国宪法是美国法律的基础。**概念框架**（con-

① Harold Q. Langenderfer and Joanne W. Rockness, "Integrating Ethics into the Accounting Curriculum: Issues, Problems, and Solutions," *Issues in Accounting Education* (Spring 1989). These steps are consistent with those provided by the American Accounting Association's Advisory Committee on Professionalism and Ethics in their publication *Ethics in the Accounting Curriculum: Cases and Readings*, 1990.

ceptual framework）被称为“会计宪法”，因为它为美国会计准则提供了基础。概念框架为财务会计和报告提供了结构和方向，但不直接规定公认会计原则。它是一个由相互关联的目标和基本原理组成的连贯体系，旨在产生一致的准则，并规定财务会计和报告的性质、功能和限度。基本原理是会计的基本概念，指导如何选择事项的会计处理方法、如何计量以及如何向利益集团汇总和传递信息。[①]

财务会计准则委员会通过财务会计概念公告（Statements of Financial Accounting Concepts，SFAC）发布概念框架。财务会计概念公告第 8 号（SFAC 8）讨论了财务报告的目标和有用财务信息的质量特征。财务会计概念公告第 7 号（SFAC 7）描述了在进行会计计量时如何使用现金流量和现值。财务会计概念公告第 6 号（SFAC 6）定义了财务报表中出现的账户和权责发生制会计概念，财务会计概念公告第 5 号（SFAC 5）讨论了确认和计量的概念。更早的财务会计概念公告要么被取代，要么涉及本书不考虑的非企业组织。

在本节中，我们将讨论概念框架的组成部分，如示例 1－10 所示。

示例 1－10　概念框架

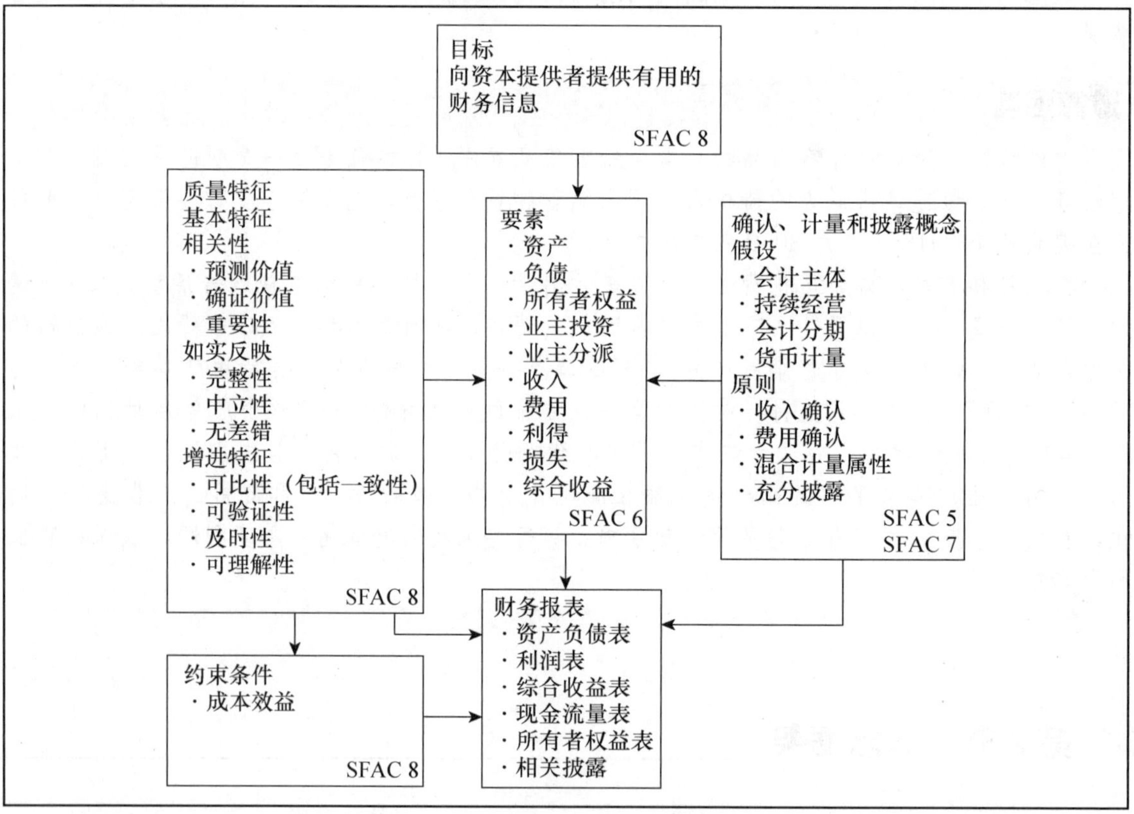

国际财务报告准则

概念框架的作用。 美国公认会计原则和国际财务报告准则的概念框架非常相似，而且在

① “Conceptual Framework for Financial Accounting and Reporting: Elements of Financial Statements and Their Measurement,” *Discussion Memorandum* (Stamford, Conn.: FASB, 1976), p. 2.

美国财务会计准则委员会和国际会计准则理事会的共同努力下将持续趋同。然而，在美国公认会计原则中，概念框架主要是为准则制定者提供指导，帮助他们制定高质量的准则。在国际财务报告准则中，概念框架指导准则的制定，除此之外，当其他国际财务报告准则不适用时，概念框架为会计人员进行会计判断提供依据。此外，国际财务报告准则强调财务报表提供公司的“公允表述”这一首要概念。美国公认会计原则不包括类似的要求，但是美国的审计准则要求这样的考虑。

一、财务报告的目标

如本章第 1 节所述，通用目的财务报告的目标是提供有关公司的财务信息，这些信息对于资本提供者的决策是有用的。例如，投资者决定是否买入、卖出或持有权益或债务证券，债权人决定是否提供或解除贷款。对资本提供者有用的信息也可能对财务报告信息的其他使用者有用，例如监管机构或税务机关。

投资者和债权人对公司未来现金流量的金额、时间和不确定性感兴趣。关于公司经济资源（资产）和资源要求权（负债）的信息同样有用。这些信息不仅可以预测未来现金流量，还可以帮助决策者识别公司的财务优势和劣势，评估流动性和偿付能力。

二、财务报告信息的质量特征

信息必须具有哪些特点才能最好地满足财务报告的目标？示例 1－11 根据重要性层级列示了理想状态下财务报告信息的质量特征。这些特征旨在增强信息的**决策有用性**（decision usefulness）。

示例 1－11　财务信息质量特征的层级

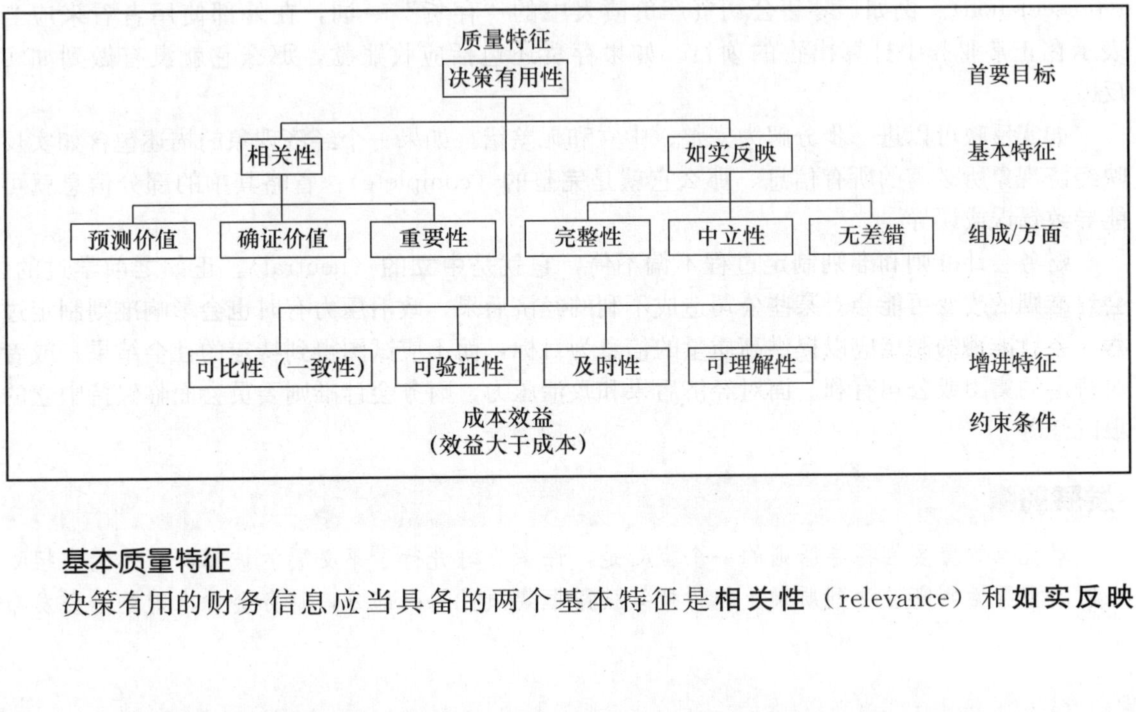

基本质量特征

决策有用的财务信息应当具备的两个基本特征是**相关性**（relevance）和**如实反映**

(faithful representation)。两者都很重要。如果信息不相关，信息就没有多大价值。即使信息是相关的，如果不能如实反映经济现象，它也不是那么有用。让我们仔细分析这两个质量特征，包括它们的组成部分。我们也考虑其他增强决策有用性的特征。

相关性

显然，为了对决策过程产生影响，信息必须与决策相关。财务报告的相关性意味着信息必须具有**预测价值**（predictive value）或**确证价值**（confirmatory value），通常是二者兼具。例如，当期净利润如果有助于使用者预测公司未来的现金流量，它就具有预测价值；如果它有助于投资者确证或改变他们之前对公司现金流产生能力的评估，它就具有确证价值。预测和确证价值是“盈余质量”概念的核心，盈余质量是指报告盈余（收益）预测公司未来盈余的能力。

如果忽略或误报信息可能影响使用者的决策，那么财务信息就是**重要的**（material）。重要性是相关性的一个方面，取决于公司的具体情况，并基于所报告项目的性质或规模。回想一下前面讨论的苹果公司的审计报告只是对重要事项发表了意见。如果信息不重要，就不相关。

重要性通常取决于交易的相对金额。例如，对于一个价值数十亿美元的公司来说，总预计坏账 10 000 美元不会被认为是重要的。然而，同样是 10 000 美元，对于一个社区比萨店来说可能很重要。由于重要性需要根据具体情况判断，财务会计准则委员会没有制定量化的重要性指导原则。重要性留给编制财务报表的公司及其审计师主观判断。

重要性通常也与项目的性质有关。这取决于定性和定量考虑。例如，非法向外国政府官员行贿 10 000 美元以获得一份有价值的合同，即使对于公司规模来说数额不大，也可能会被认为是重要的。同样，利用一小笔钱，将报告期的净亏损改为净利润，也可因为其性质而被财务报表使用者认为是重要的。

如实反映

当一个度量或描述与它所声称代表的现象具有一致性时，它就是**如实反映的**（faithful representation)。例如，零售公司资产负债表中的“存货”一词，在外部使用者看来应当表示在正常业务中打算出售的项目。如果存货还包括应收账款，那么它就没有做到如实反映。

如实反映可以进一步分解为完整、中立和无差错。如果一个经济现象的描述包含如实反映经济现象所必需的所有信息，那么它就是**完整的**（complete)。省略其中的部分信息就可能导致错误或误导。

财务会计准则和准则制定过程不偏不倚，它就是**中立的**（neutral)。正如之前学过的，会计准则的改变可能会对某些公司造成不利的经济后果，政治压力有时也会影响准则制定过程。会计准则的制定应以提供高质量的信息为目标，而不应试图得到特定的社会结果，或者对特定的集团或公司有利。面对经济后果和政治压力，财务会计准则委员会面临保持中立的艰巨任务。

发展前瞻

对现有的重要性指导原则的一个担心是，许多公司进行了不必要的披露，因为它们担心它们的重要性判断会受到质疑。作为持续披露框架项目的一部分，财务会计准则委员会发布了一份征求意见稿，题为“评估披露是否重要”，意在澄清重要性的概念。征求意见稿表明，重要性是一个法律概念，应用于公司财务报表中定量和定性信息的单独或组合披露。同时澄清了，省略非重要性信息不是会计差错。但征求意见稿中提出的修改是有争议的，因为会减少公司披露的信息量。财务会计准则委员会承诺在推进这项计划之前寻求更多的建议。

信息无差错（free from error）会增强如实反映。无差错的意思是在金额描述或报告过程中没有出现错误或遗漏。当我们衡量财务报表中包含的许多财务信息项目时，不确定性客观存在。使用估计是正常的，有一些不准确也很常见。如果一个估计被尽量准确地描述，并且财务报表使用者得到足够的信息，可以了解存在不准确的可能性，那么它也是如实反映的。

许多会计人员建议采用**稳健性**（conservatism）来应对可能的错误。稳健性意味着会计人员确认好消息比确认坏消息需要更多核实。其结果是损失比利得更快地反映在净利润之中，并且净资产倾向于被低估。

财务会计概念公告第 8 号明确拒绝承认稳健性是会计信息的一个特征，声称稳健性违背了中立性从而破坏了如实反映。然而，一些会计做法似乎是出于稳健性。例如，公司需要确认存货、建筑物和设备价值下降造成的损失，但却不允许确认它们价值增加产生的收益。这些做法的一个理由是，在好消息被低估、坏消息被夸大的情况下，即使投资者和债权人的投资遭到损失，他们也不太可能起诉公司。另一个理由是，稳健的会计有利于债权人保护自己免受不良管理的伤害，从而便于债务契约的签订。因此，尽管在概念框架中缺乏对稳健性的支持，在会计实务和某些会计准则的应用中，稳健性仍然可能是一个重要的考虑因素。

增进质量特征

示例 1 - 11 确定了四个增进质量特征：可比性（包括一致性）、可验证性、及时性和可理解性。

可比性（comparability）帮助使用者观察事项和情况之间的异同。我们已经讨论过投资者和债权人通过比较公司之间的信息来做出资源分配决策的重要性。与可比性密切相关的一个概念是**一致性**（consistency），它是指同一家公司不同会计期间的会计处理可以比较。如果使用者能够比较公司的绩效，那么信息的预测价值和确证价值就会增强。[①] 公司通常会在财务报表附注 1 中说明重要会计政策及其变化情况，提醒使用者注意可能会影响一致性的情形。

可验证性（verifiability）意味着具有相应知识且相互独立的不同观测者可以在信息是否如实反映方面达成共识。直接验证涉及观察所描述的项目。例如，在公司资产负债表中报告的一块土地的历史成本通常是高度可验证的。成本可以追溯到购买土地的交易。但是，这块土地的公允价值则很难验证。评估师对公允价值的评估可能会有所不同。验证其估计数是间接的，涉及审查其估值模型和评估模型输入值的合理性。客观性（objectivity）这个术语通常与可验证性相联系。土地的历史成本客观且易于验证，但土地的公允价值是主观的，可能

---

① 公司偶尔会改变会计处理方法，这使得使用者难以在不同报告期之间进行比较。第 3 章和第 16 章描述了公司在这种情况下所做的披露，以恢复各期间之间的一致性。

受到测量者过去经验和偏见的影响。一个主观的测量更难以验证，这可能会让使用者怀疑它是否能够如实反映。

及时性（timeliness）对于信息的有用性也很重要。如果信息提供得足够早，使用者可以在决策过程中使用到信息，那么信息就是及时的。为了提高及时性，美国证券交易委员会要求其注册人每个会计年度提供季度和年度财务报表信息。

可理解性（understandability）是指财务信息的使用者在决策过程中能够理解信息的含义。因为信息使用者的理解能力不同，因此可理解性会随着使用者的不同而不同。财务报告的首要目标是向那些对企业和经济活动有适当理解力并愿意认真研究这些信息的人提供可理解的信息。

关键约束条件：成本效益

大多数人都知道谁都不能事事如愿。最新的电子产品可能具有现有技术可以提供的所有质量特性，但是有限的资源可能会使我们只能购买一款具有较少附加功能的型号。**成本效益**（cost effectiveness）制约了我们所做的会计选择。赋予财务信息我们所讨论的所有质量特征的益处必须超过这样做的成本。

提供财务信息的成本包括收集、处理和传递信息的成本。信息使用者在解读信息时也有成本。另外，成本还包括执行会计准则可能带来的不利经济后果。例如，有不同经营分部的公司必须披露某些分类财务信息。[①] 除了收集、处理和传递这些信息的成本以外，许多公司认为这一报告要求会导致竞争劣势成本（competitive disadvantage costs）。这些公司担心它们的竞争对手会从分类数据中获得优势。

这种报告分类信息的要求或者任意一项会计准则带来的潜在效益就是能够提升信息的决策有用性，并改善资源配置过程。这种利益基本无法量化。财务会计准则委员会在制定会计准则时进行了详尽的信息收集，收集过程是评估新提议的会计准则成本和效益的一种尝试，尽管这一过程是主观且非量化的。

三、财务报表要素

财务会计概念公告第6号定义了10个财务报表要素。这些要素是“财务报表的组成部分——组成财务报表的项目类别”。[②] 它们直接关注与报告财务状况和衡量业绩有关的项目。权责发生制会计体现在要素定义中。示例1-12列示了财务报表的要素及其概念。在后面的章节中你将会学到更多关于这些要素的知识。

示例1-12　财务报表要素

财务报表要素	
资产	过去的交易或者事项形成的、由特定主体拥有或者控制的可能的未来经济利益。

① FASB ASC 280：Segment Reporting（previously “Disclosures about Segments of an Enterprise and Related Information,” *Statement of Financial Accounting Standards No. 131*（Norwalk，Conn.：FASB，1997））.

② “Elements of Financial Statements,” *Statement of Financial Accounting Concepts No. 6*（Stamford，Conn.：FASB，1985），par. 5.

续

财务报表要素	
负债	过去的交易或者事项形成的、由特定主体承担的现时义务而导致的可能的未来经济利益的牺牲（未来需要向其他主体转移资产或提供服务）。
所有者权益	又称股东权益，是主体的资产减去负债后的剩余利益。
业主投资	其他主体为获得或增加对该企业的所有权利益而向该企业转移有价值的东西。
业主分派	向所有者进行分配导致特定企业所有者权益的减少。
综合收益	一段期间内与所有者无关的交易、其他事项或情况导致的企业所有者权益的变化，包括除业主投资和业主分派以外的全部所有者权益的变化。
收入	一段期间内主体由于交付或生产产品、提供服务或其他持续的主要经营活动所导致的资产增加或负债减少。
费用	一段期间内主体由于交付或生产产品、提供服务或其他持续的主要经营活动所导致的资产减少或负债增加。
利得	主体次要或非经常交易导致的所有者权益的增加。
损失	主体次要或非经常交易导致的所有者权益的减少。

四、基本假设

虽然在财务会计准则委员会的概念公告中没有强调，但公认会计原则的四个基本假设是：(1) 会计主体假设；(2) 持续经营假设；(3) 会计分期假设；(4) 货币计量假设。这些假设确定了报告主体、主体将持续存在以及报告频率和金额单位。

示例1-13总结了公认会计原则的四个假设。

示例1-13　公认会计原则的基本假设汇总

假设	描述
会计主体	所有经济事项都可以用某一特定的主体来识别。
持续经营	在没有相反信息的情况下，预期一个企业主体将继续无限期地经营。
会计分期	可以将公司的寿命人为地划分为若干期间，以定期向外部使用者提供信息。
货币计量	在美国，财务报表要素应以美元来计量。

会计主体假设

会计主体假设（economic entity assumption）假定所有经济事项都可以用某一特定的**经济主体**（economic entity）来识别。投资者希望得到与其所有权利益相关的经济主体的信息。例如，如果你正在考虑购买谷歌公司的一些股票，你一定希望了解谷歌公司不同经营单位的信息。你不仅需要了解其美国业务的信息，还需要了解其欧洲和其他国际业务的信息。谷歌拥有控股权益（持有投票权股份比例超过50%）的各个公司（子公司）的财务信息应与谷歌（母公司）的财务信息合并，以提供完整的景象。虽然母公司和子公司是独立的法律主体，但它们是同一个会计主体。

这一假设的另一个关键点是将所有者的经济活动和公司的经济活动区分开来。例如，一家名为吉姆叔叔餐厅的独资企业的经济活动应与其所有者吉姆叔叔的经济活动分开。比如，吉姆叔叔的私人住宅并不是该独资企业的资产。

持续经营假设

另一个必要的假设是，若无相反信息，一个企业主体将会无限期地持续经营下去。会计人员意识到**持续经营假设**（going concern assumption）并非总是成立，因为肯定有很多企业倒闭。但是，这个假设对于许多广泛而具体的会计准则是至关重要的。例如，这一假设为根据历史成本计量资产提供了理由。如果知道企业在不久的将来会停止经营，那么资产和负债应该按照它们当前的清算价值来计量。类似地，一栋建筑的折旧年限为 40 年的前提是我们假设企业将会经营那么久。

会计分期假设

会计分期假设（periodicity assumption）与及时性的质量特征有关。外部使用者需要定期信息来做决策。对定期信息的需求要求将公司的寿命（假定是无限长的）人为划分成用于财务报告的时间区间。证券公开交易的公司必须每季度和每年向证券交易委员会提供财务信息。[①] 银行和其他一些需要更及时信息的使用者通常需要月度财务报表。

对于许多公司来说，会计年度是日历年度。但是，也有一些公司选择了不符合日历年度的会计年度。会计行业和证券交易委员会主张公司采用与其自然营业年度相对应的会计年度。一个自然的企业年度是到公司业务水平最低时为止的 12 个月。例如，许多零售商，例如沃尔玛，就采用了 1 月 31 日结束的会计年度。因为繁忙的圣诞节过后，1 月的商业活动进展一般非常缓慢。金宝汤公司（Campbell Soup Company）的会计年度在 7 月结束，高乐氏（Clorox）和孟山都（Monsanto）的会计年度分别在 6 月和 8 月截止。

货币计量假设

货币计量假设（monetary unit assumption）要求以名义货币单位来计量财务报表要素，而不对购买力的变化进行任何调整。在美国，美元是财务报表中使用的货币单位。在欧盟，欧元是货币单位。其他国家使用其他货币作为货币单位。

使用美元或欧元这样的货币单位的一个问题是，假设随着时间的推移币值是稳定的。也就是说，就购买某些商品和服务的能力而言，美元的价值假定随着时间的推移并不变。这个假设显然并不严格符合。美国经济经历了价格快速变化的时期。在价格不稳定的情况下，机器、卡车和建筑物在不同的时间购买，用来计量它们的货币单位是不一样的。价格变化对财务信息的影响一般在其他会计课程（通常是高级会计课程）中讨论。

五、确认、计量和披露概念

我们已经确定了财务报表的各个要素和基本假设，下面讨论应该何时确认（记录）这些要素以及如何对这些要素进行计量和披露。例如，资产被定义为过去的交易或者事项形成

① 每个会计年度的头三个季度需要提交 10－Q 表，年报则是 10－K 表。

的、由特定主体拥有或者控制的可能的未来经济利益。但是应该什么时候记录资产，金额是多少，在财务报表中应该提供哪些与资产相关的其他重要信息呢？财务会计概念公告第 5 号阐述了这些问题。**确认**（recognition）是指信息列入财务报表的过程。**计量**（measurement）是将财务报表要素进行量化的过程。**披露**（disclosure）是指在财务报表和附注中包含相关信息。

确认

一般确认标准

根据财务会计概念公告第 5 号，当某一项目满足以下四个标准（满足成本效益原则和重要性水平），就应在基本财务报表中进行确认：

（1）定义。该项目符合财务报表要素的定义。

（2）可计量性。该项目有足够可靠的相关计量属性。

（3）相关性。关于该项目的信息能够对使用者的决策造成影响。

（4）可靠性。信息是如实反映的、可验证的和中立的。[1]

财务会计概念公告第 5 号提供了关于收入和费用确认的进一步指导，你将在本书中了解更具体的指导原则。

收入确认

收入（revenues）是向客户提供产品或服务而产生的资产流入或负债清偿。利润表只应报告财务报表对应期间的这些活动的结果。因此，收入确认的时间是盈余计量的一个关键因素。不遵守收入确认标准可能会虚增一个报告期的收入和净利润，而低估另一个期间的收入和净利润。

直至最近，收入确认仍以实现原则为指导，这一原则要求收入确认满足两个标准：

（1）收入赚取过程被认为已完成或基本完成。

（2）资产（通常是现金）的可收回性可以合理地确定。

第 4 章将进一步讨论，财务会计准则委员会最近发布了会计准则更新第 2014 - 09 号，它改变了确认收入的时间和计量方式。[2] 该准则要求企业在商品或服务转移给客户以使公司获得相应款项时确认收入。收入是在某个时点确认还是某个时间段确认，取决于商品或服务何时转移给客户。例如，大多数商品的销售收入是在交货时确认的，但出租公寓或贷款等服务的收入在提供这些服务的时期得到确认。如果卖方不太可能收取其有权收取的款项，则不确认收入。虽然该准则不依赖于实现原则，但可以看到，实现原则的各个方面依然存在。我们仍然关注卖方履行其对客户的义务，我们仍然需要在买方有足够大的可能性付款时才确认收入。

请注意，这些准则有助于实现权责发生制会计模式。收入是在卖方将商品或服务转移给客户时确认的，而客户不一定同时向卖方付款。

---

① "Recognition and Measurement in Financial Statements," *Statement of Financial Accounting Concepts No.* 5 (Stamford, Conn.: FASB, 1984), par. 63. 财务会计概念公告第 8 号用"如实反映"替代了"可靠性"，作为财务信息第二重要的质量特征。

② "Revenue from Contracts with Customers (Topic 606)," *Accounting Standards Update 2014 - 09* (Norwalk, Conn: FASB, 2014).

收入确认的时间也影响资产确认的时间。当通过记入收入账户的贷方来确认收入时，相应的借方通常会增加一些资产，一般是现金或应收账款。

费用确认

费用（expenses）是因为提供商品或服务而产生的资产流出或其他耗用或者负债增加。费用何时确认？在实务中，费用确认通常使同一交易或其他事项产生的收入和费用相匹配。[①] 这种方法暗示了收入和费用确认之间存在因果关系。其净结果是净利润这一指标，用于确定经营期间利润或损失的金额。

虽然这些概念容易理解，但应用起来却很困难，因为很多费用并不直接产生特定金额的收入。相反，收入与很多费用之间的联系是间接的。因此，根据具体费用的性质，费用可以通过四种不同的方法进行确认。[②]

（1）基于准确的因果关系。例如，这种方法适用于商品销售成本。宠物大卖场（PetSmart）销售狗粮的收入与从供应商处购买狗粮的成本之间有明确的因果关系。支付给销售人员的佣金也是基于这种方法确认费用的一个例子。

（2）将费用与特定期间内确认的收入相联系。许多费用可以与赚取收入的会计期间联系起来。例如，支付给办公室职员的月薪与任何特定的收入事项都没有直接关系。相反，职员每个月为公司提供服务，这与同期确认的收入间接相关。

（3）通过系统、合理的方法分配到特定期间。一些为取得资产而发生的成本将会在多个报告期内为公司带来好处，因此我们在这些期间内确认费用。例如，直线法折旧是将设备成本分配到设备产生收入的多个期间的一种“系统、合理”的方法。

（4）在发生的期间确认，不考虑相关收入。有时会发生成本，但是难以确定在哪个或哪些期间会产生相关的收入（如果有的话）。例如，假设谷歌公司花100万美元做电视广告，很难确定这些广告是否能够带来额外的收入，以及这些收入产生的时间和金额。因此，我们将广告支出确认为发生当期的费用。

费用确认的时间也会影响资产和负债确认和终止确认的时间。当我们借记费用时，相应的贷方通常会减少资产（例如，因为支付员工工资而减少现金），或者增加负债（例如，增加应付工资以增加以后支付的工资）。

计量

如果要确认一个金额，那就必须进行计量。财务会计概念公告第5号指出，公认会计原则目前采用“混合属性”计量模式。例如，如果查看资产负债表，你可能会看到以历史成本计量的土地、以可变现净值计量的应收账款、以未来现金流量的现值计量的负债以及以公允价值计量的投资。选择一个特定项目的计量属性应该使相关性和如实反映的组合最大化。财

---

① “配比原则”（matching principle）这一术语在实务中有时是指首先确认收入，然后确认产生收入所需的所有费用。然而，概念框架没有包括这一术语。财务会计概念公告第5号和第6号认为配比是确认同一交易或事项所产生的费用和收入的结果。准则制定者不愿意过多地运用配比，因为他们认为这样做可能会将一些无法产生“可能的未来经济利益”的金额不恰当地确认为资产，从而不符合资产的定义。我们将在本章末尾“不断变化的公认会计原则”中进一步讨论这一问题。

② “Elements of Financial Statements—a replacement of FASB Concepts Statement No. 3 (incorporating an amendment of FASB Concepts Statement No. 2),” *Statement of Financial Accounting Concepts No. 6* (Norwalk, Conn.: FASB, 1985).

务会计概念公告第 5 号列出了公认会计原则中使用的五种计量属性：

（1）历史成本；

（2）可变现净值；

（3）现行成本；

（4）未来现金流量的现值（或贴现值）；

（5）公允价值。

这些不同的计量属性通常具有相同的金额，特别是在初始确认金额时。但是，有时它们在一些重要方面有所不同。

历史成本

我们常常根据初始交易价值，即**历史成本**（historical cost），来计量资产和负债。一些会计师将这种做法称为应用历史成本原则。对于一项资产，历史成本等于资产初始取得时的交换价值（通常是现金）。就负债而言，历史成本是负债产生时获得的现金等价物的价值。能在长期产生收入的资产（如设备）的历史成本通常在初始计量后通过确认折旧或摊销进行调整。

为什么要用历史成本作为计量的基础？首先，历史成本提供了重要的现金流量信息，因为它代表为取得资产或形成负债而支付或收到的现金或现金等价物。其次，由于历史成本是两个独立参与方进行交换的结果，双方同意的交换价值是客观且可验证的。

可变现净值

有些资产按其**可变现净值**（net realizable value）计量，财务会计准则委员会将其定义为日常活动中的估计售价减去可以合理预测的加工、处置和运输成本之后的金额。直观上，可变现净值是指在日常活动中预计将资产转换为现金的金额。例如，如果存货可以以 10 000 美元的价格出售，并且公司需要额外支付 2 000 美元才能将其完工并运送给客户，那么存货的可变现净值为 8 000 美元。这种与历史成本的背离可以提供有用的信息来帮助预测未来的现金流量。

现行成本

公司有时会报告**现行成本**（current costs），特别是在经济发生通货膨胀时。资产的现行成本是购买或重新生产资产所发生的成本。

现值

由于对许多会计计量的重要性，**现值**（present value）是财务会计概念公告第 7 号的重点。财务会计概念公告第 7 号提供了使用未来现金流量作为会计计量基础的框架，同时也表明了使用现值对资产或负债进行估值的目标是估计其公允价值。[①] 我们将在后续章节中对现值在会计计量中的应用进行探讨。

公允价值

我们用**公允价值**（fair value）（在财务会计概念公告第 5 号中最初称为现行市场价值）来计量很多金融资产和负债。此外，在确定财产、厂房、设备和无形资产等非金融资产的价值是否已经减值时，也使用公允价值。鉴于这种计量属性的复杂性和日益重要，我们将对它

---

① "Using Cash Flow Information and Present Value in Accounting Measurements," *Statement of Financial Accounting Concepts No. 7* (Norwalk, Conn.: FASB, 2000).

进行详细讨论。

公允价值被定义为市场参与者在计量日发生的有序交易中，出售一项资产所能收到或者转移一项负债所需支付的价格。这个定义的一个重要方面是它关注市场参与者这一角度。例如，如果一家公司购买了竞争对手的一项专利，它不打算使用这项专利，而仅仅是为了防止竞争对手使用它，那么公司仍然需要为该资产分配一个价值，因为市场参与者会在使用该专利时发现价值。

财务会计准则委员会提供了一个公允价值计量框架，应用于公认会计原则中使用公允价值的领域。[①] 国际会计准则理事会最近趋同使用了相同的框架。[②] 在这一框架中，可以使用三种估值技术来计量公允价值。市场法基于市场信息估值。例如，一个公司未实际交易的股票的价值可以用该公司的盈余乘以类似公司的市盈率（股票价格/盈余）来估计。收益法首先估算未来的金额（例如盈余或现金流量），然后将这些金额通过运算转换为单一的现值，从而估算公允价值。成本法通过估计购买或建造类似质量和状况的资产所需的金额来确定价值。公司可以根据信息的可获得性，运用一种或多种估值方法，并应一贯地使用所选用的方法，除非情况发生变化导致需要对估值方法进行变更。

为了增强应用该定义的一致性和可比性，概念框架提供了一个“层次结构”，以明确公司在确定公允价值时应使用的输入值的优先顺序。输入值可以分为三个层次，层次越高（第1层次最高），输入值越优先。概念框架鼓励公司争取为每种情况获得最高层次的输入值。示例1-14描述了输入值的类型，并提供了每个层次的例子。

示例1-14 公允价值层次

层次	输入值	举例
1 最理想的情况	相同的资产或负债在活跃市场上的报价。	在第10章中，你将学习某些有价证券投资以公允价值进行报告。在这种情况下，公允价值将使用纽约证券交易所、纳斯达克或其他证券交易所的市场报价来衡量。
2	除资产或负债可观察的报价之外的输入值。这些输入值包括活跃市场或非活跃市场中类似资产或负债的报价，以及主要由可观察的相关市场数据衍生或证实的输入值。	在第8章中，我们将讨论公司如何以现金以外的其他方式来获取资产。在任何非现金交易中，交易的每个要素均以公允价值进行记录。例如，如果交易的资产之一是建筑物，那么最近出售的类似建筑物的市场价格可以用来对该建筑物进行估值，或者如果没有近期交易的类似建筑物以获得可比的市场价格，则可以基于可观察市场数据得出的每平方英尺价格来估值。
3 最不理想的情况	反映主体自身假设（市场参与者在资产或负债的定价过程中基于当时情况下的最佳信息所使用的假设）的不可观察输入值。	第8章讨论的资产弃置义务（ARO）按公允价值计量。在大多数ARO估值情况下，第1层次和第2层次的输入值都不可行。如果没有信息显示市场参与者会使用不同的假设，则使用第3层次的输入值估计公允价值，包括使用主体自身数据估计的预期现金流量的现值。

公司也必须详细披露其使用公允价值计量的信息。披露内容包括对用于计量公允价值的

① FASB ASC 820: Fair Value Measurements and Disclosures (previously "Fair Value Measurements," *Statement of Financial Accounting Standards No. 157* (Norwalk, Conn.: FASB, 2006)).

② "Fair Value Measurement," *International Financial Reporting Standard No. 13* (London, UK: IASCF, 2011).

输入值的描述。对于基于重要的不可观察输入值（公允价值第 3 层次）的经常性公允价值计量，公司应披露计量对当期盈利（或净资产变动）的影响。

在美国公认会计原则和国际财务报告准则下，公允价值计量属性的使用正在增加。然而，这个趋势是有争议的。公允价值的支持者认为它更具相关性，并相信历史成本信息可能对许多类型的决策没有用处。公允价值的反对者认为估计公允价值可能不能如实反映，特别是基于公允价值第 3 层次输入值的估计，管理者可能会试图利用这些输入值的不可验证性来操纵盈利。他们认为，会计应强调可验证性，只应确认交易中实际已经实现或肯定存在的利得或者公允价值变动。

公允价值选择权

一般情况下，财务报表项目的计量属性不能主观选择。然而，在某些情况下，公认会计原则允许使用**公允价值选择权**（fair value option），即允许公司选择是否以公允价值报告金融资产和金融负债。[①] 例如，在第 12 章中，你将了解到公司通常会以历史成本报告应付债券（调整未摊销的溢价或折价），但公允价值选择权允许公司选择以公允价值报告应付债券。如果公司选择公允价值计量，那么公允价值的未来变动应作为损益计入利润表。

为什么金融资产和金融负债允许采用公允价值选择权，而建筑物或土地等资产则不允许采用呢？金融资产和金融负债是现金和其他能直接转换为已知金额现金的资产及负债，包括对其他主体的股票和债券投资、应收票据和应付票据、应付债券以及衍生证券。[②] 目前，这些金融资产和金融负债中有一些是以公允价值进行报告的，另外一些则不是，这导致在处理类似或相关项目时存在一些潜在的不一致。公允价值选择权为公司提供了一种减少报告盈余波动的方法，而无须遵守复杂的套期会计准则。这也有助于与国际会计准则趋同，因为国际会计准则理事会也采用了公允价值选择权来处理金融工具。

披露

请记住，会计的目的是提供对决策者有用的信息。所以，如果一些对使用者有益的会计信息没有包含在主要财务报表中，那么应该提供这些信息。**充分披露原则**（full-disclosure principle）意味着财务报告应包括任何可能影响外部使用者决策的信息。当然，这些信息带来的收益应该超过提供信息的成本。这些信息以多种方式披露，包括：

（1）财务报表内的**括号注释**（parenthetical comments）或**修订注释**（modifying comments）。

（2）**披露附注**（disclosure notes）传递了关于公司经营、会计原则、合同协议和未决诉讼的更多信息。

（3）**补充报表**（supplemental schedules and tables）相比主要财务报表提供了更详细的信息。

我们还将讨论和介绍披露要求，它们与后面章节中具体的财务报表要素息息相关。

示例 1-15 提供了关键确认、计量和披露概念的概述。

---

① FASB ASC 825-10-25-1：Financial Instruments-Overall-Recognition-Fair Value Option（previously "The Fair Value Option for Financial Assets and Financial Liabilities," *Statement of Financial Accounting Standards No. 159*（Norwalk，Conn.：FASB，2007））.

② 公允价值选择权不适用于一些特定的金融工具，包括养老金负债和租赁产生的资产或负债。

示例1-15　确认、计量和披露概念汇总

概念	描述
确认	一般标准： 1. 符合要素定义 2. 拥有一个计量属性 3. 具有相关性 4. 具有可靠性（如实反映） 例子： 1. 收入 2. 费用
计量	混合属性模型，用来计量一个项目的属性应该是使相关性和如实反映最大化的属性。这些属性包括： 1. 历史成本 2. 可变现净值 3. 现行成本 4. 未来现金流量的现值 5. 公允价值
披露	财务报告应包括所有可能影响外部使用者决策的信息。 例如： 1. 括号金额 2. 财务报表附注 3. 补充报表

发展前瞻

“过度披露”是公司和投资者经常抱怨的问题。财务报表附注可能是非常有用的，但是对于公司来说，编制成本很高，很多使用者难以筛选和理解。为了回应这个问题，美国财务会计准则委员会一直在制定一个框架，旨在使披露更加有效和减少冗余。

作为该项目的一部分，财务会计准则委员会于2014年3月发布了第8号概念公告第8章“财务报表附注”[①]的征求意见稿。该征求意见稿描述了应纳入财务报表附注的三类信息：

1. 关于公司性质、活动以及它所拥有的特殊优势或面临的限制的一般信息。
2. 解释或详细描述财务报表项目的附加信息。
3. 有关过去事项和当前情况的信息，这些事项和情况可能影响公司未来的现金流量，但尚未出现在财务报表中。

征求意见稿还提出了一系列问题，财务会计准则委员会及其工作人员在确定新准则所要求披露的附注时应考虑这些问题。项目的另外一部分将进一步提供指导，以帮助公司在满足披露要求时进行判断。下一步是财务会计准则委员会审议征求意见稿所收到的意见。

① *Proposed Statement of Financial Accounting Concepts: Chapter 8: Notes to Financial Statements* (Norwalk, Conn.: FASB, March 4, 2014).

六、不断变化的公认会计原则

在本章前面曾讲到，美国会计准则与国际准则的趋同正在对美国的财务报告产生深远的影响。更广泛地说，美国公认会计原则和国际会计准则从强调收入和费用逐渐演变为强调资产和负债。当然，初级会计学中介绍过，资产负债表和利润表是交织在一起的，必须相互对应。例如，利润表中记录的收入描述了流入的资产，资产负债表报告了这些资产在某个特定时点的余额。然而，是先确认收入和费用，还是先确认资产和负债？这对会计准则产生重要影响。为了帮助你了解所发生的变化，我们首先讨论收入/费用法，然后讨论资产/负债法。

在**收入/费用法**（revenue/expense approach）下，我们强调收入和费用的确认原则，必要时确认一些资产和负债，以使资产负债表与利润表相一致。例如，在处理销售交易时，我们的焦点是收入是否已经赚取，如果我们确定是这样的话，将记录与收入相关的资产（通常是现金或应收账款）。[①] 我们将确定赚取收入所需的费用，然后相应地调整资产和负债。

另一方面，在**资产/负债法**（asset/liability approach）下，我们首先对资产负债表日的资产和负债进行计量，然后对自上一计量日引起资产和负债变动的收入、费用、利得和损失进行确认。这种方法的支持者指出，由于收入和费用是根据资产和负债的流入和流出来定义的，所以会计的基本概念是资产和负债。因此，我们应该设法适当地确认和计量资产和负债，进而捕捉它们的流入和流出，以此来提供收入和费用的相关和如实反映的信息。

例如，在处理销售交易时，我们的重点是潜在的应收账款是否符合资产的定义（可能的未来经济利益）。我们会考虑应收款项是否有强制的合同作为支撑，以及卖方是否履行了足够的义务来获得现金流入。关键是要确定卖方是否拥有资产，然后确认该资产流入所隐含的收入。而且，我们也不会试图将费用与收入相匹配。相反，我们将确定在此期间已经减少的净资产，并将这些减少确认为费用。

在后面的章节中，你将会看到最近的收入、投资和所得税准则都遵循这种资产/负债法。这些变化是有争议的。看起来准则制定者使用收入/费用法还是资产/负债法并不重要，因为这两种方法都同时影响利润表和资产负债表，而且这些方法通常会导致相同的会计结果。例如，无论配比是作为何时确认费用的原则，还是特定期间的经济活动中资产被消耗的结果（在此期间也确认了收入），我们通常仍然会看到费用在其产生收入的期间确认。但是，准则制定者使用的特定方法会对确认和计量产生重要影响。特别是资产/负债法鼓励我们专注于准确计量资产和负债。关注资产和负债导致准则制定者越来越倾向于公允价值计量就不足为奇了。以下“发展前瞻”中讨论的概念框架的未来变化可能会继续强调资产/负债法。

发展前瞻

自 2010 年以来，美国财务会计准则委员会和国际会计准则理事会各自制定概念框架。

---

① 一些资产和负债与收入或费用无关。例如，发行股票增加了现金和所有者权益。这类交易的处理不受公认会计原则强调收入和费用或者资产和负债的影响。

财务会计准则委员会的工作相对狭窄，如重要性的定义和更一般的披露框架。相反，国际会计准则理事会对其概念框架进行了更全面的改革。国际会计准则理事会 2015 年的概念公告征求意见稿涉及一系列问题，包括财务报告的目标和质量特征、主要财务报表要素的定义、何时确认和终止确认资产和负债、何时使用各种计量方法、净利润与其他综合收益之间的区别，以及什么是报告主体。国际会计准则理事会预计在 2016 年某个时候发布一份概念公告。

财务报告案例问题参考答案

1. 你该如何向你的朋友解释美国以及世界上其他国家会计准则的存在？谁有权制定准则？谁有制定准则的责任？

在美国，会计准则被称为公认会计原则。公认会计原则是一套不断变化的广泛而又具体的指导原则，是公司在财务报表和相关附注中计量和报告财务信息时应当遵循的原则。证券交易委员会有权为证券公开交易的公司制定会计准则，但它依赖私人部门来完成这项任务。目前，财务会计准则委员会是负责制定准则的私人部门。

2. 准则制定行为发生的经济和政治环境是什么样的？

会计和报告准则的制定经常会被描述为一个政治过程。会计准则，特别是准则的变化，会对公司、投资者和债权人以及其他利益集团产生重大影响。会计准则的改变或新准则的引入会导致经济中财富的大量再分配。美国财务会计准则委员会的法定程序旨在从所有利益相关方获取信息，以帮助确定适当的会计方法，但准则应在各方利益方面保持中立。尽管如此，有时美国财务会计准则委员会和国际会计准则理事会都会面临政治压力，这种压力会影响准则制定过程的结果。

3. 管理者、审计师、投资者、债权人之间应当是什么关系，才能避免案例中“你想让它等于几”的情况发生？

运用会计准则向投资者和债权人提供财务报表信息是管理者的责任。审计师作为独立的中介机构，主要职责是确保管理者编制的报表遵守公认会计原则。在提供这种保证时，审计师避免了“你想让它等于几”的情况发生。

4. 一般而言，作为会计原则基础的概念框架是什么？

概念框架是一个由相互关联的目标和基本原理组成的连贯体系，旨在产生一致的准则，并规定财务会计和报告的性质、功能和限度。基本原理是会计的基本概念，指导如何选择事项的会计处理方法、如何计量以及如何向利益集团汇总和传递信息。

本章学习目标概要

学习目标 1-1

财务会计向各种外部使用者提供相关财务信息。然而，财务会计主要关注营利性企业向其现有及潜在的投资者和债权人提供的财务信息。

学习目标 1-2

收付实现制会计产生的指标叫作净经营现金流，它是为顾客提供商品和服务时产生的现金收入与现金支出之差。权责发生制会计提供的业绩度量指标是净利润，它是收入与费用之差。各期间的净利润被认为是比当期净经营现金流更好的未来经营现金流的预测指标。

学习目标 1-3

公认会计原则是一套不断变化的广泛而又具体的指导原则，是公司在财务报表和相关附注中计量和报告财务信息时应当遵循的原则。在美国，证券交易委员会拥有制定会计准则的权力，但是它一直将制定工作委托给私人部门，目前这一私人部门是财务会计准则委员会。国际会计准则理事会制定全球会计准则，并与各国会计准则制定机构合作，以实现会计准则的全球趋同。

学习目标 1-4

会计准则会对公司、投资者、债权人和其他利益集团产生不同的重大影响。不同的利益集团有时会为自己的利益游说准则制定者。因此，会计准则的制定经常被看作一个政治过程。

学习目标 1-5

鼓励高质量财务报告的因素包括基于概念的财务会计准则、外部审计师、财务报告改革（如《萨班斯-奥克斯利法案》）、道德管理以及管理道德行为和执业人员的专业会计组织。

学习目标 1-6

财务会计准则委员会的概念框架是一套紧密结合的目标和基本概念体系，财务会计和报告准则的制定都基于该框架。

学习目标 1-7

财务报告的目标是向资本提供者提供有用的财务信息。相关性和如实反映是使得财务信息有用的两个主要决策导向型特征。相关性要求信息必须具有预测价值和确证价值，并且所有重要信息都应该包括在内。完整性、中立性和无差错增强了如实反映。财务报表的十个要素是资产、负债、所有者权益、业主投资，业主分派、收入、费用、利得、损失和综合收益。

学习目标 1-8

公认会计原则的四个基本假设是：（1）会计主体假设；（2）持续经营假设；（3）会计分期假设；（4）货币计量假设。

学习目标 1-9

确认决定某一项目是否在财务报表中进行反映，计量决定这一项目的金额。计量包括货币单位的选择和计量属性的选择。在美国，货币单位是美元。公认会计原则使用多种计量属性，包括历史成本、可变现净值、现行成本、现值和公允价值。

学习目标 1-10

财务报告的收入/费用法强调收入和费用的确认和计量，资产/负债法则强调资产和负债的确认和计量。

学习目标 1-11

国际财务报告准则和美国公认会计原则在支持准则制定的组织架构和制定准则过程中面临持续的政治压力这两方面是类似的。美国公认会计原则和国际财务报告准则也有类似的概念框架，虽然国际财务报告准则概念框架的作用是为财务报告编制者和准则制定者提供指导，而美国公认会计原则概念框架的作用更多的是为准则制定者提供指导。

本章重点问题回顾

1-1 财务会计的职能和主要关注点是什么？

1-2 资源的有效配置是什么意思？在美国，什么机制促进了资源的有效配置？

1-3 确定投资决策时要考虑的两个重要变量。

1-4 从长远来看，一家公司应能给投资者和债权人带来什么回报？

1-5 财务会计的主要目标是什么？

1-6 定义净经营现金流。简要解释为什么周期性的净经营现金流可能不是未来经营现金流的良好指标。

1-7 什么是公认会计原则？为什么所有公司在向外部使用者报告信息时都应该遵循公认会计原则？

1-8 解释美国证券交易委员会和美国财务会计准则委员会在会计准则制定中的作用。

1-9 解释审计师在财务报告过程中的作用。

1-10 列出2002年《萨班斯-奥克斯利法案》的三项主要条款。把你列出的条款按照对会计职业和财务报告可能产生的长期影响的重要程度排列。

1-11 解释新会计准则或会计准则变化带来的不利经济后果是什么。

1-12 为什么在颁布实质性会计准则之前，财务会计准则委员会要采取一系列详细的信息收集步骤？

1-13 财务会计准则委员会的概念框架的目的是什么？

1-14 讨论与财务会计信息有关的"相关性"和"如实反映"这两个术语。

1-15 相关性的组成部分是什么？如实反映的组成部分是什么？

1-16 解释"会计信息的效益必须超过成本"的含义。

1-17 财务报告中的"重要性"一词是什么意思？

1-18 简单定义财务会计要素：(1) 资产；(2) 负债；(3) 所有者权益；(4) 业主投资；(5) 业主分派；(6) 收入；(7) 费用；(8) 利得；(9) 损失；(10) 综合收益。

1-19 公认会计原则的四个基本假设是什么？

1-20 什么是持续经营假设？

1-21 解释会计分期假设。

1-22 通常被认为是公认会计原则的四个主要会计实践是什么？

1-23 按照历史成本计量资产和负债的两个优势是什么？

1-24 描述收入确认如何与转移商品或服务有关。

1-25 费用确认的四种不同方法是什么？举例说明每种方法下确认的费用。

1-26 除了基本财务报表中的财务报表要素，还有哪些方法向外部使用者披露财务信息？

1-27 简要描述公司在确定公允价值时应使用的输入值。按照层次结构的顺序组织你的答案。

1-28 财务报告中常用的计量属性是什么？

1-29 区分制定财务报告准则的收入/费用法和资产/负债法。

1-30 国际财务报告准则概念框架的作用是什么？

1-31 负责制定国际财务报告准则的机构是什么？它如何获得资金？

1-32 在其最终员工报告（2012年发布）中，美国证券交易委员会的工作人员认为，美国公认会计原则与国际财务报告准则之间的何种趋同是不可行的？证券交易委员会的工作人员为这个结论提供了什么理由？

简要练习

1-1 权责发生制会计

Harman-Kardon咨询公司经营第一年的现金流量如下：从客户收取的现金340 000美元；支付租金40 000美元；支付给员工的现金120 000美元；支付公用事业的现金50 000美元。

此外，你确定客户在年底欠公司60 000美元，预计不会有坏账。该公司在年末欠天然气和电力公司2 000美元，支付的租金为两年期租金。计算当年的应计净利润。

1-2 财务报表要素

对于下列各项，确定适当的财务报表要素：(1) 未来可能的经济利益牺牲；(2) 公司拥有的可能的未来经济利益；(3) 来自持续经营的主要活动的资产流入；(4) 次要或附带交易导致的所有者权益减少。

1-3　基本假设和原则

下面列出了几个与财务会计和报告有关的表述。确定适用于每个表述的会计概念。

(1) SiriusXM Radio 公司向证券交易委员会提交年度和季度财务报表。

(2) Applebee's International 公司的总裁因公司业务而非个人原因使用了公司的商务飞机。

(3) Jackson Manufacturing 公司已经根据客户要求的规格生产出了商品，但尚未确认这批未装运货物的收入。

(4) Lady Jane Cosmetics 公司根据设备的使用年限对其进行折旧。

1-4　基本假设和原则

确定以下每种情况所违反的会计概念。

(1) Astro Turf 公司在产品生产期间确认费用和销售成本。

(2) McCloud Drug 公司拥有一项 3 年前以 200 万美元购买的专利。最近公司主管人员按照市场价约 800 万美元对该专利重新估价。

(3) Philips 公司为其总裁 Larry Crosswhite 每月偿还住房抵押贷款，并将这一支出计入杂项费用。

1-5　基本假设和原则

对于以下每种情况：(1) 请说明每种情况是否符合财务报告实践；(2) 指出每种情况适用（如果你同意）或违反（如果你不同意）的会计概念。

(1) Winderl 公司作为一起重大诉讼的被告，并未向外披露这一情况，因为案件正在审理当中。

(2) Alliant Semiconductor 公司向美国证券交易委员会提交季度和年度财务报表。

(3) Reliant Pharmaceutical 支付了未来两年的办公楼租金，并将全部支出计入租赁费用。

(4) Rockville 工程公司仅在产品发货后才记录收入，即使客户提前支付公司 50%的销售款项。

1-6　国际财务报告准则

说明执行与国际财务报告准则有关的以下职能的组织：

(1) 获得国际财务报告准则制定过程的资金。

(2) 确定国际财务报告准则。

(3) 监督国际财务报告准则基金会。

(4) 提供有关准则制定议程的意见。

(5) 提供有关较小范围问题的实施指导。

习　题*

1-2　权责发生制会计

下表列出了 RPG 公司第 2 年和第 3 年经营期间发生的一些交易。

	第 2 年	第 3 年
因向客户提供服务而应收取的金额	$ 350 000	$ 450 000
从赊销客户收到的现金	260 000	400 000
现金支出：		
租金	80 000	0
本年职工薪酬	140 000	160 000
差旅及娱乐	30 000	40 000
广告	15 000	35 000

* 习题有删减，序号保持不变。——译者

此外，你还了解到公司第 2 年的广告费为 25 000 美元，第 1 年末欠广告公司 5 000 美元，第 3 年末没有任何负债。同时，应收账款没有计提坏账准备，租金为第 2 年和第 3 年两年的租金。

要求：

（1）计算两年中每年的应计利润。

（2）确定 RPG 公司第 2 年末应在资产负债表上列示的应付给广告公司的负债金额。

1-4　财务会计准则委员会准则汇编

在财务会计准则委员会网站（www.fasb.org）上访问会计准则汇编。确定以下各项的具体引用：

（1）企业合并的主题编号。

（2）关联方披露的主题编号。

（3）内部使用软件初始计量的主题、副主题及条文编号。

（4）资产弃置义务后续计量的主题、副主题及条文编号。

（5）股票薪酬确认的主题、副主题及条文编号。

1-6　财务报表要素

对于以下每一项目，请明确相应的一个或多个财务报表要素。

（1）由过去交易导致的需要转移现金或其他资源的义务。

（2）公司向其股东发放的股利。

（3）因提供商品或服务产生的资产流入。

（4）公司的财务状况。

（5）会计期间内因非所有者交易导致的所有者权益增加。

（6）因非经常交易导致的所有者权益增加。

（7）以低于账面价值的价格销售了一项经营过程中使用的资产。

（8）所有者在公司资产中的剩余利益。

（9）由公司拥有并代表可能的未来利益的项目。

（10）收入加上利得，再减去费用和损失。

（11）所有者用于交换公司所有权股票所投入的现金。

（12）与收入的产生相关的资产流出。

1-8　质量特征

概念框架规定了会计信息理想的基本质量特征和增进质量特征。一些约束条件阻碍了理想特征的实现。回答以下与这些特征和约束有关的问题。

（1）哪项质量特征允许一家大公司把购买一台 120 美元的打印机作为费用来记录，而不是把打印机资本化为资产？

（2）财务会计准则委员会前主席唐纳德·柯克（Donald Kirk）曾经指出："……必须让公众对准则的制定体系抱有信心，委员会成员的选拔是基于本身的优秀程度而不是特殊利益的影响……"柯克先生的这段陈述蕴含着哪项质量特征？

（3）Allied Appliances 公司变更了收入确认政策。这一行为违反了哪项质量特征？

（4）National Bancorp（一家上市公司）向证券交易委员会提交季度和年度财务报表。哪项质量特征与这些定期申报的时间有关？

（5）一般而言，相关的财务信息具有哪些特征？

（6）当对某现象的计量或描述与该现象的真实情况一致时，信息具有哪一项特征？

（7）Jeff Brown 正在评估两家公司未来的投资潜力。因为两家公司在编制财务报表时使用相同的会计方法，Jeff 的任务变得更容易。Jeff 将使用的信息具有哪一特征？

（8）公司只在披露信息的收益超过提供信息的成本时披露信息。这一表述描述了哪项约束？

1-10 基本假设和原则

下面列出了几个与财务会计和报告有关的表述。确定适用于每个表述的会计概念。

(1) Jim Marley 是 Marley 公司的唯一所有者。Jim 借入 10 万美元买了一幢新房子作为他的私人住宅。这一负债没有记录在 Marley 公司的交易记录中。

(2) 苹果公司向其股东发布一份年度报告。

(3) 惠普公司在使用寿命内对机器和设备进行折旧。

(4) Crosby 公司在其资产负债表中列出土地的原始购买价格为 12 万美元，即使土地的当前公允价值为 20 万美元。

(5) 霍尼韦尔国际公司在产品交付给客户时记录收入，即使尚未收到现金。

(6) 财务报表中通常不报告清算价值，即使很多公司已经破产。

(7) IBM 是一家价值数万亿美元的公司。公司以 800 美元的价格购买了一些小工具，尽管这些工具将使用很多年，公司仍将该购买记录为费用。

1-12 基本假设和原则

对于以下每种情况，请说明每种情况是否符合财务报告实践，并指出每种情况适用（如果你同意）或违反（如果你不同意）的会计概念。

(1) Wagner 公司调整了所有资产和负债的估值，以反映美元购买力的变化。

(2) Spooner 石油公司将石油和天然气勘探成本的核算方法由成果法转变为完全成本法。财务报表中没有提及这一变更。这一变更对 Spooner 公司的财务报表产生了重大影响。

(3) Cypress 制造公司购买了一台使用年限为 5 年的机器。机器的成本在机器的使用期限内费用化。

(4) Rudeen 公司在竞争对手清算时以 18 万美元购买了一项设备。由于设备价值 23 万美元，Rudeen 公司在后续资产负债表中以 23 万美元计量该设备。

(5) Davis 自行车公司收到了一大笔订单，以每辆 100 美元的价格出售 1 000 辆自行车。客户于 3 月 15 日向 Davis 公司支付了 10 万美元的全部费用。然而，Davis 公司直到自行车交付给客户的 4 月 17 日才记录收入。

(6) Gigantic 公司购买了两台小型计算器，成本为 32 美元。计算器的预计使用寿命为 3 年，该公司将这些计算器的成本记录为费用。

(7) Esquire 公司每 3 年向外部使用者提供一次财务报表。

1-14 基本假设和原则

下面列出了本章讨论的会计概念。

a. 会计主体假设

b. 持续经营假设

c. 会计分期假设

d. 货币计量假设

e. 历史成本原则

f. 稳健性

g. 配比

h. 充分披露原则

i. 成本效益

j. 重要性

将与下列表述相关的会计概念字母填入横线处。

______ 1. 通货膨胀导致违反了这个假设。

______ 2. 应该报告可能影响决策的信息。

______ 3. 在产生收入的期间确认费用。

______ 4. 许多资产和负债的计量基础。

______ 5. 与及时性的质量特征相关。

______ 6. 所有经济事项都可以用一个特定的主体来确定。

______ 7. 提供会计信息的收益应该超过其成本。

______ 8. 不需要在所有情况下都遵守公认会计原则。

______ 9. 不是一项质量特征，而是一些会计选择的常用做法。

______ 10. 假设主体将无限期地持续经营。

第 2 章

资产负债表和财务披露

本章概要

第 1 章强调了财务报表对投资者和债权人的重要性。在本章中，我们将仔细研究资产负债表以及相关披露。资产负债表提供的相关信息有助于投资者和债权人预测未来现金流量，以及评估流动性和长期偿债能力。在第 3 章中，我们将继续讨论财务报表，包括利润表、综合收益表和现金流量表。

学习目标

学习完本章之后，你应该能够：

2-1　描述资产负债表的目的并理解其用处和局限性。

2-2　识别和描述各种资产分类。

2-3　识别和描述各种负债和所有者权益分类。

2-4　解释财务报表披露的目的。

2-5　描述和管理层讨论与分析、责任、薪酬有关的披露。

2-6　解释审计的目的并描述审计报告的内容。

2-7　描述财务分析师用于将财务信息转换为更易于分析的形式的技术。

2-8　识别并计算用于评估风险的流动性比率和偿债能力比率。

2-9　讨论美国公认会计原则和国际财务报告准则在资产负债表、财务披露和分部报告方面的主要差异。

财务报告案例

价值几何?

“我不敢相信。为什么你们会计师不编制具有相关性的财务报表?”你的朋友杰瑞是金融专业出身，他不断地对你说他认为根据公认会计原则编制的财务报表缺乏相关性。“例如，看看我刚从网上下载的安德玛公司（Under Armour）的资产负债表。根据 2015 年的资产负债表，公司的所有者权益（或账面价值）近 17 亿美元。但是，如果在同一时点将流通股数量乘以每股股价，那么公司的市场价值大约是 90 亿美元。我认为所有者权益应该代表公司价值，但这两个数字并不相近。”你决定看看公司的资产负债表，试着纠正杰瑞的想法。

问题

在学习完本章之后，你应该能够对以上案例中的问题给出恰当的回答。将你的回答与章末答案进行对比。

1. 对杰瑞提出的“所有者权益没有反映公司市场价值”这一批评做出回应。资产负债表主要提供什么信息?

2. 通过将资产和负债按照共性特征进行分类，能够提高资产负债表的有用性。安德玛公司的资产负债表中使用的分类是什么？这些类别包括哪些要素?

大多数公司在其网站的“投资者关系”链接中提供其财务报表和相应的披露信息，这些信息也可通过其电子文件系统 EDGAR（电子数据收集、分析和检索系统）从美国证券交易

委员会网站（www. sec. gov）获取。公司应使用 EDGAR 系统及时提交财务信息。正如美国证券交易委员会所说，“EDGAR 系统的主要目的是通过加快接收、接受、传播和分析对时间敏感的公司信息，提高证券市场的效率和公平性，为投资者、公司和整个经济谋福利”。

本章的第 1 节通过概述资产负债表来开始我们对财务报表的讨论。资产负债表报告了公司的资产、负债和所有者权益。你可以在下面看到安德玛公司的例子。在本章的第 2 节，我们讨论公司在基本财务报表之外需要提供的额外披露。这些披露对于理解财务报表、评价公司业绩和财务状况至关重要。在本章的第 3 节，我们将讨论决策者如何使用财务报表中的信息来评估业务风险（流动性和长期偿债能力）。

安德玛公司及其子公司
合并资产负债表
2015 年 12 月 31 日
（单位：千美元）

资产		
流动资产：		
现金及现金等价物	$129 852	
应收账款净额	433 638	
存货	783 031	
预付费用和其他流动资产	152 242	
流动资产合计		$1 498 763
财产和设备净额	538 531	
商誉	585 181	
无形资产净额	75 686	
递延所得税	92 157	
其他长期资产	78 582	
长期资产合计		1 370 137
资产总计		$2 868 900
负债和股东权益		
流动负债：		
应付账款	$200 460	
应计费用	192 935	
一年内到期的长期负债	42 000	
其他流动负债	43 415	
流动负债合计		$478 810
长期借款，扣除一年内到期部分的净额	352 000	
循环信用贷款，长期	275 000	
其他长期负债	94 868	
长期负债合计		721 868
负债总计		$1 200 678

股东权益：		
普通股	72	
其他投入资本	636 630	
留存收益	1 076 533	
累计其他综合损失	(45 013)	
股东权益合计		1 668 222
负债和股东权益总计		$2 868 900

第 1 节　资产负债表

资产负债表（balance sheet）有时也称为财务状况表（statement of financial position），其目的是报告公司在特定日期的财务状况。资产负债表显示了一个时点一系列有组织的资产、负债和所有者权益，它是会计期间结束时财务状况的定格或快照。

一、有用性

资产负债表列示了按照共性特征分类（分组）的资产和负债。这些分类方法（我们将在下一部分探讨）以及相关的附注披露能够帮助资产负债表提供关于流动性和长期偿债能力的有用信息。**流动性**（liquidity）通常是指公司将资产转换为现金以偿付当前债务的能力。**长期偿债能力**（long-term solvency）是指一家公司是否能够偿还长期债务。在其他条件相同的情况下，公司无法偿还债务的风险随着债务相对于权益的增加而增加。

偿债能力还提供了关于财务弹性的信息，即公司为了利用未预期的投资机会和需求而改变现金流量的能力。例如，公司负债比例越高，为抓住投资机会或履行义务去借贷额外资金的难度就越大。一般来说，财务弹性越低，企业面临的风险就越大。在本章第 3 节，我们将介绍一些用于评估流动性和长期偿债能力的常见比率。①

二、局限性

尽管资产负债表很有用，但它也有局限性。其中一个重要的局限是公司的**账面价值**（book value），即资产负债表中的资产减去负债，通常不能直接衡量公司的市场价值。市场价值是人们愿意为拥有公司而支付的金额。对于股票公开交易的公司，用当前股票价格乘以已发行的股票数量可以很容易地计算出市场价值。

资产负债表不能反映公司市场价值的两个主要原因是：

（1）许多资产，如土地和建筑物，是按历史成本而不是公允价值计量的。例如，如果一

① 资产负债表与利润表结合使用也能发挥有用性。我们将在第 3 章介绍。

个公司拥有土地并且土地的价值增加了，那么价值的增加不在资产负债表中报告，而是反映在市场价值中。

(2) 公司的许多方面都可能代表有价值的资源。(如经过培训的员工、经验丰富的管理团队、忠诚的客户和产品知识)，但这些项目不会在资产负债表中记录为资产。

来看关于第二个原因的一个例子。2015 年，脸书公司（Facebook）花费了近 50 亿美元用于研发设计新产品和改善现有服务。虽然这些成本可能会提高公司产生未来利润的能力（因此增加了公司对股东的市场价值），但这些项目在发生时费用化，不在资产负债表中作为资产报告。由于这个项目和其他项目，脸书在 2015 年底的市场价值与账面价值的比率是 7.1。标准普尔 500 指数公司平均市值与账面价值的比率约为 2.8。

资产负债表的另一个局限是资产负债表中的许多项目严重依赖于估计和判断，而不是可确定的金额。例如，公司估计：(a) 它们将实际收取的应收账款的金额；(b) 最终将产生的已售产品的保修成本金额；(c) 长期资产的残值和使用寿命；(d) 用于计算员工退休金义务的金额。这些估计中的每一个都影响资产负债表中报告的金额。

总之，尽管资产负债表并不直接衡量企业的市场价值，但它提供了可用于帮助判断市场价值的有用信息。

三、要素分类

当根据共性特征将资产和负债分类后，资产负债表的有用性能够得到强化。不同资产负债表的大致区别就在于资产和负债的流动部分和长期（非流动）部分的分类。本节的剩余部分将对资产负债表进行概述。我们将按照资产负债表上列报的顺序以及分类方法，分别讨论资产负债表的三个主要要素（资产、负债和所有者权益）。如第 1 章所述，资产负债表要素的定义如下：

资产（assets）是过去的交易或者事项形成的、由特定主体拥有或者控制的可能的未来经济利益。简单地说，它们是公司的经济资源。

负债（liabilities）是过去的交易或者事项形成的、由特定主体承担的现时义务而导致的可能的未来经济利益的牺牲（未来需要向其他主体转移资产或提供服务）。简单地说，它们是公司的义务。

所有者权益（净资产）（equity 或 net assets），又称**股东权益**（shareholders' equity 或 stockholders' equity），是主体的资产减去负债后的剩余利益。简单来说，所有者权益等于总资产减去总负债。

示例 2-1 显示了资产、负债和所有者权益之间的关系，通常被称为**会计等式**（accounting equation）。示例中包含了每个要素的子类别。接下来我们将讨论这些子类别。

示例 2-1　资产负债表要素的分类

资产	=	负债	+	所有者权益
1. 流动资产		1. 流动负债		1. 投入资本
2. 长期资产		2. 长期负债		2. 留存收益

资产

流动资产

流动资产包括现金以及其他预期能够在一年或长于一年的一个营业周期内变现或消耗的资产。对于一家典型的商业或制造业企业来说，**营业周期**（operating cycle）是指从购买存货支出现金到销售产品收回现金所需要的时间。

对于一个商业企业来说，最初购买的通常是产成品，尽管为了销售可能需要一些准备工作，如包装或分销。对于一个制造业企业来说，现金的初始支出往往涉及原材料的购买，然后通过制造过程将其转化为产成品。示例2-2给出了营业周期的概念。

示例2-2　典型的商业或制造业企业的营业周期

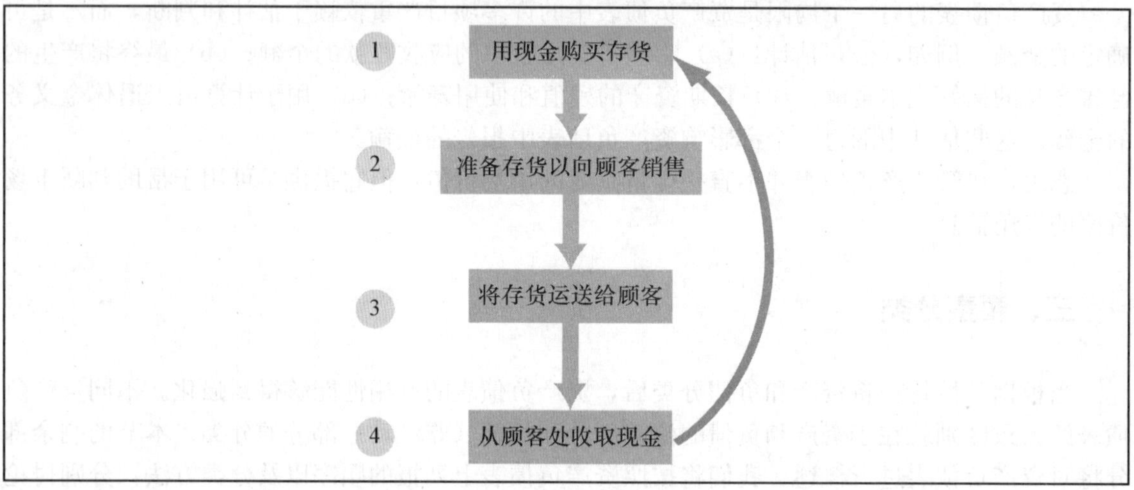

某些企业的营业周期远超一年，如造船企业和酿酒企业。例如，如果建造一艘超级油轮需要花费两年时间，那么该造船企业就应将能够在两年内变现或消耗的资产划分为流动资产。但对于大多数企业来说，营业周期都短于一年。在这种情况下，通常将一年作为判断资产和负债流动性分类的标准。如果公司未做特别说明，就以一年作为判断标准。

示例2-3介绍了截至2015年5月31日和2014年5月31日的年度耐克公司资产负债表中的流动资产部分。为与惯例保持一致，各项流动资产按其流动性（将资产转换为现金的能力）顺序排列。

示例2-3　耐克公司的流动性资产　　单位：百万美元

	2015年5月31日	2014年5月31日
流动资产		
现金及现金等价物	$3 852	$2 220
短期投资	2 072	2 922
应收账款净额	3 358	3 434
存货	4 337	3 947
递延所得税	389	355
预付费用和其他流动资产	1 968	818
流动资产合计	$15 976	$13 696

现金及现金等价物。现金作为流动性最强的资产被列在流动资产的第一项。现金包括库存现金和可用于经营的银行存款（如银行汇票、支票、邮政汇票）。**现金等价物**（cash equivalents）通常包括某些可兑现项目，例如商业票据、货币市场基金以及美国国库券。这些都是流动性很强的投资项目，可以迅速变现。大多数公司根据投资的到期日，将投资分类为现金等价物和短期投资。常见的做法是，将 3 个月内到期的投资划分为现金等价物。耐克公司遵循了这种做法，并在重要会计政策附注中进行披露。公司财务报表附注的一部分如示例 2－4 所示。

示例 2－4　耐克公司现金等价物披露

现金及现金等价物是现金和短期的高流动性投资，包括商业票据、美国国债、美国政府机构债券、货币市场基金、定期存款和 90 日内到期的公司债券。

那些被限制用于特殊目的和在当前经营中不能使用的现金不应包括在现金及现金等价物之内。这些限制可能包括偿还债务、购买设备或者进行投资的计划。预计在一年内使用受限制的现金应分类为流动资产。否则，受限制的现金应分类为长期资产。

短期投资。不划分为现金等价物的流动性投资列为**短期投资**（short-term investments），有时又称临时投资或短期交易性证券。对其他公司的股票或债券等证券的投资，如果公司有能力且有意愿在未来 12 个月或一个营业周期（以较长时间为准）内出售，那么这些投资被划分为短期投资。我们将在第 10 章讨论债权和股权投资的会计处理。

应收账款。**应收账款**（accounts receivable）是因赊销商品或服务而产生的（在第 5 章学习）。应收账款通常称为交易性应收款项，因为它们是在公司正常交易过程中产生的。非交易性应收款项是由于公司对个人和其他主体的贷款或预付款而产生的。当有协议或票据明确了应收款项的付款条件时，这些应收款项则被称为**应收票据**（notes receivable）。

根据给予客户的不同付款条件，应收账款的到期期限通常为 30～60 天，因此被划归为流动资产。不考虑其来源，任何不能在未来 12 个月或一个营业周期（以较长时间为准）内收回的应收款项都应划分为长期资产，即投资。此外，应收款项通常按预计收回的净额报告。净额按应收账款总额减去估计不可收回的金额计算。

存货。批发或零售企业的**存货**（inventories）包括出售给客户的产成品。例如，你购买的耐克的鞋子和运动服、开市客的薯片、史泰博的学习用品、盖璞的新衬衫。然而，制造企业的存货不仅包括产成品，还包括生产过程中的产品（即在产品）和生产过程中直接或间接耗用的商品（即原材料）。制造企业通常将三种存货直接在资产负债表或附注中报告。示例 2－5 显示了半导体芯片制造商英特尔公司如何披露其存货。

示例 2－5　英特尔公司存货披露　　单位：百万美元

	2015 年 12 月 26 日	2014 年 12 月 27 日
原材料	$ 532	$ 462
在产品	2 893	2 375
产成品	1 742	1 436
存货合计	$ 5 167	$ 4 273

存货被列报为流动资产，因为它们通常在营业周期内被出售。

预付费用。**预付费用**（prepaid expense）是在一笔费用被提前支付时记录的一项资产，预付费用在未来期间带来利益。比如，预付租金和预付保险费用。这些资产虽然不能变现，但若不提前支付，就会造成现金支出。

一项预付费用是流动资产还是长期资产，取决于其带来的利益的实现时间。例如，一栋办公楼的租金提前一年支付，那么这笔预付款应被划分为流动资产。然而，若该租金的预付期限超过一年，那么预付款的一部分将被划分为另一项资产，即长期资产。[①] 耐克公司将预付费用与其他流动资产一并报告。其他流动资产可能包括非交易性应收款项等资产，因为这些资产的数额不大，所以不需要单独披露。

长期资产

如果资产预期在超过一年或一个营业周期的时间内提供经济利益，那么这些资产被列报为长期资产（或非流动资产）。长期资产的典型分类是：(1) 投资；(2) 财产、厂房和设备；(3) 无形资产；(4) 其他长期资产。接下来，我们将讨论这些长期资产。

投资（investments）。大多数公司有时都会购买一些不直接用于经营业务的资产。这些资产包括对其他公司债券和股票等证券的投资、以投机为目的而持有的土地、长期应收款项和用于特殊目的的备用现金（如用于未来扩建厂房的现金）。这些资产被划分为长期资产，是因为管理者不打算在未来一年或者一个营业周期（以其中较长者为准）内将这些资产变现。

财产、厂房和设备。基本上所有公司都会有**财产、厂房和设备**（property，plant，and equipment）。这些资产的共同特征是它们都是有形的、长期的，且用于企业经营活动。财产、厂房和设备通常是公司产生收入的主要资产。

财产、厂房和设备包括土地、建筑物、机器设备、家具、车辆，也包括自然资源，如矿山、林地和油井。这些不同的资产通常在资产负债表上报告一个汇总金额，并在附注中提供详细信息。这些资产以初始成本减去累计折旧（或自然资源折耗）的金额进行列报。更常见的情况是，公司在资产负债表中只列报财产、厂房和设备的净值，在附注中提供细节。土地通常单独列示，因为它有无限的使用寿命，没有折旧。

无形资产。有些用于企业经营的资产没有实物形态，这些资产被称为**无形资产**（intangible assets）。很多无形资产是授予公司可以提供某种产品或者服务的专有权利。这些权利是可以产生未来收入的有价值的资源。例如专利、版权、特许经营权和商标。无形资产一般按其购买价格减累计摊销（类似于财产、厂房和设备的购买价格减累计折旧）进行报告。

并非所有无形资产都是购买来的，有些是内部研发形成的。例如，制药公司不是购买生产某种药物的专利，而是花费大量的研究和开发费用来研发药物并获得专利。对于内部开发的无形资产，研究开发成本不作为资产成本报告，而是在发生时计入费用。全球最大的制药公司之一——辉瑞在 2015 年斥资 77 亿美元研发新药、疫苗、医疗器械和其他保健品。这些成本可能有助于产生未来的利润，但没有一项作为资产列报。

另一种常见的无形资产是商誉。商誉不涉及任何具体的可辨认权利，而是在一家公司收购另一家公司时产生的。商誉的金额等于并购价格减去所并购可辨认净资产的公允价值。我们将在第 8 章中更详细地讨论商誉和其他无形资产。

---

① 如果金额不大，公司通常也将受益期超过一年的预付款项作为流动资产报告。

示例 2－6 显示了耐克公司资产负债表的长期资产部分，包括商誉和可辨认无形资产的披露。

示例 2－6　耐克公司的长期资产　　单位：百万美元

	2015 年 5 月 31 日	2014 年 5 月 31 日
长期资产：		
财产、厂房和设备	\$3 011	\$2 834
可辨认的无形资产	281	282
商誉	131	131
递延所得税和其他资产	2 201	1 651
长期资产合计	\$5 624	\$4 898

其他长期资产。这一项目（大多数公司都会报告）是长期资产的笼统分类，它表示不在其他单独报告的长期资产中反映的长期资产。这一项目通常包括长期预付费用，也称为递延费用。例如，耐克公司的其他长期资产包括与长期代言合同和长期广告有关的促销支出，以及与所得税有关的递延费用。

其他长期资产也可能包括任何不重要的长期投资，它们并没有在前面讨论的长期投资中单独报告。耐克公司在财务报表附注中显示，它确实有少量的长期投资和长期应收款，连同递延费用一并在该项目中报告（而不是单独报告为长期投资）。

理解资产分类的关键是管理者的意图。例如，土地计入哪类资产？这取决于管理者意图。管理者可能打算将土地用于长期经营（财产、厂房和设备），持有以备将来转售（投资），或者在其正常经营过程中出售（房地产公司的存货）。

负债

负债代表对于其他主体的债务。将负债分类为流动负债和长期负债分别报告，会提升报告信息的价值。示例 2－7 展示了耐克公司资产负债表中的负债部分。

示例 2－7　耐克公司的负债　　单位：百万美元

	2015 年 5 月 31 日	2014 年 5 月 31 日
流动负债：		
一年内到期的长期负债	\$107	\$7
应付票据	74	167
应付账款	2 131	1 930
应计负债	3 951	2 491
应付所得税	71	432
流动负债合计	6 334	5 027
长期负债	1 079	1 199
递延所得税和其他负债	1 480	1 544
负债合计	\$8 893	\$7 770

流动负债

流动负债是指那些需要用流动资产或举借新的流动负债来偿付的债务。因此，流动负债包括所有预期在一年或者一个营业周期（以较长时间为准）内偿付的负债。2015 年 5 月 31 日，耐克公司需要在未来 12 个月内偿还 63.34 亿美元的流动负债。

最常见的流动负债包括应付账款、应付票据（短期借款）、递延收入、应计负债以及一年内到期的长期负债。

应付账款（accounts payable）是指对于提供商品或服务（通过往来账户购买）的供应商的负债，付款期限通常为 30～60 天。

应付票据（notes payable）是指在未来某一日期付款的书面承诺（借据）。与应付账款不同，应付票据通常需要写明原始的债务金额及明确的利息。在一年或者一个营业周期（以较长时间为准）内到期的票据被划归为流动负债。

递延收入（deferred revenues）又称预收收入（unearned revenues），代表因在未来某一时间提供商品或服务而从客户那里收到的现金。例如，一家公司在销售礼品卡时计入递延收入，然后在礼品卡被使用或到期时确认（实际）收入。

应计负债（accrued liabilities）是指费用已发生，但直到下一报告期才偿付的债务。例如，一家公司可能会在本会计年度结束时欠下工资，并在次年某一时间支付。在这种情况下，公司在当年的资产负债表中将应付职工薪酬列报为应计负债（同时在利润表中列报薪酬费用）。应计负债的其他常见例子包括应付利息、应交税费、应付公用事业费以及应付法律费用。在大多数财务报表中，这些项目在资产负债表中报告为应计负债，并且在附注中披露详细信息。

一年内到期的长期负债（current maturities of long-term debt）是指在下一年（或较长的营业周期）内应偿付的长期票据、贷款、抵押贷款和应付债券。[①] 例如，一张 100 万美元的应付票据需要在 10 年内每年偿还本金 10 万美元，那么每年偿还的 10 万美元被分类为流动负债，剩下 90 万美元则被分类为长期负债。

当管理层有意长期再融资时，流动负债分类会出现例外情况。例如，如果管理层打算用 2 年期应付票据重新融资 6 个月的应付票据，并且有能力这样做，那么即使在未来一年内到期，该负债也不会被归类为流动负债。这种例外情况和与流动负债相关的问题在第 11 章中有更详细的讨论。

长期负债

长期负债是指在下一年或者下一营业周期（以较长时间为准）内无法得到偿付的债务。它们不需要使用流动资产或举借新的流动负债进行偿付。长期票据、债券、养老金负债以及租赁负债都是长期负债的例子。

但简单地将某一负债归类为长期负债并不能为外部使用者提供完整的信息。例如，长期可以是从 2 年到 20 年、30 年或者 40 年。支付条款、利率以及其他细节需要在附注中列出，以便评估这些负债对于未来现金流量以及长期偿债能力的影响。耐克公司长期负债涉及公司债券和期票。

---

① 可以用流动资产或者举借新的流动负债偿还。

所有者权益

第1章我们提到，所有者权益是资产减去负债后的剩余金额。因此，所有者权益又称为净资产（net assets）或账面价值（book value）。公司制企业的所有者是其股东，因此对于一家公司来说，所有者权益也称为股东权益。这是一个简单的理解所有者权益的方法。如果某人以20万美元的价格购买房屋，自己支付了5万美元并用借款支付剩余的15万美元，那么房屋所有者的资产为20万美元，负债为15万美元，所有者权益为5万美元。

公司的所有者权益主要来自：

（1）投入资本；

（2）留存收益。

投入资本（paid-in capital）是股东投资于公司的金额。它通常在公司发行股票时形成。如示例2-8所示，耐克公司资产负债表的所有者权益部分在两个账户中报告了投入资本——普通股和其他投入资本。公司已经授权的股份数量以及已经发行和尚未发行的股份信息也必须直接在资产负债表或者附注中披露。

示例2-8　耐克公司的所有者权益　　单位：百万美元

	2015年5月31日	2014年5月31日
所有者权益：		
普通股，在外发行的股票数为6.79亿股和6.92亿股	\$3	\$3
其他投入资本	6 773	5 865
留存收益	4 685	4 871
累计其他综合收益	1 246	85
所有者权益总计	\$12 707	\$10 824

留存收益（retained earnings）是指公司创立以来的累计净利润减去所有分配给股东的股利。换句话说，就是公司为股东赚取但还没有分配给股东的累计利润。从股东的角度来看，公司不将每年的全部利润作为股利发放并不一定是坏事。耐克公司的管理层可以将这些未分配的利润用于生产，例如购买新增存货或设备，或者偿还到期债务。

耐克公司还报告了所有者权益的第三部分——累计其他综合收益（accumulated other comprehensive income，AOCI）。综合收益是指除与所有者交易以外的所有者权益总变动。这些变动的大部分都在利润表中作为净利润报告，但是有些其他综合收益项目却没有在利润表中报告。我们将这些项目汇总在累计其他综合收益项目中，就像我们将每年的净利润（未作为股利分配的部分）汇总在留存收益项目中一样。

虽然累计其他综合收益通常远小于投入资本或留存收益，但是很多公司都会报告这一项目。我们将在第3、第10和第14章中讨论其他综合收益项目的具体例子。

我们还将讨论影响所有者权益的其他交易，例如在第14章讨论公司购买自己未注销的股票（库存股）。购回的股票与从未发行的股票基本相同。公司可能决定在未来重新发行这些股票，但在此之前，它们被报告为负的所有者权益（或所有者权益的减项）。耐克公司没有库存股，但许多公司会有该项目。

国际财务报告准则

资产负债表列报。美国公认会计原则下的资产负债表与国际财务报告准则下的资产负债表的相似之处多于差异。其中一些差异如下：

- 国际财务报告准则明确了在资产负债表中至少要列报的事项，然而美国公认会计原则没有最低要求。
- 修订后的国际会计准则第 1 号[①]将资产负债表更名为财务状况表，虽然公司并未被要求使用该表格名称。一些美国公司同样使用财务状况报表作为表格名称。
- 在美国公认会计原则下，我们将流动资产和流动负债列报在非流动资产和非流动负债之前。国际会计准则第 1 号并未规定资产负债表的格式，但国际财务报告准则下的资产负债表通常先列报非流动事项。最近对按照国际财务报告准则编制财务报表的大型公司的调查显示，73%的受访公司首先列示非流动项目。[②] 例如，瑞典服装公司 H&M 的资产负债表按以下顺序报告资产、负债和所有者权益（单位：百万瑞典克朗）：

非流动资产（包括财产、厂房和设备）	26 488
流动资产	39 188
资产总计	65 676
所有者权益	45 248
长期负债	3 031
流动负债	17 397
负债和所有者权益总计	65 676

发展前瞻

2004 年，美国财务会计准则委员会与国际会计准则理事会合作开始了“财务报表列报”的项目，以期为财务报表信息披露建立一套通用准则，包括各项目、小计、总计的分类和列报。这项准则将对财务报表的格式产生重大影响。该项目中一个重要的部分就是将资产负债表（财务状况表）、综合收益表（包括利润表）和现金流量表的要素按照一套通用的分类方法进行组织。

但是项目进展缓慢，2011 年两个机构都暂停了该项目的活动，而专注于其他趋同项目。2014 年，这个项目又回到了美国财务会计准则委员会的议程中。目前还不知道该项目是否仍然像原方案一样涵盖所有财务报表，还是将重点放在一两种报表中。2016 年 8 月，美国财务会计准则委员会发布征求意见稿，在财务报告概念框架第 8 号中增加“第 7 章：列报”。征求意见稿提出了委员会在制定与财务报表信息披露相关的准则时应考虑的框架。

---

① “Financial Statement Presentation,” *International Accounting Standard No.* 1 (IASCF), as amended effective January 1, 2016.

② *IFRS Accounting Trends and Techniques—2011* (New York, AICPA, 2011), p. 133.

概念回顾练习

资产负债表编制

下表是 Sepia Paint 公司在 2018 年 12 月 31 日（公司会计年度末）结账后的试算平衡表。

账户名称	借方	贷方
现金	$ 80 000	
应收账款	200 000	
坏账准备		$ 20 000
存货	300 000	
预付费用	30 000	
应收票据（一个月内到期）	60 000	
投资	50 000	
土地	120 000	
建筑物	550 000	
机器	500 000	
累计折旧——建筑物和机器		450 000
专利（摊销后净值）	50 000	
应付账款		170 000
应付职工薪酬		40 000
应付利息		10 000
应付票据		100 000
应付债券（10 年内到期）		500 000
普通股（无票面价值）		400 000
留存收益		250 000
合计	$ 1 940 000	$ 1 940 000

投资的借方余额 5 万美元由对其他公司的交易性权益证券组成。该公司计划持有这些证券至少 3 年。应付票据为一笔 10 万美元分期付款的贷款，贷款期限为 10 年，需要在每年 7 月 1 日偿还本金 1 万美元并支付利息。年末，10 万股普通股发行在外流通。该公司拥有 50 万股授权普通股。

要求：

请编制 Sepia Paint 公司 2018 年 12 月 31 日的资产负债表。

解答：

SEPIA PAINT 公司
资产负债表
2018 年 12 月 31 日

资产		
流动资产：		
现金		$ 80 000
应收账款	$ 200 000	
减：坏账准备	(20 000)	180 000
应收票据		60 000
存货		300 000
预付费用		30 000
流动资产合计		650 000
投资		50 000
财产、厂房和设备：		
土地	120 000	
建筑物	550 000	
机器	500 000	
	1 170 000	
减：累计折旧	(450 000)	
财产、厂房和设备净值		720 000
无形资产：		
专利		50 000
资产总计		$ 1 470 000
负债和所有者权益		
流动负债：		
应付账款		$ 170 000
应付职工薪酬		40 000
应付利息		10 000
一年内到期的长期负债		10 000
流动负债合计		230 000
长期负债：		
应付票据	$ 90 000	
应付债券	500 000	
长期负债合计		590 000
所有者权益：		
普通股（无票面价值，授权股份为 50 万股，其中发行 10 万股并在外流通）	400 000	
留存收益	250 000	
所有者权益合计		650 000
负债和所有者权益总计		$ 1 470 000

财务披露大大提升了资产负债表及其他财务报表的有用性。下面我们着重介绍这些财务披露。

第2节　财务披露

每一会计年度结束，公众公司需要向股东提供年度报告（annual report）。年度报告包括财务报表，如资产负债表。然而，财务报表只是年度报告所提供信息的一部分。作为财务报表组成部分的其他披露对于理解财务报表以及评价公司业绩和财务健康状况至关重要。

财务披露提供的信息量可能很大。例如，耐克公司2015年年度报告中包含5页财务报表和32页相关披露。耐克公司的10-K报表（向美国证券交易委员会提交的年度报告）包括另外50页与业务状况、风险因素、法律程序、公司股票业绩、管理层讨论与分析以及内部控制程序有关的披露信息。我们将在下一部分讨论这些披露。

一、披露附注

一些财务报表披露是在报表中以额外信息的形式提供的（通常用括号形式）。资产负债表披露的常见例子是坏账准备和普通股信息。其他披露包括财务报表之后的附注中提供的支持性论证、计算和表格。这些附注是提供额外披露的最常见手段。例如，金融工具的公允价值和与金融工具相关的“资产负债表表外”风险在附注中披露。许多关于财务报表中列报事项细节的信息也在附注中披露。一些例子包括：

- 养老金计划；
- 租赁；
- 长期债务；
- 投资；
- 所得税；
- 财产、厂房和设备；
- 员工福利计划。

披露附注必须包括某些特定的附注，例如重要会计政策汇总、期后事项说明以及关联方交易，但是许多附注应该与报告主体的具体披露需要相适应。实际上，任何能够帮助投资者和债权人理解公司经营成果、财务状况以及现金流量的说明都应该予以披露。下面我们一起了解几类披露附注。

重要会计政策汇总

很多同样能够被接受的会计处理方法可以供管理层选择。例如，管理层可以选择使用加速折旧法或者直线法进行折旧，可以选择先进先出法、后进先出法或者平均成本法来计量存货，可以选择是否以公允价值或成本计量某些金融投资。公司还能够确定哪些证券是现金等价物，确定收入确认时间的政策。通常情况下，第一项披露附注是公司的重要会计政策汇总，这一附注披露了公司做出的会计政策选择。[①] 示例2-9显示了星巴克公司一份年度报告中的典型汇总部分。

示例2-9　星巴克公司的重要会计政策汇总

附注1：会计政策汇总（节选）

合并原则
合并财务报表反映了星巴克公司的财务状况和经营成果，其中包含星巴克的全资子公司以及受星巴克控制的投资对象。

现金及现金等价物
公司将购买时到期日在3个月以内的高流动性金融工具都视为现金等价物。

存货
存货以成本（主要指移动平均成本）与市价孰低计量。我们对废弃的或流动性低的存货以及实物盘点存在预计损失的存货计提跌价准备。

财产、厂房和设备
财产、厂房和设备以其成本减去累计折旧进行计量。成本包括为取得和准备这些资产所发生的所有直接成本，有时包括内部人工和制造费用。这些资产（包括融资租入资产）在估计使用年限内按照直线法进行折旧，设备的使用年限一般是2～15年，建筑物的使用年限一般是30～40年。租入资产的改良支出在预计使用寿命和相关租赁期中较短的时间内摊销，一般为10年。

收入确认
公司经营的门店在销售收款时确认收入。充值卡（主要是星巴克卡）的收入在兑现时或者根据历史经验判定无法兑现时确认。优质客户的余额包含在合并资产负债表的递延收入中。

研究附注是分析财务报表的一个关键步骤。显然，了解会计数据是采用何种方法得到的，对于评估这些金额的适当性至关重要。

期后事项

当一个对公司财务状况具有重要影响的事项发生在会计年度结束之后、财务报表公布或“可公布”之前，该事项需要在**期后事项**[②]（subsequent event）披露附注中进行说明。例如债务或权益证券发行、企业合并或出售、资产出售、导致或有损失的事项或者其他任何对公司经营产生重大影响的事项。示例2-10是塔吉特公司在其截至2015年1月31日的会计年度的年度报告中披露的一个期后事项。我们将在第11章更深入地介绍期后事项。

示例2-10　塔吉特公司期后事项

29. 期后事项
2015年3月，我们宣布总部裁员。因此，我们预计2015年第一季度销售和管理费用中的辞退及其他福利相关费用约为1亿美元，其中绝大多数预计需要现金支出。

值得注意的事项和交易

有些交易和事项只是偶尔发生，但它们对于评价公司的财务报表来说具有潜在的重要性。关联方交易、差错和舞弊、违法行为都属于这一类。其中关联方交易最为常见。

---

① FASB ASC 235-10-50：Notes to Financial Statements-Overall-Disclosure（previously “Disclosure of Accounting Policies,” *Accounting Principles Board Opinion No. 22*（New York：AICPA，1972））.

② 如果符合公认会计原则格式的财务报表已广泛传递给使用者，那么财务报表被视为已经公布。一些主体（如私人公司）不向使用者广泛传递财务报表。对于这些主体，期后事项的关键日期不是报表公布日，而是财务报表按照公认会计原则的格式要求已经完成并且经批准“可公布”的日期。公司必须披露期后事项从何时起算。FASB ASC 855：Subsequent Events（previously “Subsequent Events,” *Statement of Financial Accounting Standards No. 165*（Stamford, Conn.：FASB，2009））.

有时公司会与其所有者、管理层、所有者或管理层的亲属、关联公司以及其他能够对公司或被公司产生重大影响的群体发生交易。**关联方交易**（related-party transactions）的潜在问题在于它们的经济实质可能与法律形式相左。例如，以与市场利率完全不同的利率借贷资金就是一个可能有关联方参与的交易的例子。由于潜在的虚假陈述，财务报表使用者对这些交易的更多细节特别感兴趣。

当关联方交易发生时，公司必须披露关系的性质，提供交易的描述，并报告交易金额和任何应收或应付关联方的款项。[①] 示例 2-11 显示了 Champions Oncology 公司一份年度报告中的披露附注，该附注描述了向董事会一位成员所提供咨询服务的付款。

示例 2-11 Champions Oncology 公司关联方交易披露

附注 4：关联方交易
关联方交易包括本公司与股东、管理层或关联方之间的交易。以下交易是正常经营过程中的交易，按交易金额（即交易双方确定并同意的金额）计量和记录。
咨询服务
截至 2014 年 7 月 31 日和 2015 年 7 月 31 日的三个月期间，本公司向一位董事支付了 18 000 美元和 37 500 美元的咨询服务费，该咨询服务与董事职责无关。同期，本公司向一位董事的公司支付了 5 900 美元和 0 美元的咨询服务费。所有支付给关联方的款项已经在服务发生期间确认和费用化。

不太常见的事项是差错和**舞弊**（fraud）。这两个术语的区别是，差错是无意的，而舞弊是故意侵吞资产或欺诈性财务报告。[②] 差错和舞弊可能需要披露（例如，由于差错或舞弊而损失资产）。显然，管理层舞弊行为的存在可能会导致财务报表的使用者从一个完全不同的且更加谨慎的视角来进行财务分析。

与舞弊密切相关的是**违法行为**（illegal acts），如贿赂、回扣、对于政治候选人的非法资助以及其他违反法律的行为。美国国会 1997 年通过的《反海外腐败法》对非法行为的会计处理产生了影响。该法案旨在通过更严格的控制措施打击非法商业行为，并完善对这些行为的披露。此类披露的性质受违法行为对财务报表披露金额的重要性影响。[③] 然而，美国证券交易委员会发布的指导文件称，仅依靠量化指标来评估财务报表重要性水平的做法是不恰当的。[④] 在决定重要性水平时，也要考虑一些其他因素，如存疑事项是否涉及非法交易。

正如你预计的那样，任何关联方交易、舞弊和违法行为的披露都很敏感。虽然审计人员必须考虑到所涉及群体的隐私，但也不能完全忽视财务信息使用者对充分披露的需求。

我们仅仅讨论了在公司年度报告中出现频率最高的一些披露附注。其他常见披露还包括每股收益计算、所得税、财产和设备、或有事项、长期债务、租赁、养老金、股票期权、会

---

① FASB ASC 850-10-50：Related Party Disclosures-Overall-Disclosure（previously “Related Party Disclosures,” *Statement of Financial Accounting Standards No. 57*（Stamford，Conn.：FASB，1982））.

② “Consideration of Fraud in a Financial Statement Audit,” *AICPA Professional Standards AU 240*（New York：AICPA，2012）.

③ “Consideration of Laws and Regulations in an Audit of Financial Statements,” *AICPA Professional Standards AU 250*（New York：AICPA，2012）.

④ FASB ASC 250-10-S99-1，SAB Topic 1. M：Assessing Materiality（originally “Materiality,” *Staff Accounting Bulletin No. 99*（Washington，D. C.：SEC，August 1999））.

计政策变更、金融工具的公允价值以及公司所面临的市场风险和信用风险等方面的细节。我们将在后面的章节结合相关财务报表要素讨论并举例说明这些披露。

二、管理层讨论与分析

除了财务报表和披露附注外，每家公众公司的年度报告都需要公司管理层提供一份篇幅相当长的讨论与分析。这部分位于财务报表和审计报告之前，管理层在该部分表明他们对公司重大事项、发展趋势以及公司经营情况、流动性和资本来源情况的观点。虽然**管理层讨论与分析**（management's discussion and analysis，MD&A）的观点可能存在偏颇，但它可以提供从其他地方无法获得的信息。例如，示例 2－12 是 GameStop 公司年度报告中管理层讨论与分析的流动性和资本来源部分。

示例 2－12　GameStop 公司管理层讨论与分析

管理层对财务状况和经营成果的讨论与分析（节选；流动性与资本来源部分）

概述

根据我们目前的经营计划，我们相信现有的现金余额、经营活动产生的现金、4 亿美元基于资产的循环信贷额度和最近发行的 2021 高级票据的收益，至少在未来 12 个月能够为我们的经营、开设新店和改建活动以及公司资本分配计划（包括收购、股份回购和董事会宣告的股利支付）提供充足的流动资金。

现金流量

2015 财年，经营活动产生的现金为 6.568 亿美元，而 2014 财年为 4.805 亿美元。2014 财年至 2015 财年增加 1.763 亿美元，主要是由于营运资本提供的现金增加了 1.677 亿美元（主要是所得税、应付账款和应计负债的支付时间与 2014 财年相比发生了变化）。

资本使用

我们在 2015 财年新开了 85 家视频游戏品牌专卖店，新开或收购了 568 家技术品牌专卖店，预计 2016 财年将新开 140 家专卖店，并通过收购在技术品牌业务上进行重大投资。预计 2016 财年的资本支出为 1.6 亿～1.7 亿美元。

我们通过现金收购来扩大业务。在 2015 财年、2014 财年和 2013 财年，我们用于收购的现金分别为 2.675 亿美元、0.897 亿美元和 0.774 亿美元，这些收购主要与我们的技术品牌业务和 ThinkGeek 的增长有关。

自 2010 年 1 月以来，董事会已授权多个股票回购计划，授权管理层回购 A 类普通股。2015 财年，我们回购了 520 万股，平均每股价格为 38.68 美元，合计 2.02 亿美元。

2015 财年，我们支付了 A 类普通股每股 1.44 美元的股利，全年共计 1.541 亿美元。

三、管理层的责任

管理层编制财务报表并对财务报表及年度报告中的其他信息负责。为增进财务报表使用者对管理层和审计师作用的了解，公众公司的年度报告中包括管理层的责任这一部分。该部分声明管理层对年度报告中所包含信息的责任，并对公司内部控制程序进行评估。

示例 2－13 为耐克公司截至 2015 年 5 月 31 日的会计年度的财务报表中管理层关于财务报告内部控制的报告。回顾一下我们在第 1 章中关于财务报告改革的讨论，2002 年《萨班斯-奥克斯利法案》要求公司高管对财务报表做出书面声明。提交虚假报表将被判处 20 年徒刑。耐克公司总裁兼首席执行官（CEO）马克 · G. 帕克（Mark G. Parker）和首席财务官（CFO）唐纳德 · W. 布莱尔（Donald W. Blair）签署了所需的声明。

示例 2-13　耐克公司管理层的责任

管理层对财务报表的责任（部分）

耐克公司的管理层对本报告中的信息和陈述负责。财务报表已按照公认会计原则编制，我们认为在当前情况下是适当的，并且包含基于最佳估计和判断的金额。

审计委员会负责独立注册会计师事务所的聘任和审查。审计委员会认为独立注册会计师事务所、管理层和内部审计人员、年度检查的范围和结果、会计控制系统的有效性以及与财务有关的其他事项是适当的。独立注册会计师事务所和内部审计师有充分的机会与审计委员会讨论任何适当的事项，而无论管理层是否在场。

管理层关于财务报告内部控制的报告（部分）

管理层有责任建立并维持适当的财务报告内部控制。该条款由修订后的 1934 年《证券交易法》13（a）和 15（f）条规定。财务报告内部控制是一个过程，旨在为财务报告和按照美国公认会计原则编制的对外财务报表的可靠性提供合理保证。

“合理保证”是高水平保证，但并不意味着绝对保证。由于其固有的局限性，财务报告内部控制可能无法防止或检测到所有的错报和舞弊。控制可能会被操纵，尤其是在两人或两人以上（包括高层管理人员）相互勾结的舞弊情形中。

在首席执行官和首席财务官的监督和参与下，管理层根据反虚假财务报告委员会的发起人委员会（COSO）发布的“内部控制——整合框架（2013）”，对财务报告内部控制的有效性进行了评估。根据评估结果，管理层认为，截至 2015 年 5 月 31 日我们的财务报告内部控制是有效的。

马克·G. 帕克	唐纳德·W. 布莱尔
总裁兼首席执行官	首席财务官

四、董事和高管薪酬

美国大公司向高管支付的报酬是公众讨论和争议的焦点。股东、员工、政治家和普通公众有时会质疑，在越来越多的普通员工因裁员而被解雇的同时，公司高管仍在领取巨额薪酬。美国公司高管和较低层级员工之间的薪酬差距要比其他大多数工业化国家大得多，这助推了这一争论。

历史上，与高管薪酬相关的披露并不清晰。此外，高管薪酬相当多的部分是股票期权，这进一步混淆了支付给高管的薪酬总额。股票期权给予其持有者以特定价格购买股票的权利，这一价格通常是期权被授予时的市场价格。当股价上涨时，管理人员可以行使期权并实现利润。在一些情况下，期权已经导致高管薪酬非常高。股票期权将在第 15 章深入讨论。

为了帮助股东和其他人理清高管薪酬的内容，更好地理解公司在这方面的承诺，美国证券交易委员会要求对董事和高管薪酬进行披露，尤其是股票期权。**委托书**（proxy statement）每年必须向全体股东报告，通常与年度报告一起报告。委托书邀请股东参加年会，选举董事会成员，并当场或委托他人就公司议题进行投票。委托书还包括董事和高管的薪酬和股票期权信息。示例 2-14 是百思买公司近期委托书中的薪酬汇总表。

示例 2-14　百思买公司薪酬汇总表（部分）

姓名和职位	工资	股票奖励	期权奖励	短期激励计划奖励	其他所有薪酬	合计
Hubert July（董事长兼首席执行官）	\$1 175 000	\$8 011 688	\$1 842 715	\$3 814 050	\$29 028	\$14 872 481

续

姓名和职位	工资	股票奖励	期权奖励	短期激励计划奖励	其他所有薪酬	合计
Sharon L. McCollam（首席行政和首席财务官）	925 000	3 039 724	1 397 391	2 251 913	9 669	7 623 697
Shari L. Ballard（美国区零售总裁）	790 385	2 672 270	1 228 476	1 927 311	24 641	6 643 083
R. Michael Mohan（首席营销官）	790 385	1 336 135	614 238	1 927 311	10 323	4 678 392
Keith Nelsen（总法律顾问）	640 385	1 102 314	506 742	1 027 899	10 482	3 287 822

五、审计报告

审计师负责检查财务报表以及公司用于支持报表内容而设计的内部控制程序。他们的作用是根据这些检查来证明财务报表的公允性。审计师对公众企业主体履行鉴证职能所得出的结果是**审计报告**（auditors' report）中表达的意见。

审计报告有四种基本类型：

（1）无保留意见审计报告；

（2）带说明段的无保留意见审计报告；

（3）保留意见审计报告；

（4）否定意见或无法表示意见审计报告。

如果审计师已经进行职业关注并确保财务报表按照公认会计原则的要求编制，那么审计师会出具无保留（或“清洁”）意见。职业关注包括充分计划审计工作、了解公司内部控制程序以及收集证据以证明财务报表所报告金额的准确性。

示例2-15是普华永道会计师事务所对耐克公司财务报表出具的简略无保留意见审计报告。

示例2-15　耐克公司的审计报告

独立注册公共会计师事务所报告（部分）

耐克公司董事会和股东：

我们认为，合并财务报表按照美国公认会计原则的要求编制，在所有重大方面公允反映了耐克公司及其子公司2014年5月31日和2015年5月31日的财务状况、截至2015年5月31日的三年中每年的经营成果和现金流量。

我们认为，截至2015年5月31日，公司依据反虚假财务报告委员会的发起人委员会（COSO）发布的“内部控制——整合框架（2013）”，在所有重大方面保持了有效的财务报告内部控制。

公司管理层负责编制财务报表和相关明细表，负责保持财务报告内部控制的有效性并对其有效性进行评价（包含在管理层关于财务报告内部控制的年度报告中）。

我们的责任是根据我们的综合审计，对财务报表和相关明细表以及财务报告内部控制发表意见。

普华永道会计师事务所
俄勒冈州波特兰市
2015年7月23日

在大多数情况下，包括耐克公司的报告，审计师都会认为财务报表“公允反映”了财务状况、经营成果和现金流量，并且“按照美国公认会计原则的要求编制”。在这种情况下审计师会发表无保留意见。请注意，审计报告还包括审计师对公司财务报告内部控制有效性的审计意见。[1]

在某些情况下，审计师会发表带说明段的无保留意见。在这种情况下，审计师认为财务报表符合公认会计原则（无保留意见），但审计师认为其他重要信息需要向财务报表使用者强调。一些典型的情况包括：

• 缺乏一致性。会计原则变动（即便审计师认可这种变动）导致报表的可比性受到影响，从而缺乏一致性。

• 持续经营。如果审计师认为公司是否能够偿还到期债务存在重大疑问，需要考虑公司的持续经营能力。影响持续经营的因素包括重大经营亏损、主要客户流失或可能损害公司继续经营的法律诉讼。[2]

• 强调事项。涉及财务报表的强调事项不影响审计师发表无保留意见，但与某一重大事项（如关联方交易）有关。

示例 2-16 是 Timberline Resources 公司 2015 年审计报告中关于持续经营的段落。

示例 2-16 Timberline Resources 公司持续经营段

后附的财务报表是基于公司能够持续经营这一假设而编制的。正如财务报表的附注 2 所讨论的，公司发生了重大损失，没有可持续的收入来源，并且存在累计亏损。
这些因素导致我们对公司的持续经营能力产生了重大疑虑。管理层针对这些事实的计划也在附注 2 中做了描述。合并财务报表不包括由这些不确定的结果带来的任何调整。

一些情况下，审计师需要发表无保留意见以外的其他意见。例如：(a) 不符合公认会计原则；(b) 不充分披露；(c) 检查范围受限。在这些情况下，审计师会发表以下某种意见：

• 保留意见。当审计过程受到限制（审计范围受限）或者财务报表偏离了公认会计原则，但不足以否定财务报表整体的有效性时，审计师会发表保留意见。

• 否定意见。如果审计师认定财务报表或披露存在严重错误或误导，他们会发表否定意见。由于审计师通常能够说服管理层纠正问题，因此否定意见非常少见。

• 无法表示意见。如果审计师无法收集足够的信息来证明财务报表符合公认会计原则，那么会发表无法表示意见。

显然，这些与标准无保留意见不同的审计报告是最具信息含量的。这些与正常情况的偏离应引起财务分析师的注意，并促使分析师收集更多信息。

第 3 节 风险分析

一、使用财务报表信息

投资者和其他使用者使用公司在财务报告中提供的信息来做出决策。财务报告主要侧重

① 公众公司的审计报告必须遵循美国公众公司会计监督委员会（PCAOB）发布的审计准则第 2201 号“与财务报表审计相结合的财务报告内部控制审计”的规定。

② “The Auditor's Consideration of an Entity's Ability to Continue as a Going Concern (Redrafted),” *Statement on Auditing Standards No. 126*, *AICPA Professional Standards AU 570* (New York: AICPA, 2012). 管理层还需要评估公司的持续经营能力并且在有重大疑虑时提供相关披露（ASC 205-40）。

于反映公司过去的业绩和当前的财务状况，但是使用者对关于未来的信息更感兴趣。投资者想知道公司的**违约风险**（default risk），即公司无法偿还到期债务的风险。另一种风险是**经营风险**（operational risk），这更多地涉及公司如何妥善处理可能会损害其盈利能力的各种事项和情况。

尝试从过去和现在的数据中洞察未来，需要使用各种工具和技术，这就是财务报表分析的目标。分析财务报表的常用方法包括：

（1）**比较财务报表**（comparative financial statements）。财务报表附有相应的以前年度的报表，通常是前两年的报表。

（2）**水平分析**（horizontal analysis）。将财务报表中每一项目都表示为另一年度报表中同一项目（基数）的百分比。例如，将今年的存货与去年的存货进行比较就得到了存货变动的百分比。

（3）**垂直分析**（vertical analysis）。将财务报表中每一项目都表示为同一年度相关合计数或基数的百分比。例如，现金、应收账款和存货可以用它们占总资产的百分比重新表示。

（4）**比率分析**（ratio analysis）。将财务报表项目转化为比率，以评价公司的业绩和风险。

举例来说，我们在示例 2-3 中显示了耐克公司比较资产负债表的流动资产部分。根据这些项目，我们可以很容易地计算出当年现金变动的百分比（水平分析）或者现金占流动资产的百分比（垂直分析）。了解耐克公司的现金状况，无论是相对于上一年还是相对于其他流动资产，都为评估可用于偿还债务或其他经营问题的现金提供了信息。

然而，分析财务报表最常用的方式是比率分析。接下来，我们将运用比率分析来分析耐克公司的风险，以调查公司的**流动性**（liquidity）和**长期偿债能力**（long-term solvency）。第 3 章将介绍盈利能力分析的比率。你还将在本书许多章节的“决策者角度”专栏中用到比率。同样，许多章节都有比率分析的案例。

我们每天都会用到比率。平均击球率反映了我们喜爱的棒球运动员的表现。我们用投篮命中率和每场比赛的篮板球数来评价篮球运动员。速度计用每小时行驶的英里数衡量汽车的速度。我们用每磅或每盎司的价格来比较零食店的成本。在这些例子中，比率比单个数字本身更有意义。击中 45 个球是令人满意的表现吗？这取决于击球总数。2 美元对于奶酪来说是个划算的价格吗？这取决于 2 美元能够买多少盎司的奶酪。比率让这些衡量更有意义。

类似地，我们可以使用比率来评价公司的业绩和财务状况。400 万美元的净利润值得股东们庆祝吗？如果股东权益是 100 亿美元，可能不会。但如果股东权益是 1 000 万美元，此时的净资产收益率高达 40%！虽然比率能够比单独的绝对数值提供更有意义的信息，但比率与相关比较标准一同进行分析时才最有用。比较标准可能是同一公司以前的业绩、竞争公司的业绩或者特定比率的行业平均数。

流动性比率

流动性通常是指公司将其资产变现以偿还流动负债的能力。通过分析公司的流动性，我们可以大体了解公司偿还到期短期债务的能力。

流动资产通常被认为是公司流动性最强的资产，因为这些资产比长期资产更容易变现。但是显然，一些流动资产的流动性要高于其他流动资产，因此分析流动资产的具体组成非常重要。

衡量流动性的两个常见指标是：(1) 流动比率；(2) 酸性测试比率（或速动比率）。计算公式如下：

$$流动比率=\frac{流动资产}{流动负债}$$

$$酸性测试比率(或速动比率)=\frac{速动资产}{流动负债}$$

流动比率

流动比率定义中隐含的内容是流动资产和流动负债的关系。流动资产和流动负债之差称为**营运资本**（working capital）。通过比较公司短期内到期的债务和现金及能够在短期内变现的其他资产，能够了解公司偿还这些债务的能力。虽然该比率广泛用于决策，但它对于那些正在考虑是否扩大短期信贷的公司来说尤其有用。耐克公司 2015 年 5 月 31 日的营运资本为 96.42 亿美元。这一金额等于流动资产 159.76 亿美元（见示例 2－3）减去流动负债 63.34 亿美元（见示例 2－7）。

流动比率（current ratio）由流动资产除以流动负债得到。耐克公司的流动比率为 2.52，表明该公司每 1 美元的流动负债对应的流动资产为 2.52 美元。

$$流动比率=\frac{159.76}{63.34}=2.52$$

然而，在单独使用营运资本来评估流动性时应考虑一些问题。公司通常是使用现金而不是营运资本中的其他资产来还债的。公司很可能在偿还债务困难时仍保持远大于 1 的流动比率。例如，如果存货在流动资产中占很大比例，而且这些存货需要几个月才能变现，那么公司可能造成无法偿还 30 天内到期的应付账款的问题。另一方面，流动比率小于 1 也不一定代表公司偿还流动负债有困难。例如，信贷额度提供了财务弹性，公司可以利用它来借款。在评估流动性时，必须考虑上述这些因素。

酸性测试比率（或速动比率）

为了只考虑能够随时用于偿还流动负债的流动资产，一些分析师会对流动比率进行修改。一种常用的变动是**酸性测试比率**（acid-test ratio）。该比率是流动资产扣除存货、预付款项、受限现金和递延税款后，再除以流动负债。它的分子包括不受限的现金、短期投资和应收账款，这些称为速动资产。通过剔除流动资产中较难变现的部分，速动比率比流动比率更能体现公司流动性状况。

示例 2－3 显示，耐克公司的速动资产为 92.82 亿美元（38.52＋20.72＋33.58）。速动比率计算如下：

$$速动比率=\frac{92.82}{63.34}=1.47$$

这些流动性比率是否足够评价公司的流动性呢？缺少比较通常很难给出答案。如前所述，进行这种比较的常用标准是比率的行业平均值或同一公司往年的比率。对于上面给出的例子，行业平均值如下：

行业平均值

流动比率＝1.41

速动比率＝1.12

耐克公司的比率高于行业平均水平，因此耐克公司的流动性状况似乎很好。如果比率较低呢？这是否表明流动性有问题？不一定，但应当引起足够重视。请记住，每个比率只是整个拼图中的一块。例如，盈利能力可能是衡量公司长期流动性的最好指标。我们将在第3章讨论关于盈利能力的比率。

另外，管理层在管理流动资产方面可能非常有效率，比如应收账款的收款速度或者存货的销售速度比正常速度快，这使得这些资产更具流动性。与竞争对手或行业相比，较高的周转率通常表示特定的流动比率更具有流动性。我们将在第3章讨论这些周转率。

长期偿债能力比率

投资者和债权人，尤其是长期债权人，对于公司的长期偿债能力很感兴趣。常见的两个长期偿债能力比率是：(1) 负债权益比率；(2) 利息保障倍数。

$$负债权益比率=\frac{负债}{所有者权益}$$

$$利息保障倍数=\frac{净利润+利息费用+所得税}{利息费用}$$

道德困境

Raintree化妆品公司有几笔当地银行的未偿还贷款。公司与银行签署的所有债务契约均要求Raintree公司必须维持至少0.9的流动比率。公司财务主管杰克逊·菲利普斯（Jackson Phillips）估计2018年底公司的流动资产和流动负债分别为210万美元和240万美元，也就是流动比率预计为0.875。如果违背债务契约，Raintree公司的贷款利率将被银行提高，从而导致借款成本增加。

杰克逊·菲利普斯向公司总裁建议公司在年末之前赊购60万美元的存货。这将使得流动资产和流动负债增加相同数额，但流动比率会提高至0.9。这60万美元存货将在2019年下半年使用。然而，此次赊购将导致仓储成本和筹资成本增加。

杰克逊·菲利普斯很担心自己的建议是否符合职业道德。你怎么看？

负债权益比率

负债权益比率（debt to equity ratio）将债权人提供的资源与所有者提供的资源进行比较。它等于负债总额（包括流动负债和长期负债）除以所有者权益总额（包括留存收益）。[①]

其他条件相同的情况下，这一比率越高风险越大。这一比率越高，债权人对于资产的要求权就越多，在公司无法履行偿还义务时单个债权人不能得到偿付的可能性就越大。

耐克公司的负债为88.93亿美元（见示例2-7），所有者权益为127.07亿美元（见示例2-8）。负债权益比率计算如下：

---

① 负债权益比率的一个常见变形是用总负债除以总资产。当然，这一变形同样可以准确衡量公司的资本结构，它可以解释为公司总资产中债权人提供的部分所占的百分比。

$$负债权益比率=\frac{88.93}{127.07}=0.70$$

和所有比率一样，负债权益比率在与一些标准（如行业平均值或者竞争对手的比率）进行对比时才更有意义。例如，行业平均负债权益比率为 0.95，耐克公司在其资本结构中的负债比例低于行业平均水平。这是否意味着耐克公司的违约风险低于其他公司？如果其他条件相同，答案是肯定的。但是这意味着更好吗？不一定。我们将在下一节讨论，耐克公司可能没有充分利用债务。更多的债务可以增加回报股东的潜力，但债务越多，风险就越大。这是几乎所有公司在试图确定最佳资本结构时需要权衡的基本问题。

负债的构成也很重要。例如，负债可能包括递延服务收入。前面提到过，递延收入是在提供商品或服务之前从客户收到现金时记录的负债。公司需要向客户提供服务而不是支付现金来偿还这些负债。

利息保障倍数

通常与负债权益比率一起使用的比率是**利息保障倍数**（times interest earned ratio）。这个比率是扣除利息费用和所得税之前的利润除以利息费用。为了维持偿债能力或在需要时举借更多债务，公司需要在当年有资金支付利息费用。公司“覆盖”利息费用的能力通常用当期利润超过利息的程度来衡量。

如果利润比利息费用高出很多倍，那么债权人的利益就会比利润刚刚覆盖利息费用时更能得到保障。为此，利润应该是可用于支付利息的金额，即扣除利息和所得税之前的利润，这一利润通过将利息和所得税加回净利润计算得出。

例如，耐克公司报告了如下信息（单位：百万美元）：

净利润	3 273
利息费用	+34
所得税	+932
息税前利润	4 239

利息保障倍数计算如下：

$$利息保障倍数=\frac{4\ 239}{34}=124.68$$

对于债权人来说，124.68 倍的利息保障倍数是一个相当高的安全边际。利润即使降低很多倍，公司也能够偿还利息。[①] 耐克公司利润很高，而且几乎没有计息债务。相比之下，行业平均利息保障倍数约为 36.4 倍。

风险与盈利能力之间的关系。现在我们已经评估了一家公司的流动性和长期偿债能力，让我们来看看为什么一家公司会想借钱。虽然存在与借款相关的违约风险，但公司可以使用这些借入的资金为股东提供更大的回报。这被称为有利的**财务杠杆**（financial leverage），是一种非常普遍（但有风险）的经营活动。

① 当然，利息是用现金偿还的，而不是用利润。利息保障倍数经常用扣除利息支出和所得税支出之前的经营活动现金流量除以利息支出来计算。

为了说明财务杠杆，假设一个新成立的公司正试图确定负债和所有者权益的适当组合。初始资本化目标是5 000万美元。资本化组合的备选方案已锁定为以下两个：（1）1 000万美元的负债和4 000万美元的所有者权益；（2）3 000万美元的负债和2 000万美元的所有者权益。

假定不管选择哪种资本组合，在支付利息和所得税之前，公司能够在5 000万美元资产上产生16%的年回报。换句话说，息税前利润是800万美元（16%×5 000）。如果债务利率为8%，所得税税率为40%，两种资本化替代方案第一年的比较净利润可以计算如下：

	方案1 负债=1 000万美元 权益=4 000万美元	方案2 负债=3 000万美元 权益=2 000万美元
息税前利润	＄8 000 000	＄8 000 000
减：利息费用	(800 000)*	(2 400 000)†
税前利润	＄7 200 000	＄5 600 000
减：所得税费用（40%）	(2 880 000)	(2 240 000)
净利润	＄4 320 000	＄3 360 000

* 8%×＄10 000 000
† 8%×＄30 000 000

应该选择方案1吗？可能不会。尽管方案1提供了更高的净利润，但方案2的股东权益回报率（净利润除以所有者权益）更高。在方案1中，股东必须投资4 000万美元才能获利432万美元。在方案2下，股东只需投资2 000万美元即可获利336万美元。

	方案1	方案2
股东权益回报率①=	$\frac{4\ 320\ 000}{40\ 000\ 000}$	$\frac{3\ 360\ 000}{20\ 000\ 00}$
=	10.8%	16.80%

方案2下，股东投入的每一美元有更高的回报。这是因为该公司利用其2 000万美元的权益投资来举债经营。任何时候负债的成本（8%）都低于投资资产的回报率（16%），因此借款会提高股东的回报。这是有利的财务杠杆的本质。

但请注意，杠杆存在风险，它并非总是有利的；借入资金的成本可能会超过它们提供的回报。如果投资资产回报率低于预期，那么额外的债务可能导致方案2的权益回报率降低。例如，如果投资资产的回报（息税前）是5 000万美元的6%（即300万美元），而不是16%，方案1将提供更好的权益回报：

① 如果回报是基于平均所有者权益计算的，我们可以技术性假定所有利润都作为现金股利分配给股东，此时所有者权益的期初、期末和平均金额是相等的。如果我们假定不分配股利，则回报率为：

	方案1	方案2
股东权益回报率=	$\frac{4\ 320\ 000}{(44\ 320\ 000+40\ 000\ 000)/2}$	$\frac{3\ 360\ 000}{(20\ 000\ 000+23\ 360\ 000)/2}$
=	10.25%	15.50%

所有情形的结论是相同的。

	方案1 负债=1 000万美元 权益=4 000万美元	方案2 负债=3 000万美元 权益=2 000万美元
息税前利润	\$3 000 000	\$3 000 000
减：利息费用	(800 000)*	(2 400 000)†
税前利润	\$2 200 000	\$600 000
减：所得税费用（40%）	(880 000)	(240 000)
净利润	\$1 320 000	\$360 000

* 8%×\$10 000 000
†8%×\$30 000 000

$$\begin{array}{lcc} & \text{方案 1} & \text{方案 2} \\ \text{股东权益回报率}^{①}= & \dfrac{1\ 320\ 000}{40\ 000\ 000} & \dfrac{360\ 000}{20\ 000\ 00} \\ = & 3.3\% & 1.8\% \end{array}$$

如果资产回报率过低，公司杠杆过高，就会面临无法偿还利息和债务的风险。因此，股东通常面临高债务风险和高回报率之间的权衡。流动性和长期偿债能力比率可以帮助做出这一决策。

财务报告案例问题参考答案

1. 对杰瑞提出的“所有者权益没有反映公司市场价值”这一批评做出回应。资产负债表主要提供什么信息？

杰瑞是正确的。财务报表应该帮助投资者和债权人对公司进行估值。但是，资产负债表的目的不在于描绘主体的市场价值。一些原因导致公司的资产减去负债（即所有者权益）与其市场价值不等。例如，许多资产都是以历史成本而非公允价值计量的。同样，训练有素的员工、经验丰富的管理团队和公司的声誉等公司资源都不记为公司资产。资产负债表必须与其他财务报表、披露附注以及可以公开获取的其他信息结合使用。

然而，资产负债表提供了有价值的信息，可以帮助投资者和债权人确定公司价值。毕竟，资产负债表描述了很多能够产生未来现金流量的公司资源。资产负债表还提供了关于流动性和长期偿债能力的重要信息。

2. 通过将资产和负债按照共性特征进行分类，能够提高资产负债表的有用性。安德玛公司的资产负债表中使用的分类是什么？这些类别包括哪些要素？

安德玛公司采用以下方法对其资产和负债进行分类：

---

① 如果我们假定不分配股利，则回报率为：

$$\begin{array}{lcc} & \text{方案 1} & \text{方案 2} \\ \text{股东权益回报率}= & \dfrac{1\ 320\ 000}{(41\ 320\ 000+40\ 000\ 000)/2} & \dfrac{360\ 000}{(20\ 000\ 000+20\ 360\ 000)/2} \\ = & 3.25\% & 1.78\% \end{array}$$

所有情形的结论是相同的。

资产：

● 流动资产包括现金以及其他预期能够在一年或长于一年的一个营业周期内变现或消耗的资产。

● 财产、厂房和设备是企业经营活动中使用的有形长期资产。这一类别包括土地、建筑物、机器设备、家具以及自然资源。

● 商誉是一种独特的无形资产，它的成本不能直接与任何具体可辨认的权利相联系，也不能脱离公司整体而存在。它代表公司总体价值超过所有可辨认有形和无形资产总和的那一部分独特价值。

● 无形资产是体现对产品、流程或名字等拥有专有权利的资产。例如，专利、版权、特许经营权。

● 递延所得税产生于应税所得与会计利润之间的暂时性差异。

● 其他长期资产是长期（非流动）资产的笼统分类，它包括长期预付费用以及不包括在其他类别中的长期资产。

负债：

● 流动负债是指那些需要用流动资产或举借新的流动负债来偿付的债务。通常，这意味着流动负债预期在一年或长于一年的一个营业周期内偿还。

● 长期负债是在更远的未来被偿还的负债，包括债券、递延所得税及养老金负债。安德玛公司将长期借款、循环信用贷款和其他长期负债列为长期负债。

所有者权益：

● 普通股和其他投入资本共同构成了股东对公司的投资。

● 留存收益是指公司创立以来的累计净利润或净亏损减去分配给股东的股利。如果这一金额为负数，则代表累计净亏损。

● 其他综合收益是其他综合收益/损失项目的累计金额。该话题将在后面的章节讨论。

本章学习目标概要

学习目标 2-1

资产负债表是一种状态报表，它反映某一时点的资产、负债和所有者权益。该报表不能反映主体的市场价值。然而，资产负债表中的信息可以用来评估市场价值，并提供有关流动性和长期偿债能力的重要信息。

学习目标 2-2

流动资产包括现金以及其他预期能够在一年或长于一年的一个营业周期内变现或消耗的资产。所有其他资产被分类为各种类型的长期资产。除现金及现金等价物外，流动资产包括短期投资、应收账款、存货和预付费用。其他资产分类包括投资，财产、厂房和设备，无形资产和其他资产。

学习目标 2-3

流动负债是指那些需要用流动资产或举借新的流动负债来偿付的债务。所有其他负债归类为长期负债。流动负债包括应付票据、应付账款、递延收入、应计负债以及一年内到期的长期负债。长期负债包括长期票据、贷款、抵押贷款、债券、养老金和租赁负债以及递延所得税。公司的所有者权益主要来自两个方面：(1) 公司股东投入的投入资本；(2) 留存收益——公司创立以来的累计净利润减去所有分配给股东的股利。

学习目标 2-4

财务报表披露用于传递关于基本财务报表中账户金额的额外信息，并提供补充信息。这些信息经常在基本财务报表中以括号形式披露，或在披露附注中用补充明细表的形式披露。

学习目标 2-5

公众公司的年度报告包括管理层对公司业务关键方面的讨论与分析。这一披露的目的是向外部使用者提供管理层对影响公司的交易、事项和情况（包括其财务影响）的看法。

学习目标 2-6

审计的目的是就财务报表是否遵循公认会计原则提出专业和独立的意见。公众公司的标准审计报告包含四个段落：前两段说明审计范围，第三段说明审计师对财务报表的意见，第四段提供审计师对公司内部控制有效性的意见。

学习目标 2-7

财务分析师使用多种技术将财务信息转换为更易于分析的形式。水平分析和垂直分析为分析各年间变化提供了有用的方法。比率分析使得分析师能够控制时间上和公司间的规模差异，从而调查研究财务变量之间的重要关系。

学习目标 2-8

资产负债表提供了可用于评估风险的信息。风险分析的一个关键因素是分析公司偿还到期债务的能力。流动性比率和长期偿债能力比率能够反映公司偿债能力。

学习目标 2-9

按照美国公认会计原则和国际财务报告准则编制的资产负债表和财务披露之间的相似之处多于差异。资产负债表列报是一个重要区别。根据美国公认会计原则，我们将流动资产和流动负债置于长期资产和长期负债之前列报。国际财务报告准则并未明确规定资产负债表的格式，但使用国际财务报告准则编制的资产负债表往往首先报告长期项目。分部报告披露也是类似。但是，国际财务报告准则要求对分部负债的金额进行额外披露（见附录 2）。

本章重点问题回顾

2-1　描述资产负债表的目的。

2-2　解释为什么资产负债表不能反映主体的市场价值。

2-3　定义流动资产并列出这一分类中包含的典型资产类别。

2-4　定义流动负债并列出这一分类中包含的典型负债类别。

2-5　描述一家典型制造企业的经营周期。

2-6　解释归类为流动资产和归类为长期（非流动）资产的权益证券投资之间的差异。

2-7　描述财产、厂房和设备资产的共同特征，并识别该分类中包含的一些资产。

2-8　区分财产、厂房和设备与无形资产。

2-9　解释下列负债如何在资产负债表中分类：

- 5 年期 100 000 美元的应付票据；
- 每年分期付款 20 000 美元、共 100 000 美元的应付票据，下一年进行第一笔付款。

2-10　定义“投入资本”和“留存收益”。

2-11　披露附注是财务报表中不可或缺的一部分。这些附注对于理解财务报表、评价公司业绩和财务状况有什么重要意义？

2-12　公司的重要会计政策汇总是必要的披露。为什么这一披露对财务报表外部使用者来说很重要？

2-13　定义期后事项。

2-14　公众公司每年的年度报告都包括公司管理层提供的广泛讨论与分析。具体而言，这些讨论必须涉及公司哪些方面的问题？对投资者和债权人而言，管理层的观点是否因为存在太多偏颇而没有用处？

2-15　什么是委托书？它提供了什么信息？

2-16　审计报告为分析师提供了关于财务报表公允性的独立和专业的意见。公众公司审计师可能会发表的四种主要审计意见类型是什么？请逐一描述。

2-17　定义营运资本、流动比率和酸性测试比率（或速动比率）等术语。

2-18　请提供以下长期偿债能力比率的计算方法：(1) 负债权益比率；(2) 利息保障倍数。

2-19　我们在哪里可以找到国际财务报告准则下资产负债表列报的官方指南？

2-20 描述美国公认会计原则和国际财务报告准则在资产负债表方面至少两个不同之处。

2-21 （根据附录2）分部报告有助于多元化公司的财务报表分析。基于这一目的，如何判断经营分部是否属于报告分部?

2-22 （根据附录2）为了实现分部报告的目标，每一经营分部需要报告哪些金额?

2-23 （根据附录2）描述美国公认会计原则和国际财务报告准则之间在分部披露要求方面的差异。

简要练习

2-1 流动与长期的分类

指出以下各项资产和负债是应分类为流动还是长期：（a）应收账款；（b）未来6个月的预付租金；（c）2年内到期的应收票据；（d）90天内到期的应付票据；（e）5年内到期的应付票据；（f）专利。

2-2 资产负债表分类

K and J Nursery公司2018年12月31日试算平衡表中的账户余额如下：现金16 000美元；应收账款11 000美元；存货25 000美元；设备（净额）80 000美元；应付账款14 000美元；应付工资9 000美元；应付利息1 000美元；应付票据（18个月内到期）30 000美元；普通股50 000美元。计算公司年末资产负债表中的流动资产合计数和流动负债合计数。

2-3 资产负债表分类

根据练习2-2中描述的情况，确定K and J Nursery公司留存收益的年末余额。

2-4 资产负债表分类

根据练习2-2中描述的情况，为K and J Nursery公司编制一张分类资产负债表。设备的初始成本为140 000美元。

2-5 资产负债表分类

以下是2018年12月31日Culver City Lighting公司的试算平衡表。请为公司编制一张分类资产负债表。

账户名称	借方	贷方
现金	$55 000	
应收账款	39 000	
存货	45 000	
预付保险费	15 000	
设备	100 000	
累计折旧——设备		$34 000
专利（净额）	40 000	
应付账款		12 000
应付利息		2 000
应付票据（期限为10年，按年等额付款）		100 000
普通股		70 000
留存收益		76 000
合计	$294 000	$294 000

2-6 资产负债表分类

你被要求审阅 Champion Cleaning 公司 2018 年 12 月 31 日的资产负债表。完成审阅后，你列出了以下三个需要与上级讨论的问题：

1. 一项 30 000 美元的投资被列为流动资产。管理层已表明在 2019 年没有出售该投资的意图。

2. 一笔金额为 100 000 美元的应付票据被列为长期负债，但你已经确定该票据在 10 期的年度分期付款后才到期，且第一笔分期付款日期是 2019 年 3 月 31 日。

3. 一笔 60 000 美元的递延收入列报为流动负债，其中 2/3 将会在 2019 年被确认为收入，其余 1/3 在 2020 年确认。

确定每个项目的适当分类。

2-7 资产负债表编制；缺失要素

以下信息来自 Raineer Plumbing 的资产负债表：现金及现金等价物 40 000 美元；应收账款 120 000 美元；存货?；流动资产合计 235 000 美元；财产、厂房和设备（净额）?；资产总额 400 000 美元；应付账款 32 000 美元；应付票据（2 年到期）50 000 美元；普通股 100 000 美元；留存收益?。请计算缺失的金额。

2-8 财务报表披露

对于以下每个附注披露，请说明披露是否可能出现在（A）重要会计政策汇总或（B）单独附注当中：（1）折旧方法；（2）偶发事件信息；（3）会计年度结束后大量发行普通股；（4）现金等价物的指定；（5）长期债务信息；（6）存货成本计算方法。

2-9 比率计算

根据练习 2-5 中的试算平衡表信息，计算：(a) 流动比率；(b) 酸性测试比率；(c) 负债权益比率。

2-10 决策对比率的影响

2018 年底，Barker 公司的初步试算平衡表显示流动比率为 1.2。管理层正考虑在会计年度结束之前偿还部分应付账款。解释这一交易对流动比率的影响。如果初步试算平衡表结果显示流动比率为 0.8，你的答案是否相同?

2-11 比率计算；解决未知问题

Stibbe 制药公司资产负债表的流动资产部分包括现金 20 000 美元和应收账款 40 000 美元。唯一的其他流动资产是存货。公司流动比率为 2.0，酸性测试比率为 1.5。确定期末存货余额和流动负债总额。

习 题

2-2 资产负债表分类

下列各项为资产负债表中常见的分类：

a. 流动资产
b. 投资和基金
c. 财产、厂房和设备
d. 无形资产
e. 其他资产
f. 流动负债
g. 长期负债
h. 投入资本
i. 留存收益

要求：

对于下列每个资产负债表项目，请根据分类选择以上相对应的字母。如果该项目是抵减账户，请在所选择的字母前标负号。

1. 设备

______ 2. 应付账款

______ 3. 坏账准备

______ 4. 土地，持有以备投资

______ 5. 应付票据，5 年到期

______ 6. 预收下一年的租金收入

______ 7. 应付票据，6 个月到期

______ 8. 去除股利的累计利润

______ 9. 对 XYZ 公司的长期投资

______ 10. 存货

______ 11. 专利

______ 12. 使用中的土地

______ 13. 应计负债

______ 14. 预付未来 9 个月的租金

______ 15. 普通股

______ 16. 使用中的建筑物

______ 17. 现金

______ 18. 应交税费

2-4 资产负债表编制

下表为 Jackson 公司 2018 年 12 月 31 日结账后的试算平衡表（单位：美元）。

账户名称	借方	贷方
现金	\$40 000	
应收账款	34 000	
存货	75 000	
未来 8 个月的预付租金	16 000	
有价证券（短期）	10 000	
机器	145 000	
累计折旧——机器		\$11 000
专利（摊销后净额）	83 000	
应付账款		8 000
应付职工薪酬		4 000
应交所得税		32 000
应付债券（10 年到期）		200 000
普通股		100 000
留存收益		48 000
合计	\$403 000	\$403 000

要求：

编制一张 Jackson 公司 2018 年 12 月 31 日的分类资产负债表。

2-6　资产负债表；流动与长期分类

下表为 Kansas 工具公司 2018 年 12 月 31 日的账户余额。

账户名称	借方	贷方
现金	$ 20 000	
应收账款	130 000	
原材料	24 000	
应收票据	100 000	
应收利息	3 000	
应付利息		$ 5 000
有价证券	32 000	
土地	50 000	
建筑物	1 300 000	
累计折旧——建筑物		620 000
在产品	42 000	
产成品	89 000	
设备	300 000	
累计折旧——设备		130 000
专利——摊销后净额	120 000	
递延租金（未来两年）	60 000	
递延收入（未来 12 个月）		36 000
应付账款		180 000
应付票据		400 000
用于支付应付票据的现金	80 000	
坏账准备		13 000
销售收入		800 000
销售成本	450 000	
租金费用	28 000	

其他信息：

1. 应收票据及其应计利息于 2019 年 11 月 22 日到期。
2. 应付票据将于 2022 年到期，每年支付利息。
3. 有价证券包括国库券，全部在明年到期。
4. 递延收入将在未来两年内平均确认为收入。

要求：

计算该公司 2018 年 12 月 31 日的营运资本（流动资产减去流动负债）。

2-8　资产负债表；流动与长期分类

Cone 公司正在编制 2018 年 12 月 31 日的资产负债表。对于以下项目的正确分类有一些问题：

a. 储蓄账户中有 50 000 美元现金被限制用于偿还应付债券。债券在 2022 年到期。

b. 预付租金 24 000 美元，租期为 2019 年 1 月 1 日至 2020 年 12 月 31 日。

c. 应付票据为 200 000 美元。该票据每年分期支付 20 000 美元，第一笔分期付款于 2019 年 3 月 1 日支付。

d. 与应付票据有关的应付利息为 12 000 美元。

e. 投资于其他公司的有价证券为 80 000 美元。公司打算在 2019 年出售该证券的一半。

要求：

编制一张分类资产负债表以报告上述项目。

2-10 财务报表披露

以下是财务报表附注中常见的披露。对于列出的每个项目，请说明披露出现的位置：（A）重要会计政策汇总或者（B）单独附注。

1. 存货成本核算方法__A__
2. 关联方交易信息______
3. 财产、厂房和设备的构成______
4. 折旧方法______
5. 期后事项信息______
6. 特定金融工具的计量基础______
7. 年末之后发生的重要兼并______
8. 应收款项的构成______

2-12 财务报表披露

Parkman 体育用品公司正在编制其 2018 年的年度报告。该公司的财务主管请你帮助他选择最好的方式披露下列事项：

1. 一笔关联方交易
2. 折旧方法
3. 坏账准备
4. 投资的构成
5. 长期负债的构成
6. 存货成本的核算方法
7. 批准发行在外的普通股数量
8. 员工福利计划

要求：

指出上述事项应在哪里进行披露：（A）重要会计政策汇总；（B）单独的披露附注；（C）资产负债表内。

2-14 财务会计准则委员会准则汇编

访问财务会计准则委员会网站（www.fasb.org）上的会计准则汇编。确定以下各项的具体引用：

1. 用于购买建筑物的 6 个月内到期的应付票据，在资产负债表中应分类为什么？
2. 哪些资产可以从流动资产中剔除？
3. 关联方的应收票据是否应包含在资产负债表中对客户的应收票据或应收账款之中？
4. 哪些项目是需要在财务报表附注中披露的未确认的期后事项？

2-16 比率计算

下表是 Hallbrook Industries 公司 2018 年的资产负债表。

Hallbrook Industries 公司资产负债表

截至 2018 年 12 月 31 日	单位：千美元
资产	
现金	$200
短期投资	150
应收账款	200
存货	350
财产、厂房和设备（净额）	1 000
资产总计	$1 900
负债和股东权益	
流动负债	$400
长期负债	350
投入资本	750
留存收益	400
负债和股东权益总计	$1 900

下面是该公司的 2018 年利润表报告的数据（单位：千美元）：

净销售收入	$4 600
利息费用	40
所得税费用	100
净利润	160

要求：

计算 2018 年该公司的以下比率：

1. 流动比率
2. 酸性测试比率
3. 负债权益比率
4. 利息保障倍数

2-18　比率计算；求解未知数

Excalibur Tire 公司资产负债表的流动资产部分包括现金、有价证券、应收账款和存货。2018 年 12 月 31 日的资产负债表显示如下（单位：美元）：

存货	$840 000
资产总计	$2 800 000
流动比率	2.25
酸性测试比率	1.2
负债权益比率	1.8

要求：

计算 2018 年资产负债表中以下项目的金额：

1. 流动资产
2. 股东权益
3. 长期资产
4. 长期负债

2-20 管理层决策对比率的影响

大多数管理层决策都会对分析师用来评价公司业绩的比率产生影响。请使用字母表明以下行为会对下列比率产生什么影响：提高（I）；降低（D）；无影响（N）。假设每个比率在采取行动之前都小于 1.0。

行为	流动比率	酸性测试比率	负债权益比率
1. 发行长期债券	____	____	____
2. 发行短期票据	____	____	____
3. 偿还应付账款	____	____	____
4. 赊购存货	____	____	____
5. 现金购买存货	____	____	____
6. 使用期限为 4 年的票据购买设备	____	____	____
7. 回购债券	____	____	____
8. 出售普通股	____	____	____
9. 冲销废旧存货	____	____	____
10. 使用现金购买短期投资	____	____	____
11. 再融资一笔当期到期的长期债券	____	____	____

2-21 分部报告

Canton 公司经营 4 个独立的分部。各分部 2018 年的收入、资产和净利润列示如下（单位：千美元）：

分部	收入	资产	净利润
药品	\$2 000	\$1 000	\$200
塑料制品	3 000	1 500	270
农业设备	2 500	1 250	320
电子产品	500	250	40
公司合计	\$8 000	\$4 000	\$830

要求：

1. 公司的哪些分部需要按照美国公认会计原则报告补充信息？
2. 要求 1 中的分部需要报告哪些金额？

附录 2 报告分部信息

多元化公司的财务分析特别困难。例如，一家公司经营若干不同业务，包括计算机配件、家庭医疗保健系统、纺织品和食品。这些截然不同的活动的结果被整合进一套财务报表，这使得对未来业绩的预测变得困难。不同业务部门所代表的不同经济领域之间未来 5 年的发展会有很大差异。更糟糕的是，对于分析师来说，整合的财务报表既不能揭示每个业务部门的相关投资，也不能揭示公司在每个领域的成功。鉴于现在有这么多公司选择通过多元化平衡经营风险，整合的财务报表对于分析师、信贷部门以及其他财务预测人员来说是一个普遍难题。

按经营分部报告

为解决这个难题，会计行业要求从事一种以上重要业务的公司提供有关经营分部的补充信息。补充分类数据不包括每个报告分部的完整财务报表，只包括某些特定项目。

什么是报告经营分部?

根据财务会计准则委员会的公认会计原则指南，应使用管理法（management approach）来确定公司的哪些分部是报告分部。这种方法是基于管理层组织企业内部的分部进行经营决策和业绩评价的方式。因此，分部情况可以从企业内部组织结构中得到体现。

更正式的定义是，作为企业组成部分的**经营分部**[①]（operating segment）通常具有以下特征：

- 该分部开展可以确认收入和发生费用的业务活动（包括与公司其他部分的交易所带来的收入和费用）。
- 该分部经营业绩由企业主要经营决策者定期审阅，以决定分配给该分部的资源并评价其业绩。
- 该分部具有独立的财务信息。

财务会计准则委员会希望这种方法能够为公司经营的各个领域的风险和机会提供洞见。而且，基于企业内部组织的报告信息应该可以降低公司提供数据的增量成本。此外，为限制报告分部的数量，要成为经营分部有一些定量的临界值。只有达到一定规模（公司总收入、资产或者净利润的 10%或更多）的报告分部才必须披露。但是，公司的分部报告至少应披露合并收入 75%以上的业务。

报告分部需要报告哪些金额?

对于确定为报告分部的业务领域，需要披露以下信息：

a. 有关报告分部的一般信息。

b. 有关报告分部损益的信息，包括报告分部损益中的收入和费用、分部资产和计量基础。

c. 分部收入、报告损益、资产及其他重要项目与相应的公司总额的对账信息。

d. 中期信息。[②]

示例 2A－1 显示了雅培公司（Abbott Laboratories）在其 2015 年年度报告中的业务分

---

① FASB ASC 280－10－50－1：Segment Reporting-Overall-Disclosure（previously “Disclosures about Segments of an Enterprise and Related Information,” *Statement of Financial Accounting Standards No. 131*（Norwalk，Conn.：FASB，1997），par. 10）.

② FASB ASC 280－10－50－20 through 26 and 280－10－50－32：Segment Reporting-Overall-Disclosure（previously “Disclosures about Segments of an Enterprise and Related Information,” *Statement of Financial Accounting Standards No. 131*（Norwalk，Conn.：FASB，1997），par. 25）.

部信息。

示例 2A-1 雅培公司业务分部信息披露 单位：百万美元

业务分部信息					
分部	净销售额	营业利润	资产	折旧及摊销	资本支出
药品	$ 3 720	$ 658	$ 2 210	$ 83	$ 112
营养品	6 975	1 741	3 187	157	142
诊断	4 646	1 171	2 844	310	321
血管	2 792	1 061	1 536	74	32
其他	2 272	(1 448)	31 470*	247	747
合计	$ 20 405	$ 3 183	$ 41 247	$ 871	$ 1 354

* 此金额包括现金和投资、非报告分部的资产、商誉和其他无形资产以及递延所得税等项目。

国际财务报告准则

分部报告。美国公认会计原则要求公司报告有关报告分部损益的信息，包括报告分部损益中的某些收入和费用、分部资产和计量基础。国际财务报告准则第 8 号①要求公司披露报告分部的总负债。

按地理区域报告

在当今的全球经济中，有时很难区分国内和国外公司。大多数美国大型公司对其他国家有大量出口，还在这些国家有重要的经营活动。国家之间不同的政治和经济环境意味着风险和相关回报有时在一个公司的各种经营中差异很大。例如，生产设施位于一个政治动荡的南美国家，其风险就与在美国佛蒙特州或者加拿大拥有工厂不同。如果没有分解的信息，这些差异会给分析人员带来许多问题。

美国公认会计原则要求企业在可行的前提下报告某些地理信息。这些信息包括：

a. 产生于企业所在国以及产生于所有外国的外部客户收入。

b. 除金融工具、与金融机构的长期客户关系、抵押贷款和其他服务权、递延政策取得成本以及递延所得税资产以外的长期资产，包括：(1) 位于企业所在国的；(2) 位于企业拥有重要资产的所有外国的。②

如示例 2A-2 所示，雅培公司在 2015 年报告了不同国家的地域销售情况。请注意，业务分部（见示例 2A-1）和地理信息披露都包含与公司合计数的对应关系。在这两个示例中，业务分部和地理区域的净销售额与公司总净销售额 204.05 亿美元是一致的。

① "Operating Segments," *International Financial Reporting Standard No. 8* (IASCF), as amended effective January 1, 2016.

② FASB ASC 280-10-50-41: Segment Reporting-Overall-Disclosure (previously "Disclosures about Segments of an Enterprise and Related Information," *Statement of Financial Accounting Standards No. 131* (Norwalk, Conn.: FASB, 1997), par. 38).

示例 2A-2　公司地理区域销售额披露　单位：百万美元

地理区域	净销售额	地理区域	净销售额
美国	$ 6 270	英国	430
中国	1 796	加拿大	428
印度	1 053	哥伦比亚	388
德国	1 004	意大利	383
日本	895	巴西	381
荷兰	855	法国	375
瑞士	784	其他	4 880
俄罗斯	483	合计	$ 20 405

主要客户的信息

财务分析师对于公司的成功在多大程度上取决于一个或多个主要客户这一信息非常感兴趣。因此，如果一个企业 10%或更多的收入来源于与单一客户的交易，则企业必须披露该事实，披露来自每一个这种客户的收入总额以及报告这些收入的经营分部。主要客户的身份不需要披露，尽管公司经常提供这些信息。在 2015 年年度报告中，雅培公司没有报告任何重要客户信息。

然而，洛克希德·马丁公司在其 2015 年分部披露中指出，美国政府占其收入的 78%。国防工业的许多公司从国防部的合同中获得大部分收入。国防或特定防御系统的削减，对公司经营的影响是相当大的。

第 3 章

利润表、综合收益和现金流量表

本章概要

本章有三个目的：（1）讨论有关净利润和综合收益其他部分的内容、列报和披露的重要问题；（2）对将在第 17 章进行深入研究的现金流量表进行概述；（3）考察用于盈利能力分析的常见比率。

利润表汇总了发生在某一特定报告期间的营利活动。综合收益包括净利润和其他不计入净利润的利得和损失。

现金流量表提供了企业某一期间与经营活动、投资活动和筹资活动有关的现金流入与流出的信息。

盈利能力比率衡量一个企业经营管理的效率以及利用资源获利的能力。盈利能力是理解一个企业未来产生现金的能力的关键度量指标。

学习目标

学习完本章之后，你应该能够：

3-1　讨论持续经营产生的收益的重要性，并描述其构成。

3-2　描述盈余质量以及管理层的行为如何影响报告盈余。

3-3　讨论营业利润与非营业性利润的构成以及它们与盈余质量的关系。

3-4　定义非持续经营业务的构成，描述如何在利润表中对这些业务进行合理的列报。

3-5　讨论有关会计变更、差错更正和每股收益的其他报告问题。

3-6　解释净利润和综合收益之间的差异，以及如何对这些差异的组成进行报告。

3-7　描述现金流量表的目的。

3-8　识别并描述现金流量表中列报的不同现金流量分类。

3-9　讨论美国公认会计原则与国际财务报告准则关于利润表、综合收益表和现金流量表的主要差异。

3-10　识别并计算评估盈利能力的常用比率。

财务报告案例

雅培公司

贝基·摩根（Becky Morgan）是你的朋友，她刚刚收到一份来自她祖父的礼物。附在一封温馨的信件之后的是 200 股雅培公司的股票以及该公司最近的年度财务报表。雅培公司是一家全球性的医疗保健公司。贝基知道你是会计学专业的学生，于是请你向她解释该公司利润表中的一些项目。“我记得在基础会计课程中学习过利润表，”贝基说，“但我仍然感到困惑。什么是非持续经营业务？在它的年度报告里我看到了重组成本，这又是什么？这些项目听起来好像都不太好。我应该担心这些项目吗？我们粗略地学习了每股收益，但是稀释每股收益是什么意思？”你答应试着帮她这个忙。

雅培公司及其子公司 利润表 会计年度截至12月31日 （除每股数据，单位均为百万美元）	2015年	2014年
净销售收入	$20 405	$20 247
成本与费用		
产品销售成本	8 747	9 218
无形资产摊销	601	555
研发费用	1 405	1 345
销售和管理费用	6 785	6 530
营业利润	2 867	2 599
其他利润（扣除项目）	316	(81)
税前持续经营收益	3 183	2 518
备付所得税	577	797
持续经营收益	2 606	1 721
税后非持续经营收益	1 817	563
净利润	$4 423	$2 284
基本每股收益		
持续经营	$1.73	$1.13
非持续经营	1.21	0.37
净利润	$2.94	$1.50
稀释每股收益		
持续经营	$1.72	$1.12
非持续经营	1.20	0.37
净利润	$2.92	$1.49

问题

在学习完本章之后，你应该能够对以上案例中的问题给出恰当的回答。将你的回答与章末答案进行对比。

1. 你将怎样向贝基解释重组成本？贝基应该担心重组成本吗？
2. 向贝基解释什么是非持续经营业务，并说明该项目是如何在利润表中列报的。
3. 向贝基描述基本每股收益和稀释每股收益的差异。

在第1章中，我们讨论了财务会计信息在经济资源配置过程中所扮演的重要角色。理想情况下，资源应该配置给这样的私人企业：(1) 企业提供社会所需的商品和服务；(2) 同时企业为资源供给者提供合理的回报率。一个企业只有在能够产生足够的现金以维持经营时，才能实现上述目标。而一个企业产生现金的能力与它使销售产品和服务获取的收入大于提供这些产品和服务所花费的成本（也就是产生利润）的能力有关。

对于理解企业未来赚取利润和产生现金的能力很重要的两张财务报表是：

(1) 利润表（也叫经营报表或盈余报表）。

（2）现金流量表。

利润表（income statement）报告了企业在特定报告期间的利润。利润等于收入和利得减去费用和损失。有几种类型的利得和损失并不包含在利润表中，但是包含在广义的**综合收益**（comprehensive income）中。我们将这些利得和损失称为**其他综合收益**（other comprehensive income，OCI）。

现金流量表（statement of cash flows）提供企业在特定报告期间有关现金收入与现金支出的信息。现金收入与现金支出的差额代表着这一期间现金的变化。为了帮助投资者和债权人更好地了解特定期间现金的来源与用途，现金流量表区分了经营活动、投资活动和筹资活动。

第 1 节　利润表和综合收益

在深入讨论利润表的具体构成之前，让我们快速浏览一下它的大概构成。示例 3－1 是 McAllister 制造公司（一个虚构的企业）的利润表，在你继续学习本章内容时，可以参考该表。这里我们的目的只是对利润表中列报的项目和分类有一个大概的了解。另外，每张利润表的表头应该标明企业的名字和报表的名称以及日期或期间。McAllister 公司的利润表是截至 12 月 31 日的。这说明利润表中的金额是当年 1 月 1 日至 12 月 31 日期间业务的结果。事实上，许多企业的报告期间（通常称为会计年度）不是截至 12 月，而是截至其他月份，在本章接下来的内容中你会看到例子。示例 3－1 是一张连续两年的对比利润表。

示例 3－1　利润表

McAllister 制造公司
利润表
会计年度截至 12 月 31 日
（除每股数据，单位均为百万美元）

		2018 年	2017 年
持续经营收益	销售收入	$ 1 456.6	$ 1 380.0
	销售成本	832.6	800.4
	毛利	618.0	579.6
	经营费用：		
	销售费用	123.5	110.5
	管理费用	147.8	139.1
	研发费用	55.0	65.0
	重组成本	125.0	—
	经营费用总计	451.3	314.6
	营业利润	166.7	265.0
	其他利润（费用）：		
	利息收入	12.4	11.1
	利息费用	(25.9)	(24.8)
	处置投资利得	18.0	19.0
	税前持续经营收益	171.2	270.3
	所得税费用	59.9	94.6
	持续经营收益	111.3	175.7

续

		2018年	2017年
非持续经营业务	非持续经营业务：		
	非持续经营部分损失（包括2018年处置资产利得4 700万美元）	(7.6)	(45.7)
	所得税收益	2.0	13.0
	非持续经营损失	(5.6)	(32.7)
	净利润	$105.7	$143.0
每股收益	普通股基本每股收益：		
	持续经营收益	$2.14	$3.38
	非持续经营业务	(0.11)	(0.63)
	净利润	$2.03	$2.75
	普通股稀释每股收益：		
	持续经营收益	$2.06	$3.25
	非持续经营业务	(0.10)	(0.61)
	净利润	$1.96	$2.64

首先，让我们进一步了解利润表的组成。在这一部分末尾，我们将看到净利润如何与综合收益的概念相适应，以及如何报告综合收益。

一、持续经营收益

收入、费用、利得和损失

不像资产负债表是反映某个时点财务状况的报表，利润表计量某个期间的经济活动。利润表反映报告期间发生的收入、费用、利得和损失。例如，某公司的利润表报告了截至2018年12月31日1亿美元的收入，说明该公司2018年1月1日至12月31日发生的交易产生的收入累计为1亿美元。接下来，我们将正式定义利润表的每个要素。

收入（revenues）是指由于向顾客提供商品或服务而产生的经济资源流入。对于像沃尔玛那样的商业企业，其主要收入来源是销售商品的收入。像联邦快递和州立农业保险公司这样的服务企业，则主要通过提供服务获得收入。

费用（expenses）是指产生收入时发生的经济资源流出。它们代表提供商品和服务所产生的成本。当确认费用时，我们试图在收入和费用之间建立某种因果关系。如果这种因果关系能够确定，费用则在相关收入确认的当期进行报告。如果不能建立因果关系，我们将费用与特定期间联系起来，并在几个期间进行分配，或者直接计入当期费用。

利得（gains）和**损失**（losses）是指企业因非核心交易或偶发交易而导致的所有者权益的增加或减少。总体来说，这些利得和损失不是经营活动直接产生的，而是与这些活动有关。例如，出售设备、建筑物或其他经营性资产所获得的金额与其账面价值的差额会导致利得或损失。

为了解企业在未来产生现金的能力，投资者和债权人需要评估净利润中哪些部分持续到将来的可能性比较大。**持续经营收益**（income from continuing operations）包括产生于经营活动的收入、费用（包括所得税）、利得和损失，这些经营活动在将来很可能持续下去。相反，非持续经营收益不会持续到将来。[①]

持续经营收益的三个主要组成部分包括：

（1）营业利润；

（2）非营业性利润；

（3）所得税费用。

营业利润与非营业性利润

营业利润（operating income）包括与企业产生收入的主要业务直接相关的收入和费用。例如，一个制造企业的营业利润既包括来自销售其生产的产品的收入，也包括所有与该业务相关的费用。[②] 如示例3-1所示，营业利润通常表现为毛利（销售收入减去销售成本）减去其他经营费用。

非营业性利润（nonoperating income）与企业的非核心业务或偶发业务相关。例如，一个制造企业的非营业性利润可能包括利息收入和股利收入、出售投资的利得和损失以及利息费用。这些项目与制造企业产生收入的主要经营活动没有直接关联。然而，像银行这样的金融机构会把这些项目当作营业利润的一部分，因为它们与该类型企业产生收入的主要业务相关。如示例3-1所示，营业外项目通常列示在利润表中“其他利润（费用）”之下。

所得税费用

所得税是按纳税人向税务机关所申报的应纳税所得额的一定比例征收的。与个人一样，公司也是企业所得税纳税主体。[③] 鉴于所得税费用（有时也称为备付所得税）的重要性和金额规模，在企业利润表中它通常单独列报。当税务原则与公认会计原则在收入或费用的确认时点上存在差异时，实际纳税期间可能与利润表列报的所得税费用期间不一致。我们将在第13章讨论该问题以及与所得税会计处理有关的其他问题。这里简单地把所得税费用按税前利润的一个百分比计算。

示例3-2是Sherwin Williams公司2015年的利润表，Sherwin Williams公司是一家生产油漆的公司。可以注意到Sherwin Williams公司把营业利润、非营业性利润和所得税费用区分开。营业利润包括产生于与生产和销售油漆相关的主要商业活动的收入和费用。营业利润后面要列报的内容是规定好的，就是非营业性项目，它们作为税前利润的加项或减项列报。对于像Sherwin Williams公司这样的油漆生产企业，与利息和投资相关的业务不是其主要经营业务，因此它们被列报为非营业性项目。最后，扣除所得税费用就得到了净利润。

---

① 非持续经营活动在下一部分讨论。

② 在某些情况下，营业利润也可能包括出售生产过程中使用的设备和其他资产所产生的利得和损失。FASB ASC 360-10-45-5：Property，Plant，and Equipment-Overall-Other Presentation Matters (previously “Accounting for the Impairment of Long-Lived Assets and for Long-Lived Assets to Be Disposed Of,” *Statement of Financial Accounting Standards No. 144* （Norwalk，Conn.：FASB，2001））.

③ 合伙企业不是纳税主体，它们的应税所得包含在合伙人个人的应税所得中。

示例 3-2 **Sherwin Williams 公司的利润表**

合并利润表 除每股数据外，单位为千美元 会计年度截至 2015 年 12 月 31 日	
净销售收入	$ 11 339 304
销售成本	5 780 078
毛利	5 559 226
销售和管理费用	3 943 786
营业利润	1 615 440
利息费用	(61 791)
利息和投资收益	1 399
其他费用	(6 082)
税前利润	1 548 966
所得税费用	495 117
净利润	$ 1 053 849

现在让我们看一看列报净利润各项目的格式。

利润表的格式

没有具体准则规定如何列报持续经营收益，所以公司在如何列报持续经营收益的各项目方面有相当大的自由。这种灵活性使得利润表的列报方式多种多样。然而，我们可以明确两种常见的方法：单步式和多步式。这两种格式被认为是利润表列报方法的两个极端，而大部分公司使用的列报方法介于两者之间。

单步式（single-step）利润表首先列示持续经营收益中的所有收入和利得，然后将费用和损失分组、小计，并一步一步将它们从收入和利得中扣除，进而得到持续经营收益。一个例外是，公司通常单独列报所得税费用。营业项目与非营业性项目并没有被区分开来。示例 3-3 是一家虚构的制造企业 Maxwell Gear 公司的单步式利润表。

示例 3-3 **单步式利润表**

MAXWELL GEAR 公司 利润表 会计年度截至 2018 年 12 月 31 日		
收入与利得：		
销售收入	$ 573 522	
利息与股利	26 400	
处置投资利得	5 500	
收入与利得合计		$ 605 422
费用与损失：		
销售成本	$ 302 371	
销售费用	47 341	

管理费用	24 888	
研发费用	16 300	
利息	14 522	
费用与损失合计		405 422
税前利润		200 000
所得税费用		80 000
净利润		$ 120 000

多步式（multiple-step）利润表报告诸如毛利、营业利润和税前利润等一系列的中间小计。现实世界中的利润表大多是这种格式。示例 3－4 是 Maxwell Gear 公司的多步式利润表。

示例 3－4　多步式利润表

MAXWELL GEAR 公司
利润表
会计年度截至 2018 年 12 月 31 日

销售收入		$ 573 522
销售成本		302 371
毛利		271 151
经营费用：		
销售费用	$ 47 341	
管理费用	24 888	
研发费用	16 300	
经营费用合计		88 529
营业利润		182 622
其他收益（费用）：		
利息与股利	26 400	
处置投资利得	5 500	
利息费用	(14 522)	
其他收益净额		17 378
税前利润		200 000
所得税费用		80 000
净利润		$ 120 000

多步式的一个主要优点是，通过区分营业项目和非营业性项目，可以为分析趋势提供有用的信息。同样，按功能对费用分类也能提供有用的信息。例如，报告商业企业的毛利强调了销售收入和销售成本的重要关系。营业利润提供了计量核心（或者正常）经营业务盈利能力的指标，为预测公司未来产生利润的能力提供一个重要的业绩标准。税前利润可以用来比较不同税务辖区公司的业绩，或者用来将公司（纳税主体）与独资企业或合伙企业（通常是非纳税主体）进行比较。

单步式利润表和多步式利润表只是在列报形式上有所区别，认识到这一点很重要。不管采用哪种格式，最后的净利润是一样的。大部分公司采用多步式。本章剩余的部分将采用多步式利润表作为讲解的示例。

国际财务报告准则

利润表列报。美国公认会计原则下的利润表与国际准则下的利润表之间的相似之处多于不同之处。其中的一些不同之处如下：

- 国际准则在利润表需要列报的信息方面有最低要求，而美国公认会计原则没有最低要求。
- 国际准则允许按照功能（例如销售成本、管理费用等）或自然描述（例如工资、租金等）对费用进行分类，而美国证券交易委员会的规则要求费用必须按照功能来进行分类。
- 在美国，利润表的最后一行通常称为净利润或净损失，而国际准则对利润表最后一行的描述性术语则是利润或损失。

二、盈余质量

投资者、债权人和财务分析师不只是关心利润表的最后一行——净利润。净利润组成部分的列报以及相关的补充披露信息能够为报表使用者提供评估盈余质量的线索。盈余质量是深入讨论营业利润与非营业性利润的一个框架。

盈余质量（earnings quality）的一个含义是报告的盈余（收益）预测公司未来盈余的能力。任何基于历史的财务报表的相关性取决于它的预测价值。为了提高预测价值，分析师试图将公司的暂时性盈余与永久性盈余区分开。暂时性盈余是由在可预见的未来不再可能发生或对未来收益可能产生不同影响的交易或事项所引起的。相反，永久性盈余与预计在未来将产生相似利润的经营业务相关。分析师从非持续经营收益前的利润（即持续经营收益）入手来评估永久性盈余。在本章后面部分，我们将讨论非持续经营业务，因为它们的性质，需要在利润表的底部单独报告。

但是如果认为持续经营收益的所有项目都反映永久性盈余的话，是错误的。一些属于这一类的利润项目可能是暂时性的。从某种意义上说，“持续”这个标签可能会引起误导。

利润平滑与分类转移

一个经常争论的问题是，在公认会计原则下，管理层有权力通过改变假设和估计来操纵所报告的利润。这些操纵并不都是为了使利润更高。调查显示，管理层通常在某一年抬高利润，却在其他年份降低利润。[①] 例如，在利润较高的年份，管理层可能通过高估某些费用（如未来的坏账或担保）来创造储备。这些储备减少了本年度报告的利润。然后，在随后的几年，他们通过低估费用来使用这些储备，这将增加报告的利润。通过这种方式转移利润，

① See, for example, Dichev, I., J. Graham, H. Campbell, and S. Rajgopal, 2013, "Earnings quality: Evidence from the field," *Journal of Accounting and Economics* 56, pp. 1-33.

管理层能在一段时间里有效地平滑利润，从而向投资者、债权人和其他财务报表使用者描绘一个稳定的利润流。[①]

管理层的利润平滑行为是有争议的。尽管一些人认为，更平稳的利润模式有助于投资者和债权人更好地预测未来的业绩，但也有人认为，管理层正是通过这样做来掩盖经营的真实风险（波动性）。通过对利润模式的操纵来隐藏这种潜在的波动性，管理层可能会欺骗投资者和债权人，让他们相信公司的经营风险比实际低。

管理层影响报告利润的另一种方法是将利润表的项目分类转移。[②] 最常见的例子是将经营费用分类为非经营费用。通过将经营费用转移到非经营费用类别（通常称为特殊费用或特殊项目），管理层报告的经营费用就会减少，从而提高营业利润。这种操纵制造了核心业务业绩很好的表象。尽管最终的净利润没有受到影响，但是投资者和债权人可能认为核心业务比实际情况要好。

营业利润与盈余质量

营业利润中的所有收入和费用项目是否都反映公司的永久性盈余呢？未必。有时公司会发生某些不常见或罕见的事项。尽管这些事项在不久的将来不太可能再次发生，但我们仍然将它们作为营业利润的一部分，因为它们与公司的核心业务密切相关。[③]

这一类别包括哪些项目？示例 3-5 是北美最大的巧克力制造商好时公司（Hershey）利润表的一部分。仔细看一下，哪些项目不常见？当然不是净销售收入、销售成本或者销售费用和管理费用。但是“商誉和其他无形资产减值费用”与“业务重组费用”呢？让我们两者都考虑。

示例 3-5　好时公司利润表（部分）　　单位：千美元

	会计年度截止日	
	2015 年 12 月 31 日	2014 年 12 月 31 日
净销售收入	$ 7 386 626	$ 7 421 768
销售成本	4 003 951	4 085 602
销售费用和管理费用	1 969 308	1 898 284
商誉和其他无形资产减值费用	280 802	15 900
业务重组费用	94 806	29 721
营业利润	$ 1 037 759	$ 1 392 261

重组成本

对于一家公司来说，重组经营业务以提高效率并不稀奇。当这种重组发生时，公司往往

① Graham, J., H. Campbell, and S. Rajgopal, 2005, “The economic implications of corporate financial reporting,” *Journal of Accounting and Economics* 40, pp. 3-73.

② McVay, S., 2006, “Earnings Management Using Classification Shifting: An Examination of Core Earnings and Special Items,” *The Accounting Review* 81, pp. 501-531.

③ 最近，公认会计原则要求将不常见和罕见的事项分类为“非经常性项目”，并在持续经营收益之后报告其税后净额。作为财务会计准则委员会简化倡议的一部分，会计准则更新第 2015-01 号取消了非经常性项目分类。国际会计准则也没有确认非经常性项目分类。

会发生大量相关重组成本（有时称为整顿成本或改组成本）。重组成本与管理层的计划有关，这些计划将实质性地改变经营业务的范围或其执行方式。① 例如，关闭设施和与之相关的裁员会引发遣散费和安置成本。好时公司的重组成本与重组巴西的业务相关，以提高公司产品的分销能力，而员工遣散费与裁减的若干职位有关，以提高公司的生产率。

重组成本在退出或处置成本债务实际发生的期间确认。假设作为重组计划的一部分，被辞退的员工会得到各种各样的福利，前提是他们要完成公司某一时期的工作。在这种情况下，辞退福利负债以及相关费用应该在规定的服务期间确认。另一方面，如果获得辞退福利不以在未来工作一定期限为条件，那么辞退福利负债和相关费用应该在公司与员工沟通离职安排的时候确认。相似地，与关闭设施和安置员工相关的成本应该在接受与这些活动相关的产品或服务时确认。

由于出售或者终止一项业务或关闭一个地方或者设备需要相当长的时间，所以许多重组成本属于长期负债。公认会计原则要求以公允价值对这些负债进行初始计量，该公允价值通常为估计的未来现金流出的现值。此外，公司需要在附注中披露大量信息，包括重组预计发生的年份。

既然已经了解了重组成本的本质，我们就可以讨论一个重要的问题：如果财务报表使用者试图预测未来盈余，那么应该将这些成本视为公司永久性盈余的一部分，还是不太可能再次发生的呢？没有简单的答案。例如，好时公司在 2005—2015 年期间报告了每年的重组成本。在不久的将来，公司会再次发生这些成本吗？有可能。最近的一项调查显示，在接受调查的 500 家公司中，40％的公司在其利润表中包含重组成本。② 结论是：财务报表使用者必须根据公司过去的历史和财务报表附注披露来解释重组的费用，这些信息反映了公司的计划和将要发生的时间。一般来说，这种不常见的费用发生得越频繁，财务报表使用者就越应该将它们包含在对公司永久性盈余的评估中。③

其他不常见项目

好时公司的利润表中需要额外关注的两项费用是商誉减值和资产减值。任何长期资产，无论是有形的还是无形的，如果有重大的价值减损，都应该减少其账面余额。我们将在第 8 章和第 9 章中，探讨财产、厂房和设备以及无形资产。在这些章节深入讨论了这个话题之后，我们再回顾盈余质量的概念，因为它与资产减值有关。

这些并不是使盈余质量存疑的经营费用的唯一组成部分。例如，在第 7 章中，我们将讨论存货的减值，这些减值会随着存货过期或损坏而发生。其他的可能情况包括地震和洪水等自然灾害造成的损失，以及诉讼和解带来的利得和损失。盈余质量还受到公司记录投资收益的方式（见第 10 章）和养老金计划会计处理的影响。

盈余质量也受到收入问题的影响。例如，假设在本年度结束时，一家公司失去了一个无法替代的主要客户。这意味着，当年的收入数字包括明年不会再次出现的部分。当然，除了

---

① FASB ASC 420－10－20：Exit or Disposal Cost Obligations-Overall-Glossary（previously "Accounting for Costs Associated with Exit or Disposal Activities," *Statement of Financial Accounting Standards No. 146*（Norwalk，Conn.：FASB，2002））.

② *U.S.GAAP Financial Statements-Best Practices in Presentation and Disclosure*—2013（New York：AICPA，2013）.

③ Arthur Levitt，Jr. "The Numbers Game," *The CPA Journal*，December 1998，p. 16.

对收入的影响外，失去客户对某些相关费用和净利润也有影响。

另一个影响盈余质量的问题是故意虚报收入。2014 年，美国证券交易委员会指控艾格菲公司（AgFeed）虚增收入。这些指控包括高管伪造生猪的销量，而这些猪实际上并不存在。高管试图隐瞒他们的行为，说这些猪死了。此外，由于大个头的猪可以以更高的价格出售，高管们夸大了生猪的实际重量，从而夸大了销售收入。

公司也会通过加速确认收入来虚报收入。公司在实际履行对客户的义务之前，就记录收入。2014 年，美国证券交易委员会指控 Saba 软件公司通过在向客户提供服务之前确认咨询收入来加快确认收入的时间。这一操纵是为了帮助公司实现季度收入目标。我们在第 4 章将探讨收入确认的其他问题。现在，让我们来讨论与非营业性项目相关的盈余质量问题。

非营业性利润与盈余质量

利润表中盈余的大部分组成项目都与公司的日常持续经营活动直接相关。然而，像出售投资或财产设备产生的利息、利得或损失与正常经营活动没有直接关联。我们把这些项目称为非营业性项目。应该如何解释这些项目与未来盈余的关系呢？这些费用明年会再次出现吗？投资者需要明白，其中一些项目可能会重现，比如利息费用，一些项目不太可能重现，比如利得和损失。

家得宝公司（Home Depot）的部分利润表如示例 3－6 所示。营业利润之后有两种非营业性金额。第一种是"利息和投资收益"，主要包括出售对另一家公司的股票投资的利得。由于家得宝公司的主要业务是销售家庭装修产品，所以出售投资不是正常的营业活动。因此，家得宝公司将其列为非营业性项目进行列报。家得宝公司在其 2016 年和 2015 年的附注中披露，该公司出售投资的利得分别为 1.44 亿美元和 3.23 亿美元。一旦这些投资被出售，它们的利得预计不会出现在未来的盈利当中，因此投资者不应将这些利得视为利润的永久组成部分。在非营业性项目类别中，剩下的相对较小的金额来自利息收益。

示例 3－6 家得宝公司利润表（部分） 单位：百万美元

	会计年度截止日	
	2016 年 1 月 31 日	2015 年 2 月 1 日
营业利润	\$11 774	\$10 469
利息和投资收益	166	337
利息费用	(919)	(830)
税前利润	\$11 021	\$9 976

大多数公司报告的另一大类非营业性项目是利息费用。在 2016 年的报告中，家得宝公司报告了 9.19 亿美元的利息费用。该公司还报告称，其资产负债表上有近 210 亿美元的长期债务。由于这些长期债务在数年内无法偿还，公司将不得不在若干年内支付利息。因此，利息费用代表了一种非营业性项目，投资者期望它成为未来盈利能力的一个更长期的组成部分。

非公认会计原则盈余

公司被要求根据公认会计原则报告盈余。这个数字包括所有的收入和费用。然而，大多数公司在公布年度或季度盈余时，也自愿提供**非公认会计原则盈余**（non-GAAP earnings）。非公认会计原则盈余不包括某些费用，有时也不包括某些收入。常见的不包括的费用有重组成本、收购成本、资产减值和基于股票的报酬。一般来说，非公认会计原则盈余是管理层对永久性盈余的看法，从某种意义上说，这是对公司业绩的一个更好的长期衡量指标。

几乎所有大公司都报告了非公认会计原则盈余。例如，惠普公司 2015 年报告的公认会计原则盈余为 46 亿美元，每股收益 2.48 美元。与此同时，公司宣布该年的非公认会计原则盈余为 66 亿美元，每股收益为 3.59 美元（比公认会计原则盈余高出近 50%）。盈余数字的差异主要是在计算非公认会计原则盈余时不考虑某些重组费用、无形资产摊销和员工离职成本造成的。

非公认会计原则盈余是有争议的，因为要排除哪些费用是由管理层决定的。通过从报告的公认会计原则盈余中剔除一定的费用，管理层有可能报告误导的虚增利润。2015 年，标准普尔 500 指数成分股公司的财务报表显示，非公认会计原则盈余比公认会计原则盈余高出 33%。[①] 一些报告非公认会计原则盈余的公司实际上有公认会计原则亏损。问题是，非公认会计原则盈余是代表管理层对核心、长期业绩的真实信念（因此不包括某些暂时性费用对投资者有帮助），还是代表管理层试图误导投资者，让他们相信公司比实际情况更赚钱（因此伤害了投资者）？许多人担心后者更有可能。

《萨班斯-奥克斯利法案》401 条款强调了非公认会计原则盈余。该法案的一项重要条款要求，如果非公认会计原则盈余包含在提交给证券交易委员会的任何定期或其他报告中，或任何公开披露信息或新闻稿中，公司必须提供非公认会计原则盈余调节至公认会计原则盈余的信息。[②]

现在，我们将注意力转向非持续经营业务，该项目不是公司永久性盈余的一部分，被排除在持续经营业务之外。

三、非持续经营业务

有时公司会决定停止（或出售）部分业务。例如，2015 年，雅培公司决定出售与发达市场有关的制药和动物健康业务。显然，这些非持续经营业务的利润将不会继续下去。由于这些业务的利润对利润表有重要影响[③]，雅培公司单独报告了这些业务，以使报表使用者专注持续经营业务。我们在这一章的介绍中看到了雅培公司是如何单独报告非持续经营业务的，它列报于持续经营收益项目下方。

尽管公司在报告持续经营业务方面有相当大的灵活性，但是**非持续经营业务**（discontinued operations）的披露是强制性的（用简单的数字来展示报告），如下所示[④]：

---

① "S&P 500 Earnings: Far Worse Than Advertised," *Wall Street Journal* (February 24, 2016).

② The Congress of the United States of America, *The Sarbanes-Oxley Act of 2002*, Section 401 (b) (2), Washington, D.C., 2004.

③ 我们在第 1 章讨论过重要性的概念。

④ 非持续经营项目的披露在单步式利润表和多步式利润表中是相同的。单步式利润表和多步式利润表的区别体现在持续经营收益上。

税前持续经营收益	$1 000
所得税费用（假设税率为40%）	400
持续经营收益	600
非持续经营收益，100美元扣除40美元所得税费用的净额	60
净利润	$660

这种格式的目的是让财务报表使用者知道净利润的哪些组成部分是可持续的。我们分别报告持续经营收益（600美元）和非持续经营收益（60美元）。与此同时，投资者不应预期明年的净利润将达到660美元，因为今年只有600美元的利润是持续经营业务产生的。

所得税费用也单独列报。与持续经营业务相关的所得税费用（400美元）和与非持续经营业务相关的所得税费用（40美元）分开列报。此外，在非持续经营业务发生损失的情况下，将会产生所得税收益（而不是所得税费用）；非持续经营损失是可以抵税的，它可以从所得税中扣除，因此这就提供了一个好处。将所得税费用与利润表中导致该费用的每一组成部分进行关联的过程称为期内所得税分摊。我们将在第13章深入讨论这一问题。

非持续经营业务的例子有哪些？辉瑞公司是一家全球性的生物制药公司。除了药品和消费者保健部门以外，该公司还在2013年之前开展了一项营养品业务，主要关注婴儿。2012年末，该营养品业务以118.5亿美元的价格卖给了雀巢公司。2013年，金宝汤公司将其欧洲快餐业务出售给了Soppa投资公司。2013年，谷歌公司以29亿美元的价格将其子公司摩托罗拉智能手机出售给了联想。辉瑞公司出售其营养品业务、金宝汤公司出售其欧洲快餐业务以及谷歌公司出售智能手机子公司的行为，都是非持续经营业务的例子。

非持续经营业务由什么组成

非持续经营业务在以下情况下予以报告：

（1）公司的一个或一组组成部分已经被出售或处置，或者持有待售；

（2）如果处置是一种战略转变，或将对公司的经营和财务业绩产生重大影响。[①]

对于第（1）项，公司的一个组成部分包括业务和现金流，这些业务和现金流可以与公司其余部分清楚地区分开来，并且可以提供独立的财务报告。一个组成部分可以包括一个经营分部、一个报告单元、一个子公司或一个资产组。[②]

对于第（2）项，处置是否意味着战略转变需要公司管理层的判断。可能属于战略转变的例子包括：该项业务处置发生在一个重要的地理区域，或者属于一个重要的业务部门，或者涉及重要的股权投资，或者是公司其他重要的部分。[③]

作为美国公认会计原则和国际会计准则持续趋同过程的一部分，美国财务会计准则委员会和国际会计准则理事会已经为非持续经营业务制定了一套通用的定义和披露准则。[④]

---

① 非持续经营业务也被定义为在取得时就准备出售的营利或非营利活动（FASB ASC 205-20-15-2）。营利活动是指管理目的在于提供经济利益的活动或资产。非营利活动的目的不是向客户提供商品和服务以获取利润。

② FASB ASC 205-20-20：Presentation of Financial Statements-Discontinued Operations-Glossary.

③ 股权投资在第10章讨论。

④ "Noncurrent Assets Held for Sale and Discontinued Operations," *International Financial Reporting Standard No. 5* (IASCF), as amended effective January 1, 2016.

报告非持续经营业务

根据定义，非持续经营业务的利润或损失将不会持续下去。财务报表使用者对那些可持续业务的结果更感兴趣。因此，对于企业来说，将非持续经营的影响与持续经营业务的结果区分开来是有好处的。由于这个原因，非持续经营业务的收入、费用、利得、损失和所得税必须从持续经营业务中移除，并在所有年份单独报告。

例如，尽管雅培公司直到2015年才出售其制药和动物保健业务，但为了比较的目的，在之前的几年里将其影响区分开是很重要的。这使得持续经营收益进行同类对比成为可能。因此，在2015年的三年比较利润表中，2014年和2013年的利润表将制药和动物健康业务的利润重新划分为非持续经营收益。此外，还有一个附注告诉信息使用者，前几年业务被重新分类了。①

有时，一个非持续的组成部分在报告期结束时已经出售。然而，通常情况下，在报告期结束时，处置交易还没有完成。接下来我们考虑这两种可能的情形。

组成部分已出售

当非持续经营的组成部分在报告期结束前已经出售时，非持续经营业务对报告利润的影响包括两个因素：

（1）组成部分从报告期开始到处置日之间所发生的营业利润或损失（收入、费用、利得和损失）；

（2）处置组成部分资产的利得和损失。

第一个因素主要由公司非持续经营的组成部分的日常业务构成，包括销售收入以及销售成本、工资、租金、保险等日常费用。第二个因素包括出售资产的利得和损失，如出售这一非持续经营组成部分的建筑物或办公设备。

这两个因素的税后净影响可以合并或分开报告。如果合并报告，利得或损失的组成必须说明。在下面的示例中，我们合并报告收益影响。示例3-7描述了报告期结束前非持续经营组成部分已经出售的情形。

示例3-7 非持续经营业务——损失

2018年10月，Duluth控股公司的管理层决定出售旗下的一个分部，根据公认会计原则，该分部有资格成为独立的部门。该分部于2018年12月18日出售。考虑以下与该分部有关的事实：

1. 从1月1日起至处置，该分部的税前营业损失为500万美元。
2. 该分部的资产净售价为1 500万美元，账面价值为1 200万美元。

Duluth控股公司2018年的利润表从2 000万美元的税后持续经营收益之后的部分，报告如下（假设税率为40%）：

持续经营收益		\$ 20 000 000
非持续经营业务：		
非持续组成部分的营业损失（包括资产处置利得300万美元*）	\$ （2 000 000）†	
所得税利益	800 000‡	
非持续经营损失		（1 200 000）
净利润		\$ 18 800 000

* 净售价1 500万美元减去账面价值1 200万美元。
† 营业损失500万美元减去资产处置利得300万美元。
‡200万美元×40%。

① 在比较利润表中披露非持续经营业务增强了可比性和一致性的质量特征。我们在第1章讨论过可比性和一致性。

注意，亏损减少了应税所得，使公司节省了80万美元的税款，所得税利益就会出现。

另一方面，假设Duluth公司的非持续经营部门只有100万美元的税前经营亏损（而且仍有300万美元的资产处置利得）。在这种情况下，非持续经营组成部分的经营收益为200万美元，而该公司将额外缴纳80万美元的所得税，如下所示。

持续经营收益		$20 000 000
非持续经营业务：		
非持续组成部分的营业收益（包括资产处置利得300万美元*）	$2 000 000†	
所得税费用	(800 000)‡	
非持续经营收益		1 200 000
净利润		$21 200 000

*净售价1 500万美元减去账面价值1 200万美元。
†营业损失100万美元加上资产处置利得300万美元。
‡200万美元×40%。

补充思考

在利润表中报告非持续经营业务时，一些企业会将营业收益或损失和资产处置利得或损失分开列报。例如，在示例3-7中，Duluth控股公司可以将500万美元的营业损失和300万美元的资产处置利得分开列报，而这两者都是考虑了所得税影响的净额。

持续经营收益		$20 000 000
非持续经营业务：		
营业损失（扣除所得税利益后的净额）	$(3 000 000)†	
资产处置利得（扣除所得税费用后的净额）	1 800 000‡	
非持续经营损失		(1 200 000)
净利润		$18 800 000

†$5 000 000－($5 000 000×40%)
‡$15 000 000－$12 000 000＝$3 000 000；$3 000 000－($3 000 000×40%)＝$1 800 000

无论在哪种情况下，非持续经营损失的金额是一样的，都是120万美元。在实务中，大多数公司在利润表中报告了非持续经营业务的一个净额，并提供了一份详细的计算说明。

持续经营收益	$20 000 000
非持续经营损失（扣除所得税费用后的净额）	(1 200 000)
净利润	$18 800 000

组成部分持有待售

如果一个公司决定终止一个组成部分，但是在报告期结束时，该组成部分还没有出售，该怎么办？如果情况表明该组成部分可能在一年内售出，则该组成部分属于“持有待售”。①

① 判断一个组成部分是否可能被出售以及是否属于“持有待售”有六条标准。见FASB ASC 360-10-45-9：Property，Plant，and Equipment-Overall-Other Presentation Matters-Long-Lived Assets Classified as Held for Sale（previously “Accounting for the Impairment or Disposal of Long-Lived Assets,” *Statement of Financial Accounting Standards No. 144* (Norwalk，Conn.：FASB，2001)，par. 30).

在这种情况下，非持续经营的收益影响仍然需要报告，但报告金额的组成部分改为如下两项：

（1）组成部分从报告期开始到报告期结束之间所发生的营业利润或损失（收入、费用、利得和损失）；

（2）如果组成部分的资产的账面价值（有时称为持有价值或持有金额）高于公允价值减去出售成本，就会产生减值损失。

这两个收益要素可以在考虑所得税影响后合并或单独报告。此外，如果金额被合并报告，但存在减值损失，那么必须在报表中用括号的形式或者在附注中披露该损失。让我们看一下示例 3-8。

示例 3-8　非持续经营业务——减值损失

2018 年 10 月，Duluth 控股公司的管理层决定出售旗下的一个分部，根据公认会计原则，该分部有资格成为独立的部门。2018 年 12 月 31 日，即本会计年度结束时，该部门尚未售出。考虑以下与该分部有关的事实：

1. 当年，该分部报告了 500 万美元的税前营业亏损。
2. 12 月 31 日，该分部资产的账面价值为 1 200 万美元，公允价值减去预期出售成本为 900 万美元。

Duluth 控股公司 2018 年的利润表从 2 000 万美元的税后持续经营收益之后的部分，报告如下（假设税率为 40%）：

持续经营收益		$ 20 000 000
非持续经营业务：		
非持续组成部分的营业损失（包括资产处置利得 300 万美元*）	$ (8 000 000)†	
所得税利益	3 200 000‡	
非持续经营损失		(4 800 000)
净利润		$ 15 200 000

*账面价值 1 200 万美元减去扣除出售成本的公允价值 900 万美元。
†500 万美元的营业损失加上 300 万美元的减值损失。
‡800 万美元×40%。

同样，以前年度非持续经营组成部分的税后收益或损失需要与持续经营业务分开报告，以便与 2018 年利润表进行对比。在实际处置的年份，利润表的非持续经营业务部分将包括已出售的非持续经营部分资产的最终利得或损失。这一利得或损失是基于减值之后的资产账面价值确定的。

关于非持续经营业务的重要信息，无论是已出售的还是持有待售的，都在附注披露中进行报告。附注还提供有关非持续组成部分的其他细节，包括其性质、主要资产和负债类型、构成税前营业收益或损失的主要收入和费用、终止的原因及持有待售的预期处置方式。①

在示例 3-8 中，如果该分部资产的公允价值减去出售成本大于 120 万美元的账面价值，则不存在减值损失，非持续经营业务的收益影响只包括 500 万美元营业损失减去所得税利益这一部分。

---

① 完整的披露要求清单见 FASB ASC 205-20-50：Presentation of Financial Statements-Discontinued Operations-Disclosure.

资产负债表也受到了影响。划为持有待售的组成部分的资产和负债应按其账面价值与公允价值减去出售成本的较低者进行报告。另外，由于不再使用，划分为持有待售的资产不再作为财产、厂房和设备或无形资产进行报告，也不再进行折旧或摊销。[①]

截至 2015 年底，雅培公司有关非持续经营业务的出售已经完成，但是出售业务的部分资产和负债还没转移。2015 年底的资产负债表显示，持有待售的流动资产为 1.07 亿美元，持有待售的流动负债为 3.73 亿美元。有关非持续经营业务的信息包括在示例 3-9 的附注中。

示例 3-9 非持续经营业务披露——雅培公司 单位：百万美元

附注 3：非持续经营业务（节选） 以下是持有待售的资产和负债的汇总	2015 年 12 月 31 日
现金和应收账款净额	$ 54
存货	43
预付费用和其他应收款	8
其他资产	2
持有待售的流动资产	$ 107
应付账款	$ 359
薪酬、工资、佣金及其他应计负债	14
持有待售的流动负债	$ 373

注意，持有待售的资产和负债之所以被划分为流动部分，是因为公司预期在下一个会计年度完成这些资产和负债的转移。

中期报告

请记住，在美国公开上市的公司必须向美国证券交易委员会提交季度报告。如果一个主体的某一组成部分在某季度末被划分为持有待售，那么该非持续经营组成部分的收益影响必须在季度利润表中单独报告。这些影响将包括本季度的营业收益或损失，也包括减值损失（如果该组成部分资产的账面价值高于公允价值减去出售成本）。如果该资产已经计提减值，那么在接下来的一个季度里，资产处置的任何利得或损失都根据计提减值之后的账面价值来确定。

四、会计变更

会计变更分为三种：（1）会计政策变更；（2）会计估计变更；（3）报告主体变更。差错更正属于另一种调整，它与某些会计变更的处理方式相同。这里简要描述会计政策变更、会计估计变更和差错更正。在接下来的章节特别是第 16 章中，我们将详细讨论会计变更（包

① 持有待售的资产和负债不能抵消以净额列报，而应该分开列示（ASC 205-20-45-10）。

括报告主体变更）和会计差错。

会计政策变更

会计政策变更是指将一种可接受的会计方法转变为另一种会计方法。许多情形下，对于类似的交易允许采用不同的会计处理方法。常见例子有存货计量时的先进先出法、后进后出法和平均成本法，还有不同的收入确认方法。财务会计准则委员会颁布的会计准则更新同样允许公司变更会计方法。

会计政策的强制性变更

有时财务会计准则委员会要求进行会计政策变更，会计政策的这些变更可能会增加外部使用者比较不同期间财务信息的难度，因为信息缺乏一致性。财务会计准则委员会会考虑这样的因素，同时也会考虑采用新政策产生的成本及其复杂性，以及在各种要求公司实施的备选方法中进行选择。

（1）**追溯调整法**。新准则适用于财务报表中所有的时期。也就是说，我们重新调整之前的财务报表，就好像新的会计方法在以前的时期使用过一样。我们修改每个账户的余额，以使这些报表看起来像是新采用的会计方法一直在使用。

（2）**修正的追溯调整法**。新准则仅适用于采用期，前期财务报表不被重述。变更对前期净利润的累积效应表现为对采用期间留存收益期初余额的调整。

（3）**未来适用法**。这种方法既不需要对前期财务报表进行修改，也不需要对账户余额进行调整。相反，会计政策变更只是适用于当前期间和所有未来期间。

会计政策的自愿性变更

有时，虽然没有财务会计准则委员会的要求，企业也会从一项公认会计原则转向另一项公认会计原则。例如，一家公司可能决定将其存货计量方法从后进先出法变为先进先出法。当这种情况发生时，存货和销售成本在某一报告期间使用后进先出法进行计量，而在下一期间使用先进先出法进行计量。在这两个期间，存货和销售成本以及净利润是不可比的。为了提高可比性和一致性，公认会计原则通常要求对自愿性会计变更进行回顾性解释。①②

在第7章，我们将看到存货计量方法会计政策变更的例子。我们也将在第16章深入讨论会计政策变更。

折旧、摊销或折耗方法变更

折旧、摊销或折耗方法的变更被认为是会计估计变更，它是由会计政策变更引起的。我们先考虑这一变更，它与其他估计变更几乎是一样的。其中一个不同之处是，大多数估计变更不需要企业证明其合理性。然而，这一估计变更是会计政策变更的结果，因此需要一个明

---

① FASB ASC 250-10-45-5：Accounting Changes and Error Corrections-Overall-Other Presentation Matters（previously "Accounting Changes and Error Corrections-a replacement of APB Opinion No. 20 and FASB Statement No. 3," *Statement of Financial Accounting Standard No. 154*（Norwalk，Conn.：FASB，2005））.

② 有时，由于缺乏信息，无法采用追溯调整法，所以新方法只是采用未来适用法，也就是说，我们仅从现在开始使用新方法。此外，如果一项新准则特别要求采用未来适用法，则遵循这一要求。

确的理由来解释为什么这种新方法更可取。第9章将说明折旧方法的变更。

会计估计变更

估计是会计的一个必要方面。一些常见的会计估计包括应收账款的未来坏账金额、某一折旧资产的使用寿命及残值，以及未来的保修费用。

因为估计是基于对未来事项的预测，所以估计结果出现误差也不足为奇。当估计由于新的信息出现而改变时，这种会计估计变更是很明显的。我们不需要修改以前的财务报表来反映新的估计值。相反，我们只是从那一时点起将新的估计纳入任何相关的会计决定中，也就是说，我们对会计估计变更采用未来适用法。① 如果这种变更的影响是重大的，那么就需要一个附注来描述这种变更及其对净利润和每股收益的影响。第9章和第16章将提供会计估计变更的例子。

五、会计差错更正

当交易被错误地记录或者完全没有记录时，差错就发生了。这里我们先对差错更正进行简要的概述，在接下来的章节结合差错对具体章节主题的影响展开讨论。此外，第16章将对差错更正做综合讲解。

会计人员采用各种控制机制以确保交易得到正确的记录。尽管如此，差错还是会发生。一旦差错出现，它们可能会对公司任意一张财务报表上的一个或者几个财务报表要素产生影响。事实上，很多差错会同时影响不止一张财务报表。当发现差错时，就应该更正。

大部分差错在它们发生的当年就会被发现。这些差错比较容易更正，冲回原始存在差错的日记账并记录正确的分录即可。如果某一差错在它发生的次年才被发现，那么对于该差错的会计处理方法将取决于其对财务报表的影响是否重大。在实务中，大部分差错的影响并不重大，因此在发现差错的当年做简单的更正即可。然而，在以后期间发现的具有重大影响的差错需要进行前期调整。

前期调整

假设 Roush Distribution 公司在其财务报表向股东发布后，发现报表中存在一个重大差错，该怎么办？Roush 公司必须进行**前期调整**（prior period adjustment）。② Roush 公司需要做一个日记账分录，将任何资产负债表的账户调整到适当的水平，并通过调增或调减所有者权益表的留存收益期初余额以处理差错对利润的影响。请记住，由于前期的净利润计入了留存收益，所以通过调整留存收益，前期调整能够处理差错对前期净利润的影响。

简单地报告一个修正后的留存收益额，可能会引起熟悉先前报告金额的人的误解。在所

---

① 如果原始估计是基于错误的信息或计算，或者没有如实地进行，那么对该估计的修正将构成差错更正（下面讨论）。

② FASB ASC 250-10-45-23：Accounting Changes and Error Corrections-Overall-Other Presentation Matters (previously "Prior Period Adjustments," *Statement of Financial Accounting Standards No. 16* (Norwalk, Conn.: FASB, 1977)).

有者权益表（或者留存收益表）中明确报告前期调整，可以强调调整并避免以上困惑。

除了报告留存收益的前期调整，以前年度因差错而导致不正确的财务报表也需要追溯重述以反映正确的结果。此外，需要一个附注来说明差错对前期净利润的影响。

六、每股收益

我们已经讨论过，利润表报告一个公司某一期间的净利润。净利润是以总金额报告的（收入的总金额减去费用的总金额），反映公司在某一期间为全体股东创造的总利润。然而，对于个人决策来说，投资者想知道公司为每个股东创造了多少利润。要想知道这一点，我们计算**每股收益**（earnings per share，EPS）来将公司产生的净利润金额与公司发行在外的普通股数量联系起来。

每股收益为投资者提供了一个将公司盈利能力与个人持股价值联系起来的方便方法。每股股票价格与每股收益的比率（市盈率）是投资界最广泛使用的财务指标之一。每股收益也能让我们更容易地比较公司不同时期的业绩以及不同公司的业绩。规模较大的公司自然会有更大的净利润金额，但它们并不总是为每个股东带来更多的利润。

美国公认会计原则要求上市公司报告每股收益的两项具体计算：（1）基本每股收益和（2）稀释每股收益。**基本每股收益**（basic EPS）等于净利润（减去优先股股利）除以流通在外的普通股加权平均数。分子上净利润扣除优先股股利是因为这些股利的发放与公司普通股股东无关。分母是流通在外的普通股的加权平均数，而不是期初或期末流通在外的股票数量，因为计算每股收益的目标是将整个期间的业绩与整个期间发行在外的股票联系起来。普通股的数量可能会因额外发行或公司回购而在整个年度内发生变动，因此加权平均数更好地反映了该期间流通在外的股票数量。由此产生的每股收益为这一期间每股普通股所产生的净利润提供了一种衡量标准。

例如，假设Fetzer公司截至2018年12月31日的会计年度的净利润为60万美元。它今年宣布的优先股股利为7.5万美元。Fetzer公司在年初发行了100万股普通股，并在2018年3月31日额外发行了100万股股票。2018年，每股0.30美元的基本每股收益计算如下：

$$\frac{600\,000-75\,000}{\underbrace{1\,000\,000}_{\text{1月1日的股票数}}+\underbrace{1\,000\,000\times\frac{9}{12}}_{\text{新发行的股票数}}}=\frac{525\,000}{1\,750\,000}=0.30(\text{美元})$$

稀释每股收益（diluted EPS）包含了在计算每股收益时所有潜在的普通股的稀释效应。稀释是指流通普通股数量增加导致的每股收益减少。公司可能有一些可以转换为普通股的证券，或者股票期权，如果期权被行使，它们可以创造额外的普通股。因为这些项目可能会导致分母上的股票数量增加，因此可能会减少每股收益。我们将在第15章对每股收益的这两种度量方法进行详细讲解。这里，我们只提供一个概述。

当利润表包括非持续经营业务时，我们将从持续经营收益（损失）和净利润（净损失）及非持续经营业务方面报告每股收益。我们在示例3-10中可以看到雅培公司在这方面的例子。

示例 3-10　每股收益披露——雅培公司

雅培公司 截至本年 12 月 31 日的利润表（节选） （除了每股数据，单位为百万美元）	2015 年	2014 年
持续经营收益	$ 2 606	$ 1 721
税后非持续经营收益	1 817	563
净利润	$ 4 423	$ 2 284
基本每股收益：		
持续经营业务	$ 1.73	$ 1.13
非持续经营业务	1.21	0.37
净利润	$ 2.94	$ 1.50
稀释每股收益：		
持续经营业务	$ 1.72	$ 1.12
非持续经营业务	1.20	0.37
净利润	$ 2.92	$ 1.49

七、综合收益

正如我们已经讨论过的，净利润包括利润表中报告的所有收入、费用、利得和损失。**综合收益**（comprehensive income）提供了一个更广泛的收益视角，包括某期间所有的收入、费用、利得和损失。换句话说，综合收益包括净利润加上股东权益的其他变化，这些变化不是与所有者发生交易导致的。综合收益与净利润之间的关系如下所示：

综合收益＝净利润＋其他综合收益

会计职业界正在进行一场持续的辩论，关于应将某些利得和损失作为净利润的组成部分，还是作为其他综合收益的一部分。正如我们在下面和后面的章节中所讨论的，当前的准则允许一些项目最初被记录为其他综合收益，然后再被重新划分为净利润。然而，在确定哪些项目属于净利润和其他综合收益时，并没有概念基础。财务会计准则委员会通过要求在利润表中报告净利润和扩大综合收益的概念来解决这一分歧。

其他综合收益

净利润的计算忽略了**其他综合收益**（other comprehensive income，OCI）所包含的那些利得、损失和其他调整项目。举例来说，在第 10 章你将学习到某些投资项目在资产负债表中以公允价值列报，但是在将这些投资的价值调整为公允价值的过程中产生的利得和损失则可能不包括在净利润中。相反，它们作为其他综合收益（损失）进行列报。

公司必须同时报告净利润和综合收益，并调节两者之间的差异。[①] 一定要记住，净利润

① FASB ASC 220-10-45-1A and 1B：Comprehensive Income-Overall-Other Presentation Matters（previously "Reporting Comprehensive Income," *Statement of Financial Accounting Standards No. 130*（Norwalk，Conn.：FASB，1997)).

实际上是综合收益的一部分。调节的过程就是简单地将净利润的范围进行扩展，使其包括其他综合收益项目的税后净额，如示例3-11所示。

示例3-11　综合收益　　单位：百万美元

净利润		$×××
其他综合收益：		
未实现的持有投资利得（损失）（税后净额）*	$×	
退休福利计划利得（损失）（税后净额）†	(×)	
衍生金融工具递延利得（损失）（税后净额）‡	(×)	
外汇折算调整（税后净额）§	×	××
综合收益		$×××

*某些投资的市场价值变动（第10章将描述）。

†由于修正假设或者与预期不同的市场回报以及修改计划产生的前期服务成本而引起的利得和损失。

‡当一个被指定为现金流量套期的衍生金融工具调整至公允价值时，利得或损失将作为综合收益的一部分而被递延，并且包含在以后的盈余中。与此同时，盈余也受到对冲交易的影响。

§这一金额可能是股东权益的加项或者减项。（这一项目会在会计课程的其他地方讨论。）

报告的灵活性

示例3-11所示的利润表和其他综合收益项目的信息可以：(1)作为一张单一的连续的综合收益表进行报告；(2)作为两张独立但连贯的报表进行报告，即利润表和综合收益表。如示例3-11所示，其他综合收益的每一部分都可以报告税后净额，或者报告税前金额以及一个总的所得税费用（或者所得税利益）。①

一些公司选择用单一报表报告综合收益。如示例3-12所示，AstroNova公司，一家提供多种专业技术产品的制造商，在其财务报表中选择单一报表法进行列报。

示例3-12　AstroNova公司采用单一报表列报综合收益　　单位：千美元

ASTRONOVA公司
合并综合收益表
会计年度截至1月31日

	2015年	2014年
净利润	$4 662	$3 212
其他综合收益（损失），税后净额		
外汇折算调整	(866)	(14)
可供出售证券的未实现利得（损失）	(9)	17
其他综合收益	(875)	3
综合收益	$3 787	$3 215

① 公认会计原则不要求报告每股综合收益。

国际财务报告准则

综合收益。美国公认会计原则和国际财务报告准则都允许企业以单一的综合收益表或者以两个独立的报表进行综合收益的列报。

在这两套准则下其他综合收益项目的情况也类似。然而，另一个其他综合收益项目，即重估价盈余的变化，只在国际财务报告准则下被允许。在第 9 章中，你将学习到国际会计准则第 16 号①允许公司以（1）成本减累计折旧或者（2）公允价值（重估价）为计量财产、厂房和设备的价值。国际会计准则第 38 号②为无形资产计量提供了相似的选择。而美国公认会计原则禁止重估价。

如果选择了重估价这种方式，且公允价值高于账面价值，那么这个差异以及重估价盈余变动将作为其他综合收益进行列报，并在所有者权益的重估价盈余账户中进行累计。

累计其他综合收益

除了报告在当前报告期间发生的其他综合收益，还要在资产负债表中基于累计的方式对这些金额进行报告。这和报告净利润的方式一样，我们在利润表中报告了当期发生的净利润，并在资产负债表中将累计的净利润（这里指尚未作为股利发放的部分）作为留存收益进行报告。相似地，我们在综合收益表报告当期的其他综合收益，并在资产负债表报告**累计其他综合收益**（accumulated other comprehensive income，AOCI）。下面我们在示例 3－13 中以 AstroNova 公司为例进行说明。

示例 3－13 AstroNova 公司的所有者权益 单位：千美元

ASTRONOVA 公司 合并资产负债表（节选） 会计年度截至 1 月 31 日	2015 年	2014 年
所有者权益		
普通股	477	465
额外投入资本	43 589	41 235
留存收益	39 735	37 201
库存股，成本	(19 591)	(12 463)
累计其他综合收益	(699)	176
所有者权益总额	$ 63 511	$ 66 614

参照示例 3－13 中的信息和示例 3－12 中报告的数字以及 AstroNova 公司宣告的股利，我们可以对留存收益和累计其他综合收益的变动进行调节：

① "Property, Plant and Equipment," *International Accounting Standard No. 16* (IASCF), as amended effective January 1, 2016.

② "Intangible Assets," *International Accounting Standard No. 38* (IASCF), as amended effective January 1, 2016.

单位：千美元

	留存收益	累计其他综合收益
期初余额	$ 37 201	$ 176
加：净利润	4 662	
减：股利	（2 128）	
其他综合收益		（875）
期末余额	$ 39 735	$ （699）

为了进一步了解净利润和其他综合收益的关系，我们看下面的例子。假设飞利浦公司年初的留存收益为 7 亿美元，累计其他综合收益为 3 000 万美元。假设在考虑下面将讨论的利得之前，当年的净利润是 1 亿美元，其中作为股利分配给股东的是 4 000 万美元。现在假设飞利浦有 1 000 万美元的税后利得，该利得也用两种方法中的一种进行报告：

（1）作为净利润的利得；

（2）作为其他综合收益的利得。

在第一种方式下，利得将通过留存收益包含在所有者权益中。

单位：百万美元

	留存收益	累计其他综合收益
期初余额	$ 700	$ 30
净利润（100＋10）	110	
股利	（40）	
其他综合收益		0
期末余额	$ 770	$ 30

$ 800

在第二种方式下，1 000 万美元的税后利得是作为其他综合收益（损失）的一部分。利得将通过累计其他综合收益包含在所有者权益中，而不是通过留存收益，如下所示。每种方式的留存收益和累计其他综合收益总额都是 8 亿美元。

单位：百万美元

	留存收益	累计其他综合收益
期初余额	$ 700	$ 30
净利润	100	
股利	（40）	
其他综合收益		10
期末余额	$ 760	$ 40

$ 800

对于没有其他综合收益项目的企业来说，净利润和综合收益是一样的。当这种情况发生在所有报告的年份时，就不需要综合收益表了。其他综合收益的组成部分将在接下来的章节进行讲解。

概念回顾练习

综合收益表编制

Barrington 建筑公司是一家建造办公大楼的公司，同时它在美国西北部地区拥有并经营连锁汽车旅馆。2018 年 9 月 30 日，公司决定以 4 000 万美元的价格卖掉整个汽车旅馆业务。该项出售业务于 12 月 15 日完成。公司 2018 年两个组成部分的利润表信息披露如下。

单位：百万美元

	建筑部分	汽车旅馆部分
销售收入	$ 450.0	$ 200.0
营业费用	226.0	210.0
营业利润	224.0	(10.0)
其他收益（损失）*	16.0	(30.0)
税前收益（损失）	240.0	(40.0)
所得税费用（利益）†	96.0	(16.0)
净利润（损失）	$ 144.0	$ (24.0)

* 对于汽车旅馆部分，整个其他收益（损失）的金额代表了以 4 000 万美元的价格出售该部分账面价值 7 000 万美元资产的损失。

† 所有的收益或损失项目的所得税税率均为 40%。

此外，在 2018 年，该公司有 300 万美元的税前未实现证券投资净持有利得以及 100 万美元的外汇折算调整。

要求：

1. 为 Barrington 建筑公司编制一张单一且连续的包括每股收益披露的 2018 年度综合收益表。整个 2018 年度该公司有 1 亿股发行在外的普通股。该公司没有可能导致额外普通股的潜在稀释性证券或股票期权。使用多步式方法进行利润表的编制。

2. 编制一张单独的 2018 年度综合收益表。

解答：

1. 编制一张单一且连续的 2018 年度综合收益表。

BARRINGTON 建筑公司
综合收益表
会计年度截至 2018 年 12 月 31 日
（除了每股数据，单位均为百万美元）

销售收入	$ 450.0
营业费用	226.0
营业利润	224.0
其他收益	16.0

税前持续经营收益		240.0
所得税费用		96.0
持续经营收益		144.0
非持续经营业务：		
终止汽车旅馆组成部分的营业损失（包括3 000万美元的处置损失）	$(40)	
所得税收益	16	
非持续经营损失		(24.0)
净利润		120.0
其他综合收益：		
未实现证券投资利得，税后净额	1.8	
外汇折算调整，税后净额	0.6	
其他综合收益合计		2.4
综合收益		$122.4
每股收益：		
持续经营		$1.44
非持续经营		(0.24)
净利润		$1.20

2. 编制一张单独的2018年度综合收益表。

BARRINGTON 建筑公司
综合收益表
会计年度截至2018年12月31日
（单位：百万美元）

净利润		$120.0
其他综合收益：		
未实现证券投资收益，税后净额	$1.8	
外汇折算调整，税后净额	0.6	
其他综合收益合计		2.4
综合收益		$122.4

前面已经讨论了利润表的列报与内容，下面我们将注意力转向现金流量表。

第2节 现金流量表

当列报了资产负债表和利润表时，**现金流量表**（statement of cash flows，SCF）对于每个利润表期间也是必需的。① 现金流量表的编制目的是提供企业一定期间现金收入和现金支出的信息。与利润表类似，现金流量表也是一张动态报表，用于总结某一期间影响现金流量的交易。现金流量表里的“现金”这一术语是指全部现金、现金等价物和限制性现金。在第 2 章讨论过的现金等价物包括高流动性的（容易变现的）投资，如国库券。第 17 章专门讨论现金流量表，这里只做简单的概述。

一、现金流量表的作用

在第 1 章我们已经讨论了收付实现制会计和权责发生制会计之间的差别。我们已经指出并且举例说明了在短期内经营现金流量也许不能反映公司长期产生现金的能力，基于权责发生制的净利润能够为未来经营现金流提供更加准确的预测。然而，经营活动现金流量信息在与来自其他活动现金流量的相关信息结合之后，可以提供有用的信息用于评估企业未来的盈利能力、流动性和长期偿债能力。毕竟，企业必须用现金偿债而不是用净利润。

经营活动产生的现金流量具有特别的重要性。从长远来看，公司必须能够从其销售自己的产品或服务的活动中产生正的现金流。这些活动必须为偿还债务、向所有者分派股利和保证未来的增长提供必需的现金。

二、现金流量的分类

如果投资者和债权人能够辨别产生现金流量的每种交易的类型，那么这一系列现金流量对他们来说才更有意义。为了实现这一目的，现金流量表将所有影响现金的交易划分为三类：(1) 经营活动；(2) 投资活动；(3) 筹资活动。

经营活动

我们将由列报于利润表的活动引起的现金流入或流出分类为**经营活动**（operating activities）现金流量。换句话说，这种现金流量分类包括基于收付实现制进行报告的净利润要素，而非基于权责发生制。②

现金流入包括从下列业务收到的现金：

(1) 向客户销售产品或服务收到的现金；

(2) 投资获得的利息和股利。

这些金额可能与列报于利润表的销售和投资收益存在差异。例如，基于权责发生制计量的销售收入反映的是某个期间确认的收入，而非实际收到的现金。如果应收账款或者递延收入在当期发生了变动，那么收入的金额将与从客户那里收到的现金不一样。

现金流出包括下列业务支付的现金：

---

① FASB ASC 230-10-45: Statement of Cash Flows-Overall-Other Presentation Matters (previously “Statement of Cash Flows,” *Statement of Financial Accounting Standards No. 95* (Norwalk, Conn.: FASB, 1987)).

② 与利润表中出售资产产生的利得和损失相关的现金流量，在现金流量表中报告为投资活动现金流量。

（1）购买存货；

（2）薪酬、工资和其他营业费用；

（3）债务利息；

（4）所得税。

同样，这些金额可能与列报于利润表的权责发生制下的费用存在差异。费用是在发生时就进行报告，而不是在使用现金支付该费用时才进行报告。同样，一些收入和费用，比如折旧费用，根本不影响现金，也不包含在经营活动产生的现金流量中。

现金流入和现金流出之间的差额叫作经营活动净现金流量。如果利润表是按照收付实现制而不是权责发生制编制的，那么该差额与净利润相等。

直接法与间接法

有两种公认的方法用于报告经营活动现金流量：直接法和间接法。在**直接法**（direct method）下，每项经营活动现金影响都直接列报于报表。例如，从客户那里收到的现金报告为销售活动的现金影响。对于不产生现金流量影响的利润表交易事项，例如折旧，就直接不列报了。

另一方面，在**间接法**（indirect method）下，我们从报告的净利润入手，进行反向推导，将其转化为收付实现制下的金额，从而间接得到经营活动净现金流量。间接法下需要对净利润进行两种类型的调整。首先，对于不影响现金的净利润部分需要冲回。这意味着无现金的收入和利得将被扣除，而无现金的费用和损失将被加上。例如，折旧费用不需要减少现金，但是它在利润表中被扣除了。为了冲回该影响，我们把折旧费用加回到净利润上，以达到如同折旧在一开始就没有被扣除时我们应有的金额。

其次，当会计期间净利润的组成部分的金额与这些组成部分对应的现金流量不一样时，我们需要对该期间的经营资产和负债的变动进行调整。例如，假设由于从客户那里收到的现金少于销售收入而使当期应收账款增加，那么该应收账款的增加部分将从净利润中扣除以得到经营活动现金流量。在间接法下，对于净利润的正向调整对应的是相关资产的减少和相关负债的增加，而对于其负向的调整对应的是相关资产的增加和相关负债的减少。

为了进一步对比直接法和间接法，看一下示例 3-14 中 Arlington Lawn Care（ALC）公司的利润表和资产负债表。我们将以此来构建现金流量表的经营活动部分。

示例 3-14 列报经营活动现金流量的直接法和间接法比较

Arlington Lawn Care（ALC）公司于 2018 年初开始经营活动。ALC 公司 2018 年的利润表和年末资产负债表如下所示（单位：千美元）。

ARLINGTON LAWN CARE 公司
利润表
会计年度截至 2018 年 12 月 31 日

服务收入		\$90
营业费用：		
日常支出及管理费用	\$32*	
折旧	8	

营业费用合计	40
税前收益	50
所得税费用	15
净利润	$35

*包括 6 000 美元的保险费用。

ARLINGTON LAWN CARE 公司
资产负债表
2018 年 12 月 31 日

资产		负债和所有者权益	
流动资产：		流动负债：	
现金	$54	应付账款**	$7
应收账款	12	应交所得税	15
预付保险费	4	流动负债合计	22
流动资产合计	70	所有者权益：	
设备	40	普通股	50
减：累计折旧	(8)	留存收益	30†
资产总计	$102	负债和所有者权益总计	$102

** 对应日常开支和管理费用。
† 净利润 35 000 美元减去支付的 5 000 美元现金股利。

直接法

让我们从直接法开始。从账户余额开始，直接法需要多一些推理。

从利润表中我们可以看到，ALC 公司的净利润有四部分。其中的三个项目——服务收入、日常支出及管理费用、所得税费用——会影响现金流量，但不是利润表中列报的应计金额。其中一个项目——折旧——减少净利润而不减少现金；这只是某项可折旧资产随着时间推移摊销其以前年度的支出。因此，为了基于收付实现制而不是权责发生制报告经营活动，我们选出了这三个影响现金的项目，并对金额进行调整，以反映现金流入量而非取得的收入，以及反映现金流出量而不是发生的费用。让我们从服务收入开始。

ALC 公司的服务收入为 90 000 美元，但是它并没有从客户那里收到这么多钱。我们知道应收账款从 0 美元增加到了 12 000 美元，所以 ALC 公司只会收到 78 000 美元。

类似地，日常支出及管理费用发生了 32 000 美元，但是有 7 000 美元还没支付。我们知道那是因为应付账款增加了 7 000 美元。同样，预付保险费增加了 4 000 美元，因此 ALC 公司肯定已经支付了超过承保期限所需金额 4 000 美元的保险费用。这就意味着到目前为止日常支出及管理费用所支付的现金只有 29 000 美元（32 000 美元减去 7 000 美元的应付账款增加额再加上 4 000 美元的预付保险费增加额）。其他费用方面，所得税为 15 000 美元，但是这笔金额造成了应交所得税的增加，所以没有用现金支付该所得税。

如示例 3 - 14A 所示，我们可以使用直接法报告 ALC 公司的经营活动现金流量。

示例 3-14A　列报经营活动现金流量的直接法　　单位：千美元

ARLINGTON LAWN CARE 公司
现金流量表
会计年度截至 2018 年 12 月 31 日

经营活动现金流量	
从客户处收到的现金*	$78
支付日常支出及管理费用的现金**	(29)
经营活动净现金流量	$49

* 90 000 美元的服务收入减去应收账款增加的 12 000 美元。
** 32 000 美元的日常开支及管理费用减去应付账款增加的 7 000 美元，加上预付保险费增加的 4 000 美元。

间接法

为了运用间接法来列报经营活动现金流量，我们采用不同的推理方法。我们从 ALC 公司 35 000 美元的净利润着手并识别它包含了现金部分和非现金部分。我们需要调整净利润，消除非现金的影响，只留下真实发生的现金流量。我们从去除例子中唯一的非现金组成部分——折旧费用开始。利润表中的 8 000 美元折旧费用已被扣除，因此我们只需简单地把它加回来就可以消除它对净利润的负向影响。

现在我们只剩下净利润的三个组成部分：服务收入、日常支出及管理费用和所得税费用，它们的确影响现金金额，但影响数额并不是列报的金额。对于这些组成部分，我们需要调整净利润，以使其反映现金流量而不是应计数额。例如，我们之前看到虽然反映在净利润上的服务收入是 90 000 美元，但是从客户那里收到的现金只有 78 000 美元。这意味着我们需要调整净利润，从中减去应收账款增加的 12 000 美元。

我们以相似的方式对预付保险费、应付账款和应交所得税的变动进行调整，以将净利润调整为反映现金的支付金额而不是费用的发生额。对于预付保险费，由于利润表上的保险费用比实际现金支付的保险费要少，我们需要消除二者的差异，即预付保险费的增加额。如果这项资产减少，我们应该加上其变动而不是减去。对于应付账款和应交所得税，由于利润表上的相关费用多于现金实际支付的费用，我们需要将这些差额加回来。如果这些负债减少，那么我们需要减去这些变动而不是加上。

运用间接法列报的经营活动现金流量如示例 3-14B 所示。

示例 3-14B　列报经营活动现金流量的间接法　　单位：千美元

ARLINGTON LAWN CARE 公司
现金流量表
会计年度截至 2018 年 12 月 31 日

经营活动现金流量		
净利润		$35
非现金影响的调整：		
折旧费用	$8	
经营资产和负债的变动：		
应收账款的增加	(12)	
预付保险费的增加	(4)	

应付账款的增加	7	
应交所得税的增加	15	14
经营活动净现金流量		$49

直接法和间接法都得出相同的经营活动净现金流量（49 000 美元），它们只是列报现金流量的备选方法。财务会计准则委员会在其发布的现金流量表相关公认会计原则中声明，其偏向直接法。然而，几乎所有的美国公司都使用间接法。

经营活动现金流量列报方法的选用对于投资活动和融资活动的列报方式没有影响。下面我们看一看现金流量是如何划归为这两类的。

投资活动

投资活动（investing activities）现金流量包括与取得和处置用于企业经营活动的长期资产（如财产、厂房和设备）和投资资产（不包括分类为现金等价物和交易性证券的资产）相关的现金流入和流出。存货的购买和销售不属于投资活动。购进存货是为了销售，这是企业经营活动的一部分，因此存货的购买和销售属于经营活动，而不属于投资活动。

投资活动现金流出包括下面的现金支出：

（1）在企业中使用的长期资产的购买；

（2）投资证券如其他主体的股票和债券（归类为现金等价物和交易性证券的除外）的购买；

（3）向其他主体提供的贷款。

之后处置这些资产时，资产出售（或贷款和票据的收回）产生的现金流入也列报为投资活动现金流量。因此，下面的交易产生的现金流量属于投资活动现金流量：

（1）在企业中使用的长期资产的出售；

（2）投资证券的出售（不包括现金等价物和交易性证券）；

（3）非交易性应收款项的收回（不包括利息的收回，它属于经营活动）。

投资活动净现金流量代表现金流入和流出的差额。示例 3－14 中唯一的投资活动是 ALC 公司投资于设备的 40 000 美元。

筹资活动

筹资活动（financing activities）是指公司的外部融资。现金流入发生于向债权人借钱或者所有者投入现金时。现金流出发生于用现金向债权人还款或者向所有者分配现金时。然而，向债权人支付利息属于经营活动。

筹资活动现金流入包括下列活动收到的现金：

（1）向所有者销售股票；

（2）通过票据、贷款、抵押和债券的方式向债权人借入现金。

筹资活动现金流出包括下列活动支出的现金：

（1）以股利或其他分配方式向所有者进行分配；

（2）向所有者回购之前卖出的股票；

（3）向债权人偿还本金（不包括属于经营活动的应付款项）。

筹资活动净现金流量是现金流入和流出的差额。示例3-14中属于筹资活动的只有ALC公司发行普通股收到的50 000美元现金和分配的5 000美元现金股利。

示例3-15是ALC公司2018年度以经营活动净现金流量为开始的现金流量表。

示例3-15　现金流量表（从经营活动净现金流量开始）　　单位：千美元

ARLINGTON LAWN CARE公司
现金流量表（节选）
会计年度截至2018年12月31日

经营活动净现金流量（来自示例3-14A或示例3-14B）		\$49
投资活动现金流量：		
购买设备		(40)
筹资活动现金流量：		
销售普通股	\$50	
支付现金股利	(5)	
筹资活动净现金流量		45
现金的净增加额		54
1月1日的现金余额		0
12月31日的现金余额		\$54

我们知道40 000美元用来购买设备，因为资产负债表的该项目余额从0美元增加到40 000美元。相似地，由于普通股由0美元增加到了50 000美元，所以我们将它归类为筹资活动现金流入。最后，示例3-14告诉我们5 000美元是作为现金股利分配的，也属于筹资活动。

非现金投资和融资活动

正如我们刚刚讨论的，现金流量表提供了有关公司从事的投资活动和筹资活动的有用信息。虽然这些活动大多会导致现金流入和流出，但是在报告期间也存在着一些重要的投资和筹资活动根本不涉及现金流量。为了提供有关这些活动的完整信息，任何重要的非现金投资和筹资活动（即非现金交易）都要列报于现金流量表或者作为附注披露。重要的非现金投资和筹资活动的一个例子是通过发行长期应付票据或者权益证券（一项筹资活动）进行设备购买（一项投资活动）。

国际财务报告准则①

现金流量的分类。和美国公认会计原则一样，国际准则也要求编制现金流量表。和美国公认会计原则相一致，现金流量分类为经营活动、投资活动和筹资活动现金流量。然而，美国准则指定支付利息的现金流出和收到利息及股利的现金流入属于经营活动现金流量。支付给所有者的股利分类为筹资活动现金流量。

① "Statement of Cash Flows," *International Accounting Standard No. 7* (IASCF), as amended effective January 1, 2016.

国际会计准则第7号[1]的规定更加灵活。公司可以把支付利息和股利列报为经营活动或者筹资活动现金流量，可以把收到利息和股利列报为经营活动或者投资活动现金流量。支付利息和股利通常列报为筹资活动。收到利息和股利通常分类为投资活动。

利息和股利现金流量的典型分类

美国公认会计原则	国际财务报告准则
经营活动	经营活动
收到股利	
收到利息	
支付利息	
投资活动	投资活动
	收到股利
	收到利息
筹资活动	筹资活动
支付股利	支付股利
	支付利息

西门子公司是一家德国公司，它根据国际财务报告准则编制财务报表。在2014财年前三个月的现金流量表中，该公司和美国公司一样，将收到利息和股利列报为经营活动现金流量。而对于利息支付，西门子公司将其分类为筹资活动现金流量。

西门子公司
现金流量表（节选）
2014财年的前三个月
单位：百万欧元

筹资活动现金流量：	
与所有者的交易	(6)
偿还长期负债	(5)
短期负债和其他筹资活动的变动	1 138
支付利息	(78)
支付股利	(4)
非持续经营业务的筹资	(107)
筹资活动现金流量——持续经营业务	938

概念回顾练习

现金流量表

Dublin有限公司（DEI）在购物商场拥有零售电子产品的连锁店。以下是该公司2018年度的利润表和比较资产负债表（单位：百万美元）。

[1] "Statement of Cash Flows," *International Accounting Standard No. 7* (IASCF), as amended effective January 1, 2016.

利润表

会计年度截至2018年12月31日

收入		$2 100
销售成本		1 400
毛利		700
营业费用：		
销售及管理费用	$ 355	
折旧	85	
营业费用合计		440
税前利润		260
所得税费用		78
净利润		$182

比较资产负债表	2018年12月31日	2017年12月31日
资产：		
现金	$ 300	$ 220
应收账款（净额）	227	240
存货	160	120
财产、厂房和设备	960	800
减：累计折旧	(405)	(320)
资产总计	$1 242	$1 060
负债和所有者权益：		
应付账款	$ 145	$ 130
应付销售及管理费用	147	170
应交所得税	95	50
长期负债	0	100
普通股	463	400
留存收益	392	210
负债和所有者权益总计	$1 242	$1 060

要求：

1. 使用直接法编制DEI公司2018年度现金流量表。
2. 使用间接法编制DEL公司2018年度现金流量表的经营活动现金流量部分。

解答：

1. 使用直接法编制DEI公司2018年度现金流量表。

DUBLIN 有限公司
现金流量表
会计年度截至 2018 年 12 月 31 日
单位：百万美元

经营活动现金流量		
从客户处收到的现金*	$2 113	
购买存货**	(1 425)	
支付销售和管理费用†	(378)	
支付所得税费用‡	(33)	
经营活动净现金流量		$277
投资活动现金流量		
购买财产、厂房和设备		(160)
筹资活动现金流量		
发行普通股	63	
偿还长期负债	(100)	
筹资活动净现金流量		(37)
现金净增加额		80
现金，1 月 1 日		220
现金，12 月 31 日		$300

*销售收入 21 亿美元，加上 1 300 万美元应收账款净额的减少。
**销售成本 14 亿美元，加上 4 000 万美元存货的增加，减去 1 500 万美元应付账款的增加。
†销售和管理费用 3.55 亿美元，加上 2 300 万美元应付销售和管理费用的减少。
‡所得税费用 7 800 万美元，减去 4 500 万美元应交所得税的增加。

2. 使用间接法编制 DEL 公司 2018 年度现金流量表的经营活动现金流量部分。

DUBLIN 有限公司
现金流量表
会计年度截至 2018 年 12 月 31 日
单位：百万美元

经营活动现金流量		
净利润	$182	
非现金影响的调整：		
折旧费用	85	
经营资产和负债的变化：		
应收账款净额的减少	13	
存货的增加	(40)	
应付账款的增加	15	
应交所得税的增加	45	
应付销售和管理费用的减少	(23)	
经营活动净现金流量		$277

第 3 节 盈利能力分析

第 2 章提供了财务报表分析的概述，并介绍了风险分析中使用的一些常见比率来调查一家公司的流动性和长期偿债能力。现在我们来看看盈利能力分析比率。

经营活动比率

盈利能力的一个重要作用是评价一家公司是否很好地管理并使用了资产。一些比率旨在评估一家公司在管理资产方面的有效性。其中人们特别感兴趣的是某些资产的经营活动比率或称周转率。资产周转率越高，维持给定业务水平（收入）所需的资产就越少。因此，高周转率通常更受青睐。

虽然在概念上，经营活动比率或周转率可以用来衡量任何资产，但最常计算的是总资产、应收账款和存货的经营活动比率。这些比率的计算如下：

$$资产周转率=\frac{销售收入净额}{平均总资产}$$

$$应收账款周转率=\frac{销售收入净额}{平均应收账款(净额)}$$

$$存货周转率=\frac{销售成本}{平均存货}$$

资产周转率

衡量资产效率的一个宽泛指标是**资产周转率**（asset turnover ratio）。这个比率是用公司的销售收入净额除以一个时期内可用的平均总资产来计算的。分母，即平均总资产，是将期初总资产和期末总资产相加再除以2来确定的。资产周转率提供了一个指标，说明一家公司利用其所有资产来产生收入的效率有多高。

应收账款周转率

应收账款周转率（receivables turnover ratio）是用一段时期的赊销净额除以应收账款的平均净额来计算的。由于利润表很少区分现金销售和赊销，所以这一比率通常是用总销售收入净额作为分子计算的。分母，即平均应收账款，是将期初应收账款净额和期末应收账款净额（总应收账款扣除未收回的账款）相加再除以2确定的。[①]

应收账款周转率反映了公司从客户处收取现金的效率。这个比率显示了在一定期间平均应收账款余额回收的次数。比率越高，销售与收现的平均时间间隔越短。

一个方便好用的延伸指标是**平均收款期**（average collection period）。这个指标是用365天除以应收账款周转率计算的。其结果是平均应收账款余额收回的近似天数。

$$平均收款期=\frac{365}{应收账款周转率}$$

实时监控应收账款周转率（和平均收款期）可以提供有关公司未来前景的有用信息。例如，应收账款周转率下降（平均收款期增加）可能表明，由于客户对公司产品的不满，销售额在下降。另一个可能的解释是公司改变了信用政策，为了维持客户而给予延长的信用条

① 虽然实务中通常使用应收账款净额作为分母来计算应收账款周转率，但是有些人更喜欢使用应收账款总额。为什么？因为坏账准备增加会导致应收账款净额减少，如果用应收账款净额作为分母，那么较多的坏账准备会让分母减少从而增大周转率。在其他条件相同的情况下，分析师更希望看到应收账款周转率的提高是更多的销售或者更少的应收账款总额导致的结果，而不是因为坏账准备的增加。

件。任何一种解释都表明未来坏账可能增加。比率分析不能解释什么是错的，它提供了需要进一步调查的领域。我们将在第 5 章详细介绍应收账款周转率和平均收款期。

存货周转率

商业公司（零售、批发或制造公司）的一项重要经营活动指标是**存货周转率**（inventory turnover ratio）。该比率显示报告期间平均存货余额的出售次数，它表示存货销售的速度。一家企业能够销售或周转其存货的频率越高，给定销售水平下投资于存货的资金就越少。该比率是用某期间的销售成本除以平均存货余额来计算的。分母，即平均存货，是期初存货余额与期末存货余额相加再除以 2。[①]

与竞争对手相比，较高的比率通常是较好的。高比率表示有比较优势，这可能是公司优秀的销售力量或者成功的广告活动导致的。但是，也可能是库存水平相对较低造成的，这可能意味着非常高效的库存管理或者在未来会发生库存短缺从而导致销售损失。

另一方面，比率相对较低，或者随着时间的推移而下降，通常被认为是不利的。过多的资本可能会被捆绑在存货中。相对较低的比率可能是库存积压，产品过时，或者糟糕的营销和销售不努力造成的。

与应收账款周转率类似，我们可以用 365 天除以存货周转率来计算**存货周转天数**（average days in inventory）。该指标表明出售存货通常需要的天数。

$$\text{存货周转天数}=\frac{365}{\text{存货周转率}}$$

盈利能力比率

分析师的基本任务之一是了解公司的盈利能力。盈利能力比率试图衡量一家公司从销售收入或经营资源中获得足够回报的能力。经营资源可以定义为总资产或仅由所有者提供的资产，这取决于评价的目的。

三种常见的盈利能力指标是：(1) 销售利润率；(2) 资产回报率；(3) 股东权益回报率。这些比率的计算如下：

$$\text{销售利润率}=\frac{\text{净利润}}{\text{销售收入净额}}$$

$$\text{资产回报率}=\frac{\text{净利润}}{\text{平均总资产}}$$

$$\text{股东权益回报率}=\frac{\text{净利润}}{\text{平均股东权益}}$$

请注意，对于所有的盈利能力比率，分子都是净利润。回想一下我们在本章前面关于盈余质量的讨论，任何基于历史的财务报表的相关性取决于其预测价值。为了提高预测价值，分析师经常调整这些比率中的净利润，将公司的暂时性盈余与永久性盈余区分开。分析师从持续经营活动开始评估永久收益。然后，对持续经营收益中包含的任何不常见的一次性利得或损失进行调整。他们使用调整后的数字作为这些比率的分子。

---

① 注意，这两种周转率的分子和分母应保持一致。应收账款周转率的分子和分母都是基于销售金额，存货周转率的分子和分母都是基于成本。

销售利润率

销售利润率（profit margin on sales）是净利润除以销售收入净额。该比率衡量公司盈利能力的一个重要维度。它表示在所有费用已经得到补偿之后，每一美元收入所剩余的部分。它提供了一个衡量公司承受更高费用或更低收入的能力的标准。

一个理想的销售利润率对企业活动的性质高度敏感。例如，你会预期专卖店的利润率比沃尔玛高。低利润率可以通过高资产周转率得到补偿，反之亦然，这使我们考虑资产产生回报的内在权衡。

资产回报率

资产回报率（return on assets，ROA）表示利润占可用于产生利润的平均总资产的百分比。由于总资产的一部分由债务融资，另一部分由股权融资，因此这是衡量盈利能力的一种总括性方式，忽略了具体的融资来源。

公司的资产回报率与销售利润率和资产周转率都有关。具体而言，盈利能力可以通过高销售利润率、高资产周转率或两者的结合来实现。事实上，资产回报率可以通过销售利润率和资产周转率的乘积来计算。

$$\text{资产回报率}=\text{销售利润率}\times\text{资产周转率}$$

$$\frac{\text{净利润}}{\text{平均总资产}}=\frac{\text{净利润}}{\text{销售收入净额}}\times\frac{\text{销售收入净额}}{\text{平均总资产}}$$

在评估资产周转率和销售利润率时，行业标准尤为重要。一些行业的周转率较低，但利润率较高，使其得以弥补。另一些行业利润率较低，但周转率较高，也使其得到补偿。杂货店通常利润率相对较低，但资产周转率相对较高。相比之下，专业设备制造商的利润率较高，但资产周转率较低。

补充思考

资产回报率的计算方法通常如下所示：

$$\text{资产回报率}=\frac{\text{净利润}+\text{利息费用}\times(1-\text{所得税税率})}{\text{平均总资产}}$$

加回利息费用（税后净额）的原因是利息是对债务资本提供者的回报，在计算总资产回报率时，不应在净利润计算中扣除。换句话说，分子是债务和股东权益可用的总利润。

股东权益回报率

股权投资者通常关心管理层可以从其提供的资源中产生的利润数额。一个受到密切关注的衡量指标是**股东权益回报率**（return on equity，ROE），由净利润除以平均股东权益得到。

除了监测股东权益回报率之外，投资者还想了解如何改善回报。**杜邦框架**（DuPont framework）提供了一个方便的分析基础，将股东权益回报率分为三个关键组成部分①：

- **盈利能力**，用销售利润率（净利润÷销售收入）衡量。正如已经讨论过的那样，较高的利润率表明一家公司从每一美元的销售中获得更多的利润。

① 杜邦分析的基本模型由F.唐纳森·布朗（F. Donaldson Brown）创立，20世纪初他是杜邦公司的一名电气工程师。因此，这一分析方法被称为杜邦分析。

● **经营效率**，用资产周转率（销售收入÷平均总资产）衡量。正如已经讨论过的那样，资产周转率的上升表明一家公司有效地利用其资产，从每一美元资产中产生更多的销售额。

● **财务杠杆**，用权益乘数（平均总资产÷平均总权益）衡量。高权益乘数表明公司相对较多的资产来自债务融资，即公司杠杆比较大。正如第2章所讨论的那样，杠杆可以为公司的股东提供额外的回报。

用公式表示，杜邦框架如下所示：

$$股东权益回报率=销售利润率\times资产周转率\times权益乘数$$

$$\frac{净利润}{平均总股东权益}=\frac{净利润}{销售收入净额}\times\frac{销售收入净额}{平均总资产}\times\frac{平均总资产}{平均总股东权益}$$

注意：销售收入净额和平均总资产出现在其中一个比率的分子和另一个的分母中，所以它们相互抵消了，从而得到净利润÷平均总股东权益，或股东权益回报率。

我们已经看到，资产回报率是由销售利润率和资产周转率决定的，所以计算股东权益回报率的另一种方式是用资产回报率乘以权益乘数：

$$股东权益回报率=资产回报率\times权益乘数$$

$$\frac{净利润}{平均总股东权益}=\frac{净利润}{平均总资产}\times\frac{平均总资产}{平均总股东权益}$$

从这个等式中我们可以看出，大于1的权益乘数会产生高于资产回报率的股东权益回报率。但是，与所有的比率分析一样，也有一些权衡。如果杠杆率太高，债权人会担心公司债务违约的可能性，并要求更高的利率。由于利息被确认为费用，净利润减少了，所以在某些时候，较高的权益乘数的好处会被较低的利润率抵消。管理公司的挑战之一是确定为股东创造最高回报的组合，该组合由盈利能力、经营效率和杠杆组成。

补充思考

有时，在计算股东权益回报率时，股东权益的范围更小，只包括普通股股东权益。在这种情况下，优先股从分母中剔除，优先股股利从分子的净利润中扣除。由此产生的普通股股东权益回报率主要关注普通股股东提供的资源所产生的利润。

示例3-16对我们所讨论的比率做了总结。

示例3-16　盈利能力分析比率总结

经营活动比率		
资产周转率	=	$\frac{销售收入净额}{平均总资产}$
应收账款周转率	=	$\frac{销售收入净额}{平均应收账款净额}$
平均收款期	=	$\frac{365}{应收账款周转率}$

存货周转率	=	$\frac{\text{销售成本}}{\text{平均存货}}$
存货周转天数	=	$\frac{365}{\text{存货周转率}}$
盈利能力比率		
销售利润率	=	$\frac{\text{净利润}}{\text{销售收入净额}}$
资产回报率	=	$\frac{\text{净利润}}{\text{平均总资产}}$
股东权益回报率	=	$\frac{\text{净利润}}{\text{平均股东权益}}$
杠杆比率		
权益乘数	=	$\frac{\text{平均总资产}}{\text{平均总股东权益}}$

盈利能力分析——一个例子

为了说明杜邦框架的应用以及经营活动比率和盈利能力比率的计算，我们分析了两家知名零售商——开市客公司和沃尔玛公司 2015 年的财务报表。① 这两家公司的经营业务是类似的，都经营大型综合超市和食品折扣店。示例 3 - 17 给出了两家公司部分财务报表信息。

示例 3 - 17　开市客公司和沃尔玛公司财务信息节选　单位：百万美元

	开市客		沃尔玛	
	2015 年	2014 年	2015 年	2014 年
应收账款净额	$ 1 224	$ 1 148	$ 6 778	$ 6 677
存货	8 908	8 456	45 141	44 858
资产总计	33 440	33 024	203 706	204 751
负债总计	22 597	20 509	117 769	121 921
所有者权益总计	10 843	12 515	85 937	82 830
2015 年平均数：				
应收账款净额	$ 1 186		$ 6 727.5	
存货	8 682		44 999.5	
资产总计	33 232		204 228.5	
所有者权益总计	11 679		84 383.5	
利润表——2015 年				
销售收入净额	113 666		482 229	
销售成本	101 065		365 086	
净利润	2 377		17 099	

从表面上看，沃尔玛比开市客盈利更多。如示例 3 - 17 底部所示，沃尔玛 2015 年的

① 沃尔玛的财务报表会计年度截至 2015 年 1 月 31 日，这是它 2015 年的报表。开市客的财务报表会计年度截至 2015 年 8 月 30 日。

净利润为 170.99 亿美元，而开市客的净利润为 23.77 亿美元。但这不是全部的情况。尽管这两家都是非常大的公司，但沃尔玛的总资产是开市客的 6 倍以上，它们怎么可以比较呢？关注财务比率有助于调整规模差异，杜邦框架有助于从股东角度识别盈利能力的决定因素。

示例 3-18 包括沃尔玛和开市客的杜邦分析，以及我们讨论过的其他一些经营活动比率。沃尔玛的资产回报率高于开市客（沃尔玛 8.37%，开市客 7.15%）。为什么？请记住，盈利能力和经营效率的结合决定了资产回报率。开市客的资产周转率远高于沃尔玛（分别为 3.42 和 2.36），但其利润率远低于沃尔玛（分别为 2.09%和 3.55%）。所以，尽管开市客每一美元的资产获得了更多的销售额，但沃尔玛每销售一美元都会获得更多的利润，沃尔玛因资产回报率而最终走在前面。

示例 3-18　开市客公司和沃尔玛公司的杜邦框架及经营活动比率

杜邦分析	开市客	沃尔玛	行业平均值*
销售利润率	$=\frac{\$2\,377}{\$113\,666}=2.09\%$	$\frac{\$17\,099}{\$482\,229}=3.55\%$	4.42%
×	×	×	
资产周转率	$=\frac{\$113\,666}{\$33\,232}=3.42$	$\frac{\$482\,229}{\$204\,228.5}=2.36$	1.85
=	=	=	
资产回报率	$=\frac{\$2\,377}{\$33\,232}=7.15\%$	$\frac{\$17\,099}{\$204\,228.5}=8.37\%$	8.09%
×	×	×	
权益乘数	$=\frac{\$33\,232}{\$11\,679}=2.85$	$\frac{\$204\,228.5}{\$84\,383.5}=2.42$	2.24
=	=	=	
股东权益回报率	$=\frac{\$2\,377}{\$11\,679}=20.35\%$	$\frac{\$17\,099}{\$84\,383.5}=20.26\%$	16.61%
其他经营活动比率			
应收账款周转率	$=\frac{\$113\,666}{\$1\,186}=95.84$	$\frac{\$482\,229}{\$6\,727.5}=71.68$	79.35
平均收款期	$=\frac{365}{95.84}=3.81$ 天	$\frac{365}{71.68}=5.09$ 天	4.60 天
存货周转率	$=\frac{\$101\,065}{\$8\,682}=11.64$	$\frac{\$365\,086}{\$44\,999.5}=8.11$	7.17
存货周转天数	$=\frac{365}{11.64}=31.36$ 天	$\frac{365}{8.11}=45.01$ 天	50.91 天

* www.reuters.com.

从存货周转天数可以洞察开市客有较高的资产周转率。开市客出售存货平均只需 31 天，与之相比，沃尔玛需要 45 天。开市客也比沃尔玛更快地收回应收账款，但应收账款相对较少，因此关注的焦点在两家公司的其他比率上。

对这些公司的股东而言，最重要的不是资产回报率，而是股东权益回报率。尽管沃尔玛的资产回报率较高，但其权益乘数却较低（沃尔玛为2.42，开市客为2.85）。因此，两家公司的股东权益回报率很接近，开市客的股东权益回报率为20.35%，沃尔玛的股东权益回报率为20.26%。两家公司的股东权益回报率均高于行业平均水平。

看到这些数据的开市客股东可能想知道如何提高开市客的股东权益回报率。开市客是否应该试图提高资产周转方面的运营效率？鉴于其资产周转率已经很高，这可能是艰难的。或者，开市客应该试图提高利润率？考虑到零售价格方面的竞争压力，开市客可以通过目前的产品组合和低价策略产生更高的利润率。还是考虑在库存中包括更高档、高利润的产品？或者，如果开市客试图增加杠杆率并提高权益乘数，那么是否将资产的更大比例进行债权融资？

我们在这里以及第2章第3节讨论的要点是，原始会计数据对决策者来说意义不大。当与其他数据相联系时，这些数据就会产生价值。同样，这些关系所形成的财务比率与其他公司的类似比率或同一行业多家公司的平均值进行比较，将会提供更广阔的视角。会计信息在做出决策时非常有用。包括财务比率比较的财务分析增加了这些信息的价值。

财务报告案例问题参考答案

1. 你将怎样向贝基解释重组成本？贝基应该担心重组成本吗？

重组成本包括员工遣散费和辞退福利，以及与关闭或重新安置设施或缩减经营有关的其他费用。重组成本的发生并不一定是坏事。事实上，其目标是使经营更有效率。现在的成本是希望以后有更好的收益。

2. 向贝基解释什么是非持续经营业务，并说明该项目是如何在利润表中列报的。

当一个组成部分的处置反映了对公司经营和财务结果产生或将产生重大影响的战略转变时，需要将其作为非持续经营业务单独报告。非持续经营业务的税后净影响应单独在持续经营收益项目下面报告。如果该组成部分在报告期末已经处置，则收益的影响包括：（1）组成部分从报告期开始到处置日之间发生的营业利润或损失；（2）处置组成部分资产的利得和损失。如果该组成部分在报告期末尚未处置，收益的影响包括：（1）组成部分从报告期开始到报告期结束之间发生的营业利润或损失；（2）组成部分资产的公允价值减去出售成本低于其账面价值而产生的减值损失。

3. 向贝基描述基本每股收益和稀释每股收益的差异。

基本每股收益是归属于普通股股东的净利润（净利润减去优先股股利）除以本期发行在外普通股的加权平均数。稀释每股收益反映了可能出现的稀释情况，公司可能发行某些可转换为普通股的证券或股票期权，如果期权被行使，可能会创造额外的普通股。这些项目可能会导致每股收益下降（即被稀释）。由于计算的复杂性以及每股收益对投资者的重要性，本书将在第15章中详细讨论这个问题。

本章学习目标概要

学习目标3-1

持续经营收益的组成部分包括收入、费用（包括所得税）、利得和损失，不包括与非持续经营业务有关的部分。公司通常在持续经营业务中区分营业利润和非营业性利润。

学习目标 3-2

盈余质量是指报告的盈余（收益）预测公司未来盈余的能力。任何基于历史的财务报表的相关性取决于它的预测价值。为了提高预测价值，分析师试图将公司的暂时性盈余与永久性盈余区分开。许多人认为操纵收益会降低盈余质量，因为它可能粉饰永久性盈余。管理层操纵盈余的两种主要方法是：(1) 收益转移；(2) 利润表分类。

学习目标 3-3

分析师从持续经营收益开始评估永久性盈余。如果假设持续经营收益完全反映了永久性盈余，这是错误的。换句话说，在营业利润和非营业性利润中都可能存在暂时性盈余。

学习目标 3-4

非持续经营业务是指处置或计划处置主体的一个组成部分。非持续经营业务的税后净额单独报告于持续经营项目以下。

学习目标 3-5

会计变更包括会计政策变更、会计估计变更或报告主体变更。它们对当期和前期财务报表的影响采用多种方法进行报告——追溯调整法、修正的追溯调整法和未来适用法。差错更正是通过重述前期财务报表来实现的。留存收益的更正需要调整当期期初余额。每股收益（EPS）是指某期间每股发行在外的普通股所获得的利润。持续经营收益和非持续经营收益的每股收益都必须披露。

学习目标 3-6

财务会计准则委员会的概念公告第6号将综合收益定义为与所有者发生交易之外所有者权益的总变动。但是，净利润的计算不包括纳入综合收益的某些交易。为了表达两者之间的关系，企业必须同时报告净利润和综合收益，并调节两者之间的差异。这种披露可以是：(1) 单一连续的综合收益表；(2) 两张独立但连贯的报表——一张利润表和一张综合收益表。

学习目标 3-7

当公司提供资产负债表和利润表时，也提供现金流量表。现金流量表的目的是提供有关在此期间发生的现金流入和现金流出的信息。

学习目标 3-8

为了提高信息的有用性，现金流量表将所有影响现金的交易分为三类：(1) 经营活动；(2) 投资活动；(3) 筹资活动。

学习目标 3-9

按照美国公认会计原则编制的利润表和现金流量表与使用国际会计准则编制的利润表和现金流量表之间的相似之处要多于不同之处。在现金流量表中，利息和股利收入、利息费用和股利支付的分类可能会有所不同。

学习目标 3-10

经营活动比率和盈利能力比率提供有关公司盈利能力的信息。经营活动比率包括应收账款周转率、存货周转率和资产周转率。盈利能力比率包括销售利润率、资产回报率和股东权益回报率。杜邦分析解释了由销售利润率、资产周转率以及资产在股权与债权之间的融资比例所决定的股东权益回报率。

本章重点问题回顾

3-1 利润表是一张变动报表。解释这句话的含义。

3-2 持续经营收益包含哪些交易？简单解释为什么从影响净利润的其他交易中分离出持续经营收益是非常重要的。

3-3 区分与利润表相关的营业利润和非营业性利润。

3-4 简单解释单步式和多步式利润表格式的区别。

3-5 解释盈余质量的含义。

3-6 什么是重组成本？它们如何在利润表中列报？

3-7 定义期内所得税分摊。为什么这个过程是必要的？

3-8 非持续经营业务在利润表中是怎样列报的？

3-9 会计政策变更是什么意思？描述会计政策强制性变更的可能会计处理。

3-10 会计师经常需要做出估计，而且往往这些估计被证明是不正确的。会计估计变更的影响在哪些时期报告？

3-11 纠正以前年度发生的会计差错需要前期调整。简要描述前期调整的会计处理。

3-12 定义每股收益。哪些利润表项目必须披露每股收益？

3-13 定义综合收益。公司列报综合收益的两种方式是什么？

3-14 描述现金流量表的目的。

3-15 识别并简要描述现金流量表中报告的三类现金流量。

3-16 解释与现金流量表相关的非现金投资和筹资活动是什么意思。举一个此类活动的例子。

3-17 区分现金流量表中报告经营活动结果的直接法和间接法。

3-18 描述美国公认会计原则和国际财务报告准则在现金流量分类上的潜在差异。

3-19 列出以下经营活动比率的计算公式：（1）应收账款周转率；（2）存货周转率；（3）资产周转率。这些比率提供了关于公司的哪些信息？

3-20 列出以下盈利能力比率的计算公式：（1）销售利润率；（2）资产回报率；（3）股东权益回报率。这些比率提供了关于公司的哪些信息？

3-21 列出杜邦框架对股东权益回报率三个组成部分的计算公式。这些比率提供了关于公司的哪些信息？

3-22 中期报告在短于一年的报告期发布，通常是季度财务报表。这些中期期间应该被视为单独的期间还是年度的一部分？

3-23 （根据附录 3）国际财务报告准则和美国公认会计原则下中期报告的主要差异是什么？

简要练习

3-1 单步式利润表

太平洋科学公司 2018 年 12 月 31 日会计年度结束时经过调整的试算平衡表包括以下利润表项目（单位：百万美元）：销售收入 2 106；销售成本 1 240；销售费用 126；日常支出和管理费用 105；利息费用 35；出售投资利得 45。所得税费用尚未记录。所得税税率是 40%。编制 2018 年的单步式利润表。忽略每股收益的披露。

3-2 多步式利润表

参照练习 3-1 中描述的情况。如果公司的会计人员编制了一张多步式的利润表，那么营业利润和非营业性利润在这张报表中列报的金额是多少？

3-3 多步式利润表

参照练习 3-1 中描述的情况。编制 2018 年的多步式利润表。忽略每股收益披露。

3-4 多步式利润表

以下是年终调整后试算平衡表的节选。

会计科目	借方	贷方
销售收入		300 000
出售投资损失	22 000	
利息收入		4 000
销售成本	160 000	
日常支出和管理费用	40 000	
重组成本	50 000	
销售费用	25 000	
所得税费用	0	

所得税费用尚未记录。所得税税率是 40%。确定以下内容：(a) 营业利润（损失）；(b) 税前利润（损失）；(c) 净利润（损失）。

3-5 持续经营收益

以下是 White & Sons 公司 2018 年 12 月 31 日年终试算平衡表的部分利润表账户余额：重组成本 30 万美元；利息收入 4 万美元；税前非持续经营损失 40 万美元；出售投资损失 5 万美元。所得税费用尚未记录。所得税税率是 40%。编制 2018 年利润表的下半部分，从 85 万美元的所得税前持续经营收益开始。包括适当的每股收益信息披露。公司全年有 10 万股流通在外的普通股。

3-6 非持续经营业务

2018 年 12 月 31 日，本会计年度结束时，Revolutionary Industries 公司完成了 900 万美元的机器人业务的出售。按照美国公认会计原则，业务分部属于主体的组成部分。该分部的资产账面价值为 700 万美元。该分部 2018 年的营业利润为 400 万美元。全年税前持续经营收益总计 1 200 万美元。所得税税率是 40%。编制 2018 年利润表的下半部分，从税前持续经营收益开始。忽略每股收益信息的披露。

3-7 非持续经营业务

2018 年 12 月 31 日，本会计年度结束时，加利福尼亚州 Microtech 公司完成了 1 000 万美元的半导体业务的出售。按照美国公认会计原则，业务分部属于主体的组成部分。该分部的资产账面价值为 800 万美元。2018 年该部门的营业损失为 360 万美元。年度税前持续经营收益总计 580 万美元。所得税税率为 30%。编制 2018 年利润表的下半部分，从税前持续经营收益开始。忽略每股收益信息的披露。

3-8 非持续经营业务

参照练习 3-7 中描述的情况。假设 2018 年半导体分部并未售出，但于年底持有待售。该分部资产 12 月 31 日的估计公允价值减去销售成本为 1 000 万美元。编制 2018 年利润表的下半部分，从税前持续经营收益开始。忽略每股收益信息的披露。

3-9 非持续经营业务

参照练习 3-8 中描述的情况。假设在 12 月 31 日，该分部资产的估计公允价值减销售成本为 700 万美元，而不是 1 000 万美元。编制 2018 年利润表的下半部分，从税前持续经营收益开始。忽略每股收益信息的披露。

3-10 综合收益

O'Reilly 饮料公司报告 2018 年的净利润为 65 万美元。此外，该公司递延了 6 万美元的衍生工具税前亏损，并有 4 万美元来自投资证券的税前未实现持有利得净额。编制 2018 年独立的综合收益表。公司所得税税率为 40%。

3-11 现金流量表；直接法

以下是 Hilliard Healthcare 公司（HHC）今年发生的现金交易汇总：

现金收入：	
顾客	$ 660 000
应收票据利息	12 000
应收票据收回	100 000
土地出售	40 000
普通股发行	200 000
现金支出：	
应付票据利息	18 000
设备购买	120 000
经营费用	440 000
向股东发放股利	30 000

用直接法编制 HHC 现金流量表的经营活动现金流量部分。

3-12　现金流量表；投资活动和筹资活动

参照练习 3-11 中描述的情况。编制 HHC 现金流量表投资活动和筹资活动的现金流量部分。

3-13　现金流量表；间接法

Mansfield 公司的净利润为 45 000 美元。会计记录显示折旧费用为 80 000 美元，预付租金、应付薪酬和应交所得税分别增加 60 000 美元、15 000 美元和 12 000 美元。使用间接法编制 Mansfield 公司现金流量表的经营活动部分。

3-14　国际财务报告准则；现金流量表

参照练习 3-11 和 3-12 中描述的情况。如果 Hilliard Healthcare 公司根据国际财务报告准则编制现金流量表，你的答案是什么?

3-15　应收账款周转率和存货周转率

Universal Calendar 公司年初的应收账款（净额）和存货余额分别为 10 万美元和 8 万美元。这些账户的年末余额分别为 12 万美元和 6 万美元。全年销售额为 60 万元，毛利为 20 万元。计算当年的应收账款周转率和存货周转率。

3-16　盈利能力比率

安德森电视电器公司 2018 年利润表列报的销售收入为 42 万美元，净利润为 6.5 万美元。2018 年平均总资产为 80 万美元。年初股东权益为 50 万美元，向股东支付股利 2 万美元。年内无其他股东权益交易。计算 2018 年销售利润率、资产回报率和股东权益回报率。

3-17　盈利能力比率

参照练习 3-16 中描述的情况。用杜邦框架计算安德森公司 2018 年股东权益回报率的三个组成部分。

3-18　存货周转率

2018 年，Rogue 公司的销售收入为 60 万美元。年初和年末存货均为 75 万美元。全年存货周转率为 6.0。公司在 2018 年的利润表中报告了多少毛利?

习　题

3-2　利润表格式；单步式和多步式

以下是绿星公司 2018 年 12 月 31 日的部分试算平衡表：

会计科目	借方	贷方
销售收入		1 300 000
利息收入		30 000
出售投资利得		50 000
销售成本	720 000	
销售费用	160 000	
日常支出和管理费用	75 000	
利息费用	40 000	
所得税费用	130 000	

2018 年共有 10 万股的普通股流通在外。

要求：

1. 编制一张 2018 年的单步式利润表，包括每股收益的披露。
2. 编制一张 2018 年的多步式利润表，包括每股收益的披露。

3-4　多步式连续综合收益表

2018 年 12 月 31 日，Lindor 制造公司的试算平衡表包括以下损益账户：

会计科目	借方	贷方
销售收入		2 300 000
销售成本	1 400 000	
销售与管理费用	420 000	
利息费用	40 000	
未实现证券投资持有利得		80 000

试算平衡表不包括应交所得税。Lindor 公司的所得税税率是 30%。2018 年有 100 万股流通在外的普通股。

要求：

编制一张 2018 年单独连续的多步式综合收益表，包括适当的每股收益披露。

3-6　非持续经营业务

Chance 公司有两个业务部门，一个制造农场设备，另一个生产办公用品。根据公认会计原则，这两个部门被视为单独的组成部分。由于农场设备部门不盈利，所以 2018 年 9 月 1 日该公司实施了出售该部门资产的计划。实际销售在 2018 年 12 月 15 日完成，价格为 60 万美元。该部门资产的账面价值为 100 万美元，导致该出售的税前亏损为 40 万美元。

该部门从年初至 12 月 15 日的经营业务产生税前经营亏损 13 万美元。所得税税率为 40%。Chance 公司的税后持续经营收益为 35 万美元。

要求：

编制 2018 年的利润表，从持续经营收益开始。假设当年有 10 万股普通股流通在外，请做适当的每股收益信息披露。

3-8　非持续经营业务；以后年度处置

Kandon Enterprises 有两个经营部门：一个制造机械，另一个饲养和销售马匹。根据公认会计原则，这两个部门被视为单独的组成部分。马匹部门不盈利，因此 2018 年 11 月 15 日 Kandon 实施了出售这个部门的正式计划。该出售于2019年4月30日完成。2018年12月31日，该组成部分被视为持有待售。

2018年12月31日，公司会计年度截止时，马匹部门的资产账面价值为25万美元。当日，资产的公允价值减去处置成本为20万美元。该部门2018年的税前经营亏损为14万美元。该公司的有效税率是40%。2018年的税后持续经营收益为40万美元。

要求：

1. 从持续经营收益开始，编制一张2018年度的分部利润表。忽略每股收益信息的披露。
2. 假设马匹部门资产的估计净公允价值是40万美元，而不是20万美元，重复要求1的操作。

3-10 每股收益

Esposito进口公司2018年度有100万股普通股流通在外。其利润表报告了以下项目：持续经营收益500万美元；非持续经营损失160万美元。所有这些金额都是扣除税款的。

要求：

为Esposito进口公司编制2018年度的每股收益列报。

3-12 现金流量表；分类

现金流量表将所有现金流入和流出分为以下a到c三类。此外，某些不涉及现金的交易在报表中被列为非现金投资和筹资活动，标记为d。

a. 经营活动
b. 投资活动
c. 筹资活动
d. 非现金投资和融资活动

要求：

对于以下每项交易，请使用上面的字母来表示适当的分类类别。

______ 1. 用现金购买设备
______ 2. 支付员工工资
______ 3. 从客户处收回现金
______ 4. 应付票据产生的现金收益
______ 5. 用现金购买另一个公司的普通股
______ 6. 为获得现金发行普通股
______ 7. 出售设备收取现金
______ 8. 支付应付票据的利息费用
______ 9. 发行债券以换取土地和建筑物
______ 10. 用现金向股东支付股利
______ 11. 支付应付票据的本金

3-13 现金流量表编制

以下为Bluebonnet Bakers公司2018年的交易汇总：

现金收入：	
客户	$380 000
应收票据利息	6 000
应收票据本金	50 000
出售投资	30 000
应付票据收益	100 000
现金支出：	

购买存货	160 000
应付票据利息	5 000
购买设备	85 000
支付员工工资	90 000
应付票据本金	25 000
向股东支付股利	20 000

2018 年初的现金及现金等价物余额为 17 000 美元。

要求：

编制 Bluebonnet Bakers 公司 2018 年的现金流量表。使用直接法报告经营活动现金流量。

3-16　现金流量表；直接来自交易

Wainwright 公司 2018 年 3 月发生以下交易。公司拥有并经营一个批发仓库。

1. 发行 30 000 股股票，换取现金 300 000 美元。
2. 购买设备的费用为 40 000 美元。10 000 美元的现金已经支付，应付给卖方的票据已经签署了所欠的余额。
3. 赊购的存货成本为 90 000 美元。公司使用永续盘存制。
4. 月度赊销总额 120 000 美元。销售成本为 70 000 美元。
5. 支付仓库大楼 3 月份的租金 5 000 美元。
6. 向一家保险公司支付 6 000 美元自 2018 年 4 月 1 日起为期一年的火灾和债务保险费。
7. 支付在交易 3 中购买的商品 70 000 美元。
8. 从客户处收到 55 000 美元。
9. 记录设备的月度折旧费用 1 000 美元。

要求：

1. 分析每笔交易并将其分类为筹资、投资和/或经营活动（交易可以属于多种类型的活动）。同时，还要指出每一项的现金效应（如果有的话）。如果没有现金效应，只需在相应的列中打钩（√）即可。

例如：

	经营活动	投资活动	筹资活动
1.			$ 300 000

2. 编制现金流量表，采用直接法列报经营活动现金流量。假设月初的现金余额为 40 000 美元。

3-18　现金流量表；间接法

Chew 公司使用间接法编制现金流量表。2018 财年的净利润为 125 万美元。折旧费用 14 万美元已计入利润表中的营业费用。以下信息描述了除现金以外的流动资产和负债的变化：

应收账款的增加	$ 152 000
存货的减少	108 000
预付费用的减少	62 000
应付职工薪酬的减少	30 000
应交所得税的增加	44 000

要求：

计算 2018 财年经营活动现金流量。

3-20　现金流量表；间接法

以下是 Tiger Enterprise 公司 2018 年的利润表和比较资产负债表信息。

TIGER ENTERPRISES 公司
利润表
会计年度截至 2018 年 12 月 31 日
单位：千美元

销售收入		$ 7 000
营业费用：		
销售成本	$ 3 360	
折旧	240	
保险费用	100	
管理费用及其他	1 800	
营业费用总计		5 500
税前利润		1 500
所得税费用		600
净利润		$ 900

资产负债表信息（单位：千美元）	2018 年 12 月 31 日	2017 年 12 月 31 日
资产：		
现金	$ 300	$ 200
应收账款	750	830
存货	640	600
预付保险费	50	20
财产和设备	2 100	1 800
减：累计折旧	(840)	(600)
资产总计	$ 3 000	$ 2 850
负债和所有者权益：		
应付账款	$ 300	$ 360
应付管理及其他费用	300	400
应交所得税	200	150
应付票据（2019 年 12 月 31 日到期）	800	600
普通股	900	800
留存收益	500	540
负债和所有者权益总计	$ 3 000	$ 2 850

要求：

编制 Tiger 公司的现金流量表，使用间接法列报经营活动现金流量。（提示：你将不得不计算股利支付。）

3-22 财务会计准则委员会准则汇编

财务会计准则委员会编制的会计准则汇编是美国公认会计原则的唯一官方来源。

要求：

1. 访问 FASB 网站（www.fasb.org），使用 FASB 会计准则汇编获取有关每股收益的权威文献。确定每股收益会计的汇编主题编号。

2. 哪些描述了每股收益的额外信息的具体引用必须包含在财务报表附注中？

3. 描述信息披露的要求。

3-24　概念；专业术语

下面列出的是与利润表和现金流量表相关的几个术语和句子。将列表 A 中的每个项目（按字母）与列表 B 中与其关联的最适合项目进行配对。

列表 A	列表 B
______ 1. 期内所得税分摊	a. 一项其他综合收益项目
______ 2. 综合收益	b. 从净利润开始反向推算转化为现金
______ 3. 未实现持有投资利得	c. 在报表中直接列报经营活动的每项现金影响
______ 4. 营业利润	d. 纠正一个重要的前期差错
______ 5. 一项非持续经营业务	e. 与公司的外部融资相关
______ 6. 每股收益	f. 将所得税和利润表项目联系起来
______ 7. 前期调整	g. 与股东无关的权益变化总计
______ 8. 筹资活动	h. 与确定公司净利润的交易相关
______ 9. 经营活动	i. 与长期资产的取得和处置有关
______ 10. 投资活动	j. 上市公司强制披露
______ 11. 直接法	k. 主体的一个组成部分
______ 12. 间接法	l. 与主要收入来源活动直接相关

3-26　资产管理效率评价

安德森医疗供应公司 2018 年利润表报告的净销售收入为 800 万美元，销售成本为 480 万美元，净利润为 80 万美元。下表显示了公司 2018 年和 2017 年的比较资产负债表（单位：千美元）：

	2018 年	2017 年
资产		
现金	\$300	\$380
应收账款	700	500
存货	900	700
财产、厂房和设备（净额）	2 400	2 120
资产总计	\$4 300	\$3 700
负债和所有者权益		
流动负债	\$960	\$830
应付债券	1 200	1 200
投入资本	1 000	1 000
留存收益	1 140	670
负债和所有者权益总计	\$4 300	\$3 700

安德森业务线的一些行业平均数是：

存货周转率	5 次
平均收款期	25 天
资产周转率	1.8 次

要求：

1. 确定 2018 年的下列比率：

a. 存货周转率

b. 应收账款周转率

c. 平均收款期

d. 资产周转率

2. 联系安德森公司所在的行业评价其资产管理效率。

3-27 盈利能力比率

以下是 Peabody Toys 公司列报的 2018 年和 2017 年的简要信息（单位：千美元）：

	2018 年	2017 年
利润表信息		
净销售收入	$ 5 200	$ 4 200
净利润	180	124
资产负债表信息		
流动资产	$ 800	$ 750
财产、厂房和设备（净额）	1 100	950
资产总计	$ 1 900	$ 1 700
流动负债	$ 600	$ 450
长期负债	750	750
投入资本	400	400
留存收益	150	100
负债和所有者权益总计	$ 1 900	$ 1 700

要求：

1. 确定 2018 年的下列比率：

a. 销售利润率

b. 资产回报率

c. 股东权益回报率

2. 确定 2018 年向股东支付的股利金额。

3-30 中期报告；费用确认

Security-Rand 公司在会计年度结束时确定高管薪酬。第一季度末，管理层估计这笔资金将达到 3 亿美元。预计今年的折旧费用为 6 000 万美元。同样在本季度，该公司通过出售其两个制造工厂实现了 2 300 万美元的利得。

要求：

这些项目中的哪些金额应该列报于第一季度的利润表？

3-31 中期财务报告

Shields 公司正在编制截至 6 月 30 日的第二季度的中期报告。前两个季度进行了以下付款（单位：千美元）：

支出	时间	金额
年度广告费	1 月	$ 800 000
会计年度的财产税	2 月	350 000
年度设备修理费用	3 月	260 000
一次性研发咨询费用	5 月	96 000

要求：

对于每项支出，请说明在截至 3 月 31 日、6 月 30 日、9 月 30 日和 12 月 31 日的季度利润表中将要报告的金额。

附录 3　中期报告

报告期间不足一年的财务报表称为中期报告。在美国证券交易委员会注册的公司（包括大多数上市公司）必须提交季度报告，你将在本书中看到这些报告的摘录。[①] 虽然没有要求，但大多数公司也向其股东提供季度报告，这些报告通常包括简短的、未经审计的中期报告，作为其年度报告的补充。例如，示例 3A-1 显示了油漆生产商 Sherwin Williams 公司截至 2015 年 12 月 31 日的年度报告中披露的季度信息。每个季度的金额合计为一年的金额。将这些数据与示例 3-2 中的年度利润表进行比较。

示例 3A-1　年度报告中的中期数据——Sherwin Williams 公司

附注 16：季度经营业绩摘要（未经审计）

会计年度截至 2015 年 12 月 31 日	第一季度	第二季度	第三季度	第四季度	全年
	（除每股数据，单位为千美元）				
净销售收入	$ 2 450 284	$ 3 132 139	$ 3 152 285	$ 2 604 596	$ 11 339 304
毛利	1 132 449	1 529 986	1 574 552	1 322 239	5 559 226
净利润	131 404	349 937	374 491	198 017	1 053 849
基本每股收益	$ 1.41	$ 3.78	$ 4.04	$ 2.15	$ 11.38
稀释每股收益	$ 1.38	$ 3.70	$ 3.96	$ 2.12	$ 11.16

为了使会计信息对决策者有用，它们必须及时提供。中期报告的目标之一是提高财务信息的及时性。此外，季度报告还为投资者和债权人提供了更多关于业务运营季节性的信息，这些信息在年度报告中可能会缺失。为什么 Sherwin Williams 公司在第二和第三季度的销售收入和净利润（与第一季度和第四季度相比）更高？大部分外部上漆业务都是在温暖的月份进行。这些月份属于第二和第三季度，所以预计这些季度的销售额会更高。由于公司出售油漆是为了获利，因此销售收入较高的季度，其盈利能力也较高。

① 提交给证券交易委员会的季度报告应采用 10-Q 格式，年度报告应采用 10-K 格式。

然而，与这些好处相伴的坏处是中期报告相对不可靠。报告期较短，与估计和分配有关的问题被放大。例如，某些费用通常会使整年的经营受益，但主要发生在某一个中期期间。同样，较小的公司是否应该在较早的季度使用较低的税率，而在较晚的季度使用较高的税率（因为达到了更高的税率等级）呢？报告期较短的另一个结果是加剧重大利得和损失等异常事件的效应。例如，第二季度的意外损失会使年度利润降低10%，但是可能会使第二季度利润降低40%或更多。在整个年度分配这样的损失是否更现实？这些问题和类似的问题取决于我们如何看待中期与会计年度的关系。更具体地说，每个中期应该作为一个单独的报告期还是作为年度的一个组成部分？

收入和费用的报告

中期报告的现行做法和报告要求通常遵循中期报告是年度报告不可分割的一部分的观点，尽管独立方法适用于某些项目。大部分收入和费用按照适用于年度报告的相同会计原则确认。一些修改是必要的，以帮助中期报表更好地与年度报表联系起来。这在成本和费用的确认方式中最为明显。大部分在发生的中期期间进行确认。但是，如果一项支出明显超过了发生的期限，则应该按照与公司年度分配程序相一致的方式来分配费用。例如，第一季度发生的年度维修费用、财产税费用和广告费用明显有利于以后的季度，这些费用通过应计和递延分配到以后的季度。预计在年度终了进行调整的成本和费用，如折旧费用，应系统地估计并分配到中期。同样，每个中期期间的所得税费用应以预计全年有效税率为基础。例如，如果自上一个中期期间以来，预计实际税率发生了变化，则当期的税收费用将确定为新税率乘以税前累计利润，减去以往期间报告的总税收费用。

异常项目的报告

另一方面，非持续经营业务等重大事项在发生的中期期间应单独报告。也就是说，在会计年度内，这些金额不应该在各个单独的季度之间进行分配。对于异常项目也是如此。这些项目的处理与独立方法的处理更加一致，而不是整体方法。

每股收益

第二个与独立观点一致的项目是每股收益。中期报告的每股收益计算采用与第15章将要研究的年度计算相同的程序。计算基于特定中期期间实际的情况，而不是根据会计年度结束时估计的情况。

会计变更的报告

回想一下，会计政策变更采用追溯调整法进行处理，这意味着当我们再次以比较的形式编制这些报表时，我们重新修订了前几年的财务报表。换句话说，我们使这些报表看起来好像最新采用的会计方法在过去几年中已被使用。中期报告也是如此。我们采用追溯调整法报告中期期间所做的会计政策变更。然后，在同一会计年度的后续中期报告中，我们披露变更如何影响：(a) 持续经营收益；(b) 净利润；(c) 变更后中期期间的相关每股金额。

国际财务报告准则

中期报告。国际会计准则第 34 号要求公司在中期财务报表中应用与年度财务报表相同的会计政策。因此，国际财务报告准则比美国公认会计原则更偏向独立方法。例如，根据国际财务报告准则，在中期结束时，不符合资产定义的修理费、财产税和广告费在整个发生期间全部计入费用，而在美国公认会计原则下，应将其计入应计或递延费用，然后根据受益期间进行分配确认。这种差异将使中期利润在国际财务报告准则下比在美国公认会计原则下波动更大。但是，和美国公认会计原则一样，所得税是根据预计全年适用的税率估算的。[①]

最低披露要求

中期报告并不需要完整的财务报表，但需要满足如下最低披露要求[②]：

- 销售收入、所得税费用、净利润；
- 每股收益；
- 季节性收入、成本和费用；
- 估计所得税费用的重大变化；
- 非持续经营业务和异常项目；
- 或有事项；
- 会计政策变更和会计估计变更；
- 有关金融工具公允价值的信息以及用于估计公允价值的方法和假设；
- 财务状况的重大变化。

当第四季度业绩没有单独报告时，第四季度的重大事件，包括年终调整，应在年度报表的附注中报告。

① "Interim Financial Reporting," *International Accounting Standard No. 34* (IASCF), as amended effective January 1, 2016, par. 28-30.

② FASB ASC 270-10-50: Interim Reporting-Overall-Disclosure (previously "Interim Financial Reporting," *Accounting Principles Board Opinion No. 28* (New York: AICPA, 1973)).

第 4 章

收入确认

本章概要

在第 3 章，我们讨论了净利润及其在利润表中的表述。在第 4 章，我们着重于收入确认，它决定了利润表中收入确认的时间以及多少。在本章的第 1 节，我们讨论在三种情况下确认收入的一般方法，分别是在某一时点、在某一时段内以及包含多个部分需要在不同时间确认收入的合同。在第 2 节，我们讨论如何处理影响收入确认过程的特殊问题。在第 3 节，我们讨论如何在长期合同中处理收入。在附录中，我们认为公认会计原则的某些方面会被最近会计准则的改变淘汰，但仍将在实践中应用直到 2017 年底。

学习目标

学习完本章之后，你应该能够：

4-1　阐述核心收入确认原则及其应用的五个关键步骤。

4-2　解释何时在某一时点确认收入是合适的。

4-3　解释何时在某一时段内确认收入是合适的。

4-4　将合同交易价格分配到多种履约义务。

4-5　确定合同是否存在，以及某些经常遇到的合同特征是否符合履约义务。

4-6　了解可变对价和合同的其他方面如何影响交易价格的计算和分配。

4-7　确定有关许可证、特许经营权和其他共同安排的收入确认时机。

4-8　了解收入确认、应收账款、合同资产和合同负债的披露要求。

4-9　解释长期合同的收入确认，包括在合同完成的某个时间点和按照完工百分比在一段时间内确认收入。

4-10　讨论美国公认会计原则和国际财务报告准则在收入确认方面的主要差异。

财务报告案例

问甲骨文

“好消息！我得到那份工作了！”你的室友边说边把门关上。

她是一个软件工程师，接受了甲骨文公司的一个职位，该公司在企业软件、计算机硬件以及云计算服务方面处于世界领先地位。

“工资也不错，”她继续说，“另外，我的上司沃森先生说我将得到一笔与我的项目收入有关的奖金。所以我开始看甲骨文的财务报表，但我甚至不知道它什么时候确认收入。有时在某个时间点确认，有时在某段时间，有时会分开，在不同时间确认不同部分的收入。有时会根据完工百分比，在完成一个项目前就确认收入。你是会计师，是什么决定了甲骨文什么时候确认收入？”

问题

在学习完本章之后，你应该能够对以上案例中的问题给出恰当的回答。将你的回答与章末答案进行对比。

1. 在什么情况下公司会在某一时点或在某一时段内确认收入？
2. 公司什么时候会将一项销售分成不同部分分别确认收入？

3．企业如何对满足随时间确认收入条件的长期合同进行会计处理？

什么是**收入**（revenue）？根据财务会计准则委员会的概念框架，“收入是通过销售商品、提供劳务或其他构成主体持续进行的主要或核心经营活动所产生的资产流入或负债清偿（或二者兼有）”。[①] 简单地说，收入是企业在向客户提供商品或服务时形成的现金或应收账款的流入。

对许多公司来说，收入是财务报表中最大的一个数字，它在财务报表中的重要性使计量和报告收入成为财务报告最关键的问题之一。不仅是确定（记录）多少收入，什么时候确认收入也很重要。一年期的利润表只应报告公司一年的收入情况，然而，有时很难决定在某一特定时期内要确认多少收入。另外，你可以想象，如果根据每一期间产生多少收入来评价管理者的业绩，管理者可能会试图确认比正确数额更多的收入。事实上，美国证券交易委员会过去一直致力于打击收入确认的舞弊问题，并且执法部门会继续这样做。[②]

收入确认会计准则有助于确保每个期间的利润表报告适当的收入金额。准则最近发生了变化。

以前收入确认是基于“实现原则”，该原则要求我们在赚取过程实质上完成并且商品和服务的交易金额很可能收回时确认收入。这种收入确认方法存在一些问题。收入确认与财务会计概念框架的联系不够紧密，概念框架更强调资产和负债的确认而非赚取过程。对赚取过程的关注导致不同行业的类似交易采取了不同的处理方法。而且，实现原则很难适用于涉及多种商品或服务的复杂业务。

为了解决这些问题，财务会计准则委员会和国际会计准则理事会一起制定了新的收入确认准则。财务会计准则委员会在 2014 年 5 月 28 日出台了会计准则更新（ASU）2014－09 号“与客户之间的合同产生的收入”。[③] 该准则更新提供了一种统一的方法，以取代美国公认会计原则规定的 200 多种不同行业和情况下的收入确认方法。上市公司在 2017 年 12 月 15 日之后必须采用这一准则更新。[④] 公司采用会计准则更新 2014－09 号可以有两种选择：公司可以在比较财务报表中重述以前年度的金额；或者保持以前年度的财务报表不变，并按照该准则更新调整 2018 年初的金额。

你需要了解这些收入确认的要求，它将在你的职业生涯中得到体现。我们重点关注会计准则更新 2014－09 号（以及相关指南）中的收入确认方法。在本章的附录中，我们将考虑被这一会计准则更新替代的原公认会计原则的规定。

---

① “Elements of Financial Statements,” *Statement of Financial Concepts No. 6* (Stamford, Conn.: FASB, 1985, par. 78).

② 美国证券交易委员会的指南提供了适当和不适当的收入确认的例子，见 FASB ASC 605－10－S99：Revenue Recognition-Overall-SEC Materials (originally “Revenue Recognition in Financial Statements,” *Staff Accounting Bulletin No. 101* (Washington, D.C.: SEC, December 1999) and *Staff Accounting Bulletin No. 104* (Washington, D.C.: SEC, December 2003))。

③ “Revenue from Contracts with Customers (Topic 606)” *Accounting Standards Update 2014－09* (Norwalk, Conn: FASB, 2014).

④ 非上市公司应在 2018 年 12 月 15 日之后的会计年度采用这一新的收入确认准则。所有美国公司可以选择在 2016 年 12 月 15 日之后采用该准则更新。对于采用国际财务报告准则的公司，这一准则的国际财务报告准则版本（即国际财务报告准则第 15 号）从 2018 年 1 月 1 日起生效，允许提前采用。

第1节 收入确认导论

我们从核心收入确认原则及其应用的关键步骤开始，如示例4-1所示。

示例4-1 核心收入确认原则及其应用的五个步骤

核心收入确认原则	公司在商品或服务被转让给客户、公司预期有权利收到这些商品或服务的交易对价时确认收入。*
应用的五个步骤	第一步，识别与客户订立的合同。 第二步，识别合同中的单项履约义务。 第三步，确定交易价格。 第四步，将交易价格分摊至各单项履约义务。 第五步，履行各单项履约义务时确认收入。

* FASB ASC 606-10-05-4：Revenue from Contracts with Customers-Overall-Overview and Background-General (previously "Revenue from Contracts with Customers (Topic 606)" *Accounting Standards Update 2014-09* (Norwalk, Conn：FASB，2014)).

所有的收入确认都始于卖家和买家之间的合同。你可能没有意识到这一点，但你最近可能已经有过好几个这样的合同。你可能在星巴克买了一杯咖啡或者在麦当劳买了一些早餐饼。或者你通过亚马逊买了一本教材，或者在医生办公室进行了一次体检。虽然这些交易并没有伴随着签字的书面协议，但它们也被视为收入确认合同。关键是，无论是显性的还是隐性的，你可能已经订立了一项规定了卖方和买方的合法权利和义务的安排。

卖方和买方之间的合同包含一项或多项**履约义务**（performance obligations），也就是卖方承诺将商品或服务转让给客户的义务。卖方在履行将商品或服务转让给买方的义务时确认收入。我们认为当客户取得商品和服务的控制权时，转让就发生了。控制意味着客户对商品和服务的使用有直接影响并且能够从中获得利益。

对于许多合同，这种方法是非常简单的。特别是如果合同只包含一项履约义务，我们通常只需看卖方何时向买方交付货物或提供服务，然后卖方就可以在那个时间确认收入。

举个简单的例子，假设梅西百货公司以75美元的价格向苏珊出售一条裙子，而之前它从批发商那里进货的价格是40美元。那么梅西百货公司对于该项销售业务应该如何进行会计处理？

（1）识别与客户订立的合同：在这个例子中，没有书面合同，但是很明显梅西百货公司将裙子转让给苏珊，苏珊同意支付75美元给梅西百货公司。

（2）识别合同中的单项履约义务：梅西百货公司只有一项履约义务，就是给苏珊提供裙子。

（3）确定交易价格：梅西百货公司有权从苏珊那里收取75美元。

（4）将交易价格分摊至各单项履约义务：因为只有一项履约义务，梅西百货公司把整个交易价格75美元分配给转让裙子。

（5）履行各单项履约义务时确认收入：当梅西百货公司将裙子交付给苏珊时，就履行了履约义务，所以梅西百货公司在那个时候记录以下会计分录：

借：现金	75	
贷：销售收入		75
借：销售成本*	40	
贷：存货		40

* 第二个分录假设梅西百货公司采用永续盘存制，这种方法在存货增减变动发生时及时进行记录（“永续”）。我们将在第 6 章深入讨论这个问题。

当合同中包含一项或一项以上履约义务时，收入的确认会更加复杂。例如，当 Verizon 公司拥有一个新的手机客户时，销售合同可能会要求 Verizon 提供以下服务：（1）智能手机；（2）相关软件；（3）手机保修；（4）持续网络访问；（5）可选的未来升级。Verizon 必须确定哪些商品和服务构成履约义务，将交易价格分配给这些履约义务，并在各项义务得到履行时确认收入。

在本章的第 1 节，我们将收入确认的五个步骤应用于不同的合同。首先，我们将关注只有一项履约义务的合同，即在某一时点转让一项商品或服务，比如梅西百货公司向苏珊出售裙子。然后，我们考虑在某一时段内履行转让商品和服务义务的情况，比如房东出租公寓或银行提供贷款。之后，我们考虑包含多项履约义务的合同，比如我们刚才讨论的 Verizon 公司的例子。示例 4－2 总结了本章中的主要问题。

示例 4－2　应用收入确认五步骤的关键问题

收入确认的五步骤	对于包含单项和多项履约义务的交易	
第一步，识别与客户订立的合同。	买方和卖方法律权利的建立	
第二步，识别合同中的单项履约义务。	单项履约义务	多项履约义务
第三步，确定交易价格。	卖方有权从买方获得的金额	卖方有权从买方获得的金额
第四步，将交易价格分摊至各单项履约义务。	不需要分配	将交易价格分摊至各单项履约义务
第五步，履行各单项履约义务时确认收入。	在某个时点/在某段时间	每项履约义务适合的任何时间

一、在某一时点确认收入

首先，我们考虑一个简单的合同，它只包含一项履约义务，并在一个时间点得到履行。当商品或服务的控制权从卖方转移给买方时，我们认为义务已经履行。通常控制权的转移发生在交付时，比如上面提到的梅西百货公司，当裙子交付给苏珊时，我们认为义务已经得到履行。

有时很难确定控制权是否转移，示例 4－3 列出了五个关键指标，用来判断控制权是否从卖方转移到买方。卖方应分别评估这些指标，并综合判断控制权是否已经转移，是否能确认收入。

示例 4-3　控制权从卖方转移到买方的指标

客户很可能控制了商品或服务，如果客户有： 1. 向卖方的付款义务； 2. 该资产的法定所有权； 3. 实物占有该资产； 4. 已取得该资产所有权上的主要风险和报酬； 5. 已接受该资产。*

* 这些指标适用于商品和服务。对于服务而言，如果说客户接受了一项资产的所有权好像比较奇怪。但是可以将服务视为一项资产，在客户接受服务时该资产被消费。

在示例 4-4 中我们把这些指标运用于 TrueTech 公司的例子中，在整章中我们都将用到这个例子。

示例 4-4　在某一时点确认收入

TrueTech 公司主要销售 Tri-Box，Tri-Box 是用户在网上单人或多人环境中玩视频游戏的游戏控制台。Tri-Box 仅仅是一个游戏模块，不包括其他任何商品或服务。在以下案例中，TrueTech 公司销售 1 000 件 Tri-Box 产品给 CompStores 公司，应该在什么时候确认收入？

- 2017 年 12 月 20 日：CompStores 预订了 1 000 件 Tri-Box，每件 240 美元，并承诺交货 30 天内付款。TrueTech 接受了该订单但还没有履行交付商品的义务。鉴于这一点和其他指标，TrueTech 判断控制权还没有转移，还不应该确认收入。
- 2018 年 1 月 1 日：TrueTech 交付 1 000 件 Tri-Box 给 CompStores，履行了交付义务，CompStores 也收到了商品。所以，CompStores 已实际占有商品并拥有法律上的所有权，商品所有权上的风险和报酬已经转移，其有义务支付商品款项。因此，TrueTech 可以确认收入和相关的应收账款 240 000 美元。*

借：应收账款（240×1 000）	240 000	
贷：销售收入		240 000

- 2018 年 1 月 25 日：TrueTech 收到 CompStores 支付的货款 240 000 美元，这一交易不会影响收入。我们是在义务得到履行时确认收入，而不是收到现金时。此时 TrueTech 会记录现金的增加以及应收账款的减少。

借：现金	240 000	
贷：应收账款		240 000

* TrueTech 也应该借记销售成本，贷记存货，以确认存货的销售成本。

二、在某一时段内确认收入

贷款、审计和咨询等服务都是在一段时间内进行的，一些施工合同也需要数月甚至数年的建设。在这种情况下，公司是在该段时间内按照商品或服务履约进度确认收入，还是在商品或服务完成的那个时点确认收入？正如我们接下来所看到的，在大多数情况下，公司应在一段时间内按照商品或服务的履约进度确认收入。

在某一时段内确认收入的标准

假设我们与客户签订了一份只有一项履约义务并且已知交易价格的合同。如示例 4-5 所示，只要满足下面三个标准中的任何一个，就可以确认收入。

示例 4-5　在某一时段内确认收入的标准

> 满足下列条件之一，就可以在某一时段内确认收入：
> 1. 客户在企业履约的同时即取得并消耗企业履约所带来的经济利益，例如一家公司在一段时间内为客户提供清洁服务；
> 2. 客户能够控制企业履约过程中在建的商品，例如承包商在客户现有建筑物上扩建；
> 3. 企业履约过程中产出的商品具有不可替代用途，且该企业在整个合同期间内有权就累计至今已完成的履约部分收取款项，例如一家公司为美国空军定制战斗机。

如果履约义务至少符合这些标准中的一个，我们就在一段时间内按照履约进度完成的比例确认收入。如果1/3的服务已经提供，那么1/3的履约义务已经完成，因此应该确认1/3的收入。例如，Gold's Gym在24个月的会员期限内确认了两年期会员的收入，六旗娱乐公司则按季确认当季收入。通常，这些情况下一般在履行履约义务之前收到现金，需要确认递延收入这一负债，如示例4-6所示。

示例 4-6　在某一时段内确认收入

> TrueTech销售互联网游戏Tri-Net多用户平台一年期订阅服务。TrueTech于2018年1月1日销售了1 000份订阅服务，每份60美元。
> TrueTech有一个单项履约义务——允许用户访问游戏平台一年。由于Tri-Net用户在一段时间内消费了该服务，根据示例4-5的第一项标准，TrueTech在一年的时间内确认订阅服务的收入。
> 2018年1月1日，TrueTech做以下处理：
>
> | | | |
> |---|---|---|
> | 借：现金（60×1 000） | 60 000 | |
> | 　贷：递延收入 | | 60 000 |
>
> TrueTech在1月1日没有确认任何收入。确切地说，TrueTech在履行义务之前收到了现金，确认了6万美元的递延收入。
> Tri-Net的用户每天都能获得访问Tri-Net网络的好处，因此TrueTech使用“时间比例”来衡量完成的进度。在销售后的12个月中，TrueTech将进行以下会计处理来确认Tri-Net订阅服务的收入：
>
> | | | |
> |---|---|---|
> | 借：递延收入（60 000÷12） | 5 000 | |
> | 　贷：服务收入 | | 5 000 |
>
> 经过12个月后，TrueTech将确认全部6万美元的订阅服务收入，而递延收入的余额将会减少到零。

大多数长期建造合同都可以在一段时间内确认收入。例如，许多长期建造合同是这样的，在建造过程中客户拥有在产品的所有权，这满足示例4-5的第二个标准。同样，如果卖方所建造的资产对卖方没有其他用处，那么第三个标准就会得到满足，并且合同约定卖方会根据履约情况获得报酬。我们将在本章的第3节详细讨论长期建造合同的会计问题。

如果履约义务不符合收入确认的三个标准中的任何一个，我们就在履约义务完全满足的时候确认收入，这通常发生在合同的最后。

许多服务在性质上是短期的，以至于即使它们可以这样做，公司也不会在一段时间内确认收入。例如，UPS公司揽收一个包裹并在几天内把它送到目的地。公司重要会计政策中说明：“在送达信件或包裹时确认收入。”换句话说，UPS在服务完成后确认收入，而不是在服务期间。这种与公认会计原则的背离是轻微的，因为UPS的服务时间较短，而且缺乏更精确的收入确认时间的其他有用信息。

确定履约进度

因为履约进度是在一段时间内确认收入的基础，因此，卖方需要用一种能反映商品或服务控制权转移给客户的方式来估计这一进度。

卖方有时会使用一种基于产出的方法来估计进度，根据商品或服务转移的比例来衡量进度。在示例 4－6 Tri-Net 的例子中，就是通过时间的推移来度量产出，因为履约义务是通过访问 Tri-Net 游戏平台而得到履行的。有时卖方使用基于投入的方法来估计履约进度，即根据企业为履行履约义务的投入确定履约进度。例如，卖方经常使用已发生的成本与完成工作所估计的总成本的比率来衡量履约进度。[①] 在本章的第 3 节中，我们将继续讨论产出法和投入法，并考虑如何处理履约进度估计的变化。

三、包含多项履约义务的合同收入确认

当一份合同包含多项履约义务时，收入确认将变得更加复杂。在示例 4－7 中，我们把之前已经讨论过的两个 TrueTech 的例子结合在一起。在第一个例子中（见示例 4－4），TrueTech 销售 Tri-Box 模块并在交付的时间点确认收入。在第二个例子中（见示例 4－6），TrueTech 出售一年期的订阅服务给 Tri-Net 用户，并在一年中的每个月确认收入。现在，让我们思考一下，如果这两个项目以单一的价格构成一揽子交易，应该如何确认收入。

示例 4－7　包含多项履约义务的合同

TrueTech 公司生产 Tri-Box 系统，这是一个多人游戏系统，允许玩家在互联网上相互竞争。
- Tri-Box 系统包括 Tri-Box 模块，以及互联网游戏和其他应用的 Tri-Net 多用户平台一年期的订阅服务。
- TrueTech 以 60 美元的价格出售 Tri-Net 平台一年期订阅服务。用户可以使用 Tri-Box 和其他游戏模块访问 Tri-Net。
- TrueTech 以 240 美元的价格出售单个 Tri-Box 模块。用户可以使用 Tri-Box 访问 Tri-Net 和其他多用户游戏平台。
- 作为一揽子交易，TrueTech 以 250 美元的价格销售 Tri-Box 系统（模块＋订阅服务）。

2018 年 1 月 1 日，TrueTech 以 250 美元的单价向 CompStores 提供了 1 000 套 Tri-Box 系统。TrueTech 于 2018 年 1 月 25 日从 CompStores 收到 25 万美元。

我们假设 TrueTech 已经得出结论，它与 CompStores 签订了一项合同，因此收入确认的第一步得到满足。我们从第二步开始。

第二步：识别履约义务

如果商品或服务能够与合同中的其他商品或服务**明确区分**（distinct），那么卖方应该将提供该项商品或服务的承诺视为一项履约义务。这一观点是将合同分解成独立的部分。这样，财务报表就能更好地反映不同商品和服务的转让时间，以及每一种商品和服务的利润。不可明确区分的商品或服务被合并成一项单独的履约义务进行处理。

如果同时满足以下两点，则该项商品或服务是可明确区分的：

（1）能够明确区分。客户能够从该商品或服务本身或从该商品或服务与其他易于获得的商品或服务一起使用中受益。

（2）与合同中的其他商品或服务可单独辨认。转让商品和服务的承诺在合同中是可明确

---

① 如果由于一些原因，卖方无法使用投入法或者产出法合理估计履约进度，那么卖方必须等到履约义务完全履行时才能确认收入。但是，如果卖方预计可以从客户那里获得至少弥补成本的经济利益，则卖方可以确认与所发生的成本等额的收入，除非可以合理估计履约进度。

辨认的，因为卖方承诺单独提供商品和服务，而不是承诺提供包含这些商品或服务的组合。

作为应用这些标准的一个例子，想象去家得宝这样的商店购买木材、油漆和其他建筑材料来建房子。每一种产品都是能够明确区分的，因为无论你什么时候需要，都可以单独购买和使用。每项商品和服务也可以单独辨认，因为家得宝唯一的履约义务是交付单独的项目。因此，家得宝可以将它转让每一个项目的承诺视为单独的履约义务。

现在，考虑与像托尔兄弟公司这样的建筑承包商签订协议，为你建造一座房子。就像家得宝一样，承包商向你出售木材、油漆和其他建筑材料。然而，尽管这些项目能够区分，但它们在合同的上下文中并不能单独辨认，因为承包人的履约义务是将这些项目组合起来并转让完整的建筑物。因此，托尔兄弟公司把它们视为一项单独的履约义务。正如我们将在本章第 3 节进一步讨论的那样，大多数长期建造合同被视为一项单独的履约义务，因为卖方提供的是商品和服务的组合。

建造合同并不是唯一的不能“单独辨认”的项目。如果商品和服务之间具有高度关联性，或者一项商品或服务对其他商品或服务加以重大修改或定制，那么商品和服务也无法单独辨认。例如，考虑一家提供在线访问剪贴画图书馆的公司，客户能访问剪贴画图书馆的唯一方法是使用在线访问服务。虽然剪贴画图书馆和在线访问服务可能在合同中能够明确区分，但在合同中它们是如此紧密地交织在一起，因此它们更适合作为一项单独的履约义务。①

在示例 4－8 中，我们应用这些标准来确定 TrueTech 例子中的履约义务。

示例 4－8　确定商品或服务是否可明确区分

继续与示例 4－7 相同的事实。TrueTech 与 CompStores 签订的合同中，Tri-Box 模块和 Tri-Net 订阅服务是不是履约义务？

合同中承诺的哪些商品和服务是可明确区分的？ Tri-Box 模块和 Tri-Net 订阅服务都可以由客户自己使用，这样它们都是可明确区分的。模块和订阅服务没有高度关联性，也没有互相重大修改或定制，而且 TrueTech 的承诺是不将模块和订阅服务集成到一个组合单元中，所以在合同的上下文中它们是可以被单独识别的。

结论： 模块和订阅服务是可明确区分的，所以合同有两项履约义务：（1）Tri-Box 模块的交付；（2）一年期的 Tri-Net 订阅服务。

第三步：确定交易价格

交易价格（transaction price）是指卖方因向客户转让商品或服务而预期有权收取的对价金额。② 如果客户立即或不久后支付固定金额，确定交易价格是很简单的。在 TrueTech 的例子中，交易价格是 25 万美元，等于 1 000 套系统×单价 250 美元。

第四步：将交易价格分摊至各单项履约义务

如果合同包含超过一项履约义务，则卖方将交易价格按合同中所有履约义务的独立销售价格比例分配给每一项履约义务。**独立销售价格**（stand-alone selling price）是指在类似情况下，商品或服务单独销售的金额。③ 如果不能直接得到独立销售价格，卖方应该做出估计。

---

① 卖方还将本质上相同且具有相同转让模式的一系列不同商品或服务视为单一履约义务。

② 通常，买方会立即或最终以现金支付，但有时买方用其他资产支付。在这种情况下，卖方在合同开始时以公允价值计量收到的资产。

③ 合同中表述的“列表价格”不一定代表独立的销售价格，因为卖方可能实际销售不同数量的商品或服务。卖方必须参考实际独立销售价格，或估计这些价格。

示例 4－9 展示了 TrueTech 的例子中如何将交易价格分配到每一项履约义务。

示例 4－9　根据独立销售价格将交易价格分配给履约义务

继续与示例 4－7 相同的事实。一套 Tri-Box 系统的交易价格是 250 美元。因为 Tri-Box 模块的独立销售价格（240 美元）占独立销售价格合计数的 80%［240/(240+60)］，Tri-Net 订阅服务的独立销售价格占合计数的 20%［60/(240+60)］，我们把 Tri-Box 系统交易价格的 80%分配给 Tri-Box 模块，20%分配给 Tri-Net 订阅服务。

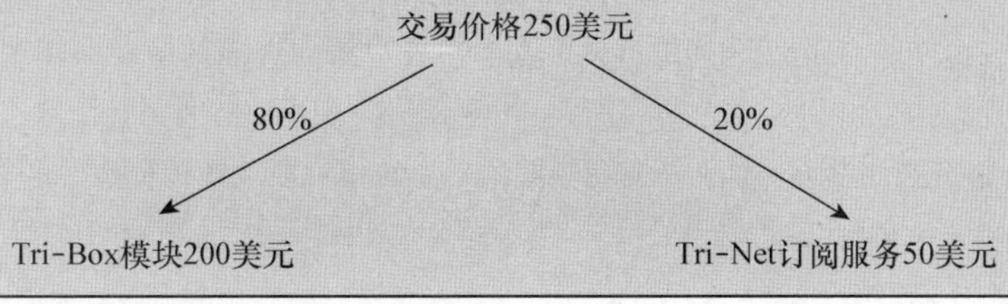

补充思考

多项履约义务合同中的折扣。请注意，示例 4－7 表明 Tri-Box 系统是打折出售的，该系统的交易价格为 250 美元，低于 Tri-Box 模块的独立销售价格（240 美元）和 Tri-Net 订阅服务的独立销售价格（60 美元）之和 300 美元。因为没有证据表明折扣只与履约义务中的某一项有关，所以在分配过程中折扣应该被分配到各项履约义务。如果 TrueTech 有足够的证据表明这些商品或服务的折扣只与一项履约义务有关，那么所有的折扣都将被分配给该项履约义务。

第五步：履行各单项履约义务时确认收入

正如我们前面所讨论的，履约义务可以在某个时间点或某段时间内得到履行，收入在履行各单项履约义务时确认。这一时机并不取决于履约义务是合同中唯一的义务，还是其中之一。我们确定每一项履约义务的收入确认时间。

回到 TrueTech 的例子，当 Tri-Box 模块在 1 月 1 日交付给 CompStores 时，确认与 Tri-Box 模块相关的 20 万美元的收入，但是与 Tri-Net 订阅服务相关的 5 万美元收入在一年的订阅期内确认。每项履约义务的收入确认时间显示在示例 4－10 中。

示例 4－10　多项履约义务的收入确认

继续与示例 4－7 相同的事实。TrueTech 在与 CompStores 的交易中做如下处理（忽略存货的减少和相应的销售成本结转）：

2018 年 1 月 1 日：

借：应收账款	250 000	
贷：销售收入（250 000×80%）		200 000
递延收入（250 000×20%）		50 000

在交易后的 12 个月里，针对 Tri-Net 订阅服务收入，TrueTech 做以下处理：

借：递延收入（50 000÷12）	4 167	
贷：服务收入		4 167

经过 12 个月后，TrueTech 将会确认所有的 5 万美元 Tri-Net 订阅服务收入，而递延收入的余额将会减少到零。

示例4-11总结了第1节对收入确认及相关基本问题的讨论。

示例4-11　收入确认基本问题总结

收入确认	基本问题
第一步，识别与客户订立的合同。	合同规定了卖方和买方对一项或多项履约义务的法律权利和义务。
第二步，识别合同中的单项履约义务。	履约义务是转让可明确区分的商品或服务的承诺，商品或服务是能够明确区分和单独辨认的。
第三步，确定交易价格。	交易价格是卖方因向客户转让商品或服务而预期有权收取的对价金额。
第四步，将交易价格分摊至各单项履约义务。	卖方根据每项履约义务的相对独立销售价格，将交易价格分摊至各单项履约义务。
第五步，履行各单项履约义务时确认收入。	当买方有如下情况时，卖方在将控制权转让给客户的某个时间点确认收入： ● 向卖方的付款义务。 ● 该资产的法定所有权。 ● 实物占有该资产。 ● 已取得该资产所有权上的主要风险和报酬。 ● 已接受该资产。 以下情况下，卖方在一段时间内确认收入： ● 客户在卖方履约的同时即取得并消耗卖方履约所带来的经济利益。 ● 客户能够控制卖方履约过程中在建的商品。 ● 卖方履约过程中产出的商品具有不可替代用途，且该卖方在整个合同期间内有权就累计至今已完成的履约部分收取款项。

概念回顾练习

含有多项履约义务的合同的收入确认

Macrovision销售各种卫星电视套餐。流行的600美元基础套餐包括一个硬件组件（由卫星天线和接收器组成）和一项包含130个电视频道的12个月订阅服务。Macrovision以180美元的价格出售不包含订阅服务的硬件组件，以540美元/年的价格出售不包含组件的12个月订阅服务。让我们对2018年1月1日销售600美元的基础套餐进行会计处理。

要求：

1. 确定基础套餐合同中的履约义务，确定每项收入的确认时间。

2. 对于在2018年1月1日销售的单一基础套餐，将600美元的交易价格分配给合同中的履约义务，做必要的会计处理来记录这项销售（忽略存货的减少和相应的销售成本结转）。

3. 在2018年1月31日做出会计处理以记录与同一合同相关的收入。

解答：

1. 确定基础套餐合同中的履约义务，确定每项收入的确认时间。

硬件组件和12个月的订阅服务能够明确区分（它们分别单独出售），并且可以单独辨认（硬件和订阅服务没有高度交织在一起，所以可以单独考虑）。因此，硬件组件和12个月的订阅服务是可明确区分的，应视为单独的履约义务。硬件组件的收入应在2018年1月1日确认，因为硬件的控制权转移发生在硬件交付给客户时。订阅服务的收入应在未来12个月内得到确认，因为客户可以享受到电视频道的好处。

2. 对于在2018年1月1日销售的单一基础套餐，将600美元的交易价格分配给合同中的履约义务，做必要的会计处理来记录这项销售（忽略存货的减少和相应的销售成本结转）。

因为硬件组件的独立销售价格（180美元）是独立销售价格合计数的25%［180÷(180+540)］，12个月订阅服务的独立销售价格（540美元）是独立销售价格合计数的75%［540÷(180+540)］，所以我们将交易价格的25%分配给硬件组件，75%分配给12个月的订阅服务。600美元的交易价格按以下方式分配：

硬件组件：600×25%=150(美元)

12个月的订阅服务：600×75%=450(美元)

2018年1月1日的会计处理为：

借：现金	600	
贷：销售收入（硬件组件）		150
递延收入（12个月的订阅服务）		450

3. 在2018年1月31日做出会计处理以记录与同一合同相关的收入。

借：递延收入（450÷12）	37.50	
贷：服务收入		37.50

第2节　收入确认专题

以上已经学习了收入确认的基础知识，下面介绍收入确认五步骤在实务中的一些特殊问题。我们将依次讨论每一个步骤。

步骤一的特殊问题：识别合同

合同（contract）是有法律约束力的权利义务的协议。通常认为合同是书面形式的，但合同也可以是口头的。合同还可以是隐性的，即根据公司遵循的典型商业惯例来暗示。在第1节的例子中，从梅西百货公司买一条裙子隐含着一项用于收入确认的合同。关键是合同各方承诺履行自己的义务并行使自己的权利。[①]

只有卖方认为它可能收回其因向客户销售商品或服务而应得的几乎全部价款时，合同才可以用于收入确认。这种可收回性门槛确保了收入真正反映从客户取得的净资产流入。然而，即使合同不存在，卖方也可以确认等于其收到的不需要归还金额的收入，只要他已转让

---

① 具体而言，会计准则更新第2014-09号（ASU No. 2014-09）表明合同只有在满足下列条件时，才是用于收入确认的：(a) 具有商业实质，即影响卖方未来现金流量的风险、时间或金额；(b) 已由卖方和客户双方批准，做出履行义务的承诺；(c) 规定卖方和客户对商品或服务转移的权利；(d) 指定付款条件；(e) 卖方可能收到其应得的几乎全部价款。这些标准与美国证券交易委员会先前在员工会计公告第101号和第104号中的表述非常相似。

商品或服务的控制权，并且没有任何进一步的义务转让商品或服务给客户。

如果（a）卖方和买方均未履行合同中的任何义务，（b）卖方和买方均可以不受惩罚地终止合同，则合同不存在。换句话说，无论是卖方还是买方，都必须做一些具有商业价值的事情，卖方才能开始核算收入。示例 4-12 提供了一个例子。

示例 4-12　确定是否存在用于收入确认的合同

从示例 4-7 可以看到，2017 年 12 月 20 日，CompStores 订购了 1 000 套 Tri-Box 系统，每套售价 250 美元。假设 CompStores 和 TrueTech 可以在交付前取消订单。TrueTech 于 2018 年 1 月 1 日交付，并于 2018 年 1 月 25 日收到 25 万美元。TrueTech 与 CompStores 的协议在什么时候可以确定为用于收入确认的合同?

该协议在 2018 年 1 月 1 日可以确定为用于收入确认的合同，这也就是 TrueTech 交付商品给 CompStores 的日期。在交货前，TrueTech 和 CompStores 都没有履行合同规定的义务，双方都可以在不受处罚的情况下取消订单，因此该协议不属于用于收入确认的合同。

国际财务报告准则

会计准则更新第 2014-09 号（ASU No. 2014-09）将“很可能”（probable）定义为“可能发生”（likely to occur）。类似地，财务会计概念公告第 6 号定义的“很可能”指的是一个数额“根据可获得的证据或逻辑，合理地期望或相信，但没有确定或被证实”，这意味着发生的可能性相对较高。国际财务报告准则将“很可能”定义为大于 50%的可能性，低于美国公认会计原则的定义。因此，一些合同在满足国际财务报告准则门槛的情况下，可能不满足美国公认会计原则的门槛。

补充思考

合同的修改。买方和卖方可能同意以某种方式修改合同。例如，他们可能改变交易价格，改变履约义务，或增加另一项履约义务。对于修改合同的会计处理取决于修改的性质：

1. 有时修改实际上是一个独立的新合同。如果修改增加了另一个独立的商品或服务，要求客户支付额外的金额，这一金额等于附加商品或服务的独立销售价格。在这种情况下，我们将修改视为单独的合同。

2. 另一种修改是合同中剩余的商品和服务与已经转让的商品和服务可以明确区分，但修改不属于单独的合同。在这种情况下，卖方的行为就像旧的合同已经被终止，并且已经创建了一个新的合同。新合同包括在修改后保留的履约义务，其交易价格等于未确认的旧合同收入加上或减去修改所要求的价格变动的金额。我们将修改后的交易价格按当时的独立销售价格分配给合同中剩余的所有履约义务。

3. 最后，有时我们修改了一个合同，其中剩余的履约义务不能明确区分，因此形成了一种随时间而满足的单一履约义务。在这种情况下，我们需要更新对完工进度的评估，并适当调整收入，以反映到目前为止的进展，就像对待其他估计的变化一样。

步骤二的特殊问题：识别合同中的履约义务

之前我们看到，如果商品和服务是可以明确区分的，提供商品和服务的承诺被视为履约义务。现在，考虑我们经常遇到的合同的几个方面，确定它们是否属于履约义务。下面讨论预付款、保证和选择权。

预付款

有些合同要求客户在特定活动开始前支付不予退还的预付款（如 LA Fitness 向健身会员收取预付的注册费）。我们不认为这样的预付款（prepayments）是履约义务，因为预付款不是将商品或服务转移给客户的承诺。相反，预付款是客户对未来商品或服务的预先支付，应该包含在交易价格中，分配给合同中的各种履约义务。预付款应该先记录为递延收入，并在每一项履约义务得到履行时确认为收入。

保证

大多数商品在售出时都提供了保证，卖方有义务修理或更换后来被发现有缺陷或不合格的商品。这些保证不是单独出售的，它们或是明确表述，或是根据正常的商业惯例而隐含的。我们称之为**质量保证**（quality-assurance warranties）。质量保证（有时称为"担保型保证"）不是履约义务。相反，交付符合质量要求的商品是履行履约义务的成本。卖方在销售的期间将此费用确认为保证费用及相关的或有负债。在销售的时候通常不知道费用的确切数额，所以必须估计。例如，生产用于建筑、园林绿化和其他用途的设备的迪尔公司在 2015 财年结束时，报告了一项 8.07 亿美元的质量保证负债。

延伸保证（extended warranties）是一种额外的服务，它涵盖客户取得商品控制权之后出现的新问题。如今，购买手机、平板电脑、汽车或几乎所有耐用消费品都不需要购买延伸保证。延伸保证（有时称为"服务型保证"）提供了超出制造商质量保证的保护。因为延伸保证通常是与商品分开定价和销售的，所以它是一种履约义务，可以看作单独的销售交易。销售价格被记录为递延收入负债，然后在延保期确认为收入。如果将延伸保证与相关商品一起作为单一合同的一部分，延伸保证仍被视为单独的履约义务，分配交易价格的一部分，分配的部分记录为递延收入。迪尔公司在 2015 财年结束时，报告了延伸保证收入 4.54 亿美元。

如何判断保证应该被视为质量保证还是延伸保证呢？如果符合以下两个条件，则被视为延伸保证：(a) 客户可以选择从卖方那里单独购买保证；(b) 超出仅保证卖方交付给买方的商品或服务没有缺陷之外为客户提供的保证服务。在做出判断时，必须考虑保证的具体情况。例如，如果保证期很长，有可能这一保证已经超出了保证交付日商品质量的范围，所以可能是延伸保证。

我们将在第 11 章中讨论更多有关保证的内容。

客户购买额外商品或服务的选择权

在一些合同中，卖方向客户提供一种选择权（option），不需要支付任何费用或以折扣价接受额外的商品或服务。例如，软件升级，客户忠诚度计划（飞行里程、信用卡积分），对未来商品或服务的折扣，以及合同更新选择权。如果卖方向顾客提供一项重大权利（material right），即客户不订立合同就无法获得这一权利，那么额外商品或服务的选择权就属于履约义务。[①] 举个例子，假设卖方通常以 5%的折扣销售鞋子，客户购买一双鞋子之后，

---

① 注意：不要将这里所说的选择权与股票期权混淆。股票期权是一种金融工具，它允许在未来以特定价格购买股票。

下次在同一家店再购买一双鞋子可以获得20%的折扣，那么15%（20%−5%）的额外折扣就是一项重大权利，因为如果客户不再购买鞋子，他就无法获得这一折扣。

当合同包括提供一项重大权利的选择权时，卖方必须将合同的部分交易价格分配给该选择权。就像其他履约义务一样，分配过程要求卖方估计该选择权的独立销售价格，同时考虑客户实际行使选择权的可能性。当该选择权被行使或到期时，卖方确认与该选择权相关的收入。示例4-13提供了一个案例。

示例4-13 额外商品或服务的客户选择权

TrueTech以正常售价240美元销售Tri-Box，同时提供一种促销优惠券。优惠券给予客户购买耳机的机会，这种耳机正常售价150美元，现在只要90美元（即40%的折扣）。优惠券必须在购买Tri-Box后的一年内使用。TrueTech估计80%的客户将会使用优惠券。在2018年1月1日的促销活动中，TrueTech销售了100个Tri-Box，那么TrueTech应该如何确认收入？

优惠券向客户提供了一项重大权利，因为它提供了60美元（150×40%）的折扣，所以这是一项履约义务。因此，TrueTech必须将240美元的交易价格分配到两项履约义务：Tri-Box和优惠券。TrueTech预计只有80%的优惠券会被使用，所以优惠券的估计独立售价为48美元*（60×80%）。两项履约义务的独立售价之和为288美元，也就是Tri-Box的240美元加上优惠券的48美元。Tri-Box模块（240美元）是合计数的5/6（或83.33%）（240÷288），优惠券是合计数的1/6（或16.67%）（48÷288），所以TrueTech分配交易总价240美元的5/6给Tri-Box模块，1/6给优惠券。

2018年1月1日：

借：现金	24 000	
贷：销售收入（240×100×5/6）		20 000
递延收入——优惠券（240×100×1/6）		4 000

当优惠券被使用或到期时，TrueTech将会借记递延收入，贷记销售收入。

*你可能会觉得奇怪，我们在估计优惠券的独立销售价格时会考虑使用优惠券的可能性。从TrueTech的角度看，虽然每张优惠券可以为客户节省60美元，但TrueTech平均只需要提供48美元的折扣，因此48美元是TrueTech对其履约义务的平均独立价值的估计。

步骤三的特殊问题：确定交易价格

到目前为止，我们都是假定合同显示的是固定**交易价格**（transaction price），在交货后或不久的将来就会支付。然而，在一些合同中，交易价格并没有那么明确。影响交易价格的具体情况有：(a)可变对价及其确认限制；(b)有退货权的销售（可变对价的一种特殊类型）；(c)确定卖方是作为主要责任人还是代理人；(d)货币时间价值；(e)卖方向客户支付的款项。让我们一并考虑可变对价会如何影响收入的记录。

可变对价

有时交易价格是不确定的，因为部分价格取决于未来事件的结果。包含**可变对价**（variable consideration）的合同在许多行业中都很常见，包括建造（奖励支付）、娱乐和媒体（使用费）、医疗保健（医疗保险和医疗补助）、制造（数量折扣和产品退回）和电信（折扣）。

估计可变对价。当收取的金额取决于某些不确定的未来事件时，卖方仍然应该估计这一不确定的金额，并将其包含在交易价格当中。卖方可以采用以下方法估计可变对价：(a)期望值（每一可能的金额乘以其概率然后求和）；(b)最可能发生金额。采用哪种方法取决于哪种方法能够更好地预测卖方将收到的金额。如果有几种可能的结果，期望值更合适。如果只有两种结果是可能的，那么最可能发生金额可能是卖方可能收到金额的最佳指标。示例

4－14 提供了一个例子。

示例 4－14　可变对价的核算

TrueTech 与 ProSport 游戏公司签订了一项合同，将 ProSport 的在线游戏添加到 Tri-Net 网络中。ProSport 提供流行游戏，比如 Brawl of Bocnd，并希望在 Tri-Net 上提供，这样 ProSport 可以出售宝石、武器、健康药水和其他游戏功能，让玩家在游戏中更快地升级。

2018 年 1 月 1 日，ProSport 预付 30 万美元固定费用给 TrueTech，获得 6 个月访问功能。如果 Tri-Net 用户在 6 个月内访问 ProSport 游戏 15 000 小时以上，ProSport 还将向 TrueTech 支付 18 万美元的奖金。TrueTech 估计，实现目标并获得 18 万美元奖金的概率为 75%。

TrueTech 在 2018 年 1 月 1 日做以下收到现金的处理：

借：现金	300 000	
贷：递延收入		300 000

后续的收入确认取决于 TrueTech 采用期望值还是最可能发生金额来估计交易价格。

方法一：期望值

期望值是计算一个概率加权交易价格。

可能的金额	概率	期望金额
$ 480 000（$ 300 000 固定费用＋$ 180 000 奖金）	×75%	＝$ 360 000
$ 300 000（$ 300 000 固定费用＋$ 0 奖金）	×25%	＝$ 75 000
初始合同价格的期望值		$ 435 000

方法二：最可能发生金额

因为获得奖金比不获得奖金的概率更大，根据最可能发生金额，交易价格将是 300 000＋180 000，即 48 万美元。

让我们假设 TrueTech 基于最可能发生金额 48 万美元来进行会计处理。在后续每个月，TrueTech 将根据总交易价格 48 万美元来确认每个月的收入。由于之前已经记录了 30 万美元的递延收入，在每个月 TrueTech 将会确认递延收入的 1/6，同时确认 18 万美元奖金的 1/6。

借：递延收入（300 000÷6）	50 000	
应收奖金（180 000÷6）	30 000	
贷：服务收入（480 000÷6）*		80 000

6 个月后，TrueTech 的递延收入将全部确认，奖金收入的 18 万美元也将全部确认。这时，TrucTcch 将知道 ProSport 产品的使用是否达到了奖金门槛，并做以下两个会计处理之一：

如果 TrueTech 收到奖金			如果 TrueTech 没有收到奖金		
借：现金	180 000		借：服务收入	180 000	
贷：应收奖金		180 000	贷：应收奖金		180 000

* 如果 TrueTech 用期望值来估计交易价格，那么日记账中每个月确认的收入是 72 500 美元（435 000÷6）。递延收入负债每个月的减少仍然是 50 000 美元，应收奖金每个月的金额为 22 500 美元（135 000÷6）。

卖方必须在每一期间重新估计交易价格，以确定情况是否发生了变化。如果卖方修改了它将收到的可变对价的估计金额，它必须修改所记录的所有应收账款，并反映该时期收入的调整，正如我们在示例 4－15 中看到的那样。

示例 4-15　可变对价的核算

继续与示例 4-14 相同的事实，但在 3 个月后，TrueTech 得出结论，由于 ProSport 的游戏使用率较低，最可能的结果是，TrueTech 不会收到 18 万美元的奖金。TrueTech 将在 4 月做以下处理，使其应收奖金余额减至零，并反映收入的调整：

借：服务收入	90 000	
贷：应收奖金（使其余额减至零）		90 000

在合同剩下的部分，TrueTech 每个月只确认与预先支付的固定费用 30 万美元有关的收入。

借：递延收入（300 000÷6）	50 000	
贷：服务收入		50 000

补充思考

运输成本。亚马逊金牌会员享有“免费”两天送货服务。你支付了一个价格，但是亚马逊有两项履约义务：提供商品并且送货给你。这些是否属于单独的履约义务，要求亚马逊为确认收入而分配交易价格？这取决于以下情况。

如果在卖方将商品控制权转移给买方之前提供了运输（例如，如果所有权在交付时转移给顾客），那么运输就被视为交易的一项成本。[①] 在这种情况下，运输不作为单独的履约义务，也不会将交易价格分配给它。

如果在客户控制了商品之后提供运输，那么运输可以视为单独的服务，并作为单独的履约义务处理。亚马逊2015 年10-K 报表的附注 1 说明了这种情况的一个例子：“对客户的零售依据销售合同进行，该合同规定在我们交付给承运人时，必须转让所有权和损失风险。”亚马逊可以将这些协议视为包括两项单独的履约义务：提供商品和运送商品。然而，将交易价格的一小部分分配给“运输收入”这种处理的成本比效益还大。因此，财务会计准则委员会允许公司采用以下两种方式之一处理在客户得到控制权后提供的运输服务：(a) 作为交易的成本；(b) 一项单独的履约义务（要求卖方将部分交易价格分配给运输服务，然后在运输完成时确认运输收入）。卖方的政策必须清晰披露。[②] 国际会计准则理事会不允许这种选择，因此即便更加麻烦，一些遵循国际财务报告准则的公司也不得不确认运输收入。

确认可变对价的限制。有时，卖方缺乏足够的信息来对可变对价做出估计。令人担心的是，卖方可能会高估可变对价，从而根据高估的交易价格来确认收入，之后不得不转回收入（并减少净利润）来修正估计。为了防止这种情况发生，包含可变对价的交易价格应当不超过在相关不确定性消除时累计已确认收入很可能不会发生重大转回的金额。

应用这种限制需要卖方做出判断，并考虑所有可以获得的信息。收入发生重大转回的迹象包括：(a) 不可靠的估计依据；(b) 对卖方可控范围之外的估计因素的依赖；(c) 卖方修改类似合同付款条件的历史；(d) 可能出现一系列结果；(e) 不确定性消除前的长时间延迟。

---

① 在第 6 章我们将区分在运输前和运输后转移所有权的情形。

② FASB ASC 606-10-25-18B：Revenue from Contracts with Customers-Overall-Identifying Performance Obligations (previously “Revenue from Contracts with Customers (Topic 606)—Identifying Performance Obligations and Licensing” *Accounting Standards Update 2016-10* (Norwalk, Conn: FASB, 2016)).

如果卖方根据可变对价的限制修改了之前的估计，卖方应该在当前报告期间更新交易价格，就像卖方对可变对价的其他变化所做的那样。示例 4 - 16 提供了一个例子。

示例 4 - 16　确认可变对价的限制

继续与示例 4 - 14 相同的事实，但 TrueTech 最初无法得出这样的结论：未来不可能出现重大的收入转回。在这种情况下，TrueTech 受到限制，无法确认与可变对价相关的收入。它只能确认预先支付的固定费用 30 万美元的交易价格，以及每个月的收入 5 万美元。

借：递延收入（300 000/6）	50 000	
贷：服务收入		50 000

3 月 31 日，签订合同 3 个月后，TrueTech 得出结论，它可以准确估计奖金，收入很可能不会发生重大转回。如示例 4 - 14 所显示的那样，TrueTech 估计，它将有 75%的可能性获得奖金，并且其估计的“最可能发生金额”为 18 万美元。合同在 3 月 31 日已经执行了一半，TrueTech 记录应收奖金和服务收入为 9 万美元（180 000×3/6），在合同的前 3 个月，如果对可变对价的估计已包含在交易价格中，则累计金额为：

借：应收奖金（180 000×3÷6）	90 000	
贷：服务收入		90 000

在合同的后 3 个月，TrueTech 确认剩余的收入，假设交易价格为 48 万美元，并且对可变对价的估计包含在交易价格中，则

借：递延收入（300 000÷6）	50 000	
应收奖金（180 000÷6）	30 000	
贷：服务收入（480 000÷6）		80 000

国际财务报告准则

在上述情况下，国际财务报告准则使用“极可能”（highly probable）而不是“很可能”（probable）这个词。因为国际财务报告准则定义“很可能”意味着可能性大于 50%，它使用“极可能”所表达的意思与美国公认会计原则中“很可能”所表达的可能性相同。

退货权

零售商通常会给予客户退货的权利，如果客户觉得他们不想要、不满意或者不能转售。例如，像 Take-Two 交互式软件这样的视频游戏制造商通常会给予客户**退货权**（right of return）。

退货权不形成卖方的履约义务。相反，它代表了一种潜在的失败，即没有履行向客户提供满足需要的商品的原始履约义务。

由于卖方有权收取的现金总额取决于退货额，因此，退货权形成了可变对价的情形。根据以往的经验，卖方通常可以估计出某一给定销售量的退货额，因此卖方通过估计的退货额来减少收入，并且记录卖方对客户的退款负债。例如，假设 TrueTech 卖了 1 000 个 Tri-Box 给 CompStores，每个售价 240 美元。TrueTech 将做以下处理：

借：现金（240×1 000）	240 000	
贷：销售收入		240 000

如果 TrueTech 估计 CompStores 会退回 5%，则做以下处理：

借：销售退回（240 000×5%）	12 000	
贷：退款负债		12 000

销售退回账户是一个“负收入”账户，它有减少收入的效果。因此，我们报告的是扣除

预计销售退回之后的销售收入净额。[①] 我们还必须考虑预计退货对销售成本和存货的影响。当 TrueTech 记录销售时，它将减少存货，并结转相应的销售成本。为了记录预计退货，需要结转销货成本，并记录资产科目“存货——估计退回”，以反映预计退回的存货成本。

在实务中，大多数公司发现，每次销售时都记录估计的预计退款负债是不切实际的。相反，它们一般在退货发生时，借记销售退回，贷记现金，然后在每个报告期结束时，对销售退回和退款负债做出适当的调整，以解释它们对剩余退货的估计。我们将在第 5 章中更详细地讨论退货。

如果 TrueTech 赊销 Tri-Box 而不是现金销售呢？当 TrueTech 核算预计退货时，它可能不想记录退款负债，因为还没有收到现金。相反，它会贷记一个负资产账户“销售退回准备”，这一账户将应收账款的账面价值（有时也称为持有价值或持有金额）减少为 228 000 美元（240 000－12 000）。

如果卖方缺乏足够的信息准确地估计退货，那么之前讨论过的确认可变对价限制是适用的，卖方确认的收入应当不超过在相关不确定性消除时累计已确认收入很可能不会发生重大转回的金额。事实上，在退货的不确定性消除之前，卖方可能会推迟确认任何收入。示例 4－17 提供了一个例子。

示例 4－17　英特尔公司收入确认政策披露

收入确认 由于频繁的销售价格下降和行业内技术的迅速老化，根据协议允许价格保护或退货，我们推迟确认产品收入和相关的销售成本，直到分销商销售商品。

资料来源：摘自英特尔公司 2009 年 2 月 23 日提交的 10－K 报告。

卖方是主要责任人还是代理人？

有时不止一家公司参与向同一客户提供商品或服务。在这种情况下，我们需要确定一家公司是**主要责任人**（principal），向客户提供商品或服务，还是**代理人**（agent），只安排其他公司提供商品或服务。

我们认为，如果卖方在将商品或服务转移给客户之前拥有控制权，卖方就是主要责任人。一些指标有助于确定卖方是否拥有控制权。如果卖方有向客户提供可接受商品或服务的主要责任，如果卖方有设定价格的自由决定权，如果卖方在持有存货或存货退回时容易受到风险的影响，则表明卖方拥有商品或服务的控制权。

主要责任人的履约义务是提供商品和服务。相反，代理人不主要提供商品或服务，而是充当中介，帮助卖方向买方提供商品和服务。代理人的履约义务是促进主要责任人与客户之间的交易。

有许多代理人的例子。我们熟悉的一种是房地产中介。房地产中介并不拥有他们出售的房子，而是收取佣金，帮助房主与购房者进行交易。类似地，像 eBay 这样的在线拍卖公司，像 Expedia，Inc. 和 priceline. com 这样的旅游中介，以及像亚马逊这样的网络零售商，都作

---

① 卖方可以把上述会计分录合并，记录收入净额：

借：现金	240 000	
贷：销售收入（净额）		228 000
退款负债		12 000

为各种卖家的代理人。复杂的是，在另外一些安排中，这些公司还充当委托人的角色，直接向客户销售自己的商品和服务。

区分主要责任人和代理人很重要，因为它影响公司可以记录的收入金额。如果公司是主要责任人，它记录的收入等于客户支付的总销售价格，结转的销售成本等于其支付的成本。另一方面，如果公司是代理人，它只记录它在交易中收到的佣金收入。

从示例 4-18 可以看出，卖方是主要责任人还是代理人对其收入有重要影响。对于初创企业或成长型公司来说，这一点尤其重要，因为这些公司可能更看重收入增长，而不是净利润增长。

示例 4-18　主要责任人和代理人收入确认比较

迈克从一个在线零售商那里购买了一个 Tri-Box 模块，售价为 290 美元。让我们考虑两家零售商 PrinCo 和 AgenCo 的销售情况。

PrinCo 直接从 TrueTech 购买 Tri-Box 模块，价格 240 美元，并将这些模块运往其在堪萨斯州的配送中心，然后在销售时将单个模块运送给买家。PrinCo 根据其营销策略提供了价格折扣。由于 PrinCo 负责履行合同，承担持有存货的风险，并有权设定销售价格，这些证据表明 PrinCo 是该交易的主要责任人。

AgenCo 是一个门户网站，各个游戏模块制造商，如 TrueTech，可以在门户网站上出售它们的产品。在销售时，制造商直接向买方发货。AgenCo 通过其门户网站获得每笔交易 50 美元的佣金。鉴于 AgenCo 不是履行合同的主要责任人，没有存货风险，无权设定销售价格，只是获得佣金，这些表明 AgenCo 是这笔交易的代理人。

每个零售商利润表的第一部分如下所示。可以看到，主要责任人和代理人都确认 50 美元的毛利。不同的是确认和报告的收入和费用金额。

主要责任人记录的毛利（PrinCo）：		代理人记录的毛利（AgenCo）：	
总收入	$ 290	总收入	$ 50
减：销售成本	240	减：销售成本	0
毛利	$ 50	毛利	$ 50

货币时间价值

合同可以规定在交货前或交货后支付价款。在交货后付款的确认为应收账款，在交货前付款的确认为递延收入。我们可以把这些安排看作融资交易。在应收账款的情况下，卖方向客户提供交货和付款之间的一项贷款。在交货前付款的情况下，客户通过预付货款向卖方提供一项贷款。与其他贷款一样，在这些安排中隐含着利息费用（“货币时间价值”）。

如果交货和付款的时间间隔很短，那么货币时间价值不重要，可以忽略。在实务中，如果交货和付款相隔不到一年，卖方可以假设货币时间价值不重要。然而，如果货币时间价值是重要的，卖方应将交易价格视为由以下两部分组成：(a) 商品或服务的现金价格；(b)“融资成分”，表示出售和现金支付之间的利息。然后，卖方应调整交易价格，以剔除融资成分。这样，卖方就确认了与商品或服务的现销价格相同金额的收入，就好像客户在卖方交付这些商品或服务时即支付了现金。卖方应分别处理合同中的融资成分，确认利息收入（在应收账款的情形下）或利息费用（在客户预付货款的情形下）。我们将在第 5 章中讨论卖方如何对应收账款的货币时间价值进行调整，在第 11 章中讨论如何对预付货款的货币时间价值进行调整。

卖方向客户支付款项

通常是客户向卖方支付商品和服务的价款。不过，有时卖方也会向客户付款。例如，三星公司向百思买销售电视机、智能手机、平板电脑以及其他产品。然而，三星也可能会因为使用百思买门店的专用空间或者进行专门的广告宣传而向百思买付款。问题在于，三星支付款项是因为向百思买购买产品或服务，还是百思买购买三星产品所支付价格的退款。

向客户支付款项的会计处理方式取决于具体的安排。如果卖方以公允价值从客户处购买可明确区分的商品或服务，我们将这种购买作为独立的交易处理。如果卖方支付的费用高于这些商品或服务的公允价值，那么超出的部分被视为一种退款。在计算销售给客户的交易价格时，应当将其从卖方有权收到的金额中扣除。在三星的例子中，如果三星为使用百思买专用空间而支付的价格高于该空间的公允价值，三星应该把超支部分作为百思买购买三星产品所支付价款的退款。

步骤四的特殊问题：将交易价格分摊至各单项履约义务

我们已经讨论过卖方需要根据商品或服务的独立销售价格将交易价格分配给每项履约义务。我们还注意到，当商品和服务不单独销售时，卖方必须估计它们的独立销售价格。可以使用多种方法来估计独立销售价格，包括：

（1）**市场调整法**：卖方考虑在正常经营的市场中销售产品或服务的价格，可以参考竞争对手收取的价格。

（2）**成本加成法**：卖方估计履行履约义务的成本，加上适当的利润率。

（3）**余值法**：卖方根据合同的总交易价格减去合同中其他商品或服务的已知或估计的独立销售价格之和，来估计一个未知的（或高度不确定的）独立销售价格。余值法只适用于独立销售价格高度不确定时，不管是因为卖方先前没有出售过该商品或服务，没有它的确定价格，还是因为卖方以不同的价格提供同样的商品或服务给不同的客户。示例4-19提供了余值法的一个例子。

示例4-19 使用余值法将交易价格分摊至各履约义务

继续与示例4-7相同的事实，一年期Tri-Net订阅服务的独立售价是高度不确定的，因为TrueTech之前并没有出售过该服务，也没有为它定价。在余值法下，订阅服务的价值估计如下：

Tri-Box和Tri-Net订阅服务的总价格（250×1 000）	\$250 000
Tri-Box的独立销售价格（240×1 000）	240 000
估计Tri-Net订阅服务的独立销售价格	\$10 000

根据这些相对独立的销售价格，如果CompStores以正常批发价250美元订购1 000个Tri-Box系统，TrueTech做以下处理（忽略存货减少和销售成本结转）：

借：应收账款	250 000	
贷：销售收入		240 000
递延收入		10 000

TrueTech在Tri-Net订阅服务的一年期内将会把1万美元的递延收入转换为服务收入（借记递延收入，贷记服务收入）。

补充思考

分配可变对价。如果有可变对价的合同包括多项履约义务，应该如何处理？通常情况下，卖方应在交易价格中包含可变对价，根据相对独立的销售价格将交易价格分配给每项履约义务。此外，估计可变对价的变化也按相同的基础分配到各项履约义务。但是，如果可变对价只涉及一项履约义务，则只分配给该项履约义务。

步骤五的特殊问题：履行各单项履约义务时确认收入

在此之前，我们讨论了在某个时间点和某段时间内确认收入。接下来让我们看看实务中的一些常见安排，它们将使我们更难确定什么时候应该确认收入。具体来说，我们将会讨论许可、特许经营权、开单留置、委托代销和礼品卡。

许可

客户有时会因为使用公司的知识产权（intellectual property，IP）而支付许可费。**许可**（licenses）在软件、技术、媒体和娱乐（包括电影和音乐）行业都很常见。会计上要考虑的是何时对这些安排确认收入，财务会计准则委员会最近在会计准则更新第2016-10号中谈到了这些问题。[①]

功能性知识产权（functional intellectual property）：一些许可转让具有明显独立功能的知识产权的使用权，具有重要独立功能意味着该知识产权可以执行某项功能或任务，或者玩或者播放。客户从许可中获得的好处不受卖方持续活动的影响。功能性知识产权的例子包括软件（如微软Office）、药品配方以及媒体内容（如书籍、音乐和电影）。对于功能性知识产权的许可，卖方通常会在客户可以开始使用知识产权的时点确认收入。

例如，一旦你从苹果的iTunes下载了碧昂斯的歌曲，你就可以经常听那首歌，不管碧昂斯或iTunes未来会有什么行动。你可能没有意识到，但你已经购买了一项使用知识产权的许可（而且这个许可附带了一些限制，比如不能复制和销售音乐或公开播放）。在你下载的时候，苹果公司确认了收入，因为那时你可以开始听下载的音乐。

象征性知识产权（symbolic intellectual property）：另一些许可为客户提供了获得卖方知识产权的权利，因为这些知识产权没有明显的独立功能。相反，卖方将在许可期内进行有利于客户的活动。卖方可能在许可的过程中对知识产权进行更改，或者执行影响许可对客户的价值的营销或其他活动。这种象征性知识产权的例子包括商标、标识、品牌名称和特许经营权。对于象征性知识产权的许可，卖方在一段时间内确认收入，因为卖方在一段时期内履行履约义务。

例如，假设美国职业篮球大联盟（NBA）销售一项5年的许可，允许阿迪达斯生产带有NBA球队标识的衣服和帽子。阿迪达斯同意该许可的安排，因为NBA将在许可期中继续比赛和推广。这些活动影响到衣服和帽子的价值，从而影响到阿迪达斯的品牌。因此，NBA通过其持续的活动履行许可协议下的履约义务，并在提供准入的一段时间内确认收入。

有时功能性知识产权也需要随着时间的推移确认收入。当卖方期望在许可期内更改功能，客户需要使用更新版本时，就会发生这种情况。某些软件产品就是这样，比如病毒防护。在这种情况下，即使许可涉及功能性知识产权，我们也将其视为转让获得权，因此必须在许可期内确认收入。

最后，有时许可不被认为是单独的履约义务，因为它与在同一交易中提供的其他商品或服务无法明确区别。例如，一项在线服务可能会许可客户访问网站内容。在这种情况下，许可无法与网站内容明确区别，因为许可的目的是访问内容。因此，网站访问和许可被视为一

① FASB ASC 606-10-55-59-62：Revenue from Contracts with Customers-Overall-Implementation Guidance and Illustrations-Determining the Nature of the Entity's Promise（previously "Revenue from Contracts with Customers（Topic 606）—Identifying Performance Obligations and Licensing" *Accounting Standards Update 2016-10*（Norwalk，Conn：FASB，2016））.

项单一的履约义务，收入随着向客户提供网站访问权在一段时间内确认。

国际财务报告准则

国际会计准则理事会的许可准则不依赖于功能性和象征性的分类，因此它不同于美国公认会计原则，它不需要对所有象征性知识产权在一段时间内确认收入。相反，国际会计准则理事会要求卖方只有当其持续活动影响到客户从知识产权中获得的好处时，才在一段时间内确认收入。这种区别通常不重要，但也有例外。例如，布鲁克林道奇队在 1957 年打了最后一场棒球赛，他们的持续活动不太可能影响从布鲁克林道奇队标识许可中获得的好处。因此，在国际财务报告准则下，卖方在客户可以使用标识的时候确认许可收入。然而，由于美国公认会计原则将重点放在标识是象征性知识产权上，它要求卖方在许可期限内确认收入。

补充思考

可变对价与许可。在此之前，我们知道卖方可以确认与可变对价相关的收入。如果可变对价是基于许可的销售或使用，则有例外。这些金额（通常称为“版税”）仅在销售或使用实际发生时才计入交易价格，因此它们是已知的，不需要估计。

特许经营权

许多快餐店、餐馆、旅馆和汽车租赁机构的零售店都是特许经营的。在特许经营安排中，**特许经营权授权人**（franchisor），如赛百味，向**特许经营人**（franchisee，通常是个人）授予其在指定期限内出售特许经营权授权人的产品并使用其名称的权利。特许经营权授权人通常也提供初始的启动服务（例如选址、改造或建造设施、销售设备、为特许经营人提供培训），以及提供持续的产品和服务（如特许品牌产品和广告以及管理服务）。因此，特许经营包括使用特许经营权授权人知识产权的许可，也包括产品和服务的初始销售，还包括产品和服务的持续销售。特许经营权授权人必须评估特许经营安排的每一部分，以确定履约义务。示例 4-20 给出了一个例子。

示例 4-20　特许经营安排

假设 TrueTech 开始销售 TechStop 系列产品。TrueTech 向特许经营人收取初始费用，以换取：(a) 在某一特定区域内经营 5 年的独家权利；(b) 分发和维修 TrueTech 产品所需的设备；(c) 在两年期间提供的培训服务。类似的设备和培训服务也可以在别处购买。这一安排的履约义务是什么？TrueTech 在什么时候对每个特许经营人确认收入？

1. 在某一特定区域内经营 5 年的独家权利是可以明确区分的，因为它可以与其他商品或服务（家具、设备、产品）一起使用，而客户可以在其他地方获得。
2. 设备是可以明确区分的，因为类似的设备是单独销售的。
3. 培训是可以明确区分的，因为类似的培训服务可以在其他地方获得。

TrueTech 将根据相对独立价格把初始特许权使用费分配给三项独立的履约义务：(1) TechStop 的经营权；(2) 设备；(3) 培训服务。TrueTech 将在经营 TechStop 5 年权利的许可期内确认收入，因为 TrueTech 在许可期间的持续活动影响了经营 TechStop 权利的价值。TrueTech 将在设备交付给特许经营人时确认设备的收入，并在培训服务提供的两年期间确认培训收入。

如果 TrueTech 还向特许经营人收取额外的 TrueTech 所提供服务的费用呢？在这种情况下，TrueTech 将在提供持续服务的同时，确认与该费用相关的收入。

开单留置

如果客户购买了货物但要求卖方在某个日期前实物占有货物，则存在**开单留置**（bill-and-hold）。例如，客户可能会购买设备，并要求卖方保存设备，直到安装场地准备好。

对于开单留置，关键的问题是，在卖方交付货物之前，客户没有实物占有资产。应该记住的是，实物占有是控制权可能被转移的指标之一，如示例 4－3 所示。开单留置经常会出现在实际业务中，但在过去，它们也被一些公司滥用。如 Sunbeam，NutraCea 和 Nortel Networks 等公司的经理们谎称未售出的存货已经在开单留置安排下出售，从而夸大了收入。

在开单留置安排中，实物占有通常会遮蔽其他控制指标，所以卖方通常会认为控制权没有转移，商品或服务在实际交付给客户之前不应该确认收入。根据美国证券交易委员会的指导原则，卖方在以下情况下才可以在交付前确认收入：(a) 他们认为客户控制了产品；(b) 有充分的理由做出开单留置安排；(c) 产品被明确认定为属于客户，并准备装运。[①]

道德困境

精密零件公司生产汽车零部件。自 1980 年成立以来，公司每年都会盈利。管理层以这一成就为傲，认为一个重要的贡献因素是公司的激励计划，即如果实现全年的营业利润目标，奖励最高管理层的奖金相当于营业利润的 1%。然而，2018 年是艰难的一年，实现利润目标的前景黯淡。

公司首席财务官托尼・史密斯（Tony Smith）已经确定了一种方法，将 12 月的销售额提高到足以使营业利润实现全年目标的程度，并确保所有高层管理人员获得奖金。一个信誉良好的客户订购了 12 万美元的正常库存零件，将于 2019 年 1 月 15 日装运。托尼告诉其他高层管理人员："我知道我们可以在 12 月 31 日前准备好订单，那么我们可以把这批货留在装运码头，直到装船。我认为在 2018 年确认销售是没有问题的，因为零件肯定会生产出来，我们确实有一个信誉良好的客户的订单。"公司的正常程序是运送货物到目的地，并在客户收到零件时确认销售收入。

委托代销

有时一家公司会安排另一家公司以**委托代销**（consignment）的形式销售其产品。在这些安排中，委托方将商品实物转移给其他公司（也就是代销方），但委托方保留法定所有权。如果商品卖出，代销方将销售价格（扣除佣金和手续费）报送给委托方。如果代销方不能在约定时间内卖出去，则代销方将货物交还给委托方。

控制权什么时候从委托方转移出去，从而使委托方能够确认收入？参照示例 4－3 所列的指标，委托方仍有所有权，并保留商品所有权上的风险和报酬。因此，在商品转让给代销方后，委托方很可能会被判定仍然保留控制权，直到商品销售给最终客户才能确认收入。示例 4－21 为波士顿科学公司在最近的年度报告中提供的一个委托代销的例子。我们将在第 6 章进一步讨论委托代销。

---

① FASB ASC 605-10-S99：Revenue Recognition-Overall-SEC Materials（originally "Revenue Recognition in Financial Statements," *Staff Accounting Bulletin No. 101*（Washington，D.C.：SEC，1999）and *Staff Accounting Bulletin No. 104*（Washington，D.C.：SEC，2003））.

示例 4-21　委托代销的收入确认政策披露——波士顿科学公司

附注1：业务和重要会计政策摘要：收入确认（部分）
我们通常在商品装运时确认收入，除非有委托代销或者我们必须提供额外的服务。在委托代销中，我们根据产品使用或转移来确认收入，因为这表明销售已经完成。

资料来源：摘自2008年2月28日波士顿科学公司提交的10-K报告。

礼品卡

假设你收到了一张iTunes**礼品卡**（gift card），可以让你下载歌曲或有声读物。在你的朋友购买那张礼品卡时，苹果公司记录了一项递延收入的负债，并在你使用礼品卡下载歌曲时记录收入。但是，如果你丢失了礼品卡，或者由于其他原因没有使用它呢？诸如苹果、塔吉特、亚马逊等卖家，当它们根据过去的经验得出结论，客户使用这些礼品卡的“可能性很小”时，它们将会确认收入。[①] 我们将在第11章进一步讨论礼品卡负债的会计问题。

披露

利润表披露

当然，卖方应在其利润表中报告收入。此外，卖方必须在其利润表或附注中包含坏账费用和与长期合同重大融资成分相关的任何利息收入或利息费用。

资产负债表披露

卖方应在资产负债表中分行报告应收账款、合同资产和合同负债。我们依次讨论。

如果客户在卖方履行履约义务之前付款，之前我们说卖方应记录递延收入。例如，在示例4-6中，TrueTech在提供Tri-Net订阅服务之前收到了货款。**合同负债**（contract liability）是递延收入（或未实现收入）账户所属的报表项目。

另一方面，如果卖方在客户付款之前履行了履约义务，卖方就记录合同资产或应收账款。如果卖方拥有无条件收取付款的权利，卖方就可以确认**应收账款**（account receivable），如果在付款前仅需时间的话，就属于这种情况。换言之，卖方已经履行了所有的履约义务，只是在等待收款。

相反，如果卖方履行了履约义务，但付款依赖于时间之外的其他事项，卖方就应确认**合同资产**（contract asset）。例如，建筑公司在建筑合同表明它们可以向客户索要进度款之前，已经完成了大量的工作，正如我们将在本章第3节看到的那样，在这种情况下，建筑公司报告一项名为“超出账单金额的在建工程”的合同资产，以反映该公司能够在未来就已完成的工作向其客户索要的金额。

附注披露

在财务报表附注中必须披露收入确认的几个重要方面。例如，卖方必须将收入分成不同类别，以帮助投资者了解收入和现金流的性质、金额、时间和不确定性。类别可能包括产品线、地理区域、客户类型或合同类型。卖方还必须披露之前被确认为递延收入或者交易价格变动导致的收入金额。

卖方必须描述其尚未履行的履约义务，讨论履约义务是如何得到履行的，并描述重要的合同条款，如付款条款以及退款、退货和保修政策。它们还必须披露用于估计交易价格、将

① 有时这也称为礼品卡的“失效”。

交易价格分配到履约义务以及确定履行履约义务时间的任何重大判断。

卖方还必须解释合同资产和合同负债当期发生的重大变化。

这些信息披露的目的是帮助财务报表使用者理解与客户签订合同所产生的收入和现金流。当然，这些披露也存在不利之处，卖方也在向竞争对手、供应商和客户提供信息。

示例 4－22 对本章第 1 节和第 2 节做了总结，以便形成对收入确认的全面认识。

示例 4－22 与收入确认有关的基本问题和特殊问题总结

收入确认	基本问题（第 1 节）	特殊问题（第 2 节）
第一步：识别与客户订立的合同	合同规定了卖方和买方对一项或多项履约义务的法律权利和义务。	以下情况表明合同是存在的：(a) 具有商业实质；(b) 已得到卖方和客户的认可；(c) 规定了卖方和客户的权利和义务；(d) 规定了支付条款；(e) 卖方很可能收回其有权收取的价款。 以下情况表明合同不存在：(a) 合同中卖方和客户都没有履行任何义务；(b) 卖方和客户可以不受惩罚地终止合同。
第二步：识别合同中的单项履约义务	履约义务是转让可明确区分的商品或服务的承诺，“可明确区分”是指商品或服务能够明确区分和单独辨认。	以下两项不属于履约义务： ● 质量保证。 ● 客户预付款。 以下属于履约义务： ● 延伸保证。 ● 授予客户重大权利的购买额外商品或服务的选择权。
第三步：确定交易价格	交易价格是卖方有权向客户收取的对价金额。	卖方在以下情况下需要调整交易价格： ● 可变对价（通过期望值或者最可能发生金额来估计）。限制：包含可变对价的交易价格应当不超过在相关不确定性消除时累计已确认收入很可能不会发生重大转回的金额。 ● 卖方是主要责任人还是代理人。 ● 重大融资成分。 ● 卖方向客户支付的款项。
第四步：将交易价格分摊至各单项履约义务	卖方根据每项履约义务的相对独立销售价格，将交易价格分摊至各单项履约义务。	可以使用多种方法来估计独立销售价格： ● 市场调整法。 ● 成本加成法。 ● 余值法。
第五步：履行各单项履约义务时确认收入	当买方有如下情况时，卖方在将控制权转让给客户的某个时间点确认收入： ● 向卖方的付款义务。 ● 该资产的法定所有权。 ● 实物占有该资产。 ● 已取得该资产所有权上的主要风险和报酬。 ● 已接受该资产。 以下情况下，卖方在一段时间内确认收入： ● 客户在卖方履约的同时即取得并消耗卖方履约所带来的经济利益。 ● 客户能够控制卖方履约过程中在建的商品。 ● 卖方履约过程中产出的商品具有不可替代用途，且该卖方在整个合同期间内有权就累计至今已完成的履约部分收取款项。	卖方必须确定收入确认的时间： ● 许可（如果是功能性知识产权，通常在许可开始时确认收入；如果是象征性知识产权，应该在许可期间确认收入）。 ● 特许经营权（在转让商品和服务时确认初始费用；后续费用随着时间的推移进行确认）。 ● 开单留置（通常不转移控制权，因此在把商品交付给客户时确认收入）。 ● 委托代销（不转移控制权，因此在销售给最终客户后确认收入）。 ● 礼品卡（先确认为递延收入，然后在使用或到期时确认收入）。

第3节 长期合同的会计处理

最近一份对500家大型上市公司的调查报告显示，大约每8家公司中就有1家参与了长期合同。[①] 这些不仅仅是建筑公司。示例4-23列出了一些使用长期合同的公司的例子，其中很多你可能知道。

示例4-23 使用长期合同的公司

公司	行业或产品类型
甲骨文公司	计算机软件、许可和咨询
洛克希德·马丁公司	飞机、导弹和航天器
惠普公司	信息技术
诺斯洛普·格鲁门公司	造船
北电网络公司	网络解决方案和服务
SBA通信公司	电信
莱恩·克里斯滕森公司	供水服务和岩土工程施工
考夫曼集团公司	商业建筑和住宅建设
雷神公司	国防电子设备
艾米克福斯特惠勒公司	建筑、石油和化工设施
哈里伯顿公司	建筑及能源服务
联合建筑产品公司	大型金属冲压机

本章第1节和第2节介绍的收入确认五步骤也适用于长期合同。但是，第二步和第五步需要特别注意。

第二步，“识别合同中的单项履约义务”很重要，因为长期合同中通常包含很多可以视为单独履约义务的产品和服务。例如，建造一座建筑物需要使用很多不同的材料和其他产品（混凝土、木材、火炉、浴室设备、地毯），并提供很多不同的服务（测量、挖掘、施工、夹具安装、油漆、景观美化）。这些产品和服务能够明确区分，但它们不能单独辨认，因为卖方的角色是将这些产品和服务结合起来，向客户交付完整的建筑物。因此，它是各单项履约义务的产品和服务的组合。大多数长期合同应该被视为一项履约义务。

第五步，“履行各单项履约义务时确认收入”很重要，因为长期合同在随着时间推移确认收入和在合同完成时确认收入之间有很大的差异。想象一下，如果一个建筑商花了多年时间建造摩天大楼，但是只在合同结束时才确认收入。这种延迟的收入确认不利于财务报表使用者了解建筑商的经济活动。还好，大多数长期合同都可以随着时间推移来确认收入。通常，客户拥有卖方在产品的所有权，卖方建造资产并在完工后交由客户控制。很多时候，卖

① *U.S.GAAP Financial Statements-Best Practices in Presentation and Disclosure-2013*（New York：AICPA，2013）.

方会为客户建造一种定制的资产，因此该资产对卖方没有其他用途，即使客户取消合同，卖方也有权获得进度收入。在上述任何一种情况下，卖方都可以随着时间推移来确认收入。

长期合同十分复杂，人们已经发展了专门的会计方法来处理这种复杂性。多年来，随着时间推移确认收入的长期合同都是采用完工百分比法（percentage-of-completion method）进行会计处理，该方法每年根据合同的进度来确认收入。不随时间推移确认收入的长期合同则使用完成合同法（completed contract method）进行会计处理，因为所有的收入都在合同完成后予以确认。

会计准则更新第 2014－09 号从会计准则汇编中取消了“完工百分比法”和“完成合同法”这两个术语，并改变了在某段时间或在某个时点确认收入的标准。但是，在某段时间内确认收入的会计处理与完工百分比法是一样的，在某个时点确认收入的会计处理则与完成合同法一样。接下来我们将展开讲解这些会计处理。

盈利性长期合同的会计处理

长期合同的大部分会计处理是相同的，不管是随时间推移确认收入还是在合同完成时确认收入。因此，我们首先讨论这两种方法的相似之处，然后讨论它们之间的区别。你会发现，在合同全过程中，这两种方法确认了同样的总收入和总利润，只是确认的时间不同。

示例 4－24 提供了一个典型的长期建造合同的例子，我们用它来讨论长期合同的会计处理。

示例 4－24 长期建造合同举例

2018 年初，哈丁建筑公司获得了一份以 500 万美元建造办公楼的合同。哈丁将根据买方提供的规格建造办公楼，预计工程将耗时 3 年完成。合同规定，哈丁将在施工期间根据预先安排的进度向买方开具账单分期收款。有关合同的信息如下：

	2018 年	2019 年	2020 年
当年发生的建造成本	$ 1 500 000	$ 1 000 000	$ 1 600 000
以前年度发生的建造成本	0	1 500 000	2 500 000
累计实际建造成本	1 500 000	2 500 000	4 100 000
年末估计还需要发生的成本	2 250 000	1 500 000	0
估计和实际建造成本总额	$ 3 750 000	$ 4 000 000	$ 4 100 000
当年开具账单金额	$ 1 200 000	$ 2 000 000	$ 1 800 000
实际收到的金额	1 000 000	1 400 000	2 600 000

建造成本包括与建筑施工直接相关的人工、材料和制造费用。注意估计和实际建造成本之和在各期间是如何变化的。因为要在长时间内估计成本，成本修正在长期合同中是很正常的。

建造成本和应收账款的会计处理

示例 4－24A 显示的是实际建造成本、开具账单和现金收款的日记账分录，这些日记账分录不受收入确认时间的影响。

示例 4-24A　日记账分录——成本、账单和现金收款

	2018 年		2019 年		2020 年	
借：在建工程	1 500 000		1 000 000		1 600 000	
贷：现金、原材料等		1 500 000		1 000 000		1 600 000
记录建造成本。						
借：应收账款	1 200 000		2 000 000		1 800 000	
贷：建造合同账单		1 200 000		2 000 000		1 800 000
记录进度账单。						
借：现金	1 000 000		1 400 000		2 600 000	
贷：应收账款		1 000 000		1 400 000		2 600 000
记录现金收款。						

第一个日记账分录显示，在建造过程中，哈丁会产生各种成本，并将其记录在一个名为**“在建工程”**（construction in progress，CIP）的资产账户中。这个资产账户相当于制造业公司的在产品存货，因为在建的项目实质上是承包商的一个在建存货项目。

当哈丁根据合同规定的时间向客户开具账单时，就会记录第二个日记账分录。注意，定期账单贷记**“建造合同账单”**（billings on construction contract），这个账户是在建工程的抵减账户。在每一期间结束时，将这两个账户的余额进行比较。如果净额是一个借方余额，则在资产负债表上报告为合同资产；反之，如果净额是在贷方，则报告为合同负债。[①]

为了理解我们为什么使用“建造合同账单”（或者简称“账单”）这个账户，考虑长期合同和正常销售存货给客户的会计处理的一个关键区别。一般情况下，卖方会借记应收账款、贷记收入，同时借记销售成本、贷记存货。因此，卖方放弃了其实物资产（存货），并确认出售商品的成本，同时获得一项金融资产（应收账款）并确认收入。实物资产先是在资产负债表中，然后变成了金融资产，但两者不会同时出现在资产负债表中。

继续来看哈丁建筑公司的例子。哈丁正在建造一项实物资产（在建工程），它在同一时期内确认了一项金融资产（首先在向客户开具账单时确认应收账款，然后在收到款项时确认现金）。在资产负债表中同时出现实物资产和金融资产会构成同一安排的重复计算。建造合同账单账户解决了这个问题。无论应收账款什么时候得到确认，分录的另一方增加建造合同账单，从而抵销在建工程。因此，金融资产（应收账款）增加，实物资产（在建工程和建造合同账单的净额）减少，不发生重复计算。

记住，我们是在卖方有权无条件接受付款的情况下确认的应收账款，也就是在获得付款之前只需要时间。当接受付款的权利取决于时间之外的其他因素时，我们确认合同资产。与这些规定一致，哈丁将已向客户开具账单但尚未获得付款的金额报告为应收账款，将剩余的部分也就是最后向客户开具账单并一次性获得付款的金额确认为合同资产（在建工程－建造合同账单）。

---

① 如果公司有不止一项长期合同，所有在建工程超过账单的合同均作为合同资产在资产负债表中列报，所有账单超过在建工程的合同均作为合同负债列报。

收入确认——一般方法

现在来看看收入确认。示例 4－24B 的上部显示的是在合同完成时确认收入、建造成本（可以认为是销货成本）和毛利的单一日记账分录；底部显示的是在合同期内确认收入的日记账分录。这里把重点放在日记账分录的结构（借方和贷方）上。我们将在本章后面部分讨论如何计算具体金额。

示例 4－24B　日记账分录——收入确认

	2018 年		2019 年		2020 年	
完工时确认收入						
借：在建工程					900 000	
建造成本					4 100 000	
贷：长期合同收入						5 000 000
记录毛利。						
根据完工百分比随时间确认收入						
借：在建工程	500 000		125 000		275 000	
建造成本	1 500 000		1 000 000		1 600 000	
贷：长期合同收入		2 000 000		1 125 000		1 875 000
记录毛利。						

理解示例 4－24B 的两个关键方面很重要。第一，无论是在合同完成时还是在合同期间，确认的收入（都是合同价格 500 万美元）、成本和毛利都相同。唯一的区别是时间。为了验证这一点，我们可以将两种方法在 3 年内确认的收入加起来，如下：

	收入确认	
	随时间	合同完成时
确认的收入：		
2018 年	\$ 2 000 000	0
2019 年	1 125 000	0
2020 年	1 875 000	5 000 000
总收入	\$ 5 000 000	\$ 5 000 000

第二，注意，无论收入确认的时间如何，我们都将毛利（收入和成本的差额）加到在建工程资产上。这似乎很奇怪，为什么要把利润加到本质上是存货的账户呢？关键在于，当哈丁确认毛利时，哈丁就像把一部分资产卖给了客户，但是哈丁仍然把资产保留在自己的资产负债表上（在在建工程账户里），直到交付给客户。将已确认的毛利加到在建工程账户，以反映客户资产的总价值（成本＋毛利＝销售价格）。但是，不要忘记建造合同账单是在建工程的抵减账户。在整个建造期间，哈丁将为整个资产的销售价格向客户开具账单。因此，在合同的最后，在建工程账户（包含成本和毛利）和建造合同账单账户（包含所有向客户开具的账单金额）将有相等的余额，正好抵消为零。

接下来让我们更详细地讨论收入确认的时间。

完成合同法的收入确认

如果一份合同不是随着时间的推移确认收入，那么会在控制权从卖方转移到客户的时候确认收入，这通常发生在合同完成的时候。这时，卖方将自己视为出售资产并确认与销售相关的收入和费用。如示例 4-24B 和下面的 T 形账户所示，哈丁这个例子在 2020 年完成合同。在此之前，在建工程账户只包括成本，2018 年和 2019 年结束时的累计余额分别为 150 万美元和 250 万美元，在 2020 年项目完成时的总额为 410 万美元（150＋100＋160）。合同完成时，哈丁确认了 500 万美元收入和 410 万美元建造成本（类似于商品销售成本），因为那时资产被视为是“出售”的。结果是哈丁在在建工程账户中包含 90 万美元的毛利，导致账户余额为成本加毛利 500 万美元。

合同完成时确认收入

	在建工程		建造合同账单		
2018 年建筑成本	1 500 000			1 200 000	2018 年账单
2018 年末余额	1 500 000			1 200 000	2018 年末余额
2019 年建筑成本	1 000 000			2 000 000	2019 年账单
2019 年末余额	2 500 000			32 000 000	2019 年末余额
2020 年建筑成本	1 600 000			18 000 000	2020 年账单
总毛利	900 000				
结账前余额	5 000 000			5 000 000	结账前余额

根据完工百分比随时间确认收入

如果一份合同是随着时间的推移确认收入，收入则根据完工的比例来确认。完工比例应该如何估计呢？

正如本章第 1 节所讨论的，估计完工进度的一种方法是产出法，如生产或交付的产品数量、完成的里程数以及通过调查或评估得到的当前业绩。产出法的一个缺点是，它可能会对迄今为止的实际进度提供一种扭曲的观点。[①] 例如，高速公路建设的产出指标可能是已完工的道路里程数，但如果所有道路不是都需要付出同样努力的话，使用这一方法可能是不合理的。亚利桑那州的一项高速公路合同，其中需要穿越山脉的路段比在平坦沙漠的路段可能要向承包商支付更多的费用。产出法的另一个缺点是，得到所需的信息可能要付出高昂的成本，例如调查或评估。

另一种估计进度的方法是基于卖方的投入，以迄今为止所付出的努力与履行履约义务预期付出的总努力的比例来衡量。付出努力的度量包括发生的成本、人工工时、机器工时或过去的时间。估计完工进度最常用的方法是使用“成本比率”，即目前已发生的成本与完成项目估计总成本的比率。[②] 当使用这种方法时，卖方必须确保将不反映完工进度的成本排除在

① 如果这些度量被期末有大量在产品或产成品存货的卖方歪曲，则生产或交付的数量不是衡量完工进度的恰当基础。

② R. K. Larson and K. L. Brown, “Where Are We with Long-Term Contract Accounting?” *Accounting Horizons*, September 2004, pp. 207-219.

外。例如，生产效率低下可能导致原材料、人工或其他资源的浪费。这些成本在发生时必须被确认为费用，而不包括在成本比率中。

不管用于估计完工进度的具体方法是什么，我们都使用以下逻辑来确定每段时期内确认的收入：

$$\text{当期确认的收入}=\underbrace{(\text{估计总收入}\times\text{目前完工比例})}_{\text{目前累计确认的收入}}-\text{以前期间确认的收入}$$

示例 4-24C 显示的是哈丁建筑公司每一年的收入计算，并且以成本比率法来估计完工比例。注意，这种方法在估计完工百分比时自动包含完成工作所需的估计成本的变化。首先计算累计的收入，然后减去以前年度确认的收入，以确定在本期确认的收入。参考以下 T 形账户以了解每个时期加入在建工程账户的毛利。

在合同期间确认收入

	在建工程		建造合同账单		
2018 年建造成本	1 500 000			1 200 000	2018 年账单
2018 年末余额	500 000				
2019 年建筑成本	2 000 000			1 200 000	2018 年末余额
2019 年末余额	1 000 000			2 000 000	2019 年账单
2020 年建筑成本	125 000				
2019 年末余额	3 125 000			3 200 000	2019 年末余额
2020 年建造成本	1 600 000			1 800 000	2020 年账单
2010 年毛利	275 000				
结账前余额	5 000 000			5 000 000	结账前余额

示例 4-24C　将收入分配到每一期间

	2018 年	2019 年	2020 年
建造成本：			
当年发生的建造成本	\$1 500 000	\$1 000 000	\$1 600 000
以前年度发生的建造成本	0	1 500 000	2 500 000
目前实际成本	1 500 000	2 500 000	4 100 000
估计至完工的剩余成本	2 250 000	1 500 000	0
总成本（估计＋实际）	\$3 750 000	\$4 000 000	\$4 100 000
合同价格	\$5 000 000	\$5 000 000	\$5 000 000
乘以：	×	×	×
完工百分比 $\frac{\text{目前实际成本}}{\text{总成本（估计＋实际）}}$	$\left(\frac{\$1\,500\,000}{\$3\,750\,000}=40\%\right)$	$\left(\frac{\$2\,500\,000}{\$4\,000\,000}=62.50\%\right)$	$\left(\frac{\$4\,100\,000}{\$4\,150\,000}=100\%\right)$
等于：			

续

	2018年	2019年	2020年
目前累计确认的收入	$2 000 000	$3 125 000	$5 000 000
减去：			
以前期间确认的收入	$0	(2 000 000)	(3 125 000)
等于：			
当期确认的收入	$2 000 000	$1 125 000	$1 875 000
确认收入的日记账分录：			
借：在建工程	500 000	125 000	275 000
建造成本	1 500 000	1 000 000	1 600 000
贷：长期合同收入	$2 000 000	$1 125 000	$1 875 000

如果合同是随着时间的推移确认收入，那么每年的利润表将报告一定的收入和建造成本。例如，在2018年，利润表将报告收入200万美元（合同价格500万美元的40%），减去建造成本150万美元，得到毛利50万美元。① 示例4-24D显示了哈丁建筑公司这个例子中3年的收入、建造成本和毛利确认情况。

示例4-24D 每一期间确认的收入和建造成本

2018年		
当期确认的收入（5 000 000×40%）		$2 000 000
建造成本		(1 500 000)
毛利		$500 000
2019年		
目前确认的总收入（5 000 000×62.5%）	$3 125 000	
减：2018年确认的收入	2 000 000	
当期确认的收入		$1 125 000
建造成本		(1 000 000)
毛利		$125 000
2020年：		
目前确认的总收入（5 000 000×100%）	$5 000 000	
减：2018年和2019年确认的收入	3 125 000	
当期确认的收入		$1 875 000
建造成本		(1 600 000)
毛利		$275 000

完成合同

项目完成后，哈丁公司剩下的工作是将资产的所有权正式转让给客户。这时，哈丁公司会做一笔分录，通过借记建造合同账单、贷记在建工程（金额都为合同的总价值），将合同

① 在大多数情况下，建造成本也等于在此期间发生的建造成本。建造成本不等于预计整个项目会发生损失当年所发生的建造成本。这种情况将在本章后面部分说明。

从资产负债表中移除。如示例 4-24E 所示，无论收入是在合同期内确认还是在合同完成时确认，都会做以下会计处理。

示例 4-24E 合同完成时结转建造合同账单账户和在建工程账户的日记账分录

	2018 年	2019 年	2020 年	
借：建造合同账单			5 000 000	
贷：在建工程				5 000 000
结转账户。				

在合同期内和合同完成时确认收入的比较

利润确认

示例 4-24B 显示了在合同期内和合同完成时确认收入所做的分录，这些分录决定了利润表中收入、成本和毛利的金额。比较不同收入确认方法下产生的毛利，可以看出两者的本质区别。

	收入确认	
确认的毛利：	随时间推移	合同完成时
2018 年	$ 500 000	$ 0
2019 年	125 000	0
2020 年	275 000	900 000
总毛利	$ 900 000	$ 900 000

无论收入是随时间推移确认还是在合同完成时确认，都不影响 3 年中毛利确认的总额 90 万美元，但毛利确认的时间会受到影响。如果合同不允许随时间推移确认收入，我们把所有毛利都递延到 2020 年，即项目完成时。显然，在合同期内随时间推移确认收入能够更好地衡量公司的经济活动和 3 年的完工进度。如之前所提到的，大多数长期合同都是随时间推移确认收入。[①] 只有卖方不允许随时间推移确认收入时（根据示例 4-5 的标准），收入才可以递延到合同完成时确认。

资产负债表确认

示例 4-24F 用两种方法反映了与建造相关的账户在资产负债表中的列示情况。

示例 4-24F 资产负债表列示

资产负债表 （年末）		
	2018 年	2019 年
合同完成时确认收入的项目：		
流动资产：		
应收账款	$ 200 000	$ 800 000
成本（$ 1 500 000）超出账单（$ 1 200 000）	300 000	

① 出于所得税的目的，房屋建筑合同和其他某些房地产建筑合同可以在完成时确认收入。其他所有合同必须根据完工百分比确认收入。

续

	2018 年	2019 年
流动负债：		
账单（＄3 200 000）超出成本（＄2 500 000）		＄700 000
随时间确认收入的项目：		
流动资产：		
应收账款	＄200 000	＄800 000
成本和利润（＄2 000 000）超出账单（＄1 200 000）	800 000	
流动负债：		
账单（＄3 200 000）超出成本和利润（＄3 125 000）		＄75 000

在资产负债表中，在建工程账户减去建造合同账单账户，如果在建工程大于建造合同账单，显示为合同资产，如果在建工程小于建造合同账单，显示为合同负债。公司有时需要了解在建工程账户包含什么，而不是在建工程是什么，如示例 4－24F 所示。当收入在合同期内确认时，在建工程包含成本和毛利；当收入在合同完成时确认，在建工程通常只包含成本。因为一个公司可能有一些拥有净资产的合同，而另一些则有净负债，因此，在资产负债表中同时看到合同资产和合同负债的情况并不少见。

在建工程超过账单的金额被视为一项合同资产，而不是应收账款，因为除了时间之外，公司还必须做些事情才能得到付款。虽然哈丁公司已经发生了应由买方支付的建造成本（并在合同期内确认毛利），但这些款项还没有按照建筑合同开具账单。一旦哈丁完成了足以向客户开具账单的完工进度，它就会借记应收账款、贷记建造合同账单，这将增加应收账款，并减少在建工程超过建造合同账单的金额（通过增加建造合同账单）。

另一方面，建造合同账单超过在建工程时被视为合同负债，这表明哈丁公司向客户开具的账单要比实际完成的工作多。这与客户提前支付产品或服务的款项，企业确认为递延收入负债是一样的。预付款被视为一项负债，代表将来要履行提供商品或服务的义务。

长期合同损失

上面哈丁建筑公司的例子在合同的每一阶段都有利。遗憾的是，在长期合同中有时会出现亏损。随着情况的变化，卖方必须更新它们的估计并确认损失，以恰当地反映截至目前已经确认的收入。我们如何处理某一期间的损失取决于整个合同是否盈利。

盈利项目发生定期亏损

如果一个项目可以随时间推移确认收入，有时必须在至少一个期间内确认损失，即使整个项目预计是盈利的。我们用与盈利的年份完全相同的方式来确定损失。例如，假设与前面示例 4－24 一样，哈丁建筑公司有 500 万美元的合同，但成本信息不同，如下：

	2018 年	2019 年	2020 年
当年发生的建造成本	＄1 500 000	＄1 260 000	＄1 840 000
以前年度发生的建造成本	0	1 500 000	2 760 000
累计建造成本	1 500 000	2 760 000	4 600 000
年末估计的剩余成本	2 250 000	1 840 000	0
估计和实际建造成本合计	＄3 750 000	＄4 600 000	＄4 600 000

在2018年底，项目完成40%（150÷375）。收入200万美元－建造成本150万美元＝毛利50万美元，这是在2018年确认的。

到2019年底，该公司预计总利润为40万美元（500－460），并且这时项目已经完成了60%（276÷460）。将这一百分比乘以预期收入500万美元，从而计算出收入为300万美元。这意味着截至目前确认的毛利应该为24万美元（300－276）。但是记住，前一年已经确认了50万美元的毛利。

我们把这种情况视为会计估计变更，因为它是2018年底对剩余成本的估计发生变化引起的。到2019年底，完成该项目所需的总成本估计为460万美元，远远高于2018年底估计的375万美元。回想一下我们在第3章中关于会计估计变更的讨论，我们不会重述上一年的利润表。相反，2019年的利润表将会报告26万美元（50－24）的损失，因此截至目前确认的累计毛利为24万美元。该损失等于2019年确认的收入100万美元（截至2019年确认的累计总收入为500×60%＝300万美元，减去2018年确认的200万美元收入）减去2019年发生的成本126万美元。就像毛利被记入在建工程账户的借方一样，这一损失被记入在建工程账户的贷方，因此在建工程包括截至目前的累计毛利或损失。以下分录记录了2019年的损失：

借：建造成本	1 260 000	
贷：长期合同收入		1 000 000
在建工程		260 000

在2020年，该公司的收入为200万美元（500万美元减去2018年和2019年确认的收入300万美元），建造成本为184万美元（2020年发生的成本），因此毛利为16万美元。

收入	$2 000 000
减去：建造成本	(1 840 000)
毛利	$160 000

当然，如果收入在合同完成时确认，那么2018年和2019年将不会确认任何毛利或损失。相反，在2020年，确认收入500万美元，建造成本460万美元，毛利40万美元。

整个项目发生损失

如果整个合同预计将发生损失，那么在损失得到明显体现的期间，必须确认损失总额，无论是在合同期内还是在合同完成时确认收入。考虑哈丁建筑公司的例子，但成本信息如下：

	2018年	2019年	2020年
当年发生的建造成本	$1 500 000	$1 260 000	$2 440 000
以前年度发生的建造成本	0	1 500 000	2 760 000
累计建造成本	1 500 000	2 760 000	5 200 000
年末估计的剩余成本	2 250 000	2 340 000	0
估计和实际建造成本合计	$3 750 000	$5 100 000	$5 200 000

2019年底，估计整个项目损失10万美元（合同收入500万美元减去估计建造成本510万美元）。在这种情况下，无论收入是在合同期内还是合同完成时确认，2019年都必须确认预计的总损失。如果收入在合同期内确认，2018年将确认50万美元的毛利，因此在2019年要确认60万美元的损失，使累计损失总额达到10万美元。这种情况也被视为会计估计变更，而不重述2018年的利润。另一方面，如果收入在合同完成时确认，那么2018年不会确认毛利，而该项目的10万美元损失将在2019年确认。此时应借记长期合同损失，贷记在建工程，金额都为10万美元。

为什么在2019年确认10万美元损失，而不是在合同完成时？如果损失不在2019年确认，在建工程的价值将超过公司预期从合同中实现的金额。为了避免这一问题，确认的损失将在建工程账户减少到266万美元（276万美元建造成本减去10万美元预计损失）。这一金额加上估计剩余成本234万美元，等于合同价格500万美元。在得知会发生损失的期间确认长期合同损失，类似于在成本与可变现净值孰低法下计量存货，我们将在第7章学习这个概念。

下表总结了合同期间毛利（损失）的模式。注意，在2020年，额外增加的20万美元成本进一步增加了10万美元损失。

	收入确认	
确认的毛利（损失）：	随时间推移	合同完成时
2018年	$500 000	$0
2019年	(600 000)	(100 000)
2020年	(100 000)	(100 000)
项目总损失	$ (200 000)	$ (200 000)

示例4-24G显示了3年中每年确认的收入和建造成本，假设合同满足随时间推移确认收入的条件。收入按完工百分比法进行确认。在整个项目预计遭受损失的情况下，各个期间的建造成本将不再等于该期间发生的成本。计算建造成本最简单的方法是将确认的损失金额加上确认的收入金额。例如，2019年确认的70.6万美元收入加上确认的60万美元损失，得到建造成本130.6万美元。①

① 建造成本也可以计算如下：

截至目前的损失（100%确认）		$100 000
加：		
剩余的项目总成本，不包括损失（5 100 000－100 000）	$5 000 000	
乘以完工百分比	×0.541 2*	2 706 000
合计		2 806 000
减：2016年确认的建造成本		(1 500 000)
2017年确认的建造成本		$1 306 000

*2 760 000÷5 100 000。

示例 4-24G 收入和建造成本在各期的分配——整个项目发生损失

2018 年		
当期确认的收入（5 000 000×40%）		$2 000 000
建造成本		(1 500 000)
毛利		$500 000
2019 年		
目前确认的总收入（5 000 000×54.12%）*	$2 706 000	
减：2018 年确认的收入	(2 000 000)	
当期确认的收入		$706 000
建造成本†		(1 306 000)
损失		$ (600 000)
2020 年		
目前确认的总收入（5 000 000×100%）	$5 000 000	
减：2018 年和 2019 年确认的收入	(2 706 000)	
当期确认的收入		$2 294 000
建造成本†		(2 394 000)
损失		$ (100 000)

* 2 760 000÷5 100 000=54.12%。
† 收入和损失之差。

2019 年和 2020 年确认损失的分录如下：

2019 年

借：建造成本	1 306 000	
贷：长期合同收入		706 000
在建工程		600 000

2020 年

借：建造成本	2 394 000	
贷：长期合同收入		2 294 000
在建工程		100 000

在这个例子中，随时间推移确认收入，由于对未来成本估计的变化，大幅高估了 2018 年的利润，大幅低估了 2019 年的利润。当收入随时间推移进行确认时，这些估计偶尔会进行修正。

如果不满足随时间推移确认收入的条件，在合同完成前不会确认任何收入和成本。在 2019 年，确认了一笔 10 万美元的长期合同损失（利润表账户）。在 2020 年，利润表将报告 500 万美元收入和 510 万美元建造成本，形成额外 10 万美元的损失。2019 年和 2020 年的分录如下：

2019 年

借：长期合同损失	100 000	
贷：在建工程		100 000

2020年

借：建造成本	5 100 000	
贷：长期合同收入		5 000 000
在建工程		100 000

概念回顾练习

长期建造合同

2018年，萨缪尔森建筑公司开始在杰农市建造一座办公楼。合同价格为800万美元，建造过程大约需要18个月。完工日期定于2020年初。该公司的会计年度于12月31日结束。

以下是按年计算的建造成本和在每年年底估计的至完工还需要发生的剩余成本，也显示了进度账单和现金收款。

	2018年	2019年	2020年
当年发生的实际成本	$1 500 000	$4 500 000	$1 550 000
以前年度发生的实际成本	0	1 500 000	6 000 000
截至目前发生的累计成本	1 500 000	6 000 000	7 550 000
年末估计的剩余成本	4 500 000	1 500 000	0
总成本（实际＋估计）	$6 000 000	$7 500 000	$7 550 000
当年开具的账单	$1 400 000	$5 200 000	$1 400 000
当年的现金收款	1 000 000	4 000 000	3 000 000

要求：

1. 假设：(a) 合同满足随时间推移确认收入的条件；(b) 合同不满足随时间推移确认收入的条件，分别确定每年建造收入、建造成本以及毛利或损失的金额。

2. 假设合同满足随时间推移确认收入的条件，编制每年必要的日记账分录，以反映建造成本、建造收入、合同账单和现金收款，并于2020年结转与建造相关的账户。

3. 假设合同满足随时间推移确认收入的条件，编制与建造有关账户2018年和2019年的部分资产负债表。

解答：

1. 假设：(a) 合同满足随时间推移确认收入的条件；(b) 合同不满足随时间推移确认收入的条件，分别确定每年建造收入、建造成本以及毛利或损失的金额。

	合同满足随时间推移确认收入的条件		
	2018年	2019年	2020年
合同价格	$8 000 000	$8 000 000	$8 000 000
乘以完工百分比*	25%	80%	100%
截至目前累计确认的收入	2 000 000	6 400 000	8 000 000
减：以前年度确认的收入	0	(2 000 000)	(6 400 000)

	合同满足随时间推移确认收入的条件		
	2018 年	2019 年	2020 年
当年确认的收入	2 000 000	4 400 000	1 600 000
减：当年发生的实际成本	(1 500 000)	(4 500 000)	1 550 000
当年确认的毛利（损失）	$500 000	$ (100 000)	$50 000

* 估计的完工百分比：

2018 年 $\frac{1\,500\,000}{6\,000\,000}=25\%$　2019 年 $\frac{6\,000\,000}{7\,500\,000}=80\%$　2020 年 全部完工=100%

	合同不满足随时间推移确认收入的条件		
	2018 年	2019 年	2020 年
确认的收入	$0	$0	$8 000 000
减：确认的建造成本	0	0	(7 550 000)
确认的毛利	$0	$0	$450 000

2. 假设合同满足随时间推移确认收入的条件，编制每年必要的日记账分录，以反映建造成本、建造收入、合同账单和现金收款，并于 2020 年结转与建造相关的账户。

	2018 年		2019 年		2020 年	
借：在建工程	1 500 000		4 500 000		1 550 000	
贷：现金、原材料等		1 500 000		4 500 000		1 550 000
记录建造成本。						
借：在建工程	500 000				50 000	
建造成本	1 500 000				1 550 000	
贷：收入		2 000 000				1 600 000
记录收入和毛利。						
借：建造成本			4 500 000			
贷：收入				4 400 000		
在建工程				100 000		
记录收入和损失。						
借：应收账款	1 400 000		5 200 000		1 400 000	
贷：建造合同账单		1 400 000		5 200 000		1 400 000
记录进度账单。						
借：现金	1 000 000		4 000 000		3 000 000	
贷：应收账款		1 000 000		4 000 000		3 000 000
记录现金收款。						
借：建造合同账单					8 000 000	
贷：在建工程						8 000 000
结转账户。						

3. 假设合同满足随时间确认收入的条件，编制与建造有关账户 2018 年和 2019 年的部分资产负债表。

资产负债表

（年末）

	2018 年	2019 年
流动资产：		
应收账款	$ 400 000	$ 1 600 000
成本和利润（$ 2 000 000）超出账单（$ 1 400 000）	600 000	
流动负债：		
账单（$ 6 600 000）超出成本和利润（$ 6 400 000）		$ 200 000

财务报告案例问题参考答案

1. 在什么情况下公司会在某一时点或在某一时段内确认收入？

卖方在履行履约义务时确认收入，也就是当卖方将商品或服务的控制权转移给客户时。转移控制权的标志包括客户接受并实物占有商品或服务，以及卖方有权获得付款。某些履约义务在某一时点得到履行，此时卖方将商品或服务转移给客户。另一些履约义务随着时间的推移而得到履行。例如，客户可能会在卖方履约时就获得好处，或者客户可能控制卖方创建的资产。

2. 公司什么时候会将一项销售分成不同部分分别确认收入？

如果合同包含不止一项履约义务，卖方必须将其拆分成不同部分。如果商品和服务能够明确区分（例如商品和服务可以单独出售）并且能够单独辨认（如果各种商品和服务不是像建造合同那样组合成一个完整的产品），那么商品和服务就被视为单独的履约义务。为了对包含多项履约义务的合同进行会计处理，卖方应根据各履约义务的独立销售价格将合同的交易价格分配到各履约义务，并在每项履约义务得到履行时确认每项履约义务的收入。

3. 企业如何对满足随时间确认收入条件的长期合同进行会计处理？

如果合同满足随时间确认收入的条件，卖方会在合同履行的每一期间确认收入。收入确认的金额根据截至目前的完工百分比计算，完工百分比通常用已发生的项目成本占估计总成本的比例计算。要计算给定日期以前确认的总收入，需要用估计完工百分比乘以合同价格。要计算当期收入确认的金额，需要用确认的收入总额减去以前期间确认的收入。

本章学习目标概要

学习目标 4-1

公司在商品或服务被转让给客户、预期有权利收到这些商品或服务的交易对价时确认收入。核心原则有以下几点：（1）识别与客户订立的合同；（2）识别合同中的单项履约义务；（3）确定交易价格；（4）将交易价格分摊至各单项履约义务；（5）履行各单项履约义务时确认收入。

学习目标 4-2

当商品或服务的控制权在某一特定日期被转移给客户时，收入应该在一个时点确认。商品或服务被转移、收入应当被确认的标志包括：卖方拥有收款的权利，客户拥有资产的法定所有权并已实物占有该资产，客户已正式接受该资产，客户承担与所有权有关的风险和报酬。

学习目标 4-3

当履约义务随着时间的推移而得到履行时，收入应该随着时间的推移进行确认。有以下几种情况：(1) 客户在企业履约的同时即取得并消耗企业履约所带来的经济利益；(2) 客户能够控制企业履约过程中在建的商品；(3) 企业履约过程中产出的商品具有不可替代用途，且该企业在整个合同期间内有权就累计至今已完成的履约部分收取款项，即使客户取消合同。

学习目标 4-4

合同的交易价格分摊至它的各项履行义务。分配的基础是提供这些商品或服务的履约义务的独立销售价格。如果一项商品或服务不是独立销售的，那么其独立销售价格必须进行估计。

学习目标 4-5

如果合同具有商业实质、合同各方承诺履行义务并执行合同指定的权利，那么合同存在。履约义务是卖方向客户转让商品或服务的承诺。如果商品或服务可明确区分，那么转让商品或服务的承诺可以视为一项单独的履约义务。可明确区分意味着：商品或服务能够明确区分（即客户可以独自使用商品或服务或与其他商品或服务结合使用），并且可以单独辨认（即商品或服务与合同中的其他商品和服务没有高度关联，因此在合同中是独立的）。预付款、退货权和正常的质量保证不属于履约义务，因为它们没有转移商品或服务给客户。另一方面，延伸保证和客户以某种优惠方式（例如折扣）获得商品或服务的选择权属于履约义务。

学习目标 4-6

如果合同包含依赖未来事件结果的对价，卖方应估计可变对价并将其包含在合同的交易价格中。可变对价可以通过期望值或者最可能发生金额来估计。然而，可变对价的一个限制条件是，包含可变对价的交易价格应当不超过在相关不确定性消除时累计已确认收入很可能不会发生重大转回的金额。可变对价的估计在每一期间都应当更新，以反映情况的变化。卖方还需要确定它是主要责任人（确认从客户处获得的收入）还是代理人（将佣金确认为收入），考虑货币时间价值，并考虑卖方向客户支付款项的影响。一旦交易价格被估计出来，我们将根据独立销售价格将其分配到各项履约义务，这可以使用市场调整法、成本加成法或者余值法来估计。

学习目标 4-7

如果卖方在许可期内的活动预期会影响客户从许可的知识产权中获得的利益，就像象征性知识产权一样，那么卖方应该在许可期内确认收入。否则，卖方在客户获得卖方知识产权的时点确认收入。特许经营权是一个典型例子，它既包括许可又包括其他履约义务。开单留置销售在卖方将商品控制权转让给客户时确认收入，尽管卖方仍然实物占有商品。委托代销在商品交付给最终客户时确认收入。礼品卡的收入应在礼品卡被兑换、过期或被认为失效时确认。

学习目标 4-8

收入确认需要披露大量信息。例如，卖方在资产负债表中分行报告合同负债、合同资产和应收账款。如果客户在卖方履行履约义务之前付款给卖方，卖方会确认合同负债，如递延收入。如果卖方在客户付款之前履行了履约义务，卖方可以确认合同资产或应收账款。卖方确认应收账款，前提是在款项支付前只需要时间。如果卖方获得付款依赖于时间之外的因素，则卖方应确认合同资产。

学习目标 4-9

长期合同通常随时间推移确认收入。我们根据完工比例，将项目的收入和成本分摊到项目全过程的每个报告期。如果长期合同不满足随时间推移确认收入的条件，那么应该在项目完成时确认收入和费用。

学习目标 4-10

国际财务报告准则中"很可能"一词比美国公认会计原则中的概率更低。因此，卖方可能会认为一份合同满足国际财务报告准则中"很可能收到其有权收取的金额"规定的可能性门槛，并确认收入，但在美国公认会计原则下却无法这样做。此外，对于许可，国际财务报告准则没有将收入确认时间与许可是"功能性"还是"象征性"知识产权挂钩，因此国际财务报告准则可能允许在获得"象征性知识产权"许可的时点确认收入，而在美国公认会计原则下"象征性知识产权"许可应在合同期内确认收入。

本章重点问题回顾

4-1 公司运用核心收入确认原则的五个关键步骤是什么？

4-2 哪些指标表明履约义务是在一个时点上得到满足？

4-3 决定一家公司能够随着时间的推移确认收入的标准是什么？

4-4 服务收入可以在某个时点或在某段时间内确认。解释使用这两种方法确认服务收入的理论基础。

4-5 什么特征使一项商品或服务成为履约义务？

4-6 卖方如何将交易价格分配给合同中的履约义务？

4-7 为了确认收入，合同必须包含哪些内容？

4-8 与美国公认会计原则相比，国际财务报告准则下的"可能"的定义如何影响合同的存在？

4-9 当合同包含购买额外商品或服务的选择权时，该选择权何时构成履约义务？

4-10 合同交易价格的计算中是否包含可变对价？如果包含的话，如何估计可变对价的金额？

4-11 卖方确认可变对价有什么限制？在什么情况下这一限制适用？

4-12 客户的退货权是卖方的履约义务吗？卖方如何处理退货权？

4-13 主要责任人和代理人在确定收入方面有什么区别？

4-14 在什么情况下，卖方在确认收入时需要考虑货币时间价值？

4-15 卖方在什么时候会将向客户的付款视为客户为购买商品或服务所支付价款的部分退款？

4-16 通常不单独销售的商品或服务的独立销售价格的三种估计方法是什么？

4-17 许可证什么时候确认收入？

4-18 在特许经营安排中，特许经营权授权人的典型履约义务是什么？

4-19 开单留置销售中公司一般什么时候确认收入？

4-20 与美国公认会计原则相比，国际财务报告准则对象征性知识产权许可的处理有何不同？

4-21 在委托代销下，委托人什么时候确认收入？

4-22 对于礼品卡，公司什么时候确认收入？

4-23 坏账费用必须在利润表上以单独一行进行披露吗？如果不是，应该如何披露？

4-24 解释合同资产、合同负债和应收账款的区别。

4-25 对于长期合同，解释如何随时间或者在一个时点确认收入。在什么情况下，收入应在合同完成时确认？

4-26 定期向客户开具的长期建造合同账单被记录为建造合同账单账户，这个账户在资产负债表中怎么报告？

4-27 长期合同（既包括随时间推移确认收入的合同，也包括在合同完成时确认收入的合同）的估计损失在什么时候确认？

简要练习

4-1 在某一时点确认收入

2018年7月1日，房地产开发商Apache公司以300万美元的价格将一块土地卖给了一家建筑公司。在Apache的账面记录中，土地的账面价值是120万美元。出售条款要求先支付15万美元的首付款，然后从2019年开始按适当的利率在每年的7月1日支付15万美元，19年付清。假设Apache在将土地转让给建筑公司的时点确认收入，那它将为该项销售确认多少收入（不考虑利息）？

4-2 收入确认的时间

房地产建筑商正在为网络零售公司CyberB建造一座大楼。根据建造协议，如果由于任何原因，房地产建筑商无法完成建造，CyberB将拥有部分完工的建筑，并可以雇用另一家建筑公司来完成这项工作。房地产建筑商应该在什么时候确认收入：在建造过程中还是建造完成后？

4-3 收入确认的时间

2018年5月1日，Varga技术服务公司与Shaffer Holdings公司签订了一份6 000美元的咨询合同。该合同要求Varga公司在2018年5月1日至2019年4月30日期间根据需要随时提供计算机技术支持服务。Shaffer公司在2018年5月1日支付全部6 000美元。Varga公司在2018年应确认多少收入？

4-4 分配交易价格

Sarjit系统公司以8万美元的价格将一款软件卖给客户。作为合同的一部分，Sarjit承诺将在未来6个月内提供“免费”的技术支持。Sarjit以7万美元的价格单独出售不含技术支持的相同软件，单独的6个月技术支持合同价值3万美元。所以，如果这些产品单独出售的话，加起来可以卖10万美元。编制Sarjit公司销售这一软件的日记账分录。

4-5 合同的存在

Tulane轮胎公司与Garden District旅游公司签订了一份10万美元的合同。Tulane公司预期能收到Garden District公司货款的可能性只是稍大于50%。在交付轮胎后，假设Garden District公司还没有付款，在美国公认会计原则下，Tulane公司应该确认多少收入？

4-6 合同的存在；国际财务报告准则

假设与练习4-5相同的事实，但是Tulane公司执行国际财务报告准则。在国际财务报告准则下，该公司应该确认多少收入？

4-7 履约义务；预付款

eLean是一个在线健身社区，提供健身计划、营养建议和eLean教练。客户需支付50美元的费用在网站注册，然后每月支付5美元，就可以获得所有的eLean服务。当客户注册时，该隐性合同中包含多少项履约义务？

4-8 履约义务；保证

Vroom公司销售旋风真空吸尘器，每台吸尘器有一年保修，保修涵盖产品的任何缺陷。当客户购买吸尘器时，他们也可以选择购买一份延伸的三年期保修，涵盖任何破损或维修。延期保修无论是和吸尘器一起购买还是在其他时间购买，价格都相同。在购买真空吸尘器的隐性合同中包含多少项履约义务？

4-9 履约义务；保证

假设与练习4-8相同的事实，但如果客户在购买真空吸尘器时购买延期保修，他们可以少支付20%的费用。在购买真空吸尘器的隐性合同中包含多少项履约义务？

4-10 履约义务；选择权

McAfee公司出售杀毒软件的订阅服务，并提供订阅更新选择权，该选择权允许以一半的价格购买订阅服务。该合同中包含多少项履约义务？

4-11 履约义务；建造

精密设备公司专门设计和安装定制设备。2018年2月1日，该公司签订一份合同，设计一条完全自动化的手表装配线，售价200万美元，完工后以现金结算。精密设备有限公司将为客户提供安装服务，提供一个定制的软件包，并提供设备咨询服务。该合同中包含多少项履约义务？

4-12 履约义务；建造合同

2018年1月1日，乐高建筑公司签署了一份合同，为客户建造一个车库，并提前获得1万美元的预付款。新车库将建在客户的土地上。为了完成这个项目，乐高必须首先建造混凝土地板，然后建造木柱和墙壁，最后安装屋顶。通常情况下，这三个项目的独立价格分别为3 000美元、4 000美元和5 000美元。该合同中包含多少项履约义务？

4-13 履约义务；退货权

Aria香水公司在2018年1月销售了3 210盒白色麝香香皂，价格为每盒90美元。如果客户在购买后的30天内对产品不满意而退货，该公司将提供全额退款。根据历史经验，Aria预计退款为销售额的3%。销售一盒香皂包含多少项履约义务？在2018年1月，Aria应该确认多少收入？

4-14 可变对价

Leo咨询公司与Highgate大学签订合同，重建Highgate大学从供应商采购货物的流程。合同规定，Leo公司将获得2.5万美元的固定费用，如果Highgate大学可以节约10万美元的成本，Leo还将获得额外的1万美元。Leo公司估计，Highgate大学将有50%的可能性实现10万美元的成本节约。假设Leo公司根据期望值估计可变对价，那么Leo对该合同估计的交易价格是多少？

4-15 可变对价

2018年1月，大陆基金服务公司与客户签订一年期合同，提供投资咨询服务。该公司将收到一笔管理费，在合同开始时预付，根据管理的客户总资产1.5亿美元的1%计算。此外，合同规定，如果回报超过道琼斯工业平均指数的回报，大陆基金服务公司将获得超出部分的20%作为业绩奖金。大陆基金服务公司估计，它将获得200万美元的业绩奖金，但由于奖金取决于高度波动的股票市场，这一估计非常不确定。大陆基金服务公司应按什么交易价格来确认收入？

4-16 退货权

Finerly公司通过独立分销商销售化妆品。Finerly公司将化妆品运往分销商处，并考虑是否应该在新系列化妆品运送给分销商后确认30万美元的收入。Finerly公司希望经销商能够销售这些化妆品，但不确定，因为它几乎没有销售此类化妆品的经验。Finerly公司承诺，如果化妆品没有销售出去，则可以退回。在将化妆品交付给分销商后，Finerly公司应该确认多少收入？

4-17 主要责任人或代理人

假设亚马逊出售苹果公司生产的笔记本电脑，零售价为1 500美元。亚马逊的运营方式是，消费者直接从苹果商店（而非亚马逊）接收产品。客户从亚马逊购买时使用信用卡，亚马逊则用现金支付给苹果公司，金额等于零售价减去亚马逊收取的150美元佣金。在这一安排中，亚马逊销售一台电脑应该确认多少收入？

4-18 卖方向客户支付款项

Lewis公司以6万美元的价格将商品卖给AdCo公司，并在一个月后收取货款。在收到AdCo公司付款的前一周，Lewis公司向其支付了1万美元，用于广告服务，其公允价值为7 500美元。在考虑了必要的调整后，Lewis公司应该为出售给AdCo的商品确认多少收入？

4-19 估计独立销售价格；市场调整法

O'Hara公司出售高尔夫球杆，每卖出一套球杆，就提供互补的俱乐部配套服务。全套俱乐部配套服务的售价为1 500美元。其他卖方也提供类似的服务，价格为110美元。O'Hara公司的收费一般比其他同类供应商高约10%。根据市场调整法，估计俱乐部配套服务的独立销售价格。

4-20 估计独立销售价格；成本加成法

O'Hara公司出售高尔夫球杆，每卖出一套球杆，就提供互补的俱乐部配套服务。全套俱乐部配套服务的售价为 1 500 美元。O'Hara 公司估计，提供配套服务需要发生员工薪酬和其他成本 60 美元，类似服务通常可以在成本之上赚 30%。假设高尔夫球杆和俱乐部配套服务是单独的履约义务，采用成本加成法估计俱乐部配套服务的独立销售价格。

4-21　估计独立销售价格；余值法

O'Hara 公司出售高尔夫球杆，每卖出一套球杆，就提供互补的俱乐部配套服务。全套俱乐部配套服务的售价为 1 500 美元。O'Hara 公司出售不包含配套服务的球杆的价格为 1 400 美元。假设高尔夫球杆和俱乐部配套服务是单独的履约义务，采用余值法估计俱乐部配套服务的独立销售价格。

4-22　收入确认的时间；许可

Saar 公司于 2018 年 9 月 1 日向 Kim 公司销售两份许可。第一，以 10 万美元的价格，Saar 公司向 Kim 公司提供了一份专有投资管理软件的拷贝件，Saar 公司将不进行更新，Kim 公司可以永久使用。第二，以 9 万美元的价格，Saar 公司为 Kim 公司提供一项为期三年的权利，可以以 Saar 公司的名义，向市场提供 Kim 公司的金融咨询服务，Saar 公司会一直进行广告宣传。在这一安排下，Saar 公司在 2018 年确认多少收入？

4-23　收入确认的时间；许可

假设与练习 4-22 相同的事实，但 Saar 公司在市场上并不为人所熟知，在许可期间，其也不向被许可人提供任何广告或其他好处。在美国公认会计原则下，对于这一安排，Saar 公司应在 2018 年确认多少收入？

4-24　收入确认的时间；许可

假设与练习 4-23 相同的事实，在国际财务报告准则下，Saar 公司应在 2018 年确认多少收入？

4-25　收入确认的时间；特许经营权

TopChop 销售美发特许经营权，TopChop 从一个新的特许加盟商那里收取 5 万美元，用于提供最初的培训、设备和家具，这些东西的独立售价为 5 万美元。TopChop 每年还会收取 3 万美元，用于使用“TopChop”这个名号以及提供咨询服务（日期从购买特许经营权开始算）。Carlos 在 2018 年 7 月 1 日成为 TopChop 的特许加盟商，并于 2018 年 8 月 1 日完成了培训，开始营业。TopChop 对与 Carlos 的交易在 2018 年应确认多少收入？

4-26　收入确认的时间；开单留置

2018 年 12 月 15 日，Dowell 渔业公司向 Bassadrome 公司出售了 5 万美元的鱼竿，由于库存积压，这批货在 2019 年 1 月 12 日前都存放在 Dowell 公司的仓库里（并向 Bassadrome 保证，如果需要，可以随时交货）。在这一安排中，Dowell 渔业公司应在 2018 年确认多少收入？

4-27　收入确认的时间；委托代销

Kerianne 绘制风景画，2018 年底有 4 幅画作在 Holmstrom 画廊中销售，每幅零售价为 250 美元。Kerianne 和 Holmstrom 画廊约定，如果 Holmstrom 画廊售出一幅画，则其可以赚取 20%的佣金。截至 2018 年 12 月 31 日，Holmstrom 画廊卖出了一幅画，那么 Kerianne 应该在 2018 年确认多少收入？

4-28　收入确认的时间；礼品卡

GoodBuy 出售礼品卡，该礼品卡可以在商店或网上使用，用于购买 GoodBuy 产品。在 2018 年，GoodBuy 卖出了价值 100 万美元的礼品卡，其中的 84 万美元被兑换。截至 2018 年 12 月 31 日，剩余礼品卡中的 3 万美元已经过期，也就是这些礼品卡永远不会被兑换。那么在 2018 年，GoodBuy 应该确认多少礼品卡收入？

4-29　合同资产和合同负债

Holt 工业公司销售办公家具给 Ramirez 公司，并收到 2 000 美元的预付款。运送家具给 Ramirez 公司时，Holt 公司开具了额外的 3 000 美元账单给 Ramirez 公司。在收到 2 000 美元预付款时，Holt 工业公司应该确认多少合同资产、合同负债和应收账款？

4-30　合同资产和合同负债

截至 2018 年 12 月 31 日，Cady 建筑公司有一个建筑施工项目，在建工程账户余额为 2 万美元，建造合同账单账户余额为 1.4 万美元。Cady 建筑公司还有另一个建筑项目，在建工程账户余额为 3 000 美元，建造合同账单账户余额为 5 000 美元。计算 Cady 建筑公司在 2018 年 12 月 31 日的资产负债表上合同资产和合同负债项目应列示的金额。

4-31　长期合同；随时间确认收入；利润的确认

一家建筑公司以 2 000 万美元的价格签订了一份建造办公楼的固定价格合同。第一年发生的建造成本为 600 万美元，预计到项目完成还需要发生 900 万美元成本。公司根据完工百分比法随时间确认收入。在合同的第一年，公司在利润表中会确认多少收入和毛利或损失？

4-32　长期合同；随时间确认收入；资产负债表

参照练习 4-31 中描述的情况。假设在第一年，该公司开具给客户的账单为 700 万美元，其中 500 万美元在年底前收取。年底资产负债表上与本合同有关的项目应如何列示？

4-33　长期合同；在完工时确认收入

参照练习 4-31 中描述的情况。假设该建筑在第二年完工，第二年的建造成本为 1 000 万美元。如果公司在完工时确认收入，那么在第一年和第二年分别确认多少收入和毛利或损失？

4-34　长期合同；收入确认；整个项目的损失

富兰克林建筑公司签订了一份固定价格合同，以 3 000 万美元建造一条高速公路连接坡道。第一年发生的建造成本为 1 600 万美元，预计至项目完成还需要 1 700 万美元成本。如果在完工百分比法下确认收入，富兰克林在第一年确认多少毛利或损失？如果在全部完工法下确认收入，又应该确认多少毛利或损失？

习　题

4-2　服务收入

位于加利福尼亚州塔霍湖附近的 Ski West 公司经营着一个滑雪区。全天成人票价为 85 美元，成年顾客也可以购买季票，在整个季节里任何一天都可以滑雪，时间通常是从 12 月 1 日到次年 4 月 30 日。Ski West 公司希望季票持有者在季节中均匀地使用该季票。该公司的会计年度在 12 月 31 日结束。

2018 年 11 月 6 日，Jake Lawson 以 450 美元的价格买了一张季票。

要求：

1. 对于 Ski West 公司销售的季票，应该在什么时候确认收入？
2. 编制 Ski West 公司 11 月 6 日和 12 月 31 日的日记账分录。
3. 对于销售给 Jake Lawson 的季票，Ski West 公司 2018 年的利润表和资产负债表中应该包含哪些内容？

4-4　财务会计准则委员会准则汇编

在财务会计准则委员会网站（www.fasb.org）上查询财务会计准则委员会会计准则汇编。

要求：

为下列各项目确定具体的引用：

1. 合同的交易价格根据什么分配给它的各项履约义务？
2. 合同中承诺的商品和服务与其他商品或服务可以单独辨认的标准是什么？
3. 在什么情况下选择权被视为一项履约义务？

4-6　履约义务；客户购买额外商品或服务的选择权

鞋子零售商 Clarks 公司销售不同款式的靴子。11 月初，该公司开始以每双 70 美元的价格向客户销售 SunBoots 靴子。当顾客购买一双 SunBoots 时，Clarks 还会给客户一张 30%折扣的优惠券，用于未来 30 天内的额外购买。客户在其他地方买不到这种折扣优惠券。Clarks 预计大约 20%的顾客会使用优惠券，平均来看这些顾客会购买通常售价 100 美元的额外商品。

要求：

1. 购买一双 SunBoots 靴子的合同中包含多少项履约义务？

2. 假设 Clarks 使用余值法来估计不包含优惠券在内的 SunBoots 的独立销售价格，如果出售 1 000 双 SunBoots，编制确认收入的日记账分录。

4-8　履约义务；客户购买额外商品或服务的选择权

2018 年 5 月 1 日，Meta 电脑公司与其客户 Bionics 公司签订了一份固定价格 9.5 万美元的合同，向其出售 5 000 套办公键盘。货款于 5 月 1 日用现金支付，商品定于 2018 年 6 月 1 日交付。作为合同的一部分，卖方向 Bionics 公司提供了 25%折扣的优惠券，可以在未来 6 个月内使用。在同一时间段内，针对所有客户，卖方将继续提供 5%的折扣。根据经验，Bionics 公司有 50%的可能性会使用折扣优惠券，优惠券将购买 2 万美元商品。办公键盘的独立售价是每套 19.60 美元。

要求：

1. 这份合同包含多少项履约义务？

2. 编制 Meta 电脑公司 2018 年 5 月 1 日的日记账分录。

3. 假设与上述相同的事实和情况，但是给 Bionics 公司提供的是 5%的折扣券，而不是 25%。在这种情况下，Meta 电脑公司 2018 年 5 月 1 日应该如何编制日记账分录？

4-10　可变对价——最可能发生金额；估计变更

Rocky 导游服务公司提供在落基山脉 1～5 天的徒步旅行导游。Wilderness 旅游公司雇用 Rocky 公司为其销售的不同旅游项目提供导游服务。Rocky 公司每个旅游日可以收到 1 000 美元，在每个月结束后不久，如果 Rocky 公司在当月的服务中得到了“优秀”的评价，那么它将会得到每天 100 美元的奖金。每个旅游日的 1 000 美元和奖金在当月结束后不久一起支付。

要求：

1. 7 月 1 日，根据先前的经验，Rocky 公司估计 7 月的奖金将有 30%的机会得到。从 7 月 1 日到 7 月 15 日，它总共有 10 天时间提供导游服务。

2. 7 月 16 日，根据 Rocky 公司的看法，它在本月的前半个月提供了优秀的服务。Rocky 估计有 80%的概率将会获得 7 月的奖金。7 月 16 日至 7 月 31 日，Rocky 还为客户提供了 15 天的导游服务。

3. 8 月 5 日，Rocky 得知它没有获得 7 月导游服务“优秀”评价，不会收到任何奖金，但收到了 7 月的所有导游服务费用。

Rocky 公司根据最可能收到的金额估计可变对价。

要求：

1. 编制 Rocky 公司 7 月 15 日的日记账分录，以记录 7 月 1 日至 7 月 15 日提供服务的收入。

2. 编制 Rocky 公司 7 月 31 日的日记账分录，以记录 7 月 16 日至 7 月 31 日提供服务的收入。

3. 编制 Rocky 公司 8 月 5 日的日记账分录，对与 Wilderness 公司交易的收入和收款做必要的调整。

4-12　向客户支付款项；交易价格的可收回性

Furtastic 公司生产仿毛皮服装。2018 年 6 月 1 日，Furtastic 公司与 Willett 公司签订一份销售合同，并要求 Willett 公司在 2018 年 6 月 30 日支付 15 万美元。在 2018 年 6 月 15 日的另一笔独立交易中，Furtastic 公司以 1.2 万美元购买了 Willett 公司的品牌广告服务，其公允价值是 5 000 美元。Furtastic 公司预计，有 3%的销售货款收不回来。

要求：

1. 编制 Furtastic 公司 2018 年 6 月 1 日有关销售的日记账分录。

2. 编制 Furtastic 公司 2018 年 6 月 15 日从 Willett 公司购买广告服务的日记账分录。假设全部广告服务都在 2018 年 6 月 15 日提供。

3. 编制 Furtastic 公司 2018 年 6 月 30 日从 Willett 公司收到 15 万美元的日记账分录。

4. Furtastic 公司无法收回账款的预期如何影响它对 2018 年 6 月 1 日向 Willett 公司销售的收入的确

认？简要解释。

4－14 财务会计准则委员会准则汇编

在财务会计准则委员会网站（www.fasb.org）上查询财务会计准则委员会会计准则汇编。

要求：

为下列各项目确定具体的引用：

1. 可以用哪些方法来估计可变对价？

2. 可以用哪些方法来估计不是单独出售的履约义务的独立销售价格？

4－16 财务会计准则委员会准则汇编

在财务会计准则委员会网站（www.fasb.org）上查询财务会计准则委员会会计准则汇编。

要求：

为下列各项目确定具体的引用：

1. 对于卖方承诺履行但尚未履行的履约义务，需要披露哪些信息？

2. 对于无法收回的应收账款，又被称为坏账，需要披露哪些信息？

3. 对于合同资产和合同负债的重大变化，需要披露哪些信息？

4－18 长期合同；随时间确认收入和在完工时确认收入

2018 年 6 月 15 日，Sanderson 建筑公司签订了一份长期建筑合同，在华盛顿特区建造一个棒球场。合同价款为 2.2 亿美元，预计完成日期是 2020 年 4 月 1 日，正好赶上 2020 年的棒球赛季。本合同每年发生的成本和估计至完工还需要发生的成本如下（单位：百万美元）：

	2018 年	2019 年	2020 年
当年发生的成本	$40	$80	$50
12 月 31 日估计至完工还需要发生成本	120	60	—

要求：

1. 如果 Sanderson 根据完工百分比法随时间确认收入，在 2018 年、2019 年和 2020 年的利润表中，Sanderson 分别应该确认多少与该合同相关的收入和毛利？

2. 如果该项目不满足随时间确认收入的条件，在 2018 年、2019 年和 2020 年的利润表中，Sanderson 分别应该确认多少与该合同相关的收入和毛利？

3. 假设在 2019 年底估计至完工还需要发生的成本是 8 000 万美元，而不是 6 000 万美元。假设 Sanderson 根据完工百分比法随时间确认收入，则在 2019 年确认的收入和毛利或损失是多少？

4－20 长期合同；在项目完成时确认收入；整个项目发生损失

2018 年 2 月 1 日，Arrow 建筑公司签订了一份为期 3 年的建筑合同，以 800 万美元的价格建造一座桥梁。2018 年发生成本 200 万美元，估计还将发生 400 万美元成本。公司向客户开具了 250 万美元的账单，并收到了 225 万美元现金。

2019 年，发生成本 250 万美元，估计还将发生 360 万美元成本。2019 年向客户开具了 275 万美元的账单，并收到了 247.5 万美元现金。2020 年发生成本 380 万美元，项目完成。该公司的会计年度在 12 月 31 日结束。该项目不符合随时间确认收入的条件。

要求：

1. 计算三年中每年确认的毛利或损失。

2. 编制 2018 年和 2019 年记录该交易的日记账分录。

3. 编制 2018 年 12 月 31 日和 2019 年 12 月 31 日该项目的部分资产负债表。说明合同资产或合同负债的金额。

4－22　长期合同；随时间确认收入；解决未知

2018 年，Long 建筑公司开始对一份为期 3 年的合同进行施工。合同价格是 160 万美元。公司根据完工百分比法随时间确认收入。有关该合同 2018 年 12 月 31 日的财务报表如下：

资产负债表

应收账款（从建造过程账单）		\$ 30 000
在建工程	\$ 100 000	
减：建造合同账单	(94 000)	
成本和利润超出账单		6 000

利润表

2018 年该合同确认的税前利润	\$ 20 000

要求：

1. 2018 年实际发生的建造成本是多少？
2. 2018 年该合同收到的现金是多少？
3. 在 2018 年底，估计至完工还需要发生多少成本？
4. 用于确认 2018 年收入的估计完工百分比是多少？

附录 4　在会计准则更新第 2014－09 号出台前有效的美国公认会计原则

前言

第 4 章是基于会计准则更新第 2014－09 号规定的收入确认方法。对于采用美国公认会计原则的公司，这一准则更新必须在 2017 年 12 月 15 日后的期间执行；对于采用国际财务报告准则的公司，这一准则更新必须在 2018 年 1 月 1 日后的期间执行。公司可以提前一年执行该准则更新。本部分讨论被该更新取代的公认会计原则，中级会计课程通常包括这一内容。在该更新生效之前，本部分所涵盖的公认会计原则是相关的，而且参加 CPA 或 CMA 考试的学生也将运用这项公认会计原则，直到准则更新生效 6 个月后。

公认会计原则变化概要

会计准则更新第 2014－09 号（以下简称“更新”）取代了超过 200 项收入确认指南的具体项目。示例 4A－1 总结了公认会计原则的一些重要变化。

示例 4A－1　会计准则更新第 2014－09 号导致的收入确认公认会计原则的一些重要变化

	以前的公认会计原则	会计准则更新第 2014－09 号下的新公认会计原则
收入确认的关键概念	实现原则：当赚取过程完成，并能合理确定可以收回应收的资产时确认收入。	核心收入确认原则：在商品或服务被转让给客户、公司预期有权利收到这些商品或服务的交易对价时确认收入。

续

	以前的公认会计原则	会计准则更新第2014－09号下的新公认会计原则
可收回性在决定是否确认收入中的作用	如果不是很确定能够收回现金，则延迟收入确认。使用分期收款方法或成本回收方法将收入确认与随后的现金收款挂钩。	除非现金收款是可能的，否则延迟收入确认。取消了分期收款和成本回收方法。
随着时间推移确认收入的标准	取决于赚取过程。对于长期合同，通常需要随时间确认收入，除非不能做出可靠的估计。	取决于合同的特点和履约义务履行的特点。
多项履约义务的会计处理	取决于行业。有时履约义务被忽略（例如，手机合同中的“免费”智能手机）；有时收入确认受到限制（例如，没有足够证据证明有独立销售价格的软件）。	不管什么行业，都要应用标准来确定商品或服务是否可明确区分，以识别履约义务，将交易价格分配给履约义务，并在每一项履约义务履行时确认收入。
对客户购买额外商品或服务选择权的处理	取决于行业。有时作为单独的商品处理（例如，软件升级），有时被忽略（例如，飞行里程）。	不管什么行业，如果选择权为客户提供了一项无法从别处获得的重大权利，那么将选择权视为一项单独的履约义务。
可变对价的处理	通常只有不确定性消除时才确认与可变对价相关的收入。	在交易价格中包含估计的可变对价，但不能超过很可能不会发生重大转回的金额。
货币时间价值的处理	长期应收款确认利息收入，但客户长期预付款通常不确认利息费用。	如果金额重大，长期应收账和客户长期预付款都要确认利息收入或费用。

本附录的剩余部分将更加详细地讨论这些变化，重点关注在中级会计课程中出现但被更新取代的公认会计原则方面。我们首先讨论实现原则，在更新之前是收入确认的指导原则；然后讨论分期收款销售和成本回收方法，这些方法在应收账款的可回收性非常不确定的情况下使用；最后讨论软件合同、其他多产品安排和特许经营权收入确认的特殊问题。

补充思考

过渡到会计准则更新第2014－09号。鉴于收入确认的重要性，以及实施新准则更新所需的信息系统和报告实务的变化，财务会计准则委员会给予公司两年时间来准备执行更新，同时还允许公司在过渡到更新的两种替代方法之间做出选择。

- 完全追溯重述法：这种方法对以前年度进行重述，就像是更新一直在使用，类似于其他会计变更的方法。例如，以前年度的收入、净利润和留存收益都要调整以反映更新。
- 部分追溯重述法：这种方法只对新合同以及在公司开始执行更新时尚未完成的合同执行准则更新。在这种方法下，公司只调整执行更新当年年初的留存收益余额，以处理更新对尚未完成合同以前年度确认的净利润的累计影响。

允许采用两种方法降低了公司间的可比性。

实现原则

以前，收入确认一直是基于**实现原则**（realization principle）。如示例 4A－2 所示，实现原则需要在确认（记录）收入之前满足两个条件。

示例 4A－2 实现原则

实现原则*
满足以下两个条件，收入才应该确认： 1. 赚取过程已完成或几乎完成（赚取过程是指公司为产生收入而进行的活动）。 2. 能够合理确定可以收回应收的资产（通常是现金）。

* 这些标准见 *SFAC 5*，"Recognition and Measurement in Financial Statements," *Statement of Financial Accounting Concepts No. 5*（Stamford，Conn.：FASB，1984）。

实现原则可能听起来和第 4 章所讨论的方法类似，第 4 章讨论的收入确认方法是基于履约义务的履行情况和应收账款的可收回性。但是，它们在很多重要方面有所不同。

首先，对于不同行业和不同类型的产品和服务，赚取过程完成这一概念的解释和应用是不同的。因此，收入确认标准和其他指南变得非常复杂，有时对相似交易的处理会有很大差别。更新消除了许多具有行业特点的指南，包括对软件销售和特许经营安排的特殊处理。我们将在后面部分讨论该指南。

其次，实现原则要求对可收回性有合理的确定性，这意味着有时要等到收回现金才能确认收入。正如下一部分所讨论的，分期收款销售法和成本回收法用来将收入确认与现金收款联系起来。但这些方法在更新下不允许使用。① 相反，更新只要求可能收回款项，并将随后的收入确认与履行履约义务而不是现金收款联系起来。

国际财务报告准则

收入确认的概念。国际财务报告准则版本的会计准则更新第 2014－09 号称为国际财务报告准则第 15 号，它取代了之前的国际财务报告准则。在这一准则之前，国际会计准则第 18 号规定了国际财务报告准则下的大部分收入确认标准。它允许在下列条件得到满足时确认收入：

- 与交易相关的收入和成本能够可靠地计量；
- 与交易相关的经济利益很可能流入卖方；
- （对于销售商品）卖方向买方转移了商品所有权上的风险和报酬，并且不能有效地管理或控制商品；
- （对于销售服务）完成阶段能够可靠地计量。

一般情况下，国际财务报告准则与美国公认会计原则确认收入的时间和金额是相同的，但也有例外。此外，国际财务报告准则的行业指南比美国公认会计原则要少得多，因此应用这些收入确认条件的例外就更少。

分期收款销售

有时客户可以在很长一段时间内分期付款购买。许多大型零售商，如西尔斯（Sears）

① 税法仍然要求对某些类型的财产使用分期收款销售法，除非纳税人选择不使用该方法。

和 JC 彭尼（J. C. Penney），都用分期收款这种方式销售产品。在大多数情况下，通过对无法收回的金额进行估计，可以使分期收款销售所增加的现金收款的不确定性降至可以接受的水平。然而，如果不能对未来的坏账进行合理的估计，卖方难以合理确定可收回性，则实现原则要求延迟确认收入。

这种情况在实务中很少发生，因为卖方通常不想在无法估计能收到多少现金的情况下进行交易。但也有例外。例如，房地产销售通常是分期收款，首付相对较低，还款期限较长，可能是 25 年甚至更长。这些付款特征，加上许多此类交易具有投机性质，可能转化为分期收款可收回性的极端不确定性。[①]

当现金的最终可收回性存在极大不确定性时，公认会计原则之前要求使用两种会计方法中的一种，即分期收款销售法或成本回收法。我们依次进行讨论。

分期收款销售法

分期收款销售法（installment sales method）只在收到现金付款时才确认收入和成本。每次付款假定由两部分组成：（1）收回的项目成本；（2）毛利。这两部分由适用于该项销售的毛利率决定。例如，如果毛利率（毛利÷销售价格）是 40%，那么收回的每一美元意味着有 40%是毛利，剩下的 60%是成本的收回。考虑示例 4A－3 中的例子。

示例 4A－3　分期收款销售法

2018 年 11 月 1 日，房地产开发公司 Belmont 以 80 万美元的价格出售了一块土地。销售协议要求客户从 2018 年 11 月 1 日起每年的 11 月 1 日分 4 期每期支付 20 万美元并加上利息。这块土地的开发成本为 56 万美元。该公司的会计年度于 12 月 31 日结束。

毛利 24 万美元（80－56）是销售价格的 30%（24÷80）。下表总结了分期收款销售法下的现金收款和毛利确认。在这个例子中，我们忽略了收到的利息，而是重点关注 80 万美元的销售价格和销售毛利的确认。

日期	现金收款	金额分配	
		成本（70%）	毛利（30%）
2018 年 11 月 1 日	$200 000	$140 000	$60 000
2019 年 11 月 1 日	200 000	140 000	60 000
2020 年 11 月 1 日	200 000	140 000	60 000
2021 年 11 月 1 日	200 000	140 000	60 000
合计	$800 000	$560 000	$240 000

某一期间确认的毛利等于毛利率乘以该期间收到的现金。记录如下日记账分录（忽略利息）：

2018 年 11 月 1 日分期收款销售：

① 实际上，满足特定条件的零售土地销售要求使用分期收款销售法。FASB ASC 360－20：Property，Plant，and Equipment-Real Estate Sales（previously “Accounting for Sales of Real Estate，” *Statement of Financial Accounting Standards No. 66*（Stamford，Conn.：FASB，1982））.

借：分期应收款	800 000	
贷：存货		560 000
递延毛利		240 000

记录分期收款销售。

这个分录记录了分期应收款的增加和存货的减少。售价80万美元和销售成本56万美元之间的差额24万美元是销售毛利。由于毛利只有在收到现金时才会在利润表中确认，因此它先被记录在递延毛利这个账户中。

递延毛利是分期应收款的抵减账户。收到款项时递延毛利账户余额会减少，直到所有毛利被确认为止。[①]

2018年11月1日收到现金：

借：现金	200 000	
贷：分期应收款		200 000

记录分期收款销售的现金收款。

借：递延毛利	60 000	
贷：已实现毛利		60 000

确认分期收款销售的毛利。

第二组分录记录第一期款项的收回，并确认已实现的毛利6万美元。已实现毛利在年终结账时转入利润汇总账户，并包含在利润表的净利润中。在2019年、2020年和2021年的11月1日，记录后面三次收款的分录与之相同。

2018年末，资产负债表将报告下列内容：

分期应收款（800 000－200 000）	$ 600 000
减：递延毛利（240 000－60 000）	(180 000)
分期应收款净额	$ 420 000

分期应收款净额反映了剩余款项中的成本回收部分（70%×600 000）。如果这些分期应收款将在一年或公司的一个营业周期内收回，则将其归类为流动资产；否则，归类为非流动资产。

2018年的利润表将报告从分期收款销售中确认的毛利6万美元。在分期收款销售法下，与分期收款销售有关的商品销售收入和成本通常不在利润表中报告，而是仅报告毛利。然而，如果这些金额不包括在分期收款销售期间的利润表中，则需要将它们与尚未确认的毛利总额一起在财务报表附注中披露。

---

① 有时会计师会使用多个简单分录来初始确认分期收款销售：

借：分期应收款	800 000	
贷：分期收款销售		800 000 记录分期收款销售。
借：分期收款销售成本	560 000	
贷：存货		560 000

记录分期收款销售成本。

在期末，需要做调整/结账分录：

借：分期收款销售	8 000 000	
贷：分期收款销售成本		560 000
分期收款销售递延毛利		240 000

正文中的分录关注交易的结果，避免了这种不必要的复杂过程。

补充思考

公司使用分期收款法，是因为它不能可靠地估计坏账。因此，在分期收款法下，公司不能明确地确认坏账或坏账准备。相反，坏账是通过递延毛利直到现金收回来隐含地处理的。如果现金未收回，相关的递延毛利也不会包含在净利润中。为了进行说明，假设在示例4A-3描述的例子中，Belmont公司收到了第一期付款，但客户无法支付剩余的款项。通常情况下，卖方将收回已售出的商品并做以下分录：

借：收回的存货	420 000
递延毛利	180 000
贷：分期应收款	600 000

这一分录消除了分期应收款和剩余的递延毛利，并将收回的土地记录在存货账户中。这个例子中假设收回土地的当前公允价值等于分期应收款净额42万美元。如果收回的土地的公允价值低于42万美元，则会借记收回的损失。

成本回收法

在分期收款销售的最终现金收款存在高度不确定性的情况下，可以采用更稳健的**成本回收法**（cost recovery method）。该方法在项目的成本被收回的情况下才确认毛利。用成本回收法对示例4A-3中Belmont公司确认的毛利如下：

日期	现金收款	成本收回	确认的毛利
2018年11月1日	$200 000	$200 000	$0
2019年11月1日	200 000	200 000	0
2020年11月1日	200 000	160 000	40 000
2021年11月1日	200 000	0	200 000
合计	$800 000	$560 000	$240 000

除了在2020年确认毛利4万美元和在2021年确认毛利20万美元之外，这种方法的日记账分录与分期收款销售法类似。

2018年11月1日分期收款销售：

借：分期应收款	800 000
贷：存货	560 000
递延毛利	240 000

记录分期收款销售。

2018—2021年各年11月1日收到现金：

借：现金	200 000
贷：分期应收款	200 000

记录分期收款销售的现金收款。

2018年和2019年11月1日：

不确认毛利。

2020年11月1日：

借：递延毛利　40 000
　贷：已实现毛利　40 000
确认分期收款销售的毛利。
2021 年 11 月 1 日：
借：递延毛利　200 000
　贷：已实现毛利　200 000
确认分期收款销售的毛利。

从这些分录中可以看出两点。第一，成本回收法的初始分录与分期收款销售法相同。第二，当收到现金时，只有在所有成本收回后才确认毛利。

概念回顾练习

分期收款销售

Boatwright 公司生产和销售农用机械。对于大部分销售，销售收入和销售成本都是在交货日确认。2018 年，Boatwright 公司以 10 万美元的价格销售一台棉花打包机给一位新客户。打包机的成本是 6 万美元。货款分 5 年付清，每年 2 万美元，第一次付款在 2018 年。Boatwright 公司通常不允许客户分期付款。由于支付条款比较特殊以及分期收款的不确定性，Boatwright 公司考虑用不同的方法来确认这笔交易的利润。

要求：

忽略利息费用，分别使用以下三种方法，在表格中列示销售棉花打包机在 2018—2022 年确认的毛利：

1. 在交货时确认收入
2. 分期收款销售法
3. 成本回收法

解答：

	交货时	分期收款销售法 (40%×现金收款)	成本回收法
2018 年	$ 40 000	$ 8 000	$ 0
2019 年	0	8 000	0
2020 年	0	8 000	0
2021 年	0	8 000	20 000
2022 年	0	8 000	20 000
合计	$ 40 000	$ 40 000	$ 40 000

特定行业的收入问题

软件和其他多要素安排

软件行业是美国经济的重要组成部分。微软公司 2015 财年的收入超过 930 亿美元。然而，由于软件供应商通常将产品打包，所以软件收入的确认一直是一个有争议的会计问题。对于这些公司来说，在一个捆绑包里出售多款软件是很常见的。该捆绑包通常包括产品、升级、后续支持和其他服务。关键的会计问题涉及收入确认的时间。

在会计准则更新第2014-09号之前，公认会计原则要求，包含多个要素的软件合同的收入，要根据各项要素公允价值的“供应商特定客观证据”（vendor-specific objective evidence，VSOE）分配到各个要素。公允价值的供应商特定客观证据是供应商单独销售各个要素的价格。如果供应商特定客观证据不存在，收入确认将被递延，直到供应商特定客观证据可获得，或者直到合同的所有要素被交付。[①]

例如，假设一个供应商以9万美元向客户出售软件。作为合同的一部分，供应商承诺在未来6个月内提供“免费”技术支持。然而，供应商在不提供技术支持的情况下出售同样软件的价格为8万美元，而且单独出售6个月技术支持服务的价格是2万美元。所以，如果单独出售，这些产品的价格是10万美元。基于供应商特定客观证据，该软件占公允价值合计数的80%，技术支持占20%。因此，当把软件交付给客户时，供应商将确认收入7.2万美元（9×80%），递延确认其余的1.8万美元（9×20%），并在提供技术支持服务的未来6个月内确认剩余的收入。如果供应商特定客观证据无法获得，供应商最初不确认任何收入，相反，在未来的6个月时间内，确认全部的9万美元收入。

这些收入递延可能是重大的。例如，在2013年的资产负债表中，微软公司报告的未实现（递延）软件收入负债超过220亿美元。

2009年，财务会计准则委员会的紧急问题工作组发布了一份指南，将这一基本观点的应用扩大到其他“多产品”安排。[②] 这种安排的例子包括销售含有维修合同的电器，甚至包括销售包含人工的油漆服务。其他例子如包含硬件和软件的产品，比如电脑和智能手机总是包含操作系统一起销售。新指南要求，卖方应根据各部分的独立销售价格，将总收入分配给多产品的各个部分，类似于软件合同的处理方式。对于没有独立销售价格或者其价格取决于其他未交付部分的产品部分，应该递延确认收入。然而，与软件合同不同的是，对于包含多产品的合同，在缺乏独立销售价格的供应商特定客观证据的情况下，卖方也可以估计销售价格。使用估计销售价格比必须根据供应商特定客观证据可以更早地确认收入。

对一些卖家来说，这种变化产生了巨大的影响。以苹果公司和极其成功的iPhone为例。在变化之前，苹果公司需要推迟iPhone和其他产品的收入确认，因为它无法得到包含在iPhone中的未来软件升级售价的供应商特定客观证据。这一做法导致在该公司2009年末的资产负债表中有超过120亿美元的未实现（递延）收入。在这一会计变更之后，苹果公司在销售时确认了与iPhone相关的几乎全部收入。唯一递延确认的是未来软件升级权利的少量估计收入。

会计准则更新对于多产品合同的会计处理与之类似。卖方根据履约义务的独立销售价

---

① FASB ASC 985-605-25：Software-Revenue Recognition-Recognition（previously “Software Revenue Recognition,” *Statement of Position 97-2*（New York：AICPA，1997），p. 14）.

② FASB ASC 605-25-25：Revenue Recognition-Multiple-Element Arrangements-Recognition（Originally *EITF 08-1：Revenue Arrangements with Multiple Deliverables*（Stamford，Conn.：FASB，2009），and *EITF 09-3：Applicability of AICPA Statement of Position 97-2 to Certain Arrangements that Include Software Elements*（Stamford，Conn.：FASB，2009））.

格，将合同的交易价格分配给合同的履约义务。重要的区别是，更新提供了更多关于如何识别履约义务的指南，并取消了软件合同对于供应商特定客观证据的需要。

特许经营权销售

特许经营安排在全世界都很流行。许多快餐店、餐馆、汽车旅馆和汽车租赁公司都是特许经营。在特许经营安排中，特许经营权授权人，如麦当劳公司，给予特许经营人，通常是个人，在规定的时间内出售特许经营权授权人产品并使用其名称的权利。特许经营人向特许经营权授权人支付的费用通常包括：(1) 初始特许经营费；(2) 后续特许经营费。

初始特许经营费让特许经营人可以使用特许经营权授权人的名称并销售其产品，以及获得在选址、建造设施和培训员工等方面的服务。初始特许经营费通常是固定金额，但可以分期付款。

在20世纪60年代和70年代早期，许多特许经营权授权人在合同签订的期间，就确认全部的初始特许经营费。然而，在许多情况下，初始特许经营费包括以后期间提供的重要服务，或者在一段较长的时间内才能分期收回款项，从而产生了现金收款的不确定性。公认会计原则进行了修改，要求特许经营权授权人基本履行完协议中约定的所有初始服务后，才能将初始特许经营费确认为收入。如果初始特许经营费是分期收款的，若不能合理估计坏账，则应当采用分期收款销售法或成本回收法进行处理。

与初始特许经营费不同，后续特许经营费用于协议期间特许经营权授权人提供的持续权利和服务。这些费用有时是每年或每月固定的金额，有时是由特许经营完成业务量的百分比决定，或者是两者的结合。它们在会计处理上通常不存在困难，以前的公认会计原则要求特许经营权授权人随着提供服务的期间确认收入。考虑示例4A-4中的例子。

示例4A-4 特许经营权销售

2018年3月31日，Red公司与Thomas公司签订特许经营协议。为了换取5万美元的初始特许经营费，Red公司将在几年内提供如下初始服务，包括选址、建筑、员工培训和咨询服务。2018年3月31日支付了1万美元，其余4万美元将以适当的利率分期支付。此外，特许经营人将为Red公司提供的广告和推广费用每月支付1 000美元的后续特许经营费用，在特许经营开始运营后立即开始。Thomas公司于2018年9月30日正式开业。

初始特许经营费。假设在合同签订后，由Red公司提供的初始服务是重大的，分期应收票据的可收回性相当确定，则记录如下日记账分录：

2018年3月31日

借：现金	10 000	
应收票据	40 000	
贷：未实现特许经营费收入		50 000

记录特许经营安排和首付款。

未实现特许经营费收入（在第4章称为“递延特许经营费收入”）是一项负债。当初始服务履行完时，它的余额将降为零，并确认收入。这可能逐步发生，或者在某一时点发生，视情况而定。[①] 例如，在我们的例子中，当特许经营开始运营时，如果认为重大服务肯定会

① 特许经营协议有时要求，如果特许经营失败，向特许经营权授权人支付的任何款项都将退还。如果存在这种情况，在决定是否在特许经营开始前确认收入时，这将是一个重要因素。

提供，做以下会计处理：

2018年9月30日

借：未实现特许经营费收入	50 000	
贷：特许经营费收入		50 000

记录特许经营费收入。

如果分期应收票据的可收回性不确定，且无法估计可收回的金额，9月30日将会贷记递延特许经营费收入，然后使用分期收款销售法或成本回收法确认收入。

后续特许经营费。后续特许经营费收入每月进行确认：

2018年3月31日

借：现金（或应收账款）	1 000	
贷：服务收入		1 000

记录后续特许经营费收入。

特许经营权授权人在提供这些后续特许经营服务时产生的费用应与服务收入同期确认。

在会计准则更新第2014－09号下确认特许经营收入，与之前公认会计原则的处理类似。与初始特许经营费相关的服务如果构成了单独的履约义务，那么与这些费用相关的收入应在提供这些服务时确认。同样，根据后续服务的提供随时间支付的后续特许经营费，也应该随时间确认收入。但是，收入确认金额和时间的判断是基于会计准则更新，而不是基于特许经营安排的特殊指南。此外，会计准则更新第2014－09号还包括确认许可收入的新指南。

除了我们讨论过的以外，还有其他特定行业的收入确认情况。财务会计准则委员会和美国注册会计师协会之前对保险、唱片和音乐、有线电视和电影等行业发布了详细的收入确认指南。所有这些指南都被会计准则更新第2014－09号取代。[①]

美国公认会计原则和国际财务报告准则的其他差异

会计准则更新第2014－09号是一个趋同的准则，为美国公认会计原则和国际财务报告准则提供了几乎相同的指南。然而，在更新发布之前，美国公认会计原则和国际财务报告准则之间存在不完全的趋同。除了在前面部分讨论的收入确认概念的差异外，主要的差异涉及长期合同和多产品安排的收入会计处理。我们在下面的“国际财务报告准则”专栏中逐一说明。

国际财务报告准则

长期建造合同。在更新发布之前，国际会计准则第11号规定了长期建造合同的收入确认标准。[②] 和美国公认会计原则一样，该准则要求在能做出可靠估计的情况下，使用完工百

① FASB ASC 944: Financial Services-Insurance (previously “Accounting and Reporting by Insurance Enterprises,” *Statement of Financial Accounting Standards No. 60* (Stamford, Conn.: FASB, 1982)); FASB ASC 928-Entertainment-Music (previously “Financial Reporting in the Record and Music Industry,” *Statement of Financial Accounting Standards No. 50* (Stamford, Conn.: FASB, 1981)); FASB ASC 922: Entertainment-Cable Television (previously “Financial Reporting by Cable Television Companies,” *Statement of Financial Accounting Standards No. 51* (Stamford, Conn.: FASB, 1981)); FASB ASC 928: Entertainment-Films (previously “Accounting by Producers or Distributors of Films,” *Statement of Position 00-2* (New York: AICPA, 2000)).

② “Construction Contracts,” *International Accounting Standard No. 11* (IASCF), as amended, effective January 1, 2011.

分比法。但是与美国公认会计原则不同的是，国际会计准则第 11 号要求，在无法可靠估计的情况下应使用成本回收法，而不是完成合同法。[①] 在成本回收法下，合同成本在发生时费用化，并确认与很可能从客户处得到补偿的成本相等金额的合同收入。在所有成本得到弥补之前，不会确认任何毛利，这也是为什么该方法又被称为“零利润法”。注意，在完成合同法和成本回收法下，除非合同接近完成，否则不会确认毛利。但成本回收法下收入和建造成本的确认时间会比完成合同法下早。同时，在这两种方法下，预期损失都会立即确认。

为了反映完成合同法和成本回收法的区别，以下使用示例 4-24B 中的例子对两种方法下的收入、成本和毛利确认进行比较。

	2018 年		2019 年		2020 年	
完成合同法						
借：在建工程					900 000	
建造成本					4 100 000	
贷：长期合同收入						5 000 000
记录毛利。						
成本回收法						
借：在建工程					900 000	
建造成本	1 500 000		1 000 000		1 600 000	
贷：长期合同收入		1 500 000		1 000 000		2 500 000
记录毛利。						

成本回收法下，收入的确认比完成合同法早，但两种方法都在接近合同完成时确认毛利。因此，在两种方法下，毛利占收入的百分比在合同周期的不同时点上是不同的。

国际财务报告准则

多产品安排。国际财务报告准则对多产品安排的指南很少。国际会计准则第 18 号简单地说，“……在某些情况下，必须将确认标准应用于单个交易的若干独立可识别部分，以反映交易的实质”，并给出了一些例子。[②] 把总收入分配到单个部分时是基于公允价值，而不需要关注供应商特定客观证据。此外，国际财务报告准则倾向于鼓励关注收入交易的经济基础，因此，在国际财务报告准则下，像或有事项这样的特殊合同特征的重要性要低于美国公认会计原则。

---

① 在前面部分，我们在不同情况下提到过“成本回收法”——公司已经向客户交付了产品，但是由于无法可靠估计不能收回的金额，所以不得不将毛利递延到交付之后的某个时点确认。在这种情况下，只有在成本已经收回（即成本收回超过销售成本）的情况下才能确认毛利。国际财务报告准则对成本回收法的运用与之类似，直到成本已经收回才能确认毛利。但是注意，这一情况下产品正在为客户建造，因此还没有交付给客户。

② “Revenue,” *International Accounting Standards No. 18* (IASCF), as amended effective January 1, 2014, par. 13.

重点问题回顾

4-28 在公司能够确认收入之前，必须满足的两个一般标准是什么？

4-29 解释为什么在大多数情况下，卖方在交付产品时确认收入，而不是在生产产品时。

4-30 大多数情况下分期收款销售是在产品或服务交付时确认收入。在什么情况下，卖方应在交付日期之后延迟确认分期销售收入？

4-31 比较分期收款销售法与成本回收法。

4-32 在分期收款销售法下，公司在其资产负债表中如何披露所产生的递延毛利？

4-33 当完工百分比不能适当估计时，美国公认会计原则要求使用完成合同法，而国际财务报告准则要求使用成本回收法。解释这两种方法如何影响一份盈利合同的收入、建造成本和毛利确认。

4-34 简要描述软件销售和其他多产品安排的收入确认指南。

4-35 简要描述国际财务报告准则对多产品安排的收入确认与美国公认会计原则的不同之处。

4-36 简要描述美国公认会计原则对特许经营权授权人收到的初始特许经营费的收入确认指南。

简要练习

4-35 分期收款销售法

2018年7月1日，Apache公司以300万美元的价格将一块土地卖给了一家建筑公司。在Apache的账面记录中，土地的账面价值是120万美元。出售条款要求先支付15万美元的首付款，然后从2019年开始按适当的利率在每年的7月1日支付15万美元，19年付清。在出售后，Apache没有重大的履行服务义务。在分期收款销售法下，Apache公司在2018年和2019年分别应该确认多少毛利？

4-36 分期收款销售法

参照练习4-35描述的情况，在分期收款销售法下，Apache公司在2019年末递延毛利的余额是多少？

4-37 成本收回法

参照练习4-35描述的情况，在成本收回法下，Apache公司在2018年和2019年末确认的毛利是多少？

4-38 国际财务报告准则；长期合同；成本回收法

一家建筑公司以2 000万美元的价格签订了一份建造办公楼的固定价格合同。第一年发生的建造成本为600万美元，预计到项目完成还需要发生900万美元成本。大楼在第二年竣工。第二年的建造成本为1 000万美元。在国际财务报告准则下，运用成本回收法，该建筑公司在合同的第一年和第二年，分别应该确认多少收入、成本和毛利？

4-39 收入确认；软件合同

Orange公司销售学习软件包，该软件包包括常规的数学学习教程以及一项一年期在线虚拟教室访问权限。软件包零售价为200美元。如果单独销售，数学学习教程售价为150美元，在线虚拟教室访问权限每年100美元。Orange公司应该在什么时候确认这一安排各部分的收入？如果Orange公司没有单独出售在线虚拟教室访问权限（但是如果它决定单独销售的话，售价为每年100美元），你的答案会不会改变？

4-40 收入确认；国际财务报告准则下的软件合同

参照练习4-39描述的情况，如果采用国际财务报告准则，你的答案会有什么变化？

4-41 收入确认；特许经营权销售

Collins公司与某人签订了10年期特许经营协议。为了获得4万美元的初始特许经营费，Collins同意协助设计和建造特许经营店以及其他所有必要的启动活动。此外，为了获得广告和推广服务，特许经营人同意支付收入的 5%作为后续特许经营费。Collins 公司应该在什么时候确认初始特许经营费和后续特许经营费收入？

习　题

4-24　分期收款销售法；日记账分录

Charter 公司在 2018 年开始营业，使用分期收款销售法对分期收款销售进行会计处理。以下是 2018 年和 2019 年的数据：

	2018 年	2019 年
分期收款销售收入	$ 360 000	$ 350 000
分期收款销售成本	234 000	245 000
分期收款销售现金收款：		
2018 年	150 000	100 000
2019 年	—	120 000

要求：

编制 2018 年和 2019 年有关分期收款销售和现金收款的日记账分录。公司采用永续盘存制。

4-26　日记账分录；交付时点；分期收款销售法和成本收回法

2018 年 7 月 1 日，Foster 公司以 30 万美元的价格将一批存货销售给 Slate 公司。销售条款要求 Slate 公司首期支付 7.5 万美元，并从 2019 年 7 月 1 日开始分 3 年每年支付 7.5 万美元。每一年的付款还包括对未付余额以适当利率计算的利息。Foster 公司存货的成本为 12 万美元。公司采用永续盘存制。

要求：

1. 假设在交付时确认收入，编制 2018 年和 2019 年必要的日记账分录。忽略利息。
2. 运用分期收款销售法，重复要求 1。
3. 运用成本回收法，重复要求 1。

4-28　分期收款销售；违约和收回

Sanchez 公司使用分期收款销售法对分期收款销售进行会计处理。2018 年 10 月 1 日，Sanchez 公司以 400 万美元的价格将一块土地卖给了 Kreuze 公司。与 Sanchez 公司在 2018 年的其他销售相比，这一数字不被认为是重大的。这块土地的取得和开发成本是 180 万美元。出售条款要求首期支付 80 万美元首付款，然后从 2019 年 10 月 1 日起，分 4 年每年支付 80 万美元，并加上按适当利率计算的利息。Kreuze 公司支付了首付款，但在 2019 年 10 月 1 日，合同剩余部分违约。Sanchez 公司收回土地。在收回那天，这块土地的公允价值为 130 万美元。

要求：

运用分期收款销售法，编制销售收入、收到首付款、违约和收回土地的必要分录。忽略利息。

4-30　财务会计准则委员会准则汇编

在财务会计准则委员会网站（www.fasb.org）上查询财务会计准则委员会会计准则汇编。

要求：

为下列各项目确定具体的引用：分期收款销售法和成本收回法运用于收入确认的条件。

4-32　收入确认；软件

Easywrite 软件公司于 2018 年 7 月 1 日将软件交付给客户。与客户签订的协议要求公司在未来 12 个月提供技术支持，并在 2019 年 1 月 1 日提供软件升级。合同总价为 24.3 万美元，Easywrite 软件公司估计，如果单独销售，该协议中的各个组成部分的公允价值如下：

软件	＄210 000
技术支持	30 000
升级	30 000

要求：

1. 24.3 万美元在什么时候确认为收入？

2. 假设客户在 2018 年 7 月 1 日支付了 24.3 万美元。编制记录现金收款的日记账分录。不考虑项目销售成本。

4-33 多产品安排

Richardson 系统公司销售集成的装瓶制造系统，包括一台输送机、一台标签机、一台填料机和一台压盖机。其他供应商都是单独销售这些设备，单独销售的公允价值如下：

输送机	＄20 000
标签机	10 000
填料机	15 000
压盖机	5 000
合计	＄50 000

Richardson 公司以 4.5 万美元的价格出售集成系统。每一个组件都被单独运送给客户，以供客户安装。

要求：

1. 即使 Richardson 系统公司将它们作为一个集成系统出售，假设每个组成部分都可以独立使用，应该给每个组成部分分配多少收入？

2. 假设在没有输送机的情况下，标签机、填料机和压盖机不能用于生产，而且输送机是安装的最后一个组件。在安装输送机时，应确认多少收入？

4-34 国际财务报告准则下的多产品安排

假设与习题 4-33 相同的事实，但是 Richardson 系统公司采用国际财务报告准则。你的答案将会有什么变化？（假设要求 2 中单独运输是 Richardson 系统公司经营中的正常行为，并且客户分期付款是很可能的。）

4-35 收入确认；特许经营权销售

2018 年 10 月 1 日，Submarine 公司与某人签订了一项特许经营协议。初始特许经营费为 30 万美元，Submarine 公司将提供店面设计和建造、员工培训、融资帮助等初始特许经营服务。2018 年 10 月 1 日支付了初始特许经营费的 10%，其余 27 万美元从 2019 年 10 月 1 日开始分 9 年等额支付。这些分期付款包括按适当利率计算的利息。特许经营于 2019 年 1 月 15 日开业。

要求：

假设 Submarine 公司在 2018 年 10 月 1 日之后提供的初始服务是重大的，而且分期收款的可收回性相对确定。特许经营开业之后初始服务的重大业绩肯定会发生。编制以下日期的日记账分录（忽略利息）：

1. 2018 年 10 月 1 日

2. 2019 年 1 月 15 日

第2篇

资　产

第5章　现金和应收款项
第6章　存货：计量
第7章　存货：其他问题
第8章　财产、厂房和设备及无形资产：取得
第9章　财产、厂房和设备及无形资产：使用和处置
第10章　投　资

第 5 章

现金和应收款项

本章概要

从本章开始，我们将学习资产。现金和应收款项这两项资产一般列示在资产负债表的前部。对于现金来说，主要问题在于内部控制以及在资产负债表中的分类。对于应收款项来说，主要问题在于估值以及涉及应收账款和应收票据的交易对利润表的相关影响。

学习目标

学习完本章之后，你应该能够：

5-1 定义内部控制的含义，描述现金收付款内部控制系统中的关键要素。

5-2 解释现金可能存在的限制因素及其对现金在资产负债表中分类的影响。

5-3 区分现金折扣会计处理的总价法和净价法。

5-4 描述对销售退回的会计处理。

5-5 描述对预期不能收回的应收账款的会计处理。

5-6 描述如何估计坏账准备。

5-7 描述应收票据的会计处理。

5-8 讨论在融资安排中应收款项作为担保借款和出售的区别。

5-9 描述影响公司对应收账款投资的变量，计算分析师用来监控这种投资的关键比率。

5-10 讨论美国公认会计原则和国际财务报告准则在现金和应收款项方面的主要区别。

财务报告案例

坏账问题

你的室友凯伦·巴克利正在网上搜索她的未来雇主社区卫生系统公司的信息。护理专业的凯伦在网上看到了一篇标题为《社区卫生系统公司在第四季度错过了很大的机会》的文章。“这看起来不太好，”凯伦说，“这篇文章说我的新雇主的坏账准备增加了2亿多美元。这是不是意味着那些病人没有支付账单？社区卫生系统公司对现金的处理方式是什么？我想要我的薪水有保障！”

在读完这篇文章后，你向凯伦做出了解释：“首先，准备这个术语仅仅意味着费用，社区卫生系统公司采用备抵法对坏账进行会计处理，这让它看上去记录了更多的费用以及增加了坏账准备。这并不一定意味着它有现金流问题。”凯伦对你的回答不是很满意：“所以，不是病人没有支付，而是他们不打算付钱？社区卫生系统公司如何知道他们将要做什么？而且另一篇文章说社区卫生系统公司正在将其应收款项证券化以获得更多的现金。这是否意味着它正在把应收款项变得更安全？”“好吧，”你说，“让我们从头开始。”

问题

在学习完本章之后，你应该能够对以上案例中的问题给出恰当的回答。将你的回答与章末答案进行对比。

1. 解释备抵法对坏账的会计处理。

2. 社区卫生系统公司可能运用什么方法增加了 2 亿美元的坏账准备？
3. 有可以替代备抵法的其他选择吗？
4. 社区卫生系统公司将应收账款证券化是什么意思？

在本教材的前面章节中，我们学习了向外部决策者提供财务报表所需的计量和报告概念。现在我们把注意力转向这些财务报表的内容。具体来说，我们将进一步探究资产负债表的要素，并考虑涉及这些要素的交易对利润表的影响。我们首先讨论资产，然后是负债，最后是所有者权益。本章重点介绍流动资产中的现金及现金等价物以及应收款项。

第 1 节　现金及现金等价物

现金（cash）包括钞票和硬币、支票账户的余额，以及在这些账户中可以接受作为存款的项目，如从客户处收到的支票和汇票。这些种类的现金可随时用于偿还债务或投入生产经营中，并且不受任何法律或合同的限制。

管理层一般会用暂时闲置的资金进行投资以赚取利息，而不会保留大量不必要的现金。这些投资本质上与现金是等价的，因为它们可以很快成为可用的现金。因此，很容易变现并且基本无风险的短期高流动性投资，可以视作现金等价物。在财务报告中，我们不区分现金或银行账户余额与现金等价物。

现金等价物（cash equivalents）包括货币市场基金、短期国债和商业票据。这些被分类为现金等价物的投资从购买日起至到期日不超过 3 个月。公司可以灵活地指定现金等价物，同时必须对被分类为现金等价物的短期高流动性的投资制定独立的政策。公司的政策应与通常情况下获得这些投资的动机保持一致，并在财务报表附注中进行披露。

示例 5－1 是沃尔格林公司 2015 年年报的一个附注，沃尔格林公司经营着全美最大的连锁药店。

示例 5－1　沃尔格林公司现金等价物披露

> 附注 2：现金及现金等价物主要会计政策总结（节选）
> 现金及现金等价物包括库存现金和所有高流动性的不超过 3 个月到期的投资。银行的信用卡和借记卡应收款项通常在 2～7 个工作日内结算，在 2015 年 8 月 31 日和 2014 年 8 月 31 日的现金及现金等价物中分别有 1.65 亿美元和 2.29 亿美元。

现金及现金等价物的计量和报告比较简单，因为现金一般没有计量问题。它是交换的标准媒介，也是资产和负债的计量基础。在资产负债表中，现金及现金等价物通常合并在一起用一个单独的金额报告。然而，由于一些特殊的原因被限制、不能使用于当前经营活动的现金，通常被分类为非流动资产。限定用途的现金将在本章后面部分讨论。

所有资产都必须妥善保管，以防滥用。但现金是流动性最强的资产，也是最容易窃取的资产。因此，现金的内部控制系统是一个重要的会计问题。

一、内部控制

任何企业的成功都依赖于有效的**内部控制**（internal control）系统。内部控制涉及企业的以下计划：(1) 鼓励遵守公司政策和程序；(2) 提升经营效率；(3) 减少错误和偷窃行为；(4) 提高会计数据的可靠性和准确性。从财务会计的角度看，内部控制的关注点是提高会计信息的准确性和可靠性，以及保护公司的资产。

回想一下第1章讨论过的2002年《萨班斯-奥克斯利法案》的404条款，它要求公司建立内部控制并评价其有效性。公众公司会计监督委员会第2201号审计准则进一步要求审计人员就公司是否保持了有效的财务报告内部控制发表审计意见。

为了遵循404条款的规定，很多公司花费了大量成本。[①] 反虚假财务报告委员会下属的发起人委员会（COSO）[②] 为内部控制系统设计了一个框架。COSO于1985年成立，致力于通过有效的内部控制提高财务报告质量。

COSO把内部控制定义为由主体的董事会、管理层和其他人员实施的，为下列目标的实现提供合理保证的过程：

- 经营的效果和效率；
- 财务报告的可靠性；
- 遵守相关法律法规。[③]

内部控制程序——现金收款

由于现金是所有资产中流动性最强的，一个设计良好和有效的内部控制系统就必须围绕所有现金交易。**职责分离**（separation of duties）至关重要。管理实物资产的人员不应该接触会计记录。因此，管理现金的人不应该参与或者接触会计记录，也不应该参与现金日记账余额与银行存款账户余额的对账。

考虑现金收入的过程，大多数非零售企业通过邮寄的支票收到销售商品的收入。利用职责分离的现金收款内部控制方法应该包括以下几个步骤：

(1) 员工A每天打开邮寄支票的邮件，编制所有支票金额和付款人姓名的清单（一式多份）。

(2) 员工B携带支票，连同一份清单，交给负责把支票存进公司银行账户的人。

(3) 另一份支票清单送往会计部门，员工C将现金收款登记到会计记录中。

良好的内部控制有助于确保准确性，同时防止盗窃。银行生成的存款单可以与支票清单进行对照，以验证收到的现金被存入银行。同时，因为打开邮件的人不是进行会计记录的人，员工盗窃支票并更改会计记录以掩盖其盗窃行为是不可能的。

内部控制程序——现金付款

对于现金付款，应该建立合理的内部控制以防止任何未经授权的付款，并确保所有现金

---

① 公众公司会计监督委员会利用集中的基于风险的测试方法来提高审计效率，旨在降低404条款的遵循成本。

② 发起人包括美国注册会计师协会、国际财务经理协会、内部审计师协会、美国会计学会和管理会计师协会。

③ www.coso.org.

付款都被记录在对应的账户中。现金付款控制系统的重要因素包括：

(1) 除了非常小额的现金付款用备用金支付，其他所有的现金付款都必须通过支票支付，这样可以为所有现金付款提供永久的记录。

(2) 在支票准备好之前，所有付款都应该授权审批。例如，购买存货的发票应该与订购单和验收单核对，以确保商品质量、价格以及型号等方面的信息准确。这个过程应该包括验证相应分类账的借方记录。

(3) 支票只能由授权的个人签署。

再次强调，职责分离很重要。在任何可能的情况下，支票签署、支票书写、支票邮寄、现金付款存档以及记账的职责都应该相互分离。

现金内部控制系统的一个重要部分就是账面余额和银行余额的定期对账。另外，备用金制度也被许多企业采用。

二、限制性现金和补偿性余额

我们在第 2 章讨论了资产和负债的分类。你应该记得，只有用于日常经营或用来偿付流动负债的现金才被分类为流动资产。受到限制和不能用于日常经营的现金，通常被列为非流动资产，如投资和基金或其他资产。

现金的限制可以是非正式的，可以根据管理层的意图把一定量的现金用于特定的用途。例如，公司为了未来的厂房扩建可能设立基金。如果这些现金是重要的，就必须被分类为投资和基金或其他资产。有时现金有强制性的限制。例如，债券常常要求借款方设立基金（通常被称为偿债基金）用于偿还未来债务。在这些情况下，如果这种债务被分类为非流动负债，那么限制性现金也应被分类为非流动性的投资和基金或其他资产。另一方面，如果负债是流动性的，限制性现金也应被分类为流动资产。披露的附注中应该描述所有重要的限制性现金。

银行经常因为贷款或者贷款承诺（信贷额度）而要求对现金做出限制。通常情况下，借款人被银行（贷款方）要求以低息或者无息方式在账户中保持特定的余额，该余额通常是承诺金额的一定比例（比如 2%～5%），这些余额被称为**补偿性余额**（compensating balances），因为它们是对银行发放贷款或扩展信贷额度做出的补偿。

补偿性余额导致借款人支付的实际利率高于名义利率。例如，假定一家公司以 12%的利率从银行借入 1 000 万美元。如果银行要求这个公司在无息账户中保持 200 万美元的补偿性余额，那么实际借款额就只有 800 万美元（借款额减去补偿性余额）。这就意味着实际利率是 15%（120 万美元的利息除以 800 万美元可用现金）。

补偿性余额的分类和披露取决于相关负债的限制和分类。[①] 如果限制是具有法律约束力的，则补偿性余额的现金分类为流动资产还是非流动资产（投资和基金或其他资产）取决于相关债务的分类。这两种情况都应该进行附注披露。

---

① FASB ASC 210-10-S99-2：SAB Topic 6. H-Balance Sheet-Overall-SEC Materials，*Accounting Series Release 148*（originally "Amendments to Regulations S-X and Related Interpretations and Guidelines Regarding the Disclosure of Compensating Balances and Short-Term Borrowing Arrangements," *Accounting Series Release No. 148*，Securities and Exchange Commission（November 13，1973)).

如果补偿性余额安排是非正式的，没有合同条款限制现金的使用，那么补偿性余额可以报告为现金及现金等价物的一部分，同时应在附注中披露该安排。

示例5-2是沃尔格林公司年报中附注披露的一个例子。

示例5-2 沃尔格林公司限制性现金披露

附注2：限制性现金主要会计政策总结（节选） 公司被要求在某些银行保持现金存款，这些存款包括合同限制的存款及受法律和其他义务限制的现金。截至2015年8月31日，这种限制性现金的金额为1.84亿美元。2014年8月31日没有限制性现金。

发展前瞻

限制性现金和现金流量表。2016年年中，财务会计准则委员会发布了一项会计准则更新的征求意见稿，要求更全面地披露限制性现金及其在每个报告期的变化。在现金流量表中，公司应该将现金、现金等价物、限制性现金以及限制性现金等价物总额的期初余额调整至期末余额（而不仅仅是调整不受限制的金额）。此外，公司将被要求在财务报告的现金流量表或附注中披露资产负债表中出现的限制性现金的金额。这一会计准则更新可能会被采纳，以加强限制性现金的披露。

国际财务报告准则

现金及现金等价物。一般来说，在国际财务报告准则和美国公认会计原则下，现金及现金等价物的会计处理是类似的。一个区别是银行透支，即从银行账户提款超过可用余额。美国公认会计原则一般是把透支部分当作债务。与此相反，在国际会计准则第7号下，如果透支是付款需求导致的，并且是企业为了最小化其现金余额而进行的正常现金管理计划的一部分，透支在正负金额之间波动，那么国际会计准则允许将透支与其他现金账户进行抵消。[①]例如，2018年12月31日，LaDonia公司有两个现金账户，余额如下：

国家银行	$300 000
中央银行	(15 000)

根据美国公认会计原则，LaDonia公司2018年12月31日的资产负债表将报告30万美元的现金资产和1.5万美元的透支流动负债。根据国际财务报告准则，LaDonia将报告现金资产28.5万美元。

决策者视角

现金通常被称为无收益资产，因为它没有利息。由于这个原因，管理层将闲置现金投资于现金等价物或短期投资，两者都能提供回报。管理层的目标是持有满足日常经营活动、偿还债务以及抓住有利机遇必需的最少现金。过多的现金会由于降低回报而减少利润，而过少的现金会增加风险。风险与回报之间的权衡是管理层（内部决策者）持续的选择。选择是否

① "Statement of Cash Flows," *International Accounting Standard No. 7* (IASCF), as amended effective January 1, 2016, par. 8.

恰当则需要投资者和债权人（外部决策者）进行评估。

前面我们讨论过，公司必须有足够的现金用于补偿性余额，以及与日常经营、投资和融资有关的计划支出。然而，由于现金流入和流出可能与计划数额有所不同，公司需要额外的现金储备以防意外事件。现金储备的规模取决于公司把现金等价物和短期投资转换为现金的能力，也取决于短期借贷能力。

流动性是衡量公司现金状况和为了在正常经营过程中偿付债务而筹措现金的能力的指标。如果一家公司有足够的现金，或者能够在相对较短的时间里将其他资产转化为现金以满足当前需求，那么我们就认为这家公司有流动性。流动性也作为衡量偿还到期流动负债能力的指标。流动比率是衡量流动性最常见的方法之一，其计算方法是流动资产除以流动负债。通过比较短期内需要偿还的负债与现金或短期内可以快速转换为现金的资产，可以基本了解公司的流动性。我们可以通过调整关于流动比率的假设来计算不同的指标（流动比率默认所有流动资产的流动性都是相同的）。在酸性测试比率或者说速动比率中，分子由速动资产组成，只包括现金、现金等价物、短期投资和应收账款。通过剔除存货和预付费用等不太容易转换成现金的流动资产，我们得到比流动比率更准确地反映公司短期偿债能力的酸性测试比率。我们在第2章讨论过流动比率。

我们应该根据公司所处行业的状况及其他具体环境评估这些指标。但要记住的是，行业平均数只是一个可接受的指标，任何比率都只是流动性的一个表现形式。例如，利润率或许是反映流动性的最佳长期指标。一家公司在管理流动资产方面可能非常有效，所以应收款项可能比其他资产更具有流动性。本章第2节将要讨论的应收账款周转率提供了一种衡量管理效率的方法。

公司可以使用许多方法来管理现金余额，对这些方法的讨论超出了本书的范围。然而，我们应该充分认识到，管理层必须对直接影响公司盈利能力和风险的现金做出重要决策。缺乏谨慎的现金管理可能导致一个公司的失败，这是至关重要的。管理者以及外部投资者和债权人都应对此时刻保持警惕。

第2节　流动性应收款项

应收款项（receivables）代表公司未来收回现金、其他资产或服务的权利。因销售货物或提供劳务而产生的应收款项称为**应收账款**（accounts receivable），也称为交易性应收款项（trade receivables）。非交易性应收款项是除交易性应收款项以外的其他应收款项，包括退税、应收利息及公司向其他主体（包括股东和雇员）发放的贷款。无论是交易性应收款项还是非交易性应收款项，当附有正式的票据时，就被视为应收票据（trade receivables）。我们首先讨论应收账款，后面再考虑应收票据。

在学习应收款项时要意识到，一个公司对未来现金收款的权利与另一个公司（或个人）支付现金的义务相对应。一个公司的应收账款是另一个公司应付账款的镜像。在第11章我们将讨论应付账款和其他流动负债。

一、应收账款

应收账款是在卖方确认与赊销相关的收入时产生的。回顾第4章，卖方在履行履约义务时确认收入。对于大多数产品或服务，在交付产品或服务时，履约义务得到履行，因此，收入和相关的应收账款在此时确认。

大多数企业都向客户赊销，要么是因为它不需要立即支付现金，要么是鼓励客户购买其公司的产品或服务。应收账款是有发票支持的非正式赊销协议，通常在销售后30～60天内付款。它们通常被归类为流动资产，因为应收账款正常的回收期即使超过一年，也是经营周期的一部分。

应收账款的初始计量

你在第4章中了解到，卖方确认的收入等于其在履行履约义务过程中有权收到的金额。卖方将交易价格分配给合同中的各项履约义务，然后在义务履行完毕时确认收入（以及相应的应收账款）。显然，收入确认和应收账款的确认是密切相关的。这意味着，一些复杂因素在影响收入确认的同时也会影响应收账款。

一个潜在的复杂因素与货币时间价值有关。由于赊销允许客户即刻获得商品或服务，但是在未来支付，你可以将赊销视为在销售商品或服务的同时提供贷款。然而，正如你在第4章中学到的，卖方可以忽略不重大的融资成分。通常情况下，应收账款的到期时间短于一年。因此，卖方通常记录预期收到的总额，而不是该金额的现值。[①] 对于长期应收账款来说，融资成分更加重大，卖方必须对此进行会计处理，正如你将在本节介绍应收票据时看到的那样。

另一个复杂因素涉及可变对价。正如你在第4章中学到的，合同可能包括一些方面的可变对价，它们必须在确定交易价格时进行估计，这会影响应收账款的金额。特别是合同可能提供现金折扣以及销售退回和折让。让我们依次讨论每一个复杂因素。

折扣

公司通常提供两种类型的折扣：商业折扣和现金折扣。公司经常向客户提供**商业折扣**（trade discounts），一般是标价的一个百分比。例如，一个制造商可能会给一个机器零件标价2 500美元，但以九折（即从标价中减少10%）卖给客户。销售以商定的价格2 250美元记录就体现了250美元的折扣。

商业折扣不是可变对价。相反，它们只是规定交易价格的一种方式。商业折扣使卖家可以在不发布新价目表的情况下提供不同的价格，以向竞争对手掩盖真实价格，同时也用于给予大客户数量折扣。

现金折扣（cash discounts），通常也叫作销售折扣（sales discounts），它表示客户在规定时间内付款而可以少付的金额。现金折扣提供了快速付款的动力。现金折扣的金额和时间

---

① FASB ASC 606-10-32-15：Revenue from Contracts with Customers-Overall-Measurement-The Existence of a Significant Financing Component（previously “Revenue from Contracts with Customers（Topic 606）” *Accounting Standards Update 2014-09*（Norwalk，Conn：FASB，2014））.

通常用 2/10，n/30 这种形式表示（如果在 10 天内付款就给予 2%的折扣，否则应该在 30 天内付清全款）。

现金折扣是可变对价，因为客户是否很快支付从而有资格获得折扣存在不确定性。然而对于一个卖家来说，估计每一次出售的折扣金额通常很难。因此，卖家在实践中使用了两种方法来简化现金折扣的记录，分别是总价法和净价法。通过这两种方法，销售收入最终只会减少那些实际发生的折扣。要了解这些方法是如何运用的，请参考示例 5-3 中的例子。

示例 5-3 现金折扣

Hawthorne 公司承诺，如果顾客在 10 天内付款，将给顾客提供 2%的现金折扣，在 10 天之内未付款的金额必须在 30 日之内付清，可表示为 2/10，n/30。2018 年 10 月 5 日，Hawthorne 公司以 20 000 美元的价格销售一批商品。顾客在 10 月 14 日支付了 13 720 美元（14 000 美元减去 2%的现金折扣），在 11 月 4 日支付了剩下的 6 000 美元。

以下是总价法和净价法下记录销售收入和现金收回的相应会计分录：

总价法			净价法		
2018 年 10 月 5 日			2018 年 10 月 5 日		
借：应收账款	20 000		借：应收账款	19 600	
贷：销售收入		20 000	贷：销售收入		19 600
2018 年 10 月 14 日			2018 年 10 月 14 日		
借：现金	13 720		借：现金	13 720	
销售折扣	280		贷：应收账款		13 720
贷：应收账款		14 000			
2018 年 11 月 4 日			2018 年 11 月 4 日		
借：现金	6 000		借：现金	6 000	
贷：应收账款		6 000	贷：应收账款		5 880
			失效销售折扣		120

从总收入和净利润的角度来看，这两种方法都能使我们达到同样的结果，如下表所示。这两种方法只是用稍微不同的方式得到结果。

总价法和净价法下收入比较如下：

	总价法	净价法
销售收入	\$20 000	\$19 600
减：销售折扣	(280)	0
加：失效折扣	0	120
净销售收入	\$19 720	\$19 720

使用**总价法**（gross method），我们最初以 2 万美元的价格记录了收入和相应的应收账款。如果付款发生在折扣期内，280 美元的折扣被记录在销售折扣账户的借方。销售折扣是销售收入的抵减账户，将其从销售收入中扣除，得到利润表中报告的净销售收入。如果在折扣期后付款，现金就会增加，应收账款则按最初记录的总金额减少。

使用**净价法**（net method），我们将收入和相应的应收账款按约定的价格减去2%的折扣，结果为19 600美元。如果付款发生在折扣期间，我们只需按应收金额借记现金、贷记应收账款。如果在折扣期后付款，则未发生的折扣被记录到一个称为失效销售折扣的账户中。这个账户应增加到销售收入中计算净销售收入。从概念上讲，失效销售折扣与利息收入类似，它是额外的收入，因为应收账款在较长一段时间内是未偿还的。[①] 在这种情况下，客户会失去120美元（6 000×2%）的现金折扣。

哪种方法是正确的？回顾第4章，销售收入和相应的应收账款应当以卖方预期能够收回的金额报告。净价法更好地反映了这一金额，因为折扣是一项节约，谨慎的客户不会放弃。为了理解这种节约的大小，再看示例5-3。为了节约2美元，客户必须提前20天支付98美元。也就是“投资”98美元，“赚取”2美元，20天的回报率是2.04%（2/98）。为将20天的回报率转换为年回报率，我们乘以365/20：

2.04%×365/20=37.23%(实际利率)

你想要获得超过37%的回报吗？你可以看到为什么有可能的话客户都想打折。这就是为什么记录折扣后的应收账款净额更加准确。尽管这种方法在概念上更加正确，但这两种方法在实践中都会使用，因为许多卖家喜欢按总价记录应收账款，然后在付款时向下调整。不同方法之间的货币价值通常被视为不重要。

销售退回

客户经常被赋予退货的权利。在可行的情况下，客户可能会得到一个特别的降价以激励他们不退货。[②] 我们使用**销售退回**（sales returns）来表示这些退货和其他调整。在食品、出版和零售等行业，销售退回很普遍。

正如我们在第4章中讨论的，销售退回是可变对价的一种形式。由于产品可能会被退回或调整价格，卖方有权获得的最终金额（卖方的对价）是不确定的。如果在实际发生时才确认退回，可能会导致应收账款、收入和利润在销售期间被高估，在退回期间被低估。例如，假设商品在2018年12月（卖方会计年度的最后一个月）以10 000美元的价格卖给客户，商品的成本是6 000美元。该公司将在2018年确认毛利4 000美元（10 000－6 000）。如果所有商品在2019年（2018年财务报表发布之后）都被退回，那么2018年的毛利将被高估4 000美元，而2019年的毛利将被低估4 000美元。2018年底的资产也将被高估4 000美元，因为10 000美元的应收账款被记录下来，替代了6 000美元的存货。

为了避免这个问题，卖方应该估计销售退回并相应地减少收入和应收账款。从技术上讲，卖方应该在销售时估计退回，并调整交易价格。然而，正如第5章所指出的，对于大多数卖家来说，每次销售都要估计退回是不现实的。出于这个原因，卖方通常会在退回实际发生时对其进行会计处理，然后在该会计期间结束时编制一个调整分录，以反映它们预期在未来发生的剩余退回。这就是我们所展示的方法。

为了对退回进行会计处理，而不是直接减少销售收入，我们借记收入的抵减账户“**销售退回**”（sales returns），间接地减少了销售收入。销售收入减去销售退回等于未被退回的销

① 事实上，在会计准则更新第2014-09号（该准则更新规定了在收入确认中如何处理可变对价）的生效日期之前，失效销售折扣通常在利润表中被披露为利息收入或其他收入。

② 降价有时被称为销售折让（sales allowances），以区别于产品实际被退货而产生的退款（销售退回）。

售（在利润表中称为净销售或净销售收入）。如示例 5－4 所示，借记销售退回时相应的贷方科目是什么，取决于已经收回现金还是仍然有未偿付的应收账款。

示例 5－4　销售退回的会计处理

2018 年，Hawthorne 公司在第一个经营年度中卖出了 200 万美元的商品。这些商品的成本是 120 万美元（销售价格的 60%）。经验表明，卖出的商品中有 10%将被退回，本例中就是 20 万美元（200×10%）。客户在 2018 年退回了 13 万美元的销售。Hawthorne 公司采用永续盘存制。

现金销售			赊销（有应收账款）*		
2018 年的销售收入为 200 万美元，销售成本为 120 万美元。					
借：现金	2 000 000		借：应收账款	2 000 000	
贷：销售收入		2 000 000	贷：销售收入		2 000 000
借：销售成本	1 200 000		借：销售成本	1 200 000	
贷：存货		1 200 000	贷：存货		1 200 000
2018 年的销售退回为 13 万美元。退回的存货成本为 78 000 美元（130 000×60%）。					
借：销售退回	130 000		借：销售退回	130 000	
贷：现金		130 000	贷：应收账款		130 000
借：存货	78 000		借：存货	78 000	
贷：销售成本		78 000	贷：销售成本		78 000
2018 年底，预计还会有 7 万美元的销售退回。预计退回存货的成本为 42 000 美元（70 000×60%）。					
借：销售退回	70 000		借：销售退回	70 000	
贷：退款负债		70 000	贷：销售退回准备		70 000
借：存货——估计退回	42 000		借：存货——估计退回	42 000	
贷：销售成本		42 000	贷：销售成本		42 000
2019 年发生的销售退回为 7 万美元。退回存货的成本为 42 000 美元。					
借：退款负债	70 000		借：销售退回准备	70 000	
贷：现金		70 000	贷：应收账款		70 000
借：存货	42 000		借：存货	42 000	
贷：存货——估计退回		42 000	贷：存货——估计退回		42 000

* 如果是赊销并且现金已经收回，退回的处理方式与现金销售的处理方式相同。

如示例 5－4 所示，对于现金销售（或者已经收回现金的赊销），Hawthorne 公司在客户退货时退还现金。期末，Hawthorne 公司根据它估计的未来需要退款的金额记录**退款负债**（refund liability）。

如果退回发生时赊销的应收账款仍未收回，Hawthorne 公司应减少应收账款，因为 Hawthorne 公司不再有权收回客户的付款。期末，Hawthorne 公司也必须估计应收账款的退回金额。在本书中，我们把这一估计记入**销售退回准备**（allowance for sales return）的贷方。这一准备是应收账款的抵减账户，以反映 Hawthorne 公司减去估计未来退回之后的应收账款净额。我们使用这个准备账户，而不是一个单独的退款负债账户，以避免出现对尚未收到的现金的退款负债。（在实务中，一些公司可能会出现退款负债，就好像现金已经被收回一样。）

无论现金是否已被收回，2018 年利润表报告的净销售收入都是 180 万美元，即总销售收入 200 万美元减去实际的和估计的退回 20 万美元（13＋7）。

Hawthorne 公司还必须调整存货，以反映退货的商品。在永续盘存制下，当事项发生时，我们记录存货账户的增加（借方）和减少（贷方）。因此，当退回实际发生时，Hawthorne 公司增加存货，以包括 78 000 美元退回的商品。之后，当 Hawthorne 公司在期末估计退回时，预计将在 2019 年退回的 42 000 美元存货被包括在“存货——估计退回”这一资产账户中，反映在 Hawthorne 公司 2018 年的资产负债表上，即使实际的商品仍然属于客户，因为商品的所有权估计会返回给 Hawthorne 公司。因此，2018 年的商品销售成本为 108 万美元，等于实际成本 120 万美元减去实际的和估计的退回的成本 12 万美元（78 000＋42 000）。①

有时客户会退回受损或有缺陷的商品。这种可能性包含在公司估计的退回中。正如我们将在第 7 章看到的，受损或有缺陷的商品在存货中记录的金额所反映的价值低于原来的成本。

如果 Hawthorne 公司对未来销售退回的估计是错误的，也就是最终的销售退回多于或少于 7 万美元，应该怎么处理？我们不修改以前年度的财务报表来反映新的估计。相反，正如你在第 4 章中学到的那样，调整估计发生变化当期的会计记录。例如，假设 2019 年只退回了 2018 年销售中的 6 万美元，而不是 Hawthorne 公司估计的 7 万美元。同时假设，估计的销售退回与应收账款有关，Hawthorne 公司估计不会有更多的退回发生。在这种情况下，销售退回准备仍有一个调整前余额 1 万美元。同样，“存货——估计退回”仍有一个调整前余额 6 000 美元（60％×10 000）。

销售退回准备

2019 年 1 月 1 日		70 000
2019 年销售退回	60 000	
调整前余额		10 000
估计变化	10 000	
2019 年 12 月 31 日		0

存货——估计退回

2019 年 1 月 1 日	42 000	
2019 年销售退回		36 000
调整前余额	6 000	
估计变化		6 000
2019 年 12 月 31 日	0	

2019 年，Hawthorne 公司将记录其 2018 年销售的估计退回的变化：

借：销售退回准备	10 000	
贷：销售退回（70 000－60 000）		10 000
借：销售成本（60％×10 000）	6 000	
贷：存货——估计退回		6 000

① 正如第 4 章所指出的，公司在技术上应该评估所有的可变对价，包括在销售时估计销售退回。这种方法的财务报表结果与示例 5－4 中的结果相同，但是日记账分录有些不同。为了将我们的例子应用于在销售时估计退回的情形，观察 Hawthorne 公司在 2018 年底处理估计的未来退回时所做的日记账分录。Hawthorne 公司会在销售时记录同样的日记账分录，但估计销售退回的金额是 20 万美元，估计存货退回的金额是 20×60％＝12 万美元。在销售时记录了估计的退回之后，所有实际的退回与我们的例子中在 2019 年发生退回时的会计处理一样，减少现金销售的退款负债，或者减少赊销的销售退回准备。

这些调整将“销售退回准备”和“存货——估计退回”两个账户 2018 年的余额抵消。它们同时增加了净销售收入（通过减少销售退回）和 2019 年（估计发生变化期间）的商品销售成本。

公司应该如何估计销售退回呢？它们依靠过去的历史，但也考虑影响未来的各种变化。例如，客户群体的变化，提供给客户的付款条款的变化，以及整个经济环境的变化等。这些因素都会使未来的销售退回和以往不同。对于在 1 月底结束会计年度的大型零售业公司而言，估计销售退回的任务会容易很多。这是因为它们在圣诞节期间进行了大量销售，而这些销售中的退货大部分在 1 月底前已经处理完毕。实际上，这也是很多此类公司选择将 1 月底作为会计年度截止日的重要原因。

AVX 公司是电子配件行业中的领导厂商。示例 5 - 5 摘自 AVX 公司 2015 年年报，描述了公司估计销售退回的方法。

示例 5 - 5　AVX 公司销售退回政策披露

> 收入确认和应收账款（节选）：退回
> 为了反映预计的退回，利润表中报告的销售收入和销售成本会减少。我们在销售的时点根据历史趋势、当前定价和数量信息、其他市场特定信息和销售投入、市场营销和其他管理人员意见，来记录估计的销售退回准备。应计的金额反映客户退回存货的价值。这些程序需要进行重要判断。我们相信这些程序可以帮助我们对未来销售退回做出可靠的估计。我们的实际结果与估计相近。当商品退回并经核实后，客户会收到退款来抵消对他们的应收账款。

在一些行业中，销售退回的金额通常比较小，也不经常发生。这些行业的公司通常不用估计退回，而是在实际退回的期间记录退回，因为它们对利润计量和资产估值的影响很小。此外，企业有时缺乏足够的信息来对销售退回做出较好的估计。正如你在第 4 章中学到的，公司只能确认收入很可能不会发生重大转回的金额。这样一来，在转让商品或服务的期间，销售就不太可能被高估。如果退回很难估计，就需要对退回做出比实际情况更高的估计（因此得到的净销售收入比实际情况要低）。

应收账款的后续计量

你在第 4 章了解到，收入和相应的应收账款应该按照卖方因履行了履约义务而有权收到的金额计量。然而，有权收到的金额并不一定等于卖方将会收到的金额。事实上，**信用损失**（credit losses）（坏账）是赊销的固有成本。我们应该如何处理并非所有应收账款都可能被收回的事实？

直接转销法（非公认会计原则）

一种简单的确认坏账的方法是在特定账款确实无法收回时直接将其转销，但公认会计原则不允许这种方法。例如，如果一个客户破产了，并且很显然将无法收回 15 000 美元的应收账款，那么在直接转销法下日记账分录可以做如下记录：

借：坏账费用	15 000	
贷：应收账款		15 000

直接转销法（direct write-off method）的一个缺点是，它夸大了在转销之前的应收账款余额，因为它没有预见到一些应收账款将被证明是不可收回的。此外，它还将坏账费用的确认推迟到客户实际无法支付的期间（尽管一些坏账费用可以提前预测），从而扭曲了净利润。

这些概念上的问题是直接转销法不允许用于财务报告的原因，除非坏账金额不重要。然而，对于大多数公司来说，直接转销法被要求用于所得税计算。

备抵法（公认会计原则）

如果坏账金额是重要的，公认会计原则要求使用**备抵法**（allowance method）。在备抵法下，公司使用**坏账准备**（allowance for uncollectible accounts）这一资产抵减账户，来将应收账款的持有价值减少到预期能够收回的金额。[①] 持有价值和坏账准备的金额通常都在资产负债表表内报告。例如，示例5-6展示了大型制药企业强生公司2015年和2014年比较资产负债表中报告的应收账款。

示例5-6　强生公司应收账款披露　　单位：百万美元

	2015年	2014年
应收账款，减去坏账准备＄268（2014年＄275）	10 734	10 985

强生公司的资产负债表显示，截至2015年底，该公司的应收账款净额为10 734，坏账准备为268，这意味着应收账款总额为10 734＋268＝11 002（单位均为百万美元）。

在备抵法下，当特定账款被转销时，不会确认坏账费用。相反，当形成准备和调整准备，以反映新的销售和客户信用质量的变化时，坏账费用会被提前确认。之后，当特定应收账款确定无法收回时，坏账准备和应收账款都被转销。

用一个例子阐明如何运用备抵法。假设Hawthorne公司在2018年开始经营。截至2018年12月31日，该公司的销售额为120万美元，收款895 000美元，应收账款余额为305 000美元。

应收账款

2018年1月1日	0	
销售额	1 200 000	
收款		895 000
2018年12月31日	305 000	

确认坏账准备（第一年末）。Hawthorne公司的分析表明，该公司预计将收回28万美元的应收账款，因此必须计提25 000美元（305 000－280 000）的坏账准备。（稍后我们将讨论Hawthorne公司是如何估计坏账准备的。现在先假设是这个数字。）

Hawthorne公司用以下日记账分录计提必要的坏账准备：

借：坏账费用	25 000	
贷：坏账准备		25 000

应收账款余额（305 000美元）减去坏账准备（25 000美元），得到资产负债表上列示的应收账款净额280 000美元。

当然，在这一点上，Hawthorne公司不知道哪些应收账款是不可收回的。（如果它能完美地预测，它一开始就不会销售！）Hawthorne公司只能记录对无法收回的应收账款的**估计**

① 你可能会看到这个持有价值被称为“可变现净值”（net realizable value）。然而，正如你将在第7章学到的，这个术语在公认会计原则中有特定的定义，不应该滥用。

(estimate)。这一估计既降低了净收益（通过坏账费用），也减少了 Hawthorne 公司应收账款的持有价值。

当账户确实无法收回时。2019 年 4 月 24 日，Hawthorne 公司得出结论，它无法从最近已经破产的客户那里收取 15 000 美元的应收账款。Hawthorne 公司将编制以下日记账分录：

借：坏账准备	15 000	
贷：应收账款		15 000

应收账款

	借方	贷方
2019 年 1 月 1 日	305 000	
特定转销		15 000
	290 000	

坏账准备

	借方	贷方
2019 年 1 月 1 日		25 000
特定转销	15 000	
		10 000

注意，日记账分录没有影响净利润，资产负债表上应收账款净额仍然为 280 000 美元（290 000－10 000）。

当先前转销的应收账款恢复时。有时，已转销的应收账款后来又恢复了，因为公司获得了新的信息，现在认为应收账款将部分或全部收回。当发生这种情况时，做与转销应收账款相反的分录。例如，Hawthorne 公司在 5 月 30 日获悉，其客户的财务状况已有所改善，并将收回以前转销的应收账款 1 200 美元。Hawthorne 公司应做以下日记账分录：

借：应收账款	1 200	
贷：坏账准备		1 200

应收账款

	借方	贷方
	290 000	
重新收回	1 200	
	291 200	

坏账准备

	借方	贷方
		1 000
重新收回		1 200
		11 200

再一次强调，日记账分录不影响净利润，而在资产负债表上应收账款净额仍然为 280 000 美元（291 200－11 200）。就像应收账款的持有价值不受某一应收账款转销的影响一样，它也不受某一已转销的应收账款又恢复的影响。

一旦应收账款恢复，其收回的记录方式与应收账款从未被冲销时一样，借记现金，贷记应收账款。

估计坏账准备

根据应收账款的持有价值来确认坏账费用是明显的**资产负债表法**（balance sheet approach）。公司先确定坏账准备的期末余额应该是多少，然后记录坏账费用的金额，以将坏账准备调整至所需的余额。

坏账准备的余额根据过去的历史以及目前的状况进行估计。分析每一个客户的账款，按照未偿还的应收账款余额的百分比进行估计，或者对于不同账龄的应收账款采用不同的百分比。后一种方法在实务中通常使用**应收账款账龄分析表**（accounts receivable aging schedule）。例如，示例 5-7 显示 Hawthorne 公司 2018 年 12 月 31 日的应收账款余额为 305 000 美元。

示例 5－7 应收账款账龄分析表

单位：美元

客户	2018年12月31日应收账款	0～60天	61～90天	91～120天	120天以上
Axel公司	$20 000	$14 000	$6 000		
Banner公司	33 000		20 000	$10 000	$3 000
Dando公司	60 000	50 000	10 000		
⋮	⋮	⋮	⋮	⋮	⋮
Xicon公司	18 000	10 000	4 000	3 000	1 000
合计	$305 000	$220 000	$50 000	$25 000	$10 000

汇总

账龄组	金额	预计不可回收比例	预计坏账准备
0～60天	$220 000	5%	$11 000
61～90天	50 000	10%	5 000
91～120天	25 000	20%	5 000
120天以上	10 000	40%	4 000
坏账准备			$25 000

账龄分析表将年底的应收账款余额按照其到期时间的长短进行分类。因此，对时间较长的应收账款组采用较高的估计百分比。一般来说，一项账款的账龄越长，它越有可能被证明是不可收回的。因为账龄分析表计算出坏账准备的余额应该是25 000美元，Hawthorne公司应将坏账准备调整至该余额，如前一小节所示。

确认坏账准备（第二年末）。在第二年（以及之后的每一年）经营结束时，Hawthorne公司必须再次估计应收账款的持有价值，并根据需要调整坏账准备，以得到这一持有价值。假设在2019年底Hawthorne公司的总应收账款余额为40万美元，但它认为只会收回36万美元。这意味着Hawthorne公司需要4万美元（40－36）的坏账准备。与第一年不同的是，以后的年度中在Hawthorne公司做出调整时，坏账准备的余额可能不是零。在我们的例子中，坏账准备调整前余额为11 200美元（见上面的T形账户）。需要做什么调整使坏账准备的余额从11 200美元增加到40 000美元呢？应该调整增加28 800美元。

坏账准备

（调整前余额）	11 200
坏账费用	28 800
（调整后余额）	40 000

	借方	贷方
借：坏账费用	28 800	
贷：坏账准备		28 800

请务必了解，在日记账分录中确认的坏账费用金额是由坏账准备调整前余额与所需要的调整后余额的差额决定的。例如，如果2019年Hawthorne公司转销了很多应收账款，坏账准备账户调整前有一个**借方**（debit）余额2 000美元，Hawthorne公司必须贷记坏账准备42 000美元（借记相同金额的坏账费用），才能使调整后余额达到所需要的40 000美元。

坏账准备

期初余额	2 000	
坏账费用		42 000
期末余额		40 000

另一方面，如果坏账准备的调整前余额为 11 200 美元，并且 Hawthorne 公司应收账款的质量得到了很大的改善，公司认为坏账准备调整后的余额应为 5 000 美元，此时 Hawthorne 公司需要借记 6 200 美元的坏账准备。

坏账准备

期初余额		11 200
坏账费用	6 200	
期末余额		5 000

借记坏账准备的同时需要贷记坏账费用。虽然贷记费用看起来很奇怪，但不妨把它看作是由估计的变化引起的。在之前期间坏账准备增加得太多，所以 Hawthorne 公司必须在这一期间将其减少。与其他估计变更一样，我们不会重述之前年度的财务报表，而是在当期净利润中体现估计变化的影响。

利润表法。除了资产负债表法之外，另一种方法是按照每一期间赊销净额的百分比直接估计坏账费用。这个百分比通常根据公司最近的赊销和实际坏账之间的关系来确定。对于一个新公司，这个百分比可以根据其他来源来估计，如行业平均水平。例如，如果 Hawthorne 公司 2018 年的销售额为 1 200 000 美元，估计有 2%的销售收入无法收回，那么它将借记坏账费用、贷记坏账准备各 24 000 美元（1 200 000×2%）。

尤其注意，**利润表法**（income statement approach）关注的是当前年度的赊销，因此对资产负债表（坏账准备和应收账款净值）的影响是估计费用的附带结果。只有在不扭曲预期能够从应收账款中收回的现金净额时，才能使用利润表法。

结合的方法。有些公司在估计坏账时采用了多种方法。例如，Hawthorne 公司可能决定用利润表法估计每个季度的坏账更方便，然后在年底根据应收账款的账龄采用资产负债表法来完善估计。在我们的例子中，Hawthorne 公司采用利润表法，在当年确认了 24 000 美元的坏账准备和坏账费用。如果年底 Hawthorne 公司的账龄分析表显示，坏账准备总共需要 25 000 美元，Hawthorne 公司将会确认额外 1 000 美元的坏账准备和坏账费用来将总额调整到必要的余额。

借：坏账费用	1 000	
贷：坏账准备		1 000

道德困境

Santana 公司自动配件部门的利润如果达到一个特定的目标，部门管理层将会得到奖金。对 2018 年来说，实际业绩可能远超目标。玛丽·贝思·威廉斯（Mary Beth Williams）是这个部门的财务主管，她已经被部门主管菲利普·斯坦顿（Philip Stanton）告知，要想办法减少本年的利润，为未来几年“储蓄”一些利润。玛丽提议将 2018 年坏账费用占应收账款总额的百分比从3%提高到5%。虽然她认为3%是更准确的估计，但是她也知道内部审计师和外部审计师对于估计允许一些灵活性。玛丽的提议面临道德困境吗？

示例5-8总结了计量和报告应收账款的关键问题。

示例5-8 计量和报告应收账款

确认	依赖于收入确认；对大多数赊销来说，收入和相应的应收款项在交付的时点确认。
初始计量	初始记录的金额是卖方有权收回的金额。受到现金折扣和可变对价（如销售折扣和销售退回）的影响。
后续计量	坏账准备减少初始计量的金额，所以应收账款列示为卖方预期收回的金额。
分类	几乎总是分类为流动资产。

应收账款的当前预期信用损失模型

在当前的公认会计原则下，潜在的坏账被视为一种或有损失（意思是损失的金额取决于一些未来事件，如客户无法还款）。我们将在第11章中详细讨论或有损失，现在你只需要明白，确认坏账准备和相应的费用需要满足两个条件：一是它们很可能发生；二是可以合理估计它们的金额。当公司有许多应收账款时，很可能会出现一些坏账，因此公司会确认坏账准备并积累坏账费用，以将应收账款的持有价值调整至预期可以收回的金额。

这个领域的指南正在改变。从2020年开始，公司将被要求使用**当前预期信用损失模型**（CECL（"Current Expected Credit Loss"）model）来处理坏账，公司可以选择从2019年开始使用这种方法。① CECL模型的目的是更准确和前瞻地估计坏账费用。它仍然使用备抵法，仍然使用相同的日记账分录，但它在两个重要方面不同于当前的公认会计原则。首先，取消了确认坏账时"很可能"的门槛。因此，即使卖方认为某一应收款项违约的可能性较低（没有达到"很可能"），卖方也要估计坏账。其次，在考虑潜在的坏账时，目前的做法倾向于关注已经发生的事件，CECL模型明确要求债权人也要考虑其他信息，例如对未来的合理和可获得支持的预测。

概念回顾练习

应收账款

Crowe公司为客户提供30天的赊销期。年末，根据应收账款账龄分析法估计坏账费用并调整坏账准备余额。公司2019年初相关账户余额如下：

应收账款	$350 000
坏账准备	(32 000)
应收账款净额	$318 000

2019年赊销收入为1 300 000美元，从客户收回的现金为1 253 000美元，实际转销的账款为25 000美元。

① "Financial Instruments-Credit Losses (Topic 326)" *Accounting Standards Update 2016-13* (Norwalk, Conn: FASB, 2016).

Crowe 公司应收账款账龄分析表

2019 年 12 月 31 日

账龄组	汇总 金额（美元）	 估计无法收回的百分比
0～60 天	$250 000	6%
61～90 天	80 000	15%
91～120 天	32 000	25%
121 天及以上	10 000	50%
合计	$372 000	

要求：

1. 确定 2019 年末应收账款和坏账准备的余额。
2. 确定 2019 年的坏账费用。
3. 编制 2019 年转销应收账款和确认坏账费用的日记账分录。

解答：

1. 确定 2019 年末应收账款和坏账准备的余额。

应收账款

	借方	贷方
2018 年 12 月 31 日	350 000	
销售	1 300 000	
收回		1 253 000
转销		25 000
2019 年 12 月 31 日	372 000	

Crowe 公司应收账款账龄分析表

2019 年 12 月 31 日

账龄组	汇总 金额（美元）	 估计无法收回的百分比	 预计坏账准备（美元）
0～60 天	$250 000	6%	$15 000
61～90 天	60 000	15%	9 000
91～120 天	32 000	25%	8 000
121 天及以上	10 000	50%	5 000
总计	$352 000		$37 000

坏账准备

	借方	贷方
		32 000
转销	25 000	
坏账费用		30 000
2019 年 12 月 31 日调整		
		37 000

如T形账户所示，应收账款的期末余额为352 000美元。如应收账款账龄分析表所示，坏账准备的期末余额是37 000美元。

2. 确定2019年的坏账费用。

正如上面的T形账户所示，在坏账准备账户中，达到所需期末余额需要补提30 000美元，这就是2019年的坏账费用。

3. 编制2019年转销应收账款和确认坏账费用的日记账分录。

借：坏账准备	25 000	
贷：应收账款		25 000

当应收账款确定不能收回时进行转销。

借：坏账费用	30 000	
贷：坏账准备		30 000

坏账的年末调整分录。

二、应收票据

应收票据（notes receivable）是债权人（借出方）和债务人（借入方）之间正式的规定支付条款的信用协议。票据的产生是因为贷款给需要现金的个人或公司，包括股东和员工，也可能是因为在长期付款协议下销售商品、其他资产或提供劳务。应收票据根据预计的收款日期分类为流动资产或非流动资产。

当票据的期限短于一年时，它被作为短期票据报告。我们先讨论短期票据，然后讨论长期票据。

短期带息票据

典型的**带息应收票据**（interest-bearing note receivable）要求在一个或多个到期日支付特定的面值金额，也叫作本金（principal）。另外，还需要按照面值的一定比例支付利息。票据的利息是这样计算的：

票面价值×年利率×票据期限

举个例子，参考示例5-9。

如果示例中的销售改为在2018年8月1日发生，公司的会计年度结束于12月31日，那么年末增加已赚取利息的调整分录为：

2018年12月31日

借：应收利息	35 000	
贷：利息收入（700 000×12%×5/12）		35 000

2月1日收款时记录如下：

2019年2月1日

借：现金［700 000+(700 000×12%×6/12)］	74 200	
贷：利息收入（700 000×12%×1/12）		7 000

应收利息（累积至 12 月 31 日） 35 000
应收票据 700 000

示例 5-9 应收票据

Stridewell 公司生产运动鞋，并销售给零售商。2018 年 5 月 1 日，公司向 Harmon 运动用品公司销售一批货物。Stridewell 公司同意收取一张 700 000 美元、期限为 6 个月、票面利率为 12%的票据。利息于到期日支付。假设 12%的利率对于这类票据是适当的。

Stridewell 公司将会对这张票据进行如下会计处理*：

2018 年 5 月 1 日	
借：应收票据	700 000
贷：销售收入	700 000
记录销售货物并收到应收票据。	
2018 年 11 月 1 日	
借：现金（700 000+42 000）	742 000
贷：利息收入（700 000×12%×6/12）	42 000
应收票据	700 000
记录在到期时收回款项。	

* 为了集中于记录票据，我们省略了永续盘存制下需要记录商品销售成本的分录。

短期不带息票据

有时应收票据以**不带息票据**（noninterest-bearing note）的形式出现，尽管这个名称不够恰当。因为不带息票据其实是有利息的，只是为了确定借款人初始可以获得的现金额，利息在面值中已经被扣除（或者折价）了。例如，如果 Stridewell 公司收到了一张 6 个月、70 万美元的不带息票据，折价率为 12%，该怎么办？如果 Stridewell 公司认为票据的融资成分是不重要的，它将忽略利率，简单地记录一笔 70 万美元的应收账款。然而，Stridewell 公司可能认为合同的融资成分是重要的。在这种情况下，42 000 美元（700 000×12%×6/12）的利息将在一开始就扣除而不再明确说明，结果是这批鞋的销售价格仅为 658 000 美元。[①] Stridewell 公司仍然收到 700 000 美元，但确认的总收入是 658 000 美元，同时确认 42 000 美元的利息收入。假设这笔交易在 2018 年 5 月 1 日发生，那么交易将做如下记录[②]：

2018 年 5 月 1 日	
借：应收票据（面值）	700 000
贷：应收票据折价（700 000×12%×6/12）	42 000
销售收入（差额）	658 000

---

① 有时，折价率（discount rate）和实际利率（effective interest rate）可以互换使用，所以不要被不带息票据使用折价率这一术语迷惑。在这里，折价率仅指票据面值（在 Stridewell 公司的案例中是 70 万美元）所乘以的一个比率，以计算票据中包含多少利息（在 Stridewell 公司的案例中是 42 000 美元）。这个折价率不同于 Stridewell 公司在应收账款余额上赚取的实际利率，Stridewell 公司使用实际利率来计算未来现金流的现值。

② 这里的分录假定该票据是用总价法记录的。如果使用净价法，利息部分从面值中扣除，分录如下：

2016 年 5 月 1 日	
借：应收票据	658 000
贷：销售收入	658 000
2016 年 11 月 1 日	
借：现金	700 000
贷：应收票据	658 000
利息收入（700 000×12%×6/12）	42 000

2018年11月1日

借：应收票据折价　42 000

　贷：利息收入　42 000

借：现金　700 000

　贷：应收票据（面值）　70 000

应收票据折价是应收账款的一个抵减账户。这意味着，应收票据应扣除折价后在资产负债表中报告。折价意味着随着时间的推移，未来的利息收入在赚取时将会得以确认。在这种安排下，销售收入只有658 000美元，但利息按照折价率乘以700 000美元的面值来计算。这就导致了实际利率要高于12%的折价率。

42 000	6个月利息
÷658 000	销售价格
=6.383%	6个月利率
×2*	转化成年利率
=12.766%	实际利率

*两个6个月。

这张票据应按未来现金收入的现值计量。在实际利率是6.383%的情况下，6个月后收到的700 000美元的现值为 658 000美元（700 000÷1.063 83）。我们将现值技术用于估值，在后面的章节中会广泛使用这些方法来评估长期应收票据、投资和负债的价值。

在这个示例中，如果销售在8月1日发生，2018年12月31日的调整分录和2019年2月1日记录现金收回的分录将记录如下：

2018年12月31日

借：应收票据折价　35 000

　贷：利息收入（700 000×12%×5/12）*　35 000

2019年2月1日

借：应收票据折价　7 000

　贷：利息收入（700 000×12%×1/12）　7 000

借：现金　700 000

　贷：应收票据（面值）　70 000

*我们也可以用应收账款净值乘以实际利率（658 000×12.766%×5/12=35 000）来计算利息收入。

在2018年12月31日的资产负债表中，应收票据显示的金额为693 000美元，即用面值（700 000美元）扣除折价（7 000美元）。

长期应收票据

我们对长期应收票据的会计处理与短期应收票据相同，但货币时间价值有较大影响。因此，如果销售商品和服务时收到长期应收票据，交易的融资成分通常对收入确认有重要影响。举个例子，示例5-10在示例5-9的基础上做了修改，Stridewell公司在2018年1月1日同意接受一张2年期的不带息票据。

示例 5-10 长期不带息应收票据

Stridewell 公司生产运动鞋，并销售给零售商。2018 年 1 月 1 日，公司向 Harmon 运动用品公司销售一批货物。Stridewell 公司同意收取一张 700 000 美元、2 年期票据。假设实际利率为 12%，Stridewell 公司将会对这张票据进行如下会计处理*：

2018 年 1 月 1 日		
借：应收票据	700 000	
贷：应收票据折价		141 964
销售收入†		558 036
记录销售货物并取得 2 年期的应收票据。		
2018 年 12 月 31 日		
借：应收票据折价	66 964	
贷：利息收入（558 036×12%）		66 964
记录 2018 年的利息收入。		
2019 年 12 月 31 日		
借：现金	700 000	
应收票据折价	75 000	
贷：利息收入［（558 036＋66 964）×12%］		75 000
应收票据		700 000
记录 2019 年利息收入并收回票据款项。		

* 为了集中于记录票据，我们省略了永续盘存制下需要记录商品销售成本的分录。

†700 000×1 美元的现值；$n=2$，$i=12\%$。

在示例 5-10 中有两个方面很重要。第一，注意，2018 年的销售收入不是记录为全部 700 000 美元，而是 558 036 美元，即两年内收到的金额（700 000 美元）的现值。应收票据的净额等于其现值（558 036 美元），是应收票据 700 000 美元减去应收票据折价 141 964 美元。回顾第 4 章，当货币时间价值重要时，卖方需要确认合同的融资成分。这就是 Stridewell 公司所做的事情。该公司从销售鞋子中赚取销售收入 558 036 美元，以及交易融资的利息收入 141 964 美元（66 964＋75 000）。

第二，每一期利息收入是根据该期开始时应收票据的净额计算的。因此，由于应收票据净额随时间而增加，利息收入在各个期间有所不同。在我们的示例中，2018 年 Stridewell 公司的利息收入 66 964 美元是根据初始应收票据净额计算的（558 036×12%）。由于 2018 年的利息收入，我们减少了应收票据折价，应收票据净额增加到 625 000 美元（558 036＋66 964）。所以，Stridewell 公司 2019 年的利息收入 75 000 美元是在更高的应收票据净额的基础上计算的（625 000×12%），到 2019 年底应收票据折价减少到 0。在这一时点，票据的账面价值，有时称为持有价值、持有金额或摊余成本基础，为 700 000 美元，这就是要收回的现金金额。随着时间的推移，实际利率保持不变，但利息收入随着应收票据余额的增加而增加。这是**实际利率法**（effective interest method）的一种应用，即用实际利率乘以长期应收款项或长期负债的余额来计算利息收入或利息费用。正如你将在后面的章节中看到的，该方法用于所有长期应收款项和长期负债。

我们将在第 12 章详细讨论长期应收票据的细节，同时讨论长期应付票据的会计处理。第 12 章将提供更多的例子来说明长期不带息票据和长期带息票据的会计处理，还将考虑以等额分期付款方式收取的应收票据的会计处理。

万豪国际从新酒店的开发商和加盟商那里收到带息和不带息票据。示例 5-11 中 2015 年的信息披露说明了公司对这些票据的会计政策。

示例 5-11 应收票据披露——万豪国际

重要会计政策汇总（部分）

我们可以向我们自己经营或特许经营的酒店的业主提供高级、中级和其他贷款，通常是为了促进酒店的发展，有时是为了促进品牌计划。我们希望业主根据贷款协议来偿还贷款，或者在酒店成熟和资本市场允许的时候提前偿还。

附注 9：应收票据（部分）

应收票据本金支付（储备和未摊销折扣后的净额）和利率	金额
2015 年底余额（百万美元）	\$221
2015 年底的利率范围	0～15%

现金票据

如果一张利率不切实际的票据——即使是不带息票据——只收取现金，那么支付给发行者的现金就被认为是票据的现值。[①] 即使这意味着将利率记录在低得离谱或零的水平，兑换现金的数量也是评估票据价值的基础。如果前面例子中的不带息票据只能以 70 万美元的现金收回，则该交易将被记录如下：

借：应收票据（面值）	700 000	
贷：现金（确定的）		700 000

应收票据的后续计量

与应收账款类似，如果公司预期短期应收票据会出现坏账（也称为信用损失），那么公司应使用坏账准备账户将应收票据减少至恰当的持有价值。记录坏账费用的程序和应收账款相同。

银行和其他贷款机构所面临的一个更加困难的计量问题，是估计它们长期票据（贷款）的坏账。预测这些安排中无法收回的款项十分困难。例如，富国银行是一家大型银行控股公司，其 2015 年 12 月 31 日资产负债表的资产部分包含如下内容：

单位：百万美元	2015 年 12 月 31 日	2014 年 12 月 31 日
贷款	\$916 559	\$862 551
贷款损失准备	(11 545)	(12 319)
贷款净值	\$905 014	\$850 232

示例 5-12 是一项附注，描述了富国银行的贷款损失政策。

① 这假定在协议中没有包括目前或将来的其他考虑因素。例如，一张不带息票据可能会让卖方换取现金，并承诺以低于预期市场价格的价格提供未来的存货。发行者用实际利率对现金支付进行折现，作为票据的价值，而现值与现金支付的差额被确认为票据期限内的利息收入。这种差异也将未来购买存货的价格增加到实际市场价格。

示例5-12 富国银行贷款损失准备的披露

> 信贷损失准备（部分）
> 信贷损失准备是管理层对资产负债表日贷款组合（包括无资金信贷承诺）内在信贷损失的估计。我们已经建立了确定信贷损失准备恰当性的程序，以评估贷款组合和相关无资金信贷承诺的内在损失。虽然我们将部分准备归属于商业和消费者组合，但整个准备可用于吸收所有贷款组合和无资金信贷承诺中的内在信贷损失。

公认会计原则要求公司在附注中披露应收票据的公允价值（如果应收账款的账面价值与公允价值接近，则无须披露其公允价值）。① 此外，公司可以选择在资产负债表中按公允价值计量应收款项，并将公允价值变动确认为利得或损失计入利润表。② 这一"公允价值选择权"将在第10章讨论。

债权人通常对一组票据的坏账进行会计处理，就像他们对应收账款组合所做的会计处理一样。但是，当债权人可能无法按照应收票据的合同条款收取全部款项时，这种应收款项被认为是价值减损的并单独记账。这种应收款项按照当前预期现金流量的现值重新计量，折现率是贷款的初始实际利率。

应收票据的当前预期信用损失模型

与应收账款一样，从2020年开始CECL模型将用于评估应收票据的信用损失，公司可以选择从2019年开始使用这种方法。在CECL模型下，债权人在评估信用损失时，应考虑所有相关信息，包括对未来的合理和可获得支持的预测。债权人可以使用多种方法来评估不可收回的应收票据，包括应收账款中使用的账龄分析法。债权人通常使用折现现金流技术，将应收票据余额与预期收到的现金流的现值（按照应收款项初始确认时的实际利率折现）进行比较，估算出必要的坏账准备金额。

国际财务报告准则

应收账款和应收票据。直到最近，应收账款和应收票据都需要按照国际会计准则第39号进行会计处理，划分在贷款和应收款项类别中。③ 然而，国际财务报告准则第9号要求从2018年1月1日起实施，并且允许提前使用。④ 因此，在2018年之前，这两项准则都可能对采用国际财务报告准则的公司产生影响（尽管欧盟国家可能不会按照国际财务报告准则第9号进行报告，因为欧盟委员会尚未批准）。不过，这两项国际财务报告准则都非常类似于美国公认会计原则对应收账款和应收票据的会计处理，对商业折扣和现金折扣、销售退回、确认应收票据的利息收入以及使用坏账准备账户的会计处理也都类似。

仍然有一些重要的区别。国际财务报告准则和美国公认会计原则都允许对应收款项的会

① FASB ASC 825-10-50-10：Financial Instruments-Overall-Disclosure-Fair Value of Financial Instruments (previously "Disclosures about Fair Value of Financial Instruments" *Statement of Financial Accounting Standards No. 107* (Norwalk, Conn.: FASB, 1991)).

② FASB ASC 825-10-25：Financial Instruments-Overall-Recognition Fair Value Option (previously "The Fair Value Option for Financial Assets and Financial Liabilities" *Statement of Financial Accounting Standards No. 159* (Norwalk, Conn.: FASB, 2007)).

③ "Financial Instruments: Recognition and Measurement," *International Accounting Standard No. 39* (IASCF), as amended effective January 1, 2016.

④ "Financial Instruments," *International Financial Reporting Standard No. 9* (IASCF), as amended effective January 1, 2016.

计处理使用“公允价值选择权”，但是国际财务报告准则对其可以使用的环境进行了限制（我们将在第10章详细讨论）。同样，国际会计准则第39号规定，如果应收款项初始确认时选择上述方法，那么可以把应收账款当作可供出售投资进行会计处理。国际财务报告准则第9号不允许对应收款项使用这种选择权，而美国公认会计原则只允许将债务证券投资作为可供出售投资进行会计处理（我们也将在第10章深入讨论这种方法）。美国公认会计原则要求在资产负债表和财务报表附注中对应收账款和应收票据进行更详尽的披露。例如，公司需要分别披露从客户、关联方和其他主体取得的应收款项。国际财务报告准则推荐这种方法，但没有要求单独披露。

最后一个重要区别是估计坏账。国际财务报告准则使用ECL（“预期信用损失”）模型。对于大多数应收款项，ECL模型报告了一项“12个月的预期信用损失”，它只是基于未来12个月内发生违约的预期信贷损失。只有当应收款项的信用质量严重恶化时，债权人才会报告“有效期预期信用损失”，它包括12个月之后发生违约的信用损失，就像美国公认会计原则下的CECL（当前预期信用损失）模型那样。由于在这方面缺乏趋同，国际财务报告准则下的信用损失可能会比美国公认会计原则下的更低，发生也更迟。

三、应收款项融资

金融机构已经为公司开发了多种方法来利用它们的应收款项立即获得现金。公司会发现这一点很有吸引力，因为它可以立即提供现金，而不是等到赊销客户支付到期款项，从而缩短了公司的经营周期。此外，许多公司避免了应收款项服务的困难（开具账单和收款），由金融机构承担了这一角色。当然，金融机构提供这些服务需要获得补偿，通常是利息和/或融资费。

根据转让人（原来持有应收款项的公司）保留的权利和风险以及转让给受让人（新持有人、金融机构）的权利和风险的不同，应收款项融资的方法各不相同。尽管存在这种多样性，但这些方法中的任何一种都可以描述为以下两者之一：

（1）担保借款。在这种方法下，转让人（借款人）的行为就像是向受让人（出借人）借款一样，应收款项保留在转让人的资产负债表中，并作为贷款的担保物。在交易的另一方，受让人确认一项应收票据。

（2）应收账款出售。在这种方法下，转让方（卖方）“终止确认”（移除）其资产负债表中的应收款项，就好像将它出售给受让方（买方）。在交易的另一方，受让人将应收款项确认为资产负债表中的资产，并按公允价值计量。

正如你将在下面的例子中看到的，转让人（出借人）借记现金，无论交易是否被视为担保借款或应收款项出售。不同的是，出借人是贷记负债（对于担保借款）还是贷记应收款项资产（对于应收款项出售）。让我们进一步讨论这两种方法在应收账款和应收票据中的运用。然后我们将讨论美国公认会计原则对每种方法适用情况的要求。

担保借款

有时公司将应收账款作为担保物**抵押**（pledge）以获得贷款。并没有特定的应收账款与贷款有关。相反，整个应收账款余额用作担保物。收取应收账款的责任仅由本公司承担。抵押应收账款无须特殊会计处理，但该安排应在披露附注中说明。例如，示例 5 - 13 显示了办公家具制造商维尔科制造公司 2015 年年度报告中长期债务披露的一部分。

示例 5 - 13 应收账款作为担保物的披露——维尔科制造公司

流动性和资本资源（部分）营运资本需求（部分）
循环信贷工具是一种基于资产的信贷额度，受借款基准限制，通常可以提供高达 85%合格应收账款的预付款。

或者，融资安排可以要求公司**指定**（assign）特定的应收账款作为贷款的担保物。如果你或者你认识的人有购房抵押贷款，你可能已经熟悉指定资产作为担保物的概念了。持有抵押贷款的银行或其他金融机构将要求，如果业主拖欠按揭付款，那么房屋将被出售，用于偿还抵押债务。同样，在指定应收账款的情况下，不偿还债务将要求指定应收账款收回的款项直接用于偿还债务。

在这些安排中，出借人借出的金额通常少于借款人指定的应收账款金额。这一差额为出借人提供了一些保护，以允许可能出现的坏账。此外，出借人（有时称为受让人）通常向借款人（有时称为出让人）预先收取融资费用以及贷款的规定利息。应收账款可由出借人或借款人收取，具体取决于安排的细节。示例 5 - 14 提供了一个例子。

示例 5 - 14 应收账款安排

2018 年 12 月 1 日，Santa Teresa 公司向金融银行借款 50 万美元，并签署了一张本票。每月支付 12%的利息。公司指定 62 万美元的应收账款作为借款的担保物。金融银行收取相当于指定应收账款金额 1.5%的融资费用。

Santa Teresa 公司记录这笔借款如下：

借：现金（差额）	490 700	
融资费用*（1.5%×620 000）	9 300	
贷：负债——融资安排		500 000

Santa Teresa 公司将继续收回该应收账款，并记录所有折扣、销售退回和坏账转销，但将把现金汇至金融银行，通常每月一次。如果在 12 月收回了指定应收账款中的 40 万美元，公司将记录以下分录：

借：现金	400 000	
贷：应收账款		400 000
借：利息费用（500 000×12%×1/12）	5 000	
负债——融资安排	400 000	
贷：现金		405 000

* 理论上，该费用应在借款的整个期间内分配，而不是在初始期间记录为费用。然而，金额通常很小，借款期限通常很短。为了方便起见，我们将全部费用立即费用化。

在 Santa Teresa 公司的财务报表上，这一安排在附注中描述。

应收款项出售

应收账款和应收票据与其他资产一样，都可以出售（取得利得或损失）。出售应收款项的基本会计处理方法与出售其他资产类似。卖方（转让方）(a) 将应收款项（以及与之相关的坏账准备）从账户中移除，(b) 以公允价值确认卖方在交易中获得的资产或承担的负债，以及 (c) 将差额记录为利得或损失。

出售应收账款是一种流行的融资方式。应收账款出售曾被少数行业的公司或信用评级较低的公司采用，如今已成为不同类型公司的常见现象。例如，通用汽车公司、迪尔公司和美国银行都出售应收账款。两种最常见的出售安排是保理和证券化。我们现在分别讨论这两种类型。

在**保理**（factoring）安排中，公司将其应收账款出售给金融机构。金融机构通常以现金购买应收账款，处理账单和收回应收账款，并为此项服务收取费用。事实上，像威士卡和万事达卡这样的信用卡是保理安排的形式。卖方放弃对未来现金收入的所有权利，以换取买方（保理商）的现金。

示例5-15显示了BusinessCash.com公司网站内容的节选，该公司是一家金融机构，保理是它提供的服务之一。

示例5-15　保理商BusinessCash.com公司的广告

应收账款保理 30天利率0.59%～1.49%　　24～48小时到款 应收账款融资是指以折扣价出售公司的应收账款，以换取即时现金。一家公司预先可获得的营运资本百分比为70%～92%。应收账款融资对于许多行业来说都是一个完美的解决方案，包括纺织业、酒类经销商和初创企业。

注意，保理商BusinessCash.com公司预付的款项只是在保理的应收款项的70%～92%之间。剩余金额作为担保保留到所有应收款项收回现金（扣除保理商的费用）并汇给转让人。保理商收取的利率可能看起来很低，但要意识到这是一个30天的利率。将其乘以12，你会看到7%～18%的一系列年利率。具体利率主要取决于应收款项的质量和要求付款前的时间长度。

另一种常见的用于出售应收账款的安排是**证券化**（securitization）。在典型的应收账款证券化中，公司创建“特殊目的实体”（SPE），通常是信托或附属公司。特殊目的实体购买交易性应收款项、信用卡应收款或公司贷款，然后出售相关证券，通常是债务，如由应收账款支持（担保）的债券或商业票据。采用特殊目的实体来进行应收账款证券化可以提供显著的经济优势，使公司吸引大量投资者，获得更优惠的融资条件。①

作为证券化的一个例子，示例5-16显示了伟创力国际有限公司2015年年度报告中披露附注的一部分。伟创力国际有限公司是设计、制造和物流服务领域的全球领导者，该附注描述了其交易性应收账款的证券化。

示例5-16　证券化计划描述——伟创力国际有限公司

附注10：交易性应收账款的证券化 公司持续向附属特殊目的实体出售指定的交易性应收账款池。……每一个实体将100%的应收账款出售给非附属金融机构。……本公司代表特殊目的实体服务、管理和收回应收账款，并每年收取0.1%～0.5%的服务费。

① 尽管特殊目的的实体在会计上通常不被视为独立主体，但它们通常在法律上是独立主体。因此，特殊目的的实体通常被视为“破产隔离”，这意味着如果转让人破产，转让人的债权人就无法获得应收账款。这增加了特殊目的的实体资产的安全性，通常允许其获得比转让方更有利的融资条件。

出售的会计处理取决于卖方和买方（受让方）的具体安排。[①] 一个关键特征是应收账款的转让是无追索权还是有追索权。

无追索权出售

如果在**无追索权**（without recourse）的情况下做出保理安排，若应收账款被证明无法收回，买方不能向卖方要求更多的钱。因此，买方承担坏账风险。示例 5－17 提供了无追索权应收账款保理的例子。

示例 5－17　无追索权的应收账款保理

2018 年 12 月，Santa Teresa 公司将账面价值为 60 万美元的应收账款向 Factor 银行进行保理。这一转让没有追索权。根据这项安排，Santa Teresa 公司将 60 万美元的应收账款转让给 Factor 银行，Factor 银行立即向 Santa Teresa 公司支付相当于已保理金额 90%的现金（90%×60＝54 万美元）。Factor 银行保留剩余的 10%以支付保理费（等于总保理金额的 4%；4%×600 000＝24 000 美元），并为潜在的销售退回和折让提供缓冲。在 Factor 银行收回的现金等于预付给 Santa Teresa 公司的金额加上保理费之后，Factor 银行将超额部分退回给 Santa Teresa 公司。因此，根据这一安排，Factor 银行向 Santa Teresa 公司预先提供现金，并为转让应收账款提供了一个“优惠利息”，等于最后一笔收回的应收账款（10%）的公允价值（管理层估计为 50 000 美元）减去 4%的保理费。*

Santa Teresa 公司记录这一转让如下：

借：现金（90%×600 000）	540 000	
应收账款出售损失（达到平衡）	34 000	
应收保理商款（50 000－24 000）	26 000	
贷：应收账款（出售的账面价值）		600 000

* 示例 5－17 描述了这样一种安排，保理费从保理商保留的 10%的应收账款中支付。除了这种安排之外，保理安排的结构也可以是在安排开始时从预付给公司的现金中扣除保理费。在这种情况下，示例 5－17 中 Santa Teresa 公司记录的日记账分录为：

借：现金［(90%×600 000)－24 000］	516 000	
应收账款出售损失（达到平衡）	34 000	
应收保理商款	50 000	
贷：应收账款（出售的账面价值）		600 000

注意，在示例 5－17 中，应收账款最后收回的 10%部分的公允价值（50 000 美元）低于应收账款总账面价值的 10%（10%×600 000＝60 000 美元）。这是很常见的，因为要收回的最后一笔应收账款很可能会因销售退回和折让而减少，因此公允价值较低。

有追索权出售

当公司以**有追索权**（with recourse）的形式出售应收账款时，卖方保留所有坏账风险。实际上，卖方保证即使一些应收账款被证明是无法收回的，买方也将得到支付。为了补偿卖方承担的坏账风险，当应收账款有追索权出售时，买方通常收取较低的保理费。

在示例 5－17 中，即使应收账款是有追索权出售，只要满足出售处理条件，Santa Teresa 公司仍然可以将转让作为出售进行处理。唯一的区别是 Santa Teresa 公司需要将其追索义务的估计公允价值记录为负债。追索权负债是 Santa Teresa 公司因为对无法收回应收账款的补偿而不得不向 Factor 银行支付的估计金额。示例 5－18 提供了一个有追索权的应收账

---

① FASB ASC 860：Transfers and Servicing（previously “Accounting for Transfers of Financial Assets，an amendment of FASB Statement No. 140，” *Statement of Financial Accounting Standards No. 166*（Norwalk，Conn.：FASB，2009））.

款保理示例。

示例 5-18　有追索权的应收账款保理

假设与示例 5-17 中相同的事实，除了 Santa Teresa 公司出售给 Factor 银行的应收账款有追索权，并估计追索权负债的公允价值为 5 000 美元。Santa Teresa 公司记录这一转移如下：

借：现金（90%×600 000）	540 000	
应收账款出售损失（达到平衡）	39 000	
应收保理商款（50 000−24 000）	26 000	
贷：追索权负债		5 000
应收账款（出售的账面价值）		600 000

在对比示例 5-17 和示例 5-18 时需要注意，估计的追索权负债 5 000 美元会使出售损失增加 5 000 美元。如果保理商最终收回所有应收账款，Santa Teresa 公司将免除追索权负债并确认为一项利得。

应收票据转让

我们用与应收账款转让相同的方式处理应收票据的转让。可以通过将票据作为贷款担保物的方式或者通过出售票据的方式从金融机构获得即时现金。票据也可以证券化。

票据转让给金融机构称为**贴现**（discounting）。金融机构接受票据并给予卖方现金，金额等于票据到期值减去贴现息。贴现息根据到期值和贴现率计算，代表金融机构为交易收取的融资费用。示例 5-19 给出了转让人收到资金的计算示例。

示例 5-19　应收票据贴现

2018 年 12 月 31 日，Stridewell 公司出售土地，收到 9 个月期、利率 10%的票据。票据要求在 2019 年 9 月 30 日支付 20 万美元以及利息。公司的会计年度结束于 12 月 31 日。10%的利率正确地反映了这类票据的货币时间价值。2019 年 3 月 31 日，Stridewell 公司将该票据在东方银行贴现。银行的贴现率是 12%。

由于该票据在贴现前已经持有了 3 个月，Stridewell 公司首先记录了贴现前的应计利息：

2019 年 3 月 31 日

借：应收利息	5 000	
贷：利息收入（200 000×10%×3/12）		5 000

接下来，计算持有至到期的票据价值。然后，减去从贴现至到期的剩余时间的贴现息，以确定票据贴现产生的现金收益：

$ 200 000	面值
15 000	至到期的利息（200 000×10%×9/12）
215 000	到期值
(12 900)	贴现息（215 000×12%×6/12）
$ 202 100	现金收益

与应收账款类似，Stridewell 公司可能会将转让作为出售或担保借款进行处理。例如，示例 5-20 显示了将转让作为无追索权出售处理的相应日记账分录。

示例 5-20 贴现票据作为出售处理

借：现金（计算过程见上面的示例）	202 100
应收票据出售损失（达到平衡）	2 900
贷：应收票据（面值）	200 000
应收利息（计算过程见上面的示例）	5 000

决定将转让作为出售还是担保借款处理

转让人通常更喜欢使用出售法而不是担保借款法来处理应收款项转让，因为出售法比担保借款法使转让人看起来具有更低的杠杆、更高的流动性，也许更有利可图。示例 5-21 通过描述对关键会计指标的特定影响解释了原因。

示例 5-21 为什么应收款项转让人通常想将转让作为出售处理

这种处理方法是否	将应收款项转让作为出售或担保借款处理		
	出售	担保借款	为什么对转让人来说出售法更好
终止确认应收账款，减少资产？	是	否	出售法产生了更低的总资产和更高的资产回报率
确认因收到现金而产生的负债？	否	是	出售法产生了更低的负债和更低的杠杆（负债/权益）
收到的现金在现金流量表的哪一部分列示？	可能在经营活动或融资活动部分列示	总是在融资活动部分	出售法可以在转让时产生更高的经营活动现金流量
确认转让利得？	更可能	不太可能	出售法可以在转让时产生更高的利润

那么，什么情况下允许公司将应收款项转移作为出售进行会计处理呢？最关键的因素是公司（转让人）在多大程度上放弃了对所转移资产的控制。对于某些安排，放弃控制是明确的（例如，在无追索权和转让人没有任何其他参与的情况下出售应收款项）。然而，对于其他安排，这种区别并不明显。事实上，一些公司似乎在构建满足出售处理但仍有足够控制参与度的交易。这导致财务会计准则委员会制定了旨在限制不当使用出售法的指南。具体来说，当且仅当完全满足下列条件时，转让人（定义为包括公司、其合并的关联公司和代表公司行事的人员）被确定已经放弃应收款项的控制权①：

a. 被转让的资产已与转让人隔离——转让人及其债权人无法接触到。

b. 每个受让人有权抵押或交换其所收到的资产。

c. 转让人对被转让的资产不具有有效的控制，例如，通过构造转让，使资产最终可能返还给转让人。

如果满足所有这些条件，转让人将转让作为出售处理。如果不满足任何一个条件，转让人应将交易作为担保借款处理。

不足为奇的是，为了作为出售处理，一些公司试图通过构建复杂的交易来满足这些条

① FASB ASC 860-10-40：Transfers and Servicing-Overall-Derecognition (previously "Accounting for Transfers and Servicing of Financial Assets and Extinguishments of Liabilities," *Statement of Financial Accounting Standards No. 140* (Norwalk, Conn.: FASB, 2000), as amended by SFAS No. 166).

件。最近最著名的案例是雷曼兄弟公司使用的“回购105”交易，如示例5-22所示。

示例5-22 “回购105”交易——雷曼兄弟公司

2008年雷曼兄弟公司的破产是美国有史以来规模最大的破产案。可能导致投资者损失的一个因素是雷曼兄弟公司使用的“回购105”交易，它掩盖了公司债务负担过重的事实。下面是“回购105”交易的工作原理。在每个季度末，雷曼兄弟公司都会向银行或其他金融机构转让应收款项等金融资产，以换取现金，并将其作为金融资产出售进行会计处理。雷曼兄弟公司将从转让中获得的现金用于偿还债务，因此交易的净效果是减少资产、减少负债，从而使雷曼兄弟公司的杠杆更低、风险更低。雷曼兄弟公司还同意在下一季度回购资产，回购金额超过其最初收到的金额。

实质上，这一交易是一笔贷款，因为雷曼兄弟公司最终保留了金融资产并支付了相当于本金和利息的金额。然而，它认为，这些资产超出了其有效控制范围，因为其转让资产而收到的现金不足以使其回购这些资产（“回购105”中的“105”是指这些资产的价值至少是雷曼兄弟公司获得的现金的105%）。

尽管雷曼兄弟公司的解释得到了当时有效的公认会计原则的支持，但这些交易的披露情况非常糟糕。当它们最终曝光时，金融市场和投资公众的反应非常消极。作为对雷曼兄弟公司破产的回应，美国财务会计准则委员会已采取措施，消除了允许“回购105”交易作为出售处理的漏洞。*

* FASB ASC 860-10-55：Transfers and Servicing-Overall-Implementation Guidance and Illustrations（previously *ASU 2011-03*：Transfers and Servicing（Topic 860）：*Reconsideration of Effective Control for Repurchase Agreements*（Norwalk，Conn.：FASB 2011））.

示例5-23总结了确定应收款项转移是作为担保借款还是出售处理的决策过程。

示例5-23 应收款项融资的会计处理

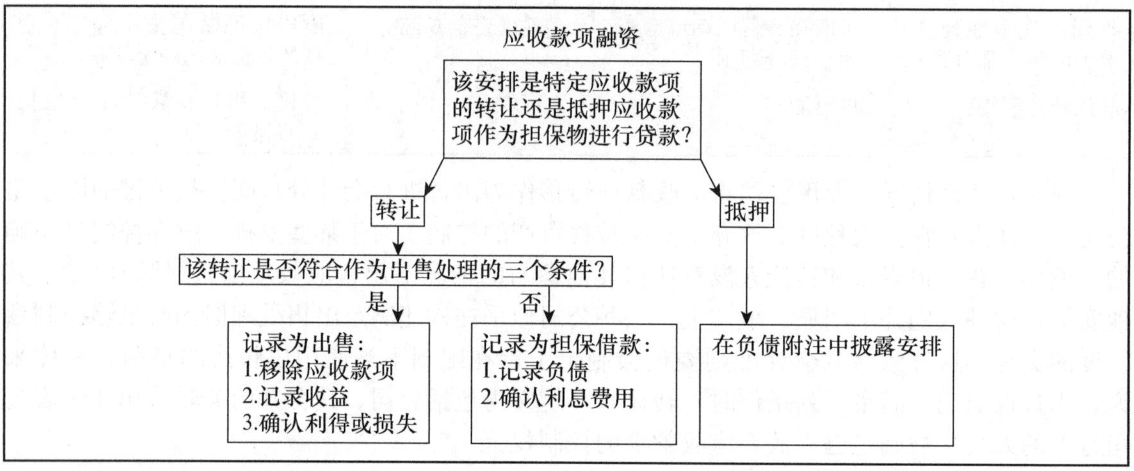

披露

当转让人继续参与转让资产但将转让作为出售进行处理时，需要进行大量披露。为什么？在这种情况下，转让人仍然可能承担与安排有关的重大风险，所以这些安排通常被分析师视为有担保借款。因此，转让人必须提供有关转让的足够信息，以使财务报表使用者充分理解（a）转让，（b）对被转让资产的任何持续参与，以及（c）转让人的任何持续风险。

公司还必须提供有关被转让资产质量的信息。例如，对于被转让的应收账款，公司需要披露逾期应收账款的金额以及当期发生的任何信用损失。公司必须披露的其他信息包括：

- 记录交易时如何估计公允价值；

- 转让人和受让人之间发生的任何现金流；
- 持续参与资产转让如何在持续的基础上进行会计处理。[①]

补充思考

参与利益。如果公司只转让特定应收款项的一部分而不是全部，该怎么办？例如，如果一家公司转让收取票据利息的权利，但保留收取本金的权利，该怎么处理？美国公认会计原则要求，除非转让的金额符合“参与利益”和上述“放弃控制”的条件，否则这种部分转让应当作为担保借款处理。参与利益被定义为拥有应收款项中的部分所有权利益，并按比例分享应收款项的现金流量。许多常见的证券化安排不符合参与利益，因此公认会计原则的这种变化使得部分转让更难满足出售法的条件。

国际财务报告准则

应收款项转让。在国际财务报告准则和美国公认会计原则中，国际会计准则第39号和美国财务会计准则委员会会计准则更新第860号涵盖了应收款项融资。[②③] 国际和美国的指导原则常常导致类似的会计处理。两者都试图确定一项安排是否应被视为担保借款或者出售，并且在得出哪种方法适当的结论后，两者都以类似的方式使用这些方法进行会计处理。

国际财务报告准则和美国公认会计原则最大的不同之处在于它们选择会计方法的概念基础和确定使用哪种方法的决策程序。正如你在本章中看到的，美国公认会计原则关注的是资产的控制权是否从转让方转移到受让方。相反，国际财务报告准则要求更加复杂的决策程序。公司必须已经转让收到应收款项现金流量的权利，然后考虑公司是否已经转移“实质上所有权上的所有的风险和报酬”，以及公司是否已经转移控制权。国际财务报告准则下：

1. 如果公司转让了实质上所有权上的所有的风险和报酬，转让应当作为出售处理。
2. 如果公司保留了实质上所有权上的所有的风险和报酬，转让应当作为担保借款处理。
3. 如果不满足1或者2，如果公司转让了控制权，则应当将交易作为出售处理；如果公司保留了控制权，则应当将交易作为担保借款处理。

风险和报酬是否已经转移是通过比较所转移资产的现金流量的金额和时间变化对公司在转移前后的影响来评估的。

这是对国际财务报告准则指导原则的概述。具体规则的应用很复杂，取决于安排的具体情况，在国际财务报告准则和美国公认会计原则下，公司的会计处理可能会有不同。

---

① FASB ASC 860-10-40：Transfers and Servicing-Overall-Derecognition (previously “Accounting for Transfers of Financial Assets，an amendment of FASB Statement No. 140，” *Statement of Financial Accounting Standards No. 166* (Norwalk，Conn.：FASB，2009)，par. 17).

② “Financial Instruments：Recognition and Measurement，” *International Accounting Standard No. 39* (IASCF)，as amended effective January 1，2014.

③ FASB ASC 860：Transfers and Servicing (previously “Accounting for Transfers of Financial Assets，an amendment of FASB Statement No. 140，” *Statement of Financial Accounting Standards No. 166* (Norwalk，Conn.：FASB，2009)).

概念回顾练习

应收款项融资

Hollywood 木材公司通过保理（或贴现）其应收账款从 Midwest 金融公司获得资金。2018 年 6 月，公司向 Midwest 公司保理了 1 000 000 美元的应收账款。这项转让没有追索权。保理商 Midwest 公司支付了被保理应收账款 80%的款项，保留了 20%。Midwest 公司收回应收账款的现金时，保留的金额减去 3%的费用（占保理总额的 3%），将转回给 Hollywood 公司。Hollywood 公司估计 Midwest 公司保留的金额的公允价值为 180 000 美元。

此外，2018 年 6 月 30 日，Hollywood 公司无追索权贴现了一笔应收票据。该票据于 2018 年 3 月 31 日开具，要求在 2019 年 3 月 31 日支付 150 000 美元加 8%的利息。Midwest 公司的贴现率是 10%。公司的会计年度结束于 12 月 31 日。

要求：

为 Hollywood 公司编制应收账款保理和 6 月 30 日应收票据贴现的日记账分录。假设满足所需的标准，将转让作为出售处理。

解答：

应收账款保理

借：现金（80%×1 000 000）	800 000	
应收账款出售损失（达到平衡）	50 000	
应收保理商款（180 000—30 000）	150 000	
贷：应收账款（出售的余额）		1 000 000

应收票据贴现

借：应收利息	3 000	
贷：利息收入（150 000×8%×3/12）		3 000
借：现金（见下面的计算过程）	149 850	
应收票据出售损失（差额）	3 150	
贷：应收票据（面值）		150 000
应收利息（见上面的计算）		3 000

$ 150 000	面值
12 000	至到期的利息（150 000×8%）
162 000	到期值
(12 150)	贴现息（162 000×10%×9/12）
$ 149 850	现金收益

决策者视角

应收款项管理

公司对应收款项的投资受到几个变量的影响，包括销售水平、销售产品或服务的性质以及信用和收款政策。当然，这些变量是相关的。例如，信用政策的变化可能会影响销售。事实上，更为宽松的信用政策通常是为了增加销售量而实施的，它允许客户在更长时间内付款或者提供现金折扣。

管理层对信用和收款政策的选择往往需要权衡。例如，提供现金折扣可能会增加销售量，加速客户付款，并减少坏账。这些好处并非没有代价。现金折扣减少了向享受折扣的客户收取的现金。延长付款期限也可能增加销售量。但是，这会增加应收账款，并可能增加坏账。

用应收账款进行融资的能力也向管理层提供了备选方案。指定、保理和贴现应收款项是几种融资操作方法，它们必须与其他融资方法（如信贷额度或其他类型的短期借款）进行比较来做出评估。

投资者、债权人和财务分析师可以通过监控公司的应收款项来获得重要的启示。第 3 章介绍了应收账款周转率及相关的平均收账期等监控应收款项的比率。请记住，这些比率的计算方法如下：

$$应收账款周转率=\frac{销售净额}{平均应收账款净额}$$

$$平均收账期=\frac{365\text{ 天}}{应收账款周转率}$$

周转率显示平均应收账款余额在一个期间内的回收次数，平均收账期是平均应收账款余额未偿还天数的近似值。

随着公司销售的增长，应收账款也会增加。如果应收账款增加的百分比大于销售增长的百分比，则应收账款周转率将下降（平均收账期将增加）。这可能表明客户对产品不满意，或者公司为了吸引新客户而过度延长了付款期限，从而增加了销售退回和坏账。

这些比率还可以用来比较公司在管理应收账款投资方面的相对有效性。当然，比较 IBM 等计算机产品公司与好时这样的食品公司的应收账款周转率是没有意义的。一家销售像大型计算机那样高价、小批量产品的公司通常会比一家销售低价、量大的食品的公司给客户提供更长的付款期。示例 5－24 列出了部分知名企业 2015 年的应收账款周转率。和预期的一样，公司产品和经营的性质不同，应收账款周转率也不同。特别是设计昂贵的医疗和商业应用产品的公司，其应收账款周转率要低于消费品制造商和批发商。

示例 5－24　应收账款周转率

公司	2015 年应收账款周转率
美敦力（医疗技术）	4.54
欧特克（设计软件）	4.84
通用磨坊（批发食品）	8.28

为了更详细地说明应收账款分析，让我们计算 2015 年软件行业的两家公司（赛门铁克公司和 CA 公司）的应收账款周转率和平均收账期。

单位：百万美元

	赛门铁克公司		CA公司	
	2015年	2014年	2015年	2014年
应收账款净额	$993	$1 007	$652	$800
两年平均	$1 000		$726	
2015年销售净额	$6 508		$4 262	

	赛门铁克公司	CA公司	行业平均
应收账款周转率	=6 508/1 000=6.51次	=4 262/726=5.87次	6.85次
平均收账期	=365/6.51=56.07天	=365/5.87=62.18天	53.28天

平均而言，赛门铁克收取应收账款的时间比CA早6天，但比行业平均水平慢3天。赛门铁克销售的大部分产品（如诺顿杀毒软件）直接面向在线消费者，这些消费者使用信用卡立即付款，大大加快了付款速度。而CA主要向企业销售，这需要更长的时间来付款。

盈余质量

回顾我们在第3章中关于盈余质量的讨论。我们了解到，管理者在一定程度上有能力操纵报告利润，许多观察家认为，这种做法会降低盈余质量，因为这可能粉饰"永久"盈余。美国证券交易委员会（SEC）前主席阿瑟·莱维特（Arthur Levitt）将可操纵应计项目列为公司操纵利润最常用的方法之一，他称之为"杂项饼干罐储备"（Miscellaneous Cookie Jar Reserves）。

有时，财务报表使用者可以检查应收账款、坏账准备和其他账户，来检测低盈余质量。例如，在一项最终导致SEC重大欺诈案的分析中，在注意到应收账款异常高和一些产品的销售增长超出预期之后，PaineWebber公司下调了对Sunbeam公司的股票评级。此外，Sunbeam公司的坏账准备在之前期间出现了大幅增长。最终，Sunbeam公司利用与零售买家"开单并持有"策略操纵利润的行为被曝光。它的做法是，在零售商正常购买之前向其大幅打折销售产品，然后将这些产品存放在第三方仓库中，在以后进行交付。更一般地，研究表明，公司有时会在业绩好的期间建立大量坏账准备，然后在业绩差的期间减少这些准备以增加当期利润，以此对利润进行操纵。①

会计质量关注的另一个领域是用于处理应收账款转让的出售法。研究表明，一些公司在记录证券化时通过扭曲公允价值估计值来进行盈余管理。② 此外，一些公司将与出售应收账款相关的现金流量在现金流量表中分类为经营活动现金流量，从而改变应收账款的收回程度，并操纵经营活动产生的现金流量。事实上，有证据表明，成熟的投资者和债券评级机构在评估公司债务风险之前不用出售法，而改用担保借款法来处理应收账款转让。③ 华尔街非

① S. B. Jackson and X. Liu, "The Allowance for Uncollectible Accounts, Conservatism, and Earnings Management," *Journal of Accounting Research 48*, No. 3 (2010): 565-601.

② P. M. Dechow, L. A. Myers, and C. Shakespeare, "Fair Value Accounting and Gains from Asset Securitizations: A Convenient Earnings Management Tool with Compensation Side-Benefits," *Journal of Accounting and Economics 49*, No. 2 (2010): 2-25.

③ 最近的另一项研究表明，投资者将证券化视为贷款而非资产出售，这表明他们不相信出售确实发生了。例如，W. R. Landsman, K. Peasnell, and C. Shakespeare, "Are Asset Securitizations Sales or Loans?" *The Accounting Review 83*, No. 5 (2008), pp. 1251-72。

常擅长根据会计准则确定巧妙的交易结构，因此，对这些交易的会计处理保持警惕是很重要的。

财务报告案例问题参考答案

1. 解释备抵法对坏账的会计处理。

备抵法用于按预期收回金额持有应收账款。在调整分录中，我们记录坏账费用并通过贷记一个抵减账户的方式来间接地减少应收账款。贷记抵减账户的金额是估计最终无法收回的金额。

2. 社区卫生系统公司可能运用什么方法增加了 2 亿美元的坏账准备？

社区卫生系统公司将确定以适当的持有价值显示应收账款净额所需的坏账准备余额，然后记录调整和相应的坏账费用来达到这一余额。它可能会使用应收账款账龄分析法来计算适当的余额。它还可能使用销售净额的百分比来估计坏账费用，特别是在中期报告中，但只有当它产生了与资产负债表法相似的持有价值时，才能使用这种方法。

3. 有可以替代备抵法的其他选择吗？

备抵法的一种替代方法是直接转销法。使用这种方法，不记录调整分录，产生的坏账直接作为坏账费用转销。公认会计原则不允许采用直接转销法，除了个别情况。

4. 社区卫生系统公司将应收账款证券化是什么意思？

证券化是一种出售应收账款的方法。在典型的证券化中，公司创建一个“特殊目的实体”，从公司购买应收账款并发行以应收账款作为担保物的证券。证券化使社区卫生系统公司能够更快地获得应收账款的现金，并以优惠的融资利率吸引大量投资者。

本章学习目标概要

学习目标 5-1

内部控制是旨在鼓励遵守公司政策和程序，提高经营效率，最大限度地减少错误、盗窃或欺诈，最大限度地提高会计数据的可靠性和准确性的计划。现金收支内部控制系统的关键要素包括将记录保存与现金控制的职责分开，以及定期编制银行存款余额调节表。

学习目标 5-2

管理层可以出于特定目的非正式地限制现金。限制也可以通过合同来实施。如果限制性现金可用于当期经营或偿还流动负债，则将其分类为流动资产；否则，将其分类为投资和基金或其他资产。

学习目标 5-3

现金折扣的总价法将没有发生的折扣作为销售收入的一部分。净价法将没有发生的折扣视为失效的销售折扣。

学习目标 5-4

当预计有商品退回时，应将销售退回准备记为应收账款的抵减账户，销售收入也应减去预期的销售退回。

学习目标 5-5

在每一期末，公司估计坏账准备的必要余额，然后记录为达到该余额所需的对坏账准备和相应坏账费用的调整。

学习目标 5-6

资产负债表法估计资产负债表中应收账款的适当持有价值，然后根据需要调整坏账准备以达到该持有价值，从而确定坏账费用。利润表法基于这样一个概念来估计坏账费用，即每一期间的赊销中有一定比例将被证明是无法收回的。

学习目标 5-7

应收票据是债权人（借出方）和债务人（借入方）之间的正式信用协议。典型的应收票据要求在指定的到期日支付指定的票面金额，也称为本金。此外，利息按票面金额的规定百分比支付。票据利息的计算方法是将票面金额乘以年利率再乘以票据期限。

学习目标 5-8

公司利用应收款项立即获得现金的方法有多种。这些方法可以描述为担保借款或应收款项出售。如果满足三个表明放弃控制权的条件，转让人应将应收款项的转让作为出售，否则应作为担保借款。

学习目标 5-9

公司对应收账款的投资受几个相关变量的影响，包括销售水平、产品或服务的性质以及信用和收款政策。投资者、债权人和财务分析师可以通过监控公司对应收账款的投资来获得重要启示。应收账款周转率和平均收账期指标旨在监控应收账款。

学习目标 5-10

美国公认会计原则和国际财务报告准则下，现金和应收账款的会计处理类似。除了术语和资产负债表分类上的一些差异，最重要的差异涉及应收账款转让的会计处理。国际财务报告准则和美国公认会计原则都试图区分是作为出售处理还是作为担保借款处理，但它们使用不同的概念框架来指导这一选择。美国公认会计原则侧重于应收账款的控制权是否转移，而国际财务报告准则采用更复杂的决策程序，该程序还考虑实质上所有权上的风险和报酬是否已经转移。

本章重点问题回顾

5-1 定义现金等价物。

5-2 解释会计领域内部控制程序的主要功能。职责分离的意义是什么？

5-3 《萨班斯-奥克斯利法案》404 条款中描述的管理层责任是什么？公司审计师的责任是什么？

5-4 定义补偿性余额。补偿性余额在资产负债表中如何进行报告？

5-5 美国公认会计原则和国际财务报告准则对银行透支的处理是否相同？请解释。

5-6 解释商业折扣和现金折扣的不同。

5-7 区分对现金折扣进行会计处理时使用的总价法和净价法。

5-8 简单解释对销售退回的会计处理。

5-9 解释公司对无法收回的应收账款（坏账）进行会计处理的通常做法。只有当应收账款确切证实无法收回的时候才允许记录坏账费用吗？

5-10 简单解释在估计坏账时使用资产负债表法和利润表法的区别。

5-11 如果一家公司既有从普通客户收到的应收账款，也有从关联方企业收到的应收账款，那么在美国公认会计原则下可以把它们合并起来在财务报表中披露吗？在国际财务报告准则下又如何处理呢？

5-12 将应收账款作为负债的担保物是否存在特殊的会计处理？

5-13 解释有追索权的应收账款和无追索权的应收账款在会计处理上可能存在的区别。

5-14 在美国公认会计原则和国际财务报告准则下关于应收账款发生转让时是否将其确认为收入的标准有何不同？请解释。

5-15 应收票据贴现的含义是什么？描述对票据贴现进行会计处理的四个步骤。

5-16　影响公司应收账款投资的主要变量是什么？描述财务分析师通常用来监控公司应收账款投资的两个比率。

5-17　解释当前预期信用损失模型与现行的公认会计原则对坏账费用计算的不同。

简要练习

5-1　内部控制

Janice Dodds 为 Ajax Plumbng 公司打开邮件。她在一张电子表格中列示出了所有顾客的名字和支票金额。这些支票以及这张电子表格将会送往会计部门的 Jim Seymour，他将这些支票录入日记账，并存到公司的存款账户中。这家公司应该如何改进现金收款的内部控制程序？

5-2　银行透支

Cutler 公司在 Wright 银行有一个余额为 25 万美元的现金账户，同时在 Lowe 银行有一个已经透支 5 000 美元的现金账户。在国际财务报告准则下，Cutler 公司在资产负债表中包括现金项目的流动资产部分将如何报告？在美国公认会计原则下又将如何报告？

5-3　现金及现金等价物

以下项目出现在 Consolidated Freight 公司年末的试算平衡表上：支票账户中的现金、6 个月内到期的短期国库券、未存进银行的顾客支票、储蓄账户中的现金、硬币和纸币。哪些项目可以计入公司资产负债表中的现金及现金等价物项目？

5-4　现金折扣；总价法

2018 年 12 月 28 日，Tristar Communications 公司向不同的客户以每套 2.5 万美元的价格销售了 10 套最新的卫星传输系统，销售条款为 1/10，n/30。公司对销售折扣使用总价法进行会计处理。假设所有客户在 2019 年 1 月 6 日支付了扣除折扣的金额，那么哪一年的税前利润会受到折扣的影响？影响的金额是多少？

5-5　现金折扣；净价法

参照练习 5-4 中描述的情况。假设 Tristar 公司对现金折扣使用净价法进行会计处理，回答上述问题。

5-6　销售退回

2018 年是 Hollis Industries 公司经营的第　年，在这　年中，公司记录了 1 060 万美元的收入以及已经发生的 72 万美元的销售退回。销售这些商品的总成本为 636 万美元（销售收入的 60%）。公司预计销售商品的 8%将会退回。请编制年末对预计销售退回的调整分录，假设所有销售都是赊销并且应收账款都未收回。

5-7　销售退回

参照练习 5-6 中描述的情况。编制年末对预计销售退回的调整分录，假设所有销售都是现金销售（没有应收账款）。

5-8　应收账款分类

Singletary Associates 公司既有客户赊购产生的应收账款，也有来自公司内部负责人的应收账款。Singletary 公司想将这两部分应收账款合并成一行在资产负债表的流动资产部分和附注中报告。在美国公认会计原则下这种做法可行吗？在国际财务报告准则下呢？请解释。

5-9　无法收回的应收账款；利润表法

以下信息涉及一家公司的应收账款：应收账款的期初余额为 30 万美元；坏账准备的期初余额为 2.5 万美元（贷方余额）；本年赊销收入为 150 万美元；本年转销的应收账款为 1.6 万美元；从客户手中收回的现金为 145 万美元。假设公司预计坏账的金额为赊销收入的 2%，请计算：(1) 本年的坏账费用；(2) 坏账准备的期末余额。

5-10 无法收回的应收账款；资产负债表法

参照练习5-9中描述的情况。假设公司预计未来坏账的金额等于年末应收账款余额的10%，回答上述两个问题。

5-11 无法收回的应收账款；解决未知问题

一家公司年末应收账款余额为200万美元。坏账准备期初有贷方余额3万美元，期末根据账龄分析法得出所需的坏账准备为3.8万美元。如果本年发生的坏账费用为4万美元，那么在这一年中应当转销的坏账金额是多少？

5-12 无法收回的应收账款；解决未知问题

参照练习5-11中描述的情况。如果本年的赊销收入为820万美元，已经从客户手中收回795万美元，那么应收账款的期初余额是多少？

5-13 应收票据

2018年12月1日，Davenport公司向客户销售了2万美元的商品。客户为支付货款签发了一张票面利率为6%、2019年3月1日还本付息的应付票据。2018年和2019年公司应分别确认多少利息收入？

5-14 长期应收票据

2018年4月19日，Millipede Machinery公司将一辆拖拉机卖给Thomas Hartwood公司，接受了一张承诺5年内支付12万美元的票据。适用的实际利率为7%。在2018年4月19日，在与Thomas Hartwood公司的交易中，Millipede Machinery公司的销售收入将会是多少？

5-15 应收账款保理

罗技公司将10万美元的应收账款转让给一家当地银行，转让是无追索权的。当地银行将85%的金额付给罗技公司，保留剩下的15%。当银行收回应收款项时，它将汇给罗技公司保留的金额减去总金额3%的保理费。罗技公司估计其15%应收账款的公允价值为1.1万美元（不包括3%的保理费）。这笔交易对公司的资产、负债和税前利润有什么影响？

5-16 应收账款保理

参照练习5-15中描述的情况。假设出售标准没有满足，描述罗技公司如何对这笔交易进行会计处理。

5-17 应收账款转让

Huling Associates公司计划将30万美元的应收账款转让给Mitchell公司，以换取现金。Huling Associates公司已经做了这样的安排，它保留了所有权上的所有风险和报酬，但已将应收账款的控制权转移给了Mitchell公司。假设满足转让作为出售处理的所有其他标准，那么在国际财务报告准则下如何处理这笔交易？根据美国公认会计原则呢？

5-18 票据贴现

3月31日，Dower Publishing公司在当地一家银行贴现了3万美元的票据。这张票据于2月28日签发，并要求在5月31日支付本金和6%的利息。银行的贴现率是8%。Dower Publishing将于3月31日从银行收到多少现金？

5-19 应收账款周转率

Camden Hardware公司今年的赊销额为32万美元。年初和年末的应收账款分别为5万美元和7万美元。计算应收账款周转率和年度平均收账期。

习 题

5-2 现金及现金等价物

Delta汽车公司在其2018年1月31日的试算平衡表中列示了以下资产（单位：美元）：

银行存款——支票账户	＄22 500
美国国库券（60天到期）*	5 000
现金（纸币和硬币）	1 350
美国国库券（6个月到期）*	10 000
未存入银行的客户支票	1 840

* 2018年11月30日购买。

要求：

1. 计算2018年资产负债表中流动资产部分现金及现金等价物的余额。
2. 对于要求1中没有包括在内的项目，请解释该项目正确的分类。

5-4 银行透支

Parker公司现金余额如下：

第一银行	＄150 000
第二银行	(10 000)
第三银行	25 000
第四银行	(5 000)

要求：

1. 根据美国公认会计原则，编制Parker公司2018年资产负债表中流动资产和流动负债部分。
2. 根据国际财务报告准则，编制Parker公司2018年资产负债表中流动资产和流动负债部分。

5-6 现金折扣；总价法

Harwell公司是汽车轮胎制造商。2018年7月15日，公司以每个50美元的价格向Nixon汽车公司销售了1 000个轮胎。销售条款为2/10，n/30。Harwell公司对现金折扣使用净价法进行会计处理。

要求：

1. 编制记录2018年7月15日销售的会计分录（忽略销售成本）和2018年7月23日收到货款的会计分录。
2. 编制记录2018年7月15日销售的会计分录（忽略销售成本）和2018年8月15日收到货款的会计分录。

5-8 销售退回

Halifax Manufacturing公司允许其客户在商品交付后90天内无理由退货。所有销售都是赊销（在销售时没有收到现金）。该公司2018年初销售退回准备余额为30万美元。在2018年，Halifax Manufacturing公司赊销商品1 150万美元，商品成本为7 475 000美元（售价的65%）。在这一年里，客户退回了赊销中的45万美元。2018年底的调整分录记录了估计的占销售额4%的销售退回。

要求：

1. 编制记录商品实际退回的分录（不调整销售退回准备），然后编制年终调整分录，以将销售退回准备调整至适当的余额。
2. 调整分录后，年底的销售退回准备是多少？

5-10 无法收回的应收账款；备抵法与直接转销法

Johnson公司使用备抵法对公司无法收回的应收账款进行会计处理。坏账费用按照赊销收入的一定百分比确认。2018年，赊销收入净额为450万美元，预计坏账的比例为1.5%。2018年初坏账准备有贷方余额4.2万美元，在年末调整后，2018年底贷方余额为4万美元。

要求：

1. 2018年的坏账费用是多少？

2. 假定 2018 年 Johnson 公司没有对坏账费用做其他调整，2018 年转销的应收账款金额是多少？

3. 如果公司使用直接转销法，那么 2018 年的坏账费用是多少？

5-12　无法收回的应收账款；备抵法和直接转销法的比较；解决未知问题

Castle 公司对无法收回的应收账款进行估计。年初坏账准备账户有贷方余额 17 280 美元，年末有贷方余额 22 410 美元（编制调整分录后）。如果用直接转销法来对无法收回的应收账款进行会计处理（坏账费用等于实际转销金额），那么 2018 年的利润表将包括 17 100 美元的坏账费用和从之前已转销坏账中收回的 2 200 美元收入。

要求：

根据备抵法计算 2018 年的坏账费用。

5-14　应收票据

2018 年 6 月 30 日，Esquire 公司向客户销售了 3 万美元的商品。在付款时，Esquire 公司收到了一张票面利率为 6%、在 2019 年 3 月 31 日还本付息的票据。在这一情形中，6%的利率是适当的。

要求：

1. 编制销售商品的会计分录（省略关于销售成本的分录）、2018 年 12 月 31 日应计利息的会计分录以及 2019 年 3 月 31 日收回现金的会计分录。

2. 如果 12 月 31 日没有编制应计利息的调整分录，那么 2018 年和 2019 年的税前利润被高估还是低估了？高估或低估的金额是多少？

5-16　长期应收票据

2018 年 1 月 1 日，Wright Transport 公司将 4 辆校车出售给 Elmira School District。为了换取公共汽车，Wright 收到了一张要求 Elmira 在 2020 年 12 月 31 日支付 51.5 万美元的票据。实际利率是 8%。

要求：

1. 对于这笔交易，Wright Transport 在 2018 年 1 月 1 日能确认多少销售收入？

2. 编制记录 2018 年 1 月 1 日销售商品（忽略商品销售成本的分录）、2018 年 12 月 31 日和 2019 年 12 月 31 日应计利息的会计分录，以及 2020 年 12 月 31 日收到票据付款的会计分录。

5-18　指定特定应收账款

2018 年 6 月 30 日，High Five Surfboard 公司的应收账款为 60 万美元。2018 年 7 月 1 日，该公司从 Equitable 金融公司借款 45 万美元，并签署了一张本票。按月支付 10%的利息。该公司指定应收账款 60 万美元作为贷款的担保物。Equitable 金融公司收取的融资费用等于应收账款的 1.8%。

要求：

编制记录 High Five Surfboard 公司借款的会计分录。

5-20　有追索权应收账款保理

Mountain High Ice Cream 公司向 Prudential 银行转让了 6 万美元的应收账款。转让是有追索权的。Prudential 银行将保理金额的 90%转给了 Mountain High Ice Cream 公司，并保留了 10%以防销售退回和坏账。当银行收回应收款项时，它将保留的金额转给 Mountain High Ice Cream 公司（Mountain High Ice Cream 公司估计公允价值为 5 000 美元）。Mountain High Ice Cream 公司预期有 3 000 美元的追索权义务。银行收取 2%的保理费（6 万美元的 2%），并要求在保理安排开始时支付保理费。

要求：

编制记录 Mountain High Ice Cream 公司转让的会计分录，假设出售标准得到满足。

5-22　应收票据贴现

Selkirk 公司于 2018 年 1 月 1 日从客户那里获得了 1.5 万美元的应收票据。这张票据将于 2018 年 7 月 1 日到期，利率为 10%。2018 年 2 月 28 日，Selkirk 在 Unionville 银行贴现了票据。银行的贴现率是 12%。

要求：

编制 2018 年 2 月 28 日 Selkirk 公司应计利息和从 Unionville 银行贴现的会计分录。假设贴现作为出售处理。

5-24　应收款项；交易分析

Weldon 公司的会计年度于 12 月 31 日结束。以下是 2018 年发生的应收款项交易清单：

3 月 17 日	应收账款 1 700 美元无法收回而被转销。公司使用备抵法。
3 月 30 日	公司向一名高级职员提供了 2 万美元的贷款，并收到了一张应于 2019 年 3 月 30 日支付本金和利息的票据，利率为 7%。
5 月 30 日	将 2 万美元的票据在当地银行贴现。银行的贴现率是 8%。票据贴现没有追索权，满足出售标准。
6 月 30 日	以 1.2 万美元的价格将商品卖给 Blankenship 公司。销售条件是 2/10，n/30。Weldon 公司使用总价法处理现金折扣。
7 月 8 日	Blankenship 公司全额支付了它的账款。
8 月 31 日	以账面价值 5 000 美元出售一家非上市公司的股票，并收到了 6 000 美元的不带息票据，折价率为 8%。6 000 美元的票据将于 2019 年 2 月 28 日到期。股票没有现成的市场价值。
12 月 31 日	坏账费用预计为全年赊销金额的 2%。2018 年的赊销金额为 70 万美元。

要求：

1. 编制上述每一笔交易的会计分录（金额四舍五入）。
2. 编制所有额外的年终调整分录。

5-26　比率分析

Moorcroft Outboard 汽车公司资产负债表的流动资产部分报告了以下金额：

	2018 年 12 月 31 日	2017 年 12 月 31 日
应收账款净额	$ 400 000	$ 300 000

2018 年的平均收账期为 50 天。

要求：

确定 2018 年的销售净额。

第 6 章

存货：计量

本章概要

在接下来的两章中，我们将学习存货的计量和报告以及与其相关的费用——销售成本。存货是指：(1) 企业准备在日常活动中持有以备出售的商品或产品；(2) 处在生产过程中的在产品；(3) 在生产过程中耗用的材料或物料。

学习目标

学习完本章之后，你应该能够：

6-1 解释存货的分类以及永续盘存制和定期盘存制的区别。

6-2 解释哪些商品的实物数量要包括在存货中。

6-3 核算采购交易和计算商品销售成本。

6-4 区别用个别计价法、先进先出法、后进先出法、平均成本法计量期末存货成本和销售成本的不同。

6-5 讨论影响公司选择存货计价方法的因素。

6-6 理解后进先出法的补充披露和后进先出法清算对净利润的影响。

6-7 计算在监控公司存货投资方面的主要比率。

6-8 用金额后进先出法确定期末存货。

6-9 讨论美国公认会计原则和国际财务报告准则在确定存货成本方面的主要差异。

财务报告案例

克罗格公司的存货计量

当你看到作为美国最大的百货零售商之一的克罗格公司的财务报告时，你会注意到公司所有的存货计量都是采用后进先出法，也就是说公司把最后收进的存货的成本作为最先发出的存货的成本。然而，大多数杂货店存货都是易腐食品，这实际上就意味着公司肯定会最后出售最近购买的食品。否则，就会有大量的存货损坏。仔细看，你会注意到公司年度报告中的如下讨论：

存货（节选）

存货计价采用成本（主要是后进先出法）与市价孰低。总体上，95%左右的存货采用后进先出法来计价。在 2016 年 1 月 30 日和 2015 年 1 月 31 日，重置成本比账面价值分别高 12.72 亿美元和 12.45 亿美元。

（百万美元）	2016 年	2015 年
先进先出法存货数	$7 440	$6 933
后进后出法调整数	(1 272)	(1 245)
存货报告数	$6 168	$5 688

看完这一信息以后，你反而更加困惑了。为什么克罗格披露的存货比其重置成本还要少 10 亿美元以上？这难道不会使公司的存货看起来不值钱，从而使公司盈利更少吗？

你在进一步调查后发现，其他零售企业比如汽车、消费品、能源、制造业和矿业这类企业都是采用后进先出法来计量存货。这些企业看上去更应该用先进先出法来计量存货，为什么它们却采用了相反假设的计价呢？

问题

在学习完本章之后，你应该能够对以上案例中的问题给出恰当的回答。将你的回答与章末答案进行对比。

1. 后进先出法是如何计量存货的？根据公认会计原则，这是允许的吗？
2. 披露后进先出法下的存货价值与现行重置存货成本（假设等于先进先出法的计价）之间的差额的目的是什么？
3. 你觉得克罗格公司是用后进先出法报告了较低的存货和利润水平吗？它为什么要这么做？

第1节　记录和计量存货

存货（inventory）是指：(1) 企业在日常活动中持有以备出售的商品或产品；(2) 处在生产过程中的在产品；(3) 在生产过程或提供劳务过程中耗用的原材料。惠普公司生产出售给消费者的计算机是存货，包括部分完成的组件、计算机芯片和内存模块都属于存货。但是，用来维护会计系统和其他公司业务的计算机属于固定资产。同样，证券交易商持有的股票和债券都是存货，惠普公司则将其持有的证券归类为投资。

销售成本（cost of goods sold）是指与存货相关的费用。资产负债表中的存货是指在该期结束时仍持有的（尚未售出的）存货的成本，而利润表中的销售成本是指在这一期间已经销售的存货的成本。

在制造业、批发和零售业这类企业（通过销售货物产生收入的企业）中，存货是这些企业资产负债表中最有价值的资产之一。同样，销售成本通常也是这些企业利润表中最大的费用项目。例如，百思买集团最近的资产负债表显示，存货为51亿美元，占流动资产的51%。公司截至2016年1月30日的年度利润表显示，销售成本为303亿美元，占营业费用的80%。

正如我们在本章和下章中看到的，很难准确地计量手中实际拥有的存货成本和已经销售的存货成本。幸运的是，会计师可以有多种方法接近预期的结果，从而实现存货的计量目标。

一、存货的分类

商品存货

批发和零售企业购买的主要是已经完工的商品。这些企业扮演将货物从制造商转移到最终用户这一过程的中间角色。它们常常被称为商业企业，其产品被称为商品存货。商品存货的成本包括购买价格以及其他为使货物达到可销售状态和场所前发生的必要成本。我们将在本章后面讨论存货状态和场所的概念以及常见的存货的成本构成。

制造业存货

与商业企业不同的是，制造企业通常生产产品，然后卖给批发商、零售商和其他制造商或者消费者。制造商的存货包括：（1）原材料；（2）在产品；（3）产成品。

原材料（raw materials）是指从供应商购买的部件的成本，这些部件都将成为产成品的一部分。例如，惠普公司的原材料包括半导体、电路板、塑料制品和玻璃制品，这些都将进入个人计算机产品的生产中。

在产品（work-in-process inventory）是指在生产过程中尚未完工的产品。在产品的成本包括生产所用原材料的成本，可以直接追溯到在产品的人工成本和分配的其他制造成本，即制造费用。制造费用包括电力和操作生产设备的其他公用成本、生产设备的折旧以及其他不能直接归属到特定产品的制造成本。

产成品（finished goods）是在生产过程中已经完成但尚未售出的货物。它们已经达到可以卖给消费者的销售状态。它们的成本包括所有原材料的成本和生产过程中耗用的在产品成本。

制造企业通常在附注中或直接在资产负债表中披露每个存货类别的金额。例如，美国英特尔公司，世界最大的半导体芯片制造商，它的资产负债表存货类别报告如示例 6-1 所示。

示例 6-1 信息披露——英特尔公司 单位：百万美元

	2015 年 12 月 26 日	2014 年 12 月 27 日
原材料	$ 532	$ 462
在成品	2 893	2 375
产成品	1 742	1 436
合计	$ 5 167	$ 4 273

典型的制造企业的存货账户和成本流转通常会使用丁字账户，如示例 6-2 所示。原材料成本、直接人工成本和制造费用先计入在产品，再到产成品。当产品出售的时候，这些产品的成本就流向销售成本。

示例 6-2 制造公司的存货构成和成本流转

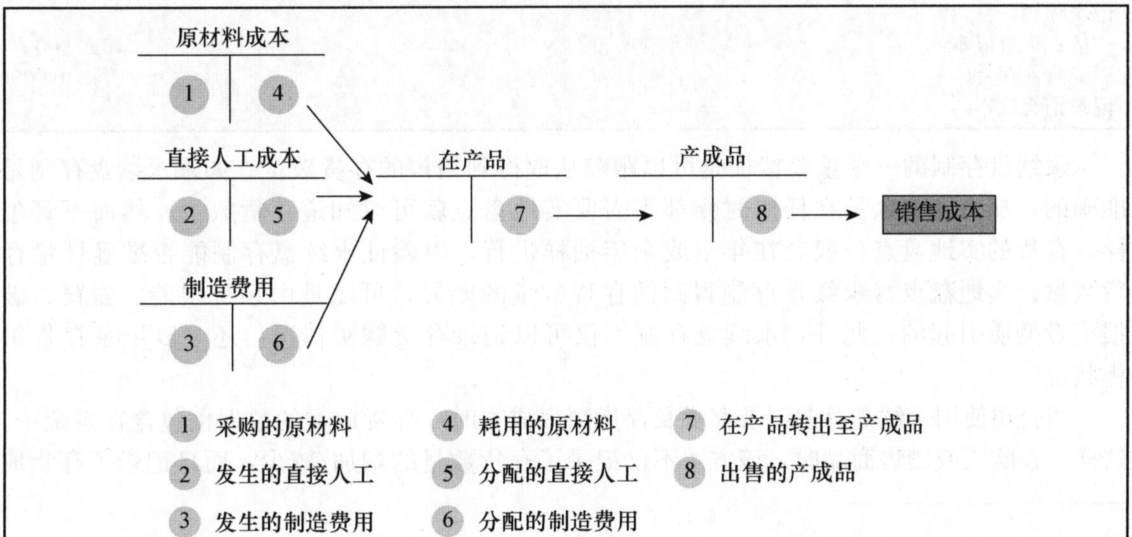

在本书中，我们主要分析商业企业（批发商和零售商）。即使如此，这里讨论的大多数会计原则和程序也适用于制造企业。关于制造企业原材料和人工等直接成本的累计以及制造费用的分配这一独特问题在管理成本会计教材中涉及。

二、存货盘存的类型

永续盘存制

记录存货盘存的系统有两个：**永续盘存制**（perpetual inventory system）和**定期盘存制**（periodic inventory system）。永续盘存制之所以叫作永续，是因为存货账户会根据存货变化不断调整，包括采购、销售或将商品退回给供应商（对买方来说是购货退回，对卖方来说是销售退回[①]）。除了存货账户外，在每次销售或者被顾客退回时也要调整销售成本。Lothridge 饮料批发公司采用了这个概念，其存货信息如示例 6-3 所示，在接下来的几个示例中都会涉及这个公司。

示例 6-3 永续盘存制

Lothridge 饮料批发公司从饮料生产商那里购买饮料，然后销售给零售商。该公司 2018 年期初存货有 120 000 美元。以下是发生在 2018 年这一整年的交易：

1. 赊购了 600 000 美元饮料。
2. 全年销售为赊销，销售收入总计 820 000 美元。
3. 已销售的饮料成本为 540 000 美元。

Lothridge 公司采用永续盘存制来记录存货数量和存货成本。永续盘存制表明年末存货成本是 180 000 美元。

以下会计分录记录了 Lothridge 公司的存货交易。

2018 年		
借：存货	600 000	
贷：应付账款		600 000
记录存货的采购。		
2018 年		
借：应收账款	820 000	
贷：销售收入		820 000
记录赊销。		
借：销售成本	540 000	
贷：存货		540 000
记录销售成本。		

永续盘存制的一个重要特征是可以跟踪从取得到销售的存货数量。如果永续盘存制是准确的，那么管理人员在任何时候都不需要实地盘点就可以知道存货数量。然而不管怎样，存货的实地盘点一般会在年末或全年抽样进行，以验证永续盘存制能否准确计量存货数量。实地盘点与永续盘存制得到的存货数量的差异，可能是由系统误差、盗窃、破损或者变质引起的。此外，永续盘存制不仅可以记录存货购买情况，还可以记录存货销售状况。

当公司使用永续盘存制记录存货及存货销售成本时，存货成本的数据也包含在系统中。这样，在购买或销售商品时，该方法不仅记录了存货数量的增加/减少，而且记录了存货成

① 我们在第 5 章中讨论了销售退回的核算。

本的增加/减少。

永续盘存制在公司中越来越受欢迎。你可能对杂货店和其他结账柜台使用的扫描仪很熟悉。扫描仪不仅记录销售的每一件商品，还可以用来跟踪采购的商品以便进行存货管理。存货系统和条形码系统减少了存货盘点的负担，这些也使得永续盘存制使用起来更容易、更有效率。

定期盘存制

定期盘存制不是为了跟踪商品的数量或成本而设计的。存货账户余额不是在商品每次购买或者销售时进行调整，而是定期在一个报告期末进行调整。定期盘存制能够确定一个期间的期末存货数量，并将成本分配到确定的存货数量上。商品采购、购货退回、购货折扣和运费（购货成本＋运费－退货－购货折扣＝净购货成本）记入临时账户，而该期间的购货成本在该期末通过结合临时账户和存货账户共同决定：

期初存货＋净购货成本－期末存货＝销售成本

销售成本等式假设在会计期末所有不在手中的存货都已经销售，但是不包括存货损毁或者被盗窃的情况。存货一旦被确认为损毁或被盗，那么它们必须在计算销货成本前被剔除，然后将此损失划归为一个单独的费用项目。

示例6－4以Lothridge公司为例介绍了定期盘存制。

示例6－4　定期盘存制

公司从生产商那里购买商品，然后卖给零售商。该公司2018年期初存货商品为120 000美元。2018年期间发生的交易如下：

1. 赊购商品成本为600 000美元。
2. 全年销售收入为820 000美元。

Lothridge公司采用定期盘存制。通过定期盘点确定该年末存货的成本为180 000美元。

以下汇总分类账记录了该公司2018年的存货交易：

2018年		
借：购货	600 000	
贷：应付账款		600 000
记录存货商品的购买。		
2018年		
借：应收账款	820 000	
贷：销售收入		820 000
记录销售。		

没有会计分录用于记录销售成本。

因为销售成本不是由系统自动并连续确定的，必须在定期盘点后间接确定。2018年产品销售成本确定过程如下：

期初存货	$120 000
加：购货	600 000
可供销售存货成本	720 000
减：期末存货（根据实物盘点）	(180 000)
销售成本	$540 000

以下日记账分录将已销售的存货合并到一个单一的费用账户，并更新存货账户中的余额：

2018年12月31日		
借：销售成本	540 000	
存货（期末）	180 000	
贷：存货（期初）		120 000
购货		600 000

调整存货，结转购货账户，并记录销售成本。

这个分录将存货账户调整到了正确的期末余额，结转了临时性购货账户，并将差额记录为销售成本。现在，让我们来比较一下这两种存货盘存系统。

永续盘存制和定期盘存制的比较

期初存货加本期净购货成本等于本期可供销售存货成本。永续盘存制和定期盘存制的主要区别是，定期盘存制在每个会计期末将可供销售存货成本在期末存货和销售成本间（定期地）进行分配，而永续盘存制通过减少存货和增加销售成本（持续地）进行分配。

选择哪种盘存制对财务报表的影响一般不显著。对盘存制的选择通常是基于管理控制方面的考虑和实施成本的比较。永续盘存制可以持续地提供有关存货金额的信息。无须清点存货就可以提供相对准确的信息，这有助于编制中期财务报表。

另一方面，永续盘存制可能比定期盘存制花费的成本更高。特别是对于拥有大量低成本存货的情况。永续盘存制更适用于高成本项目，如建筑设备或汽车。然而，通过计算机和电子设备，如收银台销售扫描仪，许多之前负担不起永续盘存制的小企业现在也可以使用永续盘存制，并且比起以前，在拥有更广泛的存货商品的情况下，采用永续盘存制是经济可行的。

定期盘存制实施成本相对便宜，但要求在期末存货和销售货物之前进行实物盘点。除非使用存货估计方法，否则编制中期财务报表成本很高。[①] 同时，最重要的是，永续盘存制提供的存货监控功能在定期盘存制下是不存在的。永续盘存制涉及追踪存货的数量和成本。许多公司确定成本时，只是定期使用该机制持续监控存货数量。

三、存货包括哪些内容

计入存货的实物范围

不管使用什么盘存制，计量存货和销售成本首先要确定存货的物理量。通常确定哪些物理量应该包含在存货中是件很简单的事情，因为它是由企业拥有所有权的项目组成的。但是，有些时候确定哪些项目应该包含在存货中是相对困难的，比如在途物资、委托代销和销售退回。

---

① 我们将在第7章介绍存货估计方法，从而避免通过实地盘点来确定期末存货及销售成本。

在途物资

在报告期末，确保一个适当的存货截止日期很重要。这意味着在企业和消费者之间以及在企业和供应商之间确定在途物资的所有权问题。

比如，2018 年 12 月，Lothridge 公司将产品卖给 Jabbar 公司。

(1) 该产品于 2018 年 12 月 29 日发出；

(2) 2019 年 1 月 3 日到达 Jabbar 公司的仓库。

如果两家公司的会计年度截止日都是 12 月 31 日，那么，这批存货在 2018 年 12 月 31 日应该计入哪家公司呢？换句话说，哪家公司会在 2018 年 12 月 31 日的资产负债表中披露这批存货呢？答案取决于在 12 月 31 日谁拥有这些商品的所有权。所有权取决于两家公司的协议条款。

如果商品采用**起运地离岸价**（f. o. b.（free on board）shipping point），那么商品的法定所有权在卖方将货物交给公共承运商（比如货运公司）时转移。在本例中，买方负责运费和运输保险费。Lothridge 公司在 2018 年 12 月 29 日记录这笔销售，Jabbar 公司在同一天记录这笔购入。尽管该公司在 2018 年最后一天没有实际拿到这批产品，但还是要计入 2018 年期末存货中。

另一方面，如果该商品采用**目的地抵岸价**（f. o. b. destination），那么销售方负责运输，同时产品的法定所有权必须在产品到达目的地（客户所在地）时才能转移。在我们的举例中，如果商品采用目的地交货，Lothridge 公司 2018 年的期末存货应该包含这批商品，同时在 2019 年 1 月 3 日记录这次销售。Jabbar 公司在 2019 年 1 月 3 日收到存货，并在这一天记录这次购买。

委托代销

有时，某家公司可以安排另一家公司在**委托**（consignment）的方式下销售它的产品。该产品实物转移到了另一家公司（受托人），但是转移方（委托人）仍保有该产品的所有权。如果受托人找不到买家，该产品将退回给委托人。如果找到买家，受托人按售价（减去佣金和批准的费用）汇款给委托人。

正如我们在第 4 章所讨论的，因为风险仍由委托人承担，除非商品最后销售给第三方，否则销售过程不算完成（收入不能确认）。因此，委托代销的存货通常不应该包含在受托人的存货项目中，虽然堆放在受托人那里，它仍应该属于委托人并包含在委托人的存货项目中，即使实物不在公司里。只有当产品被受托人出售、所有权转移到消费者时，委托人才能记录这笔销售。

销售退回

回忆我们在第 4 章和第 5 章的讨论，当存在退货的权利时，销售者应该在确认收入前估计这些销售退回。估计的销售退回包括借方记录销售退回，贷方记录退款偿还义务（有些公司可能在贷方记录赊销情况下的债权抵减）。同时，销货成本减少而存货增加（见示例 5-4）。结果，公司的存货项目包括预计将被退回商品的成本。

上面我们思考了哪些产品属于存货，下面一起来看看与存货数量有关的成本类型。

影响购货净额的交易

如前所述，存货成本包括购买存货、使其达到可供销售或可在制造过程中使用的状态和场所的一切必要支出。显然，成本包括购买价款。但通常购货成本还包括由买家承担的进货运费；当在途物资采用起运地离岸价时买家承担的保险费；卸货成本、拆包费用和为产品出售而储备的材料或为产品生产而准备的原材料。[①] 这些包含在存货中的成本叫作**生产成本**（product costs）。它们与产品相关，同时只有当相关产品出售时才计入销售成本。[②]

进货运费

进货运费一般包含在存货成本中。很明显，这些费用是使存货达到可出售或可使用状态所必须发生的，而且通常可以与特定产品相联系。在永续盘存制下，货运成本记入存货账户。

在定期盘存制下，运费成本通常记入被称为**进货运费**（freight-in or transportation-in）的临时账户，该账户将记入购货成本来确定净购货成本（可在后续示例 6－6 中查看销售成本表）。从管理的角度而言，通过将进货运费作为一个单独的项目，管理者可以轻松地跟踪进货成本。同样的观点也适用于我们接下来要讨论的购货退回和购货折扣。

货物运出的运输费用（包括运费）不包括在存货成本中。它在利润表中被列为销售成本或营业费用的一部分，通常列示在销售费用中。如果一个公司采用不包含运费的销售成本政策，那么在该期间的发生额和利润表中费用的分类都必须披露。[③]

购货退回

在第 5 章，我们从销售企业的角度讨论了商品退回的问题。当购买者退还货物时，卖方记录销货退回（冲减收入账户）。现在我们将从购买者的角度来解决购货退回的问题。当购买者将商品退回给销售者时，购买者记录**购货退回**（purchase return）。在永续盘存制下，购货退回直接记录为存货的减少。在定期盘存制下，一个叫作购货退回的科目暂时记录这些款项。回顾一下我们早先对销售成本计算的讨论（期初存货＋净购货成本－期末存货＝销售成本）。购货退回在确定净购买成本时从总购买额中减去（可在后续示例 6－6 通过销售成本表查看）。

购货折扣

在第 5 章，我们也站在销售方的角度讨论了现金折扣的问题。这些折扣是有时间限制的，因为它代表买方在特定时间内付款能享受的支付金额的减少额。折扣额和可以享受该折扣额的特定时间通过术语如 2/10，n/30 来表示（该术语是指如果在 10 天之内支付，可以享受 2%的折扣，否则在 30 天内支付全款）。像销售方一样，购买方记录**购货折扣**（purchase discounts）时，要么使用**总价法**（gross method），要么使用**净价法**（gross method）。思考示例 6－5，它类似于第 5 章中的现金折扣示例。

---

① 公认会计原则要求将异常支出确认为当期的期间费用，而不作为存货成本的构成。比如闲置的设备成本、运输成本、处理成本及浪费的材料（变质）。FASB ASC 330－10－30：Inventory-Overall-Initial Measurement（previously “Inventory Costs-An Amendment of ARB No. 43，Chapters 4，” *Statement of Financial Accounting Standards No. 151*（Norwalk，Conn.：FASB，2004））.

② 然而，实务中这些支出有一些并不包含在存货成本中，而是被作为期间成本。它们通常是不重要的或者把这些支出与特定的存货相关联不太现实（比如卸货和拆包成本）。期间成本是指不与产品相关联的成本，从而被计入当期的费用。

③ FASB ASC 605－45－50－2：Revenue Recognition-Principal Agent Considerations-Disclosure-Shipping and Handling Fees and Costs（previously “Accounting for Shipping and Handling Fees and Costs，” *EITF Issue No. 00－10*（Norwalk，Conn.：FASB，2000），par. 6）.

示例 6-5 购买折扣

2018年10月5日，Lothridge公司购买价值为2万美元的存货。付款条款规定为2/10，n/30。Lothridge公司在10月14日支付了13 720美元（14 000美元减去2%的折扣），11月4日账上余额为6 000美元。Lothridge公司采用定期盘存制。
记录购货和现金支付的折扣总价法和净价法核算对比如下：

总价法			净价法		
2018年10月5日					
借：购货成本*	20 000		借：购货成本*	19 600	
贷：应付账款		20 000	贷：应付账款		19 600
2018年10月14日					
借：应付账款	14 000		借：应付账款	13 720	
贷：购货折扣		280	贷：现金		13 720
现金		13 720			
2018年11月4日			借：应付账款	5 880	
借：应付账款	6 000		利息费用	120	
贷：现金		6 000	贷：现金		6 000

* 存货账户采用定期盘存制。

从概念上讲，总价法将没有实现的折扣视为存货成本的一部分。净价法认为存货成本为扣除现金折扣后的净额，而把没有获得的折扣记为利息费用。① 这一折扣视为卖方因向买方提供资金而获得的补偿。

在总价法下，购货折扣在确定净购货成本时从购货成本中减去。在永续盘存制下，购货折扣被视为存货账户的减少。

两种方法之间的差别对财务报表的影响通常并不重大。不论使用哪种方法，净利润都是一样的。但是，两种方法在毛利上的差额等于未享受到的折扣。上面的示例6-5中，使用净价法时120美元的利息费用属于未享受到的折扣，也是总价法下的存货成本。

示例6-6用总价法比较了永续盘存制和定期盘存制，最后给出了销售成本计算表。

示例 6-6 存货业务—永续盘存制和定期盘存制

Lothridge公司从生产商那里购买软饮料，然后卖给零售商。公司2018年期初存货有12万美元。2018年的存货业务包括：
- 赊购商品620 000美元，付款条件为2/10，n/30。
- Lothridge支付的运费是1.6万美元。
- 2万美元赊销商品退回给供应商。
- 所有的购买都是在折扣期支付的。
- 销售额总计83万美元。软饮料的销售成本是55万美元。
- 2018年期末存货总额为17.4万美元。

根据永续盘存制和定期盘存制，以上业务用总价法核算如下（单位：千美元）：

① 另一种做法是借记费用类账户——购货折扣损失，而不是利息费用。这使公司更容易识别未获得的折扣。一些公司可能更倾向于把失去的折扣作为商品销售成本的一部分。

永续盘存制			实地盘存制		
			购买		
借：存货	620		借：购货成本	620	
贷：应付账款		620	贷：应付账款		620
			进货运费		
借：存货	16		借：进货运费	16	
贷：现金		16	贷：现金		16
			退回		
借：应付账款	20		借：应付账款	20	
贷：存货		20	贷：购货退回		20
			折扣		
借：应收账款	600		借：应收账款	600	
贷：存货（600×2%）		12	贷：购货折扣（600×2%）		12
现金		588	现金		588
			销售		
借：应收账款	830		借：应收账款	830	
贷：销售收入		830	贷：销售收入		830
借：销货成本	550		没有分录。		
贷：存货		550			
			期末		
没有分录。			借：销货成本（见下）	550	
			存货（期末）	174	
			购货退回	20	
			购货折扣	12	
			贷：存货（期初）		120
			购货成本		620
			进货运费		16

计算过程

销货成本		
期初存货		$ 120
购货成本	$ 620	
加：进货运费	16	
减：购货退回	(20)	
减：购货折扣	(12)	
购货净额		604
可供销售存货成本		724
减：期末存货		(174)
销货成本		$ 550

四、存货成本流转假设

不管使用的是永续盘存制还是定期盘存制，都有必要将成本金额分配到已售存货和期末存货。除非存货的每个项目都通过系统专门跟踪，否则就要对商品单位（及其相关成本）在系统中如何流动建立假设，从而实现对存货成本金额的分配。接下来我们将学习常见的成本流转假设。在前面的例子中，我们假定商品销售成本和期末存货成本都是已知的。但是，如果不同部分的存货是以不同的成本获得的，我们就需要一种方法来确定哪些存货出售了，哪些存货留下了。示例 6-7 将帮助解释这个问题。

示例 6-7　存货信息

Browning 公司 2018 年存货交易如下：

2018 年期初存货与采购

日期	购买数量	单位成本*	总成本
1 月 17 日（期初存货）	4 000	\$5.50	\$22 000
购货			
1 月 17 日	1 000	6.00	6 000
3 月 22 日	3 000	7.00	21 000
10 月 15 日	3 000	7.50	22 500
可供销售的商品	11 000		\$71 500

销售

销售日	销售数量
1 月 10 日	2 000
4 月 15 日	1 500
11 月 20 日	3 000
总计	6 500

* 包括购买价格和运费。

Browning 今年期初存货有 4 000 个单位，并购买了 7 000 个，所以目前有 11 000 个可供出售。其中，有 6 500 个被售出。这意味着期末存货为 4 500 个。示例 6-7A 描述了这些单位的分配。

示例 6-7A　可供销售存货数量的分配

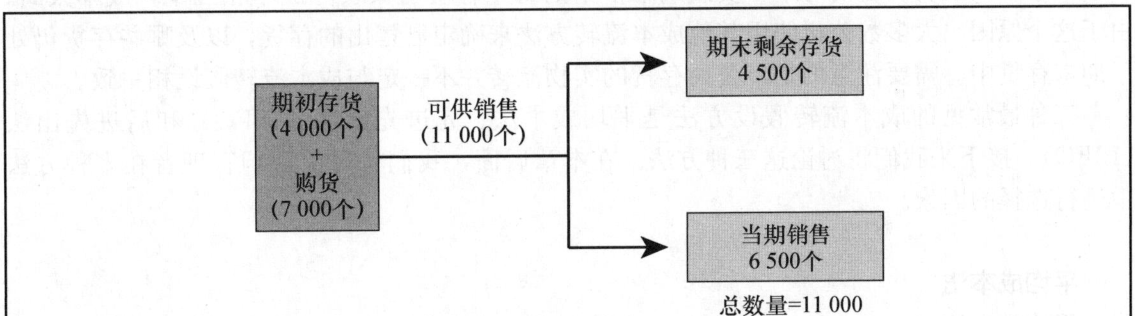

这 6 500 个存货的成本是多少？换句话说，11 000 个可供销售的存货中哪些被卖出去了？如果所有的存货，包括期初存货，都是以同样的价格购买的，那么答案很简单。然而，这种情况很少发生。使用下面的数据，考虑如下问题：

期初存货（4 000 个，5.50 美元）	\$22 000
加：购买存货（7 000 个，多种单位价格）	49 500
可供销售存货成本（11 000 个）	\$71 500
减：期末存货（4 500 个，单位价格未知）	?
销货成本（6 500 个，单位价格未知）	?

可供销售的存货成本为 71 500 美元，在期末存货成本和销售成本中进行分配。分配决策如示例 6－7B 所示。

示例 6－7B　可供销售存货成本的分配

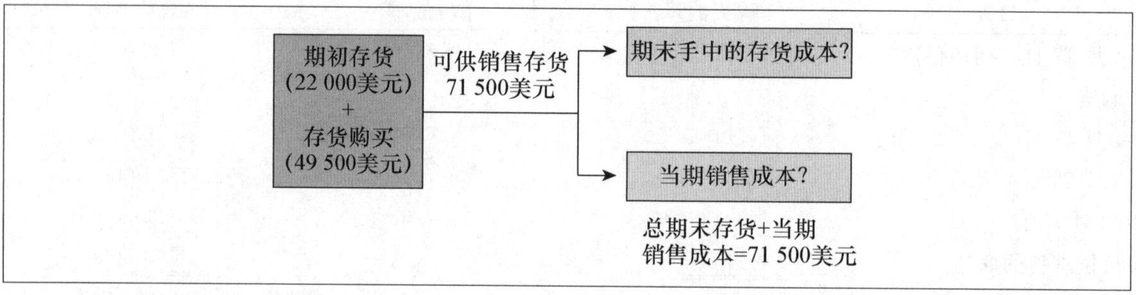

现在让我们把注意力转向各种存货计价方法，这些方法可以实现在期末存货和商品销售成本之间的分配。

个别计价法

将期间内销售的每个存货或期末手中的每个存货与其实际成本相匹配，在一些情况下是可行的。实际成本可以通过购买商品的发票来确定。公司销售独特的、昂贵的、数量少的产品，把每件产品与实际成本相对应比较容易、在经济上可行，可以使用**个别计价法**（specific identification)。例如，汽车有唯一的序列号，可以用来匹配特定的汽车和发票来识别实际的购买价格。

然而，对于许多类型的产品来说，个别计价法是不可行的，因为存货项目不具备唯一可识别要素，而且将出售的每个存货或期末手中的每个存货与其实际成本相匹配，成本太高。由于这个原因，大多数公司使用其他成本流转方法来确定已售出的存货，以及哪些存货仍处于期末存货中。需要注意的是，公司存货的实物流转并不一定与成本流转假设相一致。

三种最常见的成本流转假设方法是平均成本法、先进先出法（FIFO）和后进先出法(LIFO)。接下来我们将讨论这三种方法。在本章后面，我们将讨论影响管理者在多种方法中进行选择的因素。

平均成本法

平均成本法（average cost method）假定销售成本和期末存货成本由所有可供销售的商

品混合构成。用于销售或期末存货的平均单位成本不能简单地认为是该期间购买的各种单位成本的平均数，而是以存货数量为权重的加权平均单位成本。

定期盘存制下的平均成本法

在定期盘存制下，只在期末才计算加权平均单位成本，计算如下：

$$加权平均单位成本=\frac{本期可供销售存货成本}{可供销售存货数量}$$

示例 6－7C 用示例 6－7 中的数据演示了平均成本的计算。

示例 6－7C 定期盘存制下的平均成本法

期初存货（4 000 个，5.50 美元）	\$ 22 000
加：购买存货成本（7 000 个，多种单位价格）	49 500
可供销售存货成本（11 000 个）	71 500
减：期末存货（由下面的计算决定）	(29 250)
销售成本（6 500 个）	\$ 42 250
期末存货成本	
加权平均单位成本$=\frac{71\ 500}{11\ 000}=6.50$(美元)	
4 500×6.50=29 250(美元)	

同样，可以通过将加权平均单位成本与销售数量相乘直接确定销售成本（6.50×6 500=42 250（美元））。

永续盘存制下的平均成本法

永续盘存制中的加权平均单位成本称为移动平均单位成本。每次购买存货时计算新的加权平均单位成本。(1) 将之前剩余存货的成本与新购买存货的成本相加；(2) 用新的存货成本总额除以手中的存货数量（可供销售数量）。然后，这个平均值被用于下一次购买之前售出的任何单位。该移动加权平均成本的计算如示例 6－7D 所示。

示例 6－7D 永续盘存制下的平均成本法

日期	购买	出售	余额
期初存货	4 000×5.50=22 000(美元)		4 000×5.50=22 000(美元)
1月10日		2 000×5.50=11 000(美元)	2 000×5.50=11 000(美元)
1月17日	1 000×6.00=6 000(美元)		11 000+6 000=17 000(美元)
单位平均成本→$\frac{17\ 000}{3\ 000}=5.667$(美元)			2 000+1 000=3 000(个)
3月22日	3 000×7.00=21 000(美元)		17 000+21 000=38 000(美元)
单位平均成本→$\frac{38\ 000}{6\ 000}=6.333$(美元)			3 000+3 000=6 000(个)
4月15日		1 500×6.333=9 500(美元)	4 500×6.333=28 500(美元)
10月15日	3 000×7.50=22 500(美元)		28 500+22 500=51 000(美元)
单位平均成本→$\frac{51\ 000}{7\ 500}=6.80$(美元)			4 500+3 000=7 500(个)
11月20日		3 000×6.80 =20 400(美元)	4 500×6.80=30 600(美元)
销货总成本		=40 900(美元)	

1月17日，新的平均成本为5.667美元（四舍五入），是用17 000美元的可供销售存货成本（1月17日期初存货余额11 000美元+1月17日购买的6 000美元）除以3 000个存货单位（期初存货2 000个+1月17日购买的1 000个）计算得到的。加权平均成本在3月22日购货时更新为6.333美元（四舍五入）。4月15日出售1 500个存货，其成本为加权平均成本6.333美元。

根据定期盘存制下的平均成本和永续盘存制下的平均成本得到的销货成本和期末存货成本通常存在差别。

先进先出法

先进先出法（first-in，first-out（FIFO）method）假设先销售出去的存货是那些先购进的存货。最先销售的是期初存货，然后按照当期存货购入的时间顺序销售。在我们的示例中，2018年间售出了6 500个。采用先进先出法，其中4 000个应该是期初存货，1 000个是在1月17日购入的存货，剩下的是3月22日购入的3 000个存货中的1 500个。

期末存货包括剩余的未售出的存货部分。在这种情况下，期末4 500个存货包括在3月22日购买的3 000个存货中的1 500个以及在10月15日购买的3 000个。成本流转如下：

可获得的存货		
期初存货	4 000个	6 500个已售存货
1月17日	1 000个	
3月22日	1 500个	
3月22日	1 500个	4 500个期末存货
10月15日	3 000个	
总计	11 000个	

定期盘存制下的先进先出法

回想在定期盘存制下我们通过定期盘存的方法确定手中的存货数量这一情况。通过这种方法，我们在计算4 500个期末存货成本的同时将自动得出销售成本。使用示例中的数字，我们用可供销售存货成本71 500美元减去期末存货成本33 000美元，得到销售成本38 500美元。该过程如示例6-7E所示。

示例6-7E　定期盘存制下的先进先出法

期初存货（4 000个，5.50美元）			$22 000
加：购买存货成本（7 000个，多种单位价格）			49 500
可供销售存货成本（11 000个）			71 500
减：期末存货（由下面的计算决定）			(33 000)
销售成本（6 500个）			38 500
期末存货成本			
购买日期	数量	单位成本	总成本
3月22日	1 500	$7.00	$10 500
10月15日	3 000	7.50	22 500
总计	4 500		$33 000

当然，6 500 个已经销售的存货的成本也可以用如下方法直接得出：

购买日期	数量	单位成本	总成本
1 月 1 日（期初存货）	4 000	$5.50	$22 000
1 月 17 日	1 000	6.00	6 000
3 月 22 日	1 500	7.00	10 500
总计	6 500		$38 500

永续盘存制下的先进先出法

在永续盘存制下使用先进先出法计算存货成本时，期末存货和销售成本与定期盘存制计算出的存货成本相同。这是因为不论销售成本是在每次销售时确定还是在期末通过计算得出的存货剩余量确定，先进和先出的存货的数量和成本都是相同的。在永续盘存制下先进先出法的应用如示例 6－7F 所示。

示例 6－7F　永续盘存制下的先进先出法

日期	购买	出售	余额
期初存货	4 000×5.50＝22 000(美元)		4 000×5.50＝22 000(美元)
1 月 10 日		2 000×5.50＝11 000(美元)	2 000×5.50＝11 000(美元)
1 月 17 日	1 000×6.00＝6 000(美元)		2 000×5.50 1 000×6.00 } 17 000 美元
3 月 22 日	3 000×7.00＝21 000(美元)		2 000×5.50 1 000×6.00 3 000×7.00 } 38 000 美元
4 月 15 日		1 500×5.50＝8 250(美元)	500×5.50 1 000×6.00 3 000×7.00 } 29 750 美元
10 月 15 日	3 000×7.50＝22 500(美元)		500×5.50 1 000×6.00 3 000×7.50 } 52 250 美元
11 月 20 日		500×5.50＋1 000×6.00＋ 1 500×7.00＝19 250(美元)	1 500×7.00 3 000×7.50 } 33 000 美元
销货成本总计		＝38 500(美元)	

后进先出法

后进先出法（last-in，first-out（LIFO）method）假设先销售出去的存货是那些最近购买的存货。在我们的示例中，假设 6 500 个被售出的存货是最近购买的：其中包括 10 月 15 日购入的 3 000 个，3 月 22 日购入的 3 000 个，剩下的是 1 月 17 日购入的 1 000 个存货中的 500 个。于是，期末存货由最初购买的存货构成。在本例中，期末存货由 1 月 17 日购入的 1 000 个存货中的 500 个和 4 000 个期初存货构成。该实物流如下：

可获得的存货		
期初存货	4 000	4 500个期末存货
1月17日	500	
1月17日	500	6 500个已售存货
3月22日	3 000	
10月15日	3 000	
总计	11 000	

定期盘存制下的后进先出法

采用定期盘存制下的后进先出法，期末存货成本为25 000美元（由下面计算而得），可供销售存货成本减去期末存货成本从而得到销售成本为46 500美元，具体如示例6-7G所示。

示例6-7G　定期盘存制下的后进先出法

期初存货（4 000个，5.50美元）			$22 000
加：购买存货成本（7 000个，多种单位价格）			49 500
可供销售存货成本（11 000个）			71 500
减：期末存货（由下面的计算决定）			(25 000)
销售成本（6 500个）			$46 500
期末存货成本			
购买日期	数量	单位成本	总成本
1月1日（期初存货）	4 000	$5.50	$22 000
1月17日	500	6.00	3 000
总计	4 500		$25 000

当然，6 500个已经销售的存货的成本也可以用如下方法直接得出：

购买日期	数量	单位成本	总成本
1月17日	500	$6.00	$3 000
3月22日	3 000	7.00	21 000
10月15日	3 000	7.50	22 500
总计	6 500		$46 500

永续盘存制下的后进先出法

永续盘存制下后进先出法计算存货成本如示例6-7F所示。每次存货被购进或出售时，后进先出的存货层就会被调整。例如，在3月22日购入存货后，我们有三个不同单位成本的存货层并按照它们的购买时间进行了排列。当4月15日卖出1 500个单位时，我们假设它们来自最近的存货层，即以每个7美元购入的3 000个存货。

示例 6-7H　永续盘存制下的后进先出法

日期	购买	出售	余额
期初存货	4 000×5.50=22 000(美元)		4 000×5.50=22 000(美元)
1 月 10 日		2 000×5.50=11 000(美元)	2 000×5.50=11 000(美元)
1 月 17 日	1 000×6.00=6 000(美元)		2 000×5.50 1 000×6.00 } 17 000 美元
3 月 22 日	3 000×7.00=21 000(美元)		2 000×5.50 1 000×6.00 3 000×7.00 } 38 000 美元
4 月 15 日		1 500×7.00=10 500(美元)	2 000×5.50 1 000×6.00 1 500×7.00 } 27 500 美元
10 月 15 日	3 000×7.50=22 500(美元)		2 000×5.50 1 000×6.00 1 500×7.00 3 000×7.50 } 50 000 美元
11 月 20 日		3 000×7.50=22 500(美元)	2 000×5.50 1 000×6.50 1 500×7.00 } 27 500 美元
销货成本总计		=44 000(美元)	

注意在永续盘存制下的后进先出法中，可供销售存货成本中分配给了销售成本 44 000 美元，分配给了期末存货成本（最后一笔交易后的余额）27 500 美元。该成本结果不同于定期盘存制下后进先出法的 46 500 美元和 25 000 美元。和先进先出法不同，通过永续盘存制下的后进先出法计算的期末存货成本和销售成本与在定期盘存制下应用后进先出法得到的成本分配不同。定期盘存制下的后进先出法只在报告期末结算时在总销售和总购买中应用后进先出法的概念，而永续盘存制下的后进先出法在会计期间每次销售发生时都运用。

例如，当 1 月 10 日有 2 000 个存货被出售时，永续盘存制下的后进先出法计算该笔销售成本是用期初存货单位价格 5.50 美元。定期盘存制下的后进先出法是在年末运用后进先出的思想。年末时，由于发生大量的采购使得不会动用到期初存货层，所以 1 月 10 日计算出售的存货成本将使用年末最后购入的存货价格。

成本流转方法比较

在定期盘存制下，三种成本流转方法的比较如下：

	平均成本法	先进先出法	后进先出法
销售成本	\$42 250	\$38 500	\$46 500
期末存货成本	29 250	33 000	25 000
总计	\$71 500	\$71 500	\$71 500

注意，本例中通过平均成本法得到的销售成本和期末存货成本金额介于先进先出法和后进先出法之间。这是很常见的。先进先出法和后进先出法是否会产生一个较高或较低的销售

成本和期末存货成本取决于该期间实际单位成本的变化情况。

正如上述案例一样，期间内的存货成本增加，先进先出法计算出的销售成本要比后进先出法计算出的销售成本低。因为我们假设先卖出成本相对较低的先购买的存货。后进先出法下的销售成本包括相对较高的最近购买的存货成本。另一方面，先进先出法下的期末存货成本中包括相对较高的最近购买的存货成本，这样计算出的期末存货成本要比后进先出法计算出的期末存货成本高。后进先出法下的期末存货包括前期购买的成本相对较低的存货。反过来，如果成本降低，那么先进先出法计算出的销售成本要比后进先出法计算出的销售成本高，先进先出法计算出的期末存货成本要比后进先出法低。①

这三种方法都是公认会计原则允许的，并且经常使用。而且，公司不需要对所有的存货只采用一种方法。例如，国际纸业公司（International Paper）采用后进先出法计算原材料、纸浆成品和纸制品的成本，用先进先出法和平均成本法计算其他产品的成本。但是存货的重要性以及不同方法可能对财务报表产生不同的影响，公司必须在报表附注中披露采用的方法。克罗格公司的披露属于本章的一个案例，在后面的章节中你将会看到更多其他案例。

示例 6－8 显示了最近一项对 500 家大型上市公司使用存货计价方法的调研结果。② 先进先出法是最受欢迎的方法，但许多公司都使用了后进先出法和平均成本法。注意到公司数量那一列的总数大于 500，这表明在本例中许多公司都使用了多种方法。

示例 6－8　在实践中使用的存货成本流方法

	公司数量	使用某种方法的公司所占比例（%）
先进先出法	312	47
后进先出法	163	24
平均成本法	133	20
其他* 及未披露的	61	9
总计	669	100

* 包括个别计价法和其他不太流行的方法。

国际财务报告准则

存货成本流转假设。国际会计准则第 2 号不允许使用后进先出法。③ 因为这一限制，很多美国的跨国公司只在国内计算存货成本时使用后进先出法，对国外子公司使用先进先出法或平均成本法。通用磨坊公司最近的年度报告披露附注提供了下列案例：

存货（节选）

除了谷物，在美国的所有存货采用后进先出法下的成本与市价孰低原则进行计量，在美国之外的所有存货采用先进先出法下的成本与市价孰低原则计量。

这种差异被证明可能严重阻碍了美国准则向国际准则的趋同。除非美国国会废除后进先

① 不同方法之间的差异分析也适用于永续盘存制。

② *U. S. GAAP Financial Statements-Best Practices in Presentation and Disclosure—2013* (New York, New York: AICPA, 2013)

③ "Inventories," *International Accounting Standard No. 2* (IASCF), as amended effective January 1, 2016.

出法一致性规则，否则向国际准则趋同会导致许多企业失去出于税收目的而使用后进先出法进行避税的价值性。如果这些公司立即缴纳后进先出法和其他存货计价方法下的税款差额，将会花费数十亿美元，这对许多企业来说是十分沉重的打击。举例来说，许多石油公司和汽车制造商使用后进先出法，如果废除后进先出法，埃克森美孚公司将支出超过 76 亿美元税款。[①] 这些受影响的公司肯定会大力游说国会保留出于税收目的而使用的后进先出法。

决策者角度：影响存货计量方法选择的因素

什么因素促使企业选择众多计量方法中的一种呢？什么因素导致后进先出法越来越受欢迎？在众多可供选择的会计方法之间进行选择并不容易。通常这种选择不是孤立做出的，而是结合存货成本流转假设、折旧方法、养老金计划假设和其他满足特定目标的选择做出的。此外，许多人认为，经理有时会做出这些选择是为了最大限度地增加自己的个人利益，而不是公司或其他外部组成部分的利益。但是不管出于什么动机，每种方法的选择对报告数字的影响也是一个重要的考虑因素。存货计量方法的选择决定：(a) 报告的成本如何反映存货的实际流转情况；(b) 报告收入和所得税费用的时间；(c) 如何做好成本与收入的配比。

实物流

如果一个公司想选择一种最接近个别计价法的方法，那么存货进出公司的实物流将决定计量方法的选择。例如，公司通常会尝试先出售存货中最先购入的那部分。这主要是指一些易腐烂的商品，比如许多食品杂货店就是这种情况。先进先出法最好地反映了在这种情况下的实物流。平均成本法可能被用于诸如化学品之类的液体，这些存货的销售是来自不同时间和不同价格的存货组合。只有极少数存货的实物流适合采用后进先出法的方式。重要的是你要明白，公司并没有被要求选择一种接近于实物流的存货方法，而且很少有公司在此基础上做出选择。实际上，正如我们接下来讨论的，对收入和所得税的考虑是影响存货方法选择的主要动机。

所得税和净收入

如果单位存货成本在会计期间发生变动，存货计量方法的选择可以显著影响公司向外部实体报告的收入额和向美国国税局（IRS）以及州和地方税务机关支付的所得税金额。在一个公司的整个经营期间中，不管采用的是什么存货计量方法，所有年份的存货销售成本总额等于所销售的这些项目的实际成本。然而，正如我们已经讨论的，不同的存货计量方法会导致每个具体的年份的金额存在重大差异。

在存货价格上涨但是存货数量不减少的情况下，后进先出法会产生较高的销售成本，因此相对其他方法会得出相对较低的净利润。使用后进先出法，公司的所得税返还申请表将报告较低的应纳税所得额，而且当前支付的所得税金额将会降低。所得税不会永久地减少，只是会推迟缴纳。减少的所得税额将在存货单位成本或存货数量随即减少时支付给税务机构。然而，我们通过对货币时间价值的讨论，现在的节省是非常有利的，即使它必须在未来偿

① Andrew Lundeen, "Proposed Tax Changes in President Obama's Fiscal Year 2016 Budget," (taxfoundation.org).

还。在过去的高通货膨胀（涨价）时期，许多公司通过后进先出法获得了税收优惠。

公司的应纳税所得额包括根据税务当局的规定计量的收入、费用（包括销售存货的成本）、利得和损失。利润表中的税前利润并不总等于应纳税所得额。在某些情况下，差异是由不同计量方法的使用造成的。[①] 然而，确定联邦应纳税收入的美国国税局规定，如果一个公司使用后进先出法计量应纳税所得额，那么公司还必须使用后进先出法来编制对外的财务报告。这就是存货角度的**后进先出法一致性规则**（LIFO conformity rule）。

由于后进先出法一致性规则，在物价上涨时，使用后进先出法能够获得税收优势，将向股东、债权人以及其他外部实体报告较低的净利润。使用后进先出法来降低所得税费用的动机可能会被报告更高净利润的想法抵消。报告的净利润可能会对一个公司的股价[②]、支付给管理层的红利或与贷款人的债务协议产生影响。例如，研究表明，奖金与收入挂钩的企业管理者更倾向于选择能够使他们奖金最大化的核算方法（通常这些方法能增加净利润）。[③]

后进先出法一致性规则允许后进先出法的使用者在附注中披露未使用后进先出法存货的估值，但是不能在利润表正表中报告。例如，示例 6－9 显示了一家大型连锁超市美国达乐公司在年度报告中披露的其使用后进先出法的存货情况。

示例 6－9　存货信息披露——达乐公司

存货

存货主要采用成本与市价孰低的原则进行计算，通过后进先出法为基础的零售价法可以更好地匹配成本和收入。

2016 年 1 月 29 日和 2015 年 1 月 30 日，现行成本超过后进先出法下成本分别为 9 290 万美元和 9 510 万美元，现行成本是以先进先出法为基础的零售价法计算得到的。

后进先出法准备

在对外报告或者考虑所得税原因时，许多公司选择后进先出法。但对公司内部记录使用的是先进先出法或者平均成本法。这里有多种原因，包括：（1）后进先出法的核算成本较高；（2）用除后进先出法以外的方法计算出净利润，来分配红利或者利润分配计划等；（3）用先进先出法或者平均成本法计算出成本来进行定价决策。

一般情况下，会计期末将内部记录转为后进先出法时并不需要在公司记录中做调整分录。但是，很多公司会用一个备抵账户来记录内部方法与后进先出法转换产生的差异。这个备抵账户称为**后进先出法准备**（LIFO reserve）或后进先出法备抵。

让我们来看一个例子：双树公司在 2018 年初后进先出法准备账户的余额是 475 000 美元，这个余额说明了采用后进先出法计算出的存货余额比采用先进先出法计算出的存货余额

---

① 例如，一个公司可以充分利用国会给予的激励，在资产寿命期的早期，计算联邦应纳税所得额时比计算税前利润时多计提折旧。

② 关于资本市场有效性的争议已经存在很多年了。在有效资本市场中，市场并不会被那些不影响真实现金流的会计方法选择蒙蔽。不同存货方法导致的现金流的明显不同是当期支付的所得税金额。在有效市场中，我们预期一个公司转为后进先出法从而保留了现金流，尽管报告了较低的净利润，但是它的股价将会上涨。关于这个话题的研究很多。例如，William E. Ricks，"Market's Response to the 1974 LIFO Adoptions，" *Journal of Accounting Research*（Autumn 1982）；and Robert Moren Brown，"Short-Range Market Reaction to Changes to LIFO Using Preliminary Earnings Announcement Dates，" *Journal of Accounting Research*（Spring 1980）。

③ P. M. Healy，"The Effect of Bonus Schemes on Accounting Decisions，" *Journal of Accounting and Economics*（April 1985）；and D. Dhaliwal，G. Salamon，and E. Smith，"The Effect of Owner Versus Management Control on the Choice of Accounting Methods，" *Journal of Accounting and Economics*（July 1982）.

少475 000美元。2018年末，假设先进先出法和后进先出法下存货余额的差异为535 000美元。后进先出法准备账户需要进行调整以反映这一年差异的增加。后进先出法准备账户一般是贷方余额，所以增加余额的调整分录如下：

借：销售成本（535 000－475 000）	60 000	
贷：后进先出法准备		60 000

后进先出法准备账户增加的同时，商品销售成本也增加。销售成本的借方增加使得总费用增加，从而减少了报告的利润。

如果内部用先进先出法计量的存货和用后进先出法计量的存货两者之间的差异减小，那么后进先出法准备账户借方金额会减少。商品销售成本也会有相应的变化。在这种情况下，商品销售成本减少，报告的利润增加。这种情况说明，即使报告中用后进先出法计算出的存货比用先进先出法计算出的存货低，当后进先出法准备账户减少时，后进先出法计算出的利润也比先进先出法计算出的利润高。

举一个例子来帮助大家更好地理解后进先出法准备。示例6-10是Books-A-Million公司披露的报告。Books-A-Million书店是一家主要位于美国东部、经营大型超市和传统书店的零售商。披露的报告显示这家公司用先进先出法（公司内部使用方法）计量存货。

示例6-10 存货披露——Books-A-Million公司 单位：千美元

存货（部分）	2015年	2014年
存货（先进先出法）	$192 605	$204 220
减去后进先出法准备	(4 645)	(4 636)
存货净额（后进先出法）	$187 960	$199 584

后进先出法下，2015年的资产负债表上的存货数量较少，这说明后进先出法准备账户需要4 645 000美元。2015年初后进先出法准备账户为4 636 000美元，所以它的余额要增加9 000美元（4 645 000－4 636 000）。同时，我们提高销售成本（借方），因此利润减少。

后进后出法清算

在前面的部分，我们解释了编制利润表时收入和费用配比的重要性，利润表在预测未来现金流量时非常有用。在后进先出法下，销售反映最新的销售价格，销售成本包括最近购买的成本。

同理，在资产负债表中显示使用后进先出法计算出的存货基本上已经过时，因为它们反映的是旧的采购交易。当公司采用后进先出法计算存货时，用几年前实际发生的单位成本来确定存货的余额是十分常见的现象。

这种扭曲有时也会影响到利润表。当存货量在一段时间内减少时，这些过时的存货层就会被清算，存货销售成本将出现部分非现行成本与销售价格相匹配。如果成本不断增加（减少），与以当前成本计入销售成本相比，后进先出法清算将产生较高（低）的净利润。这种由于在销售成本中包含过时的低（高）成本存货而引起的账面利润（亏损）称为后进先出存货清算的收益效应。

为了更好地理解这个问题，看下面示例6-11中的例子。

示例 6-11　后进先出法清算

国家分销公司使用后进先出法进行存货计量。2018 年初公司的存货数量是 10 000 件，每件价值 20 美元。2018 年，购买了 30 000 件单位成本 25 美元的存货，另外销售了 35 000 件。该公司 2018 年后进先出法销售成本为：

30 000×25＝750 000(美元)

5 000×20＝100 000(美元)

35 000　　850 000(美元)

在销售成本中，有 5 000 件已经被清算的存货来自期初存货。如果该公司至少购货 35 000 件，就不会发生清算。那么销售成本会是 875 000 美元（35 000×25），而不是 850 000 美元。这两个销售成本的差额是 25 000 美元（875 000－850 000）。这是后进先出法清算的税前利润效应。

25 000 美元后进先出法清算的税前利润效应的计算，也可以是 25 美元当前的单位成本和 20 美元的取得成本之间的差异乘以 5 000 单位清算数量［5 000×(25－20)＝25 000 美元］。假设 40%的所得税税率，清算的净收益是 15 000 美元［25 000×(1－0.40)］。清算单位的成本越低，净收益就越大。

公司必须在附注中披露任何**后进先出法清算**（LIFO liquidation）对净利润的重大影响。例如，示例 6-12 给出了 Genuine Parts 公司最近的财务报表披露。这家公司是汽车配件、工业配件、办公用品、电气配件的经销商。

示例 6-12　后进先出法清算信息披露——Genuine Parts 公司

重要会计政策汇总（节选）
商品存货
在 2014 年和 2013 年期间，汽车零部件（2013 年）和工业零部件（2014 年和 2013 年）的存货水平有所下降。这样的减少导致了后进先出法下存货层的清算。由于清算，2014 年和 2013 年的存货销售成本分别减少了 8 000 000 美元和 5 000 000 美元。

在示例 6-11 中，假设利润影响被认为具有实质性，国家分销公司需要披露后进先出法清算下 2018 年增加的 15 000 美元利润。

我们讨论了影响公司选择存货方法的几个因素。一个公司可能会受到其存货的实物流转的影响，或者存货计量方法对报告的净利润和当期应交所得税的影响，或者是想要提供一个更好的收入与费用的匹配。你已经看到单位成本的变化方向决定了不同方法对净收入和所得税的影响。虽然美国经历了持续多年的通货膨胀（一般物价水平的上升），但许多商品和服务的价格也经历了下跌的时期（例如，个人电脑）。

概念回顾练习

存货成本流转方法

Rogers 公司 2018 年初有 1 000 万台存货，每台 5 美元。在 2018 年上半年发生了以下存货交易：

日期	交易
2月15日	购买500万台、单位成本为6.5美元的存货，未付款
3月20日	出售单位价格为12美元的存货800万台，未收到款项
4月30日	购买500万台、单位成本为7美元的存货，未付款

在2018年6月30日，公司共有存货1 200万台。

要求：

1. 编制日记账分录，记录上述交易。该公司采用的是定期盘存制。
2. 分别用以下存货计价方法来编制2018年6月30日所要求的调整分录：
a. 平均成本法
b. 先进先出法
c. 后进先出法
3. 重复要求1，假设公司采用永续盘存制。

解答：

1. 编制日记账分录，记录上述交易。该公司采用的是定期盘存制（单位：百万美元）。

1月15日

借：购货成本（5×6.50）	32.5	
贷：应付账款		32.5

记录存货的购买。

3月20日

借：应收账款（8×12）	96	
贷：销售收入		96

记录存货的销售。

没有分录记录销售的存货成本。

4月30日

借：购货成本（5×7）	35	
贷：应付账款		35

记录存货的购买。

2. 分别用以下存货计价方法来编制2018年6月30日所要求的调整分录。

日期	日记账分录	平均成本法		先进先出法		后进先出法	
6月30日	借：销货成本（由以下计算决定）	47.0		40.0		54.5	
	存货（期末，由以下计算决定）	70.5		77.5		63.0	
	贷：存货（期初－10×5）		50.0		50.0		50.0
	购货成本（32.5＋35）		67.5		67.5		67.5

期末存货成本和销售成本计算如下：

a. 加权平均法

单位：百万美元

期初存货（1 000 万台，单价 5 美元）	$50.0
加：购货成本（1 000 万台，多种单价）	67.5
可供销售存货成本（2 000 万台）	117.5
减：期末存货成本（由以下计算决定）	(70.5)
销售成本	$47.0

期末存货成本计算如下：

平均单位成本＝117.5/20＝5.875(美元)

12×5.875＝70.5(百万美元)

b. 先进先出法

单位：百万美元

可供销售存货成本（2 000 万台）	$117.5
减：期末存货成本（由以下计算决定）	(77.5)
销售成本	$40.0

期末存货成本计算如下：

购买日	数量（百万台）	单位成本（美元）	总成本（百万美元）
期初存货	2	5.00	$10.0
2月15日	5	6.50	32.5
4月30日	5	7.00	35.0
合计	12		$77.5

c. 后进先出法

单位：百万美元

可供销售存货成本（2 000 万台）	117.5
减：期末存货成本（由以下计算决定）	(63.0)
销售成本	$54.5

期末存货成本计算如下：

购买日	数量（百万台）	单位成本（美元）	总成本（百万美元）
期初存货	10	5.00	50.0
2月15日	2	6.50	13.0
合计	12		$63.0

3. 重复要求1，假设公司采用永续盘存制（单位：百万美元）。

1月15日

借：存货（5×6.50）	32.5	
贷：应付账款		32.5

记录存货的购买。

4月30日

借：存货（5×7.00）	35.0	
贷：应付账款		35.0

记录存货的购买。

日记账——3月20日	平均成本法	先进先出法	后进先出法
记录赊销			
借：应收账款（8×12）	96.0	96.0	96.0
贷：销售收入	96.0	96.0	96.0
记录销售成本			
借：销货成本（由以下决定）	44.0	40.0	47.5
贷：存货（由以下决定）	44.0	40.0	47.5

计算销售成本如下：

a. 加权平均法：销售成本

单位：百万美元

日期	购买	销售	余额
期初存货	10×5.00=50.0		10×5.00=50.0
2月15日	5×6.50=32.5		50+32.5=82.5
	82.5/15=5.5		
3月20日		8×5.5=44	

b. 先进先出法：销售成本

销售数量（百万台）	单位销货成本（美元）	总成本（百万美元）
8（期初存货）	5.00	40.0

c. 后进先出法：销售成本

销售数量（百万台）	单位销货成本（美元）	总成本（百万美元）
5（2月15日购买）	6.50	32.5
3（期初存货）	5.00	15.0
8		47.5

决策者角度：存货管理

经理密切监控存货水平，目的是：（1）确保维持运营需要的存货量；（2）将存货订购和储存成本控制在最低水平。[①] 遗憾的是，这些目的常常相互冲突。公司必须保持足够数量的存货来满足客户的需求。然而，维持存货成本是高昂的。幸运的是，可以使用各种工具，包括计算机存货控制系统和存货零部件生产外包，帮助平衡这些相互冲突的目标。[②]

很多公司都采用**适时生产系统**（just-in-time (JIT) system）来协助它们进行存货管理。适时生产系统是这样一个系统，它被制造商用来与供应商协调生产，使得原材料或部件在生产过程中需要它们时刚好到达。哈雷-戴维森（Harley Davidson），一家以定制摩托车著称的公司，其适时生产系统是公司成功的重要组成部分。该系统使哈雷-戴维森保持相对较低的存货余额。同时，公司有效的生产技术以及与供应商的良好关系，确保零部件能迅速交付，使之能迅速满足客户的需求。2015年，哈雷-戴维森报告的摩托车销售额为530 870万美元，销售成本仅为335 630万美元，产生了195 240万美元（销售额的36.8%）的毛利，远高于行业平均水平。

正如我们在第3章所讨论的，财务分析师用来评估管理层成功的一个因素是公司如何利用其资产。这种评估通常是基于一定比率的计算，受到公司存货计量方法选择的影响。不同的存货方法会影响报告的数量，要求分析师在比较使用不同方法的公司时必须进行调整。如果公司采用后进先出法，补充披露有助于将存货数量转化为使用先进先出法的报告，从而更好地与使用先进先出法报告的公司进行比较。

例如，哈雷-戴维森公司采用后进先出法，公司最近的财务报表中提供的其他存货信息如下（单位：百万美元）：

	2015年	2014年
资产负债表：		
存货	\$585.9	\$448.9
利润表：		
净销售收入	\$5 308.7	\$5 567.7
销售成本	3 356.3	3 542.6

假设一个分析师想对哈雷-戴维森公司与其竞争对手进行比较。这个竞争对手使用先进先出法，或同时使用后进先出法和先进先出法，但百分比与哈雷-戴维森公司不同。在比较两家公司之前，我们可以将哈雷-戴维森公司的存货和销售成本（如有必要，竞争对手的存货和销售成本也需如此），100%转变为先进先出法进行计量。此转换所需的信息是哈雷-戴维森公司在补充披露中提供的。

① 存货的储存成本包括存货过时的减值损失。我们将在第7章讨论存货的减值。许多分析模型可用于确定公司的最佳存货水平。关于这些模型的讨论超出了本书的范围。

② Eugene Brigham and Joel Houston, *Fundamentals of Financial Management*, 12th ed. (Florence, Kentucky: South-Western, 2010).

	2015 年	2014 年
存货（后进先出法）	＄585.9	＄448.9
加：转化为先进先出法	49.3	49.9
存货（100%使用先进先出法）	＄635.2	＄498.8

如果哈雷-戴维森公司使用先进先出法代替后进先出法，2015 年的期末存货将高出 4 930 万美元。报告存货的巨大差异会对财务比率产生重大影响（如下所示）。

相对后进先出法，使用先进先出法对销售商品的成本影响较小。对哈雷-戴维森公司来说，先进先出法和后进先出法之间的存货成本差异在 2015 年减少了 60 万美元（由 4 990 万美元减少至 4 930 万美元）。这意味着该公司在 2015 年的后进先出法准备减少 60 万美元，相应地产品销售成本下降（见前面关于后进先出法准备调整的讨论）。商品销售成本的下降表明，在使用后进先出法的报告中，报告的利润略高于如果使用先进先出法得到的利润。如果后进先出法准备在 2015 年增加，那么后进先出法下的利润将会低于先进先出法下的计算结果。

一个涉及销售成本的有用的盈利能力指标叫**毛利**（gross profit）。**毛利率**（gross profit ratio）的计算方法如下：

$$毛利率=\frac{毛利}{净销售收入}$$

该比率越高，说明公司能够通过其产品实现更高的利润。例如，成本为 100 美元、售价为 150 美元的产品产生 50 美元（150－100）的毛利及 33%（50/150）的毛利率。如果同样的产品售价为 200 美元，毛利增加至 100 美元，毛利率上升至 50%（100/200），所以有更多的美元来支付除销售成本以外的费用。

正如我们先前讨论过的，哈雷-戴维森公司销售的摩托车 2015 年毛利是 195 240 万美元（相当于 530 870 万美元的销售收入减去 335 630 万美元的销售成本）。它的毛利率为 36.8%。行业平均水平是 20.5%。哈雷-戴维森公司能够以高价出售其产品。即使先进先出法下商品的销售成本略微提高（60 万美元），哈雷-戴维森公司也相对盈利。

监测这个比率随着时间的变化可以提供有价值的见解。例如，比率下降可能表明该公司无法通过相应的销售价格来抵消成本增加的影响。或者，如果没有相应的成本削减，销售价格正在下降。在这两种情况下，该比率的下降对未来的盈利能力有重要预示。

在第 3 章中，我们介绍了一个重要的比率，即**存货周转率**（inventory turnover ratio），该比率旨在评估一家公司在存货投资方面的效率。这一比率显示了在报告期内平均存货余额出售的次数。一个企业越频繁地出售或周转其存货，则为达到给定的销售水平所必需的存货投资越低。监控存货周转率随着时间的变化可以发现潜在的问题。比率下降通常是不利的，可能是由于过时或销售缓慢的产品的出现，或者是糟糕的市场营销和销售造成的。

回想一下，存货周转率的计算如下：

$$存货周转率=\frac{销售成本}{平均存货}$$

如果财务报告期间为一年，我们可以用 365 天除以存货周转率来计算**存货周转天数**

(average days in inventory)，这表明该公司出售其存货一般需要的平均天数。2015 年，公司的存货周转率为 6.49 {3 356.3÷[(585.9+448.9)÷2]}，而存货周转的平均天数为 56.2 天（365÷6.49)。

或者，如果将金额转换为先进先出法下的金额，我们看到，哈雷-戴维森公司的存货周转率只有5.92，即 {3 356.9÷ [(635.2+498.8)÷2]}，而存货周转天数为 61.7 天（365÷5.92)。后进先出法和先进先出法之间存在存货周转率差异主要是由于后进先出法下平均存货成本比较低，这表明存货方法的选择对财务比率有显著的影响。

盈余质量

我们上面讨论的比率的变化通常会提供公司当期收益的质量信息。例如，周转率下降、存货水平高于正常水平，可能表明生产减少、存货过时，或者需要降低价格来销售存货（这将降低毛利润和净利润)。这一命题在一项重要的学术研究中得到了验证。Lev 教授和 Thiagarajan 教授实证证明了在公司普通股估值中 12 个基本变量的重要性。这些变量包括存货(存货变化减去销售变化)。存货变量被认为是衡量普通股投资回报率高低的一个重要指标，特别是在高通货膨胀时期。[①]

选择哪种存货方法也会影响盈余质量，特别是在价格迅速变化的时候。在本章的前面，我们讨论了后进先出法清算对公司利润的影响。后进先出法清算利润（或损失）降低了当期收益的质量。幸运的是，对分析师来说，如果这些利润或损失重要的话，公司必须对其进行披露。此外，定期盘存制下后进先出法确定的销售成本比先进先出法确定的成本更容易受到操纵。在价格快速变化的环境中，年终购买可能会对商品销售成本产生巨大的影响。回忆一下我们在第 3 章关于盈余质量的讨论。许多人认为，操纵收入会降低盈余质量，因为它可以掩盖长期收益。存货减值和存货方法的变化是公司用来操纵利润的另外两种与存货相关的手段。我们将在下一章讨论这些问题。

第 2 节　后进先出法的简化方法

前面描述和说明的后进先出法称为单位后进先出法，因为后进先出的概念适用于单个存货单位。[②] 单位后进先出法的一个问题是，它的实现成本非常高。它需要每一个存货单位的记录。维护这些记录的成本是重大的，特别是当一个公司有大量的存货和单位成本当期频繁变动的时候。

在前一节中，单位后进先出法的第二个缺点是，如果某一特定存货单位的数量低于其初始余额，后进先出法存货层将被清算。即使一个公司的总存货数量是稳定的或增加的，如果某一特定存货单位的数量减少了，单位后进先出法将会清算全部或部分的后进先出法存货

① B. Lev and S. R. Thiagarajan, "Fundamental Information Analysis," *Journal of Accounting Research* (Autumn 1993).

② 单位后进先出法有时被称为后进先出具体商品。

层。在成本增加时期，存货量减少时，非当期的成本将包括在销售商品的成本中，并与当前的销售价格相匹配，从而导致后进先出法的清算利润。

本章的这一节将讨论可用于显著降低后进先出法簿记成本以及最小化后进先出法存货层清算可能性的技术。具体来说，我们讨论存货池的使用以及金额后进先出法。

一、后进先出法存货池

使用**后进先出法存货池**（LIFO inventory pools）的目的是简化记录，通过将存货单位按照个体单位的实物相似性进行分组，降低后进先出法存货层清算的风险。例如，一家玻璃公司可以将不同等级的窗户玻璃组合成一个窗户池。其他存货池可能是自动门玻璃和滑动门玻璃。一家木材公司可能会将其存货池集中于硬木、框架木材、嵌板等。

这使得公司能够核算一些存货池，而不是每一种特定类型的存货。在存货池里，在一段时间内所有的购买都被认为是同时进行的，而且是以相同的成本。单个单位成本被转换为存货池的平均成本。如果存货池期末存货数量增加，则期末存货将包括期初存货加上一个当期以存货池平均购置成本增加的存货层。

下面举个例子。假设钻石木材公司有一个木材存货池，包括三种类型：松树、橡树和枫树。期初存货包括以下内容：

	数量（英尺）	成本（每英尺）	总成本
松树	16 000	$ 2.20	$ 35 200
橡树	10 000	3.00	30 000
枫树	14 000	2.40	33 600
	40 000		$ 98 800

这个存货池的平均成本是 2.47 美元/英尺（98 800÷40 000）。现在假设在下一个报告期内，钻石公司购买了 50 000 英尺，如下所示：

	数量（英尺）	成本（每英尺）	总成本
松树	20 000	$ 2.25	$ 45 000
橡树	14 000	3.00	42 000
枫树	16 000	2.50	40 000
	50 000		$ 127 000

这个存货池的平均成本是 2.54 美元/英尺（127 000÷50 000）。假设钻石公司在这段时间内卖出了 46 000 英尺，存货的数量增加了 4 000 英尺（购买 50 000－销售 46 000）。期末存货包括期初 40 000 英尺的存货和一个本期购买的 4 000 英尺的新的后进先出法存货层。我们会将这个时期的平均成本 2.54 美元添加到这个后进先出法存货层。现在，108 960 美元的期末存货由两层组成：

	数量（英尺）	成本（每英尺）	总成本
期初存货	40 000	＄2.47	＄98 800
后进先出法增加层	4 000	2.54	10 160
期末存货	44 000		108 960

尽管有了后进先出法存货池的优势，但是很容易想象到它的优点没有实现的情况。例如，假设一个公司在存货池中去掉某一产品。以前的存货成本中存在的旧成本将被确认为出售商品的成本，并产生后进先出法清算利润。即使产品被另一种产品取代，替代产品可能也不会被包含在相同的存货池中。事实上，当产品组合发生变化时，必须重新定义存货池，这一过程本身就很昂贵且耗时。接下来，我们将讨论金额后进先出法，它有助于克服这些问题。

二、金额后进先出法

许多使用后进先出法报告存货的公司实际上使用了一种叫作**金额后进先出法**（dollar-value LIFO，DVL）的方法。金额后进先出法通过允许公司将多种商品组合成一个存货池，扩展了存货池的概念。存货池不是以实物单位为基础的。相反，一个存货池被认为是由不同时期的金额价值组成的。具体来说，一个存货池应该由那些可能受到相同成本变化压力的存货组成。

成本指标

无论是用单位后进先出法还是用存货池后进先出法，我们通过期末存货和期初存货对比确定是否增加存货层。这里的核心是存货的单位量。在金额后进先出法下，我们通过比较期末金额和期初金额来确定是否增加了一个新的后进先出法存货层。重点是存货价值，而不是单位。然而，如果价格水平发生了变化，我们需要一种方法来确定观察到的增长是真实的增加（存货数量的增加）还是价格上涨引起的。因此，在我们比较期初和期末存货数量之前，需要剔除任何价格的上涨。这样，期初和期末的数量都是以相同的价格水平来衡量的。我们通过使用成本指数来实现这一点。某一存货层年的成本指数如下：

$$\text{存货层年的成本指数}=\frac{\text{存货层年的成本}}{\text{基准年的成本}}$$

基准年是采用金额后进先出法的那一年，存货层年是随后的任何一个有新增存货层的年度。基准年的成本指数定为1。随后年份的指数反映了相对于基准年的成本变化。例如，如果存货项目的“篮子”在本年度末为120美元，而在基准年年底为100美元。当前年度的成本指数是：120÷100＝120％或1.20。这个指数简单地告诉我们，存货层年的成本是基准年的120％（即成本增加了20％）。

有几种方法可以用来确定金额后进先出法存货池指数。可以使用外部指数，如消费价格指数（CPI）或生产价格指数（PPI）。比如，假设一家公司在2018年1月1日采用了金额后进先出法，当时CPI为200。这一数额相当于基准年指数1。然后，2018年存货层年的指数将与200进行对比。如果CPI在2018年底达到210，那么2018年的金额后进先出法指数将是 1.05（210÷200）。

然而，在大多数情况下，这些指数并不能正确反映单个金额后进先出法存货池的成本变化。相反，大多数公司使用内部生成指数。可以使用诸如双扩展方法或链接方法等技术来计算这些指数。对这些方法的讨论超出了本书的范围。在示例中，我们假定了成本指数。

金额后进先出法存货估算技术

下面的例子讲解了金额后进先出法下期末存货的计算。假设 Hanes 公司在 2018 年 1 月 1 日采用了金额后进先出法，当时的存货成本为 400 000 美元。2018 年 12 月 31 日，Hanes 公司确定年末存货成本为 462 000 美元。这一数额是通过年终盘点手头的实物单位和年末成本相乘得出的。对 Hanes 公司来说，没有必要跟踪当年购买的每个存货的成本。假设 2018 年的成本指数为 1.05（105%），我们将通过三个步骤来使用金额后进先出法计算出期末存货金额。

步骤 1：将期末存货转换为基准年成本。注意到存货从年初的 400 000 美元增加到年底的 462 000 美元。这 62 000 美元的存货增加是否代表了数量的增加和存货成本的增加？为了确定这一点，第一步是将期末存货从年终成本转换为基准年成本。我们通过将期末存货除以年度成本指数来完成。

$$\text{期末存货基准年成本}=\frac{462\,000}{1.05}=440\,000$$

步骤 2：确定每年创建的期末存货的层次。2018 年期末存货缩减至基准年，成本为 440 000 美元。由此，我们可以确定，今年的总存货成本增加了 62 000 美元，其中包括 40 000 美元的增长（2018 年新增的存货层），以及存货成本指数增加导致的 22 000 美元（440 000×5%）。

$ 400 000	2018 年期初存货成本，基准层
+40 000	2018 年增加的数量，新的存货层
+22 000	成本增加＝440 000×5%
$ 462 000	2018 年期末存货成本

上面的计算对于确定后进先出法概念下的存货数量层很重要：（1）期初存货层 400 000 美元。（2）2018 年增加 40 000 美元。这些费用是视同每个存货层都是以基准年价格收购的。由于成本增加（22 000 美元），存货增加并不代表购买更多的存货数量。

步骤 3：使用获得年度的成本指数重述每一存货层。一旦存货层被识别，每一存货层都被重新表述为存货层被获取时的价格。这是通过将每一存货层乘以所获得年度的成本指数来完成的。当价格为 1 时，400 000 美元存货层被收购。当价格为 1.05 时，40 000 美元存货层被收购。所有的存货层都被添加后，在金额后进先出法下的期末存货将报告 442 000 美元。①

① 需要注意的是，年度层的存货成本只是实际取得成本的一个近似。金额后进先出法假设同一年度所有增加的存货都是同一个单位成本。

日期	基准年成本下的期末存货 ×	成本指数 =	用DVL成本计算的期末存货
2018年1月1日	$400 000	1.00	$400 000
2018年存货层	40 000	1.05	42 000
总计	$440 000		$442 000

在存货减少的情况下，在本年度内不会增加任何一层存货层。在我们的例子中，如果2018年底存货的基准年成本仅为380 000美元，那么在2018年就不会再增加任何一层存货层。相反，20 000美元的减少将按后进先出法顺序减少原有的存货层（时间上逆序）。此外，任何未来的存货数量增加（2019年或之后）将在380 000美元的基础上增加新的存货层。

下面的概念回顾练习进一步展示了存货层的识别。随着基准年成本（2019年和2021年）的增加，添加了一个新的存货层。在基准年成本（2020年）减少的情况下，我们使用后进先出法并假设销售的存货来自最后一层。

概念回顾练习

金额后进先出法

2018年1月1日，约翰逊公司采用了金额后进先出法。这一日期的存货价值为500 000美元。2018—2021年存货数据如下：

日期	期末存货成本	成本指数
2018年12月31日	$556 500	1.05
2019年12月31日	596 200	1.10
2020年12月31日	615 250	1.15
2021年12月31日	720 000	1.25

要求：

计算约翰逊公司2018—2021年的期末存货。

解答：

约翰逊公司

日期	年终成本的期末存货	第一步	第二步	第三步	用DVL成本计算的期末存货
		基准年成本的期末存货	基准年成本的存货层	存货层转换为收购年成本	
1/1/2018	$500 000（基准年）	$\frac{\$500\,000}{1.00}$ = $500 000	$500 000（基准）	$500 000×1.00= $500 000	$500 000
12/31/2018	556 500	$\frac{\$556\,500}{1.05}$ = $530 000	$500 000（基准） 30 000（2018）	$500 000×1.00= $500 000 30 000×1.05=31 500	531 500
12/31/2019	596 200	$\frac{\$596.200}{1.10}$ = $542 000	$500 000（基准） 30 000（2018） 12 000（2019）	$500 000×1.00= $500 000 30 000×1.05=31 500 12 000×1.10=13 200	544 700
12/31/2020	615 250	$\frac{\$615\,250}{1.15}$ = $535 000*	$500 000（基准） 30 000（2018） 5 000（2019）	$500 000×1.00= $500 000 30 000×1.05=31 500 5 000×1.10=5 500	537 000

日期	年终成本的期末存货	第一步	第二步	第三步	用 DVL 成本计算的期末存货
		基准年成本的期末存货	基准年成本的存货层	存货层转换为收购年成本	
12/31/2021	720 000	$\frac{\$720\,000}{1.25}=\$576\,000$	$500 000（基准） 30 000（2018） 5 000（2019） 41 000（2021）	$500 000×1.00＝$500 000 30 000×1.05＝31 500 5 000×1.10＝5 500 41 000×1.25＝51 250	588 250

*因为2020年存货减少（从基准年成本的542 000美元减少为535 000美元），所以没有增加新的存货层。相反，2019年取得的存货层减少了7 000美元（从12 000美元减少为 5 000美元）。

金额后进先出法的优点

金额后进先出法方法具有重要的优点。首先，与单位后进先出法相比，它简化了记录保存过程，因为不需要任何单位流的信息。其次，它最大限度地减少了后进先出法存货层清算的可能性，通过将许多类型的存货集中到更大的存货池中，清算可能性的降低比单独使用存货池更明显。此外，这种方法适用于那些并没有用相同的新存货替代已销售存货的公司。例如，对于那些产品随年度变化而不同的公司来说，当年的存货与前一年不同。然而，在后进先出法存货池中，新的替换项目必须与之前的模型实质相同，才可以将其包含在同一个存货池中。在金额后进先出法下，并不要求按实物特征区分原存货和新存货。因此，更广泛的商品范围可以包括在存货池里。也就是说，对新存货的取得视为对原有存货美元价值的替代。因为原有存货层的保留，这种方法实现了后进先出法的好处，即将最近的销售成本与以当前销售价格计算的销售收入相匹配。

财务报告案例问题参考答案

1. 后进先出法是如何计量存货的？根据公认会计原则，这是允许的吗？

后进先出法的假设是，最近购买的存货先销售。是的，根据公认会计原则，这种方法是允许的。公司不必使用代表其实际存货流的方法。

2. 披露后进先出法下的存货价值与现行重置存货成本之间的差额的目的是什么？

后进先出法一致性规则要求，如果一家公司使用后进先出法来衡量应纳税收入，它还必须使用后进先出法来进行外部财务报告。克罗格公司是这么做的。然而，后进先出法一致性规则允许后进先出法用户在一份公开声明中报告非后进先出法的存货估值，但不是在利润表上。该公司的披露报告提供了额外的信息。

3. 你觉得克罗格公司用后进先出法报告了较低的存货和利润水平吗？它为什么要这么做？

是的。因为克罗格公司使用的是后进先出法而不是先进先出法，资产负债表中报告的存货较低。截至2016年1月30日，克罗格报告的后进先出法存货只有61.68亿美元，相比之下，在先进先出法的情况下，存货的报告将达到74.4亿美元。这是12.72亿美元的差额。在前一年，后进先出法和先进先出法的区别是12.45亿美元。这意味着后进先出法影响（或后进先出法准备）增加了0.27亿美元（12.72亿美元减去12.45亿美元）。后进先出法准备的增加被记录到销售商品的成本中，从而降低了利润。然而，如果后进先出法准备减少，那么商品的成本将会降低，利润也会更高。

本章学习目标概要

学习目标 6-1

在永续盘存制下，存货的每一个变化都在不断地进行调整。每售出或顾客退回一件商品，商品销售成本也随之调整。定期盘存制仅在报告期结束时调整存货和记录销售成本。

学习目标 6-2

一般来说，确定哪些是公司的存货是一件简单的事情，因为它是由公司拥有的物品组成的。然而，在报告期结束时，确定公司与客户之间以及公司与供应商之间的在途货物的所有权是很重要的。委托代销商品应包括在委托人的存货中，即使货物实物并不在该委托方。此外，预计销售退回存货成本也包括在公司存货中。

学习目标 6-3

存货成本包括购置存货并使其达到销售或使用状况所需的全部费用。一般来说，这些支出包括商品的购买价格减去购买退回或者购买折扣，再加上运费。

学习目标 6-4

一旦成本确定，可供销售商品成本必须在销售成本和期末存货成本之间分配。除非每个项目都是通过系统专门标识和跟踪的，这个分配需要一个关于成本流动的假设。先进先出法假设出售的单位是先购买的单位。后进先出法假设出售的单位是最近购买的单位。平均成本法假定销售成本和期末存货成本由所有可供销售的商品混合构成。

学习目标 6-5

一个公司的存货方法的选择将受到下列因素影响：(a) 成本流如何反映存货实物流；(b) 所得税费用的时间；(c) 成本如何与收入相匹配。

学习目标 6-6

后进先出法一致性规则要求，如果一个公司采用后进先出法计算应纳税所得额，也必须使用后进先出法进行外部财务报告。后进先出法的用户通常会提供一个附注披露描述另一种方法而不是后进先出存货计价。如果一家公司在一段时期内使用了后进先出法并且存货数量减少，那么就会将过期的存货层进行清算，而出售的商品的成本将与当前的销售价格部分匹配。如果成本一直在增加（减少），那么，如果以当前成本出售的货物的成本包含清算存货，那么就会产生较高（较低）的净收益。由于货物的过时、低（高）成本造成的账面利润（损失），称为后进先出法存货清算收益效应。

学习目标 6-7

投资者、债权人和财务分析师可以通过监测公司在存货方面的投资获得重要的洞察力。毛利率、存货周转率和存货平均周转天数是监控存货的指标。

学习目标 6-8

使用金额后进先出法将年底成本的期末存货转化为使用成本指数的基准年成本。在确定了期末存货的层数之后，通过存货层年成本指数，将每年的基准年成本度量转换为存货层年成本度量。然后对这些存货层进行求和，以获得总期末存货的成本。

学习目标 6-9

美国会认会计原则和国际财务报告准则在确定存货成本方面的主要区别是，国际财务报告准则不允许使用后进先出法计算存货价值。

本章重点问题回顾

6-1 描述一家制造公司的三种存货类型。

6-2 永续盘存制和定期盘存制的主要区别是什么？

6-3 Cloud公司采用永续盘存制，McKenzie公司采用定期盘存制。描述以下事项在两种盘存制下会计计量的区别：(1) 购买商品；(2) 销售商品；(3) 商品退回给供应商；(4) 购买商品支付运输费用。指出每个事项中记入哪些与存货相关账户的借方还是贷方。

6-4 Bockner公司在2018年12月28日将商品运往Laetner公司。Iaetner公司于2019年1月3日收到这批运货。12月31日为两家公司的会计年度截止日。该批商品采用起运地离岸价。如果这批货物被指定采用目的地抵岸价，解释这批商品的会计处理方法与前者会计处理方法的区别。

6-5 什么是委托代销？解释委托代销的会计处理方法。

6-6 区分折扣总价法和净价法在购货折扣上的核算区别。

6-7 Esquire公司采用定期盘存制。指出以下项目（增加或减少）对销售成本的影响：

1. 期初存货
2. 购货成本
3. 期末存货
4. 购货退回
5. 进货运费

6-8 明确分配期末存货成本和销售成本的四种方法，并简要说明这些方法的不同之处。

6-9 在电子工业中，原材料的单位成本随着时间的推移而下降，这是很常见的。在这种环境下，解释后进先出法和先进先出法对收入和财务状况影响的区别。假设存货量在此期间相同。

6-10 解释为什么后进先出法的支持者认为后进先出法提供了更好的收入和支出的配比。在什么情况下不能提供更好的配比？

6-11 解释美国国税局关于存货方法选择的一致性规则的含义。

6-12 描述财务分析师用来监控公司存货投资的比率。

6-13 什么是后进先出存货池？在使用存货池时，期末存货的成本如何确定？

6-14 阐述与单位后进先出法相比金额后进先出法的两个优点。

6-15 Austin公司采用基于内部开发物价指数的金额后进先出法。假设期末存货的成本已经确定，列出使用金额后进先出法进行计算的其余步骤。

6-16 确定美国公认会计原则和国际财务报告准则允许使用的存货计价方法之间的差异。

简要练习

6-1 期末存货；定期盘存制

一家公司期初存货为186 000美元。今年采购成本和销售成本分别为945 000美元和982 000美元。期末存货是多少？

6-2 永续盘存制；日记账分录

利顿工业采用永续盘存制。该公司的期初存货是267 000美元。当期赊购商品为845 000美元，成本为902 000美元的存货卖了1 420 000美元（赊销）。请编制日记账分录来记录这些交易。

6-3　在途存货

Kelly公司于2018年12月29日采用目的地抵岸价将货物运送给客户。货物在2019年1月送达客户。此外，Kelly公司的主要供应商之一于12月30日采用起运地离岸价的方式运送给Kelly公司一批货物。货物在2019年1月送达Kelly公司所在地。哪些货物应该包括在Kelly公司2018年12月31日的存货中？

6-4　采购折扣；总价法

2018年12月28日，Videotech公司从Tristar Communications公司购买了10套新的卫星上行系统，每套25 000美元。销售折扣条款是1/10，n/30。Videotech公司采用折扣总价法核算购货折扣且使用永续盘存制。Videotech公司于2019年1月6日支付折扣净额。编制12月28日和1月6日的日记账分录来记录这次购买和支付。

6-5　采购折扣；净价法

参照练习6-4中描述的情况。假设Videotech公司使用净价法来记录购货折扣，编制必要的日记账分录。

6-6　成本流转方法；定期盘存制

SAM公司2018年期初有产品200个。这些产品是在2017年接近年底时以每个25美元购买的。2018年1月8日购买100个单价为28美元的存货；另外200个单位在1月19日购买，每个30美元；1月10日和1月25日分别卖出125个和100个。在1月末手中共有275个存货。SAM公司使用定期盘存制。分别使用先进先出法和平均成本法来计算1月的期末存货成本和销售成本。

6-7　成本流转方法；永续盘存制

参照练习6-6中描述的情况。SAM公司使用永续盘存制。分别使用先进先出法和平均成本法来计算1月的期末存货成本和销售成本。

6-8　后进先出法

Esquire公司使用后进先出法来评估其存货。2018年1月1日的存货为50万美元（20 000单位，每单位25美元）。在2018年，购买了80 000单位，每单位价格30美元。2018年售出了85 000单位。Esquire公司使用定期盘存制。计算2018年12月31日期末存货和2018年销售成本。

6-9　后进先出法

AAA Hardware公司使用后进先出法来计算它的存货成本。期初存货为10 000个某种产品。该存货单位成本为15美元。在这一年中，购买了60 000个单位成本为18美元的存货，64 000个存货被出售。在接近会计年度末时，管理者考虑购买额外的单位成本为18美元的存货5 000个。这笔购买对税前收入有什么影响？如果公司用先进先出法替代后进先出法，答案一样吗？

6-10　后进先出法清算

参照练习6-8中描述的情况。假设公司的所得税税率为40%，那么公司在财务报表附注中报告的后进先出法清算利润或损失是多少？

6-11　补充后进先出法披露；Walgreens公司

Walgreens公司公布，2015年8月31日和2014年8月31日资产负债表报告的存货分别为86.78亿美元和60.76亿美元。截至2015年8月31日的全年销售成本为765.20亿美元。该公司主要使用后进先出法。披露的附注表明如果用先进先出法替代后进先出法，2015年8月31日和2014年8月31日的期末存货将会增加25亿美元和23亿美元。假设Walgreens使用先进先出法而不是后进先出法，计算截至2015年8月31日的年度销售成本。

6-12　比率分析

从Schmitzer公司财务报表摘取的数据如下：

	2018 年	2017 年
资产负债表：		
存货	60 000	48 000
比率：		
2018 年毛利率	40%	
2018 年存货周转率	5	

2018 年的净销售额是多少？

6-13　金额后进先出法

2018 年初公司对存货池采用了金额后进先出法。这个存货池的价值是 1 400 000 美元。截至 2018 年底，年底成本为 1 664 000 美元，年底成本指数为 1.04。使用金额后进先出法计算 2018 年底的存货价值。

习　题

6-2　定期盘存制；日记账分录

约翰的专卖店采用定期盘存制。以下是 2018 年 5 月的一些存货交易：

1. 赊购商品 5 000 美元，进货运费 300 美元已用现金支付。
2. 退回部分购买的商品，该商品的成本为 600 美元。同时，供应商已冲减该债权。
3. 成本为 2 800 美元的存货出售，获得现金 5 200 美元。

要求：

编制必要的日记账分录记录这些交易。

6-4　定期盘存制和永续盘存制对比

以下是 Johnson 公司 2018 年的信息：

期初存货	\$25 000
商品购进（赊购）	155 000
进货运费（现金支付）	10 000
商品退回给供应商（贷方）	12 000
期末存货	30 000
销售（赊销）	250 000
商品销售成本	148 000

要求：

运用永续盘存制和定期盘存制，编制日记账分录来记录产生这些余额的交易。包括所有期末的调整分录。

6-6　在途存货

在考虑以下交易前，Kwok 公司 2018 年 12 月 31 日的存货余额为 165 000 美元（根据 2018 年 12 月 31 日的实物盘点）：

1. 按目的地抵岸价的商品于 2018 年 12 月 20 日运往 Kwok 公司，于 2019 年 1 月 4 日收到，发票上成本为 30 000 美元。

2. 按起运地离岸价的商品于 2018 年 12 月 28 日运往 Kwok 公司，于 2019 年 1 月 5 日收到，发票上成本为17 000美元。

3. 按目的地抵岸价的商品于2018年12月27日从Kwok公司运往客户，于2019年1月3日被客户收到，其销售价为40 000美元，商品存货成本为22 000美元。

4. 按目的地抵岸价的商品于2018年12月26日从Kwok公司运往客户，于2018年12月30日被客户收到，其销售价为20 000美元，商品存货成本为13 000美元。

5. 按起运地离岸价的商品于2018年12月28日从Kwok公司运往客户，于2019年1月4日被客户收到，其销售价为25 000美元，商品存货成本为12 000美元。

要求：

确定应在Kwok公司2018年资产负债表中报告的存货金额。

6-8 存货的实物数量与成本

Phoenix公司的会计年度截止日为12月31日。公司在12月31日业务结束时通过盘点手中的存货来确定存货数量。该公司的管理人员想寻求你的帮助来决定以下项目是否应该包括在期末存货盘点中。

1. 为Trout Creek Clothing公司代销的商品。
2. 按目的地抵岸价的货物于12月28日装船，并于1月4日到达客户所在地。
3. 12月26日运出、1月3日到达的从供应商处购买的采用起运地离岸价的商品。
4. 按起运地离岸价的货物于12月28日装船，并于1月5日到达客户所在地。
5. Phoenix公司委托Lisa's Markets公司代销的商品。
6. 12月27日运出、1月3日到达的从供应商处购买的采用目的地抵岸价的商品。
7. 因购买上述存货3而支付的进货运费。

要求：

确定上面的每一个项目是否应该包含在公司的年终存货中。

6-10 购货折扣；净额法

在2018年7月15日，Nixon汽车公司以50美元的价格从Harwel公司购买了1 000个轮胎。销售条款是2/10，n/30。Nixon汽车公司使用定期盘存制和净价法来记录购货折扣。

要求：

1. 编制日记账分录记录2018年7月15日的购买和2018年7月23日的支付。
2. 编制日记账分录记录2018年8月15日的支付。
3. 如果Nixon公司选择使用永续盘存制，解释在要求1和要求2下产生的日记账分录变化。

6-12 财务会计准则委员会准则汇编

在FASB网站（www.fasb.org）上查阅FASB会计准则汇编。获取下列事项的具体引用情况：

1. 定义用于存货初始计量时的成本。
2. 指出在什么情况下农产品存货的初始计量适用公允价值计量。
3. 存货核算的主要目标是什么？
4. 非正常的进货运费包括在存货成本中吗？

6-14 存货成本流转方法；永续盘存制

Altira公司采用永续盘存制。下列交易反映了其2018年8月期间的商品存货。

8月1日	库存存货2 000个，单位成本6.10美元
8月8日	购买10 000个，单位成本为5.50美元
8月14日	出售8 000个，单位售价为12.00美元
8月18日	购买6 000个，单位成本为5.00美元
8月25日	出售7 000个，单位售价为11.00美元
8月31日	库存存货3 000个

要求：

使用以下存货计价方法，确定2018年8月31日公司在资产负债表中应报告的存货金额和在2018年8月利润表中应报告的销售成本：

1. 先进先出法
2. 后进先出法
3. 平均成本法

6-16 平均成本法；定期盘存制与永续盘存制

下列信息取自CNB公司的存货记录

期初存货，2018年9月1日	5 000个，10元/个
购货：	
9月7日	3 000个，10.40元/个
9月25日	8 000个，10.75元/个
销售：	
9月10日	4 000个
9月29日	5 000个
9月底还剩7 000个	

要求：

1. 假设CNB公司采用定期盘存制下的加权平均法，确定9月的销售成本和期末存货成本。
2. 重复要求1，假设公司使用永续盘存制。

6-18 补充后进先出法披露；后进先出法准备；AEP工业

美国AEP工业公司是一家领先的塑料包装薄膜制造商。该公司使用后进先出法进行存货的外部报告，但使用先进先出法维护其内部记录。以下披露的信息包括在最近的一份季度报告中：

4. 存货（部分）

存货由以下组成（单位：千美元）：

	2016年1月31日	2015年10月31日
原材料	\$ 42 881	\$ 47 593
产成品	71 547	66 484
物料	5 240	5 280
	119 668	119 357
减：后进先出法准备	(13 655)	(18 093)
存货（后进先出法）	\$ 106 013	\$ 101 264

该公司的利润表显示，在截至2016年1月31日的季度，商品销售成本为209 826千美元。

要求：

1. 假设AEP在季度末调整后进先出法准备。编制2016年1月31日对销售成本所做的调整分录。
2. 假如公司使用先进先出法计量其存货，那么截至2016年1月31日的季度的销售成本是多少？

6-20 后进先出法清算

Churchill公司采用定期盘存制、后进先出法核算存货成本。20 000个单位的初始存货由下列构成，按采购的时间列出：

成本每个8美元×2 000个＝96 000(美元)

成本每个 9 美元×8 000 个＝72 000(美元)

2018 年存货数量减少 10 000 个。2018 年购买的所有存货每单位 12 美元。

要求：

计算公司在附注中披露的税前后进先出法清算利润或损失，假定所确定的金额是重大的。

6－22 比率分析；家得宝和劳氏公司

下面的表格包含来自家得宝公司和劳氏公司的最近财务报表的信息，这两家公司都处于家居零售行业（单位：百万美元）。

	家得宝公司		劳氏公司	
	2016 年 1 月 31 日	2015 年 2 月 1 日	2016 年 1 月 29 日	2015 年 1 月 30 日
净销售额	$ 88 519	$ 83 176	$ 59 074	$ 56 223
销售成本	58 254	54 787	38 504	36 665
年末存货	11 809	11 079	9 458	8 911
行业平均：				
总利润率	33%			
存货周转率	3.9 次			
存货周转天数	94 天			

要求：

计算这两家公司 2016 年度的毛利率、存货周转率和存货平均周转天数。考虑到行业平均水平，对比这两家公司的计算结果。

6－26 概念；术语

下面列出了与存货计量相关的专业术语和短语。将列表 B 中与列表 A 最接近的项目字母填在横线上。

列表 A	列表 B
______ 1. 永续盘存制	a. 商品的所有权在卖方将货物交给公共承运商时转移。
______ 2. 定期盘存制	b. 产品已经转移到了另一家公司，但是转移方仍保持该产品的所有权。
______ 3. 起运地离岸价	c. 未享受到的购货折扣包含在存货成本中。
______ 4. 总价法	d. 如果计税时采用后进先出法，那么对外财务报告也必须采用后进先出法。
______ 5. 净价法	e. 被出售的存货项目是那些先购入的。
______ 6. 成本指数	f. 被出售的存货项目是那些后购入的。
______ 7. 目的地抵岸价	g. 未享受到的购货折扣被考虑为利息费用。
______ 8. 先进先出法	h. 用于将期末存货成本转化为基准年存货成本。
______ 9. 后进先出法	i. 连续记录存货变化。
______ 10. 委托代销	j. 被出售的存货来自该期间购买的存货的混合。
______ 11. 加权平均法	k. 当产品到达目的地时产品所有权转移。
______ 12. 美国国税局一致性规则	i. 在期末调整存货。

第 7 章

存货：其他问题

- 第 1 节　存货的后续计量
- 第 2 节　存货估计技术
- 第 3 节　金额后进先出零售法
- 第 4 节　存货方法变更和存货差错
- 附录 7　购货承诺

本章概要

在上一章中，我们了解了存货资产的大部分计量和报告问题以及相应的销售成本问题。在本章中，我们将解释存货在期末如何计量，以完成对存货计量的学习。此外，我们还将讨论存货估值技术、简化的后进先出法、存货方法变更以及存货差错。

学习目标

学习完本章之后，你应该能够：

7-1 理解和应用存货的期末计量规则。

7-2 使用毛利法估计期末存货和销售成本。

7-3 在各种成本流转方法下，使用零售存货法估计期末存货和销售成本。

7-4 解释如何使零售存货法接近成本与市价孰低原则。

7-5 使用金额后进先出零售存货法确定期末存货。

7-6 解释存货方法变更时适用的会计处理方法。

7-7 解释发现存货差错时适用的会计处理方法。

7-8 讨论在存货成本与可变现净值孰低原则方面美国公认会计原则和国际财务报告准则的主要区别。

财务报告案例

要计算吗？

今天你开车到 Dollar General 买些东西。你记得昨天上课时，你的会计学教授讨论了存货计量问题，公司使用不同的方法（先进先出法、后进先出法和平均成本法）来确定期末存货和销售成本。截至 2016 年 2 月 26 日，Dollar General 一共有 12 575 家门店。你无法想象如何盘点遍布全国的所有门店的存货。你认为一定有一些方法使 Dollar General 能够避免在每次编制财务报表时都计算全部存货。你回到家，在网上查看它的财务报表，看它使用了哪种存货方法。你发现 Dollar General 公司最近的财务报表中有以下重要会计政策汇总：

> 商品存货（部分）
>
> 商品存货按成本与市价孰低计量，其中成本使用零售后进先出法确定。我们使用零售存货法来计算毛利和存货成本，存货成本根据存货部门层面的成本占零售价格的百分比计算。如果存货当期的零售价值发生了永久性下降，零售存货法将会按照成本与市价孰低对存货进行估值。
>
> 我们每年进行一次后进先出法分析，其中所有商品单位都被考虑纳入指数公式。每年年底，根据当时的存货水平和成本，采用后进先出法对存货进行实际估值。

问题

在学习完本章之后，你应该能够对以上案例中的问题给出恰当的回答。将你的回答与章末答案进行对比。

1. Dollar General 公司如何避免在每次编制财务报表时都要计算所有存货？
2. 指数公式有什么用处？

第 1 节　存货的后续计量

正如你预料的，公司希望存货的售价大于成本。但情况并非总是这样。有时，购买或生产完存货之后发生的情况会导致公司不得不以低于成本的价格出售存货。这可能是因为存货损毁、变质、陈旧过时、价格水平变化或需求下降。例如，新一代电子产品面市之后，还未售出的旧产品价值就会下降；销售季末还未售出的衣服也是如此。通常情况下，出售这些商品的唯一方式就是多打折（低于它们的购买成本）。

公认会计原则要求公司在每个报告期末评估其未售出的存货（如上述原因）。当未出售存货的预期收益低于其成本时，公司就不能以成本来报告期末存货；需要编制日记账分录来降低报告的存货金额，并减少当期净利润。这个期末调整分录被称为存货减记。

记录存货减记的两种计量方法见示例 7－1。公司选择哪种方法取决于公司使用的存货成本计算方法。[①] 对于那些不使用后进先出法或零售存货法的公司，我们按照成本与可变现净值孰低来报告存货。对于使用后进先出法或零售存货法的公司（在本章后面讨论），我们按照成本与市价孰低来报告存货。

示例 7－1　存货后续计量

计量方法	公司采用的方法	存货减记对财务报表的影响
1. 成本与可变现净值孰低法	先进先出法，平均成本法，除后进先出法和零售存货法以外的其他方法	a. 减少报告的存货 b. 减少净利润
2. 成本与市价孰低法	后进先出法和零售存货法	a. 减少报告的存货 b. 减少净利润

对于两种计量方法，存货减记对财务报表的影响是一样的：（a）减少报告的存货；（b）减少净利润。这两种方法都有相同的目的，即按照两个金额的较低者稳健地报告存货。这两种方法的区别在于对存货减记金额的计量。我们接下来讨论这些计量。[②]

一、成本与可变现净值孰低法

使用先进先出法、平均成本法或除后进先出法或零售存货法之外的其他方法的公司，采

① FASB ASC 330-10-35-1A through 35-1C：Inventory-Overall-Subsequent Measurement.

② 有趣的是，这两种存货后续计量方法来源于会计准则更新第 2015-11 号，该更新是财务会计准则委员会简化计划的一部分，该计划旨在降低报告的复杂性。然而，会计准则更新第 2015-11 号增加了后续计量方法的数量。在会计准则更新第 2015-11 号之前，所有公司都采用单一的方法报告存货，即成本与市价孰低法。一些人可能会认为引入其他方法增加了报告的复杂性。

用**成本与可变现净值孰低法**（lower of cost or net realizable value，LCNRV）报告存货。为此，公司将存货的成本与存货的可变现净值进行比较。可变现净值是日常活动中存货的预计售价减去至完工估计将要发生的成本、预计处置费用和运输成本（如销售佣金和装运成本）后的净值。

对可变现净值的另一种理解是，它是公司期望从存货的销售中实现（以现金形式收回）的净额。公司通常用预先设定的百分比乘以销售价格来估计销售费用。例如，如果 A 产品的售价是每单位 10 美元，公司估计销售佣金和运输成本大约是销售价格的 10%，那么可变现净值应为 9 美元 [10－(10×10%)]。

在比较成本和可变现净值之后，公司按照二者孰低的金额来报告存货。

(1) 如果可变现净值低于成本，就需要编制调整分录，将原本按照购买成本记录的存货减记至较低的可变现净值。这样，可变现净值就成为资产负债表中报告的新的持有价值。

(2) 如果成本低于可变现净值，不需要编制调整分录。存货在购买时已按成本记录，这个成本低于期末的可变现净值。

成本与可变现净值孰低法避免了报告的存货金额超过它能为公司提供的现金。以这种方式报告存货会导致在存货价值低于成本的期间降低利润，而不是在商品最终出售的期间。[①]

成本与可变现净值孰低法的应用

为了财务报告的目的，成本与可变现净值孰低法可以应用于：(a) 个别存货项目；(b) 存货的主要类别；(c) 全部存货。[②] 示例 7－2 列示了在这三种情况下成本与可变现净值孰低法的应用。

示例 7－2　成本与可变现净值孰低法——应用于不同的存货组合

Collins 公司年底有 5 个存货项目。每个项目的年末成本（采用先进先出成本法确定）和可变现净值（当前售价减完工、处置和运输成本）如下所示。

项目 A 和 B 是类似项目的组合，项目 C、D 和 E 是另一个类似项目的组合。每个组合都可以被视为一类存货。

			成本与可变现净值孰低		
项目	成本	可变现净值	个别项目	存货类别	全部存货
A	$ 50 000	$ 85 000	$ 50 000		
B	100 000	90 000	90 000		
A 和 B 合计	$ 150 000	$ 175 000		$ 150 000	
C	$ 80 000	$ 75 000	75 000		
D	90 000	85 000	85 000		
E	95 000	96 000	95 000		
C，D，E 合计	$ 265 000	$ 256 000		256 000	
总计	$ 415 000	$ 431 000	$ 395 000	$ 406 000	$ 415 000

① 换句话说，如果当期期末存货没有被减记至可变现净值（即仍然以成本计量），那么全部成本金额都将成为销售成本，从而降低存货出售期间的净利润。

② FASB ASC 330-10-35-8：Inventory-Overall-Subsequent Measurement. 此外，为了所得税目的，该规则必须运用于个别存货项目。

如果我们首先考虑个别项目的成本与可变现净值孰低法，我们会看到项目 A 和 E 的成本低于可变现净值（见“个别项目”列）。这些存货项目最初在购买时是按成本记录的。因此，在成本与可变现净值孰低法下，它们当前的记录是正确的，不需要调整。然而，对于项目 B、C 和 D，我们看到可变现净值低于成本。因此，我们需要调减这些项目的持有价值，并在资产负债表中按照可变现净值予以报告。在确定每一个别项目的成本与可变现净值孰低后，存货报告的总金额为 395 000 美元。

现在让我们看看如果将成本与可变现净值孰低法应用于存货类别（见“存货类别”列），会发生什么情况。第一类存货（项目 A 和 B）的总成本为 150 000 美元，而可变现净值合计为 175 000 美元，因此我们按照成本 150 000 美元报告这类存货。对于第二类存货（项目 C、D 和 E），可变现净值合计（256 000 美元）要比成本合计（265 000 美元）低，所以我们按照可变现净值 256 000 美元报告这类存货。存货总计为 406 000 美元（150 000＋256 000）。

最后，如果将成本与可变现净值孰低法运用于全部存货，可以看到存货的总成本（415 000 美元）低于其可变现净值（431 000 美元）。存货应按照成本 415 000 美元报告。

如示例 7-2 所示，将成本与可变现净值孰低法应用于存货组合而不是个别项目，会导致更高的存货估值。原因在于，组合中某些项目的可变现净值增加，抵消了其他项目可变现净值的减少。每种方法都是可接受的，但应该在各个期间一贯地使用。

道德困境

Hartley 公司是由比尔·哈特利（Bill Hartley）拥有和经营的，生产和销售高端人体工学办公椅和定制书架。自 1975 年公司成立以来，大部分年度都会盈利。公司预计利润将从 2017 年的 96 000 美元下降到 2018 年的 65 000 美元。

2018 年底，公司正在申请银行贷款。贷款所得将用于更新制造设备，以使制造业务现代化。在编制 2018 年的财务报表时，首席会计师唐·戴维斯（Don Davis）向比尔·哈特利提到，书架存货的可变现净值比成本低 40 000 美元，应该在 2018 年减记。然而，对于办公椅来说，没有必要减记，因为它们的可变现净值比成本高出 50 000 美元。

比尔担心，资产减记将把 2018 年的利润降低到可能导致银行拒绝贷款的水平。如果没有贷款，公司很难参与竞争。这可能会减少未来的业务，员工可能不得不失业。比尔建议唐将办公椅和书架合并成一个单一的存货类别（办公家具）进行报告，合并后可变现净值合计就超过了成本合计。在这种情况下，不需要进行存货减记。公司此前没有将这些存货项目组合在一起，也没有就此事发表过任何声明。唐正在考虑他在这种情况下的责任。

将成本调整至可变现净值

当可变现净值低于成本时，公司被要求将存货减记至较低的可变现净值。这可以通过两种方法实现，取决于存货价值下降的性质。这些减记通常包含在销售成本中，因为这是持有存货的自然结果，因此也是存货成本的一部分。然而，如果减记是重大的和不常见的，减记应当记录在损失账户中。这种损失必须在财务报表中明确披露。这可以通过附注单独披露，也可以在利润表中用单独的一行报告，通常是在经营费用中。

回到示例7-2，假设我们使用成本与可变现净值孰低法报告个别项目的存货。存货的记录成本（415 000美元）需要在期末减少至可变现净值（395 000美元）。减少的金额是20 000美元。期末调整分录可以是下列之一，取决于存货减记是日常（销售成本）还是非日常（损失）活动：

借：销售成本	20 000	
贷：存货*		20 000

或

借：存货减记损失	20 000	
贷：存货*		20 000

*或者，存货的减少也可以间接地记入一个抵减账户的贷方。

不管我们使用哪个分录来报告减记，减记后的存货金额成为后续报告的新成本基础。如果之后存货价值在出售前又增加，我们不将减记转回。①

国际财务报告准则

成本与可变现净值孰低。你刚刚了解到，在美国，一些公司按照成本与可变现净值孰低报告存货。国际财务报告准则允许采用同样的方法。然而，美国公认会计原则和国际财务报告准则在成本与可变现净值孰低法的应用方面存在一些差异。

第一，国际会计准则第2号规定，如果情况表明存货减记不再合适，则必须转回。美国公认会计原则不允许转回。②

第二，美国公认会计原则下，成本与可变现净值孰低法可以应用于个别项目、存货类别或全部存货。在国际准则下，评估通常适用于个别项目，尽管在某些情况下允许应用于存货类别。

德国电子和电气工程公司西门子根据国际财务报告准则编制财务报表。以下披露说明了成本或可变现净值孰低法下的存货价值。

存货（部分）

存货按照取得或生产成本与可变现净值孰低计量，成本一般根据平均成本法或先进先出法确定。

概念回顾练习

成本与可变现净值孰低法

Strand公司销售四种产品，可以分为两大类，公司采用先进先出法。在2018年12月31日（当期期末）对每种产品运用成本与可变现净值孰低法的信息如下。销售佣金和运输成本平均为销售价格的10%。存货减记是Strand公司的正常现象。

---

① 证券交易委员会再次重申了公认会计原则对这一问题的规定（*Staff Accounting Bulletin No. 100*，“Restructuring and Impairment Charges”（Washington, D.C.：SEC, November, 1999），paragraph B.B.，（FASB ASC 330-10-S35-1：SAB Topic 5.BB））。但是，就中期报告而言，在同一会计年度的后续中期内，市场价格恢复导致同一存货的损失转回，应在之后的中期确认为利得，转回金额不得超过之前确认的损失。

② “Inventories,” *International Accounting Standard No. 2* (IASCF), as amended effective January 1, 2016.

产品	成本	销售价格
101	$120 000	$160 000
102	175 000	180 000
201	160 000	160 000
202	45 000	60 000

产品 101 和 102 属于 A 类，产品 201 和 202 属于 B 类。

要求：

应用成本与可变现净值孰低法，确定期末存货的报告金额，并记录必要的存货减记调整分录：

1. 个别项目
2. 存货类别
3. 全部存货

解答：

应用成本与可变现净值孰低法，确定期末存货的报告金额，并记录必要的存货减记调整分录。

			成本与可变现净值孰低		
产品	成本	可变现净值*	个别存货	存货类别	全部存货
101	$120 000	$144 000	$120 000		
102	175 000	162 000	162 000		
101 和 102 合计	$295 000	$306 000		$295 000	
201	$160 000	$144 000	144 000		
202	45 000	54 000	45 000		
201 和 202 合计	$205 000	$198 000		198 000	
总计	$500 000	$504 000	$471 000	$493 000	$500 000

*可变现净值＝销售价格减去销售费用。对于产品 101，160 000－(160 000×10%)＝144 000（美元）。

对于个别项目和存货类别，其可变现净值都低于成本，因此需要减记存货。但是，对于全部存货，成本低于可变现净值，因此不需要进行任何调整。

1. 个别项目

报告的期末存货＝471 000 美元(可变现净值)

2018 年 12 月 31 日

借：销售成本† 29 000*

　　贷：存货 29 000

*500 000（记录的成本）－471 000（可变现净值）。

2. 存货类别

报告的期末存货＝493 000 美元(可变现净值)

2018 年 12 月 31 日

借：销售成本†	7 000*
贷：存货	7 000

* 500 000（记录的成本）－493 000（可变现净值）。

† 针对以上两个分录，我们调整了销售成本账户，因为存货减记被视为日常活动。如果减记不是日常活动，我们应记入损失账户。

3. 全部存货

报告的期末存货＝500 000 美元(成本)

由于 2018 年 12 月 31 日存货本来就是按成本记录的，同时存货总成本低于可变现净值(504 000 美元)，因此不需要进行年终调整。

补充思考

批评者认为，按低于成本的金额报告存货会确认并未实际发生的损失。另一些人则认为，为了达到稳健性，它引入了不必要的不一致，因为确认了价值减少，但没有确认价值增加。正如你在第 1 章学到的，稳健性并不是概念框架的一部分。那么，为什么不记录价值增加呢？回想一下我们在第 4 章中讨论的收入确认指南。大多数情况下，在销售前确认存货价值的增加会导致过早确认收入，因为卖方好像在实际发生之前就已经满足了履行义务（出售存货）。例如，假设现在成本为 100 美元的商品的可变现净值为 150 美元。确认价值增加带来的利得将使税前利润增加 50 美元。这相当于确认了 150 美元的收入，销售成本为 100 美元，则毛利为 50 美元。其效果是在产品销售之前的期间增加了税前利润。这是不允许的。

二、成本与市价孰低法

使用后进先出法或零售存货法的公司采用**成本与市价孰低法**（lower of cost or market，LCM）报告存货。你可以把市价理解为商品出售时实现的金额。这和上面讨论的可变现净值类似。然而，市价的定义有一些不同。

市价是存货当前的重置成本（通过购买或重新生产），但是：

（1）市价不应高于可变现净值（这是市价的上限）。

（2）市价不应低于可变现净值减去正常利润（这是市价的下限）。

结果是，市价（重置成本）不得超过其上限或下限。如果重置成本在上限和下限之间，它就代表市价；如果重置成本高于上限或低于下限，上限或者下限就会成为市价。指定的市价金额与成本进行比较，两者中的较低者用于计量存货。

举一个例子，让我们看看示例 7－3。在示例的上半部分，我们计算了上限和下限。在下半部分，我们计算成本与市价孰低。

示例 7-3　成本与市价孰低法

Collins 公司年底有 5 项存货。每个项目的年末销售价格以及估计的完工、处置和运输成本如下。每一种产品的正常毛利率是销售价格的 20%。这些金额用来计算上限和下限。

项目	售价	估计销售费用	可变现净值（上限）*	正常利润（售价的 20%）	可变现净值一正常利润（下限）†
A	$ 100 000	$ 15 000	$ 85 000	$ 20 000	$ 65 000
B	120 000	30 000	90 000	24 000	66 000
C	90 000	15 000	75 000	18 000	57 000
D	100 000	15 000	85 000	20 000	65 000
E	110 000	14 000	96 000	22 000	74 000

下表的前两列给出了年末存货成本（使用后进先出法确定）和重置成本。成本与市价孰低法是一个两步的过程：（1）用重置成本计算市价，需考虑上限和下限；（2）选择成本与市价中较低者。

		市价				
	（1）	（2）	（3）	（4）	（5）	
项目	成本	重置成本	可变现净值（上限）	可变现净值一正常利润（下限）	市价［（2），（3），（4）的中间者］	成本与市价孰低［（1）和（5）中较低者］
A	$ 50 000	$ 55 000	$ 85 000	$ 65 000	$ 65 000	$ 50 000
B	100 000	97 000	90 000	66 000	90 000	90 000
C	80 000	70 000	75 000	57 000	70 000	70 000
D	90 000	95 000	85 000	65 000	85 000	85 000
E	95 000	92 000	96 000	74 000	92 000	92 000
总计	$ 415 000					$ 387 000

* 可变现净值＝估计售价减估计的销售费用。对于项目 A，100 000－15 000＝85 000(美元)。

† 可变现净值－正常利润＝可变现净值减去正常利润。对于项目 A，85 000－(100 000×20%)＝65 000(美元)。

注意：每个存货项目的市价是重置成本、可变现净值（上限）和可变现净值一正常利润（下限）的中间者。如果重置成本：

a. 低于下限（项目 A），我们选择下限作为市价。

b. 高于上限（项目 B 和 D），我们选择上限作为市价。

c. 在上限和下限之间（项目 C 和 E），我们选择重置成本作为市价。

然后，我们将每个项目的市价与成本进行比较，选择两者中的较低者。这样，成本与市价孰低法下期末存货的金额是 387 000 美元。这意味着需要将原来记录的成本 415 000 美元减少 28 000 美元（415 000－387 000）。如果公司认为市价下降是正常的，我们在销售成本中记录这一调整。否则，减少被记录为损失。

借：销售成本	28 000	
贷：存货*		28 000

或

借：存货减记损失	28 000	
贷：存货*		28 000

* 或者，存货的减少也可以间接地记入一个抵减账户的贷方。

示例7-3中的例子是基于个别项目应用成本与市价孰低法。成本与市价孰低法还可以应用于存货类别或全部存货，就像示例7-2中成本与可变现净值孰低法的应用一样。如示例7-3A所示，按照存货类别应用时存货将报告为397 000美元。如果应用于全部存货，那么期末存货的金额将为402 000美元。

根据示例7-3的信息，同时假设A和B是类似项目的一个组合，C、D和E是类似项目的另一个组合。每个组合都可以被看作一类存货。

示例7-3A 成本与市价孰低法——应用于不同的存货组合

项目	成本	市价	成本与市价孰低		
			个别存货	存货类别	全部存货
A	$ 50 000	$ 65 000	$ 50 000		
B	100 000	90 000	90 000	$ 150 000	
A和B合计	$ 150 000	$ 155 000			
C	$ 80 000	$ 70 000	70 000		
D	90 000	85 000	85 000		
E	95 000	92 000	92 000		
C，D，E合计	$ 265 000	$ 247 000		247 000	
总计	$ 415 000	$ 402 000	$ 387 000	$ 397 000	$ 402 000

第2节 存货估计技术

对于某些公司或在某些情况下，很难或不可能对每一单位的存货进行实物盘点。例如，一家大型零售公司，它在全国各地都有分店，销售许多不同的产品。试图跟踪每个项目的成本几乎是不可能的。在这种情况下，公司已经发展了估计存货的方法。接下来，我们将学习这些方法。

一、毛利法

毛利法（gross profit method或gross margin method）可以用于估计存货。这项技术在很多情况下都有用，包括：

（1）确定丢失、毁损或被盗的存货成本；

（2）为编制中期报告而估计存货和销售成本，避免实物盘点存货的费用；

（3）审计师测试客户报告的存货金额的总体合理性；

（4）预算和预测。

这一技术是基于你在前一章学习的一种关系——期末存货和销售成本总是等于可供出售商品的成本。即使存货未知，我们也可以估计它，因为会计记录通常表明了可供出售的商品的成本（期初存货加上购买净额），而销售成本可以从可得信息中估计。因此，用可供出售商品成本减去估计的销售成本，我们得到了期末存货的估计值。让我们来比较一下存货和销售成本通常是如何确定的。

通常，在定期盘存制下，期末存货是通过实物盘点得到的，销售成本按照如下方式计算：

期初存货	（来自会计记录）
加：购买净额	（来自会计记录）
可供出售存货	
减：期末存货	（来自实物盘点）
销售成本	

然而，当使用毛利法时，期末存货是未知的。相反，销售金额是已知的——从中我们可以估计出销售成本——期末存货是计算出的金额。

期初存货	（来自会计记录）
加：购买净额	（来自会计记录）
可供出售存货	
减：销售成本	（估计）
期末存货	（估计）

因此，估计存货的第一步是估计销售成本。这一估计依赖于销售净额、销售成本和毛利的历史关系。你应该还记得，毛利是销售净额减去销售成本。所以，如果我们知道销售净额，以及毛利占销售净额的百分比，就可以相当准确地估计出销售成本。公司经常出售具有相似毛利率的产品。因此，会计记录通常提供了必要的信息来估计期末存货的成本，即使无法进行实物盘点。

假设一家公司2018年初存货为600 000美元，3月17日仓库发生了一场大火，烧毁了全部存货。公司记录显示，在火灾发生前，购买净额为1 500 000美元，销售净额为2 000 000美元。之前3年每年的毛利率都非常接近40%。示例7-4显示了该公司为了索赔，如何估计被烧毁的存货成本。

示例7-4 毛利法

期初存货（来自记录）		\$600 000
加：购买净额（来自记录）		1 500 000
可供出售存货		2 100 000
减：销售成本：		
销售净额	\$2 000 000	
减：估计毛利40%	(800 000)	
估计销售成本*		(1 200 000)
估计期末存货		\$900 000

*也可以这样计算：估计销售成本＝2 000 000×(1－0.4)＝1 200 000(美元)。

一句警告

毛利法提供的只是一个估计值。得到良好估计的关键是毛利率的可靠性。这一比率通常用销售收入和销售成本之间的关系来估计。然而，当前的关系可能与过去有所不同。在这种情况下，所有可用的信息都有必要进行调整。例如，公司可能已经对其部分产品的利润率做了更改。通常不同的产品有不同的利润率。在这种情况下，不应该对所有产品使用相同的利润率。将存货分类为有类似毛利率的产品池，而不是对所有存货采用一个毛利率，可以提高估计的准确性。

在估计毛利率时，应该考虑公司的成本流转假设。例如，如果使用后进先出法，并且最近的购买中成本和销售价格的关系发生了变化，这可能意味着与使用平均成本法时不同的比率。

毛利法的另一个难题是，它没有明确考虑可能的盗窃或存货的损坏。该方法假定，如果存货没有售出，那么期末时它肯定存在。如果有盗窃或损坏，就需要对使用毛利率法得到的估计进行调整。

由于这些缺陷，公认会计原则不允许采用毛利法编制年度财务报表。该方法可以用于中期报告。

补充思考

按照定义，毛利率是销售收入的一个百分比。然而，有时毛利率是以成本的百分比来表示的。在这种情况下，它被称为**成本加成**（markup on cost）。例如，66%的成本加成相当于毛利率为40%。原因如下：

40%的毛利率计算如下：

销售收入＝成本＋毛利

100%＝60%＋40%

现在，我们把毛利率表示为成本的百分比：

毛利%÷成本%＝毛利占成本的百分比

40%÷60%＝66.67%

相反，毛利占成本的百分比可以转化为毛利占销售收入的百分比（毛利率）：

$$毛利占销售收入的百分比=\frac{毛利占成本的百分比}{1+毛利占成本的百分比}$$

$$\frac{66.67\%}{1+66.67\%}=40\%$$

要注意对百分比计算方式的说明。如果是成本加成，则可以转换为毛利率，这样就能正常使用毛利法了。

二、零售存货法

顾名思义，零售存货法被许多零售公司使用，如塔吉特、沃尔玛、西尔斯、JC彭尼和梅西百货。像汽车经销商和珠宝店这样的零售商，它们的存货由少量昂贵的项目组成，可以使用个别计价法。然而，以低价销售多种商品的高销售量零售商发现零售存货法是一种理想的方法。它的主要好处是不需要对存货进行实物盘点来估计期末存货和销售成本。[①]

在最简单的形式中，零售存货法首先用可供出售存货（按零售价格）减去销售收入（按零售价格）来估计期末存货金额（按零售价格）。零售价格是当前销售价格。然后用期末存货（按零售价格）乘以当前**成本占零售价格的百分比**（cost-to-retail percentage）来估计期末存货（按成本）。成本占零售价格的百分比等于可供出售存货的成本除以可供出售存货的当前售价。

示例7-5提供了零售存货法的一个例子。它显示了家装用品店如何利用存货的成本与零售价格之间的关系来估计6月份的期末存货和销售成本。

示例7-5 零售存货法——估计期末存货和销售成本

家装用品店采用定期盘存制和零售存货法来估计期末存货和销售成本。下面的数据可以从公司6月份的记录中得到：

	成本	零售价格
期初存货	$ 60 000	$ 100 000
加：购买净额	287 200	460 000
可供出售存货	347 200	560 000
成本占零售价格的百分比：347 200/560 000=62%		
减：销售净额		(400 000)
估计的期末存货（按零售价格）		$ 160 000
估计的期末存货（按成本）（160 000×62%）	(99 200)	
估计的销售成本	$ 248 000*	

*可供出售存货（按成本）减期末存货（按成本）。

家装用品店首先用可供出售存货（按零售价格）减去销售净额来估计期末存货的零售价格（160 000美元）。然后用期末存货零售价格乘以成本占零售价格的百分比（62%），这一百分比等于可供出售存货的成本除以可供出售存货的当前销售价格。相乘之后得到期末存货估计值99 200美元。从可供出售商品的成本中减去这一金额就得到销售成本的估计值248 000美元。

零售存货法提供的估计往往比毛利法更加准确，因为它是基于当前成本和销售价格之间的关系，而不是历史的毛利率。这是零售存货法被允许用于财务报告目的的一个原因。

零售存货法的另一个优点是，不同的成本流转方法可以被明显地用于评估技术。换句话说，在零售存货法下我们可以使用先进先出法、后进先出法或平均成本法来估计期末存货和销售成本。

如示例7-6所示，美国Eagle Outfitters公司在零售存货法下使用平均成本法来对其存货进行估值。

① 如果采用零售存货法的结果与采用更严格的期末存货成本确定方法所能达到的结果足够接近，则对外财务报告可接受零售存货法。此外，美国国税局允许将其作为一种方法，用于确定计算所得税时的销售成本。

示例 7-6　存货方法披露——美国 Eagle Outfitters 公司

重要会计政策汇总（部分） 商品存货 商品存货在零售存货法下使用平均成本与可变现净值孰低计量。

在本章后面部分，我们将在零售存货法下说明平均成本法和后进先出法。我们在零售存货法下没有使用先进先出法，因为它在实际中很少使用。

与毛利法一样，零售存货法也可以用来估计丢失、被盗或损毁的存货成本，测试实物盘点的整体合理性，用于预算和预测，以及为中期财务报表生成信息。尽管零售存货法提供了相当准确的估计，但每年至少要进行一次存货实物盘点，以核实准确性，并检测损坏、盗窃和其他违规行为。[①]

零售术语

上面的例子是简化的，因为我们隐含地假设，从取得日到期末，期初存货和购买商品的销售价格没有变化。这通常是不切实际的假设。在存货初始加价之后到出售之前，公司有时会提高销售价格（额外加价）或降低销售价格（减价）。为了应用零售存货法，我们需要跟踪销售价格的变动，直到它被售出。示例 7-7 中的术语与商品存货的零售价格变动有关。

示例 7-7　零售存货法中使用的术语

初始加价	成本到售价的首次加价金额
额外加价	在初始加价之后提高售价
加价取消	取消额外加价
减价	将价格降到初始售价以下
减价取消	取消减价

举例来说，假设一件以 6 美元购买的产品最初以 10 美元的标价出售（即初始加价为 4 美元）。如果销售价格随后增加到 12 美元，额外加价是 2 美元。如果销售价格随后下降至 10.50 美元，则加价取消 1.50 美元。加价取消减少了额外加价，但没有低于原始售价。我们将额外加价和加价取消的净效应（2.00－1.50＝0.50(美元)）称为**净加价**（net markup）。示例 7-8A 描述了这些事项。

现在，假设这个产品（以 6 美元购买，最初加价到 10 美元）的销售价格降到了 7 美元。减价是 3 美元。如果售价后来提高到 8 美元，那么减价取消是 1 美元。减价取消减少了减价，但没有超过最初的售价。我们将减价和减价取消的净效应（3－1＝2(美元)）称为**净减价**（net markup）。示例 7-8B 描述了这种可能。

在应用零售存货法时，按零售价格计量的期末存货中必须包含净加价和净减价。现在继续零售存货法的例子，但扩大到包括加价和减价以及每一种存货成本流转方法。

---

① 国际财务报告准则也允许采用零售存货法。"Inventories," *International Accounting Standard No. 2* (IASCF), as amended effective January 1, 2016, par. 22.

示例 7-8A　零售存货法的术语

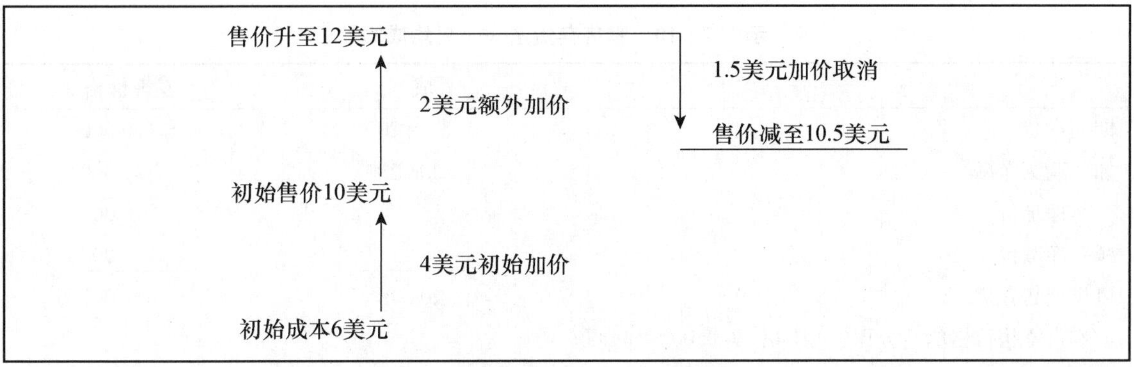

示例 7-8B　零售存货法的术语

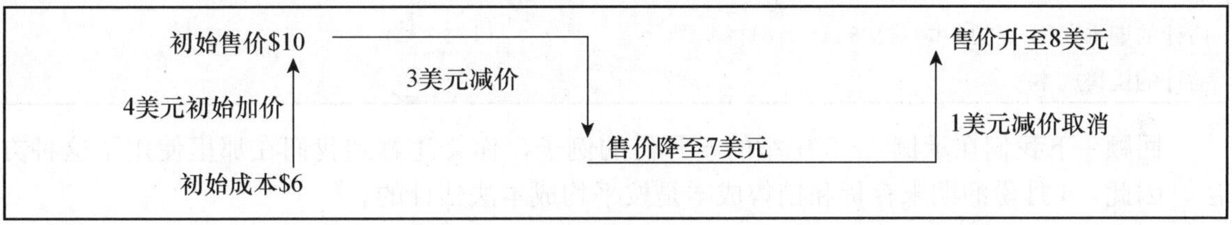

成本流转方法

让我们继续家装用品店的例子。我们将使用示例 7-9 中的数据来了解零售存货法如何用于不同的成本流转假设。

示例 7-9　零售存货法——各种成本流转方法

家装用品店采用定期盘存制和零售存货法来估计期末存货和销售成本。以下数据可从公司 7 月份的记录中获得。

	成本	零售价格
期初存货	$ 99 200	$ 160 000
购买净额	305 280*	470 000**
净加价		10 000
净减价		8 000
销售净额		434 000†

* 购买净额是成本减退回，再加运费。
** 购买商品的初始售价减去按零售价格计量的折扣。
† 销售总额减退回。

平均成本法

回想一下，平均成本法假设销售成本和期末存货是所有可供出售存货的混合。因此，当我们在零售存货法下使用平均成本法时，成本占零售价格的百分比应该基于所有可供出售存货的加权平均成本和零售价格来计算，即用可供出售存货的总成本除以总的零售价格。将这一平均百分比应用于按零售价格计量的期末存货，就得到了按平均成本计量的期末存货估计值。

我们在示例 7-10 中展示了零售存货法下 7 月份的平均成本。注意，在确定按零售价格计量的可供出售存货时，包含了加价和减价。

示例 7-10　零售存货法——平均成本

	成本	零售价格
期初存货	$ 99 200	$ 160 000
加：购买净额	305 280	470 000
净加价		10 000
减：净减价		(8 000)
可供出售存货	404 480	632 000
成本占零售价格的百分比：404 480/632 000=64%		
减：销售净额		(434 000)
估计的期末存货（按零售价格）		$ 198 000
估计的期末存货（按成本）（198 000×64%）	(126 720)	
估计的销售成本	$ 277 760	

回顾一下我们在示例 7-5 中举的 6 月份的例子，你会注意到我们在那里使用了这种方法。因此，6 月份的期末存货和销售成本是按平均成本法估计的。①

成本与市价孰低法——传统零售法

回想一下，在本章前面的讨论中，使用零售存货法的公司在资产负债表中按照成本与市价孰低法报告存货。幸运的是，我们可以将零售存货法应用于平均成本与市价孰低法中。这种方法通常被称为**传统零售法**（conventional retail method）。我们在应用这种方法时，不把减价纳入成本占零售价格百分比的计算当中。在零售价格列中，减价仍然被减去，但只是在计算完百分比之后才减去。我们在示例 7-11 中修改了零售存货法，以得到平均成本与市价孰低法的估算结果。

示例 7-11　零售存货法——传统零售法

	成本	零售价格
期初存货	$ 99 200	$ 160 000
加：购买净额	305 280	470 000
净加价		10 000
可供出售存货（不含净减价）	404 480	640 000
成本占零售价格的百分比：404 480/640 000=63.2%		
减：净减价		(8 000)
可供出售存货（含净减价）		632 000
减：销售净额		(434 000)
估计的期末存货（按零售价格）		$ 198 000
估计的期末存货（按成本）（198 000×63.2%）	(125 136)	
估计的销售成本	$ 279 344	

① 在示例 7-5 中我们也隐含地假设没有净加价或净减价。

注意，因为分母中没有减去净减价，成本占零售价格的百分比比以前低（63.2%低于64%）。当存在减价时，情况总是如此。因此，当存在减价时，期末存货成本总是更低。

为了理解为什么这个较低的金额是平均成本与市价孰低法的估算结果，我们需要认识到减价通常发生在淘汰、变质、存货过剩、价格下跌或竞争削弱了商品效用的情况下。为了确认这一时期的效用下降，我们在计算成本占零售价格百分比时不考虑净减价。应该强调的是，这种方法只是提供了一个期末存货的近似值，与本章前面描述的成本与市价孰低法的更准确的应用不同。

还要注意，按零售价格计量的期末存货在两种方法下是相同的（198 000美元）。不管使用哪种成本流转方法都是如此，因为在所有方法下，这一金额反映了按照当前零售价格计量的期末存货。

传统零售法一般不结合后进先出法使用。这并不意味着使用后进先出法的公司忽略了成本与市价孰低原则。任何在年末没有减价的过时或滞销存货，在使用零售存货法估计存货金额之后，都要被减记至市价。这通常不是一个重大问题。如果价格上涨，后进先出法下的期末存货会包含之前价格较低的项目，这些项目的成本可能会低于目前的市价。传统零售法可以应用于先进先出法。

后进先出零售法

后进先出法假设销售出去的存货是那些最新取得的存货。如果在一个时期内存货数量出现净增加，后进先出法会导致期末存货里包含期初存货以及一批或多批当期新增的存货。如果存货数量出现净减少，后进先出就是清算性的。为了用最简化的方法将后进先出法应用于零售存货法，我们假设商品的零售价格在这个时期内是稳定的。这个假设——在本章后面会详细说明——允许我们通过观察存货的期初和期末余额来确定存货数量的增减。

我们将用前面例子中的数据来说明如何在零售存货法下应用后进先出法，这样就可以把结果和传统零售法进行比较。回想一下，按零售价格计量的期初存货是160 000美元，期末存货是198 000美元。如果我们假设零售价格稳定，那么存货数量在当年一定会增加。这意味着期末存货包含160 000美元（成本是99 200美元）的期初存货和一些当期购买的新存货。为了估计后进先出法下的期末存货，我们还需要确定当期新增的存货。使用后进先出零售法时，如果存货增加，我们假设每一期间最多只增加一批存货。① 每批存货都有它自己的成本占零售价格百分比。

示例7-12显示了家装用品店在使用后进先出零售法的期间如何估计期末存货和销售成本。期初存货的成本占零售价格百分比是62%（99 200÷160 000）。当期增加的存货是38 000美元（按零售价格），等于期末存货减去期初存货（198 000－160 000）。这批存货的零售价格可以乘以它自身的成本占零售价格百分比（本例中为64.68%）得到其成本。

下一期（8月）的期初存货将包括两批（6月和7月），每一批都有它自己的成本占零售价格百分比。注意，示例中净加价和净减价都包含在当期成本占零售价格百分比的计算中。

---

① 当然，每年都可能有不止一批的新增存货，各批存货的成本也可能不同。如果我们使用常规的后进先出法，而不是后进先出零售法，我们会追踪每一批存货。

示例 7-12　后进先出零售法

	成本	零售价格
期初存货	$ 99 200	$ 160 000
加：购买净额	305 280	470 000
净加价		10 000
减：净减价		(8 000)
可供出售存货（不包括期初存货）	305 280	472 000
可供出售存货（包括期初存货）	404 480	632 000
期初存货的成本占零售价格百分比：99 200/160 000=62%		
7月存货的成本占零售价格百分比：305 280/472 000=64.68%		
减：销售净额		(434 000)
估计的期末存货（按零售价格）		$ 198 000
估计的期末存货（按成本）（计算如下）	(123 778)	
估计的销售成本	$ 280 702	

期末存货成本计算

	零售价格	成本
期初存货	$ 160 000×62%=	$ 99 200
当期存货	38 000×64.68%=	24 578
估计的期末存货	$ 198 000	$ 123 778

与零售存货法有关的其他问题

为了集中于零售存货法的关键要素，到目前为止我们忽略了该方法的一些细节。退回和折让、折扣、运费、损坏和短缺等基本要素都可以使零售存货法变得复杂。

回想一下，购买净额是购买的存货加上进货运费减去购货退回和购货折扣。当在零售存货法中单独考虑这些因素时，按成本计量和按零售价格计量两种情况下都要从购买的存货中扣除购货退回（扣除的金额不同），但是进货运费只需要加在成本上以计算购买净额。如果使用总价法来记录购买，购买折扣也会在确定购买净成本时扣除。

同样，销售净额是销售总额减去销售退回。然而，销售折扣不会被扣除，因为这样做会导致存货被高估。销售折扣并不代表销售价格的调整，而是消费者提前付款的财务激励。另一方面，当销售额按扣除员工折扣后的净额记录时，这个折扣在销售额从零售价格列中被扣除之前要加回到销售净额中。

例如，假设一个以6美元购买的商品最初加价到10美元。因此，初始售价是10美元。当商品售出时，我们从零售价格列中扣除10美元的销售额。但是，如果商品以7美元的价格卖给员工（3美元的员工折扣），并被记录为7美元的销售，那么3美元的员工折扣必须加回到销售额中，使全部10美元都从按零售价格计量的可供出售存货中扣除，以得到按零售价格计量的期末存货。

我们还需要考虑变质、损毁和被盗的情况。到目前为止，我们假设从可供出售存货中扣除已售存货，可以得到期末存货。但是，也有可能一些可供出售的存货已经丢失，不会留在期末存货中。

为了在使用零售存货法时考虑这些短缺，我们在零售价格列中将这些由于变质、毁损或被盗而丢失的存货扣除（按零售价格）。大多数零售企业都会预料到这些损失，因此它们称作正常短缺（变质、损毁等），并且在计算出成本占零售价格的百分比之后，将其从零售价格列中扣除。由于这些损失是预期内的，在确定售价时它们就已经隐含在其中了。如果在计算百分比时包含正常损失，则成本和零售价格之间的正常关系将会被扭曲。非正常短缺应该在计算成本占零售价格百分比之前，从成本列和零售价格列中都扣除。这些损失是预料之外的，在确定售价时没有包含进来。

我们简要总结一下在应用零售存货法时对特殊因素的处理，见示例 7－13。下面的概念回顾练习说明了其中的一些用法。

示例 7－13　其他零售存货法因素概括

因素	处理方法
计算成本占零售价格的百分比之前：	
进货运费	加在成本列
购货退回	从成本列和零售价格列中都扣除
购货折扣（如果用总价法记录购买）	从成本列中扣除
非正常短缺（变质、损毁、被盗）	从成本列和零售价格列中都扣除
计算成本占零售价格的百分比之后：	
正常短缺（变质、损毁、被盗）	从零售价格列中扣除
员工折扣（如果用折扣后的净额记录销售）	加在销售净额中

概念回顾练习

零售存货法

Henderson 公司采用零售存货法来估计期末存货和销售成本。以下数据可以在 Henderson 公司的会计记录中找到：

	成本	零售价格
期初存货	$ 8 000	$ 12 000
购货	68 000	98 000
进货运费	3 200	
购货退回	3 000	4 200
净加价		6 000
净减价		2 400
正常短缺		1 800
销售净额		92 000

该公司按员工折扣后的净额记录销售。这些折扣总计 2 300 美元。

要求：

1. 用平均成本零售法估计 Henderson 公司期末存货和当年销售成本。

2. 用传统零售法估计 Henderson 公司期末存货和当年销售成本。

3. 用后进先出零售法估计 Henderson 公司期末存货和当年销售成本。

解答：

1. 用平均成本零售法估计 Henderson 公司期末存货和当年销售成本。

		成本	零售价格
期初存货		$8 000	$12 000
加：购货		68 000	98 000
进货运费		3 200	
减：购货退回		(3 000)	(4 200)
加：净加价			6 000
减：净减价			(2 400)
可供出售存货		76 200	109 400
成本占零售价格的百分比：76 200÷109 400=69.65%			
减：正常短缺			(1 800)
销售额：			
销售净额	92 000		
加回员工折扣	2 300		(94 300)
估计的期末存货（按零售价格）			$13 300
估计的期末存货（按成本）(69.65%×13 300)		(9 263)	
估计的销售成本		$66 937	

2. 用传统零售法估计 Henderson 公司期末存货和当年销售成本。

		成本	零售价格
期初存货		$8 000	$12 000
加：购货		68 000	98 000
进货运费		3 200	
减：购货退回		(3 000)	(4 200)
加：净加价			6 000
			111 800
成本占零售价格的百分比：76 200÷111 800=68.16%			
减：净减价			(2 400)
可供出售存货		76 200	109 400
减：正常短缺		(1 800)	
销售额：			
销售净额	92 000		
加回员工折扣	2 300		(94 300)
估计的期末存货（按零售价格）			$13 300
估计的期末存货（按成本）(68.16%×13 300)		(9 065)	
估计的销售成本		$67 135	

3. 用后进先出零售法估计 Henderson 公司期末存货和当年销售成本。

		成本	零售价格
期初存货		$ 8 000	$ 12 000
加：购货		68 000	98 000
进货运费		3 200	
减：购货退回		(3 000)	(4 200)
加：净加价			6 000
减：净减价			(2 400)
可供出售存货（不包括期初存货）		68 200	97 400
可供出售存货（包括期初存货）		76 200	109 400
成本占零售价格的百分比：68 200÷97 400＝70.02％			
减：正常短缺			(1 800)
销售额：			
销售净额	92 000		
加回员工折扣	2 300		(94 300)
估计的期末存货（按零售价格）			$ 13 300
估计的期末存货（按成本）（如下）		(8 910)	
估计的销售成本		$ 67 290	

	零售价格		成本
期初存货	$ 12 000	×66.67％*＝	$ 8 000
当期存货	1 300	×70.02％＝	910
估计的期末存货	$ 13 300		$ 8 910

＊8 000÷12 000＝66.67％。

第 3 节　金额后进先出零售法

在之前对后进先出零售法的讨论中，我们假设存货的零售价格在期间内保持稳定。回想一下示例 7－12，我们将期末存货（按零售价格）和期初存货（按零售价格）进行比较，以观察存货是否增加了。如果期末存货的金额超过了期初存货的金额，我们假设增加了一批新的后进先出存货。但这不一定是真的。也可能是零售价格上涨，导致期末存货金额超过了期初存货，而商品的数量没有变化。因此，为了观察数量是否“真的”增加，我们需要用一种方法来消除价格变化的影响，然后再将期末存货与期初存货进行比较。幸运的是，我们可以将已经讨论过的两种方法——后进先出零售法（本章第 2 节）和金额后进先出法（上一章）——结合起来实现这一点。这一组合被称为**金额后进先出零售法**（dollar-value LIFO retail method）。

为了说明这一问题，回到家装用品店的例子（见示例 7－12），我们应用了后进先出零售法。我们保持同样的存货数据，但是改变了从 7 月份到 2018 年底的数据。这使得我们可以把示例 7-14A 中的零售价格提高 10%（零售价格指数从 1.00 上升到 1.10）。我们延续后进先出零售法的流程，将期末存货与期初存货进行比较。然而，由于价格上涨，存货表现出的增加一部分是由于增加了一批额外的存货，一部分是由于零售价格上涨。在比较期初和期末金额之前，将期末存货金额紧缩到年初的价格，可以得到真正的增长。我们用上一章讨论过的金额后进先出法来实现这一点。①

示例 7-14A　金额后进先出零售法

	成本	零售价格
期初存货	$ 99 200	$ 160 000
加：购买净额	305 280	470 000
净加价		10 000
减：净减价		(8 000)
可供出售存货（不包括期初存货）	305 280	472 000
可供出售存货（包括期初存货）	404 480	632 000
基础存货的成本占零售价格百分比：99 200/160 000=62%		
2018 年购货的成本占零售价格百分比：305 280/472 000=64.68%		
减：销售净额		(434 000)
按当年零售价格计量的期末存货		$ (198 000)
估计的期末存货（按成本）（计算如下）	(113 430)	
估计的销售成本	$ 291 050	

期末存货成本计算

按年末零售价格计量的期末存货	第 1 步：按基年零售价格计量的期末存货	第 2 步：按基年零售价格计量的存货	第 3 步：转为后进先出法成本的存货
198 000（假设）→	198 000/1.1=180 000 →	180 000	
			160 000（基年）×1×0.62=99 200(美元)
			20 000（2018 年）×1.1×0.646 8=14 230(美元)
金额后进先出零售法计算的期末存货总额			113 430(美元)

在这个例子中，期末存货 198 000 美元（按零售价格）重述为基年价格（180 000 美元）。将这一重述金额与期初存货 160 000 美元进行比较可以发现，2018 年增加了 20 000 美元的存货。将每一批存货乘以其零售价格指数，再乘以其成本占零售价格的百分比，就可以将其从零售价格转换为成本。加上这两批存货就得到了按金额后进先出零售法计算的期末存货。

如果以后年度增加了额外的存货，它们的后进先出金额也以同样的方式确定。为了说明这一问题，我们假设 2019 年的期末存货为 226 200 美元（按当前零售价格），价格水平已经上升为 1.16。同时假设 2019 年购买净额的成本占零售价格百分比为 63%。在示例

① 这里使用的指数类似于常规金额后进先出法中使用的成本指数，只是它反映的是零售价格的变化，而不是取得成本的变化。

7－14B 中，期末存货被转换为基年零售价格（第 1 步）。这一金额被分配到各批存货中，每一批都按照基年零售价格计量（第 2 步）。然后，将每一批都转换为后进先出法成本（第 3 步）。

示例 7－14B　金额后进先出零售存货法

按年末零售价格计量的期末存货	第 1 步：按基年零售价格计量的期末存货	第 2 步：按基年零售价格计量的存货	第 3 步：转为后进先出法成本的存货
226 200（假设）——→	226 200/1.16＝195 000 ——→	195 000	
			160 000（基年）×1×0.62＝99 200(美元)
			20 000（2018 年）×1.1×0.646 8＝14 230(美元)
			150 200（2019 年）×1.16×0.63＝10 962(美元)
金额后进先出零售法计算的期末存货总额			124 392(美元)

现在，假设 2019 年的期末存货按照当前零售价格计量是 204 160 美元（而不是上一个例子中的 226 200 美元），价格水平已经上升为 1.16。同时假设 2019 年购买净额的成本占零售价格百分比是 63%。第 1 步是将期末存货转换为基年价格 176 000 美元（204 160÷1.16）。

回想前例，2018 年期末存货按照基年价格计量是 180 000 美元（见示例 7－14A）。期末存货减少为 176 000 美元，表明存货在 2019 年减少了。在这种情况下，2019 年没有增加新存货，2019 年用金额后进先出零售法计算的期末存货是 110 584 美元，见示例 7－14C。

示例 7－14C　金额后进先出零售存货法

按年末零售价格计量的期末存货	第 1 步：按基年零售价格计量的期末存货	第 2 步：按基年零售价格计量的存货	第 3 步：转为后进先出法成本的存货
204 160（假设）——→	204 160/1.16＝176 000 ——→	176 000	
			160 000（基年）×1×0.62＝99 200(美元)
			16 000（2018 年）×1.1×0.646 8－11 384(美元)
			0（2019 年没有新存货）×1.16＝0(美元)
金额后进先出零售法计算的期末存货总额			110 584(美元)

2018 年存货中的一部分已被清算——按基年价格从 20 000 美元减少至 16 000 美元——存货总额减少到 176 000 美元（按基年价格）。

正如我们在本节前面提到的，许多出售不同商品的大批量零售商使用零售存货法。比如，开市客公司使用金额后进先出零售法。示例 7－15 显示了公司最近的财务报表中的存货附注。

示例 7－15　存货方法披露——开市客公司

商品存货（部分）

商品存货采用成本与市价孰低法计量，主要由零售存货法确定，并且对所有美国的商品存货用后进先出法列示。如果有必要的话，公司每季度会记录调整，以反映预计通货膨胀或通货紧缩。在实际通货膨胀率和存货水平确定后，这些估计值会在年末调整为实际结果。

概念回顾练习

金额后进先出零售存货法

2018 年 1 月 1 日，Nicholson 百货公司采用金额后进先出零售存货法。2018 年和 2019 年，存货交易的成本、零售价格和成本指数如下：

	2018 年		2019 年	
	成本	零售价格	成本	零售价格
期初存货	$ 16 000	$ 24 000		
购买净额	42 000	58 500	$ 45 000	$ 58 700
净加价		3 000		2 400
净减价		1 500		1 100
销售净额		56 000		57 000
价格指数：				
2018 年 1 月 1 日	1.00			
2018 年 12 月 31 日	1.08			
2019 年 12 月 31 日	1.15			

要求：

用金额后进先出零售存货法估计 2018 年末和 2019 年末的存货和销售成本。

解答：

	2018 年		2019 年	
	成本	零售价格	成本	零售价格
期初存货	$ 16 000	$ 24 000	$ 17 456	$ 28 000
加：购买净额	42 000	58 500	45 000	58 700
净加价		3 000		2 400
减：净减价		(1 500)		(1 100)
可供出售存货（不包括期初存货）	42 000	60 000	45 000	60 000
可供出售存货（包括期初存货）	58 000	84 000	62 456	88 000
基础存货				
成本占零售价格的百分比：16 000/24 000=66.67%				
2018 年存货				
成本占零售价格的百分比：42 000/60 000=70%				
2019 年存货				
成本占零售价格的百分比：45 000/60 000=75%				
减：销售净额		(56 000)		(57 000)
估计的期末存货（按当前零售价格）		$ 28 000		$ 31 000
减：估计的期末存货（按成本）（如下）	(17 456)		(18 345)	
估计的销售成本	$ 40 544		$ 44 111	

2018 年			
按年末零售价格计量的期末存货	第 1 步：按基年零售价格计量的期末存货	第 2 步：按基年零售价格计量的存货	第 3 步：转换为成本的存货
28 000（见上）	28 000/1.08＝25 926	24 000（基年）×1.00×66.67%＝	16 000
		1 926（2018 年）×1.08×70%＝	1 456
金额后进先出零售法计算的期末存货总额			$ 17 456

2019 年			
按年末零售价格计量的期末存货	第 1 步：按基年零售价格计量的期末存货	第 2 步：按基年零售价格计量的存货	第 3 步：转换为成本的存货
31 000（见上）	31 000/1.15＝26 957	24 000（基年）×1.00×66.67%＝	16 000
		1 926（2018 年）×1.08×70.00%＝	1 456
		1 031（2019 年）×1.15×75.00%＝	899
金额后进先出零售法计算的期末存货总额			$ 18 345

第 4 节　存货方法变更和存货差错

一、存货方法变更

会计政策应当在不同会计期间保持一致，以确保经营业绩的可比性。但是，公司内部的变化和外部经济环境的变化可能要求公司改变会计方法。正如我们在第 6 章提到的，在以前的高通货膨胀期，很多公司改用后进先出法来享受税收优惠。

对于会计政策变更的公司，有具体的会计处理和披露要求。第 3 章介绍了会计政策变更的主题，第 16 章将对这个主题进行深入讨论。在本章，我们将概述如何报告存货方法的变更。

大部分存货方法变更

回忆我们在第 3 章的简要讨论，大部分自愿性会计政策变更都采用追溯调整法，即调整以前期间的财务报表，就好像新方法在所有期间一直采用一样。存货方法变更，除了变更为后进先出法之外，都要采用追溯调整法进行处理。我们在下一部分讨论变更为后进先出法这一例外情况。在第 3 章我们简要讨论了会计政策变更的处理步骤。我们在示例 7－16 中演示了这些步骤。

示例 7－16　存货方法变更

Autogeek 公司是一家汽车零部件批发经销商，2015 年开始营业。在 2017 年底的资产负债表中，使用平均成本法确定的存货是 123 000 美元。2018 年，公司决定将存货方法变更为先进先出法。如果公司在 2017 年使用先进先出法，期末存货应为 146 000 美元。Autogeek 公司应该采用哪些步骤来报告这一变更呢？

第一步是修正以前年度的财务报表。也就是说，对于比较报表中报告的每一年度，Autogeek公司应当使这些报表看上去就像一直在使用新的存货方法（即先进先出法）一样。在它的资产负债表中，假设公司为比较目的提供了两年的资产负债表，公司将在2018年使用新方法（先进先出法），同时也要调整2017年报告的存货金额。在2018年和前一年的利润表中，销售成本也要反映新方法。

在股东权益表中，Autogeek公司应当按照先进先出法报告每年的留存收益，就像一直在使用先进先出法一样。对于报告的最早年度，公司应当修正该年的期初留存收益，以反映之前所有年度由于存货方法差异导致的累计利润效应。在你更深入地学过股东权益表后，我们将在第16章对这一步骤进行阐述。

Autogeek公司还要记录日记账分录，把账户余额从当前的金额调整为先进先出法下的余额。因为销售成本和利润的差异会反映在留存收益中，也会影响所得税，所以日记账分录要调整存货、留存收益和相应的所得税账户。这里我们不考虑对所得税的影响，将它放在第16章的例子中进行说明。下面的日记账分录（忽略所得税），把2018年初的存货余额调增为先进先出法下的146 000美元，留存收益也增加了相同的金额。如果以前年度都是采用先进先出法的话，利润就应该增加这一金额。

借：存货（146 000－123 000）	23 000	
贷：留存收益		23 000

Autogeek公司必须提供一个披露附注，明确解释为什么变更为先进先出法更可取。附注还要说明变更对下列项目的影响：(a) 持续经营利润；(b) 净利润；(c) 受影响的每行项目；(d) 每股收益；(e) 变更对报告的最早期期初留存收益或者股东权益其他组成部分的累积影响。

在示例7－17中，我们可以看到CVS健康公司近期年度报告中的一个这样的附注，该公司将零售部门的存货方法变更为平均成本法。

示例7－17　存货方法变更的披露——CVS健康公司

存货（部分）
2015年1月1日，公司变更了零售部门"门店"存货的会计方法。2015年以前，公司以先进先出法为基础，按照成本与市价孰低法计量门店的存货，零售店采用零售存货法，分配中心采用先进先出成本法。2015年1月1日，所有零售部门的"门店"存货都采用平均成本法计算，并按照成本与市价孰低法计量。
这些变更主要是为了向公司提供更好的信息来管理零售门店业务，并对公司的所有存货采用相同的存货估值方法。公司认为加权平均成本法比零售存货法和先进先出成本法更可取，因为它在成本确定上更精确，并使公司所有存货的估值方法保持一致。公司的其他存货，主要是处方药，已经采用了加权平均成本法进行估值。
公司记录了这些会计政策变更截至2015年1月1日的累积影响。截至2015年1月1日，这些会计政策变更导致存货减少700万美元，当期递延所得税资产增加300万美元，留存收益减少400万美元。

变更为后进先出法

当一个公司从其他方法变更为后进先出法时，计算对以前年度利润的影响通常是不可能的。想要做到这一点，需要假设特定的后进先出法存货层在变更前就已经存在。因此，变更为后进先出法的公司通常不采用追溯调整法报告。后进先出法在变更后开始使用。后进先出法下的基准年存货是后进先出法启用当年的期初存货。[①]

需要用披露附注来解释：(a) 变更的性质和合理性；(2) 变更对当年利润和每股收益的影响；(3) 为什么追溯调整法是不可行的。当 Seneca 食品公司采用后进先出存货法时，它在附注中报告了这一变更，如示例 7-18 所示。

示例 7-18 存货方法变更披露——Seneca 食品公司

10. 存货（部分）
公司决定将存货方法由先进先出法变更为后进先出法。在公司正在经历的高通货膨胀环境中，公司认为后进先出法优于先进先出法，因为它更好地将当前生产成本与当前收入进行比较。销售价格反映当前的市场活动，并包含了成本的上升。在先进先出法下，收入和成本是不一致的。后进先出法可以使当前的销售成本与当前的收入相配比。
公司认为将后进先出法追溯应用于以前的会计年度是不可行的，因为分析存货必需的特定时期信息，包括上年取得的存货信息，是不易得到的，而且不能在适当水平的细节上精确地确定，包括必须进行详细计算的商品种类、型号和项目代码信息，这些详细的计算需要追溯适用于上年及以前年度的后进先出指数。这一变更带来的影响是本年和上年的净利润分别减少 37 917 000 美元和 18 307 000 美元，低于公司以前的存货方法报告的结果。本年和上年的每股收益分别减少为 3.12 美元（稀释每股收益减少 3.09 美元）和 1.50 美元（稀释每股收益减少 1.49 美元）。

正如我们在第 6 章所讨论的，在成本增加的时期采用后进先出法的一个重要动机是，它可以提高销售成本、降低利润和所得税。在 Seneca 食品公司的披露中，我们注意到变更为后进先出法的确导致了变更当年利润的降低，从而所得税也有所降低，这表明了一个成本增加的环境。

补充思考

如果是从一项公认会计原则变更为另一项，公司必须证明变更能够更恰当地描绘经营业绩和财务状况信息。如果是以所得税为目的，公司通常必须在变更会计方法之前征得美国国税局同意。当公司打算采用后进先出法时，必须将一个特殊的表格提交给美国国税局存档。如果公司为了税收目的而停止使用后进先出法，在提交 5 次非后进先出法的纳税申报表之后，才能重新采用后进先出法。

二、存货差错

发现会计差错时必须更正。在第 3 章我们简要讨论了会计差错的更正，第 16 章将进行深入说明。本部分主要讲述存货差错的会计处理和披露。存货差错包括实物盘点差错或存货价格错误导致的期末存货的高估或低估。在第 6 章，我们已经描述了截止错误导致的存货购买的高估或低估。

如果在差错发生的当期发现存货差错，原来的错误分录应该冲销，并编制正确的分录。这种情况下不会出现特别的报告问题。

如果一个重大的存货差错在差错发生之后的会计期间被发现，任何以前年度由于这个差错而存在错误的财务报表都应该追溯重述，以反映正确的结果。[②] 当然，差错导致的任何账户余额错误都应该通过日记账分录来更正。如果差错影响净利润，进而导致留存收益账户余

① 如果是以所得税为目的，变更为后进先出法也按照这种方法处理。

② 如果差错不重要，只需要在发现差错的当年更正。

额出错，则应当作为前期调整来更正股东权益表的期初余额。[1] 此外，需要在披露附注中描述存货差错的性质以及差错更正对净利润、每行项目和每股收益的影响。

在分析存货差错时，对销售成本、净利润和留存收益的确定进行可视化是有帮助的（见示例 7-19）。期初存货和购买净额在计算销售成本时应该加上。如果这两项中的任何一项被高估（或低估），那么销售成本也将被高估（或低估）。另一方面，期末存货在计算销售成本时应该扣除，因此如果期末存货被高估（或低估），则销售成本将被低估（或高估）。当然，影响利润的差错也会影响所得税。示例中我们忽略差错造成的税收影响，重点关注存货差错本身而不是它们在税收方面的问题。

示例 7-19　存货差错影响的可视化

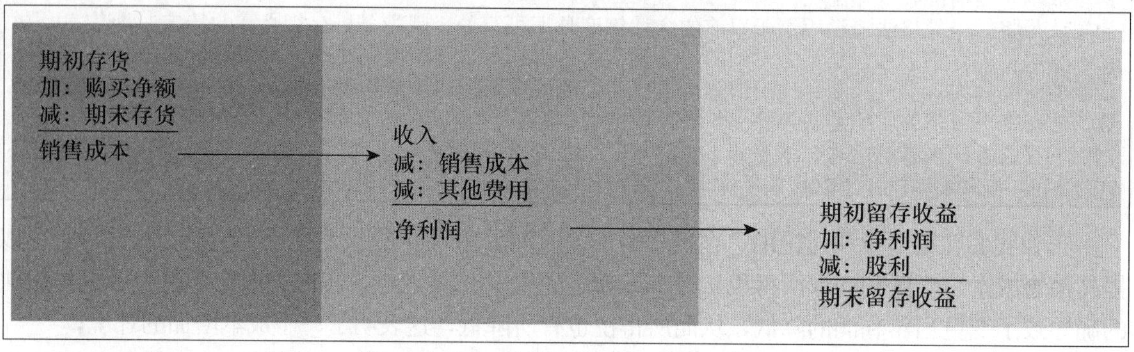

我们来看一个例子，见示例 7-20。

示例 7-20　存货差错更正

Barton 公司采用定期盘存制。2017 年末，一个计算错误导致期末存货多列报了 800 000 美元。2018 年和 2019 年的期末存货是正确的。

我们更正这个差错的方式取决于这个差错被发现的时间。假设在 2018 年之后这个差错才被发现，忽略税收影响，差错对 2017 年和 2018 年的影响如下。在每个例子中，高估和低估的金额都是 800 000 美元。

分析：　U=高估　O=低估

2017 年		2018 年	
期初存货		期初存货	O—800 000
加：购买净额		加：购买净额	
减：期末存货	O—800 000	减：期末存货	
销售成本	U—800 000	销售成本	O—800 000
收入		收入	
减：销售成本	U—800 000	减：销售成本	O—800 000
减：其他费用		减：其他费用	
净利润	O—800 000	净利润	U—800 000
↓		↓	
留存收益	O—800 000	留存收益	更正后

[1] 前期调整适用于差错发生后一年的期初留存收益，或比较财务报表中报告的最早一年的期初留存收益（如果差错在最早一年以前发生）。第一年后各年的留存收益余额也要按照未发生差错时的余额进行调整，但公司可以选择不将这些调整作为单独的行项目明确报告。

存货差错在第二年被发现

首先，我们假设差错在 2018 年被发现。这一差错导致 2017 年财务报表是不正确的，因此当 2017 年财务报表在 2018 年年报中以比较为目的报告时，需要追溯重述以反映正确的存货金额、销售成本、净利润和留存收益。下面这个日记账分录（忽略所得税）更正了差错。

借：留存收益	800 000	
贷：存货		800 000

因为留存收益是存在差错的账户之一，当 2018 年发现这个差错时，对该账户的更正应作为前期调整，更正 Barton 公司 2018 年股东权益表（或留存收益表）中留存收益的期初余额。前期调整不通过利润表，而是直接调整留存收益。这一调整在第 16 章有详细说明。

存货差错在两年之后被发现

如果 2017 年的差错直到 2019 年才发现，2018 年的财务报表也应当追溯重述，以反映正确的销售成本和净利润，尽管不需要做更正分录。存货和留存收益不需要调整。差错已经自我更正了，不需要进行前期调整。

同时，Barton 公司年报的披露附注应该说明差错的性质和更正后对每年净利润的影响（2017 年高估 800 000 美元，2018 年低估 800 000 美元）、对受影响的行项目的影响以及对每股收益的影响。

概念回顾练习

存货差错

2018 年，Fleischman 公司的财务主管在 2016 年和 2017 年财务报表中发现下列重大差错：

a. 2016 年期末存货少列报 50 000 美元。

b. 2017 年底，一项以 3 000 美元购买的存货被错误地记录为 33 000 美元。发票尚未支付。

c. 2017 年期末存货多列报 20 000 美元。

公司采用定期盘存制。

要求：

1. 假设上述差错在 2017 年财务报表发布后才发现，分析这些差错对 2016 年和 2017 年销售成本、净利润和留存收益的影响。忽略所得税。

2. 编制更正差错的日记账分录。

解答：1.

分析：　　U=高估　　O=低估

2016 年		2017 年	
期初存货		期初存货	U－50 000
加：购买净额		加：购买净额	O－30 000
减：期末存货	U－50 000	减：期末存货	O－20 000
销售成本	O－50 000	销售成本	U－40 000
收入		收入	
减：销售成本	O－50 000	减：销售成本	U－40 000
减：其他费用		减：其他费用	
净利润	U－50 000	净利润	O－40 000
留存收益	U－50 000	留存收益	U－10 000

2. 编制更正差错的日记账分录。

借：应付账款	30 000
贷：存货	20 000
留存收益	10 000

三、盈余质量

公司对存货估值会计方法的变更可能成为管理者人为操纵利润的一种方式。但是，这种操纵利润的方法是透明的。正如我们在前面部分所学的，从一种存货方法变更为另一种方法对利润的影响必须披露。这个披露可以提高不同期间的可比性，并提高盈余质量。

另一方面，存货减记被包含在“洗大澡”这一类宽泛的会计技术中，一些公司采用“洗大澡”的方法操纵盈余。通过高估减记，利润随着存货的使用或出售而在未来期间增加。在2000年底和2001年初，对许多高科技产品的需求大幅下降，包括Sycamore Networks，Cisco Systems，Lucent Technologies和JDS Uniphase在内的多家公司记录了大量的存货注销，有些甚至达到数十亿美元。当然，这些销账反映了当时的经济环境。然而，一些分析师质疑一些减记的规模。例如，Bay Isle Financial的投资主管威廉·斯卡夫（William Schaff）指出，思科销账20亿美元几乎等于上一季度末的存货余额以及在那个季度中实际销售的销售成本。

财务分析师必须仔细考虑重大资产减记对公司永久性盈余的影响。

财务报告案例问题参考答案

1. Dollar General公司如何避免在每次编制财务报表时都要计算所有存货？

Dollar General公司使用金额后进先出零售存货法。零售存货估计技术避免了通过跟踪可供出售存货来计算期末存货（不管是按成本还是按零售价格计量）。每一期间的销售按销售价格从可供出售存货的零售金额中扣除，得到期末存货。然后，使用成本占零售价格的百分比将该金额转换为成本。

2. 指数公式有什么用处？

金额后进先出零售法首先使用一个价格指数，将按零售价格计量的期末存货转化为基准年价格。然后，每年的后进先出层被确定，使用年度的价格指数将每一层都转换成当年的零售价格，再使用该层的成本占零售价格的百分比将其转换为成本。

本章学习目标概要

学习目标7-1

使用先进先出法、平均成本法或除后进先出法或零售存货法之外的其他方法的公司，采用成本与可变现净值孰低法报告存货。可变现净值是销售价格减去为销售发生的成本。使用后进先出法或零售存货法的公司采用成本与市价孰低法报告存货。市价等于重置成本，并且市价不得高于可变现净值（上限）或者低于可变现净值减去正常利润（下限）。

学习目标 7-2

毛利法估计销售成本，然后从可供出售存货中减去销售成本，从而得到期末存货。销售成本是从销售净额中减去估计的毛利。毛利是用历史毛利率乘以销售净额。

学习目标 7-3

零售存货法用可供出售存货（按零售价格）减去当期销售收入，得到期末存货（按零售价格）。按零售价格计量的期末存货乘以成本占零售价格的百分比，就转换为了成本。成本占零售价格的百分比等于可供出售存货的成本除以可供出售存货的当前售价。

学习目标 7-4

在传统零售法中，我们按照成本与市价孰低来估计平均成本。通过在成本占零售价格百分比的计算中包含期初存货来估计平均成本。通过在计算中扣除减价来估计平均成本与市价孰低。在计算出成本占零售价格的百分比后，将减价从零售价格列中剔除。

学习目标 7-5

采用后进先出零售法，期末存货包括期初存货加上当年的存货层。为了确定存货层，我们将按零售价格计量的期末存货与期初存货进行比较，如果存货增加，我们假设最多增加一个存货层。每一层都有自己的成本占零售价格百分比，用于将每一层从零售价格转换为成本。当价格水平发生变化时，金额后进先出零售存货法将后进先出零售法和金额后进先出法（第6章）结合起来，来估计后进先出的零售价格。

学习目标 7-6

大部分存货方法变更都采用追溯调整法进行处理。这意味着将所有前期财务报表都进行修正，使它们看起来就好像一直使用新的存货方法一样。变更为后进先出法是个例外。在这种情况下，计算对以前年度利润的影响通常是不可能的。要想做到这一点，需要假设特定的后进先出法存货层在变更前就已经存在。因此，变更为后进先出法的公司通常不采用追溯调整法报告。后进先出法从变更后开始使用。

学习目标 7-7

如果一个重大的存货差错在差错发生之后的会计期间被发现，任何以前年度由于这个差错而存在错误的财务报表都应该追溯重述，以反映正确的结果。账户余额通过日记账分录来更正。留存收益的更正作为前期调整来报告，需要调整股东权益表的期初余额。此外，需要在披露附注中描述存货差错的性质以及差错更正对持续经营利润、净利润和每股收益的影响。

学习目标 7-8

国际会计准则第2号规定，如果情况表明存货减记不再合适，则必须转回。美国公认会计原则不允许转回。美国公认会计原则下，成本与可变现净值孰低法可以应用于个别项目、存货类别或全部存货。在国际准则下，评估通常适用于个别项目，尽管在某些情况下允许应用于存货类别。

本章重点问题回顾

7-1　解释如何用成本与可变现净值孰低法和成本与市价孰低法对存货进行计量。

7-2　成本与可变现净值孰低法和成本与市价孰低法可以用于哪些层次的存货组合？

7-3　描述记录存货减记的各种方法。

7-4　解释如何用毛利法估计期末存货。

7-5　Rider公司用毛利法估计期末存货和销售成本。成本百分比根据历史数据确定。什么因素可能导致高估期末存货？

7-6　解释零售存货法如何估计期末存货。

7-7 毛利法和零售存货法都可用于估计期末存货。这两种估计技术的主要区别是什么？

7-8 定义以下零售术语：初始加价、额外加价、加价取消、减价、减价取消。

7-9 解释零售存货法下如何估计存货的平均成本。

7-10 什么是传统零售法？

7-11 解释后进先出零售存货法。

7-12 讨论在应用零售存货法时对进货运费、净加价、正常短缺和员工折扣的处理。

7-13 解释后进先出零售存货法和金额后进先出零售法的区别。

7-14 描述变更为后进先出法之外的存货方法的会计处理。

7-15 当一个公司将存货方法变更为后进先出法时，公司要采用不同于会计变更常用方法的方式报告。解释与其他存货方法变更相比，将存货方法变更为后进先出法时会计处理的不同。

7-16 解释在重大存货差错发生之后的会计期间发现这个差错时所需的会计处理。

7-17 在2018年发现2016年的期末存货被低估。这个低估对以下项目有什么影响？

2016年：销售成本

净利润

期末留存收益

2017年：购买净额

净利润

期末留存收益

7-18 在将成本与可变现净值孰低法应用于存货估值时，指出美国公认会计原则和国际财务报告准则的区别。

7-19 （根据附录7）定义购货承诺。这些协议对买方的优点是什么？

7-20 （根据附录7）解释购货承诺如何根据合同价格与市场价格孰低记录。

简要练习

7-1 成本与可变现净值孰低法

Ross Electronics公司的期末存货中有一种产品。每单位数据如下：成本，20美元；售价，30美元；销售费用，4美元。在使用成本与可变现净值孰低法计量期末存货时，公司应该使用的单位价值是多少？

7-2 成本与可变现净值孰低法

SLR公司在年末存货中有两种产品各1 000件。每种产品的单位数据如下：

	产品1	产品2
成本	$ 50	$ 34
售价	70	36
销售费用	6	4

假设将成本与可变现净值孰低法应用于个别产品，确定SLR公司存货的持有价值。成本与可变现净值孰低法调整对税前利润有什么影响？

7-3 成本与市价孰低法

[这是练习7-1的变形，修改为关注成本与市价孰低法。] Ross Electronics公司的期末存货中有一种产品。每单位数据如下：成本，20美元；售价，30美元；销售费用，4美元。正常利润率是销售价格的

30%。在使用成本与市价孰低法计量期末存货时，公司应该使用的单位价值是多少？

7-4　成本与市价孰低法

[这是练习7-2的变形，修改为关注成本与市价孰低法。] SLR公司在年末存货中有两种产品各1 000件。每种产品的单位数据如下：

	产品1	产品2
成本	$50	$34
重置成本	48	26
售价	70	36
销售费用	6	4
正常利润	10	8

假设将成本与市价孰低法应用于个别产品，确定SLR公司存货的持有价值。成本与市价孰低法调整对税前利润有什么影响？

7-5　毛利法

2月26日，一场飓风摧毁了Rockford公司仓库中的所有存货。从公司的定期盘存制记录中可以获得以下信息：期初存货，220 000美元；从年初到2月26日的购买额和销售净额分别是400 000美元和600 000美元；毛利率，30%。用毛利法估计被飓风摧毁的存货成本。

7-6　毛利法；解决未知问题

Adams公司估计在最近的洪水中损失了75 000美元的存货。从公司的定期盘存制记录中可以获得以下信息：期初存货，150 000美元；从年初到洪水发生时的购买额和销售净额分别是450 000美元和700 000美元。公司的毛利率是多少？

7-7　零售存货法；平均成本法

Kiddie World公司使用定期盘存制和零售存货法估计期末存货和销售成本。以下是截至2018年9月30日的季度数据：

	成本	零售价格
期初存货	$300 000	$450 000
购买净额	861 000	1 210 000
进货运费	22 000	
净加价		48 000
净减价		18 000
销售净额		1 200 000

估计期末存货和销售成本（平均成本法）。

7-8　零售存货法；后进先出法

参照练习7-7中描述的情形。估计期末存货和销售成本（后进先出法）。

7-9　传统零售法

参照练习7-7中描述的情形。使用传统零售法估计期末存货和销售成本。

7-10　传统零售法

Roberson公司采用定期盘存制和零售存货法。会计记录提供了2018年的如下信息：

	成本	零售价格
期初存货	$ 220 000	$ 400 000
购买净额	640 000	1 180 000
进货运费	17 800	
净加价		16 000
净减价		6 000
正常短缺		3 000
销售净额		1 300 000

该公司用折扣后的净额记录对员工的销售。当年这些折扣的总额是 15 000 美元。用传统零售法估计期末存货和销售成本。

7-11　存货方法变更

2018 年，Hopyard Lumber 公司将存货方法从后进先出法变更为先进先出法。2017 年末存货是 127 000 美元，但如果用先进先出法，则应是 145 000 美元。2018 年末用新的先进先出法计量的存货是 162 000 美元，但如果继续用后进先出法，则应是 151 000 美元。描述 Hopyard 公司报告这一变更需要的步骤。该变更对 2018 年销售成本有什么影响？

7-12　存货方法变更

2018 年，Wade Window and Glass 公司将存货方法从先进先出法变更为后进先出法。2017 年末的存货是 150 000 美元。描述公司报告这一变更需要的步骤。

7-13　存货差错

2018 年，Winslow International 公司的财务主管发现 2016 年和 2017 年的期末存货分别高估了 200 000 美元和 500 000 美元。确定这一差错对 2018 年 1 月 1 日留存收益的影响（忽略所得税）。

7-14　存货差错

参照练习 7-13 中描述的情形。在 2018 年财务报表中报告这一差错需要哪些步骤？

习　题

7-1　成本与可变现净值孰低法

Royal Decking 公司有 5 种产品。2018 年 12 月 31 日存货信息如下：

	每单位	
产品	成本	售价
A	$ 40	$ 60
B	80	100
C	40	80
D	100	130
E	20	30

销售费用包括：销售佣金，等于销售价格的 10%；运输成本，等于成本的 5%。

要求：

如果将成本与可变现净值孰低法应用于期末存货单位，公司每一种产品的单位价值是多少？

7-4　成本与市价孰低法

Herman公司期末存货中包含3种产品。每种产品年末的单位数据如下：

	产品1	产品2	产品3
成本	$20	$90	$50
重置成本	18	85	40
销售价格	40	120	70
销售成本	6	40	10
正常利润	5	30	12

要求：

如果将成本与市价孰低法应用于期末存货单位，公司每一种产品的单位价值是多少？

7-6　成本与市价孰低法

Tatum公司存货中有4种产品。2018年12月31日存货信息如下：

产品	总成本	重置成本总额	可变现净值总额
101	$120 000	$100 000	$100 000
102	90 000	85 000	110 000
103	60 000	40 000	50 000
104	30 000	28 000	50 000

正常毛利率是总成本的25%。

要求：

1. 确定2018年12月31日存货的持有价值，假设成本与市价孰低法应用于个别产品。
2. 假设存货减记是正常的，记录年末的调整分录。

7-8　毛利法

2018年9月22日，一场洪水摧毁了Rocklin Sporting Goods公司仓库中的所有商品存货。以下信息可从该公司定期盘存制的记录中获得：

存货，2018年1月1日	$140 000
购买净额，1月1日到9月22日	370 000
销售净额，1月1日到9月22日	550 000
毛利率	25%

要求：

使用毛利法估计在洪水中毁掉的存货成本。

7-10　毛利法

2018年5月4日，一场大火烧毁了Goren公司的一个仓库。当日的会计记录如下：

商品存货，2018年1月1日	$1 900 000
至当日的购买额	5 800 000
进货运费	400 000
至当日的销售额	8 200 000

过去4年的平均毛利率是销售额的20%。

要求：

使用毛利法估计在火灾中毁掉的存货成本。

7-12　毛利法；求解未知的成本百分比

National Distributing公司使用定期盘存制追踪其商品存货，用毛利法估计期末存货和中期销售成本。8月的购买净额是31 000美元。2018年7月31日和8月31日的财务报表包括以下信息：

截至月底的利润表

	2018年8月31日	2018年7月31日
销售净额	\$50 000	\$40 000

资产负债表

	2018年8月31日	2018年7月31日
资产：		
商品存货	\$28 000	\$27 000

要求：

确定公司的成本百分比。

7-14　传统零售法

Campell公司采用零售存货法计量存货。可以获得以下2018年的信息：

	成本	零售价格
商品存货，2018年1月1日	\$190 000	\$280 000
购货	600 000	840 000
进货运费	8 000	
净加价		20 000
净减价		4 000
销售净额		800 000

要求：

确定2018年12月31日的存货，使用平均成本法。

7-16　传统零售法；正常短缺

Almaden Valley商店使用零售存货法估计期末存货和销售成本。2018年的数据如下：

	成本	零售价格
期初存货	\$12 000	\$20 000
购货	102 600	165 000
进货运费	3 480	
购货退回	4 000	7 000
净加价		6 000
净减价		3 000
正常短缺		4 200
销售净额		152 000

要求：

使用传统零售法估计2018年的期末存货和销售成本。

7-18　零售存货法；解决未知问题

Adams公司采用定期盘存制和零售存货法估计期末存货和销售成本。2018年9月的可用数据如下：

	成本	零售价格
期初存货	\$21 000	\$35 000
购买净额	10 500	?
净加价		4 000
净减价		1 000
销售净额		?

公司使用平均成本法，估计9月末的存货是17 437.5美元。如果公司使用后进先出法，则成本占零售价格的百分比将会是50%。

要求：

计算9月按零售价格计量的购买净额和销售净额。

7-24　存货方法变更

Goddard公司自2015开业以来，采用先进先出法对存货估值。Goddard公司决定在2018年初改为按平均成本法确定存货成本。下表显示了先进先出法和平均成本法下的年终存货余额：

年度	先进先出法	平均成本法
2015	\$45 000	\$54 000
2016	78 000	71 000
2017	83 000	78 000

要求：

1. 不考虑所得税，编制2018年日记账分录来调整账户，以反映平均成本法。
2. 在2017修正的利润表中，销售成本会高（或低）多少?

7-26　存货差错

对于2018年发生的下列所有存货差错，确定该差错对2018年销售成本、净利润和留存收益的影响。假设差错直到2019年才被发现，并且使用定期盘存制。忽略所得税。

	U=低估 销货成本	O=高估 净利润	NE=不影响 留存收益
1. 高估期末存货	U	O	O
2. 高估购买额			
3. 低估期初存货			
4. 低估进货运费			
5. 低估期末存货			
6. 低估购买额			
7. 高估期初存货			
8. 低估购买额，并且以同样金额低估期末存货			

7-28 存货差错

2018年，Sytec公司的财务主管发现2017年有42 000美元的存货购买被错误地计入了广告费。另外，2017年末的存货余额没有包括30 000美元公司委托给Erin Brothers公司销售的存货。Sytec公司使用定期盘存制。除了委托销售的商品，其他年末存货都是正确的。差错是重大的。

要求：

1. 确定差错对2018年1月1日留存收益的影响。解释你的答案。（忽略所得税。）
2. 编制日记账分录更正差错。
3. 需要通过哪些其他步骤来更正差错？

7-29 概念；术语

以下列出的是与存货计量有关的术语和短语。将列表A和列表B的项目进行配对（用字母表示）。

列表A	列表B
______ 1. 毛利率	a. 将售价降到原来的售价以下
______ 2. 成本占零售价格的百分比	b. 期初存货不包括在成本占零售价格百分比的计算中
______ 3. 额外加价	c. 计算成本占零售价格百分比之后从零售价格列扣除
______ 4. 减价	d. 要求基准年的零售价格转换为当年的零售价格，再转换为成本
______ 5. 净加价	e. 毛利除以销售净额
______ 6. 零售法，先进先出法和后进先出法	f. 在之后一年发现重大存货差错
______ 7. 传统零售法	g. 如果销售按折扣后的净额记录，就必须加回到销售中
______ 8. 从后进先出法变更为其他方法	h. 在零售价格列中扣除，以达到按零售价格计量的可供出售存货
______ 9. 金额后进先出零售法	i. 可供出售存货的成本除以可供出售存货的零售价格
______ 10. 正常短缺	j. 平均成本法，成本与市价孰低法
______ 11. 需要追溯重述	k. 加回到零售价格列以得到可供出售存货
______ 12. 员工折扣	l. 在初始加价之后提高销售价格
______ 13. 净减价	m. 销售价格减去估计的销售费用
______ 14. 可变现净值	n. 需要追溯调整的会计变更

7-30 购货承诺

2018年10月6日，Elgin公司签订了在2019年3月31日或之前按60 000美元的价格购买存货的购货承诺。公司会计年度结束于12月31日。合同于2019年3月21日执行，并且存货以合同约定价用现金购买。在购买日3月21日，存货的市场价格是54 000美元。2018年12月31日存货的市场价格是56 000美元。公司使用永续盘存制。

要求：

1. 编制2018年12月31日必要的调整分录（如果需要的话）。
2. 编制2019年3月21日购买存货的日记账分录。

7-31 购货承诺

2018年3月，Phillips公司签署了两项购货承诺。第一项承诺要求公司在2018年6月15日之前以100 000美元的价格购买存货。第二项承诺要求公司在2018年8月20日之前以150 000美元的价格购买存货。公司的会计年度在6月30日结束。Phillips公司使用定期盘存制。

第一项承诺在 2018 年 6 月 15 日执行，当时的存货市场价格为 85 000 美元。第二项承诺在 2018 年 8 月 20 日执行，当时的存货市场价格是 120 000 美元。

要求：

假设 6 月 30 日与未完成的购货承诺相关的存货市场价格是 140 000 美元，编制 6 月 15 日、6 月 30 日和 8 月 20 日所需的日记账分录，以处理这两项购货承诺。

附录 7　购货承诺

购货承诺（purchase commitments）是指使公司有义务在指定日期或指定日期前以特定价格购买特定金额商品或原材料的合同。公司签订这些协议，以确保它们能够获得重要的存货并防止购买价格上涨。但是，如果在协议执行前购买价格下降了，这一承诺的缺点就是要求公司以高于市场价格的价格购买存货。如果发生这种情况，就要记录购货承诺的损失。

因为购货承诺存在出现这种损失的可能性，当市场价格低于承诺价格而不是最终卖出存货时，损失就发生了。这意味着如果承诺仍然有效，就需要在购买产品或者报告期结束时记录损失。换句话说，当价格低于合同价格时，购买按市场价格记录，差额确认为损失。此外，在报告期结束时，如果市场价格低于合同价格，任何有效的购货承诺都要确认损失。通过示例 7A－1 可以更好地理解。

示例 7A－1　购货承诺

> 2018 年 7 月，Lassiter 公司签署了两项购货承诺。第一项要求 Lassiter 公司在 2018 年 11 月 15 日之前购买 500 000 美元的存货。第二项要求 Lassiter 在 2019 年 2 月 15 日之前购买 600 000 美元的存货。Lassiter 的会计年度结束日是 12 月 31 日。公司采用永续盘存制。

合同期在会计年度之内

第一项承诺的合同期包含在一个会计年度之内。如果购买日存货的市场价格等于或高于合同价格 500 000 美元，Lassiter 应按合同价格记录这笔购买。①

借：存货（合同价格）	500 000	
贷：现金		500 000

如果购买时存货的市场价格低于合同价格，存货按市场价格记录，并确认损失。② 例如，如果购买时市场价格为 425 000 美元，而 Lassiter 公司必须支付 500 000 美元（合同价格），则应记录以下分录：

借：存货（市场价格）	425 000	
购货承诺损失	75 000	
贷：现金（或应付账款）		500 000

这种处理的目的是将损失与价格下降的期间相联系，而不是与公司最终销售存货的期间

① 在以下每一情况中，如果采用定期盘存制，应借记购买而非存货。

② 回忆本章，记录存货减记损失的一种方法是将损失在利润表中用单独的一行报告。

相联系。正如你在本章中学到的那样，这和成本与市价孰低法是一致的。

合同期超出了会计年度

现在，我们考虑 Lassiter 公司的第二项购货承诺，在 2018 会计年度结束时，这一承诺仍然有效（即购买还没有完成）。如果年末存货的市场价格等于或高于合同价格 600 000 美元，则不用做分录。但是，如果年底的市场价格低于合同价格，就必须确认损失。我们的目标是将损失与价格下降的期间相联系，而不是与公司最终销售存货的期间相联系。假设 Lassiter 公司第二项购货承诺中的存货年终市场价格是 540 000 美元，则记录以下调整分录：

2018 年 12 月 31 日

借：购货承诺估计损失（600 000－540 000）	60 000	
贷：购货承诺估计负债		60 000

此时，损失是估计损失。实际损失，如果有的话，在实际购买存货之前是不知道的。购买时的市场价格的最佳估计值是当前的市场价格，在这个例子中是 540 000 美元。由于没有取得存货，我们不能为损失贷记存货。相反，贷记一项负债，因为在某种意义上，这一损失代表了有义务以高于市场价格的价格购买存货。

在 2019 年 2 月 15 日或之前记录实际购买的分录将根据购买日的市场价格而不同。如果市场价格没有变化，或者相对于年底价格上涨，则记录以下分录：

借：存货（会计成本）	540 000	
购货承诺估计负债	60 000	
贷：现金（或应付账款）		600 000

即使存货的市场价格上涨，也不转回 2018 年确认的损失 60 000 美元。类似于按照成本与市价孰低法记录存货，下降后的存货价值，这里是下降后的购买价值，被视为新的成本，并且不允许任何转回。

如果市场价格相对于年末水平进一步下降，则要记录额外的损失。例如，如果该承诺中的存货市场价格下降至 510 000 美元，则记录以下分录：

借：存货（市场价格）	510 000	
购货承诺损失（540 000－510 000）	30 000	
购货承诺估计负债	60 000	
贷：现金（或应付账款）		600 000

因此，这一购货承诺的总损失 90 000 美元在 2018 年和 2019 年根据存货价值下降情况进行分配。

如果在报告期结束时有大量购货承诺，应在附注中披露合同细节。即使估计没有损失，也需要进行披露。

第 8 章

财产、厂房和设备及无形资产：取得

本章概要

本章和下一章将介绍财产、厂房和设备及无形资产的计量和报告问题，这些有形和无形的长期资产是用于生产商品和提供劳务的。本章介绍资产取得日的估值。在第9章，我们将探讨财产、厂房和设备及无形资产在使用受益期间的成本分摊，以及在使用期中的维护和改良支出、减值和处置。

学习目标

学习完本章之后，你应该能够：

8-1 识别财产、厂房和设备以及自然资源和无形资产的初始成本中包括的各种成本。

8-2 确定用一揽子价格一次性购买的财产、厂房和设备及无形资产组中单项资产的初始成本。

8-3 确定通过延期付款合同取得的财产、厂房和设备及无形资产的初始成本。

8-4 确定通过权益证券交换或者接受捐赠取得的财产、厂房和设备及无形资产的初始成本。

8-5 计算分析师经常使用的固定资产周转率，衡量管理者利用财产、厂房和设备的效率。

8-6 确定通过非货币性资产交换取得的财产、厂房和设备及无形资产的初始成本。

8-7 识别自行建造资产所包含的成本项目，确定资本化利息的金额。

8-8 解释外购无形资产与内部研发无形资产成本的会计处理差异。

8-9 讨论在财产、厂房和设备及无形资产的取得方面，美国公认会计原则与国际财务报告准则之间的主要区别。

财务报告案例

迪士尼大冒险

你的学习伙伴斯坦茫然地盯着上周教授分发的迪士尼公司的资产负债表，说道：“我现在真的很困惑。我以为利息总是会被费用化进入利润表，但是现在我发现迪士尼公司有资本化的利息。我甚至不确定资本化意味着什么！还有另一个被称为商誉的账户是怎么回事？它是什么？”“今天的会计课上我们会讨论这些问题。让我们来好好看看迪士尼公司的财务报表和利息资本化附注，我会试着向你解释这里面的玄机。”

借款（节选）

公司对修建主题公园和度假村以及制作影视产品的利息予以资本化。2015年、2014年和2013年，各年资本化的利息分别是11 000万美元、7 300万美元和7 700万美元。

问题

在学习完本章之后，你应该能够对以上案例中的问题给出恰当的回答。将你的回答与章末答案进行对比。

1. 向斯坦解释支出资本化的含义。当取得财产、厂房和设备或者一项无形资产时，资本化成本的一般规则是什么？
2. 设备的初始成本可能包含哪些成本？
3. 何为商誉？如何计量商誉？
4. 在什么情况下，利息应当资本化而不是费用化？
5. 确定利息资本化金额的三个步骤是什么？

通用汽车公司在汽车生产设施上投入了大量资金。微软公司产生收入的主要资产是其所拥有的计算机软件著作权，这些排他性的权利能让微软赚取利润。木材储备为国际纸业公司提供了主要收入。从报告的角度，我们将通用汽车公司的生产设施分类为财产、厂房和设备；将微软公司的著作权分类为无形资产；将国际纸业公司的木材储备分类为自然资源。[①] 从整体上看，这三种非流动资产构成了一个公司长期的能产生收入的资产。不同于制造企业，很多服务企业和销售企业主要依靠人力或存货投资，而非财产、厂房和设备及无形资产来产生收入。但即使是非制造企业，也会至少有最低限度的建筑物和设备。

上述这组资产的计量和报告问题包括取得日的估值、处置、在资产使用期间的维护和改良支出、使用这些资产获益期间的成本分摊以及减值。在本章，我们关注初始估值。在下一章，我们将学习后续支出、成本分摊、减值和处置。

第 1 节　取得时的估值

一、资产的类型

基于财务报告目标，长期的能产生收入的资产通常分为两类：

（1）**财产、厂房和设备**（property，plant，and equipment）。这类资产包括土地、土地改良、建筑物、生产设备、计算机和其他办公设备、车辆、办公家具以及固定设施。**自然资源**（natural resources）包括石油和天然气储备、木材带及矿藏等。

（2）**无形资产**（intangible assets）。无形资产不像财产、厂房和设备以及自然资源一样拥有实物形态，而且通常它们带来的未来利益的大小和时间具有不确定性。无形资产包括专利、著作权、商标权、特许经营权和商誉。

当然，每个公司都有其自身独特的资产组合。这些资产基于财务报告目标的分类和组合方式也各不相同。比如，半导体产品的领导者 Semtech 公司近期的资产负债表报告了其 2016 年和 2015 年的财产、厂房和设备净额分别为 101 006 000 美元和 115 471 000 美元。附注提供了详细说明，见示例 8－1。

① 这些有时被称为固定资产。

示例 8-1　财产、厂房和设备——Semtech 公司

附注 7：财产、厂房和设备（节选）
以下是财产和设备的汇总，以成本减去累计折旧列示：

（单位：千美元）	2016 年 1 月 31 日	2015 年 1 月 25 日
财产	$ 8 888	$ 9 022
建筑物	18 749	18 657
租赁资产改良	10 182	10 429
机器和设备	141 357	135 956
企业资源规划系统	35 907	26 890
家具和办公设备	28 166	33 780
在建工程	1 539	1 325
财产、厂房和设备总额	244 788	236 059
减：累计折旧和摊销	(143 782)	(120 588)
财产、厂房和设备净额	$ 101 006	$ 115 471

在实践中，一些公司将无形资产作为财产、厂房和设备的一部分报告，另一些公司将无形资产作为单独的资产负债表类别。例如，建筑和勘探行业的领导者 Layne Christensen 公司，在最近的附注中报告了 891.5 万美元的商誉和 699.1 万美元的其他无形资产，如示例 8-2 所示。

示例 8-2　无形资产——Layne Christensen 公司

（5）其他无形资产（节选）

（单位：千美元）	2016 年		2015 年	
	总额	累计摊销	总额	累计摊销
商标	$ 5 120	$ (3 527)	$ 5 120	$ (3 186)
专利	905	(592)	905	(548)
其他	966	(653)	966	(590)
合计	$ 6 991	$ (4 772)	$ 6 991	$ (4 324)

在本章中，我们将首先讨论如何记录几种财产、厂房和设备的取得成本，然后讨论无形资产的取得成本。你会发现认真学习示例 8-3 中总结的各类资产的典型取得成本很有帮助。在本章的第 2 节，我们将研究如何记录不用现金取得的资产。在本章第 3 节，我们将讨论自建资产和与研发成本相关的特殊问题。在下一章中，我们将看到资产的取得成本如何随着时间的流逝而费用化，这一过程称为厂房和设备的折旧、自然资源的折耗以及无形资产的摊销。

示例 8-3　财产、厂房和设备及无形资产及其取得成本

资产	描述	典型取得成本
财产、厂房和设备	生产性资产，其价值来自在经营中长期使用而不是出售	为使资产达到预定可使用状态的所有必要支出
设备	内涵广泛，包括机器、计算机和其他办公设备、车辆、家具和固定设施	购买价格（减去折扣）、税费、运输、安装、测试、试运行和整理费用
土地	用于经营的房地产（为投机性投资或在未来使用而持有的土地应该报告为投资或其他资产）	购买价格、律师费、所有权、记录费、佣金、欠税、抵押、留置权、清理、填充、排水和拆除旧建筑
土地改良	增强财产性能，如停车场、车道、私人道路、围墙、草坪和洒水系统	单独可辨认的成本
建筑物	包括仓库、厂房和办公楼	购买价格、律师费、佣金、整理费用
自然资源	经营中实际消耗的生产性资产，如木材、矿产、石油和天然气储备	取得、勘探、开发和复原成本
无形资产	生产性资产，没有实物形态，能带来长期但通常不确定的利益	为使资产达到预定可使用状态的所有必要支出
专利	20 年的排他性权利，用于生产产品或使用流程	购买价格、法律费用、申请费用，不包括内部研发
著作权	从创造性工作中获得利益的排他性权利，如歌曲、电影、绘画、照片或图书	购买价格、法律费用、申请费用，不包括内部研发
商标权（商标名）	展示一个词、一个口号、一个符号或者一个标记的排他性权利，以此来区别一个公司、产品或服务	购买价格、法律费用、申请费用，不包括内部研发
特许经营权	在合同安排下，特许经营权授权人授予特许经营人使用其商标权或者商标名和特定产品的权利	特许经营费加上所有法律费用
商誉	公司作为一个整体超过所有可辨认资产的独特价值	收购公司对价的公允价值与所获得公司净资产公允价值的差额

二、资本化的成本

财产、厂房和设备及无形资产可以通过购买、交换、租赁、捐赠、自建或业务重组的方式取得。我们将在本章后面部分和第 10 章介绍重组的取得方式。

财产、厂房和设备及无形资产的初始估值通常很简单。从以前的学习中我们知道，资产是以其原始成本为基础计量的。在第 6 章，我们在确定存货成本时介绍了状态和场所的概念。比如，如果 Thompson 公司以 42 000 美元的价格购买库存，并发生了 1 000 美元的运费将存货运送到指定位置，那么存货的初始成本为 43 000 美元。相同的概念也适用于财产、厂房和设备及无形资产的估值。这些资产的初始成本包括购买价格及使资产达到预定可使用状态和位置所需的所有支出。我们将在下一部分讨论这些额外的支出。

我们识别资产成本的目的是区分产生未来利益的支出和只在当期产生利益的支出。后者记录为费用，而前者要予以资本化。换句话说，资本化的支出被记录为一项资产，它们将在未来期间费用化。[①] 例如，为了延长运货卡车使用寿命而发生的重大改良费用通常应资本化。然而，运货卡车发动机的维护成本只为了保证运货卡车能进行正常的生产活动，并不增加未来的利益。这种维护成本应当费用化。资产的这些后续支出将在第9章讨论。

这一区分不是可有可无的。2002年夏天，这一点得到了明确的强调。彼时世通公司被曝光其电信网络支出不正当资本化的金额高达40亿美元。这导致了历史上最大的财务报表重述之一，使得这个曾经在业界呼风唤雨的巨头倒闭。将这些支出资本化而不是费用化，使其2001年和2002年第一季度的报告利润被严重高估。如果骗局没有被揭穿，不仅2001年和2002年的利润会被高估，而且错误资本化的资产折旧还会导致未来多年的利润被低估。同时，资产负债表中的资产和权益也会被高估。

财产、厂房和设备

设备成本

设备是一个广泛的概念，它包括生产过程中使用的机器、计算机和其他办公设备、车辆、家具和固定设施。设备的成本包括购买价格加上销售税（减去卖方给予的所有折扣），买方支付的将设备运到指定位置的运费，安装测试支出，申请注册的法律费用，以及所有其他为使设备达到预定可使用状态和场所所发生的必要支出。这些成本可以被识别和计量，它们应该被计入资产的初始成本而不是计入当期费用。

尽管大多数成本可以很容易地识别，但仍然存在一部分难以识别的成本。比如，培训员工操作机器的成本可以被认为是为使资产达到预定可使用状态的必要支出，但是因为与特定资产相关的培训成本很难计量，这些成本通常被费用化。考虑示例8-4。

示例8-4　设备的初始成本

Central Machine Tools公司购买了一台工业机器用于生产。购买价格是62 000美元。Central公司支付1 000美元给运输公司将机器运到厂房，同时支付了300美元的运输保险。此外，机器必须安装在一个专用平台上，这个平台的成本是1 200美元。安装之后需要试运行，以确保机器能够正常运转。试运行成本（包括耗用的材料）为600美元。Central公司应该资本化的金额是多少？

购买价格	\$62 000
运输和装卸	1 000
运输保险	300
专用平台	1 200
试运行	600
	\$65 100

上述每项支出都是为使机器达到预定可使用状态和位置所必须发生的，都应该资本化。这些成本在未来资产使用期间费用化。

① 土地和某些使用寿命不确定的无形资产除外。取得这些资产发生的成本也会产生未来利益，因此会被资本化，但与其他财产、厂房和设备及无形资产不同，它们的成本在未来期间不会以折旧或摊销的形式系统地费用化。

土地成本

土地成本包括使土地达到预定用途的必要支出。这些成本包括买价加上交易费用如律师费、房地产中介佣金、土地所有权和证书查验费、记录费用等。如果这项财产需要补缴税款、被留置、被抵押或有其他义务，这些金额也应包括在内。此外，任何使土地达到预定可使用状态的支出，如清理、填充、排水甚至移除旧建筑（将原建筑夷为平地）的费用，都是土地成本的一部分。在购置土地后，将旧建筑拆除后的废弃物出售所得可以冲减土地成本。示例 8-5 提供了一个例子。

示例 8-5　土地初始成本

Byers Structural Metal 公司用 500 000 美元购买了 6 英亩土地和附带的地上建筑。该公司计划拆除这栋旧建筑并在这块土地上建造一栋新办公大楼。除了购买价格，公司在完成这笔购买时还有下列支出：

产权保险	$3 000
佣金	16 000
财产税	6 000*

另外，交易结束后不久，Byers 公司支付给承包商 10 000 美元以拆除并移走旧建筑物，并且支付了 5 000 美元用来平整土地。该土地应资本化的成本是多少？

土地的资本化成本：	
土地（及将被拆除的建筑）的购买价格	$500 000
产权保险	3 000
佣金	16 000
滞纳财产税	4 000
拆除旧建筑的成本	10 000
平整土地的成本	5 000
土地总成本	$538 000

不包括 2 000 美元的财产税。这些财产税只归属于本年度，应该单独费用化。其他成本对于获得土地而言是必需的，应该资本化。

* 6 000 美元财产税中包括 Byers 公司为卖方支付的滞纳税金 4 000 美元以及购买日后归属于本年度的财产税 2 000 美元。

土地改良

区分土地成本和**土地改良**（land improvements）成本十分重要，因为土地是永久性的，土地改良则有一个估计的使用寿命。土地改良的例子包括停车场、车道、私人道路、围墙、草坪和花园灌溉系统的成本。这些资产的成本要单独识别并资本化。我们在它们使用的受益期间对其成本进行折旧。

建筑物成本

取得建筑物的成本通常包括购买价格、经纪人佣金和法律费用。通常，为了适应新所有者，建筑物需要翻新、改装或修整。这些修补翻新成本属于建筑物取得成本的一部分。如果是建造一栋建筑物而不是购买，会产生特殊的会计问题。我们将在本章第 3 节讨论。

自然资源成本

可以提供长期利益的**自然资源**（natural resources）作为财产、厂房和设备进行报告。

这类资产包括木材、矿产、石油和天然气资源。由于它们的收益来自实物消耗，自然资源与其他资产有所不同。例如，当矿产被挖掘进而销售或在生产过程中使用时，矿产的物理实体将减少。[①] 相反，设备、土地和建筑物则通过在商品和服务的生产中使用来为公司创造利益。与自然资源不同，它们的实体形态在使用寿命中通常保持不变。

有时一家公司会从另一家公司购买自然资源。这种情况下，初始估值仅仅是购买价格以及任何为使资产达到预定可使用状态和场所的必要支出。不过，更普遍的情况是公司通过开发得到这些资产。在这种情况下，初始估值可以包括：（a）购置成本；（b）勘探成本；（c）开发成本；（d）恢复成本。**购置成本**（acquisition costs）是为了获得权利去发掘未发现的自然资源或发掘已探明的自然资源所支付的成本。**勘探成本**（exploration costs）包括钻井、挖掘或寻找自然资源的其他成本支出。**开发成本**（development costs）是在资源被发现后到开始生产之前的支出，包括隧道、井和轴等的各种成本支出。自然资源无论是购买还是开发，其成本都包括估计的**恢复成本**（restoration costs）。恢复成本是开发完自然资源后用来恢复土地或其他财产至它们原来状态的成本。因为恢复成本发生在开始生产之后，时间较晚，因此最初只表示与资产弃置有关的一项负债。恢复成本是资产弃置义务的一个例子，这是下一部分的主题。

但是，公司在钻井或挖掘时使用的重型设备和其他资产通常不是自然资源成本的一部分，而是应折旧的厂房和设备。如果用于开发自然资源的资产无法移动和没有其他用途，那么这项资产的折旧年限应以自然资源的使用寿命为限。

资产弃置义务

有时公司会产生与处置财产、厂房和设备以及自然资源有关的义务，而且通常是取得这些资产的结果。例如，一家石油和天然气勘探公司在开发完成后可能需要将土地恢复。在2001年之前，公司有很多方式来处理这些义务。一些公司在资产使用期限内逐渐确认这些**资产弃置义务**（asset retirement obligations，ARO），一些公司则只在这些资产废弃或出售时才确认义务。

公认会计原则要求，如果可以合理地估计价值，那么与有形长期资产的弃置有关的已有法定义务应被确认为负债并以公允价值计量。贷记负债，借记相应的资产。[②] 这些弃置义务可能与几种类型的资产有关。我们之所以在这里介绍这个问题，是因为弃置义务经常是自然资源导致的。下面我们了解一些强调这些义务的准则规定。

范围。资产弃置义务只产生于法定义务，这些义务与有形长期资产的弃置有关，这些资产是由于购置、建造、开发和（或）其他长期资产正常经营而形成的。

确认。弃置义务可能产生于资产使用寿命开始时或使用寿命期间。例如，海上油气生产设施通常在它开始工作时就产生弃置义务。然而，垃圾填埋或采矿作业可能在资产使用寿命期间逐渐产生弃置义务，因为垃圾是逐渐占据了空间，矿产也是逐渐被挖掘的。

计量。在资产弃置义务产生的期间，公司确认其公允价值。这项负债会增加相关资产的估值。通常情况下，公允价值通过计算未来现金流出的现值来估计。

---

① 由于这种特性，自然资源有时被称为递耗资产。

② FASB ASC 410-20-25：Asset Retirement and Environmental Obligations-Asset Retirement Obligations-Recognition (previously "Accounting for Asset Retirement Obligations," *Statement of Financial Accounting Standards No. 143* (Norwalk，Conn.：FASB，2001)).

现值计算。传统上，在计算现值时不确定性因素已被考虑在内。因为折现率中已经包含未来现金流量的不确定性或风险，因此这种计算方法可以实现最佳估计。在这里我们并不采取这种方法。取而代之地，我们遵循财务会计准则委员会的财务会计概念公告第 7 号所描述的方法，即对于现金流量的不确定性或风险，我们调整现金流量，而不是折现率。[①] **预期现金流量法**（expected cash flow approach）在分析中包含现金流量的特定概率。我们使用信用调整后的无风险利率作为折现率。公司的信用风险越高，折现率也越高。其他所有不确定因素或风险都包含在现金流量的概率中。示例 8－6 展示了与取得自然资源相关的成本。

示例 8－6　自然资源的成本

Jackson Mining 公司以 1 000 000 美元购买了在宾夕法尼亚州 500 英亩土地上勘探煤炭储藏的权利。勘探煤炭储藏的成本总计 800 000 美元，在挖掘和架设矿井时无形资产开发成本为 500 000 美元。此外，Jackson 公司为该项目购买了新的挖掘设备，成本是 600 000 美元。当煤炭从这块土地中开采后，这台设备将被出售。

此外，Jackson 公司被要求在开采煤炭后恢复土地，使其适合娱乐使用。对于勘探完成后未来 3 年内需支付的恢复成本，公司提供了以下三种现金流量的可能性（A，B，C）：

	现金流出	概率
A	$500 000	30%
B	600 000	50%
C	700 000	20%

公司信用调整后的无风险利率为 8%。

煤炭储藏的总资本化成本如下：

购买勘探权	$1 000 000
勘探成本	800 000
开发成本	500 000
恢复成本	468 360*
煤炭储藏总成本	$2 768 360

日记账分录

借：煤矿（上述计算）	2 768 360	
贷：现金（1 000 000＋800 000＋500 000）		2 300 000
资产弃置义务（上述计算）		468 360
借：挖掘设备	600 000	
贷：现金（成本）		600 000

* 恢复成本是预计现金流出的现值（资产弃置义务）：

500 000×30%＝150 000

600 000×50%＝300 000

700 000×20%＝140 000

590 000×0.793 83＝468 360(美元)

（0.793 83 是 1 美元的现值系数，$n=3$，$i=8\%$）

---

① "Using Cash Flow Information and Present Value in Accounting Measurements," *Statement of Financial Accounting Concepts No. 7* (Norwalk, Conn.: FASB, 2000).

正如我们将在第9章讨论的一样，煤矿成本将以折耗的形式被分摊到未来期间，使用的折耗率是基于煤矿预计开采量计算的。挖掘设备的成本600 000美元减去预计净残值，就是分摊到以后各期的折旧。

资产弃置义务468 360美元与加权平均预计现金流量590 000美元之间的差额确认为**增量费用**（accretion expense），在3年挖掘期内，这项费用作为一项经营费用。这一过程使负债在挖掘期结束时增加到590 000美元。

年度	增量费用	余额增加	资产弃置义务
			468 360
1	8%×468 360=37 469	37 469	505 829
2	8%×505 829=40 466	40 466	546 295
3	8%×546 295=43 705*	43 705	590 000

*尾数调整。

记录第1年增量费用的日记账分录如下：

借：增量费用	37 469	
贷：资产弃置义务		37 469

如果实际的恢复成本超过（少于）590 000美元，我们需要将差额确认为弃置义务的损失（利得）。例如，如果实际恢复费用为625 000美元，我们应记录如下：

借：资产弃置义务	590 000	
损失（625 000－590 000）	35 000	
贷：现金		625 000

SM Energy公司从事天然气和原油的勘探、开发、收购、生产业务。结束于2015年12月31日的年度，SM公司在资产负债表上报告了1.375亿美元的资产弃置义务。最近年报中的一项附注见示例8-7，该附注描述了公司的政策并提供了披露需要的汇总信息。

示例8-7　资产弃置义务的披露——SM Energy公司

附注9：资产弃置义务（节选）
对于与封堵和废弃油气财产有关的未来成本，公司确认一项估计的负债。按资产弃置义务公允价值计量的负债和相应增加的相关长期资产的持有价值在油气井建成或取得时记录。持有价值的增加包含在相应资产负债表上的已探明油气财产中。公司消耗增加到已探明油气财产成本的金额，并且在油气财产剩余预计经济寿命内确认与折现负债相关的增量费用。支付资产弃置义务的现金计入公司现金流量表的经营活动部分。
公司的预计资产弃置义务基于历史经验得出，这些经验包括封堵和废弃油气井的成本、预计经济寿命、联邦和州监管机构的要求。负债的折现使用信用调整后的无风险利率估计。用于折现的信用调整后无风险利率为5.5%～12%不等。在负债初始计量之后的期间，公司必须逐期确认负债的变化。负债的修正可能是初始估计的未折现现金流金额的变动，或者通货膨胀因子变动，或者公司信用调整后的无风险利率变动所导致的。

资产弃置义务可以产生于很多类型的有形资产的取得，而不仅仅是自然资源。例如，陶氏化学公司在2016年的资产负债表上报告了9 600万美元的资产弃置义务，这些负债与其在美国、加拿大、巴西、中国、阿根廷、澳大利亚和欧洲的生产地的预期拆除和修复活动相关。

有时，勘探或开发之后，继续该项目在经济上明显不可行。如果出现这种情况，任何成本都应费用化而不是资本化。石油和天然气行业是一个例外，有两项可供选择的公认会计原则用来处理被证明不成功的项目，我们将在附录8中讨论。

无形资产

无形资产（intangible assets）是除金融资产之外的没有实物形态的资产。它们包括专利、著作权、商标权、特许经营权和商誉。尽管没有实物形态，但这些资产对于公司的确是非常宝贵的资源。举例来说，Interbrand Sampson 公司，世界领先的品牌咨询公司，最近对可口可乐商标的估值为780亿美元。[①] 一般来说，无形资产意味着对排他性权利的所有权，能够为其所有者在生产商品和提供劳务过程中创造利益。

无形资产所涉及的会计问题与财产、厂房和设备类似。然而，一个关键的区别是，无形资产带来的未来利益通常比有形资产带来的未来利益更加不确定。例如，公司获得专利的新玩具会被市场接受吗？如果是，它会像 Silly Bandz 橡皮筋或者魔方那样造成轰动，还是只能取得中等程度的成功？它会像芭比娃娃一样长期具有吸引力，还是短期内就会没有市场？简言之，许多无形资产的未来利益都很难预测。事实上，这种不确定性是无形资产的一个标志性特征。与缺乏实物形态相比，也许这是它们区别于有形资产的更好的特征。毕竟，也有其他资产不存在实物形态，但并不是无形资产。例如，应收账款和预付费用没有实物形态，但仍在有形资产中报告。

公司可以从其他主体购买无形资产（现有的专利、著作权、商标权或特许经营权）或者内部开发无形资产（也就是说，开发一个新产品或流程，然后申请专利）。对于购买的无形资产，初始估值通常很简单。我们对其采用原始成本计量，包括购买价格和其他使无形资产达到预定可使用状态的必要成本。例如，如果公司从其他主体购买一项专利，在购买价格之外，它还可能支付法律费用和申请费用。如果无形资产是用股票或其他非货币性资产交换得到的，或者存在延期支付合同，那么其估值方式与财产、厂房和设备相同。

无形资产的成本需要在其使用寿命内摊销，除非它的使用寿命不确定。[②] 此外，与财产、厂房和设备一样，无形资产也遵循资产减值的规定。我们将在第9章讨论摊销和减值。在这一章，我们首先了解无形资产的取得成本。下面简单地看一下一些常见无形资产的购买成本。

专利

专利（patent）是生产产品或使用流程的排他性权利。这一权利是美国专利局颁发的，期限是20年。从本质上讲，专利持有人对于产品或流程的使用、生产或出售具有垄断权。如果专利是从发明人或者其他个人或公司购买的，初始估值为支付的金额。成本可能还包括为取得专利而发生的法律费用和申请费用等。专利持有人经常需要因为被侵权而在法庭上做

---

① 这780亿美元是指估计时得到的公允价值，而不是可口可乐公司资产负债表中显示的历史成本。

② FASB ASC 350-30-35-1：Intangibles-Goodwill and Other-General Intangibles Other Than Goodwill-Subsequent Measurement，and FASB ASC 350-20-35-1：Intangibles-Goodwill and Other-Goodwill-Subsequent Measurement (previously "Goodwill and Other Intangible Assets," *Statement of Financial Accounting Standards No. 142* (Norwalk，Conn.：FASB，2001)).

辩护。任何律师费用和其他成功捍卫专利的成本都要增加到专利账户中。

内部开发专利时，研发成本需要在发生时费用化。我们将在后面详细讨论研发。

我们把为取得专利而支付的法律和申请费用资本化，即使是内部开发的。

著作权

著作权（copyright）是一种保护创作者已经发表的作品的排他性权利，作品可以是歌曲、电影、绘画、照片或图书。著作权受法律保护，在创作者寿命期再加70年的时间内，赋予创作者独家复制和出售艺术品或作品的排他性权利。著作权成本的会计处理和专利相同。

商标权

商标权（trademark）也称为商标名（tradename），这种权利可以是一个词、一个口号、一个符号，或者一个独特标识，以区分公司、产品或服务。商标权可以在美国专利局注册，在受保护的10年时间里，他人不得使用。商标可以不断地重新注册10年保护期，所以商标权是一种使用寿命不确定的无形资产。

商标权或商标名经常通过企业合并而取得。例如，2002年惠普公司以240亿美元取得了康柏计算机公司全部发行在外的股票。其中，14亿美元是康柏公司的商标权。惠普在披露附注中陈述："……无形资产不会进行摊销，因为它的剩余使用寿命不确定，这种不确定是基于许多因素和考虑，包括康柏公司名称已经使用的时间、康柏品牌的知名度和市场地位、在惠普整体产品组合中继续部分地使用康柏品牌的计划。"

商标权或商标名可以非常有价值。前面提到的估计价值为780亿美元的可口可乐商标权就是一个很好的例子。但是，要注意资产负债表中报告的商标权成本远远低于其对公司的估计价值。可口可乐公司2015年12月31日的资产负债表中商标权的成本只有60亿美元。

特许经营权

特许经营权（franchise）是一种合同安排，是指特许经营权授权人授予特许经营人在特定时间、特定区域内使用特许经营权授权人商标权或商标名（还可能包括产品和配方）的权利。许多零售企业如快餐店、汽车经销商、汽车旅馆都是特许经营的。例如，当你在麦当劳门店买汉堡包时，很可能就是在与一个特许经营人进行交易。

麦当劳门店的老板向麦当劳公司支付一定费用，以换取使用麦当劳名称和在指定区域内销售其产品的排他性权利。此外，许多特许经营权授权人还向特许经营人提供其他好处，如参与零售店的建设、员工培训和全国性广告。

支付给特许经营权授权人的费用通常包括初始费用和在特许经营协议期间内定期支付的费用。特许经营人将初始特许经营费加上与合同安排相关的法律成本资本化为无形资产，然后在特许经营协议期间内进行摊销。定期支付的费用通常与特许经营人提供的持续服务有关，在发生时费用化。

大多数购买的无形资产是可以明确辨认的。也就是说，成本直接与特定的无形权利相关。商誉是一个例外，我们接下来讨论。

商誉

商誉是一种独特的无形资产，其成本不能直接与任何单独可辨认的权利相关联，并且它不能与公司本身分离。它代表公司作为一个整体超过其可辨认有形资产和无形资产的独特价值。商誉可以产生于公司的老客户和声誉、训练有素的员工和管理团队、良好的商业位置和其他无法与特定资产相联系的公司特性。

因为商誉不能与公司分离，除非并购整个公司或它的一部分，否则买方不可能取得商誉。只有并购另一个公司的控制权，商誉才会作为资产出现在资产负债表上。在这种情况下，商誉的资本化成本等于并购对价的公允价值（取得价格）减去所取得净资产的公允价值。净资产的公允价值等于所有可辨认有形资产和无形资产的公允价值减去买方估计的被并购公司负债的公允价值。商誉是一种剩余资产，它是其他资产被辨认和估值后剩余的金额，见示例 8-8。

示例 8-8　商誉

Smithson 公司以 1.8 亿美元现金* 收购了 Rider 公司所有发行在外的普通股。Smithson 公司假定收购日 Rider 公司所有长期负债的公允价值是 1.2 亿美元。Ride 公司所有可辨认资产的公允价值如下（单位：百万美元）：

应收账款	$ 50
存货	70
财产、厂房和设备	90
专利	40
总计	$ 250

由收购产生的商誉是 5 000 万美元：

收购对价的公允价值		$ 180
减：所取得净资产的公允价值：		
所取得可辨认资产的公允价值	$ 250	
减：负债的估计公允价值	(120)	(130)
商誉		$ 50

以下日记账分录反映了这次收购对 Smithson 公司资产和负债的影响：

借：应收账款（公允价值）	50	
存货（公允价值）	70	
财产、厂房和设备（公允价值）	90	
专利（公允价值）	40	
商誉（差额）	50	
贷：负债（公允价值）		120
现金（取得价格）		180

* 确定收购方愿意支付超过一家公司可辨认净资产的金额是一个确定公司整体价值的问题。这个问题在大多数高级财务学教材中都会涉及。

当然，一个公司可以通过广告、培训或其他努力来开发自己的商誉。事实上，大多数公司都是这样做的。然而，一个公司必须将内部产生商誉而发生的成本费用化。会计师意识到，不将这些项目资本化违反了配比原则，因为很多这些支出确实可以带来未来利益。同时，当一个公司有外购商誉而另一家公司没有时，很难比较这两家公司。但是，将这些支出与商誉的任何客观计量相联系都是很难的。本质上，这种情况下我们更看重如实反映特征而不是相关性特征。

和其他使用寿命不确定的无形资产一样，我们不摊销商誉。这要求公司必须尽一切努力来识别除合并商誉以外的无形资产，因为商誉是其他资产辨认之后剩余的金额。

补充思考

净资产的公允价值有可能超过对价的公允价值。廉价收购可能是卖方被强制出售所导致的。财务会计准则委员会之前要求把这一差额视为负商誉，应按比例分配，以减少各项所取得资产的金额。这导致取得的资产金额低于其公允价值。然而，目前公认会计原则强制规定企业合并中取得的资产和负债按公允价值计量。[①] 任何负商誉均报告为合并年度的利得。

为了实现这一目标，公认会计原则提供了确定哪些无形资产应单独确认和估值的指南。具体地说，如果一项无形资产来自合同或其他法定权利，或能与被并购方分离，那么这项无形资产应当确认为一项资产而不是商誉。有可能是专利、商标权、著作权、特许经营协议以及客户名单、许可协议、备用订单、雇佣合同和非竞争协议等项目。[②] 在过去，如果在企业合并中出现上述无形资产，它们中的一部分往往被包含在商誉的成本中。[③]

补充思考

合同取得成本。第 4 章介绍了财务会计准则委员会 2014 年发布的新收入确认准则。在新准则下，商品和服务的卖方必须将取得和履行长期（超过一年）合同的增量成本资本化，作为一项无形资产。在新准则下，销售佣金是合同取得成本的一个例子，它可以资本化，而不是费用化。

如果资本化，由此产生的无形资产成本按系统的方式摊销，摊销方式与该资产所涉及的商品或服务的转让模式一致。这项无形资产也使用与其他无形资产相同的方法评估减值。我们在第 9 章讨论无形资产的摊销和减值测试。

三、一次性购买

一次性购买一组资产十分常见。如果这些资产是相同的，例如以总价 15 万美元购买 10 辆相同的运货卡车，那么价值是显而易见的，即每辆卡车的价值是 15 000 美元（150 000÷10）。然而，如果一次性购买涉及不同的资产，有必要把一次性购买价格分配给单独的项目。购买的资产可能有不同的特性和不同的使用寿命。例如，购买一家工厂就可能包括明显不同的资产，如土地、建筑物和设备。

分配比例由每项资产的相对公允价值决定。这个过程在示例 8-9 中得到了很好的解释。

---

① FASB ASC 805：Business Combinations (previously "Business Combinations," *Statement of Financial Accounting Standards No. 141* (revised) (Norwalk, Conn.: FASB, 2007)).

② 同①。

③ 员工是无形资产不被确认为单独资产的一个例子。员工不代表合同或法定权利，也无法与公司整体分离。

示例 8-9　一次性购买

Smyrna Hand & Edge Tools 公司以 2 000 000 美元购买了一个工厂。价格包括土地所有权、工厂建筑物、建筑物中的制造设备、设备使用流程专利和原材料存货。独立评估机构估计的资产公允价值（如果单独购买）如下：

	公允价值	
土地	$ 330 000	15%
建筑物	550 000	25%
设备	660 000	30%
专利	440 000	20%
存货	220 000	10%
总计	$ 2 200 000	100%

一次性购买价格 2 000 000 美元按照如下方式分配给单项资产：

借：土地（15%×2 000 000）	300 000	
建筑物（25%×2 000 000）	500 000	
设备（30%×2 000 000）	600 000	
专利（20%×2 000 000）	400 000	
存货（10%×2 000 000）	200 000	
贷：现金		2 000 000

我们用相对公允价值百分比乘以一次性购买价格来确定每一项单独资产的初始估值。注意一次性购买也包括存货。这里使用的一次性购买价格的分配方法适用于任何类型的资产组合，而不仅仅是财产、厂房和设备以及无形资产。

道德困境

Grandma's Cookie 公司购买了一栋工厂建筑物。公司的财务主管唐·尼尔森（Don Nelson）正在将一次性购买价格在土地和建筑物之间分配。他向公司首席财务官朱迪丝·普林斯（Judith Prince）建议，将价格中分配给土地的比例调高一些。他解释道，这将减少折旧费用，提高利润，增加他们的业绩奖金，并有望提高公司的股票价格。朱迪丝对此做法持保留意见，因为与正确分配购买价格相比，更高的报告利润也将导致更高的所得税。

这里的道德问题是什么？利益相关者的哪些利益会相互冲突？

第 2 节　非现金取得

有时公司在购买时不支付现金就可以取得资产。在第 2 节中，我们将学习四种此类情形：

（1）延期付款（应付票据）；

（2）发行权益证券；

（3）捐赠的资产；

（4）非货币性资产与其他资产交换。

处理这些情形的基本原则是，在任何非现金交易中，取得的资产都以其公允价值记录。公允价值的首选指标是换出的资产、负债或权益证券的公允价值。有时也会使用收到的资产的公允价值，如果它们的公允价值比换出资产的公允价值更加清晰明显。

一、延期付款

公司可以通过向卖方承诺在未来支付现金来取得资产，这会形成一项负债，通常是应付票据。如果应付票据明确要求以实际利率来支付利息，那么资产的初始估值也很简单。例如，假设一台机器的价格是15 000美元，买方签发了一张票据，要求在未来的某个时候支付15 000美元同时加上以实际利率计算的利息。这台机器的估值为15 000美元，交易记录如下：

借：机器	15 000	
贷：应付票据		15 000

大多数负债以未来现金付款的现值来估值，这准确地反映了货币时间价值。只要应付票据明确包含实际利率，现值就等于票面价值。在前面的例子中即为15 000美元。这也应该等于购买机器的公允价值。但是，如果利率没有明确说明或者不是实际利率，确定资产的成本就不会这么直接。在这种情况下，会计师应该透过交易的形式，记录它的本质。思考示例8－10。

示例8－10　以负债取得资产——以票据现值作为公允价值

> 2018年1月2日，Midwestern Steam Gas公司购买了一座工业熔炉。付款时，Midwestern公司签发了一张不带息票据，票据要求在2019年12月31日支付50 000美元。如果Midwestern公司用借来的现金购买熔炉，那么银行的利率为10%。

从表面上看，Midwestern公司最终支付50 000美元现金购买熔炉。然而，这项协议指出，即使在两年后付款也不计利息，因此可以明显看出50 000美元中有一部分不是购买熔炉的付款，而是票据的利息。Midwestern公司对熔炉和相关应付票据的估值应该是多少？

答案是公允价值，就像对所有非现金交易一样。可能是熔炉的公允价值或者票据的公允价值。假设熔炉是定制的，它的现金价格不可得。但Midwestern公司可以按10%的利率计算现金付款的现值来确定应付票据的公允价值。实际支付的金额是贷款协议要求的按市场利率10%折现的现金流量现值。

$$现值=50\ 000\times 0.826\ 45^{*}=41\ 323(美元)$$

*1美元现值：$n=2$，$i=10\%$。

所以，熔炉应以它的实际成本记录，具体如下①：

① 这个分录是假设票据采用总价法记录。如果采用净价法，不使用折价账户，只需按现值记录票据。

借：熔炉	41 323	
贷：应付票据		41 323

借：熔炉（计算见上）	41 323	
应付票据折价（差额）	8 677	
贷：应付票据（面值）		50 000

注意，应付票据也应按 41 323 美元报告。但是，这是通过应付票据折价这一抵减账户来实现的。该账户的金额是票据面值（50 000 美元）和它的现值（41 323 美元）之间的差额。8 677 美元的差额就是最终支付的 50 000 美元中代表利息的部分，并在票据期限内计入利息费用。

假设 Midwestern 公司的会计年度截止日是 12 月 31 日，调整分录只在每年年底记录，公司会在 2018 年底和 2019 年底记录以下分录来计算利息和票据付款：

2018 年 12 月 31 日		
借：利息费用（41 323×10%）	4 132	
贷：应付票据折价		4 132
2019 年 12 月 31 日		
借：利息费用（(41 323 ＋ 4 132)* × 10%）	4 545	
贷：应付票据折价		4 545
借：应付票据（面值）	50 000	
贷：现金		50 000

* 2018 年未付利息使费用增加 4 132 美元。

有时，非现金交易中取得的资产的公允价值可以很容易地根据价格表、之前的购买或其他渠道获得。在这种情况下，这些公允价值可能比应付票据的公允价值更清晰明显，那么它将成为交易的交换价值的最佳证据。让我们考虑示例 8－11。

示例 8－11　不带息票据——资产的公允价值已知

2018 年 1 月 2 日，Dennison 公司购买一台机器，并签发一张不带息应付票据来支付。应付票据要求公司在 2020 年 12 月 31 日支付 100 000 美元。Dennison 公司不确定什么利率能够恰当地反映货币时间价值。然而，价格表显示机器之前的现金购买价格是 79 383 美元。

Dennison 公司在 1 月 2 日将资产和负债都记录为 79 383 美元，具体如下：

借：机器（现金价格）	79 383	
应付票据折价（差额）	20 617	
贷：应付票据（面值）		100 000

在这种情况下，我们根据资产的公允价值推断应付票据的现值。同样，79 383 美元的票据现值和 100 000 美元的现金付款之间的差额代表利息。我们可以确定隐含在协议中的利率，如下所示：

79 383(现值)＝100 000(面值)×现值系数

79 383÷ 100 000 ＝ 0.793 83*

* 1 美元现值：$n=3$，$i=?$（$i=8\%$）。

查现值表可得利率为 8%，即为隐含利率。Dennison 公司以每年 8%的利率计算利息，方法与示例 8－10 中列示的类似。我们将在第 12 章中深入讨论这个问题。

现在我们来关注用权益证券交换或通过捐赠取得的资产。

二、发行权益证券

发行权益证券来取得财产、厂房和设备以及无形资产的情形，最经常发生在小公司成立时，新公司的所有者向公司提供资产并得到所有权证券，通常是普通股。由于这些普通股没有公开交易，因此很难确定其公允价值。在这种情况下，公司收到的资产的公允价值可能是交易交换价值的更好指标。在其他情况下，尤其是那些涉及股票活跃交易的公司，股票的市场价值最能代表公允价值。思考示例8-12。

示例8-12　通过发行权益证券取得资产

2018年3月31日，Elcorn公司发行了10 000股无面值普通股以换取土地。在交易当天，根据市场价格，普通股的公允价值是每股20美元。记录该交易的日记账分录如下：

借：土地	200 000	
贷：普通股（10 000×20）		200 000

如果普通股的公允价值无法可靠地计量，通过独立评估方式确定的土地价值可以作为土地成本和普通股的价值。

三、捐赠的资产

偶尔，公司会获得捐赠的资产。捐赠通常是一种“诱饵”，吸引其他主体做一些对捐赠者有利的事。例如，工业园区的开发商可能支付一些成本来建立生产设施，以吸引公司在园区落户。对于非关联方捐赠的资产，公司以其公允价值计量，公允价值根据可获得的市场价格或评估价值确定。这不应被视为对历史成本估值的背离。相反，这相当于捐赠者向公司捐赠现金，然后公司使用该资金来购买资产。

接受捐赠方以公允价值记录资产，应贷记什么账户？这些年来，对这个问题一直存在分歧。接受捐赠的公司应该增加投入资本（代表股东对公司的投资）吗？或者，捐赠资产应被视为收入吗？公认会计原则要求捐赠资产应记录为收入。[①] 回忆一下，收入是通过销售商品、提供劳务或其他构成主体持续进行的主要或核心经营活动产生的资产流入。这种处理的基本原理是，接受捐赠的公司向捐赠方提供服务以换取捐赠的资产。

公司偶尔会收到来自政府单位的捐赠。地方政府单位可能会通过提供土地、支付新办公楼或生产厂房的全部或部分成本来吸引公司在其境内落户。例如，加利福尼亚州圣何塞市为IBM支付了很大一部分办公楼的成本。新办公楼位于圣何塞市中心，为城市带来了工作机会并增加了城市的收入。圣何塞市没有通过捐赠获得IBM的任何所有权利益，但结果是明显受益的。示例8-13提供了一个例子。

---

① FASB ASC 958-605-15-2 and FASB ASC 958-605-25-2：Not-for-Profit Entities-Revenue Recognition-Scope and Scope Exceptions-Contributions Received（previously “Accounting for Contributions Received and Contributions Made,” *Statement of Financial Accounting Standards No. 116*（Norwalk，Conn.：FASB，1993））.

示例 8－13　资产捐赠

Elcorn 公司决定将办公室总部迁至韦斯特蒙特市。韦斯特蒙特市同意支付总部建筑物成本 2 000 万美元的 20%来吸引 Elcorn 公司搬迁至本市。这座建筑物在 2018 年 5 月 3 日完工。Elcorn 公司用现金支付了其应付建筑物成本的一部分。Elcorn 公司记录这项交易如下：

借：建筑物	20 000 000
贷：现金	16 000 000
收入——资产捐赠（20 000 000×20%）	4 000 000

国际财务报告准则

政府补助。美国公认会计原则和国际财务报告准则都要求企业以公允价值计量捐赠资产。然而，对于政府补助，两套准则的计量方式不同。与美国公认会计原则不同，在国际财务报告准则下，捐赠资产不被记录为收入。国际会计准则第 20 号规定，政府补助在一段时期内计入利润，以便系统地将它们与其所补偿的成本相配比。例如，对于与资产相关的补助，国际会计准则第 20 号允许两种可选择的处理方法。①

1. 在确定资产初始成本时扣除补助金额。
2. 在资产负债表中，将补助记录为递延收益负债，并在资产使用寿命期限内系统地计入利润。

在示例 8－13 中，如果该公司选择了第一种方法，那么该建筑物将被记录为 1 600 万美元。如果该公司选择了第二种方法，那么该建筑物将被记录为 2 000 万美元，但是与美国公认会计原则下确认 400 万美元收入不同，这 400 万美元贷记递延收益，并在建筑物的使用期内确认为利润。

西门子是一家总部位于德国的全球电子和电力工程公司，它根据国际财务报告准则编制财务报表，有时会收到政府补助用于购买或建造固定资产。以下披露的最近财务报表中的附注表明西门子使用第一种方法，从资产的初始成本中扣除了补助的金额。

> 政府补助（部分）
>
> 用于购买或建造固定资产的补助（与资产相关的补助）一般抵消了相应资产的购买或建造成本，并减少了未来的折旧。

财产、厂房和设备及无形资产也可以在交换中取得。交换交易本身就涉及处置一项被换出的资产以换取另一项资产，我们将在下面的部分讨论这些交易。

决策者视角

财产、厂房和设备及无形资产的取得决策属于管理层必须做出的重大决策。购买一架新飞机、建造或购买一栋新办公楼或生产厂房会影响公司很多年的业绩。

这些决策通常称为**资本预算**（capital budgeting）决策，需要管理层预测由这些资产形成的未来净现金流量（现金流入减去现金流出）。然后在模型中用这些现金流量来确定未来的现金流量是否足以弥补资本支出。在这些模型中，净现值模型将资产未来净现金流量的现

① "Government Grants," *International Accounting Standard No. 20* (IASCF), as amended effective January 1, 2016.

值与初始投资成本相比较。如果现值高于初始投资成本，则购买资产。在财务管理课程中，你已经学过更深层次的资本预算。了解货币时间价值的概念为我们提供了评估资本预算决策所必需的重要工具。

公司盈利能力的关键是如何管理和利用其资产。财务分析师经常使用经营活动效率或周转率来评价一个公司管理资产的有效性。这个概念在之前的章节中已用应收账款和存货说明。财产、厂房和设备通常是公司产生收入的主要资产。有效地使用它们对产生所有者满意的回报是至关重要的。分析师经常使用一个比率来有效地衡量管理者使用财产、厂房和设备的效率，即**固定资产周转率**（fixed-asset turnover ratio）。这一比率的计算公式如下：

$$\text{固定资产周转率}=\frac{\text{销售收入净额}}{\text{平均固定资产}}$$

该比率表明由公司固定资产投资产生销售收入的水平。分母通常是财产、厂房和设备的账面价值（有时称为持有价值或持有金额，等于成本减去累计折旧和减值）。[①]

与其他周转率相同，我们可以把公司的固定资产周转率与竞争对手、行业平均水平或同一公司不同时期的比率进行比较。让我们来比较一下盖璞公司和 Ross Stores 公司的固定资产周转率，这两家公司都属于服装零售行业。

单位：百万美元

	盖璞		Ross Stores	
	2016 年	2015 年	2016 年	2015 年
财产、厂房和设备（净值）	$ 2 850	$ 2 773	$ 2 343	$ 2 274
销售收入净额——2016 年	$ 15 797		$ 11 940	

盖璞公司 2016 年的固定资产周转率是 5.62（15 797÷[(2 850+2 773)÷2]），而 Ross Stores 公司是 5.17（11 940÷[(2 343+2 274)÷ 2)]）。盖璞公司每 1 美元固定资产产生的销售收入比 Ross Stores 公司多 0.45 美元。

四、交换

有时公司会用一项非现金资产来交换另一项资产。这经常发生在以旧换新交易中，即以一项旧资产来交换新资产，并用现金弥补交换资产公允价值的差额。这些非货币性资产[②]交换的基本原理是对取得的资产按公允价值计量。其金额可以根据换出资产的公允价值或收到资产的公允价值加上（或减去）补价。实务中，在公平交易中我们预计收到资产的公允价值等于换出资产的公允价值。我们将换出资产的公允价值和账面价值之间的差额确认为利得或损失，见示例 8-14A。

---

① 如果无形资产不多，它们的账面价值也可以加到分母上。此时，这一比率反映所有长期的产生收入的资产的周转率。使用账面价值提供了公司当前对这些资产投资的近似值。

② 货币性项目是指金额固定（根据合同或其他因素，用具体的美元数额表示）的资产和负债。其他项目则视为非货币性的。

示例 8-14A　非货币性资产交换——利得

Elcorn 公司用其激光设备换取由 American Laser 公司制造的新型空冷离子激光器。旧设备的账面价值为 100 000 美元（成本 500 000 美元减去累计折旧 400 000 美元），公允价值为 150 000 美元。作为交换的一部分，Elcorn 公司还向 American Laser 公司支付了 430 000 美元现金。以下日记账分录记录了这项交易：

借：设备——新（150 000 + 430 000）	580 000	
累计折旧——旧（账户余额）	400 000	
贷：设备——旧（账户余额）		500 000
现金（支付金额）		430 000
利得（150 000－100 000）		50 000

新激光设备按 580 000 美元记录，即旧设备的公允价值 150 000 美元加上支付的现金 430 000 美元。旧资产账户和累计折旧账户的余额在交易当天都被转销，同时记录支付的现金。Elcorn 公司确认了 50 000 美元的利得，即旧设备公允价值 150 000 美元与账面价值 100 000 美元的差额。这 50 000 美元的利得也是日记账分录中使借方与贷方相等所需要的金额。

在示例 8-14A 中，已知旧资产的公允价值（150 000 美元）。然而，在交易中，新资产的公允价值往往比二手资产的价值更加明显。例如，如果知道新资产的公允价值是 580 000 美元，那么旧资产的公允价值可能会根据新资产的公允价值减去支付的现金（580 000－430 000）来确定。

让我们稍微修改一下示例，假设旧设备的公允价值是 75 000 美元，而不是 150 000 美元。示例 8-14B 显示了记录交易的日记账分录。

示例 8-14B　非货币性资产交换——损失

Elcorn 公司用其激光设备换取由 American Laser 公司制造的新型空冷离子激光器。旧设备的账面价值为 100 000 美元（成本 500 000 美元减去累计折旧 400 000 美元），公允价值为 75 000 美元。作为交换的一部分，Elcorn 公司还向 American Laser 公司支付了 430 000 美元现金。以下日记账分录记录了这项交易：

借：设备——新（75 000 + 430 000）	505 000	
累计折旧——旧（账户余额）	400 000	
损失（达到平衡，也是账面价值 100 000－公允价值 75 000）	25 000	
贷：设备——旧（账户余额）		500 000
现金（支付金额）		430 000

新激光设备按 505 000 美元记录，即旧设备的公允价值 75 000 美元加上支付的现金 430 000 美元。Elcorn 公司确认了 25 000 美元的损失，即旧设备公允价值 75 000 美元与账面价值 100 000 美元的差额。这 25 000 美元的损失也是日记账分录中使借方与贷方相等所需要的金额。

重要的是要理解，这些交易中确认的利得或损失是换出资产的公允价值和账面价值之间的差额。支付或收取的现金不影响确认的利得或损失的金额。支付或收取的现金只是用来弥补交换资产公允价值的差额。

到 2005 年为止，非货币性资产交换的会计处理取决于许多因素，包括：（1）交换的资产是相似还是不相似的；（2）交易中是否出现利得或损失；（3）是支付还是收取现金。一项新的会计准则[①]简化了交换的会计处理，新准则要求使用公允价值，除了在极少数无法确定公允价值或交换缺乏商业实质的情况下。[②]

---

① FASB ASC 845：Nonmonetary Transactions (previously "Exchanges of Nonmonetary Assets an amendment of APB Opinion No. 29," *Statement of Financial Accounting Standards No. 153* (Norwalk, Conn.: FASB, 2004)).

② 还有在非货币性资产交换中不使用公允价值的第三种情形。这种交易是一种存货交换，以便于向交易参与者之外的客户销售。

下面我们分别讨论两种少见的情形。

无法确定公允价值

无法合理确定交换中任一资产的公允价值是不常见的。然而，如果真的出现这种情况，公司则会直接使用换出资产的账面价值加上（减去）任何支付（收取）的现金来计量取得的资产。例如，如果示例 8-14A 的公允价值无法确定，Elcorn 公司会记录交换交易如下：

借：设备——新（账面价值+现金：100 000 + 430 000）	530 000
累计折旧——旧（账户余额）	400 000
贷：设备——旧（账户余额）	500 000
现金（支付金额）	430 000

新设备按旧设备的账面价值（100 000 美元）加上支付的现金（430 000 美元）计量。不确认利得或损失。

缺乏商业实质

如果按公允价值记录一项交换，我们把换出资产的公允价值与账面价值之间的差额确认为利得或损失。为了防止公司仅仅是为了确认利得而交换升值的资产，公允价值只有在具有"商业实质"的利得情形下才可以使用。

当未来现金流量由于交换而发生变化时，非货币性资产交换就被认为是具有商业实质的。大多数交换都是出于商业原因，如果未来现金流量预期不会变化就不会发生交易。例如，新型设备可以增加产量或者提高生产效率，导致收入增加或者经营成本下降，从而导致未来现金流量增加。示例 8-14A 中用旧激光设备交换新设备是出于商业原因而交易的一个例子。

利得情形

假设一个公司拥有一块账面价值为 100 万美元、公允价值为 500 万美元的土地。确认 400 万美元升值的唯一方法是出售这块土地或者在有合法商业目的的情况下用这块土地交换另一项非货币性资产。例如，如果用这块土地交换了一项不同类型的资产，比如一栋办公楼，那么未来现金流量很可能会改变。在这种情况下，该交换具有商业实质，可以确认 400 万美元的利得。但是，如果用这块土地交换了另一块具有相同特征的土地，那么未来现金流量不太可能会改变。在这种情况下，交换缺乏商业实质，新土地按照旧土地的账面价值来估值。示例 8-15 提供了一个例子。

示例 8-15　非货币性资产交换——交换缺乏商业实质

Elcorn 公司用一块土地和 Sanchez Development 公司交换一块类似的土地。旧土地的账面价值为 2 500 000 美元，公允价值为 4 500 000 美元。Elcorn 公司还向 Sanchez 公司支付了 500 000 美元现金。下面的日记账分录记录了这项交易，假设交换缺乏商业实质：

借：土地——新（账面价值+现金：2 500 000 + 500 000）	3 000 000
贷：土地——旧（账户余额）	2 500 000
现金（支付金额）	500 000

新土地按 3 000 000 美元记录，即旧土地的账面价值 2 500 000 美元加上支付的现金 500 000 美元。因为该交换不具有商业实质，所以不确认利得。

财务会计准则委员会要求在使用公允价值时必须具有商业实质的意图，是为了避免公司仅仅为了确认利得而进行没有商业原因的财产交易。

损失情形

在示例 8－15 中，如果换出土地的公允价值小于其账面价值会怎样？除非有合理的原因，否则公司一般不会进行这种类型的交易。如果在非货币性资产交换中发生损失，我们可以记录这项损失并使用公允价值来计量取得的资产。

补充思考

在示例 8－15 中，是支付现金。如果是收取现金呢？假设不是支付 500 000 美元，而是收取 450 000 美元。旧土地的公允价值是 4 500 000 美元。这意味着收到的土地的公允价值是 4 050 000 美元（4 500 000－450 000）。这种情况下，交易的一部分是货币性的，我们需要确认 2 000 000 美元利得（公允价值 4 500 000 美元－账面价值 2 500 000 美元）的一部分。确认的利得金额等于收取的现金占总价值的相应比例那一部分。①

$$\frac{450\ 000}{450\ 000+4\ 050\ 000}=10\%$$

Elcorn 公司确认 200 000 美元（2 000 000×10%）的利得，并将收到的土地估值为 2 250 000 美元，即换出土地的账面价值（2 500 000 美元）加上确认的利得（200 000 美元），减去收到的现金（450 000 美元）。下面的日记账分录记录了这项交易：

借：土地——新（2 500 000 ＋ 200 000－450 000）	2 250 000	
现金	450 000	
贷：土地——旧		2 500 000
利得		200 000

示例 8－16 总结了对利得和损失的处理，以及上面讨论的每一种交换下取得的资产的记录金额。

示例 8－16　交换

交换类型	在交换中确认的利得/损失金额	收到资产的记录金额*
公允价值可以确定	利得＝换出资产的公允价值－换出资产的账面价值	换出资产的公允价值＋支付的现金（或－收到的现金）
	损失＝换出资产的账面价值－换出资产的公允价值	同上
公允价值无法确定	不确认利得或损失	换出资产的账面价值＋支付的现金（或－收到的现金）

① 如果收到的货币对价金额是重大的，则该交易被视为货币性交易并确认全部利得。换言之，交易被视为具有商业实质。公认会计原则将这种情况下的“重大”定义为占交换公允价值的 25%及以上。FASB ASC 845-10-25-6：Nonmonetary transactions-Overall-Recognition（previously “Interpretations of *APB Opinion No. 29*，” *EITF Abstracts No. 01-02*（Norwalk，Conn. FASB，2002））.

续

交换类型	在交换中确认的利得/损失金额	收到资产的记录金额*
缺乏商业实质	利得＝（换出资产的公允价值－换出资产的账面价值）×（收到的现金÷收到的公允价值总额）	换出资产的账面价值－收到的现金＋确认的利得
	利得＝0，如果没有收到现金	换出资产的账面价值＋支付的现金
	损失＝换出资产的账面价值－换出资产的公允价值	换出资产的公允价值＋支付的现金（或－收到的现金）

*对于每种类型的交换，交换时都要转销换出资产的账面价值（成本减去累计折旧）。

如果公允价值可以确定，我们以公允价值总额记录收到的资产。换出资产的公允价值和账面价值之间的差额记录为利得和损失。

如果公允价值无法确定，不能用公允价值记录收到的资产，因此我们不会记录换出资产的利得或损失。收到的资产按照换出资产的账面价值记录，并根据交换的现金进行调整。

对于缺乏商业实质的交换，会计处理规则体现了避免确认利得的倾向，除非收到的现金使得该交易的一部分成为一种货币性交换。缺乏商业实质的交易所发生的损失，无论是收到还是支付现金，都应当全部确认，就像在公允价值可以确定时发生的损失那样。

概念回顾练习

交换

MD公司最近取得了一台用于生产的新设备。在交换中，公司换出了一项现有资产，其原始成本是60 000美元，交换当天的累计折旧是45 000美元。此外，MD公司向设备制造商额外支付了40 000美元现金。旧设备的公允价值是17 000美元。

要求：

1. 编制MD公司用来记录交换交易的日记账分录，假设交易具有商业实质。
2. 编制MD公司用来记录交换交易的日记账分录，假设交易不具有商业实质。
3. 编制MD公司用来记录交换交易的日记账分录，假设旧设备的公允价值只有10 000美元。

解答：

1. 编制MD公司用来记录交换交易的日记账分录，假设交易具有商业实质。

借：设备——新（17 000＋40 000）	57 000	
累计折旧——旧（账户余额）	45 000	
贷：设备——旧（账户余额）		60 000
现金（支付金额）		40 000
利得（公允价值17 000美元－账面价值15 000美元）		2 000

2. 编制MD公司用来记录交换交易的日记账分录，假设交易不具有商业实质。

借：设备——新（15 000＋40 000）	55 000	
累计折旧——旧（账户余额）	45 000	
贷：设备——旧（账户余额）		60 000
现金（支付金额）		40 000

3. 编制MD公司用来记录交换交易的日记账分录，假设旧设备的公允价值只有10 000美元。

借：设备——新（10 000+40 000）	50 000
累计折旧——旧（账户余额）	45 000
损失（账面价值15 000美元－公允价值10 000美元）	5 000
贷：设备——旧（账户余额）	60 000
现金（支付金额）	40 000

第3节　自行建造资产和研发

与财产、厂房和设备以及无形资产相关的两种类型的支出的会计处理产生了相当大的争议，即自行建造资产的利息成本和花费在研发上的费用。下面我们来了解这些支出以及争议为什么会产生。

一、自行建造资产

公司可能会决定建造一项自用资产，而不是购买现成的资产。例如，像诺德斯特龙这样的零售商可能决定建造自己的商店，而不是购买一栋现成的建筑物。像英特尔这样的制造商可能会建造自己的制造工厂。事实上，诺德斯特龙和英特尔只是许多自行建造资产的公司的两个例子。其他的例子包括迪士尼、西尔斯百货和卡特彼勒等。通常这些公司会作为主要承包商，将实际的建造工作分包出去。

这些实例中的关键会计问题是识别自行建造资产的成本。这项任务比购买资产更加困难，因为没有通过对外交易建立一个交易价格。实际上，在将成本分配给自行建造资产方面有两个难题：(1) 确定分配给自行建造资产的间接建造成本（间接成本）；(2) 确定自行建造期间合适的利息（实际的或隐含的）处理方法。

间接成本的分配

自行建造资产成本的一个难题与确定产品成本类似。一个特定建造项目的材料和直接人工成本通常很容易识别。然而，间接建造成本的处理及其在建造项目和正常产品之间的分配却是一个有争议的话题。

一些会计师提议，建造总成本中仅包含增量间接成本，即资产成本只包括那些因为决定建造资产而发生的额外成本。这将排除无论是否建造项目都会发生的折旧和管理层薪酬等间接成本。然而，如果一名新的建造主管被专门聘请参与项目工作，那么其工资将包括在资产成本中。

也有会计师主张，采用与常规制造过程一样的方法分配间接成本。也就是说，所有的间接成本按选择的成本动因的相对数量（例如人工工时）分配到产品和自行建造资产中。这就是所谓的完全成本法，这是确定自行建造资产成本的公认方法。

利息资本化

再次重申，资产的成本包括使资产达到预定可使用状态的所有必要成本。不像从另一家公司购买资产，自行建造资产需要时间。在建造期间，项目必须以某种方式融资。这会导致一个问题，即建造期间的利息成本是建造资产本身的成本还是只是资产的融资成本。

一方面，我们可能会指出在制造存货期间或者为外购厂房资产筹集资金的利息费用，并认为建造期间的利息费用只是资产的融资成本，像其他所有利息费用一样应该在发生当期费用化。

另一方面，我们可能会认为自行建造资产是不同的，因为在建造期间它们还没有达到预定可使用状态并产生收入。所以，为了符合历史成本原则，在此期间所有的成本，包括利息都应该资本化。然后，在资产产生收益的以后期间以折旧的形式分配。

符合条件的资产

公认会计原则与上述第二个观点一致。具体来说，利息在资产建造期间需要资本化，如果：（1）建造资产供公司自己使用；（2）资产建造成独立的项目以供出售或出租（例如船舶或房地产开发）。利息资本化不适用于大量重复生产的存货和已经在使用或已经达到预定可使用状态的资产。[①] 这些资产在生产过程中发生的利息成本在发生时费用化。

资本化期间

自行建造资产的资本化期间始于第一笔支出（材料、人工或间接成本），终于资产已实质上完工且达到预定可使用状态或者利息成本不再发生。利息成本可以是普通借款，而不是专门为建造项目的借款所发生的利息。然而，利息成本不能是推算的，必须是实际发生的。

平均累计支出

因为我们认为利息是使自行建造资产达到预定可使用状态的必要成本，所以资本化的金额只是建造期间发生的利息成本部分。如果资产支出没有发生，这部分利息成本是可以避免的。换句话说，如果没有进行建造，为项目产生的债务就不是必要的，或者其他有息债务可能被清偿或在其他地方使用。

因此，利息只应根据在资本化期间实际发生的建造支出确定。除非所有支出都产生于建造期间开始时，否则有必要确定建造期间支出的平均金额。这是对这些支出进行融资所需要的债务金额，因此其利息金额应当计算在资本化的范围内。例如，如果一个公司在整个建造期间均匀地累计了 1 500 000 美元的建造支出，平均支出应为：

在整个建造期间发生的累计支出总额	$1 500 000
	÷2
平均累计支出	$750 000

建造期间开始时没有累计支出，所以也没有应该计算的利息（基于债务的金额）。但是，建造期间结束时应该计算利息的债务总额为 150 万美元。所以，应该计算利息的平均累计支出是债务总额的一半即 75 万美元。

如果支出不是在整个建造期间均匀发生的，简单平均数是不准确的。在这种情况下，加权平均数由每项支出或若干组支出从发生到建造期结束时的时间加权来决定。

---

① FASB ASC 835-20-25：Interest-Capitalization of Interest-Recognition (previously "Capitalization of Interest Costs," *Statement of Financial Accounting Standards No. 34* (Stamford, Conn.: FASB, 1979)).

让我们利用示例8-17中的支出和贷款信息来演示利息资本化的计算。这一计算包括三个步骤：(1) 确定加权平均累计支出；(2) 计算资本化的利息金额；(3) 将计算的利息与实际发生的利息进行比较。

示例8-17 利息资本化的支出和贷款信息

2018年1月1日，Mills Conveying Equipment公司开始建造一栋用作办公总部的建筑物。这栋建筑物在2019年6月30日完工。项目的支出（主要是支付给分包商）如下：

2018年1月1日	$500 000
2018年3月31日	400 000
2018年9月30日	600 000
2018年12月31日累计支出（利息资本化前）	$1 500 000
2019年1月31日	600 000
2019年4月30日	300 000

2018年1月1日，公司获得利率为8%的100万美元建造贷款。在整个建造期间贷款未被偿还。公司的其他有息债务包括两项长期票据，分别为利率为6%的2 000 000美元票据和利率为12%的4 000 000美元票据。在整个建造期间票据都未被偿还。

2018年末的加权平均累计支出如下：

	实际支出		时间占全年的比例		时间加权平均支出
2018年1月1日	$500 000	×	12/12	=	$500 000
2018年3月31日	400 000	×	9/12	=	300 000
2018年9月30日	600 000	×	3/12	=	150 000
	$1 500 000				$950 000

注意，加权平均累计支出小于实际累计支出1 500 000美元。如果Mills公司借款的金额只是项目融资所需的金额，那么在全年就不会按照1 500 000美元的贷款产生利息，而只会按照平均贷款950 000美元产生利息。下一步是确定加权平均累计支出的资本化利息。

利率

在这种情况下，建造项目专门进行债务融资，且借来的金额能够满足平均累计支出。为了确定利息资本化金额，我们简单地用建造贷款利率8%乘以加权平均累计支出。

2018年资本化利息＝950 000×8%＝76 000(美元)

注意，这与在每一笔支出发生时分别乘以建造贷款利率8%的计算结果相同。

实际支出		年利率		时间占全年的比例		计算的利息
$500 000	×	8%	×	12/12	=	$40 000
400 000	×	8%	×	9/12	=	24 000
600 000	×	8%	×	3/12	=	12 000
2018年资本化利息						$76 000

76 000美元的利息计入建筑的成本当中，加上截至2018年12月31日的累计支出，得到1 576 000美元（1 500 000＋76 000）。剩下的没有资本化的利息成本应该费用化。

应该强调，利息资本化不要求是为特定项目的专门借款，只要该公司有未偿还的债务即可。即使公司没有专门为这个项目借款，其他借款的资金也必须转移来资助项目的建造。无论哪一种方式——直接或间接——利息成本都会产生。在我们的例子中，即使没有建造借款，利息也会因其他未偿还债务而资本化。资本化利息是其他借款的平均累计支出乘以加权平均利率。除建造借款以外所有债务的加权平均利率为10%，计算如下[①]：

贷款		利率		利息
$2 000 000	×	6%	=	$120 000
4 000 000	×	12%	=	480 000
$6 000 000	×		=	$600 000

$$加权平均利率=\frac{600\ 000}{6\ 000\ 000}=10\%$$

这是一个加权平均数，因为6 000 000美元总负债的总利息是600 000美元。因此，在我们的例子中，没有任何专门的建造借款，2018年利息资本化金额为95 000美元（950 000×10%）。

补充思考

在本例中，我们没有在2018年使用加权平均利率，因为专门建造借款足以满足平均累计支出。如果专门建造借款不足以满足平均累计支出，那么平均累计支出中专门借款金额限度以内的部分才能使用8%的利率，超过专门借款的剩余平均累计支出将乘以其他未偿还有息债务的加权平均利率。为了说明这一点，假设利率8%的建造借款只有500 000美元而不是1 000 000美元。我们用专门借款利率和加权平均利率分别计算资本化利息：

	时间加权平均支出		年利率		计算的利息
合计	$950 000				
专门借款	500 000	×	8%	=	$40 000
超额	$450 000	×	10%	=	45 000
资本化利息					$85 000

在本例中，有必要在2019年使用这种方法。

计算出的资本化利息金额有可能超过实际产生的利息。在这种情况下，我们以实际利息为上限来确定资本化利息。在我们的示例中，2018年产生的总利息远远超过计算所得的76 000美元资本化利息，所以没有必要限制资本化金额。

贷款		年利率		实际利息	计算的利息
$1 000 000	×	8%	=	$80 000	
2 000 000	×	6%	=	120 000	
4 000 000	×	12%	=	480 000	
				$680 000	$76 000
					↑ 用较低的金额

① 用个别债务利率乘以相对债务金额也能得到相同的结果。本例中，1/3的债务利率为6%，2/3的债务利率为12%［(1/3×6%)+(2/3×12%)=10%］。

继续以示例 8-17 中的信息为基础，来确定 2019 年建筑的资本化利息金额。项目完工时的总累计支出如下：

2019 年初累计支出（包括资本化利息）	$1 576 000
2019 年 1 月 31 日支出	600 000
2019 年 4 月 30 日支出	300 000
2019 年 6 月 30 日累计支出（2019 年利息资本化之前）	$2 476 000

项目完工时的加权平均累计支出为：

	实际支出		时间比例		时间加权平均支出
2019 年 1 月 1 日	$1 576 000	×	6/6	=	$1 576 000
2019 年 1 月 31 日	600 000	×	5/6	=	500 000
2019 年 4 月 30 日	300 000	×	2/6	=	100 000
2019 年加权平均累计支出					$2 176 000

注意，2019 年的加权支出是相对于 6 个月的建造期而言的，因为项目在 2019 年 6 月 30 日完工。2019 年资本化利息是 98 800 美元，计算如下：

	时间加权平均支出		年利率		时间占全年的比例		计算的利息
合计	$2 176 000						
专门借款	1 000 000	×	8%	×	6/12	=	$40 000
超额	$1 176 000	×	10%	×	6/12	=	58 800
2019 年资本化利息							$98 800

乘以 6/12，反映了利率是年利率（12 个月），而建造期只有 6 个月。接下来，我们将计算的利息与实际发生的利息进行比较。

贷款		年利率		占全年的比例		实际利息	计算的利息
$1 000 000	×	8%	×	6/12	=	$40 000	
2 000 000	×	6%	×	6/12	=	60 000	
4 000 000	×	12%	×	6/12	=	240 000	
						$340 000	$98 800

↑ 用较低的金额

对于 2019 年的前 6 个月，98 800 美元的利息被资本化，建筑的资本化总成本为 2 574 800 美元（2 476 000 +98 800），并有 241 200 美元的利息被费用化（340 000−98 800）。

补充思考

为了说明实际利息限制是可能发生的，假设在我们的示例中非专门借款金额是 200 000 美元和 400 000 美元（而不是 2 000 000 美元和 4 000 000 美元）。我们的比较会有如下变化：

贷款		年利率		占全年的比例		实际利息	计算的利息
$1 000 000	×	8%	×	6/12	=	$40 000	
2 000 000	×	6%	×	6/12	=	60 000	
4 000 000	×	12%	×	6/12	=	24 000	
						$70 000	$98 800
						↑ 用较低的金额	

我们将以上讨论的确定资本化利息的方法称为**专门利率法**（specific interest method），因为在使用其他债务的平均利率之前，先使用专门建造借款的利率进行计算。有时候，很难将专门借款与项目相关联。在这些情况下，可以对所有有息债务仅使用加权平均利率，包括所有建造借款。这被称为**加权平均法**（weighted-average method）。例如，在我们的示例中，如果金额为100 000美元、利率为8%的借款与建造项目没有特定关联，我们按如下方法计算一个单一的加权平均利率。

贷款		年利率		利息
$1 000 000	×	8%	=	$80 000
2 000 000	×	6%	=	120 000
4 000 000	×	12%	=	480 000
$7 000 000				$680 000

$$加权平均利率=\frac{680\ 000}{7\ 000\ 000}=9.7\%$$

如果使用加权平均法，而不是专门利率法，我们只使用这一单一利率乘以平均累计支出来确定资本化利息。

披露

对于利息成本资本化的会计期间，资本化的利息成本总额如果是重大的就应该披露。示例8-18展示了一个利息资本化的披露附注，这项披露附注包含在世界上最大的零售商沃尔玛公司最近的年度报告中。

示例8-18　资本化利息披露——沃尔玛公司

财产和设备（节选）
在2016、2015和2014财年，建造项目的资本化利息成本分别为3 900万美元、5 900万美元、7 800万美元。

二、研究和开发（研发）

“创新”是大多数公司的营销和生产部门常用的一个词。为了实现下一个畅销产品或服务，公司之间展开激烈的竞争。2015年，大众公司花费超过150亿美元研发混合动力汽车的新技术，并改进了二氧化碳排放技术。微软公司在开发新技术产品方面花费了114亿美元。在微软公司的118 000名员工中，有39 000人从事产品研发工作。谷歌在自动驾驶汽车和电脑眼镜等未来主义理念上花费了98亿美元。默克公司投资72亿美元测试与肿瘤、传染病、疫苗和糖尿病相关的新药。

公司愿意在研发上投入大量资金，因为它们相信这些项目最终会带来超过当前支出的收益。然而，遗憾的是，很难预测哪个研究和开发项目最终会带来好处。谷歌在自动驾驶汽车上的支出是否能产生足够的收入来弥补其成本？此外，即使是那些成功的项目，研发成本和具体未来收入之间的直接关系也很难确定。换句话说，即使研发成本确实带来了未来收益，也很难客观地确定这些利益的规模，以及资本化的成本应该在哪个期间计入费用。由于这些原因，财务会计准则委员会采取了一种稳健的方法，要求研发成本立即费用化。[①]

财务会计准则委员会的决定是有争议的。许多公司宁愿推迟对这些费用的确认，直到这些支出有了成果。换句话说，许多公司倾向于将研发支出先记为资产，因为至少有一部分研发支出可能会带来未来利益。将研发支出费用化的要求导致了低估资产、高估费用。

确定研发成本

公认会计原则是这样区分研究和开发的：

- **研究**是有计划的搜寻或关键的调查，旨在发现新知识，并期望这些知识有助于开发新产品、新服务、新流程、新技术，或者对现有产品或流程有重大改进。

- **开发**是将研究发现或其他知识转化为计划、新产品或流程设计，或者对现有产品或流程（无论是出售还是使用）的重大改进。[②]

研发成本包括从事研发活动人员的工资、薪金和其他人工成本，研发项目中使用的材料、设备、设施和无形资产的成本，研发活动中他人提供的服务成本，以及与这些活动相关的合理分配的间接成本。一般管理成本不应包括在内，除非其与研发活动直接相关。

如果为一个研发项目专门购买资产，则其成本应作为研发成本立即费用化，即使资产的使用寿命超过了当年。然而，如果此项资产不仅用于当前研发项目，还有其他未来用途，则资产的成本不应作为当期研发费用。这些多用途资产用于研发活动的折旧或摊销应当包含在当期和未来期间的研发费用中。

一般来说，研发成本是在商业生产开始之前的活动中发生的。商业生产通常指公司在为出售给客户而开始生产之前，已经不再计划对产品进行重大改变。

商业生产开始之后发生的任何成本都不是研发成本。这些成本应当费用化或者作为制造费用计入存货成本。

示例8-19用时间线阐释了这一概念。时间线始于研发项目的开始，结束于开发产品的最终销售或开发流程的最终使用。这个示例还提供了典型的研发活动的例子和典型的非研发活动的例子。[③] 我们来看示例8-20中的例子。

---

① FASB ASC 730-10-25-1：Research and Development-Overall-Recognition（previously "Accounting for Research and Development Costs," *Statement of Financial Accounting Standards No. 2*（Stamford，Conn.：FASB，1974），par. 12）。

② 同①，section 730-10-20（previously par. 8 of SFAS No. 2）.

③ 同①.

示例 8-19　研究和开发支出

研发活动开始　　商业生产开始　　销售产品或使用流程

研发成本的例子	非研发成本的例子
• 旨在发现新知识的实验研究 • 寻找新研究发现或其他知识的应用 • 生产之前样品和模型的设计、建造和测试 • 修改产品或流程的配方或设计	• 商业生产早期阶段的工程跟进 • 商业生产期间的质量控制，包括产品常规检测 • 改善或提高现有产品质量的日常持续努力 • 作为持续商业活动的一部分，利用现有能力满足特定要求或顾客需求

示例 8-20　研究和开发成本

Askew 公司在 2018 年有如下与开发新工业塑料相关的现金支出：

研发工资和薪金	$ 10 000 000
2018 年研发消耗的物料	3 000 000
购进研发设备	5 000 000
专利申请和法律成本	100 000
向他人支付的研发活动服务费	1 200 000
合计	$ 19 300 000

该项目得到一种在 2019 年生产的新商品，并在美国专利局申请了专利。专利申请和法律成本从 2019 年开始摊销。购买的设备也会用于其他项目。2018 年设备的折旧是 500 000 美元。

工资和薪金、消耗的物料以及支付给他人的研发服务费在 2018 年作为研发成本费用化。设备被资本化，2018 年的折旧作为研发成本费用化。尽管开发专利产品的成本被费用化，但是专利的申请和法律成本应资本化并在未来期间摊销，就如同外购无形资产成本资本化那样。专利的摊销将在第 9 章讨论。

各种支出记录如下：

借：研发费用（10 000 000 ＋ 3 000 000 ＋ 1 200 000）	14 200 000	
贷：现金		14 200 000
记录研发费用。		
借：设备	5 000 000	
贷：现金		5 000 000
记录购买设备。		
借：研发费用	500 000	
贷：累计折旧——设备		500 000
记录研发折旧。		
借：专利	100 000	
贷：现金		100 000
资本化专利申请和法律成本。		

支出调节：

记录为研发	$ 14 200 000
资本化设备	5 000 000

资本化专利	100 000
支出合计	$19 300 000

公认会计原则要求，发生的总研发费用必须在利润表中用单独的一行报告或者在附注中披露。在我们的例子中，2018 年披露的总研发费用为 1 470 万美元（支出 1 420 万美元和折旧 50 万美元）。注意，如果 Askew 后来将这项专利卖给了另一家公司，假设价格为 1 500 万美元，买方将会把整个购买价格资本化，而不仅仅是申请和法律成本。再次强调，内部形成的无形资产和外购无形资产的会计处理不一致，原因是很难将成本和收益联系起来。

国际财务报告准则

国际会计准则第 38 号将研究活动与开发活动予以区分。[①] 研究支出在发生期间费用化。然而，符合特定标准的开发支出将资本化为一项无形资产。在美国公认会计原则和国际财务报告准则下，任何获得专利的直接成本（如法律和申请费）都要资本化。

总部位于阿姆斯特丹的喜力公司根据国际财务报告准则编制财务报表。下面的披露附注描述了该公司对国际会计准则第 38 号的遵循。该附注还描述了开发支出资本化的标准以及资本化支出的类型。

> 软件、研发及其他无形资产（部分）
>
> 研究活动的支出，包括为获得新技术知识和理解而进行的工作，在发生时计入当期利润表。开发活动包括生产新产品或大幅改进产品和流程的计划或设计。只有在开发成本能够可靠计量，产品或流程在技术上和商业上具有可行性，未来经济利益很可能流入，喜力公司有意图并有足够的资源完成开发以使用或出售资产的情况下，开发支出才能资本化。资本化的支出包括可直接归属于使资产达到预定可使用状态而发生的材料成本、直接人工和间接成本，以及资本化的借款费用。

资本化的开发成本从开发完成并且资产可以使用时开始摊销。喜力公司披露，该公司在资产的 3 年预计使用寿命内采用直线法摊销资本化的开发成本。

我们刚刚讨论过，美国公认会计原则要求研发成本立即费用化。然而，与研发相关的三种成本应当资本化（记录为资产）。这些例外情况如下：

（1）已达到技术可行性的软件开发成本；

（2）公司为出售而进行的研发；

（3）在企业合并中购买的研发。

软件开发成本

在过去的 20 年中，计算机软件行业已成为美国的一大重要产业。这个价值数十亿美元产业中的公司包括微软、甲骨文、IBM、奥多比和 Intuit 等。这些公司的一项重要支出是软件开发成本。早年间，一些软件公司把软件开发成本资本化，并在以后期间费用化，其他一些公司则在这些成本发生的期间就将其费用化。

① "Intangible Assets," *International Accounting Standard No. 38* (IASCF), as amended effective January 1, 2016.

现在，公认会计原则为软件开发成本的会计处理建立了一条时间线。从开始开发活动到软件具有**技术可行性**（technological feasibility）期间发生的软件成本，按照所有其他研发成本的方式处理（在发生时费用化）。技术可行性实现的标志是："企业已经完成所有的计划、设计、编码和测试活动，确保产品可以按其设计要求生产，包括功能、特性和技术性能要求。"[①]

在产品具有技术可行性之后至向客户广泛发布软件之前的成本应被资本化为一项无形资产。这些成本包括进一步编码和测试成本、产品主要部件的生产成本。资本化的成本随后在软件的经济寿命内摊销（将在下面讨论和举例）。在软件发布日之后产生的任何成本都应当费用化，但不是研发成本的一部分。

以上讨论与为出售、出租或其他市场化用途（也就是为了外部目标）而开发或购买的计算机软件所发生的成本相关。[②] 对于为内部用途而开发的计算机软件的成本，我们采用类似的方法进行会计处理。在项目初步阶段发生的成本作为研发成本费用化。达到应用开发阶段之后（例如，在编码阶段或安装阶段），我们将进一步发生的成本资本化。[③] 如果外购计算机软件内部使用，那些成本通常都是资本化。

示例 8-21 是修改后的研发时间线，包括达到技术可行性这一时点。只有发生在达到技术可行性和软件发布日之间的成本才可以资本化。

示例 8-21　研究和开发支出——计算机软件

资本化的计算机软件开发成本在产品向客户发布时开始摊销。定期摊销比例是以下两项中的较大者：（1）当期收入占当期和预期收入之和的比例（收入百分比法）；（2）资产使用寿命的直线百分比，如示例 8-22 所示。

示例 8-22　软件开发成本

Astro 公司开发计算机图形软件并出售。新开发项目始于 2017 年，在 2018 年 6 月底达到技术可行性，并在 2019 年初向顾客公开发行产品。2018 年 6 月 30 日之前的开发成本是 1 200 000 美元，从 6 月 30 日到产品发行日之间发生的成本是 800 000 美元。2019 年新产品的销售收入为 3 000 000 美元，且该公司预计未来年度将会有额外的 7 000 000 美元收入。软件的预计经济寿命是 4 年。
Astro 公司将达到技术可行性前发生的 1 200 000 美元成本费用化，将达到技术可行性后至产品公开发行日前产生的 800 000 美元成本资本化。2019 年无形资产摊销计算如下：

① FASB ASC 985-20-25-2：Software-Costs of Software to be Sold，Leased，or Marketed-Recognition（previously "Accounting for the Costs of Computer Software to be Sold，Leased，or Otherwise Marketed，" *Statement of Financial Accounting Standards No. 86*（Stamford，Conn.：FASB，1985）par. 4）.

② FASB ASC 985-20-25-1：Software-Costs of Software to be Sold，Leased，or Marketed-Recognition（previously "Accounting for the Costs of Computer Software to be Sold，Leased，or Otherwise Marketed，" *Statement of Financial Accounting Standards No. 86*（Stamford，Conn.：FASB，1985））.

③ FASB ASC 350-40-25：Intangibles-Goodwill and Other-Internal-Use Software-Recognition（previously "Accounting for the Costs of Computer Software Developed or Obtained for Internal Use，" *Statement of Position 98-1*（New York：AICPA，1998））.

1. 收入百分比法：

$$\frac{3\ 000\ 000}{3\ 000\ 000+7\ 000\ 000}=30\%\times 800\ 000=240\ 000(\text{美元})$$

2. 直线法：

1/4 或 25%× 800 000=200 000(美元)

因为收入百分比法得到了较大的摊销金额 240 000 美元，所以使用这种方法。

示例 8－23 显示了 CA 公司最近的年度报告中包含的软件披露。该附注提供了对软件开发成本会计处理的总结。

示例 8－23　软件披露—— CA 公司

内部开发的软件产品

内部开发的软件产品，包含在合并资产负债表的“资本化软件和其他无形资产，净额”部分，其组成内容包括为出售、出租或其他市场化用途而开发的计算机软件的资本化成本。在达到技术可行性（按照财务会计准则委员会会计准则更新第 985-20 号的定义）之前发生的新产品成本和现有软件产品重大改进成本，在发生时费用化。在此之后一直到产品广泛可得期间发生的成本都资本化。公司新产品或新版本开发过程中达到技术可行性要求的阶段会影响资本化成本的金额。

内部开发软件成本的年度摊销金额是以下计算结果中的较大者：（1）根据产品当期产生的总收入占当期和预期未来总收入之和的比例计算；（2）在软件产品剩余预计经济寿命中采用直线法，剩余经济寿命一般是向顾客公开发行产品日后的 5 年。公司通常采用直线法确认资本化软件成本的摊销费用，这一摊销计入合并经营报表的“资本化软件成本摊销”。内部开发软件产品按季度审查其减值，当发生某些事项或环境发生变化时，资产的持有价值可能无法收回。

为什么公认会计原则在费用化研发成本这一一般规则下会有上述例外？我们将其归因于政治过程。软件业对美国经济来说是一个非常重要的行业，可能是它们的游说导致了准则允许软件公司将特定的研发成本资本化。

我们还可以把这一例外归因于软件业务的性质。回想一下研发成本在产生时费用化的两个原因：（1）它们的未来收益有高度的不确定性；（2）它们很难与未来收益相配比。软件有一个重要的可识别的工程里程碑——技术可行性。如果达到了这个里程碑，软件产品成功的可能性就大大增加。与其他行业的研发项目相比，软件的使用寿命非常短（大多数情况下为 1～5 年），所以增加收入的时期更容易确定。我们可以将软件开发与新药开发做比较。即使在开发完成后，药物也必须经过大量测试才能获得美国食品药品管理局的批准，这可能永远都不会实现。如果获得批准，药物的使用寿命可能从几个月到很多年不等。

国际财务报告准则

软件开发成本。在美国公认会计原则下，我们用来摊销计算机软件开发成本的比例是下面二者中较大的：（1）当期收入占当期和预期收入的比例；（2）软件使用寿命的直线百分比。这种方法在国际财务报告准则中是允许的，但不是必须的。国际财务报告准则下的摊销通常发生在软件的使用寿命内，基于利益模式，默认采用直线法。

为他人研发

要求立即将研发成本费用化的原则并不适用于那些根据合同为其他公司进行研发的公司。在这种情况下，研发成本资本化为存货，直到项目完成。当然，理由是这些支出的利益是最终能够确认的合同收入。根据合同的具体情况，这些合同的收入可以随时间确认或在某一时点确认。以上内容已在第 4 章讨论过。

在企业合并中购买的研发

一家公司为了获得一项已经开发或正在开发的技术，会收购另一家公司。无论公司在何时购买另一家公司，它都以公允价值计量收购的有形和无形资产。当收购价格包括技术时，我们区分以下两种情况：

（1）已开发的技术；

（2）正在进行的研发。

为了区分这两种取得的技术，我们借用在软件开发成本会计处理中使用的标准，来确定是否达到了技术可行性。如果已达到，技术被认为是“已开发”的，我们对其公允价值资本化（记录为一项资产），并像其他具有有限寿命的无形资产一样，在其使用寿命期限内摊销这一金额。

对于正在进行的研发（尚未达到可行性阶段的技术），公认会计原则也要求对其公允价值资本化。但是，与已开发技术不同，我们把正在进行的研发看作一项使用寿命不确定的无形资产。① 你将在第 9 章学到，我们不摊销使用寿命不确定的无形资产。但是，公认会计原则要求我们监控这些资产并对其进行减值测试。

如果研发项目成功完成，我们改为按照已开发技术的处理方法，并在已开发的产品或流程产生收益的预计期间摊销资本化的金额。如果项目被放弃，我们立即将所有余额费用化。

收购后为完成项目而发生的研发成本应在发生时费用化，与研发支出常用处理方式一致。类似地，从第三方购买的研发（与企业合并无关）也应该在发生时费用化，就像公司自己开展的研发活动一样，除非购买的研发不仅仅是应用于一个特定项目。

作为与企业并购相关的研发的一个例子，2015 年，一家全球性的以研究为基础的生物制药公司 AbbVie 以大约 208 亿美元的价格收购了 Pharmacyclics 公司。公允价值包括使用寿命有限的无形资产 114 亿美元、正在进行的研发 72 亿美元以及商誉 76 亿美元（以及其他可辨认资产 17 亿美元和负债 71 亿美元）。AbbVie 将收购的尚未获得监管批准的项目划分为正在进行的研发（见示例 8－24）。

示例 8－24　收购正在进行的研发——AbbVie 公司

收购正在进行的研发
在资产收购中获得的正在进行的研发项目的初始成本，在合并利润表中费用化，除非该项目在未来有其他用途。这些成本包括研发合作协议获得监管批准之前发生的初始成本，这些协议提供了开发、生产、营销和/或销售药品的权利。在企业合并中获得的正在进行的研发项目的公允价值应当资本化，并按照使用寿命不确定的无形资产进行会计处理，直至项目得到监管部门的批准，此时无形资产将作为使用寿命有限的无形资产进行处理。如果停止研发，此时无形资产将被注销。在收购之后发生的开发成本在发生时费用化。使用寿命不确定和使用寿命有限的无形资产都要进行减值测试。

开办成本

当公司引进新产品或服务，或在新领域开展业务或与新客户合作时，就会产生**开办成本**

① FASB ASC 805：Business Combinations（previously “Business Combinations,” *Statement of Financial Accounting Standards No. 141*（revised）（Norwalk，Conn.：FASB，2007））.

(start-up costs)。开办成本还包括与组织一个新主体相关的**组织成本**（organization costs），如法律费用和所在州的申请费用。在1999年之前，公司通常会将新业务开始之前的开办成本资本化，并在5年内摊销组织成本。现在，与研发支出一样，公司需要将相关的开办和组织活动成本在发生当期费用化，而不是将这些成本资本化为一项资产。[①]

在结束于2015年12月31日的年度，Chipotle Mexican Grill公司已经开了227家新餐馆。该公司发生了各种一次性开业前成本，包括工资、福利和为培训和启动团队而发生的旅行费用，加上食品和其他餐馆经营成本，共计1 700万美元。这些成本立即费用化。

财务报告案例问题参考答案

1. 向斯坦解释支出资本化的含义。当取得财产、厂房和设备或者一项无形资产时，资本化成本的一般规则是什么？

资本化一项支出意味着将它记录为一项资产。除了向股东的付款和偿还债务之外，所有支出都应在发生时费用化或者资本化。一般来说，这一选择取决于支出是否仅在当期产生利益。本章讨论了这个一般原则的例外情况。资产的初始成本包括使资产达到预定可使用状态和场所的所有必要支出。

2. 设备的初始成本可能包含哪些成本？

除了购买价格，设备的成本可能还包括运输、安装、测试和法律费用等。

3. 何为商誉？如何计量商誉？

商誉代表公司作为一个整体超过其可辨认有形和无形资产之外的独特价值。因为商誉不能与公司分离，所以对买家来说，如果没有取得整个公司或公司控制权的一部分，就不可能取得商誉。只有在对另一家公司进行并购的情况下，商誉才在资产负债表中作为资产列示。在这种情况下，商誉的资本化成本等于公司交换对价的公允价值减去收购净资产的公允价值。商誉是一项剩余资产，是其他资产被识别和估值后的剩余金额。就像其他使用寿命不确定的无形资产一样，我们不摊销商誉。

4. 在什么情况下，利息应当资本化而不是费用化？

利息在以下两种情况下应当资本化：为公司自己使用而建造的资产，或者为了出售或出租可分离的产品而建造的资产。例如，迪士尼公司将对在主题公园、度假村和其他财产的建造，以及影视产品制作过程中的利息进行资本化。在建造期间，利息被认为是使资产达到预定可使用状态的必要成本。

5. 确定利息资本化金额的三个步骤是什么？

第一步是确定当期的平均累计支出。第二步是将平均累计支出乘以一个或几个适当的利率来确定利息的资本化金额。第三步是将第二步中确定的利息与实际发生的利息相比较。利息资本化的金额以实际发生的利息金额为限。

本章学习目标概要

学习目标8-1

交换交易中取得的财产、厂房和设备及无形资产的初始成本包括购买价格及使资产达到预定可使用状态和场所的所有必要支出。自然资源的成本包括土地的取得成本、生产开始之前的勘探和开发成本，以及

① FASB ASC 720-15-25-1：Other Expenses-Start-Up Costs-Recognition (previously "Reporting on the Costs of Start-Up Activities," *Statement of Position 98-5* (New York：AICPA，1998)).

开采期间或结束时产生的恢复成本。购买的无形资产以其原始成本估值，包括购买价格以及法律和申请费用等。

学习目标 8-2

如果一次性购买不同种类的资产，有必要根据一些合理的分配方法将一次性购买价格在单独项目之间进行分配。一种广泛使用的分配方法是根据每项资产的相对公允价值分配一次性购买价格。

学习目标 8-3

以延期付款合同取得的资产按公允价值或使用实际利率计算的支付金额的现值来估值。

学习目标 8-4

通过发行权益证券取得的资产，如果已知证券的公允价值，那么按证券的公允价值计量；如果不知道，按收到资产的公允价值计量。捐赠资产按公允价值计量。

学习目标 8-5

影响公司盈利能力的关键因素是公司如何管理和利用其资产。财务分析师经常使用经营活动效率或周转率来评价一个公司资产管理的有效性。财产、厂房和设备通常是一个公司主要产生收入的资产。有效地使用它们对为所有者产生满意的回报来说是至关重要的。分析师经常使用的一个衡量管理者是否有效地使用财产、厂房和设备的比率是固定资产周转率。这个比例等于销售收入净额除以平均固定资产。

学习目标 8-6

非货币性资产交换的基本原则是根据换出资产的公允价值来计量收到资产的价值。在某些情况下，收到资产的估值是基于换出资产的账面价值。

学习目标 8-7

自行建造资产的成本包括可辨认材料和人工以及间接成本。此外，公认会计原则规定了建造期利息如何资本化。利息资本化的金额等于建造期间平均累计支出乘以适当的利率，并且不得超过实际发生的利息。

学习目标 8-8

内部开发无形资产的研发成本在发生当期费用化。已开发的无形资产的申请和法律成本应资本化。

学习目标 8-9

国际会计准则第20号规定，政府补助在一段时期内计入利润，以便系统地将它们与其所补偿的成本相配比。除了达到技术可行性之后产生的软件开发成本，美国公认会计原则要求所有研发支出在发生当期费用化。国际会计准则第38号指出了研究活动和开发活动之间的区别。研究支出在发生当期费用化。然而，符合特定条件的开发支出可以资本化为无形资产。

本章重点问题回顾

8-1 解释有形和无形的长期的产生收入的资产的区别。

8-2 交换交易中取得的财产、厂房和设备及无形资产的历史成本包括什么？

8-3 识别与已开发自然资源的初始估值相关的成本。

8-4 简要总结无形资产的会计处理，解释外购与内部开发无形资产的区别。

8-5 什么是商誉？如何计量？

8-6 解释将一次性购买成本分配给每项资产的通用方法。

8-7 如果以应付票据取得一项资产，解释当票面利率低于类似票据当前市场利率时，如何确定资产的取得成本。

8-8　解释用权益证券交换取得的资产如何估值。

8-9　解释通过捐赠取得的财产、厂房和设备及无形资产如何估值。

8-10　当公司收到捐赠资产时，应当贷记什么账户？做出这种选择的原理是什么？

8-11　通过非货币性资产交换取得的财产、厂房和设备及无形资产的基本估值原则是什么？

8-12　识别在非货币性资产交换中取得的财产、厂房和设备及无形资产以换出资产的公允价值计量的两种例外情况。

8-13　利息在什么情况下应该资本化？

8-14　定义平均累计支出并解释它是如何计算的。

8-15　解释在确定利息资本化金额时专门利率法和加权平均法的区别。

8-16　根据美国公认会计原则定义研发。

8-17　解释为研发项目而取得资产的会计处理。

8-18　解释开发计算机软件所发生的成本的会计处理。

8-19　解释并购中已开发技术的成本和正在进行的研发的成本会计处理的差异。

8-20　识别美国公认会计原则和国际财务报告准则对收到的政府补助的处理差异。

8-21　识别美国公认会计原则和国际财务报告准则下研发支出会计处理的区别。

8-22　识别美国公认会计原则和国际财务报告准则下软件开发成本会计处理的区别。

8-23　解释石油和天然气勘探成本会计处理的成果法和完全成本法之间的差异。

简要练习

8-1　取得成本；机器

Beaverton Lumber 公司以 35 000 美元的价格购买了一台铣床。除了购买价格，Beaverton 公司还发生了以下支出：运输，1 500 美元；安装，3 000 美元；测试，2 000 美元；机器第一年的财产税，500 美元。该机器的初始成本是多少？

8-2　取得成本；土地和建筑物

Fullerton Waste Management 公司以 600 000 美元的价格购买了土地和一个仓库。除了购买价格，Fullerton 公司还发生了以下与购买有关的支出：代理商佣金，30 000 美元；产权保险，3 000 美元；杂项成本，6 000 美元。仓库立即被拆除，花费了 18 000 美元的成本，并且预期将建造一个新仓库。确定 Fullerton 公司应该资本化的土地和建筑物成本。

8-3　一次性取得

参照练习 8-2 中描述的情形。假设 Fullerton 公司决定使用仓库而不是拆除它。一个独立评估机构估计土地和仓库的公允价值分别为 420 000 美元和 280 000 美元。确定 Fullerton 公司应该资本化的土地和建筑物成本。

8-4　自然资源成本；资产弃置义务

Smithson Mining 公司在内华达州经营一个银矿。取得、勘探和开发成本总计 560 万美元。大约在开采银矿 5 年后，Smithson 公司有义务将土地恢复原状，包括建造一个野生动物保护区。公司的财务主管提供了以下三种恢复成本现金流量概率：(1) 500 000 美元，概率为 20%；(2) 550 000 美元，概率为 45%；(3) 650 000 美元，概率为 35%。公司信用调整后的无风险利率是 6%。银矿的初始成本是多少？

8-5　资产弃置义务

参照练习 8-4 中描述的情形。第一年末资产弃置义务的账面价值是多少？假设开采完后实际发生的恢复成本是 596 000 美元，Smithson 公司对于弃置义务确认的利得或损失金额是多少？

8-6 商誉

Pro-tech 软件公司以 1 400 万美元取得 Reliable 软件公司所有在外发行的股票。Reliable 公司净资产（资产减去负债）的账面价值是 830 万美元。除了某些无形资产的公允价值比账面价值高 250 万美元之外，Reliable 公司资产和负债的公允价值等于其账面价值。计算所支付的商誉金额。

8-7 取得成本；不带息票据

2018 年 6 月 30 日，Kimberly 农场从当地生产商那里购买定制的收割设备。在付款时，Kimberly 农场签发了一张不带息票据，要求在两年内支付 60 000 美元。设备的公允价值不知道，但 8%的利率恰当地反映了这种类型的贷款协议中的货币时间价值。Kimberly 农场对设备的初始估值应为多少？在结束于 2018 年 12 月 31 日的年度，Kimberly 农场应在其利润表中确认的票据利息费用是多少？

8-8 取得成本；发行权益证券

Shackelford 公司用 50 000 股公司无面值普通股从发明人那里取得了一项专利。在交易日，普通股的公允价值是每股 22 美元。确定专利的成本。

8-9 固定资产周转率

Huebert 公司和 Winslow 公司报告了以下信息（单位：百万美元）：

	Huebert		Winslow	
	2018 年	2017 年	2018 年	2017 年
财产、厂房和设备（净值）	$ 210	$ 220	$ 680	$ 650
销售收入净额——2018 年	$ 1 850		$ 5 120	

计算每个公司的固定资产周转率，并确定哪个公司最有效地利用固定资产来产生销售收入。

8-10 固定资产周转率；解决未知问题

Pinewood 度假村在 2017 年末和 2018 年末的资产负债表中分别列报了 740 000 美元和 940 000 美元的固定资产净额。2018 年的固定资产周转率为 3.25。计算 Pinewood 度假村 2018 年的销售收入净额。

8-11 非货币性资产交换

Calaveras Tire 公司用一台设备交换了两辆小货车。设备的账面价值和公允价值分别为 20 000 美元（初始成本 65 000 美元减去累计折旧 45 000 美元）和 17 000 美元。Calaveras 公司还支付了 8 000 美元现金。Calaveras 公司将如何对小货车进行估值？在这项交换中，公司将确认多少利得或损失？假设交换具有商业实质。

8-12 非货币性资产交换

参照练习 8-11 中描述的情形。假设设备的公允价值是 24 000 美元，而不是 17 000 美元，回答上述问题。

8-13 非货币性资产交换

参照练习 8-11 中描述的情形。假设交换缺乏商业实质，回答上述问题。

8-14 利息资本化

某公司建造自用建筑物。建造 1 月 1 日开始，12 月 30 日结束。建造支出如下：1 月 1 日，500 000 美元；3 月 31 日，600 000 美元；6 月 30 日，400 000 美元；10 月 30 日，600 000 美元。为帮助建造工程筹资，公司在 1 月 1 日申请了利率为 7%的 700 000 美元建造借款。公司全年未偿还的其他借款包括利率为 8%的 300 万美元借款和利率为 6%的 500 万美元票据。假设公司使用专门利率法，计算当年利息资本化的金额。

8-15 利息资本化

参照练习 8-14 中描述的情形。假设公司采用加权平均法，计算当年利息资本化的金额。

8-16 研发

Maxtor Technology 公司正在研发一种新型个人电脑显示器，今年发生了如下成本：

薪酬	$ 220 000
研发设施和设备折旧	125 000
研发设施使用和其他直接成本	66 000
专利申请和相关法律成本	22 000
支付给参与开发工作的其他公司的款项	120 000
使新显示器适应客户特定需求的成本	80 000

Maxtor 公司应该在利润表中报告多少研发费用?

8-17 软件开发成本

2018 年 2 月，Culverson 公司开始开发一种新软件，以向客户出售。该软件允许人们输入健康信息，跟踪日常饮食和运动习惯，以追踪他们的健康状况。该项目于 2018 年 11 月完成，成本为 80 万美元。在这些金额中，达到技术可行性之前花费了 30 万美元。Culverson 公司预计新产品的使用寿命为两年，总收入为 150 万美元。确定 Culverson 公司在 2018 年应将软件开发成本资本化的金额。

8-18 研发；各种类型

Maltese 实验室发生了以下与药品业务相关的研究和开发成本：

内部项目（工资、物料、研发设施间接成本）	$ 620 000
与某个具体项目相关的从第三方取得研发的付款	75 000
根据合同向第三方 Libo 药店出售的研发项目的成本	82 000
与收购独立研究公司 Curatics 公司相关的正在进行的研发	148 000

Maltese 公司在其利润表中应当报告多少研发费用?

8-19 开办成本

今年，Big Burger 公司在得克萨斯州开办了几家新店，扩大了其快餐业务。公司今年发生的成本如下：市场评估（50 000 美元）、咨询费（72 000 美元）、广告（47 000 美元）和培训员工（31 000 美元）。公司愿意发生这些费用，因为它预计未来几年得克萨斯州的客户需求十分旺盛。Big Burger 公司在其利润表中应当报告多少与这些成本相关的费用?

习 题

8-2 取得成本；设备

Oaktree 公司购买了一台新设备，相关支出如下：

购买价格	$ 45 000
销售税	2 200
运费	700
设备第一年保险费	900
设备安装费	1 000

该设备，包括销售税，通过往来账户赊购，将在 30 天内付款。上面列出的其他支出以现金支付。

要求：

编制记录以上支出的必要日记账分录。

8-4 自然资源成本；资产弃置义务

Jackpot Mining 公司在蒙大拿中部经营一个铜矿。公司在 2018 年为矿区支付了 1 000 000 美元，并花费了额外的 600 000 美元准备开采铜矿。开采大约 4 年后，公司需要将土地恢复原状，包括重新铺砌道路和更换绿化带。公司为恢复成本提供了 3 个不同的现金流量概率：

	现金流出	概率
1	$ 300 000	25%
2	400 000	40%
3	600 000	35%

为了帮助开采，公司在2018年7月1日支付120 000美元购置了一些新设备。开采完铜矿后，这些设备将会出售。信用调整后的无风险利率是10%。

要求：

1. 确定铜矿的成本。
2. 编制记录铜矿取得成本和购买设备的日记账分录。

8-6 商誉

2018年3月31日，Wolfson公司以17 000 000美元现金取得了Barney公司所有发行在外的普通股。Barney公司资产和负债的账面价值和公允价值如下：

	账面价值	公允价值
流动资产	$ 6 000 000	$ 7 500 000
财产、厂房和设备	11 000 000	14 000 000
其他资产	1 000 000	1 500 000
流动负债	4 000 000	4 000 000
长期负债	6 000 000	5 500 000

要求：

计算为商誉支付的金额。

8-8 一次性购买

Pinewood公司购买了4英亩土地及其之上的两栋建筑。一次性购买价格为900 000美元。根据独立评估机构的评估，建筑的公允价值分别为450 000美元（建筑A）和250 000美元（建筑B），土地的公允价值为300 000美元。

要求：

确定建筑和土地的初始估值。

8-10 取得成本；不带息票据

Teradene公司购买一块土地作为厂址，并与Maxtor Construction公司签订合同建造一个工厂。Teradene公司在取得土地、建筑和工厂设备时发生了以下相关支出：

土地购买价格	$ 1 200 000
旧建筑拆除和移除	80 000
建造前清理和平整土地	150 000
与取得土地相关的各项成本	42 000
新建筑计划的建筑师费用	50 000
支付给Maxtor公司的工程款	3 250 000
购买设备	860 000
设备运费	32 000
树木、植物和其他景观	45 000
景观自动灌溉系统安装	5 000
建造专用平台和安装设备的成本	12 000

确保设备正确安装的试车成本	7 000
工厂使用第一年的火灾和盗窃保险	24 000

除了上述支出外，Teradene 公司还从卡特彼勒公司购买了 4 辆叉车。在付款时，Teradene 公司支付了 16 000 美元现金并签发了一张不带息票据，票据要求在一年内支付 70 000 美元。7%的利率恰当地反映了这种类型贷款的货币时间价值。

要求：

确定 Teradene 公司在以上交易中取得的每项资产的初始估值。

8-12　国际财务报告准则；取得成本；捐赠取得；政府补助

Cranston 公司根据国际财务报告准则编制财务报表。2018 年 10 月，公司获得了 200 万美元的政府补助。这笔补助是用于改善当地道路的设备总成本的 20%。Cranston 公司记录补助和购买设备如下：

借：现金	2 000 000	
贷：收入		2 000 000
借：设备	10 000 000	
贷：现金		10 000 000

要求：

1. 解释 Cranston 公司处理政府补助的备选会计方法。
2. 根据要求 1 中描述的每种备选方法，编制必要的更正分录。

8-14　非货币性资产交换

Cedric 公司最近用一台旧式模型计算机交换了一台新型计算机。旧计算机的账面价值为 180 000 美元(原始成本 400 000 美元减去累计折旧 220 000 美元)，公允价值为 200 000 美元。公司支付了 60 000 美元来完成这项具有商业实质的交换。

要求：

编制日记账分录来记录这项交换。

8-16　非货币性资产交换

Bronco 公司用土地交换设备。土地的账面价值是 120 000 美元，公允价值是 150 000 美元。Bronco 公司向设备所有者支付了 10 000 美元来完成这项具有商业实质的交换。

要求：

1. 设备的公允价值是多少？
2. 编制日记账分录来记录这项交换。

8-18　非货币性资产交换

Tinsley 公司用它持有的一块用于工厂未来扩张的土地交换了一块远离居民区的更合适的土地。Tinsley 公司按原始成本 30 000 美元持有土地。根据独立评估机构的评估，这块土地目前价值 72 000 美元。为了完成交易，Tinsley 公司支付了 14 000 美元的现金。

要求：

1. Tinsley 公司收到的土地的公允价值是多少？
2. 假设这项交换具有商业实质，编制日记账分录来记录这项交换。
3. 假设这项交换不具有商业实质，编制日记账分录来记录这项交换。
4. 如果在交换中 Tinsley 公司收到 18 000 美元，且交换不具有商业实质，编制日记账分录来记录这项交换。

8-20　财务会计准则委员会准则汇编

财务会计准则委员会会计准则汇编是美国公认会计原则的唯一官方来源。

要求：

1. 在财务会计准则委员会网站（www.fasb.org）使用财务会计准则委员会会计准则汇编系统，获取非货币性资产交换的相关权威文献。找到非货币性资产交换的汇编编号。

2. 对非货币性资产交换披露要求的具体引用是什么？

3. 描述披露要求。

8-22　利息资本化

2018年1月1日，Marjlee公司开始建造一栋用作公司总部的办公大楼。这栋建筑在2019年初完工。2018全年建造支出均匀发生，总计6 000 000美元。Marjlee公司在2018年有以下未偿还的债务：

建造借款，10%	$1 500 000
长期票据，9%	2 000 000
长期票据，6%	4 000 000

要求：

用专门利率法计算该建筑在2018年的资本化利息金额。

8-24　利息资本化

2018年1月2日，Highlands公司开始建造一个新生产设施供自己使用。设施于2019年完工。公司在1月1日以8%的利率借了1 500 000美元来帮助工程融资。除了建造借款，Highlands公司在2018年有以下未偿还的债务：

5000 000美元，12%，债券

3000 000美元，8%，长期票据

2018年产生的建造支出如下：

1月1日	$600 000
3月31日	1 200 000
6月30日	800 000
9月30日	600 000
12月31日	400 000

要求：

用专门利率法计算2018年的资本化利息金额。

8-26　研发

2018年，Space Technology公司修改了其Z2型卫星，以适应一种新型通信设备。公司发生了以下支出：

开发该技术的基础研究	$2 000 000
工程设计	680 000
原型装置开发	300 000
取得设备	60 000
原型测试和修改	200 000
新通信系统专利申请的法律及其他费用	40 000
保护新专利的法律费用	20 000
合计	$3 300 000

该设备将用于这个项目和其他研究项目。2018年的设备折旧是1万美元。

在年终检查与无形资产相关的账户时，你发现公司已经将上述所有费用都资本化为专利的成本。管理层认为，该装置代表了对卫星现有通信系统的改良，因此应该资本化。

要求：

编制反映这些支出恰当会计处理的更正分录。

8-28　国际财务报告准则；研发

Janson Pharmaceuticals公司在2018年发生的与一种抗癌新药相关的成本如下：

研究新配方	$2 425 000
开发一个新配方	1 600 000
新配方专利的法律和申请费	60 000
合计	$4 085 000

这些开发成本是在达到技术和商业可行性之后，并且未来经济利益很可能实现的情况下发生的。该项目成功完成，新药物在 2018 年底前获得了专利。

要求：

1. 计算 Janson 公司应在其 2018 年利润表中报告的与该项目相关的研发费用。
2. 假设 Janson 公司根据国际财务报告准则编制财务报表，重复要求 1。

8-29 国际财务报告准则；研发

NXS 半导体公司根据国际财务报告准则编制财务报表。公司 2018 年发生的与开发移动装置有关的支出如下：

基础研究的工资和薪金	$3 450 000
基础研究使用的材料	330 000
基础研究发生的其他成本	1 220 000
开发成本	1 800 000
新技术专利的法律和申请费	50 000

这些成本都是在 NXS 达到技术和商业可行性之后，且 NXS 确信未来经济利益很可能实现的情况下发生的。该项目成功完成，新技术在 2018 年底前获得了专利。

要求：

1. 哪些支出应当在 NXS 公司 2018 年的利润表中费用化？
2. 解释剩余支出的会计处理。

8-30 概念；术语

下列是与财产、厂房和设备及无形资产相关的一些术语和短语。将列表 A 中的每个项目与列表 B 中最适当的项目匹配（用字母表示）。

列表 A	列表 B
____ 1. 财产、厂房和设备	a. 展示一个词语、一个符号或一个标志的排他性权利
____ 2. 土地改良	b. 从创造性工作中获益的排他性权利
____ 3. 资本化	c. 代表权利的资产
____ 4. 平均累计支出	d. 建造停车场、车道和私人道路的成本
____ 5. 收入	e. 购买价格减去可辨认净资产的公允价值
____ 6. 非货币性资产交换	f. 土地、建筑物、机器等资产
____ 7. 自然资源	g. 如果所有建造资金都是借款，平均债务金额的近似值
____ 8. 无形资产	h. 捐赠资产时的贷记账户
____ 9. 著作权	i. 将成本记录为资产的术语
____ 10. 商标权	j. 基本原则是用换出资产（除了现金）的公允价值对取得的资产估值
____ 11. 商誉	k. 木材林和矿产等资产

8-31 软件开发成本

2018 年初，Excalibur 公司开始开发用于出售的新软件包。项目于 2018 年 12 月完成，成本为 600 万美元。这些金额中，400 万美元是在达到技术可行性之前发生的。Excalibur 公司预计新产品的使用寿命为 5 年，总收入为 1 000 万美元。2019 年确认了 300 万美元的收入。

要求：

1. 编制记录 2018 年开发成本的日记账分录。

2. 计算 2019 年需要摊销的金额。

3. 2019 年 12 月 31 日的资产负债表中应该报告的计算机软件成本是多少?

8-32 软件开发成本

2018 年 9 月 30 日，Athens 软件公司开始开发一个软件程序，以保护个人电脑免受恶意软件和间谍软件的攻击。2019 年 2 月 28 日达到技术可行性，程序于 2019 年 4 月 30 日发布。发生的开发成本如下：

2018 年 9 月 30 日至 12 月 31 日	$ 2 200 000
2019 年 1 月 1 日至 2 月 28 日	800 000
2019 年 3 月 1 日至 4 月 30 日	400 000

Athens 公司预计该软件的使用寿命为 4 年，在此期间的总收入为 500 万美元。2019 年确认了 100 万美元的收入。

要求：

1. 编制日记账分录，记录 2018 年和 2019 年的开发成本。

2. 计算 2019 年需要摊销的金额。

8-33 无形资产；开办成本

Freitas 公司 2018 年初开业。在当年前几个月发生了以下支出：

与开办公司有关的律师费	$ 12 000
州注册费和其他开办成本	3 000
购买专利	20 000
转移专利的法律费用和其他费用	2 000
购买设备	30 000
开业前工资和员工培训	40 000
合计	$ 107 000

要求：

编制记录 107 000 美元现金支出的汇总日记账分录。

8-34 完全成本法和成果法的比较

Manguino Oil 公司因勘探和开采石油在 2018 年发生以下成本：

101 井	$ 50 000
102 井	60 000
103 井	80 000
104～108 井	260 000
合计	$ 450 000

104 井至 108 井确定是枯井，将被废弃。101 井、102 井和 103 井确定有充足的石油储量来取得商业成功。

要求：

1. 假设公司使用完全成本法来处理勘探成本，编制汇总日记账分录来记录发生的成本。所有勘探成本都用现金支付。

2. 假设公司使用成果法来处理勘探成本，编制汇总日记账分录来记录发生的成本。所有勘探成本都用现金支付。

附录 8 石油和天然气会计

有两种公认的方法可以用来处理石油和天然气的勘探成本。**成果法**（successful efforts

method）要求，没有发现石油和天然气（有时被称为枯井）的已知勘探成本包含在支出发生当期的费用中。另一种方法是**完全成本法**（full cost method），它允许将在一个大的地理区域内寻找石油和天然气的成本资本化为资产，并且在未来石油和天然气从该区域的油气井中开采出来时将其费用化。这两种方法都被广泛地使用。示例 8A－1 比较了这两种方法。

示例 8A－1 石油和天然气会计

在 2018 年西得克萨斯钻探的 10 口油井中，Shannon 石油公司对每一口油井的勘探成本为 200 万美元。10 口井中有 8 口是枯井。
根据所使用的会计方法不同，总勘探成本 2 000 万美元的会计处理将有很大不同。每种方法的日记账分录汇总如下：

成果法			完全成本法		
借：油田	4 000 000		借：油田	20 000 000	
勘探费用	16 000 000		贷：现金		20 000 000
贷：现金		20 000 000			

使用完全成本法时，Shannon 公司将 2 000 万美元勘探成本全部资本化。使用成果法时，没有成功的油井成本在 2018 年费用化，只有与成功的油井有关的 400 万美元成本被资本化，在未来期间，随着石油被开采，这些资本化的成本计入费用。

第 1 章将会计和报告准则的建立视为一种政治过程。准则，尤其是准则的变化，会对公司、投资者和债权人以及其他利益集团产生重要影响。财务会计准则委员会必须考虑变更会计准则或引入新准则可能带来的经济后果。石油和天然气会计的历史为这一政治过程以及准则制定过程可能产生的不利经济后果提供了一个很好的例子。

1977 年，财务会计准则委员会试图在石油和天然气勘探成本的会计处理中建立一致性。发布的一项会计准则要求所有公司都采用成果法。①

公司被要求从完全成本法改为成果法，这一准则遭到了石油和天然气公司的批评。这些公司认为，这种变更会严重压低它们的报告利润。因此，它们认为，它们在证券市场融资的能力将被削弱，这将减少新的勘探。美国国会、证券交易委员会和能源部担忧，这项准则将导致美国企业大幅减少石油和天然气勘探，从而增加美国对外国石油的依赖。

来自美国国会、证券交易委员会和受影响公司的巨大压力迫使财务会计准则委员会取消了这项准则。目前，石油和天然气公司可以采用成果法或完全成本法来处理石油和天然气勘探成本。当然，采用的方法必须披露。例如，示例 8A－2 显示了雪佛龙公司如何在最近的财务报表中披露它采用的成果法。

示例 8A－2 石油和天然气会计披露——雪佛龙公司

财产、厂房和设备（部分）
成果法用于原油、天然气的勘探和生产活动。

① 这一被废止的准则是“Financial Accounting and Reporting by Oil and Gas Producing Companies,” *Statement of Financial Accounting Standards No. 19*（Stamford，Conn.：FASB，1977），详细内容可参见 FASB ASC 932：Extractive Activities-Oil and Gas。

第 9 章

财产、厂房和设备及无形资产：使用和处置

- 第 1 节　折旧、折耗和摊销
- 第 2 节　其他问题
- 第 3 节　后续支出
- 附录 9A　与 MACRS（应税折旧）比较
- 附录 9B　退役和重置折旧法

本章概要

本章将完成对财产、厂房和设备及无形资产会计处理的讨论。我们把这些资产的成本在使用它们的受益期内分摊。

大多数这些资产的使用价值在生产商品或服务时被消耗。与使用价值消耗相对应的成本分摊分别称为厂房和设备折旧、自然资源折耗以及无形资产摊销。

我们还要考虑这些资产在最终处置前的其他问题，比如资产减值和后续支出的会计处理。

学习目标

学习完本章之后，你应该能够：

9-1　解释有关财产、厂房和设备及无形资产成本分摊的概念。

9-2　使用时间法和作业法来确定定期折旧，并对处置进行会计处理。

9-3　计算自然资源的定期折耗。

9-4　计算无形资产的定期摊销。

9-5　解释财产、厂房和设备及无形资产的服务期限或残值发生变化时的会计处理。

9-6　解释折旧、摊销或折耗方法变更时的会计处理。

9-7　解释发现财产、厂房和设备及无形资产的会计处理存在差错时的处理。

9-8　识别财产、厂房和设备及无形资产发生重大减值的情形，并描述必要的会计处理程序。

9-9　讨论财产、厂房和设备及无形资产的修理、维护、扩建、改良和资产重整的会计处理。

9-10　讨论美国公认会计原则和国际财务报告准则在财产、厂房和设备及无形资产的使用和减值方面的主要区别。

财务报告案例

名称中有什么？

“我完全不能理解这个，”你的朋友彭尼抱怨道，“折旧、折耗和摊销，它们有什么区别？难道它们不是一样的吗？”彭尼和你同为一个课程团队的成员，你们的团队正研究与 Weyerhaeuser 公司有关的案例，该公司是一家大型林业公司。项目的一部分涉及比较三年的报告方法。“看看这些去年年报的披露附注。除了提到那三个术语，它们也谈及了资产减值。这有什么区别呢？”彭尼向你展示了披露附注。

财产和设备以及木材和林地（节选）

折旧的计算采用直线法，折旧率基于预计服务寿命。随着木材的砍伐，伐木道路按照根据预计可砍伐木材量计算的比率进行摊销。木材和林地的持有价值是成本减去折耗后的净额。

折耗（节选）

为了确定折耗率，我们用持有净值除以成长周期后预计可用木材量。

长期资产减值（节选）

当发生某些事项或者情况发生变化，表明资产的持有价值可能无法收回时，我们要复核长期资产（包括某些无形资产）的减值。

问题

在学习完本章之后，你应该能够对以上案例中的问题给出恰当的回答。将你的回答与章末答案进行对比。

1. 彭尼的说法正确吗？折旧、折耗和摊销这些术语的含义相同吗？
2. Weyerhaeuser 公司决定以“预计可用木材量”为基础确定折耗。解释这种方法。
3. 解释资产减值与折旧、折耗和摊销有何不同。公司应该如何计量财产、厂房和设备以及使用寿命有限的无形资产的减值损失？

第1节 折旧、折耗和摊销

一、成本分摊概述

购买财产、厂房和设备及无形资产的目的是在未来获得利益。具体地说，它们在产生收入的经营活动中使用。所以在逻辑上，这些初始取得成本应该记录为资产（正如我们在第8章看到的），然后这些成本应当在使用资产并获得利益的报告期内分摊为费用。也就是说，它们的成本随着它们产生的利益进行报告。

假设一家公司以8 200美元购入一辆二手卡车，用来将产品运送给客户。公司预计这辆卡车自取得日起5年后将以2 200美元的价格出售。那么，这辆卡车购买价格中的6 000美元（8 200−2 200）将会在5年的使用期内被用完（消耗）。以上情形如示例9-1所示。

示例 9-1 成本分摊

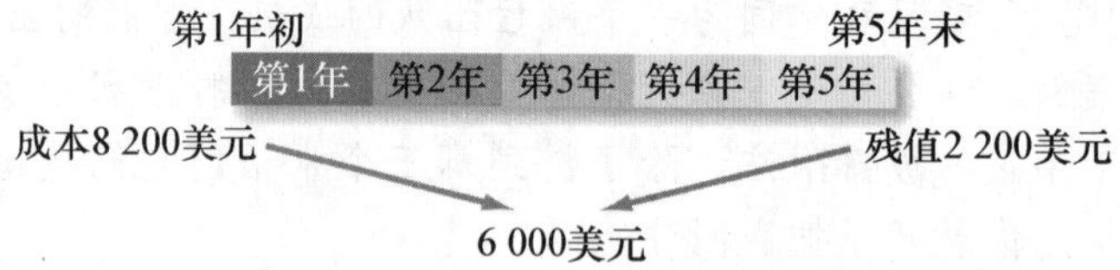

因为这辆卡车会在未来5年带来收入，所以在取得时按照8 200美元记录为资产。在后续的5年，卡车成本中的6 000美元将会被消耗掉，所以理论上这6 000美元应当在卡车产生收入的期间分摊进费用。然而，只有在极少数情况下，资产的使用与收入的产生之间有明确的关系。换言之，我们不能准确判断某个特定时期内资产的消耗带来了多少利益。因此，我们必须采取某种分摊方法，大致地将每一期资产的消耗与收入相配比。与之相反的情形是，为月租 2 000 美元的办公楼预付 24 000 美元的年租金。在这种情形下，我们可以明确地知道资产（预付租金）是以每月 2 000 美元的比例被消耗的。所以，我们每个月将 2 000 美元的预付租金计入租金费用。

厂房和设备在使用期内的成本分摊过程称为**折旧**（depreciation）。折旧过程往往与计量资产公允价值的下降相混淆。举例来说，假设我们以 8 200 美元购买的运货卡车可以在第 1 年末以 5 000 美元的价格出售，但是我们仍然打算在整个 5 年的预计使用寿命内持有该卡车。它的价值已经下降了 3 200 美元（8 200－5 000）。但是，折旧是成本分摊的过程，而不是估值的过程。我们不会在卡车使用的第 1 年记录 3 200 美元的折旧费用。相反，我们会在预计使用寿命里，以系统、合理的方式试图将资产的使用和收入联系起来，对资产成本减去预计净残值进行分摊，这不是资产价值的下降。毕竟，购买卡车是用于经营，而不是用于出售。

对于自然资源，我们将成本分摊称为**折耗**（depletion）；对于无形资产，我们将成本分摊称为**摊销**（amortization）。尽管折旧、折耗和摊销这些术语根据资产类型而有所不同，但是它们在概念上体现的是同一个观念——将资产的成本在使用它们产生收入的期间进行分配的过程。

用于生产产品的资产，其折旧、折耗或者摊销被视为产品成本的一部分，包含在存货成本中。最终，在产品出售时，它成为商品销售成本的一部分。对于不是用于生产的资产，主要是厂房和设备以及某些用于出售或者公司管理的无形资产，折旧或摊销报告为利润表中的期间费用。你可以把这种区别视为产品成本和期间成本之间的差异。在产品出售时，产品成本计入费用（商品销售成本）；而期间成本在其发生的报告期作为费用报告。

二、成本分摊的计量

成本分摊过程需要在资产投入使用时确定三个因素，分别是：

（1）**使用寿命**（service life）——公司预计可以使用资产的时间长度。

（2）**分摊基础**（allocation base）——在资产使用寿命内预计被消耗的资产成本。

（3）**分摊方法**（allocation method）——分摊基础预计被消耗的模式。

让我们逐一讨论这些因素。

使用寿命

使用寿命（service life 或 useful life）是指在资产被处置之前，公司期望获得的资产使用量。这种使用量可以以时间或者作业为单位来表示。例如，一辆运货卡车的预计使用寿命可以用卡车被处置前公司预计该卡车能够行驶的年数或者英里数来表示。

有形长期资产使用寿命的上限由其实际寿命决定。资产的实际寿命因其购置目的和运行环境的差异而不同。例如，如果一台柴油发电机只是用于紧急备用，那么它可以使用很多年；如果这台发电机经常使用，那么它只能使用几年。

有形资产的使用寿命可能由于多种原因而短于实际寿命。例如，技术革新可能会缩短使用寿命。如果供应商预计开发更有效的新技术，公司持有一项资产的时间可能比实际寿命短得多。同样，如果公司在一个经常出现新产品需求的市场中销售产品，其用于生产产品的机器和设备可能仅在其产品可以出售时被使用。类似地，一个矿床预计蕴藏有400万吨某种矿物，但是根据现有的开采方法，只开采200万吨矿物才在经济上是可行的。就无形资产而言，法律或者合同期限往往是一个限制因素。例如，一项专利有能力在50年里帮助公司增强盈利能力，但是该专利的法律年限只有20年。

管理层的意图也可能会将一项资产的使用寿命缩短至实际寿命、法律期限或合同期限以下。例如，一个公司可能会有一项政策，规定运货卡车只能使用3年，然后更换为新款卡车。

公司通常会披露不同类别资产的使用寿命范围。例如，示例9-2显示了IBM如何在最近的财务报表附注中披露其资产的使用寿命。

示例9-2　资产使用寿命披露——IBM

重要会计政策汇总（节选）
折旧和摊销
某些可折旧资产的预计使用寿命如下：建筑物，30～50年；建筑设备，10～20年；土地改良，20年；厂房、实验室和办公设备，2～20年；计算机设备，1.5～5年。

分摊基础

分摊基础（allocation base）是指一项资产在使用寿命内被分摊的成本总量。这个总量是资产在取得时的资本化成本与其**残值**（residual value）的差额。残值是指公司预计在资产使用寿命结束时收回的价值减去预计处置成本。

对于厂房和设备，我们通常将分摊基础称为折旧基础。在上面运货卡车的例子中，折旧基础是6 000美元（8 200美元的成本减去2 200美元的预计残值）。我们将这6 000美元分摊到卡车使用寿命的每一年中。对于自然资源折耗，我们将其分摊基础称为折耗基础。对于无形资产摊销，我们将其分摊基础称为摊销基础。

在特定情况下，残值可以参照公司过去的经验或者可公开获得的信息来估计。例如，如果一家公司想要在3年后将其运货卡车更换为新式卡车，那么这种类型卡车3年后的残值可以近似地利用二手卡车的价格来获得。

但是，由于未来的不确定性，许多资产预计残值的确定十分困难。由于这个原因，并且基于残值通常不是很重要这一事实，许多企业简单地将残值假设为零。公司通常不会披露预计残值。

分摊方法

在确定应当向资产的使用期分摊多少成本时，应选择一种与从使用资产中获取利益的模式相一致的方法。公认会计原则规定，选择的分摊方法应该将资产成本“在使用期间尽可能公正地”分摊。公认会计原则进一步规定，应该以一种“系统且合理的方式”[①] 分摊成本。

① FASB ASC 360-10-35-4：Property，Plant，and Equipment-Overall Subsequent Measurement（previously “Restatement and Revision of Accounting Research Bulletins,” *Accounting Research Bulletin No. 43*（New York：AICPA，1953），Ch. 9).

其目标是将资产成本按照其当期创造的利益占资产使用寿命内创造的全部利益的比例进行分摊。

在实践中，试图满足系统、合理要求的分摊方法通常有两种。第一种方法根据时间的推移分摊成本基础。这种方法称为**时间法**（time-based methods）。第二种方法是以对资产的投入或产出的计量为基础来分摊成本。这种方法称为**作业法**（activity-based method）。我们将在讲解折旧时比较这两种方法。之后还将了解到自然资源折耗通常采用作业法，无形资产摊销通常采用时间法。

三、折旧

为了说明和比较最常见的折旧方法，我们参考示例 9-3 所描述的情形。

示例 9-3　折旧方法

Hogan Manufacturing 公司以 250 000 美元的价格购入一台机器。公司预计机器的使用寿命为 5 年。在此期间，这台机器预计可以生产 140 000 件产品。预计残值为 40 000 美元。机器在使用 5 年后被处置。该资产在 5 年使用寿命内的实际产量是：

年度	产量
1	20 000
2	32 000
3	44 000
4	28 000
5	26 000
合计	150 000

基于时间的折旧方法

直线法

到目前为止，最容易理解和应用最广泛的折旧方法是**直线法**（straight line）。利用这种方法，等量的折旧基础（或分摊基础）在资产使用寿命内平均分摊。年折旧额等于折旧基础除以资产使用寿命。使用示例 9-3 中的信息，运用直线法每年的折旧额为 42 000 美元，计算如下：

$$\frac{250\,000-40\,000}{5}=42\,000(\text{美元/年})$$

示例 9-3A 中详细列示了整个 5 年使用寿命期内的折旧计算。注意最后三列。折旧费用是资产成本分摊为当年费用的那一部分。累计折旧（一个抵减账户）代表在以前期间（包括当期）已经折旧的资产成本的累计金额。这一金额表示资产负债表上报告的资产成本的减少。资产负债表上报告的资产是账面价值，即资产的成本减去累计折旧。账面价值有时称为持有价值或持有金额。残值（本例中是 4 万美元）并不影响账面价值的计算，但残值限制了账面价值不能低于的底线。

示例 9-3A　直线法折旧

使用示例 9-3 中提供的信息：

年度	折旧基础（250 000－40 000）	×	年折旧率	=	折旧费用	累计折旧	年末账面价值（250 000－累计折旧）
1	$210 000		1/5*		$42 000	$42 000	$208 000
2	210 000		1/5		42 000	84 000	166 000
3	210 000		1/5		42 000	126 000	124 000
4	210 000		1/5		42 000	168 000	82 000
5	210 000		1/5		42 000	210 000	40 000
合计					$210 000		

* 年折旧率等于 1 除以资产的预计使用寿命 5 年（1/5＝20%）。

记录直线法下每年年末折旧的分录为：

借：折旧费用　　42 000*

　贷：累计折旧　　42 000

* 42 000＝(250 000－40 000)÷5。

加速折旧法

直线法的隐含假设是使用资产所产生的利益每年都相同。在一些情况下更合理的假设是，资产在使用寿命的早期比后期提供了更多的利益。在这些情况下，更恰当的收入和折旧的配比模式是折旧逐步下降，即在资产使用的早期折旧较高，而在后期折旧较低。

如果资产每年创造的利益大致相等，但是修理与维护成本在资产使用寿命的后期明显增加，这种情况下加速折旧法也是适当的。早期计提较高的折旧但是有较低的修理和维护费用，后期计提较低的折旧但是有较高的修理与维护费用。有两种方法可以使折旧额逐年递减，分别是年数总和法与余额递减法。

年数总和法。年数总和法（sum-of-the-years'-digits（SYD）method）除了可以系统地实现加速折旧，并没有逻辑基础。计算方法是用折旧基础乘以逐年下降的年折旧率，得到逐年递减相同数额的折旧额。年折旧率的分母保持不变，是从 1 到 n 的和，n 等于资产的使用寿命。比如，如果资产的使用寿命是 5 年，分母就是 $1+2+3+4+5$，等于 15。[①] 分子则逐年递减，第一年是 n，然后逐年递减，直至在资产预计使用寿命的最后一年变为 1。5 年内每年的折旧率分别为 5/15，4/15，3/15，2/15，1/15。在示例 9-3B 中，我们使用年数总和法计算 5 年期资产的折旧额。

示例 9-3B　年数总和法折旧

使用示例 9-3 中提供的信息：

年度	折旧基础（250 000－40 000）	×	年折旧率	=	折旧费用	累计折旧	年末账面价值（250 000－累计折旧）
1	$210 000		5/15*		$70 000	$70 000	$180 000
2	210 000		4/15		56 000	126 000	124 000

① 分母的计算公式是 $n(n+1)/2$。

3	210 000	3/15	42 000	168 000	82 000
4	210 000	2/15	28 000	196 000	54 000
5	210 000	1/15	14 000	210 000	40 000
合计		15/15	\$210 000		

* $\frac{n(n+1)}{2}=\frac{5(5+1)}{2}=15$。

注意，总折旧额（210 000 美元）在加速折旧法（如年数总和法）和直线法（见示例 9 - 3A）下是一样的，不同的是总折旧额分配到资产使用寿命中每一年的模式。

余额递减法。加速折旧的目的也可以通过余额递减法来实现。不同于年数总和法下用恒定不变的余额乘以不断下降的折旧率，余额递减法是用不断下降的余额乘以每年恒定不变的折旧率。具体而言，我们用恒定不变的折旧率乘以不断下降的账面价值（成本减去累计折旧），即资产（不是折旧基础）在年初的账面价值。因为账面价值不断下降时折旧率保持不变，所以折旧额也是逐年下降的。

一种常见的余额递减法是**双倍余额递减法**（double-declining-balance (DDB) method）。在这种方法下，我们将直线法下的折旧率乘以 200%（或双倍直线法折旧率）。例如，在我们的例子中，双倍余额递减法的年折旧率是 40%（即直线法折旧率 20%的 2 倍）。实践中还可以使用 125%或者 150%作为直线法折旧率的乘数。

示例 9 - 3C 中采用双倍余额递减法计算了机器在 5 年使用寿命期内的折旧。注意是用年初的账面价值作为起点，而不是折旧基础。另外请注意，在第 4 年我们没有用 54 000 美元乘以 40%。如果这样做的话，年折旧额将是 21 600 美元。这一金额将导致在第 4 年末累计折旧为 217 600 美元，账面价值为 32 400 美元，低于该资产的预计残值 40 000 美元。因此，第 4 年的折旧费用是一个倒算的金额，它使得账面价值减少至预计残值（年初账面价值 54 000 美元减去预计残值 40 000 美元等于 14 000 美元）。由于账面价值已经减少为预计残值，所以第 5 年没有折旧费用。余额递减法经常导致资产的折旧年限短于预计使用寿命。

示例 9 - 3C　双倍余额递减法折旧

使用示例 9 - 3 中提供的信息：

年度	年初账面价值	×	年折旧率	=	折旧费用	累计折旧	年末账面价值（250 000－累计折旧）
1	\$250 000		40%*		\$100 000	\$100 000	\$150 000
2	150 000		40%		60 000	160 000	90 000
3	90 000		40%		36 000	196 000	54 000
4	54 000				14 000†	210 000	40 000
5	40 000				—		40 000
合计					\$210 000		

* 直线法年折旧率 20%的 2 倍。直线法年折旧率等于 1 除以资产的预计使用寿命 5 年（1/5=20%）。

† 将账面价值减至残值的必要金额。

加速折旧法变更为直线法

在上述例子中使用双倍余额递减法使资产使用寿命后期的折旧变得棘手。尽管第 5 年资产仍然产生利益，却不再计提折旧。事实上，许多采用加速折旧法的公司有一项常规政策，即在资产使用寿命期大约过半的时候，改用直线法在剩余使用寿命期内计提折旧。

在我们的例子中，公司会在第 3 年或第 4 年将折旧方法变更为直线法。假设在第 4 年初做出变更，当年年初的账面价值为 54 000 美元，还有 14 000 美元（54 000－残值 40 000）的折旧需要在资产剩余使用寿命期内计提。采用直线法时，第 4 年和第 5 年都将计提 7 000 美元（14 000 美元除以剩下的两年）折旧。

应当注意的是，改为直线法不是折旧方法变更。这种变更是公司计划实行的折旧方法的一部分。在本章后面你会学到，会计处理与折旧方法变更相同。

基于作业的折旧方法

在资产使用寿命期内分摊资产成本最有逻辑性的方法是根据其生产力来计量资产的使用价值。例如，我们可以用产出（例如，预计其能生产的产品数量）或者投入（例如，预计其能运行的时间）来衡量一台机器的使用寿命。我们已经提到过，一辆车的使用寿命可以用其可行驶里程来衡量。最常用的基于作业的方法是**产量单位法**（units-of-production method）。

产出的衡量指标是预计机器能生产的单位数（磅、个、桶等）。在产量单位法下，我们首先计算每单位的平均折旧率，即用折旧基础除以预计生产的单位数，再用单位折旧率乘以每期实际生产的单位数。在我们的例子中，单位折旧率是 1.5 美元，计算如下：

$$\frac{250\ 000-40\ 000}{140\ 000}=1.5(\text{美元/单位})$$

每生产一个单位需要计提 1.5 美元的折旧。也就是说，每生产一个单位需要分配 1.5 美元的资产成本。

示例 9－3D 显示，每年的折旧额是实际生产的单位数乘以单位折旧率。这意味着每年的折旧额与生产的单位数量成比例变动，只有一个例外。注意，该资产在第 5 年生产了 26 000 单位，导致资产在使用寿命内的总产量（150 000 单位）超过了估计的产量（140 000 单位）。在这种情况下，我们不能记录最后 10 000 单位的折旧。第 5 年的折旧仅限于将资产账面价值减至其残值的金额（年初账面价值 64 000 美元减去预计残值 40 000 美元，等于 24 000 美元）。

示例 9－3D 产量单位法

使用示例 9－3 中提供的信息：

年度	生产的单位数	×	年折旧率	=	折旧费用	累计折旧	年末账面价值（250 000－累计折旧）
1	20 000		$1.50*		$30 000	$30 000	$220 000
2	32 000		1.50		48 000	78 000	172 000
3	44 000		1.50		66 000	144 000	106 000
4	28 000		1.50		42 000	186 000	64 000
5	26 000				24 000†	210 000	40 000
合计	150 000				$210 000		

* (250 000－40 000)/140 000=1.50(美元/单位)。

† 将账面价值减至残值的必要金额。

这台机器在其使用寿命期内的产量可能会低于 140 000 单位。例如，假设第 5 年的产量仅为 6 000 单位，总产量为 130 000 单位，并且管理层没有未来使用这台机器的计划。我们会记录第 5 年的折旧为 9 000 美元（6 000 单位×1.50 美元）。如果管理层随后制定了出售机器的正式计划，这台机器就被归类为“持有待售”（详见下文），并按其当前账面价值和公允价值减去出售成本孰低报告。如果管理层计划在不出售资产的情况下将其报废，那么剩余账面价值将被记录为损失。

决策者视角——选择折旧方法

示例 9 - 3E 使用我们讨论和举例过的每种折旧方法比较了计算出的定期折旧。

示例 9 - 3E　不同折旧方法的比较

年度	直线法	年数总和法	双倍余额递减法	产量单位法
1	$ 42 000	$ 70 000	$ 100 000	$ 30 000
2	42 000	56 000	60 000	48 000
3	42 000	42 000	36 000	66 000
4	42 000	28 000	14 000	42 000
5	42 000	14 000	0	24 000
合计	$ 210 000	$ 210 000	$ 210 000	$ 210 000

理论上说，基于作业的折旧方法能够更好地将资产成本与其产生的收入相配比。很明显，比起仅仅根据时间的推移，资产的生产力与该资产创造的利益更相关。而且，这种方法允许采用与资产使用模式相对应的折旧模式。

然而，作业法在使用中经常难以实现或成本过高。例如，建筑物的生产力无法明确计量。对于机器来说，即使机器工时或产量等能明确衡量其生产力，每期的确定成本也要高于仅根据时间推移来衡量的成本。因此，大多数公司都采用基于时间的折旧方法。

示例 9 - 4 显示了近期对于大型上市公司折旧方法的调查结果。[①]

示例 9 - 4　各种折旧方法的使用

折旧方法	公司数量
直线法	490
余额递减法	9
年数总和法	2
加速折旧法——非指定	9
产量单位法	12
分类/综合折旧法	17

为什么这么多公司使用直线法而非其他基于时间的折旧方法？可能许多公司认为大部分固定资产创造的利益是在资产使用寿命期内均匀地实现的。当然一个重要的影响因素是，直

① *U. S. GAAP Financial Statements-Best Practices in Presentation and Disclosure—2013* (New York: AICPA, 2013).

线法是最容易理解和应用的方法。

另一个动机是对报告利润的正面影响。在资产使用的初期，直线法产生的净利润比加速折旧法更高。在第6章中我们曾指出，报告的净利润会影响支付给管理层的奖金，以及与债权人的债务契约。

报告更高利润的意愿与通过减少应纳税所得额减少税金的意愿相互冲突。在某项资产的使用初期，加速折旧法比直线法更能减少应纳税所得额。你可能还记得第6章的类似讨论，在成本上升期使用后进先出法也会减少应纳税所得额。然而，要记得后进先出法的适用规则要求，使用后进先出法进行所得税报告的公司也要在财务报告中使用后进先出法。折旧方法不存在这样的一致性规则。所得税规则允许公司在它们的纳税申报单和财务报表中使用不同的方法计算折旧。因此，出于纳税目的所使用的折旧方法不会限制编制财务报表时折旧方法的选择。结果，大多数公司在财务报告中使用直线法，在纳税时使用美国国税局规定的加速折旧法（在附录9A中讨论）。例如，示例9-5显示了默克公司在财务报表附注中报告的折旧政策。

示例9-5　折旧方法披露——默克公司

> 会计政策汇总（节选）
> 折旧
> 在资产的预计使用寿命中，主要使用直线法进行折旧。出于纳税目的，则使用加速折旧法。

公司对不同类型的资产使用不同折旧方法的现象也很常见。例如，示例9-6显示了国际纸业公司财务报表附注中披露的折旧政策。

示例9-6　折旧方法披露——国际纸业公司

> 会计政策汇总（节选）
> 厂房、财产和设备
> 厂房、财产和设备以成本减去累计折旧列示。产量单位法主要用于制浆造纸厂，直线法则用于其他厂房和设备。

国际财务报告准则

折旧。国际会计准则第16号规定，如果财产、厂房和设备的组成项目的成本相对于总成本来说是重大的，则该组成项目必须单独折旧。[①] 在美国，组成部分折旧是允许的，但并不常在实践中应用。

考虑以下例子：

Cavandish公司以62 000美元购买了一辆运货卡车。预计这辆卡车的使用寿命为6年，残值为12 000美元。第三年末，一个成本为6 000美元（包含在购买价格62 000美元内）的超大轮胎将被更换。

在美国公认会计原则下，典型的会计处理方式是卡车的折旧基础50 000美元（62 000—12 000）在6年的使用寿命中折旧。如果使用国际财务报告准则，卡车的折旧基础是44 000

① "Property, Plant and Equipment," *International Accounting Standard No. 16* (IASCF), par. 42, as amended effective January 1, 2016.

美元（62 000－12 000－6 000），并在卡车 6 年的使用寿命中进行折旧，同时轮胎的成本 6 000 美元在 3 年的使用期内单独折旧。

美国公认会计原则和国际财务报告准则采用同样的方法确定折旧基础，即从成本中减去预计残值。然而，国际财务报告准则要求至少每年对残值进行审查。

赛诺菲-安万特，一家法国制药公司，采用国际财务报告准则编制财务报表。在其财产、厂房和设备的附注中，公司用以组成部分为基础的方法进行折旧。

> 财产、厂房和设备（节选）
>
> 以组成部分为基础的方法被应用于财产、厂房和设备的核算。在这种方法下，如果财产、厂房和设备某个组成部分的成本相对于总成本来说是重大的，并且该组成部分与其他组成部分的使用寿命不同，那么该组成部分必须单独折旧。

折旧方法。国际会计准则第 16 号具体提到了三种折旧方法：直线法、产量单位法和余额递减法。余额递减法类似于美国公司有时使用的余额递减法。和美国的情形一样，大多数公司都采用直线法。根据最近一项针对采用国际财务报告准则的大型公司的调查，93%的受访公司采用直线法。①

概念回顾练习

折旧方法

Sprague 公司在 2018 年 1 月 1 日以 130 000 美元的净成本购买了一台制造机器。在 4 年使用寿命期结束时，公司预计这台机器价值 30 000 美元。Sprague 公司同时预计这台机器将会在 4 年使用寿命期内运行 25 000 小时。该公司的会计年度结束于 12 月 31 日。

要求：

分别使用下列方法计算 2018—2021 年的折旧：

1. 直线法
2. 年数总和法
3. 双倍余额递减法
4. 产量单位法（使用机器工时）；实际产量如下：

年度	机器工时
2018	6 000
2019	8 000
2020	5 000
2021	7 000

解答：

1. 直线法：

$$\frac{130\ 000-30\ 000}{4}=25\ 000(\text{美元/年})$$

① "IFRS Accounting Trends and Techniques"（New York，AICPA，2011），p. 328.

2. 年数总和法：

年度	折旧基础	×	年折旧率	=	折旧费用
2018	$100 000		4/10		$40 000
2019	100 000		3/10		30 000
2020	100 000		2/10		20 000
2021	100 000		1/10		10 000
合计					$100 000

3. 余额递减法：

年度	年初账面价值	×	年折旧率	=	折旧费用	年末账面价值
2018	$130 000		50%*		$65 000	$65 000
2019	65 000		50%		32 500	32 500
2020	32 500				2 500†	30 000
2021	30 000				—	30 000
合计					$100 000	

* 直线法年折旧率 25%的 2 倍。直线法年折旧率等于 1 除以资产的预计使用寿命 4 年（1/4=25%）。
† 将账面价值减至残值的必要金额。

4. 产量单位法（使用机器工时）：

年度	机器工时	×	每小时的折旧率	=	折旧费用	年末账面价值
2018	6 000		$4*		$24 000	$106 000
2019	8 000		4		32 000	74 000
2020	5 000		4		20 000	54 000
2021	7 000				24 000†	30 000
合计					$100 000	

* （130 000－30 000）/25 000＝4（美元/小时）。
† 将账面价值减至残值的必要金额。

处置

在使用财产、厂房和设备及无形资产之后，公司将出售或报废这些资产。当以货币性对价（现金或应收账款）出售财产、厂房和设备以及无形资产时，卖方应将收到的对价与所售资产账面价值的差额确认为利得或损失。

收到的对价	$×××
减：出售资产的账面价值	（×××）
出售资产的利得或损失	$×××

我们修改示例 9-3A 中 Hogan 公司的例子，在示例 9-3F 中演示这一计算过程。在示例 9-3F 中，Hogan 公司在机器使用寿命结束之前出售了机器，出售时收到的现金超过了资产的账面价值（成本减去累计折旧）。此时应确认利得。然后我们对这个例子做出调整，当收到的现金少于资产账面价值时，就应确认损失。

示例 9-3F　财产、厂房和设备的出售

2018 年 1 月 1 日，Hogan Manufacturing 公司以 250 000 美元的价格购入一台机器。公司预计机器的使用寿命为 5 年。预计残值为 40 000 美元。Hogan 公司使用直线法折旧。

假设 Hogan 公司决定不持有该机器 5 年，而是在 2020 年 12 月 31 日（3 年后）以 140 000 美元的价格出售。我们首先需要将累计折旧更新到出售日。由于 2018 年和 2019 年的折旧已经记录，我们只需要更新 2020 年的折旧。

2020 年更新折旧的分录：

借：折旧费用	42 000*	
贷：累计折旧		42 000

累计折旧的余额等于 2018 年和 2019 年已经确认的折旧（42 000＋42 000）加上上述 2020 年的折旧（42 000）。

累计折旧

	42 000　2018 年
	42 000　2019 年
	42 000　2020 年
	126 000

现在我们可以计算出售的利得或损失，因为收到的对价与资产的账面价值不同。在这个例子中，收到的现金金额大于资产账面价值，因此应确认利得。

收到的对价	$140 000
减：出售资产的账面价值	(124 000)†
出售机器的利得	$16 000

最后，出售设备需要：(1) 记录收到的现金；(2) 将机器的账户余额以及它的累计折旧余额从账簿上移除；(3) 确认利得或损失。

记录 2020 年 12 月 31 日以 140 000 美元价格出售的分录：

借：现金	140 000	
累计折旧（账户余额）	126 000	
贷：机器（账户余额）		250 000
出售机器利得（差额）		16 000

记录这个分录之后，机器账户和累计折旧账户的余额为 0。出售利得通常在利润表中作为经营费用的一个单独部分报告。

* 42 000＝(250 000－40 000)÷5。参见示例 9-3A。

† 账面价值＝成本（250 000 美元）－累计折旧（126 000 美元）。

现在，假设 Hogan 公司在 2020 年 12 月 31 日出售这台机器，只卖了 110 000 美元。这一金额比账面价值低 14 000 美元，将被记录为损失。

收到的对价	$110 000
减：出售资产的账面价值	(124 000)
出售机器的损失	$(14 000)

记录 2020 年 12 月 31 日以 110 000 美元价格出售的分录：

借：现金	110 000	
累计折旧（账户余额）	126 000	
出售机器损失（差额）	14 000	
贷：机器（账户余额）		250 000

注意，无论是否记录了利得或损失，机器和累计折旧的金额都从账簿中移除；资产的账面价值被完全注销。收到的现金相对于资产账面价值的金额决定了利得或损失的金额。

决策者视角——理解利得和损失

人们很容易将可折旧资产出售时的“利得”和“损失”与“好消息”和“坏消息”联系在一起。例如，我们在日常生活中使用“利得”这个词，意思是我们卖东西得到的钱比购买时花的钱要多。利得也可能被误解为资产以高于公允价值的价格出售（我们得到了“好交易”）。然而，这些都不能代表资产出售利得的含义。参考示例9-3F中的例子。这台机器的出售带来了利得，但这台机器的售价低于原始成本，也没有迹象表明Hogan公司出售这台机器的价格超过了它的公允价值。

出售一项可折旧资产的利得仅仅意味着该资产的售价高于其账面价值。换句话说，收到并记录的资产（如现金）大于被出售并注销资产的账面价值。总资产账面价值的净增加是会计利得（不是经济利得）。

损失也是如此。损失表明收到的现金少于售出资产的账面价值；总资产账面价值净减少。

持有待售资产

有时管理层计划出售财产、厂房或设备及无形资产，但出售尚未发生。这种情况下，资产在符合下列所有条件的期间被分类为“持有待售”①：

（1）管理层承诺计划出售资产。

（2）该资产在当前状况下可立即出售。

（3）确定买家和出售资产的有效计划已经启动。

（4）很可能完成资产出售，通常预期在一年内发生。

（5）相对于其当前的公允价值，该资产以合理价格出售。

（6）管理层的行动表明，该计划不太可能发生重大改变或被取消。

被归类为持有待售的资产不再折旧或摊销，并按照资产当前账面价值与资产公允价值减去出售成本孰低计量。如果公允价值减去出售成本低于账面价值，我们在当期确认损失。如果财务报表在出售前重新编制，我们重新评估资产的公允价值减去销售成本。如果公允价值进一步下降，我们再确认另外的损失。如果在上一次计量之后公允价值减出售成本增加了，我们确认利得，但是仅限于以前确认的累计损失金额。

弃置

有时，公司不会将已使用的资产出售，而是将其弃置（或丢弃）。资产弃置的处理和以货币对价形式出售类似。在弃置时，资产账户和相应的累计折旧账户从账簿中移除，因为不会收到货币对价，所以记录与资产剩余账面价值相等的损失。如果在实际弃置前有一个正式的资产弃置计划，此时由于预计使用寿命或残值发生变化，可能会对折旧做出调整。

分类折旧法和综合折旧法

可以想象，如果一家公司拥有成百上千的应折旧资产，记录折旧会变成一项非常复杂而且成本很高的工作。然而，如果将资产归集起来用分类或者综合的方法计提折旧，就比单独

① FASB ASC 360-10-45-9：Property，Plant，and Equipment-Overall-Other Presentation Matters-Impairment or Disposal of Long-Lived Assets.

折旧的负担轻得多。这两种方法除了在资产的归集上有所不同，其他方面完全一致。**分类折旧法**（group depreciation method）根据使用寿命或其他属性的相似性来归集资产。举例来说，分类折旧法可用于车队的车辆或同类的机器。**综合折旧法**（composite depreciation method）用于那些实物上不相似但归集起来便于计算折旧的情形。举例来说，综合折旧法可用于一个制造厂房内的所有应折旧资产，尽管这些资产的使用寿命各有不同。

这两种方法是相似的，无论是在分类法还是综合法下，使用的都是基于资产平均使用寿命的单一直线折旧率。① 示例 9-7 说明了这个过程。

示例 9-7 分类折旧法

Express Delivery 公司从 2018 年开始经营。它选择使用分类折旧法对其快递车辆进行折旧。2018 年初购买的每类车辆的成本、残值、预计使用寿命和每年的直线法折旧额如下：

资产	成本	残值	折旧基础	预计年限	每年折旧额（直线法）
面包车	\$ 150 000	\$ 30 000	\$ 120 000	6	\$ 20 000
卡车	120 000	16 000	104 000	5	20 800
货车	60 000	12 000	48 000	4	12 000
合计	\$ 330 000	\$ 58 000	\$ 272 000		\$ 52 800

分类折旧率通过年折旧额除以总成本来确定，平均使用寿命通过折旧基础除以年折旧额来计算：

$$\text{分类折旧率}=\frac{52\ 800}{330\ 000}=16\%$$

$$\text{平均使用寿命}=\frac{272\ 000}{52\ 800}=5.15(\text{年})$$

如果包含在分类中的资产保持不变，每年 52 800 美元（330 000×16%）的折旧额将会记录 5.15 年。这意味着第 6 年的折旧额将是 7 920 美元（全年折旧额的 0.15 倍=15%×52 800），这一折旧额将该类资产的成本减至其预计残值。换言之，各类资产将会基于分类资产的平均使用寿命进行折旧。

在实务中，随着新资产的增加以及其他资产的报废或出售，各类资产的组成可能会发生变化。我们按照新增资产的成本增加各类资产账户，以记录新增加的资产。用分类折旧率乘以该类别资产的总成本来确定当期折旧额。一旦分类折旧率或综合折旧率和平均使用寿命确定，尽管会增加和处置个别资产，折旧率和期限通常还是会继续使用。这里隐含的假设是，新资产的使用寿命与它们所替换的资产的使用寿命大致相同。

因为折旧记录不是以单个资产为基础的，处置时假设处置项目的账面价值和收到的价值完全相等，不记录利得或损失。例如，在上面的示例中，如果一辆运货卡车的成本是 15 000 美元，在 2021 年以 3 000 美元出售，分录如下所示：

借：现金	3 000	
累计折旧（差额）	12 000	
贷：卡车		15 000

任何实际的利得或损失都包含在累计折旧账户中。因为未记录的利得可以抵消未记录的

① 分类或综合折旧法下也可以使用余额递减法，此时折旧率是直线法折旧率的一个倍数（如 200%）。

损失，所以这种做法一般不会扭曲利润。

分类折旧法和综合折旧法简化了应折旧资产的记录。这种简化表明在确定利润时存在一些无关紧要的差错是可以的。示例 9-8 显示了埃尔帕索天然气公司近期的财务报表附注，其中描述了联邦法规认可的分类折旧方法。

示例 9-8　折旧方法披露——埃尔帕索天然气公司

重要会计政策汇总（节选）
财产、厂房和设备（节选）
我们使用分类折旧法对财产、厂房和设备进行折旧。在这种方法下，具有相似期限和特征的资产可以归类并视为一项资产进行折旧。我们把折旧率应用于各类资产的总成本，直到其账面净值与残值相等。大多数财产、厂房和设备与埃尔帕索天然气公司的系统有关，其折旧率从 1%到 50%不等。
当财产、厂房和设备废弃时，我们记录对这些资产原始成本的累计折旧和摊销，加上移除、出售或处置资产的成本，再减去资产的残值。我们只在出售一个完整的经营单元时，才确认利得或损失。

其他基于分组的折旧方法，以及报废和置换的方法见附录 9B。

国际财务报告准则

财产、厂房和设备的估值。正如我们已经讨论的，在美国公认会计原则下，公司以成本减累计折旧（账面价值）在资产负债表中报告财产、厂房和设备。国际会计准则第 16 号允许公司按照这一金额或者公允价值（重估值）报告财产、厂房和设备。① 如果公司选择使用重估值，必须常规性地对属于财产、厂房和设备的所有资产进行重新估值。美国公认会计原则禁止重估值。

如果选择重估值，公司报告公允价值和账面价值差额的方式取决于二者孰高：

- 如果公允价值高于账面价值，差额报告为其他综合收益，然后在股东权益中的重估值盈余（有时称为重估值准备）中累计。
- 如果账面价值高于公允价值，差额报告为利润表中的费用。一个例外是，如果同一项资产由于之前的公允价值上升而在重估值盈余账户有余额，需要先抵消该余额再借记重估值费用。

考虑以下例子：

Candless 公司按照国际财务报告准则编制财务报表。2018 年初，该公司以 100 000 美元的价格购买了一台设备。这台设备的预计使用寿命为 5 年，预计残值为 0，那么 2018 年的折旧是 20 000 美元。年末，公司选择按照国际会计准则第 16 号的规定对该设备重新估值。假设该设备年末的公允价值是 84 000 美元，则公司用以下日记账分录记录折旧和重估值：

(a) 借：折旧费用（100 000÷ 5）	20 000	
贷：累计折旧		20 000

这个分录之后，设备的账面价值为 80 000 美元，公允价值为 84 000 美元。我们使用这两个金额的比率来将设备和累计折旧两个账户（账面价值）调整到公允价值（单位：千美元）：

① "Property, Plant and Equipment," *International Accounting Standard No. 16* (IASCF), as amended effective January 1, 2016.

2018 年 12 月 31 日	重估值前				重估值后
设备	$100	×	84/80	=	$105
累计折旧	20	×	84/80	=	21
账面价值	$80	×	84/80	=	$84

对设备和累计折旧账户（即账面价值）重估值的分录为：

(b) 借：设备（105 000－100 000）　5 000

　　贷：累计折旧（21 000－20 000）　1 000

　　　　重估值盈余——其他综合收益（84 000－80 000）　4 000

设备的新基数是其公允价值 84 000 美元（105 000－21 000），以后年度基于这一金额进行折旧。所以，2019 年的折旧额是将 84 000 美元除以剩余的 4 年，得到 21 000 美元①：

(a) 借：折旧费用（84 000÷4）　21 000

　　贷：累计折旧　21 000

这个分录之后，累计折旧是 42 000 美元，设备的账面价值是 63 000 美元。假设现在的公允价值是 57 000 美元。我们使用这两个金额的比率来将设备和累计折旧两个账户（即账面价值）调整到公允价值（单位：千美元）：

2019 年 12 月 31 日	重估值前				重估值后
设备	$105	×	57/63	=	$95
累计折旧	42	×	57/63	=	38
账面价值	$63	×	57/63	=	$57

对设备和累计折旧账户（即账面价值）重估值的分录为：

(b) 借：重估值盈余——其他综合收益（57 000－63 000＝6 000；上限：余额 4 000）　4 000

　　　　重估值费用（达到平衡）　2 000

　　　　累计折旧（38 000－42 000）　4 000

　　贷：固定资产（95 000－105 000）　10 000

发生在 2019 年的公允价值下降，在把相同资产的重估值盈余抵消之后，才能计入费用，就像本例中这样。所以，价值减少的 6 000 美元（账面价值 63 000 美元减去公允价值 57 000 美元）中，有 4 000 美元被记入之前形成的重估值盈余的借方，剩下的 2 000 美元作为重估值费用记入利润表。

总部设在伦敦的 Investcorp 公司是一家投资产品的提供者和管理者，它按照国际财务报告准则编制财务报表。以下包含在近期年报中的附注讨论了公司对其建筑物和某些经营性资产的估值方法。

房产和设备（部分）

本行对自由持有土地上的建筑物和特定经营性资产按重估值金额计量，即重估日资

① 国际会计准则第 16 号允许公司在这一方法和另一种方法之间选择。另一种方法将累计折旧账户全部清空，并将资产账户（本例中是设备）调整至公允价值。两种方法的重估值盈余（或费用）是相同的。

产的公允价值减去后续累计折旧和后续累计减值损失。任何重估值盈余，在抵消了之前确认为利润和损失的相同资产的重估值下降之后，都记入股东权益中资产重估值准备的贷方。重估值赤字在抵消了之前确认的相同资产的重估值盈余之后，直接计入利润或损失。

重估值方法很少使用。根据国际财务报告准则最近一项针对大型公司的调查，在160家受访公司中，只有10家公司使用重估值方法。[①]

四、自然资源折耗

自然资源的成本分摊称为**折耗**（depletion）。因为自然资源的使用价值通常直接与资源的开采量有关，基于作业的产量单位法广泛用于计算定期折耗，使用寿命是自然资源可开采的预计数量（例如，矿石的吨数或石油的桶数）。

折耗基础是成本减去预计残值。如果成本中包括在自然资源开采完后仍有价值的土地，那么残值可能很大。

示例9-9中的例子在第8章的示例8-6中首次提到。

示例9-9　自然资源折耗

Jackson Mining公司有下列与宾夕法尼亚州500英亩煤矿相关的成本：

1. 勘探权成本	$1 000 000
2. 实际勘探成本	800 000
3. 井下挖掘和架设发生的无形资产开发成本	500 000
4. 购买挖掘设备成本	600 000
5. 根据合同要求，在开采完成后，恢复土地用于娱乐（使用预计现金流方法确定）	468 360

公司的地质学家估计，在3年的时间里，将会开采出100万吨煤炭。开采结束后，开采设备将以6万美元的预计残值出售。2018年，开采了30万吨煤炭。

在示例8-6中，我们确定了煤矿（自然资源）的资本化成本（包括预计恢复成本）为2 768 360美元。因为土地没有残值，折耗基础等于成本，每吨折耗额计算如下：

$$每吨折耗额=\frac{折耗基数}{估计可开采吨数}$$

$$每吨折耗额=\frac{2\ 768\ 360}{1\ 000\ 000}=2.768\ 36(美元/吨)$$

开采每吨煤炭需要计提的折耗额是2.768 36美元。2018年记录实际开采30万吨煤炭的折耗额的分录如下：

借：折耗（2.768 36×300 000）	830 508	
贷：煤矿		830 508

注意，贷方是煤矿，而不是抵减账户（累计折耗）。这种方法比较传统，使用抵减账户也是可行的。

① “IFRS Accounting Trends and Techniques”（New York，AICPA，2011），p. 171.

折耗是一项生产成本，属于煤炭存货的成本，类似于生产设备的折旧属于存货成本。当出售煤炭时，折耗被计入利润表的商品销售成本中。

挖掘设备的成本600 000美元如何计提折旧？如果设备可以从煤矿移除并用于未来项目，那么该设备的折旧基础应该在它的使用寿命中分摊。如果设备不可移除，那么它应该在其使用寿命和自然资源使用寿命孰短的期限内计提折旧。

很多时候，公司用产量单位法来计算自然资源资产的折旧和摊销。此时使用的作业基础与用于计算折耗的基础相同，都是预计可开采的自然资源数量。在我们的例子中，折旧额为每吨0.54美元，计算如下：

$$\text{每吨折旧额}=\frac{600\ 000-60\ 000}{1\ 000\ 000}=0.54(\text{美元/吨})$$

2018年计提的折旧额是162 000美元（0.54×300 000），这也是煤炭存货成本的一部分。

康菲石油公司近期财务报表中的重要会计政策汇总很好地概括了自然资源资产的折耗、摊销和折旧，如示例9-10所示。

示例9-10　折耗方法披露——康菲公司

重要会计政策汇总（节选）
折耗和摊销——生产性财产的租赁成本以估计探明的石油和天然气储量为基数，使用产量单位法进行折耗。无形资产开发成本以估计探明的石油和天然气储量为基数，使用产量单位法进行摊销。
折旧和摊销——用于生产的财产、厂房和设备以及某些管道资产（预计使用价值逐渐下降）用产量单位法进行折旧和摊销。其他所有财产、厂房和设备使用个别单位直线法或者分类直线法（对于那些与其他单位高度整合的单位）进行折旧和摊销。

补充思考

百分比折耗法。美国公认会计原则要求，石油、天然气和大部分矿产资源对成本减残值的折耗不能与税法允许的百分比折耗法（也称法定折耗法）相混淆。在这些税收规定下，允许生产者扣除基于成本的折耗额和将毛利润的固定百分比作为折耗额这两者之间的较大者。在资产的使用寿命内，折耗额可能超过资产的成本。百分率折耗法允许对不同类型的自然资源采用不同的百分比折耗。

百分比折耗法通常不同于成本折耗法，这导致了应纳税所得额和税前利润的不同。这将在第13章进行讨论。

国际财务报告准则

生物资产。有生命的动物和植物，包括林区或者果园的树木，称为生物资产。在美国公认会计原则下，林区按照成本减累计折耗估值，果园按照成本减累计折旧估值。在国际财务报告准则下，生物资产按照其公允价值减去预计出售成本估值，并且公允价值的变动计入当期损益。①

① "Agriculture," *International Accounting Standard No. 41* (IASCF), as amended effective January 1, 2016.

Mondi 有限公司是一家总部设在南非约翰内斯堡的国际纸业和包装集团，其财务报表是根据国际财务报告准则编制的。最近一份年度报告中的以下附注讨论了该公司森林资产估值的政策。

自有森林资产（部分）

自有森林资产以公允价值计量，等于预期售价减去砍伐和运输成本，基于每个报告日的估计木材数量。

公允价值变动作为其他净经营费用记入合并利润表。

五、无形资产摊销

现在我们讨论第三类长期资产——无形资产。与前面讨论过的其他资产一样，我们在无形资产的使用寿命内分摊其成本。无形资产成本的分摊称为**摊销**（amortization）。下面将区分使用寿命有限和使用寿命不确定的无形资产。对于那些使用寿命不确定的无形资产，摊销是不合适的。

需要摊销的无形资产

大多数无形资产具有有限的使用寿命。这意味着它们的预计使用寿命在本质上是有限的。我们将无形资产的资本化成本与预计残值之差分摊到该资产预期为公司带来收入的期间。这需要我们确定资产的使用寿命、摊销基础（成本减去预计残值）以及适当的分摊方法，这与有形资产的折旧很相似。

使用寿命

法律、法规和合约规定往往限制了一项无形资产的使用寿命。然而，使用寿命有时会短于资产的法定或合同年限。例如，如果预计产品过时会限制一种受保护产品的寿命，那么专利的使用寿命可能会明显短于20年的法定年限。

残值

我们已经在第8章中讨论过无形资产的成本。无形资产的预计残值通常为0。但是也有例外，比如一项无形资产对某一报告主体的使用寿命结束之后，还可能会为另一主体带来利益。例如，如果Quadra公司与另一家公司达成协议，该公司承诺在无形资产使用寿命结束时以确定的价格购买Quadra公司的一项专利，那么我们使用这一价格作为专利的残值。

分摊方法

摊销方法应该反映使用资产产生利益的模式。大多数公司使用直线法。在第8章中，我们讨论和举例说明了确定软件开发成本定期摊销额的方法。软件开发成本的定期摊销比例是以下两项中的较大者：（1）当期收入占当期和预期收入之和的比例（收入百分比法）；（2）资产使用寿命的直线百分比。

英特尔公司在资产负债表中报告了一些无形资产。示例9-11中的附注披露了预计使用寿命的范围。

示例 9-11 无形资产使用寿命披露——英特尔公司

重要会计政策汇总（节选） 可辨认无形资产（节选） 可辨认无形资产需要摊销，其预计使用寿命范围如下：	预计使用寿命（年）
收购的已开发技术	3～9
收购的客户关系	5～11
收购的商标权	5～8
技术和专利许可	2～17

与折耗类似，摊销费用一般记入资产账户的贷方，而不是累计摊销账户中。然而，我们也可以使用抵减账户。我们来看示例 9-12。

示例 9-12 无形资产摊销

Hollins 公司于 2018 年开始经营。1 月初，公司以 200 000 美元从 Ajax 公司购买了一项特许经营权。这项特许经营权允许使用 10 年。此外，Hollins 公司还以 50 000 美元购买了一项专利。这项专利的剩余法律年限是 13 年。然而，由于技术过时，公司预计该专利的使用寿命仅为 8 年。Hollins 公司对所有无形资产使用直线法摊销。公司的会计年度截止日是 12 月 31 日。

用来记录这些无形资产整年摊销的日记账分录如下：

借：摊销费用（200 000 ÷ 10）	20 000	
贷：特许经营权		20 000
记录特许经营权的摊销。		
借：摊销费用（50 000 ÷ 8）	6 250	
贷：专利		6 250
记录专利的摊销。		

假设 Hollins 公司决定在 2022 年 12 月 31 日（取得 5 年后）以 21 000 美元的价格出售该专利。

在 2022 年更新专利摊销并出售专利的分录如下：

借：摊销费用（50 000 ÷ 8）	6 250	
贷：专利		6 250
记录 2022 年专利的摊销。		
借：现金	21 000	
贷：专利（账户余额）*		18 750
出售专利利得（差额）		2 250
记录专利的出售。		

* 50 000－(6 250×5)。

与折旧类似，摊销也是产品成本或期间成本，这取决于资产如何使用。对用于生产某种产品的无形资产，摊销是一种产品成本，包含于存货的成本当中（直到出售时才成为费用）。对不用于生产的无形资产，如上例中的特许经营权成本，定期摊销被计入发生当期的费用。

不需要摊销的无形资产

如果无形资产预期为主体创造现金流量的期限没有限制，那么它就是使用寿命不确定的无形资产。① 也就是说，没有法律、合同或经济因素预期会限制它们对一家公司的使用寿

① FASB ASC 350-30-35-4：Intangibles-Goodwill and Other-General Intangibles Other than Goodwill Subsequent Measurement (previously "Goodwill and Other Intangible Assets," *Statement of Financial Accounting Standards No. 142* (Norwalk, Conn.: FASB, 2001), par. B45).

命。因为它们的使用寿命不确定，这些无形资产不需要定期摊销。

例如，假设Collins公司在收购一家轮胎公司时取得了一项商标权。Collins公司计划继续使用被收购公司的商标来生产轮胎并出售。回想第8章，商标权有10年的法律年限，但是可以无限地更新10年保护期。因此，所收购的商标权的使用寿命最初就被视为不确定的，商标权的成本不需要摊销。然而，如果几年后管理层决定在未来3年内淘汰轮胎产品，Collins公司应当在3年内摊销剩余的账面价值。

2015年，波音公司报告了4.9亿美元的使用寿命不确定的无形资产（除了商誉之外）。该公司表示："使用寿命不确定的无形资产包括在企业合并中获得的品牌和商标名。"示例9-13是雅诗兰黛公司在最近的年度报告中披露的另一个例子。

示例9-13　使用寿命不确定的无形资产披露——雅诗兰黛公司

其他无形资产
使用寿命不确定的无形资产（如商标权）不需要摊销，但是需要至少在每一个会计年度的第四季度评估其减值。如果某些事项或环境允许，评估次数还可以更频繁。

商誉是最常见的使用寿命不确定的无形资产。回想一下，商誉等于并购对价减去并购取得的可辨认净资产的公允价值（有形和无形资产减去负债的公允价值）。这意味着商誉和其他使用寿命不确定的无形资产会以它们的原始可辨认资本化价值留在资产负债表上吗？不一定。和其他资产一样，无形资产也适用减值规则，这一点我们将在本章随后的部分进行讨论。

国际财务报告准则

无形资产估值。国际会计准则第38号允许公司在对无形资产进行初始估值之后，按照以下两种方式进行后续估值：(1) 成本减去累计摊销；(2) 公允价值，如果公允价值可以根据活跃市场来确定。[①] 如果选择重估值，所有该类无形资产都必须常规性地重新估值。但是，商誉不得重估值。美国公认会计原则禁止对任何无形资产进行重估值。

注意：只有公允价值可以通过活跃市场来确定时，重估值的选择才是可能的，这就导致这一选择相对少见。但是，这一选择可能会被用于像特许经营权和某些许可协议这样的无形资产。

如果选择了重估值，会计处理方式与我们在本章用于财产、厂房和设备重估值的方式相似。回想一下，公司根据公允价值和账面价值孰高来选择如何报告二者之间的差额。如果公允价值高于账面价值，差额计入其他综合收益，并在股东权益中的重估值盈余账户中累计。另一方面，如果账面价值高于公允价值，差额在抵消该资产已有的重估值盈余之后计入费用。

考虑下面的例子：

Amershan公司根据国际财务报告准则编制财务报表。2018年初，公司以500 000美元的价格购买了一项特许经营权。这项特许经营权拥有10年的合同期限并且没有残值，所以2018年的摊销额为50 000美元。在记录摊销时，公司没有使用累计摊销账户，而是直接贷记特许经营权账户。年末，Amershan公司根据国际会计准则第38号的规定选择对这项特

① "Intangible Assets," *International Accounting Standard No. 38* (IASCF), as amended effective January 1, 2016.

许经营权进行重估值。假设特许经营权的公允价值通过活跃市场确定，年末时为 600 000 美元，Amershan 公司用下面的日记账分录来记录摊销和重估值：

借：摊销费用（500 000 ÷ 10）	50 000	
贷：特许经营权		50 000
借：特许经营权（600 000－450 000）	150 000	
贷：重估值盈余——其他综合收益		150 000

通过第二个分录能够看出，Amershan 公司将特许经营权的账面价值从 450 000 美元（500 000－50 000）增加到公允价值 600 000 美元，并根据差额记录重估值盈余。特许经营权的新摊销基础为 600 000 美元，以后年度的摊销将以这一金额为基础。所以，2019 年的摊销额是将 600 000 美元平均划分到剩余的 9 年中，即 66 667 美元。

六、部分期间

只有在教材中，财产、厂房和设备及无形资产才是在公司会计年度的开始或结束时取得和处置的。如果取得和处置发生在其他时候，公司在理论上必须确定在每项资产实际使用的期间需要记录多少折旧、折耗和摊销。

让我们重复前面示例 9－3 中 Hogan 公司的例子，但是在示例 9－14 中稍做修改，假设该资产是在公司会计年度的中间取得的。

示例 9－14　折旧方法——部分年度

2018 年 4 月 1 日，Hogan Manufacturing 公司以 250 000 美元的价格购入一台机器。公司预计机器的使用寿命为 5 年，预计残值为 40 000 美元。机器在使用 5 年后被处置。公司的会计年度结束于 12 月 31 日。根据资产使用的月数来记录部分年度折旧。

注意，没有信息用来估计机器的产出。只有在使用基于时间的折旧方法时，部分年度折旧才会成为一个问题。在基于作业的方法中，直接用单位产出的折旧率与当期实际产出相乘，不用考虑期间的长度。

示例 9－14A 总结了之前在示例 9－3A、示例 9－3B 和示例 9－3C 中以各种基于时间的折旧方法计算的资产年折旧额。

示例 9－14A　年折旧额

年度	直线法	年数总和法	双倍余额递减法
1	$ 42 000	$ 70 000	$ 100 000
2	42 000	56 000	60 000
3	42 000	42 000	36 000
4	42 000	28 000	14 000
5	42 000	14 000	0
合计	$ 210 000	$ 210 000	$ 210 000

示例 9－14B 展示了如果在 4 月 1 日取得资产，Hogan 公司如何采用这三种方法为机器计提折旧。

示例 9-14B 部分年度折旧 单位：美元

年度	直线法	年数总和法	双倍余额递减法
2018	$42\,000\times\frac{3}{4}=$**31 500**	$70\,000\times\frac{3}{4}=$**52 500**	$100\,000\times\frac{3}{4}=$**75 000**
2019	**42 000**	$70\,000\times\frac{1}{4}=17\,500$	$100\,000\times\frac{1}{4}=25\,000$
		$+56\,000\times\frac{3}{4}=\underline{42\,000}$	$+60\,000\times\frac{3}{4}=\underline{45\,000}$
		59 500	**70 000** *
2020	**42 000**	$56\,000\times\frac{1}{4}=14\,000$	$60\,000\times\frac{1}{4}=15\,000$
		$+42\,000\times\frac{3}{4}=\underline{31\,500}$	$+36\,000\times\frac{3}{4}=\underline{27\,000}$
		45 500	**42 000**
2021	**42 000**	$42\,000\times\frac{1}{4}=10\,500$	$36\,000\times\frac{1}{4}=9\,000$
		$+28\,000\times\frac{3}{4}=\underline{21\,000}$	$+14\,000\times\frac{3}{4}=\underline{10\,500}$
		31 500	**19 500**
2022	**42 000**	$28\,000\times\frac{1}{4}=7\,000$	$14\,000\times\frac{1}{4}=$**3 500**
		$+14\,000\times\frac{3}{4}=\underline{10\,500}$	
		17 500	
2023	$42\,000\times\frac{1}{4}=$**10 500**	$14\,000\times\frac{1}{4}=$**3 500**	
合计	**210 000**	**210 000**	**210 000**

* 也可以用年初账面价值乘以直线法折旧率的 2 倍来计算：(250 000－75 000)×40%＝70 000。

注意，2018 年折旧额是资产使用寿命第一年全年折旧额的 3/4，因为当年资产仅使用了 9 个月，或一年的 3/4。第一年剩下的 1/4 折旧与资产使用寿命第二年的 3/4 折旧包括在 2019 年的折旧额中。这种计算对于直线法是没有必要的，因为资产每一年的折旧额都是一样的。

通常，上述程序是不实用的，或者至少是烦琐的。因此，大多数公司采用简化的假设或惯例来计算部分年度的折旧并持续使用。一项常用的惯例是在取得当年确认全年折旧的一半，在处置当年再确认另一半。这就是所谓的**半年惯例**（half-year convention）。[①]

概念回顾练习

折耗和摊销

第一部分：

2018 年 3 月 29 日，Horizon Energy 公司在新墨西哥州以 200 万美元的价格购买了一项

① 另一种常用的方法是修正的半年惯例。这种方法下，如果资产在一年中的前半年取得或者在后半年出售，则记录全年的折旧额。如果资产在一年中的后半年取得或者在前半年出售，则不记录折旧。这些半年惯例十分简单，并且在大多数情形下与更准确的计算不会有重大差异。

煤矿开采权。开发成本和预计土地恢复成本的现值加起来是340万美元。2018年，公司开采了200 000吨煤炭，并且预计在未来15个月内还会开采额外的1 600 000吨。

要求：

计算2018年煤矿的折耗。

解答：

煤矿的成本	（单位：百万美元）
开采权的购买价格	\$2.0
开发和恢复成本	3.4
	\$5.4

折耗：

$$每吨折耗额=\frac{5.4}{1.8^{*}}=3(美元/吨)$$

* 200 000+1 600 000。

2018年折耗＝3×200 000＝600 000(美元)

第二部分：

2018年10月1日，Advanced Micro Circuits公司以2亿美元的价格并购了Zotes公司。购买价格中包括以下可辨认无形资产，以及它们的公允价值和使用寿命：

无形资产	公允价值（单位：百万美元）	使用寿命（年）
专利	\$10	5
已开发技术	50	4
客户名单	10	2

此外，已取得的有形资产的公允价值是1亿美元。商誉价值3 000万美元。取得的所有无形资产采用直线法摊销。

2018年，Advanced公司结束了一个软件开发项目。达到技术可行性之后至产品发布前的开发成本总额为200万美元。这款软件于2018年9月29日向公众发布。在2018年最后3个月内，销售软件的收入是400万美元。公司预计这款软件在之后的45个月内会带来额外的3 600万美元收入。

要求：

计算2018年无形资产和软件开发成本的摊销额。

解答：

无形资产摊销：

专利	10/5＝2×3/12＝0.5(百万美元)
已开发技术	50/4＝12.5×3/12＝3.125(百万美元)
客户名单	10/2＝5×3/12＝1.25(百万美元)
商誉	商誉成本不摊销

软件开发成本摊销：

（1）收入百分比法：

$$\frac{4\ 000\ 000}{4\ 000\ 000+36\ 000\ 000}=10\%\times 2\ 000\ 000=200\ 000(\text{美元})$$

（2）直线法：

$$\frac{3}{48}\times 2\ 000\ 000=125\ 000(\text{美元})$$

Advanced 公司将采用收入百分比法，因为它产生的 200 000 美元摊销额更大。

第 2 节　其他问题

在本章的这一部分，我们将讨论以下与成本分摊有关的问题：

（1）估计变更；

（2）方法变更；

（3）差错更正；

（4）减值。

一、估计变更

折旧、折耗或摊销的计算都需要对使用寿命和残值进行估计。不可避免的是，有时这些估计会被证明是不正确的。第 3 章简要介绍了估计变更、会计政策变更和差错更正的话题。在这部分和本章接下来的内容中，我们将概述涉及财产、厂房和设备以及无形资产的变更或差错的会计处理和披露要求。

估计变更采用未来适用法。当公司基于新信息修改了之前的估计时，不需要重述之前的财务报表。相反，公司仅需要将新估计运用于以后的会计决策。所以，这通常会影响当期或以后期间的资产负债表和利润表。公司通常在年初做出这些变更，但是它们也可以在其他时间变更。披露附注应该描述估计变更对当前净利润和每股金额的影响。

思考一下示例 9 - 15。

示例 9 - 15　会计估计变更

2016 年 1 月 1 日，Hogan Manufacturing 公司以 250 000 美元的价格购入一台机器。公司预计机器的使用寿命为 5 年，预计残值为 40 000 美元。公司的会计年度结束于 12 月 31 日，并且对所有应折旧资产使用直线法计提折旧。2018 年 1 月 1 日，公司将该机器的预计使用寿命从 5 年变更为 8 年，并将预计残值从 40 000 美元变更为 22 000 美元。

在变更之前（2016 年和 2017 年），每年的折旧都是 42 000 美元［(250 000－40 000)÷ 5］，即两年折旧额共 84 000 美元。2018 年初剩余账面价值为 166 000 美元（250 000－84 000）。2018 年及以后年度的折旧是将剩余账面价值减去变更后的预计残值除以剩余使用寿命 6 年（8－2）。2018 年及以后年度的折旧记录如下：

借：折旧费用（计算见下）			24 000
贷：累计折旧			24 000
	$ 250 000	成本	
$ 42 000		之前的年折旧额（210 000 ÷ 5）	
×2	84 000	目前的折旧额（2016—2017 年）	
	166 000	2018 年 1 月 1 日的账面价值	
	22 000	减去变更后的预计残值	
	144 000	变更后的折旧基础	
	÷6	预计剩余使用寿命（8－2）	
	$ 24 000	新的年折旧额	

在变更后的 8 年使用寿命结束时，资产的账面价值已经折旧到了预计残值 22 000 美元。另外，如果该项变更很重要的话，需要在附注中披露它对利润的预计影响，即增加了 18 000 美元的税前利润（变更之前折旧额为 42 000 美元，变更之后折旧额减少到 24 000 美元）。

最近，威瑞森通信公司变更了对某些财产、厂房和设备使用寿命的估计。示例 9 - 16 显示了关于该项变更的披露附注。

示例 9 - 16 估计变更的披露——威瑞森通信公司

财产、厂房和设备（节选）
我们对财产、厂房和设备的预计剩余平均使用寿命进行持续审查。我们认为，由于技术升级、改进和预计的退废，有必要对某些资产的剩余预计使用寿命做出变更。这些变更导致 2015 年和 2014 年的折旧费用分别增加了 4 亿美元和 6 亿美元。虽然目前部署计划的时间和范围正在进行持续的分析和修改，但我们认为对使用寿命的估计是合理的。

二、折旧、摊销或折耗方法变更

如果公司能够证明变更是合理的，公认会计原则允许公司从一种折旧方法变更为另一种折旧方法。例如，新的信息可能会表明另一种折旧方法能够更好地反映消耗资产产生收入的模式。

我们对这些变更采用未来适用法处理，和对其他估计变更的处理一样。一个区别是，大多数估计变更不要求公司证明其合理性。然而，这种估计变更是会计政策变更导致的，因此公司要明确地解释为什么新方法更好。考虑示例 9 - 17。

示例 9 - 17 折旧方法变更

2016 年 1 月 1 日，Hogan Manufacturing 公司以 250 000 美元的价格购入一台机器。公司预计机器的使用寿命为 5 年，预计残值为 30 000 美元。公司的会计年度结束于 12 月 31 日，并使用双倍余额递减法计提折旧。2018 年，公司将折旧方法由双倍余额递减法变更为直线法。2018 年，调整分录如下：

借：折旧费用（见下）	20 000	
贷：累计折旧		20 000

双倍余额递减法折旧：

2016 年	$ 100 000	（250 000×40%*）
2017 年	60 000	[（250 000－100 000）×40%*]
合计	$ 160 000	

$250 000	成本
160 000	目前的折旧额，双倍余额递减法（2016—2017 年）
90 000	2018 年 1 月 1 日的未折旧成本
30 000	减去预计残值
60 000	折旧基础
÷3	剩余使用寿命（5－2）
$20 000	新的年折旧额

附注需要报告该变更对净利润和每股收益的影响，并明确解释变更折旧方法的原因。

*5 年直线法折旧率的 2 倍［(1/5＝20％)×2＝40％］。

示例 9－18 显示了 Agrium 公司描述近期折旧方法变更的附注。

示例 9－18 折旧方法变更——Agrium 公司

会计准则和政策变化（节选）
从 2015 年 1 月 1 日起，我们将钾肥开采和碾磨资产的折旧方法从直线法变更为以生产量为基础的折旧方法；对于氮和磷酸盐开采及厂房资产，这一变更从 2015 年 10 月 1 日开始。折旧方法变更反映了生产计划的预期变化，这些变化是设施的扩张、市场环境的波动以及植物恢复的频率和持续时间所导致的。当期和预期折旧费用的减少为 2015 年 3 000 万美元以及 2016 年 700 万美元。

通常情况下，当公司变更折旧方法时，变更只对变更日之后处于使用状态的资产产生影响。当然，这意味着折旧进度不需要进行调整，因为变更不影响在以前期间折旧的资产。附注仍然是必要的，以提供对此变更的解释和列报变更对当年利润的影响。

三、差错更正

差错包括财产、厂房和设备及无形资产在计算折旧、折耗和摊销时发生的计算差错，以及在决定将支出资本化还是费用化时发生的差错。这些差错会影响很多年。例如，设备的重要支出应资本化，却错误地费用化。该差错不仅会导致当年的利润被低估，而且因为忽略了折旧，以后年度的利润也会被高估。

回想一下我们在第 7 章讨论过的存货差错，如果一个重大差错在它发生之后的会计期间才被发现，那么之前年度由于该差错而存在错误的财务报表应被追溯重述以反映更正后的结果。任何由于该差错而存在错误的账户余额都应通过日记账分录来更正。如果留存收益是错误的账户之一，那么应通过前期调整账户来更正报表中股东权益的期初余额。① 另外，披露附注中需要描述差错的性质以及差错更正对净利润和每股收益的影响。

以下是对以前年度发生的重大差错处理的总结：

- 以前年度财务报表应追溯重述。
- 账户余额应更正。
- 如果留存收益需要更正，该更正应通过前期调整报告。
- 披露附注应描述差错的性质和更正对利润的影响。

① 前期调整适用于差错发生后一年的期初留存收益，或者比较财务报表中报告的最早一年的期初留存收益（如果差错发生于比较财务报表中列示的最早年度之前）。第一年后各年的留存收益余额也要按照未发生错误时的余额进行调整，但公司可以选择不将这些调整作为单行项目明确报告。

思考示例 9－19。2016 年和 2017 年存在错误的财务报表应被追溯重述，以报告专利的增加并反映摊销费用的正确金额，假设这两份报表在 2018 年的年报中出于比较目的被再次列报。

示例 9－19　差错更正

2018 年，Hathaway 公司的财务主管发现，在记录 2016 年一项胜诉的专利侵权诉讼中发生的法律费用 300 000 美元时发生了差错。这 300 000 美元计入了法律费用，但本应资本化并在该专利剩余的 5 年使用寿命中进行摊销。Hathaway 公司对所有无形资产都使用直线法进行摊销。

分析：

	正确做法 （本应记录的）			错误做法 （已经记录的）		
2016 年	借：专利	300 000		借：管理费用	300 000	
	贷：现金		300 000	贷：库存现金		300 000
2016 年	借：费用	60 000		忽略摊销分录		
	贷：专利		60 000			
2017 年	借：费用	60 000		忽略摊销分录		
	贷：专利		60 000			

在这两年（2016 和 2017 年）中，摊销费用被低估了 120 000 美元，但其他费用被高估了 300 000 美元。所以净利润在这两年中被低估了 180 000 美元（忽略所得税）。这意味着目前的留存收益被低估了 180 000 美元。

专利被低估了 180 000 美元。

借：专利	180 000	
贷：留存收益		180 000

更正错误账户。

由于该差错导致留存收益账户也存在错误，因此应通过前期调整账户更正留存收益账户的差错 180 000 美元，并列报在 Hathaway 公司 2018 年比较财务报表股东权益下留存收益账户的期初余额中。假设 2018 年的比较财务报表包括 2017 年，那么也应对 2017 年的留存收益期初余额进行更正。然而，前期调整账户在 2017 年以前的差额是 300 000－60 000＝240 000（美元）。

当然，Hathaway 公司 2018 年财务报表附注应描述该差错的性质以及更正对每年净利润（2016 年被低估了 240 000 美元，2017 年被高估了 60 000 美元）和每股收益的影响。

第 16 章提供了关于估计和方法变更以及差错更正的深入讨论。我们将在第 16 章考虑税收对这些变更和差错的影响。

四、减值

折旧、折耗和摊销反映了财产、厂房和设备及无形资产内在利益的逐步消耗。这些资产在其使用寿命内分摊成本时隐含了一个假设，即资产的预期总利益或服务潜力没有发生重大减少。然而，造成这些利益或服务潜力产生重大减少或减值的情况有时也会发生。一个极端的例子是厂房在完全计提折旧之前被火灾烧毁。这种情况下厂房剩余的账面价值应被清除并确认为损失。然而，有时未来价值的减损则更加微妙。

我们确认和计量减值损失的方式是不同的，这取决于该资产是持有并使用还是持有待售。使用寿命有限和使用寿命不确定的资产在会计处理上也是不同的。我们现在来考虑这些差异。

持有并使用的资产

在实践中越来越常见的是部分减记仍在使用的财产、厂房和设备及无形资产。例如，2015 年，墨菲石油公司记录了 24 亿美元的减值。这一减值反映了石油和天然气价格下降导致的资产价值下降。

从概念上讲，在资产价值大幅下降时要求减记资产的政策有明显优势。减记可以提供关于公司利用资产产生未来现金流量的重要信息。然而，在实践中，这一过程是非常主观的。即使出现了明显的减值，通常也很难计量需要减记的金额。

例如，假设一家公司购买了 2 000 000 美元的设备用于生产一种新型激光打印机。在其 6 年的使用寿命期中使用直线法计提折旧，预计残值为 200 000 美元。第 3 年初，该机器的账面价值通过累计折旧减少到 1 400 000 美元（2 000 000－300 000 × 2）。此时，新技术的发展使该新型激光打印机的售价和预计需求量发生了重大减少。管理层预计该设备的使用寿命还剩 2 年，并且没有残值。

这种情况不是简单的预计使用寿命和预计残值的估计变更。管理层必须确定第 3 年发生的事项是否会导致该资产的价值减少到 1 400 000 美元以下。如果公司认为在未来使用该资产的过程中无法收回这一金额，那么减记资产是恰当的。

对于持有并使用的资产，不同的指南被应用于：(1) 财产、厂房和设备及使用寿命有限的无形资产（需要进行折旧、折耗或摊销）；(2) 使用寿命不确定的无形资产（不需要摊销）。

财产、厂房和设备以及使用寿命有限的无形资产

对于长期有形资产和使用寿命有限的无形资产，公认会计原则提供了何时确认和如何计量减值损失的指南。[①] 为了进行确认和计量，资产按照可辨认现金流量独立于其他资产现金流量的最低水平进行分组。

何时进行减值测试。在每个报告期末对所有资产或资产组进行减值测试是不实际的。公认会计原则要求，仅在存在事项或环境变化表明资产或资产组的账面价值可能无法收回时，才进行减值调查。这可能发生于：

a. 市场价格大幅下跌。

b. 资产的使用情况或物理状况发生了重大不利变化。

c. 法律因素或商业环境发生了重大不利变化。

d. 累计成本远高于取得或建造资产的初始预计金额。

e. 资产当期发生损失，并且历史上也发生损失或者预计会持续发生损失。

---

① FASB ASC 360-10-35-15 through 20：Property，Plant，and Equipment-Overall-Subsequent Measurement-Impairment or Disposal of Long-Lived Assets (previously "Accounting for the Impairment of Long-Lived Assets and for Long-Lived Assets to Be Disposed Of," *Statement of Financial Accounting Standards No. 144* (Norwalk，Conn.：FASB，2001)).

f. 资产将会在预计使用寿命结束之前提前很久被处置。[1]

确定减值损失是否已经发生以及记录多少损失包括两个步骤：

(1) 可收回性测试。如果资产预计产生的未折现未来现金流量之和小于资产的账面价值，就发生了减值。

(2) 计量。如果可收回性测试表明减值已经发生，资产账面价值与公允价值的差额将被记录为减值损失。

对于步骤 2，公允价值是自愿的双方在当前交易中购买或出售资产的金额。如果市场报价可以获得的话，可以作为公允价值。如果不能确定公允价值，则需要进行估计。

如果确认了减值损失，那么减值后的账面价值将成为未来进行成本分摊的新成本基础。减值损失在以后期间不可转回。

示例 9－20 很好地描述了上述过程。

示例 9－20　减值损失——财产、厂房和设备

Dakota 公司经营许多制造医疗设备的工厂。在接近 2018 年末时，竞争对手推出的创新产品导致商业环境发生了变化，管理层认为公司所经营的一家工厂 1.7 亿美元的账面价值（初始成本 3 亿美元减去累计折旧 1.3 亿美元）无法收回。

管理层能辨认该工厂的现金流量，并且估计该工厂在剩余使用寿命中能产生的未来现金流量为 1.5 亿美元。该工厂的公允价值无法取得，但估计为 1.35 亿美元。

环境变化。竞争对手推出创新产品导致的商业环境变化要求 Dakota 公司调查可能存在的减值。

步骤 1：可收回性测试。因为账面价值 1.7 亿美元大于未折现的未来现金流量 1.5 亿美元，表明存在减值损失。

步骤 2：计量减值损失。减值损失为 3 500 万美元，计算过程如下（单位：百万美元）：

账面价值	$170
减：公允价值	135
减值损失	$35

记录减值损失的分录如下（单位：百万美元）：

借：减值损失（计算见上）	35	
累计折旧（减少为 0）	130	
贷：工厂资产（减至公允价值）		165

减值损失通常作为经营费用的单独组成部分报告在利润表中。

在示例 9－20 的分录中，我们将累计折旧减少到 0，并将资产的成本基础减少至它的公允价值 1.35 亿美元（3－1.65）。调整后的账面价值 1.35 亿美元用作该资产剩余使用寿命内的折旧基础，就好像该资产是在减值日当天以公允价值取得的一样。

由于在示例 9－20 中，该工厂资产的公允价值对 Dakota 公司来说无法取得，因此 1.35 亿美元需要估计。估计公允价值的一种方法是计算资产预计能带来的未来现金流量的现值。记住我们在步骤 1 中使用的是未折现的估计现金流量来确定是否发生减值损失，但在步骤 2 中使用折现的估计现金流量来确定损失的大小。在计算现值时，传统法和预计现金流量法均可使用。传统法将风险和不确定性融合在折现率里。回想一下我们在之前的章节中讨论过的，预计现金流量法将风险和不确定性转变为对概率加权预计现金流量的确定，然后对这个

① FASB ASC 360-10-35-21: Property, Plant, and Equipment-Overall-Subsequent Measurement-Impairment or Disposal of Long-Lived Assets (previously "Accounting for the Impairment of Long-Lived Assets and for Long-Lived Assets to Be Disposed Of," *Statement of Financial Accounting Standards No. 144* (Norwalk, Conn.: FASB, 2001), par. 8).

预计现金流量使用无风险利率进行折现。我们已经在之前的章节中讨论并举例说明了预计现金流量法。

披露附注中需要对减值损失进行描述。附注中应当描述减值资产或资产组、导致减值的事实和环境、损失的金额（如果没在利润表中单独披露的话）以及确定公允价值的方法。

梅西百货是一家连锁百货公司，提供品牌服装、配饰、家居用品和家庭用品。示例9-21显示了公司的一个附注，描述了最近的减值损失。这一附注还提供了用于确定和计量财产、厂房和设备以及使用寿命有限的无形资产减值损失的过程。

示例9-21 资产减值披露——梅西百货

> 财产和设备（节选）
> 如果事项或环境变化表明资产的持有价值可能无法收回，如历史经营亏损或者计划在预计使用寿命结束前关闭商店，我们就重新审核长期资产的持有价值。此外，单个商店持有价值的可收回性每年都进行评估。如果预计未来未折现现金流量小于资产的持有价值，那么就可能发生减值。估计现金流量包括管理层对在经营中使用那些资产所产生的现金流入和流出的假设。当潜在减值发生时，如果长期资产的持有价值超过其公允价值，则记录减值。
> 减值、商店关闭和其他成本（节选）
> 由于公司某些商店和其他资产的预计未折现未来现金流量低于其持有价值，包括被宣布关闭的商店财产，因此公司记录了减值费用。这些资产的公允价值根据预计现金流量和估计的风险调整回报率计算，市场参与者使用这一公允价值或根据类似资产的价格对这些资产进行估值。2015年，持有并使用的长期资产的持有价值为2.01亿美元，其公允价值为5 300万美元，导致资产减值费用为1.48亿美元。

国际财务报告准则

减值：财产、厂房和设备以及使用寿命有限的无形资产。下面列出的是美国公认会计原则和国际会计准则第36号[1]在财产、厂房和设备以及使用寿命有限的无形资产减值会计处理方面的一些重要区别。

	美国公认会计原则	国际财务报告准则
何时测试	事项或环境变化表明账面价值可能无法收回。	在每个报告期末资产必须根据减值迹象进行评估。减值迹象与美国公认会计原则类似。
可收回性	当资产的账面价值大于未折现未来现金流量之和时需要确认减值损失。	没有相同的可收回性测试。当资产的账面价值大于资产使用价值（预计未来现金流量的现值）和公允价值减出售成本两者中较高者时，需记录减值损失。
计量	减值损失为账面价值和公允价值的差额。	减值损失为账面价值和可收回金额（资产的使用价值和公允价值减出售成本两者中较高者）的差额。
损失后续转回	禁止转回。	当环境变化导致减值恢复时应转回。

让我们来看一个显示上述重要区别的示例。由于行业的技术创新，Jasmine Tea 公司的一个工厂发生了重大减值。以下是关于该工厂资产的数据（单位：百万美元）：

① "Impairment of Assets," *International Accounting Standard No. 36* (IASCF), as amended effective January 1, 2016.

账面价值	$18.5
未折现的预计未来现金流量之和	19.0
未来现金流量现值	16.0
公允价值减去出售成本（经评估确定）	15.5

Jasmine公司应确认减值损失吗？如果有的话，减值金额在美国公认会计原则和国际财务报告准则下分别是多少？

美国公认会计原则。没有减值损失。因为未折现的预计未来现金流量之和大于资产的账面价值。

国际财务报告准则。应确认减值损失250万美元。存在减值迹象，并且账面价值大于使用价值（现金流量现值）和公允价值减去出售成本两者中的较高者。可收回金额为1 600万美元，即使用价值（1 600万美元）和公允价值减去出售成本（1 550万美元）两者中较高者。减值损失为账面价值1 850万美元和可收回金额1 600万美元的差额。

诺基亚是一家芬兰公司，它根据国际财务报告准则编制财务报表。以下披露附注描述了公司的减值政策：

> 长期资产、无形资产和商誉的可收回性评估（节选）
>
> 如果事项或环境变化表明资产持有价值可能无法收回，应对可辨认无形资产和长期资产的持有价值进行评估。引发减值评估的因素包括但不限于相对于历史或预期未来结果而言业绩不佳、对取得资产的使用方式或整体业务策略发生重大改变以及行业或经济出现重大负面趋势。

诺基亚通过确定资产的可收回金额来进行减值测试。资产的可收回金额是公允价值减去出售成本和使用价值两者中较高者。可收回金额与资产账面价值进行比较，如果可收回金额低于账面价值，则确认减值损失。减值损失在利润表中立即确认。

除商誉外使用寿命不确定的无形资产

使用寿命不确定的无形资产（除商誉外）应当每年进行减值测试。如果事项或环境变化表明资产很可能减值，应当更频繁地进行减值测试。

公司可以选择首先进行定性评估。做出这种选择的公司应当评估相关事项或环境，以确定资产的公允价值是否很可能（可能性超过50%）小于其账面价值。只有在很可能的情况下，公司才需要进行定量减值测试。

除商誉之外使用寿命不确定的无形资产减值损失的计量方法是一步法。我们将资产的公允价值与其账面价值进行比较，如果账面价值大于公允价值，二者之间的差额被确认为减值损失。值得注意的是，此处我们忽略了这些资产的可收回性测试，因为我们预测现金流量是不确定的，所以可收回性并不能很好地反映资产的减值。

与财产、厂房和设备以及使用寿命有限的无形资产类似，一旦减值损失被确认，减记之后的账面价值将作为未来成本分摊的新基础。减值损失不得转回。信息披露要求也是类似的。

国际财务报告准则

减值：除商誉外使用寿命不确定的无形资产。与美国公认会计原则类似，对于除商誉外使用寿命不确定的无形资产，国际财务报告准则要求每年至少对其进行一次减值测试。但是，在美国公认会计原则下，公司可以通过选择对资产减值的可能性进行定性评估来避免每年进行测试。此外，在美国公认会计原则下，减值损失按资产账面价值与公允价值的差额计量，而在国际财务报告准则下，减值损失则是资产账面价值与可收回金额的差额。可收回金额是资产的使用价值（预计未来现金流量的现值）和公允价值减去出售成本二者中的较高者。

如果资产减值的情况不再存在，国际财务报告准则要求转回减值损失，然而美国公认会计原则禁止减值损失的转回。

此外，使用寿命不确定的无形资产不能组合在一起进行年度减值测试。但是，在美国公认会计原则下，如果满足了某些特定条件，使用寿命不确定的无形资产则可以组合成一个整体进行年度减值测试。

商誉

回忆一下，商誉是一种独特的无形资产。与其他资产不同，它的成本不能直接与任何单独可辨认的权利相关联，并且它不能与公司本身分离。正因为这些独有的特征，我们不能采用与其他资产相同的方法计量商誉的减值。公认会计原则专门为商誉减值提供了指南。① 让我们来比较一下计量商誉减值的两步法与财产、厂房和设备以及使用寿命有限的无形资产减值的两步法。

第1步，对于所有类型的资产，我们都需要通过确定其公允价值是否低于账面价值，来判断是否发生了减值。然而，在这一比较中，财产、厂房和设备以及使用寿命有限的无形资产都是根据其使用价值，也就是预计资产未来产生的未折现现金流量之和。然而由于商誉的特殊性，其价值无法与特定现金流量相关联，因此必须采用专门的计量方式。由于它本身的性质，商誉无法与一个特定报告单元相分离。报告单元是指公司的一个经营分部或者经营分部的一个组成部分，它具有独立的财务信息，分部管理者会定期检查它的经营成果。所以在这一步，我们将报告单元本身的价值与它的账面价值做比较。如果报告单元的公允价值低于它的账面价值，说明出现了减值损失。

第2步，对于所有类型的财产、厂房和设备以及无形资产，如果在第1步已经发现减值，我们需要按资产账面价值超过公允价值的部分计量减值损失的金额。然而，与其他大多数资产不同，商誉的公允价值不能直接计量（市场价值、相关现金流量的现值等），其价值"隐含"在报告单元的公允价值中。

商誉的隐含公允价值的计算方法与在企业合并中确定商誉的方法相同。它是一个剩余金额，等于购买价格减去所有可辨认净资产的公允价值（使用该单元之前确定的公允价值作为购买价格）。②

如果商誉的减值测试是与报告单元的其他资产同时进行的，那么其他资产必须首先测试，任何减值损失和资产减记都要在商誉减值测试之前进行。以前的商誉减值损失不允许转回。

何时测试减值。2012年之前，在商誉减值的两步测试中，第1步每年至少执行一次。

---

① FASB ASC 350-20-35：Intangibles-Goodwill and Other-Goodwill-Subsequent Measurement（previously "Goodwill and Other Intangible Assets," *Statement of Financial Accounting Standards No. 142*（Norwalk，Conn.：FASB，2001).

② 确认的减值损失不得超过商誉的账面价值。

在每年的测试日之间，如果有任何事项发生，表明报告单元的公允价值低于其账面价值，也应当执行第 1 步。然后，如果第 1 步表明报告单元的公允价值确实低于其账面价值，公司应执行第 2 步来计量商誉减值的金额。

为了回应对每年执行第 1 步的成本和复杂性的担心，财务会计准则委员会现在允许公司有选择权来决定第 1 步是否必要。[①] 选择这一选择权的公司将通过评估相关事项和情况来进行定性评估，以确定报告单元的公允价值是否"很可能"（超过 50%的可能性）低于其账面价值。只有在很可能低于的情况下，公司才进行商誉减值测试的第 1 步。在会计准则更新第 350-20-35-3C 号提供了公司在此定性评估中应考虑的可能事项和情况的清单。

示例 9－22 提供了一个商誉减值的例子。

示例 9－22　减值损失——商誉

2017 年，Upjane 公司以 5 亿美元的价格收购了 Pharmacopia 公司。因为 Pharmacopia 公司净资产的公允价值是 4 亿美元，所以 Upjane 公司将多出的 1 亿美元确认为此次收购产生的商誉。收购之后，Pharmacopia 公司继续作为一个独立的公司运营，被视为一个报告单元。

2018 年末，事项和情况表明 Pharmacopia 公司的公允价值很可能低于其账面价值，这要求 Upjane 公司执行商誉减值测试的第 1 步。Pharmacopia 公司 2018 年末净资产的账面价值是 4.4 亿美元，其中包括 1 亿美元的商誉。当天，Pharmacopia 公司的公允价值估计为 3.6 亿美元，除商誉外的可辨认有形资产和无形资产的公允价值估计为 3.35 亿美元。

第 1 步：可收回性测试。报告单元净资产的账面价值 4.4 亿美元超过了它的公允价值（3.6 亿美元），这表明出现了减值损失。

第 2 步：计量减值损失。减值损失为 0.75 亿美元，计算过程如下：

确定商誉的隐含公允价值（单位：百万美元）：

Pharmacopia 公司的公允价值	$360
Pharmacopia 公司净资产的公允价值（除商誉外）	335
商誉的隐含公允价值	$25

减值损失的计量（单位：百万美元）

商誉的账面价值	$100
商誉的隐含公允价值	25
减值损失	$75

记录减值损失的分录（单位：百万美元）：

借：商誉减值损失	75	
贷：商誉		75

这笔损失一般作为经营费用的单独组成部分报告在利润表中。

发展前瞻

2016 年 5 月，财务会计准则委员会发布了一项会计准则更新草案，该草案将简化商誉减值的会计处理。该草案是一个两阶段项目的第一阶段。草案删除了商誉减值测试中的第 2 步。其结果是，当商誉的账面价值大于其隐含的公允价值时，公司不再像示例 9－22 那样被要求计量报告单元的商誉减值损失了。相反，只使用第 1 步的计量值，减值损失是报告单元的账面价值减去其公允价值（不得超过商誉的账面价值）。当前的损失计量方法和草案中的方法的区别如下：

当前的计量方法：

商誉减值损失＝商誉的账面价值－商誉的隐含公允价值

---

① FASB ASC 350-20-35-3：Intangibles-Goodwill and Other-Goodwill-Subsequent Measurement（previously "Goodwill and Other Intangible Assets," *Statement of Financial Accounting Standards No. 142*（Norwalk，Conn.：FASB，2001））.

草案中的计量方法：

商誉减值损失＝报告单元的账面价值－报告单元的公允价值

草案删除了第2步，财务会计准则委员会以此来降低评估商誉减值的成本和复杂性。然而，在本书出版的时候，财务会计准则委员会还没有决定是否采纳该会计准则更新。为了展示草案所建议的计量方法，让我们重新研究示例9-22中的例子。

Upjane公司认为，Pharmacopia公司（一个报告单元）的公允价值很可能低于其账面价值。在这种情况下，Upjane公司确定净资产的账面价值4.4亿美元超过了Pharmacopia公司的公允价值3.6亿美元。8 000万美元的差额即为减值损失。

减值损失的计量（单位：百万美元）：

Pharmacopia公司净资产的账面价值	$440
Pharmacopia公司的公允价值	360
减值损失	$80

记录减值损失的分录（单位：百万美元）：

借：商誉减值损失	80	
贷：商誉		80

回想一下，Upjane公司确认了1亿美元与收购Pharmacopia公司有关的商誉。在记录了8 000万美元的减值损失后，商誉余额减少到2 000万美元。如果Pharmacopia公司的账面价值超过其公允价值的金额大于1亿美元，那么商誉减值损失将以1亿美元为限，以将商誉余额减少至0。

在该项目的第二阶段（不是上面讨论的会计准则更新草案的一部分），财务会计准则委员会将考虑允许或要求公司摊销商誉，并考虑在减值测试方法中进行其他改变。

近年来数十亿美元的商誉减值损失的例子见示例9-23。

示例9-23 商誉减值损失

公司	商誉减值损失（亿美元）
通用汽车	271
惠普	137
微软	62
雅虎	45
波士顿科学	44

雅虎公司对其商誉减值损失的披露见示例9-24。

示例9-24 商誉减值披露——雅虎公司

商誉减值费用（部分）

2015年，我们记录了44.61亿美元的商誉减值费用。减值是一系列因素综合作用的结果，包括我们在2015年第四季度的市场资本总额持续下降，以及近期预计收入和盈利能力下降。我们的结论是，我们的美国和加拿大、欧洲、Tumblr以及拉丁美洲报告单元的持有价值超出了各自的估计公允价值，并分别记录了大约36.92亿美元、5.31亿美元、2.3亿美元和800万美元的商誉减值损失。

补充思考

私人公司的公认会计原则——商誉的会计处理。私人公司委员会（PCC）就商誉的会计问题向私人公司的利益相关者征求意见，结果发现大多数私人公司财务报表使用者不看重商誉和商誉减值损失。因此，PCC 的结论是，对于私人公司，商誉会计的成本和复杂性超过了其好处。

作为对 PCC 的结论的回应，财务会计准则委员会在 2014 年发布了一项会计准则更新，允许私人公司商誉的后续计量采用备选会计方法，即对商誉进行摊销，并简化了商誉减值测试。[①]

备选方法的主要规定是：

1. 用直线法摊销商誉，最长 10 年。
2. 在公司层面或报告单元层面测试商誉减值。
3. 只有当表明商誉可能减值的触发事件发生时，才进行商誉减值测试。
4. 当触发事件发生时，公司拥有选择权来确定是否有必要进行定量减值测试。
5. 如果有必要进行定量测试，商誉减值损失按照公司（或报告单元）的账面价值超过其公允价值的金额来计量，但不得超过商誉的账面价值。

第 5 项规定现在正提议上市公司执行。我们在前面的“发展前瞻”专栏中已经讨论了这个问题。

国际财务报告准则

减值——商誉。下面列出的是美国公认会计原则和国际会计准则第 36 号在商誉减值会计处理方面的一些重要区别。

	美国公认会计原则	国际财务报告准则
测试层次	报告单元——一个经营分部或者经营分部的一个组成部分，它具有独立的财务信息。	现金产出单元（CGU）——管理层监控商誉的最低层次。现金产出单元的层次不能低于经营分部。
计量	两步法： 1. 比较报告单元的公允价值和账面价值。如果公允价值低于账面价值，就出现了减值。 2. 减值损失是账面价值超过隐含公允价值的部分。	一步法： 比较现金产出单元的可收回金额和账面价值。如果可收回金额低于账面价值，那么首先减少商誉，然后减少其他资产。可收回金额是公允价值减去出售成本和使用价值（预计未来现金流的现值）二者中的较高者。

国际会计准则第 36 号要求每年至少进行一次商誉减值测试。美国公认会计原则允许公司通过对商誉减值的可能性进行定性评估来确定是否有必要执行第 1 步，以此来避免年度测试。美国公认会计原则和国际会计准则第 36 号都禁止转回商誉减值损失。

让我们通过一个示例来更清晰地显示上述不同。

自 2016 年收购 Denton 公司以来，Canterbury 公司的资产负债表中记录有 3 800 万美元

① *Accounting Standards Update No. 2014-02*，“Intangibles-Goodwill and Other (Topic 350)：Accounting for Goodwill，”(Norwalk，Conn.：FASB，January 2014).

的商誉。2018年底，Canterbury公司的管理层提供了以下有关年末商誉减值测试的信息（单位：百万美元）：

Denton公司的公允价值（评估价值）	$132
Denton公司净资产的公允价值（不含商誉）	120
Denton公司净资产的账面价值（含商誉）	150
Denton公司预计未来现金流量的现值	135

假设Denton公司在美国公认会计原则下属于报告单元，在国际财务报告准则下属于现金产出单元，并且其公允价值近似等于公允价值减去出售成本。那么在两种准则下，Canterbury公司分别应该确认多少商誉减值损失？

美国公认会计原则（单位：百万美元）：

Denton公司的公允价值	$132
Denton公司净资产的公允价值（不含商誉）	120
商誉的隐含公允价值	$12
商誉的账面价值	$38
商誉的隐含公允价值	12
减值损失	$26

国际财务报告准则：

可收回金额是1.35亿美元，是使用价值（预计未来现金流量的现值）1.35亿美元和公允价值减去出售成本1.32亿美元中的较高者。

Denton公司的账面价值	$150
可收回金额	135
减值损失	$15

德意志银行是德国最大的银行，也是欧洲和世界最大的金融机构之一。公司根据国际财务报告准则编制财务报表。以下披露描述了公司商誉减值政策以及商誉减值损失。

商誉减值（节选）

商誉在每年第四季度进行减值测试，测试方法是比较每一个存在商誉的现金产出单元的可收回金额和其持有价值。此外，根据国际会计准则第36号，在识别出触发事件时，集团进行商誉测试。可收回金额是现金产出单元的公允价值减去处置成本和其使用价值的较高者。

当期减值费用（节选）

2015年第三季度的商誉减值测试导致商誉减值损失总额为49.33亿欧元，包括CB&S和PBC中的减值21.68亿欧元和27.65亿欧元。CB&S的减值主要是因为根据更高的监管资本要求改变了业务组合，导致可收回金额约为261亿欧元。PBC的减值除了资本要求的改变之外，主要是因为当前对华夏银行和邮政银行的处置预期，导致该现金产出单元的可收回金额约为123亿欧元。

持有待售资产

前面讨论了持有并使用的资产的减值确认和计量。我们还需要对持有待售资产进行减值测试。这些资产是管理层主动承诺在当前状况下立即出售且很可能出售的资产。

被分类为持有待售的资产或资产组按照账面价值和公允价值减去出售成本孰低计量。如果账面价值高于公允价值减去出售成本，则确认减值损失。[①] 除了包括出售成本，还要注意其与持有并使用资产减值的相似性。对于持有待售资产，我们不进行折旧或摊销，同时在资产负债表中单独报告它们。回忆在第 3 章中我们讨论过的非持续经营业务，相似的规则同样适用于主体中归类为持有待售资产的那一部分。

示例 9-25 总结了用于确认和计量减值损失的指南。

示例 9-25　资产减值指南总结

资产类型	减值测试的时间	减值测试
持有并使用的资产		
财产、厂房和设备以及使用寿命有限的无形资产	当事项或情况表明账面价值可能无法收回时。	第 1 步——只有当账面价值无法收回时（未折现的预计未来现金流量合计低于账面价值）才出现减值损失。 第 2 步——减值损失是账面价值高于公允价值的部分。
使用寿命不确定的无形资产（除商誉外）	一年至少一次，有减值迹象时更加频繁。公司有权选择通过对资产减值的可能性进行定性评估来避免每年测试。	如果账面价值高于公允价值，二者的差额被确认为减值损失。
商誉	一年至少一次，有减值迹象时更加频繁。公司有权选择通过对商誉减值的可能性进行定性评估以确定是否有必要执行第 1 步来避免每年测试。	第 1 步——当报告单元的公允价值低于它的账面价值时，说明出现了减值损失。 第 2 步——减值损失按账面价值高于隐含公允价值的部分计量。
持有待售资产	分类为持有待售时以及之后的时间。	如果账面价值高于公允价值减去出售成本，二者的差额确认为减值损失。

减值损失和盈余质量

存货减记损失和重组成本有什么共同点？公司利润表中这些项目的存在给试图确定公司永久性盈余（未来可能会持续的盈余）的分析师带来了挑战。在前面的章节中，我们已经讨论过这些问题。

现在，我们可以将资产减值损失也加入一些公司操纵盈余时采用的“洗大澡”会计方法之中。通过冲销大额资产，公司可以在冲销当年大幅降低利润，但是在未来却因为折旧、折耗和摊销的减少而提高利润。这是如何实现的？我们将资产账面价值和公允价值之差确认为减值损失。然而，在大多数情况下，公允价值必须估计，估计过程通常包括对该资产在未来使用中产生的净现金流量的预测。如果公司低估未来净现金流量，公允价值就会被低估。这有两个结果：(1) 由于减值损失被高估，当年的利润会被低估；(2) 由于折旧、折耗和摊销都是基于被低估的资产价值计算的，未来的利润会被高估。

---

① 如果资产在下一个报告期末仍未出售，则应将公允价值减去出售成本的增加确认为利得，但不得超过之前确认的损失。

概念回顾练习

减值

第一部分：

Illumination 公司在威斯康星州拥有一家生产灯泡的工厂。2018 年，由于 LED 灯泡制造商的竞争加剧，公司决定进行减值测试。管理层已经准备了以下关于工厂资产的信息（单位：百万美元）：

成本	$ 345
累计折旧	85
预计未来工厂产生的未折现现金流量	230
估计工厂资产的公允价值	170

要求：

1. 确定 Illumination 公司应确认的减值损失，如果有的话。

2. 如有损失，编制记录损失的日记账分录。

3. 假设预计未来工厂产生的未折现现金流量为 2.7 亿美元，而不是 2.3 亿美元，重复要求 1。

解答：

1. 确定 Illumination 公司应确认的减值损失，如果有的话。

可收回性测试：由于账面价值 2.6 亿美元（3.45－0.85）超过了未折现未来现金流量 2.3 亿美元，因此出现了减值损失。

计量：减值损失为 9 000 万美元，确定如下（单位：百万美元）：

账面价值	$ 260
减：公允价值	170
减值损失	$ 90

2. 如有损失，编制记录损失的日记账分录（单位：百万美元）。

借：减值损失（计算见上）	90	
累计折旧（余额）	85	
贷：工厂资产（345－170）		175

3. 假设预计未来工厂产生的未折现现金流量为 2.7 亿美元，而不是 2.3 亿美元，重复要求 1。

由于未折现未来现金流量之和为 2.7 亿美元，超过账面价值 2.6 亿美元，可收回性测试表明没有减值，因此不用记录减值损失。

第二部分：

2016 年，Illumination 公司以 6.2 亿美元收购了 Zapo 照明公司，其中 8 000 万美元被分配给了商誉。收购后，Zapo 继续作为一家独立的公司经营，并被视为一个报告单元。2018 年底，按规定需要进行商誉减值测试，管理层提供了以下信息（单位：百万美元）：

Zapo 公司的公允价值	$ 540
Zapo 公司净资产的公允价值（不含商誉）	510
Zapo 公司净资产的公允价值（含商誉）	600

要求：

确定在2018年底Illumination公司应该识别的商誉减值损失的金额，如果有的话。

解答：

可收回性测试：由于净资产账面价值6亿美元超过了报告单元的公允价值5.4亿美元，因此有减值损失。

计量：减值损失为5 000万美元，确定如下（单位：百万美元）：

确定商誉的隐含公允价值：	
Zapo公司的公允价值	\$540
Zapo公司净资产的公允价值（不含商誉）	510
商誉的隐含公允价值	\$30
计量减值损失：	
商誉的账面价值	\$80
减：商誉的隐含公允价值	30
减值损失	\$50

第3节　后续支出

现在我们已经取得了资产并对其进行了计量，接下来需要解决取得后出现的会计问题。本章这一部分讨论在资产使用过程中发生的维护和改良支出的会计处理。

一、取得之后的支出

许多长期资产在取得后都需要发生修理、维护或改良支出。这些支出如果是重要的，就会形成会计问题。一般来说，我们需要在以下两种处理方法中做出选择：通过增加资产的账面价值或者创造一项新资产来将支出资本化，或者在支出发生当期将其费用化。通常，如果支出产生的利益超过了当前会计年度，我们就将其资本化。相反，如果支出只是维持现有水平的利益，就在发生当年将其费用化。

与资产有关的支出可以通过以下方式增加未来利益：

（1）延长资产使用寿命。

（2）提高资产经营效率，从而增加商品或服务的数量，或降低未来的经营成本。

（3）提高资产提供的商品或服务的质量。

导致这些结果中的任何一项的支出应当先资本化，然后通过折旧、折耗或摊销的方式在未来期间费用化。当然，重要性是这一方法在实际应用中的一个重要因素。

为了方便起见，许多公司都为资本化支出设定了重要性的门槛。比如，一家公司可能将1 000美元以下的支出全部费用化，不管它是否能够增加未来利益。确定恰当的重要性门槛以及1 000美元以上支出的恰当处理方式，都需要进行判断。在将这些支出资本化时，经常会产生一些实际问题。比如，虽然这笔支出能增加未来利益，但是利益持续的时间很难确定。对一家公司来说，制定处理这些支出的政策并一贯地执行尤为重要。

我们将后续支出分为以下四类：（1）修理和维护；（2）扩建；（3）改良；（4）资产调整。

修理和维护

此类支出用于维持资产提供的现有水平的利益，而不会增加未来利益。比如，调试或者修理运货卡车发动机使之能够持续进行生产活动的成本。如果不进行维护，运货卡车将不能产生原先预期的利益。如果进行维护，运货卡车就可以提供未来利益；如果不进行修理，运货卡车就无法正常运行。但是，重点是提供的未来利益不会超出原始预期的金额。这些活动发生的支出就应该在发生当期费用化。

补充思考

如果修理和维护成本是季节性的，中期财务报表就可能会出现错报。举个例子，假设一家公司的运货车队每年都进行维护。年度利润表可以正确地反映一年的维护费用。但是，对于中期报告来说，如果在某一季度支付了全年的费用，那么这笔费用应该全额反映在该季度的利润表中吗？如果这些费用能够提前预计，那么应当先将预计全年的费用记入准备账户的贷方。当维护实际发生时，再借记准备账户。

扩建

正如这个词所反映的一样，**扩建**（additions）包含在现有资产上增加一个新的重要部分。由于未来利益会增加，因此应当资本化。比如，新增一个制冷单元以提升运货卡车的性能，从而增加未来利益。其他例子包括给建筑物新建一栋附楼、给现有建筑新增一套安全系统等。

资本化的成本包括使扩建部分达到预定可使用状态和场所发生的所有必要费用。对于新增的建筑，可能包括拆除、清理现有建筑围墙发生的成本。扩建部分的资本化成本在原始资产的剩余使用寿命和扩建部分自身使用寿命孰短的时间内进行折旧。

改良

改良（improvement）支出包括更换资产主要部件发生的支出。更换可以是新部件与旧部件有相同的性能，也可以是新部件提高了资产性能。例如，运货卡车现有的制冷单元可以被更换为一个类似的新制冷单元，或者被更换为一个新的升级版的制冷单元。不管是哪种情况，改良成本通常都能增加未来利益，应该通过增加相关资产（运货卡车）账面价值的方式进行资本化，并以改良后资产的使用寿命为基础计提折旧。这里列举了三种记录改良成本的方法。

（1）**替换**。改良可以被记录为处置旧部件和购买新部件。这种方法在概念上是可行的，但是只有在旧部件的原始成本和累计折旧独立可辨认时，才具有可操作性。

（2）**资本化新成本**。记录改良的另一种方法是将改良成本（扣除处置旧部件时收到对价后的净值）借记相关资产账户，同时不减去原部件的原始成本和累计折旧。这种方法只有在原部件的账面价值已经通过折旧降到不具重要性时才适用。

（3）**减少累计折旧**。另一种增加资产账面价值的方法是不改变资产账户，而是减少与该资产相关的累计折旧。这种方法的依据是许多改良都延长了资产的使用寿命，就相当于是转回了一部分已经计提的折旧。这种方法与将资本化成本记入资产账户得到的账面价值相同。但是，这两种方法得到的成本和累计折旧金额是不同的。

示例 9-26 对这三种方法进行了比较。

示例 9-26　改良

Palmer 公司更换了一栋出租办公楼的空调系统。办公楼的成本中包含旧空调系统的成本 200 000 美元。然而，空调系统是独立进行折旧的。更换当天的累计折旧为 160 000 美元。移除旧系统、安装新系统的成本通过现金支付，金额是 230 000 美元。旧系统的部件卖了 12 000 美元。

在不同的方法下，对于这一改良有不同的会计处理。

方法 1——替换		
借：现金	12 000	
累计折旧——建筑物（移除旧的）	160 000	
处置损失（差额）	28 000	
贷：建筑物（移除旧的）		200 000
借：建筑物（增加新的）	230 000	
贷：现金		230 000
方法 2——资本化新成本		
借：建筑物	218 000	
贷：现金（230 000－12 000）		218 000
方法 3——减少累计折旧		
借：累计折旧——建筑物	218 000	
贷：现金（230 000－12 000）		218 000

资产调整

没有造成资产扩建、更换或改良的资产重组支出定义为**资产调整**（rearrangements）。资产调整的目的是使资产拥有新的性能，并不一定会延长它的使用寿命。例如，通过调整生产线上的机器来提高经营效率，或者重新配置公司的生产厂房和办公楼。如果这些支出是重大的，并且能够明显增加未来利益，就应当资本化，然后在未来受益期间费用化。如果资产调整支出不具有重要性或者不确定它能否提高未来利益，就应当在发生当期费用化。

示例 9-27 对财产、厂房和设备的各类支出的会计处理进行了总结。

示例 9-27　取得之后的支出

支出类型	定义	一般会计处理
修理和维护	维持现有水平利益的支出	发生当期费用化
扩建	在现有资产上增加新的重要部件	资本化，并在原始资产的剩余使用寿命和扩建部分自身使用寿命孰短的时间内进行折旧
改良	更换重要部件	资本化，并在改良后资产的使用寿命内计提折旧
资产调整	没有造成资产扩建、更换或改良的资产重组支出	如果支出是重大的，并且能够明显增加未来利益，就应当资本化，并在未来受益期内计提折旧

无形权利的维护成本

修理、扩建、改良和资产调整一般与财产、厂房和设备有关。取得无形资产之后可能发生的重大支出是维护无形资产权利的成本。如果一项无形权利被成功维护，其法律成本应当资本化，并在相关无形资产的剩余使用寿命内进行摊销。即使该无形资产最开始是内部研发的而不是外购的，对这些支出的这种处理也是适当的。

如果无形权利的维护不成功，然后无形资产丧失了未来价值，那么法律成本就没有提供未来利益，应当立即费用化。另外，无形资产的账面价值应当降低为可以实现的价值。例如，如果一家公司在专利侵权诉讼中败诉了，专利的价值可能会丧失，并记录一笔损失。

国际财务报告准则

无形权利的维护成本。在美国公认会计原则下，成功维护无形权利的法律成本应当资本化，并在该无形资产的剩余使用寿命内进行摊销。在国际财务报告准则下，除非这一支出提高了未来利益的极个别情况，这些成本都应当费用化。①

财务报告案例问题参考答案

1. 彭尼的说法正确吗？折旧、折耗和摊销这些术语的含义相同吗？

彭尼的说法正确。每个术语都代表资产在其使用寿命内的成本分摊。折旧用于财产、厂房和设备，折耗用于自然资源，摊销用于无形资产。

2. Weyerhaeuser 公司决定以“预计可用木材量”为基础确定折耗。解释这种方法。

公司使用产量单位法确定折耗。产量单位法是基于作业的方法，它计算每单位作业的折耗率，然后用这个折耗率乘以实际作业量来得到当期分摊的成本。Weyerhaeuser 公司采用这种方法来计量木材成本的折耗以及伐木道路的摊销。伐木道路是无形资产，因为公司不拥有这些道路。

3. 解释资产减值与折旧、折耗和摊销有何不同。公司应该如何计量财产、厂房和设备以及使用寿命有限的无形资产的减值损失？

折旧、折耗和摊销反映一项长期资产内在利益的逐渐消耗。在使用期内分摊资产成本的隐含假设是，该资产的预期总利益或服务潜能没有明显减少。但是，导致这些利益或服务潜能明显减少或减值的情况也可能出现。确定是否记录一项资产的减值损失和实际记录损失的过程需要两个步骤。第一步是可收回性测试，只有当资产的未折现预计未来现金流量总和小于资产的账面价值时才需要确认减值损失；第二步是计量减值损失，金额是资产账面价值和公允价值的差额。如果确认了减值损失，减记之后的账面价值就成为未来成本分摊的基础。

本章学习目标概要

学习目标 9-1

财产、厂房和设备以及无形资产的使用代表资产内在利益或服务潜能的消耗。这些内在利益或服务潜能的成本应当在它们产生收入的期间确认为费用。因为资产的使用和收入的产生之间很少有直接关系，会

① “Intangible Assets,” *International Accounting Standard No. 38* (IASCF), par. 20, as amended effective January 1, 2016.

计上采用各种方法将这些成本在它们的使用期间进行分摊。

学习目标9-2

厂房和设备成本的分摊过程称为折旧。基于时间的折旧方法估计使用寿命的年数，然后用直线法或加速折旧法分摊折旧基础，折旧基础即成本减去预计残值。基于作业的折旧方法通过用一些生产力指标估计使用寿命来分摊折旧基础。当一项财产、厂房和设备或无形资产被出售时，所收到的对价与资产账面价值之间的差额被确认为利得或损失。

学习目标9-3

自然资源成本的分摊过程称为折耗。通常用产量单位法（一种基于作业的方法）来确定定期折耗。

学习目标9-4

无形资产成本的分摊过程称为摊销。对于使用寿命有限的无形资产来说，资本化成本减去预计残值必须分摊到资产预期为公司创造收入的年度中。使用寿命不确定的无形资产不进行定期摊销。商誉可能是最典型的使用寿命不确定的无形资产。

学习目标9-5

财产、厂房和设备以及无形资产的使用寿命或者残值发生变化，应当在当前和未来期间的财务报表中重新计算定期折旧、折耗或摊销。

学习目标9-6

折旧、折耗或摊销方法的变更被认为是由会计政策变更导致的会计估计变更。我们采用未来适用法处理这些变更，与其他估计变更一样。一个不同是大多数估计变更不需要公司证明其合理性。但是，估计变更是会计政策变更的结果，因此需要明确说明为什么新方法更可取。

学习目标9-7

财产、厂房和设备以及无形资产的重要差错，如果在差错发生之后的年度被发现，就需要追溯重述以前年度错误的财务报表，以反映更正后的结果。差错导致的错误账户余额要通过日记账分录更正。如果留存收益是错误的账户之一，那么应通过前期调整账户来更正报表中股东权益的期初余额。另外，披露附注中需要描述差错的性质以及差错更正对净利润和每股收益的影响。

学习目标9-8

从概念上讲，在资产价值大幅下降时要求减记资产的政策有明显优势。减记可以提供关于公司利用资产产生未来现金流量的重要信息。然而，在实践中，这一过程是非常主观的。美国公认会计原则（财务会计准则委员会会计准则更新第360号）为何时确认以及如何计量财产、厂房和设备以及使用寿命有限的无形资产的减值损失提供了指南。公认会计原则（财务会计准则委员会会计准则更新第350号）也为使用寿命不确定的无形资产和商誉的减值损失的确认和计量提供了指南。

学习目标9-9

修理和维护支出在发生时费用化。扩建和改良成本一般应资本化。重要的资产调整成本，如果能够明显增加未来利益，就应当资本化。

学习目标9-10

美国公认会计原则和国际财务报告准则在财产、厂房和设备以及无形资产的使用和减值方面有一些区别。国际财务报告准则允许财产、厂房和设备以及无形资产采用以下两种方法进行后续计量：(1) 成本减累计折旧/摊销；(2) 公允价值（重估值）。美国公认会计原则禁止重估值。在财产、厂房和设备以及无形资产的减值处理方面也有明显区别。

本章重点问题回顾

9-1　解释折旧、折耗、摊销之间的相同点和不同点。

9-2 折旧是成本分摊的过程，而不是估值。解释这句话。

9-3 识别和确定必须进行定期折旧、折耗或摊销的资产的三个特征。

9-4 讨论影响折旧资产预计使用寿命的因素。

9-5 折旧基础是什么意思？如何确定？

9-6 简要区分基于作业和基于时间的成本分摊方法。

9-7 简要区分直线法和加速折旧法。

9-8 为什么基于时间的成本分摊方法比基于作业的方法更经常使用？

9-9 哪些因素可以解释为什么直线法经常使用？

9-10 当一项财产、厂房和设备被处置时，如何计算利得或损失？

9-11 简要区分分类折旧法和综合折旧法的相同点和不同点。

9-12 定义折耗并将其与折旧进行比较。

9-13 将无形资产摊销与折旧、折耗进行比较。

9-14 公司可以用来计算部分年度折旧的简化惯例是什么？

9-15 解释当机器的预计使用寿命发生变化时，需要进行什么样的会计处理。

9-16 解释当折旧方法发生变化时，需要进行什么样的会计处理和披露。

9-17 解释当差错在发生年度之后被发现时更正财产、厂房和设备以及无形资产差错的会计处理步骤。

9-18 解释财产、厂房和设备以及无形资产减值的含义。怎样核算这些减值？

9-19 解释修理、维护、扩建、改良和资产调整的会计处理之间的不同。

9-20 识别美国公认会计原则和国际财务报告准则在财产、厂房和设备以及使用寿命有限的无形资产后续计量方面的区别。

9-21 简要解释美国公认会计原则与国际财务报告准则在财产、厂房和设备以及使用寿命有限的无形资产减值损失计量方面的区别。

9-22 简要解释美国公认会计原则与国际财务报告准则在商誉减值损失计量方面的区别。

9-23 在美国公认会计原则下，成功维护无形权利的法律成本被资本化，并在相关无形资产的使用寿命内摊销。国际财务报告准则对这些成本如何进行会计处理？

简要练习

9-1 成本分摊

Koeplin公司在其会计年度初购买了一台价格为50 000美元的机器。该机器在年末的公允价值是32 000美元，Koeplin公司的财务主管记录本年的折旧费用为18 000美元，因为机器的价值下降了。为什么这种计量定期折旧的方法是错误的？

9-2 折旧方法

2018年1月1日，Canseco Plumbing Fixtures公司购买了一台价格为30 000美元的设备，其预计使用寿命为4年，预计残值为2 000美元。公司预期该设备可以运转10 000小时。分别用以下方法计算2018年和2019年的折旧费用：(1) 直线法；(2) 年数总和法；(3) 双倍余额递减法；(4) 产量单位法。机器在2018年和2019年的运转时间分别为2 200小时和3 000小时。

9-3 折旧方法；部分期间

参照练习9-2中描述的情形。假设机器是在2018年3月31日购买的，而不是1月1日。分别用以下方法计算2018年和2019年的折旧费用：(1) 直线法；(2) 年数总和法；(3) 双倍余额递减法。

9-4 财产、厂房和设备的处置

Lawler Clothing公司以1.6万美元的价格出售了生产设备。Lawler公司最初是以8万美元的价格购买了该设备，在出售日之前的折旧总额为7.1万美元。出售设备的利得或损失是多少？

9-5 财产、厂房和设备的处置

Funseth农场在2015年以3万美元的价格购买了一台拖拉机。这台拖拉机在2018年以3 000美元的价格出售。出售时的折旧总额为2.6万美元。编制记录出售的日记账分录。现在假设拖拉机以1万美元的价格出售，编制记录出售的日记账分录。

9-6 财产、厂房和设备以及无形资产的处置

2018年7月15日，Cottonwood公司分别以75万美元和32.5万美元的价格向Roquemore公司出售了一项专利和一台设备。专利和设备在出售日的账面价值分别为12万美元和40万美元（55万美元的成本减去15万美元累计折旧）。编制日记账分录，记录专利和设备的出售。

9-7 分类折旧；处置

Mondale Winery公司使用分类折旧法为其设备折旧。2018年购买的设备成本总计为42.5万美元。设备的预计残值为4万美元，分类折旧率确定为18%。该类资产的年度折旧是多少？如果在2019年以3.5万美元的价格出售成本为4.2万美元的设备，那么该公司在出售时应确认多少利得或损失？

9-8 折耗

Fitzgerald石油与天然气公司为取得和开发一个天然气田花费了825万美元的成本。公司预计在4年内将开采300万立方英尺天然气。第1年和第2年开采的天然气分别为70万和80万立方英尺。第1年和第2年的折耗分别是多少？

9-9 摊销；部分期间

6月28日，Lexicon公司取得100%的Gulf & Eastern公司普通股。购买价格分摊包括以下项目：专利，400万美元；已开发技术，300万美元；正在进行的研发，200万美元；商誉，500万美元。Lexicon公司使用直线法摊销无形资产，无残值，使用寿命为5年。公司当年的利润表中与这些项目有关的费用总额是多少（不考虑所得税）？

9-10 估计变更；设备使用寿命

2016年初，Robotics公司以1 200万美元的价格取得了一项生产设施。购买价格中的900万美元分摊到建筑物上。2016年和2017年的折旧使用直线法计算，使用寿命为25年，残值为100万美元。2018年，预计使用寿命和残值分别变更为20年和50万美元。2018年建筑物的折旧是多少？

9-11 政策变更；折旧方法变更

参照练习9-10中描述的情形。假设不是使用寿命和残值变更，而是公司于2018年将折旧方法变更为双倍余额递减法。Robotics公司应怎样处理这一变更？建筑物在2018年的折旧是多少？

9-12 差错更正

参照练习9-10中描述的情形。假设2016年的折旧被错误地记录为32 000美元。这一差错在2018年才被发现。Robotics公司应该如何对这一差错进行会计处理？假设使用寿命和残值没有变更，建筑物在2018年的折旧是多少？

9-13 减值；财产、厂房和设备

Collison & Ryder公司经历了运动服装部门市场行情的走低。管理层决定测试该部门资产是否减值。测试情况如下：分部资产的账面价值，2 650万美元；分部资产的公允价值，2 100万美元；分部资产预计未来现金流量的总和，2 800万美元。公司需要确认的减值损失是多少？

9-14 减值；财产、厂房和设备

参照练习9-13中描述的情形。假设预计未来现金流量的总和为2 400万美元，而不是2 800万美元。公司需要确认的减值损失是多少？

9-15 国际财务报告准则；减值；财产、厂房和设备

参照练习9-13中描述的情形。假设分部资产预计未来现金流量的现值是2 200万美元，其公允价值接近于公允价值减出售成本。如果公司根据国际财务报告准则编制报表，则需要确认的减值损失是多少？

9-16　减值；商誉

WebHelper公司以4 500万美元的价格取得了Silicon Chips公司100%的普通股，其中有1 500万美元分配给了商誉。在当前会计年度截止日，减值测试发现下列情况：Silicon Chips公司的公允价值，4 000万美元；Silicon Chips公司净资产的公允价值（不包括商誉），3 100万美元；Silicon Chips公司净资产的账面价值（包括商誉），4 200万美元。WebHelper公司需要确认的减值损失是多少？

9-17　减值；商誉

参照练习9-16中描述的情形。假设Silicon Chips公司的公允价值不是4 000万美元，而是4 400万美元。WebHelper公司需要确认的减值损失是多少？

9-18　国际财务报告准则；减值；商誉

参照练习9-16中描述的情境。假设Silicon Chips公司的公允价值4 000万美元接近于公允价值减出售成本，并且Silicon Chips公司预计未来现金流量的现值是4 100万美元。如果WebHelper公司根据国际财务报告准则编制财务报表，并且Silicon Chips公司被认为是现金产出单元，WebHelper公司需要确认的减值损失是多少？

9-19　后续支出

Demmert公司在当前会计年度发生下列支出：年度机器维护，5 400美元；办公室改造，22 000美元；装运和接收区域重整（带来了生产力的提高），35 000美元；生产设施增加安全系统，25 000美元。Demmert公司如何对这些支出进行会计处理？

习　题

9-2　折旧方法

2018年1月1日，Allegheny公司以115 000美元的价格购买了一台机器。该机器的预计使用寿命是10年，预计残值是5 000美元。预期该机器在其使用寿命内可以生产220 000单位的产品。

要求：

用以下方法分别计算2018年和2019年的折旧。计算结果四舍五入取整。

1. 直线法。
2. 年数总和法。
3. 双倍余额递减法。
4. 150%倍余额递减法。
5. 产量单位法（2018年的产量为30 000单位；2019年的产量为25 000单位）。

9-4　折旧方法；资产扩建；部分期间

Tristen公司2016年1月1日购买了一座五层的办公大楼，购买成本是5 000 000美元。这座大楼的残值是200 000美元，使用寿命为30年，使用直线法计提折旧。2018年6月30日，扩建的第六层完工，成本为1 650 000美元。

要求：

假设扩建没有改变大楼的使用寿命和残值，计算2018年和2019年大楼和大楼扩建部分的折旧。

9-6　折旧方法；部分期间

2018年4月30日，Quality Appliance公司以260 000美元的价格购买一台设备。该设备的预计使用寿命是6年，预计残值为20 000美元。Quality公司会计年度结束于12月31日。

要求：

使用下列三种方法计算2018年和2019年的折旧。Quality公司根据资产使用的月份数计算部分年度的折旧。计算结果四舍五入取整。

1. 直线法。
2. 年数总和法。
3. 双倍余额递减法。

9-8　国际财务报告准则；摊销；部分期间

2018年6月30日，Rosetta Granite公司斥资12万美元购买了一台机器。这台机器的预计使用寿命为8年，预计没有残值。机器的一个重要部件是一个专用高速钻头，需要在4年内更换。钻头的成本2万美元包含在机器的成本12万美元中。Rosetta Granite公司采用直线法对所有机器计提折旧。

要求：

1. 使用美国公认会计原则的处理方法计算2018年和2019年的折旧。
2. 使用国际财务报告准则重复要求1。

9-10　财产、厂房和设备的处置

Mercury公司在2016年购买了设备，成本为40万美元。该设备预计在未来5年内能够生产700 000单位的产品，残值为5万美元。2018年，这台设备以21万美元的价格出售。实际产量为：2016年100 000单位；2017年160 000单位；2018年80 000单位。Mercury公司使用产量单位法计提折旧，所有折旧在处置日都已记录。

要求：

1. 编制记录出售的日记账分录。
2. 假设设备的售价是245 000美元，编制记录出售的日记账分录。

9-12　折旧方法；处置；部分期间

Howarth公司于2014年6月30日以8万美元的价格购买了一台车床。这台车床在5年使用寿命结束时的残值估计为5 000美元。这台车床于2018年3月31日出售，售价为17 000美元。Howarth公司使用直线法为所有厂房和设备计提折旧。部分年度折旧根据资产使用的月份数计算。

要求：

1. 编制表格计算出售的利得或损失。
2. 编制记录出售的日记账分录。

9-14　双倍余额递减法；变更为直线法

2018年1月2日，Jackson公司购买了一台用于生产过程的设备。该设备的预计使用寿命和预计残值分别为8年和30 625美元。取得资产的支出如下：

购买价格	$154 000
运费	2 000
安装费	4 000

Jackson公司的政策规定，在资产使用初期使用双倍余额递减法计提折旧，在设备寿命的中期改用直线法。

要求：

1. 计算设备8年使用寿命中每年的折旧。
2. 讨论设备折旧的会计处理。

9-16　折旧和折耗

2018年初，Terra Lumber公司以3 200 000美元的价格买入一片林区。在木材采伐完毕之后，该土地的残值为600 000美元。保障伐木工作运行的公路在2018年3月30日建设完工。公路的成本是240 000美元，并在林区清理干净后无残值和其他用途。在2018年间，Terra公司砍伐了500 000板英尺的木材，预计总采伐量为5 000 000板英尺。

要求：

假设使用产量单位法，计算林区和采伐公路2018年的折耗和折旧。

9-18 摊销

Janes公司提供了关于无形资产的以下信息：

a. 2016年1月1日以700 000美元的价格从Lou公司购入专利。Janes公司预计该专利的剩余使用寿命是10年。Lou公司出售给Janes公司时，该专利在Lou公司会计记录中的账面价值是350 000美元。

b. 2018年，以500 000美元的价格从Rink公司购入特许经营权。特许经营权的合同寿命为10年，Janes公司在购买当年对该特许经营权记录了一整年的摊销。

c. Janes公司2018年发生的研发成本如下：

材料和物料	$140 000
人工	180 000
间接成本	60 000
合计	$380 000

d. 2018年1月1日，根据已经发生的新情况，Janes公司预计从Lou公司购买的专利仅剩5年多的使用寿命。

要求：

1. 编制2016—2018年反映上述信息的分录。
2. 编制2018年12月31日资产负债表中的无形资产部分。

9-20 估计变更；专利使用寿命

Van Frank Telecommunication公司拥有一项多区域传输流程专利。公司在2014年初以900万美元的成本取得该专利，同年开始使用直线法对该专利进行摊销。由于行业中技术的迅速发展，管理层认为该专利可以使公司在6年中获益，而不是摊销其成本的9年。这个决定是在2018年初做出的。

要求：

编制2018年末无形资产摊销的日记账分录。当年没有记录摊销。

9-22 估计变更；设备使用寿命和残值

Wandell公司2016年1月1日购入一台成本为40 000美元的计算机。该计算机的预计使用寿命和残值分别为5年和4 000美元，使用直线法折旧。2018年1月1日预计使用寿命和残值分别变更为10年和900美元。

要求：

1. 编制2018年末折旧的日记账分录。当年没有记录折旧。
2. 假设公司使用年数总和法计提折旧，重复要求1。

9-24 政策变更；折旧方法变更

Clinton Poultry农场使用余额递减法对2015年初以2 560 000美元取得的传输设备计提折旧。设备的预计使用寿命是6年，残值是160 000美元。在2018年初，农场决定改为直线法。折旧方法变更对每年的影响如下（单位：千美元）：

年份	直线法	余额递减法	差额
2015	$400	$853	$453
2016	400	569	169
2017	400	379	(21)
	$1 200	$1 801	$601

要求：

1. 简要描述Clinton Poultry农场应该在2016—2018年的比较财务报表中报告这一会计变更的方式。
2. 编制2018年关于该变更的日记账分录。

9-26　减值；财产、厂房和设备

Chadwick Enterprises 公司在美国中西部地区经营一些餐厅。位于某市中心的三家餐厅经历了人口减少导致的盈利下降。公司管理层决定测试餐厅资产是否减值。这些资产的相关信息如下（单位：百万美元）：

账面价值	\$6.5
预计未折现未来现金流量总和	4.0
公允价值	3.5

要求：

1. 确定减值损失的金额。
2. 假设预计未折现未来现金流量总和是 680 万美元，公允价值是 500 万美元，重复要求 1。

9-28　国际财务报告准则；减值；财产、厂房和设备

Collinsworth 公司是一家英国公司，按照国际财务报告准则编制财务报表。在 2018 财年后期，商业环境的一个重大不利变化表明电器分部的资产可能发生减值。以下数据与该分部的资产有关（单位：百万英镑）：

账面价值	£220
未折现预计未来现金流量总和	210
未来现金流量的现值	150
公允价值减去出售成本（评估确定）	145

要求：

1. Collinsworth 公司应该确认多少减值损失？
2. 假设 Collinsworth 公司按照美国公认会计原则编制财务报表，并且公允价值减去出售成本接近公允价值。Collinsworth 公司应该确认多少减值损失？

9-30　减值；商誉

2016 年，Alliant 公司以 3 亿美元收购了 Centerpoint 公司，其中 5 000 万美元被分配给商誉。2018 年底，管理层为规定的商誉减值测试提供了以下信息（单位：百万美元）：

Centerpoint 公司的公允价值	\$220
Centerpoint 公司净资产的公允价值（不包括商誉）	200
Centerpoint 公司净资产的账面价值（包括商誉）	250

要求：

1. 确定减值损失的金额。
2. 假设 Centerpoint 公司的公允价值为 2.7 亿美元，重复要求 1。

9-32　商誉估值和减值；第 8 章和第 9 章

2018 年 5 月 28 日，Pesky 公司以 4.2 亿美元的价格收购了 Harman 公司所有发行在外的普通股。Harman 公司可辨认有形和无形资产的公允价值合计为 5.12 亿美元，Pesky 承担的负债的公允价值为 1.5 亿美元。

2018 年 12 月 31 日，Pesky 公司进行了商誉减值测试。管理层提供了以下信息（单位：百万美元）：

Harman 公司的公允价值	\$400
Harman 公司净资产的公允价值（不包括商誉）	370
Harman 公司净资产的账面价值（包括商誉）	410

要求：

1. 确定收购 Harman 公司所带来的商誉金额。
2. 确定 Pesky 公司在 2018 年底应该确认的商誉减值损失的金额。
3. 如果有减值损失，编制记录该损失的日记账分录。

9-34　财务会计准则委员会准则汇编

在财务会计准则委员会网站（www.fasb.org）上查看会计准则汇编。确定以下各项的具体引用：

1. 折旧是系统的、合理的成本分摊，而不是估值过程。
2. 计算财产、厂房和设备的减值损失。
3. 折旧方法变更的会计处理。
4. 商誉不应当摊销。

9-36 国际财务报告准则；摊销；专利维护成本

2016年9月30日，Leeds公司在收购另一家公司时取得了一项专利。这项专利价值600万美元，估计有10年的寿命，没有残值。Leeds公司采用直线法摊销无形资产。在2018年1月初，Leeds公司成功地为其专利进行了侵权辩护。法律成本总计500 000美元。

要求：
1. 计算专利2016年和2017年的摊销。
2. 编制记录2018年法律成本的日记账分录。
3. 计算2018年的摊销。
4. 假设Leeds公司根据国际财务报告准则编制财务报表，重复要求2和3。

9-38 退役和重置折旧法

Cadillac Construction公司使用退役折旧法计提小型工具的折旧。在2016年，公司经营的第一年，购买工具的成本为8 000美元。在2018年，初始成本2 000美元的工具以250美元的价格出售，重新购置的新工具的成本为2 500美元。

要求：
1. 编制上述每笔交易的日记账分录。
2. 假设公司使用重置折旧法而不是退役折旧法，重复要求1。

附录9A 与MACRS（应税折旧）比较

以财务报告为目的的折旧是试图将资产成本减去预计残值以系统合理的方式在资产预计使用寿命中分摊，以将收入与资产的使用相匹配。以所得税为目的的折旧受政府税收需求以及影响经济行为的意愿的影响。例如，目前允许的加速折旧计划是为了鼓励公司扩大和更新其设施从而刺激经济增长。

联邦所得税法允许纳税人在纳税申报表中对1986年以后取得的资产使用**修正的加速成本回收制**（modified accelerated cost recovery system，MACRS）[①] 计算折旧。财务报告折旧计算与使用MACRS计算的主要差异有：

（1）在MACRS下，不用估计使用寿命和残值。

（2）在MACRS下，公司不能在各种加速折旧法中选择。

（3）在确定MACRS折旧额时使用半年惯例。

在MACRS下，每项资产通常被归于一个回收期类别中。个人财产的六个类别分别是3年、5年、7年、10年、15年和20年。例如，5年期的类别包括汽车、轻型卡车和计算机。

① 1981—1986年之间取得的资产，使用加速成本回收制（ACRS）计算应税折旧，这种方法与修正的加速成本回收制（MACRS）类似。1981年以前取得的资产，应税折旧可以使用本章中讨论的任一折旧方法计算。计算1981年以前资产的折旧时使用残值。

根据类别，资产的原始成本使用不同的固定百分比。5 年期资产类别的比率如下：

年度	比率
1	20%
2	32%
3	19.2%
4	11.52%
5	11.52%
6	5.76%
合计	100%

这些比率相当于采用双倍余额递减法，并且在其产生的折旧低于直线法时转为直线法。在大多数情况下，无论资产何时达到预定可使用状态，半年惯例都适用。① 在 5 年期类别里，第 1 年的比率 20%是 5 年使用寿命的双倍余额递减法（2×20%）的 1/2。第 6 年的比率 5.76%是第 4 年确立的直线法比率的 1/2，第 4 年的直线法折旧超过了双倍余额抵减法折旧。

公司可以选择在资产整个应税寿命期使用直线法（采用半年惯例），而不是使用 MACRS 折旧计划。由于上面讨论的差异，某一年的应税折旧可能与公认会计原则折旧不同。

附录 9B 退役和重置折旧法

对于价值较低、使用寿命较短的资产，偶尔会使用退役和重置折旧法。在每种方法下，资产初始取得时，代表一组相似资产的合计资产账户就增加。

退役折旧法

使用**退役折旧法**（retirement depreciation method），资产账户也会因后续支出而增加。当一个项目被处置时，资产账户贷记其成本，折旧费用记录为成本和收益的差额。没有其他折旧分录。因此，在一个或多个期间中可能没有记录任何费用。例如，以下分录记录了购买 100 台手持计算器，每台售价为 50 美元：

借：计算器（100×50）	5 000	
贷：现金		5 000

记录取得计算器。

如果 20 台新计算器以每台 45 美元的价格取得，那么资产账户就会增加：

借：计算器（20×45）	900	
贷：现金		900

① 在某些情况下，使用季中和月中惯例。

记录取得计算器。

30 台计算器被出售给一家记账公司，每台售价 5 美元。以下分录反映了退役折旧法：

借：现金（30×5）	150	
折旧费用（差额）	1 350	
贷：计算器（30×50）		1 500

记录计算器的出售/折旧。

注意，退役折旧法假设采用先进先出法确定处置资产的成本，每台 50 美元。

重置折旧法

采用**重置折旧法**（replacement depreciation method），资产初始取得的记录方式与退役折旧法相同；也就是说，总成本增加了。然而，折旧费用是为新资产或重置资产支付的金额。资产处置所收到的任何收益都减少折旧费用。对于我们的例子，取得 20 台新计算器（单价 45 美元）记录为折旧：

借：折旧费用（20×45）	900	
贷：现金		900

记录计算器的重置/折旧。

出售旧计算器记录为折旧减少：

借：现金（30×5）	150	
贷：折旧费用		150

记录计算器的出售。

资产账户余额在合计资产的整个寿命期保持不变。

这些方法得出的折旧费用金额可能不同于个别计算的结果，只有在折旧费用的差异对利润没有重大影响的情况下，退役和重置折旧法才能被接受。这些方法在公用事业等受监管的行业中偶尔会用到。

第 10 章

投　资

- 第 1 节　债务投资的会计处理
- 第 2 节　权益投资的会计处理
- 附录 10A　其他投资（特殊目的基金、人寿保险投资）
- 附录 10B　债务投资减值

本章概要

在本章中，你将学习公司对其他公司债务证券和权益证券投资的各种会计处理方法。投资方有权选择以公允价值来计量这些投资，并将公允价值变动计入利润表。然而，根据债务投资的性质，投资方所采用的会计方法可以忽视大部分公允价值变动（持有至到期投资），或者在债务投资出售前只是将公允价值变动计入其他综合收益（可供出售投资）。对于权益投资，当投资者拥有足够的股票能够对被投资方施加重大影响但不构成控制时，投资方应使用权益法进行会计处理。该方法忽视公允价值变动，但是将被投资方利润的一部分包含在投资方的利润中。在本章的附录中，我们将讨论其他类型的投资，以及如何处理投资的非暂时性减值。

学习目标

学习完本章之后，你应该能够：

10-1 描述债务投资的关键特征并说明对于购买和利息收入如何进行会计处理。

10-2 说明如何界定和处理被分类为持有至到期投资的债务投资。

10-3 说明如何界定和处理被分类为交易性证券的债务投资。

10-4 说明如何界定和处理被分类为可供出售证券的债务投资。

10-5 说明如何界定和处理被分类为以公允价值计量且其变动计入当期损益的权益投资。

10-6 说明在权益法下如何界定和处理权益投资。

10-7 解释在权益法下，当一项投资的净资产公允价值超过取得时的账面价值时应做出的调整。

10-8 解释如何选择公允价值选择权以及减值确认如何影响投资的处理。

10-9 讨论美国公认会计原则和国际财务报告准则在投资方面的主要区别。

财务报告案例

可口可乐的案例

在商业政策课上，你是五人小组中唯一一名会计专业的学生。小组案例的一部分工作是对可口可乐公司的财务报表进行分析。

小组中市场营销专业的同学对可口可乐公司 2015 年年度报告中的以下附注感到非常困惑：

> 附注 3：投资（节选）
>
> 公司有明确意图和能力持有至到期的债务证券以摊余成本计量，并被分类为持有至到期投资。未被分类为持有至到期投资的债务证券以公允价值计量，并被分类为交易性证券或可供出售证券。交易性证券已实现和未实现的利得和损失，以及可供出售证券已实现的利得和损失，都计入净利润。可供出售证券未实现的利得和损失，剔除递延所得税后的净额，作为累计其他综合收益的一部分计入合并资产负债表……

“所以他们有持有至到期证券、交易性证券和可供出售证券。它们之间有什么不同呢？而且他们说可供出售证券未实现的利得和损失作为累计其他综合收益的一部分报告，是什么意思？我在利润表中没有看到这些利得和损失。”他抱怨道，“权益法投资又是什么？资产负债表上显示按权益法处理的投资超过120亿美元！2015年他们在这些投资上获得了5亿美元。那是他们能动用的现金吗？”

问题

在学习完本章之后，你应该能够对以上案例中的问题给出恰当的回答。将你的回答与章末答案进行对比。

1. 为什么持有至到期证券的处理方法与其他证券投资不同？
2. 为什么交易性证券的未实现利得和损失在利润表中报告？
3. 为什么可供出售证券的未实现利得和损失不在利润表中报告，而是在其他综合收益中报告，然后在资产负债表的累计其他综合收益中显示？
4. 解释可口可乐公司对部分投资采用权益法处理的原因及意义。

公司通过出售权益证券（普通股和优先股）和债务证券（债券和票据）来为其经营筹集资金。这些证券也被称为金融工具，被个人投资者、共同基金和其他公司作为投资购买。在后面的章节中，我们将从发行公司的角度讨论权益证券和债务证券。本章关注投资于其他公司发行的债务和权益证券以及政府部门发行的债务证券（债券、短期国债和长期国债）的公司。

大多数公司会投资于其他公司发行的金融工具。对于一些投资者而言，这些投资意味着将与发行证券的公司保持持续的隶属关系。最近关于这种投资的例子包括：微软公司以超过250亿美元的价格收购领英公司，百威英博公司以超过1 000亿美元的价格收购英国南非米勒酿酒公司。然而，一些投资并不是为了与其他公司建立良好的业务关系。相反，与你购买股票、债券或其他投资证券的目的一样，只是单纯地追求利息、股利或者股票市价的增长。

由于投资目的的多样化，投资的会计处理方法多元化也就不足为奇了。阅读本章时你会发现，投资的会计处理方法取决于投资的是债务证券还是权益债券、投资者持有投资的目的以及投资关系的性质。在第1节中，我们将讨论债务投资的会计处理。在第2节中，我们将讨论权益投资的会计处理。

第1节 债务投资的会计处理

一、债务投资的例子

你在银行买过存单吗？如果买过，那么你就投资了一项债务工具。假设你买的是500美元、2年期、利率4%的存单，这意味着你把500美元借给银行2年，银行承诺每年按照4%的利率向你支付利息，并且在2年后偿还500美元本金。银行的债务（向你借的500美元）表现为一种债务工具（存单），它指定了期限（2年）、本金（或面值，500美元）以及年利率（4%）。

公司也会进行债务投资。和存单一样，债券或其他债务证券都有一个指定的到期日，在到期日向投资者偿还本金（也称面值）。在此期间，需在特定的付息日（通常是一年两次）按照票面利率乘以本金的金额向投资者支付利息。投资者现在购买债券，将在未来收到债券本金和利息的现金流入。在购买债券时，投资者根据具有相似风险和期限的债务的市场利率来对未来现金流量进行估值。

投资者如何确定购买债券需支付的价款，见示例 10-1。

示例 10-1　债务投资举例：折价购买债券

2018 年 7 月 1 日，Masterwear Industries 公司发行 700 000 美元、利率为 12%的债券，出票日为 7 月 1 日。6 月 30 日和 12 月 31 日每半年支付 42 000 美元的利息。债券 3 年后到期，即 2021 年 6 月 30 日到期。具有类似风险和期限的债券的市场利率是 14%。全部债券都被 United Intergroup 公司购买。*

计算债券价格	现值（美元）
利息	42 000×4.766 54** =200 195
本金（面值）	700 000×0.666 34† =466 438
债券现值（价格）	666 633

* 本例中的数据与第 12 章中示例 12-3 的数据一样（除了日期上的差异）。这将帮助我们更好地理解第 12 章中 Masterwear 公司出售债券给 United 公司的会计处理与 United 公司对 Masterwear 公司债券投资的会计处理的差异。在第 12 章中，你将了解我们采用这种方法计算债券价格的进一步解释。

** 1 美元普通年金现值：$n=6$，$i=7\%$。

† 1 美元现值：$n=6$，$i=7\%$。

示例 10-1 显示，United 公司会在 2018 年 7 月 1 日向 Masterwear 公司支付 666 633 美元。作为回报，United 公司预期在以后的 3 年中每 6 个月从 Masterwear 公司收取 42 000 美元的利息，并在 2021 年 6 月 30 日债券到期时收回本金 700 000 美元。当然，如果 United 公司将债券出售给另一投资者，那么他将收到剩余的利息和本金。

注意：United 公司以 666 633 美元购买面值 700 000 美元的债券。为什么会有差异？为了确定债券的发行价格，理解投资者如何将债券的票面利率与市场利率进行比较是非常重要的。如果债券支付的利率（票面利率）高于市场利率，投资者愿意以高于到期价值的价格购买债券（因此溢价出售）。如果债券支付的利率（票面利率）低于市场利率，则只有当债券价格低于到期价值时投资者才愿意购买（因此折价出售）。Masterwear 公司发行的债券的票面利率为 12%，但是投资者能够买到风险和期限相似的利率为 14%的债券。为了吸引投资者，Masterwear 公司必须折价发行其债券。

Masterwear 公司发行的债券具有所有债务投资的主要特征。在持有债券的 3 年间，United 公司需要确定如何处理以下 4 个事项：

（1）购买债务投资。

（2）每 6 个月收到一次利息。

（3）持有期间债券的公允价值变动（由于债券尚未出售，因此存在未实现持有利得和损失）。

（4）到期日前出售债券或者在到期日收回本金。

正如下面将要讨论的，公司将债务投资划分为三类：持有至到期投资、交易性投资、可供出售投资。无论是哪种类型，前两个事项——购买债券和收取利息——的会计处理都相同。我们先看这两个事项的处理。接下来看后两个事项，它们的会计处理方法视其分类的不同而有所不同。

购买债务投资的记录

购买债务投资时，它们以成本记录——购买投资支付的价款总额，包括佣金费用。回顾示例10-1，我们看到United公司支付666 633美元购买Masterwear公司发行的面值700 000美元的债券。United公司的会计处理如下：

2018年7月1日

借：债券投资（面值）	700 000	
贷：债券投资折价（差额）		33 367
现金（债券的价格）		666 633

由于United公司以低于面值的金额购买此债券，因此差额贷记债券投资折价。债券投资折价是债券投资账户的抵减账户，用于将投资的持有价值减少至购买日的成本。如果United公司购买债券支付的金额（假设是725 000美元）高于债券面值（700 000美元），那么United公司应借记债券投资溢价（金额为25 000美元），以按购买日的成本来记录这一投资。①

记录利息收入

United公司使用**实际利率法**（effective interest method）记录利息收入。以下展示其如何处理。

Masterwear公司债券的票面利率是12%，每半年付息一次。这意味着每6个月United公司会从Masterwear公司收到42 000美元的现金：

$$\underset{\text{面值}}{700\,000}\times(\underset{\text{票面利率}}{12\%\div 2})=\underset{\text{收到的利息}}{42\,000}(\text{美元})$$

然而，回想到United公司以折价后666 633美元的金额购买面值700 000美元的债券。为什么United公司能以低于面值700 000美元的价格买到债券呢（Masterwear公司又为什么愿意以低于700 000美元的价格出售债券呢）？在United公司购买债券时，具有相似风险的债券的市场利率为14%。因此，只有当这些债券能够像投资在其他地方获得14%的收益（不是票面利率12%）时，United公司才愿意投资这些债券。为了得到更高的利率，United公司只需支付666 633美元。支付更低的价格意味着United公司降低了其投资成本，并且有效地将其回报率提高至14%（详细的计算参见示例10-1）。假如United公司在第一个6个月从Masterwear公司收到42 000美元（6%）的利息，它实际在此项投资上赚取了46 664美元（7%）的利息收入。

$$\underset{\text{未偿还余额}}{666\,633}\times(\underset{\text{市场利率}}{14\%\div 2})=\underset{\text{利息收入}}{46\,664}(\text{美元})$$

利息收入与收到的利息之差（第一个半年期为46 664－42 000＝4 664（美元））代表折

① 这被称为总价法。另一种方法是在投资账户中直接记录成本（666 663美元或725 000美元），称为净价法。

价购买债券所节约的成本。这部分节约的成本使 United 公司的投资回报率从债券利率（12%）增加到14%，也就是投资者投资其他类似债券能够获得的利率。实际上，利息收入是根据投资期间赚取的实际利率来计算的，因此这种方法被称为实际利率法。

将第一个半年期收到的利息记录为利息收入的日记账分录如下：

2018年12月31日

借：现金（票面利率×面值）	42 000
债券投资折价（差额）	4 664
贷：利息收入（市场利率×未偿还余额）	46 664

这个分录使折价减少了4 664美元（从33 367美元降低到28 703美元）。由于折价减少，投资的摊余成本（等于700 000美元减去折价）增加了相同的金额（从666 633美元增加到671 297美元）。

示例10-2说明了在投资期间使用实际利率计算利息收入的过程。正如你看到的，折价的摊销使投资的摊余成本逐渐增加，直至达到其在到期日应该收到的金额700 000美元。

示例10-2　摊销表——折价

日期	现金利息	实际利息（利息收入）	折价摊销	折价余额	摊余成本
	（6%×面值）	（7%×未偿还余额）	（差额）		（面值减去折价）
2018年7月1日				33 367	666 633
2018年12月31日	42 000	7%×666 633=46 664	4 664	28 703	671 297
2019年6月30日	42 000	7%×671 297=46 991	4 991	23 712	676 288
2019年12月31日	42 000	7%×676 288=47 340	5 340	18 372	681 628
2020年6月30日	42 000	7%×681 628=47 714	5 714	12 658	687 342
2020年12月31日	42 000	7%×687 342=48 114	6 114	6 544	693 456
2021年6月30日	42 000	7%×693 456=48 544*	6 544	0	700 000
	252 000	285 367	33 367		

*尾数调整。

相反，如果溢价购买债券，会有一个相似的摊销表逐渐减少溢价，直至债券的摊余成本达到其面值700 000美元，也就是债券到期时收到的金额。

二、债务投资的三种类型

示例10-2显示的摊销表是以 United 公司购买 Masterwear 公司债券时的市场利率（14%）为基础计算的。United 公司在投资期限内都是使用这个摊销表，而不会随现行市场利率的改变而改变。然而，市场利率不会一直是14%。因为市场参与者会使用现行市场利率计算债券现金流量的现值，所以随着现行市场利率的改变，债券的公允价值也会变化。由于持有期间债券公允价值的变动，United 公司会形成**未实现持有利得和损失**（unrealized holding gains and losses）。

如果购买债券之后市场利率上升，市场将使用更高的折现率来计算债券未来现金流量的现值，因此债券的公允价值会下降。在这种情况下，持有债券的投资者会遭受未实现持有损失。债券的公允价值下降，但是损失尚未实现，因为这项投资并没有出售。

相反，如果购买债券之后市场利率下降，市场将使用更低的折现率来计算债券未来现金流量的现值，因此债券的公允价值会上升。在这种情况下，持有债券的投资者会享有未实现持有利得。债券的公允价值上升，但是利得尚未实现，因为这项投资并没有出售。

公允价值变动的会计处理取决于债务投资的类型。如示例 10－3 所示，债务投资可分为三种类型：持有至到期（HTM）证券、交易性证券（TS）和可供出售（AFS）证券。

示例 10－3　债务投资未实现持有利得和损失的会计处理

报告方法	未实现持有利得和损失的处理方法	资产负债表中的持有金额
持有至到期（HTM）：适用于投资者有“明确意图和能力”持有至到期的债务	不确认*	摊余成本
交易性（TS）：适用于在活跃交易账户中持有并于短期内出售的债务	在净利润中确认，之后计入股东权益中的留存收益	公允价值
可供出售（AFS）：适用于没有分类为持有至到期或者交易性的债务	在其他综合收益中确认，之后计入股东权益中的累计其他综合收益*	公允价值

* 如果投资者选择公允价值选择权，这种类型的投资也可以使用与交易性证券相同的方法进行会计处理，即以公允价值计量投资且将未实现持有利得和损失计入净利润。

示例 10－4 描述了美国银行最近的年度报告中对三种债务投资的会计处理。

示例 10－4　投资的披露——美国银行

附注 1：证券（节选）

管理层有意图和能力持有至到期的债务证券划分为持有至到期（HTM），并以摊余成本报告。购买和持有主要是为了近期内出售的债务证券划分为交易性证券，以公允价值计量，并将未实现利得和损失计入交易性利润（损失）。其他债务证券分类为可供出售证券，以公允价值计量，并将未实现利得和损失的税后净额计入累计其他综合收益。

为什么未实现持有利得和损失的会计处理方法随着投资类型的不同而不同？就像你知道的，会计的主要目标是提供决策有用的信息。对于每家公司可能的投资而言，与这一目标最相关的信息也是不同的。例如，一家公司可能为了获得固定的回报而投资于另一家公司的债券并持有至到期，在这种情况下，公允价值的变化可能就不太相关，因而持有至到期法就比较适合。但是，另一家公司也可能为了近期出售来获利而投资于同一债券，在这种情况下，公允价值的变化就非常相关，因而交易性证券或可供出售法比较合适。

我们将依次讨论这三种报告方法，包括如何处理未实现持有利得和损失。

三、持有至到期的债务投资

持有至到期投资的未实现持有利得和损失不予确认

如果投资者不会在到期日前出售投资，那么未实现持有利得和损失就不太重要，因为这些利得和损失不会随着出售而实现。正因如此，如果投资者有“明确的意图和能力”将证券持有至到期，那么此类债务证券投资应被划分为**持有至到期**（held-to-maturity，HTM）投资，并以摊余成本在资产负债表中列报。[①] 如果投资者为了满足流动性需要或其他类似因素，可能因为市场价格或利率的变化而在到期日之前将证券出售，那么这类债务证券就不能分类为持有至到期投资。

为了分析未实现持有利得和损失的会计处理，假设在2018年12月31日，与Masterwear公司债券类似的债券的市场利率下降到11%。考虑到当前的市场利率（11%），一个投资者认为此时Masterwear公司的债券也应如此，因为这是类似债券的回报率。采用较低的折现率计算债券的现值会得到一个更高的现值（价格）。

假设查阅《华尔街日报》中的市场价格得知，Masterwear公司债券2018年12月31日的公允价值是714 943美元。如示例10-2所示，这些相同债券的摊余成本是671 297美元。这意味有43 646美元（差额）的未实现利得。United公司应该如何处理债务投资公允价值的增加？如果United公司将该债券视为持有至到期投资，只要公允价值变动是暂时性的，就忽略公允价值的变动。[②] 这项投资将在资产负债表中以摊余成本671 297美元报告。United公司会在财务报表附注中披露持有至到期投资的公允价值，但不会在利润表或资产负债表中确认任何公允价值变动。[③]

出售持有至到期投资

通常情况下，持有至到期投资一般会持有至到期。然而，假设由于不可预见的因素，United公司决定在2019年1月5日以725 000美元出售债务投资。[④] United公司将记录这笔出售如下（为简化处理，我们忽略2019年前5天赚取的利息）[⑤]：

2019年1月5日

借：现金	725 000	
债券投资折价（账户余额）	28 703	
贷：Masterwear公司债券投资（账户余额）		700 000
出售投资利得（达到平衡）		53 703

换言之，United公司记录这笔出售与记录其他资产出售一样，通过比较收到的现金与持有价值（本例中指摊余成本）来确定利得或损失。

---

① FASB ASC 320-10-1：Investment-Debt Securities-Overall-Recognition（previously "Accounting for Certain Investment in Debt and Equity Securities," *Statement of Financial Accounting Standards No. 115*（Norwalk，Conn.：FASB，1993））.

② 如果持有至到期投资的未实现损失不是暂时性的，则必须记录"非暂时性减值"。我们将在附录10B中更详细地讨论非暂时性减值。

③ 如果United公司对这项投资选择公允价值选择权，它会其将分类为交易性证券而不是持有至到期证券。在讨论交易性证券时我们将阐述公允价值选择权。

④ GAAP（FASB ASC 320-10-25-6：Investment-Debt Securities-Overall-Recognition，previously *Statement of Financial Accounting Standards No. 115*）列出了出售持有至到期投资的主要不可预见事项。其他出售原因可能会引起对公司是否有明确意图和能力将投资持有至到期的质疑。在这种情况下，公司的持有至到期投资分类被视为存在"污点"，公司可能被要求将所有持有至到期投资重分类为可供出售投资，并且2年内不得使用持有至到期投资分类。国际财务报告准则对公众公司也有类似的规定。

⑤ 这个例子中，我们忽略了2019年前五天所发生的应计利息。实际上，United公司可以记录这5天的利息收入，并且记录这5天的折价摊销。这将得到一个修正后的债券摊余成本，该摊余成本可以用于计算出售利得或损失。

补充思考

回忆第1章，公认会计原则规定公司可以采用不同方法来确定公允价值。如果Masterwear公司的债券是公开交易的，United公司可以通过查询当前市场价格找到其公允价值（这种取得公允价值的方法与第一层次的公允价值一致）。但是，如果债券没有公开交易，United公司可以通过示例10-1展示的现值技术来计算债券的公允价值（这种取得公允价值的方法与第二层次的公允价值一致）。如果还剩下5个付息期，并且当前市场利率为11%（半年为5.5%），那么债券的现值应该是714 943美元。

			现值（美元）
利息	42 000×4.270 28*	=	179 352
本金	700 000×0.765 13†	=	535 591
债券现值			714 943

*1美元普通年金现值：$n=5$，$i=5.5\%$。

†1美元现值：$n=5$，$i=5.5\%$。

财务报表列报

持有至到期证券在财务报表中的列报如下：

- **利润表和综合收益表**：证券出售期间已实现的利得和损失计入净利润。未实现持有利得和损失在财务报表附注中披露。持有至到期投资不影响其他综合收益。
- **资产负债表**：持有至到期投资以摊余成本列报。这些投资的公允价值在财务报表附注中披露。
- **现金流量表**：购买和出售持有至到期投资发生的现金流量通常分类为投资活动现金流量。

假设United公司在2019年1月5日出售此项投资，其2018年和2019年的财务报表列报的金额如示例10-5所示。

示例10-5 持有至到期投资的报告

（不考虑所得税）	2018年	2019年
综合收益表		
收入	$ ◆	$ ◆
费用	◆	◆
其他收益（费用）：		
利息收入	46 664	0
已实现出售投资利得	0	53 703
净利润	46 664	53 703
其他综合收益	0	0
综合收益总额（净利润+其他综合收益）	46 664	53 703
资产负债表		
资产：		

续

（不考虑所得税）	2018年	2019年
持有至到期投资	671 297	0
股东权益：		
留存收益	46 664	100 367*
现金流量表（直接法）		
经营活动：		
利息收到的现金	42 000	0
投资活动：		
购买持有至到期投资	(666 633)	0
出售持有至到期投资	0	725 000

* 净利润46 664（2018年）+53 703（2019年）=100 367（美元）累积在2019年末的留存收益中。

四、分类为交易性证券的债务投资

一些公司（主要是金融机构）活跃且频繁地买卖证券，希望从短期价格波动中赚取利润。那些为了近期出售而取得的债务投资分类为**交易性证券**（trading securities）。交易性证券的持有期通常以小时和天来衡量，而不是月或年。这些投资通常在投资者的流动资产中列报。通常只有银行和其他金融机构以这种方式和这种目的进行的投资，才有必要分类为交易性证券。

与持有至到期投资一样，交易性证券在购买时以成本计量，随着定期利息的取得，任何折价或溢价都被摊销到利息收入中。然而，在后续期间，交易性证券与持有至到期投资有两个显著的差异。

（1）交易性证券在资产负债表中需根据其公允价值（市价）进行调整（持有至到期投资以摊余成本计量）。

（2）交易性证券的未实现持有利得和损失计入利润表中的净利润（持有至到期投资的未实现持有利得和损失不计入利润表）。

一定要注意，交易性证券以公允价值而不是摊余成本计量，摊余成本是大部分资产在资产负债表中的计量方式。为什么会有这样的差异呢？因为与建筑物、土地、设备或者持有至到期投资等其他资产相比，交易性证券的公允价值信息更加相关。公允价值变动反映了管理者的决策是否成功：什么时候取得投资，什么时候出售，是投资于固定利率还是变动利率的证券，是投资于长期证券还是短期证券。因此，在公允价值变动期间将交易性证券的未实现持有利得和损失计入净利润是很有意义的，尽管这些利得和损失还没有通过出售这些证券得以实现。

为了解交易性证券的会计处理，让我们回到Masterwear公司债券的例子，假设这些债券在一项活跃交易组合中持有。2018年12月31日，United公司记录了购买债券和收到半年利息，债券的摊余成本是671 297美元（参见示例10-2）。

将交易性证券投资调整为公允价值（2018）

不同于持有至到期证券，交易性证券在资产负债表中以公允价值列示，因此在每个报告期期末，必须将其持有价值调整为公允价值。实际上，许多公司在每天结束时都将交易性证券调整为公允价值。我们使用公允价值调整这一价值备抵账户来增加或减少投资的持有价值，而不是直接增加或减少投资账户本身。同时，我们在交易性证券公允价值变动的期间记录未实现持有利得和损失，并将其包含在净利润中（记住，利得或损失是未实现的，因为证券并没有出售）。

假设 Masterwear 公司的债券在 2018 年 12 月 31 日的公允价值是 714 943 美元，下表显示了在这一天公允价值调整账户余额的计算。

2018 年 12 月 31 日

证券	摊余成本	公允价值	必要的公允价值调整余额
Masterwear 公司	$ 671 297	$ 714 943	$ 43 646

债券应当以其公允价值 714 943 美元列报。因为债券最近一期是以其摊余成本 671 297 美元列报的，所以公允价值调整账户需要有 43 646 美元的借方余额。United 公司将确认必要的未实现持有利得和损失，以使公允价值调整账户的余额从当前的 0 美元（购买日）增加到 43 646 美元（2018 年 12 月 31 日）。在这种情况下，其计算过程如下：

	公允价值变动
2018 年 7 月 1 日的初始余额	$ 0
±更新公允价值所需的调整	?
2018 年 12 月 31 日应有的余额	$ 43 646

记录 United 公司 43 646 美元的公允价值调整变动和相应未实现持有利得的会计分录如下：

2018 年 12 月 31 日

借：公允价值调整（计算如上）*	43 646	
贷：交易性证券未实现持有利得——净利润†		43 646

* 有时，公司不会单独设置公允价值调整账户，而是直接将投资账户调整为公允价值。

† 我们将这个账户叫作“未实现……——净利润”，是为了强调对于交易性证券而言，未实现持有利得和损失计入当期利润表。

United 公司持有 Masterwear 公司债券的每一期间，都应通过确认未实现持有利得或损失，将公允价值调整账户调整至期末所需要的价值。公允价值调整的增加形成了交易性证券的利得，这会增加净利润；公允价值调整的减少形成了交易性证券的损失，这会减少净利润。

补充思考

证券投资组合的会计处理

我们已经了解了单一证券的会计处理，但是 United 公司也会对交易性证券的投资组合使用相同的方法来进行会计处理。例如，假设在 2018 年 12 月 31 日，United 公司拥有下列交易性证券投资组合：

证券	摊余成本	公允价值	必要的公允价值调整余额
Miley 公司	$ 800 000	$ 875 000	$ 75 000
Perry 公司	950 000	790 000	(160 000)
合计	$ 1 750 000	$ 1 665 000	$ (85 000)

2019 年 12 月 31 日，投资组合的状况如下：

证券	摊余成本	公允价值	必要的公允价值调整余额
Miley 公司	$600 000	$575 000	$（25 000）
Perry 公司	450 000	325 000	（125 000）
合计	$1 050 000	$900 000	$（150 000）

2019 年 12 月 31 日，公允价值调整的余额需要从贷方 85 000 美元变为贷方 150 000 美元，需额外贷记 65 000 美元并在净利润中确认相应的损失。

United 公司确认其发生的日记账分录如下：

借：交易性证券未实现持有损失——净利润　　65 000
　贷：公允价值调整　　65 000

交易性证券的出售

现在假设 United 公司在 2019 年 1 月 5 日以 725 000 美元的价格将债券出售。为了对出售进行会计处理，United 公司需要做两件事。第一，United 公司需将债券的持有价值更新为公允价值，并将 2019 年至出售日的未实现持有利得和损失计入净利润。第二，在出售日，United 公司应当记录收到的现金，并将资产负债表中所有与该项投资相关的账户结清。让我们来记录这些分录。（与持有至到期投资的例子一样，为了简化处理，我们不考虑 2019 年前 5 天赚取的利息。）

（1）**将交易性证券调整为公允价值（2019）**。我们首先需要更新公允价值调整，并确认本期至出售日发生的未实现持有利得和损失。我们已经处理了 2018 年发生的公允价值变动。现在我们需要记录 2019 年每一天至出售日发生的公允价值变动以及相应的未实现持有利得和损失。公司可能会在每一天结束时记录这些变动，但是我们使用一个简单的汇总分录来得到至出售日的公允价值变动。

2018 年 12 月 31 日，Masterwear 公司债券的摊余成本是 671 297 美元，公允价值是 714 943 美元。对于这一未实现持有利得，我们记录了 43 646 美元的公允价值调整。现在，在 2019 年 1 月 5 日，公允价值进一步上升至 725 000 美元，因此我们需要再次更新公允价值调整，以反映公允价值又上升了 10 057 美元。

2018 年 12 月 31 日

证券	摊余成本	公允价值	必要的公允价值调整余额
Masterwear 公司	$671 297	$725 000	$53 703

	公允价值调整
2018 年 12 月 31 日的余额	$43 646
±更新公允价值所需的调整	?
出售日应有的余额	$53 703

United 公司应当记录 2019 年第一周产生的公允价值调整的增加以及额外的未实现持有利得 10 057 美元。日记账分录如下：

2019年1月5日

借：公允价值调整 10 057

　　贷：交易性证券未实现持有利得——净利润（达到平衡） 10 057

（2）**记录出售交易**。在完成前一个日记账分录之后，此项投资以出售日的公允价值持有，出售日债券摊余成本与公允价值的差额所导致的利得和损失也计入了利润表。United公司接下来应当记录收到的现金，并将与投资相关的账户结清（为简化处理，我们不考虑2019年前5天赚取的利息）。

2019年1月5日

借：现金 725 000

　　债券投资折价（账户余额） 28 703

　　贷：Masterwear公司债券投资（账户余额） 700 000

　　　　公允价值调整（账户余额） 53 703

对于出售持有至到期投资，我们记录了收到的现金725 000美元，并结清了资产负债表中所有与投资相关的账户。然而，与持有至到期投资不同，交易性证券投资有一个额外的资产负债表账户，即公允价值调整账户，出售时该账户也要结清。持有至到期投资和交易性证券会计处理的另一个差异是，交易性证券在出售日以公允价值计量，并且与该投资公允价值变动相关的全部利得都已经计入了净利润，所以出售日不再确认利得或损失。[①] 但是，在持有投资期间，United公司在交易性证券方法下（43 646＋10 057＝53 703（美元））和在持有至到期投资方法下（53 703美元）确认了相同金额的利得。唯一的区别是时间，交易性证券在公允价值变动发生时就确认了未实现持有利得和损失，而持有至到期投资只有当其因出售而实现时才确认利得或损失。

财务报表列报

交易性证券在财务报表中的列报如下：

- **利润表和综合收益表**：对于交易性证券，在公允价值变动期间，利得和损失都要计入利润表，不论它们是否实现。交易性证券投资不影响其他综合收益。
- **资产负债表**：交易性证券投资以公允价值列报，通常作为流动资产。
- **现金流量表**：购买和出售交易性证券的现金流量通常分类为经营活动现金流量，因为金融机构常规性地持有交易性证券，将其作为日常经营的一部分。

假设United公司在2019年1月5日出售此项投资，其2018年和2019年的财务报表列报的金额如示例10-6所示。

---

① 正如FASB ASC 320-10-40：Investments-Debt Securities-Overall-Derecognition中提到的，为了方便，在出售日记录出售之前，公司可能不会根据出售日的公允价值来更新公允价值调整。在这种情况下，投资以最近一个资产负债表日的公允价值持有，那么第二笔会计分录就应当包括收到的现金与投资的持有价值之间的差额所形成的利得和损失。在我们的例子中，2018年12月31日公允价值调整的余额为43 646美元，United公司在2019年1月5日出售投资时的日记账分录如下：

借：现金 725 000

　　债券投资折价（账户余额） 28 703

　　贷：Masterwear公司债券投资（账户余额） 700 000

　　　　公允价值调整（账户余额） 43 646

　　　　交易性证券利得——净利润（达到平衡） 10 057

示例 10-6 交易性证券的报告

（不考虑所得税）	2018年	2019年
综合收益表		
收入	$ ◆	$ ◆
费用	◆	◆
其他收入（费用）：		
利息收入	46 664	0
交易性证券利得和损失	43 646	10 057
净利润	90 310	10 057
其他综合收益	0	0
综合收益总额（净利润+其他综合收益）	$ 90 310	$ 10 057
资产负债表		
资产：		
交易性证券	714 943	0
股东权益：		
留存收益	90 310	100 367*
现金流量表（直接法）		
经营活动：		
利息收到的现金	42 000	0
购买交易性证券	(666 633)	0
出售交易性证券	0	725 000

*净利润 90 310（2018年）+10 057（2019年）=100 367（美元）累积在2019年末的留存收益中。

补充思考

不要向信使开枪。或者，像《经济学人》中写的那样："信使，开枪：会计规则正受到攻击。准则制定者应当保护它们。政客和银行应当停止攻击。"① 使用难以估计的公允价值备受争议。例如，在2008—2009年的金融危机中，许多金融服务公司不得不对它们的投资确认巨额未实现损失。一些公司将它们的损失归咎于公认会计原则要求根据当前低迷的市场价格来估计公允价值，它们认为这些损失加剧了金融危机，并游说政府放弃公允价值会计。一些人则反驳说，这些公司将公认会计原则对公允价值会计的要求作为它们糟糕的投资决策的"替罪羊"。"公允价值会计……并不产生损失，而是可以反映公司目前的状况。"特许金融分析师财务报告组负责人乔治尼·帕拉茨基（Georgene Palacky）这样说道。②

五、分类为可供出售证券的债务投资

持有至到期投资的处理假设我们在整个债券有效期内持有这些债券。交易性证券的处理

① "Messenger, Shot," *The Economist*, April 8, 2009.

② Sarah Johnson, "The Fair Value Blame Game," CFO. com, March 19, 2008.

假设我们计划在近期出售债券。第三种处理方式是**可供出售证券**（available-for-sale（AFS）securities），介于前两种处理方法之间。我们不打算将这些债务在活跃市场上交易，但是，如果需要筹集资金或者市场特别有利的话，这些投资也可以出售。在这种情况下，公司将这些债务投资分类为可供出售证券。与交易性证券相同，可供出售证券在资产负债表中也以公允价值报告。然而，与交易性证券不同，可供出售证券的未实现持有利得和损失不包括在净利润中，而是作为其他综合收益在综合收益表中报告。

综合收益

回想第 3 章，综合收益比净利润更能全面地反映经营情况。它不仅包括净利润，还包括其他不是与所有者发生交易所引起的权益变化。[1] 因此，综合收益包括净利润和其他综合收益。在每个会计期末，净利润结转入留存收益，从而在资产负债表的股东权益部分体现为累计留存收益。类似地，在每个会计期末，其他综合收益计入累计其他综合收益，从而在资产负债表的股东权益部分体现为累计其他综合收益。其他综合收益和累计其他综合收益的关系与净利润和留存收益的关系一样。

可供出售证券未实现持有利得和损失的会计处理原理

为什么可供出售证券的会计处理方法不同于交易性证券呢？因为可供出售证券可能在多个报告期持有，有人认为，某一期间的未实现持有利得与其他期间的未实现持有损失有足够的时间相互抵消。因此，从长远来看，将未实现持有利得和损失计入每一期的利润，会导致利润波动比实际情况更加剧烈，从而误导投资者。[2] 但是，如果不把随公允价值变动而产生的未实现利得和损失计入净利润，我们如何在资产负债表中以公允价值报告可供出售证券呢？解决的方法就是在其他综合收益中列示这些未实现利得和损失，然后只有在该投资实际出售时，才将实现的利得和损失计入净利润。

将可供出售证券调整为公允价值（2018）

为了理解如何将可供出售证券调整为公允价值，我们假设将 Masterwear 债券分类为可供出售证券。2018 年 12 月 31 日，United 公司已经对 2018 年 7 月 1 日购入债券和收到的半年期利息进行了会计处理，因此，该债券的摊余成本是 671 297 美元（参见示例 10－2）。2018 年 12 月 31 日该债券的公允价值是 714 943 美元。下表显示了当日必要的公允价值调整账户余额的计算。

2018 年 12 月 31 日

证券	摊余成本	公允价值	必要的公允价值调整余额
Masterwear 公司	$671 297	$714 943	$43 646

United 公司需要将公允价值调整账户的余额从当前的 0 美元（购买日）增加到借方余额 43 646 美元（2018 年 12 月 31 日）。

① 与所有者的交易主要包括股利以及出售或购买公司股票。

② 当然，有人可能会反驳说，这些未实现持有利得和损失仍然是相关的，因为每一期间投资者都会考虑是继续持有证券还是将证券出售以实现利得或损失。出于这个原因，许多会计师都更希望财务会计准则委员会取消可供出售证券这一类型，而将其作为交易性证券处理。

	公允价值调整
2018年7月1日的初始余额	\$0
±更新公允价值所需的调整	?
2018年12月31日应有的余额	\$43 646

记录United公司43 646美元的公允价值调整变动和相应未实现持有利得的会计分录如下：

2018年12月31日

借：公允价值调整*	43 646	
贷：可供出售证券未实现持有利得——其他综合收益†		43 646

* 有时，公司不会单独设置公允价值调整账户，而是直接将投资账户调整为公允价值。

† 我们将这个账户的名称叫作"未实现……——其他综合收益"，是为了强调对于可供出售证券而言，未实现持有利得和损失计入当期其他综合收益。

注意，可供出售证券未实现持有利得的金额与前面部分中交易性证券是一样的。不同的是，可供出售证券将未实现持有利得计入其他综合收益，而不是像交易性证券那样计入净利润。在报告期末，两种方法都将未实现持有利得转入股东权益账户。不同的是，净利润转入留存收益，而其他综合收益转入累计其他综合收益。和交易性证券一样，可供出售证券的公允价值调整账户在每一期都要上调或下调，不论是单一证券还是证券组合。相应的未实现持有利得或损失计入其他综合收益。直到可供出售证券出售，才会影响净利润，我们接下来将讨论这一问题。

可供出售证券的出售

我们再次假设United公司于2019年1月5日以725 000美元将Masterwear公司债券出售（与持有至到期投资和交易性证券一样，为简化处理，我们忽略2019年赚取的利息）。对于可供出售证券，United公司需记录三个日记账分录。①

（1）**将可供出售证券调整为公允价值（2019）**。和交易性证券一样，我们首先应当更新公允价值调整账户并确认当前报告期间在出售日前的未实现持有利得或损失。2018年12月31日，Masterwear公司债券的摊余成本是671 297美元，公允价值是714 943美元。我们将这一未实现持有利得43 646美元计入公允价值调整。现在，在2019年1月5日，公允价值进一步上升至725 000美元，因此我们需要再次更新公允价值调整，以反映公允价值又上升了10 057美元。

2019年1月5日

证券	摊余成本	公允价值	必要的公允价值调整余额
Masterwear公司	\$671 297	\$725 000	\$53 703

	公允价值调整
2018年12月31日的余额	\$43 646
±更新公允价值所需的调整	?
出售日应有的余额	\$53 703

① 该可供出售证券出售的例子改编自FASB ASC 220-10-55（para. 24－27）：Comprehensive Income-Overall-Implementation Guidance and Illustrations—Case B：Available-for-Sale Debt Securities。实务中，这三个日记账分录可以合并为一个或两个分录。

United公司应当记录2019年第一周产生的公允价值调整的增加以及额外的未实现持有利得10 057美元。日记账分录如下：

2019年1月5日

借：公允价值调整	10 057	
贷：可供出售证券未实现持有利得——其他综合收益		10 057

在这个时点，该投资以其出售时的公允价值记录在资产负债表中，与投资相关的所有未实现利得和损失都包括在其他综合收益中。由于其他综合收益计入累计其他综合收益，未实现利得和损失也计入了累计其他综合收益。累计其他综合收益在资产负债表的股东权益部分发挥了“贮水池”的作用。在“贮水池”中，某些年份的未实现持有利得抵消了其他年份的未实现持有损失。

（2）**转销之前的公允价值调整**。United公司在持有投资期间记录了公允价值变动。如果United公司出售投资，那么这些公允价值变动必须转销。United公司通过借记一个其他综合收益的重分类调整账户来转回之前包含在其他综合收益中的未实现持有利得。同样，公允价值调整账户的余额也被结清。

2019年1月5日

借：重分类调整——其他综合收益	53 703	
贷：公允价值调整		53 703

记录这笔分录之后，公允价值调整账户余额为零。同时，重分类调整账户转入累计其他综合收益，所有与这项投资有关的未实现持有利得从股东权益的累计其他综合收益“贮水池”中移除。[①] 这就好像从未产生未实现持有利得和损失一样。[②] 这一点很重要，因为United公司下一笔分录会在净利润中确认出售利得或损失。如果United公司没有用重分类分录将未实现持有利得和损失从累计其他综合收益中转销，那么下一笔记录出售的分录就会导致在综合收益和股东权益中重复记录未实现持有利得和损失。

（3）**记录出售交易**。现在，所有的未实现持有利得和损失以及公允价值调整都被清除，最后一步是计算实现的利得或损失（本例中是利得）。

2019年1月5日

借：现金	725 000	
债券投资折价（账户余额）	28 703	
贷：Masterwear公司债券投资（账户余额）		700 000
可供出售证券利得——净利润（达到平衡）		53 703

这笔分录与United公司在持有至到期投资法下记录出售投资的分录一样。如同持有至到期投资一样，投资的持有期间没有在净利润中确认任何利得或损失。相反，在出售时，所有的利得和损失都在净利润中确认。因此，由于这笔分录和前一笔分录，United公司将其53 703美元的利得从其他综合收益重分类至净利润。这就是这一过程叫作重分类的原因。

① 正如FASB ASC 320-10-40：Investments-Debt Securities-Overall-Derecognition中提到的，为了方便，公司可能在记录出售之前不会将公允价值调整更新为公允价值。在这种情况下，第二个分录将以最近一个资产负债表日的公允价值调整为基础。在我们的例子中，公允价值调整的余额应为43 646美元，这就是公允价值调整账户应当减少的金额，也是应当记录在重分类调整账户中的金额。

② 公司也可能选择在报告期末更新公允价值调整时做这笔分录。只要这笔分录记录在正确的报告期，顺序无关紧要。

补充思考

进一步了解重分类

回顾记录可供出售证券出售的三笔会计分录，想想是如何处理的。首先，United公司在公允价值变动的每一个期间都将未实现持有利得计入其他综合收益，并在每个期末将其他综合收益转入股东权益的累计其他综合收益。然后，在投资出售时，United公司将这些未实现持有利得从其他综合收益中转出（因此也从累计其他综合收益中转出），并将其计入净利润（最终计入股东权益的留存收益部分）。从股东权益角度看，未实现持有利得首先计入了累计其他综合收益，然后在出售时从累计其他综合收益重分类至留存收益。

我们可以重编第二笔和第三笔分录来强调这个重分类过程：

借：重分类调整——其他综合收益	53 703	
贷：可供出售证券利得——净利润（达到平衡）		53 703
借：现金	725 000	
债券投资折价（账户余额）	28 703	
贷：Masterwear公司债券投资（账户余额）		700 000
公允价值调整（账户余额）		53 703

该投资一旦出售，所有相关的资产负债表账户都被清除，计入累计其他综合收益的未实现持有利得和损失都被转出（通过重分类分录）并被包括在净利润中。

我们把所有的未实现持有利得和损失计入其他综合收益，然后再把它们转出，这似乎很奇怪，但是这种方法使得利得和损失计入和转出其他综合收益并在净利润中确认的过程变得十分清晰。下面是如何在财务报表中列报。

财务报表列报

可供出售证券在财务报表中的列报如下：

- **利润表和综合收益表**：在公允价值变动发生的期间，利得和损失计入其他综合收益。当证券出售时，这些利得和损失的金额从其他综合收益中转出，并在净利润中确认。
- **资产负债表**：可供出售证券以公允价值报告。未实现持有利得和损失成为股东权益中累计其他综合收益的一部分，并在证券出售时从累计其他综合收益中转出。
- **现金流量表**：购买和出售可供出售证券的现金流量通常分类为投资活动现金流量。

假设United公司在2019年1月5日出售此项投资，其2018年和2019年的财务报表列报的金额如示例10-7所示。

示例10-7　可供出售证券的报告

（不考虑所得税）	2018年	2019年
综合收益表		
收入	$ ◆	$ ◆
费用	◆	◆
其他收入（费用）：		
利息收入	46 664	0

续

（不考虑所得税）	2018 年	2019 年
已实现出售投资利得	0	53 703
净利润	46 664	53 703
其他综合收益（损失）项目*：		
投资的未实现持有利得（损失）	43 646	10 507
计入净利润的利得和损失净额重分类	0	(53 703)
其他综合收益合计	43 646	(43 646)
综合收益总额（净利润＋其他综合收益）	$ 90 310	$ 10 057
资产负债表		
资产：		
可供出售证券	$ 714 943	$ 0
股东权益：		
累计其他综合收益	43 646	0
留存收益	46 664	100 367†
现金流量表（直接法）		
经营活动：		
利息收到的现金	42 000	0
投资活动：		
购买可供出售证券	(666 633)	0
出售可供出售证券	0	725 000

* 正如我们将在第 14 章详细阐述的那样，综合收益表可以作为利润表的延伸（如同此处一样），也可以在利润表之后单独列报。

† 净利润 46 664（2018 年）＋53 703（2019 年）＝100 367（美元）累积在 2019 年末的留存收益中。

单一可供出售证券分类为流动资产还是非流动资产取决于其可能被持有多长时间。示例 10 - 8 是思科公司 2015 年年度报告中的一个例子。

示例 10 - 8　可供出售证券投资——思科公司

项目 1A：风险因素（节选）

我们持有一项包含不同类型和到期日的投资组合。这些证券通常分类为可供出售证券，并以公允价值在资产负债表中列示，未实现利得或损失作为累计其他综合收益的一部分报告。

附注 8：投资（节选）

下表汇总了公司的可供出售证券投资（单位：百万美元）。

2015 年 7 月 25 日	摊余成本	未实现利得总额	未实现损失总额	公允价值
固定收益证券：				
美国政府	$ 29 904	$ 41	$ (6)	$ 29 939
美国政府机构	3 662	2	(1)	3 663
非美国政府机构	1 128	1	(1)	1 128
公司债券	15 802	34	(53)	15 783
美国机构抵押贷款	1 456	8	(3)	1 461
固定收益证券合计	51 952	86	(64)	51 974

持有至到期投资、交易性证券和可供出售证券处理方法比较

示例 10－9 比较了 Masterwear 公司债券在三种不同方法下的会计处理。

示例 10－9　持有至到期投资、交易性证券和可供出售证券处理方法的比较

	持有至到期投资	交易性证券	可供出售证券
折价购买债券	借：投资　700 000 　贷：折价　33 367 　　现金　666 633	同持有至到期投资	同持有至到期投资
记录利息收入	借：现金　42 000 　折价　4 664 　贷：利息收入　46 664	同持有至到期投资	同持有至到期投资
调整至公允价值，2018 年	无分录	借：公允价值调整　43 646 　贷：持有利得——净利润　43 646	借：公允价值调整　43 646 　贷：持有利得——其他综合收益　43 646
2019 年出售债券 1. 调整至公允价值，2019 年	无分录	借：公允价值调整　10 057 　贷：持有利得——净利润　10 057	借：公允价值调整　10 057 　贷：持有利得——其他综合收益　10 057
2. 重分类未实现持有利得/损失	/无分录	无分录	借：重分类——其他综合收益　53 703 　贷：公允价值调整　53 703
3. 记录债券出售	借：现金　725 000 　折价　28 703 　贷：投资　700 000 　　利得——净利润　53 703 注：53 703 美元总利得在出售期间计入净利润。	借：现金　725 000 　折价　28 703 　贷：投资　700 000 　　公允价值调整　53 703 注：53 703 美元总利得在投资持有期间计入净利润（43 646＋10 057）。	借：现金　725 000 　折价　28 703 　贷：投资　700 000 　　利得——净利润　53 703 注：将未实现利得从其他综合收益（累计其他综合收益）中重分类转出，因此 53 703 美元总利得在出售期间计入净利润。 累计其他综合收益 （贷方）43 646 （贷方）10 057 （借方）53 703 （余额）0

这种并列比较突出了这几种会计处理方法的几个方面：

- 记录购买投资和收到利息收入时，在三种方法中我们使用了相同的分录。
- 为了记录公允价值变动，我们对交易性证券和可供出售证券使用的分录对投资有相同的影响（通过公允价值调整），对股东权益的最终影响也相同。区别在于，未实现持有利得或损失是在净利润中确认之后计入留存收益（交易性证券），还是在其他综合收益中确认然后计入累计其他综合收益（可供出售证券）。持有至到期投资不确认公允价值调整。
- 无论何种方法，现金流量是一样的，在利润表中确认的利得或损失总额也相同（交易性证券：2018 年的 43 646 美元＋2019 年的 10 057 美元＝合计 53 703 美元；可供出售证券

和持有至到期投资是2019年的53 703美元)。问题不是总共确认多少净利润，而是什么时候确认这些净利润。

补充思考

可供出售证券和所得税。在比较交易性证券和可供出售证券的会计处理时，我们看到，无论未实现持有利得和损失是计入净利润然后转入股东权益下的留存收益（交易性证券)，还是计入其他综合收益然后转入股东权益下的累计其他综合收益（可供出售证券)，股东权益最终的金额是相同的。但是所得税呢？所得税费用影响净利润，因此，留存收益包含的是税后金额。因为累计其他综合收益相当于留存收益，所以它也应当只包括税后金额。因此，必须对其他综合收益和累计其他综合收益进行所得税影响调整。通常，这些调整会产生递延所得税资产和负债，因为未实现持有利得和损失几乎不影响当期应交所得税。递延所得税资产和负债将在第13章讨论。

国际财务报告准则

债务投资的会计处理。在国际财务报告准则下，国际会计准则第39号是目前用于处理各种投资的准则。[①] 国际会计准则第39号的主要分类与美国公认会计原则类似，包括以公允价值计量且其变动计入当期损益的投资（同交易性证券)、持有至到期投资和可供出售证券。

国际财务报告准则第9号于2014年7月24日发布了修订版，从2018年1月1日起实施，可以提前采用。因此在2018年之前，公司既可能采用国际会计准则第39号，也可能采用国际财务报告准则第9号。[②] 国际财务报告准则第9号取消了持有至到期投资和可供出售证券的分类，取而代之的是更严格的新分类。具体来讲，在国际财务报告准则第9号下，债务投资可以划分为以摊余成本计量的投资（类似美国公认会计原则下的持有至到期投资)、以公允价值计量且其变动计入其他综合收益的投资（类似可供出售证券，除了减值确认标准存在差异）或者以公允价值计量且其变动计入当期损益的投资（类似交易性证券)。分类取决于以下两个标准：(1) 投资的合同现金流是否仅包括对本金和利息的支付；(2) 持有投资的目的是取得合同现金流，还是近期出售以赚取利润，抑或是两者兼具。如果投资的合同现金流仅包括对本金和利息的支付，并且持有投资只是为了取得合同现金流，则应分类为以摊余成本计量的投资。如果投资的合同现金流仅包括对本金和利息的支付，并且持有投资不仅是为了取得合同现金流，还可能是为了出售，则分类为以公允价值计量且其变动计入其他综合收益的投资。其余分类为以公允价值计量且其变动计入当期损益的投资。

美国公认会计原则和国际财务报告准则的另一个不同也值得注意。美国公认会计原则允许证券经纪人/经销商、投资公司、保险公司等特殊行业使用专门的会计方法（超出了本书的范围)，国际财务报告准则则不允许。

---

① "Financial Instruments: Recognition and Measurement," *International Accounting Standard No. 39* (IASCF), as amended effective January 1, 2009.

② "Financial Instruments," *International Financial Reporting Standard No. 9* (IASCF), November 12, 2009, as amended effective January 1, 2016.

报告类别的转换

在每个报告日，应当重新评估债务投资分类的恰当性。例如，如果投资者不再有能力将债券持有至到期并打算出售，这些证券应当从持有至到期投资重分类为可供出售证券。当一种证券在两种报告类别间重分类时，应以转换日的公允价值计量。重分类的未实现持有利得或损失应当按照证券转换的类型进行相应的会计处理。示例 10－10 给出了一个总结。

示例 10－10　投资类别的转换

从	转换为	转换的以公允价值计量的未实现利得或损失
持有至到期投资或可供出售证券	交易性证券	未实现利得或损失的总额计入当期净利润，就好像所有利得或损失都是在当期发生的一样。
交易性证券	持有至到期投资或可供出售证券	当期在转换前发生的未实现利得或损失计入当期净利润。（以前期间发生的未实现利得和损失已经计入了以前期间的净利润。）
持有至到期投资	可供出售证券	对当期利润没有影响。未实现利得或损失总额单独作为股东权益的组成部分报告（在累计其他综合收益中）。
可供出售证券	持有至到期投资	对当期利润没有影响。不冲销累计其他综合收益中已经存在的未实现持有利得或损失，而是在证券的剩余期间将其摊销到净利润中（公允价值变为证券摊余成本的基础）。

重分类不经常发生，所以当其发生时，应在附注中描述导致分类转换的原因。其他附注在后面部分阐述。

国际财务报告准则

投资类别的转换。国际会计准则第 39 号允许债务投资在“极少数情况下”，从以公允价值计量且其变动计入当期损益的投资重分类为可供出售证券和持有至到期投资。在国际财务报告准则第 9 号下，当且仅当公司改变了债务投资的业务模式时，债务投资才能在以摊余成本计量的投资、以公允价值计量且其变动计入其他综合收益的投资和以公允价值计量且其变动计入当期损益的投资之间转换。

公允价值选择权

你可能会回想起第 1 章，公认会计原则允许公司以公允价值计量大部分金融资产和负债，即**公允价值选择权**（fair value option）。在公允价值选择权下，持有至到期投资和可供出售证券在资产负债表中以公允价值列示，未实现持有利得和损失在其发生的会计期间计入净利润。这种会计处理方法听起来很熟悉——这和我们处理交易性证券的会计方法是一样的。然而，不同于交易性证券，在公允价值选择权下，购买和出售投资在现金流量表中可能被分类为投资活动现金流量，因为这些投资不打算在近期出售，因而本质上也不是经营活动。

公司在购买投资时决定是否使用公允价值选择权。公司可以对某些证券使用公允价值选择权，而对其他相同的证券不使用公允价值选择权——这完全取决于公司。但是，公司必须在附注中解释为什么做出这种部分选择的决定。这个选择是不可撤销的。例如，一个公司选择使用公允价值选择权，之后又认为投资的公允价值很可能下降，公司也不能改变选择，不能为了避免确认损失而不继续使用公允价值。

为什么允许使用公允价值选择权？有时，公司会通过用资产公允价值变动来抵消负债公允价值变动这样一种套期安排来降低利润的波动性。很多套期安排采用了复杂的规则。公允价值选择权简化了这一过程，它允许公司选择是否对大多数类型的金融资产和负债使用公允价值。因此，当一个公司使用套期安排时，它只需确保套期安排中的每项资产和负债使用公允价值选择权，并将这些资产和负债的公允价值变化计入利润。

国际财务报告准则

公允价值选择权。在允许公司什么时候可以使用公允价值选择权方面，国际财务报告准则比美国公认会计原则更加严格。根据国际会计准则第 39 号和国际财务报告准则第 9 号，公司只有在特定情况下才可以使用公允价值选择权。例如，为了避免风险对冲下某些投资以公允价值计量而其他投资不以公允价值计量导致的“会计不匹配”，公司可能会选择对资产或负债使用公允价值选择权。尽管美国公认会计原则表明公允价值选择权的意图是解决这类情形，但并不要求这些情形存在。

债务投资的减值

在这一章中，我们看到了一些投资公允价值的下降（上升）计入利润。例如，如果交易性证券公允价值下降，我们将减少该投资在资产负债表中的列报金额，并将公允价值变动产生的损失计入利润表。同样，如果投资者对持有至到期投资和可供出售证券使用公允价值选择权，这些投资就按照交易性证券的方法进行会计处理，因此公允价值变动总是在利润中确认。否则，持有至到期投资和可供出售证券的公允价值变动通常不计入利润。

然而，也有例外。如果持有至到期投资或可供出售证券公允价值下降到该投资的摊余成本以下，并且下降是非暂时性的，那么公司就应在利润中确认非暂时性的减值损失。非暂时性减值损失的会计处理比较复杂，需要确定减值是不是非暂时性的以及在利润中确认的减值金额。确认非暂时性减值后，继续按通常的会计方法处理未实现利得和损失，即可供出售证券进一步的公允价值变动计入其他综合收益，持有至到期投资不确认公允价值变动。

债务投资当前预期信用损失模型

这方面的准则一直在变化。从 2020 年开始，公司将被要求使用当前预期信用损失模型来对持有至到期投资和可供出售证券的减值进行会计处理，并且允许在 2019 年提前应用这种处理方法。[①] 当前预期信用损失模型运用备抵法来处理你在第 5 章中学习的坏账减值。无论持有至到期投资和可供出售证券的减值是不是暂时性的，都需要确认

① “Financial Instruments—Credit Losses (Topic 326)” *Accounting Standards Update 2016-13* (Norwalk, Conn: FASB, 2016).

减值。因此，在当前预期信用损失模型下，债务投资的减值比在现在的方法下确认得更快。

附录10B将进一步讨论债务投资减值的会计处理。

国际财务报告准则

减值。2014年7月24日修订的国际财务报告准则第9号将在2018年1月1日后开始应用，并允许提前应用。[①] 国际财务报告准则第9号使用预期信用损失模型来计算以摊余成本计量的债务投资或以公允价值计量且其变动计入其他综合收益的债务投资的减值，这与美国公认会计原则很快将要采用的当前预期信用损失模型相似。在信用风险明显增大的情况下，美国的当前预期信用损失模型和国际财务报告准则的预期信用损失模型都在投资的剩余期间计算预期信用损失。而在信用风险没有明显增大时，美国当前预期信用损失模型也会这样做。相反，在国际财务报告准则的预期信用损失模型下，如果债务投资的信用风险没有增加，估计的信用损失只包括在未来12个月内可能发生的违约事件造成的信用损失。对于许多债务投资来说，这种方法下的信用损失很低，因为投资的信用风险没有发生变化，而且在未来12个月内违约的可能性很小。公司可以选择总是确认投资期间的信用损失，但是许多公司不太可能会选择这样做。这意味着，相比国际财务报告准则，美国公认会计原则倾向于更早并以更高的金额确认减值损失。在不久的将来，这一领域的进一步趋同是不可能的。

概念回顾练习

各种投资证券

Diversified Services公司提供多种商业服务，包括通过其托管部门提供金融服务。Diversified公司的会计年度结束日是12月31日。Diversified公司在2018年的最后一个月和2019年的第一周进行了以下投资活动：

2018年

12月1日　购买Vince-Gill娱乐公司面值为3 000万美元、年利率为12%的债券和Eastern Waste Disposal公司面值为2 400万美元、年利率为10%的债券，都按面值购买。Vince-Gill公司的债券准备持有至到期，而Eastern Waste Disposal公司的债券在需要现金时可能出售。每种债券的利息在每年11月30日和5月31日支付。

12月30日　以580万美元购买美国国债作为交易性证券，希望通过短期价差获利。

12月31日　记录与投资相关的调整分录。

截至2018年12月31日，Vince-Gill公司债券的公允价值为3 200万美元，Eastern Waste公司债券的公允价值为2 500万美元，美国国债的公允价值为570万美元。

2019年

1月7日　以2 200万美元的价格出售了Eastern Waste公司的债券，并以600万美元的价格出售了美国国债。

---

① "Financial Instruments," *International Financial Reporting Standard No. 9* (IASCF), November 12, 2009, as amended effective January 1, 2016.

要求：

1. 对每项交易或事项编制适当的日记账分录，并计算出应在2018年利润表中列报的与这些投资相关的金额。记录2018年发生的利息，但不考虑2019年发生的任何利息。

2. 确定Eastern Waste公司债券投资在2018年、2019年以及两年合计对净利润、其他综合收益和综合收益的影响。不考虑利息收入。

解答：

1. 日记账分录：

2018年

12月1日　购买Vince-Gill娱乐公司面值为3 000万美元、年利率为12%的债券和Eastern Waste Disposal公司面值为2 400万美元、年利率为10%的债券，都按面值购买。Vince-Gill公司的债券准备持有至到期，而Eastern Waste Disposal公司的债券在需要现金时可能出售。每种债券的利息在每年11月30日和5月31日支付。

单位：百万美元

借：持有至到期投资（Vince-Gill公司）	30	
可供出售证券（Eastern Waste公司）	24	
贷：现金		54

12月30日　以580万美元购买美国国债作为交易性证券，希望通过短期价差获利。

单位：百万美元

借：交易性证券（美国国债）	5.8	
贷：现金		5.8

12月31日　记录与投资相关的调整分录。

应计利息（一个月）　　单位：百万美元

借：应收利息——Vince-Gill公司（30×12%×1/12）	0.3	
——Eastern Waste公司（24×10%×1/12）	0.2	
贷：利息收入		0.5

公允价值调整

借：未实现持有损失——净利润（5.7−5.8）	0.1	
贷：公允价值调整，交易性证券		0.1
借：公允价值调整，可供出售证券（25−24）	1	
贷：未实现持有利得——其他综合收益		1

注意：持有至到期投资不调整至公允价值。

2018年利润表列报	单位：百万美元
利息收入	0.5
投资损失（交易性证券）	(0.1)

注：Eastern Waste公司债券的100万美元未实现持有利得不包括在净利润中，因为它属于可供出售证券而不是交易性证券，因此在其他综合收益中反映。

2019年

1月7日　以2 200万美元的价格出售了Eastern Waste公司的债券，并以600万美元的价格出售了美国国债。

首先，考虑可供出售证券（Eastern Waste 公司）。出售日，Eastern Waste 公司债券的公允价值是 2 200 万美元。这些债券 2018 年 12 月 31 日以公允价值 2 500 万美元记录，因此在 2019 年第一周遭受未实现持有损失 300 万美元。

单位：百万美元

借：未实现持有损失——其他综合收益（25—22）	3	
贷：公允价值调整，可供出售证券		3

其次，考虑到 Eastern Waste 公司债券公允价值调整有 200 万美元的贷方余额，我们需要消除这一金额并记录其他综合收益相应的重分类分录：

公允价值调整，可供出售证券

1		2018 年未实现持有利得
	3	2019 年未实现持有损失
	2	调整前余额
2		重分类分录
	0	

单位：百万美元

借：公允价值调整，可供出售证券（账户余额）	2	
贷：重分类调整——其他综合收益		2

最后，我们需要记录出售投资时收到的现金和已实现的损失：

单位：百万美元

借：现金	22	
损失——净利润（达到平衡）	2	
贷：可供出售证券（Eastern Waste 公司）		24

接下来考虑交易性证券（美国国债）。出售日美国国债的公允价值是 600 万元。这些债券 2018 年 12 月 31 日以公允价值 570 万美元记录，因此在 2019 年第一周享有 30 万美元的未实现持有利得。

单位：百万美元

借：公允价值调整，交易性证券	0.3	
贷：未实现持有利得——净利润		0.3

公允价值调整，美国国债

	0.1	2018 年未实现持有损失
0.3		2019 年未实现持有利得
0.2		调整前余额
	0.2	出售分录
0		

出售日，我们仍然需要记录收到的现金并将与交易性证券相关的账户从资产负债表中清除：

单位：百万美元

借：现金	6
贷：公允价值调整，交易性证券（账户余额）	0.2
交易性证券（美国国债）	5.8

2. 确定 Eastern Waste 公司债券投资在 2018 年、2019 年以及两年合计对净利润、其他综合收益和综合收益的影响。不考虑利息收入。

	2018 年	2019 年	累计
净利润	0	(2)	(2)
其他综合收益	1	(3)+2=(1)	0
综合收益	1	(3)	(2)

财务报表列报与披露

交易性证券、持有至到期投资和可供出售证券是流动资产还是非流动资产，取决于它们何时到期或何时出售。然而，公司不必在资产负债表内单独列报三种投资——持有至到期投资、可供出售证券或交易性证券的金额，只需在附注中披露即可。①

投资方应当在每年的附注中披露以下内容：

- 公允价值总额；
- 已实现和未实现持有利得总额；
- 已实现和未实现持有损失总额；
- 未实现持有利得和损失净额的变化；
- 主要证券类型的摊余成本基础。

附注还应该包括有助于财务报表使用者理解在确定公允价值时使用的输入值质量的信息，以及有助于理解公允价值估计对财务报表影响的信息。例如，附注中应包括公允价值计量所采用的层次（第一层次、第二层次或者第三层次）。对于第二、第三层次的公允价值，财务报表附注必须包括对估值技术的描述和公允价值计量过程中使用的输入值。对于第三层次的公允价值，附注中必须说明公允价值计量中使用的重要输入值，输入值发生重大变化时公允价值的敏感性，以及公允价值计量对利润的影响，包括对投资的期初和期末余额的如下调节：

- 当期的利得或损失总额（已实现和未实现的），报告日仍持有的资产和负债的未实现利得和损失，以及这些金额计入利润或股东权益的哪些项目；
- 购买、出售、发行和结算；
- 在公允价值三个层次间的转换。

所有这些披露的目的是向财务报表使用者提供在公允价值估计过程中最容易受到偏见影响和误解的信息。例如，如示例 10－11 所示，惠普公司 2015 年年度报告的附注 2 中包括以

① FASB ASC 320-10-45-13: Investments-Debt Securities-Overall-Other Presentation Matters (previously *Statement of Financial Accounting Standards No. 115*, "Accounting for Certain Investments in Debt and Equity Securities" (Norwalk, Conn.: FASB, 1993), par. 18).

下关于公允价值的讨论。

示例 10-11　证券投资的公允价值披露——惠普公司　　单位：百万美元

公允价值（节选）				
	2015年10月31日 公允价值计量的使用			
	第1层次	第2层次	第3层次	合计
资产：				
现金等价物和投资：				
定期存款	\$—	\$3 584	\$—	\$3 584
货币市场基金	8 895	—	—	8 895
共同基金	—	246	—	246
市场权益证券	52	10	—	62
外国债券	8	347	—	355
其他债务证券	—	2	40	42
衍生工具：				
利率合约	—	38	—	38
外汇合约	—	1 029	2	1 031
其他衍生品	—	8	—	8
合计	\$8 955	\$5 264	\$42	\$14 261

我们可以从这些披露中看到，惠普公司采用公允价值第三层次计量的投资相对较少（这些投资在估计公允价值时最主观）。这一事实应该让财务报表使用者更加信赖惠普公司公允价值估计的可靠性。

第2节　权益投资的会计处理

对另一家公司的权益投资（如普通股）的关键事项，包括以下内容：

（1）购买权益证券；

（2）收到股利（对于一些权益证券）；

（3）在投资的公允价值变动期间持有投资（从而导致未实现持有利得和损失，因为证券尚未出售）；

（4）出售投资（从而产生已实现利得和损失，因为证券已经出售，利得或损失实际发生）。

此外，权益投资者通常会对公司关键决策进行投票，比如谁将在公司董事会任职。每一份普通股都对应一份投票权，所以如果权益投资者拥有足够的股份，投资者就有足够的票数来影响公司经营。因此，权益投资的会计处理会考虑投资者可以在多大程度上影响被投资公司的活动。如示例10-12所示，我们使用三种不同的方法来对权益投资进行会计处理。

示例 10-12 权益投资的报告类型

权益投资的特点	投资者使用的报告方法
投资方对被投资方的经营和财务政策**不具有重大影响**（通常拥有不到 20%的投票权）	以公允价值计量且其变动计入当期损益——类似于债务投资中交易性证券的处理方法；投资以公允价值列报（未实现持有利得和损失包括在净利润中），除非公允价值难以确定*
投资方对被投资方的经营和财务政策**具有重大影响**（通常拥有 20%～50%的投票权）	**权益法**——投资以投资者享有的被投资方后续利润和股利份额对成本进行调整后的金额列报**
投资方**控制**被投资方（通常拥有超过 50%的投票权）	**合并**——投资者和被投资方的财务报表合并，就好像它们是一个公司

* 在本章的后面部分，我们将在"补充思考"专栏中讨论公允价值难以确定时的其他替代方法。

** 如果投资者选择使用公允价值选择权，这种投资也可以按照以公允价值计量且其变动计入当期损益的方法来进行处理。

我们将首先讨论当投资方对被投资方不具有重大影响时的以公允价值计量且其变动计入当期损益的方法。然后，我们将讨论当投资方对被投资方具有重大影响时使用的权益法。我们不会介绍投资方控制被投资方时的合并会计处理，因为这一内容超出了本书的范围。然而，我们在讨论权益法时会简单地讨论合并，因为这两种方法是相关的。

一、投资方对被投资方不具有重大影响：以公允价值计量且其变动计入当期损益

如果投资方拥有被投资方的投票权低于 20%，投资方对被投资方通常不具有重大影响。换句话说，投资方的处境与你只购买公司 1 股股票的情况是一样的——投资者希望收到股利，并且希望股票价值随着时间的推移而上升，但是实际上不能左右公司该做什么。

直到最近，这些权益投资都被作为交易性证券或可供出售证券进行会计处理，就像我们处理那些不打算持有至到期的债务投资一样。然而，从 2018 年开始，投资者对权益投资不得使用可供出售证券的会计处理方法。相反，所有的权益投资都被视为交易性证券进行会计处理，使用一个通常被称为"以公允价值计量且其变动计入当期损益"的分类。这意味着，投资者对不具有重大影响的权益投资的报告方法，与被分类为交易性证券的债务投资（本章第 1 节）的报告方法相同。权益投资在资产负债表中以公允价值报告，未实现持有利得和损失在其发生期间计入净利润。[①] 示例 10-13 提供了我们将在本节使用的关于权益投资的一个简单示例。让我们来看看 United 公司投资期间发生的主要事项，以了解以公允价值计量且其变动计入当期损益的权益投资是如何处理的。

示例 10-13 以公允价值计量且其变动计入当期损益的权益投资的会计处理

以下是 2018 年和 2019 年 United 公司对 Arjent 公司权益投资的相关事项。	
2018 年 7 月 1 日	以 1 500 000 美元购买 Arjent 公司普通股。
2018 年 12 月 31 日	从 Arjent 公司收到现金股利，确认投资收益 75 000 美元。
2018 年 12 月 31 日	因 Arjent 公司股票的价值下降为 1 450 000 美元，确认公允价值调整。
2019 年 1 月 5 日	以 1 446 000 美元出售 Arjent 公司股票。

① FASB ASC 321-10-35-1：Investments-Equity Securities-Overall-General（previously *Accounting Standards Update No. 2016-1*，"Recognition and Measurement of Financial Assets and Financial Liabilities"（Norwalk，Conn.：FASB，2016））.

购买投资

记录购买权益投资的日记账分录很简单，只需将一项资产（现金）换成另一项资产（投资）：

2018年7月1日

借：Arjent公司股票投资	1 500 000	
贷：现金		1 500 000

确认投资收益

记录收到与Arjent公司权益投资相关的股利的日记账分录也很简单。

2018年12月31日

借：现金	75 000	
贷：股利收入		75 000

将权益投资调整为公允价值（2018）

在每个报告期末，都应将权益投资的持有价值调整为公允价值。像交易性证券一样，我们使用公允价值调整这一备抵账户来增加或减少投资的持有价值，并在公允价值变动期间，将未实现持有利得或损失计入净利润。下表显示了2018年12月31日所需的公允价值调整应有余额的计算。

2018年12月31日

证券	成本	公允价值	必要的公允价值调整余额
Arjent公司	\$1 500 000	\$1 450 000	\$(50 000)

United公司需要将公允价值调整账户的余额从0美元（购买时）调整为贷方50 000美元：

	公允价值调整
期初余额	\$0
±更新公允价值所需的调整	?
2018年12月31日应有的余额	\$(50 000)

记录United公司未实现持有损失50 000美元和减少相应的公允价值调整账户的日记账分录为：

2018年12月31日

借：未实现持有损失——净利润*	50 000	
贷：公允价值调整†		50 000

* 我们将这个账户的名称叫作“未实现……——净利润”，是为了强调对于以公允价值计量且其变动计入当期损益的权益投资而言，未实现持有利得和损失计入当期利润表。

† 有时，公司不会单独设置公允价值调整账户，而是直接将投资账户调整为公允价值。

假设Arjent公司权益投资在2018年12月31日的公允价值为1 550 000美元，那又该如何处理呢？在这种情况下，United公司将有未实现持有利得50 000美元，这需要借记公允价值调整来将权益投资的持有价值增加至公允价值。

权益投资的出售

现在假设United公司在2019年1月5日以1 446 000美元出售了Arjent公司的股票。

根据财务会计准则委员会的规定，“因为权益证券所有公允价值变动在其发生时都计入了利润，出售权益证券并不一定会影响产生利得或损失。通常，借记现金……用来记录出售收益，通过贷方将证券的公允价值（或售价）清除”。[①] 因此，就像交易性证券，United 公司需要做两笔日记账分录。第一笔是将 2019 年出售日前产生的未实现持有利得和损失计入净利润。然后，出售日 United 公司记录收到的现金并将与投资相关的资产负债表账户金额清除。

（1）**将证券调整为公允价值（2019）**。我们首先需要更新公允价值调整并确认发生在当期出售日前的未实现持有利得或损失。

2019 年 1 月 5 日

证券	成本	公允价值	必要的公允价值调整余额
Arjent 公司	$1 500 000	$1 446 000	$(54 000)

United 公司需要将公允价值调整的贷方余额从 50 000 美元增加为 54 000 美元，即需要贷记 4 000 美元：

	公允价值调整
2019 年 1 月 1 日的初始余额	$(50 000)
±更新公允价值所需的调整	?
出售日应有的余额	$(54 000)

记录投资公允价值下降的日记账分录为：

2019 年 1 月 5 日

借：未实现持有损失——净利润	4 000	
贷：公允价值调整		4 000

（2）**记录出售**。做完上一笔分录后，投资的持有价值是出售日的公允价值，并且与投资相关的所有未实现持有利得和损失都包括在净利润中。剩下要做的就是 United 公司记录收到的现金并从资产负债表中清除与投资相关的账户：

2019 年 1 月 5 日

借：现金	1 446 000	
公允价值调整（账户余额）	54 000	
贷：Arjent 公司股票投资（账户余额）		1 500 000

因为 United 公司在出售日以公允价值记录投资，并已将与投资相关的所有损失包括在净利润中，因此在出售日没有已实现的利得或损失需要确认。[②] 在投资持有期间，United 公

① FASB ASC 321-10-40：Investments-Equity Securities-Overall-Derecognition（previously *Accounting Standards Update No. 2016-1*，“Recognition and Measurement of Financial Assets and Financial Liabilities”（Norwalk，Conn.：FASB，2016））.

② 正如 FASB ASC 320-10-40：Investments-Debt Securities-Overall-Derecognition 中提到的，为了方便，公司在出售日记录出售之前，可能不会根据出售日的公允价值来更新公允价值调整。在这种情况下，投资以最近一个资产负债表日的公允价值持有，那么第二笔会计分录就应当包括收到的现金与投资的持有价值之间的差额所形成的利得和损失。在我们的例子中，2018 年 12 月 31 日公允价值调整的余额为 50 000 美元，United 公司在 2019 年 1 月 5 日出售投资时的日记账分录如下：

借：现金	1 446 000	
公允价值调整（账户余额）	50 000	
已实现损失——净利润	4 000	
贷：Arjent 公司股票投资		1 500 000

司已经总共确认了54 000美元损失，但是这种损失分布于投资的整个期间，随着投资的公允价值变动而被确认：

2018年在净利润中确认的损失：	$(50 000)
2019年在净利润中确认的损失：	(4 000)
2018年和2019年确认的损失合计：	$(54 000)

将权益投资调整至公允价值（2019）

如果United公司2019年没有出售Arjent公司投资，它只需要在资产负债表中记录将投资调整至公允价值所必需的公允价值调整。例如，如果Arjent公司投资在2019年12月31日的公允价值是1 300 000美元，United公司将面临以下情形：

2019年12月31日

证券	成本	公允价值	必要的公允价值调整余额
Arjent公司	$1 500 000	$1 300 000	$(200 000)

United公司需要另外贷记公允价值调整150 000美元来记录2019年公允价值的进一步下降。

	公允价值调整
2018年12月31日余额	$(50 000)
±更新公允价值所需的调整	?
2019年12月31日余额	$(200 000)

必需的日记账分录如下：

2019年12月31日

借：未实现持有损失——净利润	150 000	
贷：公允价值调整（计算如上）		150 000

补充思考

公允价值无法确定怎么办？如果权益投资的公允价值能够通过证券交易所或场外市场来确定，我们就使用“以公允价值计量且其变动计入当期损益”的方法来进行会计处理。但如果公允价值不能确定，该怎么办呢？在这种情况下，投资者可以选择根据证券的调整成本来计量公允价值。具体来说，投资方以成本来估计公允价值，减去之前确认的任何减值，加上或减去相同被投资方发行的类似权益证券的价格变动。在每一会计期间，投资者需要重新评估公允价值是否仍然不能确定，并评估投资是否发生了减值。投资方考虑各种定性因素来评估投资是否发生了减值，比如投资方的利润、现金流、业务前景是否恶化。如果投资方确认投资发生了减值，就应在净利润中确认将投资的持有价值减少为公允价值的减值金额。

国际财务报告准则

当投资者不具有重大影响时对权益投资的会计处理。如前所述，直到最近，国际会计准则第39号仍是所有投资适用的准则。[①] 国际会计准则第39号的主要分类与美国公认会计原则对债务投资的分类是类似的，包括以公允价值计量且其变动计入当期损益的投资（同交易性证券）、持有至到期投资和可供出售证券。国际财务报告准则第9号于2014年7月24日发布了修订版，从2018年1月1日起实施，可以提前采用。因此在2018年之前，公司既可能采用国际会计准则第39号，也可能采用国际财务报告准则第9号。[②] 在国际财务报告准则第9号下，权益证券投资可分类为以公允价值计量且其变动计入当期损益的投资或者以公允价值计量且其变动计入其他综合收益的投资。如果权益投资以交易为目的，则必须分类为以公允价值计量且其变动计入当期损益的投资，否则公司可以将其归类为以公允价值计量且其变动计入其他综合收益的投资，但不可撤销。以公允价值计量且其变动计入其他综合收益的投资的会计处理与美国公认会计原则下归类为可供出售证券的债务投资的会计处理类似。但有一个重要的区别。不同于可供出售证券，当出售投资时，已实现的利得和损失不必从其他综合收益中重分类为净利润。而是在出售投资时将累计未实现利得或损失从累计其他综合收益转入留存收益（都是股东权益账户），不需要计入利润表。

财务报表列报

在财务报表中列报权益证券投资与列报被分类为交易性证券的债务投资是一样的，只是它们在各自独立的一行中列示。以交易目的持有的权益投资在资产负债表中应归类为流动资产，在现金流量表中应作为经营活动现金流量。另一方面，准备长期持有的权益投资在资产负债表中应归类为非流动资产，在现金流量表中通常作为投资活动现金流量。财务报表附注应当披露公司在报告期末仍持有的权益投资的未实现持有利得和损失。附注还应当提供当权益投资公允价值无法取得时如何计算持有价值的信息。

补充思考

从之前公认会计原则的过渡。我们对权益证券投资的讨论是基于会计准则更新第2016-01号，该更新从2017年12月15日之后开始的会计年度生效。[③] 在该准则更新之前，权益投资可以视为交易性证券或可供出售证券，与债务投资类似。当公司执行会计准则更新第2016-01号时，它们会在执行期初对资产负债表进行累计影响调整，将可供出售证券调整为当天的公允价值，并调整留存收益，就好像这些投资一直是以公允价值计量且其变动计入当期损益一样。

---

① "Financial Instruments: Recognition and Measurement," *International Accounting Standard No. 39* (IASCF), as amended effective January 1, 2009.

② "Financial Instruments," *International Financial Reporting Standard No. 9* (IASCF), November 12, 2009, as amended effective January 1, 2016.

③ FASB ASC 321-10-35-1: Investments-Equity Securities-Overall-General (previously *Accounting Standards Update No. 2016-1*, "Recognition and Measurement of Financial Assets and Financial Liabilities" (Norwalk, Conn.: FASB, 2016)).

二、投资方对被投资方具有重大影响：权益法

控制和重大影响

如果一家公司取得另一家公司50%以上的投票权，就属于**控制**（control），因为拥有这些投票权，投资方实际可以控制这个公司。投资方称为母公司，被投资方称为子公司。两个公司继续作为独立的法律主体经营，并且子公司提供独立的财务报表。然而，因为控制关系，母公司将母子公司视为一个公司，提供**合并财务报表**（consolidated financial statements）。这包括母子公司报表的逐项合并（在首先抵消了由独立报表共享的账户后）。[①] 例如，如果母公司有800万美元现金，子公司有300万美元现金，则合并资产负债表应列报1 100万美元现金。

即使不是实际控制，投资方也可能对被投资方的经营和财务政策施加**重大影响**（significant influence）。这可能是投资方相对于其他股东持有较大比例的股权。通过集中这些股权，决策通常可以根据投资者的意愿来做出。在没有相反证据的情况下，投资方拥有被投资方20%以上的投票权时，就表明投资方能够对被投资方施加重大影响。[②]

当投资方能够施加重大影响但没有实际控制时，应使用**权益法**（equity method）来处理投资。在权益法下，投资应以成本进行初始计量。在此之后，投资的余额：

- 按投资方享有的被投资方的净利润份额增加（或按其享有的被投资方的净亏损份额减少）。
- 按投资方享有的被投资方支付的股利份额减少。
- 根据其他项目进行潜在调整（接下来讨论）。

补充思考

有可能一家公司拥有20%以上的投票权，但仍然不能对被投资方施加重大影响。例如，如果另一家公司或一组所有者拥有51%的股权，他们就控制了被投资方，而不论其他投资者如何行使他们的投票权。公认会计原则提供了这种和其他表明投资方无法施加重大影响的例子。

- 被投资方挑战投资方施加重大影响的能力（通过诉讼或向监管机构投诉）。
- 投资方在签署的协议中放弃了重大的股东权利。
- 投资方无法获取应用权益法时有关被投资方的充分信息。
- 投资方未能在被投资方的董事会中派出代表。[③]

相反，也有可能一家公司拥有少于20%的投票权，但能对被投资方施加重大影响。例

---

① 这是为避免在合并财务报表中重复记录这些账户。例如，一家公司欠另一家公司的款项，在一套财务报表中以应付账款表示，在另一套财务报表中以应收账款表示。这些金额不应包括在合并财务报表中，因为一家公司不能“自己欠自己钱”。

② 股东是公司的所有者。他们通过行使投票权来决定董事会的组成——进而任命高管——进而管理公司。普通股通常是拥有投票权的股票。然而，一家公司也可以发行拥有投票权的优先股。这个问题将在第14章更详细地讨论。

③ FASB ASC 323-10-15-10：Investments-Equity Method and Joint Ventures-Overall-Scope and Scope Exceptions (previously “Criteria for Applying the Equity Method of Accounting for Investments in Common Stock,” *FASB Interpretation No. 35* (Stamford, Conn.: FASB, 1981)).

如，投资方在被投资方的董事会成员中派出了一名董事，或者说拥有18%的投票权但不存在其他单个投资者拥有50%以上股权。这些情况下，少于20%股权但仍有能力施加重大影响是可能的。这种情况也适用权益法。

这种方法的基本原理是假定投资方和被投资方的命运紧密相连，随着被投资方的兴旺，投资方也会兴旺起来。换句话说，当被投资方赚取额外的净资产（利润）时，投资方对这些净资产所享有的份额也会增加。当被投资方付出资产（股利）时，投资方相应的净资产也会减少。

为了解权益法是如何处理的，让我们来看示例10-14。在这个例子中，假设United公司在2018年1月2日以1 500 000美元现金购买了Arjent公司30%的普通股。我们先考察Arjent公司的总体情况，然后再对United公司30%的投资进行会计处理。

示例10-14 United公司用1 500 000美元购买30%普通股时Arjent公司的信息

	Arjent公司财务报表账面价值	United公司投资时的公允价值	
Arjent公允价值合计（2018年1月2日）			\$5 000 000*
建筑物**	\$1 000 000	\$2 000 000	
土地	500 000	1 000 000	
其他净资产†	600 000	600 000	
净资产	\$2 100 000		\$3 600 000
商誉			\$1 400 000
其他信息（2018年12月31日）			
Arjent 2018年净利润：	\$500 000		
Arjent 2018年股利：	\$250 000		

* 5 000 000×30%=1 500 000（美元）购买价格。

** 剩余使用寿命为10年，无残值。

† 其他净资产=其他资产－负债合计。

如示例10-14所示，以1 500 000美元购买Arjent公司30%的股份意味着Arjent公司资产和负债总的（100%）公允价值为5 000 000美元（因为5 000 000×30%=1 500 000（美元））。然而，注意到Arjent公司净资产的账面价值只有2 100 000美元。为什么公允价值与账面价值会有差异呢？公允价值总额与账面价值的部分差异表示资产（在这个例子中是建筑物和土地）的公允价值大于其账面价值。Arjent公司以历史成本记录这些资产，并随着时间的推移确认建筑物的折旧。因此，这些资产的账面价值不能反映其公允价值。其他的差异是之前未确认的商誉（例如，因为拥有忠诚的客户、受过良好培训的员工等），公认会计原则不会单独确认这些资产，但它们代表了United公司愿意支付的价值。我们将看到，在权益法下，所有这些金额在一个单独的投资账户中显示，但我们仍需要跟踪它们的信息以正确地进行会计处理。

购买投资

记录United公司购买Arjent公司30%的股份很简单。该投资以成本进行初始计量：

借：Arjent公司股票投资	1 500 000	
贷：现金		1 500 000

记录投资收益

在权益法下，投资方将享有的被投资方净利润的相应份额包括在净利润中。这是因为随着被投资方赚取额外的净资产，投资方享有的这些净资产份额也相应增加，所以，投资者以确认的利润金额增加投资。United公司的分录是：

借：Arjent公司股票投资	150 000	
贷：投资收益（30%×500 000）		150 000

当然，如果Arjent公司确认的是净亏损而不是净利润，United公司将减少对Arjent公司投资的价值，并按享有的亏损份额确认损失。你不是总能看到这些金额被称为“投资收益”或“投资损失”。United公司可能会将其称为“对附属公司利润（亏损）的权益”，或其他表明其正在使用权益法的名称。

收到股利

由于我们根据被投资方的利润来确认投资收益，那么当利润用来分配股利时再次确认投资收益是不恰当的。那样将会重复记录。取而代之，我们将股利分配视为被投资方净资产的减少。基本原理是被投资方以现金支付的形式向投资方返还资产，因此，每个投资方对剩余净资产的权益按比例减少。

借：现金	75 000	
贷：Arjent公司股票投资（30%×250 000）		75 000

三、进一步调整

当投资方取得权益法核算的投资的支出超出所取得的净资产的账面价值时，投资账户和投资收益都需要进一步调整。目的是在没有实际合并财务报表时达到近似合并的效果。更具体地讲，投资账户和投资收益都需要调整被投资方报告的净利润和编制合并财务报表时应报告的金额之间的差额。这个过程通常被称为“差额摊销”，因为它模拟了购买投资支出与投资账面价值差额的费用化过程。让我们更详细地进行分析。

合并财务报表报告：(a) 并购日被并购公司资产的公允价值而不是账面价值；(b) 购买价格超过被投资方可辨认净资产的公允价值而形成的商誉。这样做是很重要的，因为将资产余额增加至公允价值会导致未来更高的费用。如果增加的是土地或商誉，就对利润没有影响，因为我们不会随着时间的推移而对这些资产进行折旧或摊销。[①] 但是，如果建筑物、设备以及其他可折旧资产以更高的账面价值记录，在其剩余使用年限内折旧费用就会增加。同样，如果记录的存货金额增加，当存货出售时，销售成本也会更高。费用增加时，利润下降。这正是权益法试图模拟的对利润的不利影响。

在我们的例子中，United公司需要调整这一事实，即在它购买Arjent公司投资时，Arjent公司资产和负债的公允价值高于Arjent公司资产负债表中这些资产和负债的账面价值

① 商誉不会分期摊销为费用。只有当这种资产的价值被判断为发生减值时，才会部分或全部从利润中扣除。FASB ASC 350-20-35：Intangibles-Goodwill and Other-Goodwill-Subsequent Measurement（previously “Goodwill and Other Intangible Assets,” *Statement of Financial Accounting Standards No. 141*（Norwalk，Conn.：FASB，2001)). 参阅第9章。

(参见示例 10-14)。示例 10-15 展示了 United 公司享有的示例 10-14 中所示差额的 30%。

示例 10-15 投资与所取得的净资产账面价值的差额分析 单位:美元

	被投资方净资产	购买的净资产	
购买价格	5 000 000×30%=	1 500 000	
公允价值(可辨认)	3 600 000×30%=	1 080 000	
差额	1 400 000×30%=	420 000	商誉
公允价值(可辨认)	3 600 000×30%=	1 080 000	
账面价值(可辨认)	2 100 000×30%=	630 000	
差额	1 500 000×30%=	450 000	建筑物 300 000 土地 150 000

注意到示例 10-15 中 United 公司为 30%的可辨认净资产支付了 1 500 000 美元,这些净资产单独出售时的公允价值为 1 080 000 美元。支付价款与 United 公司享有的 Arjent 公司可辨认净资产公允价值的差额 420 000 美元确认为商誉。30%可辨认净资产的公允价值为 1 080 000 美元,在 Arjent 公司资产负债表中的账面价值只有 630 000 美元。这 450 000 美元的差额是价值被低估的建筑物(300 000 美元)和土地(150 000 美元)所导致的。现在让我们来看看 United 公司应该为这些差异做何调整。

调整额外的折旧

当 Arjent 公司确定其净利润时,根据其资产负债表中建筑物的账面价值计提折旧。然而,United 公司需要对其投资时建筑物的公允价值份额计提折旧。为了处理这个更大金额的折旧费用,Arjent 公司应当减少投资收益,就好像将这些额外的费用包括在利润中一样。

如示例 10-14 所示,Arjent 公司建筑物的账面价值是 1 000 000 美元,公允价值是 2 000 000 美元,产生了 1 000 000 美元的差额。United 公司需要为该差额确认 30%份额的额外折旧,在建筑物的剩余使用年限内总共是 300 000 美元。假设建筑物的使用年限为 10 年,采用直线法折旧,United 公司在这 10 年间每一年需确认 30 000 美元的额外折旧。如果 Arjent 公司在其利润表中确认了额外折旧,United 公司享有的 Arjent 公司净利润的份额将减少 30 000 美元(不考虑所得税)。因此,如果 Arjent 公司记录了额外的折旧,则 United 公司减记投资收益和 Arjent 公司股票投资 30 000 美元。

借:投资收益	30 000	
贷:Arjent 公司股票投资 [30%×(2 000 000−1 000 000)÷10]		30 000

土地或商誉不调整

United 公司对土地或商誉不进行调整。土地不需要折旧。这样,土地的公允价值和账面价值的差额不会导致更高的费用,因此我们不需要因土地而对投资收益和 Arjent 公司股票投资进行调整。

回忆第 9 章所讲的商誉,不同于其他大多数无形资产,商誉不进行摊销。从这个意义上讲,商誉类似于土地。取得的商誉不会导致更高的费用,我们不需要因商誉而对投资收益和 Arjent 公司股票投资进行调整。

调整其他资产和负债

在我们的例子中，剩余净资产的公允价值与账面价值没有差异，我们也不需要对其进行调整。然而，实际情况通常不是这样。例如，在 United 公司购买 Arjent 公司投资时，Arjent 公司存货的公允价值超过其账面价值。为了确认与更高公允价值相关的费用，United 公司需要确定存货的出售期间（通常是下一年），并在出售当期按照存货公允价值与账面价值差额的 30%减记投资收益和 Arjent 公司股票投资。例如，假设 1 000 000 美元的差额不是由于建筑物，而是由于存货的公允价值与账面价值的差额导致的，Arjent 公司在 United 公司投资的第二年将这批存货出售，United 公司需在第二年减记 30%份额（30 000 美元）的投资收益。更一般地，当投资日资产或负债的公允价值与账面价值存在差异从而产生了相关的收入或费用时，采用权益法的投资方需要做出这类调整。

补充思考

递延所得税的影响。权益法下，当被投资方实现净利润时就确认投资收益，但是直至实际收到现金股利时才纳税，这就导致了账面利润和应纳税所得额之间的暂时性差异。在第 13 章中你将学到，当利润最终以股利的形式收到时，需要缴纳所得税，投资方应当报告递延所得税。

投资的列报

使用权益法时，我们在报告期末不列报投资的公允价值。投资账户以其历史成本列报，随着投资方享有的被投资方净利润份额而增加（调整额外的费用，如折旧），并根据投资方收到的股利而减少。

2018 年 12 月 31 日，United 公司享有 Arjent 公司 30%份额的投资余额计算如下：

Arjent 公司股票投资

购买价款	1 500 000		
利润份额	150 000		
		75 000	股利
		30 000	折旧调整
	1 545 000		

在现金流量表中，购买和出售投资的现金流入和流出在投资活动产生的现金流量部分列报，收到的股利在经营活动产生的现金流量部分列报。[①]

① 大部分公司提供采用间接法报告经营活动的现金流量表。这种情况下，经营活动部分从净利润开始，将权责发生制的结果调整为收付实现制，从而计算经营活动现金流量。对于采用权益法核算投资的公司来说，净利润包括投资收益以及与出售投资相关的利得或损失，但经营活动现金流量只包括现金股利。例如，United 公司 2018 年度的净利润中包括从 Arjent 公司获得的 120 000 美元投资收益（利润份额 150 000 美元－折旧调整 30 000 美元），但是 United 公司只从 Arjent 公司收到 75 000 美元股利。间接法下的现金流量表将包括一个通常称作“被投资方未分配利润”的调整项目，在确定经营活动现金流量时减少净利润 45 000 美元（75 000－120 000）。

补充思考

类似于合并，权益法将投资方和被投资方视为一种特殊类型的单一主体（就像两家公司是一家公司一样）。然而，权益法不要求投资方像合并一样逐项记录被投资方每个财务报表项目。相反，投资方将享有的对被投资方的权益作为一个独立的投资账户列报。此外，运用权益法时，投资方做出的调整是为了模拟合并时将发生什么。因此，权益法有时被称为“单行合并”，因为它实质上是将合并方法分解为资产负债表和利润表的单行，但对利润总额和股东权益会产生同样的影响。

投资在年中取得

很明显，我们通过假设2018年初取得投资简化了例子，因为这涉及一整年的利润、股利以及对投资日公允价值与账面价值差额的调整。更常见的情况是投资在年度中间取得，应用权益法需要进行简单的修正以包括这些金额的适当部分。例如，如果United公司不是1月2日而是10月1日购买Arjent公司30%的股份，那么我们只需记录和调整当年3个月(3/12)的利润和股利。这会导致投资账户的如下记录：

Arjent公司股票投资

成本	1 500 000		
利润份额（3/12×150 000）	37 500		
		7 500	折旧调整（3/12×30 000）
		18 750	股利（3/12×75 000）
	1 511 250		

美国电话电报公司对其2015年采用权益法核算的能够施加重大影响的关联公司的投资报告见示例10-16。

示例10-16　资产负债表中以权益法核算的投资——美国电话电报公司

	2015年12月31日	2014年12月31日
流动资产合计	$35 992	$33 606
财产、厂房和设备——净值	124 450	112 898
商誉	104 568	69 692
许可	93 093	60 824
客户名单和关系——净值	18 208	812
其他无形资产——净值	9 409	5 327
权益投资	1 606	250
其他资产	15 346	13 425
资产总计	$402 672	$296 834

如果被投资方报告净亏损

我们的示例假设被投资方赚取了净利润。如果被投资方报告的是净亏损，则应当根据投资方享有的被投资方净亏损份额减记投资账户（并调整额外的费用）。

补充思考

有可能投资方享有被投资方亏损的份额超过投资的持有价值。如果这种情况发生，投资方应该停止使用权益法，直到投资方享有被投资方的利润等于停止使用权益法期间未确认的损失。这是为了避免将投资账户减少为负值。

如果情况发生变化该怎么办?

从权益法转向另一种方法

当投资者的影响能力发生改变时，很可能需要从权益法转向另一种方法。例如，当 Air-France/KLM 对 WAM（Amadeus）的权益份额在 2011 年从 22%下降到 15%时，则需要停止使用权益法对这些投资进行会计处理。

当这种情况发生时，不需要对投资的剩余持有价值进行调整，而是直接停止使用权益法，并从现在开始应用新方法。当不再继续使用权益法时，投资账户余额成为新成本的基础，在下一套财务报表中调增或调减至公允价值。

从另一种方法转向权益法

有时公司会从另一种方法转向权益法。例如，当三菱 UFJ 金融集团对摩根士丹利的投资从优先股转换为普通股时，其权益份额增加到符合权益法处理的条件。当转向权益法是适当的时，不再继续使用之前的方法，转变日投资账户余额（包括转变日前所有的未实现持有利得或损失）作为权益法下的初始余额。取得额外份额的所有成本都要增加到这个余额中，并且投资方享有的被投资方利润和股利的份额也应当对这个账户进行调整。附注也应当描述这一变化。[①]

如果采用权益法核算的投资被出售

当采用权益法核算的投资被出售时，如果投资的售价高于或低于账面金额，就需要确认利得或损失。例如，沿用前例，假设 United 公司在 2019 年 1 月 1 日以 1 446 000 美元出售对 Arjent 公司的投资，记录损失的日记账分录如下：

借：现金	1 446 000	
出售投资损失（达到平衡）	99 000	
贷：Arjent 公司权益投资（账户余额）		1 545 000

公允价值和权益法的比较

示例 10-17 比较了对 Arjent 公司投资采用公允价值处理和权益法处理的区别。

示例 10-17　公允价值和权益法的比较

	以公允价值计量且其变动计入当期损益			权益法		
购买权益投资	借：Arjent 公司投资	1 500 000		借：Arjent 公司投资	1 500 000	
	贷：现金		1 500 000	贷：现金		1 500 000

① 当一个公司转变为权益法时，之前是需要追溯重述的，但是在 2017 年后不再需要追溯重述。FASB ASC 323-10-35-33：Investments-Equity Method and Joint Ventures-Overall-Increase in Level of Ownership or Degree of Influence（previously "Investments—Equity Method and Joint Ventures（Topic 323）：Simplifying the Transition to the Equity Method of Accounting," *Accounting Standards Update No. 2016-07*（Norwalk，Conn.：FASB，2016））.

续

	以公允价值计量且其变动计入当期损益	权益法
确认享有被投资方相应份额的净利润和其他相关调整	无分录	借：Arjent公司投资 15 000 000 贷：投资收益 150 000 借：投资收益 30 000 贷：Arjent公司投资 30 000
调整为公允价值，2018年	借：持有损失——净利润 50 000 贷：公允价值调整 50 000	无分录
收到股利	借：现金 75 000 贷：股利收入 75 000	借：现金 75 000 贷：Arjent公司投资 75 000
出售权益投资 1. 调整为公允价值，2019年	借：持有损失——净利润 4 000 贷：公允价值调整 4 000	无分录
2. 记录出售	借：现金 1 446 000 公允价值调整 54 000 贷：Arjent公司投资 1 500 000	借：现金 1 446 000 损失——净利润（达到平衡）99 000 贷：Arjent公司投资 1 545 000

这种比较强调了这些会计处理方法的几个方面：

- 两种方法中我们使用相同的分录记录购买投资。
- 两种方法在收到股利时是否记录投资收益和在投资的公允价值变动时是否记录未实现持有利得和损失方面不同。
- 两种方法对未实现持有利得和损失的处理方法不同，导致出售投资时投资的账面价值不同，因此导致出售投资时实现利得或损失不同。
- 无论使用哪种方法，产生的现金流量是相同的，投资持有期间确认的净利润总额是相同的。在Arjent公司的例子中：

◆ **以公允价值计量且其变动计入当期损益**：投资持有期间确认的净利润总额是21 000美元，等于75 000美元股利收入减去54 000美元（50 000+4 000）投资损失。

◆ **权益法**：投资持有期间确认的净利润总额是21 000美元，等于United公司享有Arjent公司净利润份额150 000美元减去折旧调整30 000美元和出售投资损失99 000美元。

◆ 因此，问题不是确认多少净利润，而是何时确认净利润。

四、公允价值选择权

公司可以对具有重大影响的投资选择使用公允价值选择权。公司可以选择是否使用公允价值选择权，但不可撤销，并且可以决定哪些投资使用公允价值选择权，哪些不使用公允价值选择权。如示例10-17所示，公司在资产负债表中以公允价值报告投资，并将未实现利得和损失包括在利润中。这些投资在资产负债表中用单独一行列示或者与权益法投资合并列示。同样，公允价值列报时应当披露的信息，在采用权益法时仍然需要提供。[①]

① FASB ASC 825-10-50-28：Financial Instruments-Overall-Disclosure-Fair Value Option (previously "The Fair Value Option for Financial Assets and Financial Liabilities," *Statement of Financial Accounting Standards No. 159* (Norwalk, Conn.：FASB，2007)，para. 18. f).

公司如何使用满足董事会要求的记账方法取决于公司自身。一种选择是按照投资方对被投资方不具有重大影响时的方法进行处理，即以公允价值计量且其变动计入当期损益。另一种选择是采用权益法下的会计处理，并在会计期末记录公允价值变动。无论公司做出何种选择，期末资产负债表上列报的公允价值都是一样的，利润表上的总金额也是一样的（公允价值调整金额加记录的投资收益）。

国际财务报告准则

权益法。与美国公认会计原则一样，国际会计准则要求对具有重大影响的被投资方（也称为联营企业）使用权益法，但也存在一些重要差异。首先，国际会计准则第28号规定了权益法的应用，并要求权益法下被投资方的会计政策应当调整为与投资方一致。[①] 而美国公认会计原则没有这方面的要求。

其次，国际财务报告准则对大多数符合权益法的投资没有提供公允价值选择权。美国公认会计原则对所有符合权益法的投资提供了公允价值选择权。

概念回顾练习

权益法

2018年1月2日，Delta Apparatus 公司以5.4亿美元购买了 Clay Crating 公司发行在外普通股的40%。购买日 Clay Crating 公司净资产（股东权益）的账面价值是9亿美元。除了存货和建筑物的公允价值分别比账面价值高2 500万美元和2.25亿美元之外，其他财务报表项目的账面价值与公允价值相同。购买日持有的存货2018年全部出售。建筑物的剩余使用年限为18年。2018年，Clay Crating 公司报告了2.2亿美元净利润并支付了8 000万美元现金股利。

要求：

1. 编制2018年与投资相关的日记账分录。
2. 确定 Delta Apparatus 公司在其2018年财务报表中报告的与投资相关的金额：

a. 资产负债表中的投资

b. 利润表中的投资收益

c. 现金流量表中投资活动/经营活动现金流量（直接法）

解答：

1. 编制2018年与投资相关的日记账分录（单位：百万美元）。

购买

借：Clay Crating 公司股票投资	540	
贷：现金		540

净利润

借：Clay Crating 公司股票投资（40%×220）	88	
贷：投资收益		88

① "Investments in Associates," *International Accounting Standard 28* (London, UK: IASCF, 2003), as amended, effective January 1, 2016.

股利

借：现金（40%×80） 32

贷：Clay Crating 公司股票投资 32

存货

借：投资收益（因为期初存货调整为公允价值，所以2018年的销售成本更高） 10

贷：Clay Crating 公司股票投资（40%×25） 10

建筑物

借：投资收益（225×40%÷18） 5

贷：Clay Crating 公司股票投资 5

	被投资方净资产		购买的净资产
公允价值（可辨认）	1 150*	×40%=	460
账面价值（可辨认）	900	×40%=	360
差额	250	×40%=	100

*（900+25+225）。

2. 确定 Delta Apparatus 公司在其2018年财务报表中报告的与投资相关的金额：

a. 资产负债表中的投资

Clay Crating 公司股票投资 单位：百万美元

购买价格	540		
Clay Crating 公司净利润的40%	88		
		32	股利
		10	存货销售成本的调整（2018年全部出售）
		5	建筑物折旧的调整（90 000÷18）
余额	581		

b. 利润表中的投资收益

88 －(10+5)＝73(百万美元)

(利润份额)(调整)

c. 现金流量表中投资活动/经营活动现金流量（直接法）

- 投资活动：5.4亿美元现金流出
- 经营活动：3 200万美元现金流入

决策者视角

投资的不同会计处理方法可能会对投资方的利润表和资产负债表产生明显不同的影响。因此，管理者和外部投资决策者清楚地了解这些影响并据此做出决策是非常重要的。

为了说明主要考虑因素，假设 BigCo 公司在2018年1月1日以5 000 000美元购买了 TechStart 公司20%的股份，TechStart 是一家应用新技术开发产品的初创公司。购买 Tech-

Start 股份的价格包括 TechStart 存货账面价值和公允价值的差额 500 000 美元，所有存货在 2018 年出售。TechStart 公司 2018 年支付了 100 000 美元股利，BigCo 收到其中的 20%，即 20 000 美元。TechStart 公司因为研发新技术发生了大额研发成本并将其费用化，导致 2018 年净亏损 1 000 000 美元。但是，TechStart 公司研发的新产品未来的潜在收益使得 TechStart 成为热门股，2018 年末 BigCo 公司 20%投资的公允价值上升至 5 500 000 美元。示例 10－18 显示了 BigCo 公司的投资在两种可供选择的方法下的会计处理。

示例 10－18　投资的会计处理方法比较

	以公允价值计量且其变动计入当期损益	权益法
享有被投资方净利润（亏损）的份额*	$0	$(700 000)
股利收入**	20 000	0
被投资方公允价值的增加†	500 000	0
对 2018 年净利润（亏损）的影响合计	$520 000	$(700 000)
2018 年 12 月 31 日投资的账面价值††	$5 500 000	$4 280 000

* 以公允价值计量且其变动计入当期损益时不确认。权益法下，投资收益（损失）＝20%×1 000 000（亏损）＋500 000（存货公允价值调整的额外费用）＝700 000（美元）。

** 权益法核算的投资不确认。然而，股利减少了投资的账面价值。

† 以公允价值计量且其变动计入当期损益时在净利润中确认。权益法下不确认。

†† 以公允价值计量且其变动计入当期损益时等于公允价值。权益法下等于初始成本加利润（或减亏损）再减股利。

会计方法不会影响现金流量，但是会对当期和未来期间的净利润产生较大影响。同样，因为会计方法影响投资的账面价值，它也会影响出售投资的利得或损失。在我们的例子中，如果 BigCo 公司 2019 年初以 5 000 000 美元出售了其对 TechStart 公司的投资，在权益法下它将确认 720 000 美元出售利得，但以公允价值计量且其变动计入当期损益时它将确认 500 000 美元损失。只有使用者了解相关的会计处理方法，并知道这些方法在投资年限内都将确认相同金额的利得或损失，才可以预测这些业务对利润的影响。尽管如此，有时经验丰富的分析师仍然会感到困惑。①

权益法的一个优点是避免了当一个公司需要提高利润时通过对被投资方施加重大影响来要求分配股利而确认利润的利润操纵。记住，权益法下，股利不是利润，而是会减少投资的账面价值。尽管如此，使用者仍然要意识到管理层可能会选择并应用使公司最具吸引力的方法。例如，研究表明有时投资会被特意构造，以避免在 20%～25%之间的门槛，那样通常需要使用权益法，这可能是为了避免确认投资方享有的被投资方的亏损份额或其他利润调整而导致对利润的负面影响。② 同样，公司也可能利用出售权益法投资的时机来平滑利润，以在不景气时实现利得，在景气时实现损失。虽然这符合公认会计原则，但是将这些一次性的利得和损失与营业利润混合在一起，可能会使信息使用者认为营业利润的波动比实际小。

---

① 例如，2000 年，分析师已经习惯将英特尔公司的投资利得包括在常规收入中，因为金额不是特别大，并且可以视为英特尔业务的一部分。然而，2000 年第二季度，英特尔公司因出售可供出售证券记录了 21 亿美元净利得。分析师对一些公司从利润中剔除利得而另外一些公司则将其包括在内感到惊讶和困惑（“Intel Says Net Jumped 79%; Analysts Upset,” *The Wall Street Journal*, July 19, 2000, p. A3）。

② E. E. Comiskey and C. W. Mulford, “Investment Decisions and the Equity Accounting Standard,” *The Accounting Review 61*, no. 3 (July 1986), pp. 519–525.

需要特别关注的是，投资以公允价值计量时，公允价值的估计可能不准确。尽管管理层试图提供尽可能准确的公允价值估计，但也存在失误的可能性，尤其是在对第三层次公允价值进行估计时。同样，对于交易性证券或者使用公允价值选择权的其他投资，公司也可能利用公允价值估计固有的自由裁量权来进行盈余管理。考虑到潜在的错误和偏差，投资者对公允价值的准确性感到紧张也就不足为奇了。为了解决这类问题，财务会计准则委员会要求对估计公允价值时输入值的质量进行更多的披露，但是财务报表使用者需要注意这些披露，并且必须清楚它们不能完全评估公允价值估计的准确性。

金融工具和衍生金融工具

金融工具（financial instrument）定义如下：

（1）现金。

（2）对某一主体拥有所有权的证据。①

（3）具有下列特征的合同：（a）赋予一个主体交付现金（应付账款）或其他金融工具的义务和（b）赋予另一主体收到现金（应收账款）或其他金融工具的权利。

（4）具有下列特征的合同：（a）赋予一个主体根据潜在不利条款交换金融工具的义务（如股票期权的发行方）和（b）赋予另一主体根据潜在有利条款交换金融工具的权利（如股票期权的持有方）。②

为了满足公司管理风险的需要，金融市场上存在一类复杂的金融工具。实际上，这些金融工具不能独立存在，而只是为了对冲其他金融工具或潜在交易的风险。金融期货、利率互换、远期合同以及期权都变得很常见。③ 这些金融工具通常被称为**衍生金融工具**（derivatives），因为它们的价值或合同约定的现金流取决于其他证券或指数。例如，以现在的价值在未来购买一项资产的期权取决于（或者衍生自）标的资产的价值。它们迅速成为公司资本结构不可分割的一部分，并使得会计行业紧跟其步伐。

衍生金融工具导致安然公司、宝洁公司、奥兰治县（加利福尼亚州）、派杰投资银行和吉布森贺卡公司等产生了数百万美元的损失，这些新闻成为财经媒体报道的热点，也提高了建立金融工具会计准则的紧迫性。新闻报道通常关注这些金融工具的误用，而不是如何使用它们进行风险管理。

财务会计准则委员会多年来一直参与到致力于提供金融工具会计问题解决框架的项目中，包括与衍生金融工具和其他资产负债表表外工具相关的项目。金融工具项目包括三个独立又相互联系的部分：披露、确认和计量、负债和权益的区分。遗憾的是，需要解决的问题极其复杂以至于很可能还需要几年才能解决。为了弥补披露的缺陷，财务会计准则委员会提供了一系列暂时性的、“拼凑性”的解决方案，主要是金融工具额外披露的形式。最近，财务会计准则委员会已经解决了衍生金融工具的确认和计量问题。

---

① 这一类型不仅包括股票，还包括合伙协议和股票期权。

② FASB ASC Master Glossary：Financial Instrument（previously “Disclosure of Information about Financial Instruments with Off-Balance-Sheet Risk and Financial Instruments with Concentrations of Credit Risk,” *Statement of Financial Accounting Standards No. 105*（Stamford, Conn.：FASB, 1990）, par. 6）.

③ 1975年，芝加哥期货交易所首次交易了利率期货。利率互换是在20世纪80年代早期发明的。它们占现在使用的衍生金融工具的70%以上。

财务报告案例问题参考答案

1. 为什么持有至到期证券的处理方法与其他证券投资不同？

你应该这样解释，如果投资者有明确意图和能力将证券持有至到期，那么债券就分类为持有至到期投资并在资产负债表中以摊余成本报告。公允价值的上升或下降不需要在财务报告中列报。原因是，对于准备将证券持有至到期的投资者来说，公允价值变动是不相关的。如果投资者不会选择在到期日前出售投资，那么债券从购买日到到期日之间的公允价值变动是不重要的。

2. 为什么交易性证券的未实现利得和损失在利润表中报告？

取得交易性证券的目的是从短期市场价格变化中获利，因此持有这些证券期间价格变动产生的利得和损失通常被认为是相关的业绩指标，应当包括在净利润中。

3. 为什么可供出售证券的未实现利得和损失不在利润表中报告，而是在其他综合收益中报告，然后在资产负债表的累计其他综合收益中显示？

取得可供出售证券的目的不是从短期市场价格变化中获利，持有这些证券期间价格变动产生的利得和损失通常不被认为是重要的业绩指标，不应包括在净利润中。相反，这些金额计入其他综合收益并转入股东权益中的累计其他综合收益。某一期间的持有利得可能被另一期间的持有损失抵消。当投资被出售时，利得或损失净额从累计其他综合收益转入净利润。

4. 解释可口可乐公司对部分投资采用权益法处理的原因及意义。

如果投资方对被投资方不具有控制，但仍能对其经营和财务政策施加重大影响，此项投资应当采用权益法进行会计处理。显然，可口可乐公司对其投资的一些公司拥有20%～50%的投票权。权益法下，可口可乐公司按照享有被投资方净利润的份额确认投资收益，而不是以现金股利形式收到的净利润金额。其基本原则是被投资方赚取额外净资产时，可口可乐公司享有的净资产份额也增加。

本章学习目标概要

学习目标10-1

债券投资的关键事项包括购买、记录利息收入、因公允价值变动而产生的未实现持有利得和损失以及记录出售或到期。

学习目标10-2

如果投资者有明确意图和能力将债券持有至到期，债务证券投资就分类为持有至到期投资并以摊余成本在资产负债表中列报。这些投资以成本计量，不考虑因公允价值变动而产生的持有利得或损失。

学习目标10-3

购买的主要目的是近期内出售的债务证券投资被分类为交易性证券。它们以公允价值列报。交易性证券的持有利得和损失计入利润。

学习目标10-4

不符合其他报告类型定义的债务证券投资被分类为可供出售证券。它们以公允价值列报。持有期间价格变动产生的利得和损失不计入当期利润，而是在股东权益项下单独作为其他综合收益列示。

学习目标10-5

投资方对被投资方不能施加重大影响的权益投资分类为以公允价值计量且其变动计入当期损益的权益投资。它们以公允价值列报。持有利得和损失计入利润。

学习目标 10-6

权益法要求投资方按享有的被投资方赚取的净利润份额（基于股票所有权）确认投资收益，而不是收到的现金股利金额。投资账户根据享有的被投资方的净利润或净亏损份额进行调整。当投资方实际收到股利时，投资账户相应减少。

学习目标 10-7

当取得的可辨认净资产的公允价值超过购买的权益投资净资产的账面价值时，投资账户和投资收益根据被投资方列报的净利润和假设合并时的程序进行调整。

学习目标 10-8

减值确认要求，无论债务投资分类为持有至到期投资还是可供出售证券，若减值不是暂时性的，未实现持有损失都计入净利润。公允价值选择权允许公司对大多数金融资产和金融负债选择与交易性证券相同的会计处理方法，未实现持有利得和损失计入净利润，投资以公允价值在资产负债表中列示。对于权益性投资，它要求对具有重大影响的投资以公允价值计量。

学习目标 10-9

美国公认会计原则和国际财务报告准则有关投资的会计处理大部分相似，但是国际会计准则理事会和美国财务会计准则委员会在这个领域进行了改革。使用国际财务报告准则的公司在2018年前可以在两种不同的准则（国际会计准则第39号或国际财务报告准则第9号）下进行报告。国际财务报告准则允许对合营企业使用比例合并法或权益法，尽管比例合并法可能很快被取消。国际财务报告准则对公允价值选择权的使用更为严格。最后，如附录10B所述，国际财务报告准则对持有至到期投资和可供出售证券确认不同的非暂时性减值金额，并且允许债务投资（不是权益投资）将非暂时性减值转回。

本章重点问题回顾

10-1 所有债务证券投资根据其报告目的被分类为三种类别之一，并且根据分类进行不同的会计处理。这三种类别是什么？

10-2 当购买固定利率债券后市场利率上升时，当前低于市场利率的固定利率支付的价值就会下降，因此投资的市场价值会下降。另一方面，如果购买固定利率证券后市场利率下降，固定利息支付就会变得更有吸引力，投资的市场价值会上升。假设这些价格变动不会引发非暂时性减值，那么对于分类为持有至到期投资的证券如何在投资账户中反映？

10-3 公认会计原则对公允价值能够根据当前市场价值确定和需要根据公司自己的假设来计算进行了区分吗？解释信息使用者如何知道用于确定公允价值的输入值的可靠性。

10-4 当取得一项债务投资不是为了持有至到期而是不确定持有的时间时，在报告日以投资的公允价值列报。为什么？

10-5 以公允价值报告投资要求在购买后（如果在上一个报告日已持有就从上一个报告日起）将其持有价值调整为公允价值。这些变动称为未实现持有利得和损失，因为它们还没有通过出售债券得以实现。如果证券分类为可供出售证券，那么该如何报告未实现持有利得和损失？

10-6 "综合收益"是什么？其组成因公司而异。它包括哪个与可供出售证券相关但未包括在净利润中的项目？

10-7 为什么交易性证券和可供出售证券的持有利得和损失的会计处理不同？

10-8 Western公司持有LGB公司的无担保债券。取得这项投资时，管理层的意图是再次出售。现在管理层有明确意图和能力将该投资持有至到期。Western公司对这项投资的重分类应如何进行会计处理？

10-9 投资方是否有必要在财务报表中分别列示持有至到期投资、可供出售证券和交易性证券的金额？关于这些投资应当披露哪些信息？

10-10 根据国际财务报告准则第9号，哪些报告类别用来对债务投资进行会计处理？投资方对被投资方不具有重大影响的权益投资呢？

10-11 根据国际财务报告准则第9号，哪些报告类别用来处理投资方对被投资方不具有重大影响的权益投资？

10-12 公司选择采用公允价值选择权对持有至到期投资或可供出售证券有什么影响？

10-13 美国公认会计原则与国际财务报告准则在公司选择公允价值选择权的灵活性方面有区别吗？请解释。

10-14 在什么情况下对股票投资采用权益法进行会计处理？

10-15 权益法也称为单行合并，什么原因导致了这种叫法？

10-16 权益法下，从被投资方获得股利如何进行会计处理？为什么？

10-17 Penner 公司折旧资产的公允价值超出账面价值 1 200 万美元。这些资产的平均剩余使用年限为 10 年。采用直线法折旧。Finest 公司购买了 Penner 公司 40%的股份。当采用权益法调整投资收益和投资账户时，上述情形会如何影响这两个账户？

10-18 Superior 公司拥有 Bernard 公司 40%发行在外的股票。2018 年，Bernard 公司支付了 100 000 美元普通股股利。这笔股利对 Superior 公司 2018 年的财务报表有何影响？

10-19 有时投资者的影响能力改变会导致需要对其投资从权益法变为另一种方法。那么投资方应该如何对这种改变进行会计处理？

10-20 国际财务报告准则与美国公认会计原则在使用权益法方面有什么区别？

10-21 如果公司对应当使用权益法核算的投资采用了公允价值选择权将会产生什么影响？

10-22 定义金融工具。列出三种属于流动负债的金融工具。

10-23 有些金融工具被称为衍生金融工具，为什么？

10-24 （基于附录 10A）Northwest Carburetor 公司 2015 年建立了一只基金，用于为 2018 年新建厂房筹集资金。这只特殊目的的基金在资产负债表中应如何报告？

10-25 （基于附录 10A）终身人寿保险政策通常可以在被保险人仍健在时退保并获得一定数额的保险金，称为退保价值。当一个公司为其关键管理人员购买人寿保险以防该管理人死亡而使公司失去这项宝贵资源时，公司应如何对退保价值进行会计处理？

10-26 （基于附录 10B）当购买固定利率债券后市场利率上升时，当前低于市场利率的固定利率支付的价值就会下降，因此投资的市场价值会下降。如果公允价值的下跌会导致非暂时性减值，那么应如何在分类为可供出售证券的证券投资账户中反映其会计处理？

10-27 （基于附录 10B）以公允价值报告投资要求在购买后（如果在上一个报告日已持有就从上一个报告日起）将其持有价值调整为公允价值。这些变动称为未实现持有利得和损失，因为它们还没有通过出售债券得以实现。如果某证券被分类为可供出售证券，并且未实现持有损失导致了非暂时性减值，那么在财务报表中应该如何列示？

10-28 （基于附录 10B）当联邦政府通过了一项禁止公司采用某种矿石开采技术的法案时，Helig Forestry and Mining 公司债券的市场价值下降了 6.125 个百分点。Harris 公司拥有 Helig 公司的债券分类为可供出售证券。Harris 公司对所持债券市场价值下降应该如何处理？

10-29 解释当前预期信用损失模型与现行公认会计原则在计算减值损失时有何区别。

10-30 （基于附录 10B）国际财务报告准则与美国公认会计原则对非暂时性减值的会计处理有何不同？

简要练习

10-1 持有至到期投资；债券投资；实际利率

Lance Brothers 公司 2018 年 7 月 1 日购买了面值为 720 000 美元、利率为 3%的债券作为长期投资，出票日为 7 月 1 日。管理层有明确意图和能力将其持有至到期。具有类似风险和期限的债券的市场利率为 4%。Lance Brothers 公司以 600 000 美元取得了该项投资，并将在每年 6 月 30 日和 12 月 31 日收到半年期利息。编制：(a) Lance Brothers 公司 2018 年 7 月 1 日取得投资的日记账分录；(b) 2018 年 12 月 31 日记录利息的日记账分录，根据实际（市场）利率。

10-2 交易性证券

S&L 财务公司购买和出售证券，希望通过短期价差获取利润。2018 年 12 月 27 日，S&L 公司按面值 875 000 美元购买了可口可乐公司的债券，并于 2019 年 1 月 3 日以 880 000 美元出售了这些债券。12 月 31 日，债券的公允价值是 873 000 美元。这项投资在 S&L 公司 2018 年和 2019 年净利润中的税前金额是多少（不考虑利息）？

10-3 交易性证券

对于练习 10-2 中所述的可口可乐公司债券，编制：(a) 2018 年未实现利得或损失的日记账分录；(b) 2019 年出售投资的日记账分录。

10-4 可供出售证券

S&L 财务公司购买和出售的证券分类为可供出售证券。2018 年 12 月 27 日，S&L 公司按面值 875 000 美元购买了可口可乐公司的债券，并于 2019 年 1 月 3 日以 880 000 美元出售了这些债券。12 月 31 日，债券的公允价值是 873 000 美元。S&L 公司有意图和能力将投资持有至公允价值恢复。这项投资在 S&L 公司 2018 年和 2019 年净利润中的税前金额是多少？

10-5 可供出售证券

对于练习 10-4 中所述的可口可乐公司债券，编制：(a) 2018 年未实现利得或损失的日记账分录；(b) 2019 年出售债券的日记账分录，包括 2019 年出售投资前确认的未实现利得，以及其他综合收益的重分类调整。

10-6 公允价值选择权；可供出售证券

S&L 财务公司购买和出售的证券分类为可供出售证券。2018 年 12 月 27 日，S&L 公司按面值 875 000 美元购买了可口可乐公司的债券，并于 2019 年 1 月 3 日以 880 000 美元出售了这些债券。12 月 31 日，债券的公允价值是 873 000 美元。当 S&L 公司购买可口可乐公司债券时，对这项投资选择公允价值选择权。这项投资在 S&L 公司 2018 年和 2019 年净利润中的税前金额是多少（不考虑利息）？

10-7 可供出售证券

Fister Links 公司多年来持有微软公司的债券，这些债券被公司分类为可供出售证券。债券的取得成本为 500 000 美元。2018 年末，债券的公允价值为 610 000 美元，摊余成本为 510 000 美元。2019 年末，债券的公允价值为 600 000 美元，摊余成本为 520 000 美元。在 2019 年 12 月 31 日的资产负债表中该项投资的报告金额是多少？为了达到这个目标，需要做什么调整分录（不考虑利息）？

10-8 国际财务报告准则下的债务投资

Fowler 公司 2018 年 1 月 1 日以 75 000 美元购买债券。该债券每半年付息一次，20 年后到期，到期时将偿还 75 000 美元的本金。该债券除了本金和利息之外没有支付其他款项。Fowler 公司的持有意图是获得合同现金流，并且如果价格合适将在几年内出售债券。2018 年，该债券的公允价值上升至 80 000 美元。Fowler 公司在国际财务报告准则第 9 号下列报投资。Fowler 公司将在其 2018 年的净利润中包括多少未实现利得或损失？

10-9　国际财务报告准则下的债务投资

假设与练习10-8中相同的情形，但Fowler公司打算持有该债券至到期。Fowler公司将在其2018年的净利润中包括多少未实现利得或损失？

10-10　权益证券

Adams公司持有FedEx公司40 000股普通股，但不足以对FedEx公司施加重大影响。2018年12月31日、2019年12月31日股票的市场价值分别为每股95美元和100美元。这项投资适当的报告类别是什么？在2019年资产负债表中报告的金额是多少？

10-11　权益投资和股利

Turner公司拥有ICA公司10%的发行在外普通股。当年，ICA公司支付了500万美元的普通股现金股利。这笔股利对Turner公司2018年的财务报表有何影响？解释原因。

10-12　权益法和股利

Turner公司拥有ICA公司40%的发行在外普通股。当年，ICA公司支付了500万美元的普通股现金股利。这笔股利对Turner公司2018年的财务报表有何影响？解释原因。

10-13　权益法

Wallis公司折旧资产的公允价值超出其账面价值5 000万美元。这些资产的平均使用年限是15年并采用直线法折旧。Park公司购买了Wallis公司30%的股份。当Park公司采用权益法调整其投资收益和投资账户时，这种情形对这两个账户会有何影响？

10-14　权益法投资

Kim公司2018年初以1 000万美元购买了Phelps公司30%的股份。Phelps公司30%净资产的账面价值为800万美元，200万美元的差异是Phelps公司拥有的土地升值所导致的。2018年，Phelps公司报告了100万美元净利润并支付了50万美元的现金股利。Kim公司对Phelps公司的投资在其2018年12月31日的资产负债表中应记入哪个账户？

10-15　会计政策变更；变更为权益法

2018年初，Pioneer公司对LLB公司普通股的权益增加到应该使用权益法对投资进行会计处理。变更为权益法时，投资账户的余额为4 400万美元。如果Pioneer公司在投资一开始时就采用权益法核算，投资账户的余额应该是5 600万美元。Pioneer公司对这种变更应当如何报告？如果Pioneer公司是从权益法变更为其他方法，而不是从其他方法变更为权益法，你的回答还会一样吗？

10-16　公允价值选择权；权益法投资

2018年1月2日，Turner公司以10 000 000美元购买了ICA公司40%在外发行普通股。Turner公司选择公允价值选择权来计量投资。2018年，ICA公司取得的利润为750 000美元，并在12月30日支付了500 000美元现金股利。2018年12月31日，Turner公司投资的公允价值上升至11 500 000美元。假设Turner公司采用与交易性证券类似的处理方法对这笔投资进行会计处理，那么2018年的日记账分录是怎样的？

10-17　可供出售证券与减值（附录10B）

LED公司持有Branch公司1 000 000美元债券并分类为可供出售证券。由于对公司主要药物的担心，Branch公司债券的市场价值下降了450 000美元。因为美国食品药品管理局禁止使用这种药品，因此这种担心是有依据的。100 000美元的价值下跌在前一个期间已经作为暂时的未实现损失包括在其他综合收益中。Branch公司将450 000美元损失中的200 000美元视为信用损失，另外250 000美元视为非信用损失。LED公司认为很可能在公允价值恢复前出售投资。LED公司对当期投资的市场价值下降应编制什么日记账分录？这种下降将如何影响净利润和综合收益？

10-18　减值（可供出售证券信用损失模型）（附录10B）

假设LED公司使用可供出售证券信用损失模型，回答练习10-17中的问题。

10-19　可供出售证券和减值（附录10B）

LED公司持有Branch公司1 000 000美元债券并分类为可供出售证券。由于对公司主要药物的担心，

Branch公司债券的市场价值下降了450 000美元。因为美国食品药品管理局禁止使用这种药品，因此这种担心是有依据的。100 000美元的价值下跌在前一个期间已经作为暂时的未实现损失包括在其他综合收益中。Branch公司将450 000美元损失中的200 000美元视为信用损失，另外250 000美元视为非信用损失。LED公司不打算出售该投资，并且不认为很可能在公允价值恢复前出售投资。LED公司对当期投资的市场价值下降应编制什么日记账分录？这种下降将如何影响净利润和综合收益？

10-20 国际财务报告准则下的减值恢复（附录10B）

Wickum公司根据国际财务报告准则报告，并对持有的Right公司债务投资（分类为持有至到期投资）确认了500 000美元非暂时性减值。后来，Wickum公司对Right公司的投资的公允价值上升了300 000美元。Wickum公司对该公允价值上升应如何进行会计处理？

习 题

10-2 持有至到期投资；债券投资；实际利率，溢价

Mills公司2018年7月1日取得一项面值为24 000万美元、票面利率为6%的债券，作为长期投资，出票日为7月1日。公司管理层有明确的意图和能力将其持有至到期。市场上具有类似风险和期限的债券的市场利率为4%。Mills公司以28 000万美元取得了该投资。公司每半年收取一次利息，在每年的6月30日和12月31日收取。由于市场环境变化，2018年12月31日该债券的公允价值为27 000万美元。

要求：

1. 编制2018年7月1日Mills公司债券投资的日记账分录。
2. 编制2018年12月31日Mills公司以实际（市场）利率记录利息的日记账分录。
3. Mills公司将在2018年12月31日的资产负债表中以多少金额报告该投资？为什么？
4. 假设穆迪公司的债券评级机构上调了该债券的风险评级，Mills公司决定于2019年1月2日以29 000万美元出售该投资。编制出售时的日记账分录。

10-4 财务会计准则委员会准则汇编

财务会计准则委员会会计准则汇编是美国公认会计原则的唯一权威来源。

要求：

1. 在财务会计准则委员会网站（www. fasb. org）上使用会计准则汇编系统，获取有关持有至到期投资会计处理方面的权威文献。
2. 描述在什么情形下债务投资应当分类为可供出售证券而非持有至到期投资的具体引用是什么？
3. 列出上述情形和条件。

10-8 财务会计准则委员会准则汇编

在财务会计准则委员会网站（www. fasb. org）上访问会计准则汇编。

要求：

确定以下各项会计处理的具体引用：

1. 交易性证券的未实现持有利得应当包括在利润中。
2. 权益法下，投资方对被投资方财务报表中报告的利润或亏损份额的会计处理。
3. 证券在以公允价值计量的不同证券类型间转换。
4. 披露可供出售证券应当计入累计其他综合收益的净损失。

10-10 可供出售证券

2018年7月1日，Tanner-UNF公司取得了一项面值为24 000万美元、票面利率为6%的长期投资。出票日为7月1日。具有类似风险和期限的债券的市场利率为8%。Tanner-UNF公司以20 000万美元取得了该投资。公司将在每年的6月30日、12月31日收到半年期利息。公司管理层将该债券分类为可供出售证券。由于市场条件的变化，该债券在2018年12月31日的公允价值为21 000万美元。

要求：

1. 编制2018年7月1日记录Tanner-UNF公司投资的日记账分录。
2. 编制2018年12月31日记录Tanner-UNF公司以实际（市场）利率记录利息的日记账分录。
3. 编制Tanner-UNF公司2018年12月31日资产负债表中报告该投资的其他日记账分录。
4. 假设穆迪公司的债券评级机构降低了该债券的风险评级，这促使Tanner-UNF公司在2019年1月2日以19 000万美元出售了该投资。编制出售的日记账分录，包括更新公允价值调整、记录重分类调整和出售。

10-12 可供出售证券

Colah公司在2018年7月1日以面值100万美元购买了Jackson公司利率为5%的债券，每半年支付一次利息。Colah公司决定将该债券作为可供出售证券进行会计处理。2018年12月31日，Jackson公司债券的公允价值为120万美元。Colah公司在2019年7月1日以90万美元出售了Jackson公司债券。

要求：

1. 编制Colah公司的日记账分录以记录：

a. 7月1日购买Jackson公司债券。

b. 2018年下半年利息收入。

c. 2018年末的调整分录。

d. 2019年上半年利息收入。

e. 2019年7月1日出售Jackson公司债券，包括更新公允价值调整、重分类调整以及记录出售。

2. 填列下表以显示2018年和2019年Jackson公司债券对Colah公司净利润、其他综合收益以及综合收益的影响，以及2018年和2019年的合计影响。

	2018年	2019年	合计
净利润			
其他综合收益			
综合收益			

10-14 各种证券投资

2018年12月31日，Hull-Meyers公司拥有以下在2018年间购买的投资，这是其经营的第一年：

	成本	公允价值
交易性证券：		
证券A	$900 000	$910 000
证券B	105 000	100 000
合计	$1 005 000	$1 010 000
可供出售证券：		
证券C	$700 000	$780 000
证券D	900 000	915 000
合计	$1 600 000	$1 695 000
持有至到期投资：		
证券E	$490 000	$500 000
证券F	615 000	610 000
合计	$1 105 000	$1 110 000

2018 年没有出售任何证券。除了证券 D 和证券 F，其他证券都被视为短期证券。没有任何一只证券的公允价值变动是永久的。

要求：

确定 2018 年 12 月 31 日下列项目的金额。

1. 报告为流动资产的投资。
2. 报告为非流动资产的投资。
3. 税前利润的未实现利得（或损失）部分。
4. 股东权益中累计其他综合收益的未实现利得（或损失）部分。

10－16 权益投资；以公允价值计量且其变动计入当期损益

2018 年 1 月 2 日，Sanborn 公司以 9 000 万美元购买了 Jackson 公司 5%的股份。Jackson 公司结束于 2018 年 12 月 31 日的年度的净利润为 1.2 亿美元。Sanborn 公司所持有的股份在 2018 年 12 月 31 日的公允价值为 9 800 万美元。2018 年，Jackson 公司宣告 6 000 万美元的股利。

要求：

1. 编制 2018 年与该投资相关的分录。
2. 假设 Sanborn 公司在 2019 年 1 月 2 日以 11 000 万美元出售了该项投资。编制 Sanborn 公司记录出售的日记账分录。

10－18 权益投资；以公允价值计量且其变动计入当期损益

Harlon 公司的投资包括下列成本和公允价值金额（单位：百万美元）：

权益投资	成本	12 月 31 日公允价值 2018 年	12 月 31 日公允价值 2019 年
A 公司股票	$20	$14	na
B 公司债券	35	35	$37
C 公司股票	15	na	14
D 产业股票	45	46	50
合计	$115	$98	$101

Harlon 公司采用以公允价值计量且其变动计入当期损益的方法对其投资组合进行会计处理。2019 年 6 月 1 日，Harlon 公司以 1 500 万美元出售了其所持有的 A 公司股票。9 月 12 日，购买了 C 公司股票。

要求：

1. 出售 A 公司股票和购买 C 公司股票对 Harlon 公司 2019 年的税前利润有什么影响？
2. Harlon 公司的权益证券投资组合在 2019 年的资产负债表上应以多少金额列示？

10－20 权益法；购买；被投资方利润；股利

2018 年初，Florists International 公司以 5 600 万美元的价格购买 Nursery Supplies 公司 800 万股股票的 30%作为一项长期投资。当时股票的公允价值和账面价值相同。在这一年里，Nursery Supplies 公司实现净利润 4 000 万美元，分配现金股利每股 1.25 美元。年末，该股票的公允价值为 5 200 万美元。

要求：

编制购买日到年末的日记账分录。

10－22 权益法；折旧的调整

2018 年 1 月 2 日，Fizer 公司以 6 800 万美元购买了 400 万股 Carne 公司的普通股。这项投资代表了 Carne 公司 25%的净资产份额，Fizer 公司能够对 Carne 公司实施重大影响。Fizer 公司在 2018 年 12 月 21 日收到每股 1 美元的股利，Carne 公司结束于 2018 年 12 月 31 日的年度的净利润为 4 000 万美元。2018 年 12 月 31 日，Carne 公司普通股公允价值为每股 18.50 美元。

- Carne 公司净资产的账面价值为 1.92 亿美元。
- Carne 公司应折旧资产的公允价值超过账面价值 3 200 万美元，这些资产的平均剩余寿命为 8 年。
- 投资成本高于购买净资产账面价值的剩余部分可归于商誉。

要求：

编制 2018 年与该投资相关的日记账分录。

10-24　权益法；年中

2018 年 7 月 1 日，Gupta 公司用 1 亿美元现金购买了 VB 公司的 25%股份。购买日 VB 公司净资产的公允价值为 3.5 亿美元，账面价值为 2.2 亿美元。1.3 亿美元的差异中，2 000 万美元是存货升值导致的，这些存货在 2018 年下半年出售；8 000 万美元是建筑物导致的，这些建筑物仍有 10 年的使用寿命；剩下 3 000 万美元与仍有 5 年使用寿命的设备有关。在 2018 年 7 月 1 日至 2018 年 12 月 31 日之间，VB 公司实现了 3 200 万美元的净利润，宣告并支付了 2 400 万美元的现金股利。

要求：

1. 假设 Gupta 公司采用权益法来核算该项投资，编制 2018 年与该投资相关的分录。
2. 确定 Gupta 公司以下项目的报告金额：

a. Gupta 公司 2018 年 12 月 31 日资产负债表上的一项投资。

b. Gupta 公司 2018 年利润表上的投资收益或损失。

c. Gupta 公司 2018 年现金流量表中的投资活动现金流量。

10-26　公允价值选择权；可供出售证券

Colah 公司在 2018 年 7 月 1 日以面值 100 万美元购买了 Jackson 公司利率为 5%的债券，每半年支付一次利息。债券取得时 Colah 公司决定选择公允价值选择权处理这项投资。2018 年 12 月 31 日，Jackson 公司债券的公允价值为 120 万美元。Colah 公司在 2019 年 7 月 1 日以 90 万美元出售了 Jackson 公司债券。

要求：

1. 编制 Colah 公司的日记账分录以记录：

a. 7 月 1 日购买 Jackson 公司债券。

b. 2018 年下半年利息收入。

c. 2018 年末的调整分录。

d. 2019 年上半年利息收入。

e. 2019 年 7 月 1 日出售 Jackson 公司债券。

2. 填列下表以显示 2018 年和 2019 年 Jackson 公司债券对 Colah 公司净利润、其他综合收益以及综合收益的影响，以及 2018 年和 2019 年的合计影响。

	2018 年	2019 年	合计
净利润			
其他综合收益			
综合收益			

10-28　人寿保险政策（附录 10A）

Edible Chemicals 公司在其首席执行官的整个寿命中拥有价值 400 万美元的终身寿险保单，并将 Edible Chemicals 公司作为受益人。每年的保险费是 7 万美元，并在每年年初支付。该政策在 2018 年初的退保价值为 2.1 万美元。

要求：

1. 假设保单的退保价值增加到 27 000 美元，编制 2018 年用以记录保险费用和增加投资的日记账分录。
2. 假设首席执行官 2018 年底去世，编制相关的日记账分录。

10-29 人寿保险政策（附录10A）

以下是两个与人寿保险有关的独立情形。

要求：

编制每种情形下的日记账分录。

1. Ford公司拥有一项针对其总裁的人寿保险，Ford公司是受益人。保险费是25 000美元。当年退保价值从2 500美元上升至4 600美元。

2. 在其首席执行官去世时，Petroleum公司收到250 000美元的人寿保险结算。此时的退保价值为16 000美元。

10-30 持有至到期投资；减值（附录10B）

Bloom公司以面值100万美元购买了Taylor公司利率为5%的债券，并有明确意图和能力持有至到期即2025年，所以Bloom公司将该投资归类为持有至到期投资。遗憾的是，Taylor公司和债券市场的一系列问题使得Taylor投资的公允价值在2018年下降到60万美元。

要求：

对于以下每一种情形，编制2018年12月31日的日记账分录，并指出该情形将如何影响2018年利润表（忽略所得税）。

1. Bloom公司现在认为其很可能在债券恢复至公允价值之前出售对Taylor公司的投资。在公允价值下降的40万美元中，Bloom公司将25万美元损失归于信用损失，15万美元归于非信用损失。

2. Bloom公司不打算在到期前出售Taylor公司债券，也不认为其很可能在债券恢复至公允价值之前出售Taylor公司投资。在公允价值下降的40万美元中，Bloom将25万美元损失归于信用损失，15万美元归于非信用损失。

10-31 可供出售证券；减值（附录10B）

假设与习题10-30相同的事实和情形，除了Bloom公司将对Taylor公司的投资归类为可供出售证券。

要求：

1. 对于习题10-30中显示的每一种情形，编制2018年12月31日的日记账分录。指出这种情形将如何影响2018年利润表、其他综合收益和综合收益。

2. 重复要求1，但是现在假设2017年末，Bloom公司对Taylor公司的投资已经记录了一项100 000美元的暂时性未实现损失（不是非暂时性减值）。

10-32 减值（可供出售证券信用损失模型）（附录10B）

假设Bloom公司采用会计准则更新第2016-13号（2020年起实施）中的可供出售证券信用损失模型，回答习题10-31中的问题。

要求：

编制2018年12月31日相关的日记账分录，并在每一种情况下说明其将如何影响净利润、其他综合收益以及综合收益。

10-33 国际财务报告准则下减值的会计处理（附录10B）

Rell公司采用国际财务报告准则第9号。Rell公司有一项对Tirish公司债券的投资，以摊余成本进行处理。假设该债券只支付利息和本金，并且Rell公司的业务目的是将债券持有至到期。Rell公司以10 000 000欧元购得该债券。2018年12月31日，Rell公司根据预计2019年将发生的违约事项计算了750 000欧元的信用损失，并根据预计2019年之后将发生的违约事项计算了450 000欧元的信用损失。

要求：

1. 假设Tirish公司债券的信用风险没有显著上升。编制记录2018年12月31日减值损失的日记账分录。

2. 假设Tirish公司债券的信用风险有显著上升。编制记录2018年12月31日减值损失的日记账分录。

3. 假设 Tirish 公司债券的信用风险没有显著上升。2019 年 12 月 31 日，Rell 公司根据预计 2020 年将发生的违约事项计算了 650 000 欧元的信用损失，并根据预计 2020 年之后将发生的违约事项计算了 350 000 欧元的信用损失。编制记录 2019 年 12 月 31 日减值损失的日记账分录。

附录 10A 其他投资（特殊目的基金、人寿保险投资）

特殊目的基金

为了方便，公司经常为了特殊目的而存留一些资金。我们在第 5 章讨论备用金时学习了一种特殊目的的基金。备用金是为了便于小额支出、避免使用耗时长又要经过正规程序的支票而储存的现金。类似的基金有时用来满足支付利息、工资或其他短期项目的需要。与备用金一样，这些短期的特殊目的的基金作为流动资产列报。

特殊目的的基金有时也为长期项目服务。例如，定期将现金拨入基金用于偿还债券和其他长期债务是很常见的。这些基金通常在债务到期前积累现金，由公司定期投入的资金和将资金投资于各种可以产生回报的项目所产生的利息或股利组成。事实上，一些债务合同要求借款人建立这样的基金来偿还债务。同样，管理层可能会自愿选择建立基金来积累资金，以满足扩大设备、为意外损失提供资金、回购股票或其他可从基金的积累中获益的特殊目的。当然，不会在下一个营业周期中使用的基金属于非流动资产。它们通常作为投资的一部分报告。用这些基金所投资的证券的分类标准与之前讨论的证券分类是相同的。从这些基金中获得的任何投资收益都在利润表中报告。

人寿保险投资

公司通常为其关键管理人员购买人寿保险。正常情况下，公司按政策支付保险费，当高管死亡时获取收益。当然，其目的是补偿公司高管死亡时损失的宝贵资源。然而，有些类型的人寿保险可以在被保险人活着的时候退保，以获取一定数额的金钱，即**退保价值**（cash surrender value）。实际上，保险公司所收取保险费的一部分不用于人寿保险的赔偿，而是投资于固定收益的投资。因此，退保价值根据这部分保险费和之前投资产生的利息逐年增加。这是终身人寿保险的一个特征，不同于保费较低、只提供死亡保险的定期保险。

从会计的角度来讲，定期保险费不应当全部费用化。相反，每期支付的保险费用于投资的部分应当作为一项资产列报。示例 10A－1 提供了一个例子。

示例 10A－1 退保价值

几年前，American Capital 公司为其首席执行官购买了价值 100 万美元的人寿保险，并以其作为保单的受益人。每年的保险费为 18 000 美元，于每年年初支付。2018 年，根据合同约定，退保价值从 5 000 美元增加到 7 000 美元。首席执行官在 2018 年底死亡。

借：保险费用（差额）	16 000	
人寿保险退保价值（7 000－5 000）	2 000	
贷：现金（2018 年保险费）		18 000

记录保险费和投资的增加。

退保价值作为非流动投资，在资产负债表的投资和基金部分报告。当然，被保险人死亡时，公司将收到保单的死亡保险金，退保价值将不复存在，因为取消保单不再是一种选择。公司将死亡保险金与退保价值之差确认为一项利得。

借：现金（死亡保险金）	1 000 000	
贷：人寿保险退保价值（余额）		7 000
人寿保险结算利得（差额）		993 000

记录死亡时的收益。

附录 10B 债务投资减值

在第 9 章中我们看到，对于无形资产、财产、厂房和设备来说，如果公允价值下降表明资产发生了减值，则它们都会遭受减值损失并降低利润。这对投资也同样适用。如第 10 章所述，如果投资的公允价值下降到成本以下，并且下降不是暂时性的，则公司通常会在利润中确认非暂时性减值损失。我们不必担心交易性证券、投资方不具有重大影响的权益投资或者公司采用公允价值选择权计量的其他投资发生非暂时性减值，因为这些投资的公允价值变动（无论是暂时性还是非暂时性减值）一直都在利润中确认。然而，持有至到期投资和可供出售证券并非如此。持有至到期投资通常不考虑公允价值的下降，可供出售证券通常将公允价值变动计入其他综合收益。因此，公司需要对持有至到期投资和可供出售证券进行评估以确定其是否发生了减值。

我们使用三步法来确定是否应当确认非暂时性减值，以及如何计量和记录损失：(1) 确定投资是否减值；(2) 确定减值是不是非暂时性的；(3) 确定在何处列报非暂时性减值。[①] 示例 10B-1 总结了这些步骤。

示例 10B-1 债务投资的非暂时性减值

投资是否发生了减值？	是，当公允价值低于投资的摊余成本时。
减值是非暂时性的吗？	是，如果投资者：(a) 打算出售投资；(b) 认为很可能在投资的摊余成本恢复前出售投资，以减少当前信用损失；(c) 已经发生信用损失。
非暂时性减值在哪里列报？	在净利润中，如果投资者打算出售投资，或很可能在摊余成本恢复前出售。 否则： • 净利润中的信用损失部分（信用损失＝摊余成本－预期未来现金流量的现值）； • 其他综合收益的非信用损失部分（非信用损失＝减值总额－信用损失）。

三步法用以确定是否必须确认债务投资的减值损失，以及该损失如何计量和记录。[②] 我

① FASB ASC 320-10-35：Investments-Debt Securities-Overall-Subsequent Measurement (originally "The Meaning of Other-Than-Temporary Impairment and Its Application to Certain Investments," *FASB Staff Position No. 115-1 and 124-1* (Norwalk, Conn.: FASB, November 5, 2005)).

② FASB ASC 320-10-35：Investments-Debt Securities-Overall-Subsequent Measurement (previously "Recognition and Presentation of Other-Than-Temporary Impairments," *FASB Staff Position No. 115-2 and 124-2* (Norwalk, Conn.: FASB, April 9, 2009)).

们首先假设投资的是可供出售证券，然后讲述如果投资是持有至到期投资会有何不同。

1. **投资是否发生了减值**？当债务投资的公允价值下降至摊余成本之下时就发生了减值。这也有必要将减值总额分成信用损失和非信用损失两部分。信用损失反映预期利息或本金违约所导致的未来现金流量减少。信用损失等于债务的摊余成本与预期可以收回的现金流量现值之间的差额，使用的折现率是取得投资时的实际利率。非信用损失则是一般经济条件变化所导致的公允价值下降。

2. **减值是非暂时性的吗**？当满足以下三个条件之一时，我们将债务减值视为非暂时性减值：

a. 投资者打算出售投资；

b. 投资者认为其很可能在投资的摊余成本恢复前出售投资，以减少当前信用损失；

c. 投资者确定投资已经发生了信用损失。

2a 和 2b 的基本原理是：如果投资者很可能在公允价值恢复前出售投资，则认为减值是非暂时性的。2c 的基本原理是：如果公司认为投资所提供的现金流不足以让投资在投资期限内恢复至摊余成本，则认为减值是非暂时性减值。

3. **非暂时性减值在哪里列报**？如果债务减值是非暂时性减值，投资者通常在资产负债表中将投资降低为其公允价值，但是在净利润或其他综合收益中列报的金额取决于将减值确定为非暂时性减值的原因：

- 如果将减值确定为非暂时性减值的原因是上述 2a 或 2b，那么整个减值损失都包括在净利润中，因为公司很可能会遭受相当于公允价值与摊余成本之间差额的损失。
- 如果将减值确定为非暂时性减值的原因是上述 2c，则只有信用损失部分包括在净利润中，因为摊余成本的金额不太可能恢复。任何非信用损失部分将减少其他综合收益，类似于我们通常对可供出售证券未实现持有利得和损失的处理。

同样，如果债务投资被分类为可供出售证券，确认非暂时性减值可能涉及将之前作为未实现利得或损失记录的其他综合收益进行重分类。

示例 10B－2 提供了美国银行最近的年度报告中描述的非暂时性债务减值过程。

示例 10B－2　债务投资非暂时性减值的披露——美国银行

附注 1（节选）：证券
公司常规性地评估可供出售证券和持有至到期投资的价值已低于摊余成本多少，以确定公允价值的下降是不是非暂时性的。在确定减值是否为非暂时性时，公司考虑公允价值下降的严重程度和持续时间、预计恢复时间、发行方的财务状况、其他定性因素，以及公司是否计划出售证券或是否很可能在摊余成本恢复前被要求出售证券。从 2009 年开始，在新债务证券减值准则下，当公司不打算出售证券并且不太可能在摊余成本恢复前被要求出售证券时，非暂时性减值中的信用损失部分在利润中确认，非信用损失部分在累计其他综合收益中确认。如果持有至到期投资出现非暂时性减值，则公司将其账面价值降至公允价值并记录相应的其他收益（损失）。

示例 10B－3 提供了可供出售证券非暂时性减值的一个例子。

示例 10B－3　债务投资的非暂时性减值

United 公司购买和出售其他公司的债务证券作为投资，并将这些投资分类为可供出售证券。United 公司会计年度的截止日为 12 月 31 日。以下是 2018 年发生的事项。

	情形1		情形2	
购买投资				
2018年7月1日 购买1 000 000美元Bendac公司债券，2019年12月31日到期。				
将投资调整为公允价值				
2018年12月31日 评估Bendac公司债券的公允价值为950 000美元。发生了50 000美元减值，其中30 000美元属于信用损失，20 000美元属于非信用损失。				
我们将考虑两种情形：				
● 情形1：United公司要么计划出售投资，要么认为很可能在公允价值恢复前出售投资（这样的非暂时性减值被视为上述2a或2b下的减值）。				
● 情形2：United公司不打算出售投资，并且不太可能在公允价值恢复前出售Bendac公司债券，但是估计30 000美元信用损失已经发生（这样的非暂时性减值被视为上述2c下的减值）。				
2018年12月31日				
借：非暂时性减值损失——净利润	50 000		30 000	
贷：债券投资折价		50 000		30 000
借：非暂时性减值损失——其他综合收益			20 000	
贷：公允价值调整——非信用损失				20 000

注：如果United公司以前期间在其他综合收益中包含该投资的未实现持有利得或损失，则United公司应当做一笔重分类分录。

示例10B-3的情形1和情形2中，投资的摊余成本都减少了在利润中确认的非暂时性减值的金额（情形1是50 000美元，情形2是30 000美元）。United公司通过贷记债券投资折价这一资产抵减账户来实现这一点。债券投资折价账户在债务剩余期限内摊销。在情形2中，投资的持有价值还因为非信用损失而减少（20 000美元）。United公司通过贷记第二个资产抵减账户（公允价值调整——非信用损失）来实现这一点。减值损失在其他综合收益中确认，这与可供出售证券公允价值下降导致的未实现持有损失的会计处理相同。

注意，在两种情形中，投资的持有价值都变为950 000美元，这是非暂时性减值导致的。在情形1中是由于50 000美元的折价，在情形2中是由于30 000美元的折价和20 000美元的公允价值调整。同样，在两种情形中，非暂时性减值都反映在综合收益中。问题是多少计入净利润，而不计入其他综合收益。为了使这种区分更加清晰，公认会计原则要求所有非暂时性减值都在利润表中显示，然后将非信用损失部分剔除，这样就只有信用损失部分会减少净利润。在这种方式下，财务报表使用者就可以意识到总金额以及包括在净利润中的金额。延续示例10B-3，两种情形下的利润表列示如下：

利润表列示，2018年12月31日	情形1	情形2
可供出售证券非暂时性减值：		
非暂时性减值损失总额	\$50 000	\$50 000
减：在其他综合收益中确认的部分	0	20 000
在净利润中确认的减值损失净额	\$50 000	\$30 000

如果一项债务投资分类为持有至到期投资而不是可供出售证券又会怎样呢？大部分会计处理是一样的，但是一个显著的区别与非信用损失在其他综合收益中确认有关。持有至到期投资通常不将未实现利得和损失包括在其他综合收益中，因此，其不会随着时间推移而进行日常的调高或调低。因此，对于持有至到期投资，公认会计原则要求公司在投资持有期间逐步转回包括在其他综合收益中的金额，每一期间借记公允价值调整并贷记其他综合收益。

记录了非暂时性减值之后，未实现利得或损失的日常处理重新开始。可供出售证券的公允价值变动在其他综合收益中报告，但持有至到期投资不考虑公允价值变动。在利润中确认的任何减值损失都不满足转回的条件。

债务投资的当前预期信用损失模型

正如本章前面和第5章所述，减值会计准则一直在变化。这些变化将从2020年开始实施，公司可以选择在2019年开始实施。[①]

对于持有至到期投资，公司将被要求使用**当前预期信用损失模型**（CECL（"Current Expected Credit Loss"）model）来对减值进行会计处理。这意味着公司将与确认应收款项的坏账一样，确认持有至到期投资的坏账。它们将使用"信用损失准备"这一资产抵减账户，将持有至到期投资的持有价值减少至预期可以收回的净额，并在每一期间记录信用损失（坏账费用）或信用损失的恢复，以使准备调整至适当的余额。与目前对非暂时性减值的处理不同，如果持有至到期投资的公允价值恢复，减值允许转回。对信用损失准备的估计需要整合历史和当前数据，以及对未来合理和有依据的预测。

对于可供出售证券，公司不使用当前预期信用损失模型。相反，它们使用一种与公司当前使用的非暂时性减值相似的新的可供出售证券信用损失模型。仍然会是这种情况，如果公司计划出售投资或认为很可能在公允价值恢复前出售投资，它们将在净利润中按摊余成本和公允价值的差额确认减值损失。同样，如果公司在公允价值恢复前不会出售投资，公司将会在净利润中确认信用损失并在其他综合收益中确认非信用损失。主要的区别在于，当公司使用新的可供出售证券信用损失模型在净利润中确认信用损失时，它们要贷记信用损失准备（一项坏账准备），而不是通过贷记投资账户折价来直接减少投资的摊余成本。与持有至到期投资一样，信用损失准备应根据需要调高或调低以反映信用损失，抵消的费用或费用的恢复将在净利润中显示。然而，信用损失准备不允许超过投资摊余成本和公允价值之间的差额（因为公司通常能以公允价值出售投资以避免额外的信用损失）。

国际财务报告准则

减值的会计处理。我们介绍的减值集中于国际财务报告准则第9号，它将在2018年之后要求实施，并可以选择提前应用。在国际财务报告准则第9号下，公司对以摊余成本计量的债务投资（而不是以公允价值计量且其变动计入当期损益的债务投资）或者以公允价值计量且其变动计入其他综合收益的债务投资确认减值。对非暂时性减值的处理没有区别。减值采用之前讨论过的预期信用损失模型来计算，并按照12个月的预期信用损失（如果投资的信用风险显著增加）或者终生预期信用损失（如果投资的信用风险没有显著增加）来计量。所有的减值在利润中确认（这不同于在其他综合收益中确认债务投资的非信用损失），使用一个备抵账户来将投资的持有价值减少至一个适当的金额。

国际财务报告准则允许债务投资的减值转回并计入利润。这与现行美国公认会计原则不同，它不允许任何非暂时性减值转回。但美国公认会计原则将要采用的预期信用损失模型是允许转回的。

为了说明这一点，让我们修正示例10B-3中Bendac公司债务投资的例子，假设摊余成

---

① "Financial Instruments—Credit Losses (Topic 326)" *Accounting Standards Update 2016-13* (Norwalk, Conn: FASB, 2016).

本为 1 000 000 欧元，12 个月的预期信用损失为 30 000 欧元，12 个月之后预期违约事项的额外信用损失为 20 000 欧元。假设信用风险没有显著增加，Bendac 公司将确认 30 000 欧元的减值：

借：减值损失——净利润	30 000	
贷：信用损失准备		30 000

假设信用风险显著增加，Bendac 公司将确认 50 000 欧元的减值损失：

借：减值损失——净利润	50 000	
贷：信用损失准备		50 000

如果在之后期间债务投资的公允价值上升了 15 000 欧元，国际财务报告准则允许转回减值。

借：信用损失准备	15 000	
贷：减值损失转回——净利润		15 000

公司可以选择一直确认持有期间的信用损失，但只有当发生的信用损失显著增加时才必须这么做。

第3篇

负债和所有者权益

第 11 章

流动负债和或有事项

- 第 1 节　流动负债
- 第 2 节　或有事项
- 附录 11　与工资相关的负债

本章概要

第 11 章是关于负债的三章的第一章。在这一章的第 1 节，我们讨论流动负债。第 2 节中，我们将注意力转向义务是否确实存在的不确定情况。这些被指定为或有损失。有些或有损失计入负债，其他的只是在附注中披露。

学习目标

学习完本章之后，你应该能够：

11-1 定义负债并区分流动负债和长期负债。

11-2 对不同形式票据的发行和支付进行会计处理，并记录票据的利息。

11-3 了解应计负债和预收款项的特征，描述它们应该何时记录以及如何记录。

11-4 确定何时一项负债可以分类为长期负债。

11-5 识别构成或有事项的情形以及确认或有事项的条件。

11-6 说明或有事项的会计处理，包括未确定的索赔和估价。

11-7 讨论美国公认会计原则和国际财务报告准则在流动负债和或有事项方面的主要区别。

财务报告案例

黛比的爸爸

“我爸爸被搞糊涂了，”一天上午，你的朋友黛比·赫斯特在办公室里说，“你知道，我们俩正在进行一项投资比赛，他的一项热门投资是 Syntel Microsystems 公司。昨天下午他拿到了公司的年报，开始研究并且研究得非常仔细，然后他问我这部分内容。”黛比指着资产负债表中的流动负债部分和相关的披露附注。

Syntel Microsystems 公司
资产负债表
2017 年和 2018 年的 12 月 31 日
（单位：百万美元）

流动负债	2018 年	2017 年
应付账款	$233.5	$241.6
短期借款（附注 3）	187.0	176.8
应计负债	65.3	117.2
应计或有损失	76.9	—
其他流动负债	34.6	45.2
一年内到期的长期债务	44.1	40.3
流动负债合计	$641.4	$621.1

附注 3：短期借款（节选）

期末，短期借款的各组成部分以及各自的加权平均利率如下：

	2018 年		2017 年	
	金额（百万美元）	平均利率	金额（百万美元）	平均利率
商业票据	$34.0	5.2%	$27.1	5.3%
银行借款	218.0	5.5%	227.7	5.6%
重分类为长期负债的金额	(65.0)	—	(78.0)	—
短期借款合计	$187.0		$176.8	

公司保持足够的银行信贷额度来偿还短期借款。2018 年 12 月 31 日，公司有 2 亿美元的信贷额度可以使用。2018 年 12 月 31 日和 2017 年 12 月 31 日，公司分别将 6 500 万美元的商业票据和 7 800 万美元的银行票据划分为长期负债。公司有意愿和能力通过正式的续借协议将此义务延续到未来期间。

附注 6：或有事项（节选）

公司发现，在 2016—2017 年间公司制造并安装在连接部件的缆线导致该部位发生腐蚀。2018 年 12 月 31 日，公司认为补救费用和可能支付的索赔金额是 1.32 亿美元，其中的 7 690 万美元被视为流动负债。

“那么，问题是什么？”你问。

“他觉得我做生意，应该懂财务。”

“因为你总是这样对他说。”你打断说。

“可能是这样，但是别人告诉他流动负债的风险比长期负债高，他现在对这部分很困惑。他不明白为什么有的长期负债会在流动负债部分报告，有的长期负债按其他方式报告，有的流动负债又在长期负债部分报告。另外，或有事项看起来并不是合同负债。他很想知道这些术语的含义。幸运的是，在承认不知道之前我就不得不离开了，你是会计专业毕业的，快帮我一下。”

问题

在学习完本章之后，你应该能够对以上案例中的问题给出恰当的回答。将你的回答与章末答案进行对比。

1. 什么是应计负债？什么是商业票据？
2. 为什么 Syntel Microsystems 公司流动负债中包含一些长期负债？
3. 它们是否也将部分流动负债在长期负债中报告？为什么？
4. 是不是必须是已知的合同债务才能被报告为负债？
5. 流动负债的风险比长期负债的风险更高，这是真的吗？

第 1 节　流动负债

一家公司要想投资一项资产，就必须获得充足的资金来支持这项投资，这笔资金可以通过两种方式获得——所有者投入的资金或向债权人借入的资金。你可能认识到这就是对基本会计等式的描述：资产＝负债＋所有者权益。在前面的章节中，你已经学习了资产，在后面的章节中，你将学习所有者权益。本章和后面的两章将描述各种负债，这些负债构成债权人对公司资产的要求权。

一、负债的特征

其实你已经知道了什么是负债，因为你每天都会遇到它们。如果你用按揭的方式买一辆车或一套房，那么你就有一项个人负债。类似地，当公司发行债券或票据时，作为它们债权人的银行、个人和机构就会用现金来换取这些证券或票据。每项负债都有一个共同特点——用现金偿还，并且在具有法律强制力的合同中明确规定偿还的金额和时间。

然而，作为**负债**（liability）报告的义务不一定要用现金偿还。它可能要求公司转移其他资产或提供服务。负债也不一定需要书面合同或法律强制性，甚至偿还的金额和时间也不能准确地知道。

从财务报告的角度来看，负债有三个基本特征。负债：

（1）是可能的未来经济利益的流出。

（2）由对其他主体的现时义务（转移资产或提供服务）产生。

（3）是过去交易或事项的结果。①

注意，负债的定义包括过去、现在和将来。它是由过去发生的交易或其他事项产生的、在未来牺牲资产的现时责任。

二、什么是流动负债

在资产负债表中，我们将负债分为**流动负债**（current liabilities）和长期负债。流动负债的特征是需要在一年或一个经营周期（以较长时间为准）内偿还。这个定义在通常情况下是适用的。然而，更有区分性的描述是流动负债是可以通过消耗流动资产或产生新的流动负债来偿还的负债。②

将负债分为流动负债和长期负债可以帮助投资者和债权人评估负债在近期偿还的风险，偿还负债将导致现金或其他资产的流出。在到期日前这些负债被用于其他目的是否不承担违约风险？或者，利用流动资产偿还负债是否会减少流动资金从而影响在其他方面的使用？如果是这样，是否需要储备足够的流动资金，既能保证偿付到期流动负债又能满足当前经营需求，或者是否必须通过筹集资本获得所需的额外资金？这些问题的答案具有重要意义。例如，2008年导致金融巨头贝尔斯登倒闭的一个主要原因是短期负债，当债权人、客户、合作伙伴开始担心贝尔斯登的投资质量时，短期负债无法进行再融资。③

概念上，负债应该以现值记录。也就是记录的金额等于偿还债务（本金和利息）导致的

---

① "Elements of Financial Statements," *Statement of Financial Accounting Concepts No. 6* (Stamford, Conn.: FASB, 1985), par. 38.

② FASB ASC Master Glossary (previously Committee on Accounting Procedure, American Institute of CPAs, *Accounting Research and Terminology Bulletin, Final Edition* (New York: AICPA, August 1961), p. 21).

③ William D. Cohan, *House of Cards: A Tale of Hubris and Wretched Excess on Wall Street* (New York: Doubleday, 2009).

未来现金流出的现值。[①] 然而，在实务中，一年内偿还的流动负债通常以到期金额记录。[②] 这种不一致是因为在相对短的时间内利息或时间价值不那么重要。

常见的流动负债包括应付账款、应付票据、商业票据、所得税负债、应付股利和应计负债。与所得税相关的负债将在第 13 章中讨论，本章则讨论其他项目。

在讨论具体的流动负债之前，我们用通用磨坊公司资产负债表的流动负债部分和相关披露附注来提供我们讨论的一些关于负债的观点（见示例 11－1）。通用磨坊公司的表述和补充脚注披露是相当典型的。

在学习本章后面的部分时，你可能要回头看示例 11－1 的部分内容。

示例 11－1 流动负债——通用磨坊公司

通用磨坊公司
合并资产负债表节选
2015 年 5 月 31 日和 2014 年 5 月 27 日
负债（百万美元）

流动负债	2015 年	2014 年
应付账款	$ 1 684.0	$ 1 611.3
一年内到期的长期负债	1 000.4	1 250.6
应付票据	615.8	111.7
其他流动负债	1 589.9	1 449.9
流动负债合计	$ 4 890.1	$ 4 423.5

附注 8：债务

应付票据。期末，应付票据的组成以及各自的加权平均利率如下：

	2015 年		2014 年	
	应付票据（百万美元）	加权平均利率	应付票据（百万美元）	加权平均利率
美国商业票据	$ 432.0	0.3%	$ 1 007.6	0.2%
金融机构	183.8	9.5%	104.1	12.1%
应付票据合计	$ 615.8	3.0%	$ 1 111.7	1.3%

为了确保资金的可获得性，我们必须保证银行信贷额度足以偿付尚未支付的应付票据。商业票据是短期融资的可持续来源，我们在美国和欧洲都有商业票据计划。还有无承诺的和资产支持的信贷额度支持我们的海外业务。下表详细说明截至 2015 年 5 月 31 日承诺的和无承诺的信贷额度：

	授信额度（十亿美元）	借款金额（十亿美元）
信贷工具到期：		
2017 年 4 月	$ 1.7	$ —
2019 年 5 月	1.0	—
2019 年 6 月	0.2	0.1
承诺信贷工具合计	2.9	0.1
无承诺信贷工具	0.5	0.1
承诺和无承诺信贷工具合计	$ 3.4	$ 0.2

① 货币时间价值的概念和现值计算方法在财务管理相关课程中介绍。

② 事实上，在正常经营过程中发生并在一年内到期的与供应商有关的负债，财务会计准则委员会特别豁免其用现值报告，见 FASB ASC 835-30-15-3：Interest-Imputation of Interest-Scope and Scope Exceptions（previously "Interest on Receivables and Payables," *Accounting Principles Board Opinion No. 21*（New York：AICPA，August 1971），par. 3）。

三、往来账款和票据

许多企业赊购商品或供应品。大多数企业发现通过借债进行经营活动是非常有利的。在这部分，我们将讨论由借贷活动产生的负债：交易性账款和交易性票据、银行借款和商业票据。

应付账款和应付交易性票据

应付账款（accounts payable）是指通过往来账款（open account）购买商品或服务而发生的应偿还给供应商的债务。大部分信用交易是通过往来账款完成的。这意味着唯一的正式信用工具是发票。由于付款时间很短（通常是30天、45天或65天），这些负债通常是不带息的，且以面值报告。正如示例11-1所示，通用磨坊公司2015年的应付账款是16.84亿美元。应付账款会计处理的重点是确定它们真实存在以及记录在适当的会计期间。在第6章中，你已经学习了这些问题以及如何处理现金折扣。

应付交易性票据（trade notes payable）与应付账款不同，它用书面承诺票据正式确认。这使得它比往来账款的偿还期限更长，并且带息。

短期应付票据

对于公司而言，获得暂时性融资最常用的方法是向银行短期借款。当公司从银行借款并签发本票时（本质上就是借据），这项负债便被报告为应付票据（有时也叫银行借款或短期借款）。大约2/3的银行借款是短期的，但是其中很多都会续借，因此有些看上去像长期负债。实际上，在一些情况下，我们将它们报告为长期债务（正如你将在本章后面部分看到的那样）。

通常，小公司很难获得长期融资来满足其营运资本需求，因此它们主要依靠短期融资。即使大公司，也将短期负债视为其资本结构中不可缺少的重要组成部分。这是因为短期借款比长期借款的利率更低，或许更为重要的是，短期融资能够满足公司灵活性的需要。管理者希望有尽可能多的融资选择。

信贷额度

通常短期银行借款是在一家或几家银行的**信贷额度**（line of credit）内安排的。信贷额度是提供短期融资的协议，只有在需要时借款人才提取金额。尽管贷款是短期的，而且经常借贷和偿还，但提供信贷额度的协议通常持续数年。信贷额度有无承诺和承诺两种。无承诺（noncommitted）信贷额度是一种非正式协议，它允许公司不按照正式贷款程序和规定文书在事先安排的额度内借款。银行有时会要求公司在银行维持一个最低存款额，比如信贷额度的5%。[①] 承诺（committed）信贷额度更加正式，通常要求公司向银行支付一笔承诺费，以保持公司可获得的信贷额度。每年的承诺费一般是承诺资金的0.25%，同时也可能要求一笔补偿性存款额。IBM的近期年报披露了无承诺信贷额度（见示例11-2）。

---

① 补偿性余额是公司在银行的低息或无息账户中的存款。所需存款通常是承诺金额或使用金额的一定百分比（例如2%～5%）。补偿性余额的后果是提高了借款人的实际利率和银行的实际收益率。

示例 11－2　信贷额度披露——IBM 公司

附注 J. 借款（节选）
信贷额度：在 2015 年，公司将一项 5 年期、100 亿美元的信贷协议的期限延长了一年，该协议于 2020 年 11 月 10 日到期。公司与全球信贷工具相关的总费用在 2015 年、2014 年、2013 年分别为 530 万美元、540 万美元、540 万美元。该信贷协议允许公司及其附属借款人在周转基础上借入至多 100 亿美元。附属借款人的借款将无条件地得到公司的支持……截至 2015 年 12 月 31 日，公司或附属公司在信贷协议下没有借款。

示例 11－1 中通用磨坊公司的披露附注表明了公司的无承诺信贷额度和承诺信贷额度。

利息

当公司借钱时，需要向出借人支付**利息**（interest），作为借款期间使用出借人资金的补偿。你可以认为利息是为使用资金而支付的“租金”。利息是按照借款金额的百分比计算的，这就使借款成为带息票据。由于票面利率通常是年利率，因此在计算短期票据利息时，我们需要按照实际的借款期间进行调整。票据利息计算如下：

面值×年利率×到期的时间

具体见示例 11－3。

示例 11－3　发行票据获得现金

5 月 1 日，消费电子公司 Affiliated Technologies 在无承诺短期信贷额度下，向 First 银行借款 700 000 美元，并为此签发一张期限为 6 个月、利率为 12%的票据。利息在到期日支付。

5 月 1 日		
借：现金	700 000	
贷：应付票据		700 000
11 月 1 日		
借：利息费用（700 000×12%×6/12）	42 000	
应付票据	700 000	
贷：现金（700 000＋42 000）		742 000

有时，银行贷款采取**不带息票据**（noninterest-bearing note）形式。尽管如此，显然没有银行愿意发放无利息贷款。不带息票据实际上是有利息的，在借款人收到现金时，利息已经从面值中扣减（或者折价）了。例如，将上例中的票据换成 700 000 美元的不带息票据，折价率为 12%。[①] 在这种情况下，42 000 美元的利息将在一开始就扣减，而不是明确列示出来。[②]

① 有时，折价率（discount rate）和实际利率（effective interest rate）可以互换使用，所以不要被不带息票据使用折价率这一术语迷惑。在这里，折价率仅指票据面值（在 Affiliated 公司的案例中是 70 万美元）所乘的一个比率，以计算票据中包含多少利息（在 Affiliated 公司的案例中是 42 000 美元）。这个折价率不同于 Affiliated 公司在应付款余额上支付的实际利率，Affiliated 公司使用实际利率来计算未来现金流的现值。

② 请务必理解，票据实际记录为 65.8 万美元，而不是 70 万美元，利息部分单独记录在负债抵减（即应付票据折价）账户中。这里的分录假定该票据是用总价法记录的。如果使用净价法，利息部分从面值中扣除，分录如下：

5 月 1 日		
借：现金	658 000	
贷：应付票据		658 000
11 月 1 日		
借：利息费用（700 000×12%×6/12）	42 000	
应付票据	658 000	
贷：现金		700 000

5月1日

借：现金（差额）	658 000	
应付票据折价（700 000×12%×6/12）	42 000	
贷：应付票据（面值）		700 000

11月1日

借：利息费用	42 000	
贷：应付票据折价		42 000
借：应付票据（面值）	700 000	
贷：现金		700 000

需要注意的是，在该协议下，实际借款金额只有658 000美元，但是要按照票面金额700 000美元乘以折价率来计算利息，这导致实际利率要高于12%的票面利率：

6个月利息42 000美元/借款金额658 000美元=6个月的利率6.38%

转换成年利率：

6.38%×12/6=实际利率12.76%

我们在第5章中已经从出借人（应收票据）的角度学习了短期票据。

担保借款

有时短期借款需要担保，也就是借款人的某项指定资产将作为贷款的担保物被抵押。虽然许多资产可以抵押，但在实践中最常见的是使用存货或应收账款来担保。例如，在示例11-4中史密斯菲尔德食品公司披露了担保票据。

示例11-4　存货担保票据的披露——史密斯菲尔德食品公司

附注7：债务（节选）
营运资本工具
存货周转信贷协议下的义务由我们所有附属担保人的个人财产担保，包括应收账款（根据证券化工具出售和融资的除外）、存货、现金及现金等价物、存款账户、公司间票据、知识产权和特定资本股票；利息和其他所有收益由我们和附属担保人担保。

当应收账款作为担保物时，我们将这种安排称为抵押应收账款。有时，应收账款实际上作为一种短期融资手段直接卖给了一家金融公司。这叫作应收账款保理。[①]

商业票据

一些大型企业发行**商业票据**（commercial paper）获得暂时性融资，这些商业票据通常被其他公司作为短期投资购买。商业票据是无担保票据，最低面值为25 000美元，到期日从30天到270天不等（超过270天需要向美国证券交易委员会提交注册声明）。利息通常在票据发行时扣减。商业票据通常直接向购买者（出借人）发行，并且以银行信贷额度作为担保。这将使得其利率低于银行贷款。对于很多大公司来说，商业票据是一种日益受欢迎的获取资金的方法，在过去10年间，它的金额增加了近5倍。

① 两种应收账款融资方法都在第5章中讨论过。

示例 11-5 中是康卡斯特公司 2015 年年度报告中的一个披露附注，该附注描述了康卡斯特公司的商业票据计划。

示例 11-5 商业票据披露——康卡斯特公司

附注 9：（节选）
商业票据计划
我们的商业票据计划提供了一个低成本的借款资金来源以满足短期营运资金需求。……康卡斯特公司商业票据计划下的最大借款能力是 62.5 亿美元，由康卡斯特和康卡斯特有线通信公司支持。62.5 亿美元的周转信贷工具于 2017 年 6 月到期（"康卡斯特周转信贷工具"）。

传统上，商业票据这个词是指向出借人签发的用来表示债务的书面证明，但是当前的趋势是将其完全计算机化并直接出售给出借人，不再产生纸质票据。由于商业票据是应付票据的形式之一，其发行和支付的记录与我们前面描述的例子完全一致。

在现金流量表中，公司通过短期票据获得的资金和使用现金偿还短期票据都是筹资活动现金流量。本章中我们学习的大部分其他负债，比如应付账款、应付利息和应付股利，都与公司的主要经营活动有关，因此是经营活动的组成部分。我们将在下一章中讨论长期票据。

四、应计负债

应计负债（accrued liabilities）是已经发生但还没有支付的费用（应计费用）。这些负债在报告期末编制财务报表之前通过调整分录来记录。常见的例子是应付职工薪酬、应交所得税和应付利息。尽管使用单独的负债账户，但应计负债通常要进行合并，并在资产负债表中的一个或两个项目中报告。通用磨坊公司将应计负债纳入其他流动负债（2015 年 5 月 31 日合计 15.899 亿美元）。

应计应付利息

应计应付利息的产生与应付票据（以及其他形式的债务）密切相关。延续示例 11-3，假设 Affiliated Technologies 公司的会计年度结束于 6 月 30 日，也就是发行 6 个月期票据的 2 个月后。发行票据、中间调整分录和偿还票据的记录见示例 11-6。

示例 11-6 应计利息的票据

5 月 1 日发行票据		
借：现金	700 000	
贷：应付票据		700 000
6 月 30 日应计利息		
借：利息费用（700 000×12%×2/12）	14 000	
贷：应付利息		14 000
11 月 1 日偿还票据		
借：利息费用（700 000×12%×4/12）	28 000	
应付利息（根据 6 月 30 日应计）	14 000	
应付票据	700 000	
贷：现金（700 000+42 000）		742 000

在6月30日，应该记录两个月的应计利息，以避免在6月30日的财务报表上错报费用和负债。

工资、佣金和奖金

对员工提供服务的报酬有计时工资、薪金、佣金、奖金、股票薪酬计划和养老金等多种形式。[①] 应计负债是由于在财务报表日员工已经提供了服务却没有得到报酬而产生的。因此在期末编制财务报表之前，这些应计费用/应计负债通过调整分录来记录。

休假、病假和其他带薪未来缺勤

假设公司允许员工每年享有两周的带薪休假。有些员工当年就休假并获得报酬，有些员工等以后再休假。公司是否只对当年休假并实际获得报酬的员工确认当年的薪酬费用？回顾你学过的权责发生制会计，可能会得出相反的结论。

员工未来缺勤的薪酬（比如带薪休假），如果满足示例11－7中的所有四个条件，雇主应当确认费用和相关负债。

示例 11－7　确认未来缺勤薪酬的条件

1. 这项义务可归因于员工已经履行的服务。
2. 带薪缺勤可以在以后年度执行——这项福利可以保留（即使雇佣关系终止也可以享受该报酬）或者福利可以随时间累积。
3. 报酬很有可能支付。
4. 金额能够可靠地估计。

如果这些情形看起来很熟悉，那是因为它们就是我们前面讨论的负债的特征，适用于与员工未来缺勤相关的潜在义务。同时，当带薪缺勤义务很可能发生且金额能够可靠地估计时，其会计处理方法与我们处理或有损失的方法一样，这些内容将在本章第2节讨论。

带薪缺勤产生的负债通常按现有工资率水平记录，而不是按照缺勤实际发生时的估计工资率记录。[②] 因此，如果工资率上升，则记录金额和实际支付金额的差额将会导致当年的薪酬费用上涨。示例11－8表明了这种情况，在该例中，员工将2018年休假调整至2019年享受，实际支付给员工的金额是5 700 000美元。

示例 11－8　带薪未来缺勤

Davidson-Getty Chemicals 公司有8 000名员工。每名员工每年享有两周的带薪休假。当年没有享受的休假可以转入以后年度使用。2018年共有2 500名员工享受了他们的两周假期，当年年底，5 500名员工的休假结转情况如下：

员工人数	已获得但尚未享受的休假周数	总结转周数
2 500	0	0
2 000	1	2 000
3 500	2	7 000
8 000		9 000

① 我们将在第15章讨论股票薪酬。

② 事实上，财务会计准则委员会会计准则更新第710－10－25号（Compensation-General-Overall-Recognition（previously *SFAS 43*，"Accounting for Compensated Absences"））对如何计量负债没有明确规定。在实践中，大多数公司都是按当前的工资率记录的，因为它避免了估计，而且通常会产生较低的费用和负债。然后，它们定期以更新的工资率重新计量。

2018 年，每名员工享受一周休假的平均报酬是 600 美元。	
2018 年已享受休假时	
借：薪金和工资费用（2 500×2×600+2 000×1×600）	4 200 000
贷：现金（或应付职工薪酬）	4 200 000
2018 年 12 月 31 日（调整分录）	
借：薪金和工资费用（9 000×600）	5 400 000
贷：负债——未来缺勤薪酬	5 400 000

在确定员工是否因已提供服务而获得带薪缺勤的权利时，应考虑公司政策和实际做法。例如，假设一个私人实验室的科学家可以每七年享受一次带薪学术休假。应该在科学家工作的第六年末确认负债吗？如果学术休假用来做对雇主有利的研究，那么答案就是否定的。如果过去的做法表明，休假旨在为过去的服务提供无限制的带薪缺勤，并满足其他条件，那么答案就是肯定的。

当 2018 年的休假在 2019 年享受时

借：负债——未来缺勤薪酬（账户余额）	5 400 000
薪金和工资费用（差额）	300 000
贷：现金（应付职工薪酬）（已知）	5 700 000

习惯和惯例也会影响未使用的带薪缺勤权利是否失效或是否可以结转。显然，如果权利被保留（即使雇佣结束也应该支付），它们就不会失效。但通常而言，节假日、服役期、产假和陪审团假如果没有使用，则不可以累计，所以不需要对其进行确认。另一方面，如果公司有将特定带薪缺勤（如节假日）结转的惯例，例如，如果员工在节假日工作，并且很有可能在未来得到补偿，那么公司需要确认负债。

有趣的是，病假工资经常满足确认的条件，但不一定能确认。因为未来缺勤取决于未来生病的情况，而这通常是不确定的。与其他带薪缺勤情况类似，是否确认未保留的病假工资应该根据实际政策和做法而定。如果公司的政策或惯例是即使员工不是因为生病缺勤也支付病假工资，那么对于没有使用的病假工资也应该确认为负债。例如，一些公司允许将没有使用的病假工资累积起来，在退休时发放（如果在退休前已经去世则发放给其受益人）。如果除了公司很难可靠估计带薪缺勤金额，其他条件都满足，那么需要将该情况在附注中予以披露。

年度奖金

有时，薪酬包括与业绩指标相关的年度奖金，以激励管理者。最常用的业绩指标是每股收益、净利润和营业利润，每种指标大约都有 1/4 的有奖金计划的公司采用。非财务业绩指标也会被使用，如客户满意度、产品或服务质量。[①] **年度奖金**（annual bonuses）不仅对管理层越来越流行，对非管理层也是如此。遗憾的是，对员工而言，年度奖金通常代替了年度加薪。这使得公司可以在不永久锁定工资增长的情况下增加员工工资。奖金是他们赚取期间的薪酬费用。

五、预收款项

当收到将来应归还或转回给他人的金额时就产生了负债。客户押金或预付款、为第三方

① C. D. Ittner, D. F. Larcker, and M. V. Rajan, "The Choice of Performance Measures in Annual Bonus Contracts," *The Accounting Review*, vol. 72, No. 2 (April, 1997), pp. 231-255.

收款就是这样的情况。

客户押金和预付款

从客户处收到可退还的押金或者产品或服务的预付款时，便产生了需要退还押金或者提供产品或服务的负债。[①]

可退还的押金

有些交易通常需要客户支付现金作为押金，当特定事项发生时再将其退还。你可能也遇到过这样的情况，租房时需要收取安全或损坏押金，公用事业公司通常也在提供服务时收取押金。类似地，可退还的容器也要求支付押金，当归还容器时就退还押金。示例 11－9 说明了这种情况。

示例 11－9　可退还的押金

Rancor 化学公司将销售的易燃化学品盛放在可再次使用的贵重容器中。客户需要对每个容器支付押金，并在退还容器时取回押金。每个容器每年的押金是 300 000 美元。如果容器在两年内未归还，则没收押金。90%的容器在指定时间内能归还，收取的押金是容器实际成本的 2 倍。容器存货会保留在公司账上直到押金被没收。

收取押金时		
借：现金	300 00	
贷：负债——可退还押金		300 000
收回容器时*		
借：负债——可退还押金	270 000	
贷：现金		270 000
没收押金时		
借：负债——可退还押金	30 000	
贷：收入——销售容器		30 000
借：销售成本	15 000	
贷：容器存货		15 000

* 当然，并非所有容器都是同时归还的，所有未归还容器的归还期限也不会同时到期。这些分录汇总了这些单独的归还和没收。

客户预付款

有时，企业要求客户预付款，这些预付款将在交付货物或提供服务时作为购买价格。例如，礼券、杂志订阅、寄存定金、特殊订单定金和机票。这些客户的预付款也称作预收收入或递延收入，在提供相应的产品或服务前反映为负债。例如，纽约时报公司在 2015 年的资产负债表中报告未过期订阅的递延收入超过 6 000 万美元。示例 11－10 中显示了预付款情况。

示例 11－10　客户预付款

Tomorrow 出版公司在客户预订杂志时收取预付款，订阅收入在整个订阅期确认。在第一年经营过程中，Tomorrow 公司从订阅销售中获得了 2 000 万美元。到 12 月 31 日，平均 1/4 的订阅已经到期。

收到预付款		
借：现金	20 000 000	
贷：递延订阅收入		20 000 000

① SFAC 6 定义了客户押金和预付款。"Elements of Financial Statements," *Statement of Financial Accounting Concepts No. 6* (Stamford, Conn.: FASB, 1985), par. 197.

产品交付时	
借：递延订阅收入	5 000 000
贷：订阅收入	5 000 000

这个例子说明，当与预付款相关的收入确认时，递延收入减少，不管是因为卖方已经按照约定提供商品或服务，还是买方已经放弃收回预付款（例如过期前没有兑换礼券）。一种更少见的情况是，当卖方没有按照约定提供商品或服务，需要将预付款退还给买方时，递延收入将减少。这可能看起来很熟悉，在第 4 章中我们已经学过如果卖方没有提供商品或服务，就必须推迟确认收入。如果推迟确认收入，但已经收到部分预付款，卖方必须在提供商品或服务前报告递延收入负债。

补充思考

客户预付款利息的会计处理。在这一章前面部分，我们计算了不带息票据的利息费用。毕竟存在"货币时间价值"，并且没有人愿意免费提供贷款。同样，当客户提前很久支付产品或服务的款项时，公司应该计算利息费用。如第 4 章所示，这是公认会计原则中收入确认的要求。①

例如，假设在 2018 年 1 月 1 日，Lewis 制造公司签订合同，将于 2019 年 12 月 31 日把设备交付给 Williams 手术用品公司。Williams 公司在合同开始时（2018 年 1 月 1 日）向 Lewis 公司支付了 907 000 美元。在这一安排中，Williams 公司提前很久支付给 Lewis 公司货款，因此，可以看作 Williams 公司贷款给 Lewis 公司，而 Lewis 公司应该确认贷款的利息费用。假设实际利率为 5%，Lewis 公司应当确认其递延收入负债的利息费用如下（单位：千美元）：

2018 年 1 月 1 日		
当预付款发生时：		
借：现金	907*	
贷：递延收入		907

*907=1 000×0.907 03（1 美元的现值，$n=2$，$I=5\%$）。

2018 年 12 月 31 日		
应计第一年的利息费用：		
借：利息费用（907×5%）	45	
贷：应计应付利息		45
2019 年 12 月 31 日		
后来交货时：		
借：利息费用［(907+45)×5%］	48	
应计应付利息	45	
递延收入	907	
贷：收入		1 000

① FASB ASC 606-10-32-16：Revenue from Contracts with Customers-Overall-Measurement-The Existence of a Significant Financing Component in the Contract (previously "Revenue from Contracts with Customers (Topic 606)" *Accounting Standards Update 2014-09* (Norwalk, Conn: FASB, 2014)).

Lewis 公司确认收入 1 000 000 美元，而不是 907 000 美元，因为这是它从 Williams 公司收到的公允价值，包括预收的 907 000 美元和利息 45 000+48 000=93 000（美元），Williams 公司允许 Lewis 公司不支付利息。换句话说，对于 Williams 公司，这台设备的价值是 1 000 000 美元，Williams 公司愿意放弃 907 000 美元的现金和 Lewis 公司欠下的 93 000 美元的利息来取得它。

如第 4 章所述，如果预付款不重要，公司可以忽略预付款的利息部分。如果支付和交付之间的时间短于一年，则可以这样认为。

礼品卡

礼品卡或礼品券是特别常见的预付款形式。第 4 章指出，当一个公司销售礼品卡时，它将最初收到的现金记录为递延收入。然后，在礼品卡被使用或者使用的概率很小（称为礼品卡失效，根据礼品卡过期或者公司的经验判断）时确认收入。礼品卡涉及的金额可能很大。例如，百思买 2016 年年度报告列出了 4.09 亿美元的未使用礼品卡负债，以及 6 500 万美元的礼品卡失效收益。示例 11－11 显示了用于处理礼品卡的日记账分录。

示例 11－11　礼品卡的会计处理

2018 年 5 月，Great Buy 公司出售了 200 万美元的礼品卡。同样在 5 月，5 月和之前期间销售的 150 万美元的礼品卡被消费者使用，而之前期间售出的 100 万美元礼品卡过期且未被使用。Great Buy 将做以下日记账分录：

记录礼品卡的销售		
借：现金	2 000 000	
贷：递延礼品卡收入		2 000 000
记录礼品卡的兑换（忽略存货和销售成本的分录）		
借：递延礼品卡收入	1 500 000	
贷：收入——礼品卡		1 500 000
记录礼品卡过期		
借：递延礼品卡收入	1 000 000	
贷：收入——礼品卡		1 000 000

递延收入负债分为流动债务和长期债务，取决于债务预期偿还的时间。

为第三方代收款项

公司经常会为第三方向客户或员工代收款项，并定期将其上交给适当的政府部门（或其他机构）。在上交前，这部分收取的金额属于负债。

一个例子是销售税。为了说明这种情况，假设某个州的销售税税率是 4%，地方的销售税税率是 3%。每销售 100 美元会产生 7 美元的税费。在这部分税费上交前，它是一项负债。

借：现金（或应收账款）	107	
贷：销售收入		100
应交销售税 [(4%+3%)×100]		7

补充思考

充公法规定了州获得被放弃财产的权利。未使用的礼品卡是一种被放弃（或未索取）的财产。虽然大多数州都免除了礼品卡适用充公法的规定，但有些州并未这么做。在礼品卡适用充公法的那些州，在 3～5 年之后，零售商必须将所有或部分未使用的礼品卡上交给州。为了解这是如何操作的，让我们修改一下示例 11－11，假设 Great Buy 公司适用充公法，需要将 100%的未使用礼品卡上交给 Great Buy 所在的州。示例 11－11 的第三笔日记账分录将被修改如下：

记录礼品卡过期		
借：递延礼品卡收入（过期礼品卡的金额）	100 000	
贷：现金（达到平衡）		100 000

与工资有关的扣除项目，如代扣税款、社会保险税、员工保险、员工退休计划缴款以及工会会费等，也会产生流动负债，直至收到的款项支付给适当的当事人为止。本章附录进一步讨论了与工资有关的负债。

六、流动和非流动分类的进一步讨论

假如可以选择，你认为管理层更倾向于将义务作为流动负债报告还是作为非流动负债报告？在其他条件相同的情况下，大多数管理层选择将其作为非流动负债报告。这是因为大部分企业外部人士（比如银行、债券持有人和股东）都认为当期偿还的债务比一段时间内不需要偿还的债务风险更高，因为当期债务要求公司能够在近期获得足够的现金来偿还。同时，非流动负债能够使公司报告更高的营运资本（流动资产减流动负债）和更高的流动比率（流动资产/流动负债）。很多贷款协议都对营运资本和流动比率有明确的要求。正如你在这部分学习到的，你应该从这样的角度来做出如何分类的选择，管理层可能不会太关注“我应该报告多少流动负债”，而是关注“我可以不作为流动负债报告的金额是多少”。

一年内到期的长期负债

长期负债（债券、票据、租赁负债、递延所得税负债）如果在一年（或者长于一年的一个经营周期）内需要偿还，那么我们应将其重分类，报告为流动负债。例如，20 年期的债券在前 19 年报告为长期负债，但是在第 20 年编制的资产负债表中，通常将其报告为流动负债。[①]通用磨坊公司 2015 年将 10.004 亿美元的长期负债转为流动负债报告（见示例 11－1）。

债权人可收回的债务

将当期到期的债务划分为流动负债的要求中，还包括债权人可以在一年（或者长于一年的一个经营周期）内收回（即活期）的债务，即使这些债务可能不会被收回。重分类为流动负债还包括由于出现了违反债务协议的行为债权人有权要求付款的情形（比如营运资本低于债务协议的最低要求）。也包括债务还没有要求收回，但是如果在规定宽限期内没有纠正违反协议的行为就将在当年收回的情形（除非违反协议的行为很可能在宽限期纠正或者债权人

① 要再融资的债务是一个例外，我们稍后讨论。

放弃权利）。[①]

如果短期债务预期会再融资

再次思考前面讨论的20年期债券的例子。通常情况下，在第20年的资产负债表中，我们将其报告为流动负债。但是，如果在它即将到期时，公司又专门发行了一只20年期的债券，并且该债券的发行目的是偿还第一只20年期债券。那么，我们是在19年中有一项长期负债、在第20年有一项流动负债、在第21年及以后有一项长期负债，还是只有一项40年期的长期负债？如果我们看透交易的本质，就会发现这是一项持续的非流动负债。实质重于形式的概念影响了预期会再融资的债务的分类。

预期以长期形式再融资的短期债务（包括我们之前讨论的可收回债务），只有在满足以下两个条件的情况下，才可以报告为非流动负债（而不是流动负债）：

（1）公司打算以长期的形式再融资；

（2）公司必须实际证明有以长期形式进行再融资的能力。

以长期形式再融资的能力可以通过现有再融资协议或财务报表公布前的实际融资来体现。[②] 示例11－12提供一个例子。

示例11－12　预期以长期形式再融资的短期债务

Brahm Bros冰淇淋公司有1 200万美元的票据于2019年5月到期，并且有1989年发行的400万美元的债券于2019年2月到期。2018年12月31日，在公司会计年度截止日，管理层打算以长期形式对以上两项负债进行再融资。

2019年2月7日，公司发行20年期的400万美元债券，用来偿还当月到期的债券。在2018年财务报表公布之前的3月上旬，Brahm Bros公司与某商业银行协商了可以在2019年任意时间使用700万美元信贷额度。所有借款从借款日起两年后到期。利息按照伦敦同业银行拆借利率计算。*

	2018年12月31日 （单位：千美元）
分类	
流动负债	
应付票据	$5 000
长期负债	
应付票据	$7 000
应付债券	4 000

管理层以长期形式再融资的能力通过资产负债表公布前的实际融资情况来体现。再融资协议表明，Brahm Bros公司有能力再融资1 200万美元中的700万美元。剩余的500万美元必须报告为流动负债。

*这是广泛可得的利率，经常作为确定信贷额度利率的基础，通常缩写为LIBOR。

如果示例中以发行股票的方式对债券进行再融资，该债券同样不包含在流动负债中。债务分类与长期融资的方式（债券、银行借款、权益证券）无关。要求公司除了有以长期形式再融资的意愿之外，还要实际证明有以长期形式进行再融资的能力，是为了避免有意或无意

① FASB ASC 470-10-45：Debt-Overall-Other Presentation Matters（previously "Classification of Obligations That Are Callable by the Creditor," *Statement of Financial Accounting Standards No. 78*（Stamford，Conn.：FASB，1983））.

② FASB ASC 470-10-45-14：Debt-Overall-Other Presentation Matters（previously "Classification of Obligations Expected to Be Refinanced," *Statement of Financial Accounting Standards No. 6*（Stamford，Conn.：FASB，1975））.

地低估流动负债。

记住公司会计年度截止日和公司当年财务报表实际发布日之间有多长时间是非常重要的。在此期间发生的事项可以用来在报告日澄清财务报表要素的性质。这里我们认为再融资协议和实际证券交易可以证明公司以长期形式再融资的能力。在本章的后面部分，我们使用在此期间获得的信息来决定如何报告或有损失。

国际财务报告准则

再融资负债的分类。在美国公认会计原则下，如果在财务报表发布日之前已经完成再融资，那么下一年需要偿还的负债应该划分为长期负债。在国际财务报告准则下，必须在资产负债表日前完成再融资。[①]

概念回顾练习

流动负债

以下交易与 Southern Communications 公司 2018 年和 2019 年的负债有关。Southern Communications 公司的会计年度截止于 12 月 31 日。

要求：

为以下交易编制适当的会计分录。

2018 年

7 月 1 日　以最优惠利率（7 月为 11.5%）与 First City 银行商定 25 000 000 美元的无承诺短期信贷额度。按照约定，公司不必为此支付承诺费。

8 月 9 日　收到一个主要客户为运输通信设备的包装物支付的可退还押金 30 000 美元。

10 月 7 日　收回大部分运输包装物，这些包装物之前支付了可退还的押金。另外有一封客户来信，客户表示要保留一部分包装物，这部分包装物的押金是 2 000 美元，客户放弃这部分押金。这部分包装物的成本是 1 500 美元。

11 月 1 日　在 7 月商定的信贷额度下向 First City 银行借入 700 万美元现金，签发一张 9 个月的本票。利率为最优利率 12%，到期日支付。

12 月 31 日　记录以上负债的调整分录。

2019 年

2 月 12 日　用未使用的信贷额度作为支持，发行 900 万美元的商业票据，并发行 6 个月的本票。利息在发行时按照 10%的折价率折价。

8 月 1 日　到期日偿还利率为 12%的票据。

8 月 12 日　到期日偿还商业票据。

2018 年

解答：

7 月 1 日

在没有发生实际借款前，不做任何会计分录。信贷额度的存在和条款在附注中披露。

---

① "Presentation of Financial Statements" *International Accounting Standard No. 1* (IASCF), as amended effective January 1, 2016.

8月9日

借：现金　30 000

　贷：负债——可退还押金　30 000

10月7日

借：负债——可退还押金　30 000

　贷：现金　28 000

　　收入——销售包装物　2 000

借：销售成本　1 500

　贷：包装物存货　1 500

11月1日

借：现金　7 000 000

　贷：应付票据　7 000 000

12月31日

借：利息费用（7 000 000×12%×2/12）　140 000

　贷：应付利息　140 000

2019年

2月12日

借：现金[9 000 000−(9 000 000×10%×6/12)]　8 550 000

　　应付票据折价（差额）　450 000

　贷：应付票据　9 000 000

注意：实际利率是[(9 000 000×10%×6/12)÷8 550 000]×12/6=450 000÷8 550 000×2=10.53%。

8月1日

借：利息费用（7 000 000×12%×7/12）　490 000

　　应付利息（从调整分录获得）　140 000

　　应付票据（面值）　7 000 000

　贷：现金（7 000 000+630 000）　7 630 000

8月12日

借：利息费用（9 000 000×10%×6/12）　450 000

　贷：应付票据折价　450 000

借：应付票据（面值）　9 000 000

　贷：现金（8 550 000+450 000）　9 000 000

第2节　或有事项

我们在这一节讨论的或有事项与前面讨论的负债之间的区别在于，该义务是否真的存在具有不确定性。环境会引起或有事项的产生，但是只有当未来事项发生（或不发生）时，我们才能确定这项负债是否真的存在。

一、或有损失

通用汽车公司 2015 年的财务报表显示了多种潜在义务，见示例 11－13。

示例 11－13 潜在或有损失的披露——通用汽车公司

17. 承诺和或有事项（节选）
与我们相关的各种其他法律行动、政府调查、索赔和诉讼正在进行，包括：因涉嫌产品缺陷而产生的问题；雇佣相关问题；与安全、排放和燃料经济性有关的政府法规规定；产品保证；金融服务；经销商、供应商及其他合同关系；没有根据会计准则更新第 740 号记录的税务相关问题；“所得税”（间接税相关事项）和环境问题。

这些“法律行动、政府调查、索赔和诉讼”都与已经发生的情况有关。但是，因为通用汽车公司不知道它是否需要在未来支付款项，所以不太清楚这些情况是否已经导致了负债。有多大可能产生不利的结果，如果不利的结果发生，通用汽车公司需要支付多少钱？

或有损失（loss contingency）是一种现存的涉及潜在损失的不确定情况，其涉及的潜在损失取决于未来事项是否发生。或有事项是否记录并作为负债进行报告取决于：(a) 事项发生的可能性；(b) 可以确定的损失金额。例如，考虑那些因 2014 年召回的通用汽车点火开关故障而受伤的客户提起的针对通用汽车公司的诉讼。截至 2016 年 1 月 27 日，通用汽车公司的附注 17 披露了许多关于此类索赔的信息，包括 121 起集体诉讼和 235 起个人伤害诉讼。这些诉讼需要几年时间才能解决或完结。在确定如何在这些诉讼解决之前对它们进行会计处理时，通用汽车公司必须评估其最终不得不支付赔偿金的可能性，以及如果需要赔偿，赔偿的金额将是多少。

注意，我们只对财务报表日之前发生的事项所导致的或有损失进行会计处理。否则，无论最终结果的可能性如何，在报表日不存在任何负债。记住，负债的本质特征之一是它是过去的交易或事项的结果。在通用汽车公司的例子中，通用汽车公司之前曾将汽车销售给客户，因此引发潜在诉讼损失的事项已经发生了。不确定性与过去的事项无关，而是与未来可能发生的诉讼损失有关。

公认会计原则规定，证明负债产生的未来事项的可能性（有点武断）可以分为很可能、可能或极小可能[①]：

很可能（probable）：具有证明作用的事项很可能发生。

可能（reasonably possible）：具有证明作用的事项发生的可能性大于极小可能，但小于很可能。

极小可能（remote）：具有证明作用的事项发生的可能性很小。

---

① 因为美国财务会计准则委员会会计准则更新第 740-10-25 号（Income Taxes-Overall-Recognition（之前是“Accounting for Uncertainty in Income Taxes,” *FASB Interpretation No. 48*（Norwalk, Conn.: FASB, 2006)））为所得税中不确定性的会计处理提供了指南，所以会计准则更新第 450－10 号（Contingencies-Loss Contingencies（之前是 *SFAS No. 5*））并不适用于所得税。公认会计原则在所得税的不确定性中改变了确认所得税状况的门槛，从最可能的金额改为在持续审查后有“比不可能更可能”的可能性的金额。我们将在第 13 章讨论所得税中不确定性的会计处理。

报告或有负债的另一个关键因素是美元金额。潜在损失的金额分为已知、可以合理估计或无法估计三种。

如果具有证明作用的事项很可能发生并且金额至少可以合理估计，那么应该记录一项负债。或有损失通常记录如下：

借：损失（或费用） ××××

贷：负债 ××××

如果在可能损失范围内的某一金额比范围内的其他金额更好，那么就按照这个金额记录。当损失范围内没有一个金额比其他金额好时，则应记录最低金额，并且披露可能的额外损失。[①]

举个例子，示例11-14是默克公司2015年财务报表的一个附注。

示例11-14 或有损失的记录——默克公司

10. 或有事项和环境负债（节选）
管理层认为，所有很可能且可以合理估计的环境问题负债在2015年12月31日和2014年12月31日分别为1.09亿美元和1.25亿美元。虽然无法确切地预测这些事项的结果或最终补救费用，但管理层认为，已记录负债之外的所有可能的支出总共不会超过5 700万美元。

与公认会计原则一致，默克公司记录并披露了1.09亿美元的损失，这些损失很可能发生且金额可以合理估计，然后才披露了除此之外的可能损失的估计5 700万美元。

值得注意的是，一些或有损失不涉及负债。相反，这些或有事项在解决时会导致非现金资产受损，因此记录这种或有事项意味着减少相关资产而不是记录一项负债：

借：损失（或费用） ××××

贷：资产（或估值账户） ××××

这种类型的最常见的或有损失是无法收回的应收账款。前面在不知道它属于或有损失的情况下，你是这样记录的：借：坏账费用；贷：坏账准备。[②]

并非所有的或有损失都被记录。如果记录标准中有一个或两个没有满足，但是损失发生的概率至少是可能，那么需要在附注中披露或有事项。如果有可能的话，还应该提供潜在损失或损失范围的估计值。如果确实不能做出估计，那么需要陈述该事项的影响。

作为一个只是披露或有损失的例子，考虑美国钢铁公司2015年年度报告中的一项附注。如示例11-15所示，美国钢铁公司认为，无法估计与之前出售的财产和业务相关的潜在环境负债，因此只披露了或有损失。

示例11-15 或有损失的披露——美国钢铁公司

附注20：或有事项和承诺（节选）
纵观历史，美国钢铁公司出售了大量的财产和业务，其中许多包含与被剥离资产有关的赔偿和成本分摊协议……与这些交易和财产相关的潜在负债的金额无法估计，因为与被剥离和解除财产有关的条件的性质和程度未知。

示例11-16总结了以下两项任意组合的正确会计处理：（1）义务被证实的可能性；（2）金

① FASB ASC 450-20-30：Contingencies-Loss Contingencies-Initial Measurement（previously "Reasonable Estimation of the Amount of the Loss," *FASB Interpretation No. 14*（Stamford，Conn.：FASB，1976））.

② FASB ASC 310-10-35-7：Receivables-Overall-Subsequent Measurement-Losses from Uncollectible Receivables（previously "Accounting for Contingencies" *SFAS No. 5*，Norwalk，Conn：FASB 1975，par. 22）.

额的可确定性。

示例 11-16　或有损失的会计处理

可能性	潜在损失的金额		
	已知	可以合理估计	无法合理估计
很可能	记录负债并在附注披露	记录负债并在附注披露	只披露
可能	只披露	只披露	只披露
极小可能	不需要披露*	不需要披露*	不需要披露*

*下一章讨论的某些担保和其他特定资产负债表表外风险情况除外。

产品保证或担保

制造商质量保证

保证满意！如果不满意，退还你的钱！如果 5 年内或 10 万英里内出现任何问题……！三年保修！大多数消费品都有类似的承诺。在第 4 章，我们把这种保证称为质量保证。当这种类型的保证包含在卖方和客户之间的合同中时，它不是卖方的单独履约义务。相反，它是卖方做出的保证，保证客户将对卖方提供的商品或服务感到满意。

为什么卖方会提供质量保证？为了增加销量。因此，在产品销售的同一会计期间（将费用与收入相匹配），应该估计并记录这些保证的成本。而且，在销售期间，公司有义务履行保证，因此应该在销售期间确认负债。难点在于履行保证的很多成本通常发生在以后，有时甚至是几年之后。因此那就是或有损失。可能存在一项由已经存在的情况（保证的产品已经售出）导致的未来经济利益的流出（履行保证的成本），而这取决于未来不确定的事项（客户要求）。

记录（而不仅仅是披露）或有损失的标准几乎总是被产品保证满足。虽然我们通常无法预测与单次销售相关的负债，但对一段时期总负债的合理准确估计通常是可能的，因为先前的经验使我们能够预测有多少保证（平均）需要满足。示例 11-17 显示了在产品销售的报告期内如何记录或有负债。

示例 11-17　产品保修

Caldor Health 公司是一个家庭医疗用品供应商，它推出了一种新的治疗椅，带有两年的质量保证。根据行业经验估计，在销售后的头 12 个月内，保修成本为销售额的 3%，接下来的 12 个月为 4%。2018 年 12 月，即产品销售的第一个月，Caldor 售出了 200 万美元的治疗椅。

12 月期间		
借：现金（和应收账款）	2 000 000	
贷：销售收入		2 000 000
2018 年 11 月 30 日（调整分录）		
借：保修费用［(3%+4%)×2 000 000］	140 000	
贷：预计保修费用		140 000
当客户要求保修并发生成本以满足这些要求时，负债减少了（假设 2019 年为 61 000 美元）：		
借：预计保修费用	61 000	
贷：现金、应付职工薪酬、零部件和物料等		61 000

对保证成本的估计是很难精确的。但是，如果在必要时对估计方法进行了监测和修改，那么高估和低估应该会随着时间的推移而相互抵消。估计的负债可以分为流动负债或者部分流动负债、部分非流动负债，这取决于保证要求预期是否会得到满足。

预期现金流量法

财务会计准则委员会在 2000 年发布的财务会计概念公告第 7 号“在会计计量中使用现

金流量信息和现值”中，提供了一个使用未来现金流量作为资产和负债计量基础的框架。①该概念公告提供了一种考虑现金流量金额和时间不确定性的方法。尽管未来现金流量在许多情况下是约定和确定的，但在一些情况下现金流量的金额和时间是不确定的，比如质量保修负债。

正如示例11－17所示，计量保修义务的传统方法是报告未来现金流量的“最佳估计数”，忽略货币时间价值。然而，当保修义务超过一年并且我们可以用概率对可能的现金流量进行估计时，财务会计概念公告第7号提供了一种更合理的估计保修义务的方法。这种“预期现金流量法”将现金流量的概率纳入分析。示例11－18提供了一个例子。

示例11－18 产品保修

Caldor Health公司是一个家庭医疗用品供应商，它推出了一种新的治疗椅，带有两年的质量保证。2018年12月，即产品销售的第一个月，Caldor售出了200万美元的治疗椅。行业经验表明潜在保修成本的概率分布如下：

保修成本（美元）	概率
2019年	
50 000	20%
60 000	50%
70 000	30%
2020年	
70 000	20%
80 000	50%
90 000	30%

与服务公司达成的协议要求在2019年底和2020年底对两年期的保修进行结算。无风险利率是5%。按照预期现金流量方法，在2018年底，Caldor应记录的保修负债（费用）为131 564美元，计算如下：

2019年	\$50 000×20%＝	\$10 000	
	60 000×50%＝	30 000	
	70 000×30%＝	21 000	
		\$61 000	
		×0.952 38*	\$58 095
2020年	\$70 000×20%＝	\$14 000	
	80 000×50%＝	40 000	
	90 000×30%＝	27 000	
		\$81 000	
		×0.907 03†	73 469
			\$131 564

2018年12月31日（调整分录）

借：保修费用	131 564	
贷：预计保修负债		131 564

*1美元的现值，$n=1$，$i=5\%$。
†1美元的现值，$n=2$，$i=5\%$。

① “Using Cash Flow Information and Present Value in Accounting Measurements,” *Statement of Financial Accounting Concepts No. 7* (Norwalk, Conn.: FASB, 2000). 回忆一下，概念公告不直接规定公认会计原则，而是为财务会计提供结构和指引。

延伸保证合同

当你购买电脑、数码相机、汽车或者大部分耐用消费品时，绝大多数情况下你会被询问是否购买延伸保证。延伸保证提供了超出制造商初始保证的额外保证。正如第4章中讨论的，因为延伸保证是在产品销售之外单独定价和销售的，所以它构成了独立的履约义务。因此，我们不但要担心如何确认与延伸保证相关的或有负债，还面临另一个会计问题：何时应确认销售延伸保证的收入？

在履行履约义务时确认收入，而不是在收到现金的时候。因为延伸保证是在一段时间内提供保证，这些安排通常可以在保证期内确认收入。但是，现金通常在延伸保证销售时就提前收取。与其他未来产品和服务的预付款类似，从延伸保证合同中获得的收入不会立即得到确认，而是在销售时被记录为递延收入负债，并在合同期内确认为收入（通常采用直线法）。我们用示例11-19说明延伸保证的会计处理。

示例11-19　延伸保证

Brand Name机械公司销售的大部分机械都有一年的保修期。在购买机械时，顾客可以选择是否购买一项需要额外付款的三年期延长保修期合同。2018年1月3日，Brand Name公司出售了一项60美元的三年期合同，涵盖2019年、2020年和2021年。

2018年1月3日		
借：现金（或应收账款）	60	
贷：递延收入——延伸保证		60
2019年、2020年、2021年的12月31日（调整分录）		
借：递延收入——延伸保证	20	
贷：收入——延伸保证（60 ÷ 3）		20

在延长保修期内，为满足客户要求而产生的成本也将在三年期间内记录。这样，延长保修期每年的净利润将会反映确认的保修收入和与该收入相关的成本。

补充思考

回扣、小礼品和优惠券的会计处理。有时，公司以某种方式推广其产品，会导致公司将来有义务做一些事情。例如，在销售时，客户取得收银票据、产品上的条形码或其他购买凭证，然后可以邮寄给制造商以获得现金回扣。同样，客户有时可以出示购买凭证来获得非现金物品（称为小礼品），如玩具、小家电或者餐具。公司也可以邮寄优惠券，促使客户在将来某个时候以折扣价购买公司的产品和服务。我们应该如何处理这些促销活动产生的未来义务？

直到最近，所有这些促销活动都被视为产生了或有负债。毕竟，它们使卖方有义务在将来某一天交付一些不确定金额的现金、商品或服务。然而，随着最近收入确认的变化，这一领域的会计处理也发生了变化。现在我们将承诺提供回扣和小礼品视为卖家和客户之间协议的一部分。这意味着我们应使用在第4章中学到的收入确认程序来处理它们。

现金回扣是未来返还现金的义务，因此它代表客户支付的净金额的减少。为了记录它们，我们估计客户将获得的现金回扣额，并在确认收入的期间据此减少收入确认的金额。我们也确认估计回扣的负债，类似于确认可退还押金的方法。

小礼品要求公司提供的非现金物品，被作为单独的履约义务进行处理。我们将原始销售价格的一部分分配给小礼品（根据其相对独立销售价格），将该金额记录为递延收入，并在小礼品交付时确认该部分为收入。与延伸保证一样，没有确认或有负债，因为我们在交付期间确认收入和小礼品的成本。

作为销售合同的一部分但尚未提供的优惠券并不是收入确认的一部分。相反，发行优惠券会在发行优惠券的期间形成或有负债。在实务中，公司通常会（a）在发行优惠券期间确认与估计优惠券使用有关的全部费用，或者（b）在发行优惠券期间不确认负债，而是在优惠券使用时记录费用。这些方法的区别通常被认为不重要。

诉讼

未决诉讼并不少见。事实上，正如通用汽车公司一样，大多数大中型公司每年都报告很多诉讼导致的或有损失。

在实践中，因为未决诉讼而记录损失是很少见的。你能猜猜这是为什么吗？假设你是Feinz食品公司的首席财务官。Feinz是一起4 400万美元集体诉讼的被告。公司的法律顾问非正式地告诉你，公司赢得官司的机会相当小。法律顾问认为公司可能会损失3 000万美元。现在假设你决定在财务报表中记录3 000万美元损失。随后，在法庭上，你所披露的Feinz公司管理层认为公司可能会损失3 000万美元的这一信息，将成为对方法律顾问反击你的好理由。认识到这一点，大多数公司都认为，在当今的法律环境下，诉讼的结果具有高度不确定性，这使得预测十分困难。

因此，虽然公司可能会记录估计的律师费和其他法律费用，但在最终判决或协定基本完成之前，它们通常不会记录损失。虽然公司应该对这些或有负债进行大量披露，但实际上它们并不总是这样做。[①] 2010年，美国证券交易委员会开始向公司施压，要求它们披露更完整的诉讼信息，包括更好地描述可能发生的损失范围。举例来说，示例11-20提供了摩根大通公司2015年年度报告中出现的8页诉讼附注的摘录。

示例11-20　诉讼或有事项的披露——摩根大通公司

附注31：诉讼（节选）
截至2015年12月31日，公司及其子公司在众多法律诉讼中都是被告或假定被告，包括私人、民事诉讼和监管/政府调查……公司认为，超过已建立的准备金的估计损失范围，从0美元增加到2015年12月31日的大约36亿美元。这一估计的总损失范围是基于目前可获得的信息，公司做出的合理损失估计。对于某些事项，公司不认为可以做出这样的估计。

即使一家公司在法庭上败诉，它也可能不会记录损失。正如你在示例11-21中看到的，拉斯韦加斯金沙集团在其2015年年度报告中披露了其失败的诉讼，但并没有因诉讼而产生赔偿，因为公司正在上诉。

示例11-21　诉讼披露——拉斯韦加斯金沙集团

附注13：承诺和或有事项（节选）：诉讼
公司认为，对这些判决提起上诉在法律和事实上都有有效依据。因此，公司认为确认判决金额的可能性不大，目前无法合理估计任何损失的金额。由于本公司认为该潜在损失不是很可能发生或不可估计，故未记录与该法律事项有关的任何准备或或有事项。

---

① 诉讼相关或有负债不完全披露的研究，参见R. Desir，K. Fanning，and R. Pfeiffer，"Are Revisions to SFAS No. 5 Needed?" *Accounting Horizons* 24 (4)：December，2010：525-546。

期后事项

公司会计年度截止日和财务报告日之间往往有几周的时间。[1] 在此期间发生的事项可用于澄清报告日财务报表要素的本质，如下列时间线所示：

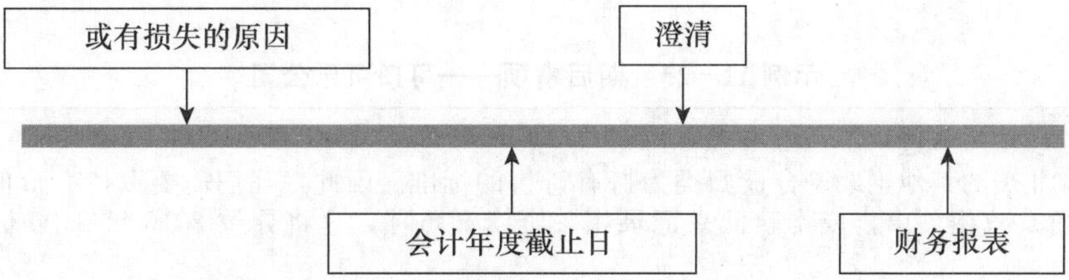

如果可以获得信息来揭示在会计年度结束时存在的索赔，则应该使用该信息来确定或有损失发生的概率并估计损失金额。

在星巴克公司会计年度结束日（2013 年 9 月 29 日）之后结束的诉讼，显然影响了其或有损失的记录（见示例 11－22）。

示例 11－22 诉讼或有事项的记录——星巴克公司

附注 15：承诺和或有事项(节选)

法律诉讼

2010 年 12 月 6 日，卡夫公司在纽约南区的美国地方法院对星巴克公司提起了一项联邦法院诉讼——卡夫食品全球公司诉星巴克公司。2013 年 11 月 12 日，仲裁员要求星巴克向卡夫支付 22.275 亿美元的赔偿金，外加判决前的利息和律师费。我们估计了判决前的利息，包括截至预计付款日期的应计利息以及律师费，约为 5.566 亿美元。因此，我们在 2013 财年的经营业绩中记录了 27.841 亿美元的诉讼费用。

对于应记录的或有损失，引起诉讼的原因必须发生在会计年度截止日之前。不必在报告期内提起诉讼。

有时，引起或有损失的原因在会计年度结束日之后财务报表发布日之前发生：

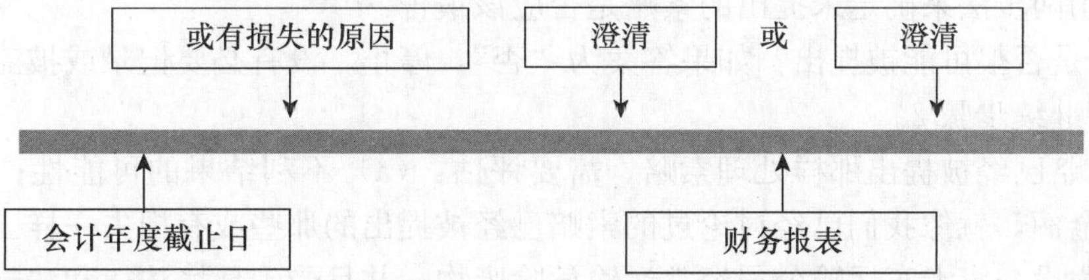

在公司会计年度截止后产生的或有事项不应该记录负债，因为在年末这项负债并不存在。但若未能披露可能的损失，将会使财务报表产生误导，所以这种情况应该在附注中予以披露，包括可能的损失对主要会计数据的影响。[2]

实际上，任何在会计年度截止日和财务报表发布日之间发生的可能对公司财务状况产生

---

① 如果财务报表以符合公认会计原则的格式广泛分发给财务报表使用者，则视为已发布。有些主体（例如私人公司）不向使用者广泛分发其财务报表。对于这些主体，期后事项的关键日期不是发布日期，而是财务报表可供发布的日期。财务报表可供发布的日期是指财务报表以符合公认会计原则的格式完成，并获批可以发布的日期。主体必须披露用于确定期后事项的日期（FASB ASC 855：Subsequent Events（previously "Subsequent Events," *Statement of Financial Accounting Standards No. 165*（Stamford，Conn.：FASB，2009)))。

② FASB ASC 450-20-50v9：Contingencies-Loss Contingencies-Disclosure（previously "Accounting for Contingencies," *Statement of Financial Accounting Standards No. 5*（Stamford，Conn.：FASB，1975)，par. 11)。

重大影响的事项都应该在期后事项附注中披露。例如发行债务或权益证券、企业合并和终止经营。

可口可乐公司2015年年度报告中的一项附注见示例11-23，它描述了2016年第一季度发生的事项。

示例11-23 期后事项——可口可乐公司

> 附注21：期后事项（节选）
> 2016年2月，北美的其他土地符合被归类为持有待售的标准。因此，我们需要以持有价值和公允价值（根据估计售价）减相关出售成本孰低来记录相关资产和负债，这将导致2016年2.96亿美元的非现金损失。

补充思考

公司收购另一家公司时承担的或有负债可能与在正常业务过程中的会计处理不同。如果收购方能够确定或有负债的公允价值，负债以公允价值计量。例如，收购日保证义务的公允价值通常可以确定。如果收购方不能确定公允价值，那么收购方使用适用或有负债的一般标准。也就是如果满足以下两个条件，则应该记录或有负债：(1) 可获得的信息表明负债在收购日很可能已经发生；(2) 负债的金额可以合理估计。在收购之后，公认会计原则对收购方应如何处理这些或有负债不是很明确。公认会计原则指出："收购方应建立一个系统和合理的基础，以便根据其性质对或有事项产生的资产和负债进行计量和会计处理。"[①] 缺乏明确的指导意见意味着企业如何处理收购导致的或有负债可能缺乏可比性。

尚未提出的索赔和处罚

即使在财务报表公布日尚未提出索赔，也可能需要记录和披露或有事项。在这种情况下，需要使用两步法来确定未提出的索赔是否应该报告：

1. 索赔是否很可能被提出？如果答案为"否"，停止。没有必要记录或披露。如果答案为"是"，请继续步骤2。

2. 像索赔已经被提出那样处理索赔。需要评估：(a) 不利结果的可能性；(b) 是否可以估计损失金额，就像我们已经讨论过的索赔已经被提出的那些或有损失一样。

例如，假设一家卡车运输公司经常运输危险废物，并且受到环境法律和法规的约束。管理层已经确定了几个其负责或可能负责补救的地点。对于那些尚未提出处罚的地点，管理层必须评估可能提出索赔的可能性，如果是，则评估公司实际承担责任的可能性。如果管理层认为处罚是很可能的，估计损失和或有负债只有在很可能出现不利结果并且金额可以合理估计时才予以记录。如果不利的结果只是可能发生，或者这一结果很可能发生，但金额不能合理估计，则只需在附注中披露。如果结果发生的可能性很小，则不需要采取行动。

如附注所示（见示例11-24），联合太平洋公司在2015年12月31日得出结论，一些尚未提出的索赔符合上述两步法的记录标准。

---

① FASB ASC 805-20-25：Business Combinations-Identifiable Assets and Liabilities，and Any Noncontrolling Interest-Recognition (previously "Accounting for Assets Acquired and Liabilities Assumed in a Business Combination that Arise from Contingencies," *FASB Staff Position No. 141R-1* (Norwalk，Conn.：FASB，2009)).

示例 11-24 尚未提出的索赔——太平洋公司

附注 15：承诺和或有事项（节选） 提出和尚未提出的索赔——公司和子公司面临各种索赔和未决诉讼。我们现在不能完全判断所有提出和未提出的索赔对整个公司的经营、财务状况和流动性有什么影响。在可能的范围内，我们将已提出和很可能提出但尚未提出且金额可以合理估计的索赔都记录为负债。

注意，对或有负债的处理需要满足负债的定义，即：(1) 很可能导致未来经济利益的流出；(2) 由对其他主体承担的现时义务形成；(3) 由过去的交易或事项产生。① 或有负债的内在不确定性意味着，需要额外考虑是否很可能导致未来经济利益的流出，以及是否可以对流出的金额进行量化。

国际财务报告准则

或有事项。或有事项的会计处理是国际会计准则第 37 号“准备、或有负债和或有资产”的一部分。总体上，国际财务报告准则和美国公认会计原则对或有损失的会计处理十分相似。如果或有损失很可能发生并且可以合理估计，则应该记录。如果发生的概率至少为可能，则应该披露。然而，也有一些重要的区别：

● 国际财务报告准则将应计（已记录的）负债称为“准备”，将不予记录的可能的义务称为“或有负债”。美国公认会计原则中，这些负债都使用“或有负债”一词。

● 国际财务报告准则要求披露（但不需要记录）两种类型的或有负债：(1) 可能的义务，其存在性由公司无法控制的一些不确定的未来事项来证明；(2) 未来现金流出不是很可能发生或未来现金流出无法可靠计量的现时义务。美国公认会计原则没有做出这种区分，但是通常需要对这些或有事项进行披露。

● 国际财务报告准则将“很可能”定义为“比不可能更可能”(大于 50%)，低于美国公认会计原则中“很可能”的门槛。

● 如果记录负债，国际财务报告准则按照履行当前义务所需支出的最佳估计数对负债进行计量。如果结果为某一区间，且区间内的金额发生的概率相等，国际财务报告准则要求使用区间的中间值，而美国公认会计原则要求使用最低值。

● 如果货币时间价值的影响是重大的，那么国际财务报告准则要求负债按现值表述。美国公认会计原则允许在某些情况下使用现值，但或有损失（如诉讼）产生的负债通常不用根据货币时间价值折现。②

● 国际财务报告准则确认“亏损”合同的准备和或有事项。“亏损”合同是指满足义务所付出的不可避免的成本超过其预期收益的合同。③ 但根据美国公认会计原则，我们一般不会披露或确认亏损合同的损失，尽管有一些例外（例如，长期建造合同的损失以及已终止合同的损失都需要记录）。

---

① “Elements of Financial Statements,” *Statement of Financial Accounting Concepts No. 6* (Stamford, Conn.: FASB, 1985).

② 例如，FASB ASC 410-30-35-12：Asset Retirements and Environmental Obligations-Environmental Obligations-Subsequent Measurement。

③ Paragraph 10 of “Provisions, Contingent Liabilities and Contingent Assets”, *International Accounting Standard 37* (London, UK: IASB, 2008).

下面是沃达丰公司2015年财务报表附注的一部分，该公司按照国际财务报告准则报告：

附注17：准备（节选）

当集团由于过去的事项而承担现时义务（法定的或推定的）时，如果集团很可能履行义务并且义务的金额可以合理估计，则应该确认准备。准备按照报告日董事会对履行义务所需支出的最佳估计数计量，在货币时间价值影响重大的情况下应将其折为现值。

发展前瞻

对于或有事项会计处理和多种解决方法的争议可能会一直持续。国际会计准则理事会最近从其议程中停止了一项重新考虑或有事项确认和计量的项目，并推迟了一项旨在加强或有事项附注披露的工作。国际会计准则理事会有一个项目正在进行，但这个项目的进展缓慢，因为国际会计准则理事会把重点放在更紧迫的项目上。

二、或有利得

或有利得是指可能导致利得的不确定情况。例如，在一项未决诉讼中，一方（被告）面临或有损失；另一方（原告）面临或有利得。正如我们前面所讨论的，当或有损失很可能发生并且金额可以合理估计时，应记录或有损失。然而，并不记录或有利得。对或有利得进行这种不对称的会计处理是稳健性的一个例子。理由是估计损失是可取的，但是利得应该在实现时才确认。

尽管在账户中不记录或有利得，但是重要的或有利得应该在财务报表附注中披露。要注意披露信息不应该给出“关于实现的可能性的误导暗示”。[①]

国际财务报告准则

或有利得。在美国公认会计原则下，或有利得从未在账户中记录。在国际财务报告准则下，如果未来“基本确定”能够实现，则或有利得应予以记录。如果未来很可能实现，美国公认会计原则和国际财务报告准则都会对或有利得进行披露。但在国际财务报告准则下，“很可能”被定义为“比不可能更可能”（大于50%），因此比美国公认会计原则的门槛要低。

补充思考

或有事项的会计处理是有争议的。许多会计师不喜欢只在很可能发生的情况下确认或有损失负债，以及按照未来支出的最佳估计数报告负债。明显的替代方法是公允价值，它不根据概率来决定是否确认损失，也不在计量损失的金额时考虑概率。公认会计原则近期的变化对某些类型的或有损失事项（或者类似事项）采用了公允价值法。考虑下面的例子：

- 示例11-18使用一种折现的预期现金流量方法来计量与保证相关的或有负债。这种

① FASB ASC 450-30-50：Contingencies-Gain Contingencies-Disclosure（previously “Accounting For Contingencies,” *Statement of Financial Accounting Standards No. 5*（Stamford，Conn.：FASB，1975），par. 17）.

方法就近似于公允价值。

- 回顾第 8 章，资产弃置义务在资产取得时以公允价值记录。补偿负债类似于或有负债，因为它是由于过去购买资产而产生的不确定的未来金额，但按公允价值记录。
- 有时公司提供担保，可能要求它根据某一未来事项向另一方付款。例如，一家公司为关联公司的债务提供担保，使其更容易获得融资。公认会计原则认为这种担保有两个部分：(1) 一项确定的“准备就绪义务”来满足担保条款；(2) 不确定的或有义务，需要根据未来事项支付未来的付款（例如关联公司拖欠债务）。“准备就绪义务”最初以公允价值计量，而或有义务按一般或有损失处理。①

概念回顾练习

或有事项

Hanover Industries 公司制造并销售食品及食品加工机械。2018 年 12 月 31 日，Hanover 公司在编制财务报表时，发现以下与或有负债以及可能的负债调整相关的信息。Hanover 公司 2018 年的财务报表于 2019 年 4 月 1 日发布。

a. 2018 年 11 月 12 日，一位前员工控告 Hanover 公司年龄歧视并要求赔偿 750 000 美元。2018 年 12 月 31 日，Hanover 公司的律师表示有可能输掉这场官司，但不是很可能。2019 年 3 月 5 日，Hanover 公司同意支付给那位前员工 125 000 美元作为撤销诉讼的补偿。

b. Hanover 公司认为根据公司关于协商费率的口头协议，服务提供商有可能提出服务费过低的索赔。服务提供商在 2019 年 4 月前没有要求赔偿额外的费用，但是 Hanover 公司认为它将会提出。Hanover 公司的会计师和法律顾问认为这些指控是适当的，但如果进行处罚，随后的法庭诉讼可能会导致 55 000 美元的额外纳税责任。

c. Hanover 公司为每台出售的机器提供为期一年的保修。过去的经验表明，维修的成本大概是销售额的 2%。2018 年，机器的销售额为 21 300 000 美元。2018 年发生的保修支出中与 2018 年销售相关的是 178 000 美元，与 2017 年销售相关的是 220 000 美元。2018 年 1 月 1 日，保修负债账户余额是 250 000 美元。

d. 2017 年 Hanover 公司作为原告起诉 Ansdals 公司没有按照合同提供产品，要求赔偿 600 000 美元。在起诉进行到最后阶段时，法律顾问认为 Hanover 公司很可能胜诉并获得 300 000 美元（视为重大金额）。

要求：

1. 确定每种情况下合适的报告方式，简要说明原因。
2. 编制必要的日记账分录，并说明是否需要在附注中披露。

解答：

a. 这是或有损失。Hanover 公司可以利用年度结束以后发生的信息来确定适当的披露。诉讼的原因在年底前就已经存在。由于能够证明损失的协议已经达成且金额已知，因此 Hanover 应该记录 125 000 美元的负债。

---

① FASB ASC 460-10-25：Guarantees-Overall-Recognition（previously “Guarantor's Accounting and Disclosure Requirements for Guarantees, Including Indirect Guarantees of Indebtedness of Others,” *FASB Interpretation No. 45*（Stamford, Conn.：FASB, 2002)).

借：损失——诉讼　125 000

　贷：负债——诉讼　125 000

同时也需要披露。

b. 在财务报表发布时，服务供应商还未提出索赔。然而，很可能发生处罚。因而需要考虑：(a) 发生不利结果的可能性；(b) 是否能够估计金额。由于不利结果不是很可能发生，所以不需要计提。但是因为不利结果可能发生，所以需要披露。

注意：如果索赔不是很可能发生，即使不利结果很可能发生且金额可以估计，也不需要披露。

c. 与保修相关的或有事项应该记录，这是因为从过去的经验可以推断出很可能发生支出，并且可以估计出金额。当客户提出索赔并且满足索赔的成本发生时，负债减少。

借：保修费用（2%×21 300 000）　426 000

　贷：预计保修负债　426 000

借：预计保修负债（178 000+220 000）　398 000

　贷：现金、应付职工薪酬、零部件和物资等　398 000

2018 年 12 月 31 日报告的负债金额是 278 000 美元。

保修负债

（单位：千美元）

		250	1月1日余额
		426	2018 年费用
2018 年支出	398		
		278	12 月 31 日余额

解释或有事项的附注也需要披露。

d. 这是一项或有利得。或有利得不应该记录，即使很可能实现且金额可以合理估计。只有在真正实现时才应该确认。它可以披露，但是在披露时应该对实现的可能性避免使用误导性语言。

决策者视角

流动负债会影响公司的流动性。流动性是指公司的现金状况和正常经营过程中获取现金的能力。如果公司有足够的现金（或其他可以短时间内转换为现金的资产）支付当期到期的负债，那么公司就具有流动性。缺乏流动性可能导致一家其他方面不错的公司倒闭，所以管理者以及外部投资者和债权人对公司的流动性保持密切关注非常重要。

关注流动比率是一种较为常见的做法。流动比率是一个短期偿债能力指标，等于流动资产除以流动负债。

当我们将近期必须偿还的负债和现金或者可以在近期转换为现金的资产进行比较时，可以得到一个有用的公司流动性指标。根据经验，该指标通常应该等于或大于 1。但是像其他指标一样，这个标准能否接受取决于公司所在的行业和其他特定情况。尽管如此，仍然要牢记行业平均值只是一个参考标准，流动比率只是一个衡量流动性的指标。

流动比率的隐含假设是所有流动资产都具有相同的流动性，我们可以调整这个隐含假设。酸性测试比率又叫速动比率，与流动比率相似，但是对可以用于偿还流动负债的资产的判定更加保守。具体来说，分子，也就是速动资产，只包括现金及现金等价物、短期投资和应收账款。通过减去流动资产中的存货和预付费用这些不易转换为现金的资产，酸性测试比率提供了一个比流动比率更为严格的短期偿债能力指标。

如果流动比率低于行业总体水平，是否意味着流动性存在问题？不一定。尽管如此，它提醒我们在评估其他方面时要更加小心。要记住每个比率只是问题的一个方面。例如，盈利能力可能是流动性最好的长期指标。管理层可能在管理流动资产方面非常有效率，使得流动资产（应收账款或存货）能够更快地转化为现金来偿还负债。在前面章节讨论的周转率也可以帮助我们衡量资产管理的效率。

实际上，一些公司将应付账款视为供应商提供的免费贷款，就如同将应收账款视为对客户的免费贷款一样。这些公司倾向于让客户尽快付款，但是却会将支付给供应商的应付账款尽可能地延期。尽管这会产生相对较低的流动资产和相对较高的流动负债，并且会有较低的流动比率，但这是一个管理现金流量很好的方法，并且可以降低公司财务运作过程中对资本的需求。

考虑到公司流动性在分析师心目中的重要地位，就不难理解管理层为何试图操纵衡量流动性的比率。例如，公司可能利用其经济实力和说服力来要求改变供应商的送货日期，从而影响应付账款的确认时间。由于大部分流动性指标计算时都需要将应付账款计入分母，如流动比率，因此确认时间上的差异可能会导致可接受比率和不可接受比率之间的差异，或者违反和遵守债务协议的差异。例如，假设一家公司的流动比率是 1.25（流动资产 500 万美元，流动负债 400 万美元），违反了债务协议中流动比率最低为 1.3 的约定。通过推迟确认 100 万美元的存货，流动比率将会变成 1.33（流动资产 400 万美元，流动负债 300 万美元）。

对于债权人和分析师来说，留意影响时间策略的证据非常重要，例如应付账款水平的不正常变化。你可能注意到这种时间策略与我们前面讨论的盈余管理方法很相似——具体来说，就是通过操纵收入和费用的确认时间来“平滑”各期间的利润。

最后，所有财务报表使用者都需要注意确认与预付款有关的递延收入和之后确认收入之间的关系。一方面，增加递延收入可以视为未来收入确认的一个标志，因为递延收入最后都会被确认为收入；另一方面，研究表明一些公司通过报告递延收入来操纵收入确认时间，从而管理公司的盈余。[①]

在下一章中，我们将继续讨论负债。我们关注的重点将从流动负债转向债券和长期票据等形式的非流动负债。

财务报告案例问题参考答案

1. 什么是应计负债？什么是商业票据？

已经发生但是还没有支付的费用（应计费用），我们报告为应计负债。包括应付职工薪酬、应交所得税和应付利息。商业票据是票据的一种形式，大公司有时用它来获得暂时性融资。它被出售给其他公司作为短期投资。它作为无担保票据出售的最低金额是 25 000 美元，到期日在 30～270 天之间。一般来说，商业

① Marcus Caylor, “Strategic Revenue Recognition to Achieve Earnings Benchmarks,” *Journal of Accounting and Public Policy*, January-February 2010, pp. 82-95.

票据直接出售给购买方（出借人），并以银行信贷额度作为支持。

2. 为什么 Syntel Microsystems 公司流动负债中包含一些长期负债？

Syntel Microsystems 公司的流动负债中确实包含一些长期债务。长期负债中当期到期的部分必须作为流动负债报告。当这部分需要在下一年支付时，要将金额重分类并报告为流动负债。

3. 它们是否也将部分流动负债在长期负债中报告？为什么？

是的。如果公司（a）打算以长期形式再融资以及（b）利用再融资协议或者实际融资证明有能力这样做，那么短期债务允许报告为非流动负债。正如附注所解释的，公司近期应付债务中有一部分就是这样。

4. 是不是必须是已知的合同债务才能被报告为负债？

不是。从会计角度来看，并非只有义务明确、有法律强制力的债务才报告为负债。只要它们很可能发生并且金额能够合理估计，就可以记录为负债。

5. 流动负债的风险比长期负债的风险更高，这是真的吗？

其他条件相同的情况下，通常认为流动负债比长期负债的风险更高。正因如此，管理层更愿意将负债报告为长期负债。尽管如此，流动负债不一定风险更高。我们在本章中讨论的流动比率是用来衡量流动性的。记住，任何指标的评价都必须考虑以下因素：行业标准、盈利能力、周转率和风险管理行为等。

本章学习目标概要

学习目标 11-1

负债是已经发生的事情导致的未来牺牲资产的现时义务。流动负债预期需要用流动资产（或产生其他流动负债）来偿还，并且通常在一年内偿还。

学习目标 11-2

短期银行借款通常是在一家或几家银行的信贷额度内安排的。当利率从票据（一种不带息票据）面值中折价时，实际利率高于表述的折价率。规模大、信誉好的公司有时直接向购买者（出借人）出售商业票据，以借得利率低于银行借款的资金。

学习目标 11-3

应计负债是通过对费用已经发生但现金尚未支付（应计费用）的调整分录来记录的。常见的例子是应付工资、应交所得税和应付利息。

学习目标 11-4

如果公司（a）打算以长期形式再融资以及（b）利用再融资协议或者实际融资证明有能力这样做，那么短期债务可以报告为非流动负债。

学习目标 11-5

或有损失是一种现存的涉及潜在损失的不确定情况，其涉及的潜在损失取决于未来事项是否发生。或有事项是否记录并作为负债进行报告取决于：（a）具有证明作用的事项发生的可能性；（b）可以确定的损失金额。如果具有证明作用的事项很可能发生，并且金额至少可以合理估计，则应该记录或有损失。

学习目标 11-6

在年度结束之后、财务报表发布之前发生的澄清事项可以用来确定或有事项应该如何报告。一项未提起的诉讼、索赔或处罚如果很可能发生，就应该被记录或披露。或有利得是指可能导致利得的或有事项。或有利得在实际发生时确认。

学习目标 11-7

国际财务报告准则和美国公认会计原则对流动负债与或有事项的处理方式十分类似。相对较小的差异与预计将再融资的负债被归类为长期负债时融资必须到位的时间有关。此外，对于或有损失，国际财务报告准则中“很可能”是一个较低的门槛，要求记录损失的预期值，并要求在计量时使用现值。如果基本确定会发生，在国际财务报告准则下应该记录或有利得，在美国公认会计原则下则不记录。

本章重点问题回顾

11－1 从财务报告的角度来说，负债的基本特征是什么？

11－2 流动负债与长期负债有什么区别？

11－3 Bronson Distributor 公司欠供应商 100 000 美元往来款项。欠款需要在 3 个月内支付。在理论上应该如何正确报告这项负债的金额？在实务中又应该如何报告？为什么？

11－4 银行贷款通常在现有信贷额度下安排。什么是信贷额度？无承诺信贷额度和承诺信贷额度有何区别？

11－5 银行有时以不带息票据形式提供贷款。这种情况下银行真的不收利息吗？

11－6 商业票据和银行贷款有何不同？为什么商业票据的利率通常更低？

11－7 员工本期期末已经赚得的薪酬 5 000 美元在下期发放。应该如何记录这项费用和相关的负债？为什么？

11－8 什么情况下雇主应该记录员工未来带薪缺勤的费用以及相关负债？公司的习惯和实际做法如何影响记录的决定？

11－9 可退还押金和客户预付款有何相似之处？有何不同之处？

11－10 公司应该如何对礼品卡进行会计处理？

11－11 为第三方代收的款项在交给第三方前是一项负债。举出几个这样的例子。

11－12 公司在若干年后到期的债务，但债权人要求收回（因为需要）时，它们将债务归类为流动负债还是长期负债？

11－13 一年（或者长于一年的一个经营周期）内应该偿付的长期负债通常划分为流动负债报告。所以，一项 25 年期的债券应该在前 24 年以长期负债报告，但在第 25 年的资产负债表上以流动负债报告。列举一种不同的情况。

11－14 国际财务报告准则和美国公认会计原则在再融资负债分类方面有何不同？

11－15 定义或有损失，并举出三个例子。

11－16 列举并简要说明未来事项将证实或有事项会产生负债的二种可能类型。

11－17 什么情况下应该记录或有损失？

11－18 美国公认会计原则和国际财务报告准则在术语“或有负债”的使用方面有何区别？

11－19 假设分析表明或有损失不是很可能发生，应该如何进行会计处理？

11－20 说出两种几乎总是被记录的或有损失。

11－21 区分制造商保证和延伸保证的会计处理。为什么会有所不同？

11－22 在 12 月 31 日，也就是报告期的结束日，对或有损失的分析表明，一项义务虽然可以合理估计其金额，但只是可能发生。次年 2 月，财务报表发布之前，新的信息表明这项损失很可能发生，应该如何进行会计处理？

11－23 报告期结束后产生一项或有事项。在什么情况下，这项或有事项应该在已经结束的报告期的财务报表中报告？

11－24 对于在一个区间内发生概率相等的损失，美国公认会计原则和国际财务报告准则的会计处理有何不同？

11－25 美国公认会计原则和国际财务报告准则在计量或有负债时对现值的使用有何不同？

11－26 假设美国环境保护署正在调查 Ozone Ruination 公司可能造成的环境破坏，但在 2017 年 12 月 31 日公司会计年度结束前没有提出罚款。描述判断如何报告这项尚未提出的罚款的两步法。

11-27 你是一起诉讼中的原告。你的法律顾问告诉你最终肯定能赢得这场官司。你的律师也自信地说："你将获得1 200万美元。"描述恰当的会计处理。

11-28 根据国际财务报告准则，回答问题11-27。

简要练习

11-1 银行借款；应计利息

10月1日，Eder Fabrication公司取得6 000万美元借款，并为此发行9个月期、利率为12%的本票。利息在到期时支付。编制适当的日记账分录记录票据的发行，并编制12月31日报告期结束时适当的调整分录。

11-2 不带息票据；应计利息

10月1日，Eder Fabrication公司取得600万美元借款，并为此发行9个月期的本票。利息在发行时按12%的折价率进行折价。编制适当的日记账分录记录票据的发行，并编制12月31日报告期结束时适当的调整分录。

11-3 确定应计利息

7月1日，Orcas实验室发行面值为10万美元、利率为12%的8个月期票据。利息在到期时支付。如果会计年度截止日是（a）12月31日和（b）9月30日，年末调整分录中利息费用的金额分别应该是多少？

11-4 商业票据

Branch公司3月1日发行面值为1 200万美元的9个月期商业票据。利息在发行日按照9%的折价率进行折价。编制商业票据发行和到期支付的日记账分录。

11-5 不带息票据；实际利率

Life.com公司4月1日发行面值为1 000万美元的9个月期商业票据。利息在发行日按照6%的折价率进行折价。该商业票据的实际利率是多少？

11-6 预收款项

2018年12月12日，Pace Electronics公司从客户处收到购买二极管的24 000美元付款。这笔销售金额共240 000美元，应于2019年1月16日付清。Pace公司在12月12日和1月16日应该做何日记账分录？

11-7 预收款项

根据Lizzie Shoes公司的经验，如果12个月内没有兑换礼品卡，那么这些礼品卡就不太可能被兑换。Lizzie公司2018年8月销售18 000美元的礼品卡，2018年9月兑换了4 000美元，10月兑换了3 000美元，11月兑换了2 500美元，12月兑换了2 000美元。2019年1月和2月又分别兑换1 000美元和500美元。Lizzie公司在2018年和2019年应该分别确认多少与2018年8月销售的礼品卡有关的收入？

11-8 销售税

12月，Rainey Equipment公司取得赊销收入600 000美元。州销售税税率为6%，当地销售税税率为1.5%。编制合适的日记账分录。

11-9 债务重分类

考虑Future Brands公司在会计年度截止日2018年12月31日的如下负债。它们应该分类为流动负债还是长期负债？

1. 2022年5月31日到期，金额为7 700万美元，利率为8%的票据。从2019年3月1日起，这些票据可由银行收回。

2. 2023年5月31日到期，金额为10 200万美元，利率为8%的票据。债务契约要求Future公司的流动比率（流动资产与流动负债之比）至少为1～2。Future公司违反了这一要求，但获得了银行2019年5月前的豁免，因为两家公司都认为Future公司将在2019年上半年纠正这种情况。

11-10　债务再融资

Coulson 公司正在对一些长期债务进行再融资。会计年度截止日是 2018 年 12 月 31 日，财务报表将于 2019 年 3 月 15 日公布。在美国公认会计原则下，如果再融资在 2018 年 12 月 15 日完成，如何对这项负债进行分类？如果在 2019 年 1 月 15 日完成，又如何对这项负债进行分类？

11-11　债务再融资

Fleener 公司正在对一些长期债务进行再融资。会计年度截止日是 2018 年 12 月 31 日，财务报告将于 2019 年 3 月 15 日公布。在国际财务报告准则下，如果再融资在 2018 年 12 月 15 日完成，如何对这项负债进行分类？如果在 2019 年 1 月 15 日完成，又如何对这项负债进行分类？

11-12　保证

Right Medical 公司引入一种新型植入物，并且有 5 年的保修期。根据相似产品的经验，保修费用约为销售额的 1%。公司的销售额是 1 500 万美元，销售第一年实际支付的保修费用为 20 000 美元。年底 Right 公司应该报告的负债金额是多少？

11-13　产品召回

咨询顾问提醒 Goo Goo 公司的管理层，该公司生产的婴儿车有潜在的健康威胁。法律顾问认为很可能发生产品召回，并估计损失是 550 万美元。这对该期间公司的利润表和资产负债表有何影响？

11-14　或有事项

Skill Hardware 公司是一起涉及 1 600 万美元的法律诉讼的原告，诉讼在最终上诉阶段，法律顾问认为公司基本确定赢得诉讼，并将获得 1 200 万美元。Skill 公司应该如何对这一事项进行记录？

11-15　或有事项

如果公司财产被外国政府没收，则 Bell International 公司可以估计损失金额。没收被认为可能发生。Bell 公司应该如何报告这项或有损失？

11-16　或有事项

Household Solutions 是一家生产厨房用品的公司。公司今年的潜在成本来自：(1) 最近提起的专利侵权诉讼，损失的可能性极小且金额可以合理估计；(2) 另一起最近提起的家庭解决方案产品中使用的塑料污染食品的诉讼，损失很可能发生但是金额不能合理估计；(3) 新产品的保修费用，保修很可能发生且金额可以合理估计。应该记录上面哪几项成本？

11-17　或有事项

Quandary 公司的一个重要客户指控其产品存在重大缺陷。Quandary 公司的工程师和律师分析认为客户有 51%的概率将赢得官司，公司可能赔偿的范围为 1 000 万～20 00 万美元，且这一区间内各金额发生的可能性相同。这笔赔偿需要很快支付，所以货币时间价值不重要。在美国公认会计原则下，应该记录这项负债吗？在国际财务报告准则下呢？如果记录这项负债，在美国公认会计原则下记录的金额应是多少？在国际财务报告准则下又是多少？

11-18　尚未提出的罚款

2019 年 3 月 13 日，美国证券交易委员会对 Now Chemical 公司可能的证券违法行为进行调查。证券交易委员会还没有提出处罚。Now 公司的会计年度截止日是 2018 年 12 月 31 日，财务报表于 2019 年 3 月公布。公司管理层认为这项处罚可能发生，如果处罚发生的话很可能导致 1 300 万美元的罚款。Now 公司应该对其财务报表做何处理？

习　题

11-2　确定不同情况下的应计利息

2018 年 7 月 1 日，Ross-Livermore 公司发行 9 个月期、金额为 4 亿美元的票据。利息在到期时支付。

要求：

根据以下独立的假设计算年底调整分录应该记录的利息费用金额。

	利率	会计年度截止日
1.	12%	12月31日
2.	10%	9月30日
3.	9%	10月31日
4.	6%	1月31日

11-4　带薪未来缺勤

JWS Transport公司的员工每工作40小时可以获得1小时的带薪休假。这项福利可以保留（即使雇佣关系终止也可以享受）。2018年，这样的休假补贴支付给员工404 000美元，包括2018年实际享受的4 000美元，但不包括与2018年相关但推迟到2019年享受的休假。所有2018年之前获得的假期都在2018年1月1日之前已经休过。以前没有对假期做过应计分录，在这期间也没有支付过加班费和奖金。

要求：

为2018年获得但尚未享受的休假编制恰当的调整分录。

11-6　客户预付款；销售税

Bavarian餐厅2018年11月开始营业。在前两个月的经营中，该餐厅出售各种不同金额的礼品券，共获得5 200美元，其中大部分是作为圣诞礼物。这些礼品券可以在购买之日起两年内兑换为食物，但行业经验表明80%的礼品券将会在一年内兑换。2018年共将1 300美元的礼品券兑换为食物，食物的总价格是2 100美元。餐厅的销售税税率是4%，在顾客购买食品（而非礼品券）时计算缴税。销售税在1月上交。

要求：

1. 编制合适的日记账分录（汇总形式），记录2018年出售的礼品券（记住，实际上每张礼品券或食物的出售应该单独记录）。

2. 确定2018年12月31日的资产负债表上应该报告的礼品券负债。

3. 这项负债在2018年12月31日的资产负债表上应该如何分类（流动负债还是非流动负债）？为什么？

11-8　包含预付款的各种交易

以下选出的是2018年12月Interstate Farm Implement公司与负债相关的交易。Interstate公司的会计年度截止日是12月31日。

要求：

为下列交易编制合适的日记账分录：

1. 12月15日，从Bradley农场收到7 500美元，用于购买将在2019年1月6日交付的售价98 000美元的拖拉机。

2. 在12月期间，收到25 500美元与用于运输设备部件的集装箱有关的可退还押金。

3. 12月，赊销总额为80万美元。州销售税税率为5%，地方销售税税率为2%。（这是该期间许多单独销售交易记录的汇总日记账分录。）

11-10　财务会计准则委员会准则汇编

在财务会计准则委员会网站（www.fasb.org）上查询财务会计准则委员会会计准则汇编。

要求：

为下列各项目确定具体的引用：

1. 如果只是可能发生或有损失，则应披露或有损失。

2. 允许预期再融资的短期负债被归类为长期负债的准则。

3. 单独定价的延伸保证合同的收入核算。

4. 雇主必须将带薪休假记录为负债的准则。

11-11　债务的流动或非流动分类；Sprint 公司

Sprint 公司的年度报告中包含一段相当长的描述，题为“分部经营结果回顾”。其中指出，年底尚未支付的短期应付票据和商业票据合计金额为 7.56 亿美元，在下一年中“将通过发行长期债务或使用现有长期信贷工具再融资的方法偿还全部余额”。

要求：

Spent 应该如何在资产负债表中报告负债？为什么？

11-14　财务会计准则委员会准则汇编

在财务会计准则委员会网站（www.fasb.org）上查询财务会计准则委员会会计准则汇编。

要求：

1. 获得有关或有损失确认的权威文献。哪些具体准则中描述了何时记录或有损失的费用和负债的指南？

2. 列出这些指南。

11-16　延伸保证

Carnes Electronics 公司出售给顾客的电子产品都有 90 天的保修期。顾客在购买时可以选择支付额外费用购买 2 年延长保修期。当年，Carnes 公司收到延长保修期的款项 412 000 美元（全年大致均匀）。

要求：

1. 上述情况是或有损失吗？为什么？应该如何对其进行会计处理？

2. 编制延长保修期收入的汇总日记账分录（假设全部是赊销），以及其他应该本年记录的保修的日记账分录。

11-18　应收账款减值

Manda Panda 公司使用备抵法记录坏账。2018 年初，备抵账户的贷方余额为 75 000 美元。2018 年的赊销金额为 2 400 000 美元，年底的应收账款余额是 490 000 美元。本年有 73 000 美元的应收账款无法收回。Manda Panda 公司预计 3%的赊销将无法收回。会计年截止日是 12 月 31 日。

要求：

1. 上述情况是或有损失吗？为什么？

2. Manda Panda 公司 2018 年利润表中应报告的坏账费用是多少？

3. 编制记录或有事项的日记账分录。

4. Manda Panda 公司 2018 年资产负债表中应该报告的应收账款净值是多少？

11-20　涉及或有事项的各种交易

以下所选的交易与 Classical Tool Makers 公司的或有事项有关，该公司于 2018 年 7 月开始经营。公司会计年度结束于 12 月 31 日，财务报表于 2019 年 4 月发布。

要求：

为每项应该记录的或有事项编制年末调整分录，并注明是否需要在附注中披露。

1. Classical 公司缺陷产品提供一年的保修。根据以往的经验，保修成本预计约占销售额的 4%。2018 年的销售额为 200 万美元（全部为赊销）。实际保修支出是 30 800 美元，并在发生时记录为保修费用。

2. 尽管没有任何客户账款被证明是无法收回的，但该公司估计，2%的赊销最终将被证明是无法收回的。

3. 2018 年 12 月，田纳西州提起诉讼，要求对 Classical 公司违反清洁空气法的行为进行处罚。2019 年 1 月 23 日，Classical 公司与州法院达成和解，支付 150 万美元罚金。

4. Classical 公司作为原告向供应商提起 400 万美元的诉讼。诉讼最终上诉，律师认为 Classical 公司基本确定会赢得官司，并获得 250 万美元的赔偿。

5. 2018 年 11 月，Classical 公司意识到工业锯的一个设计缺陷，这可能会造成潜在的电气事故。产品召回似乎是不可避免的。这样的行动可能会使公司花费50万美元的成本。

6. Classical公司为一种新型的钻模提供25美元的现金回扣。客户必须将包装上的封条和现金收据一并寄回公司，才能收到回扣。经验表明，60%的回扣将被支付。2018年售出了1万个钻模。2018年客户得到的总回扣为10.5万美元，并在支付时被记录为促销费用。

11-24 保修费用；估计变更

Woodier Lawn Products公司2017年推出一种新型商用洒水器，并附有一年的保修期。由于这是公司第一个提供保修的产品，公司向贸易出版社咨询行业里其他公司的经验。根据经验，保修成本约为销售额的2%。2017年的销售额是250万美元。因此，第一年销售该产品与保修成本相关的或有事项的日记账分录如下：

应计负债和费用		
借：保修费用（2%×2 500 000）	50 000	
贷：预计保修负债		50 000
实际支出（汇总分录）		
借：预计保修负债	23 000	
贷：现金、应付职工薪酬、零部件和物资等		23 000

在2018年后期，公司根据保修经验估计，保修率比预期要高——为销售额的3%而不是2%。

要求：

1. 假设2018年洒水器的销售额是360万美元，保修支出是88 000美元，编制与保修相关的日记账分录。

2. 假设2017年之后洒水器停止销售，编制2018年与保修相关的日记账分录。

11-26 或有事项；陶氏化学公司的披露

陶氏化学公司为不同的消费者市场提供化学制品、塑料和农业产品和服务。以下内容摘自陶氏化学公司2015年年报附注：

> 截至2015年12月31日，公司对可能的环境修复和恢复成本的应计负债总额为6.7亿美元，而2014年底为7.06亿美元。这是管理层对公司环境修复和恢复成本已计提负债的最佳估计数，尽管与这些特定事项有关的最终成本可能高达该金额的大约2.5倍。

要求：

以上摘录描述的是一项或有损失吗？什么情况下陶氏化学公司记录这项或有事项？用什么日记账分录来记录这项准备（损失）？

附录11 与工资相关的负债

所有公司都会发生与工资相关的负债。这主要是因为法律要求公司为员工工资代扣所得税以及公司本身应该缴纳工资税。有些与工资相关的负债是由于员工自愿将工资扣除并支付给第三方而形成的。

代扣员工所得税

法律要求雇主从员工的工资中扣缴联邦所得税（有时是州所得税）和社会保险税并将其上交给美国国税局。扣缴的联邦所得税金额根据国税局提供的税表计算，并根据赚得的金额和员工豁免金额的不同而变化。此外，《联邦社会保险捐赠法案》要求雇主从员工工资中扣除一定比例直至达到最大值。比例和最大值都会间歇性地发生变化。在本书付梓时，员工收入118 500美元以内的部分按照6.2%扣缴社会保险税，并且这个上限每年根据生活成本进行调整。另外，按照基数的1.45%扣除医疗税。雇主为了员工的利益支付等额（配比）的金额。个体经营者必须支付雇主和雇员两部分（也就是按照12.4%扣缴社会保险税，按照2.9%扣缴医疗税）。

自愿扣除

除了扣缴要求的所得税和社会保险税，员工还会授权雇主从他们的工资中扣除一部分金额。扣除的这些金额可能用于工会会费、储蓄或养老金计划以及保险费等。这些扣除的金额在没有交给相应的机构之前也是一项负债。

雇主的工资税

之前提到的一项工资税是雇主匹配的联邦社会保险捐赠税。此外，雇主还为员工支付联邦和州的失业税。《联邦失业税法》规定，对于每名员工，工资在7 000美元以内的部分按照6.0%的税率缴税。这一金额根据州失业计划可以减少5.4%（最高），所以实际的联邦税率是0.6%。[①] 很多州的税率是5.4%，但是如果雇主维持相对较低的员工离职率，就可以获得相关税率的减免。

附加福利

除了工资和薪金、代扣所得税和工资税，许多公司向员工提供各种附加福利。最常见的是雇主为员工支付全部或部分保险费用或养老金计划。

典型的与工资相关的负债如示例11A-1所示。

在学习这个示例时，应注意所有与工资相关的负债之间的相似性。自愿或非自愿从工资中扣除的金额为负债，直至移交给适当的第三方。工资税和附加福利费用是由于员工提供的服务而产生的，在支付给适当的第三方之前也是负债。

示例11A-1 与工资相关的负债

Crescent Lighting and Fixtures公司1月第二个星期的工资是100 000美元。以下是扣款、附加福利和各项税费：

扣缴联邦所得税	$20 000
扣缴州所得税	3 000
医疗保险费（蓝十字）——70%由雇主支付	1 000
员工支付自愿养老金计划（富达投资）——雇主应付金额	4 000
工会会费（当地222号）——员工支付	100
人寿保险费（保诚人寿）——100%由雇主支付	200
社会保险税税率	6.2%
医疗税税率	1.45%
联邦失业税税率（扣除州失业税后）	0.6%
州失业税税率	5.4%

① 目前所有州都有失业税计划。

Crescent公司记录工资的日记账如下：

借：薪金和工资费用（总额）	100 000	
贷：应交代扣所得税（联邦所得税）		20 000
应交代扣所得税（州所得税）		3 000
应交社会保险税（员工支付部分，6.2%）		6 200
应交医疗税（员工支付部分，1.45%）		1 450
应付蓝十字（员工支付保险费部分——30%）		300
应付富达投资（员工投资）		4 000
应付当地222号（工会会费）		100
应付职工薪酬（净值）		64 950
借：工资税费用（总额）	13 650	
贷：应交社会保险税（雇主支付金额）		6 200
应交医疗税（雇主支付金额）		1 450
应交联邦失业税（联邦失业税税率0.6%）		600
应交州失业税（5.4%）		5 400
借：薪金和工资费用（附加福利）	4 900	
贷：应付蓝十字（保险费——70%）		700
应付富达投资（雇主支付金额）		4 000
应付保诚人寿（保险费）		200

第 12 章

债券和长期票据

本章概要

本章将继续介绍负债，重点介绍长期负债的会计处理，以及同一交易下出借人的会计处理，包括长期票据和债券，以及债券的清偿和可转换为股票的债务。

学习目标

学习完本章之后，你应该能够：

12-1 了解债务工具的基本特征，描述债务的基本会计处理方法。

12-2 掌握以面值发行、折价发行或溢价发行的债券的会计处理，使用实际利率法或直线法记录利息。

12-3 了解票据会计处理的特征，包括分期付款票据、为获得现金或非现金而发行的票据。

12-4 描述不同形式的长期债务的披露方法，并计算相关的财务比率。

12-5 记录提前清偿债务和债券转换为权益证券。

12-6 了解以公允价值报告负债的选择权。

12-7 讨论美国公认会计原则与国际财务报告准则对债券和长期票据会计处理的主要区别。

财务报告案例

Service Leader 公司

10月的一个凉爽的早上，Service Leader 公司的高管和董事会成员怀着激动的心情，专心致志地与承销商和律师开会，讨论公司创立 20 年以来第一次发行债券的相关事项。你正以公司控制人和两年董事会成员的身份出席会议。这家寡头控股的公司完全由股权、内部产生的资金和短期银行借款提供资金。

虽然最近银行利率有所上升，但是公司发展之快出乎意料，导致公司需要从其他途径寻求新的融资。公司考虑发行 15 年期、票面利率为 6.25%、本金为 7 000 万美元的第一抵押债券。公司可以在 2020 年 6 月 30 日后随时以 103 将债券赎回，也可以按每 1 000 美元债券换 45 股的比例转换为 Service Leader 公司的普通股。

在过去的两个月里，公司还讨论了其他融资方法，包括增发新股、发行不可转换债券和无担保票据。今天早上的《华尔街日报》上，债券市场上类似债务的利率大约是 6.5%。

问题

在学习完本章之后，你应该能够对以上案例中的问题给出恰当的回答。将你的回答与章末答案进行对比。

1. 什么是第一抵押债券？它对融资有什么影响？
2. 从 Service Leader 公司的角度来看，为什么要发行可赎回债券？可赎回债券是什么？
3. 如果其他类似的投资将为投资者提供 6.5%的回报，如何销售利率为 6.25%的债券？
4. 与发行债券相比，发行票据进行融资在会计处理上有什么不同？
5. 公司选择将债券转换成普通股的原因是什么？

长期债务的性质

公司必须为经营活动的开展和扩张筹集资金。公司可能通过自身经营提供一些必要的资金，但是一些资金必须由外部来源提供。通常，公司的外部融资包括股权融资和债务融资。我们先研究债务融资。

在本章中，我们主要学习债券和票据这两种形式的债务。下一章也涉及负债，是与递延所得税相关的负债（见第13章）。在第15章中，我们将讨论一些由员工福利产生的权益，而不是债务。在第14章中，我们将研究外部股权融资产生的股东权益。在第17章中，我们将看到债权融资和股权融资产生的现金流量汇总在现金流量表中的“筹资活动现金流量”部分进行报告。

在阅读本章时，你会发现重点放在交易过程中的负债方。但要意识到，负债的镜像是资产（应付债券/债券投资、应付票据/应收票据等）。因此，我们不仅要从债务工具发行方（借款人）的角度讨论负债的会计处理，也要借此机会来了解出借人将如何处理相应的资产。将一笔交易的两个方面结合起来学习，将加强我们对其内在相同之处的理解。

债务的会计处理是一个相对直观的概念。但这并不是说所有债务工具的会计处理都像普通贷款协议那么简单。恰恰相反，金融界不断试图设计出越来越多的新型金融工具，来满足债务人和债权人多样的和不断变化的需求。

此外，负债要求在未来特定（或预计）的时点支付指定（或估计）金额的现金。随着时间的推移，负债会带来利息。一般来说，当期利息是实际利率乘以当期尚未偿还的负债金额。这一原则对不同形式的负债都适用，比如应付票据、应付债券、租赁负债、养老金或其他债务工具。还有一条通用规则，长期负债要以现值进行报告。负债的现值是与负债相关的现金流量（本金和/或利息）以发行时的实际利率折现后得到的。

我们将从债券的会计处理开始学习长期负债。在第2节，我们将讨论票据形式的负债。值得注意的是，虽然两种形式的债务有所不同，但它们的基本会计处理方法是大致相同的。在第3节，我们将学习债券和票据不同清偿形式或者转换为其他证券。最后，在第4节，我们将讨论公司按照公允价值报告负债的选择权。

第1节 债券

公司可以通过签发本票向银行或其他金融机构借款。我们将在后面具体讨论应付票据。大中型公司经常选择向公众发行债券来借得现金。事实上，最常见的公司债务就是债券。发行债券可以把一大笔负债（大公司往往一次借入成百上千万美元）分成很多部分以便管理——通常每单位1 000美元或5 000美元。这样就避免了去寻找一个愿意以合理利率借出并且有能力一次性借出大量资金的债权人。因此，相比向金融机构一次性借入4亿美元，发行40万张1 000美元的债券更为经济——从理论上说共有40万名债权人。

发行**债券**（bonds）的公司必须在特定的到期日向债券持有人支付特定金额（又称本金、

面值、票面金额或到期值）。债券的期限一般从10年到40年不等。作为借入资金的回报，公司同意在发行日和到期日之间向债券持有人支付利息。每一期的利息是面值的一个百分比（又称票面利率、息票利率或名义利率）。一般来说，利息自债券发行6个月之后在指定的付息日每半年支付一次。

一、债券契约

债券契约（bond indenture）是记载对债券持有人特定承诺的文件。因为直接和每个债券持有人签订协议是不现实的，所以通常是由指定的商业银行或其他金融机构担任托管人，由托管人代表持有人保管债券契约，代表债券持有人行使权利。如果公司不能兑现债券契约的条款，托管人可以代表债券持有人向公司提起诉讼。

大多数公司发行的债券都是信用债券。**信用债券**（debenture bond）只以发行公司的信用作为担保，没有具体的资产作为担保。信用债券持有人的地位通常与公司其他的普通债权人相同。因此如果公司破产，信用债券的持有人享有与普通债权人一样的待遇。**次级信用债券**（subordinated debenture）是一种特殊情况，这种债券在其他债务得到清偿之前不能得到清偿。

另一方面，**抵押债券**（mortgage bond）由发行债券的公司以其所持有的特定不动产作为抵押。因此，抵押债券的风险要小于信用债券，一般情况下它的利率也会相对低一些。

如今，大多数公司发行的债券都是记名债券，利息支票将直接邮寄给在债券发行公司登记的债券持有人。多年前，公司发行的债券大多是**息票债券**（coupon bonds）（又叫**无记名债券**（bearer bond））。息票债券的持有人不需要登记名字，而是剪下债券所附息票，按照债券契约的约定兑换利息。这种做法带来的一个后果就是，我们现在经常看到债券的票面利率被称为息票利率。

大多数公司债券是**可赎回的**（callable or redeemable）。可赎回债券的特点是允许发行公司在到期日前回购或者赎回债券。这种特点使得发行公司能够在市场利率下降的情况下，在到期日前将债券赎回，从而避免了支付相对较高的债务成本。回购的价格必须事先约定，一般要高于债券的面值（赎回溢价），有时会随着到期日的接近而下降。

例如，Emhart公司的财务报表附注包括以下信息：

> 公司发行的利率为9.25%（折现后实际利率为9.65%）的偿债基金债券，赎回价格从面值的105%下降为100%。

不可赎回条款通常是为了防止公司在债券发行的前几年内要求赎回债券。通常，债券赎回是强制性的。也就是说，公司可能需要每年按预先指定的方式赎回债券。偿债基金债券是指用**偿债基金**（sinking fund）赎回的债券。

分期还本债券（serial bonds）提供了一种更为结构化（但不太常用）的方式来逐步回购债券。它在债券发行的整个期间或部分期间分次偿还。每种债券都有其指定的到期日，因此，对于典型的30年期分期还本债券来说，由于每个特定的部分不同，可能会有25～30个到期日。

可转换债券（convertible bonds）是指债券持有人可以在公司清偿债券时选择将债券转换为股票。我们将在本章稍后的部分进一步讨论可转换债券。

二、债券发行的记录

对于发行债券的公司来说，债券代表公司的负债；对于购买债券的公司来说，债券代表公司的一项投资，是公司的资产。交易双方是彼此的镜像①，如示例 12－1 所示。

示例 12－1　债券按面值出售

2018 年 1 月 1 日，Masterwear Industries 公司发行 70 万美元、利率为 12%的债券。6 月 30 日和 12 月 31 日每半年支付 4.2 万美元的利息。债券 3 年后到期（在本示例中缩短了期限，现实中到期日很少会这么短）。全部债券按面值出售给 United Intergroup 公司。

发行日（1 月 1 日）		
Masterwear 公司（发行方）		
借：现金	700 000	
贷：应付债券（面值）		700 000
United 公司（投资方）		
借：债券投资（面值）	700 000	
贷：现金		700 000

现在，大多数债券都在它们的出票日（契约合同上印的日期）发行。在很少的情况下，公司可能会在出票日后发行债券，也就是在两个付息日之间发行。在这种情况下，计算债券发行价格时要把出票日到发行日之间的利息也计入。我们将在本章附录 12A 中讨论这种不常见的情形。

确定发行价格

在任何特定时间发行债券的价格不一定等于面值。面值为 700 000 美元、票面利率为 12%的债券可能会以高于（**溢价**（premium））或低于（**折价**（discount））面值的价格发行，这取决于 12%的票面利率是高于、低于还是等于现行的市场利率或实际利率（对有类似的风险和到期日的其他证券来说）。例如，在市场上类似债券的利率为 14%时，利率为 12%的债券只能以低于 700 000 美元的价格发行。反之，如果市场利率只有 10%，那么 12%的票面利率看起来将更有吸引力，债券将以高于面值的价格溢价发行。债券折价或溢价发行的原因是票面利率与市场利率不同，票面利率和市场利率不同是由于债券发行上市的时间不可避免地要晚于债券条款确定的时间。

除了受债券契约中具体条款的影响，特定债券发行的市场利率还受债券发行公司信用度的影响。为了评估某只债券的风险和质量，投资者高度重视标准普尔公司和穆迪公司提供的评级信息。示例 12－2 是债券评级表。

① 你应该回忆起第 10 章，投资者持有至到期的债券投资按摊余成本报告，即这里所描述的方法。但是，也要记住，未持有至到期的债券投资按持有证券的公允价值报告，如第 10 章所述，利息由实际利息法确定。

示例 12-2　债券评级*

	标准普尔公司	穆迪公司
投资性债券等级		
最高	AAA	Aaa
高	AA	Aa
中等	A	A
最低投资等级	BBB	Baa
“垃圾”债券等级		
投机	BB	Ba
高度投机	B	B
违约或接近违约	CCC	Caa
	CC	Ca
	C	C
	D	

* 改编自 Moodys. com 和 SPRatings. com。

供求关系导致债券发行的定价产生了市场利率。也就是说，投资者以该价格购买债券所赚取的实际回报率等于市场利率。债券的发行价格等于债券所有未来现金流量的现值，在计算现值时用市场利率折现。具体来说，债券发行价格等于各期支付的现金利息（面值×票面利率）的现值加上债券到期时应付本金的现值，两者都按市场利率折现。

示例 12-3 是折价发行债券的例子。

示例 12-3　债券折价出售

2018 年 1 月 1 日，Masterwear Industries 公司发行 70 万美元、利率为 12%的债券，出票日为 1 月 1 日。6 月 30 日和 12 月 31 日每半年支付 4.2 万美元的利息。债券 3 年后到期。具有类似风险和期限的债券的市场利率是 14%。全部债券都被 United Intergroup 公司购买。

计算债券价格

	现值（美元）
利息	42 000×4.766 54* =200 195
本金	700 000×0.666 34† =466 438
债券现值（价格）	666 633

* 1 美元普通年金现值：$n=6$，$i=7\%$。

† 1 美元现值：$n=6$，$i=7\%$。

因为每半年支付一次利息，现值的计算使用以下数据：(a) 支付的现金为票面利率的一半（6%）；(b) 折现率为市场利率的一半（7%）；(c) 6 个（3×2）半年的支付期。

尾数：因为现值表删减了小数部分，答案可能和你用计算器或 Excel 电子表格计算的结果略有不同。

计算过程见示例 12-4。

示例 12-4　债券的现金流量

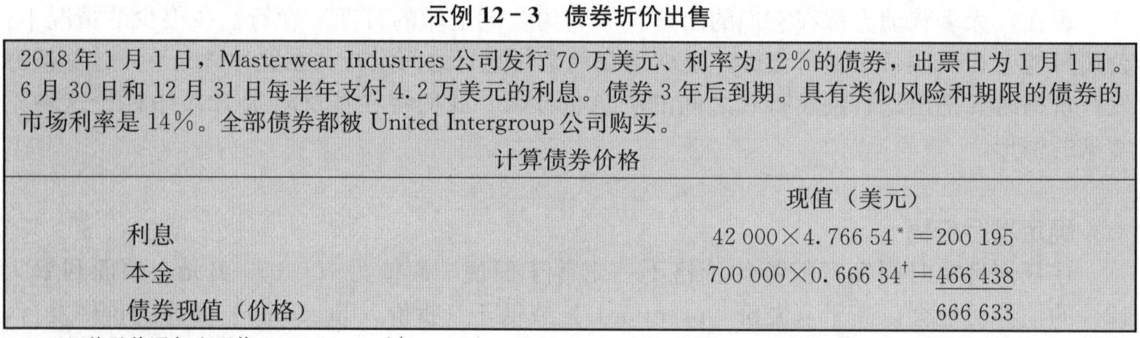

虽然现金流量合计为952 000美元，但这些未来现金流量折现至2018年1月1日的现值仅为666 633美元。这是货币时间价值所导致的。之所以折价发行债券，是因为现金流量的现值小于债券的面值。

发行时的日记账分录——债券折价出售

Masterwear公司（发行方）

借：现金（价格计算见上）	666 633	
应付债券折价（差额）	33 367	
贷：应付债券（面值）		700 000

United公司（投资方）

借：债券投资（面值）	700 000	
贷：债券投资折价（差额）		33 367
现金（价格计算见上）		666 633

说明：净值法是另一种常用的记录方法，这种方法下账面价值里包括折价。具体方法如下所示。

Masterwear公司（发行方）

借：现金	666 633	
贷：应付债券		666 633

United公司（投资方）

借：债券投资	666 633	
贷：现金		666 633

当财经媒体对债券进行报价时，通常以面值的百分比表示。因此，报价为98意味着面值为1 000美元的债券售价为980美元，报价为101意味着面值为1 000美元的债券售价为1 010美元。

三、确定利息——实际利率法

尚未偿还的债务每期按照一个固定的利率计提利息。当然，在权责发生制下，实际利率不受实际支付现金时间的影响。用实际利率乘以尚未清偿的负债余额来计算当期利息（在计息期内）的方法称为**实际利率法**（effective interest method）。尽管实际利率法这一名称意味着它有一些特定的程序，其实这仅仅是权责发生制概念的应用，即所有的费用都在发生时计提。

继续前面的例子，我们确定了债券的发行价格是666 633美元。由于实际利率为14%，所以在前6个月的利息（是发行方的费用，也是投资者的收入）为46 664美元。

666 633×(14%÷2)=46 664(美元)

未偿还余额　实际利率　实际利息

然而，债券契约要求每半年支付42 000美元的利息——票面利率（6%）乘以面值（700 000美元）。剩余的4 664美元增加了负债，并反映为折价账户（负债抵减账户）的减少，如示例12-5所示。

示例12-5　实际利率超出支付的现金时债务的变化

	未偿还余额		账户余额		
			应付债券（面值）		应付债券折价
1月1日	$666 633	=	$700 000	减去	$33 367
利息费用（利率7%）	46 664				
支付的利息	(42 000)				(4 664)
6月30日	$671 297	=	$700 000	减去	$28 703

利息费用（发行方）和收入（投资方）都根据未偿还债务余额乘以实际（或市场）利率来计算。已支付利息的金额是债券契约规定的——票面利率乘以面值。这些金额和未偿还债务的变化记录如下：

日记账分录——实际利率法

第一个付息日（6月30日）

Masterwear公司（发行方）

借：利息费用（实际利率×未偿还余额）	46 664	
贷：应付债券折价（差额）		4 664
现金（票面利率×面值）		42 000

United公司（投资方）

借：现金（票面利率×面值）	42 000	
债券投资折价（差额）	4 664	
贷：利息收入（实际利率×未偿还余额）		46 664

在本例和本章的其他例子中，我们将看到投资方和发行方对同一交易的会计处理。

由于每期未偿还余额的变化，每期利息的金额（未偿还余额×利率）也随之变化。为了及时反映不断变化的金额，通常编制一张表格来反映在到期日前负债随时间的变化，如示例12-6所示。

示例12-6　摊销表——折价

日期	现金利息	实际利息	余额增加	未偿还余额
	(6%×面值)	(7%×未偿还余额)	(折价减少)	
2018年1月1日				666 633
2018年6月30日	42 000	0.07×666 633=46 664	4 664	671 297
2018年12月31日	42 000	0.07×671 297=46 991	4 991	676 288
2019年6月30日	42 000	0.07×676 288=47 340	5 340	681 628
2019年12月31日	42 000	0.07×681 628=47 714	5 714	687 342
2020年6月30日	42 000	0.07×687 342=48 114	6 114	693 456
2020年12月31日	42 000	0.07×693 456=48 544*	6 544	700 000
	252 000	285 367	33 367	

*尾数调整。

每个付息日的日记账分录涉及的金额可以在摊销表的第2～4列查到。需要记住的是，实际利率法是权责发生制的直接应用，因此利息费用（或收入）要按实际利率分期计提。我们计提的利息费用和收入的金额不等于现金利息的金额。

用这种方法确定利息有一个优点，那就是用未来支付现金的现值对负债进行报告，这是一种适当的负债估值方法。这种方法在发行债券时体现得十分明显，我们计算的现值是 666 633 美元。负债的未偿还余额（摊销表的最右列）仍然是剩余现金流量的现值，相对而言不那么明显。负债的未偿还余额是其账面价值，有时称为持有价值或持有金额，等于票面价值减去折价账户的余额。

继续讨论之前，请注意摊销表的一些关键特征。如前所述，每个期间的未付利息（第一期 4 664 美元）增加了未偿还余额。由于这种情况在每一期都发生，未偿还余额不断增加，最终在到期时达到票面价值，即到期要偿还的金额。而且，因为每一期的未偿还余额都在增加，实际利息也在增加。这是因为实际利息是每一期不断增加的未偿还余额的一个相同的百分比。

现在来看合计栏。实际利息合计数（从发行方的角度来看）等于现金利息合计数加上未偿还余额增加额的合计数。我们可以从这里看出，支付的实际利息总额（285 367 美元）是现金利息总额 252 000 美元加上到期时支付的 33 367 美元。这 33 367 美元是额外的，即通过出售债券，我们借入 666 633 美元，但到期时必须偿还 700 000 美元。这就是为什么债券的票面利率为 12%，实际利率却是 14%，到期时的额外利息弥补了差额。

补充思考

虽然债券每一期都以现值报告，但在发行后的任何日期，现值并不一定等于债券的市场价值（公允价值）。这是因为利息的市场利率不一定与最初发行价格中隐含的利率（即实际利率）保持一致。当然，对于可转让金融工具，发行价格在任何时间总是等于市场价格。市场价值与按初始利率计算的现值之间的差额是持有期间的利得或损失。如果我们在每个报告日使用市场利率重新计算债券现值，报告的金额将等于市场价值。正如我们稍后将要看到的，公司可以选择用公允价值报告负债。

零息债券

零息债券不支付利息。作为对投资者的回报，它在发行时对面值进行了较多的折价。例如，让我们来看看通用磨坊公司发行的面值为 22.3 亿美元、期限为 20 年、发行价值为 15.01 亿美元的零息票债券。如示例 12－7 中的摊销表所示，它的回报率是 2%。①

示例 12－7　零息证券——通用磨坊公司　　单位：百万美元

	现金利息	实际利息	余额增加	未偿还余额*
	（0%×面值）	（2%×未偿还余额）	（折价减少）	1 501
2002 年	0	0.02×1 501＝30	30	1 531
2003 年	0	0.02×1 531＝31	31	1 561
2004 年	0	0.02×1 561＝31	31	1 593
⋮	⋮	⋮	⋮	⋮

① 22.3 亿美元，期限 20 年，按照 2%的折现率折现，现值为 15.01 亿美元。

续

	现金利息	实际利息	余额增加	未偿还余额*
2021年	0	0.02×2 143=43	43	2 186
2022年	0	0.02×2 186=44	44	2 230
		729	729	

*有些数字没有四舍五入，所以与最后的汇总数字不一致。请注意表中的最终数字（22.3亿美元）是到期时应付的票面金额。

零息债券为我们提供了一个方便的机会来巩固我们刚刚学过的概念：不管实际支付的利息（在这种情况下为0）是多少，都应按实际利率计提利息费用（或收入）。发行零息债券或票据的好处是，公司可以用每年计提的利息（见摊销表）抵减应纳税所得额，并且在债券到期之前没有相关现金支出。然而，对投资者来说恰恰相反，投资者没有收到定期现金利息，却需要在应纳税所得额中申报利息收入。所以，那些投资于零息债券的投资方通常享有税收递延或减免税的待遇，如养老金、个人退休金账户和慈善机构。零息债券和票据已经普及，但仍只占公司债务的很小一部分。

债券溢价出售

在示例12-3中，Masterwear公司发行债券的价格产生的实际利率将高于票面利率，所以折价发行。另一方面，如果债券的票面利率为12%，类似风险和期限债券的市场回报率低于票面利率，比如只有10%，那么债券将会溢价发行。因为相比10%的市场利率，12%的票面利率更有吸引力，因此债券的发行价格高于70万美元，计算过程如示例12-8所示。

示例12-8 债券溢价出售

2018年1月1日，Masterwear Industries公司发行70万美元、利率为12%的债券，出票日为1月1日。6月30日和12月31日每半年支付4.2万美元的利息。债券3年后到期。具有类似风险和期限的债券的市场利率是10%。全部债券都被United Intergroup公司购买。

计算债券价格

	现值（美元）
利息	42 000×5.075 69* =213 179
本金	700 000×0.74 622† =522 354
债券现值（价格）	735 533

*1美元普通年金现值：$n=6$，$i=5\%$。
†1美元现值：$n=6$，$i=5\%$。

发行时的日记账分录——债券溢价出售

Masterwear公司（发行方）

借：现金（价格计算见上）	735 533	
贷：应付债券（面值）		700 000
应付债券溢价（差额）		35 533

United公司（投资方）

借：债券投资（面值）	700 000	
债券投资溢价（差额）	35 533	
贷：现金（价格计算见上）		735 533

溢价发行债券的利息的计算方法和折价发行债券的利息完全相同。利息等于实际利率乘以各期负债的未偿还余额（上一个计息期结束时的未偿还余额），现金利息等于票面利率乘以面值，如示例 12－9 所示。二者的差异是溢价的减少（摊销）。

示例 12－9　摊销表——溢价

日期	现金利息	实际利息	余额减少	未偿还余额
	（6%×面值）	（5%×未偿还余额）	（溢价减少）	
2018 年 1 月 1 日				735 533
2018 年 6 月 30 日	42 000	0.05×735 533＝36 777	5 223	730 310
2018 年 12 月 31 日	42 000	0.05×730 310＝36 516	5 484	724 826
2019 年 6 月 30 日	42 000	0.05×724 826＝36 241	5 759	719 067
2019 年 12 月 31 日	42 000	0.05×719 067＝35 953	6 047	713 020
2020 年 6 月 30 日	42 000	0.05×713 020＝35 651	6 349	706 671
2020 年 12 月 31 日	42 000	0.05×706 671＝35 329*	6 671	700 000
	252 000	216 467	35 533	

*尾数调整。

注意，每一期负债的未偿还余额逐渐减少。摊销导致溢价金额减少，债券的账面价值逐渐减少至面值。这是因为每一期的实际利息少于支付的现金利息。记住，这与债券折价发行正好相反，折价发行时每一期的实际利息都超过了现金利息，摊销导致折价金额逐渐减少，债券的账面价值增加至面值，如示例 12－10 所示。

示例 12－10　溢价和折价摊销比较

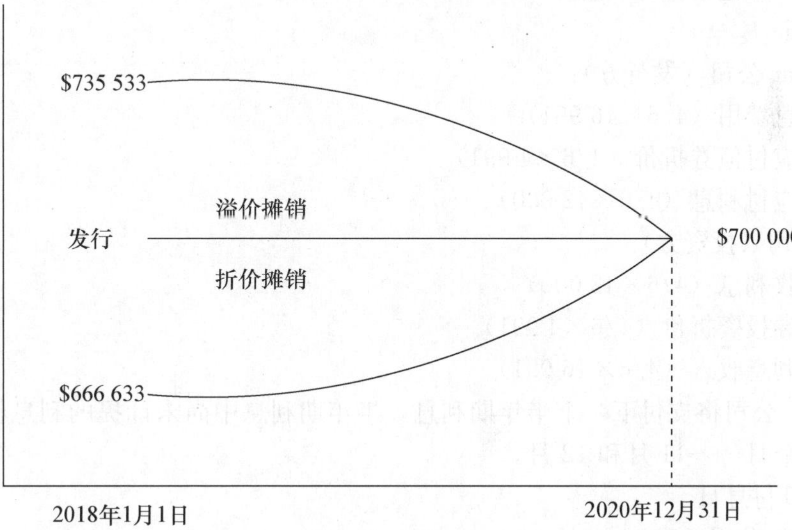

实务中，公司债券溢价发行的情况很少。[①] 因为债券发行日通常晚于债券条款设立日，因此很难将票面利率设定为不断变化的市场利率。在这种情况下，出于市场销售的考虑，公司在设定条款时更可能会在发行日产生小幅折价，而不是溢价。即使在回报率（市场利率）

① 只有大约 1%的公司债券溢价发行。Amiram, Dan, A. Kalay, and B Ozel, "The Bond Discount Puzzle," *Financial Accounting eJournal*, March 25, 2013.

一样的情况下，投资方在心理上通常也会倾向于购买折价发行而不是溢价发行的债券。

补充思考

前面的示例描述了债券的折价发行和溢价发行。其中提及的概念也适用于按面值发行的债券。但有些程序是不必要的。例如，当票面利率和实际利率相等时，利息和本金的现值等于面值。

计算债券价格

	现值（美元）
利息	42 000×4.917 32* ＝206 528
本金（面值）	700 000×0.704 96† ＝493 472
债券现值（价格）	700 000

＊1美元普通年金现值：$n=6$，$i=6\%$。
†1美元现值：$n=6$，$i=6\%$。

在付息日之间编制财务报表

当会计期间在付息日之间结束时，必须记录自上次付息日以来产生的应计利息。例如，在示例12－3中，如果Masterwear公司和United公司的会计年度截止日为10月31日，上一次利息在6月30日支付并记录，那么后面4个月的利息必须在年底编制调整分录进行记录。因为计息期不到半年，利息金额等于摊销表（见示例12－6）中未偿还余额乘以计息期占半年期的比例（在这种情况下是4/6）。

调整分录——记录应计利息

10月31日

Masterwear公司（发行方）

	借	贷
借：利息费用（4/6×46 991）	31 327	
贷：应付债券折价（4/6×4 991）		3 327
应付利息（4/6×42 000）		28 000

United公司（投资方）

	借	贷
借：应收利息（4/6×42 000）	28 000	
债券投资折价（4/6×4 991）	3 327	
贷：利息收入（4/6×46 991）		31 327

2个月后，公司将支付下一个半年期利息，半年期利息中尚未计提的利息将计入下一会计年度的前两个月——11月和12月。

12月31日付息日

Masterwear公司（发行方）

	借	贷
借：利息费用（2/6×46 991）	15 664	
应付利息（根据调整分录）	28 000	
贷：应付债券折价（2/6×4 991）		1 664
现金（票面利率×面值）		42 000

United公司（投资方）

	借	贷
借：现金（票面利率×面值）	42 000	

　　债券投资折价（2/6×4 991）　　1 664
　贷：应收利息（根据调整分录）　　28 000
　　利息收入（2/6×46 991）　　15 664

四、直线法——实务中的简便方法

在某些情况下，会计行业允许公司在计算债券发行利息时采用一种理论上不适当的方法。公司可以将折价或溢价平均分摊至到期日前的每一期，以间接确定利息——如果这样做产生的结果与通常（或更好）的计息方法没有重大差异。这一决策需要考虑**直线法**（straight-line method）在特定情况下是否会误导投资者和债权人。

直线法下，示例 12-3 和示例 12-6 的折价将被平均分摊到 6 个半年期（3 年）：

33 367÷6=5 561(美元/期)

日记账分录——直线法
每个付息日
Masterwear 公司（发行方）
借：利息费用（达到平衡）　　47 561
　贷：应付债券折价（折价金额/6 期）　　5 561
　　现金（票面利率×面值）　　42 000
United 公司（投资方）
借：现金（票面利率×面值）　　42 000
　　债券投资折价（折价金额/6 期）　　5 561
　贷：利息收入（达到平衡）　　47 561

按直线法将债券的折价或溢价金额平均分配到债券的各期，将导致每期的实际利息是固定的。在这种情况下，摊销表就没什么作用了。例如，如果我们使用直线法编制一张摊销表，那么每期的金额都是一样的，如示例 12-11 所示。

示例 12-11　摊销表——直线法

日期	现金利息	实际利息	余额增加	未偿还余额
	(6%×面值)	(现金+折价减少)	(33 367÷6)	
2018 年 1 月 1 日				666 633
2018 年 6 月 30 日	42 000	(42 000+5 561) =47 561	5 561	672 194
2018 年 12 月 31 日	42 000	(42 000+5 561) =47 561	5 561	677 755
2019 年 6 月 30 日	42 000	(42 000+5 561) =47 561	5 561	683 316
2019 年 12 月 31 日	42 000	(42 000+5 561) =47 561	5 561	688 877
2020 年 6 月 30 日	42 000	(42 000+5 561) =47 561	5 561	694 438
2020 年 12 月 31 日	42 000	(42 000+5 561) =47 561	5 561	700 000*
	252 000	285 366	33 366	

* 尾数调整。

记住，在使用实际利率法时，不会产生相同的利息金额。在实际利率法下，虽然利率不变，但每期的负债未偿还余额都在变化，因此不会产生每期相同的利息金额。

另外一定要认识到，从概念上讲直线法不是一种可供选择的确定利息的方法。它是对重要性概念的应用。如果使用简便方法对结果不会产生重大影响，就可以对公认会计原则规定的方法（如实际利率法）做适当的变通。根据直线法在实践中的广泛使用，可以推断出管理层认为这种方法的使用对投资者的决策没有重大影响。

概念回顾练习

发行债券并记录利息

2018 年 1 月 1 日，Meade 集团发行了 8 000 000 美元、利率为 11%的债券，出票日为 1 月 1 日。每年 6 月 30 日和 12 月 31 日支付利息，4 年后到期。类似风险和期限的债券的市场回报率为 10%。

要求：

1. 根据 10%的市场利率确定 Meade 集团发行债券的价格，并记录它的发行。
2. 根据实际利率法编制摊销表，对 2018 年 6 月 30 日第一次支付利息进行记录。

解答：

1. 根据 10%的市场利率确定 Meade 集团发行债券的价格，并记录它的发行。

计算债券发行价格

一共有 8 个半年期，半年期的市场利率是 5%	
利息	440 000×6.463 21* =2 843 812
本金	8 000 000×0.676 84† =5 414 720
债券现值（价格）	8 258 532

* 1 美元普通年金现值：$n=8$，$i=5\%$。
† 1 美元现值：$n=8$，$i=5\%$。

发行时的日记账分录

借：现金（价格计算见上）	8 258 532	
贷：应付债券（面值）		8 000 000
应付债券溢价（差额）		258 532

2. 根据实际利率法编制摊销表，对 2018 年 6 月 30 日第一次支付利息进行记录。

摊销表

日期	现金利息	实际利息	余额增加	未偿还余额
	（5.5%×面值）	（5%×未偿还余额）	（溢价减少）	
2018 年 1 月 1 日				8 258 532
2018 年 6 月 30 日	440 000	0.05×8 258 532=412 927	27 073	8 231 459
2018 年 12 月 31 日	440 000	0.05×8 231 459=411 573	28 427	8 203 032
2019 年 6 月 30 日	440 000	0.05×8 203 032=410 152	29 848	8 173 184
2019 年 12 月 31 日	440 000	0.05×8 173 184=408 659	31 341	8 141 843
2020 年 6 月 30 日	440 000	0.05×8 141 843=407 092	32 908	8 108 935
2020 年 12 月 31 日	440 000	0.05×8 108 935=405 447	34 553	8 074 382
2021 年 6 月 30 日	440 000	0.05×8 074 382=403 719	36 281	8 038 101
2021 年 12 月 31 日	440 000	0.05×8 038 101=401 899*	38 101	8 000 000
	3 520 000	3 261 468	258 532	

* 尾数调整。

借：利息费用（5%×8 258 532）　412 927
　　应付债券溢价（差额）　27 073
　贷：现金（5.5%×8 000 000）　440 000
记录 6 个月的利息。

五、债务发行成本

相比直接公开出售债券，公司通常会选择把全部债券出售给承销商，由承销商将债券出售给其他证券交易商和社会公众。通过承诺以约定价格购买债券，摩根大通和高盛等投资银行承担了与新发行有关的风险。承销费是承销商支付的价格与转售价格之间的差额。

另外，发行债券的公司可能将全部债券直接出售给一个投资者（正如我们在前面的示例中假设的）——通常是养老基金或保险公司。这就是私募发行。私募发行不需要像公开发行那样在美国证券交易委员会登记，不仅可以避免昂贵的成本和漫长的过程，还可以避免承销费用，因此发行成本较低。[①]

发行债券或票据时，发行公司将承担法律费用和会计费用、印刷成本、注册费和承销费等成本。这些成本与债务的折价合并（或从溢价中扣减）来加以记录。合并的估值账户在资产负债表中作为负债的直接扣减项，然后在债务期限内摊销。[②]

这种做法反映了债务发行成本对实际利率的影响。**债务发行成本**（debt issue costs）降低了发行债务所产生的现金收益，因此应反映更高的借款成本。通过扣除债务发行成本，降低债务的持有价值，实际上提高了该债务的利率。也就是说，由于存在债务发行成本，借款净额减少了，但支付的利息相同，因此实际借款利率更高了。

例如，假设在示例 12-11 中，债务发行成本为 14 000 美元。债务发行成本降低了发行公司从债券发行中获得的净现金。发行的分录将反映更低的现金净收益及更高的折价和债务发行成本估值账户：

Masterwear 公司（发行方）

借：现金（666 633 美元价格减 14 000 美元发行成本）　652 633
　　折价和债务发行成本（差额）　47 367
　贷：应付债券（面值）　700 000

利息费用按照通常的方法确定，即用实际利率乘以未偿还余额。未偿还余额是“净”负债，票面金额因折价和债务发行成本而减少（第一个付息期为 652 633 美元）。[③] 债务发行成本 14 000 美元的效果是将半年的实际利率从 7%（见示例 12-4）提高至 7.438 9%（四舍五入）。为了观察实际利率是如何确定的，请看下面的“补充思考”专栏。第一个半年期利息

① 修订后的 1933 年《证券法》第 144A 条允许将未注册证券私下转售给“合格机构买家”，这些买家通常是资产超过 1 亿美元的大型机构投资者。

② Accounting Standards Update 2015-03：“Interest-Imputation of Interest (Subtopic 835-30) Simplifying the Presentation of Debt Issuance Costs,” FASB, April 2015. 这种方法与权益证券出售时发行成本的处理方法是一致的。你将在第 14 章中看到，股票发行成本的影响是减少贷记股票账户的金额。这也与国际财务报告准则一致。

③ 如果有溢价而不是折价，则估值账户是溢价减去债务发行成本。

支付的记录如下：

借：利息费用（652 633×7.438 9%）	48 549	
贷：折价和债务发行成本（差额）		6 549
现金（700 000×6%票面利率）		42 000

补充思考

债务发行成本的一个重要作用是减少 Masterwear 公司发行债券的借款金额（从 666 633 美元到 652 633 美元）。以相同的成本借入更低的（净）金额，使实际利率比没有债务发行成本时更高。在示例 12－4 中我们没有债务发行成本，实际（市场）利率为 14%（半年利率为 7%）。这是将 6 次利息支付和 700 000 美元到期值折算为 666 633 美元现值的折现率。然而，现在的实际利率是将 6 次利息支付和 700 000 美元到期值折算为 652 633 美元现值的折现率。年利率变为 14.877 8%而不是 14%，因此半年利率从 7%增加到 7.438 9%。下面的摊销表说明了这一点。

支付的现金	实际利息	余额增加（或减少）	余额
6%	7.438 9%		
			652 633
42 000	7.438 9%×(652 633)＝48 549	6 549	659 182
42 000	7.438 9%×(659 182)＝49 036	7 036	666 218
42 000	7.438 9%×(666 218)＝49 559	7 559	673 777
42 000	7.438 9%×(673 777)＝50 122	8 122	681 898
42 000	7.438 9%×(681 898)＝50 726	8 726	690 624
42 000	7.438 9%×(690 624)＝51 376*	9 376	700 000

*尾数调整。

对大多数大公司来说，公司债券是基本的长期债务工具。但对许多中小企业来说，经常使用的债务工具是票据。接下来，我们将讨论票据。

第 2 节　长期票据

当公司从银行借钱并签发本票（本质上是借据）时，公司应将这项负债报告为应付票据。公司发行票据也可能用于交换非现金资产，例如赊购设备。理论上，票据与债券的会计处理基本一致。实际上，我们可以在前面的示例中适当地将应付债券替换为应付票据。为了比较，我们在后面的示例中继续列示出借人的分录。

当我们讨论债务人应付票据的会计处理时，也会考虑债权人应收票据的会计处理。通过同时考虑交易双方，我们将看到双方本质上是彼此的镜像。这里介绍的长期票据补充了我们在第 5 章对短期应收票据的讨论。

一、为获取现金而发行的票据

票据的票面利率可能等于市场利率，因为利率通常是在贷款时谈判确定的。所以，票据发生折价或溢价的可能性比债券低。发行票据获取现金的会计处理见示例12-12。

示例12-12 发行票据获取现金

2018年1月1日，一家标识制作和图形设计的公司——Skill Graphics从First BancCorp银行借入700 000美元的现金，为此签发了一张金额为700 000美元的3年期本票。每年6月30日和12月31日支付42 000美元的利息。

发行时		
Skill Graphics公司（借款方）		
借：现金	700 000	
贷：应付票据（面值）		700 000
First BancCorp银行（出借方）		
借：应收票据（面值）	700 000	
贷：现金		700 000
每个付息日		
Skill Graphics公司（借款方）		
借：利息费用	42 000	
贷：现金（票面利率×面值）		42 000
First BancCorp银行（出借方）		
借：现金（票面利率×面值）	42 000	
贷：利息收入		42 000
到期时		
Skill Graphics公司（借款方）		
借：应付票据	700 000	
贷：现金（面值）		700 000
First BancCorp银行（出借方）		
借：现金（面值）	700 000	
贷：应收票据		700 000

二、为换取资产或服务而发行的票据

有时，票据的票面利率反映签发时的市场利率。票据所交换的资产（现金或非现金）或服务的价值决定了市场利率。[①] 例如，假设Skill Graphics公司为了从Hughes-Barker公司买入一台包装贴标机，发行了一张票面利率为12%、面值为700 000美元的3年期票据，每半年支付一次利息。同时假设这台机器可以以666 633美元的价格购买。你可能发现这些数字与前面折价发行债券的例子（见示例12-3）一样。参考前面的例子可知，用700 000美元的票据换取一台价格为666 633美元的设备意味着市场年利率为14%。也就是说半年的利率是7%，用该利率将票据的现金流量（利息加本金）折现得到的现值为666 633美元：

① 如果债务工具是可谈判的，并且可靠的交换价格是现成的，那么债务的市场价值可能会比非现金资产的价值更好地证明交易的价值，特别是在非现金资产没有确定的现金销售价格时。应使用资产或债务的价值（以更可靠的为准）来记录交易。

	现值（美元）
利息	42 000×4.766 54* =200 195
本金	700 000×0.666 34† =466 438
票据现值	666 633

*1美元普通年金现值：$n=6$，$i=7\%$。
†1美元现值：$n=6$，$i=7\%$。

这种利率是**内含利率**（implicit rate of interest），即协议中隐含的利率。内含利率可能不那么明显。有时资产（或服务）的价值不容易确定，与在类似情况下的类似交易中可以估计的利率相比，在交易中指定利率是不现实的。决定适当的利率应该是多少被称为估算利率。

例如，假设用于交换专门为Skill Graphics公司定制的机器的票据利率为12%，由于机器的价格在市场上不存在，因此交易的内含利率无从推导。在这种情况下，必须从外部找到合适的利率。比如，可以确定此时这种类型交易的实际利率是14%。很显然，Skill Graphics公司实际上为机器支付了不到700 000美元，而面值的那一部分实际上弥补了低于正常利率的差额。我们在前面学习过实质重于形式原则。按照这一基本原则，会计人员应透过交易的形式，记录其实质。实际为机器支付的金额等于贷款协议中规定的现金流量按市场利率（14%）进行折现的现值。因此，应以实际成本666 633美元记录购入的资产和相应的负债。

补充思考

假设这类交易的实际利率是16%。这种情况下，我们用16%的一半（因为利息每半年支付一次）来计算本金和利息的现值，从而求出机器的实际成本：

	现值（美元）
利息	42 000×4.622 88* =194 161
本金（面值）	700 000×0.630 17† =441 119
票据现值	635 280

*1美元普通年金现值：$n=6$，$i=8\%$。
†1美元现值：$n=6$，$i=8\%$。

应以635 280美元来记录购买的机器和支付购买该项机器的负债。

直接利用机器的市场价值和根据票据的现值来确定资产的金额，会计处理是一样的[①]：

① 这里显示的方法是总价法。此外还可以采用净价法，如下：

Skill Graphics公司（买方/发行方）

借：机器（现金价格）	666 633	
贷：应付票据		666 633

Hughes-Barker公司（卖方/出借方）

借：应收票据	666 633	
贷：销售收入（现金价格）		666 633

在净价法下，票据按面值减去应付票据折价（即面值与现值之间的差额）后的金额入账。当支付现金利息时，票据余额随着现金利息支付与利息收入（和利息费用）之间的差额而增加。最后一次付款后，票据账户余额将等于票据面值。

发行时的日记账分录——没有现实利率的票据

Skill Graphics 公司（买方/发行方）

借：机器（现金价格）	666 633	
应付票据折价（差额）	33 367	
贷：应付票据（面值）		700 000

Hughes-Barker 公司（卖方/出借方）

借：应收票据（面值）	700 000	
贷：应收票据折价（差额）		33 367
销售收入（现金价格）		666 633

同样，无论实际利率是协议的内含利率，还是根据已知的资产市场价值确定，抑或是在不确定资产价值时估算的合理利率，交易双方在计息期内都应该根据实际利率而不是票面利率来记录当期利息（借款人的利息费用，出借人的利息收入）。

日记账分录——利息法

首次付息日（6 月 30 日）

Skill Graphics 公司（借款方）

借：利息费用（实际利率×未偿还余额）	46 664	
贷：应付票据折价（差额）		4 664
现金（票面利率×面值）		42 000

Hughes-Barker 公司（卖方/出借方）

借：现金（票面利率×面值）	42 000	
应收票据折价（差额）	4 664	
贷：利息收入（实际利率×未偿还余额）		46 664

利息费用（出借方的利息收入）随着票据余额的变化而变化，见示例 12－13 中的摊销表。[①] 请务必注意，这一摊销表与债券折价发行的示例 12－6 相同。

示例 12－13　摊销表——票据

日期	现金利息 （6%×面值）	实际利息 （7%×未偿还余额）	余额增加 （折价减少）	未偿还余额
2018 年 1 月 1 日				666 633
2018 年 6 月 30 日	42 000	0.07×666 633=46 664	4 664	671 297
2018 年 12 月 31 日	42 000	0.07×671 297=46 991	4 991	676 288
2019 年 6 月 30 日	42 000	0.07×676 288=47 340	5 340	681 628
2019 年 12 月 31 日	42 000	0.07×681 628=47 714	5 714	687 342
2020 年 6 月 30 日	42 000	0.07×687 342=48 114	6 114	693 456
2020 年 12 月 31 日	42 000	0.07×693 456=48 544*	6 544	700 000
	252 000	285 367	33 367	

*尾数调整。

① 利用电子表格（如 Excel）可以方便地制作摊销表。

三、分期付款票据

你可能最近买了一辆汽车或者一栋房子。除非全额支付现金，否则你需要签发一张票据，承诺在未来一段时间付款，比如5年内支付汽车的价款，或者30年内支付房款。汽车和房产票据通常要求按月付款，而不是在到期日一次付清。公司也经常使用分期付款票据借款。分期付款下每期偿付的金额通常是相等的，每次付款代表利息和未偿还余额的减少（本金减少）。余额定期减少，直到票据金额全部付清为止。分期偿还的金额很容易计算，用贷款金额除以适当的年金现值系数即可求出。上面所述票据的分期付款金额为：

666 633	÷	4.766 54	=	139 857(美元)
贷款金额		($n=6$，$i=7\%$)		分期付款额

具体如示例12-14所示。

示例12-14　摊销表——分期付款票据

日期	现金付款	实际利息 (7%×未偿还余额)	债务减少	未偿还余额
2018年1月1日				666 633
2018年6月30日	139 857	0.07×666 633=46 664	93 193	573 440
2018年12月31日	139 857	0.07×573 440=40 141	99 716	473 724
2019年6月30日	139 857	0.07×473 724=33 161	106 696	367 028
2019年12月31日	139 857	0.07×367 028=25 692	114 165	252 863
2020年6月30日	139 857	0.07×252 863=17 700	122 157	130 706
2020年12月31日	139 857	0.07×130 706=9 151*	130 706	0
	839 142	172 509	666 633	

*尾数调整。

对于分期付款票据，票据的未偿还余额不会最终等于票据面值。相反，在到期日未偿还余额为0。这一流程与到期偿还本金的票据相同，但定期支付的金额较大，到期时无须一次付清全部金额。我们计算每期偿还的金额，在偿还现有债务每期的利息后，超出部分将未偿还余额在到期时摊销为零（而不是一个指定的到期值）。

因此，分开核算面值和折溢价是没有意义的。分期付款票据通常用一个单独的应付票据（或应收票据）账户来记录其账面净值：

发行时的日记账分录——分期付款票据

Skill Graphics公司（发行方）

借：机器	666 633	
贷：应付票据		666 633

Hughes-Barker公司（卖方/出借方）

借：应收票据	666 633	
贷：销售收入		666 633

首次付息日（6 月 30 日）

Skill Graphics 公司（借款方）

借：利息费用（实际利率×未偿还余额）	46 664	
应付票据（差额）	93 193	
贷：现金（上面计算的分期付款额）		139 857

Hughes-Barker 公司（卖方/出借方）

借：现金（上面计算的分期付款额）	139 857	
贷：应收票据（差额）		93 193
利息收入（实际利率×未偿还余额）		46 664

补充思考

与租赁相关的负债的会计处理与分期付款票据相同。事实上，如果上述资产是租赁的而不是购买的，支付的现金就是租赁的付款而不是分期贷款的付款，这两种情况适用相同的摊销表。

这两种情况之所以相似，是因为融资租赁实质上是分期付款购买资产的使用权。二者的本质相同，当然会计处理也是一致的。

四、财务报表披露

在资产负债表中，长期债务（债务人的负债，债权人的资产）通常报告为一个单独的金额，即折价或溢价后的净额，而不是在报告面值的同时用单独的估值账户报告折价或溢价。在下一年或长于一年的一个经营周期内要偿还的长期负债应划分为流动负债报告。

金融工具的公允价值必须在财务报表内或者附注中披露。① 在市场上交易的债券和其他证券的公允价值是可以获得的，就是它们的市场报价。另一方面，没有在市场上交易的金融工具需要用其他方法来确定其市场价值。例如，应付票据的市场价值可以近似为本金和利息用风险调整的当前折现率进行折现的现值。

负债的附注披露包含公司负债的性质、利率、到期日、赎回条款、转换期权、债权人提出的限制和作为抵押品抵押的资产。对于长期借款来说，披露内容应包含未来 5 年每年应偿付的金额。微软公司结束于 2015 年 6 月 30 日的会计年度的年度报告披露信息如示例 12－15 所示。

示例 12－15　债务披露——微软公司　　单位：百万美元

长期债务在未来 5 年及以后年度的偿还额如下： 结束于 6 月 30 日的会计年度	
2016	$ 2 500
2017	0

① FASB ASC 825-10-50-10：Financial Instruments-Overall-Disclosure (previously "Disclosures About Fair Values of Financial Instruments," *Statement of Financial Accounting Standards No. 107* (Norwalk, Conn.: FASB, 1991)).

2018	1 050
2019	2 250
2020	1 500
以后年度	23 163
合计	$ 30 463

在现金流量表中，发行方（借款方）发行债券或票据报告为筹资活动现金流量，投资方（出借方）报告为投资活动现金流量。同样，偿还债务时，发行方（借款方）也报告为筹资活动现金流量，投资方（出借方）也报告为投资活动现金流量。然而，由于利息费用和利息收入都是利润表的内容，因此交易双方都将利息作为经营活动现金流量报告。我们将在第17章更深入地讨论现金流量表的报告流程。

决策者视角

经营决策包含风险。如果在这些决策中未能正确考虑风险，会使投资者付出巨大的代价，这也是投资者和债权人所犯的最常见的错误之一。长期负债是决策者在处理风险时应该考虑的首要问题之一。

一般情况下，债务会增加风险。对于所有者来说，债务会导致所有者的地位次于债权人，因为在破产清算时债权人的求偿权必须首先得到满足。此外，公司在特定日期需要偿还债券。无法及时偿还债务的本金和利息，将导致公司违约甚至破产。债务权益比率（总负债除以股东权益）通常用来衡量风险程度。在其他条件相同的情况下，债务权益比率越高，风险越大。这一指标衡量的此类风险被称为违约风险，因为它预示了公司债务违约的可能性。

负债也可能是一种优势。它可以用来提高股东的回报率。这一概念被称为杠杆，在本书第2章进行了描述和说明。如果一家公司使用借入资金获得的回报超过了借入资金的成本，股东的总回报率将高于仅使用权益资本的回报率。这种情况被称为有利财务杠杆。遗憾的是，杠杆并不总是有利的。有时，借入资金的成本超过了它们产生的回报。这需要股东对风险和回报进行权衡。

债权人要求债务人支付利息，作为对使用其资本的报酬。未能按期支付利息可能会造成一些不良后果，甚至包括破产。因此，衡量公司偿债能力的另一种方法是通过比较应付利息和可用来偿还利息的利润。利息保障倍数即为这种衡量指标，它是用息税前利润除以利息费用。

利息保障倍数有两点很重要。首先，因为利息是可以在税前扣除的，所以息税前利润比息税后利润（即净利润）更能反映公司偿还利息的能力。其次，息税前利润是经营活动现金流量的近似值。决策者最关心的当然是有多少现金可用于支付利息。事实上，这个比率通常是用经营活动产生的现金流量除以利息费用来计算的。

下面我们比较可口可乐和百事公司的这些比率。示例12-16提供了两家公司2015年财务报表的简化版。

示例 12-16　简化财务报表——可口可乐和百事公司　　单位：百万美元

	可口可乐	百事公司
资产负债表		
资产		
流动资产	$ 33 395	$ 23 031
财产、厂房和设备（净值）	12 571	16 317
无形资产和其他资产	44 127	30 319
资产总计	$ 90 093	$ 69 667
负债和股东权益		
流动负债	$ 26 930	$ 17 578
长期负债	37 399	40 059
负债合计	$ 64 329	$ 57 637
股东权益	25 764	12 030
负债和股东权益总计	$ 90 093	$ 69 667
利润表		
销售收入净额	$ 44 294	$ 63 056
销售成本	(17 482)	(28 384)
毛利	$ 26 812	$ 34 672
经营和其他费用	(16 366)	(26 309)
利息费用	(856)	(970)
税前利润	$ 9 590	$ 7 393
所得税费用	(2 239)	(1 941)
净利润	$ 7 351	$ 5 452

百事公司的债务权益比率比可口可乐公司要高很多：

债务权益比率＝总负债÷股东权益

可口可乐公司的债务权益比率＝64 329÷25 764＝2.5

百事公司的债务权益比率＝57 637÷12 030＝4.8

记住，这不必然意味着是正面或者负面的。让我们进一步分析。当股东权益回报率大于资产回报率时，管理层正在利用债务资金来提高股东的盈余。两家公司都这样做了。我们计算出 2015 年的资产回报率如下：

资产回报率①＝净利润÷总资产

可口可乐公司的资产回报率＝7 351÷90 093＝8.2%

百事公司的资产回报率＝5 452÷69 667＝7.8%

① 这一比率更准确的计算方式为：资产回报率＝净利润＋利息费用×(1－税率)÷平均总资产。加回利息费用（税后净额）的原因是，利息代表债务资本提供者的回报，当计算总资产的回报时，不应该将利息从计算净利润的过程中减去。换句话说，该指标的分子是债务资本和权益资本的总回报。

资产回报率反映了公司的整体盈利能力，而忽视了具体的融资来源。在这方面，可口可乐的资产回报率略高于百事公司。但当我们比较股东回报时，这种优势就消失了：

股东权益回报率＝净利润÷股东权益

可口可乐公司的股东权益回报率＝7 351÷25 764＝28.5%

百事公司的股东权益回报率＝5 452÷12 030＝45.3%

可口可乐的资产回报率比百事公司高出5%，但其股东权益回报率却低了37%。原因是百事公司利用了更高的杠杆，为股东提供了更高的回报。百事公司的股东回报率是资产回报率的5.8倍（45.3%/7.8%）。可口可乐公司的股东回报率是资产回报率的3.5倍（28.5%/8.2%）。需要注意，百事公司的高杠杆意味着高风险。在低迷时期，百事公司股东回报率的下降幅度将比可口可乐公司大。

从债权人的角度来看，我们可以看看哪家公司在偿还利息方面更有保障：

利息保障倍数＝(净利润＋利息＋所得税)÷利息

可口可乐公司的利息保障倍数＝(7 351＋856＋2 239)÷856＝12.2

百事公司的利息保障倍数＝(5 452＋970＋1 941)÷970＝8.6

从以上计算可以看出，可口可乐公司提供了更大的安全边际。而且，百事公司的资本结构与可口可乐公司相比，存在更多的债务。不过，百事公司显然能够偿付债务成本，并给股东带来可观的回报。两家公司的杠杆都相当有利。

负债也会对利润表产生误导作用。决策者应该仔细分析提前偿还负债所产生的利得和损失。这些与公司正常经营活动无关。如果不加以控制，公司管理层可能会倾向于在低迷的年份安排债务回购，以形成可操纵利润，或者在业绩好的年份形成损失，以平滑各期利润。

警觉的投资者和债权人也会在财务报表之外寻找与表外融资和其他承诺相关的风险。这些事项不在财务报表上披露，但也会将公司暴露在风险中。与此相关，大多数公司试图积极管理这些风险和其他义务。对高层管理人员来说很重要的事情是了解并密切监控风险管理战略。近年来，由于高层管理人员的忽视而导致的一些财务损失成为新闻头条。同样重要的是，投资者和债权人要了解公司面临的风险以及公司控制这些风险的能力。本章讨论的金融工具风险补充披露有助于投资者和债权人对风险的理解。

概念回顾练习

没有现实利率的票据

Cameron-Brown公司于2018年1月2日为Harmon公司建成了一个仓库。Harmon公司签发了一张900 000美元、利率为7%、4年期的票据，每年12月31日支付利息。因为仓库是为Harmon定制的，因此不知道它的现金价格。与类似交易相比，确定这笔交易的利率为10%。

要求：

1. 编制2018年1月2日Harmon公司购买仓库的日记账分录。
2. 编制该4年期票据的摊销表并编制2018年12月31日Harmon公司首次支付利息的

日记账分录。

3. 假设 Harmon 公司的票据是一张分期付款的票据，要在 4 年内等额支付。(a) 如果从 2018 年 12 月 31 日起于每年年底支付，每一期支付的金额是多少？(b) 如果从 2018 年 1 月 2 日起于每年年初支付，每一期支付的金额是多少？

解答：

1. 编制 2018 年 1 月 2 日 Harmon 公司购买仓库的日记账分录。

	现值（美元）
利息	63 000×3.169 87* =199 702
本金	900 000×0.683 01† =614 709
票据现值	814 411

*1 美元普通年金现值：$n=4$，$i=10\%$。
†1 美元现值：$n=4$，$i=10\%$。

借：仓库（价格计算见上）	814 411
应付票据折价（差额）	85 589
贷：应付票据（面值）	900 000

2. 编制该 4 年期票据的摊销表并编制 2018 年 12 月 31 日 Harmon 公司首次支付利息的日记账分录。

日期	现金	实际利息	余额增加	未偿还余额
	(7%×面值)	(10%×未偿还余额)	(折价减少)	814 411
2018 年 12 月 31 日	63 000	0.10×814 411=81 441	18 441	832 852
2019 年 12 月 31 日	63 000	0.10×832 852=83 285	20 285	853 137
2020 年 12 月 31 日	63 000	0.10×853 137=85 314	22 314	875 451
2021 年 12 月 31 日	63 000	0.10×875 451=87 549*	24 549	900 000
	252 000	337 589	85 589	

*尾数调整。

借：利息费用（实际利率×未偿还余额）	81 441	
贷：应付票据折价（差额）		18 441
现金（票面利率×面值）		63 000

3. 假设 Harmon 公司的票据是一张分期付款的票据，要在 4 年内等额支付。(a) 如果从 2018 年 12 月 31 日起于每年年底支付，每一期支付的金额是多少？(b) 如果从 2018 年 1 月 2 日起于每年年初支付，每一期支付的金额是多少？

a. 814 411 ÷ 3.169 87 = 256 923(美元)
贷款金额 ($n=4$，$i=10\%$) 分期付款额

b. 814 411 ÷ 3.486 85 = 233 566(美元)
贷款金额 ($n=4$，$i=10\%$) 分期付款额

第 3 节　提前清偿债务、可转换债券或认股权证

一、提前清偿债务

正如我们前面看到的，在到期日前以分期付款方式偿还全部负债金额，使得在到期日未偿还余额为 0。另一方面，在前面的例子中说过，在到期金额固定的情况下，任何折价或溢价金额在到期日为 0，到期日只需偿还到期金额。有时公司也会在到期前选择偿还债务，在这种情况下，可能导致利得或损失。

前面谈到，为了保护发行人免受利率下降的影响，大多数债券都可以赎回。即使债券不可赎回，发行公司也可以在公开市场上提前回购债券。不管用什么方法，任何类型的债务在到期日之前偿还，这种交易就称为**提前清偿债务**（early extinguishment of debt）。

为了记录清偿，与债务有关的账户余额很明显必须从账面上移除。按支付的赎回价格或市场价格贷记现金。负债的账面价值和回购价格之间的差额是提前清偿债务的利得或损失。当回购价格低于账面价值时，债务人处于有利位置并记录利得。反之则记录损失。让我们继续用前面的例子来说明在到期日前清偿债务的会计处理，如示例 12－17 所示。

示例 12－17　提前清偿债务

2019 年 1 月 1 日，Masterwear 公司将其发行的 700 000 美元、利率 12%的债券赎回，此时债券的账面价值为 676 288 美元。契约规定的赎回价格是 685 000 美元。这些债券发行时的价格产生了 14%的收益率。

借：应付债券（面值）	700 000
提前清偿损失（685 000－676 288）	8 712
贷：应付债券折价（700 000－676 288）	23 712
现金（赎回价格）	685 000

例如，在李维斯公司 2015 年的利润表中，提前清偿债务的损失为 2 030 万美元。

二、可转换债券

有时公司在债券发行中包含转换特征。债券持有人可以选择将**可转换债券**（convertible bonds）转换成（即交换）股票。发行可转换债券而不是直接债务的原因有：(a) 以更高的价格出售这些债券（这意味着更低的实际利率）①；(b) 作为并购中的交换媒介；(c) 使小企业或债务沉重的公司能够进入债券市场。有时，当股东拒绝直接增发股票时，可转换债券是间接发行股票的方式。

发行可转换债券的每一个原因的核心都是转换特征对投资者具有吸引力。这种混合证券具有负债和权益的特点。如果公司的发展前景良好，持有者可以将可转换债券转换为普通

① 记住，债券价格和利率之间存在反向关系。价格更高时，利率（收益率）更低，反之亦然。

股。这提高了投资者的潜在收益，同时限制了下跌风险。转换特征具有货币价值，价值的大小取决于转换条款和市场情况。但从会计角度看，问题是如何对其价值进行会计处理。为了研究这一问题，考虑示例 12－18 中的例子。

示例 12－18　可转换债券

> 2018 年 1 月 1 日，HTL 制造公司发行了面值 1 亿美元、利率 8%的可转换债券，于 2038 年到期，以面值的 103%发行。债券持有人可以选择将可转换债券转换为无面值普通股，每 1 000 美元的债券可以转换为 40 股。HTL 公司最近发行了利率为 8%、20 年期的不可转换债券，发行价格为债券面值的 98%。

看上去市场对转换特征的估值是 500 万美元——可转换债券的市场价值 1.03 亿美元与不可转换债券的市场价值 9 800 万美元的差额。一些会计师争辩说，我们应该将转换期权的价值记录在股东权益账户中（本例中是 500 万美元），债务价值记录在债券账户（本例中是 1 亿美元的应付债券减去 200 万美元折价）。然而，与直觉相反，目前可接受的做法是将全部发行价格记录为负债，这和不可转换债券的处理方法一样。[①] 将这些特征视为一只单一证券的两个不可分割的部分进行处理，避免了对债务和转换期权分别进行估值的操作难题。

发行时的日记账分录——可转换债券

		单位：百万美元
借：现金（103%× 100）	103	
贷：应付可转换债券（面值）		100
应付债券溢价		3

由于我们没有单独考虑转换期权的价值，所有后续分录，包括分期摊销溢价，与不可转换债券的处理方法一样。所以，我们前面讨论的债券的会计处理同时适用于可转换债券和不可转换债券。

补充思考

我们一般不单独记录可转换债券的转换期权，一个例外是当转换期权被认为是“有益转换特征”时。这种情况下，在发行债券时，转换期权具有正的“内在价值”，即债券所转换成的股票的公允价值高于债券的票面价值。[②] 例如，假设示例 12－18 中，HTL 公司在发行债券时，股票的公允价值为 30 美元/股。这意味着债券的转换特征的内在价值是每股 5 美元：

每股转换价格：1 000 ÷ 40＝25(美元)

发行日股票公允价值	$ 30
每股转换价格	25
每股转换期权的内在价值	$ 5

① FASB ASC 470-20-25：Debt-Debt with Conversion Options-Recognition（previously “Accounting for Convertible Debt and Debt Issued with Stock Purchase Warrants,” *Accounting Principles Board Opinion No. 14*（New York：APB, 1969)).

② FASB ASC 470-20-25-5：Debt-Debt with Conversion and Other Options-Recognition-Beneficial Conversion Features (previously “Accounting for Convertible Securities with Beneficial Conversion Features or Contingently Adjustable Conversion Ratios,” *EITF Issue No. 98-5*（Norwalk，Conn.：FASB，1998)).

有益转换特征的内在价值：

100 000×40=4 000 000×5=20 000 000(美元)

单独记录转换期权的内在价值：

	单位：百万美元
借：现金（103%×100）	103
债券折价（达到平衡）	17
贷：应付可转换债券（面值）	100
权益——转换期权（内在价值）	20

发展前瞻

可转换债券的会计处理可能会发生变化。事实上，美国财务会计准则委员会和国际会计准则理事会共同开展了一项关于“具有权益特征的金融工具”的联合项目。① 一项正准备纳入汇编的财务会计准则委员会员工立场为我们提供了另一条线索，这可能是联合项目会采纳的。对于不在当前公认会计原则范围内的一类特定的可转换证券——它们可能会用现金而不是股票来清偿——公司必须将可转换证券的收益划分为两部分，并且将债务的公允价值记录为负债，将转换期权记入权益账户。应该相信这一预测，因为国际准则已经要求将可转换债券划分为负债和权益两部分，因此朝这个方向发展将使美国公认会计原则和国际财务报告准则进一步趋同。

国际财务报告准则

可转换债券。不同于美国公认会计原则，根据国际财务报告准则，可转换债券被划分为负债和权益。在示例12-18中，如果HTF公司按照国际财务报告准则编制财务报表，则可转换债券的会计分录如下：

	单位：百万美元
借：现金（103%×100）	103
贷：应付可转换债券（仅负债价值）	98*
权益——转换期权（达到平衡）	5

*注意，折价已与债券面值合并。这是净价法。如果使用总价法，我们会贷记应付可转换债券100（百万美元），借记债券折价2（百万美元）。

本质上，HTL公司是以组合价格销售了两种证券——债券和转换为股票的期权。债券是负债，期权是股东权益。根据国际会计准则第32号的规定，此类复合工具要划分为负债和权益两部分。② 因为债券有独立的公允价值9 800万美元，我们将这一金额记为负债。剩

① 两个机构开发了一个分类模型，其中包含将金融工具分为负债和权益两个单独组成部分的考虑。在早些时候达成的初步决定中，两个机构决定：“如果债券（或其他债务工具）根据持有人的选择可以转换为特定数量的权益工具（这些工具在发行时全部为权益），则应将其划分为负债部分和权益部分。”在本书出版的时候，该项目被分类为“不活跃的”。

② “Financial Statements: Presentation,” *International Accounting Standard* (*IAS*) *No. 32* (IASCF) as amended effective January 1, 2016.

余的500万美元（可转换债券的公允价值1.03亿美元和不可转换债券的公允价值9 800万美元之间的差额）记为权益。如果债券的公允价值不能通过活跃的交易市场确定，那么可以用市场利率将债券现金流折算为现值，从而计算债券的价值。

行使转换期权

如果债券持有人行使转换期权，将债券转换为股票，此时需要将债券从会计记录中移除，并按同样的金额（即债券的账面价值）记录新发行的股票。举例说明，假设剩余的未摊销溢价为200万美元时，HTL公司发行的可转换债券中有一半被转换：

转换时的日记账分录

单位：百万美元

借：应付可转换债券（账户余额的50%）	50	
应付债券溢价（账户余额的50%）	1	
贷：普通股（达到平衡）		51

补充思考

前面描述的方法是账面价值法（book value method），因为新股票以赎回债券的账面价值入账。这是迄今为止最流行的方法。另一种可接受的方法是市场价值法（market value method），这种方法用新股票或债券的市场价值中更确定的一个来记录新股票的价值。因为市场价值很可能与债券的账面价值不同，所以转换会导致利得或损失。假设转换时HTL公司股票的市场价值是30美元/股：

单位：百万美元

借：应付可转换债券（账户余额的50%）	50	
应付债券溢价（账户余额的50%）	1	
可转换债券损失（达到平衡）	9	
贷：普通股（50 000×40）×30		60

如果50 000份可转换债券都为一个投资者所持有，该公司将记录转换如下：

单位：百万美元

借：普通股投资	51	
贷：可转换债券投资（账户余额）		50
债券投资溢价（账户余额）		1

诱导转换

投资者往往不愿意将债券转换成股票，即使在购买可转换债券后股价大幅上涨。这是因为可转换债券的市场价格会随着股票市场价格的上涨而上涨。因此，公司有时会试图诱导投资者进行转换。公司这么做的动机可能是减少债务、减少潜在债权人的风险或达到较低的债务权益比率。

一种方式是通过赎回条款。正如前面提到的，大多数公司债券都可以被发行公司赎回。

当设定的赎回价格低于债券的可转换价值（股票的市场价值）时，公司赎回债券将为债券持有人提供转换的动机。相比股票，债券持有人更不愿意接受较低的赎回价格。

有时，公司可能会通过提供现金、认股权证或更具吸引力的转换比率等诱导形式来鼓励债券持有人自愿转换。当提供额外的条件来诱导转换时，这些条件的公允价值被认为是转换的费用。①

三、附有可分离认股权证的债券

促进债券发行的另一种（不常用的）方式是将**可分离认股权证**（detachable stock purchase warrants）作为所发行证券的一部分。认股权证给予投资者一项期权，通常是在一个特定的时期内，可以以特定行权价购买指定数量的普通股股票。像转换特征一样，认股权证通常意味着较低的利率，可以使公司在其他借款形式不可行的时候发行债务。

然而，与可转换债券的转换特征不同的是，认股权证可以与债券分开。这意味着，它们可以单独行使或在市场上以自己的市场价格独立交易。本质上，两种不同的证券——债券和认股权证——以一个价格打包出售。因此，发行价格应根据两种不同证券的公允价值比例进行分配。如果两种证券中只有一种的独立市场价值能够可靠确定，则根据该价值确定如何分配，如示例12-19所示。

示例12-19　附有可分离认股权证的债券

2018年1月1日，HTL制造公司发行了面值为10亿美元、利率为8%的债券，于2022年到期，售价为面值的103%。每张1000美元的债券附有20份认股权证。每份认股权证允许持有人以每股25美元的价格购买无面值普通股。发行之后不久，每份认股权证在证券交易所的市场价值为3美元。

	单位：百万美元
借：现金（103%×100）	103
应付债券折价（差额）	3
贷：应付债券（面值）	100
权益——认股权证*（100000×20×3）	6

*不作为负债，而作为股东权益的组成部分来报告。

补充思考

市场缺陷可能导致二者单独的市场价值之和不等于组合的发行价格。在这种情况下，则需根据两种证券的**相对市场价值**（relative market values）进行分配。假设债券的市场价格为940美元/份（面值的94%）：

市场价值	百万美元	百分比
债券（100000×940）	94	94%
认股权证（100000×20×3）	6	6%
合计	100	100%

① FASB ASC 470-20-40：Debt-Debt with Conversion Options-Derecognition (previously "Induced Conversions of Convertible Debt," *Statement of Financial Accounting Standards No. 84* (Stamford, Conn.: FASB, 1985)).

发行价格中分配给债券的部分：

103 000 000×94％＝96 820 000（美元）

发行价格中分配给认股权证的部分：

103 000 000×6％＝6 180 000（美元）

单位：百万美元

借：现金（103％×100）	103.00
应付债券折价（100－96.82）	3.18
贷：应付债券（面值）	100.00
权益——认股权证（103×6％＝6.18）	6.18

注意：这种方法与我们在第 8 章中将多项资产的组合价格分配到多项资产上的方法一致。我们还将在第 14 章运用这种方法，将发行的两种权益证券的组合售价按照比例分配给它们的相对市场价值。

当 HTL 公司普通股的市值为 30 美元/股时，如果示例 12－19 中有一半认股权证（100 万份）将要行权，那么需要发行 100 万股股票，并加上每股 25 美元的行权价。

可分离认股权证行权时的日记账分录

单位：百万美元

借：现金（100 万份认股权证×25）	25
权益——认股权证（100 万份认股权证×3）	3
贷：普通股（达到平衡）	28

当天每股股票的市场价值 30 美元没有被用来计量新发行股票的价值。新发行的股票按之前认股权证和股票的价值记录。

概念回顾练习

债券发行和提前清偿

Olswanger 公司 2018 年财务报表的附注披露了以下内容：

附注 12：债券

2017 年 9 月 15 日，公司出售本金为 500 000 000 美元、利率为 14％的债券。该债券将于 2027 年 9 月 15 日到期，是公司的无担保次级债务。利息分别于每年 3 月 15 日和 9 月 15 日支付，每半年支付一次。公司可从 2017 年 9 月 15 日开始在任何时间赎回债券，可以部分赎回，也可以全部赎回。赎回价格从本金的 112％逐步下降，直到 2024 年下降到本金的 100％。发行债券的成本共计 11 000 000 美元，折价的 5 000 000 美元在债券期限内摊销。截至 2018 年 12 月 31 日，摊销额为 1 212 000 美元。

2018 年 12 月 31 日，公司在公开市场交易中以 219 333 000 美元的价格回购面值为 200 000 000 美元的债券。未摊销的债券发行成本和未摊销的折价共计 5 864 000 元，已在当期扣除。

从 Olswanger 公司附注 12 提供的信息中，你应该可以编制公司与发行债券相关的分录。

要求：

1. 编制 2017 年 9 月 15 日发行债券的日记账分录。

2. 编制回购债券的日记账分录，假设于 2018 年 9 月 15 日回购债券。回购债券所支付的现金是 219 333 000 美元。

解答：

1. 编制 2017 年 9 月 15 日发行债券的日记账分录。

单位：千美元

借：现金（达到平衡）	484 000
折价和债务发行成本（根据附注）	16 000
贷：应付债券（面值——根据附注）	500 000

2. 编制回购债券的日记账分录，假设于 2018 年 9 月 15 日回购债券。回购债券所支付的现金是 219 333 000 美元。

单位：千美元

借：应付债券（回购债券面值）	200 000
提前清偿损失（达到平衡）	25 197
贷：折价和债务发行成本（根据附注）	5 864
现金（根据要求 2）	219 333

第 4 节　以公允价值报告负债的选择权

虽然没有强制要求，但是公司可以选择以公允价值计量部分或全部金融资产和负债。[①]在第 10 章中，我们看到了金融资产运用这一选择权的例子——具体来说，公司可以将它们的证券投资以公允价值报告。现在，我们也将学习负债如何以公允价值报告。

负债的公允价值会怎么变化？记住，每项投资都有投资方和被投资方两个方面。例如，假如一家公司投资于通用汽车公司的债券，这一投资既是投资者的资产，又是通用汽车公司的负债。所以，影响债务证券投资公允价值的市场因素（利率、信用风险等）也会影响负债的公允价值。对于银行贷款或不在市场中交易的其他债务，影响因素的组合将有所不同，但无论如何，当前市场利率的变化往往是影响公允价值变动的主要因素。

确定公允价值

为了说明这个问题，我们回顾示例 12-3 中 Masterwear 公司债券折价出售的例子。现在，假设 6 个月后市场利率已经下降到 11%，而且 6 月 30 日是 Masterwear 公司的会计年度

① FASB ASC 825-10-25-1：Financial Instruments-Overall-Recognition-Fair Value Option (previously "The Fair Value Option for Financial Assets and Financial Liabilities," *Statement of Financial Accounting Standards No. 159* (Norwalk, Conn.: FASB, 2007)).

截止日。市场利率下降意味着债券价格上涨。我们假设，《华尔街日报》上的市场价格表明，2018 年 6 月 30 日 Masterwear 公司债券的公允价值是 714 943 美元。根据摊销表，我们看到在同一天，距离到期还有 5 期，如果市场利率仍然是 14%（半年利率是 7%），那么债券的现值——它们的价格——应该是 671 297 美元。

补充思考

如果债券不在公开市场上交易，就不容易观察其公允价值。在这种情况下，确定公允价值的常用方式是根据当期利率将剩余的现金流量折现，从而计算出公允价值。如果当前利率是 11%（半年为 5.5%）[1]，正如我们现在假设的利率那样，现值为 714 943 美元。

	现值（美元）
利息	42 000×4.270 28* = 179 352
本金	700 000×0.765 13† = 535 591
债券现值	714 943

*1 美元普通年金现值：$n=5$，$i=5.5\%$。

†1 美元现值：$n=5$，$i=5.5\%$。

债券发行时，Masterwear 公司需要选择是按照摊余成本还是按照每个报告日的公允价值报告负债。如果公司没有选择按照公允价值报告，那么在 6 月 30 日就应按照我们早些时候在摊销表中计算的 671 297 美元报告。另一方面，如果 Masterwear 公司选择了按公允价值报告，就应按债券当前的公允价值 714 943 美元报告。

报告公允价值变动

如果一家公司选择以公允价值进行报告，那么公允价值的变动就会导致利得或损失。债务的信用风险变动而不是一般利率变动所导致的利得或损失，不属于净利润的一部分，而是作为其他综合收益（OCI）报告。信用风险是指债券投资者无法收到承诺的利息和到期金额的风险。公司可以假设公允价值变动超过一般（无风险）利率变动所引起的部分是信用风险变动的结果。

在我们的例子中，Masterwear 公司应报告公允价值从 666 633 美元上升到 714 943 美元，即上升了 48 310 美元。但是请注意，这部分变化是我们之前讨论的未付利息所导致的。下面是一个简要重述。

2018 年 6 月 30 日，前 6 个月应付利息为 46 664 美元，但只用现金支付了 42 000 美元。所以账面价值因为未付利息增加了 4 664 美元。会计分录如下：

借：利息费用	46 664	
贷：应付债券折价		4 664
现金		42 000

分录中摊销折价将负债的账面价值增加了 4 664 美元，达到 671 297 美元：

1 月 1 日账面价值和公允价值	$ 666 633

① 当前利率应当与当时的无风险利率一致，并根据债券的信用风险增加相应的风险溢价。

由于折价摊销而增加	4 664
6月30日的账面价值（摊余金额）	$ 671 297

公允价值上升

将负债的账面价值与某日的公允价值进行比较，可以得出需要将债券调整为公允价值的金额。

6月30日的公允价值	$ 714 943
6月30日的账面价值（摊余金额）	671 297
公允价值调整	$ 43 646

不是增加应付债券账户的金额，而是通过贷记一个价值抵减账户来间接地调整公允价值。如果一般利率没有变化，我们假设公允价值变动都是由与债券相关的信用风险导致的，并在其他综合收益中报告损失。

借：未实现持有损失——其他综合收益	43 646	
贷：公允价值调整（714 943－671 297）		43 646

如果公允价值变动是一般利率变化所导致的，则该部分将在净利润中报告。例如，如果利率下降，导致公允价值增加了 20 000 美元，那么我们会在利润表中报告 20 000 美元的损失，而在其他综合收益中报告 23 646 美元。

债券的新账面价值现在就是公允价值：

应付债券	$ 700 000
减：折价（33 367－4 664）	(28 703)
摊销表价值	$ 671 297
加：公允价值调整	43 646
6月30日账面价值	$ 714 943

公允价值下降

假设 2018 年 6 月 30 日的公允价值不是 714 943 美元，而是 650 000 美元。在这种情况下，Masterwear 公司需要记录该负债的减少 21 297 美元（从 671 297 美元减少到 650 000 美元）。假设利率没有变化，分录如下：

借：公允价值调整（671 297－650 000）	21 297	
贷：未实现持有利得——其他综合收益		21 297

债券的新账面价值为公允价值：

应付债券	$ 700 000
减：折价（33 367－4 664）	(28 703)
摊销表价值	$ 671 297
减：公允价值调整	(21 297)
6月30日账面价值	$ 650 000

摊销表最后一列未偿还余额（包括到期日余额）在任何时候都等于应付债券减去折价（例如，2018 年 6 月 30 日为 671 297 美元）。但在任何报告日，我们在资产负债表中都以公允价值进行报告，也就是用摊销表中的摊余金额加上或减去公允价值调整的金额。上述两种情况下金额分别为 714 943 美元和 650 000 美元。

为了理解为什么将与信用风险相关的公允价值变动报告为其他综合收益，可以考虑将其归入利润表所带来的后果。这是在 2015 年财务会计准则委员会规定将其归类为其他综合收益以前的处理方法。举个例子，由于调整了债务的公允价值，摩根大通公司 2011 年第三季度利润表中报告了惊人的 19 亿美元的利得。这是公司股东和债权人庆祝的原因，对吗？不要庆祝得那么快。公司的确遵循了适当的程序来记录其债务公允价值的下降，并在利润表中记录为利得。然而，事实证明，债务公允价值下降的原因是公司的财务状况恶化，增加了信用风险，从而使负债的公允价值下降。事实上，这正是摩根大通公司获得大额利得的主要原因。你觉得信用评级恶化应该导致更高的净利润吗？大多数观察家，包括财务会计准则委员会，都认为这是违反直觉的。因此，与信用风险相关的公允价值变动现在被报告为其他综合收益的一部分，而不是净利润的一部分。

混合报告模式

在前几章的学习中谈到过，如果一家公司采用公允价值选择权，不代表该公司必须选择以公允价值报告所有的金融工具或者某种特定的金融工具。不同的金融工具可以采取不同的报告方式。例如，Masterwear 公司可能会选择以公允价值报告债券，但其他负债均以摊余金额报告。但是，公司必须在金融工具形成（本例中就是债券发行）时选择一种报告方式，一经选择不得变更。

以下是花旗集团财务报表附注的摘录，其中描述了对部分负债采用的公允价值选择权（省略了与金融资产公允价值选择权相关的部分）。

> 23. 公允价值选择权（部分）
>
> 公司可以选择以公允价值计量大多数金融工具和其他项目……选择是在某项金融资产、金融负债或公司承诺或某些特定事项发生时做出的。一旦做出选择就不会撤销。除了债务估值调整之外，公允价值变动计入当期损益，从 2016 年 1 月 1 日起计入累计其他综合收益。

结束于 3 月 31 日的 3 个月的公允价值变动利得（损失）　　单位：百万美元

	2016 年	2015 年
负债		
带息存款	\$(50)	\$10
根据回购证券组合协议购买或出售的联邦基金和证券	(6)	2
交易账户负债	94	29
短期借款	80	(1)
长期债务	(423)	189
负债合计	\$(305)	\$229

财务报告案例问题参考答案

1. 什么是第一抵押债券？它对融资有什么影响？

抵押债券由发行方以其所有的特定不动产作为抵押。这使它的风险比无担保债务低，因此 Service Leader 公司能以更高的价格（更低的利率）出售债券。

2. 从 Service Leader 公司的角度来看，为什么要发行可赎回债券？可赎回债券是什么？

可赎回的特征让 Service Leader 公司能够避免未来 15 年内如果利率下降而导致的高额债务成本。从 2017 年 6 月 30 日起，Service Leader 公司可以提前将债券回购或赎回。回购价格是债券面值的 103%，即每张面值 1 000 美元的债券的赎回价格为 1 030 美元。

3. 如果其他类似的投资将为投资者提供 6.5%的回报，如何销售利率为 6.25%的债券？

当市场利率为 6.5%时，要想销售利率为 6.25%的债券，Service Leader 公司只能将债券进行折价出售。债券由市场定价，以产生类似风险和期限证券的市场利率。价格是各期支付的利息（面值×票面利率）的现值加上到期日应付本金的现值，折现率都是市场利率。

4. 与发行债券相比，发行票据进行融资在会计处理上有什么不同？

没有不同。在其他条件相同的情况下，不论是债券、票据还是其他形式的负债，都适用相同的会计原则。即都按现值入账，在债务期限内按实际利率计算利息。

5. 公司选择将债券转换成普通股的原因是什么？

可转换债券可以根据债券持有人的选择转换为股票。有时，公司发行可转换债券而不直接发行债券的动机是用可转换债券作为并购交易的媒介，或者是小企业或债务沉重的公司进入债券市场的途径，或者是股东反对增发股票时作为间接发行股票的方式。但这些都不是 Service Leader 公司发行可转换债券的原因。它的原因更可能是为了以更高的价格出售。因为转换特征对投资者来说很有吸引力。投资者原本持有固定收益证券，但这些证券在环境有利时可以转换为普通股。投资者有获得更高回报的可能，同时原本的债务还限制了下行风险。

本章学习目标概要

学习目标 12-1

负债要求在未来指定日期支付特定金额的现金。随着时间推移，债务的利息按实际利率和债务未偿还余额的乘积计算。不论负债的具体形式，都适用这一原则。

学习目标 12-2

供求关系导致债券的定价形成了市场利率，在计算债券未来现金流量的现值时，它等于发行价格的折现率。利息费用按实际利率乘以未偿还余额计算（在计息期内）。如果与实际利率法的结果没有重大差别，公司可以在到期日前将折价或溢价平均分摊到每一期间。

学习目标 12-3

理论上，票据与债券的会计处理完全一致。如果票据没有现实利率，可以用实际利率来确定交易中记录的金额和每一期的利息。

学习目标 12-4

在资产负债表中，所有长期债务都应披露未来 5 年每一年到期的金额和偿债基金金额（如果有的话）。要补充披露的信息有：(a) 表外信贷或市场风险；(b) 信用风险的集中度；(c) 金融工具的公允价值。

学习目标 12-5

债务提前清偿的价格和债务的账面价值之间的差额应当记录为利得或损失。可转换债券直接作为债务进行会计处理，但是附有可分离认股权证的债券，其权益特征的价值应单独记录。

学习目标 12-6

虽然没有强制要求，但是公司可以选择以公允价值计量部分或全部金融资产和负债。如果选择了以公允价值进行报告，那么资产负债表之间的与信用风险有关的公允价值增加（或减少）应当在其他综合收益中报告为损失（或利得）。否则，应计入净利润。每项负债在形成时只有一次选择权。

学习目标 12-7

美国公认会计原则和国际财务报告准则对债券和长期票据的会计处理基本相同。只有在确定哪些证券报告为债务、可转换证券的会计处理、何时可以采用公允价值选择权等方面存在一些差异。

本章重点问题回顾

12-1　未偿还债务每期的利息是如何确定的？未收回的应收款项呢？两种形式的债务工具（比如应付债券和应付票据）相比，计算利息的方法有什么不同？

12-2　根据一般规则，如何在债务人的资产负债表中报告长期负债？

12-3　债券和票据有哪些相同点和不同点？

12-4　债券契约包含的内容有哪些？这些内容的作用是什么？

12-5　2018 年 1 月 1 日，Brandon Electronics 公司发行了面值为 8 500 万美元、票面利率为 11.5%的债券，出票日是 1 月 1 日。市场上具有类似到期日和风险的债券利率为 12.25%。Brandon 公司如何在市场利率是 12.25%的情况下卖出票面利率只有 11.5%的债券？

12-6　如何确定债券（或债券发行）的价格？

12-7　零息债券不支付利息。为什么？

12-8　溢价发行债券时，债务的账面价值逐期递减。为什么？

12-9　比较两种常用的确定债券利息的方法。

12-10　债务发行成本是什么？应该如何报告？

12-11　当票据的票面利率和市场利率不相关时，应当运用实质重于形式原则。请解释。

12-12　分期付款票据和到期一次还本付息的票据有什么不同？

12-13　长期债务可以采用如下方式之一报告：(a) 折价或溢价后的净额；(b) 在报告面值的同时用单独的估值账户报告折价或溢价。在下一年或长于一年的一个经营周期内要偿还的长期负债，应划分为流动负债报告。对于长期负债未来支付的金额，还应披露哪些内容？

12-14　提前清偿债务往往会产生利得或损失。如何确定利得或损失的金额？

12-15　Air Supply 公司以 101（面值的 101%）的价格发行了面值为 600 万美元、票面利率为 9%、10 年后到期的可转换债券。债券可转换为 24 000 股普通股。在各方面均相似的不可转换债券日前正以 99（即面值的 99%）的价格出售。在债券发行时，Air Supply 公司应计入权益和负债的金额分别为多少？

12-16　可转换债券和附有可分离认股权证的债券均具有负债和权益的特点。两者在会计处理上有何不同？为什么会不同？

12-17　有时公司试图通过提供现金、认股权证或更有利的转换比率来诱发自愿转换。这种诱导转换应如何进行会计处理？如何计量？

12-18　在市场利率上升时，Cordova Tools 公司还有尚未偿还的债券。如果 Cordova Tools 公司选择以公允价值进行报告，那么它当年会报告债券的利得还是损失？请解释。

12-19　如果公司根据国际财务报告准则编制财务报表，那么它将如何对其发行的 1 250 万美元的可转换债券进行会计处理？其理论依据是什么？

12-20　（根据附录 12A）为什么债券总是以其价格加上自上个付息日以来累计的利息之和作为售价？

12-21　（根据附录 12B）债务人面临财务困难而修改初始债务协议，新的协议被称为债务重组。债务重组可以分为不同的形式。从会计角度，可以对它们进行分类。债务重组的会计处理分为哪些类型？

12-22　（根据附录 12B）Pratt Industries 公司欠 First National 银行 500 万美元，但由于财务困难，不能按照原来的协议还款。First National 银行同意 Pratt Industries 公司以公允价值为 300 万美元的土地偿还全部债务，土地在 Pratt Industries 公司的账面价值为 200 万美元。在清偿债务的报告期内，Pratt Industries

公司应如何在利润表里报告此次债务重组？

12-23 （根据附录12B）债务人对债务重组的处理方式取决于债务重组协议下要求偿还的现金减少的程度。描述下面两种情况的会计处理：根据新协议，如果现金支付总额（a）小于债务账面价值；（b）大于债务账面价值。

简要练习

12-1　债券利息

Holiday Brands公司以2 750万美元的价格发行了面值为3 000万美元、票面利率为6%的30年期债券。Holiday Brands公司每半年需要向债券持有人支付多少利息？

12-2　确定债券价格

一家公司发行了面值8 000万美元、票面利率为5%的20年期债券。类似风险和期限的债券利率为6%。每半年支付一次利息。债券的发行价格是多少？

12-3　确定债券价格

一家公司发行了面值7 500万美元、票面利率为6%的15年期债券。类似风险和期限的债券利率为6%。每半年支付一次利息。债券的发行价格是多少？

12-4　确定债券价格

一家公司发行了面值1亿美元、票面利率为5%的20年期债券。类似风险和期限的债券利率为4%。每半年支付一次利息。债券的发行价格是多少？

12-5　债券的实际利率

一家公司于1月1日发行了面值为9 000万美元、票面利率为7%的15年期债券。发行价格为82 218 585美元，实际利率为8%。每半年支付一次利息。6月30日第一个付息日，按实际利率计算的利息费用是多少？

12-6　债券的实际利率

一家公司于1月1日发行了面值为8 000万美元、票面利率为3%的20年期债券。发行价格为69 033 776美元，实际利率为4%。每半年支付一次利息。按实际利率计算利息，12月31日年度利润表中的利息费用是多少？

12-7　直线法计算债券利息

一家公司于1月1日发行了面值为8 000万美元、票面利率为3%的20年期债券。发行价格为69 033 776美元，实际利率为4%。每半年支付一次利息。按直线法计算利息，12月31日年度利润表中的利息费用是多少？

12-8　债券投资

一家公司于1月1日以69 033 776美元的价格购买了票面利率为3%的20年期公司债券作为投资。债券面值为8 000万美元，实际利率为4%。利息每半年支付一次。编制日记账分录，记录12月31日（第二个付息日）按照实际利率计算的利息收入。

12-9　为获取现金发行的票据；债权人和债务人

Nantucket Ferry公司于2018年1月1日向BankOne借入1 400万美元现金，并向其发行了面值为1 400万美元、票面利率为6%的4年期票据。每年12月31日支付利息。编制两家公司的日记账分录，记录2018年12月31日的利息。

12-10　没有现实利率的票据

Snipes Construction公司于1月1日通过发行面值为30万美元、票面利率为2%的3年期票据来换取推土机。每年12月31日支付利息。不知道推土机的零售价格，但能确定合理的利率为5%。Snipes公司应该对推土机和票据记录多少金额？如何编制这笔交易的日记账分录？

12-11　分期付款票据

一家公司为了获取现金，于1月1日发行了一张面值为30万美元、票面利率为5%的分期付款票据。

连续 3 年于每年 12 月 31 日支付相同的金额来偿还债务。每年应偿还的金额为多少？编制第二期偿还时的日记账分录。

12-12 提前清偿；实际利率

一家公司在其债券到期之前以 102（面值的 102%，即 6 120 万美元）的价格回购了面值为 6 000 万美元的债券。回购时债券剩余折价 200 万美元。编制回购债券的日记账分录。

12-13 附有可分离认股权证的债券

Hoffman 公司以 102（面值的 102%）的价格发行了面值为 6 000 万美元、票面利率为 5%的 20 年期债券。每 60 000 美元的债券附 10 份可分离认股权证，债券持有人可以以每股 20 美元的价格购买面值为 1 美元的普通股。出售时，普通股的市场价值为每股 25 美元，认股权证的市场价值为每份 5 美元。编制债券发行的日记账分录。

12-14 可转换债券

Hoffman 公司以 102（面值的 102%）的价格发行了面值为 6 000 万美元、票面利率为 5%的 20 年期债券。每 60 000 美元的债券可转换为 1 股面值为 1 美元的普通股。编制债券发行的日记账分录。

12-15 以公允价值报告债券

AI Tool and Dye 公司于 2018 年 1 月 1 日发行面值为 1.6 亿美元、票面利率为 8%的债券。债券以 1.5 亿美元对外出售。类似风险和期限的债券利率为 9%。AI 公司选择以公允价值报告这些债券。2018 年 6 月 30 日，按纳斯达克的信息，债券的公允价值为 1.45 亿美元。AI 公司调整公允价值时应该报告为利得还是损失？如果公允价值的变动是由利率变动引起的，利率将上升还是下降？利得或损失是计入净利润还是其他综合收益？

习 题

12-2 确定不同情况下债券的价格

确定 100 万美元的债券在以下每种独立假设下的发行价格：

	期限	利息支付	票面利率	实际（市场）利率
1	10 年	一年一次	10%	12%
2	10 年	半年一次	10%	12%
3	10 年	半年一次	12%	10%
4	20 年	半年一次	12%	10%
5	20 年	半年一次	12%	12%

12-3 确定债券发行价格；实际利率

Bradford 公司于 2018 年 1 月 1 日发行了面值为 8 000 万美元、票面利率为 10%的 10 年期债券，出票日是 1 月 1 日。债券于 2027 年 12 月 31 日到期（10 年）。市场上具有类似风险和期限的债券利率为 12%。利息每半年支付一次，分别于 6 月 30 日及 12 月 31 日支付。

要求：

1. 确定 2018 年 1 月 1 日债券的价格。
2. 编制 Bradford 公司 2018 年 1 月 1 日发行债券的日记账分录。
3. 编制 2018 年 6 月 30 日记录利息的日记账分录（按实际利率）。
4. 编制 2018 年 12 月 31 日记录利息的日记账分录（按实际利率）。

12-6 债券；发行；实际利率

Gorman 集团于 2018 年 6 月 30 日发行了面值为 90 万美元、票面利率为 13%的债券。发行价格为

967 707 美元，出票日为 6 月 30 日。债券于 2038 年 6 月 30 日到期（20 年）。市场上具有类似风险和期限的债券利率为 12%。每年 12 月 31 日和 6 月 30 日支付利息。

要求：

1. 编制 2018 年 6 月 30 日 Gorman 集团发行债券的日记账分录。
2. 编制 2018 年 12 月 31 日记录利息的日记账分录（按实际利率）。
3. 编制 2019 年 6 月 30 日记录利息的日记账分录（按实际利率）。

12-7　确定债券发行价格；直线法

Universal Foods 公司于 2018 年 1 月 1 日发行面值为 1.5 亿美元、票面利率为 10%的债券。出票日是 1 月 1 日，债券 2032 年 12 月 31 日到期（15 年）。市场上具有类似风险和期限的债券利率为 12%。每年 12 月 31 日和 6 月 30 日支付利息。Universal 使用直线法。

要求：

1. 确定 2018 年 1 月 1 日债券的发行价格。
2. 编制 2018 年 1 月 1 日 Universal Foods 公司发行债券的日记账分录。
3. 编制 2018 年 6 月 30 日记录利息的日记账分录。
3. 编制 2025 年 12 月 31 日记录利息的日记账分录。

12-10　债券发行；实际利率；摊销表

National Orthopedics 公司于 2018 年 1 月 1 日发行了面值为 50 万美元、票面利率为 9%的 4 年期债券。出票日是 1 月 1 日。债券于 2021 年 12 月 31 日到期（4 年）。市场上具有类似风险和期限的债券利率为 10%。每半年支付一次利息，分别于 6 月 30 日和 12 月 31 日支付利息。

要求：

1. 确定 2018 年 1 月 1 日债券的价格。
2. 编制 2018 年 1 月 1 日 National Orthopedics 公司发行债券的日记账分录。
3. 编制摊销表，按实际利率法计算每期利息。
4. 编制 2018 年 6 月 30 日记录利息的日记账分录。
5. 编制到期日 2021 年 12 月 31 日的日记账分录。

12-12　债券；直线法；调整分录

Stratford Lighting 公司于 2018 年 3 月 1 日发行了面值为 30 万美元、票面利率为 14%的 20 年期债券。出票日是 3 月 1 日。债券售价为 29.4 万美元，于 2038 年 2 月 28 日到期（20 年）。每半年支付一次利息，分别于 8 月 31 日和 2 月 28 日支付利息。Stratford Lighting 公司使用直线法，会计年度截止日为 12 月 31 日。

要求：

1. 编制 Stratford Lighting 公司 2018 年 3 月 1 日发行债券的日记账分录
2. 编制 2018 年 8 月 31 日记录利息的日记账分录。
3. 编制 2018 年 12 月 31 日应计利息的日记账分录。
4. 编制 2019 年 2 月 28 日记录利息的日记账分录。

12-14　发行新债务；发布公告

当公司发行新债务证券时，需要在财经媒体和网站上发布公告。假设下面是 2018 年 12 月发布的一则关于债务的公告：

新证券发行

公司

National Equipment Transfer 公司——根据一名银团官员的说法，通过主要管理者 Second Tennessee 银行和 Morgan, Dunavant & Co 公司发行了 2 亿美元的债券。条款如下：到期日，2024 年 12 月 15 日；票面利率 7.46%；发行价格，面值；收益率，7.46%；不可赎回；负债等级：Ba-1（穆迪公司），

BBB+（标准普尔公司）。

IgWig 公司——根据一名银团官员的说法，通过 Stanley Brothers 公司发行了 3.5 亿美元的票据。条款如下：到期日，2026 年 12 月 1 日；票面利率 6.46%；发行价格：99（面值的 99%）；收益率，6.56%；赎回日期：不确定；负债等级：Baa-1（穆迪公司），A（标准普尔公司）。

要求：

1. 编制两家公司把债券出售给承销商的日记账分录。不考虑发行成本，假设没有应计利息。
2. 编制两家公司首个半年付息日的日记账分录。

12-16 摊销表中的错误

Wilkins Food Products 公司从 Lawrence Specialists 公司购买一台打包机。Lawrence Specialists 公司于 2016 年 1 月 1 日完成机器的生产。Wilkins Food Products 公司签发了一张 3 年期的分期付款票据，于每年年末等额付款。付款中包括 10%利率的利息。

Lawrence Specialists 公司在编制摊销表时犯了一个概念上的错误，Wilkins Food Products 公司直到 2018 年才发现这个错误。这个错误导致 Wilkins Food Products 公司在 2016 年和 2017 年分别少计了 45 000 美元和 40 000 美元的利息费用。

要求：

1. 在调整之前，确定这个错误导致了 2018 年 1 月 1 日的哪些账户金额存在错误。解释你的答案。（不考虑所得税。）
2. 编制日记账分录来纠正错误。
3. 还有哪些程序可以用来纠正错误?

12-17 没有现实利率的票据；借款人；摊销表

Amber Mining & Milling 公司向 Truax 公司购买定制车床。该机器于 2018 年 1 月 1 日完成生产并可以使用。为了支付车床价款，Amber Mining & Milling 公司发行了一张 60 万美元、利率为 4%的 3 年期票据，每年 12 月 31 日支付一次利息。车床的市场价格不能确定，通过类似交易的比较可以确定 12%是合理的利率。

要求：

1. 编制 Amber Mining & Milling 公司 2018 年 1 月 1 日购买车床的日记账分录。
2. 编制票据 3 年的摊销表。
3. 编制日记账分录以记录：(a) 三年中每一年的利息；(b) 到期时偿还票据。

12-18 没有现实利率的票据；出借人；摊销表

根据习题 12-17 中描述的情况。

要求：

1. 编制 Truax 公司 2018 年 1 月 1 日出售车床的日记账分录。
2. 编制票据 3 年的摊销表。
3. 编制日记账分录以记录：(a) 三年中每一年的利息；(b) 票据到期时 Truax 公司收到款项。

12-19 分期付款票据；出借人；摊销表

2018 年 1 月 1 日，FinanceCo 公司贷款 800 万美元给 Corbin Construction 公司建造一座游乐场。Corbin 公司签发了一张 3 年期、利率 6%的分期付款票据，在每年年末等额付款。

要求：

1. 编制 FinanceCo 公司 2018 年 1 月 1 日贷款的日记账分录。
2. 编制该分期付款票据 3 年的摊销表。
3. 编制 2018 年 12 月 31 日第一次付款的日记账分录。
4. 编制 2020 年 12 月 31 日第三次付款的日记账分录。

12-20 分期付款票据；摊销表

American Food Services 公司向 Barton and Barton 公司购买了一台打包机。Barton and Barton 公司于

2018年1月1日完成机器的生产。为了给400万美元的机器付款，American Food Services公司签发了一张4年期分期付款票据，每年年末等额支付款项，支付的金额中包括10%利率的利息。

要求：

1. 编制American Food Services公司2018年1月1日购买打包机的日记账分录。

2. 编制4年期分期付款票据的摊销表。

3. 编制2018年12月31日首次支付利息的日记账分录。

4. 编制2020年12月31日第三次付款的日记账分录。

12-22　财务会计准则委员会准则汇编

在财务会计准则委员会网站（www. fasb. org）上查询财务会计准则委员会会计准则汇编。为下列各项目确定具体的引用：

1. 长期负债到期时的披露要求。

2. 如果一张票据没有现成的市场，用其交换的非现金资产也没有现成的公允价值，所以无法确定利率，那么如何估计该票据的价值？

3. 计算利息时，什么时候可以把直线法作为替代方法？

12-24　可转换债券

2018年1月1日，Gless Textiles公司以101（面值的101%）的价格发行了面值为1 200万美元、利率为9%的10年期可转换债券，于每年的6月30日和12月31日支付利息。每1 000美元的债券可以转换为40股无面值的普通股。其他条件相同的不可转换债券的发行价格为99（面值的99%）。Century Services公司购买了10%的债券作为投资。

要求：

1. 编制Gless Textiles公司发行债券、Century Services公司购买债券的日记账分录。

2. 编制2022年6月30日支付利息时，Century Services公司和Gless Textiles公司的日记账分录（假设两家公司都用直线法）。

3. 2023年7月1日，Gless Textiles公司普通股的市场价格为每股33美元，Century Services公司将其持有的债券转换为股票。编制债券转换为股票时Century Services公司和Gless Textiles公司的日记账分录（账面价值法）。

12-26　可转换债券；诱导转换

Madison Products公司于2018年1月1日发行了面值为4 000万美元、利率为6%的10年期可转换债券，发行净价为4 080万美元。Madison Products公司最近以99（面值的99%）的价格发行了条件类似的不可转换债券。债券每年6月30日和12月31日支付利息。每1 000美元的债券可转换为30股无面值普通股。Madison Products公司以直线法计算利息。

2020年6月1日，Madison Products公司通知债券持有人，打算以面值加1%的回购溢价于2020年7月1日回购债券。截至6月30日，债券持有人全都选择将债券转换为股票。6月30日，公司支付半年利息，并发行转换所需的股票。

要求：

1. 编制Madison Products公司发行债券的日记账分录。

2. 编制2018年6月30日支付利息的日记账分录。

3. 编制Madison Products公司于2020年6月30日支付利息、将债券转换为股票（账面价值法）的日记账分录。

12-28　附有可分离认股权证债券

Limbaugh Communications公司于2018年8月1日发行了价格为104（面值的104%）、利率为10%、面值为3 000万美元的20年期不可转换债券，债券于2038年7月31日到期。每1 000美元的债券附20份可分离认股权证，债券持有人可以以每股60美元的价格购买Limbaugh Communications公司的无面值普通股。Interstate Containers 公司购买了 20%的债券。2018 年 8 月 1 日，普通股的市场价格为每股 58 美元，认股权证的市场价格为每份 8 美元。

2029 年 2 月，Limbaugh Communications 公司普通股的市场价格为 72 美元/股，未摊销的折价金额为 100 万美元。Interstate Containers 公司行使了持有的认股权证来购买股票。

要求：

1. 编制 2018 年 8 月 1 日 Limbaugh Communications 公司发行债券和 Interstate Containers 公司购买债券的日记账分录。

2. 编制 2029 年 2 月 Interstate Containers 公司行使其持有的认股权证来购买股票时，Interstate Containers 公司和 Limbaugh Communications 公司的日记账分录。

12-30 以公允价值报告债券

Rapid Airlines 公司于 2018 年 1 月 1 日发行了面值为 2 亿美元、利率为 8%的债券，获得了 1.84 亿美元，实际利率为 10%。债券于每年 6 月 30 日和 12 月 31 日支付利息。Rapid Airlines 公司以实际利率记录利息，并选择以公允价值报告债券。2018 年 12 月 31 日，根据场外交易市场价格确定债券的公允价值为 1.88 亿美元。Rapid 认为公允价值上升当中有 100 万美元是一般利率下降导致的。

要求：

1. 编制 2018 年 6 月 30 日记录利息的日记账分录（第一次支付利息）。

2. 编制 2018 年 12 月 31 日记录利息的日记账分录（第二次支付利息）。

3. 编制 2018 年 12 月 31 日调整资产负债表上债券公允价值的日记账分录。

12-32 应计利息

Brown-Ferring 公司于 2018 年 3 月 1 日发行了面值为 1 亿美元、利率为 12%的债券，出票日为 2018 年 1 月 1 日。发行债券获得了 9 900 万美元（加上应计利息）。债券于 2037 年 12 月 31 日到期，分别于每年 6 月 30 日和 12 月 31 日支付利息。Brown-Ferring 公司的会计年度和日历年度相同。

要求：

1. 计算出售债券时包含在收益中的应计利息。

2. 编制 Brown-Ferring 公司发行债券时的日记账分录。

12-33 债务重组；清偿债务

2018 年 1 月 1 日，Transit Developments 公司欠 First City 银行 600 000 美元，欠款形式是利率 11%的票据，票据还有 3 年到期。由于财务困难，Transit 公司无法支付之前年度的利息。

First City 银行同意 Transit 公司用一块公允价值为 450 000 美元的土地偿还债务。Transit 公司 2014 年购买这块土地的价格是 325 000 美元。

要求：

编制日记账分录，记录 Transit 公司的债务重组。

12-34 债务重组；修改条款

2018 年 1 月 1 日，Brainard Industries 公司欠 Second BancCorp 公司 1 200 万美元，欠款形式是利率为 10%、2020 年 12 月 31 日到期的票据。上次付息日是 2016 年 12 月 31 日，Brainard Industries 公司面临财务困难，经过协商后 Second BancCorp 公司同意 Brainard Industries 公司希望修改债务协议条款的要求：

a. 免除上年利息费用。

b. 将剩余两年的利息减少到每年 100 万美元，首次付息日可以推迟到 2019 年 12 月 31 日。

c. 将本金减少到 1 100 万美元。

要求：

编制 Brainard Industries 公司在以下时间关于债务重组的日记账分录：(1) 2018 年 1 月 1 日；(2) 2019 年 12 月 31 日；(3) 2020 年 12 月 31 日。

12-35　债务重组；修改条款；实际利率未知

2018 年 1 月 1 日，NCI Industries 公司因为一张 240 000 美元、利率 10%的无担保票据有对 First Federal 银行的负债。票据于 2014 年 1 月 1 日签发，2019 年 12 月 31 日到期。上一次支付年度利息是在 2016 年 12 月 31 日。NCI 公司正经历严重的财务困境，想重组债务契约的条款。First Federal 银行同意减免上一年的利息，将剩余两年的利息减少到 11 555 美元，所有款项都推迟到 2019 年 12 月 31 日（即到期日）支付。

要求：

编制 NCI Industries 公司在以下时间关于债务重组的日记账分录：（1）2018 年 1 月 1 日；（2）2018 年 12 月 31 日；（3）2019 年 12 月 31 日。

12-36　财务会计准则委员会准则汇编；债务重组中的法律费用

在债务重组谈判和生效过程中，债权人通常会发生各种法律成本。财务会计准则委员会的会计准则汇编是美国公认会计原则的唯一官方来源。

要求：

1. 在财务会计准则委员会网站（www.fasb.org）上查询财务会计准则委员会会计准则汇编，找到债权人在债务重组过程中法律费用会计处理的相关权威文献。
2. 具体是哪个引用描述了法律成本的报告指南？
3. 恰当的会计处理是什么？

附录 12A　在付息日之间发行债券

在本章第 1 节，我们假定债券是在其出票日（印在契约合同上的日期）发行的。但假设疲软的市场导致在该日之后 2 个月（支付半年利息之前的 4 个月）才发行债券。在这种情况下，除了债券的价格之外，买方将被要求支付给卖方 2 个月**应计利息**（accrued interest）。

债券在付息日之间按面值发行

假设在示例 12-1 中，Masterwear 公司直到 3 月 1 日——出票日 2 个月之后才发行债券。这种变化如示例 12A-1 所示。United 公司将支付债券的价格（700 000 美元）加上 14 000 美元的应计利息：

700 000	×	12%	×	2/12	=	14 000(美元)
面值		年利率		一年的比例		应计利息

示例 12A-1　债券在付息日之间按面值出售

发行日（3 月 1 日）		
Masterwear 公司（发行方）		
借：现金（价格加应计利息）	714 000	
贷：应付债券（面值）		700 000
应付利息（上面计算的应计利息）		14 000
United 公司（投资方）		
借：债券投资（面值）	700 000	
应收利息（上面计算的应计利息）	14 000	
贷：现金（价格加应计利息）		714 000

当 Masterwear 公司在 6 月 30 日支付半年的利息时，一笔完整的 6 个月利息就支付了。但是之前已经收到了 2 个月的应计利息，因此 Masterwear 公司的净利息费用是还没有支付的 4 个月的利息。同样，United 公司在只持有 4 个月债券的时候，收到了 6 个月的利息，United 公司只应记录 4 个月的利息收入。

第一个付息日（6 月 30 日）

Masterwear 公司（发行方）		
借：利息费用（6－2＝4）	28 000	
应付利息*（上面计算的应计利息）	14 000	
贷：现金（票面利率×面值）		42 000
United 公司（投资方）		
借：现金（票面利率×面值）	42 000	
贷：应收利息（上面计算的应计利息）		14 000
利息收入（6－2＝4）		28 000

* 在债券出售时，一些会计师更喜欢贷记利息费用，而不是应付利息。如果这样做，这一分录需要借记利息费用、贷记现金，金额为 42 000 美元。利息费用账户的借方净额也会反映同样的 4 个月的利息（42 000－14 000）。

利息费用	
	2 个月
6 个月	
4 个月	

类似地，在购买债券时，投资者可以借记利息收入，而不是应收利息。

债券在付息日之间折价发行

当债券不是按面值发行时，我们的目标是相同的。例如，在示例 12-3 中，当市场利率为 14%时，发行票面利率为 12%、面值为 700 000 美元的债券，因此是折价发行，价格为 666 633 美元。如果这些债券在出票日两个月之后的 3 月 1 日发行，投资者需要支付债券的价格（666 633 美元）加上 14 000 美元的应计利息。[①]

示例 12A-2 债券在付息日之间折价出售

Masterwear 公司（发行方）		
借：现金（价格加应计利息）	680 633	
应付债券折价（差额）	33 367	
贷：应付债券（面值）		700 000
应付利息（上面计算的应计利息）		14 000
United 公司（投资方）		
借：债券投资（面值）	700 000	
应收利息（上面计算的应计利息）	14 000	
贷：债券投资折价（差额）		33 367
现金（价格加应计利息）		680 633

① 这里假设债券的价格仍然是 666 633 美元，即假设实际市场利率仍然是半年 7%。收益将是 3 月 1 日基于实际市场利率的债券价格加上应计利息。

合同规定，一个完整的6个月利息应在6月30日按照票面利率乘以面值支付。但是，如果事先已经收到2个月的应计利息，那么Masterwear公司的净利息费用将只是4个月的利息。利息按实际（市场）利率乘以未偿还余额计算。6个月的利息为666 633×14%×1/2=46 664（美元）。但是因为到6月30日只有4个月的利息没有偿付，利息费用为4/6×46 664=31 109（美元）。同样，6个月计息期内折价的减少是46 664－42 000=4 664（美元），相应4个月的减少是4 664美元的4/6。这些金额记录如下：

日记账分录——付息日之间的利息

第一个付息日（6月30日）

Masterwear公司（发行方）

借：利息费用（4/6×46 664）	31 109	
应付利息（上面计算的应计利息）	14 000	
贷：应付债券折价（4/6×4 664）		3 109
现金（票面利率×面值）		42 000

United公司（投资方）

借：现金（票面利率×面值）	42 000	
债券投资折价（4/6×4 664）	3 109	
贷：应收利息（上面计算的应计利息）		14 000
利息收入（4/6×46 664）		31 109

附录12B 债务重组

一家有名的房地产开发商Brillard Properties公司非常成功地在美国东南部开发和管理一些物业。为了筹集资金，公司向几家地方银行借了数亿美元。多年来，事情按计划进行。投资非常成功。现金流量很高，能及时支付利息，贷款也能在到期时还清。

然而，房地产市场突然不景气。以前提供了丰厚利润的投资，现在没有办法提供偿还债务所需的现金流量。那些曾向Brillard公司借出大量资金的银行面临两难境地。由于未能按时支付利息，银行有权要求其支付利息，这将迫使Brillard公司清算所有或大部分财产来获取现金。有必要这样做吗？事实上，这是不必要的。

如果债权人要求强制清算，那么他们必须分享出售这些财产获得的现金——以强制出售价格。如果相信公司的财务困难不是因为管理不善，而是暂时的市场因素造成的，那么银行可以通过重组债务协议的方式来将损失最小化，而不是强制清算。

债务人（借款人）经历财务困难，导致对债务协议的原有条款进行更改，新协议被称为**债务重组**（troubled debt restructuring）。根据定义，债务重组涉及债权人（出借人）的一些让步。2009年上半年，受经济危机的影响，近40家公司与债权人进行这种谈判，债务重组的数量在这6个月内大幅增长。[①] 以下是债务重组的两种方式：

① David Henry, "The Time Bomb in Corporate Debt," *BusinessWeek*, July 15, 2009.

（1）在债务重组时清偿债务。

（2）债务持续，但修改了条款。

清偿债务

在上述情况下，银行的一个选择是在债务重组时清偿债务。例如，一家持有开发商签发的 3 000 万美元的票据的银行可能会同意接受开发商价值 2 000 万美元的不动产作为债务的清偿。在这种情况下，开发商的利得相当于债务的账面价值与转让财产的公允价值之间的差额。在债务清偿之前，债务人需要将资产的账面价值调整为公允价值。例如，假设在我们的例子中开发商用于清偿债务的不动产的账面价值不等于 2 000 万美元，就需要调整不动产的账面价值。在这种情况下，应记录处置资产带来的利得或损失，如示例 12B-1 所示。

示例 12B-1　债务清偿

First Prudent 银行同意 Brillard 公司以公允价值 2 000 万美元的不动产来清偿 3 000 万美元的债务。不动产的账面价值为 1 700 万美元：

单位：百万美元

借：土地（20－17）	3	
贷：资产处置利得		3
借：应付票据（账面价值）	30	
贷：债务重组利得		10
土地（公允价值）		20

在债务重组中可以用现金或非现金资产（如本例所示）来清偿债务，甚至可以用债务人股票。以股票清偿债务的有名的例子是 1992 年 TWA 的著名重组（被美国航空并购）。债权人收到该公司 55%的普通股股份，免除了债务人 15 亿美元中 10 亿美元的债务。无论如何，债务人的利得是债务的账面价值与转让资产或权益证券的公允价值之差。

债务持续，但修改了条款

我们在上一个例子中假设 First Prudent 银行同意接受以不动产清偿全部债务。更可能发生的情况是，银行允许债务持续，但修改债务协议的条款，使债务人更容易偿还负债。银行可能会同意减少或延迟定期支付的利息或到期金额。债务重组经常采用这些让步的方法。受 2008—2009 年经济衰退的影响，游乐园运营商六旗公司说服债权人将其债务减少 5%，即 1.3 亿美元，这项重组使六旗公司以 2009 年夏天的旺季作为缓冲，得到了恢复支付利息能力的机会。

假设问题票据的票面利率是 10%，每年 12 月支付 300 万美元（10%×3 000 万美元）的年度利息，还有 2 年到期。假定开发商无法支付刚刚结束的年度的 300 万美元利息。这意味着它还欠（债务的持有金额或账面价值）3 300 万美元（3 000 万美元加一年的应计利息）。

重组协议所规定的现金减免程度决定了债务人对债务重组的会计处理方法。更具体地说，会计处理取决于新协议下现金支付总额是小于债务的账面价值还是仍然大于债务的账面价值。

现金支付总额低于债务的账面价值

根据原始协议，债务人将在到期时支付 3 000 万美元的借款本金，加上按 10%利率计算的利息。如果新协议要求支付的现金少于现在欠下的 3 300 万美元，减免的视为利息部分。

假设银行同意：（1）免除去年的利息；（2）将剩余 2 期的利息从每年 300 万美元减少到每年 200 万美元；（3）将本金从 3 000 万美元减少到 2 500 万美元。显然，债务人按新协议支付的金额比原来少。事实上，如果我们将新协议所要求的付款金额相加，则偿还总额为[(200×2)+2 500]=2 900（万美元），低于 3 300 万美元的账面价值。由于 2 900 万美元不超过借款金额，也就是说债务重组协议不再要求支付利息。实际上，新协议的付款额比债务少 400 万美元。因此，债务重组后不记录利息费用，所有后续的现金支付都被认为是偿还负债本金，如示例 12B-2 所示。

示例 12B-2　现金支付少于债务

Brillard Properties 公司以票据形式欠 First Prudent 银行 3 000 万美元，票据的票面利率为 10%，于 2 年后到期。由于 Brillard Properties 公司财务困难，没有支付去年 300 万美元的利息。First Prudent 银行同意：

1. 免除去年的利息。
2. 将剩余 2 年的利息减少到每年 200 万美元。
3. 将本金从 3 000 万美元减少到 2 500 万美元。

分析（单位：百万美元）：

账面价值	30+3=33
未来支付额	(2×2)+25=29
利得	4

借：应计应付利息（10%×30）	3	
应付票据（30−29）	1	
贷：债务重组利得		4

当未来支付的现金总额小于债务账面价值时，差额记为债务重组当日的利得。此后不记录利息。也就是说，以后支付的现金都将导致本金减少。

每个付息日	单位：百万美元	
借：应付票据	2	
贷：现金（修改条款后的“利息”金额）		2
到期日		
借：应付票据	25	
贷：现金（修改条款后的本金）		25

现金支付总额高于债务的账面价值

假设前面的例子修改为银行同意所有现金都可以推迟至到期日才支付，则到期日需要支付 34 333 200 美元。不像前面的例子那样直接减少支付的现金，现在是推迟付款时间。这种情况下的会计处理与前面的会计处理不一样，原因是新协议下支付的现金总额高于负债的账面价值，如示例 12B-3 所示。

示例 12B-3　现金支付多于债务

Brillard Properties 公司以票据形式欠 First Prudent 银行 3 000 万美元，票据的票面利率为 10%，于 2 年后到期。由于 Brillard Properties 公司财务困难，没有支付去年 300 万美元的利息。First Prudent 银行同意：

1. 所有现金都可以推迟至到期日才支付。
2. 到期日需要支付 34 333 200 美元来清偿所有债务。

分析（单位：美元）：

未来支付额	34 333 200
账面价值	33 000 000
利息	1 333 200

计算新的实际利率：

33 000 000÷34 333 200＝0.961 2，n＝2，i＝?

查表可得，新的实际利率为 2%。

现在，新协议下支付总额为 34 333 200 美元，超过了 33 000 000 美元的账面价值。由于支付的金额超过欠款金额，意味着债务重组协议下仍然需要支付利息——但低于协议修订前的利息，实际利率不再是 10%。现在会计处理的目标是确定新的实际利率，并以新的实际利率计算剩余贷款的利息，如示例 12B-3 所示。

由于未来支付的现金总额高于负债的账面价值，因此不需要减少现有的负债的账面价值，不需要在债务重组时做会计分录。尽管根据债务重组协议在到期前不支付现金，每年仍需按新的利率计提利息费用。

第 1 年末		
借：利息费用［2%×(30 000 000＋3 000 000)］	660 000	
贷：应计应付利息		660 000
第 2 年末		
借：利息费用［2%×(30 000 000＋3 660 000)］	673 200	
贷：应计应付利息		673 200
到期日（第 2 年末）		
借：应付票据	30 000 000	
应计应付利息（3 000 000＋660 000＋673 200）	4 333 200	
贷：现金（新协议规定）		34 333 200

补充思考

为了更方便地记录金额的变化，编制一张债务摊销表。

年度	现金利息	实际利息 (2%×未偿还余额)	余额增加	未偿还余额
				33 000 000
1	0	0.02×33 000 000＝660 000	660 000	33 660 000
2	0	0.02×33 660 000＝673 200	673 200	34 333 200
	0	1 333 200	1 333 200	

如果还有几年才到期，那么编制摊销表是非常有用的。

在我们的例子中，债务重组协议要求在到期时用现金一次支付 34 333 200 美元。如果需要分成多次付款（如前面例子中的协议），计算新的实际利率将更为困难。计算方法在理论上比较明确：(1) 确定使未来付款金额的现值等于当前账面价值的利率；(2) 以该利率计算利息。手工计算非常麻烦，要耗费大量时间并试错。由于我们的主要目的是理解相关概念，所以不再讲解这种复杂的计算。

第 13 章

所得税会计

本章概要

在这一章中，我们将研究所得税对财务会计和报告的影响。我们将讨论暂时性差异和永久性差异的定义并举例说明。暂时性差异是确认递延所得税资产和递延所得税负债的基础，永久性差异对递延所得税没有影响。你将学习当税法和税率变动时，如何调整递延所得税资产和递延所得税负债。我们还将讨论净经营亏损抵消和期内所得税分摊的会计处理。

学习目标

学习完本章之后，你应该能够：

13－1　描述导致递延所得税负债的暂时性差异的类型，确定记录所得税的金额。

13－2　描述导致递延所得税资产的暂时性差异的类型，确定记录所得税的金额。

13－3　描述何时以及如何记录递延所得税资产的减值账户。

13－4　解释为什么永久性差异不会影响递延所得税。

13－5　解释税率变化如何影响递延所得税金额的计量。

13－6　描述当存在多种暂时性差异时，如何确定所得税的金额。

13－7　描述何时以及如何在财务报表中确认净经营亏损抵消。

13－8　解释如何在分类资产负债表中报告递延所得税资产和递延所得税负债，描述相关的披露。

13－9　说明如何处理所得税决策中的不确定性。

13－10　解释期内所得税分摊。

13－11　讨论美国公认会计原则和国际财务报告准则下所得税会计处理的主要区别。

财务报告案例

区别是什么？

这是劳拉·德雷克（Laura Drake）加入董事会以来 Times-Lehrer 公司召开的第一次董事会会议。劳拉曾经是联合慈善机构的区域办公室主任。尽管她在慈善捐赠的税收优惠以及向捐赠者提供的大量投资工具方面有丰富的经验，但是她在非营利组织 15 年的经验无法帮助她处理公司的税务问题。商业知识的缺乏迫使劳拉求助于你，你是 Times-Lehrer 公司的首席财务官，也是她的老朋友，并且正是你推荐劳拉进入董事会的。

劳拉向你倾诉："我必须要说，我看了很久也很难理解这些财务报表，我实在搞不明白为什么报告的所得税费用和我们实际缴纳的所得税金额不同，究竟有什么区别？"

问题

在学习完本章之后，你应该能够对以上案例中的问题给出恰当的回答。将你的回答与章末答案进行对比。

1. 区别是什么？向劳拉解释财务报告准则和所得税规则之间的差异如何导致所得税费用和应交所得税金额不同。
2. 如此确认所得税费用在概念上的优点是什么？
3. 财务报告准则和所得税规则的哪些差异不会导致所得税费用和应交所得税金额不同？

第1节　递延所得税资产和递延所得税负债

根据美国中西部一家皮革配件公司2018年的所得税申报表，它有义务向国税局缴纳2 400万美元的所得税。还有900万美元的所得税也是来源于2018年的活动。然而，税法允许公司将这900万美元推迟到以后的纳税年度缴纳，因为公司在纳税申报表中报告的一些收入和费用与在利润表中报告的金额不同。换句话说，利润表中的税前利润与纳税申报表中的税前利润不同。

这里的会计问题是：这家公司只有目前的2 400万美元所得税负债吗？或者还有900万美元的递延所得税负债？换句话说，公司2018年的所得税费用只是当年需要缴纳的2 400万美元还是3 300万美元（包含已确认事项对未来所得税的影响）？关于这个问题，我们应该进一步观察形成这种情况的条件。这些条件称为暂时性差异。

一、概念基础

当一家公司编制某一年的纳税申报表时，纳税申报表中的收入和费用（以及利得和损失）与当年利润表中报告的金额大体上是相同的。然而，在某些情况下，税法和财务会计准则存在差异。它们之所以不同，根本原因是财务报告目标与税务机关目标有所不同。财务会计准则的建立是为了向投资者和债权人提供有用的信息。而国会制定税收法规的目的是通过社会可接受的方式筹集资金并影响纳税人的行为。在追求后一目标时，国会利用税法鼓励其认为可取的活动，如对生产性资产进行投资；阻止其认为不可取的活动，如违法行为。

公认会计原则和税法存在差异的结果是，税款支付的年份与收入和费用形成的年份经常不一致。例如，在很多情况下，收入在收回时才在纳税申报表中确认，但是公认会计原则要求收入在履行履约义务时确认。处理这些时间差异的一种办法是忽略它们，即利润表中报告的所得税费用等于当期缴纳的所得税。但是，这种方法无法告诉投资者公司当期活动对未来税收的影响。

与其他费用一样，企业应该根据权责发生制确认所得税费用。也就是说，不管税法规定所得税在何时缴纳，每一期间所得税费用的金额应该是当期活动所导致的金额。如果税法允许公司将某一金额推迟计入应税所得，从而避免在当期纳税，则公司必须根据**未来应纳税金额**（future taxable amount）报告一项**递延所得税负债**（deferred tax liability）。另一方面，如果税法要求公司在未来期间才能进行纳税扣除，从而减少应税所得，则公司应当报告一项**递延所得税资产**（deferred tax asset），以反映**未来可抵扣金额**（future deductible amount）带来的利益。这意味着，所得税费用不仅包括当期应交所得税，而且包括递延所得税资产和负债的变化所代表的当期经营导致的归于其他期间的税款。

为了理解以上内容，我们将详细分析递延所得税负债和递延所得税资产，以及导致它们的“暂时性差异”。

二、暂时性差异

计算应纳税所得额的税法规则与财务报告规则不同，这经常导致某些金额计入应税所得和计入财务报表的年份不同。例如，我们在第 3 章学过，分期收款销售的利润计入销售当年的财务报告，但是税法允许在实际收到时才计入纳税申报表。这意味着，分期收款销售当年的应税所得会低于会计利润，但实际收款年度的应税所得高于会计利润。

这种情况导致了税前会计利润和应税所得之间的**暂时性差异**（temporary difference）。这一差异也是财务报表中报告的资产或负债金额与其计税基础（包含在公司的税收记录中）的差异。在我们的例子中，存在暂时性差异的资产是分期应收款，以财务报告为目的时我们对它予以确认，但以税收为目的时却没有确认。

三、递延所得税负债

暂时性差异在一个期间产生，在后续的一个或者多个期间转回，理解这一点非常重要。上述暂时性差异在分期收款销售当年产生，并在利润表中报告。这些暂时性差异在未来期间实际收回分期款项时转回，并在纳税申报表中报告应税所得。示例 13－1 提供了一个例子。

示例 13－1　收入计入纳税申报表的时间晚于计入利润表

Kent Land Management 公司 2018 年、2019 年和 2020 年的税前利润都有 1 亿美元，另外 2018 年还有一项分期收款销售的利润 4 000 万美元。然而，在纳税申报表中，分期收款销售的利润在收款时才报告，具体为 2019 年 1 000 万美元、2020 年 3 000 万美元。* 每年的法定税率为 40%。

单位：百万美元

	2018 年	2019 年	2020 年	合计
税前会计利润	\$140	\$100	\$100	\$340
利润表中分期收款销售利润	(40)	0	0	(40)
纳税申报表年分期收款销售利润	0	10	30	40
应纳税所得额（纳税申报表）	\$100	\$110	\$130	\$340

* 分期收款法不适用于使用权责发生制的纳税人。H. R. 1180，sec. 536，1999.

注意，税前会计利润和应纳税所得额三年的合计数是相同的，但在每一年的金额并不相同。在 2018 年，应纳税所得额比税前会计利润少 4 000 万美元，因为应税所得不包括分期收款销售的利润。但这种差异是暂时的，在未来两年会转回。2019 年和 2020 年，应纳税所得额大于税前会计利润，因为 2018 年利润表中报告的分期收款销售利润在以后两年收回了。

因为税法允许公司推迟将分期收款销售利润计入应纳税所得额，所以公司可以延迟缴纳这部分利润的税款。如示例 13－1A 所示，这部分所得税不是免征，而只是推迟缴纳。

示例 13-1A　确定和记录所得税——2018 年　　　　单位：百万美元

	当年 2018 年	未来应纳税金额 2019 年	未来应纳税金额 2020 年	未来应纳税金额（合计）
税前会计利润	$140			
暂时性差异：				
分期收款利润	(40)	$10	$30	$40
应纳税所得额（纳税申报表）	$100			
法定税率	40%			40%
当期应交所得税	$40			

计入利润表，不计入纳税申报表

递延所得税负债（T 形账户）

借方	贷方	
	0	期初余额
	16	
	16	期末余额

递延所得税负债	
预计期末余额	$16
减：期初余额	0
余额变化	16

2018 年末日记账分录

借：所得税费用（达到平衡）	56	
贷：应交所得税（计算见上）		40
递延所得税负债（计算见上）		16

未来应纳税金额（future taxable amounts）为 4 000 万美元，税率为 40%，2018 年末应确认 1 600 万美元的**递延所得税负债**（deferred tax liability）。因为不存在以前的余额，所以我们将 1 600 万美元全部贷记递延所得税负债。

每年，所得税费用应该包括已确认事项和交易所产生的当期税款和递延所得税。这意味着我们需要：

1. 计算当期应交所得税。
2. 计算递延所得税负债（或资产）的期末余额应该是多少。
3. 确定达到期末余额所需的递延所得税负债（或资产）的变动（借方或贷方）。
4. 根据以上变动和应交所得税来确定所得税费用。

注意，在这种方法下，所得税费用不是直接计算的，而是应交所得税与递延所得税资产或负债的变动相结合的结果。换句话说，所得税费用在日记账分录中就像一个“塞子”，借记或者贷记所得税费用，让分录达到平衡。这个观点在本章中十分重要。

使用 2019 年和 2020 年的利润数据，递延所得税负债的变动和记录所得税的日记账分录如下：

2019 年		单位：百万美元
借：所得税费用（达到平衡）	40	
递延所得税负债（30×40%－16）	4	
贷：应交所得税（110×40%）		44

2020 年		
借：所得税费用（达到平衡）	40	
递延所得税负债（0－12）	12	
贷：应交所得税（130×40%）		52

现在来看在分期应收款期限内递延所得税负债账户的变动情况。暂时性差异在2018年是如何产生的，在2019—2020年是如何转回的？

递延所得税负债　　单位：百万美元

		16	2018年（40×40%）
2019年（10×40%）	4		
2020年（30×40%）	12		
		0	3年后的余额

资产负债表法和利润表法

到目前为止，这个例子中的方法是围绕分期收款销售对利润的影响，关注暂时性差异转回时递延所得税负债的变化。还有一种方法是从对资产负债表的影响出发。基于资产负债表的假设是资产将被收回（被使用或出售以产生现金），债务将被清偿（通常用现金支付）。比如，应收账款将被收回，机器将被使用或出售，负债到期时会被偿还。这些资产和负债在将来被收回（收回分期应收款时应税所得增加；使用机器时折旧可以抵扣）或者清偿（支付保修负债时保修费用可以抵扣）时，通常会产生应税所得或可抵扣金额。在此之前，资产负债表中这些资产或负债的账面价值（也称为持有价值或持有金额）和它们的计税基础之间存在暂时性差异。资产或负债的**计税基础**（tax basis）是其用于纳税目的的原始价值减去纳税申报表中迄今为止包含的金额。我们用账面价值和计税基础之间的暂时性差异乘以适当的税率，就可以计算出相关的递延所得税资产或负债余额。

在我们的例子中，公司在分期收款销售时在2018年的资产负债表中报告了分期应收款。然而，纳税申报表中只到现金收回时才确认销售，所以2018年纳税申报时没有应收款。因此，如示例13-1B所示，2018年分期应收款账面价值（4 000万美元）与计税基础（0美元）之间存在一个暂时性差异，由此确认一项递延所得税负债，以反映该差异在未来转回时我们将要支付的税款。随着应收款的收回，2019年和2020年的暂时性差异（以及递延所得税负债）逐渐降低。

示例13-1B　账面价值与计税基础之间的暂时性差异　　单位：百万美元

12月31日	2018年		2019年		2020年	
分期收款销售的应收款						
会计账面价值	$40	$40	$(10)	$30	$(30)	$0
计税基础	(0)	(0)	(0)	(0)	(0)	(0)
暂时性差异	$40	$40	$(10)	$30	$(30)	$0
税率		×40%		×40%		×40%
递延所得税负债		$16		$12		$0
	产生差异		转回差异		转回差异	

当然，我们根据未来可抵扣金额和未来应纳税金额或者账面价值与计税基础的暂时性差异来计算，应该得到相同的递延所得税资产或负债。它们是相同的基础事项的两个不同角

度。我们在本章后面的例子中考虑这两种方法。

暂时性差异的类型

示例 13-2 提供了暂时性差异的例子。

示例 13-2　暂时性差异的类型

	收入（或利得）	费用（或损失）
现在在利润表中报告，以后在纳税申报表中报告	• 分期收款销售财产（纳税采用分期收款法） • 按公允价值记录的投资的未实现利得（资产出售时应纳税）	• 预计的费用和损失（实际支付时可抵扣） • 按公允价值记录的投资或者按成本与市价孰低法记录的存货产生的未实现损失（资产出售时可抵扣）
现在在纳税申报表中报告，以后在利润表中报告	• 预收租金 • 预收订阅费 • 其他预收收入	• 纳税申报表中采用加速折旧法的折旧金额超过了利润表中采用直线法的折旧金额 • 预付费用（实际支付时可抵扣）

• 在对角线浅灰色区域中的暂时性差异会产生递延所得税负债，因为它们导致了未来年度的应纳税金额（当相关资产被收回或相关债务被清偿时，即暂时性差异转回时）。

• 在对角线深灰色区域中的暂时性差异会产生递延所得税资产，因为它们导致了未来年度的可抵扣金额（当相关资产被收回或相关债务被清偿时，即暂时性差异转回时）。

补充思考

如示例 13-2 所示，财务报表中资产或负债的报告金额与其计税基础之间暂时性差异的主要来源是，收入、费用、利得和损失计入应纳税所得额的时间与计入财务报表的时间不同。其他事项也可能导致财务报表中资产或负债的报告金额与其计税基础之间的暂时性差异。其他此类事项超出了本书的范围，在财务会计准则委员会会计准则更新第 740-10-25 号中有简要描述（见 FASB ASC 740-10-25：Income Taxes-Overall-Recognition（previously “Accounting for Income Taxes,” *Statement of Financial Accounting Standards No. 109* (Norwalk, Conn.: FASB, 1992), par. 11 e-h)）。本章讨论的重点是收入和费用确认时间所导致的暂时性差异，重要的是认识到，暂时性差异的概念涵盖了在未来年度将产生应纳税或可抵扣金额的所有差异。

需要注意，递延所得税负债可能产生于（a）收入在纳税申报表中报告的时间晚于在利润表中报告的时间，或者（b）费用在纳税申报表中报告的时间早于在利润表中报告的时间。示例 13-1 是第一种类型。我们再通过示例 13-3 来了解第二种类型，它说明了与折旧有关的递延所得税负债。

示例 13-3　费用在纳税申报表中早于在利润表中报告

Courts Temporary Services 公司 2018 年、2019 年、2020 年和 2021 年的税前利润都是 1 亿美元。2018 年以 1 亿美元取得了一项资产。在资产负债表上，该资产的折旧年限是 4 年，采用直线法计提折旧，无残值。在纳税申报表上，该资产采用修正的加速成本回收制，2018—2021 年各年折旧额分别为：3 300 万美元、4 400 万美元、1 500 万美元、800 万美元。公司没有取得其他应折旧资产。每年的法定税率是 40%。

（单位：百万美元）	暂时性差异 产生 2018 年	2019 年	产生 2020 年	2021 年	合计
税前会计利润	$100	$100	$100	$100	$400
利润表折旧	25	25	25	25	100
纳税申报表折旧	(33)	(44)	(15)	(8)	(100)
应纳税所得额（纳税申报表）	$92	$81	$110	$117	$400

注意，示例 13－3 中的暂时性差异是在多个年度产生的，然后才开始转回。折旧导致的暂时性差异通常都是这样。税法通常允许在纳税申报表中比在利润表中更快地扣除应折旧资产的成本。[①] 这意味着在可抵扣折旧金额高于利润表中折旧金额的年份，应纳税所得额将小于税前会计利润。反之，应纳税所得额大于税前会计利润。示例 13－3A 显示了 2018 年记录的所得税。

示例 13－3A　确定和记录所得税——2018 年　　单位：百万美元

	当年 2018 年	未来应纳税金额 2019 年	2020 年	2021 年	未来应纳税金额（合计）
税前会计利润	$100				
暂时性差异：					
折旧	(8)	$(19)	$10	$17	$8
应纳税所得额	$92				
法定税率	40%				40%
当期应交所得税	$36.8				

应税折旧比利润表中多800万美元

递延所得税负债		
	0	期初余额
	3.2	
	3.2	期末余额

递延所得税负债	
需要的期末余额	$3.2
减：期初余额	0
余额变化	$3.2

2018 年末日记账分录

借：所得税费用（达到平衡）	40	
贷：应交所得税（计算见上）		36.8
递延所得税负债（计算见上）		3.2

让我们沿用这个例子中的所得税确定方法，一直到暂时性差异全部转回为止。我们假设每年的会计利润都是 1 亿美元，并且税前会计利润与应纳税所得额之间的差异仅由折旧导致。示例 13－3B 是 2019 年所得税的确定过程。

---

① 税法中规定的加速折旧法是修正的加速成本回收制（MACR）。该方法在第 9 章的附录中进行了介绍。

示例 13-3B　确定和记录所得税——2019 年　　单位：百万美元

	2018 年	当年 2019 年	未来应纳税金额 2020 年	 2021 年	未来应纳税金额 （合计）
税前会计利润		$100			
暂时性差异：					
折旧	$(8)	(19)	$10	$17	$27
应纳税所得额		81			
法定税率		40%			40%
当期应交所得税		$32.4			

递延所得税负债（T 形账户）

借方	贷方	
	3.2	期初余额
	7.6	
	10.8	期末余额

递延所得税负债	
需要的期末余额	$10.8
减：期初余额	(3.2)
余额变化	$7.6

2019 年末日记账分录

借：所得税费用（达到平衡）	40	
贷：应交所得税（计算见上）		32.4
递延所得税负债（计算见上）		7.6

注意，每年要确定递延所得税负债应有的余额。将这一金额与现有余额进行比较，以确定该账户需要增加还是减少。

示例 13-3C 显示了 2020 年应当记录的所得税。

示例 13-3C　确定和记录所得税——2020 年　　单位：百万美元

	2018 年	2019 年	当年 2020 年	未来应纳税金额 2021 年	未来应纳税金额 （合计）
税前会计利润			$100		
暂时性差异：					
折旧	$(8)	$(19)	10	$17	$17
应纳税所得额			$110		
法定税率			40%		40%
当期应交所得税			$44		

递延所得税负债（T 形账户）

借方	贷方	
	10.8	期初余额
4.0		
	6.8	期末余额

递延所得税负债	
需要的期末余额	$6.8
减：期初余额	(10.8)
余额变化	$(4.0)

2020 年末日记账分录

借：所得税费用（达到平衡）	40	
递延所得税负债（计算见上）	4	
贷：应交所得税（计算见上）		44

示例 13-3D 显示了 2021 年应当记录的所得税。

示例 13 - 3D　确定和记录所得税——2021 年　　单位：百万美元

	2018 年	2019 年	2020 年	当年 2021 年	未来应纳税金额 （合计）
税前会计利润				$100	
暂时性差异：					
折旧	$(8)	$(19)	$10	17	$0
应纳税所得额				$117	
法定税率				40%	40%
当期应交所得税				$46.8	

递延所得税负债

	6.8	期初余额
6.8		
	0	期末余额

递延所得税负债	
需要的期末余额	$0
减：期初余额	(6.8)
余额变化	$(6.8)

2021 年末日记账分录

借：所得税费用（达到平衡）	40
递延所得税负债（计算见上）	6.8
贷：应交所得税（计算见上）	46.8

注意，递延所得税负债在 2018—2019 年增加，在 2020—2021 年减少。

递延所得税负债　　单位：百万美元

		3.2	2018 年（8×40%）
2020 年（10×40%）	4.0	7.6	2019 年（19×40%）
2021 年（17×40%）	6.8		
		0	4 年后的余额

我们还可以从应折旧资产的账面价值与计税基础之间的暂时性差异这个角度来计算每年的递延所得税负债。它的账面价值是成本减去直线法的累计折旧。它的计税基础是成本减去其在纳税申报表上的可抵扣折旧。

单位：百万美元

12 月 31 日

			2018 年		2019 年		2020 年		2021 年
应折旧资产									
账面价值	$100	$(25)	$75	$(25)	$50	$(25)	$25	$(25)	$0
计税基础	100	(33)	67	(44)	23	(15)	8	(8)	0
暂时性差异		$8	$8	$19	$27	$(10)	$17	$(17)	$0
法定税率			40%		40%		40%		40%
递延所得税负债			$3.2		$10.8		$6.8		$0

产生差异　　　　转回差异

四、递延所得税资产

到目前为止，示例中的暂时性差异在转回时会产生未来应纳税金额。未来应纳税金额意味着未来一年或几年的应纳税所得额要高于税前利润。因此，我们确认了一项递延所得税负债，以反映未来年度应交的所得税。然而有时，暂时性差异可能会导致未来应纳税所得额低于会计利润。这种情况下就产生了**未来可抵扣金额**（future deductible amounts）。这些能够在未来带来利益的税收结果称为**递延所得税资产**（deferred tax assets）。与大多数资产不同，管理者认为递延所得税负债比递延所得税资产更可取。原因是递延所得税负债是较低的应纳税所得额导致的（因而减少了税收）。正如本部分我们将看到的，递延所得税资产是现在的应纳税所得额（以及税收）高于以后的金额所导致的。管理者更倾向于尽可能地延迟纳税。

如示例13-2所示，需要确认递延所得税资产的一种情形是，预计费用在发生时在利润表中确认，但要在以后实际支付费用时才在纳税申报表中扣除。示例13-4提供了一个例子：质量保证。

示例13-4　费用在利润表中早于在纳税申报表中报告

RDP网络公司2018年、2019年和2020年的税前会计利润分别是7 000万美元、1亿美元和1亿美元。2018年利润表中包含3 000万美元的保修费用，这笔费用在2019年（1 500万美元）和2020年（1 500万美元）支付时才能税前扣除。每年的所得税税率为40%。

	暂时性差异			
	产生	转回		
（单位：百万美元）	2018年	2019年	2020年	合计
税前会计利润	$70	$100	$100	$270
利润表中的保修费用	30			30
纳税申报表中的保修费用		(15)	(15)	(30)
应纳税所得额（纳税申报表）	$100	$85	$85	$270

2018年末，确定2018年所得税金额的过程如示例13-4A所示。

示例13-4A　确定和记录所得税——2018年　　单位：百万美元

	当年 2018年	未来可抵扣金额 2019年	未来可抵扣金额 2020年	未来可抵扣金额 （合计）
税前会计利润	$70			
暂时性差异：				
利润表中的保修费用	30	$(15)	$(15)	$(30)
应纳税所得额	$100			
法定税率	40%			40%
当期应交所得税	$40			

递延所得税资产

借方	贷方
期初余额 0	
12	
期末余额 12	

递延所得税资产	
需要的期末余额	$12
减：期初余额	0
余额变化	$12

2018 年末日记账分录	
借：所得税费用（达到平衡）	28
递延所得税资产（计算见上）	12
贷：应交所得税（计算见上）	40

如果我们继续假设 2019 和 2020 年的应纳税所得额都是 8 500 万美元，那么这两年的所得税将记录如下：

	单位：百万美元	
2019 年		
借：所得税费用（达到平衡）	40	
贷：递延所得税资产（15×40%）		6
应交所得税（85×40%）		34
2020 年		
借：所得税费用（达到平衡）	40	
贷：递延所得税资产（15×40%）		6
应交所得税（85×40%）		34

2018 年末和 2019 年末，公司将未来所得税利益报告为递延所得税资产。2020 年末，递延所得税资产减少为 0。

递延所得税资产　　　单位：百万美元

2018 年（30×40%）	12		
		6	2019 年（15×40%）
		6	2020 年（15×40%）
3 年后的余额	0		

我们也可以从保修负债的账面价值与计税基础之间的暂时性差异这一角度来计算每年的递延所得税资产。在资产负债表上，保修负债一开始的账面价值是 3 000 万美元，而计税基础是 0 美元。随着保修负债的清偿，账面价值和计税基础之间的暂时性差异在 2018 年、2019 年、2010 年分别为 3 000 万美元、1 500 万美元和 0 美元。

单位：百万美元

	12 月 31 日					
	2018 年		2019 年		2020 年	
保修负债：						
账面价值	\$30	\$30	\$(15)	\$15	\$(15)	\$0
计税基础	(0)	(0)	(0)	(0)	(0)	(0)
暂时性差异	\$30	\$30	\$(15)	\$ 15	\$(15)	\$0
税率		×40%		×40%		×40%
递延所得税资产		\$12		\$6		\$0
	产生差异		转回差异			

前面是一个关于预计费用的例子，费用发生时在利润表中报告，但在以后年度实际支付时才在纳税申报表中扣除。另一种形成递延所得税资产的暂时性差异类型是，收入在收到现金时纳税，但在以后年度实际赚取时才在利润表中确认。示例 13-5 展示了这种类型的一个

常见例子：递延收益。

示例 13-5 收入在纳税申报表中早于在利润表中报告

Tomorrow Publications 公司 2018 年、2019 年和 2020 年的税前会计利润分别是 8 000 万美元、1.15 亿美元和 1.05 亿美元。2018 年利润表中不包括当年收到的之后一年和两年的杂志订阅费 2 000 万美元。这笔杂志订阅费计入了 2018 年的纳税申报表。这一收入将在 2019 年（1 500 万美元）和 2020 年（500 万美元）确认。每年的所得税税率为 40%。

	暂时性差异			
	产生	转回		合计
（单位：百万美元）	2018 年	2019 年	2020 年	
税前会计利润	\$80	\$115	\$105	\$300
利润表中的订阅费收入		(15)	(5)	(20)
纳税申报表中的订阅费收入	20	0	0	20
应纳税所得额（纳税申报表）	\$ 100	\$100	\$100	\$300

注意，这种暂时性差异会产生未来可抵扣金额。2018 年，由于利润表不包括递延订阅费收入，所以应纳税所得额比税前会计利润高 2 000 万美元。然而，在 2019 年和 2020 年，因为订阅费收入在利润表中确认和报告，但没有在纳税申报表中报告，所以应纳税所得额比会计利润低。

实际上，税法要求这种收入提前纳税，虽然导致了公司现在流出经济利益，但是对公司未来有利，因为在确认收入时不用纳税。因此，公司将这一未来所得税利益记录为资产。

2018 年末，确定 2018 年所得税金额的过程如示例 13-5A 所示。

示例 13-5A 确定和记录所得税——2018 年 单位：百万美元

		未来可抵扣金额		未来可抵扣金额（合计）
	2018 年	2019 年	2020 年	
税前会计利润	\$80			
暂时性差异：				
订阅费收入	20	\$(15)	\$(5)	\$(20)
应纳税所得额	\$100			
法定税率	40%			40%
当期应交所得税	\$40			

2 000万美元在2018年纳税，但是没有计入利润表

递延所得税资产

递延所得税资产		
期初余额	0	
	8	
期末余额	8	

递延所得税资产	
需要的期末余额	\$8
减：期初余额	0
余额变化	\$8

2018 年末日记账分录

	借	贷
借：所得税费用（达到平衡）	32	
递延所得税资产（计算见上）	8	
贷：应交所得税（计算见上）		40

2018 年末和 2019 年末，公司将未来所得税利益报告为递延所得税资产。2020 年末，递延所得税资产减少为 0。

递延所得税资产			单位：百万美元
2018 年（20×40%）	8		
		6	2019 年（15×40%）
		2	2020 年（5×40%）
3 年后的余额	0		

同样，我们可以从订阅费负债（一个递延收益账户）的账面价值和计税基础之间的暂时性差异的角度来确定递延所得税资产。[①]

单位：百万美元

	12 月 31 日					
	2018 年		2019 年		2020 年	
负债——订阅费：						
账面价值	\$20	\$20	\$(15)	\$5	\$(5)	\$0
计税基础	(0)	(0)	(0)	(0)	(0)	(0)
暂时性差异	\$20	\$20	\$(15)	\$5	\$(5)	\$0
税率		×40%		×40%		×40%
递延所得税资产		\$8		\$2		\$0
	产生差异		转回差异		转回差异	

五、减值准备

我们将所有可抵扣暂时性差异确认为递延所得税资产。[②] 然而，当递延所得税资产中的部分或者全部很可能无法实现时，应当通过减值准备账户来减少递延所得税资产。[③] 记住，未来可抵扣金额能够减少未来应纳税所得额并且达到节税效果的前提是，在未来进行抵扣时有应纳税所得额。所以，如果预计没有足够的应纳税所得额来实现税收利益，就需要**减值准备**（valuation allowance）。

例如，假设在之前的示例中，管理层认为 300 万美元的递延所得税资产很可能最终无法实现。此时，应当通过一个减值准备账户来减少递延所得税资产：

---

① 将递延收益（见示例 13-5）视为未来可抵扣金额，不如将预计费用（见示例 13-4）视为未来可抵扣金额直观。尽管如此，将递延收益负债的暂时性差异确认为递延所得税资产仍符合公认会计原则，因为这些递延收益负债代表未来可退还金额，因此是未来可抵扣金额。

② 除非可抵扣金额不确定。在这种情况下，我们是否确认递延所得税资产（如果确认，金额是多少），需要根据财务会计准则委员会会计准则更新第 740-10-25 号来确定，见 FASB ASC 740-10-25：Income Taxes-Overall-Recognition (previously *FIN 48*)。本章后面部分会讨论。

③ “很可能”是指可能性大于 50%，见 FASB ASC 740-10-30：Income Taxes-Overall-Initial Measurement (previously “Accounting for Income Taxes,” *Statement of Financial Accounting Standards No. 109* (Norwalk, Conn.: FASB, 1992), par. 17)。

单位：百万美元

借：所得税费用　3

　贷：减值准备——递延所得税资产　3

预计未来节税金额的减少，增加了所得税费用。在2018年的资产负债表中，递延所得税资产应当以估计的净额报告：

递延所得税资产	$8
减：减值准备——递延所得税资产	(3)
	$5

减值准备并不是一个新概念。之前我们也使用减值准备账户来减少资产。比如，假设应收账款为800万美元，其中的300万美元预计最终无法收回。此时就通过减值准备账户间接地减少资产：

应收账款	$8
减：坏账准备	(3)
	$5

补充思考

决定是否计提减值准备应当考虑所有证据。真正的问题是，未来是否有足够的应纳税所得额来实现预期的税收利益。只有未来应纳税所得额大于或等于可抵扣金额时，未来可抵扣金额的利益才能实现。毕竟，只有在可抵扣金额能够减少应纳税所得额的情况下，才能减少所得税。

无论是正面还是负面的证据，我们都应该认真考虑。比如，近年的经营亏损和未来经营环境的不利变化属于负面证据。然而，长期盈利或现有的大额合同属于正面证据。

递延所得税资产预期无法实现时，管理层可能会采取一些行动来减少或者消除减值准备。这些行为也必须考虑。这些税收筹划策略包括管理层为了实现税收利益而采取的谨慎和可行的措施。

尽管如此，很明显，关于是否使用减值准备以及减值准备金额是多少，完全取决于管理层的判断。由于这些决定直接影响所得税费用的金额，进而影响报告的利润，从分析师的角度来看，它对盈余质量评估具有明显的影响。

每个报告期结束，减值准备要重新评估。确定适当的余额，然后增加或减少减值准备来达到这个余额。例如，假设在2019年末，证据表明50万美元的递延所得税资产最终无法实现，我们将调整减值准备账户来反映这一金额：

单位：百万美元

借：减值准备——递延所得税资产（3－0.5）　2.5

　贷：所得税费用　2.5

示例13-6显示了西尔斯控股公司2016年1月30日年度报告中的一项附注。该公司经营若干零售商，包括西尔斯、凯马特和Lands' End。西尔斯披露，它有50亿美元的递延所得税资产，相应的减值准备为48亿美元。为什么有这么多减值准备？示例13-6提供了西尔斯公司令人沮丧的解释。

示例 13-6 减值准备的解释——西尔斯控股公司

附注 10：所得税（部分）
管理层评估现有的正面和负面证据，以估计是否有足够的未来应纳税所得额来实现递延所得税资产利益。一项重大的负面客观证据是，截至 2016 年 1 月 30 日、2015 年 1 月 31 日和 2014 年 2 月 1 日的三个会计年度遭受了累积损失。

鉴于最近的巨额亏损，西尔斯公司不可能有足够的未来利润来实现递延所得税资产带来的利益，因此必须记录大量的减值准备。

国际财务报告准则

减值准备。根据美国公认会计原则，公司确认递延所得税资产，并且在该资产不是很可能实现时通过减值准备来减少这些资产。相反，在国际财务报告准则下，递延所得税资产只有在很可能实现时才确认。尽管结果是一样的，美国公认会计原则下的递延所得税资产总额可能更大，减值准备也可能更大。

六、披露所得税费用以及递延所得税资产和负债的变动

我们已经通过四个示例讲解了与收入和费用相关的递延所得税资产和递延所得税负债。在每一个示例中，确认所得税费用的日记账分录都包括三个项目：应交所得税、递延所得税资产或负债的变动以及借记所得税费用（或贷记所得税利益）。我们也看到抵消递延所得税资产的减值准备发生变动，会对所得税费用有相反的影响。公司在附注中进行披露，以帮助投资者理解这些关系。举个例子，让我们看一下鞋类零售商 Shoe Carnival 公司 2015 年 1 月 31 日年度报告中的税收附注。

示例 13-7A 充分展示了 Shoe Carnival 公司的税收附注，重编了汇总公司 2014 年所得税费用的日记账分录。我们要理解附注中的“当期合计”是指应交所得税，“递延合计”是指递延所得税资产和负债的变动，“减值准备”是指减值准备的变动，“准备合计”是指所得税费用。

借：所得税费用	16 175		
递延所得税资产和负债	2 493		2 493−1 943＝550(千美元)
贷：减值准备		1 943	
应交所得税		16 725	

我们可以从日记账分录中看到，Shoe Carnival 公司的业务导致 2014 年递延所得税资产和负债的合计数是借方 249.3 万美元，递延所得税资产减值准备是贷方 194.3 万美元，所以这些账户合计变动是 55 万美元。我们可以比较 2013 年和 2014 年的数据来验证这些变化，Shoe Carnival 公司的递延所得税资产、减值准备和递延所得税负债的余额见示例 13-7B。

示例13－7A　所得税费用披露——Shoe Carnival 公司　　单位：千美元

附注7：所得税（部分）
所得税准备的组成：

	2014年	2013年	2012年
当期：			
联邦	$14 575	$15 366	$19 581
州	1 800	1 805	2 601
波多黎各	350	185	79
当期合计	16 725	17 356	22 261
递延：			
联邦	(1 229)	(139)	(2 692)
州	(115)	(138)	(304)
波多黎各	(1 149)	(444)	(350)
递延合计	(2 493)	(721)	(3 346)
减值准备	1 943	0	0
准备合计	$16 175	$16 635	$18 915

示例13－7B　递延所得税资产和负债披露——Shoe Carnival 公司　　单位：千美元

附注7：所得税费用（部分）
递延所得税是收入和费用在应税和财务报告确认方面的暂时性差异导致的。这些差异的来源及其对所得税的影响如下：

	2015年1月31日		2014年2月1日	
递延所得税资产：				
应计租金	4 045		3 543	
应计薪酬	5 896		5 625	
应计员工福利	523		506	
存货	740		411	
自保险准备金	592		593	
租赁激励	12 073		10 003	
净经营亏损结转	1 943		449	
其他	367		396	
递延所得税资产合计	26 179		21 526	
减值准备	(1 943)		0	
递延所得税资产合计——扣除减值准备后的净额	24 236		21 526	
递延所得税负债：				
折旧	17 767		15 625	
资本化成本	1 284		1 180	
波多黎各净经营亏损结转对联邦所得税的影响	0		444	
其他	1		3	
递延所得税负债合计	19 052		16 892	
递延所得税净资产	$5 184	−	$4 634	＝$550

从示例 13-7B 中可以看出，截至 2015 年 1 月 31 日（2014 会计年度结束时），Shoe Carnival 公司的递延所得税净资产是 518.4 万美元，等于递延所得税资产合计 2 617.9 万美元减去其减值准备 194.3 万美元和递延所得税负债合计 1 905.2 万美元。和 2014 年 2 月 1 日的递延所得税净资产 463.4 万美元相比，递延所得税净资产增长了 518.4－463.4＝55（万美元）。现在再看示例 13-7A 中的日记账分录。分录显示，递延所得税净资产增加 249.3 万美元，减去减值准备 194.3 万美元，合计 55 万美元。所得税费用的日记账分录是如何将递延所得税资产、递延所得税负债和减值准备的变动联系在一起的？

补充思考

示例 13-7A 和 13-7B 中，递延所得税金额变动调节得十分完美。在实务中并非总是这样，因为示例 13-7A 显示的主要是持续经营的所得税，而示例 13-7B 中的递延所得税资产和负债与公司的所有方面都有关系。例如，如果 Shoe Carnival 公司的递延所得税与非持续经营业务或者其他综合收益相关，或者本年的并购增加了递延所得税资产和负债，那么来自持续经营业务的递延所得税变动就不会捕捉到任何影响递延所得税资产和负债的信息。

七、永久性差异

到现在为止，我们已经处理了资产或负债的账面价值和计税基础不同产生的暂时性差异。然而，一些差异不是暂时性的。现行税法下一些交易和事项永远不会影响应纳税所得额和应交所得税，从而产生了永久性差异。例如，投资国债和地方政府发行的债券，收到的利息是免税的。这些利息收入在财务报告中报告，但永远不会在纳税申报表中报告。所以在税前会计利润和应纳税所得额之间就有了一个**永久性差异**（permanent difference）。这种差异在以后不会转回，免税收入永远不会在纳税申报表上报告。

示例 13-8 列出了一些实践中常见的永久性差异。

示例 13-8 永久性差异

- 投资政府债券收到的利息（不纳税）。
- 免税收入的投资费用（不得税前扣除）。
- 被保险人死亡的人寿保险收益（不纳税）。
- 以支付人为受益人的寿险保单保费（不得税前扣除）。
- 属于员工股票期权计划的薪酬费用（不得税前扣除）。
- 违法的费用（不得税前扣除）。
- 在外国永久性再投资的外国所得税与按美国税率征税时应支付金额之间的差额。
- 从美国公司收到的股利中不应纳税的部分。*
- 已经全额计提折耗的自然资源资产仍然允许税前扣除的超额消耗（百分比折耗）。†

* 当一家公司拥有另一家美国公司股份时，股利中的一部分因为可以税前扣除而免税。如果投资者持有被投资方 20%以下的股份，免税比例为 70%；如果持有 20%～80%的股份，免税比例为 80%；如果持有 80%以上的股份，免税比例为 100%。

† 在财务报告中，自然资源的成本在开采期间报告为折耗费用，但是税法有时规定了不同的可税前扣除的百分比。成本折耗和百分比折耗之间通常存在差异，这些差异不会转回。

永久性差异的会计处理没有暂时性差异那么复杂。我们根据税法计算应交所得税，因为永久性差异不是暂时性的，所以不会形成递延所得税资产或者负债。因此，根据应交所得税确定所得税费用。“永久性差异”一词不是指应交所得税和所得税费用之间的差异，它们是一样的。相反，它是指应纳税所得额与税前会计利润之间的差异。这就是为什么我们在计算应交所得税时要调整税前会计利润以消除永久性差异的影响。

为了比较暂时性差异和永久性差异，我们可以修改示例 13－1，使 Kent Land Management 公司 2019 年税前会计利润包含免税收入，见示例 13－9。

示例 13－9　暂时性和永久性差异

Kent Land Management 公司 2018 年的税前会计利润有 1 亿美元。此外，还有一项分期收款销售的利润 4 000 万美元，以及地方政府债券投资的利息 500 万美元。分期收款销售的利润在 2019 年（1 000 万美元）和 2020 年（3 000 万美元）才纳税。每年的法定税率为 40%。

（单位：百万美元）	当年 2018 年	未来应纳税金额 2019 年	 2020 年	未来应纳税金额 （合计）
税前会计利润	\$ 145			
永久性差异：				
地方政府债券利息	(5)			
暂时性差异：				
分期收款利润	(40)	\$ 10	\$ 30	\$ 40
应纳税所得额（纳税申报表）	\$ 100			
法定税率	40%			40%
当期应交所得税	\$ 40			

递延所得税负债	
	0　期初余额
	16
	16　期末余额

递延所得税负债	
需要的期末余额	\$ 16
减：期初余额	0
余额变化	\$ 16

2018 年末日记账分录

借：所得税费用（达到平衡）	56	
贷：应交所得税（计算见上）		40
递延所得税负债（计算见上）		16

公司的**实际税率**（effective tax rate）等于所得税费用除以税前会计利润。永久性差异会影响实际税率，因为它们影响税前会计利润。我们通过示例 13－9 来加以理解。在示例 13－9 中，实际税率是 5 600 万美元÷1.45 亿美元，即 38.6%。500 万美元的政府债券利息包含在 1.45 亿美元的税前会计利润中。相反，如果税前会计利润不包含 500 万美元的政府债券利息，那么就只有 1.4 亿美元，实际税率就是 5 600 万美元÷1.4 亿美元，即 40%。税前会计利润中包含政府债券利息增大了实际税率的分母，从而产生了一个更低的税率。

更一般地，像政府债券利息这种免税收入和利得是永久性差异，会导致更高的税前会计利润，从而使得实际税率比法定税率低。类似地，不可扣除的费用和损失也是永久性差异，会造成较低的税前会计利润，从而使得实际税率比法定税率高。公司要在披露附注中报告实际税率和法定税率之间的调节过程，就像在示例 13－10 中显示的那样。这个示例来源于沃尔玛公司结束于 2016 年 1 月 31 日的会计年度的财务报表。

示例 13-10 实际税率——沃尔玛公司

附注9：税收（部分）
实际税率调节

	会计年度结束于1月31日		
	2016年	2015年	2014年
美国法定税率	35.0%	35.0%	35.0%
美国州所得税，扣除联邦所得税利益后的净额	1.8%	1.8%	2.0%
美国之外的所得税	(4.0)%	(2.7)%	(2.8)%
汇回国际利润的净影响	0.1%	(1.5)%	(1.4)%
其他，净额	(2.6)%	(0.4)%	0.1%
实际所得税税率	30.3%	32.2%	32.9%

补充思考

汇回国外利润的税收会计处理。在很多公司实际税率调节表中，最大的永久性差异和国外利润的税收有关。公司为了节税，经常通过业务安排实现在美国以外税率更低的地区确认利润。只要公司不打算将这些国外利润汇回美国，这些较低的纳税金额就会形成永久性差异。公司仍然必须将这些国外利润计入利润表的税前会计利润，但是这些利润以较低的国外税率纳税，所以应交所得税较低，所得税费用也较低，同时公司的实际税率也较低。

如果公司管理层改变主意，决定把国外利润汇回美国，会怎么样？在这种情况下，公司就必须按照美国较高的税率纳税，补缴之前节约的税款。公司通常不想补缴税款，所以你会听到公司谈论海外现金受限，它们需要通过其他方式获得现金。例如，2013年苹果公司宣布将通过回购股票的方式向股东返还600亿美元。那时苹果公司有1 450亿美元的现金和短期投资，所以没问题，对吗？不对。在美国国内，苹果公司只有450亿美元现金，所以它发行了170亿美元债券来弥补资金缺口，而不是把国外业务的现金汇回国内。

如果一个公司将国外利润和现金汇回国内，它会缴纳更高的税款，也会有更高的所得税费用。税前会计利润不受影响（记住，利润在赚取的期间确认），所以更高的所得税费用会导致更高的实际税率。公司最初选择不汇回形成了一个永久性差异，并降低了实际税率。公司后来决定汇回，则从另一个方向抵消了永久性差异。

国际财务报告准则

非税差异影响税收。即使国际会计准则第12号“所得税”和美国公认会计原则对税收的会计处理几乎一样，但是这两种报告方法下大部分递延所得税的报告金额经常是不同的。[①] 原因是国际会计报告准则和美国公认会计原则有很多非税差异，也影响了递延所得税。

① “Income Taxes,” *International Accounting Standard No. 12* (IASCF), as amended effective January 1, 2014.

例如，在第 11 章我们了解到，按照美国公认会计原则，如果或有损失很可能发生并且可以合理估计，就应当进行记录。国际财务报告准则的规定是类似的，但可能性的门槛要求低于美国公认会计原则的要求。在这一章，我们注意到，在利润表中记录或有损失（如保修费用）会形成递延所得税资产（如果它在以后期间的纳税申报表中才能扣除）。因此，如果按照国际财务报告准则较低的门槛，我们可能记录了一项或有损失，因此形成了递延所得税资产。但是根据美国公认会计原则，我们可能没有记录这一或有损失。所以尽管递延所得税的会计处理是一样的，但是或有损失的处理不一样，这导致了国际财务报告准则和美国公认会计原则下报告的递延所得税是不同的。

概念回顾练习

暂时性和永久性差异

Mid-South Cellular 系统公司于 2018 年开始营业。公司当年报告的税前会计利润是 7 000 万美元，其中包括以下金额：

1. 2018 年利润表中报告的与员工股票期权计划有关的薪酬费用为 300 万美元，该费用不可税前扣除。

2. 2018 年初取得了一项使用寿命为 4 年的资产。利润表中采用直线法计提折旧，纳税申报表中采用修正的加速成本回收制计提折旧。前两年加速折旧法下的折旧额比利润表上的折旧额高，后两年则比利润表上的折旧额低（单位：百万美元）：

	折旧		
	利润表	纳税申报表	差额
2018 年	$150	$198	$(48)
2019 年	150	264	(114)
2020 年	150	90	60
2021 年	150	48	102
	$600	$600	$0

法定的税率为 40%。

要求：

编制 Mid-South Cellular 公司 2018 年记录所得税的日记账分录。

解答：

由于薪酬费用不可税前扣除，应纳税所得额不包括 300 万美元扣除额，所以比会计利润多 300 万美元。

单位：百万美元

	当年	未来应纳税金额			未来应纳税金额
	2018 年	2019 年	2020 年	2021 年	（合计）
税前会计利润	$70				
永久性差异：					

薪酬费用	3				
暂时性差异：					
折旧	(48)	$(114)	$60	$102	$48
应纳税所得额（纳税申报表）	$25				
法定税率	40%				40%
当期应交所得税	$10				↓

递延所得税负债（T 形账户）

	0	期初余额
	19.2	
	19.2	期末余额

递延所得税负债	
需要的期末余额	$19.2
减：期初余额	0
余额变化	$19.2

需要的日记账分录为：

2018 年末日记账分录

借：所得税费用（达到平衡）	29.2	
贷：应交所得税（计算见上）		10.0
递延所得税负债（计算见上）		19.2

第 2 节 所得税会计的其他问题

一、税率变化

我们将暂时性差异与法定税率相乘，来计算递延所得税资产或负债，该税率在暂时性差异转回时仍然有效。① 在计算时，我们假设法定税率不变。概念上，递延所得税资产或负债的计算要考虑预期的税率变化。然而，这需要权衡相关性和可靠性。针对这种情况，财务会计准则委员会更倾向于可靠性，税率的预期变化要等到正式颁布后再确认其税收后果。

如果法定税率变化

法定税率可能会在未来暂时性差异转回的年度发生变化。如果税率按照计划会分阶段发生变化，那么未来每年的转回金额应当乘以当年特定的税率。这样得到的合计金额就是递延所得税资产或负债。

我们再次修改 Kent Land Management 公司的例子来说明这一点。这次假定税率会按事先的计划发生变化，见示例 13－11。

① 当前美国联邦公司税率为 35%。大部分州的公司所得税税率低于 10%。为了简化计算，我们在大多数示例中使用 40%的税率。

示例 13-11　税率按计划变化

Kent Land Management公司2018年的税前会计利润有1亿美元。此外，还有一项分期收款销售的利润4 000万美元，以及地方政府债券投资的利息500万美元。分期收款销售的利润在2019年（1 000万美元）和2020年（3 000万美元）才纳税。2018年和2019年的法定税率为40%，2020年则为35%。

（单位：百万美元）	当年 2018年	未来应纳税金额 2019年	未来应纳税金额 2020年		未来应纳税金额（合计）
税前会计利润	$145				
永久性差异：					
地方政府债券利息	(5)				
暂时性差异：					
分期收款利润	(40)	$10	$30		
应纳税所得额（纳税申报表）	$100				
法定税率	40%	40%	35%		
当期应交所得税	$40				
递延所得税负债		$4	+$10.5	=	$14.5

递延所得税负债			递延所得税负债	
	0	期初余额	需要的期末余额	$14.5
	14.5		减：期初余额	0
	14.5	期末余额	余额变化	$14.5

2018年末日记账分录

借：所得税费用（达到平衡）	54.5	
贷：应交所得税（计算见上）		40
递延所得税负债（计算见上）		14.5

一定要注意，当2018年产生递延所得税负债时，2019年的税率40%和2020年的税率35%已经正式颁布了。下一部分我们将讨论如何处理新立法带来的变化。

税法或税率变化

税法有时会变。一旦税法或税率变了，任何现存的递延所得税负债或资产都必须进行调整。记住，递延所得税负债或资产反映的是未来支付或转回的金额。当该金额受到法律变化的影响时，递延所得税负债或资产就要发生相应变化。这一变化体现在税法或税率变化当年的营业利润中。①

为了说得更清楚，我们重新思考之前的示例。如果税率没有发生变化，并假设2019年利润表上的税前会计利润是1亿美元（没有其他暂时性差异或永久性差异），那么2019年的所得税金额如示例13-11A所示。

---

① FASB ASC 740-10-35：Income Taxes-Overall-Subsequent Measurement（previously "Accounting for Income Taxes," *Statement of Financial Accounting Standards No. 109*（Norwalk，Conn.：FASB，1992））.

示例 13-11A　暂时性差异转回（税率不变）　　单位：百万美元

	2018 年	当年 2019 年	未来应纳税金额 2020 年
税前会计利润		$100	
暂时性差异：			
分期收款利润	$(40)	10	$30
应纳税所得额（纳税申报表）		$110	
法定税率		40%	35%
当期应交所得税		$44	

递延所得税负债		
	14.5	期初余额
4		
	10.5	期末余额

递延所得税负债	
需要的期末余额	$10.5
减：期初余额	(14.5)
余额变化	$(4.0)

2019 年末日记账分录

借：所得税费用（达到平衡）	40	
递延所得税负债（计算见上）	4	
贷：应交所得税（计算见上）		44

现在假设国会在 2019 年通过了新税法，将导致 2020 年的税率由之前的 35%变为 30%。因为 2018 年形成递延所得税负债时是按照 35%的税率预测 2020 年的应纳税金额，所以需要进行调整，以反映 30%的税率，如示例 13-11B 所示。

示例 13-11B　暂时性差异转回（税率变化）　　单位：百万美元

	2018 年	当年 2019 年	未来应纳税金额 2020 年
税前会计利润		$100	
暂时性差异：			
分期收款利润	$(40)	10	$30
应纳税所得额（纳税申报表）		$110	
法定税率		40%	30%*
当期应交所得税		$44	

递延所得税负债		
	14.5	期初余额
5.5		
	9	期末余额

递延所得税负债	
期末余额	$9.0
减：期初余额	(14.5)
余额变化	$(5.5)

2019 年末日记账分录

借：所得税费用（达到平衡）	38.5	
递延所得税负债（计算见上）	5.5	
贷：应交所得税（计算见上）		44

* 2019 年颁布的税法确定了 2020 年的法定税率。

注意，计算递延所得税负债和余额变化的方法是一样的，只是用新税率 30%替代了旧税率 35%。因此，按照新税率重新计算每期递延所得税负债余额，然后将其与之前的余额进行对比，从而自动体现出税率的变化。

同样还要注意，目前计算的所得税费用（3 850 万美元）比用旧税率计算的所得税费用（4 000 万美元）要少 150 万美元。如果将之前的分录分为两部分会更清楚：(1) 记录税率不变时的所得税费；(2) 单独记录税率变化时递延所得税的调整。

2019 年末日记账分录（分为两部分）

(1) 未来税率不变时的日记账分录：　单位：百万美元

借：所得税费用	40	
递延所得税负债	4	
贷：应交所得税		44

(2) 未来税率变化的影响：

借：递延所得税负债［30×(35%－30%)］	1.5	
贷：所得税费用		1.5

税法或税率变化对所得税的影响在颁布当期就要确认。在上面的情况中，更低的税率减少了递延所得税负债，在 2019 年发生变化时就要确认所得税费用的减少。

二、多种暂时性差异

除了非常小的公司之外，其他公司的暂时性差异通常不止一种。尽管有多种暂时性差异，但其处理原则与前面学习的一种暂时性差异的处理原则是类似的。我们根据是否产生 (a) 未来应纳税金额和 (b) 未来可抵扣金额来对所有暂时性差异进行分类。递延所得税负债余额根据未来应纳税金额乘以未来税率确定，递延所得税资产余额根据未来可抵扣金额乘以未来税率确确定，如示例 13－12 所示。

示例 13－12　多种暂时性差异

2018 年

2018 年是 Eli-Wallace Distributors 公司经营的第一年。这一年公司的税前会计利润是 2 亿美元，包括以下金额：

1. 2018 年分期收款销售的净利润是 900 万美元，在纳税申报表上报告的金额为 2019 年 500 万美元和 2020 年 400 万美元。

2. 一项使用寿命为 4 年的资产按直线法计提折旧。在纳税申报表中，前两年的折旧额大于直线折旧法的金额，后两年的折旧额小于直线折旧法的金额（单位：百万美元）：

	利润表	纳税申报表	差额
2018 年	$50	$66	$(16)
2019 年	50	88	(38)
2020 年	50	30	20
2021 年	50	16	34
	$200	$200	$0

3. 预计保修费用在未来两年实际支付时才能在纳税申报表中扣除。预计扣除金额如下（单位：百万美元）：

	利润表	纳税申报表	差额
2018 年	$7		$7
2019 年		$4	(4)
2020 年	—	3	(3)
	$7	$7	$0

2019 年
2019 年，税前会计利润是 2 亿美元，其中包括或有事项的预计损失 100 万美元。该损失预计在 2021 年支付，那时才能在纳税时扣除。
每年的法定税率都是 40%。

我们通过示例 13 - 12A 来了解 Eli-Wallace 公司如何确定 2018 年的所得税费用，然后通过示例 13 - 12B 来了解公司如何确定 2019 年的所得税费用。

示例 13 - 12A　多种暂时性差异——2018 年　　单位：百万美元

	当年	未来应纳税（可抵扣）金额			未来应纳税金额（合计）	未来可抵扣金额（合计）
	2018 年	2019 年	2020 年	2021 年		
税前会计利润	$200					
暂时性差异：						
分期收款销售	(9)	$5	$4		$9	
折旧	(16)	(38)	20	$34	16	
保修费用	7	(4)	(3)		—	$(7)
应纳税所得额	$182				$25	(7)
法定税率	40%				40%	40%
当期应交所得税	$72.8					
			递延所得税负债		$10	
			递延所得税资产			$(2.8)

递延所得税负债

	0	期初余额
	10	
	10	期末余额

递延所得税资产

期初余额	0	
	2.8	
期末余额	2.8	

	递延所得税负债	递延所得税资产
期末余额：	$10	$2.8
减：期初余额	(0)	(0.0)
余额变化	$10	$2.8

2018 年末日记账分录

借：所得税费用（达到平衡）	80.0
递延所得税资产（计算见上）	2.8
贷：递延所得税负债（计算见上）	10.0
应交所得税（计算见上）	72.8

示例 13-12B　多种暂时性差异——2019 年　　单位：百万美元

	当年	未来应纳税（可抵扣）金额			未来应纳税金额	未来可抵扣金额
	2018 年	2019 年	2020 年	2021 年	（合计）*	（合计）
税前会计利润	$ 200					
暂时性差异：						
分期收款销售	$ (9)	$ 5	$ 4		$ 4	
折旧	(16)	(38)	20	34	54	
保修费用	7	(4)	(3)			(3)
预计亏损		1		(1)	—	(1)
应纳税所得额		$ 164			$ 58	$ (4)
法定税率		40%			40%	40%
当期应交所得税		$ 65.6				
			递延所得税负债		$ 23.2	
			递延所得税资产			$ (1.6)

递延所得税负债

	10　期初余额
	13.2
	23.2　期末余额

递延所得税资产

期初余额　2.8	
	1.2
期末余额　1.6	

	递延所得税负债	递延所得税资产
期末余额：	$ 23.2	$ 1.6
减：期初余额	(10.0)	(2.8)
余额变化	$ 13.2	$ (1.2)

2019 年末日记账分录

借：所得税费用（达到平衡）		80.0
贷：递延所得税资产（计算见上）		1.2
递延所得税负债（计算见上）		13.2
应交所得税（计算见上）		65.6

* 未来应纳税和可抵扣金额之和等于资产和负债暂时性差异之和。

当然，如果税率按照计划发生阶段性的变化，则需要计算每年的未来应纳税金额总额和未来可抵扣金额总额，正如之前说明的那样。然后将当年这两项总金额乘以该年的税率，计算出对每年所得税的影响，从而得到相应的递延所得税负债和递延所得税资产余额。

三、净经营亏损

净经营亏损（net operating loss，NOL）是负的应纳税所得额：可税前扣除的费用超过了应税收入。当然，在发生净经营亏损当年不用缴纳所得税，因为没有应纳税所得额。另外，税法允许净经营亏损用于减少其他盈利年度的应纳税所得额。为什么税法允许这种抵消呢？我们考虑两个虚构的公司。Volatile 公司一些年度的利润为负，一些年度的利润为正，平均利润为 0。Stable 公司每年的利润都为 0。在年景好的时候纳税，在年景不好的时候却没有任何税收减免，这对 Volatile 公司是不公平的。因为 Stable 公司不用纳税，而这两家公司在同一时期的利润合计金额是一样的。更公平的做法是允许 Volatile 公司用亏损抵消利润，以此来确定应支付的税额。

用净经营亏损抵消经营利润，可以选择向前抵消或者向后抵消，也可以两者兼具。实质上是，不可以在当年扣除的费用（因为它们超过了应税收入）可以在其他年度扣除。净经营损失可以抵消前两年和最多后 20 年的应纳税所得额。

向后抵消 ——→ 最多20年

2016年	2017年	亏损	2019年	2020年	2021年	——→	2037年	2038年

2年 ←—— 向前抵消

税法允许选择。如果之前两年有应纳税所得额，公司可以采用**净经营亏损向前抵消**（net operating loss carryback）。[①] 通过减少以前年度的应纳税所得额，公司可以立即收到当年的退税。

如果公司在之前两年没有应纳税所得额，或者预期未来的税率会提高，那么公司可以选择放弃净经营亏损向前抵消，选择向后抵消最多 20 年的应纳税所得额。公司必须在发生净经营亏损的当年做出选择，并且该选择不可撤销。即使公司选择了净经营亏损向前抵消，尚未抵消的净经营亏损也可以向后抵消。通常净经营亏损向前抵消比较有利，因为通过填写修正后的纳税申报表可以比向后抵消更快获得退税。

一个会计问题是：净经营亏损带来的税收利益什么时候可以在利润表中确认？答案是：发生亏损当年。

净经营亏损向后抵消

首先考虑净经营亏损向后抵消。在本章中你已经了解到，产生未来可抵扣金额的暂时性差异确认为递延所得税资产。**净经营亏损向后抵消**（net operating loss carryforward）也能产生未来可抵扣金额。因此，逻辑上，净经营亏损向后抵消也应确认为递延所得税资产，见示例 13 - 13。

示例 13 - 13　净经营亏损向后抵消

2018 年（经营的第一年），American Laminating 公司报告了经营亏损 1.25 亿美元（会计利润与应纳税所得额相同）。法定税率是 40%。

单位：百万美元

	当年 2018 年	未来可抵扣金额 （合计）
净经营亏损	$(125)	
净经营亏损向后抵消	125	$(125)
	$0	
法定税率	40%	40%
应交所得税	$0	↓
递延所得税资产		
期末余额		$50
减：期初余额		0
余额变化		$50

递延所得税资产

期初余额　0	
50	
期末余额　50	

① 实际上，向前抵消是自动的，除非公司放弃向前抵消而选择向后抵消。

2018年末日记账分录		
借：递延所得税资产（计算见上）	50	
贷：所得税利益——经营亏损（达到平衡）		50

净经营亏损向后抵消带来的所得税利益在发生亏损的当年确认。就像我们用税前利润减去所得税费用得到净利润一样，我们用税前亏损减去这一所得税利益来计算净亏损。利润表中列示的税后净经营亏损反映了经营亏损带来的节税金额。

利润表（部分）	单位：百万美元
税前经营亏损	$(125)
减：所得税利益——净经营亏损	50
净亏损	$(75)

减值准备

正如所有可抵扣暂时性差异一样，无论未来应纳税所得额是否足以扣除未来可抵扣金额，我们对所有净经营亏损都确认了递延所得税资产。然而，如果递延所得税资产的部分或全部很可能无法实现，那么就需要通过减值准备来减少递延所得税资产。减值准备经常伴随着净经营亏损，因为二者产生的原因是一样的，导致当期经营亏损的问题，也会导致公司可能无法赚取足够的应纳税所得额来实现递延所得税资产。记住，减值准备既可以减少递延所得税资产，又能增加所得税费用，就好像从未确认过该部分的递延所得税资产一样。

净经营亏损向前抵消

为了比较净经营亏损向前抵消的会计处理，我们对示例进行修改。假设 American Laminating 公司在净经营亏损发生的前两年存在应纳税所得额，并且公司选择净经营亏损向前抵消（见示例 13-14）。注意，净经营亏损必须先抵消前一年的应纳税所得额，再抵消后一年的应纳税所得额。如果抵消了之前两年的应纳税所得额后还有经营亏损余额，则余额可以在以后年度抵消，即净经营亏损向后抵消。

示例 13-14　净经营亏损向前抵消和向后抵消

2018年，American Laminating 公司报告了净经营亏损 1.25 亿美元（会计利润与应纳税所得额相同）。2018年的法定税率是40%。之前两年的应纳税所得额、税率和缴纳的所得税如下：

	应纳税所得额	税率	缴纳的所得税
2016年	2 000 万美元	35%	700 万美元
2017年	5 500 万美元	40%	2 200 万美元

净经营亏损向前抵消和向后抵消的所得税利益确定如下（单位：百万美元）：

	之前年度		当年	未来可抵扣金额
	2016年	2017年	2018年	（合计）
净经营亏损			$(125)	
净经营亏损向前抵消	$(20)	$(55)	75	
净经营亏损向后抵消			50	$(50)

			$0	
法定税率	35%	40%	40%	40%
应交（退）所得税	$(7)	$(22)	$0	

递延所得税资产			递延所得税资产	
期初余额	0		期末余额	$20
	20		减：期初余额	0
期末余额	20		余额变化	$20

2018 年末日记账分录

借：应收账款——所得税退税（7＋22）	29	
递延所得税资产（计算见上）	20	
贷：所得税利益——经营亏损（达到平衡）		49

单位：百万美元

税前经营亏损		$(125)
所得税利益：		
净经营亏损向前抵消退税	$29	
净经营亏损向后抵消节税	20	49
净亏损		$(76)

净经营亏损向前抵消和向后抵消带来的所得税利益在经营亏损发生的当年确认。税后净亏损反映了净经营亏损向前抵消退税以及向后抵消节税之后的结果。

注意，上面的税收利益（4 900 万美元）要少于净经营亏损向后抵消的税收利益（5 000 万美元）。这是因为向前抵消时有一个年度（2016 年）的税率要比向后抵消年度的税率（40%）低。

我们将上面的例子延长一年（见示例 13 - 14A），假设公司 2019 年业绩好转，税前会计利润为 1 500 万美元。

示例 13 - 14A　确定和记录所得税——2019 年　　单位：百万美元

	2018 年	当年 2019 年	未来可抵扣金额 （合计）
税前会计利润		$15	
暂时性差异：			
净经营亏损向后抵消	$50	(15)	$(35)
应纳税所得额		$0	
法定税率		40%	40%
应交所得税		$0	

递延所得税资产			递延所得税资产	
期初余额	20		期末余额	$14
		6	减：期初余额	(20)
期末余额	14		余额变化	$6

2019 年末日记账分录

借：所得税费用（达到平衡）	6	
贷：递延所得税资产（计算见上）		6

四、财务报表列报

资产负债表分类

所有递延所得税负债、递延所得税资产以及对递延所得税资产的任何减值准备，都属于资产负债表中的非流动项目。① 如果这些递延所得税账户属于公司的同一个纳税部门和纳税地点，它们就可以相互抵销，在资产负债表中列示为单独的净额。例如，一家公司的递延所得税负债为1 000万美元，递延所得税资产为500万美元，减值准备为200万美元，那么就可以列示一个非流动递延所得税负债净额700万美元［1 000－(500－200)］。

有时，由于纳税需要或者要在不同的地点纳税，一家公司的组成部分会被视为另一个不同的公司。如果递延所得税负债和资产与在纳税上单独处理的公司组成部分有关，它们将不能抵消。因此，在之前的例子中，如果递延所得税资产（及相关的减值准备）与递延所得税负债分属不同的纳税地点，那么该公司应该报告1 000万美元非流动递延所得税负债和300万美元非流动递延所得税资产（500－200）。

披露附注

我们已经看到了很多公司必须在纳税附注中披露的信息，但是还有一些披露没有涉及。

所得税费用

示例13－7A显示了Shoe Carnival公司当期应交所得税、递延所得税和所得税费用的披露情况。一般情况下，披露附注应涉及以下几点：

- 所得税费用（或所得税利益）的当期部分；这是当期新的应交所得税。
- 所得税费用（或所得税利益）的递延部分，并单独披露以下金额：
  - 不包括单独披露金额影响的部分；
  - 经营亏损向后抵消。
- 由于税法或税率变化导致的调整。
- 由于修正估计导致的年初减值准备调整。
- 税收减免。

递延所得税资产和递延所得税负债

示例13－7B显示了Shoe Carnival公司递延所得税资产和递延所得税负债的披露。在2015年1月31日的资产负债表上，递延所得税资产合计净额为518.4万美元。一般情况下，公司必须披露以下信息：

- 全部递延所得税负债的总额。
- 全部递延所得税资产的总额。
- 递延所得税资产的减值准备总额。

---

① 2017年以前，公司需要将递延所得税资产和负债区分为流动或者非流动。为了简化列报，财务会计准则委员会要求将所有递延所得税项目划分为非流动项目。"Balance Sheet Classification of Deferred Taxes," *Accounting Standards Update No. 2015－17*：(*Topic 740*) (Norwalk, Conn.: FASB, 2015).

- 减值准备的净变动。
- 每种暂时性差异（以及向后抵消）对所得税的大致影响。

实际税率调节

示例 13 - 10 显示了沃尔玛公司的实际税率调节表。公司需要提供这一调节表，并说明每个重大调整项目的金额和性质。

净经营亏损向后抵消

净经营亏损向后抵消的金额和失效日期应当披露。记住，净经营亏损可以向后抵消 20 年，减少未来 20 年应纳税所得额。在失效日期之前，如果公司预计有足够的应纳税所得额来吸收净经营亏损，那么公司可以获得现金节约的潜在税收利益。大量的净经营亏损向后抵消可以使一家不盈利的公司成为有吸引力的并购标的，并购方可利用这些净经营亏损来避税。如果美国国税局认定一项并购只是为了获得净营业亏损向后抵消的税收利益，那么这些抵消将不被允许。但是，动机是很难确定的，所以公司并购其他公司以获得净经营亏损向后抵消的情况并不少见。

五、所得税不确定性的应对

在利润表中，没有哪个费用项目的范围能比得上所得税费用，也没有哪个费用项目像所得税费用这样复杂和难以解释。正如你能想象的那样，大多数公司正力求合法地减少它们的税收负担，减少或延迟纳税导致的现金流出。

即使在减少税收上没有什么额外的动作，大多数公司的纳税申报表中也会包含许多有多种解释的税收问题。也就是说，公司管理层对一些所得税费用的看法可能与国税局或税务法院的看法不同。尽管在编制纳税申报表时公司有恰当的理由，但如果国税局提出质疑，这些理由最终可能不具有说服力。在所得税的不确定性最终消除之前，管理层的税收立场经常受到法律审查。

举个例子，假设 Derrick 公司声称其纳税申报表上的某一特定扣除是合法的，这个立场会在 2018 年为公司节省 800 万美元的所得税。Derrick 公司知道，从以往来看，国税局对许多这种类型的扣除提出了异议。但由于纳税申报表经常一年、两年或更长的时间不被检查，因此不确定性仍然存在。

两步决策过程

为了处理这种不确定性，只有当公司采取的立场在受到质疑时“很可能”（可能性大于 50%）得到维持的情况下，公司才可以在财务报表中确认该立场带来的税收利益，比如 Derrick 公司决定用 2018 年的扣除项目来减少所得税费用。[①] 实际上，指南还规定了如何计量确认的金额。这是一个“两步”的过程。

步骤 1：在现有技术优势的基础上，只有当公司在纳税申报表中采取的立场“很可能”得到维持的情况下，税收利益才能反映在财务报表中。

---

① FASB ASC 740：Income Taxes-Overall (previously “Accounting for Uncertainty in Income Taxes，an Interpretation of FASB Statement No. 109，” *FASB Interpretation No. 48* (Norwalk，Conn.：FASB，June 2006))，commonly called FIN 48.

步骤2：税收利益按“累计大于50%的可能性会实现”的最大利益金额计量（稍后举例）。

步骤1决定公司的立场是否会得到维持，公司必须假设这一立场会被国税局或其他税务机关审查，以及向“最高法院”提出诉讼的可能性，并且假设税务机关掌握所有相关事实。

不是“很可能”

假设在步骤1中，Derrick公司认为不符合“很可能”的标准。这意味着2018年不能记录税收利益（所得税费用的减少）。所得税费用必须与未进行税收扣除的金额相同。

例如，假设在扣除全部800万美元的税收利益后，Derrick公司的当期应交所得税为2400万美元。[①] 然而，如果这一税收利益在审查时不是很可能得到维持，那么这一利益就不能确认为所得税费用的减少。所以，Derrick公司应当记录：(a) 反映800万美元税收利益的当期应交所得税；(b) 如果税收利益最终不被支持，需另行支付800万美元额外所得税所对应的所得税负债；(c) 没有经过任何扣除的所得税费用。

单位：百万美元

借：所得税费用（不包括800万美元税收利益）	32	
贷：应交所得税（包括800万美元税收利益）		24
负债——预计额外所得税		8

这800万美元的差异是不需要支付的税收，因为Derrick公司已经进行了扣除。如果扣除在此之后不被支持，这800万美元就可能需要缴税。由于最终结果可能不会在第二年确定，所以“负债——预计额外所得税”应当被报告为长期负债，除非已知它是流动性的。[②]

税收利益的计量

现在，假设Derrick公司发现国税局倾向于审查公司的立场，但管理层认为公司的立场很可能可以经得起审查。Derrick公司已经在步骤1中确认了税收利益，现在就需要确定税收利益的金额是多少。这就是步骤2。

假设下表是公司管理层预计的税收利益可以得到支持的各种金额：

可能性表　　　　单位：百万美元

管理层预计能得到的税收利益金额	\$8	\$7	\$6	\$5	\$4
得到税收利益的概率	10%	20%	25%	25%	20%
得到税收利益的累计概率	10%	30%	55%	80%	100%

Derrick公司可以在财务报表中确认的税收利益（所得税费用的减少）是600万美元，因为它是很可能（可能性大于50%）得到维持的最大利益金额。所以，Derrick公司记录：(a) 反映800万美元税收利益的当期应交所得税；(b) 假设有600万美元的税收利益最终得到支持，需另行支付200万美元额外所得税所对应的所得税负债；(c) 有600万美元税收利益时的所得税费用。

① 例如，如果税前会计利润是8000万美元，税率为40%，可能的扣除金额为2000万美元，那么应纳税所得额为(8000−2000)×40%=2400（万美元）。

② 如果公司存在净经营亏损向后抵消所导致的递延所得税资产，那么这一资产应当扣除不确定税收立场所导致的负债之后，以净额在资产负债表中列示，而不是分别列示。为什么？因为上述负债意味着未来需要支付所得税，而经营亏损向后抵消意味着未来可以节约所得税，所以二者可以抵消。

单位：百万美元

借：所得税费用（包括 600 万美元税收利益）	26	
贷：应交所得税（包括 800 万美元税收利益）		24
负债——预计额外所得税（8－6）		2

总之，Derrick 公司可能获得的税收利益的最高金额是 800 万美元，最低金额是 0。最可能的金额是 600 万美元（累计概率大于 50％的最大金额）。

因为最可能获得的税收利益是 600 万美元，所以最可能的额外负债是 200 万美元（800－600）。我们将这个金额记录为“负债——预计额外所得税”，当期应交所得税为 2 400 万美元。

不确定性的消除

现在，让我们考虑未来与税收立场相关的不确定性消除时的情况。我们将考虑三种情况。注意，在每一种情况下，“负债——预计额外所得税”在不确定性消除时减少为零。

（1）**最坏的情况**。全部立场都不被允许。这样的话，Derrick 公司就欠了 800 万美元所得税（忽略利息和罚金）。

单位：百万美元

借：所得税费用	6	
负债——预计额外所得税	2	
贷：应交所得税（或现金）		8

（2）**最好的情况**。全部立场都被允许，这样 Derrick 公司不欠额外的所得税。

单位：百万美元

借：负债——预计额外所得税	2	
贷：所得税费用		2

（3）**预计的情况**。600 万美元被允许税前扣除，所以 Derrick 公司欠了 200 万美元的所得税（忽略利息和罚金）。

单位：百万美元

借：负债——预计的额外所得税	2	
贷：应交所得税（或现金）		2

公司需要在附注中明确调节未确认税收利益导致的负债的期初和期末余额。举例来说，示例 13－15 是史泰博公司结束于 2016 年 1 月 30 日的会计年度的所得税附注摘录。

示例 13－15　递延所得税披露——史泰博公司

以下总结了与公司未确认税收利益有关的活动，包括与非持续经营业务有关的税收利益（单位：百万美元）：

	2015 年	2014 年	2013 年
会计年度期初余额	$ 216	$ 281	$ 255
本年度税收立场的增加	19	22	28
以前年度税收立场的增加	5	36	4
以前年度税收立场的减少	(5)	(88)	—
法令限制到期时的扣除	(69)	(17)	(6)
结算	(30)	(18)	—
会计年度期末余额	$ 136	$ 216	$ 281

补充思考

所得税会计的资产负债表重点。我们处理所得税的方法是财务会计准则委员会强调资产负债表的一个有用的例子。这种方法不是直接计算所得税费用，而是将应交所得税和当期递延所得税资产、递延所得税负债、递延所得税资产减值准备的变动，以及不确定性税收立场负债结合起来得到所得税费用的金额。事实上，我们可以通过可视化这些账户的变动来总结本章的所有内容。让我们画一些丁字账户来看它是如何运作的：

	递延所得税资产		减值准备——递延所得税资产		递延所得税负债		不确定性税收立场负债	
期初余额	S			U		W		Y
	B	或B	C	或C	D	或D	E	或E
期末余额	T			V		X		Z

有了这些丁字账户，一个公司的所得税会计包括以下步骤：

1. 确定应交所得税（税率乘以应纳税所得额）。我们将这个数字设为“A”。
2. 确定与所得税有关的资产负债表账户所需的期末余额T，V，X和Z，正如我们在本章所做的。
3. 确定这些账户的所有变化B，C，D和E，这些是为了达到它们的期末余额所需要的金额。我们已经知道这些账户的期初余额，因为它们与之前期间报告的期末余额相同。
4. 最后，计算所得税费用F，它是使日记账分录平衡所需的金额。例如：

借：所得税费用（达到平衡）	F
递延所得税资产（达到所需余额的金额）	B
贷：递延所得税负债（达到所需余额的金额）	D
减值准备——递延所得税资产（达到所需余额的金额）	C
不确定性税收立场负债（达到所需余额的金额）	E
应交所得税（税率×应纳税所得额）	A

所得税费用（F）是一个“塞子”数据，使日记账分录达到平衡。通常这个“塞子”是借方，但有时它在贷方来确认税收利益。根据公司的具体情况，需要借记或贷记以使与所得税相关的资产负债表账户达到适当的期末余额。有时这些账户的改变是因为其他一些交易(例如并购)，我们会先考虑这些影响，再确定适当的需要达到的期末余额。

六、期内所得税分摊

回想一下，利润表将非持续经营业务与持续经营业务的利润（或亏损）分开列示，以便报表使用者更好地区分经常性业务的净利润和非常业务的净利润。① 这有助于使用者更准确

① 直到最近，公认会计原则仍然将非常项目的税后利润单独列示。从2016年开始，财务会计准则委员会取消了非常项目的概念。“Income Statement-Extraordinary and Unusual Items,” *Accounting Standards Update No. 2015－01*：(*Subtopic 225－20*)（Norwalk，Conn.：FASB，2015).

地预测未来的经营情况。因为所得税是经营的重要组成部分，所以报告期内的所得税费用总额应在持续经营业务和非持续经营业务之间分摊。

相关的税收影响可以是所得税费用，也可以是所得税利益。处置非持续经营业务的利得增加了应纳税所得额，所以会产生所得税费用。而处置损失减少了应纳税所得额，所以会产生所得税利益。[①] 例如，某公司的税率是40%，公司报告了1亿美元的税前会计利润，其中包括处置非持续经营业务利得1 000万美元：

单位：百万美元

所得税和非持续经营业务前利润（100－10）	$90
减：所得税费用（90×40%）	(36)
非持续经营业务前利润	54
处置非持续经营业务利得（扣除400万美元所得税费用后的净额）	6
净利润	$60

如果这1亿美元的税前利润包括1 000万美元的损失，那么应报告节税后的净额：

单位：百万美元

所得税和非持续经营业务前利润（100＋10）	$110
减：所得税费用（110×40%）	(44)
非持续经营业务前利润	66
处置非持续经营业务损失（扣除400万美元所得税利益后的净额）	(6)
净利润	$60

补充思考

如果前一个例子中的利得适用30%的资本利得税率，则应报告该利得的税后净额如下：

处置非持续经营业务利得（扣除300万美元所得税费用后的净额）	$7

在一个特定的报告期内将所得税分配到财务报表的组成项目中，称为期内所得税分摊。另一个术语是跨期所得税分摊，它用来描述通过确认递延所得税资产和负债将所得税在两个或两个以上的报告期进行分摊。你应该认识到它们的区别。跨期所得税分摊富有挑战和争议，期内所得税分摊相对直接且争议较少。

其他综合收益

分摊所得税费用或利益也适用于与净利润分开报告的综合收益的组成部分。我们在第3章和第10章中讨论过的“综合收益”扩展了我们对传统净利润以外收益的看法，它包括传统上没有列入利润表的四种利得和损失。其他综合收益（OCI）的项目与投资、退休后福利计划、衍生工具和外币折算有关。当这些其他综合收益项目在综合收益表中报告，然后累计

① 正如第3章讨论的，公司分别报告：(a) 处置前非持续经营业务的利得或损失；(b) 处置非持续经营资产的利得或损失。为了简化，我们关注 (b) 的所得税报告，不过这与 (a) 的税后报告相同。

在股东权益上时，它们按各自的税后净额报告。[①]

决策者视角

所得税是许多公司发生的最大支出之一。当州税、地方税、外国税和联邦税同时考虑时，税款总额很容易消耗40%的利润。管理层做出任何决定的一个关键因素是对所得税的影响。决策者必须对减少或递延纳税的选择时刻保持警惕。在本章的学习中，我们遇到了免税的情况（例如政府债券的利息）和递延纳税的情况（例如在纳税申报表中使用加速折旧法）。精明的管理者在投资决策时会考虑备选方案的税收影响。类似地，外部分析师也应该考虑管理层能否有效地对税收进行管理，能否有效地监控和预测税收对公司当前和未来利益的影响。

考虑一个例子。一家大型的资本密集型公司在建筑物和设备方面进行了大量的投资，因此这些资产折旧方面的暂时性差异产生了很多递延所得税负债。如果新的投资使折旧资产水平至少与之前保持一致，那么递延所得税负债可以有效地无限期递延。投资者和债权人应警惕可能导致支付大额递延所得税负债的情况，如即将关闭工厂或降低折旧资产水平的投资模式。意外的额外税收支出会严重降低预期回报率。

你在本章中还了解到递延所得税资产代表未来的税收利益。一项这样的递延所得税资产是净经营亏损向后抵消。当一个公司有大额的净经营亏损向后抵消时，大量的未来利润可以免税。这种避税方法可能会成为一个巨大的优势，细心的分析师一定不会忽视这一点。

管理者和外部使用者都知道，随着债务增加，风险也会增加。递延所得税负债会增加报告的债务。正如上一章所讨论的，财务风险通常用负债权益比率，即总负债除以股东权益来衡量。在其他条件相同的情况下，负债权益比率越高，风险越高。那么在计算这个比率时，是否应包括递延所得税负债呢？一些分析师认为应将其排除在外，因为在许多情况下，递延所得税负债账户保持不变或不断增长。他们认为未来不需要纳税。然而，另一些人则认为这与长期借款保持不变或持续增长没有不同。实际上，研究支持这样一种观点，即递延所得税负债被投资者视为真实负债，投资者似乎根据债务清偿的时间和可能性对其进行折现。[②]

无论何时，管理层的自由裁量权都会对报告盈余有重大影响，分析师应警惕这些因素对盈余质量的影响。我们之前提到，是否使用减值准备以及减值准备的金额在很大程度上是管理者自行决定的。研究表明，减值准备的增加提供了有用的信息，表明管理层对未来能够产生足够的利润来实现递延所得税资产带来的税收扣除持悲观态度。[③] 然而，研究还表明，一些公司的确使用递延所得税资产减值准备账户来进行向上的盈余管理，以满足

---

① 此时可以这样做：(a) 列示其他综合收益税后净额的组成部分；(b) 列示一个针对所有项目的所得税金额，通过附注或表内括号的形式来说明每个组成部分所分配的所得税。

② Dan Givoly and Carla Hayn, "The Valuation of the Deferred Tax Liability: Evidence from the Stock Market," *The Accounting Review*, April 1992, pp. 394–410.

③ Greg Miller and Doug Skinner, "Determinants of the Valuation Allowance for Deferred Tax Assets under SFAS No. 109," *The Accounting Review*, April 1998, pp. 213–233.

分析师预测。[1] 更普遍的是，最近一项针对近600家公司的税务执行官的调查显示，高层管理人员对所得税费用及其对每股收益的影响的关心程度与对公司支付的实际现金税收的关心程度是一样的，并且在税收筹划中一个重要的考虑因素是增加每股收益。[2] 谨慎的投资者不应忽视公司利用所得税费用进行盈余管理的可能性。

总之，根据估计税前现金流进行决策的管理者，以及根据税前利润数据进行决策的外部投资者和债权人，都严重忽视了这些决策中的一个最重要的因素。在任何经营决策中，税收都应该是重要的考虑因素。

概念回顾练习

多种差异和净经营亏损

Mid-South Cellular 公司 2018 年开始经营。当年公司报告的应纳税所得额是 2 500 万美元。2019 年是经营的第二年，税前会计利润是 8 800 万美元，其中包括以下项目：

1. 保险费用 1 400 万美元，是 3 年的伤亡保险和责任保险费用 4 200 万美元的 1/3。在纳税时这 4 200 万美元的费用可全部在 2019 年扣除。

2. 为公司总裁支付人寿保险费 100 万美元，在纳税时不可扣除。

3. 上年购买了一项资产，使用寿命为 4 年。在利润表中采用直线法折旧，在纳税申报表中采用修正的加速成本回收制。这导致资产使用的前两年加速折旧法折旧额比利润表中的折旧额要高，后两年纳税申报表中的折旧额比直线法折旧额低（单位：百万美元）：

	利润表	纳税申报表	差额
2018 年	\$150	\$198	\$(48)
2019 年	150	264	(114)
2020 年	150	90	60
2021 年	150	48	102
	\$600	\$600	\$0

4. 设备租赁收入 8 000 万美元，其中不包括预收 2020 年的租金 2 000 万美元。2019 年纳税申报表中的租金收入是 1 亿美元。

法定税率为 40%。

要求：

1. 编制 Mid-South Cellular 公司 2019 年记录所得税的日记账分录。

2. Mid-South Cellular 公司 2019 年的净利润是多少？

解答：

1. 编制 Mid-South Cellular 公司 2019 年记录所得税的日记账分录。

---

① Sonia O. Rego and Mary Margaret Frank, "Do Managers Use the Valuation Allowance Account to Manage Earnings Around Certain Earnings Targets?" *Journal of the American Taxation Association* 28 (1), 2006, pp. 43-65.

② John Graham, Michelle Hanlon, Terry Shevlin, and Nemit Shroff, "Incentives for Tax Planning and Avoidance: Evidence from the Field," *The Accounting Review*, May 2014, pp. 999-1023.

单位：百万美元

	2018年	当年 2019年	未来应纳税（可抵扣）金额 2020年	2021年	未来应纳税金额（合计）*	未来可抵扣金额（合计）
税前会计利润		$88				
永久性差异：						
人寿保险		1				
暂时性差异：						
预付保险费		(28)	$14	$14	$28	
折旧	$(48)	(114)	60	102	162	
预收租金		20	(20)			$(20)
净经营亏损		$(33)				
向前抵消	(25)	25				
向后抵消		8				(8)
		$0			$190	$(28)
法定税率	40%	40%			40%	40%
应交（应退）所得税	$(10)	$0				
递延所得税负债					$76.0	
递延所得税资产						$(11.2)
					递延所得税负债	递延所得税资产
期末余额：					$76.0	$11.2
减：期初余额（48*×40%）					(19.2)	(0.0)
余额变化					$56.8	$11.2

*2018年只有暂时性差异。

2019年末日记账分录

借：所得税费用（达到平衡）	35.6
应收账款——所得税退税（计算见上）	10.0
递延所得税资产（计算见上）	11.2
贷：递延所得税负债（计算见上）	56.8

注：根据永久性差异和三种暂时性差异调整税前会计利润导致了负的应纳税所得额，这是一个净经营亏损。

2. Mid-South Cellular 公司 2019 年的净利润是多少？

税前会计利润	$88.0
所得税费用	(35.6)
净利润	$52.4

财务报告案例问题参考答案

1. 区别是什么？向劳拉解释财务报告准则和所得税规则之间的差异如何导致所得税费用和应交所得税金额不同。

应纳税所得额计算规则和财务报表计算规则的差异，往往导致确认应纳税所得额的年度与确认会计利润的年度不同。暂时性差异转回时会导致未来应纳税金额或可抵扣金额。因此，应交所得税经常发生在与产生所得税的收入和费用不同的年度中。

2. 如此确认所得税费用在概念上的优点是什么？

所得税费用是当期活动对当期所得税的影响与对递延所得税的影响相结合的结果。资产负债法下，所得税会计处理的目的是确认已经发生的交易或事项所产生的未来应纳税金额或未来可抵扣金额及其对应的递延所得税负债或递延所得税资产。一个结果是确认报告期内业务的当前和递延所得税结果。

3. 财务报告准则和所得税规则的哪些差异不会导致所得税费用和应交所得税金额不同？

会计利润与应纳税所得额之间的某些差异是由不影响应纳税所得额或应交所得税的交易和事件引起的。会计利润和应纳税所得额之间的这些差异不会在以后转回。这些是永久性差异。在确定当期应交所得税、递延所得税影响额和所得税费用时不必考虑。

本章学习目标概要

学习目标 13－1

在未来一年或若干年中，应纳税所得额相对税前会计利润增加时，暂时性差异会产生未来应纳税金额。未来应纳税金额会形成递延所得税负债。当期的所得税费用包括递延支付（或收回）的金额，以及当期应交所得税。所得税负债（或资产）的变动体现在递延金额上。

学习目标 13－2

当暂时性差异导致应纳税所得额比税前会计利润低时，会产生未来可抵扣金额。这会给企业带来税收利益，被确认为递延所得税资产。

学习目标 13－3

所有可抵扣暂时性差异都应被确认递延所得税资产。但如果部分或全部递延所得税资产很可能无法实现税收利益，那么就应通过减值准备减少递延所得税资产。

学习目标 13－4

根据现行税法，财务报表中资产或负债的报告金额与其计税基础之间的永久性差异不会影响应纳税所得额或应交所得税。在确定当期应交所得税、递延所得税影响额和所得税费用时，均不用考虑。

学习目标 13－5

递延所得税负债（和资产）的金额是用当前适用于它们的法定税率乘以未来应纳税金额（或可抵扣金额）来计算的。如果税法或税率发生变化，递延所得税负债或资产将被调整，以反映应支付或收回金额的变化。其影响反映在税法或税率变化当年的所得税费用中。

学习目标 13－6

当存在多种暂时性差异时，未来应纳税金额合计乘以未来税率可以得出递延所得税负债的恰当余额，未来可抵扣金额合计乘以未来税率可以得出递延所得税资产的恰当余额。

学习目标 13－7

税法允许用净经营亏损来减少其他盈利年度的应纳税所得额，可以向前抵消 2 年或向后抵消 20 年。亏损当年，应确认净经营亏损向前抵消或向后抵消的税收利益。

学习目标 13－8

递延所得税资产和递延所得税负债分类为非流动项目。如果这些递延所得税账户属于公司的同一个纳税部门和纳税地点，它们就可以相互抵消，在资产负债表上列示为单独的净额。否则，就不能相互抵消。附注应该披露更多相关信息，如资产负债表中的递延所得税金额、所得税费用的组成以及净经营亏损向后抵消的信息。

学习目标 13-9

在现有技术优势的基础上，只有当公司在纳税申报表中采取的立场“很可能”得到维持的情况下，与不确定性税收立场相关的税收利益才能反映在财务报表中。税收利益按“累计大于 50%的可能性会实现”的最大利益金额计量。

学习目标 13-10

通过期内所得税分摊，将所得税费用总额分摊到财务报表中产生这些所得税费用的项目上。具体而言，包括持续经营利润（亏损）、非持续经营业务以及前期调整（针对留存收益的期初余额）。

学习目标 13-11

尽管国际财务报告准则和美国公认会计原则采用了类似的方法处理所得税，但由于国际财务报告准则和美国公认会计原则之间有很多非税差异，两者报告的递延所得税金额仍会不同。

本章重点问题回顾

13-1 一名董事会成员发现公司利润表中报告的所得税费用为 1 230 万美元，但是当年向政府缴纳的所得税只有 790 万美元。公司会计主管应该如何解释这种差异呢？

13-2 递延所得税负债（或资产）是资产或负债的账面价值与其计税基础之间的暂时性差异所产生的纳税影响。解释暂时性差异对所得税的影响。递延所得税负债和递延所得税资产是如何产生的？

13-3 有时，暂时性差异会产生未来可抵扣金额。解释未来可抵扣金额的含义。描述两种产生这一影响的常见情况。这种情况在财务报表中如何确认？

13-4 只有在未来利润足以扣除未来可抵扣金额时，未来可抵扣金额的利益才能实现。因此，并非所有递延所得税资产最终都将实现。我们在确认递延所得税资产时，如何反映这种可能性？

13-5 在相关资产或负债被收回或清偿时，暂时性差异会产生未来应纳税金额或未来可抵扣金额。但有些差异不是暂时性的。什么事项会产生永久性差异？这些对确定应交所得税、递延所得税和所得税费用分别有何影响？

13-6 列举三种对递延所得税没有影响的差异。

13-7 Hudson Refinery 公司经营 12 年以来的所得税税率均为 35%。公司预测，明年年初国会将通过一项备受争议的税法改革。新税法将使 Hudson 公司的税率提高到 42%。在计算今年的递延所得税负债时，Hudson 公司应该使用哪种税率？

13-8 假设一项税法改革将公司税率从 34%变为 36%。这如何影响现有的递延所得税负债？这种变化如何反映在利润中？

13-9 可税前扣除的费用超过应税收入时，就会发生净经营亏损。税法允许用净经营亏损来减少其他盈利年度的应纳税所得额，可以向前抵消，也可以向后抵消。如何在财务报表中确认净经营亏损向前抵消或向后抵消？

13-10 分类资产负债表如何报告递延所得税资产和递延所得税负债？

13-11 资产负债表中要报告与递延所得税金额有关的额外信息。需要披露哪些信息？

13-12 利润表中要报告与所得税费用有关的额外信息。需要披露哪些信息？

13-13 公认会计原则描述了不确定性税收立场的会计处理（见 FASB ASC 740-10：Income Taxes-Overall（previously *FASB Interpretation No. 48*（FIN 48）））。描述这一会计处理的两步法。

13-14 什么是期内所得税分摊？

13-15 在所得税的核算上国际财务报告准则和美国公认会计原则遵循的处理方法是相似的。然而，为什么二者报告的递延所得税金额总是存在差异？

简要练习

13-1　暂时性差异

某公司的税前会计利润为1 000万美元，但是因为有一项暂时性差异，导致应纳税所得额仅为700万美元。年初没有暂时性差异，税率为40%。编制适当的日记账分录来记录所得税。

13-2　暂时性差异；确定应纳税所得额；确定上一年的递延所得税金额

Kara Fashions公司在财务报表中采用直线法计提折旧，在纳税申报表中采用修正的加速成本回收制计提折旧。三年前公司购买的一栋建筑物现在的账面价值为400 000美元，计税基础为300 000美元。没有其他暂时性差异和永久性差异。应纳税所得额为4 000 000美元，公司的税率为40%。资产负债表中报告的递延所得税负债是多少？假设前一年递延所得税负债的余额为32 000美元，编制适当的日记账分录来记录今年的所得税。

13-3　暂时性差异

某公司的税前会计利润为1 000万美元，但是有一项暂时性差异，导致应纳税所得额为1 200万美元。年初没有暂时性差异，税率为40%。编制适当的日记账分录来记录所得税。

13-4　暂时性差异；应交所得税

2018年，Ryan Management公司预收2019年的租金。财务报表中，租金被记录为递延收入，并在租户实际占用租赁资产时计入利润表。但在纳税申报表中，租金在收取的年份确认为收入。2018年所收租金中的递延部分为5 000万元，应纳税所得额为1.8亿美元。年初没有暂时性差异，税率是40%。编制适当的日记账分录来记录所得税。

13-5　暂时性差异；应交所得税

参考练习13-4中描述的情况。假设2019年底预收租金的递延部分为4 000万美元。应纳税所得额为2亿美元。编制适当的日记账分录来记录所得税。

13-6　减值准备

年底时，预计费用负债累计的暂时性差异为3 000万美元，递延所得税资产余额为1 200万美元。应纳税所得额为3 500万美元。年初没有暂时性差异，税率是40%。假设有1/4的递延所得税资产很可能最终无法实现。编制适当的日记账分录来记录所得税。

13-7　减值准备

VeriFone Systems公司是一家提供电子卡支付终端、外围设备、网络产品和软件的公司。在其2015年的年度报告中，公司的递延所得税资产合计约为3.98亿美元。公司还报告了大约3.32亿美元的减值准备。什么原因会导致VeriFone公司的减值准备几乎等于递延所得税资产？

13-8　暂时性和永久性差异；确定递延所得税影响

财务报表与应纳税所得额的差异如下：

	单位：百万美元
税前会计利润	\$300
永久性差异	(24)
	276
暂时性差异	(18)
应纳税所得额	\$258

当前累计暂时性差异为4 000万美元（也包括未来应纳税金额）。法定税率是40%。资产负债表中报告

的递延所得税资产或递延所得税负债应为多少？

13-9 计算应纳税所得额

Shannon Polymers公司采用直线法对财务报表中的某项资产进行折旧，购买该资产的成本是800 000美元，预期使用寿命为4年，没有残值。纳税申报表中，4年的折旧扣除分别是40%、30%、20%和10%。设备使用的第一年，税前会计利润是900 000美元，其中包括20 000美元的政府债券利息收入。除上述两种情况外，税前会计利润与应纳税所得额之间没有差异。法定税率是40%。编制适当的日记账分录来记录所得税。

13-10 多种税率

J-Matt公司2018年有291 000美元税前会计利润和300 000美元的应纳税所得额。税前会计利润与应纳税所得额之间的唯一差异是今年的估计产品保修费用。预计未来3年支付的保修费用相同。最近的税法将使2020年税率从之前的40%调整为30%。确定J-Matt公司2018年的所得税金额，并编制适当的日记账分录。

13-11 税率变化

Superior Developers公司出售住宅开发用地。在出售土地时，Superior公司在财务报表中确认收入。对于一些土地，Superior公司在实际收到现金时才在纳税申报表中确认应税收入。上一年财务报表中确认的销售土地收入为2 000万美元，这些收入在今后两年等额收回。法定税率为40%。今年颁布了新的税法，从明年开始将税率从40%调整为35%。计算今年Superior公司应减少的递延所得税负债金额。

13-12 净经营亏损向后抵消

Nile公司经营的第一年，在财务报表和纳税申报表中都报告了1 500万美元的净经营亏损。法定税率是40%。编制日记账分录来确认这些净经营亏损带来的所得税利益。

13-13 净经营亏损向前抵消

AirParts公司财务报表和纳税申报表中的净经营亏损为2 500万美元。去年和前年的应纳税所得额分别为2 000万美元和1 500万美元。每年的法定税率都是40%。编制日记账分录来确认这些净经营亏损带来的所得税利益。AirParts公司选择向前抵消。

13-14 所得税不确定性

First银行对其500万美元的政府债券投资组合利息收入的免税性质有疑问。这一金额不包括在First银行的应纳税所得额5 500万美元中。管理层已经确定，税务机关不认可这笔利息收入免税的概率为65%。假设税率为40%，银行应该报告的所得税费用是多少？

13-15 期内所得税分摊

Southeast Airlines公司有6 500万美元的税前盈余，包括处置非持续经营业务利得1 000万美元。公司的税率是40%。公司在利润表中应报告的所得税费用是多少？如何报告该项利得？

习 题

13-2 确定应纳税所得额；确定以前年度递延所得税金额

2013年1月1日，Ameen公司以3 600万美元购买了一栋建筑。公司在财务报表中采用直线法计提折旧，在纳税申报表中采用修正的加速成本回收制。2017年12月31日，该建筑物的账面价值为3 000万美元，计税基础为2 000万美元。2018年12月31日，该建筑物的账面价值为2 800万美元，计税基础为1 300万美元。没有其他暂时性差异和永久性差异。2018年税前会计利润为4 500万美元。

要求：

1. 编制适当的日记账分录来记录Ameen公司2018年的所得税。假设所得税税率为40%。
2. 公司2018年的净利润是多少？

13-4 暂时性差异；应交所得税

2018 年，DFS Medical Supply 公司收取了 2019 年租户的租金。纳税申报表上，收到租金就应纳税。在财务报表中，在租户占用租赁物业期间确认收入。2018 年 12 月 31 日租金中的递延部分为 300 000 美元。DFS 公司年初没有暂时性差异。

要求：

假设税率为 40%，2018 年应交所得税为 950 000 美元，编制适当的日记账分录来记录 2018 年的所得税。

13-6 确定未来应纳税金额和未来可抵扣金额

以下列出了暂时性差异的 10 个原因。对于每一个暂时性差异，说明（以字母表示）其是否会产生未来可抵扣金额（D）或未来应纳税金额（T）。

暂时性差异

____ 1. 应计或有损失；在支付时可抵扣。

____ 2. 报纸订阅收入；收到订金时应纳税，履行履约义务时在财务报表中确认。

____ 3. 预付租金；在支付时可抵扣。

____ 4. 应计债券利息费用；在支付时可抵扣。

____ 5. 预付保险费，在支付时可抵扣。

____ 6. 以公允价值记录投资时的未实现损失；在出售投资时可抵扣。

____ 7. 保修费用；在产品出售时按估计金额计入财务报表；在支付时可税前抵扣。

____ 8. 经营性租赁出租人预收的租金；在收到时应纳税。

____ 9. 在财务报表中采用直线法折旧，在纳税申报表中采用加速折旧法折旧。

____ 10. 员工退休后福利，在以后支付时可抵扣。

13-8 计算不同情况下的所得税金额

四种独立的情况描述如下。每一种都包括暂时性差异所产生的未来可抵扣金额和/或未来应纳税金额（单位：千美元）：

	情况			
	1	2	3	4
应纳税所得额	\$85	\$215	\$195	\$260
未来可抵扣金额	15		20	20
未来应纳税金额		15	15	30
年初余额				
递延所得税资产	2		9	4
递延所得税负债		2	2	

法定税率为 40%。

要求：

对于每种情况，确定：

a. 当期应交所得税。

b. 递延所得税资产——余额。

c. 递延所得税资产——变化（借方）贷方。

d. 递延所得税负债——余额。

e. 递延所得税负债——变化（借方）贷方。

f. 所得税费用。

13-10　递延所得税资产；给定的应纳税所得额；减值准备

2017年底，Payne公司递延所得税资产账户余额为3 000万美元，原因是预计费用负债的账面价值与计税基础之间的暂时性差异7 500万美元。2018年底，该项暂时性差异为7 000万美元。Payne公司没有其他暂时性差异，递延所得税资产也没有减值准备。2018年应纳税所得额为1.8亿美元，税率为40%。

要求：

1. 编制适当的日记账分录来记录公司2018年的所得税，假设递延所得税资产很可能实现。

2. 编制适当的日记账分录来记录公司2018年的所得税，假设有1/4的递延所得税资产很可能最终实现。

13-12　财务会计准则委员会准则汇编；减值准备

当一家公司记录递延所得税资产时，如果部分或全部递延所得税资产很可能无法实现，那么可能需要报告减值准备。财务会计准则委员会准则汇编是美国公认会计原则的唯一权威来源。

要求：

1. 在财务会计准则委员会网站（www. fasb. org）上访问会计准则汇编，获得确定公司递延所得税资产减值准备的权威文献。哪一条具体引用描述了披露要求的指导原则？

2. 指导原则是什么？

13-14　多种差异

在结束于2018年12月31日的会计年度，Fidelity Engineering公司报告了977 000美元的税前会计利润。2018年Fidelity公司的一些信息如下：

政府债券利息收入	$ 32 000
2018年纳税申报表折旧超过利润表折旧的部分	55 000
年底折旧资产账面价值超过其计税基础	85 000
利润表报告的保修费用	26 000
2018年实际保修支出	16 000

公司所得税税率为40%。2018年1月1日，公司递延所得税资产和递延所得税负债账户余额分别为0和12 000美元。

要求：

1. 确定2018年所得税应记录的金额，并编制适当的日记账分录。

2. 公司2018年的净利润是多少？

13-16　税率变化；计算应纳税所得额

在结束于2018年12月31日的会计年度，Arnold Industries公司有3 300万美元的税前会计利润，税率为40%。税前会计利润与应纳税所得额之间的唯一差别与Arnold公司作为承租人的经营性租赁有关。租约的开始日期是2018年12月28日，租赁期初预付租金800万美元，这笔租金在2018年可抵扣。但财务报表上，则是将预付租金费用在4年租赁期内均匀确认。

要求：

1. 确定公司2018年所得税应记录的金额，并编制适当的日记账分录。

2. 确定公司2019年所得税应记录的金额，并编制适当的日记账分录。结束于2019年12月31日的会计年度的税前会计利润为5 000万美元。

3. 假设2019年颁布了新税法，导致2020年初税率从40%变为30%。确定公司2019年所得税应记录的金额，并编制适当的日记账分录。

4. 为什么税率改变和不变的情况下，公司2019年的所得税费用不同？

13-18　多种暂时性差异；记录所得税

以下是Esther Food Products公司的相关信息：

a. 2018年12月31日，暂时性差异与以下未来应纳税（可抵扣）金额有关：

折旧	$60 000
预付费用	17 000
保修费用	(12 000)

b. 2018年初没有暂时性差异。

c. 结束于2018年12月31日的会计年度的税前会计利润为8万美元，应纳税所得额为1.5万美元。

d. 税率为40%。

要求：

确定2018年所得税应记录的金额，并编制适当的日记账分录。

13-20 净经营亏损向后抵消

2018年是Baginski Steel公司经营的第一年，公司财务报表和纳税申报表上报告的净经营亏损都是375 000美元。法定税率是40%。

要求：

1. 编制日记账分录来确认净经营亏损的所得税利益。假设现有证据表示未来应纳税所得额足够多，公司可以从净经营亏损向后抵消中获得未来抵扣金额的税收利益。

2. 列示2018年利润表的下半部分，报告净经营亏损的所得税利益。

13-21 净经营亏损向前抵消

2018年，Wynn Sheet Metal公司在利润表和纳税申报表上都报告了100 000美元的净经营亏损。法定税率是40%。Wynn Sheet Metal公司经营头四年的应纳税所得额、税率和缴纳的所得税如下：

	应纳税所得额	税率	缴纳的所得税
2014年	$60 000	30%	$18 000
2015年	70 000	30%	21 000
2016年	80 000	40%	32 000
2017年	60 000	45%	27 000

要求：

1. 编制适当的日记账分录来确认净经营亏损的所得税利益。公司选择净经营亏损向前抵消。

2. 列示2018年利润表的下半部分，报告净经营亏损的所得税利益。

13-24 多种暂时性差异；资产负债表列报

12月31日，DePaul公司的递延所得税资产账户余额为1 600万美元，递延所得税负债账户余额为6 800万美元。余额是由下列暂时性差异所致：

1. 估计保修费用为1 500万美元；销售时记录费用；支付时可抵扣（一年期保修）。

2. 折旧费用，1.2亿美元；在财务报表中采用直线法折旧；在纳税申报表中采用修正的加速成本回收制折旧。

3. 分期收款销售财产收入；5 000万美元，销售时记录收入；未来5年内实际收到款项时均匀纳税。

4. 预收租金收入，2 500万美元；收到租金时即应该纳税；未来年度履行履约义务时记录收入。

要求：

假设DePaul公司将在12月31日的资产负债表中报告一个单一的非流动净额，列示该净额，并判断其是递延所得税资产还是递延所得税负债。税率为40%。

13-28 概念；术语

以下列出的是与所得税有关的几个术语和短语。从列表B（用字母表示）找出关联最为恰当的一项与列表A中的每一项配对。

列表 A	列表 B
____ 1. 没有税收影响	a. 递延所得税负债
____ 2. 产生，然后转回	b. 递延所得税资产
____ 3. 修正递延所得税金额	c. 两年
____ 4. 经营亏损	d. 当期和递延所得税结果相结合
____ 5. 预付费用的未来税收影响；实际支付时可抵扣	e. 暂时性差异
____ 6. 亏损向前抵消	f. 每年具体税率乘以转回金额
____ 7. 预计保修费用的未来税收影响	g. 永久性差异
____ 8. 减值准备	h. 当法定税率改变时
____ 9. 税率分阶段变化	i. 递延所得税资产或负债净额
____ 10. 资产负债表列示	j.“很可能”测试
____ 11. 财务报表组成中的个别所得税影响	k. 期内所得税分摊
____ 12. 所得税费用	l. 负的应纳税所得额

13-30 期内所得税分摊

下面的利润表反映了期内所得税分摊。

要求：

重新编制利润表来反映期内所得税分摊。

利润表　　单位：百万美元

会计年度结束于 2018 年 3 月 31 日

收入	$830
销售成本	(350)
毛利	480
经营费用	(180)
所得税费用	(86)
非持续经营业务前利润	214
非持续经营损失	(85)
净利润	$129

公司税率为 40%。

第 14 章

股东权益

本章概要

在本章中，我们将把注意力从代表债权人在公司资产中利益的负债，转向股东在资产中的剩余利益。我们的讨论将区分股东权益的两种基本来源：(1) 投入资本；(2) 赚得资本。我们将探究发行股票引起的公司资本扩充，以及注销股票、购买库存股导致的公司资本收缩。在对留存收益进行讨论时，我们将分析现金股利、财产股利、股票股利和股票分割。

学习目标

学习完本章之后，你应该能够：

14-1 描述股东权益的组成部分，并解释它们在股东权益表中是如何披露的。
14-2 描述综合收益及其构成。
14-3 理解公司的组织形式和股票的性质。
14-4 记录以现金/非现金对价发行股票。
14-5 区分注销股票和购买库存股会计处理的不同。
14-6 描述留存收益，并将其与投入资本进行区分。
14-7 解释公司股利的基础，包括现金股利与财产股利的异同。
14-8 解释股票股利和股票分割，以及如何对它们进行会计处理。
14-9 描述美国公认会计原则和国际财务报告准则下股东权益会计处理的主要区别。

财务报告案例

耐克公司

你终于有一些不受干扰的时间可以上网了。今天早些时候，你在网上看到耐克公司的股价上涨了将近10%。你非常想知道为什么耐克的股价会上涨这么多，但是一整天连续不断的会议让你无法脱身。

自从今年年初买了一双跑鞋之后，你就一直是耐克公司的股票持有者。这些日子你也看见了耐克的股价是多少。每个季度你收到的股利很可观，但这不是你买耐克公司股票的原因。当时你确信耐克公司的股价会迅速上涨。经过一段时间的浏览后，你注意到了下面的新闻报道：

> 俄勒冈州比弗顿——（商业电讯）2015年11月19日——耐克公司（NYSE: NKE）今天宣布，董事会批准了一项新的4年期、120亿美元的计划，用以回购耐克公司B类普通股。公司预计，目前80亿美元的股票回购计划将在2016财年结束前完成。

“在不断增长的体育产业中，耐克是一个明确的领导者。”耐克的总裁兼首席执行官马克·帕克（Mark Parker）这么说。“我们努力发展，并且长期致力于创造股东价值。我们一次又一次地证明了这一点。在过去14年，通过股票回购和股利，我们向股东回报了230亿美元。”

董事会还宣布，A类和B类普通股每股每季度发放0.32美元的现金股利。这笔股利以股票分割前为基础，将在2016年1月4日支付给2015年12月9日登记在册的股东。这次的股利比上次分割前每股 0.28 美元的股利增加了 14%。

董事会还通过了一项 A 类和 B 类普通股 1 股拆 2 股的股票分割计划。该项股票分割计划将以 100%股票股利的形式实现，于 2015 年 12 月 23 日向 2015 年 12 月 9 日登记在册的股东支付。

问题

在学习完本章之后，你应该能够对以上案例中的问题给出恰当的回答。将你的回答与章末答案进行对比。

1. 你认为耐克公司股价上涨与其股票回购计划是否相关？
2. 耐克公司应该如何对股票回购进行会计处理？
3. 32 美分的季度现金股利会对耐克公司的资产造成什么影响？对负债呢？对股东权益呢？
4. 股票分割对耐克公司的资产有何影响？对负债呢？对股东权益呢？

第 1 节　股东权益的本质

公司通过债务与权益相结合的方式为自己的经营活动筹集资金。在前面一些章节中，我们讨论了票据、债券和其他负债形式的债务融资。这些负债的金额代表了债权人在公司资产中的利益。现在，我们转向不同形式的权益融资。在本章中，我们将关注影响股东权益的交易——这些账户代表股东的所有权利益。

理论上，股东权益是一个较为直观的概念。股东权益是公司资产减去债权人要求权之后的剩余金额（换言之就是净资产）。你可以从基本会计等式中看出股东权益的剩余特性：

$$\underbrace{\text{资产}-\text{负债}}_{\text{净资产}}=\text{股东权益}$$

股东的所有权利益通常来源于两方面：(1) 股东对公司的投资；(2) 公司为股东赚取的金额。这两种来源分别报告为：(1) 投入资本；(2) 留存收益。

尽管看起来股东权益是一个比较清晰的概念，人们仍然经常误解和曲解股东权益及其组成部分。在我们讨论影响股东权益及其组成部分的交易时，请你不要过于在乎陌生的专业术语，也不要过于关注精确的账户名称。有关股东权益的专业术语以数量众多而著称。每个股东权益账户都有许多别称。确实，股东权益（shareholders' equity）本身也会被称为“所有者权益”（stockholders' equity，沃尔玛）、“股票拥有者权益”（shareowners' equity，通用电气）、“股东投资”（shareholders' investment，塔吉特）、“所有者投资”（stockholders' investment，联邦快递）、“股东权益”（shareholders' equity，苹果）、“权益”（equity，法航-荷航）以及其他类似的名称。

复杂的是，影响股东权益的交易受到公司所在州的公司法影响。而且，我们后面会看到，公司在选择这一领域的会计处理方法时，公认会计原则提供了很大的选择空间。

在学习本章时，牢记以下这一点将有助于你更好地理解本章的基本概念：通常情况下，我们讨论的每一笔交易在本质上都可以简单地视为股东权益的增加或减少，不必考虑具体的股东权益账户。事实上，对于独资企业而言，所有的资本变动都可以记录在单一的所有者权益账户中。这一点同样适用于公司。但对于公司来说，其他一些因素让我们将股东权益划分为多个单独的股东权益账户，以便进行会计处理。这些其他因素——法律要求和披露目标——将在本章的后面部分讨论。所以，在学习不同交易对留存收益和特定投入资本账户的影响时，你会发现经常问自己“这笔交易对股东权益有什么净效应”或者“这笔交易影响了多少净资产（资产减负债）”将很有帮助。

一、财务报告概述

在讨论与特定的股东权益账户有关的事项之前，让我们先总结一下各账户之间的关系。示例 14－1 是 Exposition 公司（一家虚构的公司）的简化资产负债表，能帮助我们了解各个账户之间的关系。

示例 14－1　股东权益的详细列报

EXPOSITION 公司
资产负债表
2018 年 12 月 31 日
（单位：百万美元）

资产	
3 000	
负债	
1 000	
股东权益	
投入资本：	
资本股票（面值）：	
优先股，10%，面值 10 美元，累积，非参与	$100
普通股，面值 1 美元	55
普通股股利分配	5
资本溢价：	
投入资本——超出面值，优先股	50
投入资本——超出面值，普通股	260
投入资本——回购股票	8
投入资本——债券转换	7
投入资本——股票期权	9

投入资本——限制性股票	5	
投入资本——股票期权失效	1	
投入资本合计		$ 500
留存收益		1 670
累计其他综合收益：		
投资未实现持有利得（损失）净额	(85)	
养老金未确认利得（损失）净额	(75)	
衍生工具递延利得（损失）*	(4)	
外币折算调整 **	0	(164)
库存股（成本）		(6)
股东权益合计		$ 2 000

* 衍生工具用于现金流量套期时将用公允价值计量，由此产生的利得或损失是累计其他综合收益的一部分，并在以后套期交易影响利润时计入利润。

** 汇率变化将在其他会计课程中学习。其金额可能增加或减少股东权益。

示例 14－1 描述了一种十分复杂的情形。任何一家公司都不可能同时从所有来源获得股东权益。要记住，此时我们的目的仅仅是对股东权益的构成有大致的了解。虽然实务中公司会在资产负债表上包含股动权益下的所有单独账户。Exposition 公司也可能报告一个更简略的版本，如示例 14－1A 所示。在本章后面的示例 14－3 中，我们将看到 Abercrombie & Fitch 公司的例子。

示例 14－1A　典型的股东权益列报

优先股，10%，面值 10 美元，累积，非参与	$ 100
普通股，面值 1 美元	60
资本溢价	340
留存收益	1 670
累计其他综合收益：	
投资未实现持有损失净额	(85)
养老金未确认损失净额	(75)
衍生工具递延损失	(4)
库存股	(6)
股东权益合计	$ 2 000

股东权益分为四类，分别是投入资本、留存收益、累计其他综合收益和库存股。现在我们利用 Exposition 公司的例子进行讨论。

投入资本

投入资本（paid-in capital）的主要组成是股东从公司购买股票时投入的金额，或者涉及公司回购部分股票或股票薪酬行为。我们将在这一章后面部分和下一章更详细地讨论影响投入资本的事项和交易。

留存收益

留存收益（retained earnings）代表股东利益的累积，以单独金额报告。我们将在本章第 3 节讨论留存收益。

库存股

我们将在本章后面部分讨论股东权益的最后一个组成部分——库存股。它是指公司从股东手中回购的之前出售的股票。

累计其他综合收益

同时要注意到，Exposition 公司的股东权益对三个不计入净利润的事项进行了调整，这些事项不影响留存收益，而是作为“其他综合收益”的一部分，成为股东权益的单独组成部分：累计其他综合收益。[①] 与传统的净利润相比，**综合收益**（comprehensive income）提供了一个更广阔的视角来看待股东权益的变化。它是一个报告期内股东权益中非所有者变动的总和。事实上，它包括除与投资者发生交易之外股东权益的所有变动。公司与股东之间的交易主要包括股利和发行或购买公司股票。大多数非所有者变动都在利润表中报告。因此，除了包含在传统净利润中的非所有者变动之外，其他非所有者变动都被报告为“其他综合收益”。

综合收益拓展了我们对净利润之外的收益的理解。不在利润表中报告的四种利得或者损失如下：

（1）可供出售债务证券投资的持有利得（损失）净额；

（2）退休后福利计划变动的利得（损失）；

（3）衍生工具递延利得（损失）；

（4）外币折算调整。

其中的第一种是一些证券上的利得和损失，它是由这些投资的公允价值上升或者下降引起的。正如你在第 10 章和第 12 章所了解到的，可供出售债务证券投资的利得和损失，在证券实际出售之前不包括在利润中，而是作为其他综合收益的一部分。另外三种会在其他课程中学习。

其他综合收益还有一个与净利润一致的特点。正如净利润不仅在利润表中定期报告，还会累计起来作为留存收益的一部分一样，其他综合收益也如此。其他综合收益在综合收益表中定期报告，并在资产负债表中作为**累计其他综合收益**（accumulated other comprehensive income，AOCI）与留存收益一同列示。也就是说，我们报告其他综合收益的两个方面：（1）报告期产生的综合收益的组成部分；（2）当期和以前期间累计的综合收益。

第一个方面——报告期产生的综合收益的组成部分——可以被报告为：（a）利润表的延

① 第 3 章介绍了综合收益，并在第 10 章进行了回顾。

伸部分；（b）利润表之后的另一张单独报表。不管公司选择哪一种方式，列报是类似的。与示例14-2中的列报类似，需要报告净利润、综合收益的其他组成部分以及综合收益总额。值得注意的是，综合收益的各组成部分以相关所得税费用或所得税利益之后的净额列报。①

示例14-2 综合收益表 单位：百万美元

净利润		$×××
其他综合收益：		
可供出售债务证券投资的未实现持有利得（损失）净额（税后）*	$×	
退休后福利计划变动的利得（损失）（税后）	(×)	
衍生工具递延利得（损失）（税后）	(×)	
外币折算调整（税后）	×	××
综合收益		$×××

*一些债务证券投资的公允价值变动（见第10章）。对于债务投资，记录信用损失之外的“非暂时性”减值也会产生未实现损失。另外，像第12章讨论的那样，如果对负债采用“公允价值选择权”，那么负债的信用风险所导致的负债公允价值变动也计入其他综合收益。

第二个方面——当期和以前期间累计的综合收益——在留存收益之后作为股东权益的一个单独部分列示，与示例14-1中Exposition公司的列报形式类似。注意，这里报告的累计其他综合收益的金额代表了其他综合收益的各个组成部分在所有报告期的变动之和。

报告股东权益

对于投入资本来说，你很少会看到像示例14-1那样详细的报告。相反，公司会对每个投资者的资本溢价账户进行详细记录，但通常只列报一个汇总的金额——资本溢价。各种发行在外证券的相关权利和特权，例如股利和清算优先权、回购和转换信息以及投票权等，都只在附注中汇总披露。② Abercrombie & Fitch公司资产负债表中的股东权益部分是一个典型的列报格式，如示例14-3所示。

资产负债表报告股东权益账户的年度余额。然而，公司也应该披露这些账户变化的来源。③ 这是**股东权益表**（statement of shareholders' equity）的目标。示例14-4显示了沃尔玛公司是如何报告其股东权益余额的变化的。

沃尔玛公司股东权益表中显示的当年变动是净利润、其他综合收益、购买普通股和宣告股利。

---

① 这可以通过列报其他综合收益的组成部分来实现，可以列报扣除相关所得税影响之后的净额（如本列报中所述），也可以报告扣除所得税影响之前的金额，并以附注或表内括号的形式披露每个组成部分的所得税。

② FASB ACS 505-10-50：Equity-Overall-Disclosure（previously “Disclosure of Information about Capital Structure,” *Statement of Financial Accounting Standards No. 129* (Norwalk, Conn.: FASB, 1997)).

③ FASB ASC 505-10-50-2：Equity-Overall-Disclosure（previously “Omnibus Opinion,” *APB Opinion No. 12* (New York: AICPA, 1967)).

示例 14-3 典型列报格式——Abercrombie & Fitch 公司

Abercrombie & Fitch 公司
合并资产负债表
（除了面值金额之外，单位都为千美元）

	2016年1月30日	2015年1月31日
股东权益：		
A类普通股——面值0.01美元，批准发行150 000股，2016年1月30日和2015年1月31日发行在外的都是103 300股	1 033	1 033
投入资本	407 029	434 137
留存收益	2 530 196	2 550 673
累计其他综合（损失），税后净额	(114 619)	(83 580)
库存股，按平均成本，2016年1月30日35 952股，2015年1月31日33 948股	(1 532 576)	(1 512 562)
股东权益合计	$1 291 063	$1 389 701

国际财务报告准则

使用“储备”这一术语以及其他术语的差异。在国际财务报告准则中，股东权益分为两个部分：股本和“储备”(reserves)。储备这一术语很容易被误解，因此美国公认会计原则不鼓励使用。以下是其他一些权益方面术语的不同：

美国公认会计原则	国际财务报告准则
股本（capital stock）：	股本（share capital）：
普通股（common stock）	普通股（ordinary shares）
优先股（preferred stock）	优先股（preference shares）
投入资本——超出面值，普通股（paid-in capital—excess of par，common）	股票溢价，普通股（share premium，ordinary shares）
投入资本——超出面值，优先股（paid-in capital—excess of par，preferred）	股票溢价，优先股（share premium，preference shares）
累计其他综合收益：	储备：
投资净利得（损失）——累计其他综合收益	投资重估值储备
外币折算净利得（损失）——累计其他综合收益	折算储备
{不适用：财产、厂房和设备不允许调整为公允价值}	重估值储备
留存收益	留存收益
股东权益合计	权益合计
在负债后列报	通常在负债前列报

示例 14-4　股东权益表——沃尔玛公司

单位：百万美元

	普通股		资本溢价	留存收益	累计其他综合收益（损失）	沃尔玛股东权益合计
	股数	金额				
2013年2月1日余额	3 314	$332	$3 620	$72 978	$ (587)	$76 343
合并净利润	—	—	—	16 022	—	16 022
其他综合收益，所得税后净额	—	—	—	—	(2 409)	(2 409)
宣告的现金股利（每股1.88美元）	—	—	—	(6 139)	—	(6 139)
购买公司股票	(87)	(9)	(294)	(6 254)	—	(6 557)
可赎回非控股权益的赎回价值调整	—	—	(1 019)	—	—	(1 019)
其他	6	—	55	(41)	—	14
2014年1月31日余额	3 233	323	2 362	76 566	(2 996)	76 255
合并净利润	—	—	—	16 363	—	16 363
其他综合损失，所得税后净额	—	—	—	—	(4 172)	(4 172)
宣告的现金股利（每股1.92美元）	—	—	—	(6 185)	—	(6 185)
购买公司股票	(13)	(1)	(29)	(950)	—	(980)
其他	8	1	129	(17)	—	113
2015年1月31日余额	3 228	323	2 462	85 777	(7 168)	81 394
合并净利润	—	—	—	14 694	—	14 694
其他综合收益，所得税后净额	—	—	—	—	(4 429)	(4 429)
宣告的现金股利（每股1.96美元）	—	—	—	(6 294)	—	(6 294)
购买公司股票	(65)	(6)	(102)	(4 148)	—	(4 256)
宣告的非控股权益现金股利	—	—	—	—	—	—
其他	(1)	—	(555)	(8)	—	(563)
2016年1月31日余额	3 162	317	$1 805	$90 021	$ (11 597)	$80 546

二、公司组织

企业有以下三种组织形式：(1) 独资企业；(2) 合伙企业；(3) 公司。你已经在基础会计课程中学习了这三种企业组织形式。本书将集中讨论公司组织。

大部分知名企业，如微软、谷歌和通用电气，都是公司。同样，许多小企业，甚至是只有一个所有者的企业，也是公司。尽管公司的数量比独资企业和合伙企业的数量要少，但公司却是企业的主要组织形式。

在大多数情况下，不管企业采用何种组织形式，对交易的会计处理都是一致的。资产和负债并不受企业组织形式的影响。唯一的不同是资本，也就是股东权益的会计处理方法。与独资企业和合伙企业只在一个单一的资本账户中记录所有者权益的变化不同，公司制企业用我们之前学过的若干个资本账户记录所有者权益的变化。在我们讨论如何对具体的所有者权益变化进行会计处理之前，需要先了解公司的特征。正是公司的这些特征，使得公司与其他组织形式区别开来，并且采取不一样的会计处理方法。

有限责任

公司的所有者对公司的债务不负有个人责任。与独资或合伙企业不同，公司是一个独立的法律主体，对自身债务负责。股东的责任仅限于他们在购买股份时对公司的投资额（除非股东也是公司的管理者）。股东的有限责任也许是公司组织最重要的一个优势。在其他企业组织形式下，债权人可能会要求企业所有者以其个人资产偿还企业债务。

容易筹集资本

相比独资或合伙企业，公司更容易筹集资本。所有企业都可以通过盈利或借款来筹集资金。然而，公司更容易吸引权益资本。这是因为公司以股票的形式出售所有权，所有权很容易转让。投资者可以随时出售自己的所有权，而不影响公司及其经营。

从潜在投资者的角度来看，投资公司的另一个有利方面是较少的相互代理问题。合伙企业的个人合伙人有权将企业约束在合同中。因此，合伙企业的投资者必须对其他合伙人的性格和商业头脑格外小心。但是，股东参与公司事务仅限于在股东大会上投票（除非股东也是管理层成员）。因此，股东不必像在合伙企业中挑选合伙人那样小心。

显然，公司相比其他组织形式有一些优点，特别是在筹集投资资本的能力方面。然而，正如你可能猜到的那样，这些好处并不是没有代价的。

缺点

文书工作！为了保护公司股东和债权人的利益，公司所在州和联邦政府提出了广泛的报告要求。这些文书工作最重要的目的是确保投资者和债权人所需的信息得到充分披露。

你已经知道公司是独立的法律主体，所以公司也是独立的纳税主体。这就很容易造成“重复征税”。首先公司会根据其利润缴纳所得税，然后在分配给股东现金股利时，股东要对这些之前已经纳过税的收入再缴纳个人所得税。而独资和合伙企业不必为企业纳税，企业所有者只需按照其分配的股利缴纳个人所得税即可。

公司的类型

本书中所说的公司，是指由私人成立的以营利为目的的公司。这些公司通过出售股票筹集资金。然而，也有其他类型的公司。

一些公司，例如教会、医院、大学和慈善机构，它们不出售股票，也不是营利性组织。也有一些非营利公司是政府所有的，比如美国联邦存款保险公司。非营利公司的会计处理将在其他会计课程中学习。

以营利为目的的公司既可能是公开持有，也可能是私人持有。公众可以购买公开上市公司的股票。你可以通过股票经纪人购买通用电气、福特汽车或沃尔玛的股票。这些股票在纽约证券交易所进行交易。其他公开持有的股票，如英特尔和微软，在纳斯达克（美国全国证券交易商自动报价系统）进行交易。

另一方面，私人持有公司的股份只有少数人（可能是一个家族）拥有，而且不公开交易。私人持有公司的股票不需要在证券交易委员会注册，并且规避了证券交易委员会的年度报告要求。当然，如果公司是私人持有的，那么其权益筹资是有限的，因为其出售现有股票的市场是有限的。

通常情况下，公司一开始是规模较小的私人持有公司。然后，随着公司扩张带来了更多的机会，公司会上市。例如，2012 年，脸书公司的股东决定将这家私人公司上市。这是自 2008 年威士（Visa）以来规模最大的首次公开发行。

混合型组织

公司可以选择遵守特定的税收规则，成为**S 型公司**（S corporation）。S 型公司既有公司的特征，也有合伙企业的特征。所有者对公司债务承担有限责任，收入和费用像合伙企业一样转移给所有者，这样就避免了重复纳税。

为了应对负债问题和税收处理，出现了两种特殊的企业结构——有限责任公司和有限责任合伙企业。

有限责任公司（limited liability company）有几个优点。在他们投资的限度之外，所有者不对企业的债务承担责任。与有限责任合伙企业不同，有限责任公司的全体成员都可以参与公司的经营管理，同时也不会失去负债保护。与 S 型公司一样，有限责任公司的收入和费用像合伙企业一样转移给所有者，避免了重复纳税，但是不像 S 型公司那样限制所有者的数量。

有限责任合伙企业（limited liability partnership）与有限责任公司相似，只是不像在有限责任公司结构下那样提供所有的负债保护。合伙人需要对自己的行为承担责任，但无须对其他合伙人的行为承担责任。

《标准公司法》

公司是根据各个州的公司法成立的。各州的法律不是统一的，但是有许多相似之处，这要归功于**《标准公司法》**（Model Business Corporation Act）① 的广泛应用。该法案主要用来指导各州制定自己的公司法。它为大多数州提供了模板。

各州的法律对公司行为有重要影响，比如可批准的股票类型、股票的发行和回购以及向股东分配的条件。自然地，各州法律的差异会导致我们在本章中讨论的对股东权益交易的会计处理的差异。因此，我们将关注《标准公司法》中描述的一般情形，同时注意各州法律差异导致的会计处理差异。你的目标不是学习各州法律差异导致的不同会计处理程序，而是理解在任何特定情形都适用的股东权益会计处理的基本概念。

---

① *Model Business Corporation Act*, the American Bar Association, 2011.

在各个州，成立一家公司的程序基本上是相同的。**公司章程**（articles of incorporation）中描述了以下几点：(a) 公司业务活动的性质；(b) 发行的股份；(c) **初始董事会**（board of directors）的组成。董事会确立公司政策并任命公司的管理人员。

正如公司章程中规定的那样，批准的股票数量是公司依法准许发行股票的最大数量。在公司成立时决定批准的股票数量，只有在股东投票表决同意的情况下才能增加。公司章程中批准的股票至少有一部分是在公司成立时出售的。一般情况下，初始股东包括公司董事会成员或者管理人员（可能为同一人）。公司股东最终控制公司。股东是公司的所有者。通过投票表决，他们决定了公司董事会的构成，董事会任命管理人员来管理公司。

股东在公司的投资一般称为投入资本。接下来，我们将讨论常用的股东投资的会计处理方法以及如何在财务报表中报告投入资本。

第 2 节　投入资本

一、股东的基本权利

通过前面的学习，你已经了解到公司通过出售股票来筹集权益资金。股东是公司的所有者。如果公司只有一种股票，那么没有必要设定股票的类型和名称，但它们通常被称为普通股。除非与股东的协议另有说明，普通股股东的权利如下：

(1) 公司重大事项表决权，包括选举公司董事等。表决时，一股代表一票。

(2) 获得公司分配股利的权利。股东持股的比例决定了其相应获得的股利金额。

(3) 公司清算时获得公司资产的权利。在公司偿付完债权人和优先股股东之后，普通股股东持股比例决定其可获得剩余资产的比例。

普通股股东在新股发行时还有另一项权利，即普通股股东有权保持其在公司所有权中的份额。这也被称为优先购买权。每一位股东都有机会购买与其当时所持有的股票比例相等的新股票。在大多数州，这一权利必须得到明确的授予；而在另一些情况下，除非合同另有规定，否则它是默认的。

然而，这项权利通常不会明确说明，因为它会给公司发行新股带来不便。一般来说，优先购买权的排除并不重要，因为很少有股东拥有足够的股票，以至于他们会关心所有权比例。

二、股票的分类

公司有不止一种股票，而且每种股票有不同权利和限制的情形并不少见。为了吸引投资者，公司会设计出各种各样的所有权证券。

如果公司章程中批准的股票类型不止一种，那么必须说明每种股票的具体权利（例如投票权、对资产的剩余权利和股利权）。当然，公司章程也必须对每种股票取不同的名称。

以下是一些常用的股票种类名称：

(1) A 类、B 类等（泰森食品公司）；

(2) 优先股、普通股和 B 类股（好时公司）；

(3) 优先股和普通股（惠普公司）；

(4) 股本（读者文摘）；

(5) 普通股和分期偿还优先股（斯马克公司）。

在刚开始学习会计的时候，你可能对普通股和优先股这种分类最熟悉。这两个术语有着深厚渊源：早期英国公司宪章中就规定了在股利分配和清算时享有优先权的股票，而这种规定也在早期美国公司法中体现出来。但是随着经济发展，公司逐渐意识到吸引投资需要创新。这导致了公司逐渐发展出不同的股票类型，这些股票不能用过去的名称加以区分。

为了反映权益股票创新形成的灵活性，《标准公司法》和许多州的法律已经不再使用普通和优先这种词语了。但是这种传统划分方法的影响依然存在，大部分公司仍然沿用这种划分方法。当你思考案例时，要记住所应用的相同概念，而不论区分股票所使用的语言。

优先股的特殊权利

为了将有一定优先权的股票与一般被称为普通股的股票进行区分，有一定优先权的股票可以用前面提到的名称来命名，一般情况下称为**优先股**（preferred shares）。优先股的特殊权利通常包括以下一项或两项：

(1) 优先股股东通常可以优先获得特定数额的股利（每股固定金额或者每股面值固定的百分比）。也就是说，一旦董事会宣布发放股利，优先股股东会比普通股股东优先获得股利。

(2) 在公司解散进行资产分配的情况下，优先股股东享有优先权（比普通股股东优先）。

优先股股东有时拥有**转换权**（right of conversion），这使他们能够以特定的转换比率将优先股转换为普通股。例如，2016 年，施乐公司有发行在外的 30 万股可转换优先股。另外，**赎回权**（redemption privilege）允许优先股股东在特定条件下，以预先确定的赎回价格返还他们的股份。在股利和清算方面，优先股股东比普通股股东享有优先权。每一股施乐公司的优先股可以转换成 90 股普通股。类似地，股票可以根据发行公司的选择被赎回（有时称为回购）。

优先股可以是**累积的**（cumulative），也可以是**非累积的**（noncumulative）。一般来说，优先股是累积的。这意味着如果指定的股利在某一年份没有支付，那么未支付的股利（称为拖欠的股利）就会积累，并且必须在以后的股利年度中先于普通股得到支付。我们会在本节讨论这一点。

优先股可以是**参与**（participating）或**非参与**（nonparticipating）的。参与特征允许优先股股东在约定金额的股利之外，还能获得额外的股利。如果优先股是完全参与的，那么股利应按发行在外的普通股和优先股的面值比例进行分配。参与优先股以前比较常见，现在已经很少见了。

请记住，普通股和优先股的名称并不意味着所命名的股票就拥有特定权利或限制。这种相对权利必须通过与股东签订合同来加以明确。公司可以创造出在投票权和资产参与权（股利分配或清算分配）上和普通股没有区别的优先股。同样，公司也可以设计出比优先股更有优先权的普通股。

优先股是权益还是债务

你可能想象一种与债券几乎没有区别的优先股。例如，假设优先股的年度现金股利是面值的10%，股利是累积的，而股票必须在10年内用现金赎回。尽管股利的发放取决于董事会的决定，但与优先股股东的合同通常会设定，如果公司有盈利，董事会必须发放股利。对于一家有盈利的公司来说，要在这种优先股和利率10%、10年期的债券之间划清界限是很困难的。在一些更典型的情况下，优先股也是混合证券——股票和债务的组合。

有时，优先股与债务的相似之处更明显。假设股票是强制可赎回的——公司有义务在将来某个日期回购股票。公司有义务在未来固定的或可确定的日期支付现金（或其他资产），这使得该金融工具等同于债务。一种强制可赎回的金融工具必须在资产负债表上报告为负债，而不是股东权益。[①] 例如，Extended Stay America 公司在其2016年的资产负债表上将强制可赎回优先股报告为一种负债。

国际财务报告准则

关于优先股是债务还是权益的划分。国际财务报告准则和美国公认会计原则在定义和要求方面的不同，可能导致同一工具在不同准则下被划分为债务和权益两种情况。在美国公认会计原则下，优先股通常作为权益报告，但是，如果它是"强制可赎回"优先股，则应该报告为负债，并且股利在利润表中报告为利息费用。在国际财务报告准则下，大多数非强制可赎回的优先股和一些不可赎回的优先股一样，作为负债报告。在国际财务报告准则（国际会计准则第32号）下，区分一项负债的关键特征是发行方是否被要求或者可以被要求向持有方支付现金（或其他金融工具）。[②] 联合利华公司在附注中就披露了这样一种差异：

> 对美国投资者的额外信息（节选）
>
> 优先股
>
> 根据国际会计准则第32号，联合利华公司把提供固定优先股利的优先股确认为借款，并在利润表中确认优先股利。在美国公认会计原则下，这样的优先股被划分为股东权益，股利作为股东权益的减少处理。

三、面值的概念

除了将股票标示为普通股和优先股之外，另一种很流行但是除了历史意义之外没有多大意义的做法是为股票设定面值。面值的概念可以追溯到拥有企业股份的概念。面值最初表示股票的实际价值。所有股票都以这个价格发行。

19世纪末20世纪初，许多以低于面值的价格出售股票的案例——这些股票被称为掺水股——受到了大量关注，并且遭到很多法律诉讼。投资者和债权人认为，他们相信面值是公

① FASB ASC 480-10-25-4：Distinguishing Liabilities from Equity-Overall-Recognition（previously "Accounting for Certain Financial Instruments with Characteristics of Both Liabilities and Equity," *Statement of Financial Accounting Standards No. 150*（Norwalk, Conn.：FASB, 2005)).

② "Financial Instruments：Presentation," *International Accounting Standard No. 32*（IASCF), as amended effective January 1, 2016.

司的永久投资，因此公司的净资产必须至少达到这个数额。面值不仅是股东投资的金额，而且被早期的公司法定义为不能用于分配给股东的净资产（以股利或其他形式）。

许多公司开始发行面值很低的股票——经常是几美分——以避免股票价格低于特定面值而承担掺水股的责任，并减少对分配的限制。这种做法在今天很普遍。

数十年来，会计师和律师都已经意识到，与面值和法定资本有关的法律不仅令人困惑，而且无法达到通过限制向股东的支付来保护债权人的目的。实际上，那些认为自己获得保护的债权人被误导了。正如普通股和优先股这些名称一样，面值和法定资本的概念在《标准公司法》中已不复存在。[①]

许多州已经采用了《标准公司法》的这些规定，但大多数已经成立的公司在州法律修订之前发行了股票。结果是，大多数公司在外发行的股票都是有面值的，并且继续发行以前被批准的有面值的股票。改革将逐渐向《标准公司法》中更简单、更有意义的规定靠拢。

与此同时，会计师必须熟悉面值和法定资本的过时概念，以便恰当地记录和报告与面值股票相关的交易。由于这个原因，本章的大部分讨论都集中于有面值的股票。在很大程度上，这只是意味着股东的投资被划分为设定资本和资本溢价。要注意，虽然导致有面值股票产生的旧法律已不再适用，但是理论上并没有理由这样做。

四、股票发行的会计处理

现金发行

当出售股票获得现金时（见示例 14－5），资本股票账户（通常是普通股或优先股）贷记设定资本的金额。当股票有一个指定的面值时，该金额表示设定资本，并记入股票账户的贷方。超过这个金额的部分贷记“投入资本——超出面值”（也称为资本溢价）。

示例 14－5　出售股票获得现金

Dow Industrial 公司出售 100 000 股普通股，每股面值 1 美元，售价为每股 10 美元：		
		单位：千美元
借：现金（100 000 股，每股价格 10 美元）	1 000	
贷：普通股（100 000 股，每股面值 1 美元）		100
投入资本——超出面值（剩余部分）		900
出售无面值股票的全部收益都被视为设定资本，记录在股票账户中。如果股票是无面值的，则分录如下：		
借：现金（100 000 股，每股价格 10 美元）	1 000	
贷：普通股		1 000

非现金对价发行

有时，公司可能会发行股票以换取非现金对价。对于新公司来说并不罕见。它们为了形成稳定的现金流，会用股票而不是现金来支付促销和法律服务的费用。类似地，股票还可能以土地、设备或其他非现金资产的形式支付。

即使在交易时没有收到现金以确定股票的公允价值，交易也应以公允价值进行记录。公

① American Bar Association, official comment to Section 6.21 of *the Model Business Corporation Act*, 2011.

允价值的最佳证据如下：

（1）股票的市场报价；

（2）最近现金发行股票时该股票的出售价格；

（3）用现金购买资产或服务时支付的现金金额；

（4）对收到资产的价值进行独立评估；

（5）其他可获得的证据。

哪一个证据看起来更清晰，就用它来确定股票的公允价值。[①]

示例 14－6 描述了市场报价是公允价值最佳证据的情况。

示例 14－6　出售股票获得非现金对价

DuMont 化学公司发行了 100 万股普通股，每股面值 1 美元，用来交换现金价格不确定的定制工厂。当日《华尔街日报》上 DuMont 化学公司每股股票价格为 10 美元：

	单位：百万美元
借：财产、厂房和设备（100 万股，每股 10 美元）	10
贷：普通股（100 万股，每股面值 1 美元）	1
投入资本——超出面值（剩余部分）	9

单一价格发行多种证券

尽管这种情况并不常见，但一家公司可能会以单一价格出售一种以上的证券——或许是普通股和优先股。正如你所料，所收到的现金通常是这两种证券各自市场价值的总和。当然，每一种都是按照市场价值记录的。但是，如果只知道一种证券的价值，那么第二种证券的市场价值就可以从总售价中推断出来，如示例 14－7 所示。

因为这些股票总共出售了 1 亿美元，而普通股的市场价值是 4 000 万美元（400 万股×10 美元），所以优先股的市场价值为 6 000 万美元。

示例 14－7　以单一价格出售多种证券

AP&P 公司发行了 400 万股普通股，每股面值 1 美元；同时发行了 400 万股优先股，每股面值 10 美元。发行普通股和优先股共获得 1 亿美元。当日《华尔街日报》列示 AP&P 公司普通股的价格为每股 10 美元。优先股没有形成市场。

	单位：百万美元
借：现金	100
贷：普通股（400 万股×面值 1 美元）	4
投入资本——超出面值，普通股	36
优先股（400 万股×面值 10 美元）	40
投入资本——超出面值，优先股	20

补充思考

在极少数情况下，总售价不等于两个市场价格之和（当两个市场价格都已知时）。在这种情况下，总售价按照这两种证券的相对市场价值比例进行分配。你或许注意到，这种方法

① FASB ASC 845－10－30：Nonmonetary Transactions-Overall-Initial Measurement（previously *APB Opinion No. 29*）。虽然该准则没有特别提到股票发行，但上述处理与该准则第 18 和 25 段描述的非现金交易的一般原则是一致的。

我们在其他情况下也使用过：(a) 以一个价格购买不止一种资产时，将这个价格分配到各种资产上；(b) 以一个价格发行附有可分离认股权证的债券；(c) 以一个价格购买或出售多个项目的其他情况。

股票发行成本

公司出售股票时，需要获得必需的法律、促销和会计服务。这些服务的成本降低了出售股票所获得的净金额。发行所获的金额超过面值的部分贷记投入资本——超出面值，发行成本则减少这个账户的贷方金额。例如，2016 年 6 月，Spark Therapeutics 公司以每股 45 美元的价格，卖出了 3 025 000 股面值 0.001 美元的普通股，总收益为 1.361 亿美元。在扣除承销折扣、佣金和其他发行费用后，该公司从公开发行中获得了 1.276 亿美元的净收益。Spark Therapeutics 公司记录股票出售的分录如下：

单位：百万美元

借：现金	127.6	
贷：普通股（3 025 000 股，每股面值 0.001 美元）		0.0
投入资本——超出面值（剩余部分）		127.6

概念回顾练习

公司资本扩张

情景：2016 年 12 月 31 日，National Foods 公司资产负债表上的股东权益部分包括以下几个账户：

股东权益	单位：百万美元
投入资本：	
普通股，1.2 亿股，每股面值 1 美元	$ 120
投入资本——超出面值	836
留存收益	2 449
股东权益合计	$ 3 405

要求：

1. 2017 年，一些交易影响了 National Foods 公司的股票。为这些交易编制会计分录。

a. 3 月 11 日，National Foods 公司发行了 1 000 万股 9.2%的优先股，每股面值为 1 美元，出售价格为 44 美元。

b. 11 月 22 日，发行了 100 万股普通股，每股面值为 1 美元，交换 8 台贴标机。每台机器都是定制的，因而无法获得现金价格。National Foods 公司股票价格为每股 10 美元。

c. 11 月 23 日，出售 100 万股普通股和 100 万股优先股，获得 6 000 万美元。优先股自 3 月以来没有再次交易，所以市场价格不确定。

2. 编制 National Foods 公司 2017 年 12 月 31 日和 2016 年 12 月 31 日比较资产负债表的股东权益部分。假定 2017 年的净利润是 4 亿美元，其他唯一影响股东权益的交易是支付 1 100 万股优先股 9.2%的股利（100 万美元）。

解答：

1. 2017年，一些交易影响了National Foods公司的股票。为这些交易编制会计分录。

a. 3月11日，National Foods公司发行了1 000万股9.2%的优先股，每股面值为1美元，出售价格为44美元。

单位：百万美元

借：现金	440	
贷：优先股（1 000万股×每股面值1美元）		10
投入资本——超出面值，优先股		430

b. 11月22日，发行了100万股普通股，每股面值为1美元，交换8台贴标机。每台机器都是定制的，因而无法获得现金价格。National Foods公司股票价格为每股10美元。

单位：百万美元

借：机器（股票的公允价值）	10	
贷：普通股（100万股×每股面值1美元）		1
投入资本——超出面值，普通股（100万股×每股9美元）		9

c. 11月23日，出售100万股普通股和100万股优先股，获得6 000万美元。优先股自3月以来没有再次交易，所以市场价格不确定。

单位：百万美元

借：现金	60	
贷：普通股（100万股×每股面值1美元）		1
投入资本——超出面值，普通股		9
优先股（100万股×每股面值1美元）		1
投入资本——超出面值，优先股		49

2. 编制National Foods公司2017年12月31日和2016年12月31日比较资产负债表的股东权益部分。假定2017年的净利润是4亿美元，其他唯一影响股东权益的交易是支付1 100万股优先股9.2%的股利（100万美元）。

National Foods公司
资产负债表
股东权益部分
（单位：百万美元）

	2017年	2016年
股东权益		
优先股，9.2%，每股面值1美元（2017年：10+1）	$11	$—
普通股，每股面值1美元（2017年：120+1+1）	122	120
投入资本——超出面值，优先股（2017年：430+39）	479	—
投入资本——超出面值，普通股（2017年：836+9+9）	854	836
留存收益（2016年：2 449+400−1）	2 848	2 449
股东权益合计	$4 314	$3 405

注：这一情景在下一个概念回顾练习中继续。

股票回购

在前面的部分中，我们研究了股票发行的各种方式。在这一部分，我们将研究公司回购先前出售的股票。大多数大中型公司都会回购自己的股票。许多公司都制定了正式的股票回购计划，打算在若干年内回购股票。

决策者视角

当公司的管理层认为其股票的市场价格被低估时，公司可能会通过减少市场上的股票供给来支持价格。强生公司宣布计划回购高达 50 亿美元的已发行股票，引发了一股抢购股票风潮，导致股价上涨超过 3%。

在宣布将股票回购计划扩大至 900 亿美元时，苹果公司首席执行官蒂姆·库克（Tim Cook）表示，公司“认为其股价被低估了”。[①] 虽然很明显，一家公司可能试图通过以低价买入、高价卖出其股票的方式增加净资产，但这种投资并不被视为一种资产。同样，这种活动导致的净资产的增加和减少也不在公司利润表中报告利得和损失。相反，买卖其股票是公司与其所有者之间的交易，类似于注销股票，然后出售之前未发行的股票。你应该注意一家公司回购自己的股票和购买另一家公司的股票作为投资这两者之间的对比。

虽然回购股票不被认为是一项投资，但回购股票通常是对公司现金的明智使用。通过提高每股收益和支持股价，股东可以从中获益。在某种程度上，这种策略是有效的，股票回购可以被看作一种不支付股利的公司利润“分配”方式。任何股票价格上涨所带来的资本利得适用的税率都要比股利的所得税税率低。

也许大多数股票回购的主要动机是为了抵消股票奖励和股票期权报酬计划下发放给员工股票导致的股票数量增加。微软公司报告了其股票回购计划，旨在抵消股票期权和股票购买计划的影响，如示例 14-8 所示。

示例 14-8　股票回购计划披露——微软公司

附注 11：股东权益（节选）
董事会同意回购普通股项目，以降低股票期权和股票购买计划的稀释效应。

类似地，股票回购也可能是为了用于发放股票股利、实现合并或者应对恶意收购。[②]

最近的经济衰退打断了股票回购的正常模式。由于利润下降，现金短缺，公司大幅减少了股票回购。对于一些公司来说，这一决定是在削减股票回购或削减股利之间做出选择，而削减股利比削减回购计划更明显，也更不容易被接受。

无论股票回购的原因是什么，公司都可以选择以下两种方式对回购进行会计处理：

（1）回购的股票被正式注销；

（2）回购的股票作为库存股。

遗憾的是，这种选择不是由股票回购的性质决定的，而是由公司回购的动机决定的。

---

① Daisuke Wakabayashi, “Apple Boosts Buyback, Splits Stock to Reward Investors,” *Dow Jones Business Report*, www.nasdaq.com, April 23, 2014.

② 公司收购是指一个人或一组个人从现有股东手中收购一家公司的大部分已发行普通股。作为恶意收购对象的公司——违背公司意愿公开竞购公司股票的控制权——常常采取规避措施，包括回购股票。

正式注销股票或视为库存股

当一家公司注销自己的股票时，这些股票的地位与已批准但未发行的股票相同，就像从未发行过的股票一样。我们在本章前面的部分看到，当股票出售时，现金（通常情况下）和股东权益都增加了；公司规模随之扩大。相反，当支付现金**注销股票**（retire stock）时，其效果是减少现金和股东权益；公司的账面规模也会随之缩小。

出于传统和实际原因，公司通常会回购之前发行的股票，但并不正式注销它们。[①] 回购但未被注销的股票称为**库存股**（treasury stock）。因为回购的股票与之前从未发行的股票本质上是一样的，所以库存股既没有投票权也不会收到现金股利。正如示例 14－9 所示，当股票被回购成为库存股时，我们将借记股东权益的抵减账户——库存股，这将减少股东权益。当库存股又被重新出售时，做相反的分录，即贷记库存股。和面值和法定资本一样，大多数州的法律并不认可库存股的概念。[②] 实际上，一些公司根据公司法的规定，从其财务报表中删除了库存股。微软公司就直接将回购的股票注销而不是将其视为库存股。尽管如此，在很多公司的资产负债表上，仍然能看到库存股的信息。

注销股票的会计处理

当股票被正式注销时，我们应该将股票出售时增加的账户，即普通股（或优先股）和投入资本——超出面值，减少相应的金额。示例 14－9 描述了这一点。

示例 14－9　股票注销和库存股会计处理的比较——股票回购　　单位：百万美元

美国 Semiconductor 公司的资产负债表包括以下内容：

股东权益	
普通股，1 亿股，每股面值 1 美元	$100
投入资本——超出面值	900
投入资本——股票回购	2
留存收益	2 000

注销股票			库存股		
回购 100 万股普通股					
情形 1：每股回购价格 7 美元					
借：普通股（100 万股，每股面值 1 美元）	1		借：库存股（成本）	7	
投入资本——超出面值（每股 9 美元）	9		贷：现金		7
贷：投入资本——股票回购（差额）		3			
现金		7			
或者					

① 库存股的概念由来已久。新公司发现它们可以以不现实的低价格（等于面值）出售股票给公司创办人，然后创办人又将这些股票捐赠给公司。由于这些股票已经发行（尽管尚未流通在外），它们可以在不调整设定资本的情况下以实际市场价格出售。因为库存股已经发行，它们的购买和转售规则与未发行的股票不同。公司可以：

（1）在不考虑股东优先购买权的情况下发行股票。

（2）将股票作为股利分配给股东，即使留存收益没有余额。

② 《标准公司法》1980 年修订版取消了面值和法定资本的概念，之后又于 1984 年取消了库存股的概念。自那以后，大多数州的法律都遵循了这些规定。

情形 2：每股回购价格 13 美元				
借：普通股（100 万股，每股面值 1 美元）	1		借：库存股（成本）	13
投入资本——超出面值（每股 9 美元）	9		贷：现金	13
投入资本——股票回购	2*			
留存收益——差额	1			
贷：现金		13		

* 因为有 200 万美元的贷方余额。

Semiconductor 公司“投入资本——超出面值”的余额是 9 亿美元，普通股账户的余额是 1 亿美元。因此，发行在外的 1 亿股普通股最初以每股超过面值 9 美元的平均价格出售，即每股 10 美元。因此，当 100 万股股票被注销时（不管注销价格如何），Semiconductor 公司应该按照每股 1 美元减少普通股账户，每股 9 美元减少“投入资本——超出面值”账户。另一种理解的方式是，因为 1%的股份已经注销，两个股票账户（“普通股”和“投入资本——超出面值”）的余额都减少了 1%。

我们如何处理回购股票的现金支出与股票原本出售所得（“普通股”和“投入资本——超出面值”的借方金额）的差额，取决于现金支出的金额是少于初始发行价格（贷记差额）还是多于发行价格（借记差额）：

（1）如果产生的是贷记差额（如同示例 14－9 中的情形 1），我们贷记“投入资本——股票回购”。

（2）如果产生的是借记差额（如同示例 14－9 中的情形 2），我们借记“投入资本——股票回购”，但是只有在这个账户有借方余额时这样做。否则，我们借记留存收益。（如果减去的金额超出了原来的余额，就会产生一个负的余额。）

为什么在情形 1 中贷记“投入资本——股票回购”，在情形 2 中借记留存收益呢？这是因为公司在回购自身股票时，实际上是将公司资产分配给了股东。

在情形 1 中，对于回购的股票，公司最初出售这些股票获得了 1 000 万美元的投入资本，但是回购股票时，只有 700 万美元被分配给股东。因此，初始投资中的一部分（在这一情形中是 300 万美元）留在了公司，并记为“投入资本——股票回购”。

在情形 2 中，向股东支付的现金（1 300 万美元）要比初始出售股票获得的资金多。所支付的金额包括最初的 1 000 万美元的投资，以及先前回购交易创造的 200 万美元投入资本——合计 1 200 万美元。但是向股东返还了 1 300 万美元，将额外返还的 100 万美元视为股东投资获得的股利，因此减少了留存收益。①

补充思考

一些公司选择将回购股票的现金支付和这些股票的面值之间的差额全部借记留存收益，而不是按照规定的方式分配这一差额。塔吉特公司是采用这种方法的一个例子。尽管这种方法本身缺乏概念上的优点，但会计准则更新第 505-3030-8 号是这么规定的：“公司总是可以为实现某些目的而资本化或分配留存收益。”

① 在本章下一节，你将回忆起股利会减少留存收益。（你在基础会计课程中已经学过。）

库存股的会计处理

我们认为，购买库存股只是暂时减少股东权益，在重新出售库存股时，股东权益将会恢复。回购股票的成本“暂时”记入了库存股账户的借方（见示例 14－9）。这种情况下，这些股票被认为是已经发行但不在外流通。

对特定股东权益账户的影响推迟到股票再次发行时进行记录。同时，我们之前讨论过，这些股票是虚构的，它们既不是未发行的，也不是发行在外的股票。实际上，我们认为库存股的购买和随后的再次出售是一项“交易”。

补充思考

我们在本章所讨论的库存股的会计处理方法被称为“成本法”。另一种可以采用的方法是“面值法”。它本质上和正式注销股票的处理方式很相似，因此有时被称为“库存股会计处理的注销法”。实际上，如果把示例 14－9 和示例 14－11 的会计分录中的普通股替换为库存股，我们使用的就是面值法。因为这种方法实务中很少出现，所以我们在本章中不做深入的讨论。

对资产负债表的影响

正式注销股票将普通股账户和“投入资本——超出面值”两个账户恢复到这部分股票没有发行时的状态。我们上面讨论过，出售和随后回购所导致的资产净增长反映在“投入资本——股票回购”中。另一方面，出售和随后回购所导致的资产净减少反映为留存收益的减少。

相比之下，当股票回购被视为库存股时，库存股的成本只是简单地报告为股东权益的减少。示例 14－10 中比较了两种报告方法，它是以示例 14－9 中的情形 2 作为例子。注意，不管采用何种会计处理方法，股东权益是相同的。

示例 14－10　在资产负债表中报告股票回购　单位：百万美元

	注销股票	库存股
股东权益		
投入资本：		
普通股，1亿股，每股面值1美元	$99	$100
投入资本——超出面值	891	900
投入资本——股票回购		2
留存收益	1 999	2 000
减：库存股，100万股（成本）		(13)
股东权益合计	$2 989	$2 989

股票再次出售

在股票正式注销之后，任何股票出售都是出售新的、未发行的股票，并进行相应的会计处理，见示例 14－11 的左边一列。

示例 14－11 股票注销和库存股会计处理的比较——股票再次出售

美国 Semiconductor 公司出售 100 万股之前以每股 13 美元回购的股票（示例 14－9 中的情形 2）。

注销股票			库存股		
出售 100 万股					
情形 A：以每股 14 美元出售					
借：现金	14		借：现金	14	
贷：普通股（面值）		1	贷：库存股（成本）		13
投入资本——超出面值		13	投入资本——股票回购		1
或者					
情形 B：以每股 10 美元出售					
借：现金	10		借：现金	10	
贷：普通股（面值）		1	留存收益（达到平衡）	1	
投入资本——超出面值		9	投入资本——股票回购	2*	
			贷：库存股（成本）		13

* 因为有 200 万美元的贷方余额。

从库存股的回购到库存股再次销售视为一项交易完结。购买的库存股再以更高的价格出售（示例 14－9 中的情形 2 和示例 14－11 中的情形 1）使现金和股东权益都增加 100 万美元。购买的库存股再以低于成本的价格出售（示例 14－9 中的情形 1 和示例 14－11 中的情形 2）使现金和股东权益都减少 300 万美元。

值得注意的是，留存收益可能会在库存股的交易过程中被记入借方，而不是贷方。还要注意，涉及库存股的交易对利润表没有影响。这与前面讨论的理由一样，一家公司购买和出售自己的股票是公司与其所有者之间的交易，而不是收入确认过程的一部分。

补充思考

以不同成本购买库存股。请注意，库存股账户总是贷记再次发行股票的成本（在示例 14－11 中是 1 300 万美元）。当股票重新发行时，如果手中的库存股是按照不同价格回购的，所出售股票的成本必须使用成本流转假设来确定，如先进先出法、后进后出法或者加权平均法。这与存货以不同成本取得时确定商品销售成本的情况类似。

概念回顾练习

库存股

情景：National Foods 公司 2017 年 12 月 31 日资产负债表的股东权益部分包含以下账户：

股东权益	单位：百万美元
投入资本：	
优先股，1 100 万股，每股面值 1 美元	$11
普通股，1.22 亿股，每股面值 1 美元	122
投入资本——超出面值，优先股	479
投入资本——超出面值，普通股	854
留存收益	2 848
股东权益合计	$4 314

要求：

1. National Foods 公司 2018 年回购普通股，随后以两笔交易将其出售。请为 2018 年购买和再次出售编制会计分录，假设这些股票（a）被注销以及（b）被视为库存股。

a. National Foods 公司以每股 10 美元回购 600 万股。

b. National Foods 公司以每股 12 美元出售 200 万股。

c. National Foods 公司以每股 7 美元出售 200 万股。

2. 请为 National Foods 公司编制 2018 年 12 月 31 日资产负债表的股东权益部分，假设这些股票（a）被注销以及（b）被视为库存股。2018 年的净利润是 4 亿美元，优先股股东获得 100 万美元的现金股利。

解答：

1. National Foods 公司 2018 年回购普通股，随后以两笔交易将其出售。请为 2018 年购买和再次出售编制会计分录，假设这些股票（a）被注销以及（b）被视为库存股。

a. National Foods 公司以每股 10 美元回购 600 万股（单位：百万美元）：

注销股票			库存股		
借：普通股（600 万股×1）	6		借：库存股（600 万股×10）	60	
投入资本——超出面值（600 万股×7*）	42		贷：现金		60
留存收益（达到平衡）	12				
贷：现金		60			

*8.54 亿美元÷1.22 亿股。

b. National Foods 公司以每股 12 美元出售 200 万股（单位：百万美元）：

借：现金	24		借：现金	24	
贷：普通股（200 万股×1）		2	贷：库存股（200 万股×10）		20
投入资本——超出面值		22	投入资本——股票回购		4

c. National Foods 公司以每股 7 美元出售 200 万股（单位：百万美元）：

借：现金	14		借：现金	14	
贷：普通股（200 万股×1）		2	投入资本——股票回购	4	
投入资本——超出面值		12	留存收益（达到平衡）	2	
			贷：库存股（200 万股×10）		20

2. 请为 National Foods 公司编制 2018 年 12 月 31 日资产负债表的股东权益部分，假设这些股票（a）被注销以及（b）被视为库存股。2018 年的净利润是 4 亿美元，优先股股东获得 100 万美元的现金股利。

National Foods 公司
资产负债表
（股东权益部分）
2018 年 12 月 31 日
单位：百万美元

	注销股票	库存股
股东权益		
优先股，1 100 万股，每股面值 1 美元	$11	$11

普通股，1.22亿股，每股面值1美元	120	122
投入资本——超出面值，优先股	479	479
投入资本——超出面值，普通股	846*	845
留存收益	3 235†	3 245‡
库存股，按照成本；200万股普通股	—	(20)
股东权益合计	$4 691	$4 691

注：这一情景在下一个概念回顾练习中继续。
* 854－42＋22＋12。
† 2 848－12＋400－1。
‡ 2 848－2＋400－1。

第3节 留存收益

一、留存收益的特征

在前一节中，我们研究了投入的资本。现在我们考虑赚得的资本，也就是留存收益。一般来说，留存收益代表公司累积的、未分配的净利润（或净亏损）。一些公司称之为再投资盈余。这个账户的贷方余额表示公司之前赚取的但没有作为股利分配给股东的资产。这个账户的借方余额则代表**亏损**（deficit）。微软公司过去几年的财务报告均显示亏损，直到2013年留存收益才有正的余额。

你在上一节看到股票回购（以及在某些情况下再出售库存股）可以减少留存收益。我们将在这一节中考察股利和股票分割对留存收益的影响。①

二、股利

股东对公司的初始投资报告为投入资本。公司向股东提供投资回报的一种方式是向他们支付**股利**（dividend），通常是现金。②

公司为股东赚取资产，将其分配给股东的部分就是股利。如果支付的股利超过了公司赚取的资产金额，那么实际上是管理层将股东的部分投资返还给了股东，而不是向他们支付投资回报。所以，大部分公司将留存收益视为可供分配的股利金额。③

---

① 一些会计政策变更和会计差错更正也会影响留存收益（见第16章）。本章第1节讨论的股票回购也会影响留存收益。

② 股利并不是股东获得的唯一回报；当股票的市场价格上涨时，股东也会受益。事实上，许多公司都采取了从不支付股利，而是将其赚取的所有资产再投资的政策。其动机是适应快速扩张，因此可以推测，股票的市场价格上涨。

③ 通常，这不是法律限制。大多数国家允许公司支付股利，只要在支付股利之后，其资产不少于“负债加上公司在分配股利时如果解散所需金额的总和，以满足优先股股东在公司解散时的优先权”。（*Revised Model Business Corporation Act*，American Bar Association，2011）。因此，在法律上，一家公司可以分配等于股东权益总额减去优先股在公司解散时优先权的金额（通常是优先股股利）。

清算性股利

在某些不常见的情况下，股利超过留存收益的余额，超额部分被称为**清算性股利**（liquidating dividend），因为有一部分投入资本正在被清算。当一个公司被解散，资产（不包括债权人优先求偿权）分配给股东时，就可能发生这种情况。不属于公司盈利分配的股利都应该借记资本溢价，而不是留存收益。

留存收益的限制

有时，管理层会故意减少可分配股利的金额。留存收益的限制是在留存收益中指定了一部分余额不能作为股利分配。一家公司可能会限制留存收益，以表明管理层有意保留某些留存收益所代表的具有特定目的的资产。例如，管理层可能预期在未来几年内需要特定金额的资产来偿还到期的债务，或支付或有损失，或为增加设备提供资金。请务必明白，该限制本身并没有为预期事件单独预留现金，只是传递了管理层的意图，即不打算分配这笔金额作为股利的意图。

留存收益的限制通常通过财务报表附注来说明。尽管这种情况很少见，但是我们可以借助一笔正式的日记账分录将留存收益的一部分重新划分到“拨定”留存收益账户。

现金股利

你在第12章了解到，向债权人支付利息是一种合同义务。但是，不存在向股东支付股利的法律义务。在公司董事会投票宣布发放股利后，才记录负债。不过，在实务中，公司通常会维持一种稳定的股利发放模式。

当董事会宣告发放现金股利时，会减少留存收益，并记录一项负债。在实际支付之前，必须先整理一份有权获得股利的股东名单。公司会设定一个特定的日期来确定有权领取股利的股东。这一天称为**登记日**（date of record）。在这一天登记在册的股东将有权领取股利——即使在现金股利支付前他们已经将股票售出。要成为登记日当天在册的股东，投资者必须在**除权日**（ex-dividend date）之前购买股票。除权日通常是登记日的两个营业日之前。在除权日或者除权日之后购买股票的股东，都没有领取股利的权利。结果是，在条件相同的情况下，股票的市场价格通常会在除权日当天下降约发放股利的金额，见示例14-12。

示例14-12　现金股利

6月1日，Craft Industries公司董事会宣布其1亿股股票的现金股利为每股2美元，将支付给6月15日登记在册的股东，并于7月1日支付。

		单位：百万美元
6月1日——宣告日		
借：留存收益	200	
贷：应付现金股利（1亿股，每股2美元）		200
6月13日——除权日		
无分录		
6月15日——登记日		
无分录		
7月1日——支付日		
借：应付现金股利（1亿股，每股2美元）	200	
贷：现金		200

当留存收益的余额充足时，公司可以宣告发放股利。不过请记住，留存收益是一个股东权益账户，它代表对资产的总体求偿权，而不是针对某项具体资产的求偿权。足够的留存收益并不保证有充足的现金进行支付。这两个账户并没有必然的联系。当用留存收益支付股利时，只是意味着公司有足够的资产支付股利，而不是将股东之前的投资返还。

优先股的股利

正如第 1 节所提到的，优先股可以是累积的或非累积的。累积的意思是，如果指定的股利没有在某一年支付，那么未支付的股利（称为拖欠的股利）就会累积，并且必须在以后发放股利的年度补上，然后才能支付普通股的股利。示例 14－13 描述了这种情况。

示例 14－13　向优先股股东分配股利

Corbin 公司的股东权益部分包括如下所示的项目。董事会在 2017 年、2018 年和 2019 年（公司经营的头三年）分别宣告了 360 000 美元、500 000 美元和 700 000 美元的现金股利。

普通股	3 000 000
投入资本——超出面值，普通股	9 800 000
优先股，8%	6 000 000
投入资本——超出面值，优先股	780 000

假定优先股是累积但非参与的，那么在这三年中的每一年，确定支付给优先股股东和普通股股东的股利金额。

	优先股	普通股
2017 年	\$360 000*	\$0
2018 年	500 000**	0
2019 年	580 000†	120 000（剩余）

* 优先股股东有权获得 480 000 美元（8%×6 000 000）股利，但 2017 年只宣告了 360 000 美元股利，所以拖欠了 120 000 美元股利。

** 拖欠的 120 000 美元股利加上当期优先获得的 380 000 美元股利。

† 拖欠的 100 000 美元（480 000－380 000）股利加上当期优先获得的 480 000 美元股利。

财产股利

因为现金是最容易分割和分配给股东的资产，大多数公司的股利都是现金股利。不过，在概念上，任何资产都可以作为股利分配给股东。当非现金资产被分配时，它被称为**财产股利**（property dividend）（经常被称为实物股利或对所有者的不可逆转让）。Gold Resource 公司，一家科罗拉多州的金矿公司，2014 年宣布用黄金代替现金支付股利。

RFM 公司最近宣布将它持有的菲律宾小镇公司的股票作为财产股利分配给股东。公司持有作为投资的证券经常作为财产股利进行分配，这是因为证券相对容易分割，并且容易判断其公允价值。

财产股利应当按照宣告日所分配资产的公允价值进行记录。在记录股利之前，可能需要将资产调整为公允价值。如果是这样，账面价值与公允价值之间的差额应确认为利得或者损失。示例 14－14 描述了这种情况。

示例 14 - 14　财产股利

10 月 1 日，Craft 公司董事会宣布将 3 月购买作为投资的 Beaman 公司 200 万股优先股（账面价值为 900 万美元）作为财产股利进行分配。该投资股票的公允价值为每股 5 美元，合计 1 000 万美元。股利将支付给 10 月 15 日登记在册的股东，11 月 1 日进行分配。

10 月 1 日——宣布日	单位：百万美元
借：Beaman 公司优先股投资	1
贷：投资增值利得（10－9）	1
借：留存收益（200 万股，每股 5 美元）	10
贷：应付财产股利	10
10 月 15 日——登记日	
无分录	
7 月 1 日——支付日	
借：应付财产股利	10
贷：Beaman 公司优先股投资	10

三、股票股利和股票分割

股票股利

股票股利（stock dividend）是将额外的股票分配给公司现有股东。要注意股票股利与现金或财产股利的区别。股票股利既不影响公司的资产，也不影响公司的负债。另外，因为每个股东都得到相同的份额增长，股东在公司利益的比例（所有权比例）也保持不变。例如，如果宣告 5%的股票股利，那么每个股东将获得的额外股票份额相当于他们目前持有股份的 5%。

股票股利的会计处理方法要求对股东权益项目进行重分类，减少一个或者多个股东权益账户，同时增加一个或多个投入资本账户。重分类的金额取决于股票股利的规模。对于小额股票股利而言，通常小于 25%，分配的额外股票的公允价值将从留存收益账户转到投入资本账户，就像示例 14 - 15 描述的那样。①

示例 14 - 15　股票股利

Craft 公司宣告并发放了 10%的普通股股利（1 000 万股），此时每股面值为 1 美元的普通股市场价值为每股 12 美元。

	单位：百万美元
借：留存收益（1 000 万股，每股 12 美元）	120
贷：普通股（1 000 万股，每股面值 1 美元）	10
投入资本——超出面值（剩余部分）	110

① FASB ASC 505-20：Equity-Stock Dividends and Stock Splits（previously “Restatement and Revision of Accounting Research Bulletins，” *Accounting Research Bulletin No. 43*（New York：AICPA，1961），Chap. 7，sec. B，pars. 10-14）. 在这份公告中，小额股票股利被定义为 20%～25%或者更少比例的股票股利。为了方便向其备案，美国证券交易委员会对股票分配的定义进行了完善，将其定义为股票分配比例低于 25%。

补充思考

以上分录是在宣告日记录的。因为额外股票尚未发行，一些会计人员更喜欢贷记可发行普通股股利而不是普通股。在这种情况下，当股票发行时，再借记可发行普通股股利，贷记普通股。选择哪种做法无关紧要，因为无论怎么做，这 1 000 万美元都将作为投入资本的一部分，体现在宣告日和分配日之间编制的资产负债表上。

股票市场对股票分配的反应

作为一个持有 10 股股票的 Craft 公司股东，在董事会宣布发放 10%的股票股利时，你将获得第 11 股。既然每股都值 12 美元，那么当你从 Craft 公司中获得额外的股票时，你会得到 12 美元的收益吗？当然不是。如果在 1 000 万股新股发行时，每股的价值保持在 12 美元，那么该公司的总市值将增长 1.2 亿美元（1 000 万股×每股 12 美元）。

一个公司不能指望通过发行额外的股票凭证来增加它的市场价值。因为所有股东各自所持股份都增长了一个相同的百分比，你和其他所有股东仍然拥有和发行前相同的股票份额。因此，你持有的股票的每股价值应该从 12 美元下降到 10.91 美元，这样你所持有的 11 股股票就还是价值 120 美元——与发放股票股利之前你所持有的 10 股股票的价值相等。你可以将 Craft 公司比作一块比萨。把比萨切成 16 块还是 12 块，并不会使比萨增加；你仍然拥有同样的比萨，只是每块更小，块数更多。如果股票价格没有按照额外发行股票的比例进行调整，那么可能是由于除了股利分配之外的其他信息同时传递给了股东。

那么，用市场价值记录额外发行的股票有什么正当理由吗？在 1941 年（并于 1953 年重申），会计规则制定者认为，许多股东被小额股票股利欺骗，因为他们相信自己额外获得的股票的市场价值会使他们受益。与此同时，会计规则制定者错误地认为，股票价格在发行股票股利时保持不变，从而这些个人投资者的想法被正确地反映在股票市场当中。因此，他们所规定的会计处理方法是将留存收益减少与所发行股票公允价值相同的金额，就好像支付了这一金额的现金股利一样。[①]

这种过时的理解与我们之前的结论不一致，之前的结论是每股的市场价格将会随着所分配股票数量的增加而下降近似的比例。我们的直观结论也得到了正式研究的支持。[②]

除了基于错误的理解之外，股票股利的会计处理人为地将“赚得”资本重新划分为“投入”资本，这与根据来源报告股东权益的目标相冲突。尽管存在这些局限，这项过时的会计准则仍然在使用。

股票股利的原因

既然公司和股东都不能从股票股利中获益，公司为什么还要发放股票股利呢？[③]有时，公司试图给股东一种错觉，让他们认为自己获得了真正的股利。

另一个原因仅仅是为了使公司能够利用将留存收益转入资本的会计实务。具体来说，公

① FASB ASC 505-20-30-3：Equity-Stock Dividends and Stock Splits-Initial Measurement（previously “Restatement and Revision of Accounting Research Bulletins,” *Accounting Research Bulletin No. 43*（New York：AICPA，1961），chap. 7）.

② Foster and Vickrey，“The Information Content of Stock Dividend Announcements,” *Accounting Review*（April 1978）；and Spiceland and Winters，“The Market Reaction to Stock Distributions：The Effect of Market Anticipation and Cash Returns,” *Accounting and Business Research*（Summer 1986）.

③ 在 20 世纪 40 年代达到高峰之后，股票股利的数量大幅下降。当前，每年大约有 3%的公司宣告发放股票股利。

司可能希望减少留存收益的现有余额——否则这部分就要作为现金股利——这样，它就可以用这一余额所代表的已赚得资产进行再投资。

股票分割

发行股票股利的一个常见理由是促使股票市场价格下跌。例如，如果一家公司有1亿股普通股，每股市场价格12美元，当公司宣布发放100%的股票股利时，它就有2亿股股票，每股的市场价值大约为6美元。降低每股股票市场价格的动机是吸引更多的潜在投资者，从而提高股票的流通性。

股票股利达到25%或者更高，可以用以下两种方式来处理：（1）作为“大额”股票股利；（2）作为**股票分割**（stock split）。[①] 因此，100%的股票股利可以被认为是1股拆2股的股票分割。从概念上说，股票股利的正确会计处理方法是不做任何会计分录。实际上，这也是股票分割的会计处理方法。

补充思考

库存股不发放现金股利，通常也不发放股票股利。库存股和从未发行的股票本质上是一样的。然而，在一些情况下，回购股票的目的就是让库存股获得股票股利。例如，如果库存股被指定为股票期权计划或者股票奖励计划发给管理人员，那么此时通过公平分配来调整股票数量就是合适的。

由于相同的普通股账户余额（总面值）代表1股拆2股之后两倍数量的股票面值，所以每股股票面值将减少一半。在之前的例子中，如果股票分配前每股股票的面值是1美元，那么在1股拆2股的股票分割之后，每股面值为0.50美元。

正如你所想的那样，以这种方式改变每股股票的面值非常麻烦和昂贵。不管是打印还是电子的记录，所有之前记录的金额都需要改为调整后的金额。实务中的解决方法是将大额股票分配作为股票股利而不是股票分割进行处理。

以股票股利形式实现股票分割（大额股票股利）

为了避免改变股票的每股面值，股票分配被视为以股票股利形式实现股票分割，或者简称为股票股利。在这种情况下，需要编制日记账分录按额外股票的面值增加普通股账户。为了避免在这种情况下减少留存收益，大多数公司会减少（借记）“投入资本——超出面值”，贷记普通股，如示例14-16所示。

示例14-16　以股票股利形式实现股票分割

Craft公司宣布以100%股票股利（1亿股）的形式实现1股拆2股的股票分割。此时普通股面值为每股1美元，市场价值为每股12美元。

单位：百万美元

借：投入资本——超出面值	100	
贷：普通股（1亿股，每股面值1美元）		100

---

① FASB ASC 505-20-25-2：Equity-Stock Dividends and Stock Splits-Recognition（previously “Restatement and Revision of Accounting Research Bulletins,” *Accounting Research Bulletin No. 43*（New York：AICPA，1961），Chap. 7，sec. B，par. 11）.

注意，这笔分录没有将赚得资本重新划分为投入资本。尽管如此，仍有一些公司选择借记留存收益。

		单位：百万美元
借：留存收益	100	
贷：普通股（1 亿股，每股面值 1 美元）		100

Netflix 公司在披露附注中描述了股票分割，如示例 14－17 所示。

示例 14－17 股票分割披露——Netflix 公司

附注 8：股票分割
2015 年 6 月 23 日，公司董事会宣布以股票股利的形式进行 1 股拆 7 股的股票分割。股票股利在 2015 年 7 月 14 日支付给 2015 年 7 月 2 日登记在册的股东。所有期间披露的在外发行股票和每股金额都进行了追溯调整，以反映股票分割的影响。

2015 年，Netflix 实施 1 股拆 7 股的股票分割计划，Netflix 的股价从大约每股 700 美元一路跌至约每股 100 美元。

补充思考

公司在记录以股票股利形式进行的股票分割时，如果选择将留存收益转入资本，那么可以用不是面值的金额进行记录。在这方面，会计准则是含糊不清的，只说明法定金额是最低要求，并且没有禁止使用更大的每股金额。

资料来源：FASB ASC 505－20－30－4：Equity-Stock Dividends and Stock Splits-Initial Measurement (previously "Restatement and Revision of Accounting Research Bulletins," *Accounting Research Bulletin No. 43* (New York：AICPA，1961)，Chap. 7，sec. B，par. 14).

反向股票分割

当公司减少而不是增加其发行在外的股票时，就会出现**反向股票分割**（reverse stock split）。例如，在 4 股换 1 股的反向股票分割之后，1 亿股每股面值 1 美元的股票将变成 2 500 万股每股面值 4 美元的股票。无须记录日记账分录。当然，理论上，每股的市场价格将会是原来的 4 倍，这往往是宣布反向股票分割的动机。通常情况下，反向股票分割的公司往往是处境艰难的公司，它们试图通过反向股票分割来做市场不会做的事——提高股票价格。这通常是为了防止股票价格过低以至于被摘牌。反向股票分割也比较常见，尤其是在股市低迷的时期。2014 年，大美集团宣布了一项 20 股换 1 股的反向分割计划。

零星股票

一般情况下，股票股利或股票分割会导致一些股东获得完整股票的一部分。举例来说，如果一家公司宣布发放 25%的股票股利，或者 4 股拆 5 股的股票分割，那么持有 10 股股票的股东将有权获得 2.5 股，另一位持有 15 股股票的股东将有权获得 3.75 股股票。

零星股票一般用现金支付给股东，并被称为“现金替代支付”。例如，在上述情况下，如果宣告时每股股票的市场价格是 12 美元，持有 15 股的股东将获得 3 股额外股票和 9 美元（12×3/4）现金。

决策者视角

盈利能力是公司长期生存的关键。投资者和潜在投资者——尤其是普通股股东——经常使用股东权益回报率这个衡量盈利能力的指标。这一比率衡量的是公司管理层利用所有者提供的资源产生净利润的能力。这一比率用净利润除以平均股东权益来计算。当一个公司同时拥有优先股和普通股时，我们常用这个比率的变形，即普通股股东权益回报率来衡量。用净利润减去优先股股利作为分子，用平均普通股股东权益作为分母，即可计算出该比率。这个修正后的比率衡量普通股股东提供的资产创造利润的能力。

尽管在评估管理层使用公司所有者所提供资产的效率时该比率是有用的，但分析师必须小心，不要孤立地看待这个指标，或者忽视它是如何计算得出的。请记住，股东权益是权益账面价值的度量，是净资产的账面价值。账面价值度量很快就与市场价值不一致了。资产的账面价值通常等于购买时的市场价值；在此之后这两者并不一定是相同的。同样，股票（或总股东权益）的市场价值通常与账面价值不同。因此，作为股本回报率的补充，分析师经常将利润与股票的市场价值联系起来，计算利润-价格比率。这一比率等于每股收益除以每股市场价格。

为了更好地理解账面价值比率和市场价值比率之间的差异，我们来考虑 Sharp-Novell 公司 2018 年和 2017 年报告的以下信息：

（除每股金额外，单位为千美元）	2018 年	2017 年
收入	$3 500	$3 100
净利润	125	114
流动资产	$750	$720
财产、厂房和设备（净值）	900	850
资产总计	$1 650	$1 570
流动负债	$550	$530
长期负债	540	520
投入资本	210	210
留存收益	350	310
负债及股东权益总计	$1 650	$1 570
发行在外股票	50 000	50 000
股票价格（平均）	$42.50	$42.50

2018 年股东权益回报率用净利润除以平均股东权益计算：

125÷[(560+520)/2]=23.1%

利润-价格比率用每股收益除以每股市场价格计算：

每股收益(2018 年)=125÷50=2.50(美元)

利润-价格比率=2.5÷42.5=5.9%

很明显，权益市场价值的回报率比股票账面价值的回报率低得多。这就说明在做决策时，多看几个指标是很重要的。23.1%看起来是一个令人满意的回报，相比之下 5.9%的回报却没有那么大吸引力。公司在年度报告中常常强调股东权益回报率。警觉的投资者不应该接受用账面价值计算出的业绩度量指标。对于一些公司而言，这种指标有意义，但是对于另一些公司而言，基于市场价值的比率更有意义，尤其是对于账面面值和市场价值差异较大的成熟公司而言。

管理者做出的关于股东权益的交易可能会对股东回报产生重大影响。例如，当一家公司回购自己的股票时，股东权益回报率就会上升。这是因为净利润除以一个更小的股东权益金额。另一方面，股票回购使用资产，减少了可以在未来产生净利润的资产。因此，管理者和外部分析师必须结合当前的经济环境、公司的投资机会和资本成本来仔细考虑回购股票的决策。在低迷期投资者应该警惕股票回购，因为股票数量的减少和每股收益的增加可以用来掩盖利润增长的放缓。

支付股利的决策也需要类似的考虑。当利润高的时候，股东是更希望获得可观的现金股利，还是更希望管理层用这些资金进行投资以实现未来的增长（以及未来的股利）？当然，答案取决于其所面临的具体情况。股利决策应该反映公司对内外部融资、投资机会和行业状况的管理战略。在成熟的行业中高股利比较常见，而在增长型行业中低股利比较常见。

道德困境

自 1985 年以来，Interworld 公司支付季度现金股利。股利从每股 0.25 美元开始稳步增加，到现在已经增加到每股 2 美元。尽管由于经济环境恶化和竞争加剧，最近几个月收入大幅下降，但董事会仍渴望维持目前的股利发放趋势。公司的创始人兼董事会成员提出了一个解决方案。他建议以 5%的股票股利代替现金股利，并发表了以下新闻公告：

> **为了代替常规的每股 2 美元的现金股利，Interworld 公司将对普通股派发 5%的股票股利，目前普通股的市场价格为每股 40 美元。改变股利形式使得公司可以将现有现金用于设备更新，从而为 21 世纪的竞争做好准备。**

你如何看待 Interworld 公司的做法？

概念回顾练习

留存收益的变动

情景：National Foods 公司 2018 年 12 月 31 日资产负债表中的股东权益部分包含以下账户：

股东权益	单位：百万美元
投入资本	
优先股，9.09%，1 100 万股，每股面值 1 美元	$ 11
普通股，1.22 亿股，每股面值 1 美元	122
投入资本——超出面值，优先股	479
投入资本——超出面值，普通股	854
留存收益	3 245
库存股，成本，200 万股普通股	(20)
股东权益合计	$ 4 691

要求：

1. 2019 年发生了一些影响 National Foods 公司留存收益的事项和交易。为这些事项和交易编制会计分录。

a. 3 月 1 日，董事会宣布对 1.2 亿股（1.22 亿股—200 万股库存股）发行在外的股票每股发放现金股利 1 美元，于 4 月 3 日支付给 3 月 11 日登记在册的股东。

b. 3 月 5 日，董事会宣布将 National Foods 公司 2 月购买的 1.2 亿股克罗格公司普通股作为财产股利（账面价值 9 亿美元）。该项投资的公允价值是每股 8 美元，财产股利在 3 月 30 日支付给 3 月 15 日登记在册的股东。

c. 4 月 13 日，公司宣布 2 股拆 3 股的股票分割计划并进行了分配。该股票分割以发放 50%股票股利的形式实现。每股面值为 1 美元的普通股市场价值为 20 美元。

d. 10 月 13 日，公司宣布发放 10%的股票股利并进行了分配，此时每股面值为 1 美元的普通股市场价值为 12 美元。用现金支付了 100 万股的零星股票。

e. 12 月 1 日，董事会宣布向 1 100 万股优先股发放 9.09%的现金股利，发放对象为 12 月 11 日登记在册的股东，发放时间为 12 月 23 日。

2. 为 National Foods 公司编制股东权益表，以反映 2017 年、2018 年和 2019 年股东权益的变化。2017 年和 2018 年的变化参照本章前面两个概念回顾练习。假设 2018 年回购的股票作为库存股。同时回顾示例 14-4 中的股东权益表，按照该表的形式编制。假定 2019 年的净利润是 2.25 亿美元。

解答：

1. 2019 年发生了一些影响 National Foods 公司留存收益的事项和交易。为这些事项和交易编制会计分录。

a. 对 1.2 亿股（1.22 亿股—200 万股库存股）发行在外的普通股每股发放现金股利 1 美元，于 4 月 3 日支付给 3 月 11 日登记在册的股东。（注意：库存股不发放股利。）

3 月 1 日——宣告日		单位：百万美元
借：留存收益	120	
贷：应付现金股利（1.2 亿股，每股 1 美元）		120
3 月 11 日——登记日		
无分录		
4 月 3 日——支付日		
借：应付现金股利	120	
贷：现金		120

b. 将 1.2 亿股克罗格公司普通股作为财产股利：

3 月 5 日——宣告日		单位：百万美元
借：克罗格公司普通股投资	60	
贷：投资增值利得（960—900）		60
借：留存收益（分配资产的公允价值）	960	
贷：应付财产股利		960
3 月 11 日——登记日		
无分录		

4 月 3 日——支付日

借：应付财产股利 960

贷：克罗格公司普通股投资 960

c. 以 50%股票股利的形式实现 2 股拆 3 股的股票分割。

4 月 13 日 单位：百万美元

借：投入资本——超出面值* 60

贷：普通股（6 000 万股，每股面值 1 美元） 60

*或者借记留存收益。

d. 10%的股票股利——用现金支付了 100 万股的零星股票。

10 月 13 日 单位：百万美元

借：留存收益（1 800 万股*，每股面值 12 美元） 216

贷：普通股（1 700 万股，每股面值 1 美元） 17

投入资本——超出面值（1 700 万股，每股溢价 11 美元） 187

现金（100 万股，每股市场价格 12 美元） 12

*（12 000+6 000）×10%=1 800（万股）

e. 对 1 100 万股优先股发放 9.09%的现金股利，发放对象为 12 月 11 日登记在册的股东，发放时间为 12 月 23 日。

12 月 1 日——宣告日 单位：百万美元

借：留存收益 1

贷：应付现金股利（面值 1 100 万美元×9.09%） 1

12 月 11 日——登记日

无分录

12 月 23 日——支付日

借：应付现金股利 1

贷：现金 1

2. 为 National Foods 公司编制股东权益表以反映 2017 年、2018 年和 2019 年股东权益的变化。

National Foods 公司
股东权益表
会计年度结束于 12 月 31 日
单位：百万美元

	普通股	优先股	资本溢价	留存收益	库存股（成本）	股东权益合计
2017 年 1 月 1 日余额		120	836	2 449		3 405
出售优先股	10		430			440
发行普通股		1	9			10
发行普通股和优先股	1	1	58			60
净利润				400		400
现金股利，优先股				(1)		(1)

2017年12月31日余额	11	122	1 333	2 848		4 314
购买库存股					(60)	(60)
出售库存股			4		20	24
出售库存股			(4)	(2)	20	14
净利润				400		400
现金股利，优先股				(1)		(1)
2018年12月31日余额	11	122	1 333	3 245	(20)	4 691
现金股利，普通股				(120)		(120)
财产股利，普通股				(960)		(960)
以股票股利形式实现2股拆3股的股票分割		60	(60)			
10%股票股利		17	187	(216)		(12)
现金股利，优先股				(1)		(1)
净利润				225		225
2019年12月31日余额	11	199	1 460	2 173	(20)	3 823

财务报告案例问题参考答案

1. 你认为耐克公司股价上涨与其股票回购计划是否相关?

股价上涨可能与耐克公司的回购计划有关。市场认识到，减少股票供应对剩余股份的价格起到支持作用。然而，回购股票并不一定是公司现金的最佳用途。它是否符合股东的最佳利益，取决于该公司是否有其他投资机会使用该笔现金。

2. 耐克公司应该如何对股票回购进行会计处理?

当一家公司回购自己的股票时，这些股票的地位与已批准但尚未发行的股票相同，就好像它们从未被发行过一样。然而，对于完全一样的交易，公司可以选择以下两种会计处理方法之一：(a) 正式注销；(b) 将这些回购的股票作为库存股。实际上，耐克选择了前一种。

3. 32美分的季度现金股利会对耐克公司的资产造成什么影响? 对负债呢? 对股东权益呢?

每个季度，当董事宣告现金股利时，公司留存收益减少，并记录一项负债。该负债在付款日以现金支付。因此，对耐克公司的影响是资产和股东权益减少，对负债的影响是暂时的。

4. 股票分割对耐克公司的资产有何影响? 对负债呢? 对股东权益呢?

从概念上讲，股票分割的正确处理方法是不做分录。然而，由于耐克以100%股利形式实现股票分割，因此公司应该做一笔分录，将普通股账户增加所分配股票面值的金额，相应减少“投入资本——超出面值”。这样的处理是将这部分金额从股东权益的一部分转移到另一部分。不管采用何种会计处理方法，对耐克公司的资产、负债和股东权益都不会造成任何影响。

本章学习目标概要

学习目标 14-1

股东权益是所有者对公司资产的剩余权益。它主要是由（1）股东投资的金额和（2）公司代表股东所赚得的金额组成。上述两项在资产负债表中报告为（1）投入资本和（2）留存收益。股东权益表报告了股东权益下各个账户的变化来源。

学习目标 14-2

综合收益包含除了与所有者发生交易（比如股利和出售或回购股票）之外所有的所有者权益变化。它包括传统的净利润和其他综合收益。

学习目标 14-3

公司是独立的法律主体——独立并与所有者相分离。公司适合融资且只承担有限责任。然而，缺点是将被重复征税。普通股股东通常有投票权，优先股股东通常享有收到特定金额股利的优先权和在公司清算时分配资产的优先权。

学习目标 14-4

公司以非现金对价（可能是服务或者非现金资产）出售股票时，应该以股票或非现金对价的公允价值（以哪一个是更清晰的证据为准）记录。

学习目标 14-5

当公司注销之前发行的股票时，这些股票与已批准但尚未发行的股票一样，就像它们之前从未发行。用于注销股票而支付的款项是公司向股东分配公司资产。当回购的股票视为库存股时，按购买股票的成本暂时借记库存股账户。直到股票重新发行时，才记录对具体股东权益账户的影响。

学习目标 14-6

一般而言，留存收益代表一个公司累积的、未发放或者可进行再投资的净利润（或者净亏损）。资产的分配就是股利。

学习目标 14-7

大部分公司都使用现金分配股利。当公司分配非现金资产时，我们称之为财产股利。这些被分配的资产的公允价值就是需要记录的财产股利的金额。

学习目标 14-8

股票股利就是将额外的股票分配给现有股东。对于小额股票股利（25%或者更低），是将分配的额外股票的公允价值从留存收益账户转移到投入资本账户。对于 25%或以上的股票分配来说，如果是以股票股利的形式实现股票分割，那么额外股票的面值应在股东权益中重新分类，但是如果只是单纯的股票分割，则不做会计分录。

学习目标 14-9

在股东权益的会计处理方面，美国公认会计原则与国际财务报告准则十分相似，只是在列报格式和术语方面存在不同。

本章重点问题回顾

14-1 识别并简单描述股东权益的两个来源。

14-2 识别企业的三种组织形式和每种组织形式下会计处理的差异。

14-3 公司的优点是有限责任。解释这对报表来说意味着什么。

14-4 区分非营利公司和营利性公司。

14-5 区分公众公司和私人公司。

14-6 《标准公司法》如何影响公司经营?

14-7 公司的所有者是股东。如果公司只有一种股票，那么这种股票通常称为普通股。解释普通股股东的权利（如果合同没有其他约定）。

14-8 股东的优先认购权意味着什么?

14-9 公司用来区分股票类型的术语并不相同，但是很多公司将股票分为普通股和优先股。优先股股东有哪两项优先权？

14-10 大部分优先股是累积的。解释一下这意味着什么。

14-11 历史上，股票的面值反映了股票的真实价值，并且所有股票都是以面值发行的。但是随着时间推移，该概念也发生了改变。描述面值现在的含义。

14-12 什么是综合收益？综合收益与净利润有什么区别？公司在资产负债表的哪一部分报告综合收益？

14-13 我们应该如何报告当期产生的综合收益的各组成部分？

14-14 资产负债表报告了股东权益账户的余额。股东权益表提供了哪些额外的信息？

14-15 有时，公司发行股票的对价不是现金。这种情况下会计计量的目标是什么？

14-16 公司有时以一个价格出售几种不同的证券。如何在各个证券中分配发行价格？

14-17 股票出售过程中必需的法律、促销和会计服务成本被称为股票发行成本。应该如何记录这些发行成本？将这种方法与债务发行成本的记录方法进行比较。

14-18 当公司回购自己的股票时，这些股票与已批准但尚未发行的股票是一样的，就像它们之前从未发行过。如果这些股票被正式注销，应该如何进行会计处理？

14-19 讨论将回购的股票作为库存股进行会计处理的概念基础。

14-20 对股票股利的会计处理规定假设股东被小额股票股利欺骗，认为他们因额外股票的市场价值而获益。解释这句话，并判断是否合理。

14-21 Brandon Components 公司宣布 1 股拆 2 股的股票分割计划。这将产生什么影响？应该如何记录？

14-22 什么是反向股票分割？如果公司对 100 万股面值为 1 美元的股票进行反向股票分割，将产生什么影响？应该如何记录？

14-23 假如你拥有 80 股脸书公司的普通股，那么当公司宣布发放 4%的股票股利时，你将获得多少股？

14-24 （根据附录 14）公司遭遇财务困难但前景良好时，通常采用准重组。这一流程有哪两个目标？请简要说明准重组的步骤。

简要练习

14-1 综合收益

Schaeffer 公司的资产负债表中报告的累计其他综合收益是 5 000 万美元，作为股东权益一部分。在本年度相关的综合收益报表中，公司表明净利润是 4 亿美元，其他综合收益是 1 500 万美元。那么上一年度资产负债表中累计其他综合收益的余额是多少？

14-2 股票发行

Penne Pharmaceuticals 公司出售了 800 万股每股面值为 1 美元的普通股，以获得研发资金。如果发行价格为每股 12 美元，那么对这笔股票出售如何做会计分录？

14-3 股票发行

Lewelling 公司向 Michael Morgan 法律公司发行 10 万股每股面值为 1 美元的普通股，作为 4 000 小时法律服务的报酬。Morgan 公司每小时的收费是 240 美元。那么，这笔交易将使 Lewelling 公司的“投入资本——超出面值”增加多少？

14-4 股票发行

Hamilton Boats 公司向 Sudouku Motors 公司发行 17.5 万股无面值的普通股，用以交换 1 000 台四冲程舷外发动机。每台正常售价为 3 500 美元。这笔交易将使 Hamilton 公司的股东权益增加多少?

14-5　股票注销

Horton 公司股东权益包括 1 亿股每股面值为 1 美元的普通股和 9 亿美元的“投入资本——超出面值”。假设 Horton 将其回购的股票（恢复到已批准但未发行的状态）注销。如果以每股 8.50 美元的价格回购 200 万股股票，那么 Horton 公司的投入资本将减少多少?

14-6　股票注销

几年前，Agee Storage 公司发行了 3 500 万股每股面值为 1 美元的普通股，发行价格为 16 美元。去年，Agee 公司首次以每股 14 美元回购了 100 万股。假设 Agee 公司将这些股票全部注销（恢复到已批准但未发行的状态）。如果现在以每股 19 美元回购 100 万股股票，那么 Agee 公司的投入资本将会减少多少?

14-7　库存股

Jennings 集团以每股 70 美元回购了 200 万股作为库存股。去年，Jennings 集团首次以 71 美元出售了 100 万股库存股。如果剩余的 100 万股现在以每股 67 美元的价格出售，那么 Jennings 集团的留存收益将减少多少?

14-8　库存股

前些年，Cox Transport 公司先以每股 20 美元回购了 200 万股作为库存股，然后以每股 26 美元购买了 100 万股作为库存股。如果现在 Cox 公司以每股 29 美元出售 100 万股库存股，并且按照加权平均法计算库存股成本，那么 Cox 公司的投入资本——股票回购账户将增加多少金额?

14-9　库存股

参照练习 14-9 中描述的情形，如果用先进先出法，那么 Cox 公司的“投入资本——股票回购”账户将增加多少金额?

14-10　现金股利

以下是微软公司最近发布的消息：

> 华盛顿州雷德蒙德——2016 年 3 月 16 日——微软公司董事会今天宣布季度股利为每股 0.36 美元。该股利于 2016 年 7 月 9 日发放给 2016 年 5 月 19 日登记在册的股东。除权日为 2016 年 5 月 17 日。

为微软公司 78.7 亿股股票支付现金股利编制宣告日和支付日的会计分录。

14-11　优先股对股利的影响

MLS 公司股东权益包括 2 亿股无面值的普通股和 4 亿股 6% 的累积优先股。2016 年和 2017 年董事会分别宣布发放 2 000 万美元的现金股利，2018 年董事会宣布发放 5 000 万美元现金股利。那么 2018 年普通股股东将会收到多少现金股利?

14-12　财产股利

Adams Moving and Storage 公司是家族企业，公司宣布将其持有的通用电气公司 1 000 股股票作为财产股利进行分配。该股票是 Adams 公司 2 月以 37 000 美元的价格购买的一项投资。在宣告日当天，通用电气公司股票的市场价格为每股 35 美元。编制该财产股利在宣告日和支付日的会计分录。

14-13　股票股利

6 月 13 日，Siewert 公司董事会宣布将对 6 000 万股每股面值为 1 美元的普通股股票发放 5% 的股票股利，股票股利将于 7 月 1 日发放。6 月 13 日，Siewert 公司普通股的市场价格为每股 25 美元。为这笔股票股利编制会计分录。

14-14　股票分割

参照练习 14-13 中描述的情形，假设用 1 股拆 2 股的股票分割来代替 5% 的股票股利。如果股票分割不是以股票股利的形式实现的，如何编制会计分录？股票分割后每股面值是多少?

14-15　股票分割

参照练习14-13中描述的情形，假设用1股拆2股的股票分割来代替5%的股票股利。如果股票分割是以股票股利的形式实现的，如何编制会计分录？股票分割后每股面值是多少？

14-16　国际财务报告准则；报告股东权益

世界最大的食品和饮料企业雀巢公司根据国际财务报告准则编制财务报表。它的财务报表中包括传统的股本、折算储备和股票溢价。如果雀巢公司使用美国公认会计原则，那么这些账户将会使用什么名称？

习　题

14-2　财务会计准则委员会准则汇编；在股东权益中报告其他综合收益

公司需要将每一期的其他综合收益转到股东权益下。财务会计准则委员会准则汇编是美国公认会计原则的唯一官方来源。

要求：

1. 登录财务会计准则委员会网站（www.fasb.org），使用财务会计准则委员会准则汇编，获取在股东权益中报告其他综合收益的相关权威文献。报告股东权益各组成部分的具体规定是什么？
2. 在股东权益表中列示累计其他综合收益的相关规定是什么？

14-4　现金发行股票；Wright 医疗集团

路透社发布了以下新闻：

> 华盛顿，1月29日（路透社）——Wright医疗集团，一家膝关节和髋关节重建植入物的制造商，于周二宣布出售300万股普通股。
>
> 在提交给美国证券交易委员会的资料中，集团表明计划将出售股票所得用于公司总体目标、营运资本、研发和并购。
>
> 根据美国证券交易委员会的资料，出售这批股票后，这家位于田纳西州阿灵顿的公司将有3 150万股股票发行在外。
>
> Wright医疗集团股票在纳斯达克市场的收盘价为每股17.15美元。

Wright医疗集团普通股的面值为每股0.01美元。

要求：

假设公司宣布这一消息时股票价格不变且忽略发行成本，请编制记录股票出售的会计分录。

14-6　可赎回股票

Williams公司有3 000万股普通股、2 000万股A类股票和2 000万股B类股票发行在外。如果有投票权的普通股所有权发生变化，导致公司创始人兼首席执行官J.P.威廉（J.P. Williams）的股权少于50%，那么Williams公司有权回购A类股，但这并不是义务。如果J.P.威廉去世，那么公司必须无条件回购B类股票。

要求：

如果有的话，哪一种股票应该在Williams公司的资产负债表上报告为负债？为什么？

14-8　报告优先股

Ozark公司是位于奥扎克山区的一家从事消费品批发的公司。公司2018年年报附注中有如下信息：

附注 5：可转换优先股（节选）

2018 年 9 月公司有如下可转换优先股发行在外：

发行日：	2015 年 6 月 17 日
可赎回开始日：	2018 年 6 月 8 日
面值（总收入）：	2 500 000 美元
股数：	100 000
每股清算优先权价格：	25.00 美元
每股转换价格：	30.31 美元
转换普通股数量：	82 481 股
股利率：	6.785%

优先股股东可以在任意时间将股票转换为普通股。转换成普通股的数量等于优先股的数量乘以一个分数，这一分数等于 25 美元除以转换价格。优先股的转换价格受股票分割、股票股利和其他普通股分配事项的影响。如果董事会宣布每年 3 月 31 日、6 月 30 日、9 月 30 日和 12 月 31 日发放股利，那么应偿付拖欠的优先股累积股利。

公司可以选择不同时间将优先股赎回，赎回价格为清算优先权价格的 112%。赎回价格每年下降 1%直至等于清算优先权价格，在此之后价格保持为清算优先权价格。

要求：

1. 拥有 100 股 A 类优先股的股东每年可以获得多少股利？
2. 如果 2019 年和 2020 年没有支付股利，但是 2021 年支付了，股东将会收到多少股利？
3. 如果投资者选择在 2019 年将优先股转换，股东的 100 股可以转换成多少股普通股？
4. 如果 Ozark 公司选择 2019 年 6 月 18 日赎回股票，股东的 100 股可以获得多少金额？

14-10 股票注销

Borner Communications 公司的章程授权发行 1.3 亿股普通股。以下描述的交易影响了 Borner Communications 公司发行在外股票的变化。在交易之前，Borner Communications 公司的股东权益包括以下项目：

股东权益	单位：百万美元
普通股，100 万股，每股面值 1 美元	$100
投入资本——超出面值	300
留存收益	210

要求：

假设 Borner Communications 公司将其回购的股票注销，为以下交易编制会计分录：

1. 2018 年 1 月 7 日，Borner 公司以每股 5 美元的价格回购了 200 万股股票。
2. 2018 年 8 月 23 日，Borner 公司以每股 3.5 美元的价格回购了 400 万股股票。
3. 2019 年 7 月 25 日，Borner 公司以每股 6 美元的价格出售了 300 万股普通股。

14-12 库存股

2018 年，Western Transport 公司进行了如下库存股交易。2016 年，Western Transport 公司以每股 17 美元的价格发行了 1.4 亿股每股面值 1 美元的普通股。

要求：

为以下交易编制会计分录：

1. 2018 年 1 月 23 日，Western Transport 公司以每股 20 美元的价格回购了 1 000 万股股票。
2. 2018 年 9 月 3 日，Western Transport 公司以每股 21 美元的价格出售了 100 万股库存股。
3. 2018 年 11 月 4 日，Western Transport 公司以每股 18 美元的价格出售了 100 万股库存股。

14-14　股票回购后报告股东权益

Dennison公司的管理层曾经两次回购公司的普通股。在两次回购之间，公司因为管理层激励计划而发行了普通股。以下是这些股票交易之后的股东权益，是根据回购股票的两种不同会计处理方法报告的。

单位：百万美元

股东权益	方法 A	方法 B
投入资本：		
优先股，每股面值 10 美元	$150	$150
普通股，每股面值 1 美元	200	197
资本溢价	1 204	1 201
留存收益	2 994	2 979
减：库存股	(21)	
股东权益合计	$4 527	$4 527

要求：

1. 从以上列报推断，这两列的每一列分别代表了股票回购的哪种会计处理方法。
2. 解释为什么列报格式不同，以及为什么两种方法下一些账户的余额不同。

14-16　股票回购；福特新闻公告

以下摘录来自彭博社在线报道的一篇文章：

> （彭博社）福特汽车公司表示，将回购18亿美元的股票，以减少最近将股票授予高管所造成的股权稀释。

福特公司普通股每股面值为0.01美元。“投入资本——超出面值”为平均每股5.39美元。每股市场价格是16美元。

要求：

1. 假设福特公司在公开市场上以每股16美元的价格回购了1.12亿股股票。编制这项交易的会计分录。福特公司将其回购的股票视为库存股。
2. 假设福特将其回购的股票注销，而不是视为库存股。编制这项交易的会计分录。
3. 为什么公司说股票回购将会“减少最近将股票授予高管所造成的股权稀释”？

14-18　累积非参与优先股对股利的影响——3年

ILP公司的股东权益包括以下项目。在公司开始经营的头三年，即2018—2020年，ILP公司董事会分别宣告发放800万美元、2 000万美元和1.5亿美元的现金股利。

单位：百万美元

普通股	$100
投入资本——超出面值，普通股	980
优先股，8%	200
投入资本——超出面值，优先股	555

要求：

确定三年中每年向优先股和普通股股东支付的股利金额，假设优先股是累积非参与的。

	优先股	普通股
2018 年		
2019 年		
2020 年		

14-20 股票分割；Hanmi 财务公司

Hanmi 财务公司是 Hanmi 银行的母公司。公司公布了如下股票分割计划：

> 洛杉矶，1 月 20 日——Hanmi 财务公司（纳斯达克）宣布董事会同意以 100%股票股利的形式实现 1 股拆 2 股的股票分割计划。Hanmi 财务公司 1 月 31 日登记在册的股东所持有的每一股股票都将收到额外的一股。为实现股票分割而发行的额外股票将于 2 月 15 日发放。

股票分割时，有 2 450 万股每股面值为 0.001 美元的普通股发行在外。

要求：

1. 编制 Hanmi 财务公司股票分割时的会计分录。

2. Hanmi 财务公司宣告以 100%股票股利的形式实现 1 股拆 2 股的股票分割计划，可能的动机是什么？

3. 如果股票分割时，Hanmi 财务公司的股票价格是 36 美元，那么分割后的股票价格可能是多少（其他条件相同）？

14-22 财务会计准则委员会准则汇编

在财务会计准则委员会网站（www. fasb. org）上访问准则汇编。确定以下各项的具体引用：

1. 在财务报表中披露发行在外的不同权利和特权的证券的要求。
2. 以所发行股票的公允价值记录小额股票股利的要求。
3. 公司自己股票的交易不会影响净利润的要求。

14-23 影响留存收益的交易

Consolidated Paper 公司 2017 年 12 月 31 日的资产负债表包括以下股东权益账户：

单位：百万美元

投入资本：	
优先股，8.8%，90 000 股，每股面值 1 美元	$ 90 000
普通股，364 000 股，每股面值 1 美元	364 000
投入资本——超出面值，优先股	1 437 000
投入资本——超出面值，普通股	2 574 000
留存收益	9 735 000
库存股，成本，4 000 股普通股	(44 000)
股东权益合计	$ 14 156 000

Consolidated Paper 公司 2018 年的一些事项和交易影响了留存收益。

要求：

1. 为以下事项编制会计分录：

a. 3 月 3 日，董事会宣布将 1 月份购买的 Leasco 公司 24 万股普通股（账面价值 700 000 美元）作为财产股利。这些投资股票的公允价值为每股 3 美元，于 3 月 31 日向 3 月 15 日登记在册的股东派发。

b. 5 月 3 日，宣布一项 4 股拆 5 股的股票分割计划。股票分割的形式是 25%的股票股利。当时每股面值 1 美元普通股的市场价值是每股 11 美元。

c. 7 月 5 日，宣告并发放了 2%的普通股股利。普通股的市场价值为每股 11 美元。

d. 12 月 1 日，董事会宣布对 9 万股优先股发放 8.8%的现金股利，于 12 月 28 日支付给 12 月 20 日登记在册的股东。

e. 12 月 1 日，董事会宣布发放普通股每股现金股利 0.50 美元，于 12 月 28 日向 12 月 20 日登记在册的股东支付。

2. 编制 Consolidated Paper 公司 2018 年 12 月 31 日资产负债表的股东权益部分。2018 年的净利润为 81 万美元。

14－24 盈利能力比率

Softech Canvas Goods 公司 2018 年和 2017 年比较资产负债表如下。Softech 公司没有支付股利，而是将全部盈利投入公司未来发展。

比较资产负债表
（单位：千美元）

	2018 年 12 月 31 日	2017 年 12 月 31 日
资产：		
现金	$ 50	$ 40
应收账款	100	120
短期投资	50	40
存货	200	140
财产、厂房和设备（净值）	600	550
	$ 1 000	$ 890
负债及股东权益：		
流动负债	$ 240	$ 210
应付债券	160	160
投入资本	400	400
留存收益	200	120
	$ 1 000	$ 890

要求：

1. 确定 2018 年的股东权益回报率。
2. 这个比率衡量了什么？

附录 14 准重组

当公司面临财务困难但有良好的前景时，公司可能采用**准重组**（quasi reorganization）来减少被夸大的资产价值，并消除累计亏损（留存收益账户的借方余额）。实现准重组的步骤如下：

（1）公司的资产（以及负债）被重新估值（增加或者减少）以反映公允价值，并相应贷记或借记留存收益。这个过程通常会增加亏损。

（2）留存收益账户的借方余额（亏损）抵消资本溢价。如果资本溢价不足以抵消全部亏损，那么可能需要减少股本（重新设定合适的股票面值）。

（3）留存收益应该标注日期，即公司应该披露亏损消除以及重新开始累积利润的时间。

具体过程如示例 14A－1 所示。公司股东同意 2018 年 1 月 1 日实施准重组。这个方案计划将存货减少 7 500 万美元，财产、厂房和设备（净值）减少 1.75 亿美元，并相应调整股东权益。

示例 14A－1 准重组

Emerson-Walsch 公司近几年遭遇经营亏损。根据股东的意见，新选举的董事会投票决定实施准重组。重新编制前的 2017 年 12 月 31 日资产负债表包含以下数据：

	单位：百万美元
现金	$ 75
应收款项	200
存货	375
财产、厂房和设备（净值）	400
	$ 1 050
负债	$ 400
普通股（8 亿股，每股面值 1 美元）	800
资本溢价	150
留存收益（亏损）	(300)
	$ 1 050

资产重估：		
借：留存收益	75	
贷：存货		75
借：留存收益	175	
贷：财产、厂房和设备		175
用资本溢价抵消部分亏损：		
借：资本溢价	150	
贷：留存收益		150
剩余亏损用普通股抵消：		
借：普通股	400	
贷：留存收益		400

重新编制后的资产负债表如下：

	单位：百万美元
现金	$ 75
应收款项	200
存货	300
财产、厂房和设备（净值）	225
	$ 800
负债	$ 400

普通股（8亿股，每股面值0.5美元）	400
资本溢价	0
留存收益（亏损）	0
	$800

注A：经董事会建议，股东批准，2018年1月1日实施了准重组。该计划将存货减少7 500万美元，财产、厂房和设备（净值）减少1.75亿美元，并相应调整股东权益。留存收益的余额反映出已经消除了3亿美元的亏损。

第 4 篇

其他财务报告问题

第 15 章

股票薪酬和每股收益

本章概要

在前几章中我们已经讨论过各种不同的员工薪酬计划。本章关注一些常见的薪酬形式，这些形式下员工收到的薪酬与公司股票的市场价格相联系。我们将看到这些股票薪酬计划——限制性股票奖励、限制性股票单位、股票期权以及股票增值权——会形成股东权益（这是上一章的话题）。它们还经常会影响我们计算每股收益的方式，这是本章第2节将要讨论的话题。具体地说，我们将这些薪酬与可转换证券一样视为潜在普通股。当我们计算每股收益时，就好像这些证券已经被行权或被转换成了额外的普通股。

学习目标

学习完本章之后，你应该能够：

15-1 解释并运用限制性股票计划的会计处理。

15-2 解释并运用股票期权的会计处理。

15-3 解释并运用员工股票购买计划的会计处理。

15-4 区分简单资本结构和复杂资本结构。

15-5 描述普通股加权平均数的含义。

15-6 区分发售新股、股票股利或股票分割以及股票回购对每股收益的影响。

15-7 描述优先股如何影响每股收益的计算。

15-8 描述期权、权利和认股权证如何包含在每股收益的计算中。

15-9 描述可转换证券如何包含在每股收益的计算中。

15-10 判断潜在普通股是否具有反稀释性。

15-11 描述库存股法中运用的收益的两个部分并描述限制性股票如何包含在每股收益的计算中。

15-12 解释或有可发行股票包含在每股收益计算中的方式。

15-13 描述每股收益信息在利润表中的报告方式。

15-14 讨论美国公认会计原则和国际财务报告准则下股票薪酬和每股收益会计处理的主要区别。

财务报告案例

合适的激励？

星期四的早晨，咖啡馆里的讨论特别激烈。昨天的新闻中报道，桑德拉·维罗斯（Sandra Veres）被National Electronic Ventures公司选为董事长兼首席执行官。这一消息已经成为今天全公司讨论的热门话题。新闻报道称，维罗斯女士的薪酬组合中包含工资以外的其他要素，这不仅激励她接受这一职务，而且促使她努力工作以增加股东价值。新闻的摘录如下：

> National Electronic Ventures公司今天宣布，桑德拉·维罗斯是一位在无线通信行业备受尊敬的管理者，本公司已经成功吸引桑德拉·维罗斯加入公司以接任沃尔特·科

瓦奇（Walter Kovac）的主席职位。桑德拉·维罗斯从 2018 年 1 月 1 日起还将担任首席执行官的职务。她将获得公司提供的超过 100 万美元的薪酬组合，包括工资、购买超过 80 万股公司股票的股票期权以及限制性股票授权。

问题

在学习完本章之后，你应该能够对以上案例中的问题给出恰当的回答。将你的回答与章末答案进行对比。

1. 类似本案例中的薪酬组合是如何对维罗斯起到激励作用的？
2. 维罗斯女士收到限制性股票授权，公司对该授权如何进行会计处理？
3. 薪酬组合中包括购买超过 80 万股公司股票的股票期权，这将如何影响公司的薪酬费用？
4. 本案例中的薪酬组合以及其他类似的股票期权会对公司的每股收益有什么影响？

第 1 节　股票薪酬

员工薪酬计划中经常包括基于股票的奖励。这些奖励的价值取决于公司股票的价值。它们可能是直接奖励股票、股票期权或者与股票价格相关的现金支付。有时，只有关键高管才能参与股票收益计划。通常来说，高管的薪酬激励计划与业绩挂钩，这是一种利用薪酬来激励高管的策略。有些公司直接用股票来支付董事们的全部薪酬。实际薪酬取决于股票的市场价值。显而易见，这是实现股东利益最大化的一个非常有效的激励手段。

尽管股票薪酬计划形式多样、层出不穷，但是它们有着共同的目标。无论是股票奖励计划、股票期权计划、股票增值权计划，还是其他类似的计划，为特定员工提供薪酬是它们的共同目标，有时也为这些员工提供一些业绩激励。类似地，每个计划会计处理的目的也是相同的：(1) 确定薪酬的公允价值；(2) 在参与者提供服务的期间将薪酬费用化。这并不是一个细枝末节的问题，因为相比股票奖励和股票期权来说，工资往往只是高管薪酬中的很小一部分。

一、限制性股票计划

高管薪酬有时包括股票授权或是取得股票的权利。通常来说，这些股票受到某种限制，以向其接受者提供激励。限制性股票奖励计划往往与持续雇佣相联系。限制性股票计划的两种主要类型是：(a) 限制性股票奖励；(b) 限制性股票单位。让我们来对比一下这两种类型。

限制性股票奖励

在**限制性股票奖励**（restricted stock award）中，虽然公司可能仍然实物占有股票，但股票实际上被奖励给员工了。员工享有股东的所有权利，但是仍然受到某些限制。通常情况下，如果雇佣关系在股票被授予之后的若干年内终止，员工的股票将被收回。在限制期内，员工通常不能自由出售股票，并且在股票证书上会写明这种限制。这些限制会激励员工留在公司直至有权利行权。

与限制性股票相关的薪酬是授予日不受限制的相同股票的市场价格。在参与者收到股票的服务期间，通常是从授予日至限制解除日（有权利行权日），这一金额作为薪酬费用记入“投入资本——限制性股票”的贷方。[①] 一旦股票有权利行权且限制性条款解除，“投入资本——限制性股票”就会被普通股和“投入资本——超出面值”取代。之后市场价格的任何变动都不会影响薪酬总额。这实质上与限制性股票单位的会计处理是一致的（见下面的阐述）。

限制性股票单位

一种日益流行的限制性股票奖励形式是**限制性股票单位**（restricted stock units, RSU）。事实上，与限制性股票奖励相比，限制性股票单位已经成为一种更受欢迎的薪酬形式。限制性股票单位是获得特定数量公司股票的权利。它可以作为业绩奖金、签约奖金或者常规薪酬。员工不会马上获得股票。相反，只有当满足授予要求时，接受人才会获得股票。[②] 因此，与限制性股票奖励类似，员工所获得的利益是行权时的股票价值。然而，与限制性股票奖励不同的是，股票在授予日并没有发行。延迟增发在外流通的股票，对于其他股东而言更容易接受。作为股票薪酬计划的一部分，苹果公司向其高管提供了限制性股票单位这种形式的薪酬，见示例 15-1。

示例 15-1　限制性股票单位——苹果公司

股票薪酬（节选）
限制性股票单位的股票薪酬成本根据授予日公司普通股的收盘价计量……公司在奖励要求的服务期内按直线法确认股票薪酬成本。

限制性股票单位的条款各有不同。[③] 有时，接受人得到与限制性股票单位同等价值的现金等价物。或者，条款可以规定允许接受人或者公司选择以股票或现金结算。

虽然限制性股票单位推迟了股票发行，并且避免了直接发行限制性股票奖励的管理复杂性，但是限制性股票单位与限制性股票奖励的会计处理基本一致。示例 15-2 阐述了这个过程。

示例 15-2　限制性股票奖励计划或者限制性股票单位

根据其限制性股票单位计划，Universal Communications 公司 2018 年 1 月 1 日将 500 万股每股面值 1 美元的普通股作为限制性股票单位授予某些核心高管。如果 4 年内他们的雇佣关系终止，股票将会被公司收回。股票的当前市场价格为每股 12 美元。

---

① 限制性股票计划通常符合税法第 83 节，即直至股票实质上可行权，也就是限制解除之时，员工薪酬可以免税。同样，对员工征税之前，雇主也不需要扣税。

② 有时，只有达到特定业绩目标时才会授予股票。

③ 通常情况（并非所有情形）下，限制性股票单位没有投票权，在股票发行前没有股利。有时，尽管接受人在授予期内禁止出售这些股票，但是限制性股票可以拥有投票权以及在授予期内获得股利的权利。

2018 年 1 月 1 日

无分录

计算薪酬费用总额：

$$\begin{array}{r} 12\text{ 美元} \\ \times 500\text{ 万股} \\ \hline =6\,000\text{ 万美元} \end{array}$$

薪酬总额在 4 年服务（授权）期内（2018—2021 年）分配计入费用：

6 000÷4=1 500(万美元/年)

单位：百万美元

2018 年、2019 年、2020 年、2021 年的 12 月 31 日		
借：薪酬费用（60÷4）	15	
贷：投入资本——限制性股票		15
2021 年 12 月 31 日		
借：投入资本——限制性股票（500 万股，每股 12 美元）	60	
贷：普通股（500 万股，每股面值 1 美元）		5
投入资本——超出面值（差额）		55

另一方面，如果员工收到的是现金或者可以选择收取现金，那么我们把奖励视为负债而不是示例 15－2 所示的权益。如果限制性股票单位被视为负债，我们在授予日确定其公允价值，并在必要的服务期内将这一金额确认为薪酬费用，这种会计处理方式与限制性股票奖励、限制性股票单位以及其他股票薪酬一致。然而，由于这些计划被视为应以现金支付的负债，因此每年确认薪酬费用的分录中将贷记“负债——限制性股票”。此外，应当根据股票公允价值的变动定期调整负债（和相应薪酬费用）的金额，直至负债被清偿。注意，这与其他负债的会计处理是一致的。本章附录 15B 将阐述被视为负债的股票薪酬的会计处理。

如果限制性股票或限制性股票单位因为员工离开公司而被收回，那么之前与该特定员工相关的分录将被转回。这将导致收回年度的薪酬费用减少。然后，对收回金额进行调整后的薪酬总额将在剩余服务期内分配。

补充思考

另一种方式是，在授予日按限制性股票单位的全部价值（本例为 6 000 万美元）借记递延薪酬，这将会得到相同的结果。

单位：百万美元

借：递延薪酬（500 万股，每股 12 美元）	60	
贷：普通股（500 万股，每股面值 1 美元）		5
投入资本——超出面值（差额）		55

按上述处理方式，递延薪酬（用于延迟确认薪酬费用的术语）报告为股东权益的扣除项，这将导致对股东权益的影响为零。之后，在服务期间，借记薪酬费用，贷记递延薪酬。如示例 15－2 所示，结果是薪酬费用和股东权益在授予期的每一年都会增加。

二、股票期权计划

通常情况下，员工不会被实际奖励股票，而是被给予未来购买股票的期权。实际上，股

票期权（stock options）已经成为大多数大中型企业关键高管薪酬组合中一个不可或缺的部分。无论何种薪酬计划，会计处理的目标都是报告薪酬给予期间的薪酬费用。

费用化——备受争议

股票期权计划给予员工一项选择权，用来购买：(a) 特定数量的公司股票；(b) 以特定价格；(c) 在特定期间。在准则制定历史上，股票期权应该确认多少薪酬费用一直是一个争论不休的问题。争论的焦点是股票期权的价值如何衡量，对于大多数期权而言这决定了确认多少费用。

历史上，期权是以其**内在价值**（intrinsic values）计量的。期权的内在价值是股票市场价格与期权允许的股票取得价格之间的差额。例如，一项期权允许员工以10美元的价格购买市场价格为25美元的股票，那么该期权的内在价值是15美元。然而，如果计划中行权价格等于授予日股票的市场价值（大多数高管股票期权计划都是这样），那么该计划就没有内在价值，从而导致按内在价值计量的薪酬为零，尽管该期权的公允价值可能很高。脸书公司首席执行官扎克伯格在2013年仅靠行使股票期权就获得了33亿美元的收益。[①] 一些股票期权计划占高管薪酬总额的很大部分，这些计划如果不确认薪酬费用的话，对大多数人来说是违背常理的。

要求费用化的失败尝试

这是争议的开端。1993年，美国财务会计准则委员会发布了一份新准则的征求意见稿，要求公司以授予日期权的公允价值计量期权，同时在相应的服务期内将这一金额费用化。忽略中间的过程，财务会计准则委员会最终屈服于公众压力，不得不同意在该征求意见稿成为准则前撤回这一要求。财务会计准则委员会不再要求，而是改为鼓励按公允价值确认薪酬费用。公司被允许继续按照之前的公认会计原则（即上面提到的内在价值法）进行会计处理。[②] 在讨论股票期权会计处理的细节之前，回顾是什么导致财务会计准则委员会一开始提议公允价值会计而后又撤回该提议，是很有帮助的。

20世纪90年代开始，公众逐渐意识到高管的薪酬太高了，尤其是股票期权形式的薪酬。缺乏对这种薪酬的会计处理是显而易见的，这促使美国证券交易委员会鼓励美国财务会计准则委员会进一步推动其股票期权项目，甚至国会也参与其中。1992年，国会提出了一项要求根据期权公允价值报告薪酬费用的议案。受到该举措的鼓励，财务会计准则委员会在1993年发布了上述征求意见稿。真正的矛盾开始了。对于这一规定的反对声广泛而又激烈，这或许还是保守的说法。批评者的反对意见主要体现在三个方面：

(1) 发行时没有内在价值的期权，其公允价值为零，不应当确认费用。财务会计准则委员会甚至一些批评家都坚定不移地认为，在授予日，期权为接受人提供了有价值的薪酬。

(2) 在授予日计量薪酬的公允价值是不可能的。财务会计准则委员会坚持认为，可以使用众多**期权定价模型**（option pricing models）中的一种对期权价值进行近似计量。这些统计模型用计算机整合公司股票以及股票期权条款等信息，来估计期权的公允价值。我们可以

---

① *San Jose Mercury News*, April 1, 2014。

② "Accounting for Stock Issued to Employees," *Opinions of the Accounting Principles Board No. 25* (New York: AICPA, 1972). 这份公告已经被取代，所以没有包含在财务会计准则委员会会计准则汇编中。

这样说，财务会计准则委员会的立场是：近似的正确要优于精确的错误。

（3）该规定将导致令人无法接受的经济后果。该观点认为，要求将这种流行的薪酬方式费用化将会导致公司不再使用股票期权。

反对者包括公司高管、审计师、国会议员和证券交易委员会。[①] 讽刺的是，开始时推动规则改革的证券交易委员会和国会，后来却极力反对。学术界是唯一从始至终大力支持的团体，而且不仅仅是口头上的支持。财务会计准则委员会改变原来的决定不是受反对派具体观点的影响。时任财务会计准则委员会主席丹尼斯·贝雷斯福德（Dennis Beresford）表示，因为担心政府控制准则制定程序，所以委员会改变了立场。委员会仍然坚持认为，他们提议的变革是合理的。

自愿费用化

2002 年之前，仅有两家公司——波音公司和 Winn-Dixie 公司——按公允价值报告股票期权薪酬费用。然而，2002 年，由于安然、世界通信、泰科等公司一系列备受瞩目的会计丑闻，公众的愤怒情绪高涨。舆论认为，一些公司高管的贪婪导致了当时的欺诈性和误导性财务报表。事实上，许多媒体指出，股票期权成为薪酬的主要形式是助长贪婪的罪魁祸首。美国公共广播电视公司（PBS）《前线》节目认为，安然公司倒闭的原因之一是没有将股票期权价值费用化。由于这些原因，再次萌生了要求在利润表中报告股票期权薪酬的想法。

当前的费用化要求

重新引发的争论形成了一项公认会计原则修正案，该修正案现在要求对员工股票期权采用公允价值会计，完全消除了内在价值法。[②] 正如你所预计的，该提议一出台就遭到了反对。许多在 1995 年成功阻止财务会计准则委员会制定类似要求的组织主导了这次反对。不难想象，高科技企业站在反对的前沿，这些公司广泛使用股票期权作为员工薪酬的主要形式，因此，当薪酬计入利润表时，它们的利润最容易减少。以苹果公司截至 2004 年 3 月 27 日的 12 个月的利润为例。如果该项公认会计原则修正案生效，苹果公司报告的净利润将从 1.79 亿美元下降为 0.56 亿美元，下降幅度达到 69%。[③]

需要注意的是，股票期权的会计处理不会影响现金流量，而只关系到是否将股票期权的价值计入费用。这并不意味着公司不会改变薪酬策略。实际上，我们已经发现一些公司改变了员工薪酬的方式。期权更少了，奖金和限制性股票奖励更多了。部分原因就是高管股票期权的负面效应。下面学习股票期权目前的会计处理方法。

确认期权的公允价值

股票期权的会计处理类似于本章前面所讨论的限制性股票的会计处理。也就是说，我们以授予日股票期权的公允价值计量薪酬，之后在员工收到期权的服务期内将这一金额记录为薪酬费用。估计期权的公允价值需要运用期权定价模型。为了估计期权的公允价值，这些模型吸收了大量关于公司股票以及股票期权条款的信息。模型应考虑以下因素：

---

① 当时的“六大”会计师事务所都游说反对这项提议。康涅狄格州的参议员利伯曼（Lieberman）在国会提出了一项议案，如果该议案通过，将阻止财务会计准则委员会通过股票期权薪酬费用化的要求。

② FASB ASC 718-Compensation (previously “Share-Based Payment,” *Statement of Financial Accounting Standards No. 123* (revised 2004), (Norwalk, Conn.: FASB 2004)).

③ Alex Salkever, “What Could Crunch Apple Shares,” *BusinessWeek*, July 12, 2004, p. 11.

- 期权的行权价；
- 期权预计期限；
- 股票的当前市场价格；
- 预期股利；
- 期权期限内预期的无风险回报率；
- 股票预期波动。

现行公认会计原则对员工股票期权的会计处理修改了公司实际计量公允价值的方法。它允许运用更大的灵活性来模拟员工预期行权方式以及可行权后员工终止雇佣关系的方式。[①]期权定价模型的理论基础——期权定价理论是金融课程中深入探讨的话题，并且得到积极的实证调查和发展。附录 15A 提供了一个简单的讨论。[②]

在期权被授予的服务期限内，我们把用期权公允价值估计的薪酬总额报告为薪酬费用。在特定年限内，接受人通常不允许行权。这种延迟激励员工留在公司。期权授予日至可行权首日之间的时期是授权期，通常被认为是报告薪酬费用的服务期。示例 15-3 阐述了这个过程。

示例 15-3　股票期权

2018 年 1 月 1 日，Universal Communications 公司授予关键高管 1 000 万份期权。期权允许关键高管在未来 8 年内获得 1 000 万股每股面值 1 美元的公司普通股，但是在 2021 年 12 月 31 日（可行权日）之前不得行权。行权价是授予日股票的市场价格，每股 35 美元。利用恰当的期权定价模型估计的期权公允价值是每份期权 8 美元。

2018 年 1 月 1 日

无分录

计算薪酬费用总额：

8 美元	估计的每份期权公允价值
×1 000 万股	授予的期权数
＝8 000 万美元	薪酬总额

薪酬总额在 4 年服务（授权）期内（2018—2021 年）分配计入费用：

8 000÷4＝2 000(万美元/年)

2018 年、2019 年、2020 年、2021 年的 12 月 31 日	单位：百万美元	
借：薪酬费用（80÷4）	20	
贷：投入资本——股票期权		20

收回

如果之前的经验表明，在可以行权之前，大量的期权会被收回（由于员工流动或违反其他期权条款），我们将（a）根据估计的收回数量或（b）在实际收回时调整记录的薪酬金额。

默认的方法是估计期权将被收回的百分比，以调整授予日期权公允价值的计算来反映预期。例如，预期收回率为 5%，那么 Universal Communications 公司估计的薪酬总额就是

① FASB ASC 718-10-55-30 to 32：Compensation-Stock Compensation-Overall-Implementation and Guidance Illustrations-Selecting or Estimating the Expected Term (previously "Share-Based Payment," *Statement of Financial Accounting Standards No. 123* (revised 2004), (Norwalk, Conn.: FASB 2004), par. A27-A29)).

② 深入的讨论见 FASB ASC 718-10-55：Compensation-Stock Compensation-Overall-Implementation and Guidance Illustrations (previously *SFAS No. 123* (revised 2004))。

7 600 万美元，即 8 000 万美元的 95%。在这种情形下，示例 15 - 3 中每年的激励费用将为 1 900 万美元（7 600÷4），而不再是 2 000 万美元。示例 15 - 3A 显示了可能的影响。

示例 15 - 3A 默认方法：修正对收回的估计 单位：百万美元

初始预期：		
2018 年		
借：薪酬费用［(80×95%)÷4］	19	
贷：投入资本——股票期权		19
2019 年		
借：薪酬费用［(80×95%)÷4］	19	
贷：投入资本——股票期权		19
两年后估计修正：		
2020 年		
借：薪酬费用［(80×90%×3/4)－(19＋19)］	16	
贷：投入资本——股票期权		16
2021 年		
借：薪酬费用［(80×90%×4/4)－(19＋19＋16)］	18	
贷：投入资本——股票期权		18

如果之后预期又发生变动该怎么办？在估计变更的当年，Universal Communications 公司应当调整当时已经记录的薪酬费用的累计金额。例如，假设在第三年，Universal Communications 公司将估计的收回率从 5%改为 10%。薪酬总额新的估计值变为 7 200 万美元，即 8 000 万美元的 90%。在前三年，薪酬本应报告 7 200 万美元的 3/4，即 5 400 万美元；因为在估计变更之前，2018—2019 年已经记录了 3 800 万美元（1 900×2），所以 2020 年应当记录额外的 1 600 万美元。如果之后估计不会再发生变动，2021 年应当记录剩余的 1 800 万美元（7 200－5 400）。

补充思考

注意，如果 Universal 公司一开始估计的收回率是 10%，那么 2021 年的 1 800 万美元就是 4 年内每年应该报告的金额。同时也要意识到，这种方法和公司会计估计变更常用的会计处理方式不一致。例如，假设一家公司取得了一项资产，折旧期为 4 年，残值率为 5%。7 600 万美元的可折旧成本将在 4 年使用寿命内按直线法摊销，每年的折旧额为 1 900 万美元。如果两年后估计残值率变为 10%，新估计的可折旧成本 7 200 万美元扣除前两年计提的 3 800 万美元的折旧费用后，剩余 3 400 万美元的折旧费用将在剩余两年内以每年 1 700 万美元的金额计提。

另一种权宜之计是，公司可以选择在收回实际发生时，对股票期权（或限制性股票）的收回进行处理，而不是在授权期估计收回。因此，公司可以选择在开始时用总金额记录薪酬，然后只用在收回发生时减少薪酬费用和投入资本，而不是用预期会行权的奖励净额来记录薪酬费用和投入资本。① 一旦发生收回，我们应当调整收回发生当年已经记录的薪酬费用累计金额，然后用类似于在示例 15 - 3A 中阐述的方式进行调整。

① Accounting Standards Update 2016-09：Compensation—Stock Compensation (Topic 718)，Improvements to Employee Share-Based Payment Accounting (Norwalk，CT：FASB，March 2016).

这种方式只适用于与员工流动有关的收回。公司必须披露其选择的处理收回的会计政策（估计或在它们发生时记录）。为了说明这种备选的方法，假设 Universal Communications 公司根据 2018 年初发行的股票期权的公允价值 8 000 万美元，在 2018 年和 2019 年分别记录薪酬 2 000 万美元。然后，在 2020 年，授予时公允价值为 800 万美元的期权由于高管流动而被收回。Universal 公司的日记账分录如示例 15－3B 所示。

示例 15－3B　备选方法：收回发生时修正　　单位：百万美元

2018 年 12 月 31 日		
借：薪酬费用（80÷4）	20	
贷：投入资本——股票期权		20
2019 年 12 月 31 日		
借：薪酬费用（80÷4）	20	
贷：投入资本——股票期权		20
第三年收回实际发生时：		
2020 年 12 月 31 日		
借：薪酬费用［(80－8×3/4)－20－20)］	14	
贷：投入资本——股票期权		14
2021 年 12 月 31 日		
借：薪酬费用［(80－8×4/4)－20－20－14)］	18	
贷：投入资本——股票期权		18

这种方式只适用于与员工流动有关的收回。对于附有业绩条件的股票计划（我们稍后讨论），公司必须评估条件实现的可能性。公司必须披露其处理收回的会计政策（估计或在它们发生时记录）。

期权行权时

如果在 2024 年 7 月 11 日，示例 15－3 中一半的期权（对应 500 万股股票）行权，此时股票的市场价格为每股 50 美元，则日记账分录如下：

单位：百万美元

2024 年 7 月 11 日		
借：现金（行权价 35 美元×500 万股）	175	
投入资本——股票期权（1/2 账户余额）	40	
贷：普通股（500 万股，每股面值 1 美元）		5
投入资本——超出面值（达到平衡）		210

注意，行权时的市场价格是不相关的。股票市场价格的变动不会影响之前计量的期权公允价值。

未行权的期权过期时

如果已经授予的期权过期未行权，那么需要编制以下日记账分录（假设示例中剩余的 500 万份期权过期）：

单位：百万美元

借：投入资本——股票期权（账户余额）	40	
贷：投入资本——股票期权过期		40

事实上，我们因为股票期权计划重新命名了投入资本。4 年服务期内的薪酬费用不会受到影响。

补充思考

股票薪酬计划的税收影响。示例 15-3 忽略了税收的影响。为了说明税收的影响，假定 Universal Communications 公司的所得税税率是 40%。

出于税收的目的，我们可以将计划划分为符合税法规定的“激励型股票期权计划”以及不符合规定的计划。根据要求，符合规定的期权计划是行权价格等于授予日市场价格的计划。对于符合规定的**激励计划**（incentive plan），接受人在其行使股票期权所获得的股票被售出之前，不需要缴纳所得税。与此同时，公司不会获得税收扣除。在**不符合规定的计划**（nonqualified plan）中，员工不得推迟缴纳所得税，但是雇主可以抵扣行权价格与行权日市场价格之间的差额。让我们来考虑这两种情形：

情形 1：对于一项激励计划，雇主不会获得税收扣除。如果 Universal 公司的计划是符合规定的激励计划，在行权时公司不会获得任何税收减免，因而没有税收影响。

情形 2：另一方面，假设该项计划不是符合规定的激励计划，Universal 公司将从应纳税所得额中将行权价格与行权日公允价格的差额扣除。回顾第 13 章，此时在会计利润（薪酬费用在当期确认）和应纳税所得额（在之后的行权日才产生纳税扣除）之间产生了一项暂时性差异。假设暂时性差异是期权的累计费用化金额。日记账分录如下：

2018 年、2019 年、2020 年、2021 年的 12 月 31 日　　单位：百万美元

借：薪酬费用（80÷4）	20	
贷：投入资本——股票期权		20
借：递延所得税资产（40%×20）	8	
贷：所得税费用		8

对利润的税后影响是每年 1 200 万美元（20−8）。

如果在 2023 年 4 月 4 日，所有期权都被行权（对应 1 000 万股股票），此时股票的市场价格是每股 50 美元：

借：现金（行权价 35 美元×1 000 万股）	350	
投入资本——股票期权（账户余额）	80	
贷：普通股（1 000 万股，每股面值 1 美元）		10
投入资本——超出面值（达到平衡）		420
借：应交所得税［(50−35)×10×40%］	60	
贷：递延所得税资产（4×8）		32
所得税费用（余数）*		28

*这一处理与 ASU 2016-09 “Improvements to Employee Share-Based Payment Accounting” 一致，该准则更新修订了 ASC Topic 718，Compensation—Stock Compensation。

对所有不符合规定的股票期权和限制性股票计划税收影响的会计处理同上。

国际会计准则报告

股票期权形成的递延所得税资产的确认。 在美国公认会计原则下，递延所得税资产是因为公司用期权公允价值的累计金额计量薪酬费用而产生的。递延所得税资产等于所得税税率乘以薪酬金额。

在国际财务报告准则下，直到奖励以现金形式实现时递延所得税资产才会产生，所以它有内在价值。当以现金形式实现时，递延所得税的增加等于此时内在价值所赚得的部分乘以所得税税率。

国际财务报告准则示例

以上面"补充思考"专栏中的情形2为例。股票价格在2018年1月1日等于行权价35美元。现在假设2018年、2019年、2020年和2021年的12月31日，每股股票价格分别为35美元、37美元、37美元和37.5美元。我们需要这些信息来确定国际财务报告准则下的内在价值。

下表分别根据美国公认会计原则和国际财务报告准则计算了递延所得税资产的增加和所得税费用的减少（税收利益）（单位：百万美元）：

12月31日	薪酬费用	美国公认会计原则下递延所得税资产的增加和所得税费用的减少，税率为40%	所得税费用的累计减少	内在价值（价格－35美元）×1 000万股	服务完成的累计比例	完成率×内在价值	国际财务报告准则下递延所得税资产的增加和所得税费用的减少，税率40%*
2018年	$20	$8	$8	$0	25%	$0	$0
2019年	20	8	16	20	50%	10	4
2020年	20	8	24	20	75%	15	2
2021年	20	8	32	25	100%	25	4

2018年、2019年、2020年、2021年的12月31日（单位：百万美元）：

	美国公认会计原则		国际财务报告准则	
借：薪酬费用（80÷4）	20		20	
贷：投入资本——股票期权		20		20
借：递延所得税资产	8		0	
贷：所得税费用		8		0
借：递延所得税资产	8		4	
贷：所得税费用		8		4
借：递延所得税资产	8		2	
贷：所得税费用		8		2
借：递延所得税资产	8		4	
贷：所得税费用		8		4

*计入利润的税收利益（这一列的累计金额）不能超过薪酬的累计税收效应（第4列）。超出这一金额的所有税收利益都应计入权益。2021年，10（0+4+2+4）没有超过32。

分级授权计划

到目前为止，我们讨论的股票期权计划都是只有一个单一的可行权开始日（例如，从授予日起 4 年）。这被称为悬崖式授权（cliff vesting）。然而，奖励条款更经常会让接受人逐渐行使期权，而不是一次性行权。这被称为分级授权（graded vesting）。例如，一家公司所奖励的股票期权可能在第一年可行权 25%、第二年可行权 25%、第三年可行权 50%，或者在 4 年内每年可行权 25%。

在这种情形下，公司可以选择与悬崖式授权计划一样的方法进行会计处理。使用一个单一的加权平均预期寿命，公司可以为每一项期权估计一个单一的公允价值，尽管它们可行权的时间不同。然后，公司在整个授权期内对总薪酬成本（每项期权的公允价值乘以期权数量）进行分配。

但是，大多数公司为了降低费用而选择了一种稍微复杂的方法。[①] 在这种方法下，我们将每组授权（或份额）视为独立的，就像期权被分开奖励一样，见示例 15 - 4。

示例 15 - 4　股票期权；分级授权；独立估值法

2018 年 1 月 1 日，Taggart Mobility 公司发行了 1 000 万份高管股票期权，允许高管以每股 25 美元的价格购买 1 000 万股股票。授权进度为第一年可行权 20%、第二年可行权 30%、第三年可行权 50%（分级授权）。2018 年 1 月 1 日估计了该期权的价值，估计时根据期权可行权的年度（因为每组的预期寿命不同），将整个奖励分为三组（或份额）。2018 年 1 月 1 日估计的期权公允价值如下：

可行权日	可行权数量	每份期权的公允价值
2018 年 12 月 31 日	20%	3.50 美元
2019 年 12 月 31 日	30%	4.00 美元
2020 年 12 月 31 日	50%	6.00 美元

将三组（份额）中每一组的薪酬成本在其各自的授权（服务）期内平均分配：

	薪酬费用（百万美元）				
可行权日	2018	2019	2020	总计	
2018 年 12 月 31 日	$7			$7	(10×20%×3.50)
2019 年 12 月 31 日	6	$6		12	(10×30%×4.00)
2020 年 12 月 31 日	10	10	$10	30	(10×50%×6.00)
费用	$23	$16	$10	=$49	

对于每个给定日期，公司必须至少确认当时可行权的金额。本例中的分配必须满足以下限制：

- 2018 年确认的 2 300 万美元超过了可行权的 700 万美元。
- 到 2019 年一共确认的 3 900 万美元（2 300+1 600）超过了同一时间可行权的 1 900 万美元（700+1 200）。

公司也可以选择用直线法将总薪酬成本 4 900 万美元平均分配到 2018 年、2019 年和 2020 年，即每年 1 633.3 万美元。

---

① 使用单一加权平均预期寿命估计要比估计多项授权组的公允价值总额，得到的期权公允价值更高。

国际财务报告准则

当期权是分级授权时，美国公认会计原则要求公司分别核算每次的可行权金额，就像上面的例子中有三组独立的奖励。但也允许公司在整个授权期内按直线法核算总奖励额。无论采用哪种方法，公司都必须至少确认已经可行权的奖励金额。

国际财务报告准则不允许利用直线法。同时，也没有要求公司在每个报告日至少确认已经可行权的奖励金额。

附有业绩或市场条件的计划

股票期权（和其他股票薪酬）计划经常要求，只有在满足特定的业绩条件或市场条件时，员工才能够获得奖励收益。其目的是激励员工实现目标。例如，一项期权只有在实现业绩目标时才能行权。目标可能是部门收入、每股收益、销售增长或者资产回报率。可能性是无限的。另一方面，目标也可能与市场相关，也许是某一特定的股票价格或者股票价格变动超过某一特定指数。我们对这些计划的会计处理取决于行权条件是基于业绩还是基于市场。

附有业绩条件的计划

我们是否确认基于业绩的期权的薪酬费用，(a) 最初取决于是否很可能满足业绩目标[①]，(b) 最终取决于是否实际满足了业绩目标。会计处理与前面描述的其他股票期权的会计处理一致。对薪酬成本的初始估计以及之后对该估计的修正，都要考虑收回和实现业绩目标的可能性。例如，在示例 15-3 中，如果所描述的期权也包含一个条件，只有当 4 年后销售增长 10%时才能行权，我们需要估计行权条件发生的可能性，特别是是否很可能发生。假设我们最初估计 4 年后销售很可能增长 10%，那么，我们对薪酬总额的初始估计值不变，仍然为：

1 000 万份	×	8 美元	=	8 000 万美元
预期可行权的期权数量		每份期权的公允价值		估计薪酬总额

假设两年后我们估计 4 年后销售不是很可能增长 10%，那么，新估计的薪酬总额将变为：

0	×	8 美元	=	0
预期可行权的期权数量		每份期权的公允价值		估计薪酬总额

在这种情况下，2018—2019 年 4 000 万美元的费用将转回。因为没有满足业绩目标，所以不能确认无法行权的期权薪酬，这是我们的预期。

反过来，假设我们最初预计 4 年后销售不是很可能增长 10%，因此没有记录每年的薪酬费用。但是之后，在第三年时我们估计 4 年后销售很可能增长 10%。此时，修正后的估计薪酬总额将变为 8 000 万美元，我们应在 2020 年的利润中反映薪酬的累计结果，并在此后记录薪酬：

① “很可能”的含义与第 11 章中的相同，当时我们估计的是或有损失付款的可能性，或者进行其他会计估计。“很可能”是一种职业判断（通常是 70%～75%）。

2020 年

借：薪酬费用［(80×3/4)－0］ 60

贷：投入资本——股票期权 60

2021 年

借：薪酬费用［(80×4/4)－60］ 20

贷：投入资本——股票期权 20

补充思考

假设在这个例子中，一个被授予基于业绩的期权的高管有资格在 2018 年 1 月 1 日退休。因此，当期权被授予时，即使业绩目标（销售增长 10%）在她退休之后才实现，她也有资格获取期权。在这种情况下，获得薪酬所需要的服务期实际上只有 1 天。那么，她的薪酬是应该在整个授权期内计量并费用化（像示例中那样），还是应该在授予日一次性计量并记录（如果行权条件很可能实现就记录全部金额，否则为 0）?

它应该与其他期权薪酬的处理方式相同。它应当被视为在业绩目标满足之前没有满足所需的服务期限。因此，在业绩目标很可能满足之前，我们不记录激励费用，即使必要的授权期结束之后情况已经不是这样。这种处理方式的一个重要的附带好处是，雇主不需要为了确定奖励的价值而去评估员工在授予日或者在业绩期间是否有退休资格。[①]

这种处理方式不同于国际财务报告准则。国际财务报告准则要求，如果在必要的授权期结束之后业绩目标能够实现，薪酬应当在授予日一次性计量并记录（如果行权条件很可能实现就记录全部金额，否则为 0）。

附有市场条件的计划

如果奖励包含市场条件（例如，只有当公司的股票价格达到某一特定的水平时，期权才能行权），那么就不需要做特殊的会计处理。基于股票期权定价模型的本质，对股票期权公允价值的估计已经隐含反映了市场条件。因此，不管何时满足市场条件，我们都应当确认薪酬费用。

期权流行程度的减弱

近年来，公司向高管支付薪酬的方式发生了稳步转变。在 1999 年的鼎盛时期，股票期权占平均高管薪酬的 78%。2013 年，这一比例仅为 31%，预计 2015 年将萎缩至 25%。[②] 最近的会计丑闻之后，股票期权的形象沾染上了污点。许多人认为，股票期权中数百万美元的潜在报酬促使高管通过冒险或欺诈行为来提升公司股价。这一形象导致很多公司放弃股票期权，转而青睐其他形式的股票薪酬，尤其是限制性股票奖励和日益增长的限制性股票单位。而且，很多人认为限制性股票能够更好地将薪酬与业绩相结合。从高管的角度来看，限制性股票是一种更确定的薪酬形式，尽管可能不是那么有利可图。

---

① FASB Emerging Issues Task Force, *Accounting Standards Update No. 2014-12*, "Compensation-Stock Compensation (Topic 718): Accounting for Share-Based Payments When the Terms of an Award Provide That a Performance Target Could Be Achieved after the Requisite Service Period," June 2014.

② 根据薪酬咨询公司 James F. Reda & Associates 所做的一项针对美国 200 家最大公众公司的分析。见 Emily Chasan, "Last Gasp for Stock Options?" *USA Today*, August 26, 2013.

三、员工股份购买计划

员工股份购买计划（employee share purchase plans）通常允许所有员工以优惠的条件直接从公司购买股票。这些计划的主要目的是鼓励员工持有公司股份，持股员工的忠诚度可能会提高。同时，员工也会受益，因为这些计划通常允许员工在没有经纪费用的情况下从雇主手中购买股票，甚至可能会有小额折扣。一些公司甚至通过全部或部分补贴的方式鼓励员工购买。

在对员工股份购买计划进行会计处理时，我们需要确定它们是否向员工提供薪酬。如果不是，我们只是在员工购买股份时简单记录新股出售，而不记录薪酬费用。如果满足下列条件，则员工股份购买计划不被视为薪酬：

（1）基本上所有员工都可以参与；

（2）价格固定之后，员工只有不超过一个月的时间决定是否参与；

（3）折扣不超过5%（或可以证明是合理的比例）。

如果这些非薪酬计划的标准没有满足，例如折扣为15%，其会计处理与其他股票薪酬计划类似。因此，对员工的15%的折扣被视为一项薪酬，这一金额被记录为费用。[①] 薪酬费用代替了现金借方中雇主提供的部分。例如，如果员工只需850美元就可以购买当前市场价格为1 000美元的股票（无面值），那么150美元的折扣就被记录为薪酬费用。

借：现金（折扣后价格）	850
薪酬费用（1000×15%）	150
贷：普通股（市场价值）	1 000

决策者视角

在前面的章节中，我们重新审视了“盈余质量”的概念（第一次定义是在第3章）。我们也注意到，对盈余质量有负面影响的一种普遍行为是盈余管理，它是指公司运用一种或多种技术人为增加（或减少）利润。盈余管理的常见目标是满足分析师对利润的预期。本章所讨论的股票薪酬计划是促使管理者操纵利润的另一个动机。如果管理者的个人薪酬包括公司股票、股票期权或者其他基于公司股票价值的薪酬，那么不难想象，管理者就有动机确保市场预期得到满足，有动机确保报告的利润对股价有正向影响。事实上，正如前面所讨论的，这正是激励性薪酬计划所想导致的反应。不过，投资者和债权人应该警惕那些人为操纵利润的迹象，并意识到对于那些拥有丰厚股票薪酬计划的公司，盈余管理的可能性可能会更高。

管理者操纵数字的一种可能的方法是调整输入期权定价模型的数据。这些用于估计公允价值的模型在很大程度上依赖主观假设。这种操纵的可能性强调投资者需要密切关注股票期权披露附注中报告的假设，尤其是这些假设每年如何变化。

① FASB ASC 718-50-25-1 and 2: Compensation-Stock Compensation-Employee Share Purchase Plans-Recognition (previously "Share-Based Payment," *Statement of Financial Accounting Standards No. 123* (*revised 2004*), (Norwalk, Conn.: FASB 2004), par. 12-13).

概念回顾练习

股票薪酬计划

下面列出的是 Fortune-Time 公司 2018—2020 年期间各种股票收益计划的交易。2018 年 1 月 1 日，股票的市场价格是每股 45 美元。

a. 2018 年 1 月 1 日，公司在限制性股票奖励计划下，向部门经理发放了 1 000 万股普通股。如果在 3 年内雇佣关系终止，那么股票将被收回。

b. 2018 年 1 月 1 日，公司向其高管授予激励性股票期权，这些期权行权时可以购买 150 万股普通股。这些期权必须在 5 年内行权，但不得早于 2020 年 1 月 1 日。股票期权的行使价格等于期权授予日普通股的公允价值。期权定价模型估计每份期权的公允价值为 4 美元。在授予期内，预期所有接受人都会维持雇佣关系。

c. 2018 年 12 月 31 日记录薪酬费用。

d. 2019 年 9 月 15 日，一位持有 100 万股限制性股票的部门经理，在规定的服务期结束前离开公司，成为竞争对手的首席执行官。

e. 2019 年 12 月 31 日记录薪酬费用。

要求：

编制 Fortune-Time 公司每笔交易的日记账分录（不考虑税收的影响）。

解答：

2018 年 1 月 1 日

限制性股票奖励计划

无分录。

薪酬总额计量为 1 000 万股×45 美元＝4.5 亿美元。

股票期权

无分录。

薪酬总额计量为 150 万股（份）×4 美元＝600 万美元。

2018 年 12 月 31 日

限制性股票　　　　　　　　　　　　　　　　　　　　　　　　单位：百万美元

借：薪酬费用（450÷3）	150	
贷：投入资本——限制性股票		150

股票期权

借：薪酬费用（6÷2）	3	
贷：投入资本——股票期权		3

2019 年 9 月 15 日

限制性股票

借：投入资本——限制性股票（10%×150）	15	
贷：薪酬费用		15

2019 年 12 月 31 日

限制性股票

借：薪酬费用（[450－(0.1×450)－150＋15]）÷2	135	

贷：投入资本——限制性股票 135

股票期权

借：薪酬费用（6÷2） 3

贷：投入资本——股票期权 3

第2节 每股收益

典型的公司年度报告包含四张比较财务报表、内容广泛的披露附注和附表，以及几页图表、表格和文字说明。在这些无数的事实和数据中，媒体最频繁报道并且最受投资者和债权人关注的一个会计数据是**每股收益**（earnings per share，EPS）。给予每股收益如此多关注的原因是，人们试图找到一种方式将企业的业绩概括为一个单一的数字。

用一种方便比较的方式来概括业绩是很困难的，因为报告这些数字的公司各不相同。然而，将业绩浓缩在一个数字中的渴望产生了对每股收益信息的需求。作为回应，会计职业界制定的规则尽可能地减少了不同公司间计算方式的差异性，以最大限度地提高每股收益数据的可比性。①

在学习时请记住，可比性是主要目标。因此，许多旨在实现一致性的规则不可避免地是武断的，这意味着财务会计准则委员会可选的其他规则在许多情况下同样可行。

国际财务报告准则

每股收益。美国公认会计原则对每股收益的规定——财务会计准则委员会会计准则更新第260号：每股收益——是美国财务会计准则委员会与国际会计准则理事会合作的结果，以缩小国际财务报告准则和美国公认会计原则的差异。但是一些区别仍然存在，主要表现在库存股法的运用、对可能用股票或现金结算的合同的处理以及或有可发行股票等方面。

一、基本每股收益

如果一家公司没有任何可能稀释每股收益的证券发行在外，它就被称为具有**简单资本结构**（simple capital structure）。稀释意味着降低每股收益。例如，如果一家公司发行了可转换债券，并且这些债券已被转换，那么普通股的增加会降低（或稀释）每股收益。也就是说，这些债券转换所形成的新股票可能会参与未来利润的分配。因此，可转换债券被称为**潜在普通股**（potential common shares）。其他潜在普通股包括可转换优先股、股票期权和或有可发行股票。在本章后面部分，我们将会学习这些证券潜在的稀释效应如何纳入每股收益

① FASB ASC 260：Earnings per Share (previously "Earnings per Share," *Statement of Financial Accounting Standards No. 128* (Nor-walk, Conn.: FASB, 1997)). 该规定只适用于上市公司。

的计算。现在，重点是学习简单资本结构的每股收益计算方法，此时没有潜在普通股。在这些情形中，计算的是**基本每股收益**（basic EPS），它等于归属于普通股股东的净利润除以发行在外的普通股的加权平均数。

在最基本的设定中，每股收益（或每股净亏损）等于公司的净利润（或净亏损）除以当年发行在外的普通股数。在下列情形中，计算变得更加复杂：（a）在报告期内股数发生变动；（b）由于存在优先股股利，归属于普通股股东的利润减少；（c）试图考虑潜在普通股即将产生的影响（我们将在本章后面部分讨论）。为了说明每种情形下每股收益的计算，我们在本章只使用一个例子。我们将从最基本的情形开始，之后再逐一添加新的因素，直至考虑了影响计算的所有主要方式。通过这种方式，你可以看到每个部分对每股收益的影响不是孤立的，而是与其他部分的影响相联系。示例 15－5 阐述了基本计算过程。

示例 15－5　基本计算

Sovran 金融公司 2018 年报告的净利润为 1.54 亿美元（所得税税率为 40%）。它的资本结构由下列部分组成：

普通股：

1 月 1 日　　6 000 万股普通股发行在外

（除每股金额外，单位为百万美元）

基本每股收益：

净利润

$$\frac{154}{60}=2.57(\text{美元})$$

发行在外的普通股数

新股发行

由于在示例 15－5 中讨论的股票在一年内保持不变，所以每股收益计算的分母仅仅是发行在外的股票数。但是，如果股票的数量发生了变化，就有必要在利润产生期间计算股票的加权平均数。例如，如果在当年 3 月 1 日额外发行了 1 200 万股，我们就可以计算出股票的加权平均数为 7 000 万股，如示例 15－6 所示。

示例 15－6　加权平均

Sovran 金融公司 2018 年报告的净利润为 1.54 亿美元（所得税税率为 40%）。它的资本结构包括下列部分：

普通股：

1 月 1 日　　6 000 万股普通股发行在外

3 月 1 日　　出售 1 200 万股新股

（除每股金额外，单位为百万美元）

基本每股收益：

净利润

$$\frac{154}{60+12\times(10/12)}=\frac{154}{70}=2.20(\text{美元})$$

1 月 1 日股票　　新股

因为新股发行在外的时间只有 10 个月，也就是一年的 10/12，我们用已发行在外的 6 000 万股加上额外增发新股的加权平均数（用 10/12 来加权）。加权平均数等于 60＋12(10/12)＝60＋10＝70（百万股）。用股票发行时间加权的原因是，股票出售所提供的资源只有在股份出售后才能产生收益。因此，权重必须使分母的股票数与分子的利润相一致（见示例 15－6）。

股票股利和股票分割

回想一下，股票股利或股票分割是向现有股东分配额外股票。但是由股票股利引起的股票数量的增加和由出售新股引起的股票数量的增加，这两者之间存在一个重要且根本的区别。在出售新股时，股东对公司的额外投资增加了资产和股东权益。但是，股票股利或股票分割只会增加股票数量，而不影响公司资产。实际上，就像是同一个饼被分成更多小块。其结果是更多的价值更低的股票。股票性质的这种根本变化反映在每股收益的计算中，仅仅是增加了股票的数量。

在示例 15－7 中，注意股票股利所产生的额外股票没有按照它们发行在外的时间进行加权。相反，股票的增加被视为在年初就发生了。

示例 15－7　股票股利和股票分割

Sovran 金融公司 2018 年报告的净利润为 1.54 亿美元（所得税税率为 40%）。它的资本结构包括下列部分：

普通股：

1 月 1 日	6 000 万股普通股发行在外
3 月 1 日	出售 1 200 万股新股
6 月 17 日	分配 10%的股票股利
	（除每股金额外，单位为百万美元）

基本每股收益：

净利润

$$\frac{154}{60\times1.1+12\times(10/12)\times1.1}=\frac{154}{77}=2.00(\text{美元})$$

1 月 1 日股票　　新股

股票股利调整

在分配了 10%的股票股利之后，发行在外的股票数量变为之前的 1.10 倍。这个倍数适用于年初的股票和股票分配前出售的新股。如果分配的是 25%的股票股利，那么倍数将会是 1.25；1 股拆 2 股意味着倍数是 2；等等。

注意，没有 10%股票股利时的每股收益（2.20 美元）比分配股利后的每股收益（2 美元）多了 10%。这是股票数量的增加造成的。但是与出售新股不同，这不应该被解释为对每股收益的“稀释”。股东在公司利润中的利益并没有被稀释。相反，每个股东的利益表现为数量更多但价值更低的股票。

看待这种影响的一种简单且方便的方法是将分配之前的股票视为“蓝筹”股。股票股利分配之后，大量的“绿筹”股取代了更有价值的“蓝筹”股。从现在开始，我们计算“绿筹”股的每股收益，而之前计算的是“蓝筹”股的每股收益。我们将股票数量追溯调整为反映了股票股利的数量，就好像这些股票一直是“绿筹”股。毕竟，我们的意图是想让计算反映出股票性质的根本变化。

补充思考

当上一年的每股收益在当年的比较利润表中报告时，它也应当反映分配股票股利后增加的股票。例如，假设 2017 年的每股收益是 2.09 美元：等于 1.15 亿美元的净利润除以 5 500 万股的加权平均股票数。当在 2018 年的比较利润表上出于比较的目的而再次报告时，这一数字将被重述以反映 10%的股票股利（115÷(5 500×1.10)＝1.90（美元）)，如下所示：

每股收益：	2018 年	2017 年
	2.00 美元	1.90 美元

现在，每股收益数据是可比的，两者都反映了股票股利。否则，我们将把“绿筹”股的每股收益与“蓝筹”股的每股收益进行比较；而这种方式下二者都是“绿筹”股的每股收益。

回购股票

如果在此期间回购了股票（无论是注销还是作为库存股），股票的加权平均数会减少。回购的股票数量以时间作为加权权重，以反映它们当年没有在外发行的时间长度。回购的股票不属于发行在外的股票，在回购期间应当将其从发行在外的股票中扣除。让我们修改一下示例，假设在 10 月 1 日回购了 800 万股作为库存股（见示例 15－8）。

示例 15－8　回购股票

Sovran 金融公司 2018 年报告的净利润为 1.54 亿美元（所得税税率为 40%）。它的资本结构包括下列部分：

普通股：

1 月 1 日	6 000 万股普通股发行在外
3 月 1 日	出售 1 200 万股新股
6 月 17 日	分配 10%的股票股利
10 月 1 日	回购 800 万股作为库存股
	(除每股金额外，单位为百万美元)

基本每股收益：

$$\frac{\overset{\text{净利润}}{154}}{60\times1.1+12\times(10/12)\times1.1-8\times(3/12)}=\frac{154}{75}=2.05(\text{美元})$$

1 月 1 日股票　　新股　　库存股

股票股利调整*

* 没有必要对库存股进行调整，因为它们是在股票股利之后回购的，因此已经反映了这一调整（也就是说，回购的是 800 万股“新绿筹”股）。

比较库存股的调整与出售新股的调整。无论是发行在外的股票还是没有发行在外的股票，都是按照其占当年的时间长度进行加权。但也要注意两个区别。第一个区别是，新股是加上，而回购股票将被减去。第二个区别是，回购的股票没有乘以 1.10 来调整 10%的股票股利。原因是股票是在 6 月 17 日分配股票股利之后被回购的；回购的 800 万股股票是新的分配股票股利之后的股票（用我们之前的表述，这些是 800 万股“绿筹”股）。概括地说，当报告期内分配股票时，在分配之前发生的任何股票出售或购入行为都要因分配而增加其数量。但是，任何在股票分配之后发生的股票出售或购入都不用因分配而增加其数量。

归属于普通股股东的利润

每股收益计算中的分母是发行在外的普通股加权平均数。从逻辑上说，分子应该反映归属于普通股股东的利润。在我们的例子中，这一点是肯定的，因为发行在外的只有普通股。但当高级股东（例如优先股股东）享有特定的利润分配时（如优先股股利），在计算每股收益之前，这些金额将从利润中扣除。[①] 示例 15 - 9 阐述了这一过程。

示例 15 - 9　优先股股利

Sovran 金融公司 2018 年报告的净利润为 1.54 亿美元（所得税税率为 40%）。它的资本结构包括下列部分：

普通股：

1 月 1 日	6 000 万股普通股发行在外
3 月 1 日	出售 1 200 万股新股
6 月 17 日	分配 10%的股票股利
10 月 1 日	回购 800 万股作为库存股

不可转换优先股：

1 月 1 日—12 月 31 日　　500 万股，8%，每股面值 10 美元

（除每股金额外，单位为百万美元）

基本每股收益：

净利润　　优先股股利

$$\frac{154 \quad -4^{*}}{60\times1.1+12\times(10/12)\times1.1-8\times(3/12)}=\frac{150}{75}=2.00(\text{美元})$$

1 月 1 日股票　　新股　　库存股

股票股利调整（1 月 1 日股票、新股）

* 8%×10×5。

假设当年没有宣告分配股利，我们应该调整优先股股利吗？如果优先股是累积的，那么答案是肯定的，而大多数优先股都是累积的。这意味着，如果没有宣告分配股利，未支付的股利将累积起来，在未来宣告分配股利的期间支付。显然，我们推测尽管当年的优先股股利没有在当年分配，但它最终还是会被支付。

在上面的例子中，我们没有遇到潜在普通股的情况。因此，我们有一个简单资本结构。（不过此时你可能会质疑这个名称。）对于简单资本结构，只报告普通股基本每股收益是适当的。现在，我们把注意力转向复杂资本结构的情形。在这些情形中，需要报告两个不同的指标：基本每股收益和稀释每股收益。

二、稀释每股收益

潜在普通股

设想这样一种情形，如果可转换债券持有人行使他们的权利，将债券转换为普通股，那么将显著增加普通股的数量。在计算每股收益时，这些潜在的股票应该被忽略吗？毕竟这些债券还没有被转换，因此假设转换导致股票数量增加可能永远不会发生，这可能会误导投资者和债权人。另一方面，如果转换即将发生，那么如果不考虑股票数量增加带来的稀释效

① 在第 14 章我们学习过，如果宣告发放股利，优先股股东有获得特定金额股利的优先权（优先于普通股股东）。

应，也可能会误导投资者和债权人。对于这个两难问题，职业界的解决方法是计算两次每股收益。

类似于可转换债券的证券虽然不是普通股，但可以通过行权或者转换变成普通股。因此，它们可能会稀释（降低）每股收益，所以被称为**潜在普通股**（potential common shares）。如果一家公司有潜在普通股发行在外，就说它有一个**复杂资本结构**（complex capital structure）。除了可转换债券之外，其他潜在普通股包括可转换优先股、股票期权和或有可发行证券。（我们将很快讨论这些问题。）有复杂资本结构的公司需要报告两个每股收益的计算。基本每股收益忽略了这些潜在普通股的稀释效应；**稀释每股收益**（diluted EPS）包含了所有潜在普通股的稀释效应。

期权、权利和认股权证

股票期权、股票权利和认股权证三者是相似的。每一种都赋予持有者以特定价格购买普通股的权利。行权所产生的稀释效应将反映在稀释每股收益的计算上，而不是基本每股收益。

考虑证券的稀释效应，意味着在计算每股收益时假设股票数量的潜在增加已经发生（尽管还没有发生）。因此，对于股票期权（权利或认股权证），我们假设该期权已经行权。实际上，我们是假设在报告期开始时（如果期权在此后发行就是发行时），期权已经行权。然后，我们假设以行权价出售这些新股票所获得的现金收益，都用来以当年股票的平均市场价格回购尽可能多的股票（见示例 15-10）。

计算稀释每股收益时，我们假设股票期权被行权，就好像在年初出售了 1 500 万股股票一样。这显然使分母增加了 1 500 万股。但是，如果不考虑增加股票所带来的后果，仅仅增加额外的股票是不恰当的。请记住，如果这个假设的情形发生，公司将会因为期权行权而获得 3 亿美元（1 500 万股×每股行权价 20 美元）的现金收益。这会对每股收益产生什么影响？这取决于公司如何处理这 3 亿美元的现金收益。这些收益会被用来购买更多的设备，增强销售实力，扩大生产线，还是支付股利？

显然，实际上有数百种选择，而且任何两家公司都不太可能以同样的方式花费这 3 亿美元。但请记住，我们的目标是在公司确定每股收益的方式上形成一定程度的一致性，从而使结果具有可比性。因此，准则制定者对所有公司设定了同一个假设，以增强可比性。

为了计算稀释每股收益，我们假设行使期权所获得的收益被用来在报告期内以普通股的平均市场价格回购股票（作为库存股）。因此，股票加权平均数增加的数量是假设发行的股票数量和假设回购的股票数量之差。在我们的例子中，发行的 1 500 万股减去回购的 1 200 万股（3 亿美元÷每股 25 美元）等于净增加的 300 万股股票。

处理股票期权稀释效应的方法被称为库存股法，因为我们假设库存股是用行使期权所产生的现金收益回购的。除了提供可比性以外，这个假设实际上是合理的，因为如果期权行权，公司需要发行更多的股票提供给期权持有者。而且，正如上一章所讨论的，许多公司回购股票都是例行公事，要么用来发行给期权持有者，要么用来抵消新股发行。

示例 15-10　股票期权

Sovran金融公司2018年报告的净利润为1.54亿美元（所得税税率为40%）。它的资本结构包括下列部分：

普通股：

1月1日	6 000万股普通股发行在外
3月1日	出售1 200万股新股
6月17日	分配10%的股票股利
10月1日	回购800万股作为库存股
	（2018年普通股的平均市场价格为每股25美元。）

不可转换优先股：

1月1日—12月31日　　500万股，8%，每股面值10美元

激励性股票期权：

2013年授予高管股票期权，在2017年以后可以行权，行权时可以以每股20美元的行权价购买1 500万股普通股*。

（除每股金额外，单位为百万美元）

基本每股收益（不变）：

$$\frac{\underset{\text{净利润}}{154}\quad\underset{\text{优先股股利}}{-4}}{60\times1.1+12\times(10/12)\times1.1-8\times(3/12)}=\frac{150}{75}=2.00(\text{美元})$$

1月1日股票（60）；新股（12×(10/12)）；库存股（8×(3/12)）；股票股利调整（×1.1）

稀释每股收益：

$$\frac{\underset{\text{净利润}}{154}\quad\underset{\text{优先股股利}}{-4}}{60\times1.1+12\times(10/12)\times1.1-8\times(3/12)+(15^{*}-12^{\dagger})}=\frac{150}{78}=1.92(\text{美元})$$

1月1日股票（60）；新股（12×(10/12)）；库存股（8×(3/12)）；期权行权（15*−12†）；股票股利调整（×1.1）

* 根据股票股利调整。股票股利分配以前，期权行权可以购买$13\frac{7}{11}$百万股“旧”股票。股票股利分配之后，$13\frac{7}{11}$百万股“旧”股票变成了15百万股（$13\frac{7}{11}\times1.1$）“新”股票。

† 为计算稀释每股收益假设回购股票：

1 500万股
×20美元（行权价）
3亿美元
÷25美元（平均市场价格）
1 200万股股票被回购

补充思考

期权实际行权。如果期权在报告期间实际行权，该怎么办？在这种情况下，基本每股收益和稀释每股收益计算式的分母都包括期权行权所实际发行的股票，并用股票在外发行的时间进行加权。这与我们在任何情况下出售新股的计算方式一致。

此外，在计算稀释每股收益时，如果我们假设期权在期初行权，那么只有在期权实际行权之前发行的股票，才被包含在稀释每股收益的计算中。我们用期权实际行权前的持有时间对股票数量进行加权。

在我们的示例中，假设期权在 9 月 1 日行权，从年初到 9 月 1 日每股股票的平均价格是 24 美元。在这种情况下，我们在计算基本每股收益和稀释每股收益的分母中都增加 500 万股：实际发行的 1 500 万股×实际发行在外的时间 4/12 年＝500 万股。然而，仅针对稀释每股收益，如果假设期权在期初行权，那么我们将加上在期权实际行权前发行的增量股。我们假设 3 亿美元的收益（1 500 万股×20 美元）用于回购每股价为 24 美元的股票。

1 500 万股
×20 美元（行权价）

3 亿美元
÷24 美元（行权前的平均市场价格）

1 250 万股

将增量股数纳入稀释每股收益的计算中，以期权行权前的持有时间计算加权平均数，从 1 月 1 日到 9 月 1 日共 8 个月，即一年的 8/12。

分子没有调整
＋(15－12.5)(8/12)

可转换证券

有时，公司会在债券、应付票据或优先股发行中包含一些可转换特征作为发行的一部分。可转换证券可以根据证券持有人的选择转换（兑换）成股票。正因如此，可转换证券具有潜在的稀释性。当证券被转换并发行新的普通股时，每股收益将受到影响。在上一部分，我们学习了股票期权的潜在稀释效应反映在稀释每股收益的计算中（假设期权行权）。同样，可转换证券潜在的稀释效应也可以反映在稀释每股收益计算中（假设它们被转换）。

根据假设转换法（if converted method），我们假设转换成普通股的行为在期初发生（或在可转换证券发行时发生，如果发行时间更晚的话）。在每股收益计算式的分母中加上转换所增加的额外普通股数。我们在分子上加回被避免的债券或其他债务的利息（税后）以及优先股股利，因为如果可转换证券由于被转换而不再在外发行，就不用支付这些利息或股利了。

可转换债券

现在，回到我们的示例，稍做修改以反映可转换债券的存在（见示例 15－11）。

示例 15－11　可转换债券

Sovran 金融公司 2018 年报告的净利润为 1.54 亿美元（所得税税率为 40%）。它的资本结构包括下列部分：

普通股

1 月 1 日	6 000 万股普通股发行在外
3 月 1 日	出售 1 200 万股新股
6 月 17 日	分配 10%的股票股利
10 月 1 日	回购 800 万股作为库存股

（2018 年普通股的平均市场价格为每股 25 美元。）

不可转换优先股

1 月 1 日—12 月 31 日	500 万股，8%，每股面值 10 美元

激励性股票期权

2013 年授予高管股票期权，在 2017 年以后可以行权，行权时可以以每股 20 美元的行权价购买 1 500 万股普通股*。

可转换债券

2017 年发行的利率为 10%、面值为 3 亿美元、能够转换为 1 200 万股普通股的可转换债券。

（除每股金额外，单位为百万美元）

基本每股收益（不变）

净利润　　优先股股利

$$\frac{154 \qquad -4}{60\times 1.1+12\times(10/12)\ \times 1.1-8\times(3/12)}=\frac{150}{75}=2.00(\text{美元})$$

1月1日股票　　新股　　库存股

股票股利调整

稀释每股收益

净利润　　优先股股利　　节约的税后利息

$$\frac{154 \qquad -4 \qquad +30-40\%\times 30}{60\times 1.1+12\times(10/12)\times 1.1-8\times(3/12)\ +(15^{*}-12)\ +12^{*}}=\frac{168}{90}=1.87(\text{美元})$$

1月1日股票　　新股　　库存股　　期权行权　　债券转换

股票股利调整

* 根据股票股利调整。股票股利分配以前，债券可以转换为 $10\frac{10}{11}$ 百万股“旧”股票。股票股利分配之后，$10\frac{10}{11}$ 百万股“旧”股票变成了 12 百万股（$10\frac{10}{11}\times 1.1$）“新”股票。

如果债券已经转换，则应在分母中增加已发行的 1 200 万股普通股。然而，如果假设的转换已经发生，则当年债券就没有在外发行。如果没有债券，将会对利润产生怎样的影响？显然，将节约 3 000 万美元的债券利息费用（10%×3 亿美元），导致利润增加。但是，节约利息费用也意味着丧失了 3 000 万美元的抵税项目。如果所得税税率为 40%，则意味着将要多支付 1 200 万美元的所得税。所以，在利润中我们要反映由于转换而避免的 1 800 万美元的税后利息费用，即加回节约的 3 000 万美元利息费用，减去丧失的 1 200 万美元（40%×3 000 万美元）的所得税费用。

补充思考

上述示例中 3 亿美元的可转换债券是按面值发行的。假设这些债券以 2.82 亿美元的价格发行。在这种情况下，对利润的调整将被修改，以包括 1 800 万美元债券折价的摊销。假设按直线法在 10 年期限内摊销，对稀释每股收益计算的调整如下：

$$\frac{+[30+(18\div 10)]\times(1-40\%)^{*}}{+12}$$

以反映如下事实，即利息费用包括 3 000 万美元票面利息再加上债券折价的 1/10。[①]

* 这是反映税后利息调整的另一种方法，因为扣除 40%的利息费用等同于利息费用乘以 60%。

上述示例描述的是可转换债券的处理。同样的会计处理方式也适用于其他可转换为普通股的债务，比如可转换应付票据。请记住根据我们前几章对债务的讨论，所有债务都是类似的，无论是债券、票据还是其他形式的债务。

---

① 债券折价的摊销见第 12 章。

补充思考

注意，我们假设这些债券在报告期开始时被转换。然而，如果可转换债券在报告期内发行，我们将假设转换发生在发行日。假设它们在发行前被转换是不合逻辑的。举例来说，如果在我们的示例中，9 月 1 日出售可转换债券，每股收益计算的调整如下：

$$\frac{+(30-40\%\times30)\times4/12}{+12\times4/12}$$

以反映如下事实，即净增加的股票在当年只有 4 个月有效。

可转换优先股

可转换优先股的潜在稀释效应反映在每股收益的计算上，与可转换债券的计算方式大致相同。也就是说，我们计算每股收益时就好像转换已经发生。具体地说，在每股收益的计算式中我们将增加分母的股票数额。我们不会在分子中扣除优先股股利，因为如果优先股已经被转换，那么优先股股利将被避免。在示例 15 - 12 中，我们假设优先股可以转换为 300 万股普通股。

示例 15 - 12　可转换优先股

Sovran 金融公司 2018 年报告的净利润为 1.54 亿美元（所得税税率为 40%）。它的资本结构包括下列部分：

普通股

1 月 1 日	6 000 万股普通股发行在外
3 月 1 日	出售 1 200 万股新股
6 月 17 日	分配 10%的股票股利
10 月 1 日	回购 800 万股作为库存股

（2018 年普通股的平均市场价格为每股 25 美元。）

可转换优先股，可转换为 300 万股普通股*

1 月 1 日—12 月 31 日　　500 万股，8%，每股面值 10 美元

激励性股票期权

2013 年授予高管股票期权，在 2017 年以后可以行权，行权时可以以每股 20 美元的行权价购买 1 500 万股普通股*。

可转换债券

2017 年发行的利率为 10%、面值为 3 亿美元、能够转换为 1 200 万股普通股的可转换债券。

（除每股金额外，单位为百万美元）

基本每股收益

净利润　　优先股股利

$$\frac{154 \quad -4}{60\times1.1+12\times(10/12)\times1.1-8\times(3/12)}=\frac{150}{75}=2.00(\text{美元})$$

1 月 1 日股票　↑　新股　↑　库存股

└ 股票股利调整 ┘

稀释每股收益

净利润　　~~优先股股利~~　　节约的税后利息

$$\frac{154 \quad \not{-4} \quad +30-40\%\times30}{60\times1.1+12\times(10/12)\times1.1-8\times(3/12)+(15-12)+12+3^{*}}=\frac{172}{93}=1.85(\text{美元})$$

1 月 1 日股票　↑　新股　↑　库存股　期权行权　债券转换　优先股转换

└ 股票股利调整 ┘

* 根据股票股利调整。股票股利分配以前，优先股可以转换为 $2\frac{8}{11}$ 百万股“旧”股票。股票股利分配之后，$2\frac{8}{11}$ 百万股“旧”股票变成了 3 百万股（$2\frac{8}{11}\times1.1$）“新”股票。

对优先股转换的调整只适用于稀释每股收益的计算。基本每股收益不受影响。

然而，在计算稀释每股收益时，我们假设可转换优先股已经转换，所以不再是发行在外的。因此，这些股票不用发放优先股股利。

三、反稀释证券

有时，转换或行使潜在普通股的结果是增加每股收益，而不是减少。我们把它们称为**反稀释证券**（antidilutive securities）。在计算基本和稀释每股收益时，这些证券将被忽略。

期权、认股权证和权利

为了说明，回想一下我们在示例中对股票期权的处理方式。运用库存股法，假设回购的股票数量少于出售的股票数量。这是回购（平均市场）价格高于行权价格的情形。结果是，股票数量会有一个净增加，所以每股收益将会降低。

另一方面，如果行权价格高于市场价格，假设股票以行权价出售，以市场价格回购，那么这意味着回购的股票多于出售的股票。这将导致股票数量净减少，因此每股收益会增加，而不是减少。这就存在反稀释效应，并且不被视为行权。事实上，理性的投资者无论如何都不会以高于当前市场价格的价格行权。让我们来看看示例15－13。

示例15－13　反稀释认股权证

Sovran金融公司2018年报告的净利润为1.54亿美元（所得税税率为40%）。它的资本结构包括下列部分：

普通股

1月1日	6 000万股普通股发行在外
3月1日	出售1 200万股新股
6月17日	分配10%的股票股利
10月1日	回购800万股作为库存股

（2018年普通股的平均市场价格为每股25美元。）

可转换优先股，可转换为300万股普通股

1月1日—12月31日	500万股，8%，每股面值10美元

激励性股票期权

2013年授予高管股票期权，在2017年以后可以行权，行权时可以以每股20美元的行权价购买1 500万股普通股。

可转换债券

2017年发行的利率为10%、面值为3亿美元、能够转换为1 200万股普通股的可转换债券。

认股权证

2017年授予认股权证，行权时可以以每股32.5美元的行权价格购买400万股普通股。*

计算

认股权证不影响基本和稀释每股收益的计算，因为行使该认股权证具有反稀释效应。

* 根据股票股利调整。股票股利分配以前，认股权证行权可以购买$3\frac{7}{11}$百万股“旧”股票。股票股利分配之后，$3\frac{7}{11}$百万股“旧”股票变成了4百万股（$3\frac{7}{11}\times 1.1$）“新”股票。

假设以行权价格每股32.50美元出售400万股股票，再以较低的市场价格（25美元）回购股票，则意味着可以回购520万股。这比售出的股票数量要多。因为这具有反稀释效应，我们在计算中应该忽略认股权证。

在我们的示例中，只有认股权证具有反稀释效应。其他潜在普通股在我们假设它们行权或转换时会导致每股收益下降。在高管股票期权的案例中，很明显它们具有稀释作用，因为行权价格低于市场价格，这表明回购的股票（以平均市场价格）少于假设发行的股票（以行权价格）。结果导致分母增大。当分数的分母增大时，分数本身会减小。然而，在认股权证的案例中，认股权证具有反稀释作用，因为行权价格高于市场价格，这将减小分母，从而使分数增大。

当一家公司有净亏损，而不是净利润时，它会报告每股亏损。在这种情况下，股票期权的稀释作用将变成反稀释作用。为什么？假设每股亏损为 2.00 美元，计算如下：1.5 亿美元÷7 500 万股＝2.00 美元。现在假设股票期权已经发行，如果行权的话，将增加 500 万股股票。如果将这个增加包含在计算式中，每股亏损将为 1.88 美元，计算如下：1.5 亿美元÷8 000 万股＝1.88 美元。因此，每股亏损下降了。这体现出业绩的提高——而不是稀释业绩。此时，股票期权将被视为具有反稀释作用，因此在计算每股净亏损时不会将其包括在内。任何因具有反稀释作用而不包含在稀释每股收益计算中的潜在普通股都应该在附注中披露。

可转换证券

然而，对于可转换证券来说，其转换所带来的影响是稀释还是反稀释不是很明显，因为转换会同时影响每股收益计算式中的分子和分母。只有在计算中包含它们的影响并观察结果（降低每股收益）之后，我们才能发现每一种证券是不是稀释性的。但是，有一种更简单的判断方法。

为了确定可转换证券是否具有稀释性并且是否应包含在稀释每股收益的计算中，在考虑可转换证券的影响之前，我们可以将转换的“增量效应”（以分数表示）与每股收益分数进行比较。这当然就是我们的基本每股收益。回顾示例 15－12，基本每股收益为 2.00 美元。

为了便于比较，我们计算两种可转换证券的“增量股票每股收益”。

（1）债券的转换：

节约的税后利息

$$\frac{+30-40\%\times30}{+12}=\frac{18}{12}=1.5(\text{美元})$$

债券转换

（12）优先股的转换：

优先股股利

$$\frac{+4}{+3}=1.33(\text{美元})$$

优先股转换

如果证券的增量效应高于基本每股收益，那么它就具有反稀释性。这不是我们示例中的情形。

多种可转换证券的计算顺序

一种可转换证券单独来看可能是稀释性的，但实际上，当与其他可转换证券结合时，它可能是反稀释性的。这是因为在每股收益的计算过程中，证券的计算顺序决定了它们对每股收益的影响是多少，甚至是否有影响。我们的目标是揭示可能导致的最大的潜在稀释效应，理论上，我们应该用潜在普通股的各种可能的组合来计算稀释每股收益，以找到导致每股收益最低的组合。但这是没有必要的。

我们可以使用增量股票每股收益来决定将证券纳入计算的顺序。我们将证券以相反的顺序包含进来，从最低的增量效应开始（也就是稀释性最强的），接着是次低的，以此类推。事实上，这也是我们的示例中包含证券的顺序。

补充思考

实际上，在我们的示例中计算的顺序没有区别，但在很多情况下并不是如此。例如，假设优先股可以转换为210万股，而不是300万股。其转换的增量效应如下：

优先股的转换

优先股股利

$$\frac{+4}{+2.1}=1.9(\text{美元})$$

优先股转换

从表面上看，这种影响似乎是稀释性的，因为1.90美元低于基本每股收益2.00美元。事实上，如果这是唯一的可转换证券，那么它就是稀释性的。但是，如果假设可转换债券先转换，那么之后转换的优先股将是反稀释性的。

债券的转换

净利润　　优先股股利　　节约的税后利息

$$\frac{154\qquad -4\qquad +30-40\%\times30}{60\times1.1+12\times(10/12)\times1.1-8\times(3/12)+(15-12)\ +12}=\frac{168}{90}=1.867(\text{美元})$$

1月1日股票　新股（股票股利调整）　库存股　期权行权　债券转换

优先股的转换

净利润　　~~优先股股利~~　　节约的税后利息

$$\frac{154\qquad \cancel{-4}\qquad +30-40\%\times30}{60\times1.1+12\times(10/12)\times1.1-8\times(3/12)+(15-12)+12}=\frac{172}{92.1}=1.868(\text{美元})$$

1月1日股票　新股（股票股利调整）　库存股　期权行权　债券转换　优先股转换

尽管可转换优先股的增量效应（1.90美元）低于基本每股收益（2.00美元），但是当我们先计算债券的转换时，优先股的转换就具有反稀释效应（每股收益增加）。

概念回顾练习

基本和稀释每股收益

2018 年 12 月 31 日，Clevenger Casting 公司的财务报表包含以下内容：

2018 年净利润	5 亿美元
普通股，每股面值 1 美元：	
1 月 1 日发行在外的股票	1.5 亿股
2 月 1 日支付现金注销股票	2 400 万股
9 月 1 日出售股票获得现金	1 800 万股
7 月 23 日 1 股拆 2 股股票分割	
优先股，10%，面值 70 美元，累积，不可转换	7 000 万美元
优先股，8%，面值 50 美元，累积，可转换为 400 万股普通股	1 亿美元
发行在外的激励性股票期权，全部可行权，对应 400 万股普通股，行权价格为 15 美元	
应付债券，12.5%，可转换为 2 000 万股普通股	2 亿美元

其他数据：

2018 年普通股的每股市场价格平均为 20 美元。

可转换优先股和应付债券于 2016 年以面值发行。所得税税率为 40%。

要求：

计算结束于 2018 年 12 月 31 日的会计年度的基本每股收益和稀释每股收益（除每股金额外，单位为百万美元）。

解答：

基本每股收益：

净利润　　优先股股利　　优先股股利

$$\frac{500 - 7^{a} - 8^{b}}{150\times2-24\times(11/12)\times2+18\times(4/12)}=\frac{485}{262}=1.85(美元)$$

1 月 1 日股票　　注销股票　　新股

（股票分割调整）

稀释每股收益：

净利润　　优先股股利　　优先股股利　　节省后的税后付息

$$\frac{500 - 7^{a} - 8^{b} + 25^{d} - 40\%\times25^{d}}{150\times2-24\times(11/12)\times2+18\times(4/12)+(4-3)^{c}+20}=\frac{500}{283}=1.77(美元)$$

1 月 1 日股票　　注销股票　　新股　　期权行权　　债券转换

（股票分割调整）

a. 10% × 70 = 7(百万美元)。
b. 8% × 100 = 8(百万美元)。
c. 期权行权：

　400 万股
× 15 美元（行权价）
　6 000 万美元

÷ 20 美元（平均市场价格）
300 万股

d. 12.5%×200= 2 500(万美元)。

稀释：

债券转换	8%的优先股转换
节约的税后利息	优先股股利
$\frac{+25-40\%\times25}{+20}=0.75$(美元)	$\frac{+8}{+4}=2.00$(美元)*
债券转换	优先股转换

*因为优先股转换的增量效应（2美元）高于转换之前的每股收益，因此转换具有反稀释性，在计算稀释每股收益时不予考虑。

四、每股收益的其他问题

库存股法中“收益”的组成

如果有股票期权发行在外，在计算稀释每股收益时，我们假设期权已被行权。也就是说，我们假设公司以行权价格出售了期权中指定的股票，出售获得的“收益”被用来以当年股票平均市场价格回购尽可能多的股票（作为库存股）。计算过程中的收益应该包括假设期权行权所带来的金额（在示例 15－10 中是 3 亿美元）。但这只是收益两个可能的组成部分中的一个。

收益的第二个组成部分是尚未费用化的薪酬总额。如果授予日期权的公允价值是 4 美元，那么薪酬总额等于 1 500 万股乘以 4 美元，即 6 000 万美元。然而，在我们的例子中，假设期权在 2018 年之前全部可行权，因此已经将 6 000 万美元全部费用化，那么收益的第二个组成部分为零。如果只有一半的期权可行权，那么还有一半的薪酬没有被确认为费用，上述 3 亿美元的收益应该增加 3 000 万美元。如果计算发生在 4 年授权期的后两年，就会出现这种情况。

为什么收益包括这两个部分？我们可以这样思考。“收益”包括公司从奖励中获得的所有东西：(1) 行权时收到的现金；(2) 接受人提供的服务（以薪酬形式奖励的价值）。我们排除费用化部分的原因是，费用化会减少利润，所以稀释部分已经反映在每股收益当中。排除费用化部分可以避免额外的稀释，如果我们将那些额外的收益包含在假设的股票回购中，这种情况就会发生。因此，我们避免重复计算薪酬的稀释效应。

每股收益计算中的限制性股票奖励

正如之前讨论的，限制性股票奖励和它们的近亲限制性股票单位，已经取代股票期权成为股票薪酬计划的首选。和股票期权一样，它们也代表了潜在普通股，它们的稀释效应也应该包含在稀释每股收益的计算中。事实上，它们也使用库存股法。也就是说，行权带来的股票将增大分母，然后用“收益”按当年公司股票平均市场价格回购的股票将减小分母。不过，与股票期权不同的是，收益的第一部分通常是不存在的；员工取得股票不需要出钱。

此外，只有不可行权的限制性股票和限制性股票单位被纳入每股收益计算；所有可行权的股票实际上都已经被分配并发行在外。收益的第二个组成部分是尚未费用化的不可行权限制性股票的薪酬总额。例如，回顾示例 15－2 中的限制性股票。奖励的薪酬总额为 6 000 万美元（每股市场价格 12 美元×500 万股）。因为限制性股票的授权期是 4 年，所以每年确认 1 500 万美元的薪酬费用。2018 年末，即第一年，还有 4 500 万美元尚未费用化，所以在每股收益计算中，这 4 500 万美元应当被假设为收益。如果我们假设当年的平均市场价格是 15 美元，那么 4 500 万美元可以回购 300 万股，因此稀释每股收益计算式的分母将净增加 200 万股普通股：

$$\frac{\text{分子没有调整}}{500\text{ 万股}-300\text{ 万股}^{*}=200\text{ 万股}}$$

* 假设购买的库存股
4 500 万美元
÷ 15 美元　　平均市场价格
300 万股

第二年，也就是 2019 年末，还有 3 000 万美元尚未费用化。假设当年的平均市场价格是 12 美元，因此稀释每股收益计算式的分母将净增加 250 万股普通股：

$$\frac{\text{分子没有调整}}{500\text{ 万股}-250\text{ 万股}^{*}=250\text{ 万股}}$$

* 假设购买的库存股
3 000 万美元
÷ 12 美元　　平均市场价格
250 万股

或有可发行股票

有时，协议会规定根据一些未来情况而发行额外的普通股。例如，在示例 15-14 披露的附注中，亨特制造公司报告了与其收购芬尼制造有限公司相关的或有股票。

示例 15-14　或有可发行股票——亨特制造公司

附注 12：收购（节选）
公司用 135 000 股每股价值为 7.71 美元的限制性普通股收购了位于印第安纳州曼西市的芬尼制造公司。芬尼制造公司是一家厨房用品的制造商。购买协议规定，根据芬尼制造公司的利润，下一会计年度最多可额外增发 135 000 股普通股。

有时，在达到一定业绩水平时，或有股票可以向被收购公司的股东、特定高管或其他人员发行。或有业绩可能是期望的利润水平、目标股价或其他可衡量的业务水平。

在计算每股收益时，如果目标业绩水平已经达到（假设维持至或有期间结束），那么**或有可发行股票**（contingently issuable shares）被视为已经发行。例如，如果规定利润达到某一水平时会在未来某一天发行股票，而当年报告的利润已经实现甚至超过了目标，那么这些额外的股票将会直接加到稀释每股收益计算式的分母中。①

为了说明，参考我们计算稀释每股收益的示例。假设如果第二年（2019 年）的净利润达到 1.5 亿美元或以上，那么将向特定高管发行 300 万股额外股票。回想一下，Sovran 金融公司 2018 年的净利润为 1.54 亿美元，因此在稀释每股收益的计算中，额外的股票被视为已经发行，那么每股收益计算式的分母将增加 300 万股。很明显，2019 年的条件（净利润达到 1.5 亿美元或以上）还没有得到满足，因为这仅仅是 2018 年。但是由于在 2018 年实现了这一利润水平，因此假设 2019 年也有可能实现这一目标。

① 如果所有条件都已经满足，没有任何情况会导致这些股票不发行，那么这些股票应包括在基本和稀释每股收益的计算中。从本质上讲，这些不再是或有可发行股票。

假设或有可发行股票已经发行（稀释每股收益）：

$$\frac{\text{分子没有调整}}{+3\ \text{额外股票}}$$

从另一方面来说，如果下一年的目标收入是1.6亿美元，在计算中将忽略或有可发行股票。

潜在普通股对每股收益的影响总结

你已经看到，在某些特定情况下，出于计算每股收益的目的，对于那些可能变成普通股从而降低每股收益的证券，我们假设它们已经变成了普通股。示例15－15的表格总结了计算基本和稀释每股收益时这些证券的稀释效应。

示例15－15　如果潜在普通股反映在每股收益中

潜在普通股	稀释效应反映在每股收益的计算中吗？*	
	基本每股收益	稀释每股收益
• 股票期权（或认股权证、权利）	否	是
• 限制性股票	否	是
• 可转换证券（债券、票据、优先股）	否	是
• 或有可发行股票	否	是†

* 不包括反稀释效应。
† 除非一些业绩水平没有实现。

示例15－16总结了当潜在稀释性证券的稀释效应反映在计算过程中时，对稀释每股收益的具体影响。

示例15－16　潜在普通股如何反映在稀释每股收益的计算中

潜在普通股	对稀释每股收益的修正	
	分子	分母
• 股票期权（或认股权证、权利）	无	加上行权产生的股票*，减去以平均市场价格回购的股票
• 限制性股票	无	加上行权产生的股票*，减去以平均市场价格回购的股票
• 可转换债券（或票据）	加上债券转换后可以避免的利息（税后）	加上债券（或票据）转换*产生的股票
• 可转换优先股	不扣除优先股转换后可以避免的股利	加上优先股转换*产生的股票
• 或有可发行股票：在特定条件满足时发行，并且当前已经满足了这些条件	无	加上可发行的股票
• 或有可发行股票：在特定条件满足时发行，但是当前尚未满足这些条件	无	无

* 在年初或者潜在普通股发行时（以哪个更晚为准）。如果在年中行权或转换，则增加的股票要按时间加权。

实际转换

在我们的例子中计算每股收益时，我们“假设”可转换债券在年初就转换了。如果它们在 11 月 1 日实际转换，该怎么办？有趣的是，稀释每股收益完全相同。原因如下：

(1) 实际转换将会在 11 月 1 日增加 1 200 万股普通股。这些股票用时间加权将使分母增加 12×(2/12)。同时，分子也会变大，因为转换节约了最后两个月的债券税后利息，净利润将增加 [(30－40%×30)×(2/12)]。注意，这不是对每股收益计算的调整。相反，实际上净利润增加了 [(30－40%×30)]×(2/12) = 3（百万美元）。也就是说，报告的净利润将是 1.57 亿美元，而不是 1.54 亿美元。

(2) 由于它们具有潜在稀释性，我们可以假设它们在当年 11 月 1 日之前转换。1 月 1 日至 11 月 1 日发行在外的 1 200 万股普通股，按照 10 个月的时间进行加权：12×(10/12)。同时，因为节约了债券前 10 个月的税后利息费用 [(30－40%×30)×(10/12)]，将使分子变大。

注意，稀释每股收益的增量效应是相同的。

没有实际转换：　　　　　　　　　　　　11 月 1 日转换：

假设节约的税后利息　　　　实际节约的税后利息　　　　假设节约的税后利息

$$\frac{+30-40\%\times30}{+12}=\frac{+(30-40\%\times30)\times(2/12)+(30-40\%\times30)\times(10/12)}{12\times(2/12)\qquad\qquad+12\times(10/12)}$$

假设债券转换　　　　　　债券实际转换　　　　　　假设债券转换

$$\frac{+18}{+12}=\frac{3\qquad+\qquad15}{2\qquad+\qquad10}$$

示例 15-17 显示了高乐氏公司可转换票据转换后的附注。

示例 15-17　票据转换——高乐氏公司

附注 1：重要会计政策——普通股每股收益（节选）
8 月 1 日，对 Henkel 公司 900 万美元的应付票据转换成 1 200 万股普通股。普通股每股收益和在外发行的普通股加权平均股数反映了这一转换，就好像在任何时期它们都是有效的。

每股收益数据在财务报表上的列报

回顾第 3 章，如果一家公司处置了一部分业务，公司将在利润表中将其作为单独的项目——“非持续经营业务”进行报告，如下：

持续经营利润
非持续经营业务
净利润

如果利润表包含非持续经营业务，必须将持续经营业务的每股收益（基本和稀释）和净利润的每股收益（基本和稀释）分开报告。非持续经营业务利润的每股金额可以在利润表内或者财务报表附注中披露。H&R Block 公司是在利润表内列报的，示例 15-18 是该公司结束于 2016 年 4 月 30 日的会计年度的利润表节选。

示例 15-18　每股收益披露——H&R Block 公司

合并利润表（节选） 会计年度截至4月30日		
	2016年	2015年
持续经营净利润	\$383 553	\$486 774
非持续经营净亏损	(9 286)	(13 081)
净利润	\$374 267	\$473 663
基本每股收益（亏损）：		
持续经营	\$1.54	\$1.77
非持续经营	(0.04)	(0.05)
合并	\$1.50	\$1.72
稀释每股收益（亏损）：		
持续经营	\$1.53	\$1.75
非持续经营	(0.04)	(0.04)
合并	\$1.49	\$1.71

在比较报表中，基本和稀释每股收益数据应该在所有报告期的利润表内报告。没有潜在普通股的公司只需报告基本每股收益。附注中应提供额外的披露，包括：

（1）将基本每股收益计算式中的分子和分母调整为稀释每股收益计算式中使用的分子和分母的过程。示例15-19利用示例15-12的案例阐述了这个过程。

（2）因为优先股股利而对分子的调整。

（3）因为具有反稀释性而没有包含在计算过程中的任何潜在普通股。

（4）最近一个报告期结束之后发生的对每股收益有重大影响的交易。

示例 15-19　将基本每股收益调节为稀释每股收益　　单位：百万美元

每股收益的调节	利润（分子）	股票（分母）	每股金额
净利润	\$154		
优先股股利	(4)		
基本每股收益	150	75	\$2.00
股票期权	无	3*	
可转换债务	18	12	
可转换优先股	4	3	
稀释每股收益	\$172	93	\$1.85

注：以每股32.5美元的价格购买额外400万股的认股权证当年发行在外，但是没有包含在稀释每股收益的计算中，因为该认股权证的行权价格高于普通股的平均市场价格。

* 15－[(15×20)÷25]＝300万股净增加股票。

补充思考

潜在普通股可能会对净利润的一部分产生稀释效应，而对另一部分产生反稀释效应。如果包含潜在普通股对“持续经营利润”有稀释效应，该效应也应该包含在稀释每股收益的所有计算之中。换句话说，计算持续经营利润的稀释每股收益时使用的潜在普通股数据，也要用于计算其他所有稀释每股收益金额，即使对某个每股收益是反稀释性的。

决策者视角

我们在本章前面部分提到过，投资者和债权人非常关注每股收益信息。由于分析师对盈余公告的重视，公司非常渴望达到盈利预期。正如我们在第 3 章所提到的，这种渴望导致了一个趋势，尤其是在科技公司中，就是报告**模拟**（pro forma）每股收益。什么是模拟利润？遗憾的是，这个问题没有答案。从本质上讲，模拟利润是实际的（公认会计原则）利润扣除报告公司认为不常见的、应当排除在外的费用。不过，一个公司的模拟结果总是优于实际结果。宽带和网络产品提供商博通公司报告的模拟每股收益为 0.49 美元。然而，根据公认会计原则，它的实际情况是每股亏损 3.29 美元。这不是特例。

我们一定要着重关注事情的本质。如果一个利润数据是模拟的，你应该立即寻找能够告诉你它的计算过程（哪些包含在计算中，哪些没有包含在计算中）的附注或解释。

当公司报告模拟结果时，它们认为它们正在试图提供能更准确反映其正常业务活动的数据，以帮助投资者进行决策，因为它们排除了不常见的费用。但是，分析师应该持怀疑态度。由于模拟报告的完全自由裁量性，以及一些著名的滥用案例，分析师至少应该准确地找出哪些费用被排除在外，以及基于公认会计原则的实际数据是多少。

另一种管理者可以提高每股收益的方式是调整计算式中的分母。减少股票数量可以增加每股收益。一些公司用股票回购计划来操纵股票数量，从而操纵每股收益。股票回购本身并无不妥之处，正如我们在第 14 章所指出的那样，股票回购可能对股东有利。不过，回购的动机有时可以从净利润和每股收益的各年变动中发现。如果公司每股收益增长率经常超过净利润增长率，则可能是利用回购来人为地增加每股收益。

分析师使用每股收益数据的另一种方式与市盈率有关。这个比率是用每股市场价格除以每股收益得到的。它表明了资本市场愿意为公司利润支付的价格倍数，以此来衡量市场对公司利润质量的看法。这个比率大体上反映了所有财务信息，其中市场价格反映了分析师对公司增长潜力、稳定性和相对风险的看法。市盈率将这些业绩指标与市场对公司价值的外部判断联系起来。

此外，该比率反映了市场对当期利润所暗示的未来利润的预期，在这个意义上，该比率衡量了盈余质量。在比较市盈率时要谨慎。例如，一个比率可能很低，不是因为对利润的预期很低，而是因为当前利润的异常增加。相反，这一比率可能很高，不是因为对利润的预期很高，而是因为公司当前的利润暂时低迷。同样，在进行比较时，分析师应该警惕不同公司会计处理方法的差异。

股东和潜在股东经常计算的另一个比率是股利支付率。这个比率表示作为股利分配给股东的利润的百分比。该比率等于普通股每股股利除以每股收益。

这一比率反映了公司的再投资策略。低股利支付率表明，公司为再投资新设施和其他经营需求而保留了大部分利润。成长型行业往往呈现出低股利支付率，成熟行业往往是高股利支付率。不过，这一比率通常只是反映管理层的内部与外部融资组合策略。由于税收或其他原因，投资者更喜欢当前利润而不是市场价格上升，或者相反，他们也会考虑这一比例。

概念回顾练习

其他每股收益问题

Bahnson General 公司 2018 年 12 月 31 日的财务报表包含以下内容：

2018 年净利润（包括非持续经营税后净亏损 1 000 万美元）	1.8 亿美元
普通股，面值 1 美元：	
1 月 1 日发行在外	4 400 万股

该公司年初和年末的股价分别为 25 美元和 28 美元。

其他数据：

- 2018 年 1 月 1 日，2 亿美元、利率为 10%可转换票据发行在外。这些票据在 4 月 1 日转换为 1 600 万股普通股。
- 与公司高管达成的协议要求，根据 Bahnson 公司 2019 年和 2020 年的净利润，在这两年发行总计 1 200 万股的额外普通股。如果公司的股票价格不低于每股 26 美元，那么高管在这两年的每年年末将获得 200 万股股票；如果股价不低于 29.50 美元，每年将获得另外 400 万股股票。

税率为 40%。

要求：

计算结束于 2018 年 12 月 31 日的年度的基本和稀释每股收益。

解答：

（除每股金额外，单位为百万美元）

基本每股收益：

$$\frac{\overset{\text{净利润}}{180}}{\underset{\text{1月1日股票}}{44} + \underset{\text{票据实际转换}}{16\times\frac{9}{12}}}=\frac{180}{56}=3.21(\text{美元})$$

稀释每股收益：

$$\frac{\overset{\text{净利润}}{180} + (20-40\%\times 20)\times\frac{3}{12}}{\underset{\text{1月1日股票}}{44} + \underset{\text{票据实际转换}}{16\times\frac{9}{12}} + \underset{\text{假设票据转换}}{16\times\frac{3}{12}} + \underset{\text{或有股票}}{(2+2)}}=\frac{183}{64}=2.86(\text{美元})$$

可转换票据：注意，无论可转换票据实际转换与否，它对稀释每股收益的影响是一样的。

4 月 1 日转换：

包含实际节约的税后利息的净利润 假设节约的税后利息

$$\frac{180 + (20-40\%\times 20)\times\frac{3}{12}}{44 + 16\times\frac{9}{12} + 16\frac{3}{12}}=\frac{183}{60}$$

1 月 1 日股票　票据实际转换　假设票据转换

没有实际转换：

不包含实际节约的税后利息的净利润　假设节约的税后利息

$$\frac{171^{*} + (20-40\%\times 20)}{44 + 16}=\frac{183}{60}$$

1 月 1 日股票　假设票据转换

*180−[(20−40%×20)×(9/12)]＝171，4 月 1 日至 12 月 31 日的税后利息。

或有可发行股票：

因为发行 400 万股股票（两年每年 200 万股）的条件已经满足，这些股票直接加入稀释每股收益的分母。当前的股价（28 美元）预计在整个或有期间保持不变，因此另外 800 万股（两年每年 400 万股）被排除在外。

利润表列报：

为了确定非持续经营前利润的每股金额，我们用非持续经营前利润替换计算式分子中的净利润（在本例中意味着要加回非持续经营净亏损 1 000 万美元）：

基本：$\frac{180+10}{56}$＝3.39(美元)　　稀释：$\frac{183+10}{64}$＝3.02(美元)

每股收益：	基本*	稀释
非持续经营前利润	$3.39	$3.02
非持续经营亏损	(0.18)	(0.16)
净利润	$3.21	$2.86

*只有稀释每股收益才要求在利润表内报告。基本每股收益在附注的每股收益调节中报告（如下）。

附注：

每股收益调整：

	利润（分子）	股票（分母）	每股金额
基本每股收益			
非持续经营前利润	$190	56	$3.39

非持续经营亏损	(10)	56	(0.18)
净利润	$180	56	$3.21
可转换债务	3	4	
或有可发行股票	—	4	
稀释每股收益			
非持续经营前利润	$193	64	$3.02
非持续经营亏损	(10)	64	(0.16)
净利润	$183	64	$2.86

财务报告案例问题参考答案

1. 类似本案例中的薪酬组合是如何对维罗斯起到激励作用的？

诸如维罗斯女士所接受的限制性股票和股票期权之类的股票薪酬计划，目的是激励接受人。如果奖励的股票是限制性的，在限制期内维罗斯女士不能自由出售股份，那么她就有动力留在公司直到股票可以出售。同样，股票期权只有在特定雇佣期结束后才能行权。股票薪酬计划的另一种激励是，接受人有动力采取行动使股票价值最大化。

2. 维罗斯女士收到限制性股票授权，公司对该授权如何进行会计处理？

与限制性股票有关的薪酬是不受限制的相同股票的市场价格。从授予日至限制期结束，公司将在整个服务期内确认薪酬费用。

3. 薪酬组合中包括购买超过80万股公司股票的股票期权，这将如何影响公司的薪酬费用？

类似于限制性股票的处理方法，期权的价值在服务期（通常是授权期）内记录为薪酬。

4. 本案例中的薪酬组合以及其他类似的股票期权会对公司的每股收益有什么影响？

如果在外发行的股票期权已被行权，由此增加的股票数量将减少或稀释每股收益。如果我们不考虑股票数量增加带来的稀释效应，可能会误导投资者和债权人。因此，除了基本每股收益，还需要计算稀释每股收益，以反映期权和其他潜在普通股的稀释效应。这意味着在计算每股收益时，就好像股票数量的潜在增加已经发生（尽管它还没有发生）。

本章学习目标概要

学习目标 15-1

我们计量在限制性股票计划中发行的股票的公允价值，并在服务期内将其费用化，服务期通常是从授予日至可行权日。

学习目标 15-2

同样，我们估计股票期权在授予日的公允价值，并在服务期内将其费用化，服务期通常是从授予日至可行权日。使用期权定价模型来估计授予日的公允价值，该模型考虑了期权的行权价格和预期期限、标的股票的当前市价及其预期的波动性、预期股利以及预期的无风险回报率。

学习目标 15-3

员工股份购买计划允许员工以优惠的条件购买公司股票。大多数这种计划都被视为薪酬，要求将所有折扣确认为薪酬费用。

学习目标 15-4

如果可能稀释每股收益的证券没有在外发行，那么公司就有一个简单资本结构。对于这种公司，每股收益等于归属于普通股股东的利润除以发行在外的普通股的加权平均数。当有潜在普通股发行在外时，那么公司就有复杂资本结构。在这种情况下，应当报告两种每股收益。基本每股收益假设没有稀释。稀释每股收益假设最大的潜在稀释。

学习目标 15-5

每股收益的计算是基于当期发行在外的普通股的加权平均数。在此期间发行的任何新股票都在计算式中用时间加权，然后增加该期间在外发行的股票数量。

学习目标 15-6

对于股票股利或股票分割，应追溯重述股票分配之前的股票数量，以反映股票的增加。当股票被回购时（作为库存股或被注销），它们应按未在外发行的时间加权，然后从报告期发行在外的股票数量中扣除。

学习目标 15-7

每股收益计算式的分子应该反映归属于普通股股东的利润。因此，优先股股利应从报告的净利润中扣除。对于累积优先股，不管当期是否宣告股利，都需要进行这一调整。

学习目标 15-8

为了计算稀释每股收益，假定股票期权、权利、认股权证都在期初行权（或在期权发行时行权，如果发行时间更晚的话），并且用收到的现金以当期平均市场价格回购尽可能多的股票（作为库存股）。

学习目标 15-9

为了将可转换证券纳入稀释每股收益的计算，假设在期初进行转换（或在可转换证券发行时转换，如果发行时间更晚的话）。每股收益计算式中的分母根据假设增加的普通股数量调整，分子将增加因转换而避免的债券利息（税后）和优先股股利。

学习目标 15-10

如果在每股收益计算过程中包含潜在普通股将导致每股收益增加而不是减少，那么那些潜在普通股被认为是反稀释性的，在每股收益的计算中不考虑它们。

学习目标 15-11

对于库存股法，"收益"包括：(a) 从假设的期权或限制性股票行权中收到的金额；(b) 尚未费用化的薪酬总额。

学习目标 15-12

对于或有可发行股票，在计算稀释每股收益时，如果它们发行前只需要时间，或者当前已经满足条件，那么或有可发行股票被视为已经发行。

学习目标 15-13

每股收益的数据（基本和稀释）应当报告：(a) 非持续经营前利润；(b) 非持续经营；(c) 净利润。还应当披露对计算式中分子和分母的调节过程。

学习目标 15-14

当期权被分级授予时，和美国公认会计原则不同，国际财务报告准则不允许使用直线法分配薪酬，也不要求公司在每个报告日至少确认已经可行权的奖励金额。美国公认会计原则和国际财务报告准则对每股收益的规定是相似的。两者的微小差异在于库存股法的运用、对可能用股票或现金结算的合同的处理以及或有可发行股票等方面。

本章重点问题回顾

15-1 限制性股票是什么？限制性股票奖励与限制性股票单位有何不同？描述如何确定和记录限制性股票奖励计划的薪酬费用。

15-2 股票期权计划给予员工一项选择权，用来购买（a）特定数量的公司股票，（b）以特定价格，（c）在特定期间。如何计量股票期权的公允价值是股票薪酬会计处理中最有争议的方面之一。描述计量公允价值的一般方法。

15-3 税法区分了符合免税规定的期权计划（包括激励计划）和不符合免税规定的期权计划。两者在税收处理上的主要区别有哪些？

15-4 股票期权（和其他股票薪酬）计划通常规定员工在可以获得奖励利益之前必须满足相应的业绩条件或市场条件。描述基于业绩条件期权和基于市场条件期权的会计处理的通用方法。

15-5 什么是简单资本结构？具有简单资本结构的公司如何计算每股收益？

15-6 在计算普通股加权平均数时，如何处理股票股利和股票分割？将这种处理与在年中出售额外股票获取现金情况下的会计处理进行比较。

15-7 年初1月1日，Blake公司有10万股普通股发行在外。5月13日，Blake公司分配了5%的股票股利。Blake公司在8月1日注销了1 200股。计算每股收益的加权平均股票数量是多少？

15-8 在计算每股收益时，为什么要将优先股股利从净利润中扣除？是否有不扣除的情况？

15-9 区分基本和稀释每股收益。

15-10 库存股法用于处理股票期权、认股权证和类似证券的稀释效应。描述这种方法在计算稀释每股收益时的运用。

15-11 可转换证券潜在的稀释效应通过假设转换法反映在每股收益的计算中。结合可转换债券描述这种方法。

15-12 利用假设转换法，可转换优先股的潜在稀释效应如何反映在每股收益的计算中？这种方式与可转换债券的处理方式有什么不同？

15-13 可转换证券单独来看可能具有稀释性，但与其他可转换证券结合来看时可能有反稀释性。在计算每股收益时，如何安排包含可转换证券的顺序，以避免将反稀释性证券包含在内？

15-14 如果股票期权和限制性股票在计算稀释每股收益时已经发行，那么在库存股法下，用于回购股票的"收益"有哪些组成部分？

15-15 Wiseman Electronics公司与若干部门经理达成协议，如果明年的营业利润超过210万美元，明年将发行5万股或有可发行股票。假设今年的营业利润是220万美元，或有可发行股票将如何影响每股收益的计算？如果营业利润是200万美元呢？

15-16 无论可转换证券是否实际转换，稀释每股收益都相同。为什么？

15-17 当利润表包括非持续经营业务时，需要报告哪些类型的每股收益？

15-18 除每股收益数据本身外，还应该额外披露哪些关于每股收益的信息？

15-19 （基于附录15A）可以认为股票期权的公允价值包括两个主要部分。它们是什么？

15-20 （基于附录15B）LTV公司向关键高管授予股票增值权。行权时，关键高管有权获得现金或等额股票，其价值等于行权日市场价格高于授予日股票价格的金额。LTV公司对这些奖励应该如何进行会计处理？

简要练习

15-1 限制性股票奖励

First Link Services公司向高管授予了800万股每股面值为1美元的普通股。如果在3年内终止雇佣关系，股票将被收回。在限制性股票奖励授予日，普通股的市场价格为每股6美元。不考虑税收，限制性股票的薪酬成本总额是多少？股票授予高管后，对以后年度的利润有何影响？

15-2 限制性股票单位

Second Link Services公司向高管授予了1 600万股每股面值为1美元的限制性股票单位。如果在4年内终止雇佣关系，限制性股票单位将被收回。在限制性股票单位的接受人满足了行权要求后，公司将分配股票。普通股在授予日的市场价格为每股 10 美元。不考虑税收，限制性股票单位的薪酬成本总额是多少？股票授予高管后，对以后年度的利润有何影响？

15-3 股票期权

基于高管股票期权计划，National 公司在 2018 年 1 月 1 日授予高管 1 200 万份期权，允许高管在接下来 6 年内购买公司 1 200 万股每股面值为 1 美元的普通股，但是不得早于 2020 年 12 月 31 日（可行权日）。行权价格是授予日股票的市场价格每股 17 美元。利用恰当的期权定价模型估计期权的公允价值为每份 5 美元。预期没有期权被收回。不考虑税收，股票期权的薪酬成本总额是多少？期权授予高管后，对以后年度的利润有何影响？

15-4 股票期权；收回

参照练习 15-3 中描述的情形。假设 2019 年由于未预计的人员流动而收回 5%的股票期权。那么，对 2019 年的利润有何影响？对 2020 年的利润有何影响？

15-5 股票期权；收回

2018 年 1 月 1 日，Hugh Morris 喜剧俱乐部（HMCC）授予关键高管 100 万股股票期权，行权时可以以每股 20 美元的价格购买公司 100 万股股票。股票期权是未来 3 年的薪酬。如果高管一直在公司任职，则期权可以在从 2021 年 1 月 1 日开始的 4 年内行权。2018 年没有任何期权被终止。普通股在授予日的市场价格是每股 25 美元。HMCC 估计每份期权的公允价值为 9 美元。2019 年，由于高管变更，1%的期权被收回。假设 HMCC 公司选择在收回实际发生时记录收回，那么在结束于 2019 年 12 月 31 日的会计年度 HMCC 应该记录多少薪酬费用？

15-6 股票期权；行权

参照练习 15-3 中描述的情形。假设期权在 2021 年 4 月 3 日行权，此时的市场价格为每股 19 美元。National 公司如何记录日记账分录？

15-7 股票期权；到期

参照练习 15-3 中描述的情形。假设期权到期时仍没有被行权。National 公司如何记录日记账分录？

15-8 基于业绩的期权

2018 年 10 月 1 日，Farmer Fabrication 公司向部门经理发行了对应 10 万股股票的股票期权。这些期权的估计公允价值是每份 6 美元。为了对管理层提供额外的激励，只有当 3 年内部门收入增长 5%时期权才可行权。公司最初估计这个目标很可能实现。在接下来的 3 年里每年应当记录多少薪酬？

15-9 基于业绩的期权

参照练习 15-8 中描述的情形。假设一年后 Farmer 公司估计部门收入增长 5%的目标在 3 年内不是很可能实现。2019 年对股票期权的会计处理应当是什么？

15-10 基于业绩的期权

参照练习 15-8 中描述的情形。假设 Farmer 公司最初估计部门收入增长 5%的目标在 3 年内不是很可能实现，但是一年后公司预计该目标在 2020 年末可以实现。2019 年及以后对股票期权的会计处理应当是什么？

15-11 附有市场条件的期权

2018 年 10 月 1 日，Farmer Fabrication 公司向部门经理发行了对应 10 万股股票的股票期权。这些期权的估计公允价值是每份 6 美元。为了对管理层提供额外的激励，只有当 3 年内公司股票价格上升 5%时期权才可行权。公司最初估计这个目标不是很可能实现。在接下来的 3 年里每年应当记录多少薪酬？

15-12 每股收益；股票发行；股票注销

McDonnell-Myer 公司报告的净利润为 7.41 亿美元。公司 1 月 1 日有 5.44 亿股普通股发行在外，并于 2 月 28 日出售了 3 600 万股。作为年度股票回购计划的一部分，4 月 30 日公司以每股 47 美元的价格回购 600 万股股票并注销。计算 McDonnell-Myer 公司当年的每股收益。

15-13　每股收益；不可转换优先股

2017 年 12 月 31 日和 2018 年 12 月 31 日，Funk & Noble 公司有 8.2 亿股普通股和 200 万股股利率 8%、面值 100 美元的累积优先股发行在外。2017 年和 2018 年，优先股和普通股都没有宣告股利。2018 年的净利润为 4.26 亿美元。所得税税率为 40%。计算结束于 2018 年 12 月 31 日的会计年度的每股收益。

15-14　每股收益；股票期权

公司有激励性股票期权发行在外。如果普通股平均市场价格和期末市场价格都是每股 60 美元，这些期权可以行权。行权时可以以每股 50 美元的价格获得 24 000 股普通股。这些期权全部可行权。在计算每股收益时，假设这些期权行权，发行在外的普通股加权平均数将会增加多少？

15-15　每股收益；可转换优先股

Ahnberg 公司 1 月 1 日有 80 万股普通股发行在外。当年没有发行普通股，但是 1 月 1 日 Ahnberg 发行了 10 万股可转换优先股。优先股可以转换为 20 万股普通股。当年，Ahnberg 支付了 6 万美元的优先股现金股利。净利润为 150 万美元。Ahnberg 当年的基本每股收益和稀释每股收益是多少？

15-16　每股收益；限制性股票奖励

Niles 公司向高管授予了 900 万美元无面值普通股。如果在 3 年内终止雇佣关系，股票将被收回。在 2017 年 1 月 1 日限制性股票奖励授予日，普通股的市场价格为每股 5 美元。在 2018 年 12 月 31 日计算稀释每股收益时，如果普通股 2018 年的平均市场价格是 5 美元，那么每股收益计算式中的分母将净增加多少？

习　题

15-2　限制性股票单位

2018 年 1 月 1 日，VKI 公司将限制性股票单位奖励给关键人员。它们对应 1 200 万股面值为 1 美元的普通股。如果在 3 年内终止雇佣关系，股票将被收回。接受人满足行权要求后，公司将分配这些股票。授予日，股票的市场价格为每股 2.50 美元。

要求：

1. 确定限制性股票单位的薪酬成本总额。
2. 2018 年 1 月 1 日，编制适当的日记账分录，记录限制性股票单位奖励。
3. 2018 年 12 月 31 日，编制适当的日记账分录，记录薪酬费用。
4. 2019 年 12 月 31 日，编制适当的日记账分录，记录薪酬费用。
5. 2020 年 12 月 31 日，编制适当的日记账分录，记录薪酬费用。
6. 2020 年 12 月 31 日，编制适当的日记账分录，记录解除对限制性股票单位的限制并发行股票。

15-4　限制性股票单位；预期收回

Magnetic-Optical 公司向员工提供多种股票薪酬计划。根据其限制性股票单位计划，公司于 2018 年 1 月 1 日向部门经理授予限制性股票单位，对应 400 万股每股面值 1 美元的普通股。如果 3 年内终止雇佣关系，股票将被收回。授予日普通股的市场价格为每股 22.50 美元。管理层的政策是估计收回。

要求：

1. 确定限制性股票单位的薪酬成本总额。
2. 2018 年 1 月 1 日，编制适当的日记账分录，记录限制性股票单位。
3. 2018 年 12 月 31 日，编制适当的日记账分录，记录薪酬费用。
4. 假设 Magnetic-Optical 公司预计在可行权前将收回 10%的限制性股票单位。确定薪酬成本总额。

15-6　股票期权

American Optical 公司向员工提供多种股票薪酬计划。根据其高管股票期权计划，公司在 2018 年 1 月 1 日授予高管期权，允许高管在 5 年内购买公司 400 万股面值为 1 美元的普通股，但是不得早于 2019 年 12

月 31 日（可行权日）。行权价格是授予日股票的市场价格每股 14 美元。利用恰当的期权定价模型估计 400 万份期权的公允价值为每份 3 美元。预期没有期权被收回。不考虑税收。

要求：

1. 确定股票期权的薪酬成本总额。
2. 2018 年 1 月 1 日，编制适当的日记账分录，记录期权奖励。
3. 2018 年 12 月 31 日，编制适当的日记账分录，记录薪酬费用。
4. 2019 年 12 月 31 日，编制适当的日记账分录，记录薪酬费用。

15-8 股票期权行权；到期

Walters Audio Visual 公司为其区域经理提供了一个激励性股票期权计划。2018 年 1 月 1 日，期权被授予，对应 4 000 万股面值为 1 美元的普通股。行权价格是授予日的市场价格——每股 8 美元。2020 年 1 月 1 日之前期权不能行权，2024 年 12 月 31 日期权到期。利用恰当的期权定价模型估计 4 000 万份期权的公允价值为每份 1 美元。

要求：

1. 计算激励性股票期权的薪酬成本总额。
2. 2018 年 12 月 31 日，编制适当的日记账分录，记录薪酬费用。
3. 2019 年 12 月 31 日，编制适当的日记账分录，记录薪酬费用。
4. 2020 年 3 月 12 日，75%的期权行权，此时市场价格为每股 9 美元，编制适当的日记账分录。
5. 2024 年 12 月 31 日，剩下的期权至到期时尚未行权，编制适当的日记账分录。

15-10 员工股份购买计划

为了鼓励员工持有公司每股面值为 1 美元的普通股，Washington Distribution 公司允许任何员工通过工资扣款的方式直接从公司购买股票。没有代理费，而且股票可以以 15%的折扣购买。3 月，员工们购买了 5 万股股票。此时，纽约证券交易所的股票市场价格为每股 12 美元。

要求：

编制适当的日记账分录，记录在员工股份购买计划下 3 月员工购买股票的交易。

15-12 每股收益；股票发行；股票股利

在结束于 2018 年 12 月 31 日的会计年度，Norstar Industries 公司报告的净利润为 655 000 美元。2018 年 1 月 1 日，公司有 90 万股在外发行的普通股。2018 年股票数量发生了以下变动：

4 月 30 日　在公开发行中出售 6 万股股票

5 月 24 日　宣告并分配 5%的股票股利

6 月 1 日　发行 72 000 股股票作为对价的一部分，从子公司购买资产

要求：

计算 Norstar 公司结束于 2018 年 12 月 31 日的会计年度的每股收益。

15-14 每股收益；股票股利；不可转换优先股

Hardaway Fixtures 公司 2017 年 12 月 31 日的资产负债表包含以下内容：

在外发行的股票：	
普通股，每股面值 1 美元	$ 800 000
不可转换优先股，每股面值 50 美元	2 000

2018 年 7 月 21 日，Hardaway 公司发放了 25%的股票股利。12 月 12 日，公司用现金支付了 5 万美元的优先股股利。结束于 2018 年 12 月 31 日的会计年度的净利润为 200 万美元。

要求：

计算 Hardaway 公司结束于 2018 年 12 月 31 日的会计年度的每股收益。

15-16 每股收益；股票股利；不可转换优先股；库存股；股票出售

2017 年 12 月 31 日，Berclair 公司有 2 亿股普通股和 300 万股股利率 9%、每股面值 100 美元的累积优

先股发行在外。2018 年 3 月 1 日，公司回购了 2 400 万股普通股作为库存股。2018 年 7 月 1 日，公司发放了 5%的普通股股票股利。10 月 1 日，400 万股库存股出售。结束于 2018 年 12 月 31 日的会计年度的净利润为 1.5 亿美元。

要求：

计算 Berclair 公司结束于 2018 年 12 月 31 日的会计年度的每股收益。

15-18　每股收益；股票股利；不可转换优先股；库存股；股票出售；股票期权行权

（注意：这是习题 15-16 的变形，修正后考虑了股票期权的行权。）

2017 年 12 月 31 日，Berclair 公司有 2 亿股普通股和 300 万股股利率 9%、每股面值 100 美元的累积优先股发行在外。2018 年 3 月 1 日，公司回购了 2 400 万股普通股作为库存股。2018 年 7 月 1 日，公司发放了 5%的普通股股票股利。10 月 1 日，400 万股库存股出售。结束于 2018 年 12 月 31 日的会计年度的净利润为 1.5 亿美元。

此外，在 12 月 31 日，公司还有 3 000 万份激励性股票期权发行在外。该股票期权于 2013 年 9 月 13 日授予关键高管。该股票期权从 2017 年 9 月 13 日开始可以行权，可以以每股 56 美元的行权价格购买 3 000 万股普通股。2018 年，普通股的平均市场价格为每股 70 美元。

2018 年 9 月 1 日，期权被行权。

要求：

计算 Berclair 公司结束于 2018 年 12 月 31 日的会计年度的基本和稀释每股收益。

15-20　每股收益；股票发行；股票期权

Stanley 公司结束于 2018 年 12 月 31 日的会计年度报告的净利润为 72 万美元。

其他信息：

2018 年 1 月 1 日在外发行的普通股	80 000 股
2018 年在外发行的激励性股票期权（2017 年授予）	24 000 份

（每份期权都能以 37.5 美元的行权价购买一股普通股。）

当年，Stanley 公司普通股的平均市场价格为每股 45 美元。

8 月 30 日，Stanley 公司出售 1.5 万股普通股。

Stanley 公司唯一的负债是 5 万美元、利率 10%的短期银行票据。

公司的所得税税率为 40%。

要求：

计算 Stanley 公司结束于 2018 年 12 月 31 日的会计年度的基本和稀释每股收益。

15-22　每股收益；限制性股票

作为高管薪酬计划的一部分，Vertovec 公司授予高管 54 000 股无面值普通股。如果在 3 年内终止雇佣关系，股票将被收回。Vertovec 公司的普通股在 2017 年 1 月 1 日限制性股票奖励授予日的市场价格为每股 5 美元，与 2018 年 12 月 31 日的市场价格相同。2018 年 1 月 1 日，公司有 80 万股普通股发行在外。2018 年的净利润为 12 万美元。

要求：

计算 Vertovec 公司结束于 2018 年 12 月 31 日的会计年度的基本和稀释每股收益。

15-24　新股；或有可发行股票

在 2018 年，公司经营的第一年，McCollum Tool Works 公司发生了以下与股东权益有关的交易。该公司被批准发行 1 亿股普通股，每股面值为 1 美元。

1 月 2 日发行 3 500 万股普通股并获得现金。

1 月 3 日与公司总裁签订协议，协议规定根据公司 2019 年的利润，可以在 2019 年发行最多 200 万股额外普通股。如果净利润超过 1.4 亿美元，总裁将获得 100 万股股票；如果净利润超过 1.5 亿美元，总裁将获得 200 万股股票。

3 月 31 日发行 400 万股股票用来交换工厂设备。

2018 年的净利润为 1.48 亿美元。

要求：

计算结束于 2018 年 12 月 31 日的会计年度的基本和稀释每股收益。

15－26　每股收益；概念；术语

以下列示了与每股收益相关的术语或短语。将 A 列中的项目与 B 列中最恰当的项目相匹配（填上字母）。

A 列	B 列
______ 1. 减去优先股股利	a. 期权行权
______ 2. 用 5/12 的时间加权	b. 简单资本结构
______ 3. 假设发行股票时间加权加上实际股票时间加权	c. 基本每股收益
______ 4. 年中事项视为在报告期初发生	d. 可转换优先股
______ 5. 优先股股利不减少利润	e. 归属于普通股股东的利润
______ 6. 只列报每股收益	f. 反稀释性
______ 7. 股票分割	g. 增强可销售性
______ 8. 潜在普通股	h. 非持续经营
______ 9. 行权价格高于市场价格	i. 股票股利
______ 10. 假设不存在稀释	j. 在分子中增加税后利息
______ 11. 可转换债券	k. 稀释每股收益
______ 12. 或有可发行股票	l. 非累积，未宣告优先股股利
______ 13. 最大化潜在稀释	m. 8 月初注销的普通股
______ 14. 显示净利润和持续经营利润的每股金额	n. 满足发行条件时，包含在稀释每股收益中

15－28　财务会计准则委员会准则汇编

在财务会计准则委员会网站（www.fasb.org）上访问会计准则汇编。确定以下各项的具体引用：

1. 股票期权的初始计量。
2. 将股票支付分类为负债的计量日期。
3. 计算稀释每股收益的公式。
4. 当年股票股利或股票分割影响利润表中每股收益列示的方式。

15－29　股票增值权；用股票结算

作为股票薪酬的 部分，International Electronics 公司 2018 年 1 月 1 日授予高管 2 400 万份股票增值权。行权时，股票增值权的持有人有权获得股票，所获得股票的价值等于行权时市场价格超出授予日股票价格的金额。该股票增值权直到 2021 年底才能行权（可行权日），2023 年底到期。授予日，每股面值 1 美元的股票的市场价格是每股 46 美元。2018 年 1 月 1 日，利用恰当期权定价模型估计的股票增值权的公允价值是每份 3 美元。2018 年、2019 年、2020 年、2021 年和 2022 年的 12 月 31 日，重新估计的公允价值分别为 4 美元、3 美元、4 美元、2.5 美元和 3 美元。预计所有接受人在授权期内都留在公司。

要求：

1. 2018 年 1 月 1 日，编制适当的日记账分录，记录股票增值权奖励。该股票增值权应该被报告为负债还是权益？
2. 2018 年 12 月 31 日至 2021 年 12 月 31 日，为该股票增值权编制适当的日记账分录。
3. 2022 年 12 月 31 日该股票增值权仍然未行权。编制当天适当的日记账分录。
4. 2023 年 6 月 6 日，该股票增值权行权，此时股票价格为 50 美元。编制当天适当的日记账分录。

15－30　股票增值权；用现金结算

（注意：这是习题 15－29 的变形，修正后允许用现金结算。）

作为股票薪酬的一部分，International Electronics 公司 2018 年 1 月 1 日授予高管 2 400 万份股票增值权。行权时，股票增值权的持有人有权获得现金或者股票，价值等于行权时市场价格超出授予日股票价格的金额。该股票增值权直到2021年底才能行权（可行权日），2023年底到期。授予日，每股面值1美元的股票的市场价格是每股46美元。2018年1月1日，利用恰当期权定价模型估计的股票增值权的公允价值是每份3美元。2018年、2019年、2020年、2021年和2022年的12月31日，重新估计的公允价值分别为4美元、3美元、4美元、2.5美元和3美元。预计所有接受人在授权期内都留在公司。

要求：

1. 2018年1月1日，编制适当的日记账分录，记录股票增值权奖励。
2. 2018年12月31日至2021年12月31日，为该股票增值权编制适当的日记账分录。
3. 2022年12月31日该股票增值权仍然未行权。编制当天适当的日记账分录。
4. 2023年6月6日，该股票增值权行权，此时股票价格为50美元，行权方式是选择收取等于市场价格增值金额的现金。编制当天适当的日记账分录。

15-31 股票增值权；用现金结算

作为股票薪酬的一部分，International Electronics公司2018年1月1日授予限制性股票单位，对应5 000万股每股面值1美元的普通股。行权时，限制性股票单位的持有人有权获得现金或者股票，价值等于行权时这些股票的市场价格。该限制性股票单位直到2021年底才能行权（可行权日），2023年底到期。授予日，每股面值1美元的股票的市场价格是每股6美元。2018年、2019年、2020年、2021年和2022年的12月31日，公允价值分别为8美元、6美元、8美元、5美元和6美元。预计所有接受人在授权期内都留在公司。在接受人满足了行权要求之后，公司将分配这些股票。

要求：

1. 2018年1月1日，编制适当的日记账分录，记录限制性股票单位奖励。
2. 2018年12月31日至2021年12月31日，为该限制性股票单位编制适当的日记账分录。
3. 2022年12月31日该限制性股票单位仍然未行权。编制当天适当的日记账分录。
4. 2023年6月6日，该限制性股票单位行权，此时股票价格为50美元，行权方式是选择收取现金。编制当天适当的日记账分录。

附录15A 期权定价理论

期权价值有两个基本部分：（1）内在价值；（2）时间价值。

内在价值

内在价值是期权持有者行使期权而不是直接购买标的股票的收益。如果一项期权允许员工以10美元的价格购买25美元的股票，那么期权的内在价值是15美元。如果期权的行使价格等于或超过标的股票的市场价格，则期权的内在价值为0。

时间价值

除内在价值外，期权也有时间价值，因为：(a) 期权持有人直到行权时才需支付行权价格；(b) 标的股票的市场价格可能会上升，从而形成额外的内在价值。只要没有过期，所有期权都有时间价值。在其他条件相同的情况下，距离过期的时间越长，时间价值就越高。例如，上面描述的期权的内在价值为15美元，它的公允价值可能是22美元（如果没有过期）。7美元的差额代表期权的时间价值。时间价值可分为两部分：（1）货币时间价值效应；（2）波动价值。

货币时间价值

货币时间价值部分是因为在期权到期之前，期权持有人不用支付行权价格。在等待行权期间，持有人可以将现金投资于其他地方。为了衡量，货币时间价值被假定为无风险美国国债的回报率。货币时间价值越高，延迟支付行权价格的价值越高。

如果标的股票没有支付股利，货币时间价值是行权价格（未来金额）和它的现值之间的差额。假设行权价格是 30 美元，如果现值（按无风险利率折现）为 24 美元，则货币时间价值是 6 美元。另一方面，如果股票支付了股利（或者在期权期限内预期会支付），那么货币时间价值就会降低。延迟支付行权价的价值将在一定程度上被放弃股利的成本抵消。例如，如果标的股票预期会支付股利，且预期股利的折现值为 2 美元，那么货币时间价值部分将从 6 美元下降至 4 美元。

波动价值

波动价值表示期权持有者可能从标的股票的市场价格上升中获利，但是只面临期权价值的损失，而不是股票全部市场价值的损失。例如，以 30 美元行权价格购买股票的期权，其公允价值可能是 7 美元。市场价格上升的潜在利润在理论上是无限的。然而，该股票未能升值的潜在损失只有 7 美元。

股票的波动性是指其价格在以前波动，或者预期在未来会波动。股票的波动性越大，潜在利润就越大。它通常用一个统计分布的标准差来衡量。从统计上看，如果预期年化波动率为 25%，那么该股票的年末价格会在其年初价格的上下 25%范围内波动的概率约为 67%。换句话说，年末股票价格下跌至这一区间以外的概率约为 33%。

期权定价模型考虑了股票价格的预期波动，在此基础上假设未来股票价格的统计分布，进而对未来股票价格的各种可能性做出假设。例如，一种流行的期权定价模型，Black-Scholes 模型，假设一个对数正态分布。这种假设认为，股价下跌一半的可能性与翻番的可能性一样大，并且价格发生较大波动的可能性比发生较小波动的可能性更小。股票的波动性越大，市场价格大幅上涨或下跌的可能性越高。由于大幅下跌的成本仅限于期权的当前价值，但大幅上涨的盈利能力是无限的，因此，基于波动性较高股票的期权比基于波动性较弱股票的期权更有可能获得较大的利润。

总结

总而言之，期权的公允价值是（a）内在价值加上（b）货币时间价值部分再加上（c）波动价值部分。影响期权公允价值的变量以及每个变量的影响效应见示例 15A-1。

示例 15A-1 各变量对期权公允价值的影响

其他因素相同，如果：	期权价值将会：
行权价格越高	越低
期权期限越长	越高
股票市场价格越高	越高
股利越多	越低
无风险回报率越高	越高
股票波动性越强	越高

附录15B 股票增值权

股票增值权（stock appreciation rights，SAR）克服了股票期权计划的一个主要缺点，即要求员工在期权行权时要实际购买股票。尽管期权的行权价格可能明显低于股票的市场价值，员工仍然必须拿出足够的现金来完成这笔交易。如果奖励金额巨大，那么这将是一个相当大的负担。对于不符合免税规定的股票期权计划，期权行权时还必须支付所得税。[①]

股票增值权提供了一个解决方案。与股票期权不同的是，这些奖励使员工能够从公司股票市场价格上涨中获益，而不必购买股票。员工被授予股票增值权，增值来源于行权日的市场价格超过预先设定价格（通常是授予日的市场价格）的差额。例如，如果股价从35美元上涨到50美元，员工持有一份股票增值权将获得15美元现金。股票增值权通常是以现金支付，或者接受人可以选择现金支付或股票支付。示例15B－1描述了IBM提供的一个此类计划。

示例15B－1　股票增值权——IBM

长期业绩计划（节选）
股票增值权让合格的期权持有人有另一种选择，即不是对相关股票期权行权，而是接受现金和/或股票支付，支付金额相当于期权价格与IBM股票在行权日的平均市场价格之间的差额。

是负债还是权益

在一些计划中，雇主选择在行权时发放股票或现金。而在另一些计划中，选择权属于员工。[②] 谁有选择权决定了会计处理的方式。更具体地说，会计处理取决于该奖励是被视为权益工具还是负债。如果雇主可以选择以股票而不是现金结算，那么该奖励应当被视为权益。但是，如果员工将收到现金或者可以选择收取现金，则该奖励应当被视为负债。

股票薪酬奖励被视为权益还是负债的区别在于，雇主是否有义务将资产转移给员工。以现金结算的股票增值权需要转移资产，因此是负债。另一方面，如果它只要求发行股票，那么股票增值权是权益工具。这并不意味着，发行者日后可能选择用现金结算的股票增值权不是权益工具。相反，现金结算被视为用现金回购权益工具。

用股票支付的股票增值权（权益）

如果股票增值权被视为权益（因为雇主可以选择以股票而不是现金形式进行结算），我们估计授予日股票增值权的公允价值，并在服务期内将薪酬计入费用。通常情况下，股票增值权的公允价值与具有相同条款的股票期权的公允价值相同。在授予日确定公允价值，在服务期确认薪酬费用，这与其他股票薪酬计划的会计处理相同。之后标的股票的价格变动，不

① 在前面的一个“补充思考”专栏中已经讨论了股票薪酬计划的税收处理。

② 许多这样的计划被称为串联计划，它同时奖励员工现金股票增值权和以等额股票结算的股票增值权。行权时一个会抵消另一个。

会改变薪酬总额。示例 15B－2 中的情形 1 阐述了这个过程。

示例 15B－2 股票增值权

2018 年 1 月 1 日，Universal Communications 公司发行了股票增值权，行权时，关键高管有权获得的薪酬等于行权日市场价格高于授予日股票价格的金额。该股票增值权在 2021 年年底可以行权（在此之前不能行权），2025 年底到期。2018 年 1 月 1 日，根据期权定价模型估计，股票增值权的公允价值为每份 8 美元。2018 年、2019 年、2020 年、2021 年和 2022 年的 12 月 31 日重新估计的公允价值分别为 8.40 美元、8 美元、6 美元、4.30 美元和 5 美元。

情形 1：股票增值权被视为权益，因为行权时 Universal 公司可以选择用股票结算

2018 年 1 月 1 日

无分录

计算薪酬费用总额：

8 美元　每份股票增值权的估计公允价值

×1 000 万份　授予的股票增值权

＝8 000 万美元　薪酬总额

薪酬总额在 4 年服务（授权）期内（2018—2021 年）分配计入费用：

8 000÷4＝2 000(万美元/年)

2018 年、2019 年、2020 年、2021 年的 12 月 31 日	单位：百万美元
借：薪酬费用（80÷4）	20
贷：投入资本——股票增值权计划	20

情形 2：股票增值权被视为负债，因为行权时员工可以选择收取现金

2018 年 1 月 1 日

无分录

2018 年 12 月 31 日	单位：百万美元
借：薪酬费用（$8.4\times10\times\frac{1}{4}$）	21
贷：负债——股票增值权计划	21
2019 年 12 月 31 日	
借：薪酬费用［$(8\times10\times\frac{2}{4})-21$］	19
贷：负债——股票增值权计划	19
2020 年 12 月 31 日	
借：薪酬费用［$(6\times10\times\frac{3}{4})-21-19$］	5
贷：负债——股票增值权计划	5
2021 年 12 月 31 日	
借：负债——股票增值权计划	2
贷：薪酬费用［$(4.3\times10\times\frac{4}{4})-21-19-5$］	2

用现金支付的股票增值权（负债）

如果股票增值权被视为负债（因为员工可以选择接受现金结算），我们估计股票增值权的公允价值，并在要求的服务期内将这一金额确认为薪酬费用，这与期权和其他股票薪酬的会计处理方式一致。然而，由于这些计划被认为是负债，因此有必要定期重新评估其公允价值，以便不断调整负债（以及相应的薪酬），直到支付为止。一定要注意，这与我们对其他负债的会计处理是一致的。回顾我们在第 13 章的讨论，例如，当税率变化导致递延所得税的最终负债发生变化时，我们调整该负债。

定期费用（以及对负债的调整）是股票增值权接受人当前已经赚得的那一部分薪酬总额（根据服务期的完成比例）减去以前期间已经费用化的金额。例如，假设在某个期末股票增

值权的公允价值是8美元，如果预计有1 000万份股票增值权将被行权，那么薪酬总额将为8 000万美元。假设4年服务期已经过去了两年，并且第一年已经确认了2 100万美元的费用。那么，第二年的薪酬费用应为1 900万美元，计算式为8 000万美元的2/4减去2 100万美元。示例15B-2中的情形2提供了一个跨越数年的例子。

注意，我们对薪酬估计变更的处理是在变更的期间进行“追赶”调整，与估计变更的通常处理方式不一致。

记住，对于大多数估计变更，修正是在剩余期间分配，而不是在变更期间一次性分配。然而，这种处理与我们在本章前面部分处理收回率估计变更的方式是一致的。

如果在服务期结束之后权利还未行使，将继续调整负债。

2022年12月31日　　　　　　　　　　　　单位：百万美元

借：薪酬费用 $\left[\left(5\times10\times\frac{4}{4}\right)-21-19-5+2\right]$　　7

　贷：负债——股票增值权计划　　7

在股票增值权最终被行权或失效以前，有必要继续调整薪酬费用和负债。[①] 例如，假设股票增值权在2023年10月11日被行权，此时公允价值为4.50美元，高管选择以现金方式获得市场价格增值。

2023年10月11日

借：负债——股票增值权计划　　5

　贷：薪酬费用 $\left[\left(4.5\times10\times\frac{4}{4}\right)-50\right]$　　5

借：负债——股票增值权计划　　45

　贷：现金　　45

让我们看一下2018—2023年负债——股票增值权计划账户的变化：

负债——股票增值权计划　　　　单位：百万美元

		21	2018年
		19	2019年
		5	2020年
2021年	2		
		7	2022年
2023年	5		
2023年	45		
		0	行权后的余额

用现金支付的限制性股票单位（负债）

回顾我们在本章的讨论，限制性股票单位给予接受人在满足行权条件后获得公司固定数量股票的权利。但是，有时接受人获得与这些股票等价的现金。如果员工将收取现金或者可以选择收取现金时，和股票增值权一样，我们将该奖励视为负债。我们确定其授予日的公允价值，并在要求的服务期内将这一金额确认为薪酬费用，和用现金支付的股票增值权一样，我们根据股票公允价值的变动定期调整负债（及相应的薪酬），直到负债被偿付。用现金支

① 累计薪酬费用不能为负值；也就是说，负债不能降到零以下。

付的限制性股票单位（有时被称为“虚拟股票”或“虚拟业绩股票”）的会计处理与示例 15B-2 情形 2 下用现金支付的股票增值权的处理方式类似。当然，我们将这一负债称为“负债——限制性股票”。而且，我们根据股票的实际公允价值确定负债（和薪酬）的定期价值，而不是像计量股票增值权那样需要估计公允价值。

第 16 章

会计变更和差错更正

本章概要

第 3 章已经简单概述了会计变更和差错更正。本章将深入探讨与特定资产和负债相关的会计变更。

在这里，我们重新审视会计变更和差错更正，以便整合适用于不同情形的会计变更和差错更正的处理方法。大部分会计政策变更应当采用追溯调整法进行处理，会计估计变更应当采用未来适用法进行处理。折旧方法变更被认为是由于会计政策变更而导致的估计变更。报告主体的变更和差错更正都应当采用追溯调整法来处理。

学习目标

学习完本章之后，你应该能够：

16-1 区分会计变更的三种类型，区分处理和报告会计变更的方法：追溯调整法、修正的追溯调整法和未来适用法。

16-2 描述会计政策变更通常如何报告。

16-3 解释某些会计政策变更采用未来适用法的原因和方法。

16-4 解释会计估计变更采用未来适用法的原因和方法。

16-5 描述导致报告主体变更的情形。

16-6 理解并运用更正和报告差错的四步法，不管差错类型和差错发现时间。

16-7 讨论美国公认会计原则和国际财务报告准则在会计变更和差错更正方面的主要不同。

财务报告案例

陷入困惑

“怎么回事！”马丁把他收到的 J. M. Smucker 公司年报递给你时喊道。“看上去 Smucker 公司找到了丢失的果酱。报表上说去年的存货是 5 400 万美元。但我清楚地记得去年报表上果酱存货是 5 200 万美元，因为 1952 年刚好是我父亲出生的年份。而且在我父亲买那辆红色野马时，我还在心里做了一个他‘盘点存货’的文字游戏。”马丁在比较资产负债表中圈出这个数字反复比较，“去年买 Smucker 的股票时，我要求自己密切关注事情的发展，但我没想到这并不简单。”

作为会计专业的毕业生，你可以理解马丁的疑惑。你翻到披露会计变更的附注来帮他解决困惑。

问题

在学习完本章之后，你应该能够对以上案例中的问题给出恰当的回答。将你的回答与章末答案进行对比。

1. 会计变更如何导致公司增加以前报告的存货余额？
2. 所有的会计变更都要采用这种方法报告吗？

在之前的学习中你已经知道，一致性和可比性这两种会计信息质量特征可以提高会计信息

的相关性和如实反映性。尽管我们试图实现并保持财务报告的这些属性，但是我们不能忽视变化的力量。我们处在一个动态的商业环境里。经济日益全球化。随着技术的不断进步，经营和信息流日新月异。面对变化的环境，会计职业界的反应经常是发布新准则，要求公司改变会计方法。通常，行业或经济的发展会促使企业自愿变更会计方法或者修正会计估计或预期。总之，变更是不可避免的。问题就变成了在分期报告财务信息时如何更好地处理会计变更。

本章第1节将区分企业面临的不同类型的会计变更，并关注最有意义和最不会引起混乱的变更报告方式。本章第2节的重点将转向与会计变更密切相关的问题——差错更正。

第1节 会计变更

会计变更有三种类型，见示例16-1。[①]

示例16-1 会计变更的类型

变更类型	定义	举例
会计政策变更	从一种公认会计原则变更为另一种。	• 采用新会计准则。 • 存货成本计算方法变更。 • 成本法变更为权益法，反之亦然。
会计估计变更	因为新信息或者新经验而修正估计。	• 折旧方法变更。* • 折旧资产的预计使用寿命变更。 • 折旧资产的预计净残值变更。 • 无形资产预计受益期限变更。 • 养老金计划的精算估计变更。
报告主体变更	从一类报告主体变更为另一类。	• 把之前未纳入合并范围的子公司纳入合并报表。 • 合并财务报表替代个别财务报表。

* 折旧方法变更是一种通过会计政策变更实现的估计变更。

差错更正是有时对财务报表的另一种调整，这种调整实际上不是会计变更，但处理方法类似。如果交易记录错误或没有记录，就会出现差错。如示例16-2所示。

示例16-2 差错更正

变更类型	定义	举例
差错更正	更正由于交易记录错误或没有记录而导致的错误。	• 计算错误。 • 存货实存数盘点错误。 • 收付实现制变更为权责发生制。 • 未记录调整分录。 • 将资产记为费用，反之亦然。 • 舞弊或者重大过失。

① FASB ASC 250：Accounting Changes and Error Corrections（previously "Accounting Changes and Error Corrections-A Replacement of APB Opinion No. 20 and FASB Statement No. 3," *Statement of Financial Accounting Standards No. 154*（Norwalk，Conn.：FASB，2005)).

根据情况，有三种方法来报告会计变更和差错更正。

1. **追溯调整法**（retrospective approach），会计变更前发布的财务报表需要调整，以反映变更的影响，无论这些报表何时因比较的需要而被重新报告（比较财务报表）。在比较财务报表中报告的每个年度，每一个受影响的账户的余额都需要根据变更进行调整。因此，在比较报表中列报的第一个期间，调整后的余额应包含变更在当日之前的累积影响数。换言之，这些财务报表就好像是一直是采用新的会计方法，或者差错从来没有发生过一样。然后，编制调整分录将所有受影响的账户余额都调整为它们原本应有的金额。而且，如果需要调整留存收益，应调整比较财务报表最早期间的期初留存收益。这种方法的一个优点是实现了财务报表之间的可比性。所有财务报表都是在相同的基础上编制的。但有些人认为，如果以前报告的正确数字之后又被更改，公众对财务数据的信心会受损。另一方面，支持者认为恰恰相反——除非财务报表具有可比性，否则是不可能维持公众信心的。

2. **修正的追溯调整法**（modified retrospective approach）要求仅在采用期（即当期）应用新标准，并调整采用期初的留存收益余额，以反映以前期间的累积影响数，而无须实际调整以前期间报告的数字。

3. **未来适用法**（prospective approach）既不需要修改以前年度的财务报表，也不需要编制日记账分录来调整账户余额。相反，变更只应用于变更当期，其影响只反映在变更当期和未来期间的财务报表上。

现在，让我们逐一学习会计变更的每一种类型，并重点学习上述会计处理方法的适用范围。

一、会计政策变更

会计不是一门精确的科学。在特定情况下运用原则、概念和目标需要专业判断，这意味着必须做出选择。在学习会计的过程中，相信你已经遇到了许多需要做出选择的情形。例如，计提折旧时管理层必须选择是使用加速折旧法还是直线法？确定发出存货的实际成本时，是使用先进先出法、后进先出法还是平均成本法？我们应该提前采用新会计准则，还是等到其强制执行时再采用？这些仅仅是管理层所需做出的会计选择的几个例子而已。

你也许还记得，可比性是财务报告的一个增进质量特征。为了实现信息的可比性，一旦做出会计选择，就要在各年保持一致。但是，这并不意味着会计方法永远不能改变。新方法可能更加适应环境的变化。例如，经济状况的变化可能会促使一家公司改变会计方法。20 世纪 70 年代中期，严重的通货膨胀导致数百家公司从先进先出法改为后进先出法，这成为最广泛的自愿会计变更。特定行业中的变化也会导致公司改变会计方法，往往是为了适应新技术或者与同行业中的其他公司保持一致。当然，当财务会计准则委员会发布新会计准则时，也会引起变更。由于这些原因，公司改变会计方法并不罕见。这被称为**会计政策变更**（change in accounting principle）。

决策者视角

如果所有会计选择都是管理层为了提高财务报告的公允性和一致性而做出的，那将是一件好事。遗憾的是，还有其他动机影响管理层对会计方法和是否变更会计方法的选择。管理层薪酬、债务协议以及工会谈判都会影响管理层对会计方法的选择。[①] 例如，研究表明，有奖金计划的公司管理层更有可能选择使自己奖金最大化的会计方法（通常是增加净利润的方法）。[②] 另一些研究表明，债务协议的存在和性质以及公司资本结构的其他方面会影响会计选择。[③] 公司在留存收益低于某一水平时是否被禁止派发股利也会影响会计方法的选择。

财务分析师必须意识到，不同公司使用不同会计方法、同一公司在不同年度使用不同会计方法，都会让财务报表的对比复杂化。例如，当使用不同的会计方法时，即使比较的属性没有差异，得到的财务比率也会有所不同。

投资者和债权人也应该警惕公司会计方法变更的情况。他们不仅要考虑对可比性的影响，还要考虑做出会计变更的隐藏动机。管理层是否试图通过人为地夸大报告利润来掩饰糟糕的实际业绩？公司是否有违反债务契约或其他与财务状况有关的合同的危险？高管薪酬计划是否与报告的业绩指标挂钩？幸运的是，财务报表中报告了会计变更的性质和影响。尽管会计变更的理由是管理层提供的，但分析师应该谨慎，不要在不考虑可能的隐藏动机的情况下接受报告的表面理由。

会计选择的目的并不总是提高利润。正如你在第6章学到的，许多公司使用先进先出法进行存货成本计量，是因为这种方法可以减少利润，从而减少当前需缴纳的所得税。此外，一些规模大的实业企业可能不愿意报告高利润，因为高利润可能使公司容易受到工会批评、政府监管或缴纳更高的税收。[④]

管理者有时选择不必然增加利润的会计方法的另一个原因在前面已经提到过。大多数管理者倾向于各年报告的利润呈现整齐、平稳的趋势。对"平稳"利润的需求意味着，选择会计方法操纵利润的目的不是总要得到更高利润。相反，会计选择的目的可能是避免不正常的利润，特别是避免各年之间大幅波动。利润大幅波动可能会被分析师认为是一个危险的信号。

显然，管理者可能在任何时候出于上述任何原因进行会计选择。如果其动机是实现某种目的而不是提供有用信息，盈余质量就会受到影响。正如本书中反复提到的，盈余质量是指报告盈余（利润）预测公司未来盈余的能力。

通用电气就是一个著名的"做假账"案例。该公司经常被怀疑使用"饼干罐会计"，这种做法是用不切实际的会计估计和会计方法来平滑利润。2009年，因为超出了可接受的极限，通用电气伸进饼干罐的手被抓住了。因为美国证券交易委员会的指控，通用电

---

① R. L. Watts and J. L. Zimmerman, "Towards a Positive Theory of the Determination of Accounting Standards," *The Accounting Review*, January 1978, and "Positive Accounting Theory: A Ten Year Perspective," *The Accounting Review*, January 1990.

② P. M. Healy, "The Effect of Bonus Schemes on Accounting Decisions," *Journal of Accounting and Economics*, April 1985; and D. Dhaliwal, G. Salamon, and E. Smith, "The Effect of Owner versus Management Control on the Choice of Accounting Methods," *Journal of Accounting and Economics*, July 1992.

③ R. M. Bowen, E. W. Noreen, and J. M. Lacy, "Determinants of the Corporate Decision to Capitalize Interest," *Journal of Accounting and Economics*, August 1981.

④ 这种政治成本动机由以下文献提出：R. L. Watts and J. L. Zimmerman, "Positive Accounting Theory: A Ten Year Perspective," *The Accounting Review*, January 1990, and M. Zmijewski and R. Hagerman, "An Income Strategy Approach to the Positive Theory of Accounting Standard Setting/Choice," *Journal of Accounting and Economics*, August 1981。

气公司支付了 5 000 万美元的民事罚款。证券交易委员会指控该公司在 2002—2003 年间曾 4 次违反美国证券法，使公司保持连续的盈利报告，1995—2004 年每个季度都超过华尔街的预期。

现在我们将注意力转向会计方法的变更，以及如何处理这些变更。

追溯调整法：大多数会计政策变更

大多数自愿的会计政策变更采用追溯调整法报告。[①] 这意味着调整所有以前年度的财务报表，就像以前年度也使用新会计方法一样。示例 16－3 提供了一个例子。

示例 16－3　会计政策变更　　单位：百万美元

Air Parts 公司存货成本计价采用后进先出法。2018 年初，Air Parts 公司决定改为先进先出法。2018 年及之前年度的利润组成如下：

	2018 年	2017 年	2016 年	之前年度
销售成本（后进先出法）	$ 430	$ 420	$ 405	$ 2 000
销售成本（先进先出法）	370	365	360	1 700
差额	$ 60	$ 55	$ 45	$ 300
收入	$ 950	$ 900	$ 875	$ 4 500
经营费用	230	210	205	1 000

从 2011 年开始，Air Parts 公司每年支付 4 000 万美元的股利。所得税税率为 40%。2016 年 1 月 1 日的留存收益为 7 亿美元；存货为 5 亿美元。

修正比较财务报表

对于在比较财务报表中报告的每一年，Air Parts 公司应该让这些报表看起来像是一直采用新会计方法（先进先出法）。正如你在第 1 章中学到的，可比性是会计信息的一个重要的质量特征。

当发生会计变更时，采用追溯调整法提高了比较财务报表的有用性。

利润表

单位：百万美元

	2018 年	2017 年	2016 年
收入	$ 950	$ 900	$ 875
销售成本（先进先出法）	(370)	(365)	(360)
经营费用	(230)	(210)	(205)
税前利润	350	325	310
所得税费用（40%）	(140)	(130)	(124)
净利润	$ 210	$ 195	$ 186

① FASB ASC 250-10-45: Accounting Changes and Error Corrections-Overall-Other Presentation Matters (previously "Accounting Changes and Error Corrections-A Replacement of APB Opinion No. 20 and FASB Statement No. 3," *Statement of Financial Accounting Standards No.154* (Norwalk, Conn.: FASB, 2005)).

当然，每年的每股收益也是根据修正后的净利润来计算的。

资产负债表

存货。在比较资产负债表中，Air Parts 公司将按照新采用的先进先出法报告 2018 年的**存货**（inventory），并修改 2017 年和 2016 年报告的存货金额。每年的存货都高于后进先出法下的存货。原因如下：

由于每个会计期间可供出售的商品的成本是已销售的商品成本和未销售的商品（存货）成本之和，使用后进先出法而不是先进先出法导致了销售成本的差异，这意味着存货也有一个相反的差额。因为先进先出法下的销售成本小于后进先出法，因此先进先出法下的存货大于后进先出法。示例 16－3A 计算了这些差额和各年累积差额。

示例 16－3A　变更为先进先出法的影响　　单位：百万美元

	会计年度截至 12 月 31 日			
	2018 年	2017 年	2016 年	以前年度
销售成本（后进先出法）	$430	$420	$405	$2 000
销售成本（先进先出法）	370	365	360	1 700
差额	$60	$55	$45	$300
累计差额：				
销售成本	$460	$400	$345	$300
所得税（40%）	184	160	138	120
净利润和留存收益	$276	$240	$207	$180

比较资产负债表中报告的 2016 年存货比上一年度报表中的金额高 3.45 亿美元。同样，2017 年的存货增加了 4 亿美元。2018 年的存货是第一次报告，比仍然采用后进先出法时高 4.6 亿美元。

留存收益。同样，Air Parts 公司也会根据先进先出法报告每年的**留存收益**（retained earnings）。两种存货计价方法对利润影响不同，因此留存收益也不同。由于先进先出法下的销售成本低于后进先出法，因此先进先出法下的利润和留存收益高于后进先出法。

比较资产负债表报告的 2018 年、2017 年和 2016 年的留存收益，比存货计价方法没有从后进先出法改为先进先出法时的留存收益分别高出 2.76 亿美元、2.40 亿美元和 2.07 亿美元。这些金额是示例 16－3A 中累计净利润的差额。

股东权益表

回想一下，从最早的报告期期初开始，各个股东权益账户的变动都要在股东权益表中报告。

所以，如果会计政策变更导致需要调整留存收益的余额（通常如此），则必须调整比较股东权益表中最早期的留存收益期初数。调整的金额是以前年度的累积影响。因为 2016 年是比较报表的最早年度，Air Parts 公司将修正 2016 年初的留存收益。之前的报表中报告的留存收益余额是 7 亿美元。如果一直采用先进先出法而不是后进先出法，留存收益余额将高出 1.8 亿美元，见示例 16－3A 中的计算。有关存货变动的附注应该指出调整的金额。比较股东权益表中 2016 年 1 月 1 日的留存收益余额已从 7 亿美元调整至 8.8 亿美元，见示例 16－3B。

示例 16－3B 比较股东权益表 单位：百万美元

	普通股	资本溢价	留存收益	股东权益合计
2016 年 1 月 1 日			$ 880	
净利润（调整至先进先出法）			186	
股利			(40)	
2016 年 12 月 31 日			$ 1 026	
净利润（调整至先进先出法）			195	
股利			(40)	
2017 年 12 月 31 日			$ 1 181	
净利润（采用先进先出法）			210	
股利			(40)	
2018 年 12 月 31 日			$ 1 351	

根据变更调整账户

除了在比较财务报表中报告修正后的金额，Air Parts 公司还必须调整受影响账户的账面余额。通过日记账分录将这些账户的余额从当前金额（使用后进先出法）更改为采用新方法（先进先出法）的金额。正如上一部分所讨论的，销售成本和利润的变化反映在留存收益中，利润变化的所得税影响也是如此。所以，根据变更前（2018 年之前）后进先出法和先进先出法结果的差异，日记账分录更新了存货、留存收益和所得税负债。重复示例 16－3A 中的计算，我们可以确定销售成本的差额和存货的差额。

单位：百万美元

	2017 年	2016 年	2016 年之前的累计差额	2018 年之前的累计差额
销售成本（后进先出法）	$ 420	$ 405	$ 1 000	
销售成本（先进先出法）	365	360	700	
差额	$ 55	$ 45	$ 300	$ 400

销售成本的 4 亿美元的累计差额也是存货余额的差额。存货必须调增 4 亿美元。留存收益也必须增加，但因为所得税税率为 40%，所以留存收益只增加上述金额的 60%。

记录会计政策变更的日记账分录如下：

2018 年 1 月 1 日

借：存货（采用先进先出法增加的存货）	400
贷：留存收益（采用先进先出法增加的净利润）	240
应交所得税（400×40%）	160

注意：所得税影响反映在应交所得税账户。原因在于，与其他会计方法变更不同，《国内税收法》要求用于纳税目的的存货计价方法必须与用于财务报告的存货计价方法相同。因此，税法允许使用追溯调整法处理存货方法变更，但是要求补缴变更前的存货计价方法下少

缴的税费（本例为1.6亿美元）。不过，纳税人可以在6年内补缴。因此，该负债既有流动部分（一年内支付），也有非流动部分（一年后支付），但不是递延所得税负债。

补充思考

如果税法不要求补缴税收差额呢？那么，就需要贷记递延所得税负债。这是因为追溯调增了会计利润，但没有调增应纳税所得额，这导致两者之间的暂时性差异。随着未销售存货变成销售成本，这种差异将逐渐消除。回想第13章，这种暂时性差异反映在递延所得税负债中。

如果从先进先出法变更为平均成本法，我们将记录一项递延所得税资产。出于财务报告目的而不是税收目的，我们会追溯调减会计利润，而不是应纳税所得额。这会导致两者之间的暂时性差异。随着未销售存货变成销售成本，这种差异将逐渐消除。当这种情况发生时，应纳税所得额会低于会计利润。当应纳税所得额小于会计利润时，我们有一项“未来可抵扣金额”，并记录为递延所得税资产。

附注披露

为了实现一致性和可比性，一旦做出会计选择就应该在各年持续地遵循。因此，任何会计变更都要求新方法更加清晰和合理。在变更后的第一份财务报表中，需要附注披露来说明变更的理由。附注还应当指出比较信息已经修正，或者由于追溯调整不可行而没有对报表进行调整，也要报告当期和所有以前期间每股金额的影响。Abercrombie & Fitch公司在最近一份年度报告中披露了一项会计变更，如示例16-4所示。

示例16-4 存货方法变更的披露——Abercrombie & Fitch公司

> 4. 会计政策变更
> 本公司选择变更存货的会计处理方法，从使用零售价格法的成本与市价孰低法变更为加权平均成本法……按照公认会计原则，所有期间已经追溯调整以反映变更为加权平均成本法对特定期间的影响。本公司认为加权平均成本法更好，因为这种方法更符合公司对实现销售利润的关注，并提高了公司财务业绩与竞争对手的可比性。此外，加权平均成本法还可以提高销售成本与相关销售净额的配比程度，反映了每个资产负债表日存货的取得成本。存货累计调增了7 360万美元，留存收益累计调增了4 730万美元。

修正的追溯调整法

当财务会计准则委员会会计准则更新批准了会计原则的一项变动时，委员会通常会详细说明公司应该如何实施变更，并且允许公司在多种方式中进行选择。一种方法是我们讨论过的自愿会计政策变更所采用的追溯调整法，新的会计方法将追溯应用于财务报表所列示的所有期间。第二种方法是我们将在下一部分讨论的未来适用法，有时对新准则允许或强制采用未来适用法。财务会计准则委员会有时允许采用第三种方法，即修正的追溯调整法。在这种方法下，我们只将新准则应用于采用期（即当前时期），然后调整采用期的期初留存收益，以反映对以前期间的累积影响，而无须实际调整以前期间报告的数字。

未来适用法

虽然通常对自愿会计政策变更采用追溯调整法，但这并非总是可行的或适当的。

未来适用法：当追溯调整法不可行时

对于某些会计政策变更，由于信息不充分，追溯调整法是不可行的。调整以前年度的余额意味着知道那些余额应该是多少。假设我们将存货计价方法从先进先出法调整为后进先出法，回想你学过的存货计价方法，后进先出法需要用到以前年度的存货成本。如果以前使用的是其他方法，公司可能没有记录以前年度的存货成本。因此，往年的会计记录无法准确地进行追溯调整。在这种情况下，公司会采用未来适用法报告会计政策变更，采用后进先出法的当年年初的存货成为所有未来年度按后进先出法计算存货的基础。附注中应当披露为什么追溯调整法不可行。未来适用法下变更通常在年初入账。

当 Books A Million 公司采用后进先出法时，附注披露的会计变更如示例 16－5 所示。

示例 16－5 变更为后进先出法的披露——Books A Million 公司

存货（节选）
……公司将存货计价方法从先进先出法变更为后进先出法。管理层相信这一变更是适当的，因为后进先出法能够更好地将收入与成本相配比。此次变更使得本会计年度的合并报表中产品销售成本增加了 70 万美元……确定存货计价方法从先进先出法变更为后进先出法的累积影响数不切实可行。所以，这一变更采用未来适用法进行处理。

如果无法确定对某些特定期间的影响。一家公司可能拥有追溯调整需要用到的一些信息，但不是全部信息。比如，假设一家公司在 2018 年初采用后进先出法进行存货计价。该公司有足够的信息根据新方法来修改比较财务报表中 2017 年的所有资产和负债，但没有足够的信息来修改 2016 年的数据。在这种情况下，该公司应该披露修改后的 2017 年报表金额以及 2018 年报表金额，但是不用修改 2016 年的数据。然后，账户余额应该追溯调整到 2017 年初，因为这是可以追溯调整的最早日期。

如果无法确定对以前年度的累积影响。还有一种可能是公司没有足够的信息来对留存收益进行追溯调整，但有信息来调整某些年份的资产和负债。假设之前某些年度的存货购买和销售记录不可得，而这些记录是确定变更为后进先出法的累积影响的重要信息。但是，公司有 2016 年以来所需的全部信息。在这种情况下，该公司应该报告 2016 年 1 月 1 日之后采用后进先出法的数据。当然，不用调整使用后进先出法之前的留存收益累积影响。

未来适用法：当权威会计文献要求时

在会计政策变更中不采用追溯调整法的另一个例外情况是，权威文献要求使用未来适用法。例如，长期投资的会计处理方法从成本法变更为其他方法时，公认会计原则要求对新方法采用未来适用法。[①] 回顾第 10 章，当投资者的影响力发生变化时，可能需要将权益法变更为其他方法。例如，当出售股票导致投资者的所有权从 25%下降到 15%时，就不再适用权益法。当发生这种情况时，不调整长期投资的剩余账面价值（有时称为投资的持有价值或账面金额），而是停止使用权益法，同时开始使用新方法。权益法停止使用时投资账户的余额作为新的“成本”基数，在下一期财务报表上以此为基础将投资调整至公允价值。

① FASB ACS 323-10-35-36：Investments-Equity Method and Joint Ventures-Overall-Subsequent Measurement-Decrease in Level of Ownership or Degree of Influence（previously “The Equity Method of Accounting for Investments in Common Stock,” *Accounting Principles Board Opinion No*. 18（New York：AICPA，1971））.

国际财务报告准则

在之前的章节中，我们讨论了美国公司被要求或者可以选择从遵循美国公认会计原则转向遵循国际财务报告准则的可能性。当一家公司第一次从遵循美国公认会计原则转向遵循国际财务报告准则时，需要遵循国际财务报告准则第1号“首次采用国际财务报告准则”的要求。

基本要求是对第一份国际财务报告准则财务报表完全追溯调整。公司首份国际财务报告准则财务报表必须至少包括三张资产负债表和其他财务报表各两张。例如，如果公司首次国际财务报告准则报告期是结束于2020年12月31日的年度，则第一张资产负债表将是2019年初的资产负债表，也是2018年末的资产负债表。另外两张资产负债表和其他各种报表——利润表、综合收益表、现金流量表、所有者权益变动表——是结束于2019年12月31日和2020年12月31日的年度的报表。在这种情况下，过渡到国际财务报告准则的日期是2019年1月1日。

首次采用国际财务报告准则需要：

- 记录美国公认会计原则不允许的一些资产和负债，例如国际财务报告准则允许的一些准备（或有负债），但美国公认会计原则是不允许的。
- 不记录（终止确认）某些资产和负债，例如研究支出形成的无形资产，美国公认会计原则是允许的，但国际财务报告准则是不允许的。
- 对两套准则下分类不同的项目进行重新分类，例如，将一些优先股从美国公认会计原则下的权益重分类为国际财务报告准则下的负债。
- 提供国际财务报告准则要求而美国公认会计原则不要求的披露（在财务报表附注中）。
- 提供广泛的披露来解释向国际财务报告准则过渡如何影响公司的财务状况、财务业绩和现金流量。这些披露包括：(a) 解释对资产负债表、利润表和现金流量表的重大调整；(b) 对之前按美国公认会计原则报告的权益和综合收益与国际财务报告准则下的权益和综合收益的差异进行调节。

未来适用法：折旧、摊销和折耗方法变更

折旧方法的变更被视为会计政策变更导致的会计估计变更。因此，我们用未来适用法处理这种变更，这是处理会计估计变更的方法。接下来我们讨论会计估计变更。

二、会计估计变更

在学习会计的过程中，你遇到了许多需要对未来不确定事项做出估计的情况。比如，折旧，不仅要对折旧资产的使用寿命进行估计，还要估计净残值。预计无法收回的应收账款、预计保修费用、摊销无形资产都是需要会计估计的例子。

所以，估计是会计的固有部分。但是会计估计经常发生错误。无论对已知事实考虑得多么周到，对未来预测准备得多么充分，新信息和新经验经常会导致会计估计发生变化。当然，如果最初的估计是基于错误的信息或计算，或者说是不诚信的，那么会计估计变更属于差错更正。

会计估计变更（changes in accounting estimates）采用未来适用法进行处理。当一家公司修正以前的估计时，不调整以前期间的财务报表，而是只将新的会计估计运用于以后期间。所以，会计估计变更通常影响变更当期和未来期间资产负债表和利润表的一些方面。财务报表附注应当披露会计估计变更对持续经营利润、净利润以及当期相关每股金额的影响。

当 Owens-Corning Fiberglass 公司修改对折旧资产预计可使用年限的估计时，该变更披露在其年报中，如示例 16－6 所示。

示例 16－6　会计估计变更——Owens-Corning Fiberglass 公司

附注 6：厂房和设备的折旧（节选）
……公司完成了对固定资产寿命的检查。设备供应商加强了对产品的预防性维护，提高了产品的质量，使得某些类别固定资产的可使用年限比预计使用寿命长。因此，公司将延长这些类别厂房和设备的预计使用寿命……这一会计估计变更使得当年折旧费用减少了……1 400 万美元，净利润比变更前增加了 800 万美元（每股 0.19 美元）。

另一个会计估计变更的例子见示例 16－7。

示例 16－7　会计估计变更

Universal Semiconductors 公司按销售收入的 2%估计保修费用。2018 年经过复核后，公司认为，根据经验，按销售收入的 3%估计更加现实。2018 年的销售收入是 3 亿美元。实际所得税税率为 40%。
账户余额都不需要调整。估计变更的累积影响不报告在当前利润中。在 2018 年及之后的年度，记录保修费用的调整分录才使用新的百分比。2018 年的分录为：

单位：百万美元

借：保修费用（3%×300）	9
贷：保修负债	9

会计估计变更的税后影响是 180 万美元［300×（3%－2%）＝300（万美元），再减去 300 万美元的 40%］。假设有 1 亿股发行在外的普通股，其影响在财务报表附注中描述如下：

附注 A：保修
2018 年，公司修改了估计保修费用的百分比。这一会计估计变更体现了更好的成本经验。变更使 2018 年的净利润减少 180 万美元，或者每股 0.018 美元。

折旧、摊销和折耗方法变更

当一家公司取得一项将使公司多年受益的资产时，应该将资产成本分配到资产的使用寿命中。如果资产是建筑物、设备或其他有形资产，则分配的过程称为折旧。如果是无形资产，则称为摊销。如果是自然资源，则称为折耗。不管是哪种情况，会计估计对于分配过程都是至关重要的。受益期将持续多久？当资产停止使用时，其价值是多少？在资产使用寿命内，公司从资产中获得的收益是每年平均实现的，还是一些年份高、一些年份低？

折旧方法的选择和应用反映了这些估计。同样，当一家公司中间变更了资产折旧方法时，这种变化将反映：（a）从资产中获得的未来利益的变化；（b）获得这些利益的模式发生变化；（c）公司对这些利益的认识发生变化。例如，假设 Universal Semiconductors 公司最初选择了加速折旧法，因为它预期在资产使用寿命的早期公司受益更大。两年后，公司认为剩余利益在剩余使用寿命内大致均匀地实现，Universal Semiconductors 公司将折旧方法变更为直线法。尽管公司现在改变折旧方法，但反映的是对未来利益的估计的变化。因此，我们将折旧方法变更作为会计估计变更，而不是会计政策变更报告。

基于上述原因，公司使用未来适用法处理折旧方法的变更（也就是变为直线法），不修改以前的财务报表，只是从现在开始使用直线法。在会计估计变更后，未折旧成本在剩余使用寿命期内用直线法计提折旧。示例 16－8 提供了一个例子。

示例 16－8　折旧方法变更

Universal Semiconductors 公司 2018 年将折旧方法从年数总和法变更为直线法。此变更影响了其于 2016 年初以 6 300 万美元的成本购入的精密设备。设备的预计使用寿命为 5 年，预计净残值为 300 万美元。变更前的折旧如下：

年数总和法折旧	单位：百万美元
2016 年折旧	$ 20（60×5/15）
2017 年折旧	16（60×4/15）
累计折旧	$ 36

折旧方法变更被认为是会计政策变更导致的会计估计变更。所以，Universal Semiconductors 公司使用未来适用法报告这一变更。不修改以前的财务报表。相反，公司只是从 2018 年起采用直线法。在会计估计变更后，未折旧成本在剩余使用寿命期内用直线法计提折旧。

计算直线法折旧		单位：百万美元
资产成本		$ 63
迄今为止的累计折旧（上面的计算）	(36)	
2018 年 1 月 1 日未折旧成本	$ 27	
预计净残值	(3)	
剩余 3 年要计提的折旧	$ 24	
	3年	
2018—2020 年每年折旧	$ 8	

调整分录（2018—2020 年的折旧）	单位：百万美元
借：折旧费用（上面的计算）	8
贷：累计折旧	8

折旧方法变更是会计政策变更还是会计估计变更？正如我们所看到的，两者都是。尽管折旧方法变更被视为会计估计变更并且按照会计估计变更进行会计处理，但是像其他会计政策变更一样，折旧方法变更要求公司证明新方法比以前的方法更可取。需要在附注中披露变更的合适理由，并描述变更对所有报告期间相应财务报表项目和每股金额的影响。

实际上，这种情况很少出现。大多数更改折旧方法的公司不会将变更应用于现有资产，而是应用于变更后购入的资产。当然，此时用未来适用法处理（见示例 16－9）。

示例 16－9　对新取得资产变更折旧方法——Rohm and Haas 公司

附注 12：土地、建筑和设备，净值（节选）
……公司将新取得的建筑物和设备的折旧方法变更为直线法。这一变更对以前年度的净利润没有累积影响，但当年的净利润增加了 900 万美元，或每股 0.14 美元……

有时，区分会计政策变更和会计估计变更并不容易。例如，如果因为工具的受益期明显超过一年，公司开始将工具的成本资本化而不是费用化，这种变更可以被解释为会计政策变更或资产预计使用寿命变更。当无法区分是会计政策变更还是会计估计变更时，应当视为会计估计变更。当会计政策变更和会计估计变更同时发生时，也应当视为会计估计变更进行处理。

三、报告主体变更

报告主体可以是单个公司，也可以是独立报告财务报表的一组公司。例如，百事公司合并财务报表报告的财务状况和经营成果，不仅针对母公司，而且针对包括菲多利和佳得乐在内的子公司。**报告主体变更**（change in reporting entity）的原因有：(1) 合并财务报表取代个别财务报表；(2) 纳入合并报表的具体公司发生变化。[①]

一些报告主体变更是会计规则变化的结果。例如，像福特、通用汽车和通用电气这样的公司必须将它们的制造业务与财务子公司合并，形成一个包括两者的新主体。[②] 对于报告主体变更，为了可比性目的，前期财务报表必须进行重述，就像新主体在那些期间已经存在。

但是，报告主体变更更经常发生在一家公司收购另一家公司时。在这种情况下，收购方的财务报表包括截至收购日的被收购方，为比较目的而列报的收购方前期财务报表不予重述。这使得频繁收购的公司很难进行各年间的比较。收购方必须提供含有关键财务报表信息的脚注，就好像收购是在上年开始之前发生的一样。补充的模拟信息至少要披露收入、持续经营利润、净利润和每股收益的变化。

报告主体变更需要重述以前各期的财务报表，就好像新报告主体在那些年度也存在一样。[③] 在变更后第一年的财务报表中，披露附注应描述变更的性质及原因。此外，对于所有期间，都应说明变更对净利润、持续经营利润和相应每股金额的影响。之后的财务报表则无须披露。哈特福德人寿保险公司是一家金融服务公司，它改变了报告主体的构成，并用以下方式描述了这一变更（见示例 16-10）。

示例 16-10 报告主体变更——哈特福德人寿保险公司

1. 报告基础和会计政策（节选）
哈特福德人寿保险公司为了反映某些全资子公司而变更了报告主体，包括哈特福德人寿的欧洲业务、多家经纪交易商主体以及投资咨询和服务主体。投资这些子公司是为了使服务主体与接受服务业务的公司保持紧密联系，并提高组织内部资本的有效性。公司所有期间的财务报表都使用追溯调整法来处理报告主体变更。投资子公司使得股东权益增加约 13 亿美元。

四、差错

差错更正实际上不是会计变更，但其处理类似于会计变更。事实上，就像报告主体变更

① FASB ASC 810: Consolidation (previously "Consolidation of All Majority-Owned Subsidiaries," *Statement of Financial Accounting Standards No. 94* (Stamford, Conn.: FASB, 1987)).

② *SFAS No. 94*, "Consolidation of All Majority-Owned Subsidiaries," [FASB ASC 810: Consolidation and 840: Leases] 的发布导致数百家主体将之前没有合并的财务子公司纳入了合并范围。

③ 在以前期间的报表为比较目的而再次列报时，那些报表都需要重述。

和大部分会计政策变更一样，差错更正采用追溯调整法处理。

更具体地说，追溯重述以前年度存在会计差错的财务报表，以反映纠正后的情况。当然，差错导致的任何不正确的账户余额都要用日记账分录来纠正。如果留存收益是其中一个错误账户，则其纠正应报告为前期调整，需要调整股东权益表（或者留存收益表）的期初余额。① 而且，和会计变更一样，附注中需要描述差错的性质以及纠正对经营的影响。我们将在本章第2节更加详细地讨论会计差错更正。但是，首先让我们来比较会计变更和差错更正的两种报告方法（见示例16-11）。

示例16-11　会计变更和差错更正的报告方法

以前年度	当年	以后年度

← 追溯调整法

大多数会计政策变更

报告主体变更

差错更正

未来适用法 →

会计估计变更，包括折旧方法变更

追溯调整法不可行时的会计政策变更

要求使用未来适用法的会计政策变更

示例16-12提供了会计处理方法的比较。

示例16-12　会计变更和差错：一个总结

	会计政策变更		会计估计变更（包括折旧方法变更）	报告主体变更	差错
	大多数变更*	例外†			
处理方法：	追溯调整法	未来适用法	未来适用法	追溯调整法	追溯调整法
● 是否重述以前年度报表	是	否	否	是	是
● 对以前年度利润的累积影响	调整报告的最早年度的留存收益‡	不报告	不报告	调整报告的最早年度**的留存收益‡	调整报告的最早年度的留存收益‡
● 日记账分录	将受影响的余额调整到新方法	没有，但变更影响之后的会计处理	没有，但新的估计影响之后的会计处理	涉及其他课程讨论的合并财务报表	修改由于差错导致的错误余额
● 是否用附注披露	是	是	是	是	是

* 折旧、摊销和折耗方法的变更被视为估计变更。

† 当追溯调整法不可行时，例如大多数变更为后进先出法的情形和一些被要求的情形。

‡ 在股东权益表或留存收益表中。

** 除了当一家公司收购另一家时。收购方为比较目的而列报的前期财务报表不用重述。

① FASB ASC 250-10-45：Accounting Changes and Error Corrections-Overall-Other Presentation Matters (previously "Prior Period Adjustments," *Statement of Financial Accounting Standards No. 16* (Stamford, Conn.: FASB, 1977)).

概念回顾练习

会计变更

Modern Business Machines 公司最近对公司的会计和报告政策进行了全面审查。以下会计变更是这次审查的产物：

1. MBM 公司拥有复印机设计方面的专利。该专利 2015 年以 40 万美元的价格取得，一直按直线法摊销。2018 年，MBM 公司认为该专利的受益期总共应为 13 年，而不是当前摊销成本所用的 20 年。

2. 2018 年初，MBM 公司将存货计价方法从先进先出法变更为平均成本法。2017 年 12 月 31 日和 2016 年 12 月 31 日，按先进先出成本计算，MBM 公司的存货分别为 5.6 亿美元和 5.4 亿美元。如果按平均成本法计算，存货应分别为 5 亿美元和 4.9 亿美元。MBM 公司的所得税税率是 40%

要求：

编制 2018 年与每项变更相关的日记账分录。此外，简要描述 MBM 公司可以采用的与报告变更相关的其他方法。

解答：

1. 会计估计变更

单位：百万美元

借：专利摊销费用（计算如下）	34	
贷：专利		34

会计估计变更后每年摊销额的计算

	\$400 000	成本
\$20 000		变更前每年摊销额（400 000÷20）
×3 年	(60 000)	已摊销金额（2015—2017 年）
	340 000	未摊销成本
	÷10	预计剩余寿命（13－3）
	\$34 000	变更后每年摊销额

应该通过附注描述这一估计变更对当期持续经营利润、净利润和相应每股金额的影响。

2. 会计政策变更

MBM 公司编制一个日记账分录，以更新受影响的所有账户的余额。

单位：百万美元

借：留存收益（2018 年以前净利润差额）	36	
递延所得税资产（60×40%）	24	
贷：存货（560－500）		60

出于财务报告目的而不是税收的目的，我们会追溯调减会计利润，而不是应纳税所得额。这会导致两者之间的暂时性差异。随着未销售存货变成销售成本，这种差异将逐渐消除。当这种情况发生时，应纳税所得额会低于会计利润。当应纳税所得额小于会计利润时，我们有一项“未来可抵扣金额”，并记录为递延所得税资产。

此外，MBM公司将修改前期（本例中为2017年）所有财务报表，就好像前期也使用新方法（平均成本法）一样。换句话说，在报告的比较报表中的每一年，每个受影响的账户余额都被修改，就好像一直采用平均成本法一样。

由于留存收益是需要调整余额的账户之一（通常是这样），因此，MBM公司要对比较报表中最早期间（2017年）的股东权益表中的留存收益期初余额进行调整。此外，在变更后的第一份财务报表中，披露附注要说明变更的性质，解释管理层为何做出变更决定，并表明变更对财务报表中受影响的每个项目的影响。

国际财务报告准则

美国财务会计准则委员会和国际会计准则理事会持续致力于会计准则的趋同。作为短期趋同努力的一部分，它们确定了公司如何报告会计变更，财务会计准则委员会通过与国际会计准则第8号“会计政策、会计估计变更和差错”① 趋同来提升其指导作用。这一努力的产物是财务会计准则委员会在2005年颁布了新的指南。② 差异所剩无几，所以我们不太可能在这个领域看到很多变化。

第2节 会计差错更正

没有人是完美的。人都会犯错误，会计师也不例外。当发现错误时，应予以更正。③ 如果差错的影响是重大的，更正所需的步骤见示例16-13。④

示例16-13 差错更正的步骤

第一步：编制日记账分录用于更正由差错而导致的错误账户余额。
第二步：追溯调整以前年度由差错而导致的错误财务报表（对比较财务报表中报告的所有年度），以反映更正。
第三步：如果留存收益是差错导致的错误账户之一，则需对前期股东权益表（或留存收益表）中留存收益的期初余额进行调整。
第四步：披露附注应说明差错的性质及其更正对净利润的影响。

---

① “Accounting Policies, Changes in Accounting Estimates and Errors,” *International Accounting Standard No. 8* (IASCF), as amended effective January 1, 2011.

② FASB ASC 250: Accounting Changes and Error Corrections (previously “Accounting Changes and Error Corrections-A Replacement of APB Opinion No. 20 and FASB Statement No. 3,” *Statement of Financial Accounting Standards No. 154* (Norwalk, Conn.: FASB, 2005)).

③ 有趣的是，并非所有的会计差错都是无意的。研究表明，使用差错来虚增利润的公司更有可能“拥有分散的所有权、利润增长率较低、符合公认会计原则的调整利润的替代方案较少，并且不太可能有审计委员会”，这表明“导致利润高估的差错是管理者对经济激励做出反应的结果”。M. L. DeFond and J. Jiambaolvo, “Incidence and Circumstances of Accounting Errors,” *The Accounting Review*, July 1991.

④ 实际上，绝大多数差错对财务报表的影响并不重大，因此，只需在发现的年度进行更正（仅步骤1）。

一、前期调整

在分析**差错更正**（correction of an error）的这些步骤之前，其中一个步骤需要详细说明。就像第 3 章讨论的那样，差错更正是导致前期调整的一种情形。**前期调整**（prior period adjustment）是指调增或调减股东权益表（或留存收益表）中留存收益的期初余额。

从前面的章节中我们知道，股东权益表是反映特定报告期间股东权益组成部分变化情况的报表。也有一些公司选择在单独的留存收益表中报告留存收益余额的变化。当发现差错导致以前期间的留存收益期末余额存在错误时，这一余额作为之后期间的期初余额必须得到更正。但是，仅仅报告更正后的金额可能会导致熟悉之前报告金额的人的误解。明确地在财务报表中说明前期调整则避免了这种误解。例如，假设比较留存收益表如下：

留存收益表
会计年度截至 12 月 31 日

	2017 年	2016 年
年初余额	＄600 000	＄450 000
净利润	400 000	350 000
减：股利	（200 000）	（200 000）
年末余额	＄800 000	＄600 000

现在假设，在 2018 年发现 2016 年的净利润由于差错被夸大了 2 万美元（本应为 33 万美元）。这就意味着之前两年的留存收益都被夸大了。由于提供了比较财务报表而且今年发现了差错，所以前期调整如下：

留存收益表
会计年度截至 12 月 31 日

	2018 年	2017 年
年初余额	＄780 000	＄600 000
前期调整		（20 000）
更正后余额		＄580 000
净利润	500 000	40 000
减：股利	（200 000）	（200 000）
期末余额	＄1 080 000	＄780 000

比较财务报表通常报告两年（如上述示例）或三年的报表。前期调整应用于差错之后一年的期初留存收益，或者比较财务报表中报告的最早年度的期初留存收益（如果差错发生在所报告的最早年度之前）。[①]

二、差错更正举例

现在，我们来讨论各种常见差错更正的步骤。由于存在各种会计差错的可能性，不可能

① 第一年后各年的留存收益余额也会根据未发生错误时的余额进行调整，但公司可以选择不将这些调整作为单独一行明确报告。

穷举可能发生的每种差错。但是，通过将差错更正的步骤应用于下述情况，我们可以足够熟悉会计差错更正的方法，你可以将其应用于可能遇到的任何情况。

在学习这些例子时，请务必注意，如果差错（a）影响它所发生的报告期的净利润，以及（b）直到以后期间才被发现，则会使差错更正更为复杂。

当期发现当期发生的差错

如果当期发现当期发生的会计差错，那么原来的错误分录应当抵消，并编制正确的分录，如示例16-14所示。

示例16-14 当期发现当期发生的差错

G. H. Little公司支付300万美元用于更换计算机，并将支出记录为维修费用。这个错误在一周后被发现。

	单位：百万美元	
抵消错误分录		
借：现金	3	
贷：维修费用		3
编制正确分录		
借：设备	3	
贷：现金		3

注：当然，这些分录可以合并。

差错影响以前的财务报表，但不影响净利润

如果差错不影响它发生当年的净利润，那么差错更正相对简单。例如，错将应付职工薪酬记录为应付账款，错将损失记录为费用，或者错将现金流量表中的筹资活动现金流量记录为投资活动现金流量。Barnes & Noble公司在2015年的财务报表中报告说："证券交易委员会纽约地区办事处通知公司，它已经开始调查……公司于2013年7月29日发布了盈余重述声明。"报告这一重述的附注见示例16-15。

示例16-15 差错更正——Barnes & Noble公司

2. 重述前期财务报表（节选）

公司已重新编制截至2012年4月28日和2011年4月30日的年度合并财务报表，包括股东权益期初余额，以更正之前报告的金额。

在2013财年，管理层认定公司在2013年4月27日之前的期间，因为对分销中心应计项目核对程序的控制不力，错误地夸大了某些应计项目……公司编制调整分录，将2012年和2011年的销售成本分别减少了6 700美元（税后4 027美元）和8 460美元（税后5 084美元）。公司还将2011年4月30日和2012年4月28日的应付账款分别减少了89 500美元和96 200美元；将2011年4月30日和2012年4月28日合并资产负债表中计入应计负债的应交所得税分别增加了14 939美元和18 598美元；将2011年4月30日和2012年4月28日的留存收益分别增加了74 561美元和78 588美元（税后净额）。

另一个例子见示例16-16。

示例16-16 差错影响以前的财务报表，但不影响净利润

	MDS运输公司将200万美元的应收票据错记为应收账款。一年后发现错误。		
第一步	更正错误账户	单位：百万美元	
	借：应收票据	2	
第二步	贷：应收账款		2
	出于可比性原则，在今年的年度报告中将重述去年的资产负债表，就像该票据在去年已经存在一样。		
第三步	因为差错不影响去年的净利润，所以留存收益的余额是正确的，不需要进行前期调整。		
第四步	披露附注应该说明差错的性质，但会计差错对净利润、持续经营利润和每股收益没有影响。		

差错影响以前年度净利润

大多数差错都会以某种方式影响净利润。当影响净利润时，也会影响资产负债表。那么，两张报表都需要进行追溯重述。现金流量表有时也会受到影响。所有受到差错影响的错误的账户余额都需要更正。由于差错影响利润，所以留存收益的余额也需要更正。更复杂的是，利润差错经常影响所得税。在这种情况下，需要提交修改后的纳税申报表用以支付额外的税款，或者为多缴的税款申请退税。

在示例 16 - 17 中，除非另有说明，我们忽略差错对税收的影响及其更正，以专注于差错本身而不是税收方面。

示例 16 - 17　差错影响净利润：将资产记录为费用

2018 年，Seidman Distribution 公司的内部审计师发现，2016 年初购买分拣设备所支出的 700 万美元被记录在费用账户的借方。设备预计使用寿命为 5 年，净残值为 0。公司采用直线法计提折旧。

分析：

正确的（本应记录）		百万美元		错误的（实际记录）	百万美元	
2016 年	借：设备	7.0		借：费用	7.0	
	贷：现金		7.0	贷：现金		7.0
2016 年	借：费用	1.4		漏记折旧分录		
	贷：累计折旧		1.4			
2017 年	借：费用	1.4		漏记折旧分录		
	贷：累计折旧		1.4			

在两年期间，折旧费用少记了 280 万美元，而其他费用多记了 700 万美元，因此这一期间的净利润少记了 420 万美元。这意味着留存收益目前少记了。

累计折旧少记了 280 万美元。

更正错误账户	单位：百万美元	
借：设备	7.0	
贷：累计折旧		2.8
留存收益		4.2

第一步

假设出于比较目的，2016 年和 2017 年的财务报表需要在 2018 年的年度报告中重新报告，则 2016 年和 2017 年因会计差错而存在错误的财务报表需要追溯重述，以反映正确的折旧费用和累计折旧。

第二步

由于会计差错导致留存收益不正确，因此 Seidman 公司比较股东权益报表中 2018 年留存收益的年初余额，应该用前期调整的方法增加 420 万美元。还应该更正 2017 年留存收益的年初余额。2017 年之前的差额调整：700 －140 ＝ 560（万美元）。如果在比较报告中包括 2016 年的报表，那么 2016 年的报表不需要调整，因为会计差错发生在 2016 年初之后。

第三步

此外，Seidman 公司 2018 年财务报表的披露附注应该说明会计差错的性质，以及会计差错更正对每年净利润（2016 年少记 560 万美元，2017 年多记 140 万美元）、持续经营利润（与净利润相同）和每股收益的影响。

第四步

大多数会计差错的影响是不同的，这取决于何时发现差错。例如，如果示例 16 - 17 中不是 2018 年而是直到 2019 年才发现差错，则累计折旧的少记金额将增加 140 万美元，即合计 420 万美元。如果直到 2021 年或之后才发现，则根本不需要编制更正分录。到那时，漏记的折旧金额之和（140 万美元×5 年）等于 2016 年错记的费用（700 万美元），因此留存收益余额与未发生差错时的情况相同。此外，如果预计使用寿命的估计是正确的，则 2021 年时该设备可能已经被处置，因此设备和累计折旧都不需要记录。当然，在比较报表中再次报告的以前年度中受到影响的项目仍需要重述，披露附注需要说明会计差错。

事实上，大多数会计差错都会自我更正。一个不常见的会计差错不会自我更正的例子是将土地成本记录到费用账户的借方。因为土地不计提折旧，差错会持续到土地出售。

补充思考

在示例 16－17 中，我们忽略了差错及其更正对税收的影响。如果考虑税收，我们需要知道纳税申报中是否也遗漏了折旧，以及用于纳税申报的折旧方法。假设纳税申报表中也遗漏了折旧，而且 Seidman 公司在纳税申报和会计报告中都使用直线法。税率是 40%。

总经营费用（不计税）在两年期间仍然被多记了 420 万美元。但是，这将导致少记应纳税所得额，应交所得税和所得税费用少记了 420 万美元的 40%，即 168 万美元。所以，净利润和留存收益少记了 252 万美元。

经营费用多记	420 万美元
所得税费用少记	（168）万美元
净利润（和留存收益）少记	252 万美元

更正错误账户　　　　单位：百万美元

借：设备	7.00	
贷：累计折旧		2.80
应交所得税（40%×4.2）		1.68
留存收益		2.52

如果利润表中漏记了折旧，纳税申报表中没有漏记折旧，或者如果纳税申报时使用加速折旧法，财务报告使用直线法，那么在更正分录中将贷记应交所得税替换为贷记递延所得税负债。

一些差错在下一年会自我更正。例如，如果一家公司的期末存货被错记或者误记，那么利润表在会计差错发生当年和下一年将是错误的，但是资产负债表只会在当年是错误的。之后，所有账户余额都将是正确的，如示例 16－18 所示。

示例 16－18　差错影响净利润：存货错记

2018 年初，Overseas Wholesale Supply 公司发现由于疏忽 2016 年末漏记了 100 万美元的存货。

分析：

U＝少记　O＝多记

2016 年		2017 年	
期初存货		期初存货	U
加：购货净额		加：购货净额	
减：期末存货	U →	减：期末存货	
销售成本	O	销售成本	U
收入		收入	
减：销售成本	O	减：销售成本	U
减：其他费用		减：其他费用	

2016 年		2017 年	
净利润	U	净利润	O
↓		↓	
留存收益	U	留存收益	正确

如果在 2017 年（结账之前）发现差错　　单位：百万美元

借：存货	1	
贷：留存收益		1

如果在 2018 年或者之后发现差错

不需要做更正分录。

第一步

如果在 2017 年发现差错，在 2017 年的财务报表中，出于比较目的，由于差错而导致错误披露的 2016 年财务报表将被追溯重述，以反映正确的存货金额、销售成本和留存收益。如果在 2018 年发现差错，那么 2017 年的财务报表也要进行追溯重述，以反映正确的存货金额和销售成本（留存收益不需要调整），尽管在这一时点不需要做更正分录。

第二步

如果在 2017 年发现差错，因为留存收益是会计差错导致的错误账户之一，那么对公司股东权益表中的 2017 年初留存收益余额的调整需要作为前期调整来报告。当然，如果在 2019 年或者之后发现差错，不需要进行前期调整。

第三步

此外，公司年报中的披露附注应该说明会计差错的性质及会计差错更正对每年净利润（2016 年少记 100 万美元，2017 年多记 100 万美元）、持续经营利润（与净利润相同）和每股收益的影响。

第四步

与上述分析方法类似的其他会计差错包括期末存货被高估、期初存货被高估或低估，以及记录商品采购（或退货）发生错误。

如果收入或费用记入错误的会计期间，也会发生会计差错。示例 16－19 提供了一个例子。

示例 16－19　差错影响净利润：记录销售收入错误

2018 年，General Paper 公司发现，2017 年最后一周的 3 000 美元的商品销售（赊销）直到 2018 年第一周才被记录。2017 年期末存货中没有包含这批售出的商品。

分析：

正确的（本应记录）		千美元		错误的（实际记录）	千美元	
2017 年	借：应收账款	3		无分录		
	贷：销售收入		3			
2018 年	无分录			借：应收账款	3	
				贷：销售收入		3

2017 年的销售收入被错记在 2018 年，因此少记了 2017 年的净利润，少记了 2017 年的留存收益，多记了 2018 年的销售收入。

更正错误账户　　单位：千美元

借：销售收入	3	
贷：留存收益		3

第一步

注意：如果没有记录销售收入，则更正分录的借方应该是应收账款而不是销售收入。

在 2018 年的财务报表中，出于比较目的，由于差错而导致错误披露的 2017 年财务报表将被追溯重述，以反映正确的销售收入和应收账款金额。

第二步

因为留存收益是会计差错导致的错误账户之一，所以对 General Paper 公司股东权益表中的 2018 年初留存收益余额的调整需要作为前期调整来报告。

第三步

此外，General Paper 公司 2018 年财务报表中的披露附注应该说明会计差错的性质以及会计差错更正对每年净利润（2017 年为 3 000 美元）、持续经营利润（2017 年为 3 000 美元）以及每股收益的影响。

第四步

道德困境

你是 McCormack Chemical 公司两年工龄的会计师，你对担任农业化学品部门经理助理一职感到很兴奋。在任职两周后，你负责年末存货监盘，此时高级经理提到盘点中漏掉了两车除草剂，应该加上。经过核实，你确信这些有问题的存货是无法销售出去的。"是的，"你的经理同意道，"当我们的底线数字对农业化学品部门的持续经营不是如此重要时，我们会在明年将其勾销。工作和家庭都要靠我们部门今年的良好表现。"

赫兹环球控股公司经营 Hertz，Dollar，Thrifty 和 Firefly 四个品牌汽车的租赁业务。示例 16－20 报告了赫兹公司 2015 年 7 月 16 日发布的财务报表中披露的一个附注。它说明了赫兹公司如何更正其财务报表，财务报表的错误主要是因为零售地的车辆销售出现折旧差错。

示例 16－20　差错更正——赫兹公司

附注 2：财务报表重述（节选）

2013 年第四季度，公司确定总计 4 600 万美元的错报，其中 3 500 万美元（税后 2 100 万美元）与截至 2012 年 12 月 31 日的年度及之前年度发布的合并财务报表有关。虽然这些错报（单独或者合计）并没有导致公司以前合并财务报表存在重大错报，但是在 2013 年第四季度更正错报对本季度而言是重大的……合并财务报表附注 2 披露了重述事项及调整的性质，并说明了重述事项对收入、费用、利润、资产、负债、权益及经营活动、投资活动、筹资活动现金流量的影响，以及这些调整对 2012 年和 2013 年合并经营报表、资产负债表和现金流量的累积影响。此外，本附注说明了对 2012 年 1 月 1 日期初留存收益调整的影响，该调整反映了重述对 2012 年以前期间的影响。2013 年 12 月 31 日以前期间错报的累积影响包括与调整之前报告的 2013 年 10-K/A 表格相关的更正金额，大约是税前利润减少 3.49 亿美元、净利润减少 2.31 亿美元。

正如在一开始提到的，我们并没有试图说明每种会计差错在被发现的每个阶段的更正的过程。但是，在学习了应用于上述几种情况的更正程序之后，不管遇到什么具体情况，你都应该感到会计差错更正的程序是相似的。

国际财务报告准则

会计变更和差错更正。美国公认会计原则和国际财务报告准则在会计变更和差错更正方面基本上是一致的，但是在差错更正方面有一个区别。在更正以前发布的财务报表中的差错时，如果不考虑追溯调整不可行的情况，国际财务报告准则（国际会计准则第 8 号）允许将差错的影响在当期报告。但美国公认会计原则要求追溯调整。[1]

---

① "Accounting Policies, Changes in Accounting Estimates and Errors," *International Accounting Standard No. 8* (IASCF), as amended effective January 1, 2014.

概念回顾练习

差错更正

2018 年，Development Technologies 公司的内部审计师发现了以下会计差错。

1. 2017 年的 200 万美元应付职工薪酬直到 2018 年支付时才确认。

2. 2018 年的 300 万美元商品采购在 2017 年就记录了。2017 年底的实物存货盘点是正确的。

要求：

编制 2018 年每个会计差错的更正分录。另外，简述 Development Technologies 公司可以采用的与差错更正有关的方法。(忽略所得税。)

解答：

第一步：

1. 减少 2018 年的工资费用，如果该费用减少了 2017 年的净利润，将留存收益减至其应有的金额。

单位：百万美元

借：留存收益	2	
贷：工资费用		2

2. 如果 2017 年的销售成本没有包括 300 万美元的采购，在 2018 年确认这 300 万美元，并增加留存收益至应有的金额。

分析：

U＝少记　　O＝多记

2017 年		2018 年	
期初存货		期初存货	
采购	O	采购	U
减：期末存货			
销售成本	O		
收入			
减：销售成本	O		
减：其他费用			
净利润	U		
↓			
留存收益	U		

单位：百万美元

借：采购	3	
贷：留存收益		3

第二步：

当出于可比性目的，2017 年的财务报表在 2018 年年报中重新报告时，由于会计差错而误报的 2017 年的财务报表将追溯重述，以反映正确的工资费用、销售成本（若考虑到所得税，则有所得税费用)、净利润和留存收益。

第三步：

由于留存收益是错误的账户之一，对公司比较股东权益表中的2018年初留存收益余额的调整需要作为前期调整来报告。

第四步：

此外，披露附注还应说明会计差错的性质以及差错更正对每年净利润、持续经营利润和每股收益的影响。

财务报告案例问题参考答案

1. 会计变更如何导致公司增加以前报告的存货余额？

Smucker公司没有找到丢失的果酱。公司将存货增加了200万美元，以反映存货计价方法从后进先出法变更为先进先出法。如果不修改存货数据，去年的存货计价基于后进先出法，今年的存货计价基于先进先出法。分析师用于对比的口径就不同了（就像把苹果和橘子进行比较，或者把苹果酱和橘子酱进行比较)。采用追溯调整法处理会计变更为会计信息提供了更好的可比性。

2. 所有的会计变更都要采用这种方法报告吗？

并非所有的会计变更都要采用追溯调整法处理。大部分会计政策变更、报告主体变更和差错变更要采用追溯调整法，其他会计变更采用的是未来适用法。折旧方法变更、会计估计变更、一些无法采用追溯调整法或者禁止使用追溯调整法的会计变更，只能在当期和未来期间采用未来适用法处理。

本章学习目标概要

学习目标 16-1

会计变更分为：(a) 会计政策变更；(b) 会计估计变更；(c) 报告主体变更。会计变更的处理方法包括追溯调整法（修改以前年度)、未来适用法（只影响变更当年和未来年度）和修正的追溯调整法（只在采用当期使用新准则)。

学习目标 16-2

大多数自愿会计政策变更采用追溯调整法。这意味着比较财务报表中报告的每一个年度，就像这些年度一直使用新采用的会计方法一样。编制日记账分录来调整变更影响的所有账户余额。在变更后的第一份财务报表中，披露附注要描述会计变更，并说明新会计方法更适合。还要描述变更对所有受影响科目的影响，包括留存收益余额在股东权益表中的调整情况。

学习目标 16-3

有些会计变更需要使用未来适用法，包括：(a) 折旧、摊销和折耗方法的变更；(b) 当追溯调整法不可行时；(c) 当权威公告要求使用未来适用法时。

学习目标 16-4

会计估计变更应当采用未来适用法。当一家公司修正以前的估计时，不修改以前期间的财务报表，而是只将新估计纳入以后的相关会计决策中。

学习目标 16-5

报告主体变更需要追溯重述以前各期的财务报表，在所有期间报告新主体的财务信息。

学习目标 16-6

当发现会计差错时，需要使用追溯调整法来更正。追溯重述以前年度存在差错的财务报表，使用日记账分录来纠正任何错误的账户余额。如果留存收益是其中一个错误账户，则通过前期调整来调整股东权益表中的期初余额。而且，披露附注需要说明会计差错的性质以及更正对经营的影响。

学习目标 16-7

美国公认会计原则和国际财务报告准则在会计变更和差错更正方面基本上是一致的，但是在差错更正方面有一个区别。在更正以前发布的财务报表中的差错时，如果不考虑追溯调整不可行的情况，国际财务报告准则（国际会计准则第 8 号）允许将差错的影响在当期报告。但美国公认会计原则要求追溯调整。

本章重点问题回顾

16-1　出于会计处理的目的，我们将会计变更分为三类。分别是哪三类？简要阐述每一类变更。

16-2　报告会计变更有三种基本会计方法。它们分别是什么？

16-3　会计政策变更大多采用追溯调整法。描述会计政策变更的基本步骤。

16-4　Lynch 公司将折旧方法从年数总和法变更为直线法。如何报告这一变更？请解释。

16-5　2018 年，Sugarbake 设计公司将存货计价方法从先进先出法变更为平均成本法。在 2018 年的比较财务报表中，2017 年财务报表中哪些项目需要基于平均成本法重述？

16-6　大多数会计政策变更需要采用追溯调整法。但在一些情况下，需要采用未来适用法。何时采用未来适用法比较合适？请举例。

16-7　2017 年，Southeast 钢铁公司将存货计价方法从先进先出法变更为后进先出法。2018 年的比较财务报表将如何报告这一变更？

16-8　Direct 保险公司对 3 年前取得的商标的估计使用寿命进行了变更。公司如何处理这一变更？

16-9　有时难以区分会计政策变更和会计估计变更。这种情况应该如何处理？

16-10　财务报告的报告主体可以是单个公司，也可以是报告独立财务报表的一组公司。当变更会导致财务报告的主体变化时，我们将这种情况作为报告主体变更处理。什么情况会导致报告主体变更？

16-11　财务会计准则委员会发布的关于合并所有控股子公司的指南要求福特公司将原先未合并的财务子公司作为报告主体的一部分。福特公司应如何报告这一变更？

16-12　如果差错在下一年度被发现，描述会计差错的更正程序。

16-13　如果 2017 年末商品存货被低估，而且这个差错没有被发现，将如何影响 2018 年的净利润？

16-14　如果发现以前年度的非正常修理费用被错记在了修理费用的借方，那么当年的股东权益表将如何报告留存收益？

16-15　当发现 5 年期 5 万美元的保险费用在两年前全都记在了保险费用的借方时，应该如何处理（忽略税费）？

16-16　假设上一个问题中的会计差错在 6 年后才发现，应该如何处理这个会计差错？

16-17　美国公认会计原则和国际财务会计准则关于会计差错更正有什么不同？

简要练习

16-1　存货方法变更；先进先出法变更为平均成本法

2018 年，Barton and Barton 公司将存货计价方法从先进先出法变更为平均成本法。在 2017 年 12 月 31 日，B & B 公司的存货是 3 200 万美元（先进先出法）。如果按平均成本法计算，那么 2017 年 12 月 31 日存货为2 380万美元。忽略所得税，B & B公司将用什么日记账分录来记录2018年的调整？简要描述B & B公司应对变更采取的其他步骤。

16-2 存货方法变更；平均成本法变更为先进先出法

2018年，Adonis Industries公司将存货计价方法从平均成本法变更为先进先出法。在2017年12月31日，公司的存货为4 760万美元（平均成本法）。如果按先进先出法计算，那么2017年12月31日的存货为6 400万美元。忽略所得税，Adonis公司将用什么日记账分录来记录2018年的调整？

16-3 存货方法变更；先进先出法变更为后进先出法

2018年，J J Dishes公司将存货计价方法从先进先出法变更为后进先出法。在2017年12月31日，公司的存货为9 600万美元（先进先出法）。公司的记录不足以确定如果按后进先出法存货的总成本应为多少。简述J J Dishes公司应该采用的报告变更的步骤。

16-4 折旧方法变更

Irwin公司建造了一台总成本为3 500万美元的机器。2014年底建造完成，机器于2015年初投入使用。该机器使用年数总和法计提折旧，预计使用寿命为10年，预计净残值为200万美元。2018年初，Irwin公司决定改用直线法。忽略所得税，如何编制2018年与机器相关的日记账分录？

16-5 折旧方法变更

参照练习16-4中描述的情况。假设Irwin公司一直使用直线法，后来变更为年数总和法。忽略所得税，如何编制2018年与机器相关的日记账分录？

16-6 图书版税

Feenix Computer Storage公司的三名程序员为Hill-McGraw出版公司编写了系统操作手册，Feenix公司收取净销售额12%的版税。每年2月1日根据上一年的销售支付上一年的版税。2018年12月31日，Hill-McGraw公司的编辑向Feenix公司表示，预计刚刚结束的年度销售额为30万美元。因此，12月31日Feenix公司应计版税收入为3.6万美元，并于2019年2月1日收取了3.65万美元的版税。如需要，应如何调整留存收益或者2018年的财务报表？请解释。

16-7 保修费用

Quapau Product公司在2017年推出了一款新热水器，并对产品缺陷提供一年的保修。根据行业经验，预计保修成本约占销售收入的5%。热水器第一年的销售收入为30万美元。根据索赔经验，公司在2018年底的评估显示，实际索赔低于预期，为销售收入的4%而不是5%。假设2018年热水器销售收入为35万美元，2018年的保修支出为1.2万美元，那么2018年保修费用应为多少？

16-8 估计变更；专利使用寿命

Van Frank Telecommunication公司拥有一项移动传输专利。专利于2014年初取得，从那时起公司使用直线法摊销专利成本，已经摊销了1 800万美元。随着行业科技进步，管理层决定将专利获利年限由9年改为6年，并用这一年限来摊销专利成本。这个决定在2018年末做出（在调整和结账分录之前），应如何编制与2018年专利摊销有关的日记账分录，以反映会计估计变更？

16-9 差错更正

2017年底，DeSoto Water Works公司以65 000美元的成本购买了一台机器，公司借记建筑物、贷记现金65 000美元。2018年发现此差错。DeSoto公司应如何编制日记账分录来更正差错？还需采取哪些其他步骤来更正差错？

16-10 差错更正

PKE Displays公司的内部审计师在2018年发现，公司在2015年1月1日购买机器时借记了费用账户35万美元。机器预计使用寿命为5年，无净残值。PKE公司采用直线法计提折旧。忽略所得税，PKE公司应如何编制日记账分录来更正差错？

16-11 差错更正

参照练习16-10中描述的情形。假设在2020年发现该会计差错，在2019年财务报告发布之后。忽略所得税，PKE 公司应如何编制日记账分录来更正差错？

16-12 差错更正

Development Technologies 公司的内部审计师在 2018 年发现：(a) 2017 年的应付职工薪酬 200 万美元直到 2018 年支付时才确认；(b) 2018 年购入的 300 万美元商品在 2017 年记录。2017 年末的实物存货盘点是正确的。忽略所得税，2018 年应如何编制日记账分录来更正差错？Development Technologies 公司还需采取哪些其他步骤来更正差错？

习 题

16-2 会计政策变更；存货方法变更

2018 年初，Aquatic Equipment Corporation 公司决定将存货计价方法从后进先出法变更为先进先出法。2017 年末，采用后进先出法计算的存货比采用先进先出法多 6 万美元。2017 年末留存收益为 78 万美元（在后进先出法下）。所得税税率为 40%。

要求：

1. 如果在以前年度使用的是先进先出法，计算变更时（2018 年初）的留存收益余额。
2. 编制 2018 年初会计政策变更的日记账分录。

16-4 会计政策变更；变更为权益法

Crump 公司拥有几家上市公司的股权。2018 年初，公司在 Silken Properties 公司的普通股权益增加，应使用权益法核算投资。投资账户余额在变更时为 3 100 万美元。会计师确定，如果投资账户用权益法核算，余额将为 4 800 万美元。

要求：

1. 编制会计政策变更的日记账分录（忽略所得税）。
2. 简述公司还需采取哪些其他步骤来处理会计变更。
3. 假设 Crump 是从权益法变更为其他方法，而不是从其他方法变更为权益法。要求 1 和 2 的答案会有什么不同？

16-6 财务会计准则委员会准则汇编

在财务会计准则委员会网站（www.fasb.org）上访问会计准则汇编。确定以下各项的具体引用：

1. 报告大多数会计政策变更。
2. 会计政策变更的披露要求。
3. 追溯调整法在存货会计方法变更方面的应用示例。

16-8 存货方法变更；先进先出法变更为后进先出法

Flay Foods 公司在财务报告和税务方面一直使用先进先出法进行存货计价。2018 年初，Flay 公司决定改用后进先出法。由于这一变更，2018 年的净利润为 8 000 万美元。如果公司在 2017 年使用后进先出法，那么当年的销售成本将高出 600 万美元。Flay 公司 2016 年和之前几年的存货采购和销售记录都无法取得。2017 年，Flay 公司在其比较利润表中报告了以下净利润金额：

单位：百万美元

	2017 年	2016 年	2015 年
净利润	\$84	\$82	\$80

要求：

1. 编制 2018 年初会计政策变更的日记账分录（忽略所得税）。

2. 简述Flay公司还需采取哪些其他步骤来处理会计变更。

3. 在2018—2016年Flay公司的比较利润表中净利润分别是多少？

16-10 折旧方法变更

Clinton Poultry 农场对2015年初以256万美元取得的输送设备，采用余额递减法计提折旧。预计使用寿命为6年，预计净残值为16万美元。2018年初，Clinton公司决定改用直线法。该变更对每年折旧额的影响如下：

单位：千美元

年份	直线法	余额递减法	差额
2015	\$400	\$853	\$453
2016	400	569	169
2017	400	379	(21)
	\$1 200	\$1 801	\$601

要求：

1. 简述Clinton公司应在2017—2018年的比较财务报表中如何报告该会计变更。
2. 编制2018年与此变更相关的日记账分录。

16-12 图书版税

Dreighton Engineering集团的两名工程师撰写技术手册，并以收取版税的形式将手册出售给William B. Irving出版公司。版税为净销售收入的10%，每年10月1日收取1—6月的版税，4月1日收取上一年7—12月的版税。2017年7月开始销售手册，Dreighton集团2017年12月31日应计版税收入为31 000美元，具体如下：

借：应收款项——版税收入	31 000	
贷：版税收入		31 000

Dreighton集团在2018年4月1日收到了36 000美元的版税，在2018年10月1日收到了40 000美元版税。Irving公司在12月31日向Dreighton表示，2018年下半年的销售额预计为50万美元。

要求：

1. 编制2018年与版税相关的日记账分录。
2. 应如何调整留存收益和2017年的财务报表？请解释。

16-14 保修费用

Woodmier Lawn公司于2017年推出了一系列新型商用洒水装置，对产品缺陷提供一年保修。由于这是公司提供保修服务的第一个产品，因此参考了一些商业杂志以借鉴同行业其他公司的经验。根据经验，预计保修成本约为销售收入的2%。2017年洒水装置的销售额为250万美元。因此，在销售产品的第一年，与保修成本或有事项相关的分录如下：

应计负债和费用

借：保修费用（2%×2 500 000）	50 000	
贷：预计保修负债		50 000

实际支出（汇总分录）

借：预计保修负债	23 000	
贷：现金、应付职工薪酬、零部件等		23 000

2018年底，公司根据索赔经验评估保修费用，确定保修费用远远超过预期——是销售收入的3%，而不是2%。

要求：

1. 假设2018年洒水装置的销售收入为360万美元，2018年保修支出总计为8.8万美元，编制与保修相关的日记账分录。

2. 假设在 2017 年后，公司不再销售该洒水装置，编制 2018 年与保修相关的日记账分录。

16-16　会计变更

Peridot 公司 2016 年 1 月 2 日购买了 80 万美元的机器。预计使用寿命为 5 年，无净残值。Peridot 公司决定采用直线法计提折旧，2016 年和 2017 年的折旧额均为 16 万美元。2018 年初，公司将机器的预计使用寿命变更为 8 年。

要求：

1. 该变更是哪一种类型的会计变更？
2. 简述该变更的会计处理。
3. 计算 2018 年折旧额。

16-18　会计变更分类

用字母标出下列情形的性质：

变更类型

PR　使用追溯调整法处理的会计政策变更

PP　使用未来适用法处理的会计政策变更

E　会计估计变更

EP　会计政策变更导致的会计估计变更

R　报告主体变更

N　不是会计变更

______ 1. 从余额递减法变更为直线法

______ 2. 办公设备的预计使用寿命变更

______ 3. 技术革新导致未摊销成本为 45 000 美元的专利变得毫无价值

______ 4. 存货成本与可变现净值孰低的确定从个别项目法变更为汇总法

______ 5. 存货计价方法从后进先出法变更为平均成本法

______ 6. 以低于以前计为或有损失的金额解决诉讼

______ 7. 包含在合并财务报表中的几年前收购的子公司已经不适合纳入以前年度的合并财务报表

______ 8. 零售商店的保修费用处理方法从支付时记录变更为根据每期销售收入估计

______ 9. 存货的某些制造费用从在发生时费用化变更为计入销售成本（两种方法都符合公认会计原则）

16-20　差错更正；投资

2018 年 12 月 12 日，一项成本为 8 万美元的投资以 10 万美元的价格出售。出售获得的所有收益贷记投资账户。

1. 假设在 2018 年账目调整或结算前发现该差错，编制差错更正的日记账分录（忽略所得税）。
2. 假设直到 2019 年初才发现该差错，编制差错更正的日记账分录（忽略所得税）。

16-22　差错更正；债券应计利息

2017 年底，Majors 家具公司没有记录应付债券在 2017 年的 5 个月产生的利息费用 61 000 美元。债券于 2029 年到期。债券折价用直线法摊销。2018 年 2 月 1 日支付半年期利息时记录的分录如下：

借：利息费用	73 200	
贷：应付债券折价		1 200
现金		72 000

要求：

编制差错更正所需要的日记账分录和 2018 年与上述情况相关的调整分录（忽略所得税）。

16-24　存货差错

2018 发生的存货差错如下。确定每一差错对 2018 年销售成本、净利润和留存收益的影响。假设差错直到 2019 年才被发现，并且使用定期盘存制。忽略所得税。

U ＝低估　O ＝高估　NE＝没有影响

	销售成本	净利润	留存收益
1. 多记期末存货	U	O	O
2. 多记采购			
3. 少记期初存货			
4. 少记运费			
5. 少记期末存货			
6. 少记采购			
7. 多记期初存货			
8. 少记采购并且少记期末存货，金额相同			

第 17 章

现金流量表回顾

- 第 1 节　现金流量表的内容和价值
- 第 2 节　编制现金流量表：用直接法报告经营活动产生的现金流量
- 第 3 节　编制现金流量表：用间接法报告经营活动产生的现金流量
- 附录 17A　间接法下的试算表
- 附录 17B　使用丁字账户法编制现金流量表

本章概要

财务报告的目标是为投资者和债权人提供有用的信息，主要是以财务报表的形式。前面章节学习过的资产负债表和利润表并不能为决策者提供其需要的全部信息。本章你将学习现金流量表如何弥补其他财务报表留下的信息缺陷。

现金流量表列示了所有现金流入和现金流出，并将它们划分为经营活动、投资活动和筹资活动。不直接影响现金的投资活动和筹资活动也要报告。

学习目标

学习完本章之后，你应该能够：

17-1 解释现金流量表的作用。
17-2 定义现金等价物。
17-3 运用直接法确定经营活动产生的现金流量。
17-4 运用间接法确定经营活动产生的现金流量。
17-5 识别分类为投资活动的交易。
17-6 识别分类为筹资活动的交易。
17-7 识别非现金投资和筹资活动的交易。
17-8 在试算表和丁字账户的帮助下编制现金流量表。
17-9 讨论美国公认会计原则和国际财务报告准则关于现金流量表的主要差异。

财务报告案例

现金在哪儿？

"你说无法负担加薪是什么意思？"工会谈判人文斯·巴尔（Vince Barr）坚持道，"我们已经看过了利润表，公司今年有盈利。"

这是公司和工会代表谈判的第一天。作为公司的财务主管，你知道轮到你从财务方面来解释公司的现状并与工会进行谈判了。事实上你早就知道这次争论的关键点是：经历了三年的利润持平和轻微减少之后，本年的利润才终于有了一些增长。于事无补的是，公司一直使用加速折旧法计提设备折旧，这些设备今年开始以远高于成本的价格进行更换。

问题

在学习完本章之后，你应该能够对以上案例中的问题给出恰当的回答。将你的回答与章末答案进行对比。

1. 巴尔先生在制定加薪方案时会考虑哪些现金流量方面的因素？一个公司怎样经营才会产生大量利润，但是只有少量甚至是负的现金流量？
2. 现金流量表能提供哪些关于公司投资活动的有用信息？
3. 现金流量表能提供哪些关于公司筹资活动的有用信息？

第 1 节　现金流量表的内容和价值

决策者视角

某大型保险公司的一位基金经理正在考虑将 800 万美元投资于可口可乐公司普通股，她问自己："这项投资的未来股利和市场价值增值预期会如何？我们会得到与这项投资的成本和风险相称的回报吗？"一位银行管理者在审查商业贷款申请时会思考："如果我批准了这项贷款，贷款人能够按时还本付息吗？"投资者和债权人一直都面临着这些类似的决策，这需要预测企业产生未来现金流量的能力和与之相应的风险。

为了做出这些预测，决策者高度依赖定期财务报表中报告的信息。在最后的分析中，企业的现金流入和流出是投资者和债权人决策的最基础的依据。当然，这些决策关注决策者对从与那些公司的交易中所能获得现金回报的预期。然而，企业产生现金流的能力也最终决定了它是否有潜力从投资者和债权人获得现金。

前面章节中学习的利润表和资产负债表可以为预测企业未来产生现金流的能力提供有用的信息。然而，一些重要的问题并不能轻易地从这些报表中找到答案。比如，对公司未来盈利能力和风险的有意义的预测取决于对下列问题的回答：

- 公司投资于哪些类型的活动？
- 这些活动的资金是来源于债务、权益还是经营活动产生的现金？
- 公司会通过购买设备来实现未来的扩张吗？
- 随着时间推移，公司的净利润与经营活动产生的现金流量相比如何？
- 为什么留存收益的增加不能体现为公司股利的增长？
- 出售资产会怎样影响收到的现金？
- 债务是如何偿还的？

回答这些问题或者类似问题所需要的信息建立在持续现金流量的基础之上，利润表和资产负债表只是间接地描述了这些信息。接下来，我们将讨论有关现金流量的内容。

一、现金流入和流出

现金不断流入和流出活跃的企业。企业支付现金购买财产和设备，以维持或扩大生产能力。当不再需要这些资产时，也可以将它们出售以获取现金。购买用于生产或者用于销售的存货以及销售过程的费用，都需要用现金支付。这些销售活动的最终结果是现金的流入。现金还可以用来投资其他公司的证券。企业可以在投资期间获得股利或利息，以及在投资结束时将证券出售来得到现金流入。为了获取维持公司经营所需的现金，公司会出售股票或借入债务。现金也用来支付股东的股利和债权人的利息。当企业偿还债务和回购股票时，现金也会从公司流出。为了帮助你更加形象地理解现金流入和流出的持续过程，我们将这一过程用示例 17 - 1 来表示。这张图也呈现了现金流在现金流量表中的分类方式。

示例 17－1　现金流入和现金流出

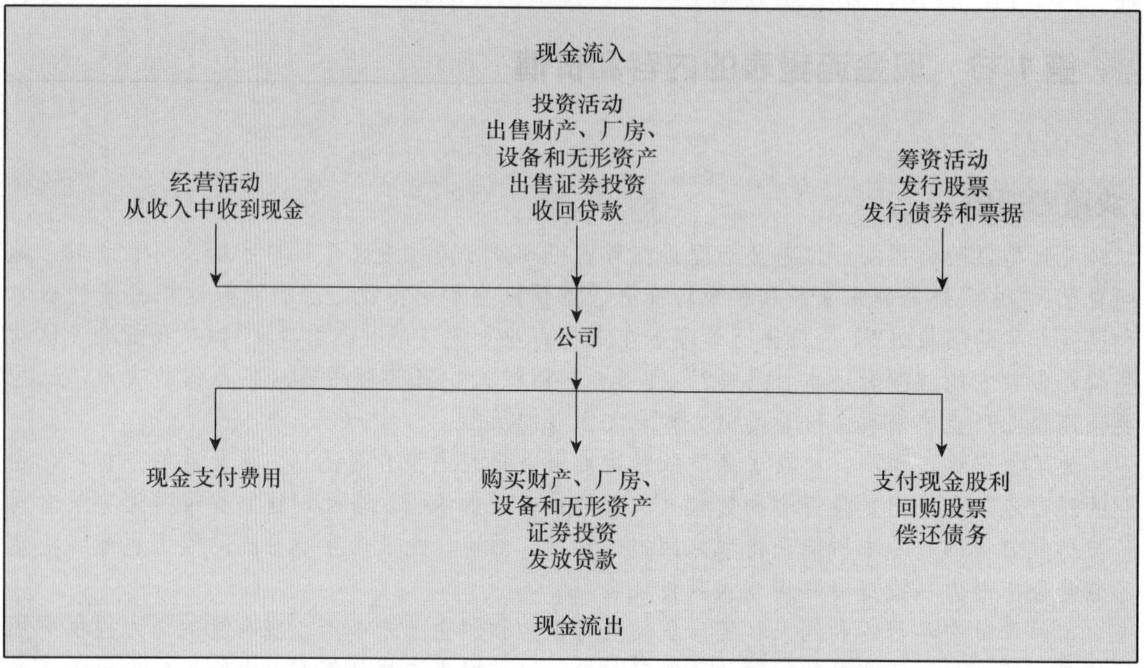

这些现金流量的分类和组合中包含大量信息，投资者和债权人可以据此做出恰当的决策。只用资产负债表和利润表间接地报告，损失了现金流量中很多有价值的信息。每种现金流量通过影响资产负债表中不同账户的余额，最终影响决策者的决策。同样，与产生利润有关的现金流量也会在利润表中呈现。然而，它们不是必然在现金流发生的当期报告，因为利润表是以权责发生制为基础来衡量经济活动的。现金流量表可以通过直接列示现金流量来弥补这些信息缺陷。

二、现金流量表的结构

示例 17－2 展示了一张现金流量表，列出了报告期所有现金流入和现金流出。为了提高披露的信息价值，还按照业务活动的性质对现金流量进行了分类。现金流量主要可以分为以下三类：(1) 经营活动产生的现金流量；(2) 投资活动产生的现金流量；(3) 筹资活动产生的现金流量。把现金流量按其来源（经营活动、投资活动、筹资活动）进行分类比简单地在报表中列示各种现金流量更有信息含量。值得关注的是，那些非现金的投资活动和筹资活动，即没有直接影响现金增减变动的投资活动和筹资活动，也同样在现金流量表中进行报告。公认会计原则要求提供现金流量表是财务会计准则委员会第 1 号概念公告的结果，该公告规定财务报告的主要目标是“提供信息以帮助投资者和债权人以及其他人士评估企业预期净现金流的金额、时间和不确定性”。[①]

---

① FASB Concepts Statement No. 8, *Conceptual Framework for Financial Reporting*—Chapter 1, “The Objective of General Purpose Financial Reporting”, and Chapter 3, “Qualitative Characteristics of Useful Financial Information” (a replacement of *FASB Concepts Statements No. 1 and No. 2*), September 2010.

示例 17 - 2 现金流量表 单位：百万美元

联合品牌公司
现金流量表
会计年度截止于 2018 年 12 月 31 日

经营活动产生的现金流量		
现金流入：		
从客户收取的现金	$98	
来自投资收益	3	
现金流出：		
支付给货物供应商的现金	(50)	
支付给员工	(11)	
支付利息	(3)	
支付保险	(4)	
支付所得税	(11)	
经营活动产生的现金流量净额		$22
投资活动产生的现金流量		
购买土地	(30)	
购买短期投资	(12)	
出售土地	18	
出售设备	5	
投资活动产生的现金流量净额		(19)
筹资活动产生的现金流量		
出售普通股	26	
偿还应付债券	(15)	
支付现金股利	(5)	
筹资活动产生的现金流量净额		6
现金净增加额		9
1 月 1 日现金余额		20
12 月 31 日现金余额		$29

附注 X：	
非现金投资和筹资活动	
发行年利率 12%、5 年期的票据用于购买 2 000 万美元的设备	$20
将净利润调节为经营活动现金流量：	
净利润	$12
调整非现金业务的影响：	
出售土地利得	(8)
折旧费用	3
出售设备损失	2
经营性资产和负债的变动：	
应收账款的增加	(2)
存货的减少	4

应付账款的增加	6
应付职工薪酬的增加	2
应付债券折价的减少	2
预付保险费的减少	3
应交所得税的减少	(2)
经营活动产生的现金流量净额	$22

许多公司破产是因为它们不能获得足够的现金流来偿还债务。毋庸置疑，如果财务报表的设计能够很好地预测公司将发生的现金流问题，那么公司的股东就不会承受巨大的损失。一个著名的例子是20世纪70年代W. T. Grant公司的破产。Grant公司在成为一家大型商城之前是一个一般零售商，而且在当时是蓝筹股。1972年，Grant公司的财务状况变动表（现金流量表的前身）显示其经营活动产生的营运资本是4 600万美元。然而，如果以现在的现金流量表来呈现的话，其经营活动产生的现金流量为－1 000万美元。实际上，1973年没有披露的现金短缺金额达到1.14亿美元，而报表所披露的经营活动产生的营运资本却增加了100万美元。这一年，由于缺乏现金流的相关信息，投资者以公司利润20倍的价格购买Grant公司的股票。[①]

最近，即使现金流量信息可以获取，一些现金流问题也会被忽视。例如，经历了快速发展紧接着就面临破产的Wicks ‘N’ Sticks公司。该公司为了取得快速发展，不是通过内部经营这种比较稳健的方式，而是选择依赖于出售新的特许经营权来获取现金流。正如我们所看到的，现金流量表不仅反映了现金流的金额，而且反映了这些现金流是源于内部经营活动还是外部资源。Wicks ‘N’ Sticks公司最终通过重组避免了破产，而且展现了一种现金流量管理的全新视角。

一个不盈利却拥有良好现金流的公司同样也可以生存，亚马逊公司就是一个极好的例子。作为一家线上书店，亚马逊成立于1995年，在10年中它并没有赚到利润，但是它通过出售股票获取了大量现金流，使得它在之后10年能够承受巨额亏损。筹资活动取得的现金流为亚马逊拓展新的商业领域和弥补后来的亏损奠定了基础。亚马逊现在拥有健康的经营活动现金流并且保持盈利。

经济衰退时现金流量的重要性

2008年春天，贝尔斯登几近崩溃，这可能会被人们铭记为揭露华尔街脆弱性的最具戏剧性的事件，并引发了自大萧条以来最严重的金融危机。贝尔斯登事件以及随之而来的全球经济衰退的根本原因在于现金流的短缺。继贝尔斯登公司之后，雷曼兄弟、美国国际集团、花旗集团、房利美以及房地美相继发生危机。我们知道，灾难不会就此结束。每一次危机都涉及缺乏对现金的波动和流动的衡量和监控。

正如近期发生的信贷危机一样，当金融业负担着大量无法收回的债务时，银行等机构就不愿意再发放贷款了。现金变得短缺，企业的关键就在于掌控好它们的现金流量。

Lucky Strike Lures公司主要生产鱼饵并将其出售给批发商。批发商先将鱼饵储存在仓库里再出售给Bubba’s Bait商店，商店将商品陈列在货架上等待顾客购买。经济不景气的时

① Cheryl A. Zega, “The New Statement of Cash Flows,” *Management Accounting*, September 1988.

候，顾客可能推迟甚至不再购买这些鱼饵，鱼饵在货架上蒙上了灰尘，Bubba's Bait 商店无法向批发商支付鱼饵的价款，批发商也会推迟向 Lucky Strike Lures 公司支付货款。Lucky Strike Lures 公司就拥有了许多应收账款，却没有收到现金。这种情况下，公司一般会找银行借款。但是在经济危机的特殊时期，银行不愿意借款，公司常用的融资渠道行不通，加上缺乏及时的补救措施，Lucky Strike Lures 公司出现了大量的现金流出，却没有任何现金流入。

企业的生存和成功取决于其创造现金或者说取得现金的能力，即使能够盈利也有可能破产。公司必须对其现金流量进行密切的监控和安排。在最近的经济衰退期，即使是非常著名的公司也不得不承受没有对现金足够重视的后果。

现金为王！特别是在经济衰退的时期。

示例 17-2 是联合品牌公司（UBC）的现金流量表，我们利用它来讨论现金流量表的基本结构和组成。接下来，我们将学习如何编制联合品牌公司的现金流量表。在本章的学习中，当讨论现金流量划分为三类的具体标准以及怎样界定需要在报表中报告的现金流量时，我们会经常以联合品牌公司的现金流量表作为参考。我们通过了解过去几十年报表的改进过程来对现金流量表的内容进行更具体的考察。

现金、现金等价物和限制性现金

经验丰富的现金管理者会将临时闲置的现金进行短期投资来赚取收益，而不是在活期存款账户上存放大量不用的现金。财务会计准则委员会将那些期限短、流动性高、损失风险小、可以很方便地转化为现金的投资视为**现金等价物**（cash equivalents）。由于可以迅速变现，这类投资的性质基本上等同于现金。因此，在现金流量表上现金（例如货币和支票账户）和现金等价物没有区别。类似地，有时公司由于一些合同条款需要将特定金额的现金用于限定的用途，就像用于偿还特定债务或是员工薪酬等情况。这些限制性现金的金额也是报告的现金余额的一部分。所以，本章提及的现金指的是现金、现金等价物以及限制性现金。

现金等价物包括货币市场基金、短期国债和商业票据等。分类为现金等价物的投资项目自购买日起到期期限不得超过 3 个月。现金等价物的定义具有灵活性。每个公司都必须建立一项政策来说明哪些期限短、流动性高的投资可以划分为现金等价物。这些政策应当与企业的投资动机相一致，并在财务报表附注中披露。[①] 埃克森美孚公司最近的年度报告中就对现金等价物进行了描述（见示例 17-3）。

示例 17-3 现金等价物披露——埃克森美孚公司

> 附注 4：现金流量信息（节选）
> 合并现金流量表提供了关于现金及现金等价物变动的信息。自取得起期限不超过 3 个月的高流动性投资被分类为现金等价物。

仅仅是由现金转化为现金等价物（例如购买 3 个月期的短期国债）或者由现金等价物转化为现金（出售国债）的交易不应该在现金流量表中报告，因为这种交易并没有引起现金及

① 这一政策的变更按照会计政策变更处理。

现金等价物总额的改变。[1] 资产负债表中报告的现金余额同样代表着现金及现金等价物的总额，我们可以将资产负债表中现金余额的变动与现金流量表反映的现金流量净增加额或净减少额进行比较。

现金流量表的基本内容

这一部分介绍三个基本的业务活动分类：(1) 经营活动；(2) 投资活动；(3) 筹资活动。现金流量表还有另外两个要求：(4) 将现金账户余额的变化与现金的净增加额或净减少额调节一致；(5) 列报非现金投资和筹资活动。

经营活动产生的现金流量

利润表报告公司经营产生的利润。净利润（或者净损失）是某一报告期间确认的总收入扣除相应发生的费用的结果，不论现金是否收到或者支付。这就是学习会计的过程中一直强调的权责发生制概念。根据权责发生制概念衡量的有关净利润及其组成的信息能够比当期的现金收付情况更好地反映企业当期经营业绩。[2] 尽管如此，如前所述，从利润表中无法直接获取的赚取活动的现金效应也可以提供有用的信息。现金流量表中的第一个现金流量分类报告了这种信息。

经营活动产生的现金流量（cash flows from operating activities）是利润表中报告的活动所产生的现金流入和流出。换句话说，这一现金流量的分类包括净利润的成分，但是以收付实现制来报告的。现金流量表中这一部分的组成与利润表相关组成部分之间的关系如示例 17-4 所示。

示例 17-4　利润表与经营活动产生的现金流量的关系（直接法）

利润表	经营活动产生的现金流量
收入：	现金流入：
销售和服务收入	从客户收取的现金
投资收益	收到的现金收入（例如股利、利息）
非现金收入和利得（例如出售资产利得）	（没有报告）
减：费用：	减：现金流出：
商品销售成本	支付给货物供应商的现金
薪酬费用	支付给员工的现金
非现金费用和损失（例如折旧、摊销、出售资产损失）	（没有报告）
利息费用	支付给债权人的现金
其他经营费用	支付给保险公司及其他的现金
所得税费用	支付给政府的现金
净利润	经营活动产生的现金流量净额

① 一个例外是出售一项现金等价物产生利得或损失。本章将描述这一例外的更多细节。

② FASB Concepts Statement No. 8, *Conceptual Framework for Financial Reporting*—Chapter 1, "The Objective of General Purpose Financial Reporting," and Chapter 3, "Qualitative Characteristics of Useful Financial Information" (a replacement of *FASB Concepts Statements No. 1 and No. 2*), September 2010.

为了更好地理解这一概念的应用，现在让我们再来看一下联合品牌公司的经营活动现金流量。现金流量表的这一部分节选自示例 17－2 并在示例 17－5 中重新列示。

示例 17－5 经营活动产生的现金流量；直接法 单位：百万美元

经营活动产生的现金流量：		
现金流入：		
从客户收取的现金	$98	
来自投资收益	3	
现金流出：		
支付给货物供应商的现金	(50)	
支付给员工	(11)	
支付利息	(3)	
支付保险	(4)	
支付所得税	(11)	
经营活动产生的现金流量净额		$22

经营活动产生的现金流入比支付费用的现金流出要多 2 200 万美元。我们将在示例 17－9 中看到，联合品牌公司来自同一经营活动的净利润仅为 1 200 万美元。为什么经营活动产生的现金流量净额比净利润要多呢？在下一节我们确定这些现金流量的具体金额时，原因就会变得很明显了。

你也应该注意到之前所概括的，经营活动产生的现金流量包括以收付实现制报告的利润表的组成部分，但并非所有的利润表项目都是如此。注意在示例 17－5 中，并没有报告财产、厂房和设备以及无形资产的折旧和摊销，也没有报告出售这些资产的利得和损失。取得和出售这些资产同样会产生现金流出和流入。但是，这些资产的取得和再出售被分类为投资活动而不是经营活动，我们将在后面的部分学习。

与此不同的是，存货的购买和销售被视为经营活动。这些交易的现金影响——支付给供应商的现金和从客户那里收取的现金——包括在经营活动产生的现金流量当中。如果存货与财产、厂房和设备以及无形资产一样，都是为了赚取利润，为什么要将存货与其他资产视为不同的现金流量类型呢？最主要的区别在于，购买存货的目的是在公司当期经营中销售，而其他资产属于使公司在相当长的一段时间里可以获利的投资。

报告经营活动现金流量的直接法或间接法

示例 17－2 和示例 17－5 所显示的联合品牌公司经营活动产生的现金流量，运用的是**直接法**（direct method）。因为每项经营活动（即利润表项目）对现金的影响都直接报告在现金流量表中，所以命名为直接法。比如，联合品牌公司报告的“从客户收取的现金”反映的是销售活动对现金的影响，“支付给货物供应商的现金”反映的是商品销售成本对现金的影响，等等。而且，联合品牌公司也删除了利润表中对现金流量没有任何影响的项目，比如折旧费用。

联合品牌公司也可以运用**间接法**（indirect method）来报告经营活动产生的现金流量。间接法是从报告的净利润开始间接推导出经营活动现金流量的净增减变动（本例中为 2 200 万美元），将净利润调整为按收付实现制反映的金额。我们将在本章后面部分看到联合品牌公司的净利润是1 200万美元。如果使用间接法，联合品牌公司将以另一种形式呈现经营活动产生的现金流量，见示例17－6。

示例17－6　经营活动产生的现金流量；间接法　　单位：百万美元

经营活动产生的现金流量		
净利润	$12	
调整非现金业务的影响：		
出售土地利得	(8)	
折旧费用	3	
出售设备损失	2	
经营性资产和负债的变动：		
应收账款的增加	(2)	
存货的减少	4	
应付账款的增加	6	
应付职工薪酬的增加	2	
应付债券折价的减少	2	
预付保险费的减少	3	
应交所得税的减少	(2)	
经营活动产生的现金流量净额		$22

需要注意的是，直接法和间接法下经营活动产生的现金流量金额是相同的，都是2 200万美元。间接法不是直接报告利润表中会影响现金流量的项目，而是以净利润（包括所有现金和非现金项目）为起点，剔除那些不能反映现金增减变动的金额。我们将在本章后面部分探讨具体的调整过程。现在我们应该认识到直接法和间接法都可以用来报告经营活动产生的现金流量。两种方法都可以将权责发生制下的利润转化为经营活动产生的现金流量。

同样值得注意的是，间接法呈现的内容与之前示例17－2联合品牌公司在附注X中披露的"将净利润调节为经营活动现金流量"是一样的。不管是采用直接法还是间接法，财务报表都必须调节利润表和经营活动现金流量之间的差异。采用直接法时，公司需要用一个单独的表格列示调节过程，就像联合品牌公司那样。这一调节过程与间接法下报告经营活动现金流量相同。如果采用间接法则不需要再单独提供调节表，因为现金流量表中"经营活动产生的现金流量"部分已经达到了这个目的。多数公司采用间接法。[①]

无论采用直接法还是间接法，对识别和报告投资活动和筹资活动产生的现金流量都没有影响。理解这一点很重要。我们现在将目光转向现金流量表的这两个部分。第3节我们将全面讨论报告经营活动现金流量的方法。

---

① 根据AICPA，U.S. GAAP Financial Statements—Best Practices in Presentation and Disclosure—2013，一项针对500家公司的调查显示，有495家公司选择采用间接法，只有5家公司采用直接法。

投资活动产生的现金流量

公司会定期将现金投资于更换或扩大生产设施，如财产、厂房和设备。公司也会投资于其他资产，如其他公司的证券，以期获得投资回报。有关这些投资活动的信息可以为决策者提供有价值的参考，帮助决策者了解这些未来使用的资产的性质和重要性以及公司未来的发展方向。

投资活动产生的现金流量（cash flows from investing activities）是公司取得和处置资产所产生的现金流出和流入。这一类型的现金支出主要用于取得：(1) 财产、厂房和设备以及其他生产性资产（存货除外）；(2) 证券投资（除了现金等价物和交易性证券）；(3) 非交易性应收款项。[①②] 清理这些资产时，处置资产所获得的现金同样被分类为投资活动。比如，出售资产或收回应收票据（仅仅是本金）收到的现金都属于投资活动产生的现金流量。需要注意的是，与名称所暗示的不同，任何投资收益，如利息、股利或者这些投资的其他现金回报都不属于投资活动。请记住，其原因是这些投资收益属于利润表中的项目，因此被分类为经营活动。

为了说明这一问题，注意联合品牌公司报告的投资活动现金流量。我们将示例 17－2 中投资活动产生的现金流量部分重新列示在示例 17－7 中。

示例 17－7 投资活动产生的现金流量 单位：百万美元

投资活动产生的现金流量：		
购买土地	$（30）	
购买短期投资	（12）	
出售土地	18	
出售设备	5	
投资活动产生的现金流量净额		$（19）

联合品牌公司报告的投资活动现金流量既包括支付现金购买土地，也包括支付现金购买短期投资。报告的另外两项投资活动现金流量分别是出售以前购买的资产（设备和土地）而收取的现金。本章后面的部分将具体介绍产生这些现金流量的交易。

购买和销售存货不属于投资活动。存货是以出售为目的而购买的，它是公司主要经营活动的一部分，所以存货的购买和销售分类为经营活动。

同样，购买和出售被分类为现金等价物的资产也不是投资活动。实际上，这类活动通常不在现金流量表上报告。例如，将暂时闲置的现金投资于被视为现金等价物的货币市场基金时，现金及现金等价物的总额并没有发生变化。同样，之后现金从货币市场基金中退出时，总额仍然不变。一个例外是出售现金等价物时产生了利得或损失。这种情况下，在从现金等价物的一个账户转移到另一个账户的过程中产生了现金及现金等价物总额的增减变动。此时，现金的变化将报告在经营活动产生的现金流量中。这将在本章后

① 购买和出售交易性证券的现金流入和流出通常被视为经营活动，因为交易性证券例行交易的金融机构将它们视为正常经营的一部分。

② 与交易性应收款项不同，非交易性应收款项与公司正常交易无关，也就是说它们不是向客户收取的款项。交易性应收款项，或者应收账款，是一项经营活动资产。但是，非交易性应收款项可能是向附属公司或者公司管理人员的贷款。为了理解非交易性应收款项的产生为什么是投资活动，你可以将这一贷款视为对应收款项的投资。

面部分进行说明。

筹资活动产生的现金流量

让投资者和债权人知晓公司资金的筹集情况与知晓公司的投资活动同等重要。比较乐观的情况是，公司的主要经营活动可以提供内部融资来源。现金流量表中的经营活动现金流量可以让报表使用者了解内部融资的程度。然而，很多公司的主要筹资来自外部资源，特别是来自股东和债权人。

筹资活动产生的现金流量（cash flows from financing activities）是公司外部筹资所产生的现金流入和流出。此类活动产生的现金流入主要包括：(a) 出售普通股和优先股；(b) 发行债券和其他债务证券。与这些筹资活动有关的后续交易，比如股票回购（注销或者作为库存股）、债务偿还、向股东发放现金股利等，也属于筹资活动。

为了说明这一问题，从示例 17-2 联合品牌公司现金流量表中节选筹资活动产生的现金流量部分重新列示在示例 17-8 中。

示例 17-8 筹资活动产生的现金流量 单位：百万美元

筹资活动产生的现金流量：		
出售普通股	$26	
偿还应付债券	(15)	
支付现金股利	(5)	
筹资活动产生的现金流量净额		$6

出售普通股收到的现金报告为筹资活动。由于出售普通股属于筹资活动，所以向普通股股东发放现金股利也属于筹资活动。类似地，已偿还的债券在之前发行时的现金流入也报告为筹资活动。当年偿还债券的现金流出也属于筹资活动。

初看上去，这可能会有些前后不一致：支付给股东的现金股利分类为筹资活动，但是如前所述支付给债权人的利息却被分类为经营活动。但是请记住，经营活动产生的现金流量反映的是影响净利润的项目对现金的影响。利息费用是影响净利润的项目，而股利是对净利润的分配，不是一种费用。

补充思考

有时一项现金收付涉及不止一种活动。比如，保险收入可能是因为厂房失火导致的生产设备以及存货的损失。这时，厂房和设备这一部分的现金保险收入属于投资活动，而存货那一部分属于经营活动。现金流量究竟应该分为哪一类不总是十分清楚的。当“现金流量的性质”不能合理判断时，我们可以根据“主导原则”来进行分类——现金流量的主要来源或用途是什么。

现金余额变化的调节

对于联合品牌公司的现金流量表，你可能首先会注意到的是现金的净变动额是 900 万美元。这是现金流量表提供的重要信息吗？现金流量表的主要目的并不是告诉我们现金增加了 900 万美元，因为通过比较资产负债表现金账户的期初和期末余额，我们同样可以得到现金增减。相反，现金流量表的目的是解释为什么现金会增加 900 万美元。

为了加强现金流入和流出净额对现金余额变动的解释力，现金流量表包含对现金账户期初和期末余额的调节。比如，联合品牌公司现金流量表中的调节如下：

现金净增加额	$9
1 月 1 日现金余额	20
12 月 31 日现金余额	$29

非现金投资和筹资活动

假设联合品牌公司向银行贷款 2 000 万美元并发行了同等金额的长期应付票据。此项交易应该在现金流量表中报告为筹资活动。现在假设公司用这笔现金购买了一台新设备，那么第二笔交易就应该报告为投资活动。

假设将这两笔交易合并，见示例 17－2，联合品牌公司通过发行 2 000 万美元的长期应付票据来购买一台新设备。将一项重大的投资活动和一项重大的筹资活动合并成一项交易，并没有降低报告这些活动的价值。正因如此，一项没有引起现金增减变动的重大投资或者筹资活动必须在相关披露中报告。

这些**非现金投资和筹资活动**（noncash investing and financing activities），就像联合品牌公司通过发行 2 000 万美元的长期应付票据（筹资活动）来购买一台新设备（投资活动），应当在一张单独的表格或者附注中报告。联合品牌公司是这样报告这项交易的：

非现金投资和筹资活动
发行年利率 12%、5 年期的票据用于购买 2 000 万美元的设备。

只有当公司很少进行此类交易时，才可以像联合品牌公司这样，很方便地把非现金投资和筹资活动放在现金流量表的同一个页面。否则，同样的信息应当在财务报表附注中报告。[①]

以这种方式报告的非现金交易举例如下：

(1) 通过承担对卖方的应付债务来取得资产。

(2) 采用租赁方式获得资产的使用权。

(3) 将债务转换为普通股或其他权益证券。

(4) 将非现金资产或负债与其他非现金资产或负债进行交换。

像分配股票股利这种不会影响公司资产或者负债的非现金交易不被视为投资或筹资活动，也不用在现金流量表中报告。回忆第 14 章，股票股利只会增加现有股东的持股数。从会计的角度看，股票股利导致金额从股东权益的一个部分（留存收益）转移到另一个部分（投入资本）。这不会引起资产和负债的变化，因此也没有发生投资活动或筹资活动。

三、现金流量表的编制

编制现金流量表的目的是识别所有反映经营活动、投资活动、筹资活动的交易和事项，

① FASB ASC 230－10－50－6: Statement of Cash Flows-Overall-Disclosure-Noncash Investing and Financing Activities (previously "Statement of Cash Flows," *Statement of Financial Accounting Standards No. 95* (Stamford, Conn.: FASB, 1987), par. 74).

将它们以恰当的报表格式进行列示和分类。其难点在于现有的会计系统不能提供编制现金流量表所需的特定信息。在报告期末，利润表账户（销售收入、销售成本等）和资产负债表账户（应收账款、普通股等）均存在余额。然而，分类账上没有支付现金购买设备或者出售土地获得现金的余额。因此，很有必要找到一种方式用现有的信息来重现报告期间发生的各种现金流量。通常，有助于编制现金流量表的可用信息包括当年的利润表以及当年和上一年度的资产负债表（比较报表）。会计记录也可以提供引起当年账户余额变动的交易的额外信息。

补充思考

投资和筹资活动可能一部分涉及现金，一部分不涉及现金。比如，公司也许会以现金支付购买设备的部分价款，而其余部分以发行长期票据来支付。在之前的例子中，联合品牌公司发行2 000万美元的应付票据购买设备。

假设设备由以下方式购买：单位：百万美元

借：设备	20	
贷：现金		6
应付票据		14

在这种情况下，600万美元将在“投资活动产生的现金流量”下报告，而这项交易的非现金部分——发行140万美元的应付票据获取设备——将在“非现金投资和筹资活动”中报告。假设联合品牌公司以这种部分现金/部分非现金的方式进行交易，那么它的现金流量表将修改如下：

投资活动产生的现金流量：		单位：百万美元
购买土地	\$ (30)	
购买短期投资	(12)	
出售土地	18	
出售设备	5	
购买设备	(6)	
投资活动产生的现金流量净额		\$ (25)
非现金投资和筹资活动：		
通过支付现金和发行年利率12%、5年期的票据购买2 000万美元的设备：		
		单位：百万美元
设备成本	\$20	
支付现金	(6)	
发行票据	\$14	

示例17－9是联合品牌公司的年末数据。我们经常用联合品牌公司的现金流量表来说明报表中活动的性质。现在我们来看看怎样用示例中的数据编制报表。

示例 17-9　比较资产负债表和利润表　　单位：百万美元

联合品牌公司
比较资产负债表
2017 年 12 月 31 日和 2018 年 12 月 31 日

资产	2018 年	2017 年
现金	$29	$20
应收账款	32	30
短期投资	12	0
存货	46	50
预付保险费	3	6
土地	80	60
建筑物和设备	81	75
减：累计折旧	(16)	(20)
	$267	$221
负债		
应付账款	$26	$20
应付职工薪酬	3	1
应交所得税	6	8
应付票据	20	0
应付债券	35	50
减：债券折价	(1)	(3)
股东权益		
普通股	130	100
投入资本——超出面值	29	20
留存收益	19	25
	$267	$221

利润表

收入		
销售收入	$100	
投资收益	3	
出售土地利得	8	$111
费用		
销售成本	60	
薪酬费用	13	
折旧费用	3	
债券利息费用	5	
保险费用	7	
出售设备损失	2	
所得税费用	9	99
净利润		$12

会计记录中的其他信息：
a. 公司之前以1 000万美元购入的土地以1 800万美元的价格出售。
b. 设备的原始成本为1 400万美元，已折旧一半，出售获得500万美元现金。
c. 支付1 200万美元购买Mazuma公司的普通股作为短期投资。
d. 支付3 000万美元购买土地用作停车场。
e. 2018年12月30日，向销售方发行年利率12%、5年期的2 000万美元应付票据购买新设备。
f. 2018年1月1日到期偿还20年前以面值发行的1 500万美元的债券。
g. 普通股账户的增加是因为分配了10%的股票股利（100万股）以及增发了200万股普通股。两项交易的交易日，每股面值10美元的普通股的市场价格是13美元。
h. 向股东支付500万美元的现金股利。

在交易比较少的情况下，可以仅仅通过检查可用数据及其逻辑关系来编制现金流量表。现实中很少有这样简单的情况。通常，更为实用的做法是使用一些系统的方法来分析可用数据，以确保检测到每一项经营、投资和筹资活动。一种常用的方法是使用手工或者试算表来组织和分析编制报表所用的信息。①

对于现金流量表的编制，不管是通过没有任何辅助的检查和分析，还是利用试算表等技术的支持来进行系统分析，分析的过程都是相似的。为了识别报表中报告的活动，我们利用本年度的可用数据来重新构建经营活动、投资活动和筹资活动的事项和交易。这有助于重现记录在日记账分录上的交易。通过检查日记账分录可以更方便地看出应当报告的活动是否有遗漏，以及这些活动的分类是否恰当。

在下一节中，我们会看到试算表是如何简化金流量表编制流程的。即使你不选择使用试算表，汇总分录也会帮助你找到编制现金流量表所需要的现金流入和流出项目。为了说明，我们假设使用直接法来确定和报告经营活动产生的现金流量。对于直接法的了解可以帮助你更加全面地掌握间接法，第3节将介绍间接法。

第2节　编制现金流量表：用直接法报告经营活动产生的现金流量

一、使用试算表

使用试算表的重要好处是它能够保证应当列报的项目不会被无意遗漏。试算表分析是基于以下事实：现金账户的增减变动必然对应着另一个非现金账户的增减变动。因此，如果我们能够识别当年引起每个非现金账户增减变动的事项和交易，我们就能找到现金流量表中应当包括的所有经营、投资和筹资活动。

试算表中录入了每一个账户的期初和期末余额。然后，当日记账分录在数据分析中重新构建时，这些分录将都记录在试算表中，这样试算表中分录的借方和贷方就可以解释账户余额的变化。只有在试算表分录已经解释了所有账户余额的变化之后，我们才能确保已经找到了所有经营活动、投资活动和筹资活动。试算表的设计方式让我们在记录解释账户余额变化

① 丁字账户法是编制现金流量表的另一种系统方法。这种方法在概念上与试算表法完全相同，应用也类似。附录17B采用丁字账户法编制联合品牌公司的现金流量表。

的试算表分录时，可以同时识别和分类报告于现金流量表的活动。

我们首先将比较资产负债表和利润表录入空白的试算表中。以联合品牌公司 2017 年和 2018 年已经完成的试算表为例，见示例 17－9A。注意，利润表中各项目的金额都是当年的累计金额。这些账户的期初余额都为零。

在资产负债表和利润表之后，我们留些位置给现金流量表。虽然此时我们还没有识别出特定的现金流量活动，但可以注明主要活动类别的标题：经营活动产生的现金流量、投资活动产生的现金流量和筹资活动产生的现金流量。在标题之间空出几行，以便接下来的分析中识别出的特定现金流量可以列示在其中。

试算表分录呈现在两个变化列，它区分了期初余额和期末余额，可以解释每个账户余额的增减变动。你会在下一部分看到这些分录是怎样重新构建的。尽管试算表分录和日记账分录一样采用了借方和贷方的形式，但它们仅仅列示在试算表中，而不是正式的会计记录。实际上这些分录通常以汇总的形式呈现，用来复制记录当年发生的交易的日记账分录。

为了重新编制日记账分录，我们一次分析一个账户来确定在哪一步交易或事项导致了账户的变动。通常，我们可以查看财务报表中其他相关账户的变化来清楚地观察到账户余额变动的原因。有时有必要查看其他信息的会计记录，以便分析变动的原因。

或许你会发现编制账户之间关系的丁字账户可以更形象地反映出某些变化，特别在你刚开始学习本章的时候。下面的分析偶尔会用这样的图表加以补充，以强调为什么而不仅仅是如何从分析中得出具体的现金流量。

尽管分析账户时没有固定的顺序，为了方便起见，还是从利润表的账户开始分析，再分析资产负债表。接下来就以这种顺序来分析联合品牌公司的账户。虽然我们分析时将重点放在试算表分录上，但是要记住，即使不使用试算表，下面的分析同样也适用于识别应报告的活动。[①]

示例 17－9A　试算表——直接法　　单位：百万美元

联合品牌公司
现金流量表试算表

	2017 年 12 月 31 日	变化 借方		变化 贷方		2018 年 12 月 31 日
资产负债表						
资产：						
现金	20	(19)	9			29
应收账款	30	(1)	2			32
短期投资	0	(12)	12			12
存货	50			(4)	4	46
预付保险费	6			(8)	3	3
土地	60	(13)	30	(3)	10	80
建筑物和设备	75	(14)	20X	(9)	14	81
减：累计折旧	(20)	(9)	7	(6)	3	(16)
	221				267	

① 在使用丁字账户法时，试算表分录也用来记录同样的交易。我们在附录 17B 中介绍丁字账户法时再次重复这些分录。

续

	2017年 12月31日	变化				2018年 12月31日
		借方		贷方		
负债：						
应付账款	20			(4)	6	26
应付职工薪酬	1			(5)	2	3
应交所得税	8	(10)	2			6
应付票据	0			(14)	20X	20
应付债券	50	(15)	15			35
减：债券折价	(3)			(7)	2	(1)
股东权益：						
普通股	100			(16)	10	
				(17)	20	130
投入资本——超出面值	20			(16)	3	
				(17)	6	29
留存收益	25	(16)	13			
		(18)	5	(11)	12	19
	221					267
利润表						
收入：						
销售收入				(1)	100	100
投资收益				(2)	3	3
出售土地利得				(3)	8	8
费用：						
销售成本		(4)	60			(60)
薪酬费用		(5)	13			(13)
折旧费用		(6)	3			(3)
债券利息费用		(7)	5			(5)
保险费用		(8)	7			(7)
出售设备损失		(9)	2			(2)
所得税费用		(10)	9			(9)
净利润		(11)	12			12
现金流量表						
经营活动产生的现金流量：						
现金流入：						
从客户收取的现金		(1)	98			

续

	2017 年 12 月 31 日	变化 借方	变化 贷方	2018 年 12 月 31 日
来自投资收益		(2)　3		
现金流出：				
支付给货物供应商的现金			(4)　50	
支付给员工			(5)　11	
支付给债券持有人			(7)　3	
支付保险费			(8)　4	
支付所得税			(10)　11	
经营活动产生的现金流量净额				22
投资活动产生的现金流量：				
出售土地		(3)　18		
出售设备		(9)　5		
购买短期投资			(12)　12	
购买土地			(13)　30	
投资活动产生的现金流量净额				(19)
筹资活动产生的现金流量：				
偿还应付债券			(15)　15	
出售普通股		(17)　26		
支付现金股利			(18)　5	
筹资活动产生的现金流量净额				6
现金净增加额			(19)　9	9
合计		376	376	

X：如下所述，X 代表非现金交易。

二、利润表账户

正如前面所述，经营活动产生的现金流量来源于利润表中报告的活动的现金流入和流出。因此，为了识别那些现金流入和流出，我们从分析利润表的组成部分开始。需要记住的重要的一点是，利润表中列报的金额通常并不代表对现金的影响。例如，联合品牌公司的销售收入是 1 亿美元，但是这并不代表这一年公司从客户那里收到了 1 亿美元现金。事实上，观察应收账款账户的期初和期末余额，我们可以发现从客户那里收取的现金不可能是 1 亿美元。因为这一年应收账款的账户余额有所增加，一些已经确认的销售收入还没有收回。我们会在下面讨论这一内容。

利润表其他项目对现金的影响也可以通过资产负债表相关账户的余额变化来反映。所以，为了识别经营活动产生的现金流量，我们逐一检查利润表项目以及与之相关的资产负债表账户。

销售收入

资产负债表中的应收账款账户受到销售收入的影响。具体来说，应收账款随着赊销的增加而增加，随着从客户那里收回现金而减少。我们可以比较本年度销售收入和应收账款的变动来确定从客户那里收取的现金金额。这种关系可以用下面的丁字账户来反映：

应收账款

期初余额	30		
赊销收入 （应收账款增加）	100	?	收到现金 （应收账款减少）
期末余额	32		

分析可知，从客户那里收到的现金为 9 800 万美元。注意，即使今年的一部分销售是现金销售，假设有 4 000 万美元的现金销售和 6 000 万美元的赊销，结果还是一样的：

应收账款　　　　单位：百万美元

期初余额	30			现金销售	$ 40
赊销收入	60	58	→	收回账款	58
期末余额	32			收到现金	$ 98

因此，经营活动产生的现金流量应当包括从客户那里收取的 9 800 万美元。本年度销售活动产生的净影响可以用以下分录来反映：

分录（1）	单位：百万美元
借：现金（来自客户）	98
应收账款（已知）	2
贷：销售收入（100－0）	100

上面的分录作为分录（1）展示在示例 17－9A 联合品牌公司完整的试算表当中。这个分录解释了两个账户余额——应收账款和销售收入的变动。因为这个分录也影响现金，它同时也展现了一项应当反映在现金流量表中的现金流量。借方 9 800 万美元记录在现金流量表试算表中经营活动产生的现金流量部分。

补充思考

前面介绍了最常见的一种情况——公司通过销售商品和提供服务来获取收入。应收账款增加，随后又收取现金使得应收账款账户余额减少。然而，一些公司通常会在履行履约义务之前提前收取现金，然后再确认收入并减少递延收入。在这种情况下，我们需要分析递延收入账户的变化来处理报告的收入与收到的现金之间的差异。举个例子，如果联合品牌公司的递延收入账户增加了 100 万美元，汇总分录应当是这样的：

分录（1）	单位：百万美元
借：现金（来自客户）	99
应收账款（已知）	2
贷：递延收入（已知）	1
销售收入（100－0）	100

注意，我们将分录（1）的现金部分记录为现金流量表中现金流量的一部分，而不是现金账户的借方。只有识别出所有现金流入和流出之后，现金净变动才会反映在现金账户的借方。实际上，调节现金账户增加900万美元和现金流量表中现金净增加900万美元的分录，可以最后用来检查试算表分析的准确性。

补充思考

注意，坏账费用不在利润表中反映，坏账准备也不在资产负债表中反映。我们之前假设联合品牌公司的坏账并不多。但如果不是这种情况，就有必要在确定从客户那里收取的现金时考虑坏账的转销。原因如下：

在使用备抵法记录坏账时，公司会估计最终不能收回的金额，并将其记录在坏账费用和坏账准备两个账户中。

借：坏账费用	×××	
贷：坏账准备		×××

当坏账实际无法收回时，应收账款和坏账准备都减少。

借：坏账准备	×××	
贷：应收账款		×××

在我们的例子中，结论是联合品牌公司收到的现金（9 800万美元）比销售收入（1亿美元）少了200万美元，因为应收账款增加了这一金额。然而，如果应收账款变动有一部分是冲销坏账导致的，之前的结论就是错误的。例如，假设联合品牌公司有200万美元的坏账费用，并且其坏账准备账户增加100万美元。坏账费用需要贷记坏账准备账户200万美元进行调整，为了使该账户的余额净增加（贷方）100万美元，坏账准备的借方需要借记100万美元来冲销。

单位：百万美元

借：坏账准备	1	
贷：应收账款		1

这就表明，应收账款账户总的变动额（借方200万美元）中的一部分（贷为100万美元）是因为坏账冲销而产生的，而剩余的300万借方变动额是因为收取的现金小于销售收入而产生的。这种情况下，从客户那里收取的现金只有9 700万美元。我们可以通过下面的丁字账户进行反映：

应收账款

期初余额	30		
赊销收入	100	97	收到现金
		1	冲销坏账
期末余额	32		

可以把所有与销售和现金收回有关的账户放在一个汇总试算表分录中来体现冲销坏账的影响：

单位：百万美元

借：现金（来自客户）	97

应收账款（32－30）	2	
坏账费用（来自利润表）	2	
贷：坏账准备（3－2）		1
销售收入（100－0）		100

这一分录汇总了所有与销售、坏账费用、应收账款冲销以及现金收回有关的交易。

其余汇总分录将在接下来的部分描述。在试算表上标明这些分录的序号有助于按照一定的顺序来进行分析。解释完一个账户的变动后，你可以在期末余额的右边标记一个符号（√）来帮助识别。当对每个非现金账户都标记完成后，你就知道你已经完成了这项工作。

投资收益

利润表报告的投资收益为300万美元。在得出这一金额是通过现金收取的这个结论之前，我们先来看看资产负债表中有没有相关账户的变化。资产负债表中的（a）应收投资收益款和（b）长期投资这两个账户，任何一个的变化都可能意味着从投资收益中收到的现金与利润表中报告的金额存在差别。

a. 如果我们发现应收投资收益款账户（如应收利息或应收股利）金额增加或者减少，就可以推断出当年收到的现金低于（如果是增加）或高于（如果是减少）报告的收益金额。这一分析与对销售收入和应收账款的分析是相同的。

b. 同样，长期投资账户无法解释的增加可能意味着投资收益有一部分没有通过现金收回。回忆第10章，当使用权益法处理对其他公司的股票投资时，无论当期是否收到现金股利，投资收益都按照投资者占被投资单位利润的比例来计算。比如，假设投资者持有另一家公司25%的普通股，该公司报告的净利润为1 200万美元，支付的股利为400万美元。这种情况就会导致200万美元的长期投资增加，可以通过日记账分录来重现投资的确认和现金股利的收取。

单位：百万美元

借：长期投资	3	
贷：投资收益（12×25%）		3
借：现金（4×25%）	1	
贷：长期投资		1

合并的分录也是同样的结果：

借：长期投资	2	
现金（4×25%）	1	
贷：投资收益（12×25%）		3

长期投资的200万美元净增加额代表的是没有用现金收取的投资收益。这也解释了为什么投资收益的贷方有300万美元的增加额。如果发生这些事项，我们会编制与合并分录类似的试算表分录。试算表分录可以：（a）解释长期投资200万美元的增加额；（b）解释投资收益300万美元的增加额；（c）识别经营活动产生的现金流量100万美元。

然而，由于比较资产负债表中没有应收投资收益款账户和长期投资账户，我们可以推断

300 万美元的投资收益是以现金收回的。试算表上的分录（2）如下：

分录（2）		单位：百万美元
借：现金（来自投资收益）	3	
贷：投资收益（3－0）		3

出售土地利得

在利润表上报告的第三个项目是出售土地利得 800 万美元。回想我们分析报表每个项目的目的在于确定它对现金的影响。所以，我们需要关于导致这一利得的交易的额外信息。示例 17－9 中的会计记录项目（a）表明，购买土地的原始成本是 1 000 万美元，售价是 1 800 万美元。日记账上的分录也可以作为我们的汇总分录：

分录（3）		单位：百万美元
借：现金（来自出售土地）	18	
贷：土地（已知）		10
出售土地利得（8－0）		8

这项交易对现金的影响是使现金增加了 1 800 万美元。因此我们将借方金额记录到试算表的现金流入部分。然而，不同于之前两个试算表分录对于现金的影响，这一金额不归类为经营活动产生的现金流量。出售土地属于投资活动，因此这一现金流量归类于投资活动产生的现金流量。这个分录也处理了 800 万美元的出售土地利得。但是，土地账户贷方 1 000 万美元并不能完全解释这个账户 2 000 万美元的增加额。我们在后面将会看到，还有一项交易也会影响土地这个账户。

重要的是，要理解这项利得只是出售土地收到的现金（报告为投资活动）与土地账面价值的差额。如果在经营活动现金流量中报告 800 万美元，又在投资活动现金流量中报告了 1 800 万美元，就会导致这 800 万美元被报告了两次。

销售成本

联合品牌公司在这一年度的销售成本为 6 000 万美元，这并不完全代表公司支付了 6 000 万美元的现金给供应商来获得这些商品。为了确定支付给供应商的现金金额，我们查看该公司购买商品会影响的两个账户——存货和应付账款。这个分析可以分为两个步骤。

首先，我们将销售成本与存货变动进行比较，来确定本年度购买商品的成本（不一定支付现金）。为了方便分析，可以在丁字账户中查看：

存货

期初余额	50		
采购成本（存货增加）	?	60	销售成本（存货减少）
期末余额	46		

通过分析，我们发现本年度购买了 5 600 万美元的商品。但是，这并不是说支付了 5 600 万美元的现金给供应商。通过查看应付账款的账户，我们可以确定支付给供应商的现金：

应付账款

		20	期初余额
支付给供应商的现金 （应付账款减少）	?	56	采购成本 （应付账款增加）
		26	期末余额

我们现在可以看到支付给供应商的现金是 5 000 万美元。商品购买的汇总分录如下：

分录（4）　　单位：百万美元

借：销售成本（60—0）　　60

　贷：存货（46—50）　　4

　　应付账款（26—20）　　6

　　现金（支付给供应商）　　50

薪酬费用

应付职工薪酬是资产负债表中影响薪酬费用的账户。我们可以通过分析与应付职工薪酬变动有关的薪酬费用来确定支付给员工的现金金额：

应付职工薪酬

		1	期初余额
支付给员工的现金 （应付职工薪酬减少）	?	13	薪酬费用 （应付职工薪酬增加）
		3	期末余额

这个分析表明支付给员工的现金只有 1 100 万美元。剩下的 200 万美元薪酬费用反映在应付职工薪酬的增加额中。

观察日记账分录中的关系得到了相同的结论，也为试算表分析提供了分录：

分录（5）　　单位：百万美元

借：薪酬费用（13—0）　　13

　贷：应付职工薪酬（3—1）　　2

　　现金（支付给员工）　　11

折旧费用

利润表中报告的折旧费用是 300 万美元。用于记录折旧的分录也可以用于汇总分录：

分录（6）　　单位：百万美元

借：折旧费用（3—0）　　3

　贷：累计折旧　　3

折旧费用是非现金费用。它只是之前的现金支出（应折旧的资产）在当期的分配。因此，与其他分录不同，折旧分录对现金流量表没有任何影响。然而，它解释了折旧费用账户的变动和累计折旧变动的一部分。

利息费用

回忆第 12 章，溢价或折价发行债券时，债券的利息费用与支付给债券持有者的现金金额不同。两个金额的差值反映的是溢价或折价的减少。参考资产负债表，我们可以看到联合品牌公司折价发行了债券。我们知道债券的利息费用是 500 万美元，2018 年折价减少了 200 万美元，通过重新编制汇总债券利息费用的分录可以确定支付给债券持有者 300 万美元的现金。

分录（7）		单位：百万美元
借：利息费用（5－0）	5	
贷：应付债券折价（1－3）		2
现金（支付给债券持有者）		3

在试算表上记录这个分录可以解释债券利息费用和应付债券折价这两个账户的变动。同时，也给我们提供了另一种经营活动产生的现金流出。当然，如果溢价而非折价减少，现金流出会比费用更多。

补充思考

如果资产负债表显示应付债券利息账户的增加或减少，那么计算支付给债券持有者现金的分录就需要修改。比如，如果联合品牌公司有应付债券利息账户，其贷方增加了 100 万美元，分录应该如下：

分录（7）（修正的）		单位：百万美元
借：利息费用	5	
贷：应付债券折价		2
应付利息		1
现金（支付给债券持有者）		2

如果欠债券持有者的金额增加了 100 万美元，显然支付给他们的现金就少了 100 万美元，比没有欠他们时的情况要少。类似地，如果债券应付利息减少 100 万美元，情况就相反，也就是支付给债券持有者的现金会多 100 万美元。

保险费用

预付保险费减少了 300 万美元，意味着用现金支付的保险费用 300 万美元少于本年度的保险费用 700 万美元。查看预付保险费的丁字账户可以清楚地看到这一点。

预付保险费

期初余额	6		
用现金支付的保险费 （预付保险费的增加）	?	7	保险费用 （预付保险费的减少）
期末余额	3		

从这个分析我们可以推断出支付了 400 万美元的保险费。通过编制以下的试算表分录可以得出同样的结论：

分录（8）	单位：百万美元
借：保险费用（7－0）	7

贷：预付保险费（3－6）		3
现金（支付保险费）		4

这一分录处理了保险费用和预付保险费，也显示出一项经营活动产生的现金流量。

出售设备损失

利润表中的下一项是出售设备损失200万美元。为了确定出售设备对现金的影响，我们需要关于这一交易的额外信息。示例17－9中的项目（b）提供了我们需要的信息。下面是这项交易的重新编制的日记账分录。

分录（9）　　单位：百万美元

借：现金（来自出售设备）	5	
出售设备损失（2－0）	2	
累计折旧（14×50%）	7	
贷：建筑物和设备（已知）		14

这500万美元的现金流入记录在现金流量表中的投资活动部分。出售设备损失的借方200万美元解释了这个账户余额的变动。参考试算表可以看到累计折旧账户的部分变化来源于分录（6）。上面分录里累计折旧的借方完整地解释了这个账户的变动情况。然而，建筑物和设备的贷方金额仅仅证实了该账户的部分变动。我们需要假设对下面交易的分析可以处理没有被解释的部分。

就像分录（3）中的利得一样，损失也不会影响当期的现金。因此，用直接法编制现金流量表时也没有报告这一部分。

所得税费用

利润表中报告的最后一项费用是所得税费用。因为所得税费用影响资产负债表中的应交所得税账户，我们可以查看该账户的变动来确定用现金支付的所得税。丁字账户可以反映其对现金的影响：

应交所得税

		8	期初余额
现金支付所得税（负债减少）	?	9	所得税费用
		6	期末余额

这一分析表明用1 100万美元现金支付了所得税，比当年的所得税费用要多出200万美元。多支付的部分解释了为什么所得税负债金额减少了200万美元。

通过编制以下的汇总分录可以得到同样的结论，反映了对联合品牌公司所得税账户的净影响。

分录（10）　　单位：百万美元

借：所得税费用（9－0）	9	
应交所得税（6－8）	2	
贷：现金（支付所得税）		11

补充思考

如果发生以下情况，那么分录（10）就需要进行修改。

注意到联合品牌公司没有递延所得税账户。回忆第 13 章，应纳税所得额与税前会计利润之间的暂时性差异会产生递延所得税。如果存在暂时性差异（可以通过递延所得税账户的变动来证明），用现金支付的所得税就需要修改。比如，假设递延所得税负债账户本年有 100 万美元的贷方发生额。在这种情况下，之前在试算表上的分录就需要进行以下修改：

分录（10）（修正的）	单位：百万美元
借：所得税费用	9
应交所得税	2
贷：递延所得税负债	1
现金（支付所得税）	10

正如修正后的分录所示，在这种情况下只支付了 1 000 万美元的现金，而不是 1 100 万美元。100 万美元的差额代表递延到下一年支付的所得税费用部分。

净利润

年末留存收益账户的余额包括本年度净利润的增加。如果我们想要解释每个账户发生的所有变化，必须将以下分录纳入试算表，它反映了期末净利润结转到留存收益的过程。

分录（11）	单位：百万美元
借：净利润	12
贷：留存收益	12

这个分录不会影响现金流量表中报告的金额。我们在试算表上列示这个分录仅仅是为了解释账户余额的变动。

三、资产负债表账户

在使用试算表识别所有经营、投资和筹资活动时，我们必须处理利润表和资产负债表中所有账户的变动。之前我们已经对利润表每个账户的变动进行了解释。由于一些交易也会导致资产负债表账户的变动，所以一些资产负债表账户也已经解释过。我们现在通过重构这些交易来对剩下的账户变动进行解释。

除现金账户外，我们按照这些账户在资产负债表上的顺序来进行分析。正如之前所注意到的，我们保留调节现金账户变动和现金流量表中现金净变动的分录，用于最后对试算表的准确性进行检查。

短期投资

由于前面已经解释过应收账款账户的变动［分录（1）］，我们开始分析资产负债表中的下一项资产。短期投资账户余额从 0 增加到 1 200 万美元。由于没有相反的证据，我们可以假设这一增加额是本年购买短期投资导致的。这一假设可以从示例 17－9 中的项目（c）得到验证。

记录投资的分录（也是我们的汇总分录）如下：

分录（12） 单位：百万美元

借：短期投资（12—0） 12

贷：现金（购买短期投资） 12

这笔1 200万美元的现金流出记录在现金流量表的投资活动部分。一个例外是当这项投资被分类为“交易性证券”时，则应报告为经营活动。

补充思考

回想一下，一些流动性高的短期投资，比如货币市场基金、短期国债或者商业票据，可能被分类为现金等价物。如果上述短期投资被划分为现金等价物，那么购买这些投资就不会对现金及现金等价物的总额产生影响。换句话说，由于现金可能包括这类短期投资，购买时会引起现金的借方和贷方同时变动。所以，我们既不会在试算表上编制分录，也不会在现金流量表上报告这些交易。

同样，出售现金等价物也不会对现金及现金等价物的总额产生影响，所以也不会进行报告。

有一种例外是，如果出售现金等价物投资的金额不等于之前取得时的成本，比如，一项被划分为现金等价物的成本为200万美元的短期国债以300万美元的价格出售，这项交易就会导致现金账户增加300万美元，同时减少200万美元。以日记账的形式重构这笔交易就能更清楚地看到这种影响：

单位：百万美元

借：现金 3

贷：出售现金等价物利得 1

现金（现金等价物投资） 2

反映现金净增加的试算表分录如下：

分录（X）

借：现金（出售现金等价物） 1

贷：出售现金等价物利得 1

现金及现金等价物100万美元的净增加额将在现金流量表的经营活动部分报告。

后面讨论报告经营活动现金流量的“间接法”时，在调整净利润的非现金部分时，我们会加上非现金损失、减去非现金利得。但是，不同于大多数损失和利得，我们不会加上或减去现金等价物的损失和利得，因为它们的确影响了我们所定义的“现金”。

土地

存货和预付保险费余额的变动已经在之前的分录（4）和（8）中解释过。接下来将对土地账户的变动进行解释。我们发现在之前的交易中出售土地导致该账户有1 000万美元的减少额，然而该账户的净增加额为2 000万美元。对于这个结果，一个合理的推断是本年度购买了3 000万美元的土地。示例17-9中的项目（d）描述的交易支持了这个假设，可以通过以下的汇总分录来反映：

分录（13） 单位：百万美元

借：土地（已知） 30

　　贷：现金（购买土地）　30

这笔 3 000 万美元的现金付款被报告为投资活动产生的现金流出。

建筑物和设备

在分析之前的交易［分录（9）］时，我们确定建筑物和设备账户由于出售已使用的设备而减少了 1 400 万美元。然而，这个账户本年的净增加额为 600 万美元。会计记录［示例 17－9 中的项目（e）］说明了这一净增加额中剩余未解释部分的原因。发行 2 000 万美元的应付票据来购买成本为 2 000 万美元的新设备。回想本章之前所讨论的内容，尽管这是非现金交易，但它反映了一项重要的投资活动（投资新设备）和一项重要的筹资活动（发行长期债务）。

取得设备时编制的日记账分录同样可以作为我们的合并分录，如下所示：

分录（14）　单位：百万美元

借：建筑物和设备（已知）　20

　　贷：应付票据（已知）　20

记住，现金流量表的试算表将作为我们以后编制正式报表的依据。但是，以上非现金分录不会影响试算表中的现金流量部分。因为我们在编制现金流量表时会报告这一非现金投资和筹资活动，所以在试算表分录上做出标记有助于在编制报表时提醒不要忽略了这个交易。示例 17－9A 中的记号 X 就起到了这个作用。

补充思考

租赁。当承租人因为租赁协议而取得资产和相关负债时，不会产生现金流入和流出。然而，因为现金流量表的主要目的是报告重要的经营、投资和筹资活动，所以在附注中首先需要披露的就是重要的非现金投资活动（投资于资产）和筹资活动（债务筹资）。因此，承租人为租赁支付的现金在现金流量表中被分类为筹资活动，并且与其他筹资活动现金流量分开列示。出租人一开始在现金流量表附注中将其取得的应收租赁款和终止确认的租赁资产报告为重要的非现金投资和筹资活动，之后出租人会在其现金流量表中把租赁收到的现金报告为经营活动产生的现金流量。

应付债券

本年度应付债券账户的余额减少了 1 500 万美元。示例 17－9 中的项目（f）解释了原因。用现金偿还 1 500 万美元面值的债券。试算表分录复制了日记账中的以下分录：

分录（15）　单位：百万美元

借：应付债券（35—50）　15

　　贷：现金（偿还应付债券）　15

这笔现金流出分类为筹资活动。

补充思考

现金流量表：报告债券折价或溢价。从概念上讲，我们报告债券现金流量的方式取决于债券是按面值还是折价或溢价发行。[①] 针对这三种不同的情况，我们需要注意：

① Lisa Koonce, "SCF Insights," *Financial Accounting Standards Research Initiative*, October 6, 2011.

● 借入（或借出）被列报为筹资（或投资）活动的金额与之后偿还时列报为筹资（或投资）活动的金额相同。

● 在此期间或到期日时支付的所有其他金额都代表利息，应在经营活动中报告。

虽然没有编入财务会计准则委员会会计准则汇编，但是这种处理是证券交易委员会认可的做法，尽管仍有一些未证实的证据表明实务中一些公司没有遵循这一规则。

以面值发行债券

如果债券以面值发行，发行时的现金流入（本例为1 500万美元）属于筹资活动，与债券到期时偿还的现金流出相等（本例为1 500万美元）。在此期间定期以现金支付的利息属于经营活动。

折价发行债券

如果是折价发行债券，那么发行时的现金流入属于筹资活动，但是折价后的价格低于债券到期按面值偿还时的现金流出。这种情况下，到期时偿还面值的现金流出的一部分报告为筹资活动，其金额仅限于借入的金额（发行时折价后的价格）。支付金额的剩余部分（等于折价）表示利息，应报告为经营活动。到期时支付的“额外”金额和到期前定期用现金支付的利息，构成了发行债券借入金额所需支付的所有利息。在经营活动中报告的所有利息金额等于债券持有期间的所有利息费用。

例如第12章的示例12－3，面值700 000美元的债券以666 633美元的价格发行。债券发行方借入的金额，也就是折价发行的价格，报告为筹资活动。债券到期时偿还的700 000美元的面值，其中的666 633美元代表偿还借入的金额，报告为筹资活动。剩余的33 367美元（折价）代表利息（和定期用现金支付的利息一样），报告为经营活动。

再次查看之前折价发行债券的摊销表可以更形象地理解这一点。

日期	现金利息（6%×面值）	实际利息（7%×未偿还余额）	余额增加（折价减少）	未偿还余额
2018年1月1日				666 633
2018年6月30日	42 000	0.07×666 633＝46 664	4 664	671 297
2018年12月31日	42 000	0.07×671 297＝46 991	4 991	676 288
2019年6月30日	42 000	0.07×676 288＝47 340	5 340	681 628
2019年12月31日	42 000	0.07×681 628＝47 714	5 714	687 342
2020年6月30日	42 000	0.07×687 342＝48 114	6 114	693 456
2020年12月31日	42 000	0.07×693 456＝48 544	6 544	700 000
	252 000	285 367	33 367	

经营活动

700 000 支付
－33 367 经营活动
666 633 筹资活动

你可能记得第12章中利息合计为285 367美元，是由债券持有期间支付的252 000美元现金利息和到期时支付的“额外”金额组成的。33 367美元的额外金额是使实际利率等于购买债券时市场所要求的利率的金额（实际利率高于债券定期支付的利率）。

总结一下，折价发行债券时应当以下面这种方式在现金流量表中进行披露：

	筹资活动	经营活动
流入： 发行时	面值减去折价	
流出： 到期前 到期时	面值减去折价	用现金支付的利息 折价

溢价发行债券

如果是溢价发行债券，那么发行时收到的现金就会多于到期时偿付的现金。这样的话，何时偿还发行债券时多收取的金额呢？记住，溢价发行债券是因为发行时的票面利率高于市场利率。这就意味着每期支付利息的现金多于每期报告的利息费用。多支付的金额是作为对发行债券时额外收取现金的偿还。与分期付款包含（1）利息的金额和（2）债务减少的金额类似，可以以同样的方式来思考债券利息的偿付。支付的现金包含利息费用和多借入的金额每期的摊销。每期现金支付的利息费用部分报告为经营活动，而溢价摊销金额的部分报告为筹资活动。这就意味着筹资活动现金流出的总金额（包括到期时支付的面值以及债券持有期间的溢价摊销）与筹资活动的现金流入（发行债券时收取的金额）相等。

再次查看第 12 章溢价发行债券的摊销表可以更清楚地理解这一点。

日期	现金利息 （6%×面值）	实际利息 （5%×未偿还余额）	余额减少 （溢价减少）	未偿还余额
2018 年 1 月 1 日				735 533
2018 年 6 月 30 日	42 000	0.05 ×735 533＝36 777	5 223	730 310
2018 年 12 月 31 日	42 000	0.05 ×730 310＝36 516	5 484	724 826
2019 年 6 月 30 日	42 000	0.05 ×724 826＝36 241	5 759	719 067
2019 年 12 月 31 日	42 000	0.05 ×719 067＝35 953	6 047	713 020
2020 年 6 月 30 日	42 000	0.05 ×713 020＝35 651	6 349	706 671
2020 年 12 月 31 日	42 000	0.05 ×706 671＝35 329	6 671	700 000
	252 000	216 467	35 533	

经营活动

700 000	支付
+35 533	筹资活动
735 533	筹资活动

总结一下，溢价发行债券时应当以下面这种方式在现金流量表中进行披露：

	筹资活动	经营活动
流入： 发行时	面值加上溢价	
流出： 到期前 到期时	溢价摊销 面值	利息费用

记住，在使用间接法时，我们需要将每期的净利润加上折价的摊销。这样做是为了把净利润中的利息费用调整为用现金支付的利息（报告为经营活动现金流量的金额）。然而，正如我们之前所看到的，在溢价发行时，经营活动现金流量中报告的是利息费用，所以我们不用像调整折价摊销那样在净利润中调整溢价摊销。

提前清偿债务

对于这项交易的描述中约定，1 500 万美元的债券在到期年度的第一天已经偿还。因此，任何债券的溢价或折价在本年度之前都应该摊销完毕。如果债券在原计划的到期日之前偿还，那么任何未摊销的折价和溢价金额都应该在那个时候从账户中移除。比如，假设上面所述的债券可以以 1 600 万美元的价格赎回，赎回时还有 100 万美元的未摊销折价。修改后的汇总分录如下所示：

分录（15）（修正的）	单位：百万美元
借：应付债券	15
提前清偿债券损失	2
贷：应付债券折价	1
现金（偿还应付债券）	16

直接法下，这笔损失不应在现金流量表中报告。然而，折价的摊销会影响前面的一个汇总分录。在分录（7）中，我们推断应付债券折价的减少是因为在记录债券利息费用时摊销了 200 万美元的折价。然而，假设提前偿还了债券，那么这笔交易就解释了 200 万美元折价减少中的100 万美元。分录（7）应当修改如下：

分录（7）（修正的）	单位：百万美元
借：利息费用	5
贷：应付债券折价	1
现金（支付给债券持有者）	4

普通股

从比较资产负债表可以看出普通股的账户余额增加了 3 000 万美元。我们从示例 17-9 中项目（g）的会计记录中可以得到解释。股票股利和出售普通股新股这两项交易共同引起了这个账户的增加。为了编制分析所用的汇总分录，我们把这两项交易的日记账分录复制过来。

回忆第 14 章，为了记录小额股票股利，我们按照所分配股票的市场价值将留存收益转入资本。在本例中，每股 13 美元，乘以 100 万股，共计 1 300 万美元。分录如下：

分录（16）	单位：百万美元
借：留存收益（100 万股×13）	13
贷：普通股（100 万股×10）	10
投入资本——超出面值（差额）	3

回忆本章前面所讨论的非现金投资和筹资活动，股票股利不属于投资或筹资活动。因此，这项交易没有反映在现金流量表中。我们把分录写入试算表的分析过程中仅仅是为了帮助解释受到影响的账户余额的变动。

以每股 13 美元的价格出售 200 万股普通股股票的试算表分录如下：

分录（17） 单位：百万美元

借：现金（出售股票所得）	26	
贷：普通股［(130－100)－10］		20
投入资本——超出面值［(29－20)－3］		6

这项现金流入报告为筹资活动产生的现金流量。

补充思考

如果支付现金用于注销发行在外的股票或者购买这些股票作为库存股，那么这一现金流出应在现金流量表中报告为筹资活动现金流量。

上面两个分录解释了普通股账户增加 3 000 万美元以及“投入资本——超出面值”账户增加 900 万美元的原因。

留存收益

分录（16）反映的股票股利中包含留存收益减少了 1 300 万美元。之前分录（11）反映净利润导致留存收益增加了 1 200 万美元。这两个分录可以解释该账户 600 万美元净减少中的 100 万美元，另外的 500 万美元还没有找到原因。

留存收益

		25	期初余额
（16）股票股利	13	12	净利润（11）
（18） ?	?		
		19	期末余额

没有关于留存收益账户减少 500 万美元的其他信息，或许我们可以假设这 500 万美元是分配现金股利引起的。但这个假设是不必要的，因为现金股利在示例 17－9 中的项目（h）中做了描述。

留存收益

		25	期初余额
（16）股票股利	13	12	净利润（11）
（18）现金股利	5		
		19	期末余额

试算表中的汇总分录如下：

分录（18） 单位：百万美元

借：留存收益	5	
贷：现金（发放现金股利）		5

完成试算表

到目前为止编制的试算表中，我们已经对利润表和资产负债表中的每一个非现金账户做了分析。我们的目的是识别本年度对各个账户产生影响的交易。通过以汇总分录的形式重构每个交易——实际上是复制用于记录这些交易的日记账分录——我们能够解释每个账户变动的原因。也就是，试算表中借方和贷方的内容解释了每一个非现金账户增减变动的原因。当一项包含经营活动、投资活动或者筹资活动的交易记入试算表时，我们把这项活动的分录记录在现金流量表试算表的对应项目下。我们通过前面的内容了解到，因为所有经营活动、投资活动和筹资活动都伴随着一个或多个非现金账户的变动，现在我们应当有信心已经识别出所有应在现金流量表中报告的活动。

为了证实分析的准确性，我们把现金账户余额的变动和试算表中现金流量表部分所导致的现金流量变动做对比。现金流量表的每一项现金增减变动额都列示在试算表的最右边一栏。参考示例 17 - 9A，我们看到经营活动、投资活动和筹资活动产生的现金流量净额分别是：2 200 万美元、−1 900 万美元和 600 万美元。这些活动导致的现金流量净额为 900 万美元。这一金额与现金账户从 2 000 万美元增加到 2 900 万美元相符。为了完成试算表，我们记录最后一个汇总分录：

分录（19）	单位：百万美元	
借：现金	9	
贷：现金净增加（根据现金流量表的活动）		9

通过最终的准确性核对，我们可以确定在试算表的变动栏中，借方变动总额等于贷方变动总额。[①]

道德困境

“我们必须得到它，”Industrial Fasteners 公司的总裁康特尼·洛威尔（Courtney Lowell）激动地说，“没有它，我们会有大麻烦。”洛威尔提到的“它”是一笔从 Community First 银行获得的 1 400 万美元的续借贷款。他所担心的大麻烦是缺少偿还现有债务所必需的资金，并且从别处获得资金的希望很渺茫。

洛威尔挂断电话，他刚与银行副总裁交流过，并且明确今年的现金流量表一定会比去年的看起来更好。然而，洛威尔深知这种改善很难发生，而且今年预期的现金流情况不太好。

当天晚些时候，财务总监助理蒂姆·克里切特（Tim Cratchet）被叫到洛威尔的办公室。“克里切特，”洛威尔叫道，“我已经看了我们的应收账款。我想我们可以通过出售或者重组大部分应收账款来获取一些现金。我知道这样做会比我们自己收回这些账款付出的代价更大，但这样做一定会让我们的现金流更好看。”

克里切特是否面临一个道德难题呢？

国际财务报告准则

现金流量分类。与美国公认会计原则类似，国际财务报告准则同样要求提供现金流量

① 使用 Excel 等电子表格可以大大减少试算表分析的工作量。

表。与美国公认会计原则相同，现金流量同样分为经营活动、投资活动和筹资活动。然而，美国准则要求支付利息的现金流出以及收取利息和股利的现金流入这两项分类为经营活动。向股东分配股利分类为筹资活动。

然而，国际会计准则第 7 号的要求更加灵活。公司可以把支付利息和股利报告为经营活动或筹资活动，可以把收到利息和股利报告为经营活动或投资活动。支付利息和股利通常报告为筹资活动，收到利息和股利通常报告为投资活动。

利息和股利相关现金流量的典型分类

美国公认会计原则	国际财务报告准则
经营活动	经营活动
收到股利	
收到利息	
支付利息	
投资活动	投资活动
	收到股利
	收到利息
筹资活动	筹资活动
支付股利	支付股利
	支付利息

试算表已经完成。现在可以通过将试算表现金流量部分的项目填入现金流量表的适当位置来编制现金流量表。

示例 17－10 展示了 CVS 健康公司年度报告中的现金流量表。注意，该公司的调节表是在现金流量表中反映的。很多公司单独在附注中报告。

示例 17－10 现金流量表——CVS 健康公司 单位：百万美元

合并现金流量表
会计年度截止于 12 月 31 日

	2015 年	2014 年	2013 年
经营活动产生的现金流量：			
从客户收取的现金	$ 148 954	$ 132 406	$ 114 993
购买存货和零售网络药店处方药支付的现金	(122 498)	(105 362)	(91 178)
支付给其他供应商和员工的现金	(14 162)	(15 344)	(14 295)
收到的利息	21	15	8
支付的利息	(629)	(647)	(534)
支付的所得税	(3 274)	(2 931)	(3 211)
经营活动产生的现金流量净额	8 412	8 137	5 783
投资活动产生的现金流量：			

续

	2015年	2014年	2013年
购买财产和设备	(2 367)	(2 136)	(1 984)
售后回租交易产生的现金	411	515	600
出售财产和设备及其他资产产生的现金	35	11	54
并购（扣除取得的现金）和其他投资	(11 475)	(2 439)	(415)
购买可供出售投资	(267)	(157)	(226)
可供出售投资到期	243	161	136
投资活动产生的现金流量净额	$ (13 420)	(4 045)	(1 835)
筹资活动产生的现金流量：			
短期债务增加（减少）	(685)	685	(690)
发行长期债务产生的现金	14 805	1 483	3 964
偿还长期债务	(2 902)	(3 100)	—
支付或有对价	(58)	—	—
支付股利	(1 576)	(1 288)	(1 097)
股票期权行权收到的现金	299	421	500
股票薪酬的超额税收优惠	127	106	62
回购普通股	(5 001)	(4 001)	(3 976)
其他	(3)	—	—
筹资活动产生的现金流量净额	5 006	(5 694)	(1 237)
汇率变动对现金及现金等价物的影响	$ (20)	(6)	3
现金及现金等价物的净增加（减少）	(22)	(1 608)	2 714
现金及现金等价物的年初余额	2 481	4 089	1 375
现金及现金等价物的年末余额	$ 2 459	$ 2 481	$ 4 089
将净利润调节为经营活动现金流量：			
净利润	5 239	$ 4 644	$ 4 592
将净利润调节为经营活动现金流量需要调整的项目：			
折旧和摊销	2 092	1 931	1 870
股票薪酬	230	165	141
提前清偿债务损失	—	521	—
递延所得税和其他非现金项目	(266)	(58)	(86)
经营性资产和负债的变动，扣除并购后的净影响：			
应收账款净额	(1 594)	(737)	(2 210)
存货	(1 141)	(770)	12

续

	2015 年	2014 年	2013 年
其他流动资产	355	(383)	105
其他资产	2	9	(135)
应付账款和索赔及应付折扣	2 834	1 742	1 024
应计费用	765	1 060	471
其他长期负债	(104)	13	(1)
经营活动产生的现金流量净额	\$8 412	\$8 137	\$5 783

概念回顾练习

综合回顾

下面给出了 Beneficial Drill 公司 2017 年和 2018 年的比较资产负债表及 2018 年的利润表，同时提供了公司会计记录中的额外信息。

要求：

编制 Beneficial Drill 公司结束于 2018 年 12 月 31 日的年度的现金流量表。采用直接法报告经营活动产生的现金流量，使用试算表来帮助你进行分析。

Beneficial Drill 公司
比较资产负债表
2018 年和 2017 年的 12 月 31 日
（单位：百万美元）

	2018 年	2017 年
资产		
现金	\$24	\$41
应收账款	94	96
应收投资收益	3	2
存货	115	110
预付保险费	2	3
长期投资	77	60
土地	110	80
建筑物和设备	220	240
减：累计折旧	(35)	(60)
专利	15	16
	\$625	\$588
负债		
应付账款	\$23	\$30
应付职工薪酬	2	5

应付债券利息	4	2
应交所得税	6	8
递延所得税负债	5	4
应付票据	15	0
应付债券	150	130
减：债券折价	(9)	(10)
股东权益		
普通股	210	200
投入资本——超出面值	44	40
留存收益	182	179
减：库存股（成本）	(7)	0
	$ 625	$ 588

Beneficial Drill公司
利润表
结束于2018年12月31日的年度
（单位：百万美元）

收入		
销售收入	$ 200	
投资收益	6	
投资收益——出售国债	1	$ 207
费用和损失		
销售成本	110	
薪酬费用	30	
折旧费用	5	
专利摊销费用	1	
保险费用	3	
债券利息费用	14	
设备损坏损失	10	
所得税费用	7	(180)
净利润		$ 27

会计记录中的额外信息：

a. 投资收益包括Beneficial Drill公司享有的Hammer公司净利润中的300万美元份额，这是一项按照权益法核算的投资。

b. 2018年出售短期国债的利得为100万美元。Beneficial Drill公司把这项投资分类为现金等价物。

c. 初始成本为6 000万美元、已折旧一半的设备，由于雷击而无法使用。其未受损的部分以 2 000 万美元出售。

d. 税前会计利润与应纳税所得额之间的暂时性差异导致递延所得税负债增加 100 万美元。

e. 购买 Wrench 公司 1 400 万美元普通股作为长期投资。

f. 通过支付 1 500 万美元现金和发行年利率 13%、7 年期、1 500 万美元的应付票据购买价值 3 000 万美元的土地。

g. 支付 4 000 万美元现金购买新设备。

h. 按面值出售 2 000 万美元的债券。

i. Beneficial 公司于 1 月 19 日发放 5%的股票股利（100 万股）。每股面值 10 美元的普通股当时的市场价格为 14 美元。

j. 向股东发放 1 000 万美元的现金股利。

k. 在 11 月回购了 50 万股普通股作为库存股，成本为 700 万美元。

解答：

Beneficial Drill 公司
现金流量表试算表

	2017 年 12 月 31 日	变动 借方		变动 贷方		2018 年 12 月 31 日
资产负债表						
资产						
现金	41			(20)	17	24
应收账款	96			(1)	2	94
应收投资收益	2	(2)	1			3
存货	110	(4)	5			115
预付保险费	3			(8)	1	2
长期投资	60	(2)	3			
		(13)	14			77
土地	80	(14)	30X			110
建筑物和设备	240	(15)	40	(10)	60	220
减：累计折旧	(60)	(10)	30	(6)	5	(35)
专利	16			(7)	1	15
	588					625
负债						
应付账款	30	(4)	7			23
应付职工薪酬	5	(5)	3			2
应付债券利息	2			(9)	2	4
应交所得税	8	(11)	2			6
递延所得税负债	4			(11)	1	5
应付票据	0			(14)	15X	15

	2017年12月31日	变动 借方		变动 贷方		2018年12月31日
应付债券	130			(16)	20	150
减：债券折价	(10)			(9)	1	(9)
股东权益						
普通股	200			(17)	10	210
投入资本——超出面值	40			(17)	4	44
留存收益	179	(17)	14			
		(18)	10	(12)	27	182
减：库存股（成本）	0	(19)	7			(7)
	588					625
利润表						
收入：						
销售收入				(1)	200	200
投资收益				(2)	6	6
投资收益——出售国债				(3)	1	1
费用：						
销售成本		(4)	110			(110)
薪酬费用		(5)	30			(30)
折旧费用		(6)	5			(5)
专利摊销费用		(7)	1			(1)
保险费用		(8)	3			(3)
债券利息费用		(9)	14			(14)
设备损坏损失		(10)	10			(10)
所得税费用		(11)	7			(7)
净利润		(12)	27			27
现金流量表						
经营活动：						
现金流入：						
来自客户		(1)	202			
来自投资收益		(2)	2			
来自出售国债		(3)	1			
现金流出：						
支付给货物供应商				(4)	122	
支付给员工				(5)	33	
支付保险费				(8)	2	
支付债券利息费用				(9)	11	
支付所得税				(11)	8	
现金流量净额						29

	2017年12月31日	变动 借方		变动 贷方		2018年12月31日
投资活动：						
出售设备		(10)	20			
购买长期投资				(13)	14	
购买土地				(14)	15	
购买设备				(15)	40	
现金流量净额						(49)
筹资活动：						
出售应付债券		(16)	20			
支付现金股利				(18)	10	
购买库存股				(19)	7	
现金流量净额						3
现金净增加额		(20)	17			(17)
合计			635		635	

Beneficial Drill公司
现金流量表
结束于2018年12月31日的年度
（单位：百万美元）

经营活动产生的现金流量：		
现金流入：		
从客户收取的现金	$202	
来自投资收益	2	
来自出售国债	1	
现金流出：		
支付给货物供应商的现金	(122)	
支付给员工	(33)	
支付保险费	(2)	
支付债券利息费用	(11)	
支付所得税	(8)	
经营活动产生的现金流量净额		$29
投资活动产生的现金流量：		
出售设备	$20	
购买长期投资	(14)	
购买土地	(15)	
购买设备	(40)	
投资活动产生的现金流量净额		(49)

筹资活动产生的现金流量：		
出售应付债券	$ 20	
支付现金股利	(10)	
购买库存股	(7)	
筹资活动产生的现金流量净额		3
现金净增加额		$ (17)
1 月 1 日现金余额		41
12 月 31 日现金余额		$ 24
非现金投资和筹资活动		
通过支付现金和发行年利率 13%、7 年期的票据购买价值 3 000 万美元的土地，如下：		
土地成本	$ 30	
支付现金	15	
发行票据	$ 15	

第 3 节　编制现金流量表：用间接法报告经营活动产生的现金流量

一、从后门到那里

第 2 节中报告经营活动现金流量的方法是直接法。在这种方法下，每项经营活动（即利润表项目）对现金的影响直接在现金流量表上报告。例如，从客户收取现金报告为销售活动对现金的影响，支付给供应商的现金报告为销售成本对现金的影响。而利润表中那些不对现金产生影响的项目就不会在现金流量表上报告，比如折旧费用、利得和损失等。

正如我们之前讨论过的，另一种允许采用的方法是间接法。使用间接法时，以净利润为起点，将其中的金额转化为收付实现制，从而间接地计算出经营活动产生的现金流量净额。示例 17－9B 是联合品牌公司采用间接法报告的经营活动现金流量。对于这些调整金额，你可能需要回顾示例 17－9 中该公司的资产负债表与利润表。

示例 17－9B　间接法

经营活动产生的现金流量——间接法
和将净利润调节为经营活动产生的现金流量

净利润	$ 12
调节非现金项目：	
出售土地利得	(8)
折旧费用	3
出售设备损失	2

经营性资产和负债的变动：	
应收账款的增加	(2)
存货的减少	4
应付账款的增加	6
应付职工薪酬的增加	2
应付债券折价的减少	2
预付保险费的减少	3
应交所得税的减少	(2)
经营活动产生的现金流量净额	$22

请注意，间接法下经营活动产生的现金流量净额与直接法相同，都是 2 200 万美元。可以这样理解，间接法只是在调节权责发生制下的利润表与经营活动现金流量之间的差异。我们在接下来的两部分具体阐述如何运用间接法。

二、净利润中不影响现金增减变动的部分

在确定净利润的过程中需要扣除但不会减少现金的项目，应当加回以抵消之前扣除这些项目带来的影响。举个例子，折旧费用和出售设备损失应当加回到净利润之中。其他情况没有发生变化的情况下，这种做法可以将净利润调整到之前没有扣除折旧费用和出售设备损失时的状态。

类似地，确定净利润的过程中需要加上但不会增加现金的项目应当扣除，以抵消之前加上这些项目带来的影响。比如，联合品牌公司出售土地的利得应当从净利润中扣除。原因如下：联合品牌公司将原始成本为 1 000 万美元的土地以 1 800 万美元出售。该公司在其利润表中包含了这项出售土地取得的 800 万美元利得。但是，这项利得使现金增加了吗？答案是否定的。出售这块土地确实使现金增加了 1 800 万美元，因此我们在现金流量表中包含了 1 800 万美元的现金流入。但是出售土地属于投资活动，而这项利得本身只是出售土地收到的现金（报告为投资活动）与土地原始成本之间的差额。如果公司也在经营活动产生的现金流量下报告这 800 万美元的利得，那么除了在投资活动下报告了 1 800 万美元的现金流入之外，这 800 万美元被报告了两次。所以，由于公司在确定净利润时加上了这项利得，而这些利得没有影响现金，所以该项目应当从净利润中扣除以抵消之前将它加到净利润中的影响。

三、净利润中影响现金增减变动的部分

对于那些增加或减少现金但影响的金额与利润表中报告金额不一样的净利润组成部分，需要根据资产负债表相关账户的余额变动调整净利润，将这些项目的影响调整为收付实现制。比如，利润表中有 1 亿美元的销售收入作为净利润的组成部分。然而，由于应收账款增加了 200 万美元，报告期间从客户那里只收到了 9 800 万美元。销售收入如果转化为收付实现制，就需要减去应收账款增加的 200 万美元。

另外一个例子，利润表上报告的薪酬费用为1 300万美元。这只是因为报告期间员工赚了1 300万美元，并不意味着公司在此报告期间支付了1 300万美元的现金。实际上，我们从比较资产负债表中看到应付职工薪酬从100万美元增加到300万美元，与年初相比联合品牌公司欠员工的金额多了200万美元。公司肯定没有支付全部的1 300万美元的费用。通过分析与应付职工薪酬有关的薪酬费用，我们可以确定支付给员工的现金金额，如下所示：

应付职工薪酬

		1	期初余额
支付给员工的现金 （应付职工薪酬的减少）	?	13	薪酬费用 （应付职工薪酬的增加）
		3	期末余额

这一检查表明，联合品牌公司只支付了1 100万美元的现金给员工；剩下的200万美元薪酬费用反映为应付职工薪酬的增加。从现金角度看，利润表中扣除了1 300万美元的薪酬，比现金的减少额多扣了200万美元。所以，加回这200万美元就会让联合品牌公司好像只支付了1 100万美元现金给员工那样。

按照类似的方法分析净利润剩余组成部分对现金的影响，通过有关账户的增加和减少将净利润调整为收付实现制下的金额。

对于净利润中那些对现金的影响与利润表中报告的金额相等的组成部分，不需要进行调整。比如，联合品牌公司1 200万美元净利润中包含300万美元的投资收益。因为这300万美元也是从该投资活动中取得的现金，那么净利润的这个组成部分就已经代表了它对现金的影响，所以无须调整。①

四、与直接法的比较

示例17－11用联合品牌公司的数据对直接法与间接法进行了比较。为了更好地展现这两种方法的关系，在运用间接法调整净利润时也呈现了直接法下的现金流入与现金流出。示例中的利润表说明，间接法也可以用于调节利润表组成要素与直接法下现金流量的差异。

示例17－11　确定经营活动现金流量的间接法和直接法比较

利润表		经营活动产生的现金流量 间接法			直接法	
		净利润	$12			
		调整：				
销售收入	$100	应收账款的增加		(2)	从客户处收到的现金	$98
投资收益	3	（不调整——没有应收的投资收益或长期投资）			投资收到的现金	3

① 在第2节中，我们确定没有证据表明从投资中收到的现金与投资收益不相等。

续

		经营活动产生的现金流量			
利润表		间接法		直接法	
出售土地利得	8	出售土地利得	(8)	（不报告——没有影响现金）	
销售成本	(60)	存货的减少	4		
		应付账款的增加	6	支付给供应商的现金	(50)
薪酬费用	(13)	应付职工薪酬的增加	2	支付给员工的现金	(11)
折旧费用	(3)	折旧费用	3	（不报告——没有影响现金）	
利息费用	(5)	债券折价的减少	2	支付利息的现金	(3)
保险费用	(7)	预付保险费的减少	3	支付保险的现金	(4)
出售设备损失	(2)	出售设备损失	2	（不报告——没有影响现金）	
所得税费用	(9)	应交所得税的减少	(2)	支付所得税的现金	(11)
净利润	$12	经营活动产生的现金流量净额	$22	经营活动产生的现金流量净额	$22

出于实际情况考虑，你或许会注意到间接法对净利润的调整采取了一种简便的模式。在调节为经营活动现金流量时，会从净利润中扣除相关资产的增加（比如应收账款的增加），加上相关资产的减少（如本例中存货和预付保险费的减少）。对负债增减变动的调整正好相反。在净利润中加上相关负债的增加（比如应付账款和应付职工薪酬的增加），扣除相关负债的减少（比如应交所得税的减少）。[①]

当然，这些对于净利润的调整可以将利润表的组成要素有效地从权责发生制调整为收付实现制。正如之前所阐述的，其他对净利润的调整（利得、折旧和损失）是移除不影响现金的利润表组成部分。示例 17－12 总结了这种模式。

示例 17－12　将净利润调整为收付实现制——间接法

调整类型	调整非现金影响
调整非现金影响：	
不影响现金但加入利润的利润表部分	从净利润中扣除
不影响现金但从利润中扣除的利润表部分	加回到净利润中
经营性资产和负债的变动：	
与利润表组成部分相关的资产增加	从净利润中扣除
与利润表组成部分相关的资产减少	加回到净利润中
与利润表组成部分相关的负债增加	加回到净利润中
与利润表组成部分相关的负债减少	从净利润中扣除

尽管直接法和间接法都允许采用，但是财务会计准则委员会强烈建议公司使用直接法报告经营活动产生的现金流量。这种方法最明显的吸引力在于它报告具体的经营现金流入和流

① 对债券折价减少的调整在逻辑上也是这种方式。债券折价是负债的抵减，因此调整时应加上该账户的减少，与对负债减少的处理相反。

出，这与现金流量表的主要目的相符。这种报告方式可以让投资者和债权人进一步观察公司经营活动中收到和支付现金的具体原因。同时，报表使用者可以更好地解释和理解公司披露的信息，因为直接法避免了报告经营活动现金流量过程中非现金项目和其他调整带来的混淆。尽管如此，绝大部分公司还是选择使用间接法。做出这种选择的原因既有长期的传统，又有向竞争者隐瞒更多的信息的动机。①

五、将净利润调节为经营活动产生的现金流量

正如我们之前所讨论的，不论是采用直接法还是间接法报告经营活动产生的现金流量，财务报表都必须报告将净利润调节为经营活动现金流量的过程。使用直接法时，这个调节过程会在独立的报表中予以披露，内容与间接法一样。也就是说，示例 17 - 9B 同样也可以作为采用直接法时的调节表。显然，使用间接法时不用单独编制调节表，因为现金流量表中经营活动产生的现金流量部分已经是将净利润调节为经营活动现金流量的过程。②

记住，直接法和间接法都只是报告经营活动现金流量的一种方法。采用哪种方法都不会影响投资活动和筹资活动的报告。

示例 17 - 13 是美国玩具反斗城公司年度报告中使用间接法编制的现金流量表。

示例 17 - 13　现金流量表——间接法；玩具反斗城公司　　单位：百万美元

美国玩具反斗城公司及其子公司 合并现金流量表			
	会计年度结束于		
	2016 年 1 月 30 日	2015 年 1 月 30 日	2014 年 1 月 30 日
经营活动产生的现金流量：			
净亏损	\$（124）	\$（288）	\$（1 036）
将净亏损调节为经营活动现金流量：			
折旧和摊销	343	377	388
债务发行成本和债务折价的摊销和注销	28	59	73
出售财产净利得	（20）	（5）	（8）
递延所得税	17	（1）	133
资产减值和其他费用的非现金部分	20	20	49
商誉减值	—	—	378
衍生工具结算收益	—	9	—
未实现外币折算损失（利得）	10	15	（1）
其他	（1）	23	16
经营性资产和负债的变动：			
应收账款和其他应收款	（2）	（6）	（1）

① 如前所述，国际会计准则理事会和美国财务会计准则委员会一项征求意见稿的员工意见认为，在建议的新财务报表披露格式中，应当要求采用直线法，不允许采用间接法。

② 允许用单独的调节表披露调节过程，此时现金流量表中经营活动现金流量只列示单独的一行。

续

	会计年度结束于		
	2016 年 1 月 30 日	2015 年 1 月 30 日	2014 年 1 月 30 日
商品存货	(256)	(16)	13
预付费用和其他经营性资产	18	14	21
应付账款、应计费用和其他负债	190	283	160
应交所得税净额	15	(8)	(41)
经营活动产生的现金流量净额	238	476	144
投资活动产生的现金流量：			
资本性支出	(219)	(207)	(238)
限制性现金的增加	(2)	(5)	(34)
出售固定资产收益	13	18	35
并购	(2)	(1)	—
财产保险追偿	—	2	—
购买债务证券	—	—	(20)
偿还债务证券收益	—	—	52
投资活动产生的现金流量净额	(210)	(193)	(205)
筹资活动产生的现金流量：			
长期债务借款	1 451	2 866	3 159
长期债务偿还	(1 472)	(3 010)	(3 491)
短期债务借款，净额	—	(12)	(2)
资本化的债务发行成本	(6)	(35)	(47)
其他	—	—	(7)
筹资活动产生的现金流量净额	(27)	(191)	(388)
汇率变动对现金及现金等价物的影响	(19)	(38)	(25)
现金及现金等价物：			
本期净（减少）增加	(18)	54	(474)
期初现金及现金等价物	698	644	1 118
期末现金及现金等价物	$ 680	$ 698	$ 644
现金流量信息的补充披露：			
支付的利息	$ 393	$ 380	$ 458
支付的所得税净额	$ 39	$ 43	$ 71
非现金经营信息：			
用应付账款、应计费用和其他流动负债购买财产和设备	$ 56	$ 42	$ 24

对于大多数公司而言，利息和税金支出都是非常重要的。当使用直接法时，用于支付利息和税金的现金都会被特别指出，正如示例 17－10 展示的 CVS Health 公司的例子一样。在使用间接法时，那些重要的金额并没有及时反映，因此必须单独报告。要么在报表内，要么像美国玩具反斗城公司那样在附注中披露。

我们在附录 17A 中用试算表来协助编制间接法下的现金流量表。

决策者视角——现金流量比率

在本书中，我们一直强调从决策者的角度分析财务报表。通常，这种分析包括构建和比较财务比率。基于利润表和资产负债表金额的比率（包括之前章节所讨论过的那些），长期以来得到了决策者的认可。为了得到其他信息，一些分析师开始研究现金流量比率。其中一些现金流量比率是将一些比率中的净利润简单地替换为经营活动现金流量。不是取代原来那些比率，而是对它们进行补充。比如，利息保障倍数可以修改为反映经营活动现金流入对支付利息现金流出的保障倍数。所有盈利能力比率都可以修改为确定资产、股东权益、销售收入等产生现金能力的指标。示例 17－14 总结了一些代表性现金流量指标的计算方法及其用途。

示例 17－14　现金流量指标

	计算公式	衡量内容
业绩比率		
销售收入现金流率	$\frac{\text{经营活动现金流量净额}}{\text{销售收入净额}}$	每一美元销售收入产生的现金
资产现金流回报率	$\frac{\text{经营活动现金流量净额}}{\text{平均总资产}}$	利用所有资源产生现金的能力
股东权益现金流回报率	$\frac{\text{经营活动现金流量净额}}{\text{平均股东权益}}$	利用所有者提供的资源产生现金的能力
利润现金流率	$\frac{\text{经营活动现金流量净额}}{\text{持续经营利润}}$	持续经营产生现金的能力
每股现金流	$\frac{\text{经营活动现金流量净额}-\text{优先股股利}}{\text{加权平均股票数}}$	每股经营活动现金流量
充足率		
债务覆盖率	$\frac{\text{总负债}}{\text{经营活动现金流量净额}}$	财务风险和财务杠杆
利息覆盖率	$\frac{\text{经营活动现金流量净额}+\text{利息}+\text{所得税}}{\text{利息}}$	偿还固定义务的能力
再投资率	$\frac{\text{经营活动现金流量净额}}{\text{非流动资产现金流出}}$	用经营活动现金流量取得资产的能力
债务支付率	$\frac{\text{经营活动现金流量净额}}{\text{偿还长期债务现金流出}}$	用经营活动现金流量偿还债务的能力
股利支付率	$\frac{\text{经营活动现金流量净额}}{\text{股利现金流出}}$	用经营活动现金流量支付股利的能力
投资和筹资活动	$\frac{\text{经营活动现金流量净额}}{\text{投资和筹资活动现金流出}}$	取得资产、偿还债务和向所有者分配的能力

目前现金流量指标只获得了有限的认可，主要原因是权责发生制指标有很长时间的传统，相比而言，所有公司都披露现金流量表的时间则比较短暂。而且，对于使用什么现金流量比率进行比较尚未达成共识，这也降低了其受认可度。实际上，公司被禁止在现金流量表上报告每股现金流量。尽管如此，现金流量比率仍然为决策者评估公司的盈利能力和财务实力提供了一个视角。①

财务报告案例问题参考答案

1. 巴尔先生在制定加薪方案时会考虑哪些现金流量方面的因素？一个公司怎样经营才会产生大量利润，但是只有少量甚至是负的现金流量？

正的净利润并不表明公司的现金状况健康。现金流量表可以提供一些资产负债表和利润表中无法反映的现金流量信息。尽管经营活动产生的现金流量来源于与利润表中相同的活动，但利润表是以权责发生制报告的。也就是说，利润表中报告的收入是当期赚得的，而不论何时收到现金。费用是产生那些收入时发生的，而不论何时支付现金。因此，同样的经营活动可能产生健康的利润，但只产生了微薄甚至是负的现金流量。

2. 现金流量表能提供哪些关于公司投资活动的有用信息？

投资活动产生的现金流量来源于公司取得或者处置资产。关于投资活动的信息对于决策者了解未来使用的资产的性质和重要性很有用处。比如，在工会谈判的过程中，巴尔先生可能没有注意到替代或更新设备的投资以及这些投资需要的现金投入。与此相关的是，使用加速折旧法会在资产使用寿命后期产生相对较低的折旧费，这可能会导致利润人为地偏高。

3. 现金流量表能提供哪些关于公司筹资活动的有用信息？

关于筹资活动的信息能够帮助了解公司外部筹资活动。比如，近期发行债务或许预示着公司需要大量现金以支付较高的利息费用。类似地，近期的外部筹资活动或许表明公司已经接近外部筹资的极限，因此公司需要更加依靠经营活动产生的内部筹资。

本章学习目标概要

学习目标 17-1

决策者关注的是公司运营过程中获取现金回报的能力。而且，公司自己产生现金流的能力也最终决定了公司向投资者和债权人支付现金的能力。现金流量表弥补了资产负债表和利润表信息的不足，它可以为报表使用者直接提供其他报表所不能提供或只能间接提供的有关现金流的信息。

学习目标 17-2

现金包括现金等价物。现金等价物是期限短、流动性强、可以随时转换为现金并且损失风险很小的投资。

① 一些现金流量指标建议见 Charles Carslaw and John Mills, "Developing Ratios for Effective Cash Flow Analysis," *Journal of Accountancy*, November 1991; Don Giacomino and David Mielke, "Cash Flows: Another Approach to Ratio Analysis," *Journal of Accountancy*, March 1993; and John Mills and Jeanne Yamamura, "The Power of Cash Flows Ratios," *Journal of Accountancy*, October 1998。

学习目标 17-3

经营活动产生的现金流量是利润表中报告的活动产生的现金流入和现金流出。

学习目标 17-4

直接法直接列示现金流入和流出。间接法以报告的净利润为起点，反推出收付实现制下的金额，从而间接报告现金流量。

学习目标 17-5

投资活动产生的现金流量与公司取得和处置资产（除了存货和被分类为现金等价物的资产）有关。

学习目标 17-6

筹资活动产生的现金流量来源于公司的外部筹资活动。

学习目标 17-7

非现金投资和筹资活动，例如通过发行长期应付票据（筹资活动）购买设备（投资活动），应在报表或附注中报告。

学习目标 17-8

试算表提供了一种系统的编制现金流量表的方式，通过分析每个可用的数据来确保所有的经营、投资与筹资活动都被检查。在记录解释账户余额变动的试算表分录的同时，对应当在现金流量表中报告的活动进行识别和分类。

学习目标 17-9

在现金流量的分类方面，国际财务报告准则比美国公认会计原则更灵活。公司可以把支付利息和股利报告为经营活动或筹资活动现金流量，把收到利息和股利报告为经营活动或投资活动现金流量。

本章重点问题回顾

17-1 资产负债表报告了所有现金流对不同账户余额的影响。利润表也报告了引起一些现金流量的活动。那么，为什么还需要额外提供财务报表来报告现金流量呢？

17-2 现金流量表提供了报告期所有的现金流入和现金流出。为了使列报的信息更有信息含量，根据产生这些现金流量的活动的性质将这些现金流量进行了分类。有哪三种主要的类型？

17-3 国债投资总是被分类为现金等价物吗？请解释。

17-4 只包括购买和出售现金等价物的交易通常不在现金流量表上报告。请描述一种例外情况。满足这种例外的交易有什么基本特征？

17-5 经营活动产生的现金流量与利润表上的项目有何区别？

17-6 经营活动产生的现金流量是以收付实现制报告了所有利润表项目吗？请解释。

17-7 投资活动包括取得和处置资产。请提供四个具体的例子并列举两种例外情况。

17-8 出售股票和出售债券被报告为筹资活动。那么，向股东发放股利和向债券持有者支付利息也同样报告为筹资活动吗？请解释。

17-9 现金流量表只报告导致现金增减变动的交易吗？请解释。

17-10 如果公司通过支付大额现金首付加上发行抵押应付票据来购买一栋建筑物，那么这项交易应当如何在现金流量表中报告？

17-11 或许利润表中最值得关注的项目就是净利润——收入超过费用的金额。但现金流量表中最值得关注的项目并不是净现金流的金额。请解释。

17-12 编制现金流量表时使用试算表中“变动”这一列的目的是什么？

17-13 假设销售收入为20万美元，如何确定是否从客户那里收到了20万美元现金？

17-14 出售资产产生利得时，为什么这一利得不在经营活动现金流量中报告？

17-15 在确定用现金支付的所得税金额时，递延所得税负债账户的增加代表着什么？

17-16 在使用间接法确定经营活动产生的现金净流量时，如何报告保修费用？为什么？还有哪些其他费用项目是以同样的方式报告的？

17-17 在使用间接法确定经营活动产生的现金净流量时，对于那些对现金的影响与利润表中报告的金额相等的收入和费用项目，应当如何在现金流量表上报告？

17-18 为什么财务会计准则委员会更倾向于使用直接法而不是间接法？

17-19 比较以直接法和间接法报告现金流量表时投资活动的列报有什么不同。

17-20 在国际财务报告准则下，我们在哪里可以找到现金流量表的权威指南？

17-21 美国公认会计原则把支付利息的现金流出以及收到利息和股利的现金流入分类为经营活动现金流量，支付给股东的股利分类为筹资活动现金流量。这些现金流量在国际财务报告准则下是如何进行分类的？

简要练习

17-1 确定从客户处收到的现金

Horton Housewares 公司的应收账款账户本年度减少了 500 万美元。如果本年度销售收入为 3 300 万美元，那么该公司从客户处收到的现金金额为多少？编制反映本年度销售和收款活动净影响的汇总分录。

17-2 确定从客户处收到的现金

April Wood Products 公司的应收账款账户本年度增加了 400 万美元。如果本年度销售收入为 4 400 万美元，那么该公司从客户处收到的现金金额为多少？编制反映本年度销售和收款活动净影响的汇总分录。

17-3 确定支付给供应商的现金

LaRoe Lawns 公司的存货账户本年度增加了 600 万美元，应付账款账户增加了 500 万美元。如果销售成本为 2 500 万美元，那么本年度该公司支付给供应商的现金金额是多少？编制反映本年度购买商品净影响的汇总分录。

17-4 确定支付给员工的现金

Sherriane Baby Products 公司本年度的薪酬费用为 1 700 万美元。如果应付职工薪酬账户本年度增加了 300 万美元，那么本年度该公司支付给员工的金额为多少？编制反映本年度发生的支付薪酬费用的净影响的汇总分录。

17-5 债券利息和折价

2018 年 7 月 1 日，Agee Technology 公司发行了面值 4 亿美元、年利率 9%的债券，出票日为 1 月 1 日，发行价格为 3.8 亿美元。类似风险与期限的债券的市场利率为 10%。利息在 6 月 30 日和 12 月 31 日每半年支付一次。编制日记账分录记录 12 月 31 日按实际利率计算的利息。如果使用直接法编制现金流量表，那么该公司在结束于 2018 年 12 月 31 日的年度的现金流量表中应该报告多少与债券有关的金额？

17-6 债券利息和折价

参照练习 17-5 中描述的情况。如果使用间接法编制现金流量表，那么该公司在结束于 2018 年 12 月 31 日的年度的现金流量表中应该报告多少与债券有关的金额？

17-7 分期付款票据

2018 年 1 月 1 日，Merit 集团向银行发行了 4 100 万美元、5 年期的分期付款票据，在 5 年内每年年末等额偿还。每年的付款 1 000 万美元中包含 7%的利息。那么该公司在结束于 2018 年 12 月 31 日的年度的现金流量表中应当报告多少与票据有关的金额？

17-8 出售土地

2018 年 7 月 15 日，M. W. Morgan Distribution 公司以 3 500 万美元的价格出售一块土地，该土地于

2013 年以 2 200 万美元的价格取得。如果使用直接法编制现金流量表，该公司在结束于 2018 年 12 月 31 日的年度的现金流量表中应当报告多少与出售这块土地有关的金额？如果使用间接法呢？

17-9　投资活动

Carter Containers 公司分别以 3 000 万美元、1 500 万美元和 4 000 万美元的价格出售有价证券、土地和普通股，同时以 2 100 万美元、2 500 万美元和 1 200 万美元的价格购买库存股、设备和专利权。该公司应当报告的投资活动现金流量净额是多少？

17-10　筹资活动

参照练习 17-9 中描述的情况。该公司应当报告的筹资活动现金流量净额是多少？

17-11　间接法

Sheen Awnings 公司报告的净利润为 9 000 万美元，其中包括 300 万美元的折旧费用以及出售设备的损失 200 万美元。有记录表明应收账款、应付账款和存货账户分别增加了 100 万美元、400 万美元和 300 万美元。该公司的经营活动现金流量是多少？

17-12　间接法

Sunset Acres 公司报告的净利润为 6 000 万美元，其中包括 200 万美元的商标权摊销费用以及出售土地的利得 100 万美元。有记录表明应收账款、应付账款和存货账户分别减少了 200 万美元、500 万美元和 400 万美元。该公司的经营活动现金流量是多少？

习　题

17-2　确定支付给商品供应商的现金

如下所示的丁字账户给出了存货和应付账款账户的期初和期末余额（单位：百万美元）。

存货

期初余额	90	
期末余额	93	

应付账款

	14	期初余额
	16	期末余额

要求：

1. 如果当期销售成本为 300 万美元，使用丁字账户分析并确定支付给商品供应商的现金金额。
2. 编制反映当期购买商品所产生的净影响的汇总分录。

17-4　从客户处收到现金的汇总分录

对于以下三种独立的情况，编制报告期关于销售与收款活动的汇总日记账分录，以确定从客户那里收取的现金金额并解释每个账户变动的原因。所有金额的单位为百万美元。

情景	销售收入	应收财款增加（减少）	从客户收取的现金
1	200	0	?
2	200	10	?
3	200	(10)	?

17-6　向商品供应商支付现金的汇总分录

对于以下五种独立的情况，编制与存货购买、销售和付款有关的汇总日记账分录，以确定支付给供应商的现金金额并解释每个账户变动的原因。所有金额的单位为百万美元。

情景	销售成本	存货增加（减少）	应付账款增加（减少）	支付给供应商的现金
1	200	0	0	?
2	200	6	0	?
3	200	0	14	?
4	200	6	14	?
5	200	(6)	(14)	?

17－8　确定支付债券利息的现金

对于以下四种独立的情况，编制记录和支付利息的汇总日记账分录，以确定用现金支付债券利息的金额并解释每个账户变动的原因。所有金额的单位为百万美元。

情景	债券利息费用	应付债券利息增加（减少）	未摊销折价增加（减少）	支付利息的现金
1	20	0	0	?
2	20	4	0	?
3	20	0	(6)	?
4	20	(4)	(6)	?

17－10　用现金支付所得税的汇总分录

对于以下五种独立的情况，编制记录和支付所得税的汇总日记账分录，以确定用现金支付所得税的金额并解释每个账户变动的原因。所有金额的单位为百万美元。

情景	所得税费用	应交所得税增加（减少）	递延所得税负债增加（减少）	支付所得税的现金
1	10	0	0	?
2	10	3	0	?
3	10	0	(2)	?
4	10	3	2	?
5	10	(3)	(2)	?

17－12　分期付款票据；现金流量表影响

National Food Services 公司于 2018 年 1 月 1 日从当地银行借入 400 万美元，并发行了 4 年期每年年末等额分期付款的票据。每年的付款中包括按 10%的利率计算的利息。每年的付款金额为 1 261 881 美元。

要求：

National 公司在结束于 2018 年 12 月 31 日的年度的现金流量表中应该报告多少与票据有关的金额？

17－14　识别投资活动和筹资活动的现金流量

在编制结束于 2018 年 12 月 31 日的年度的现金流量表时，Millennium Solutions 公司收集到以下信息：

	单位：百万美元
提前清偿长期票据的付款（账面价值 5 000 万美元）	$54
出售普通股	176
普通股退股	122
出售设备损失	2
出售设备收益	8
发行短期应付票据收到现金	10

支付现金取得建筑物	7
购买有价证券（不是现金等价物）	5
购买有价证券（作为现金等价物）	1
用现金支付 3 年期保险	3
收回带息应收票据（本金 1 100 万美元）	13
宣告现金股利	33
发放 2017 年宣告的现金股利	30

要求：

1. 在 Millennium 公司现金流量表中，2018 年投资活动产生的现金流入（或现金流出）净额是多少？
2. 在 Millennium 公司现金流量表中，2018 年筹资活动产生的现金流入（或现金流出）净额是多少？

17－16　权益法投资；现金流量表影响

2018 年 1 月 1 日，Beilich 公司用 6 亿美元现金购买了 Wolfe Construction 公司 20%的发行在外的普通股。在结束于 2018 年 12 月 31 日的年度，Wolfe Construction 公司的净利润为 3 亿美元。2018 年 Wolfe Construction 公司宣告并发放现金股利 6 000 万美元。Beilich 记录这项投资如下：

单位：百万美元

购买		
借：对 Wolfe Construction 公司股票的投资	600	
贷：现金		600
净利润		
借：对 Wolfe Construction 公司股票的投资（20%×300）	60	
贷：投资收益		60
股利		
借：现金（20%×60）	12	
贷：对 Wolfe Construction 公司股票的投资		12

要求：

Beilich 公司在结束于 2018 年 12 月 31 日的年度的现金流量表中应该报告多少关于这项投资的税前金额？

17－18　留存收益表中的试算表分录

Gary Larson Publishers 公司的留存收益表如下所示。

Gary Larson Publishers 公司
留存收益表
会计年度截止于 2018 年 12 月 31 日
单位：百万美元

留存收益，1 月 1 日	\$ 200
加：净利润	75
减：现金股利	(25)
股票股利（100 万股每股面值 1 美元的普通股）	(16)
财产股利（持有作为短期投资的 Garfield 公司优先股）	(12)
出售库存股（成本为 5 300 万美元）	(10)
留存收益，12 月 31 日	\$ 212

要求：

对于影响 Larson 公司留存收益的交易，重构可用于确定现金流量表中报告的现金流的日记账分录。同时，在分析时指出应当在现金流量表中报告的投资活动和筹资活动。

17-20 将净利润调节为经营活动现金流量净额

Syntric 公司的利润表和现金流量表中经营活动现金流量部分如下所示。在报告年度商品存货账户的余额没有发生增减变动。Syntric 公司在本年度没有保险费负债、递延所得税负债或者利息负债。

Syntric 公司
利润表
会计年度截止于 2018 年 12 月 31 日
单位：千美元

销售收入		$ 312
销售成本		(188)
毛利		124
薪酬费用	$ 41	
保险费用	22	
折旧费用	11	
折耗费用	5	
债券利息费用	10	(89)
利得和损失：		
出售设备利得		25
出售土地损失		(8)
税前利润		52
所得税费用		(26)
净利润		$ 26
经营活动产生的现金流量：		
从客户收取的现金		$ 258
支付给供应商的现金		(175)
支付给员工的现金		(37)
支付利息的现金		(9)
支付保险费用的现金		(16)
支付所得税的现金		(14)
经营活动产生的现金流量净额		$ 7

要求：

编制将净利润调节为经营活动现金流量净额的调节表。

17-22 间接法；将净利润调节为经营活动现金流量净额

Baddour 公司的会计记录提供了以下数据。编制将净利润调节为经营活动现金流量净额的调节表。

净亏损	$ 5 000
折旧费用	6 000
应付职工薪酬的增加	500
应收账款的减少	2 000
存货的增加	2 300
专利权的摊销	300
债券折价的减少	200

17-23　经营活动产生的现金流量（直接法）

Myriad Products 公司财务报表的一部分如下所示。

Myriad Products 公司
利润表
会计年度截止于 2018 年 12 月 31 日
单位：百万美元

销售收入		$ 660
销售成本		250
毛利		410
薪酬费用	$ 110	
折旧费用	90	
专利权摊销费用	5	
利息费用	20	
出售土地损失	3	228
税前利润		182
所得税费用		91
净利润		$ 91

Myriad Products 公司
比较资产负债表的部分账户
2017 年和 2018 年的 12 月 31 日
单位：百万美元

	年度		变动额
	2018 年	2017 年	
现金	$ 102	$ 100	$ 2
应收账款	220	232	(12)
存货	440	450	(10)
应付账款	140	134	6
应付职工薪酬	80	86	(6)
应付利息	25	20	5
应交所得税	15	10	5

要求：

采用直接法编制 Myriad Products 公司现金流量表的经营活动现金流量部分。

17-24　经营活动产生的现金流量（间接法）

根据习题 17-23 中提供的 Myriad Products 公司的有关数据。

要求：

采用间接法编制 Myriad Products 公司现金流量表的经营活动现金流量部分。

17-25　经营活动产生的现金流量（直接法）——包括出售现金等价物

Clear Transmissions 公司财务报表的一部分如下所示。

Clear Transmissions 公司
利润表
会计年度截止于 2018 年 12 月 31 日
单位：百万美元

销售收入		$ 1 320
销售成本		500
毛利		820
薪酬费用	$ 220	
折旧费用	180	
专利权摊销费用	10	
利息费用	40	
出售现金等价物损失	6	456
税前利润		364
所得税费用		182
净利润		$ 182

Clear Transmissions 公司
比较资产负债表的部分账户
2017 年和 2018 年的 12 月 31 日
单位：百万美元

	年度		变动额
	2018 年	2017 年	
现金	$ 102	$ 100	$ 2
应收账款	220	232	(12)
存货	440	450	(10)
应付账款	140	134	6
应付职工薪酬	80	86	(6)
应付利息	25	20	5
应交所得税	15	10	5

要求：

采用直接法编制 Clear Transmissions 公司现金流量表的经营活动现金流量部分。

17-30 财务会计准则委员会准则汇编

在财务会计准则委员会网站（www. fasb. org）上访问会计准则汇编。确定以下各项的具体引用：

1. 间接法下利息和所得税的披露
2. 现金流量表的主要目标
3. 非现金投资和筹资活动的披露

附录 17A 间接法下的试算表

无论是采用直接法还是间接法报告经营活动产生的现金流量，试算表对于编制现金流量表都是同样有用的。试算表只在经营活动的格式上有所区别，在分析交易以识别报告的现金流量方面是相同的。图 17A－1 显示了联合品牌公司的试算表分析。

示例 17A－1 间接法 单位：百万美元

联合品牌公司
现金流量表试算表

	2017 年 12 月 31 日	变动 借方		变动 贷方		2018 年 12 月 31 日
资产负债表						
资产						
现金	20	(19)	9			29
应收账款	30	(5)	2			32
短期投资	0	(12)	12			12
存货	50			(6)	4	46
预付保险费	6			(8)	3	3
土地	60	(13)	30	(2)	10	80
建筑物和设备	75	(14)	20X	(3)	14	81
减：累计折旧	(20)	(3)	7	(4)	3	(16)
	221					267
负债						
应付账款	20			(7)	6	26
应付职工薪酬	1			(9)	2	3
应交所得税	8	(11)	2			6
应付票据	0			(14)	20X	20
应付债券	50	(15)	15			35
减：债券折价	(3)			(10)	2	(1)
股东权益						
普通股	100			(16)	10	
				(17)	20	130
投入资本——超出面值	20			(16)	3	
				(17)	6	29
留存收益	25	(16)	13			
		(18)	5	(1)	12	19
	221					267

续

	2017 年 12 月 31 日	变动 借方	变动 贷方	2018 年 12 月 31 日
现金流量表				
经营活动：				
净利润		(1)　12		
调节非现金项目：				
出售土地利得			(2)　8	
折旧费用		(4)　3		
出售设备损失		(3)　2		
应收账款的增加			(5)　2	
存货的减少		(6)　4		
预付保险费的减少		(8)　3		
应付账款的增加		(7)　6		
应付职工薪酬的增加		(9)　2		
应交所得税的减少			(11)　2	
折价摊销		(10)　2		
现金流量净额				22
投资活动：				
购买土地			(13)　30	
购买短期投资			(12)　12	
出售土地		(2)　18		
出售设备		(3)　5		
现金流量净额				(19)
筹资活动：				
出售普通股		(17)　26		
偿还应付债券			(15)　15	
支付现金股利			(18)　5	
现金流量净额				6
现金净增加额			(19)　9	9
合计		198	198	

我们应当注意到示例 17A－1 中的试算表与之前直接法下的试算表有两点不同。第一，在试算表的现金流量表部分，“经营活动产生的现金流量”标题之下，净利润和需要调节的非现金影响代替了具体的现金流入和现金流出。第二，没有包括利润表部分。这一部分不是必需的，因为使用间接法时我们关注的不是识别出导致现金增减变动的具体经营活动。相反，我们只需要利润表上的净利润金额，通过调节非现金金额将净利润转换为收付实现制。示例 17A－2 是间接法下的试算表分录。

记住，在分析账户变动时没有固定的顺序。但是，采用间接法时是将净利润反推为经营活动现金流量净额，从反映将净利润结转为留存收益的试算表分录开始会比较方便。这个分录与直接法下的分录（11）相对应。通过将这一分录的借方录入作为经营活动现金流量的第一项，我们将净利润作为经营活动现金流量的第一个金额，然后通过后面的分录将其调节为收付实现制。分录（2）至（4）复制了净利润中非现金部分的交易。分录（5）至（11）反映了流动资产和流动负债的变动，它们表明了收入和费用与这些收入和费用对现金影响的差异。汇总分录（12）至（19）解释了之前分录没有处理的资产负债表变动，与直接法下的分录（12）至（19）相同。

示例 17A-2　间接法下的试算表分录　　单位：百万美元

分录（1）		
借：净利润——经营活动现金流量	12	
贷：留存收益		12
把净利润作为经营活动现金流量的第一个金额，然后通过以下分录将其调整为收付实现制。		
分录（2）		
借：现金（出售土地收到）	18	
贷：土地		10
出售土地利得——经营活动现金流量		8
扣除净利润中不影响现金的利得，解释土地价值的变动，同时识别了一项投资活动现金流入。		
分录（3）		
借：现金（出售设备收到）	5	
出售设备损失——经营活动现金流量	2	
累计折旧	7	
贷：建筑物和设备		14
加回在确定净利润时扣除的非现金损失，解释累计折旧以及建筑物和设备的变动，同时识别了一项投资活动现金流入。		
分录（4）		
借：折旧费用——经营活动现金流量	3	
贷：累计折旧		3
加回在确定净利润时扣除的非现金费用。		
分录（5）		
借：应收账款	2	
贷：应收账款的增加——经营活动现金流量		2
减少净利润以反映从客户那里收取了 9 800 万美元而不是销售收入 1 亿美元。		
分录（6）		
借：存货的减少——经营活动现金流量	4	
贷：存货		4
增加净利润以反映购买存货的成本 5 600 万美元而不是销售成本 6 000 万美元。		
分录（7）		
借：应付账款的增加——经营活动现金流量	6	
贷：应付账款		6
增加净利润以反映支付给供应商的现金 5 000 万美元而不是购货成本 5 600 万美元。		
分录（8）		
借：预付保险费的减少——经营活动现金流量	3	
贷：预付保险费		3
增加净利润以反映用现金支付保险费 400 万美元而不是保险费用 700 万美元。		
分录（9）		
借：应付职工薪酬的增加——经营活动现金流量	2	
贷：应付职工薪酬		2
增加净利润以反映支付给员工的现金 1 100 万美元而不是薪酬费用 1 300 万美元。		
分录（10）		
借：债券折价摊销——经营活动现金流量	2	

贷：债券折价		2
增加净利润以反映用现金支付债券利息 300 万美元而不是债券利息费用 500 万美元。		
分录（11）		
借：应交所得税	2	
贷：应交所得税的减少——经营活动现金流量		2
减少净利润以反映用现金支付所得税 1 100 万美元而不是所得税费用 900 万美元。		
分录（12）		
借：短期投资	12	
贷：现金（购买短期投资）		12
解释短期投资账户的增加，同时识别了一项投资活动现金流出。		
分录（13）		
借：土地	30	
贷：现金（购买土地）		30
解释土地账户的部分变动原因，同时识别了一项投资活动现金流出。		
分录（14）		
借：建筑物和设备	20	
贷：应付票据		20
部分解释建筑物、设备和应付票据账户的变动原因，同时识别了一项重要的非现金投资和筹资活动。		
分录（15）		
借：应付债券	15	
贷：现金（偿还应付债券）		15
解释应付债券账户的减少，同时识别了一项筹资活动现金流出。		
分录（16）		
借：留存收益	13	
贷：普通股		10
投入资本——超出面值		3
部分解释留存收益、普通股与“投入资本——超出面值”这三个账户的变动原因。		
分录（17）		
借：现金（出售普通股收到）	26	
贷：普通股		20
投入资本——超出面值		6
部分解释普通股和“投入资本——超出面值”账户的变动原因，同时识别了一项筹资活动现金流入。		
分录（18）		
借：留存收益	5	
贷：现金（支付现金股利）		5
部分解释留存收益账户的变动原因，同时识别了一项筹资活动现金流出。		
分录（19）		
借：现金	9	
贷：现金净增加额（来自现金流量活动表）		9
将经营活动、投资活动和筹资活动导致的现金净增加额与现金余额的增加额调节一致。		

示例 17A－3 的现金流量表中列示了间接法下经营活动产生的现金流量净额。

示例 17A－3　现金流量表——间接法

联合品牌公司

现金流量表

结束于 2018 年 12 月 31 日的年度

单位：百万美元

经营活动产生的现金流量	
净利润	＄12

调节非现金项目：		
出售土地利得	(8)	
折旧费用	3	
出售设备损失	2	
经营性资产和负债的变动：		
应收账款的增加	(2)	
存货的减少	4	
预付保险费的减少	3	
应付账款的增加	6	
应付职工薪酬的增加	2	
应交所得税的减少	(2)	
应付债券折价的减少	2	
经营活动产生的现金流量净额		$ 22
投资活动产生的现金流量		
购买土地	(30)	
购买短期投资	(12)	
出售土地	18	
出售设备	5	
投资活动产生的现金流量净额		(19)
筹资活动产生的现金流量		
出售普通股	26	
偿还应付债券	(15)	
支付现金股利	(5)	
筹资活动产生的现金流量净额		6
现金净增加额		9
1 月 1 日现金余额		20
12 月 31 日现金余额		$ 29
附注 X：		
非现金投资和筹资活动		
发行年利率 12%、5 年期的票据用于购买 2 000 万美元的设备		$ 20

附录 17B 使用丁字账户法编制现金流量表

除了前面所述的试算表法之外，还有一种编制现金流量表的系统方法是丁字账户法。这两种方法在概念上是相同的，都重构了本期导致每个账户余额增减变动的交易，同时识别出在现金流量表中报告的经营、投资和筹资活动。这两种方法的区别仅仅在于记录那些交易的分录是以试算表的形式还是以丁字账户的形式。在两种情况下，都是在解释每个账户余额的净变动额之后才记录分录。

有些会计师认为丁字账户法与试算表法相比，可以达到同样的目的但更节省时间。由于这两种方法都是编制现金流量表的系统技术，选择哪一种看个人的喜好。丁字账户法包含以下五个步骤：

1. 画出每个利润表和资产负债表账户的丁字账户。

2. 现金的丁字账户应该比其他账户的丁字账户更大，因为现金的借方与贷方金额众多，需要更多空间。现金的丁字账户的作用与试算表中现金流量表部分的作用是一样的，正式的现金流量表都是从这里的现金流量得到的。因此在记录分录之前在丁字账户中写上“经营活动”、“投资活动”和“筹资活动”会更方便。

3. 每个丁字账户最重要的部分是将每个账户的净变动额填在恰当的位置（借方或者贷方）。这些变动额将用于检查每个账户的增减变动是否得到了恰当的解释。这三个步骤介绍了使用丁字账户法编制现金流量表的基本操作。

4. 重构本年度导致每个账户余额变动的交易，并将记录这些交易的分录直接记录在丁字账户中。以联合品牌公司为例，我们在丁字账户中记录的分录与之前试算表法下的分录是一样的。之前我们编制这些试算表分录的过程也同样适用于丁字账户法，所以这里不再重复分析。该公司完整的丁字账户工作表如下所示，示例 17 - 9 给出了这些账户余额的变动情况。

5. 在用丁字账户分录解释了所有账户余额的变动之后，可以根据丁字账户编制现金流量表。需要注意的是非现金投资和筹资活动也要报告。示例 17 - 2 显示了联合品牌公司的现金流量表。

资产负债表账户

现金（现金流量表）

		9			
经营活动					
来自客户	(1)	98	50	(4)	给供应商
来自投资收益	(2)	3	11	(5)	给雇员
			3	(7)	支付利息
			4	(8)	支付保险费用
			11	(10)	支付所得税
投资活动					
出售土地	(3)	18	12	(12)	购买短期投资
出售设备	(9)	5	30	(13)	购买土地
筹资活动					
出售普通股	(17)	26	15	(15)	应付债券到期偿还
			5	(18)	发放现金股利

应收账款

	2	
(1)	2	

短期投资

	12	
(12)	12	

存货

		4	
		4	(4)

预付保险费

		3	
		3	(8)

土地

	20		
(13)	30	10	(3)

建筑物和设备

	6		
X（14）	20	14	(4)

累计折旧

		4	
(9)	7	3	(6)

应付账款

		6	
		6	(4)

应付职工薪酬

		2	
		2	(5)

应交所得税

	2		
	2		

应付票据

		20	
		20	(14)X

应付债券

	15		
(15)	15		

债券折价

		2	
		2	(7)

普通股

		30	
		10	(16)
		20	(17)

投入资本——超出面值

		9	
		3	(16)
		6	(17)

留存收益

		6	
(16)	13		
(18)	5	12	(11)

销售收入

		100	
		100	(1)

投资收益

		3	
		3	(2)

出售土地利得

		8	
		8	(3)

销售成本

	60		
(4)	60		

薪酬费用

	13		
(5)	13		

折旧费用

	3		
(6)	3		

利息费用

	5		
(7)	5		

保险费用

	7		
(8)	7		

出售设备损失

	2		
(9)	2		

所得税费用

	9		
(10)	9		

净利润（利润汇总）

	12		
(11)	12		

术语表

Accounting equation　会计等式
Accounting Principles Board（APB）　会计原则委员会
Accounts　账户
Accounts payable　应付账款
Accounts receivable aging schedule　应收账款账龄分析表
Accounts receivable　应收账款
Accretion expense　增量费用
Accrual accounting　权责发生制会计
Accruals　应计项目
Accrued interest　应计利息
Accrued liabilities　应计负债
Accrued receivables　应计应收款项
Accumulated benefit obligation（ABO）　累积给付义务
Accumulated other comprehensive income　累计其他综合收益
Acid-test ratio　速动比率
Acquisition costs　取得成本
Activity-based method　作业法
Actuary　精算师
Additions　扩建
Adjusted trial balance　调整后试算平衡表
Adjusting entries　调整分录
Advance payment　预付款项
Agent　代理
Allocation method　分摊方法
Allowance for sales returns　销售退回准备
Allowance for uncollectible accounts　坏账准备
Allowance method　备抵法
American Institute of Accountants（AIA）　美国会计师协会
American Institute of Certified Public Accountants（AICPA）　美国注册会计师协会
Amortization　摊销
Annual bonuses　年度奖金
Annuity　年金
Annuity due　先付年金
Antidilutive securities　反稀释证券
Articles of incorporation　公司章程
Asset retirement obligations（AROs）　资产弃置义务
Asset turnover ratio　资产周转率
Asset/liability approach　资产负债法
Assigning　应收账款抵押融资
Auditors　审计师
Auditor's report　审计报告
Average collection period　平均收款期
Average cost method　平均成本法
Average days in inventory　存货周转天数

Balance sheet　资产负债表
Balance sheet approach　资产负债表法
Bank reconciliation　银行对账单
Basic EPS　基本每股收益
Bill-and-hold　开单留置
Billings on construction contract　建造合同账单
Board of directors　董事会
Bond indenture　债券契约
Bonds　债券
Book value　账面价值

Callable　可赎回的
Capital budgeting　资本预算

Capital leases 资本租赁
Capital markets 资本市场
Cash 现金
Cash basis accounting /net operating cash flow 收付实现制会计/净经营现金流
Cash disbursements journal 现金支出日记账
Cash discounts 现金折扣
Cash equivalents 现金等价物
Cash flows from financing activities 筹资活动产生的现金流量
Cash flows from investing activities 投资活动产生的现金流量
Cash flows from operating activities 经营活动产生的现金流量
Cash receipts journal 现金收入日记账
Certified Public Accountants（CPAs）注册会计师
Change in accounting estimate 会计估计变更
Change in accounting principle 会计政策变更
Change in reporting entity 报告主体变更
Closing process 结账程序
Commercial paper 商业票据
Committee on Accounting Procedure（CAP） 会计程序委员会
Comparability 可比性
Comparative financial statements 比较财务报表
Compensating balance 补偿性余额
Complete 完整性
Complex capital structure 复杂资本结构
Composite depreciation method 综合折旧法
Compound interest 复利
Comprehensive income 综合收益
Conceptual framework 概念框架
Confirmatory value 确证价值
Conservatism 稳健性
Consignment 委托代销
Consistency 一致性
Consolidated financial statements 合并财务报表
Construction in progress 在建工程
Contingently issuable shares 或有可发行股票
Contract 合同
Contract asset 合同资产
Contract liability 合同负债
Control 控制
Conventional retail method 传统零售法
Convertible bonds 可转换债券
Copyright 著作权
Corporation 公司
Correction of an error 差错更正
Cost effectiveness 成本效益
Cost of goods sold 销售成本
Cost recovery method 成本回收法
Cost-to-retail percentage 成本与零售价比率
Coupon bonds 息票债券
Credit losses 信用损失
Credits 贷方
Cumulative 累积的
Current assets 流动资产
Current costs 现行成本
Current expected credit loss（CECL）model 当前预期信用损失模型
Current liabilities 流动负债
Current maturities of long-term debt 一年内到期的长期负债
Current ratio 流动比率

Date of record 登记日
Debenture bond 信用债券
Debits 借方
Debit issue costs 债务发行成本
Debt to equity ratio 负债权益比率
Decision usefulness 决策有用性
Default risk 违约风险
Deferred annuity 递延年金
Deferred revenues 递延收入
Deferred tax asset 递延所得税资产
Deferred tax liability 递延所得税负债
Deficit 亏损
Defined benefit pension plans 养老金固定收益计划
Defined contribution pension plans 养老金固定缴款计划
Depletion 折耗
Depreciable base 可折旧基础（应折旧额）
Depreciation 折旧
Derivatives 衍生金融工具
Detachable stock purchase warrants 可分离认股权证

Development costs 开发成本
Diluted EPS 稀释每股收益
Direct financing lease 直接融资租赁
Direct method 直接法
Direct write-off method 直接转销法
Disclosure 披露
Disclosure notes 附注披露
Discontinued operations 非持续经营业务
Discount 折价
Discounting 贴现
Distinct 可明确区分的
Dividend 股利
Dollar-value LIFO（DVL） 金额后进先出法
Dollar-value LIFO retail method 金额后进先出零售法
Double-declining-balance（DDB）method 双倍余额递减法
Double-entry system 复式记账法
DuPont framework 杜邦分析体系

Early extinguishment of debt 债务提前清偿
Earnings per share（EPS） 每股收益
Earnings quality 盈余质量
Economic entity assumption 经济主体假设
Economic event 经济事项
Effective interest method 实际利率法
Effective rate 实际利率
Effective tax rate 实际税率
Emerging Issues Task Force（EITF） 紧急问题工作组
Employee share purchase plans 员工股份购买计划
Equity method 权益法
Estimates 估计
Ethics 道德
Ex-dividend date 除权日
Executory costs 执行成本
Expected cash flow approach 预期现金流量法
Expected return on plan assets 计划资产的预期回报
Expenses 费用
Exploration costs 勘探成本
Extended warranties 延长保修服务
External events 外部事项

F. O. B.（free on board）destination 目的地抵岸价
F. O. B.（free on board）shipping point 起运地离岸价
Factor 保理商
Fair value 公允价值
Fair value hedge 公允价值套期
Fair value option 公允价值选择权
Faithful representation 如实反映
Finance leases 融资租赁
Financial Accounting Foundation（FAF） 财务会计基金会
Financial Accounting Standards Board（FASB） 财务会计准则委员会
Financial accounting 财务会计
Financial instrument 金融工具
Financial leverage 财务杠杆
Financial reporting 财务报告
Financial statements 财务报表
Finished goods 产成品
First-in，first-out（FIFO）method 先进先出法
Fixed-asset turnover ratio 固定资产周转率
Foreign currency futures contract 外币期货合同
Foreign currency hedge 外汇套期
Forward contract 远期合同
Franchise 特许经营权
Franchisee 特许经营人
Franchisor 特许经营权授权人
Fraud 欺诈
Free from error 没有差错
Freight-in 进货运费
Full-cost method 完全成本法
Full-disclosure principle 充分披露原则
Functional intellectual property 功能性知识产权
Future deductible amounts 未来可抵扣金额
Future taxable amounts 未来应纳税金额
Future value 终值

Gains 利得
General journal 普通日记账
General ledger 总分类账
Generally Accepted Accounting Principles（GAAP） 公认会计原则

Gift card 礼品卡
Going concern assumption 持续经营假设
Governmental Accounting Standards Board (GASB) 政府会计准则委员会
Gross method 总价法
Gross profit method (gross margin method) 毛利法
Gross profit/ratio 毛利率
Group depreciation method 分类折旧法

Half-year convention 半年惯例
Hedging 套期保值
Historical costs 历史成本
Horizontal analysis 水平分析

Illegal acts 违法行为
Implicit rate of interest 内含利率
Improvements 改良
Income from continuing operations 持续经营利润
Income statement 利润表
Income statement approach 利润表法
Income summary 收益汇总
Indirect method 间接法
Initial direct costs 初始直接成本
Initial market transactions 初级市场交易
Installment sales method 分期收款销售法
Institute of Internal Auditors 内部审计师协会
Institute of Management Accountants (IMA) 管理会计师协会
Intangible assets 无形资产
Interest 利息
Interest cost 利息成本
Interest rate swap 利率互换
Interest-bearing note receivable 带息应收票据
Internal control 内部控制
Internal events 内部事项
International Accounting Standards Board (IASB) 国际会计准则理事会
International Accounting Standards Committee (IASC) 国际会计准则委员会
International Financial Reporting Standards (IFRS) 国际财务报告准则
Intrinsic value 内在价值
Inventories 存货
Inventory 存货
Inventory turnover ratio 存货周转率
Investing activities 投资活动

Journal 日记账
Journal entry 日记账分录
Just-in-time (JIT) system 适时生产制

Land improvements 土地改良
Last-in, first-out (LIFO) method 后进先出法
Lease payments 租赁付款额
Leasehold improvement 租赁权益改良
Lessee 承租人
Lessor 出租人
Liabilities 负债
Licenses 许可
LIFO conformity rule 后进先出法一致性规则
LIFO inventory pools 后进先出法存货池
LIFO liquidation 后进先出法清算
LIFO reserve 后进先出法准备
Limited liability company (LLC) 有限责任公司
Limited liability partnership 有限责任合伙制
Line of credit 信贷额度
Liquidating dividend 清算性股利
Liquidity 流动性
Long-term solvency 长期偿债能力
Loss contingency 或有损失
Losses 损失
Lower of cost or market 成本与市价孰低法
Lower of cost or net realizable value (LCNRV) 成本与可变现净值孰低法

Management discussion and analysis (MDA) 管理层讨论与分析
Material 重要的
Measurement 计量
Model Business Corporation Act 《标准公司法》
Modified accelerated cost recovery system (MACRS) 修正的加速成本回收制
Modified retrospective approach 修正的追溯调整法
Monetary assets 货币性资产
Monetary liabilities 货币性负债

Monetary unit assumption 货币计量假设
Mortgage bond 抵押债券
Multiple-step 多步式

Natural resources 自然资源
Net income 净利润
Net markdown 净减价
Net markup 净加价
Net method 净价法
Net operating loss 净经营亏损
Net operating loss carryforward 净经营亏损向后抵消
Net realizable value 可变现净值
Neutral 中立的
Non-GAAP earnings 非公认会计原则盈利
Noncash investing and financing activities 非现金投资和筹资活动
Noncumulative 非累积的
Noninterest-bearing note 不带息票据
Nonoperating income 非营业性利润
Nonparticipating 非参与
Notes payable 应付票据
Notes receivable 应收票据

Objective-oriented/principles-based accounting standards 目标导向/原则导向会计准则
Operating activities 经营活动
Operating cycle 营业周期
Operating income 营业利润
Operating leases 经营租赁
Operating segment 经营分部
Operational risk 经营风险
Option 期权
Option pricing models 期权定价模型
Ordinary annuity 普通年金
Other comprehensive income 其他综合收益

Paid-in capital 投入资本
Parenthetical comments/modifying comments 补充注释
Participating 参与
Patent 专利
Pension plan assets 养老金资产
Performance obligations 履约义务
Periodic inventory system 定期盘存制
Periodicity assumption 会计分期假设
Permanent accounts 永久性账户
Permanent difference 永久性差异
Perpetual inventory system 永续盘存制
Pledging 抵押
Post-closing trial balance 结账后试算平衡表
Posting-过账
Potential common shares 潜在普通股
Predictive value 预测价值
Preferred stock 优先股
Premium 溢价
Prepaid expense 预付费用
Prepayments/deferrals 预付款
Present value 现值
Principal 委托人
Prior period adjustment 前期调整
Prior service cost 前期服务成本
Product costs 产品成本
Profit margin on sales 销售利润率
Projected benefit obligation（PBO） 预计给付义务
Property dividend 财产股利
Property，plant，and equipment 财产、厂房和设备
Proxy statement 委托书
Purchase commitments 购货承诺
Purchase discounts 购货折扣
Purchase option 购货选择权
Purchase return 购货退回
Purchase journal 购货日记账

Quality-assurance warranty 质量保证
Quasi reorganization 准重组

Rate of return on stock investment 股票投资回报率
Ratio analysis 比率分析
Raw materials 原材料
Realization principle 实现原则
Rearrangements 资产调整
Receivables 应收款项
Receivables turnover ratio 应收账款周转率

Recognition 确认
Redemption privilege 赎回权
Related-party transactions 关联方交易
Relevance 相关性
Replacement depreciation method 重置成本折旧法
Residual value 残值
Restoration costs 恢复成本
Restricted stock 限制性股票
Restricted stock units 限制性股票单位
Restructuring costs 重组成本
Retained earnings 留存收益
Retired stock 已注销股票
Retirement depreciation method 退役折旧法
Retrospective approach 追溯调整法
Return on assets (ROA) 资产回报率
Return on shareholders' equity (ROE) 股东权益回报率
Revenue/expense approach 收入/费用法
Revenues 收入
Reverse stock split 反向股票分割
Reversing entries 转回分录
Right of conversion 转换权
Right of return 退货权
Rules-based accounting standards 规则导向会计准则

S corporation S型公司
SAB No. 101 《职员会计公告》第101号
Sales-leaseback transaction 售后回租交易
Sales journal 销售日记账
Sales return 销售退回
Sales-type lease 销售型租赁
Secondary market transactions 二级市场交易
Securities and Exchange Commission (SEC) 证券交易委员会
Securities available-for-sale 可供出售证券
Securities to be held-to-maturity 持有至到期投资
Securitization 证券化
Selling profit 销售利润
Separation of duties 职责分离
Serial bonds 分期还本债券
Service cost 服务成本
Service life 使用寿命
Service method 服务法
Short-term investments 短期投资
Significant influence 重大影响
Simple capital structure 简单资本结构
Simple interest 单利
Single-step 单步式
Sinking fund debentures 偿债基金债券
Source documents 原始凭证
Special journal 特殊日记账
Specific identification method 个别计价法
Specific interest method 专门利率法
Stand-alone selling price 独立的销售价格
Start-up costs 开办成本
Statement of cash flow 现金流量表
Statement of shareholders' equity 股东权益表
Stock appreciation rights (SARS) 股票增值权
Stock dividend 股票股利
Stock options 股票期权
Stock split 股票分割
Straight line 直线
Straight-line method 直线法
Subordinated debenture 次级信用债券
Subsequent event 期后事项
Subsidiary ledger 明细分类账
Successful efforts method 成果法
Sum-of-years'-digits (SYD) method 年数总和法
Supplemental schedules and tables 补充附表
Symbolic intellectual property 象征性知识产权

T-account 丁字账户
Tax basis 计税基础
Technological feasibility 技术可行性
Temporary accounts 临时性账户
Temporary difference 暂时性差异
Time value of money 货币时间价值
Timeliness 及时性
Times interest earned ratio 利息保障倍数
Trade discount 商业折扣
Trade notes payable 商业应付票据
Trademark (Tradename) 商标权（商标名）
Trading securities 交易性证券
Transaction analysis 交易分析
Transaction price 交易价格

Transaction 交易
Treasury stock 库存股
Troubled debt restructuring 债务重组
Trustee 受托人

Unadjusted trail balance 调整前试算平衡表
Understandability 可理解性
Units-of-production method 产量单位法
Unrealized holding gains and losses 未实现持有利得和损失

Valuation allowance 减值准备
Variable consideration 可变对价
Verifiability 可验证性
Vertical analysis 垂直分析
Vested benefits 既定福利

Weighted-average interest method 加权平均利率法
With resource 有追索权
Without resource 无追索权
Work-in-process inventory 在产品
Working capital 营运资本
Worksheet 工作底稿

J. David Spiceland, Mark W. Nelson, Wayne B. Thomas
Intermediate Accounting, Ninth Edition
125972266X
Copyright © 2018 by McGraw-Hill Education

All Rights reserved. No part of this publication may be reproduced or transmitted in any form or by any means, electronic or mechanical, including without limitation photocopying, recording, taping, or any database, information or retrieval system, without the prior written permission of the publisher.

This authorized Chinese abridgement is jointly published by McGraw-Hill Education and China Renmin University Press. This edition is authorized for sale in the People's Republic of China only, excluding Hong Kong, Macao SAR and Taiwan.

Translation copyright © 2019 by McGraw-Hill Education and China Renmin University Press.

版权所有。未经出版人事先书面许可，对本出版物的任何部分不得以任何方式或途径复制传播，包括但不限于复印、录制、录音，或通过任何数据库、信息或可检索的系统。

本授权中文简体字删减版由麦格劳-希尔教育出版公司和中国人民大学出版社合作出版。此版本经授权仅限在中华人民共和国境内（不包括香港特别行政区、澳门特别行政区和台湾）销售。

版权 © 2019 由麦格劳-希尔教育出版公司与中国人民大学出版社所有。

本书封面贴有 McGraw-Hill Education 公司防伪标签，无标签者不得销售。

北京市版权局著作权合同登记号：01-2019-5657

教师反馈表

麦格劳-希尔教育集团（McGraw-Hill Education）是全球领先的教育资源与数字化解决方案提供商。为了更好地提供教学服务，提升教学质量，麦格劳-希尔教师服务中心于 2003 年在京成立。在您确认将本书作为指定教材后，请填好以下表格并经系主任签字盖章后返回我们（或联系我们索要电子版），我们将免费向您提供相应的教学辅助资源。如果您需要订购或参阅本书的英文原版，我们也将竭诚为您服务。

★ 基本信息					
姓		名		性别	
学校			院系		
职称			职务		
办公电话			家庭电话		
手机			电子邮箱		
通信地址及邮编					

★ 课程信息					
主讲课程一1		课程性质		学生年级	
学生人数		授课语言		学时数	
开课日期		学期数		教材决策者	
教材名称、作者、出版社					

★ 教师需求及建议			
提供配套教学课件 （请注明作者/书名/版次）			
推荐教材 （请注明感兴趣领域或相关信息）			
其他需求			
意见和建议（图书和服务）			
是否需要最新图书信息	是、否	系主任签字/盖章	
是否有翻译意愿	是、否		

McGraw Hill | Higher Education

教师服务热线：800-810-1936
教师服务信箱：instructorchina@mheducation. com
网址：www. mheducation. com

麦格劳-希尔教育教师服务中心
地址：北京市东城区北三环东路 36 号环球贸易中心 A 座 702 室教师服务中心　100013
电话：010-57997618/57997600
传真：010 59575582

教师教学服务说明

中国人民大学出版社财会出版分社以出版经典、高品质的会计、财务管理、审计等领域各层次教材为宗旨。

为了更好地为一线教师服务，近年来财会出版分社着力建设了一批数字化、立体化的网络教学资源。教师可以通过以下方式获得免费下载教学资源的权限：

在中国人民大学出版社网站 www.crup.com.cn 进行注册，注册后进入“会员中心”，在左侧点击“我的教师认证”，填写相关信息，提交后等待审核。我们将在一个工作日内为您开通相关资源的下载权限。

如您急需教学资源或需要其他帮助，请在工作时间与我们联络：

中国人民大学出版社　财会出版分社

联系电话：010-62515987，62515735

电子邮箱：ckcbfs@crup.com.cn

通讯地址：北京市海淀区中关村大街甲 59 号文化大厦 1501 室（100872）